福建省社会科学研究基地闽南师范大学闽南文化研究中心研究成果

闽南师范大学人文社科重点项目（闽南文化专项）：陈淳评传（项目编号：MS15002）

# 陈淳评传

曾振宇　等　著

人民出版社

# 目　录

序　言 ……………………………………………………………………… 1

第一章　陈北溪生平与著述 ………………………………………………… 1
　　第一节　生　平 ……………………………………………………… 1
　　第二节　著　述 ……………………………………………………… 39

第二章　理 …………………………………………………………………… 49
　　第一节　程伊川："理无形" ……………………………………… 49
　　第二节　朱子：理是"净洁空阔底世界" ………………………… 58
　　第三节　陈淳："理不外乎气" …………………………………… 70

第三章　道 …………………………………………………………………… 80
　　第一节　倡明道学的二程 …………………………………………… 80
　　第二节　建构道统的朱熹 …………………………………………… 90
　　第三节　辨析似道的陈淳 ………………………………………… 100

第四章　太　极 ……………………………………………………………… 112
　　第一节　周敦颐："无极而太极" ………………………………… 114
　　第二节　二程：不提太极 ………………………………………… 120
　　第三节　朱熹："太极是理" ……………………………………… 121
　　第四节　陈淳："太极只是浑沦极至之理" ……………………… 130

第五章　仁 …………………………………………………………………… 150
　　第一节　程伊川：仁善何以可能 ………………………………… 150
　　第二节　朱子："仁、义、礼、智便是天理之件数" …………… 159
　　第三节　陈淳：仁是"天理自然流行" …………………………… 170

**第六章　义** ⋯⋯⋯⋯⋯⋯⋯⋯⋯⋯⋯⋯⋯⋯⋯⋯⋯⋯⋯⋯⋯⋯⋯187

　　第一节　二程：天理之所宜 ⋯⋯⋯⋯⋯⋯⋯⋯⋯⋯⋯⋯⋯⋯⋯188

　　第二节　朱熹：义即天理之所宜 ⋯⋯⋯⋯⋯⋯⋯⋯⋯⋯⋯⋯⋯201

　　第三节　陈淳：义与《字义》 ⋯⋯⋯⋯⋯⋯⋯⋯⋯⋯⋯⋯⋯⋯213

**第七章　礼　乐** ⋯⋯⋯⋯⋯⋯⋯⋯⋯⋯⋯⋯⋯⋯⋯⋯⋯⋯⋯⋯⋯222

　　第一节　二程礼乐思想 ⋯⋯⋯⋯⋯⋯⋯⋯⋯⋯⋯⋯⋯⋯⋯⋯⋯222

　　第二节　重续礼乐传统：朱子礼乐思想特征 ⋯⋯⋯⋯⋯⋯⋯⋯240

　　第三节　陈淳礼乐思想与实践 ⋯⋯⋯⋯⋯⋯⋯⋯⋯⋯⋯⋯⋯⋯258

**第八章　致　知** ⋯⋯⋯⋯⋯⋯⋯⋯⋯⋯⋯⋯⋯⋯⋯⋯⋯⋯⋯⋯⋯278

　　第一节　朱熹的格物致知过程论 ⋯⋯⋯⋯⋯⋯⋯⋯⋯⋯⋯⋯⋯278

　　第二节　朱熹：涵养与致知的互以为用 ⋯⋯⋯⋯⋯⋯⋯⋯⋯⋯283

　　第三节　陈淳：忠恕以致知 ⋯⋯⋯⋯⋯⋯⋯⋯⋯⋯⋯⋯⋯⋯⋯297

**第九章　信** ⋯⋯⋯⋯⋯⋯⋯⋯⋯⋯⋯⋯⋯⋯⋯⋯⋯⋯⋯⋯⋯⋯⋯314

　　第一节　儒家"信"观念的产生与发展 ⋯⋯⋯⋯⋯⋯⋯⋯⋯⋯314

　　第二节　"以实"与"觉悟"——二程对"信"观念的新发展 ⋯319

　　第三节　"心""理""事"——朱子对"信"观念的整合 ⋯⋯⋯323

　　第四节　"五常之信"与"忠信之信"——陈淳对"信"观念的

　　　　　　两层划分 ⋯⋯⋯⋯⋯⋯⋯⋯⋯⋯⋯⋯⋯⋯⋯⋯⋯⋯⋯340

**第十章　忠** ⋯⋯⋯⋯⋯⋯⋯⋯⋯⋯⋯⋯⋯⋯⋯⋯⋯⋯⋯⋯⋯⋯⋯352

　　第一节　二程："忠为理本" ⋯⋯⋯⋯⋯⋯⋯⋯⋯⋯⋯⋯⋯⋯⋯352

　　第二节　朱熹：天理君权 ⋯⋯⋯⋯⋯⋯⋯⋯⋯⋯⋯⋯⋯⋯⋯⋯359

　　第三节　陈淳："忠道自然" ⋯⋯⋯⋯⋯⋯⋯⋯⋯⋯⋯⋯⋯⋯⋯369

　　第四节　二程、朱熹、陈淳忠思想的传承与发展 ⋯⋯⋯⋯⋯⋯376

**第十一章　诚** ⋯⋯⋯⋯⋯⋯⋯⋯⋯⋯⋯⋯⋯⋯⋯⋯⋯⋯⋯⋯⋯⋯382

　　第一节　二程："无妄之谓诚" ⋯⋯⋯⋯⋯⋯⋯⋯⋯⋯⋯⋯⋯⋯383

　　第二节　朱熹：诚是"实理" ⋯⋯⋯⋯⋯⋯⋯⋯⋯⋯⋯⋯⋯⋯391

　　第三节　陈淳对程朱理学"诚"哲学的总结 ⋯⋯⋯⋯⋯⋯⋯⋯397

**第十二章　孝** ⋯⋯⋯⋯⋯⋯⋯⋯⋯⋯⋯⋯⋯⋯⋯⋯⋯⋯⋯⋯⋯⋯405

　　第一节　朱熹：以理论孝 ⋯⋯⋯⋯⋯⋯⋯⋯⋯⋯⋯⋯⋯⋯⋯⋯405

　　第二节　陈淳：孝根原于天命 ⋯⋯⋯⋯⋯⋯⋯⋯⋯⋯⋯⋯⋯⋯423

**第十三章　友** ································································································· 437

第一节　二程：“朋友相观”与“以敬为主” ········································· 441

第二节　朱熹：“朋友之于人伦所关至重” ··········································· 458

第三节　陈淳：“以实而与朋友交” ······················································ 463

**第十四章　敬** ································································································· 468

第一节　“执事敬”：先秦“敬”观念产生与指向 ······························ 469

第二节　“涵养须用敬”：二程“敬”观念工夫论意义的转向和突破 ···· 474

第三节　“敬义夹持”：朱熹“敬”观念体系的构建 ··························· 480

第四节　“主敬穷理克己”：陈淳“敬”观念的总结与发挥 ················ 489

**第十五章　恕** ································································································· 503

第一节　“推己及物，以养人也”：二程对恕思想的新开拓 ·············· 504

第二节　“尽己之谓忠，推己之谓恕”：朱子对恕思想的体系化论述 ··· 512

第三节　“内外敬恕，天理周流”：陈淳对恕思想的理学定位与总结 ··· 527

**第十六章　性** ································································································· 537

第一节　“性即理也”：程颢、程颐的人性论 ······································ 537

第二节　“性即理也”和“心统性情”：朱熹的人性论 ······················ 548

第三节　“具是理于心，方名之曰性”：陈淳的人性论 ······················ 559

**第十七章　情　欲** ························································································· 571

第一节　朱熹、陈淳：“情者、心之动” ··············································· 573

第二节　朱熹、陈淳：“穷天理，灭人欲” ··········································· 590

**第十八章　志　意** ························································································· 618

第一节　立志为学者第一要义 ······························································· 619

第二节　志公而意私 ················································································ 631

第三节　安卿论志与意 ············································································ 644

**第十九章　中　和** ························································································· 656

第一节　程颐的心性中和观 ···································································· 656

第二节　朱熹的心性中和观 ···································································· 668

第三节　陈淳的心性中和观 ···································································· 682

**第二十章　中　庸** ························································································· 691

第一节　表章《中庸》的二程 ································································· 691

第二节　阐幽发微的朱熹 ········································································ 701

第三节　绾合程朱的陈淳 ………………………………………… 712

**第二十一章　命** ………………………………………………… 725

第一节　"命在义中"：程颢、程颐的命论 ……………………… 725

第二节　"命有二：有理，有气"：朱熹的命论 ………………… 735

第三节　事物"根原所自来，莫非天命自然"：陈淳的命论 …… 756

**第二十二章　易** ………………………………………………… 770

第一节　程伊川："尽天理，斯谓之《易》" ………………… 771

第二节　朱子："易者阴阳之变，太极者其理也" …………… 780

第三节　陈淳："四圣三贤"与"理象兼该" ………………… 787

**第二十三章　经　权** …………………………………………… 801

第一节　宋以前的经权思想 ……………………………………… 802

第二节　二程："权便是经也" ………………………………… 814

第三节　朱子："义可以总括得经权" ………………………… 820

第四节　陈淳："天地之常经是经，古今之通义是权" ……… 830

**第二十四章　鬼　神** …………………………………………… 837

第一节　朱子、陈淳对五经鬼神观的诠释 …………………… 837

第二节　朱子、陈淳对《论》《孟》《中庸》鬼神观的诠释 … 848

第三节　北宋诸儒论"神"的经典化及其再诠释 …………… 858

**第二十五章　释　老** …………………………………………… 870

第一节　二程辟佛借道建理学 ………………………………… 871

第二节　朱熹："其气象规模大概相似" ……………………… 881

第三节　陈淳：释老"似道而非道" ………………………… 892

后　记 …………………………………………………………… 905

# 序　言

　　陈淳是朱子晚年高弟。宋光宗绍熙元年（1190年），61岁高龄的朱熹出守漳州，陈淳"抱十年愿见不可得之诚"，拜朱子为师。朱子比较喜欢这位弟子，一见面就滋生"恨见之晚"之感，并多次对人说："南来，吾道喜得陈淳。"首次见面，朱子告诫陈淳做学问贵在穷究"根原"。十年之后，陈淳再次谒见朱子，朱子当时已卧病在床。陈淳陈述自己所学所思，朱子最后叮嘱说："如公所学，已见本原。所缺者，下学之功尔。"十年之后的师生相聚论学，朱子又一次提及"本原"。朱子揄扬陈淳"上学"已臻至本体论、宇宙论高度，略显不足的是"下学"工夫论层面的体悟与践履。从师生二人往来书信可以看出，朱子对陈淳确实提携有加，陈淳学问有窒碍不通之处，朱子往往一针见血，明确点出其病痛之处，提撕其改进之方。譬如，陈淳认为《论语》"樊迟问知"章"仁者先难而后获"之"仁者"非就仁人而言，因为仁者已无己私。朱子指出仁者虽已臻至无私境界，但怎敢自称已无私？同时指出陈淳"来示数卷此一样病痛时时有之"。第二次见面三个月之后，朱子病逝。

　　陈淳对朱子非常敬仰，其拳拳服膺之心，有七十子之徒追随孔子气象。陈淳在《初见晦庵先生书》中说："自孔孟没，天下贸于俗学，盖千四百余年，得濂溪周子、河南二程子者出，然后斯道有传，而正学始有宗主。自程子至今又百余年矣，见知闻知代不乏人，然渊源纯粹精极，真可以当程氏之嫡嗣而无愧者，当今之世，舍先生其谁哉？而天下学士有志于古，欲就有道而正之者，非先生亦谁与归哉？"在儒家道统上，朱子是当之无愧的"宗主""嫡嗣"，其学问"扫千百年之谬误"。"故孔孟周程之道，至先生而益明，所谓主盟斯世，独惟先生一人而已。"由于党争之故，朱子逝世之后，陆学昌盛，闽学淡薄。陈淳挺身而出，深入民间播扬师说。正本清源，匡扶人心，卫道之情、之功，虽千百年之后，仍令人感慨不已。恰如蔡新所论："考朱子平生及门半天下，然求其择精语详，足以衍斯道之宗传如先生者，诚不可一二数。其拳拳服膺，视七十子之服孔子，殆无以异。迄今五六百年间，虽道术纷歧，风流销歇，而吾闽无有显背朱子，自逞其诐邪之说以簧鼓后进者，则先生卫道之功，为不可没也。"

陈淳的代表作是《北溪字义》，实际上这是一部理学词典。陈宓评价说："临漳北溪陈君淳，从文公先生二十余年，得于亲炙，退加研泳，合周、程、张、朱之论而为此书，凡二十有五门，决择精确，贯串浃洽。"陈淳虽然是朱子高足，但是，在学问与思想方面，并非一味固守师说，亦步亦趋，不敢越师门半步。而是在"得于亲炙"的基础上，又广泛吸取周子、二程、张横渠等人思想，甚至远揽董仲舒、王充等思想家菁华。正是有所继承，有所发明，才奠定了陈淳在思想史上思想家的地位。如果陈淳对前人仅仅只是"萧规曹随""述而不作"，可能在历史的长河中早已被人淡忘。陈淳去世之后，其友陈宓在《墓志铭》中称其"仕不逮禄，而行可为法；功不及时，而言可明道"。证诸其言其行，确然不谬！

是为序。

曾振宇

2017 年 9 月 7 日

# 第一章　陈北溪生平与著述

## 第一节　生　平

陈淳（1159—1223年）[1]，字安卿，福建龙溪县（今属漳州市龙文区）人，世称北溪，人称北溪先生。朱熹临漳时，其师事朱熹。朱熹多次对人言："南来，吾道得一安卿为喜。"[2] 朱子离漳后，其又前往考亭问学。其一生护卫师门甚力，人称朱门第一人。陈淳一生几无仕宦经历，早期科举不顺，32 岁后一度放弃科考，晚年则多次参加科考，直至 60 岁方被授予迪功郎、安溪主讲，但并未上任，后短暂地代理过长泰主讲[3]。其参政的时间极短，长期生活于乡村僻野之地。却凭借弘扬朱子学之功，于雍正二年（1724 年）经礼部议定，进入孔庙配祀诸贤儒之列。

### 一、陈淳早期的问学旨趣

漳州开发较晚，武则天垂拱二年（686 年）始设郡。开漳圣王陈元光提出了"其本则在创州县，其要则在兴庠序"的开发方略，漳州文教因而逐渐发展起来[4]。此后，随着经济文化重心的南移，漳州地区的文化迅速发展起来。在思想文化上，出现了以高登为代表的东溪学派；在科举考试上，漳州唐代登进士者 3 科 4 人，两宋进士及第者 72 科达 268 人。

首先，两宋之际，高登的东溪学派在漳州兴起。史称："漳江之学至北溪得

---

① 关于陈淳生卒年，学界有多种看法，今采张加才之说。具体可参看张加才《关于北溪生平研究的几个问题》，《北方工业大学学报》2002 年第 2 期。
② 李清馥：《闽中理学渊源考》卷二八，徐公喜等点校，凤凰出版传媒集团、凤凰出版社 2011 年版，第 369 页。
③ 张加才：《关于北溪生平研究的几个问题》，《北方工业大学学报》2002 年第 2 期。
④ 陈元光：《请建州县表》，董诰编：《全唐文》卷一六四，清嘉庆内府刻本。

紫阳之传，而递衍繁盛，然在靖康间，时有东溪高先生者，以忠言志节著声……按东溪之学亦一时倡起之师也。"①是知漳州理学源流，虽自陈淳得朱子真传而繁衍昌盛，然高东溪倡起之功亦不可灭。

高登（1104—1159 年），字彦先，号东溪，漳州漳浦县人。宋徽宗宣和年间，入太学，与陈东、徐揆结为至交。宣和七年（1125 年），金兵进犯京师。高登与陈东等人以家国兴亡为念，联名上书，请求诛杀蔡京、童贯、梁师成等六奸臣。次年，主和派夺李纲、种师道兵权，高登与陈东再次赴阙上书，请求重用李、种二人，得到了京城军民数万人支持。钦宗年间，又 5 次上书乞不用吴敏、张邦昌等小人。高宗绍兴初年，诏赴都堂审察，于是又上万言书及《蔽主》《蠹国》《害民》6 篇《时议》抨击朝政，矛头直指秦桧等人，因而被贬为古县县令。任职期间，高登因刚正耿直，不愿为秦桧父修建祠堂，终被诬陷而免官下狱。出狱后，又因针砭时弊，被秦桧加罪编管容州，不幸客死异乡。

朱熹对高登推崇备至。孝宗淳熙十四年（1187 年），朱子应邀作《漳州州学东溪先生高公祠记》，称其"学博行高，议论慷慨"。光宗绍熙元年（1190），朱熹知漳州，作《奏乞褒录高登状》，申请褒奖高登之忠义直节。同年，福建安抚使赵汝愚批准重建高登祠堂。祠堂建成后，朱子又多次前往瞻仰，作《谒高东溪祠文》和《又谒高东溪祠文》。朱子评价道："虽其所学所行未尽合于孔子，然其志行之卓然，亦足以为贤者之清，而使百世之下闻其风者，有廉顽立懦之操，则其有功于世教，岂可与夫隐忍回互以济其私，而自托于孔子之中行者同日而语哉！"②虽然高登之思想与朱子之学并未完全相合，然而其志行、操守均有功于世道教化。高登一生忠直为事，多次不畏权贵上书直言；其学以慎独为本，虽非理学正宗，却也对漳州理学兴起与传播有首倡之功。其在漳州有门人黄京、陈景肃、林宗臣等，其中陈景肃又有杨士训、吴大成等弟子，东溪学派在漳州得到了传承。

其次，历史发展至南宋，科举兴盛，在漳州学子中风靡，由李弥逊知漳史迹可见一斑。绍兴九年二月，李弥逊出知漳州，次年十二月归隐。知漳期间，其重视教育，在原址扩建重修漳州府学。史载漳州府儒学，"在府治东南。宋为州学，庆历四年建于州治巽隅，水自丁入。大观中增广生员，以迎恩驿，为四斋。

---

① 《闽中理学渊源考》卷一四，第 225 页。
② 朱熹：《晦庵集》卷七九，景印文渊阁四库全书本。

政和二年，移学于州左，绍兴九年，诸生以科第不利，乃请李守弥逊复旧址……十一年学成。明年壬戌登科者五人，颜定肃公与焉。人以为验。"①又杨汝南记述道："南漳郡学祠堂所祀者四……在本朝唯徽学侍郎李侯弥逊。绍兴己未来守是邦，尊贤礼士，移创伴宫以就吉壤，润饰尊仪而乐于教育。漳人德之，故生祠于当时，名其堂曰'有贤'，取人乐有贤父兄之义也。"②绍兴初年，漳人科第成绩不佳，士子们归因于州学选址不佳，因而主动请求李弥逊在旧址上重修扩建。两年后，新府学建成，次年漳州即取得5人登科的佳绩。士子们将之归功于李弥逊，因而修建生祠有贤堂以奉祀之。漳人热衷科举由此可见一斑。

　　虽然东溪学派被记载入《闽中理学渊源考》之中，朱熹亦十分推崇高登，然而朱子认为其学并未尽和孔子。严格而言，东溪学派与程朱理学之间存在较大的差别。陈淳自称："自儿童执卷，而世儒俗学，已蛊其中。"③可见其早期未能接触到理学正宗，而所谓"世俗儒学"或许与东溪学派有着千丝万缕的关系。漳人热衷举业的风气，对陈淳早期求学旨趣影响更深。陈淳曾自述道："大抵今之读书为儒者，通一世皆是学举业之人。自儿童学语，便教以属对，既而少长，虽次第读《孝经》《论》《孟》《诗》《书》经，莫非为举业之具。越十五成童，至于二十成人，所谓举业语言，已盈耳充腹，缠肌缴骨。"④生长在热衷举业的社会环境中，弱冠前的陈淳早已习染修习举业之风。虽然，陈沂称其"少习举子业，嗜学精勤，趣向不凡"⑤，陈宓亦言其"幼而颖悟，少长趣识已端高，为学务实，以同于俗为耻"⑥，然而陈淳受习举业之风熏染自是不可否认的事实。

　　陈淳彻底摆脱举业之桎梏，则是受到东溪学派传人之影响。高登门人陈景肃与陈淳同为陈元光后裔，其孙陈植则求学于陈淳，两家之间血缘、学术渊源颇深。陈淳是否受到其影响则不得而知。真正启发陈淳，并使之改变求学旨趣，终入理学之门的是林宗臣。林宗臣见到久习举业的陈淳，认为其乃可造之材，因而告之曰："子所习科举耳，圣贤大业则不在是。"⑦并授之朱熹所编《近思录》。陈淳研读后，思想旨趣发生巨变。其否定了修习举业、世俗儒学的意义，开始转向

---

① 《光绪漳州府志》卷七，上海书店出版社2000年版，第114页。
② 杨汝南：《漳州学新修有贤堂记》，见解缙等编：《永乐大典》卷七二三七。
③ 《北溪大全集》卷五。
④ 《北溪大全集》卷二六。
⑤ 陈沂：《叙述》，见《北溪大全集》外集。
⑥ 陈宓：《有宋北溪先生主簿陈公墓志铭》，见《北溪大全集》外集。
⑦ 《闽中理学渊源考》卷一四，第226页。

朱子学:"年至二十有二矣,始得先生所集《近思录》读之,始知有濂溪、有明道、有伊川为近世大儒,而于今有先生,然犹未详也。"①所谓"安卿卒为儒宗,实夫（林宗臣字——引者注）启之也",在林宗臣的引领下,年届 22 的陈淳开始摆脱世俗儒学的蛊惑,成为理学忠实的拥趸②。

陈淳接触理学之后,开始寻访理学大师著述研读。其回忆道:"自是稍稍访寻其书,间一二年、三四年,又得《语孟精义》《河南遗书》及《文集》《易传》《通书》与夫先生（朱熹——引者注）所著定《语》《孟》《中庸》《大学》《太极》《西铭》等传,吟哦讽诵,反诸身,验诸心,于是始慨然敬叹,当时师友渊源之盛,抽关启钥,如此之至!"③在对这些理学作品"吟哦讽诵,反诸身,验诸心"之后,陈淳清晰而明确地意识到自己过往所学之不足,甚而"重自愧,觉此身大为孔颜罪人"④。他进一步认定程朱理学为儒家道统之正宗,朱熹更是当时第一人,求学问道必以朱熹为师:"某窃尝谓道必真有人而后传,学必亲炙真任道之人,而后有以质疑辨惑而不差。自孔孟没,天下贸于俗学盖千四百余年。得濂溪周子、河南二程子者出,然后斯道有传,而正学始有宗主。自程子至今,又百余年矣,见知闻知,代不乏人,然渊源纯,粹精极真,可以当程氏之嫡嗣而无愧者,当今之世,舍先生其谁哉!而天下学士有志于古,欲就有道而正之者,非先生亦谁与归哉?"⑤至此,陈淳确立了其一生的求学旨趣,并决定了其一生以倡卫朱子学为己任的基调。

虽然陈淳立志向朱熹求学,然而限于家境贫困的现实情况,他不得不为生计奔波。在这段时间里,他一方面以训童为生,奉养父母;另一方面仍然修习举业,争取在科举上有所斩获。在此期间,陈淳完成了早期作品《隆兴书堂自警三十五首》。这些五言诗中,呈现了数个方面的内涵,体现了陈淳早期理学思想的特征。

他首先表达无法专心求学问道、蹉跎岁月的惶恐。他感叹生活贫困艰辛,不得不以训蒙为生,却又不能孝养父母,"负米惭子路,杀鸡愧茅容"。"二程十四五,即为圣人徒",而他已经年近 30,却学无所成,如何能不警醒?"古人

① 《北溪大全集》卷五。
② 《闽中理学渊源考》卷一四,第226—227页。
③ 《北溪大全集》卷五。
④ 《北溪大全集》卷五。
⑤ 《北溪大全集》卷五。

用功处，步步最缜密"，而自己为学疏阔、践履不得其实；本欲效仿颜子，如今却为稻粱谋。上述反差均令其痛心疾首、惶恐不安。他以"君子儒"自勉，希望自己切莫效仿俗儒，以道义荣亲自期。

紧接着，陈淳阐释了其理学心得。首先是理欲观。在其看来，人秉承五行之秀而生，与万物卓然不同，此乃永恒不变之理。"人为天地心"，却因有私欲而无法体察天理。为了"存天理灭人欲"，他认为应做到以下几条：

"百乐不足玩，万好俱无益。休休事追逐，荡志而害德。

辅仁贵有益，谨毋友善柔。良心放则死，胡为乐佚游。

克己贵乎严，存心大而正。改过勿惮客，任道尤须劲。"

其次是为学方法。他指出知行须并进："知以达其行，行以精其知。二者互相发，不容偏废之。"他又进一步讨论对几本重要典籍的看法。《诗经》主旨为"思无邪"，《礼》主讲"毋不敬"，对此二书当时时涵养，潜心领会；《大学》展示"絜矩"之道，《中庸》阐发君子尚纲之德，此乃前人长久深自用功之处，当日三省；周敦颐所撰之《太极图》、张载所著之《订顽》，乃"吾门礼义宗"，须臾不得离，需时常研读。

最后是修圣之道。他开宗明义："言人必志圣，论学必志道。"在他看来，志随气而动，务必养气，使之保持清明、和平；务必以理义胜血气，不可为血气所驾驭。他主张以"心"为严师，凡事均须内心警惧，任何隐约细微的不足均不可自欺。他强调："心藏隐奥中，乘间亦易动。须于动之微，坚持勿使纵。"务必时时敬忌，不可有毫厘间断、须臾怠惰，做到"事事物物间，私皆在所涤"。尽管自己气禀有偏，但是他相信"积习日蕃衍"，最后一定能实现"居独念无僻，境动情不肆"的境界。

陈淳视希贤成圣为求学者必然追求的目标，因此尤为注重修养功夫。《自警诗》中，此内容达 17 首之多，加上前述去人欲 3 首，达 20 首之多。其注重修身养性、实现自我超越的上达功夫，在此已初现端倪。

从中可见，陈淳从未放弃进一步研习理学的旨趣，一直在钻研、思考理学思想，并且已有了属于自己的初步认知。但是这种认知毕竟是有限的，亦不能满足陈淳的追求。因而，他对这段时间的生活甚是忧恐、懊悔。其言道："愚生窃不自量，尝欲尽屏世学，奔趋席隅，面领其梗概，然后退而结茅于清泉茂林，以毕其业而终吾乐。独奈何事与心违,家穷空甚,无千里裹粮之资,而二亲臞茶,又日夺于仰事不给之忧,汨没乎科举干禄之累,而于此第窃有志焉,不克实下手专研而精究,今三十有二矣。十年之间,但粗猎涉,悠悠蹉跎,若存若亡,枉逾夫子而立之年,未免曹交徒食之计。良心芜没,百无一就,骎骎下流,甚惧甚恐。"① 其求学之心之坚定、迫于生计之无奈、自责懊悔之意跃然纸上。

淳熙十六年(1189年)秋,年过30的陈淳终于通过解试,赴都城临安(今浙江杭州)参加省试②。陈淳自述此行云:"去年秋赋,黍缘有临安之役,自谓一行也,此累了未了。其归也,道武夷,当径走五夫,共洒扫于墙仞之下,以纾其所素愿。不谓命也天穷,旧累依然,而先生又此来矣。"③ 对其而言,此行不过是科举之累未了,并非什么值得荣耀之事。他更向往的是,回程途经武夷山,可前往五夫拜访朱子,从而得偿亲炙朱子门下的夙愿。不料,朱熹已出知漳州,陈淳此行未能如愿以偿。

### 二、朱子临漳与陈淳求学

陈淳曾两度从学于朱熹。光宗绍熙元年(1190年)四月,朱熹出知漳州。十一月,陈淳抱"十年愿见而不可得之诚"求见,接受朱熹教导,"凡阅义理,必穷其原",直至次年五月。宁宗庆元五年(1199年)十一月,陈淳前往考亭拜谒朱熹,陈述近年为学心得。当时朱熹已卧病在床,对其言道:"如公所学,已见本原,所缺者,下学之功尔。"次年正月,陈淳告归,不久,朱熹病逝。他追思师训,为学益力,无书不读,无物不格,日积月累,义理贯通。虽然陈淳两次从学于朱熹的时间都不长,然而却深深地影响其理学思想的形成与发展,塑造了其思想的基本内涵与特征。

陈淳记录了两次问学的内容,前者名为《郡斋录》,后者称为《竹林精舍录》,并做了序。两书最初收录在李性传所编《朱子语续录》,于嘉熙二年(1238年)刊刻于饶州鄱阳学宫。景定二年(1263年),黎靖德以类编排《朱子语类》,将两书内容分类编排。因而两书今散见于《朱子语类》中,两书之序文则收在《北溪大全集》中。两书分别记录了两次求学期间,陈淳与朱子、学友及学友与

---

① 《北溪大全集》卷五。
② 陈宓所撰《墓志铭》云:"淳熙己酉与计偕。"《有宋北溪先生主簿陈公墓志铭》,见《北溪大全集》外集。
③ 《北溪大全集》卷五。

朱子之间的问答，凡 600 余条，约 10 万余字，全面地反映了陈淳两次求学期间的学习所得与思想演变。胡适谈到《朱子语续录》46 卷所收各家语录时，言道："这里面陈淳（安卿）两次的记录最小心，最用功，最能表现朱子说话的神气，是最可宝贵的史料。"[1] 可见陈淳求学态度之细致认真。今《朱子语类》卷一一三至一二一收录"训门人"一类，以陈淳所录为最，凡 34 条。

（一）朱子临漳期间

绍熙元年四月，朱熹到漳州上任。五月，陈淳落第归家。限于种种因素，直到十一月，陈淳方修书求见朱子。根据陈淳的陈述，面对如此天赐良机，其之所以迟迟才拜谒朱熹，大致有两个理由。其一，陈淳自临安回到漳州后，便身染疾病，无法动身前往拜访。其言曰："先生庚戌四月至临漳，某自罢省试归，五月方抵家，而道途跋涉之苦，得病未能见也。至十一月十八日冬至，始克拜席下。"[2] 但是身体原因并不足以令陈淳经过 6 个月的时间后才主动求见朱子，也并非至关重要的因素。其二，身份地位的悬殊，则令陈淳踌躇不前。对此，陈淳详细地向朱熹坦诚道：

"某始闻之欢欣鼓舞，谓向者十年愿见而不可得，今乃得亲睹仪形于州闾之近，殆天之赐欤？既而，又自疑曰：先生郡侯也，某郡之一贱氓也，贵贱之分有等，且侯门如海，府吏森严如截，问学若之何而通，请益若之何而便，讲论若之何而歇？故又迟迟者累月，屡进而屡趑趄。然是学不可一日废，而见贤之心油然动于中，终有不容遏。且人生聚散不可期，幸与贤者并世而生，而邂逅又如此其密迩，人未有拒我之形，吾逆为之辞以自止，是果于自暴自弃者也。况先生以道学为天下宗师，既不得盛行于时，犹当私淑于后。乐育善诱，循循不倦，夫岂以鄙夫互童而遽弃之？"[3]

经过一番内心的挣扎之后，深植在其心中的求知欲望最终战胜了诸多顾虑，陈淳以其《自警诗》为贽求见朱熹。

① 胡适：《〈朱子语类〉的历史》，见欧阳哲生编：《胡适文集》10《胡适集外学术文集》卷三，北京大学出版社 2013 年版，第 395 页。
② 《北溪大全集》卷一〇。
③ 《北溪大全集》卷五。

　　陈淳不知道的是，朱熹早已从侍郎田子真处了解到他，亦有相见之愿①。朱熹收到陈淳的求见信与《自警诗》后，次日便于郡斋接见了他。陈淳详细记载了此次问答：

　　淳冬至以书及自警诗为贽见。翌日入郡斋，问功夫大要。曰："学固在乎读书，而亦不专在乎读书。公诗甚好，可见亦曾用工夫。然以何为要？有要则三十五章可以一贯。若皆以为要，又成许多头绪，便如东西南北御寇一般。"曰："晚生妄意未知折衷，惟先生教之。"先生问："平日如何用工夫？"曰："只就己上用工夫。""己上如何用工夫？"曰："只日用间察其天理、人欲之辨。""如何察之？"曰："只就秉彝良心处察之。"曰："心岂直是发？莫非心也。今这里说话也是心，对坐也是心，动作也是心。何者不是心？然则紧要着力在何处？"扣之再三，淳思未答。先生缕缕言曰："凡看道理，须要穷个根源来处……凡道理皆从根原处来穷究，方见得确定，不可只道我操修践履便了。多见士人有谨守资质好者，此固是好。及到讲论义理，便偏执己见，自立一般门户，移转不得，又大可虑。道理要见得真，须是表里首末，极其透彻，无有不尽；真见得是如此，决然不可移易，始得。不可只窥见一斑半点，便以为是……圣贤言语，须是真看得十分透彻，如从他肚里穿过，一字或轻或重移易不得，始是。看理彻，则我与理一。然一下未能彻，须是浃洽始得。这道理甚活，其体浑然，而其中粲然。上下数千年，真是昭昭在天地间，前圣后圣相传，所以断然而不疑。夫子之所教者，教乎此也；颜子之所乐者，乐乎此也。圆转处尽圆转，直截处尽直截。先知所以觉后知，先觉所以觉后觉。"问："颜子之乐，只是天地间至富至贵底道理乐去。乐可求之否？"曰："非也。此一下未可便知，须是穷究万理，要令极彻。"已而曰："程子谓：'将这身来放在万物中一例看，大小大快活！'又谓：'人于天地间并无窒碍处，大小大快活！'此便是颜子乐处。这道理在天地间，须是真穷到底，至纤至悉，十分透彻，无有不尽；则与万物为一，无所窒碍，胸中泰然，岂有不乐！"②

---

① 朱熹在《答田侍郎》中言道："士子之贤，如施（允寿）、林（易简）诸人已相见，皆如来喻，但陈（淳）、郑（可学）未见，旦夕访问之，当肯顾也。"《晦庵集》续集卷三。

② 黎靖德：《朱子语类》卷一一七，中华书局1986年版，第2814—2816页。

陈淳急于求道、热衷上达之道的心态溢于言表。朱熹肯定了陈淳过去的思考所得，同时指出其思想缺乏一以贯之的纲要。朱熹教导陈淳，穷究道理必须从根原处着手，须表里首末极其透彻，不可只窥见其中一点半点。陈淳心领神会，一生为学均将"根原"二字贯彻始终。朱熹在漳期间，陈淳注重辨析义理；朱熹离漳之后，陈淳撰写了一系列穷究根原的文章；在教授门人时，又注重以穷究根原为上达之功夫。

朱熹临漳期间，除了注重正经界、蠲横赋、弹劾奸吏外，更注重传播理学思想、敦励民风民俗。冬十月，朱熹刊刻《诗》《易》《书》《春秋》等四经①。冬十二月初十，朱熹刊刻《大学》《中庸》《孟子》《论语》等四子（四书）②。同月，刊刻新编成的《礼记解》，又刊刻《大学章句》《近思录》《小学》《家仪》《乡仪》《献寿仪》等于漳州学宫③。上述诸书之刊刻，为漳州学子提供了儒学入门典籍。朱熹还说明了刊刻四经、四书之缘由。在其看来，先圣之书言简意赅、涵义幽远，骤然读之，不能迅速了解其大要，必须有一定的读书次序。其言曰："故河南程夫子之教人，必先使之用力乎《大学》《论语》《中庸》《孟子》之书，然后及乎《六经》，盖其难易、远近、大小之序，固如此而不可乱也。故今刻四古经而遂及乎此四书者，以先后之，且考旧闻，为之音训，以便观者。又悉著凡程子之言及于此者，附于其后以见读之之法，学者得以览焉。抑尝妄谓《中庸》虽七篇之所自出，然读者不先于《孟子》而遽及之，则亦非所以为入道之渐也。"④程子教人先四书而后六经，此次序绝不可乱，因此他在刊四经后又刊四书。朱熹所刊四书，除增添了考证与音训外，又附有程子相关解析语录，便于读者研习。

除了刊刻儒经以便于学者外，朱熹还亲自到学宫讲学。因而朱熹临漳，同时也吸引了不少学人来到漳州，一时人才荟萃。据学者们的考证，前来求学的有泉州晋江县的杨履正、杨至、赵唐卿，兴化军莆田县的郑可学，福州长乐县（一说福州三山人）的刘砥，福州既宁县的童伯羽，建州浦城县的杨黻、杨道夫，南康军建昌县的周谟，温州永嘉县的徐寓、徐容兄弟等，学术风气异常活跃，漳州一

---

① 《晦庵集》卷八二。

② 《晦庵集》卷八二。

③ 束景南：《朱熹年谱长编》，华东师范大学出版社 2014 年版，第 1009—1010 页。

④ 《晦庵集》卷八二。

时间成了理学的中心①。良师、典籍及益友，为陈淳学业精进创造了良好的氛围与条件。

绍熙二年（1191 年）正月初二，朱熹出《漳州延郡士入学牒》，延请陈淳等 8 人入官学，然受到张教授等人阻挠②。牒中称陈淳"齿虽尚少，学已知方"，是知陈淳志向之坚定明确③。因"居村食贫，又以训童拘绊"，陈淳无法天天在朱熹身边问学④。尽管现实如此，陈淳一有机会便往郡斋问学论道，有时常至深夜时分，"凡所扣击，无非向上意旨。文公屡以善问称之"⑤。其所询问的问题，尤为注重概念范畴的分析与比较，如太极与理、理与气、性与命、性与理、仁与义礼智信、仁与义、忠与信、恭与敬、下学与上达、性与情、才与性情等等，为其以后撰写《北溪字义》打下了坚实的基础。

（二）朱熹离漳与信札问学

绍熙二年正月二十四日，朱熹长子朱塾去世，朱熹受到了极大的打击。二月，朱熹立即申请离职。此前，朱熹曾请求朝廷"正经界"，即核实田亩、随田纳税，以遏抑土地兼并、纳税不均之现象，遭到了豪门地主的强烈攻击。因而朱熹的请辞很快得到批准，四月二十五日午时，主管鸿庆宫、加秘阁修撰诰到，二十九日，起行离漳。怀着深深的不舍与不得继续问学的遗憾，陈淳送行至同安县东之沈井铺方才告别，时为五月二日。

朱熹请辞后不久，陈淳同窗永嘉徐寓将离漳返乡，另一同窗好友杨士训亦将离漳前往临安参加成均之役，陈淳因而做《送徐杨二友序》以送别二人。文中，陈淳以谢良佐、尹焞等人辞别程门时之对话为典，劝勉二人道：

> "道无往而不在，学无时而不然。二君自兹而往也，诚能常如侍先生之侧，静则存主敬之味，动则佩烛理之方，参前倚衡，念念以无负先生所期望，无时无处而不用其力焉，则是虽远先生之函丈，而正大之训常在耳。于其洒然有得之时，又无惜一二附南来之雁，以交致并为仁之意，则是虽与某

---

① 参看 [日] 田中谦二：《朱门弟子师事年考》，《东方学报》第 44 期（1973 年）；[日] 田中谦二：《朱门弟子师事年考续》，《东方学报》第 48 期（1975 年）；[美] 陈荣捷：《朱子门人》，学生书局 1982 年版，第 274、269、292、340、309—310、247、275、272、141、179、180 页。

② 《朱子语类》卷一〇六，第 2645 页。

③ 《晦庵集》别集卷六。四库本文末有"绍熙三年正月初二日牒"字样，当误。

④ 《北溪大全集》卷一〇。

⑤ 《叙述》，见《北溪大全集》外集。

非向者从容郡斋之乐，固千里共肝鬲也。"①

建议二人在离开之后，仍然孜孜以求道，如有所得则不吝相告、相互切磋。该劝勉之语亦是陈淳自身的修学原则。

朱熹离漳后，陈淳无法当面请益，转而用书信往来的方式问学求教。今主要保存在《晦庵集》卷五七及《北溪大全集》卷五、卷六、卷七中。相较口头问答而言，书信的形式具有其特有的优劣处：书信往返需时，沟通对话不能及时；纸张笔墨费用非小，为了将每次书信往来价值最大化，书写者务必反复斟酌；诉诸笔墨，更利于大段推演，再加上文字往往经过一番反复斟酌，对提问者而言，需要经过一番反复斟酌，筛选问题，文字亦是反复推敲之后，务求每封书信均能更多地反映自己的所思所得及求学困惑；对回答者而言，务求切中要害，有针对性地指出存在问题与评点所得，因而书信往来更能体现通信双方的思想。在与朱熹书信往来之间，陈淳的理学造诣日渐深厚，其理论水平逐渐提高，对某些具体问题之见解亦获得了朱熹的赞赏。

《晦庵集》所存二人书信问答凡6篇，计90条，其中前3篇条目涉及问题较多，第四篇乃是对第三篇之补充；《北溪大全集》所收凡27篇，二书所收内容互有重叠与出入。综观二书所收篇目，可以大致了解陈淳这一时期的问学旨趣、思考所得与存在问题。

首先，各篇各条目均围绕《四书集注》与《四书或问》展开，可知陈淳该时期读书以《四书》为中心，实践着朱熹以《四书》为问学之基的理念。陈淳信中，涉及某些字词句之含义，还涉及对《集注》与《或问》某些解释的见解，还有部分乃是其个人就某些问题的进一步阐发，如"瘈瘲动静"、"心说"等。值得注意的是，陈淳尤其注重具体理学范畴之阐发，如"仁"、"心"、"理"等范畴。此外，其除了撰写《心说》送呈朱熹外，同时亦撰写了《孝根原》《君臣夫妇兄弟朋友根原》《事物根原》《忠恕》《仁》《恕》等探究根原与具体范畴的文章。此数篇正是其得朱熹所授"根原"二字后思考所得。送呈朱熹后，朱熹批答曰："所示卷子看得甚精密。"② 同时朱熹又致书陈淳外父李唐咨曰："安卿书来看得道理尽密，此间诸生皆未有及之者。知昏期不远，正为德门之庆。区区南官亦喜，为吾道得

---

① 《北溪大全集》卷一〇。
② 《北溪大全集》卷五卷后附。

此人也。"① 是知陈淳在根原处与理学范畴之思考，深得朱子之心。学者称朱熹此语"与杨时离开程颢南归，程颐目送之曰：'吾道南矣'同一旨趣"②。

其次，从二人问答往来，除了朱熹释疑外，还可看到陈淳对朱子的启发、朱子对陈淳的肯定与批评。陈淳思考问题极为细密，因而其提问有时亦引发朱子的思索与自我修正。如对"瘄寐动静"的讨论，陈淳先提出人在清醒与睡眠状态下的心理动静问题，在朱子提出自己的观点后，陈淳又进一步予以阐发，并得到朱子"得之"的肯定③。又如陈淳认为《论语集注》"发愤忘食，乐以忘忧"章解释有偏颇之处，并陈述了自己的看法。朱子重释此章后，批答曰："来喻未然，而《集注》亦未尽也。"④ 又如他认为《大学或问》中《格物》章"其所以精微要妙，不可测度者，乃在其真积力久心通默识之中"不好理解，朱子答曰："此处细看，当时下语不精，今已改定。"⑤ 再如，《论语集注》"学道立权"引杨氏"信道笃"之说，陈淳认为该解释存在矛盾，朱子批云："'信道笃'三字诚有未尽善者。"⑥

朱子对陈淳的批示中，"得之"、"此说甚善"颇多。如陈淳就《论语》"十有五而志于学"章中"志学"、"立"、"不惑"、"知天命"、"耳顺"、"从心"诸概念提出自己的见解，朱子指出其对"立"、"不惑"、"知天命"、"耳顺"诸词理解不当之处，并批答曰："余则来说得之。"肯定了陈淳对"志学"、"从心"之阐释⑦。又如陈淳引申《论语集注》"子温而厉"章道："盖浑然无适而非中正和平之极，不可得而偏指者也。"朱子批答曰："此说推得亦好。"⑧ 再如陈淳认为程子"公而以人体之故为仁"一言中之"人"仅就自身而言，而"公只是仁之理，专言公则只虚空说著理，而不见其切于已，故必以身体之，然后我与理合而谓之仁，亦犹孟子合而言之道也"，又进一步指出公"亦不过克尽己私"。朱子批答曰："此说得之。不然，则如释氏之舍身饲虎，虽公而不仁矣。"⑨ 肯定了陈淳对"公"、"仁"联系之理解。

---

①　《北溪大全集》卷五卷后附、《晦庵集》卷五七。

②　邱汉生：《宋明理学史》，人民出版社 1987 年版，第 491 页。

③　《晦庵集》卷五七。

④　《晦庵集》卷五七。

⑤　《晦庵集》卷五七。

⑥　《晦庵集》卷五七。

⑦　《晦庵集》卷五七。

⑧　《晦庵集》卷五七。

⑨　《晦庵集》卷五七、《北溪大全集》卷六。

陈淳所思有不足之处，朱子亦会令其更思之。如陈淳论叔齐伯夷曰："此是据其分之所当然，以求即乎吾心之安。盖不如是则于心终不安。"朱子批答曰："此说得之，但更看求仁得仁处。"① 又如，陈淳认为《中庸》"尚䌹"条乃是"有美在其中，只要自温好，不用人知"之意，朱子批答曰："此说得之，然更宜详味。"② 再如陈淳认为程颢"生之谓性，人生而静以上不容说"之说太过，怀疑"以上"二字似指"从未感物以前至于所以生之始"，非指未生以前之事，朱子批答曰："此说费力，恐只合仍旧。更思之。"③

如果陈淳有偏差处，朱子则明确指出其病痛之处，提点其改进之道。如陈淳认为《论语》"樊迟问知"章"仁者先难而后获"之"仁者"非就仁人而言，只因仁者无己私。朱子指出仁者虽已经无私，但怎敢自称已无私，同时指出陈淳"来示数卷此一样病痛时时有之"④。可见陈淳之理解偏颇之处并不少见。又如，陈淳送呈《心说》《心体用说》二文，并附有王遇（字子正）之评价，朱子阅后，言道："此说甚善。更宽著意思涵养，则愈见精密矣。然又不可一向如此向无形影处追寻，更宜于日用事物、经书指意、史传得失上做工夫，即精粗表里融会贯通，而无一理之不尽矣。"⑤ 在临漳郡斋首次相见时，朱子即指出其学问缺乏"一贯"之道，穷理"须是表里首末，极其透彻，无有不尽"；在此信札中，朱子再次强调"精粗表里融会贯通"，两次教诲相互呼应，可见陈淳求学之道偏颇处与初见时颇为相同。诚如学者所言，初见时，陈淳已有忽略下学之倾向，亦流露出朱熹所不喜的禅气⑥。经过多年之研习，陈淳忽略下学之倾向仍在，且未完全领略到朱子"一以贯之"之意。

朱子曾言："夫圣人之道，无显微，无内外，由洒扫应对进退，而上达天道，本末一以贯之。一部《论语》只恁地看。"⑦ 圣人之道显微无间、内外合一、本末一贯，一切均在下学上达的原则中。程子言："学者须守下学上达之语，乃学之要。盖凡下学人事，便是上达天理。"⑧ 下学上达正是学者求学问道必须坚持的一

① 《晦庵集》卷五七、《北溪大全集》卷六。
② 《晦庵集》卷五七。
③ 《晦庵集》卷五七。
④ 《晦庵集》卷五七。
⑤ 《晦庵集》卷五七。
⑥ 田智忠：《朱子论"曾点气象"研究》，巴蜀书社 2007 年版，第 303 页。
⑦ 朱熹：《伊洛渊源录》卷九，景印文渊阁四库全书本。
⑧ 朱熹：《四书章句集注·论语集注》卷七，中华书局 1983 年版，第 158 页

贯之原则。朱子申而言之曰："学者学夫人事，形而下者也；而其事之理则固天之理也，形而上者也。学是事而通其理，即夫形而下者而得其形而上者焉，非达天理而何哉？"① 而下学上达亦体现在致知与涵养两功夫中。由于陈淳偏重上达、致知，对下学、涵养均有所偏失，因而朱子强调其应"更宽著意思涵养"，切不可向空虚虚无处追寻天理，而更应在日用事物、史传得失等上面做工夫。此外，陈淳论"比干不止是一事之仁"时，指出"须是知止有定，然后无入而不自得也"。朱子肯定其观点，并指出"亦须有涵养工夫也"②。指出了陈淳注重格物穷理，而忽视了日常生活中的涵养工夫。总而言之，朱熹含蓄地指出陈淳忽略下学原则与欠缺涵养工夫的阙失。后来，朱子又专书一封嘱托道："知在王丞处，甚善，且得朝夕讲学有商量也。"③ 提点陈淳多与王遇相互切磋、相互学习，大有互相纠偏之意。

综上，经过数次信札往来，陈淳在理学某些范畴上的理解亦一定的深度，得到朱子的赞许。在这些书信中，陈淳偏重穷究义理的求学倾向表现得淋漓尽致；其忽略下学原则与涵养工夫的倾向亦有所体现。尽管朱子期望陈淳注重下学之道，期望其注重涵养工夫，然而朱子对其仍不乏溢美、夸赞之词：

> 陈淳者书来甚进，异日未可量也④。
> 漳州陈安卿书来，甚长进，不易得也⑤。
> 漳州陈安卿在此，其学甚进⑥。
> 近得漳州陈淳书，亦甚进也⑦。

朱子一再肯定陈淳学业有所精进，甚至认为其来日成就不可限量，因而有学者认为朱子似乎有希望陈淳与黄榦成为传道中坚力量的意思⑧。

---

① 朱熹：《四书或问》卷一九，景印文渊阁四库全书本。
② 《晦庵集》卷五七。
③ 《晦庵集》卷五七。
④ 《晦庵集》卷五五。
⑤ 《晦庵集》卷五八。
⑥ 《晦庵集》续集卷三。
⑦ 《晦庵集》续集卷一。
⑧ 张加才：《诠释与建构：陈淳与朱子学》，人民出版社 2004 年版，第 17 页。

（三）考亭问学

绍熙五年（1194 年），太上皇宋孝宗病逝，光宗因病无法主持丧礼，宗室赵汝愚与外戚韩侂胄等人合谋发动宫廷政变，拥立光宗之子赵扩为帝，是为宁宗。宁宗上台后，赵汝愚引朱熹入朝为帝师。不久，赵韩二人龃龉越来越深，进一步演化为政治斗争。朱熹首当其冲，当年闰十月即被罢黜。庆元二年（1196 年），两党政治斗争进一步展开，理学被斥为伪学，朱熹落职罢祠。三年，韩侂胄一党效法北宋元祐党禁，将理学罪名由"伪学"进一步上升到"逆党"，开列伪党党籍名单。以朱熹为代表的理学家们，遭到迫害，此事即为历史上的"庆元党禁"。史称："方是时，士之绳趋尺步、稍以儒名者，无所容其身。从游之士，特立不顾者，屏伏丘壑；依阿巽懦者，更名他师，过门不入，甚至变易衣冠，狎游市肆，以自别其非党。"① 在此政治背景下，陈淳不仅未改易衣冠、撇清与朱熹之关系，而且与同为朱子门人的妻父李唐咨（字尧卿）偕同，长途跋涉至建阳考亭寻访朱熹，再次从学于朱子门下。

陈淳叙述此行道："某自辛亥夏送别先生于沈井之后，以水菽之不给，岁岁为训童牵绊，未能一走建阳，再诣函文。而先生屡以书来招，至乙未冬始克与妻父同为考亭之行。十一月中浣，到先生之居，即拜见于书楼下之阁内。"② 虽然陈淳一直热烈期盼能追随朱子左右，且朱熹一再致书召唤，但其长年生活拮据，不得不以训童为生，因而久久未能成行。陈淳选择在庆元五年前往考亭，经济的拮据不再是其踟蹰不往的缘由，更完全无视特殊的形势，大有以此行明志之意味。

自送呈《心说》《心体用说》二文后，陈淳与朱熹的书信往来逐渐减少，信札内容亦大幅缩减。《朱子语类》载：

> 贺孙问："安卿近得书否？"曰："缘王子合与他答问，讳他写将来，以此漳州朋友都无问难来。"因说："子合无长进，在学中将实录课诸生，全不识轻重先后。许多学者，近来觉得都不济事。"③

王子合即王遇。送呈《心说》时，陈淳曾以"王丞子正"相称，是知其时王遇已位至宗正寺丞。从朱熹之言可知，陈淳来信减少乃因顾忌王遇。王遇身有官位而

① 脱脱：《宋史》卷四二九，中华书局 1977 年版，第 12768 页。
② 《北溪大全集》卷一〇。
③ 《朱子语类》卷一一七，第 2833 页。

学问却不如陈淳且无太大进步，因而不希望陈淳将他们的切磋论争告知朱熹。由于往来书信减少，朱熹已有一段时间未能知晓陈淳求学所得，尤其是其忽略下学之偏差是否已经得到纠正。此时朱熹身体虽已大不如前，但精神仍然矍铄。当众门人请退时，朱熹特意将陈淳与李唐咨留下来，询问陈淳这 10 年的思考所得及未解之疑惑。

经过临漳求学及长年与朱熹、学友的信札问答往来，此时陈淳的学业已大有精进，所思考的问题无论深度还是广度都较 10 年前有较大的拓展。陈淳亦有渐入佳境之感，其从容不迫、娓娓道来："虽有大底，不见其为大；难底，不见其为难；至硗确至劳苦处，不见其为硗确劳苦；横逆境界，不见其有憾恨底意；可爱羡难割舍底，不见其有粘滞底意。见面前只是理，觉如水到船浮，不至有甚悭涩。"① 至于"夫子与点之意，颜子乐底意，漆雕开信底意，中庸鸢飞鱼跃底意，周子洒落及程子活泼泼底意，觉见都在面前，真个是如此！而'礼仪三百，威仪三千'，亦无一节文非天理流行。易三百八十四爻时义，便正是就日用上剖析个天理流行底条目。前圣后哲，都是一揆。而其所以为此理之大处，却只在人伦；而身上工夫切要处，却只在主敬。敬则此心常惺惺，大纲卓然不昧，天理无时而不流行。而所以为主敬工夫，直时不可少时放断。心常敬，则常仁。"②

在信札往来中，朱熹已表露出担忧陈淳忽略下学的忧思，此次会面迫切地希望了解陈淳在这个问题上是否有纠正。因而朱熹希望陈淳谈谈他的疑难，陈淳却就个人心得侃侃而谈，其自得之情不言而喻。听完后，朱熹却言："恁地泛说也容易。"沉吟良久之后，又曰："只恐劳心落在无涯可测之处。"③ 忧虑之心溢于言表。陈淳又询问朱熹对其《与点说》的评价。朱熹颇不以为然，其言曰："某平生便是不爱人说此话。论语一部自'学而时习之'至'尧曰'，都是做工夫处。不成只说了'与点'，便将许多都掉了。"④ 并借题发挥，教导陈淳应专致下学。朱熹认为"圣贤教人，无非下学工夫"，此一贯之旨，亦是在曾子事事都晓得后，孔子才教授与他⑤。又言："如'一以贯之'，是圣人论到极处了。而今只去想象那一，不去理会那贯；譬如讨一条钱索在此，都无钱可穿。"⑥ 疏忽下学，而专致

---

① 《朱子语类》卷一一七，第 2819 页。
② 《朱子语类》卷一一七，第 2819—2820 页。
③ 《朱子语类》卷一一七，第 2820 页。
④ 《朱子语类》卷一一七，第 2820 页。
⑤ 《朱子语类》卷一一七，第 2820 页。
⑥ 《朱子语类》卷一一七，第 2822 页。

上达，则是缺乏一贯之旨，谈"与点"、颜回乐处都不过是空谈。更为重要的是，欠缺下学之道，专致穷究天理，最终可能陷入禅学虚无、无实处的弊端。

朱熹评价陈淳的思考所得道："安卿思得义理甚精，只是要将那粗底物事都掉了。"① 陈淳思考义理身为精细、缜密，然而缺失了"粗底物事"。朱熹又指出陈淳如今所说"却只偏在'尊德性'上去，拣那便宜多底占了，无'道问学'底许多工夫。"② 所谓"尊德性，所以存心而极乎道体之大也。道问学，所以致知而尽乎道体之细也。二者修德凝道之大端也"③。尊德性、道问学二者乃修德之大端，自当不可偏废。可见朱熹认为陈淳治学之道偏差十分明显，甚至将之与陆九渊门人相比拟。其言道："近日陆子静门人寄得数篇诗来，只将颜渊曾点数件事重叠说，其他诗书礼乐都不说。如吾友下学，也只是拣那尖利底说，粗钝底都掉了。今日下学，明日便要上达！"④ 此批评可谓十分尖锐。

陈淳深自反思后，坦诚自己"大欠下学工夫"，请求朱熹教导下学之道。朱熹言："为甚要格物致知？便是要无所不格，无所不知。物格知至，方能意诚、心正、身修，推而至于家齐、国治、天下平，自然滔滔去，都无障碍。"⑤ 其要首先在"无所不格、无所不知"，即当"博学之"；其次当推用之，即"出而应天下"。朱子期望他"须是立定此心，泛观天下之事，精粗巨细，无不周遍"⑥。同时诚喻道："今人务博者，却要尽穷天下之理；务约者又谓反身而诚，则天下之物无不在我，此皆不是。"⑦ 针对他"僻在远方，无师友讲明，又不接四方贤士，又不知远方事情，又不知古今人事之变，这一边易得暗昧了"，朱熹一再强调其应走出书斋、行万里路。朱熹先是言道："今且当理会常，未要理会变。常底许多道理未能理会得尽，如何便要理会变！圣贤说话，许多道理平铺在那里，且要阔着心胸平去看，通透后自能应变。不是硬捉定一物，便要讨常，便要讨变。今也须如僧家行脚，接四方之贤士，察四方之事情，览山川之形势，观古今兴亡治乱得失之迹，这道理方见得周遍。"⑧ 后又言："下学只是放阔去做，局促在那一

---

① 《朱子语类》卷一二〇，第 2885 页。
② 《朱子语类》卷一一七，第 2824 页。
③ 《四书章句集注·中庸章句》，第 35—36 页。
④ 《朱子语类》卷一一七，第 2830 页。
⑤ 《朱子语类》卷一一七，第 2832 页。
⑥ 《朱子语类》卷一一七，第 2824 页。
⑦ 《朱子语类》卷一一七，第 2822 页。
⑧ 《朱子语类》卷一一七，第 2830 页。

隅，便窄狭了。须出四方游学一遭，这朋友处相聚三两月日，看如何；又那朋友处相聚三两月日，看如何。"①

朱子一方面肯定陈淳之学已得根原大意，另一方面又十分担忧陈淳的思想偏向，忧恐其困于书斋之中，思想亦落入空疏、脱离实处，因而希望其"详验实体于日用事物之中"，希冀其能游学四方、开阔眼界。

庆元六年正月初五，陈淳向朱熹告别。临行饯别，朱熹与陈淳对饮，言曰："安卿更须出来行一遭。村里坐，不觉坏了人。"又曰："安卿今年已许人书会，冬间更须出行一遭。"②一再告诫陈淳不可长期安于僻野乡村中，期望他再赴考亭。不料此次一别竟成永别，"方阅九十二日，而遽有幽明之判，反成终天之诀"③。三月初九日，朱熹与世长辞。陈淳撰写祭文《奠侍讲待制朱先生》以悼念先师。同年十月，其又撰《侍讲待制朱先生叙述》。朱子逝世两周年时，其又撰写《祭侍讲待制朱先生大祥》，并在其讲学的精舍内设灵位祭奠，以寄托对朱熹之哀思。

陈淳两次从学朱子时间均十分短暂，第一次不足半年，第二次仅月余，然而均对思想影响深远。前者助陈淳致力于上达之理，终在义理之学上斩获颇多；后者助陈淳兼致下学功夫。陈淳曾比较二次问学的差异道："而其所以为人痛切直截之意，比之向日郡斋从容和乐之训，则又不同矣。"④临漳问学时，朱熹态度从容和乐；考亭问学时，朱熹则毫无留情地直接了当地指出陈淳之偏差。朱熹之所以态度转变如此强烈，与陈淳思想偏差日渐严重关系密切。早在郡斋时，陈淳已流露出偏重上达、忽略下学的迹象，但鉴于其年纪尚轻，因而朱熹仅是和颜悦色地提点他缺乏一以贯之的道。然而陈淳并未完全领会朱熹的精神，仍是专致上达之道、穷究义理。朱熹多次召唤陈淳前往考亭，恐怕即是想当面纠正陈淳之偏差。陈淳迟迟方至考亭，其禅气之深，令朱熹不得不痛下针砭。

朱熹病逝前，在给廖德明（字子晦）的信札中指出："来喻又疑《考异》中说韩公见道之用而未得其体，以为亦若自谓根原、学问各有一种功夫者，此亦不然。"⑤强调"非是别有一段根原功夫又在讲学应事之外也"⑥。信中还特别指出：

---

① 《朱子语类》卷一一七，第 2832 页。
② 《朱子语类》卷一一七，第 2832 页。
③ 《北溪大全集》卷一〇。
④ 《北溪大全集》卷一〇。
⑤ 《晦庵集》卷四五。王懋竑将此文系于庆元六年，见（清）王懋竑：《朱子论学切要语录》卷二，景印文渊阁四库全书本。
⑥ 《晦庵集》卷四五。

"安卿之病正亦坐此，向来至此，说得既不相合，渠便藏了，更不说著，遂无由与之极论，至今以为恨。或因与书，幸亦以此晓之，勿令久自拘絷也。"① 在朱熹看来，虽然他直击要害、言辞恳切，但是陈淳并未真心接受教诲，而是刻意隐藏真实想法，因而朱熹无法与他真正地对话。朱熹希望通过廖子晦再次劝导陈淳，纠正陈淳虚空、忽略下学的为学偏差。

陈淳将先师的教诲铭记于心，痛定思痛，痛下决心纠正自己的偏差。此后"无书不读，无物不格，旁搜广览，惟恐或遗"②。其以上达为下学之基础，以博反约，最终实现了下学上达的本末一贯。这种由上达而下学的为学功夫，乃是朱子承自其师李侗，现又传与了陈淳③。

后来，陈淳回顾考亭问学道：

> "去冬某侍教，又谓当大作下学之功，毋遽求上达之见。当如曾子专从事于所贯，毋遽求曾子之所一；当如颜子专从事于博约，毋遽求颜子之卓尔。凡所讲道，一本乎实。尽性至命，不越乎人心日用之近；穷神知化，不出乎人伦事物之常。尝论天命之性，无极之真，其所自来虽极微妙，而其实即人心之中所当为者而已。但推其本则出于人心，而非人力之所能为，故曰天命。虽万事万化，皆自此中流出，而实无形象之可指，故曰无极。非谓日用之间，别有一物光辉流转，而其所以为此事，则惟在择善固执中正仁义而已，又非别有一段根原之功在讲学应事之外者。是乃学问彻上、彻下紧密之处也。"④

通过两次问学，他终于体认到了下学而上达一以贯之的为学方法。陈宓云："至是夫子（朱熹——引者注）之所以教先生（陈淳——引者注），先生之所以学，彻上彻下，该贯精粗，无复遗恨矣。"⑤ 即是此意。

两次从学经历，令陈淳更为坚定地视朱熹为儒学道统之正宗："惟先生讲明

---

① 《晦庵集》卷四五。
② 《有宋北溪先生主簿陈公墓志铭》，见《北溪大全集》外集。
③ 李侗教导朱熹切莫空说无限道理，应上达下学，将认知化为在日用间做反身践履功夫，可参看束景南：《朱子大传》，福建教育出版社1992年版，第156—187页；田智忠：《朱子论"曾点气象"研究》，第112—117页。
④ 《北溪大全集》卷一七。
⑤ 《有宋北溪先生主簿陈公墓志铭》，见《北溪大全集》外集。

是学于周程夫子之后，又精明而光大之，上以达于洙泗渊源之盛，使圣人嘉言懿范，益信白于天下来世，而诸家百氏之似是乱真者，悉颠末炳炳无复可遁其情。其于斯文之功大矣，虽使泰山其寿，长为吾道之主盟于戴履可也。"① 朱子病逝后，陈淳以卫道师门为己任，将矛头指向象山学派与佛老。

### 三、与点说与下学上达

从朱熹《答陈安卿》第三书可知，陈淳《心体用说》一文乃是针对王遇的疑问而做，是对"心之体与天地同大，而用与天地流通"的进一步阐述。在第六书中，又保存了陈淳与廖德明（字子晦）、王遇之间就鬼神、魂魄之讨论：

> 先生答妻父鬼神说云："所谓非实有长存不灭之气魄者，又须知其未始不长存尔。"廖子晦见此，谓长存不灭乃以天地间公共之气体言之。淳恐只是上蔡所谓"祖考精神即自家精神"之意耳。王子合以为二说只是一意，若非公共底，则安有是精神耶？不审何从。

朱子批答曰："上蔡说是。"② 肯定了陈淳的理解。

朱熹希望陈淳多与同窗切磋论争，以论辩激发思索，而陈淳确实如此践履，亦在学友论争中得到启发。陈淳与学友切磋论争，最有代表性当属与廖德明（字子晦）之论争。该论争不仅围绕着"与点论"展开，其中更体现了考亭问学前后陈淳对下学上达原则的思考所得。

所谓"与点论"乃围绕《论语·先进》"子路、曾皙（点）、冉有、公西华侍坐"章展开，是有宋一代理学家们关注的热门话题之一③。大概在绍熙末年至庆元初年（1192—1195 年），陈淳已就"与点"有过思考，但并未成文。庆元二年（1196 年）秋，同门严时亨著就《与点论》，陈淳阅后深感其大有遗阙，因而发为详说，做《详集注与点说》（下文简称《与点说》）④。此后，"槎溪廖子晦先生剧与辩论，犹以'语上遗下，语理遗物'为疑，质之文公。虽未免互有得失之答，

---

① 《北溪大全集》卷四九。
② 《晦庵集》卷五七。
③ 参看田智忠：《朱子论"曾点气象"研究》。
④ 《答廖师子晦一》云："某自三四年前，已略窥一线，而口笔屡形容不出。至丙辰秋，因感严说大故遗阙，忽跃如于中，遂发此一段以记之。"《北溪大全集》卷二二。

然终喜"①。

陈淳《与点说》开宗明义道:"天理自然流行圆转,日用万事无所不在。吾心见之明而养之熟,随其所处,从容洒落而无一毫外慕之私,然后有以契乎天理自然流行之妙,在在各足,而无处不圆。"② 天理自然流转于日用万事万物之中,若能明察天理并加以涵养,随其流转而处事,便能达到契合天理自然流行之妙、处处圆融的从容洒落之境界。在其而言,尧舜虽为圣人,亦不能加毫末于天理,亦是遵天理而行;孔子之志,老者安之,朋友信之,少者怀之,"亦无非对时育物,使之各遂其天理而无咈焉尔,与尧舜同一道也"③。孔夫子赞许曾点之志根本原因是曾点能洞察天理之自然流转于日用万事之间,能顺天理而行。其言道:

> "若曾点之言志,盖有见乎此,故不必外求,而惟即吾身之所处而行,吾心之所乐从容乎事物之中,而洒落乎事物之表,固非滞着以为卑,而亦非放旷以为高,固非窘迫而有所助,而亦非脱略而有所忘。此正有与物为春,并育同乐之意,即尧舜之气象,而夫子之志也。推此以往,随其所应,触处洞然冰融冻释。小而洒扫进退三千之仪,大而军国兵民百万之务,何所而非此理,何所而非此乐哉?故尧舜事业,于此可卜其必优为之矣。"④

正因为曾点洞见天理,明晓日用万事之间莫非天理流行之玄妙,方能从容洒落。既能不滞着于事物而以为卑,又非放心旷远而以为高;既非窘迫而有所助,又非脱略而有所忘。推此于行事,自能冰融冻释,小则洒扫进退之仪,大则军国大事,均能优为无阻。

子路、冉有、公西华三人之志,陈淳认为,虽然亦莫非天理所当为,但是三子身未当时、未履其地,则是"理在彼而不在此,在异日而不在今日,在吾身外而不在日用之见定,便觉出位越思而有凝滞,倚著窘迫正助之病"⑤。三子虽能洞见天理,却不能明晓日用万事之间莫非天理流转的道理,因而视天理于吾身之外、不在日用之间。曾点则洞察日用万事无非天理,因此曾点胜三子:"三子则

---

① 《叙述》,见《北溪大全集》外集。
② 《北溪大全集》卷八
③ 《北溪大全集》卷八。
④ 《北溪大全集》卷八。
⑤ 《北溪大全集》卷八。

事重而理晦，点于理密而圆，三子则阔而偏，不可与同日语矣。"① 相对于子路等人言志，他认为，不能立足于日用间见理，因此给人的感觉是"出位越思"而有凝滞、倚著、窘迫、正助之病。相较而言，"点见事无非理，三子则事重而理晦。点于理密而圆，三子则阔而偏，不可同日而语矣"②。

然而，曾点亦只是窥见圣人之主旨如此而已，未能周悉于体用之大全。因而曾点未能达到颜回"卓尔之地"，其所实践处亦不及颜回缜密之功，最终不免流于狂士。究其原因则在于"有上达之资，而下学之不足安其所，已成而不复有日新之意"③。明确指出，曾点于下学处有所阙失。而漆雕开能实致其下学之功，从而进入上达之功，因而不可得而量矣。这又是曾点不如漆雕开之处。陈淳又指出，学者对于曾点之趣味，当涵泳于其中，但日致其力时则不可以躐高而忽下，而应当由下以达高。总而言之，应当"循开之所存，而体回之所事，开之志既笃，则点之地可造，回之功既竭，则点之所造又不足言矣"④。遵循漆雕开所存之下学功夫，亦可达曾点洞见处；体味颜回所事之功，则曾点洞见处亦不足挂齿。即是说，下学为上达之基础，颜回亦有另一番不同之功夫，开、回之功夫均可至洞见日用万事莫非天理流行之境。

值得注意的是，这篇完成于考亭问学前 3 年的《与点说》中，陈淳已经注意到了下学上达之关系，并指出曾点之下学功夫不足以安其所，因而无法日日新。即是说，为学之道不可忽略下学功夫。然而其尚未明晓下学上达二者间一以贯之的关系。

陈淳将《与点说》拜呈廖德明，后就廖德明来信批答内容，致函与之，再做申论。陈淳明言，其与点之论思想来源于《论语集注》："只是推广程子及集注之意，而不敢有加焉。"⑤ 在其看来，程子言而不发，朱子则紧扣"见日用之间，莫非天理流行之妙"句上。其言道："此正是就根源说来，而志之所以然者，可谓至精实，至明白矣。会得此意，则曾点气象洒落，从容优为，尧舜事业，方识得端的落著，不是凿空杜撰，而夫子所以深与，程子所以发明，并三子所不及之旨，并洞见底里，会同一源。"⑥ 陈淳认为自己已经体味到程朱之真意，感觉自身

---

① 《北溪大全集》卷八。
② 《北溪大全集》卷八。
③ 《北溪大全集》卷八。
④ 《北溪大全集》卷八。
⑤ 《北溪大全集》卷八。
⑥ 《北溪大全集》卷八。

思想如水到渠成般有了一个较大的飞跃，"以是自信常存于中，而日用应接亦觉有洒然得力处，多所以奉而质诸长者"①。

陈淳认为，廖德明之批答乃是排抑根原之意，深合严时亨《与点论》，而与程朱不合。陈淳大致从 3 个方面指出廖德明的问题，并一一反驳。

首先，"排抑根原底意"。陈淳认为："夫所谓根原来底意，是以天理言之，看理至于知天始定。此亦不过下学中'致知格物'一节事，而所致所格者，要有至到归着云耳。"②即是说，"根原"即是天理，是下学功夫中格物致知务必穷究的天理。其进一步指出，知行须俱到："盖致知力行，正学者并进之功，真能知则真能行，知行俱到，正所以为上达实见之地，自不相妨，恐未可偏抑。"③知行并进，二者不可偏抑。廖德明则认为"只务理会此，不必理会彼，而彼自在里许，忽然自达"，将知行混同，且可以忽略其中一个方面，恐怕未得圣贤真意。严时亨认为"直到清明在躬，志气如神，则天下无不可为之事"，"素其位而行，不愿乎其外，无入而不自得"，"须自所乐中出，方做得圣贤事业"④。陈淳认为，这些均是《集注》"所谓洒落从容以下底意，乃涵养成后之效也"。因此，还须更进一步，"端由向前有造理之功，洞见得天理流行，日用间无处不是，故涵泳乎其中，即身见在便是乐地，更无他念耳"⑤。由此推而广之，则处处均是此理之妙，处处均是此理之乐。总而言之，尧舜事业巍巍荡荡，究其根本亦不过顺他天理、对时育物而已。严时亨之论未洞见此理，未能明晓知行并进而偏于行、忽视了知，因此无法实现清明自得、从容洒落，亦不可能优为尧舜事业。

其次，"未见到理"。陈淳进一步指出："理在事中，理形而上，事形而下。"⑥因而他穷究根原，"不著之断，亦何嫌于分别，恐不得一衮以道彻上下、贯本末为此，彼此各是一义也"⑦。他批评严时亨与三子一样，均是见物不见理，而此正是他专注阐发的道理。他再次强调"点于日用事物上见得件件都是理，于形而下处见得一一都是形而上之妙。又非语上遗下，语理遗物之谓也"⑧。洞见天理流行

---

① 《北溪大全集》卷八。
② 《北溪大全集》卷八。
③ 《北溪大全集》卷八。
④ 《北溪大全集》卷八。
⑤ 《北溪大全集》卷八。
⑥ 《北溪大全集》卷八。
⑦ 《北溪大全集》卷八。
⑧ 《北溪大全集》卷八。

于日用万事之间，且不脱离事物谈论理，既是曾点高明之处，亦是其《与点说》申论《集注》之意。

其次，"全无下学次第"。陈淳认为，廖德明信中"与尧舜有天下，不与者无间"的说法，正与严时亨之说相同。在他看来，孔圣人绝不轻易嘉许，若仅仅因此嘉许人，则"意滞而不圆，非惟不彻古人心，而于自身又无受用实益，其不駸駸成谢事去流入佛老者鲜矣"①。其进一步指出，"若必论端的，成个尧舜巍巍荡荡之功，此须穷神知化，盛德之至，有绥斯来、动斯和底手段方能"②。须在日用之间不可稍歇工夫，即是说不可缺少下学功夫。其又强调道："然亦当知下学中，知与行齐头并进，如前之云，不但偏靠于行，而忽造实见地也。"③总而言之，"根原"须从格物致知的下学功夫中来，而知行又须齐头并进，不可偏靠于行。

二人之间并未取得共识，廖德明转而向朱子求问。庆元五年，朱子在给廖德明的答书中言道：

"曾点一段，《集注》中所引诸先生说已极详明。盖以其所见而言，则自源徂流，由本制末，尧舜事业何难之有？若以事实言之，则既日行有不揜，便是曾点实未做得，又何疑哉？圣人与之，盖取其所见之高、所存之广耳，非谓学问之道只到此处便为至极而无以加也。然则学者观此，要当反之于身，须是见得曾点之所见，存得曾点之所存，而日用克己复礼之功却以颜子为师，庶几足目俱到、无所欠阙……来喻大概得之，然其间言语亦多有病，其分根原学问为两节者，尤不可晓，恐当更入思虑也。"④

在此段中，朱子未曾提到从容、洒落。朱子指出，曾点所见乃是根原、根本，因而可以成尧舜事业；然而就事实而言，曾点并无实行可言。孔子嘉许曾点，乃因其洞见处，而非肯定学问之道至此已登峰造极。并强调，学人当反之于己身，既存曾点之洞见，又效仿颜回日用克己复礼之功，下学上达，方能无所欠缺。朱子还指出切不可将根原与学问分为两节。

此信虽然并非回复陈淳，然与陈淳《答廖师子晦一》相比照，亦可大致看出

① 《北溪大全集》卷八。
② 《北溪大全集》卷八。
③ 《北溪大全集》卷八。
④ 《晦庵集》卷四五。

稍后考亭问学时朱熹对陈淳痛下针砭之缘由①。首先，虽然朱子与陈淳均提到下学功夫，均认为曾点之学问仍有欠缺处，然而朱子更注重洞见天理流行而后循其而行的下学功夫，陈淳则更强调曾点洞见处之优胜。可以说，陈淳虽然已意识到下学功夫之作用，但是其认识仍未清晰明确。其次，朱子强调下学与上达功夫并行，强调根原与学问持敬功夫非两事，而陈淳则有将洞见天理与循天理而行、下学与上达分为二事之倾向。正是由于陈淳未能真正认知下学功夫之意义，有脱离实事空谈天理之嫌，因而考亭问学时方会遭到朱子的痛斥。朱子言陈淳"是先见'有所立卓尔'，然后'博文约礼'也。若把这天理不放下相似，把一个空底物，放这边也无顿处，放那边也无顿处；放这边也恐□破，放那边也恐□破。这天理说得荡漾，似一块水银，滚来滚去，捉那不着。又如水不沿流□源，合下便要寻其源，凿来凿去，终是凿不得"②。指责陈淳抱着天理不放，似乎有将天理与万物隔绝之嫌。田智忠指出："正是出于陈淳的提醒，朱子才会对严说、胡说和廖说可能带来的弊端产生了警觉——也发现其与陆学的一致性，因此才开始在论'曾点气象'时开始全力告诫弟子们不能虚说'与'点，而要以重工夫的漆雕开、颜回、曾参为师。"③可见虚说"与点"、空谈义理，确有堕入象山心学、禅宗之虞。如前文所引，朱子确曾将陈淳比拟于陆九渊门生。总而言之，朱子痛斥陈淳，除了其有阙失下学功夫、空谈天理之嫌外，更重要的原因应是朱子恐其落入虚空之学，流入陆学、禅宗之流。

如前文所揭，朱子生前在给廖德明的信中，再次表露担忧陈淳忽略下学，期望廖氏能匡正陈淳此病。后来，廖德明将此信转与陈淳，陈淳再次致书廖德明。在此信札中，陈淳的思想与之前已有了明显不同。首先，陈淳言道："向来考亭之诲，无不谆谆此意，深嫌人说颜乐与点，深恶人虚说天理人欲，每每令就实事上理会，今提出来发得又益亲切明白，即此便见得圣贤之学甚实，师门所传甚正，而异端虚无之说，真如捕风系影，不足以为教矣。"④指出朱子反对脱离实事而凭空论说天理人欲，此正是朱子学与陆学之别。可见陈淳已然准确把握考亭问

---

① 张加才认为："陈淳的《与点说》系朱子此书之前所作。如果我们将此书与陈淳的《与点说》相比较，可以看出，陈淳较好地把握了朱子《集注》中对这些问题的看法。"张加才：《诠释与建构：陈淳与朱子学》，第23页。我们则认为，陈淳《与点说》确实较好地把握了《集注》中的思想，但是并未能明晰下学上达二者关系。
② 《朱子语类》卷一一七，第2826页。
③ 田智忠：《朱子论"曾点气象"研究》，第212页。
④ 《北溪大全集》卷八。

学时朱子教诲之要旨。其次，陈淳辩解道："某平日亦未尝不如此体悉，未尝辄于日用外别立意见，与实事不相干。毕竟浅学未能遍观尽识，所以未能全契夫道理，岂容易自以为是。且如万事须从一理会至百，百理会至千，一千理会至十千，乃于万事得为透彻。纵待理会得九千九百，犹有一百未谙底里，便欲去通论他万物，亦恐或虚说妄断。况浅学于万分中果能窥得几何？"① 陈淳认为自己一向明白朱子之旨，并不承认自己有脱离实事谈天理之弊，只不过是自身学力未到，未能遍识，因而才有了脱离实事空谈天理之嫌。由此可见，朱子早已洞悉其心有不服，可谓目光如炬。尽管陈淳并不承认其弊病确如朱子所陈之严重，但他仍然感激朱子指摘，铭记于心，"恳恳常切加工，凛凛常防差过"。紧接着，陈淳谈论自己的心得：

> "大抵许多合做底道理，散在事物而总会于吾心，离心而论事则事无本，离事而论理则理为虚。须于人心之中，日用事物之际，见得所合做底，便只是此理，一一有去处，乃为实见。所合做底做得恰好，乃为实践。即此实见无复差迷，便是择善；即此实践更能耐久，便是固执。即此所合做底分来，便成中正仁义。即此所合做底见定浅深轻重，便是日用枝叶。即此所合做底浅深轻重，元有自然条理缝罅，非由人力安排，便是天命根原。讲此要明为学问，存此勿害为涵养。大概只如此而已，更不须枉去别求玄妙奇特也。"②

天理即在人心日用万事之间，离事论理则理为虚空。只需将此理一一推开实践，做得自然合理，非由人力安排，即是天命根原。即是说，天理根原在学问之中，无须更到别处去寻求天理。此说已与前论大不相同，明确地指出天理根原与学问功夫并非二事，更强调洞见同时亦须实践，即下学上达一贯之道。陈淳进一步指出，廖德明分天理根原与学问功夫为二事，那是大病痛，须得多加观照。而其根本原因在于未平于根原之论，即是未能洞见天理。陈淳又回应道："来教博文约礼之说，愚见窃谓博文只是穷此合做底道理于事物，而无所遗；约礼只是会此合做底道理于身心，而无所放。二者实相关为一统。"③ 所谓博文约礼亦只是相关为一统，一以贯之的功夫。

---

① 《北溪大全集》卷八。
② 《北溪大全集》卷八。
③ 《北溪大全集》卷八。

朱子在答廖德明信中强调"韩公只于治国平天下处用功，而未尝就其身心上讲说持守"，陈淳认为此说当然正确，但亦须明白"韩公只是优于彼而欠于此尔，不可谓只就身心上讲说持守，更不必于治国平天下处用功，而便自能了得治国平天下也"①。可谓朱子原信中"非是别有一段根原功夫又在讲学应事之外也"的阐发。

在此信中，陈淳之论已与朱子无二致，已深得下学上达一以贯之、根原学问非二事之理。与前信中对下学认知模糊已有较大差别。

嘉定十一年（1218 年），陈沂将其书斋命名为"贯斋"，陈淳为之记。文中将曾参、曾点父子进行了对比。文章开宗明义："圣门教不躐等，下学而上达，未有下学之不致，而可以径造夫上达者。"②与《与点说》中肯定曾点忽略下学却能上达天理不同，认为下学乃上达之基础，若下学功夫阙失，亦难以上达天理。孔子门人中能下学上达者仅颜回、曾参。孔子知曾参下学功夫到家，可以启发其上达功夫了，因而告知其一贯之道。所谓一贯，即是忠恕："忠即所谓一，恕即所谓贯，而未可以常情论也"③。所谓一贯，亦是下学上达之功夫："夫所谓一，亦惟致曾子下学之功，专从事于所谓贯者而已尔。凡日用千条万绪，各精察其理之所以然，而实践其事之所当然，使无一不明诸心，而无一不诚诸身，然后合万理为一理，而浑然夫子太极之全体，自此其上达无余蕴矣。"④至此，陈淳终于领会到郡斋问学时朱子所谓"一贯之道"的意蕴。最后，陈淳论曾氏父子曰："曾氏父子之学正相反，参也由贯以达夫一，点则又专游心于一，而不必实以贯。盖以上达为高，而不屑夫下学者，所以行有不掩，而不免为狂士，是固不可以同日语也。"⑤学者一以贯之、下学上达方得圣人之旨，偏重一、上达，而不屑于贯与下学，则未能贯彻实施，难免沦为狂士。

**四、严陵讲学与卫护师门**

囿于生活窘迫，陈淳长期以训蒙为生。朱熹去世之后，陈淳僻居于漳州，与四方同门朋友交接来往极少。加之党禁未弛，漳州一带朱门后人逐渐零落，士子

① 《北溪大全集》卷八。
② 《北溪大全集》卷八。
③ 《北溪大全集》卷八。
④ 《北溪大全集》卷八。
⑤ 《北溪大全集》卷八。

们沉迷于科举，朱子学更是乏人问津，临近的泉州、莆仙方有相追从之人。在此形势下，陈淳更是专心训蒙，通过训蒙教授、传播理学思想，并将朱子学思想融于训蒙作品中，完成了《小学诗礼》《训蒙雅言》等影响深远的蒙学作品。

嘉泰初年，党禁稍弛。开禧三年（1207年），韩侂胄因北伐失败被杀。至此，庆元党禁正式解除，朱子门人社会地位逐渐得到恢复，亦开始在社会上活跃起来。嘉定元年（1208年）、四年，陈淳先后两次赴临安（今浙江省杭州市）应试，但均未斩获科名。加之党禁方弛，影响力仍然很大，因而这两次临安行均"绝无一人知音过门"拜访陈淳①。十年，陈淳再赴临安应试。此次应试，四方学友争相会见。其门人陈沂描述此行道："同志之士远及川蜀，争投贽谒。朝绅之彦，闻风加礼。"② 其反响之大，可想而知。此次出行，前后历时近一年，直至次年开春方归漳。在此期间，陈淳分别在临安、严陵（今浙江省建德市）、莆田逗留数月，与当地的士人与学子切磨、讲学，致力于传播朱子学、卫护师门、排抑陆学③。此为陈淳一生最为重要的讲学活动，亦是其卫护师门最为着力的时期。

此行过程大致如下④：

嘉定十年，陈淳赴临安应试。其在临安时，诸多朱子门人前来相见，"叩门求质者甚众，朝士大夫争迎馆焉"⑤。五月，应同窗赵师恕（字季仁）等人之邀，在书院讲学近三个月。七月末，离开临安。八月初三途经严陵，严守郑之悌及其僚属坚持请其留下讲学；次日，郡学中诸生又以书状相留，请求其留下讲学，于是陈淳在严陵郡庠与诸生切磨约二个月。十月初九，到达莆田，在仙游人陈宪专书邀约下，又留在当地书院讲学，并再次为陈宪之子陈沂（字伯藻）讲学论道。后又因温陵（今福建省泉州市）诸友人极为盼望其经过、逗留，直至次年开春回暖方归漳。

此行可以分为两个阶段，第一阶段为临安、严陵讲学，以护卫师门、排抑陆学为特征；第二阶段为莆仙、泉州之行，以传播朱子学、培养弟子为特征。

在临安时，虽然四方学人荟萃，会见了诸多朱子门生，然而陈淳却感叹"所

① 《北溪大全集》卷三二。
② 《叙述》，见《北溪大全集》外集。
③ 邱汉生：《宋明理学史》，第495—499页。陈荣捷则认为陈淳仅是传播朱子理学，并未攻击陆学。（[美]陈荣捷：《陈淳〈北溪字义〉英译本导言》，万先法译，《哲学文化月刊》第14卷第5期。）
④ 《北溪大全集》卷二三。
⑤ 《有宋北溪先生主簿陈公墓志铭》，见《北溪大全集》外集。

造不齐，难得见明而守刚者"①。师门后学不振，令其倍感忧虑。八月初，来到严陵，这种忧虑更是大增。江西为陆九渊故乡，浙江临近江西，因而象山之学向来在两地影响颇深。加之杨简与袁燮大力宣传，象山学之影响与日俱增。陈淳在临安时对此已略有耳闻，而当他来到严陵时，发现此间"士风尤陋，全无向理义者。才有资质美志于理义，便落在象山圈槛中"②。原来，此地前有赵复斋、詹郎中等老辈学者倡导陆学，后有喻、顾二中辈学者起而继之，护卫其教，因而后生晚辈均受其熏染。陈淳多次表达了对此间道学不倡之忧虑。如给赵师恕的信中，感叹严陵士子们"指人心为道心，使人终日默坐以想象形气之虚灵知觉者，以为大本，而不复致道问学一段工夫，以求理气之实"③。朱子学在严陵影响甚微，甚至无人有朱子《大学解》，即使有亦只是久年未定之本而已。他对妻父李公晦慨叹道："其学大抵全用禅家意旨，使人终日默坐，以求本心，更不读书穷理，而其所以为心者，又却错认人心指为道心之妙，与孔孟殊宗，与周程立敌。平时亦颇苦行，亦以道学之名自标榜，乡间时官多推重之，殊无一人看得破者。"④ 因此陈淳深以此为虑，并意识到自己有挺身护卫师门之职责，希冀以一己之力改变此间现象。恐怕这才是陈淳逗留严陵讲学之根本原因。

严陵传道进展并不顺利。起初，后生晚辈亦主动拜访陈淳，然而双方观点不合，遂各自屏迹，不再来访。陈淳锲而不舍，常常主动邀请可教之后生前来讲论。可惜这些后生少年受陆学影响太深，竟不为朱子学所动，也逐渐疏远陈淳，不再来往。在严陵郡庠中，尚有一群仅修习举业之学子。他们虽然志趣平凡，但未受到陆学熏染，因而当陈淳向他们明白剖析圣贤要义，"旬日后却多有感动警发，嘉叹歆慕，以为平生所未闻"⑤。陈淳再接再厉，通过与后生学子如郑行之（名闻）等书札往来，辨明朱子学与陆学之是非正邪。在其坚持不懈地努力下，朱子学逐渐在严陵传播开来，当地士人终于明晓"圣贤实学渊源之所自来"，醒悟到陆学不过与禅学之流相类，非圣人之学。更为可喜的是，此间学子亦有数人转而信奉朱子学，"专心一志有可造道成德之望"，如郑行之、张为霆、李登、朱右等。

---

① 《北溪大全集》卷二三。
② 《北溪大全集》卷二三。
③ 《北溪大全集》卷二四。
④ 《北溪大全集》卷二三。
⑤ 《北溪大全集》卷二三。

在郡庠讲学时，陈淳讲授了"《大学》《论语》及《孟子》《中庸》大节目难晓处"①。经过一番思索后，他认为启发后学并不在言辞多少，如若将学问全部讲说，后学得之容易，不复思考，不仅无法取得进益，更可能增长怠惰之心，"不若只明指其切要路脉，使有志者依此寻求，却有日新不已之功"②。因此，他举其宏纲大旨，作讲义4篇，即《道学体统》《师友渊源》《用功节目》《读书次序》，"明为之剖析，以为后学一定之准"，希冀借此正人心而息邪说、距诐行③。是知陈淳期望借《严陵讲义》以提要钩玄的方式，向严陵学子们介绍朱子理学思想，明确朱子道统正宗的地位，以达到卫护师门、排抑陆学之目的。具体而言，《道学体统》主要阐明理学"天理论"之主旨，强调天理即在日用常行之间；《师友渊源》则论述理学传承，明确朱子道统正宗之位，斥陆学为宗师佛学之不得其门而入者；《用功节目》阐述致知力行、主敬的修养功夫；《读书次序》则是弘扬朱子由四书而六经的读书思想，借此大力宣传朱子的《四书章句集注》，并进一步强调由《大学》而《论语》《孟子》而后《中庸》的读书次序。

为了进一步传播朱子学，陈淳还效仿朱子刊刻书籍。陈淳建议并协助严陵郡守郑之悌刊刻朱子学作品，可知者有《朱子家礼》、朱子所辑之《小学》及朱子所做《大学章句》④。刊刻此三书之用意，在陈淳的跋文中可一览无遗。在《跋家礼中》，其叙述了《朱子家礼》之形成、失而复得及过往刊刻情况，并介绍其根据自身见闻加以校订之情况，认为其校订后之版本，"以全编大旨而言，则其纲在当日已定，坦然简易而粲然明白，情文适中，本末相副，上不失先王之大典，而下甚便于斯世之礼俗。虽圣人起，不能以易此矣"⑤。在《代郑寺丞跋家礼》中，陈淳指出《家礼》一书"酌古通今，纲条节目甚简易明白，最有关于风教之大，人人当服习，而家家当讲行也"⑥。因此在严陵郡庠中刊刻，供郡人阅读，期望郡人互相勉励，学习并践履《家礼》所载礼仪，摆脱固陋的末俗，成为名副其实的礼仪之邦。《代跋小学》中，陈淳认为《小学》"最切于学者日用之实，在幼

---

① 《北溪大全集》卷二四。
② 《北溪大全集》卷二四。
③ 《北溪大全集》卷二四。
④ 《北溪大全集》卷一四有《跋家礼》《代郑寺丞跋家礼》《代跋小学》《代跋大学》，其中《跋家礼》有"严陵郡某侯欲刻以示后世，而命余跋之"之语，《代跋小学》《代跋大学》则均有"刻之严陵郡庠，以示学徒"的句子。
⑤ 《北溪大全集》卷一四。
⑥ 《北溪大全集》卷一四。

学之始，固所当从事，而其终之所以造道据德而成大学之功者，亦不越乎此，皆不可以一日而不讲也"①。可见《小学》一书所载乃为学之基础，绝不可忽视，因而在严陵郡庠中刊刻，期望学人们切勿因其语言浅近而忽视其意义之深远。《代跋大学》中，强调《大学》"乃群经之纲领，而初学入德之门"②。经朱子集注后，其意已明白亲切详尽矣。其在严陵郡庠所刻乃朱子最终定本之《大学章句》，希望严陵学子们相互敦促熟读此书，源源不断地从中体认圣贤之道，明晓此书方是圣贤之道之真正载体。可见，陈淳刊刻此三书，一方面期望学子们由《小学》奠定为学之坚实基础，进而研读《大学》，从而体悟圣贤之道，即是借刊刻《小学》《大学章句》二书引导严陵学子确立正确的读书次序，逐渐摆脱陆学影响，步入朱子学之正道；另一方面，通过刊刻《家礼》，令严陵郡人修习礼仪以达到敦化民风民俗之效。可以说，陈淳刊刻图书，并不仅传播朱子学与教育学子，而且亦有改善严陵民风之意，大有兼容内圣外王之意味。

　　陈淳在严陵的上述努力，无遗取得了一定成效。在给友人的信中，陈淳多次自评其贡献在于令郡中学子明晓正邪二路之所由分，起到了正人心、辟邪说、距诐行之效。致赵师恕的信中，言道："虽无风动响应之效，而其所以正人心，辟邪说，距诐行，以遏方来已说之冲，而开后来无穷之新进者其为补亦不浅矣。"③与严守郑之悌之信，陈淳诚挚地言道："虽彼数辈陷溺之深，已不可转移，而在学大小诸生及邦人在外之有志者，颇多有感动警发，已识邪正二路之由分，而知圣贤实学，不迷其所向，有以正人心，辟邪说，距诐行。于其间又接得四人，若张应霆、朱右、李登、郑闻者，专心笃志，为理义之归。而四人之中，郑与张又已识路脉不差，有可造道成德之望。且因以种圣学于一方，尤非细事。是虽区区劳费唇吻之剧，而不自以为悔也。"④可见，经过近两个月的努力，虽然仍有一些后进晚辈难以教化，然而陈淳已基本完成排抑陆学、卫护师门之使命。这才是其认为可以请辞的根本原因。

　　自严陵返程，陈淳又在莆仙一带停留数月，于书院中讲学。此次回程，陈淳在莆仙、泉州受到学友邀约讲学，在两地之影响进一步扩大，为日后"北溪学派"之形成奠定了基础。更为重要的是，陈淳进一步与陈沂讲学论道，发现陈沂

① 《北溪大全集》卷一四。
② 《北溪大全集》卷一四。
③ 《北溪大全集》卷二四。
④ 《北溪大全集》卷二四。

"甚不易得，数年来极是办得做钻仰工夫，甚恳切专笃，已识路脉不差，将来必大有可望者"①。陈沂后来更为北溪学派最为有力的传承者。

经过此行，陈淳为更多人所熟知，其学问亦获得大范围的认可，因而成为愈来愈多学人景仰的对象。嘉定十一年，陈淳再赴临安，受到了更为热烈地追捧。其谈论十年、十一年临安行时，言道："丁丑岁（即嘉定十年——引者注），因特试久留中都，同门未曾相识者多得会面，四方英隽寓辇下及朝行志向之美者，亦多得相聚讲贯。此番参注，朝士稍稍闻知，又多遣子弟听讲，至相挽留依恋，几不得脱身归者。"②从临安归来，泉州府人士争相以之为师。陈淳讲解细致认真，常至深夜，"惟恐听者之劳而住已，曾无一毫倦色；惟虑夫人无以受之，而不惮于倾其所有以告"③。因此门人将其讲学内容整理成书，有《大学论孟中庸口义》（今已散逸）、《字义详讲》（即《北溪字义》），其中陈沂在其门下时间较长，与其他门人分别将二人问答辑为《筠谷濑口金山所闻》。经由不倦的讲学活动，陈淳在莆仙、泉州等地传播朱子学，培养了一批朱子学传承人，形成了"北溪学派"，出色地完成了卫护师门的使命。

### 五、热心地方事务

考亭问学后，陈淳明晓了下学上达之原则实则，深知所谓道学"亦不外乎人生日用之常尔"④，因而其晚年虽身在乡野之中，但对民风民俗、世道人心却十分关注。史称："若其论事多感慨激切深中时弊，尝为人作奏札言山东归附，有若可安之，而实非所以为安，有若可缓之形，而实非所以为缓，不可不急为之防。其他为乡里开陈利病，如止横敛，惩豪奸，禁屠牛，惩穿窬，戢海寇，及请改黉泮，移贡院，罢塔会，禁淫戏，祷山川、社稷仪节皆历历可行。"⑤由此而知，陈淳对于国政时务、民风民俗、民生经济皆有关注与建言，并未仅专注于内圣之学。

嘉定五年（1212年），赵汝谠出知漳州，以重礼礼聘陈淳，处以宾师之位。虽然陈淳推辞了赵汝谠之聘，但此后赵汝谠与地方官员时常造访陈淳家宅，"或

① 《北溪大全集》卷二三。
② 《北溪大全集》卷二五。
③ 《有宋北溪先生主簿陈公墓志铭》，见《北溪大全集》外集。
④ 《北溪大全集》卷一五。
⑤ 嘉靖《龙溪县志》卷八，中华书局1965年版。

质以所疑，或咨以时政，而一时之硕儒学子问道踵至"①。赵汝说的礼聘与造访，间接提高了陈淳的政治地位与社会影响，更为陈淳提供了一条改变民风民俗、改善民生经济的曲线从政之路。《北溪大全集》中存有《拟上赵寺丞改学移贡院》《上赵寺丞论淫祀》《上胡寺丞论重纽侵河钱》《与李推论海盗利害》《上傅寺丞论学粮》《上赵寺丞论淫祀》《上赵寺丞论秤提会子》《上庄大卿论鬻盐》《上傅寺丞论民间利病六条》《上傅寺丞论告讦》《上傅寺丞论淫戏》《代王迪父上真守（德秀）论塔会》等。其奏札所涉的事务大致可以分为两类：一，事关民风民俗，如淫戏、淫祀、佛老、学校、贡举等，旨在塑造良好的民风民俗、教化百姓；二，事关民生经济，如屠牛、秤会价、盗窃、海盗等，旨在杜绝民害、减轻百姓负担。

首先，在其政论中，陈淳十分重视官员个人的品德，将希望寄托在仁人义士身上。他曾在给陈寺丞的书信中说道："况今之世，横敛毒赋隐为民病，如久年痼疾，赤子不能言、有司不敢言者在在有之。惟仁者为能勇于为民除去，而不容其或留。州闾之间，所同病者，最是强梗奸匿之民，专饰虚词健讼以扰吾善良。惟义者为能审察其情状，而痛为之惩艾。或长年善闭之自讼斋，使之无复逞其爪牙，庶乎吾民有可安生乐业之望矣！"② 批判当世横征暴敛困民良久，只有仁人才能为民省徭薄赋；批判民间奸恶讼棍扰民已久，只有义士方能整肃严惩这些讼棍，令百姓安居乐业。他将治国安邦的期望寄托在品德高尚之人身上，也道出其德治思想的本质为人治。

分析问题缘由时，陈淳往往指出问题在制度施行以及贪腐。南宋晚期，漳州一地盛行屠牛之风。陈淳一针见血地指出其中一个原因是官吏贪腐，令屠家不得不公然偷盗："盖缘前政以军需牛皮，不欲科配，只出官钱付吏和买。承吏因自收钱入已，只分些少与屠家为名，屠家因是公然牵人之牛而屠之。"③ 分析学粮被侵盗的原因时，他明确指出，学粮、学田在管理上出现问题，一来是因为制度实行过程出现苟且不明的现象，令行之有效的制度逐渐瘫痪；二来则是由于贪腐之官吏上下其手，令缴纳不能真正落实到位④。总之，他认为问题的症结在人而非制度。

---

① 《叙述》，见《北溪大全集》外集。
② 《北溪大全集》卷二三。
③ 《北溪大全集》卷四七。
④ 《北溪大全集》卷四六。

设计应对之策时，陈淳亦十分重视官吏的德行。在讨论革除学粮、学田之弊时，陈淳多次强调必须选择清明之官。他认为，学粮典贴及库子应择清明官，不可拘在一司，"然后即诸宿弊一并洗清之，则府库之失陷者，可以立振矣"；学田之弊"亦在委清明官，以类推究"，然后按清册、田图收缴租税，"则田亩之失陷者，可以复还矣"①。陈淳虽然详细规划应对、救弊之策，但是仍坚持认为必须需要有清洁廉明的有德之人来掌控实施，否则即使制度再完备也未必能真正解决问题。在建议傅寺丞祭祀山川时，陈淳曾言道："设若至是犹未获大应，则更退而求之政事之间。若刑赏，若财赋，恐或微有召天意之怩，是亦汤自责已，吾夫子素行合神明，所以为祷之实也。"②如果祭祀山川仍未降雨的话，官员应该反思已过，反思自己的治民治世之行是否得当。用浓厚天人感应色彩的言论指出，官德在祈雨中的作用。可见，陈淳在具体事务的处理上仍然落实在贤人政治，更为注重为政之人的德行，而非制度。

值得注意的是，陈淳还将官员的正心诚意之功与禁淫祀与淫戏等活动相挂钩。其与赵汝说言道："前后有司不能明禁，复张帷幕以观之，谓之与民同乐，且赏钱赐酒，是又推波助澜鼓巫风而张旺之。"③他指斥某些官员不仅不能禁止淫祀、迎神等活动，反而推波助澜、助长不良风俗。在《答陈伯澡再问大学》中，其又言道：

> "若以今人溺浮屠者言之，是所欲非其所阴欲。为郡守者率民礼塔修善，自州治之前及诸坊巷各建道场，使民废耕织买卖来会，是我侵乎物。民托太守威势张皇其事，莫敢谁何，是物侵乎我。太守送诸处香烛，虽费不敢辞；民亦敛财备灯烛化粿食犒设，虽费不敢道。是彼此交病。动关郡男女游观，因而有争夺淫奔等讼，太守亦莽卤隐忍不敢正其罪，虽亲子弟仆从亦动游观之念而不可禁遏，是庭除之内跬步之间参商矛盾而不可行矣。"④

谴责官员对淫祀、淫戏等活动的风靡流行有不可推卸的责任。指责官员参与淫祀、迎神等，令百姓不得不参与淫祀活动，耗费大量财力，同时又蠹坏风俗教

① 《北溪大全集》卷四六。
② 《北溪大全集》卷四八。
③ 《北溪大全集》卷四三。
④ 《北溪大全集》卷四〇。

化，令狱讼之事大增，官员却不敢正其罪。陈淳此语乃是解释朱熹《四书或问》之言："若于理有未明，心有未正，则吾之所欲者，未必其所当欲。遽欲以是为施于人之准则，则其意虽公而事则私，将见其物我相侵，彼此交病，虽庭除之内，跬步之间，亦且参商矛盾而不可行矣。"① 将两段话相结合，可知陈淳认为官员助长淫祀之举是乃是物我互相侵害的结果。究其根源，是官员未能明晓儒家义理，未端正其为政之心。在此，他将理学正心诚意的修身论、为政以德的德治思想与反佛老、禁淫祀联合在一起，道出了内圣之学在外王实践中的重要意义。更可见陈淳并非就内圣之学而论正心诚意，而是切切实实地以外王之道为依归去研习、完善内圣之学。

其次，陈淳的德治思想在实践中还体现为追求无讼社会。陈淳曾赞颂其师道："郡中讼牒，日常不下二三百。自先生至，民讼不敢饰虚□，无情者畏惮而不复出，细故者率相解而自止，惟理□事重不容于私决者，不得已而后进，故讼庭清简，每所听不过二三十而已。"② 朱熹知漳州时，善于听讼，虽然未能实现无讼的理想，但亦令漳州一地的狱讼减少了十之八九。陈淳追求无讼的理想社会一目了然。其又言道："用刑必期于无刑，听讼欲使之无讼。"③ 听讼的目的皆在于息讼，从而实现无讼社会。

陈淳对民间狱讼破坏人伦纲常大加挞伐。在他看来，狱讼之争，所争者不过是无关紧要的财利，却令兄弟相争，叔侄相仇，婆媳相骂，夫妻反目，实在是大悖人伦。这些事"皆关人道之大经，犯天理之大戒"，因而"贼害纲常，败坏风教，莫此为甚"④。即是说，兴讼乃是因利害义之举。陈淳追求无讼，既体现了儒家追求无讼社会的理想，亦是理学家们对重义轻利孜孜不倦的追求。对其而言，"义者，天理之所宜；利者，人情之所欲，欲是所欲得者"⑤。义是天理，是伦理纲常，是君臣、父子、夫妇之分，是长幼有序、尊卑有别。讼争是争人之所欲、争财利，为了欲与利却令父子相争、夫妇相斗，人伦纲常因而沦丧。这是理学义利之辨议题下绝不能允许的现象之一。他劝谏傅寺丞道："某窃谓民生秉彝，以人伦为重，治民听讼，亦以人伦为本。故百姓不亲，五品不逊，圣人所深忧；而听

---

① 《北溪大全集》卷四〇。
② 《北溪大全集》卷一七。
③ 《北溪大全集》卷四七。
④ 《北溪大全集》卷四七。
⑤ 《北溪字义》卷下，第53页。

五刑之讼，必原父子之亲、立君臣之义以权之，亦王制所先务。诚以美教化，厚风俗，所系在此，而不容缓也。"① 主张听讼断狱应当以人伦为本，以确立父子之亲、维护君臣之义为依据，因此听讼只是教化百姓、敦化风俗的手段。若要实现无讼，还需采用强制手段。陈淳希望能够严禁狱讼，请求傅寺丞张榜告示，严禁告讦，"明人伦之大法，以开其友睦礼逊秉彝之良心，使人人知恩义所自来，有相嗣相恤之爱而无相刃相靡之薄"②。通过榜文劝诫百姓重人伦亲情、严禁告讦，目的是达到少诉讼甚至无讼的理想，但是如果有人不听劝诫，仍然兴父子兄弟相争之讼，那便用"孔子拘三月之说以揉之"。即是将兴讼之人拘押 3 个月，通过拘押的刑罚令兴讼者反思己过，自动放弃诉讼。可见，刑罚也是息讼的手段之一。

陈淳还以保障和改善民生为由主张严惩讼棍，从而达到息讼的目的。他上书傅寺丞，指出民间有所谓主人头以兴讼为生。承办的小吏知道有利可图，因而也乐于帮忙。他进一步指出："此词讼之所以日繁一日，听断之所以徒为虚劳，而善良者之所以虚被其挠也。"③ 词讼频繁、听讼无功的根本原因，即是这些讼棍。因此，他请求傅寺丞，如有讼棍兴讼及小吏为之办事，一并连坐羁押。然后区分是否士类，若非士类，"则依条重行科断"；若是士类，"则循旧例，决竹篦处之自讼斋，穷年使读《论语》《小学》之书"④。对非文人士大夫则依法严惩不贷；对文人士大夫则羁押在自讼斋，令其研读《论语》《小学》等书，体悟儒家学说，明晓人伦之大义。这一主张寓教化于刑罚之中，希冀兼用刑罚与教育的方式而实现息讼的目的。陈淳对这一主张颇为自得，其言道："如此，则健讼者无复敢恣为虚妄，而肆行教唆，然后人之以词讼来者，必皆其事之不可已，而情之不容伪，听断自可常清明，狱讼自可常简少也。"⑤ 对其而言，这才是从源头遏制狱讼的根本方法。

再次，对于一些可能给民生经济带来严重负面影响的行为，陈淳往往主张区分人员出身采用不同方式加以惩处。如前述健讼之徒，陈淳即秉持此态度。对于屠牛、盗牛者，陈淳亦一再强调申严约束。他主张根据犯罪之人的身份采用不同

---

① 《北溪大全集》卷四七。
② 《北溪大全集》卷四七。
③ 《北溪大全集》卷四七。
④ 《北溪大全集》卷四七。
⑤ 《北溪大全集》卷四七。

的处罚手段①。对于亡命不务正业之徒，选一人加以重惩，以警戒其余，然后销毁屠宰、烹煮等做作案工具，然后令其缴纳牛肉钱，身戴枷锁镣铐在境内各县乡村游街。一年之后，如有犯此罪而需要惩罚者代之，方可释放。对于宗室，责令其在自讼斋自省。同时严令左邻右舍必须告发此罪行，决不可包庇，否则连坐不贷。此外，他又建议官长出示榜文，明文戒约；又令各乡保司、团司具结保证书，家家户户戒喻，如果不能禁绝，则承担连带责任；同时派人到四郊默默巡查、缉拿屠牛、穿窬之人，对"保司团司及犯人，痛行惩治，押逐乡号令，则人必畏戢，而恶俗可革矣"②。

在建议剿除海盗时，陈淳建议立军政，严赏罚。其言道："夫驱人于万死一生之地，人情莫不惜生而畏死。必用命者有赏；不用命者有戮，然后人敢于勇而不顾。虽圣贤行军用师，亦不能以废。此近世军政不立、赏罚莽卤俱废者固不足道，简有贤人君子，存忠厚不嗜杀之心，专用醲赏，以厉将士，而于重刑有所不忍，且身后堆金积帛，岂足以夺人舍生之心，而区区敲扑之威，又岂足以绝人畏死之路？刅锋刃既交，前有决死之敌，后无必死之刑，谁不思退，而宁肯冒进？"③凡人皆贪生怕死，只有用厚赏激励军士、重刑严惩恫吓军士，才能令军士们勇往直前、奋力与敌作战。

朱熹曾言："今人说轻刑者，只是所犯之人为可悯，而不知被伤之人尤可念也。"④无原则地宽宥罪犯只会荼毒百姓，令无辜者受累。又云："刑一人而天下之人耸然不敢肆意于为恶，则是乃所以正直辅翼而若其有常之性也。"⑤刑杀是辅弼教化的重要手段，不可轻易偏废。陈淳言道："亦以大义所当断，不容行姑息之仁，而忍于一人，乃所以为千万生灵之地也。"⑥虽然儒家讲求仁恕之道，但也不能随意宽恕罪人。在陈淳看来，如果以妇人之仁随意宽恕，只会姑息养奸，对千万百姓更是祸害无穷；如果对罪犯严惩不贷，则能警戒世人，令人不敢随意作恶，反而更能造福百姓。因而，他在政论中一再主张严惩部分罪犯，甚至不惜连坐，其实皆秉持着明刑弼教的态度，与其德礼为本思想并不相悖。

综上，陈淳不仅仅停留在内圣之学层面上探究正心诚意的修身之道，而是将

---

① 《北溪大全集》卷四七。
② 《北溪大全集》卷四八。
③ 《北溪大全集》卷四五。
④ 《朱子语类》卷一一○，第 2711 页。
⑤ 《晦庵集》卷一四。
⑥ 《北溪大全集》卷四五。

内圣之学作为外王之道的基础。他关注民情，关注民风民俗，为地方政务出谋划策，体现了传统儒者以天下为己任的人生抱负。其政治思想虽然有一定的局限性，但通过其政论与践行，将理学家的思想影响、渗透至下层社会，对漳州地方社会的规范与引导有着不可忽视的影响。

纵观陈淳一生，举业与理学、下学上达与护卫师门乃是关键词。首先，年届22 岁的陈淳，在林宗臣引领下，入理学之门，然其一生并未彻底抛弃举业。绍熙元年，陈淳科举不第。后从学朱子门下，一度放弃科考，长期或在书斋中研习义理或训蒙为业。庆元党禁开禁后，陈淳于嘉定年间先后 4 次入京。前 3 次入京应举，第四次则被录为以特奏恩授迪功郎、泉州安溪主簿。其对科举热衷态度可见一斑。值得一提的是，陈淳嘉定十年所做《似学之辨》①。陈淳斥科举为似学非学："同是经也，同是子史也，而为科举者读之，徒猎涉皮肤以为缀缉时文之用，而未尝及其中之蕴，止求影像仿佛，略略通解可以达吾之词则已，而未尝求为真是真非之识。"②在他看来，科举有害于圣贤之旨，而圣贤学问则未尝妨害举业。即便他极力贬斥科举，然而在文末却又不得不言道："假使孔孟复生于今，亦不能舍科目而远去，则亦但不过以吾之学应之而已，焉能为吾之累也？然则抱天地之性，负万物之灵，而贵为斯人者，盍亦审其轻重缓急，而无甘于自暴自弃也哉！"③此语正是其晚年多次入京应举之最佳注脚。至嘉定年间，陈淳思想已臻成熟。此时从事举业并不能妨害其学问，其学问反能助其在科举功名上有所斩获。更为重要的是，参加科举可谓由内圣而外王之重要途径。陈淳多次上书地方官，以此方式为政、参与地方事务，正是希冀实现外王之道的体现。

其次，在朱子教诲下，陈淳深明下学上达一贯之道，更明晰此点亦是朱子学与象山心学至为重要的区别点。其言道："圣门工夫自有次序，非如释氏妄以一超直入之说欺愚惑众，须从下学方可上达，须从格物致知然后融会贯通，而动容周旋可以无阻。陆学厌繁就简，忽下趋高，阴窃释氏之旨，阳托圣人之传，最是大病。"④基于此，其晚年极力反陆学、批佛老。在护卫师门的同时，一方面矫正士人空谈义理、流于虚学的弊病，另一方面希冀重塑民风民俗，减少佛老对民生

---

① 邱汉生认为《似道之辨》《似学之辨》二辨内容及主旨均与《严陵讲义》相近，当做于同一时间。邱汉生：《宋明理学史》，第 499 页。
② 《北溪大全集》卷一五。
③ 《北溪大全集》卷一五。
④ 《北溪大全集》卷三一。

经济之蠹害。

陈淳辞世后，其友人陈宓在《墓志铭》中称其"仕不逮禄，而行可为法；功不及时，而言可明道"①，其高徒陈沂称其"虽不见用于世，然忧时论事感慨动人"，"何必仕是邦而后为政耶"②。如此盖棺定论，可谓十分贴切。

## 第二节　著　述

### 一、《北溪大全集》

《北溪大全集》为陈淳诗文集，其子榘诠整理为 50 卷，属别集类。宋理宗淳祐八年（1248 年），郡倅薛季良锓版于龙溪书院。后又有元至元乙亥刻本（元世祖至元元年，1264 年），明弘治庚戌刻本（明孝宗弘治三年，1450 年），明万历刻本、清乾隆《四库全书》本、清乾隆陈文芳刻本等，宋元刻本今已不存。《四库全书》本，除陈淳诗文集 50 卷外，又收入外集 1 卷。《四库全书》本诗文集 50 卷，除收录了陈淳诗作、信札、题跋、问答、祭文等作品外，亦收入了《严陵讲义》；外集 1 卷，主要收入他人所作祭文、叙述、墓志等共 5 篇。《文渊阁四库全书补遗》本又补录 2 篇于卷四五。综合二本，《北溪大全集》50 卷所收文章分类如下：

| 文体 | 卷次 | 篇数 |
| --- | --- | --- |
| 诗作 | 一、二、三、四 | 206 |
| 铭、箴、赞、疏 | 四 | 7 |
| 书问 | 五 | 7 |
| 问目 | 六、七、八 | 35 |
| 记 | 九 | 5 |
| 序 | 一〇 | 6 |
| 说 | 一一、一二、一三 | 14 |
| 题跋 | 一四 | 9 |
| 杂著 | 一五、一六、一七 | 14 |
| 讲义 | 一八、一九 | 2 |

---

① 《有宋北溪先生主簿陈公墓志铭》，见《北溪大全集》外集。
② 《叙述》，见《北溪大全集》外集。

续表

| 文体 | 卷次 | 篇数 |
|---|---|---|
| 解义 | 二〇 | 4 |
| 辩论 | 二〇、二一 | 4 |
| 书 | 二二——三四 | 91 |
| 问答 | 三五——四二 | 32 |
| 札 | 四三——四八 | 13+2 |
| 祝文 | 四九 | 11 |
| 祭文 | 四九、五〇 | 20 |

另，2006 年上海辞书出版社出版了曾枣庄、刘琳主编的《全宋文》，其中第 295、296 二册收录陈淳文集。该版本以景印文渊阁四库全书本《北溪大全集》为底本，参校国家图书馆特藏清钞本，另辑得佚文 3 篇。

## 二、《北溪字义》

原名《字义详讲》，又名《北溪先生性理字义》《四书字义》《经书字义》。乃其晚年讲授程朱理学之讲义，为其弟子王隽笔录整理而得。

该书自问世后，多经刊刻，流传甚广。据四库馆臣云，该书"初刻于永嘉赵氏，又有清漳家藏本，刻于宋淳祐间，即九华叶信厚本也。旧板散佚，明弘治庚戌始重刊行。此本乃四明丰庆所校刻，附以严陵讲义四条，曰道学体统，曰师友渊源，曰用工节目，曰读书次第，乃淳嘉定九年待试中归过严陵，郡守郑之悌延讲郡庠时作也。又考赵汸《东山集》有《答汪德懋性理字义疑问书》，称陈先生《性理字义》取先儒周程张朱精思妙契之旨推而演之盖为初学者设云云，未知即此书之别名，抑或此书之外又有性理字义，今未见其本莫之详矣。"① 除上述数版本外，在元、明、清三代又有多个版本。此外，随着朱子学在日朝两国的传播，《北溪字义》在两国中亦刊刻了不同版本。根据学者研究，到目前为止《北溪字义》主要有以下几个版本②：

---

① 《北溪字义》提要，景印文渊阁四库全书本。
② 参看张加才：《〈北溪字义〉版本源流蠡测》，《北方工业大学学报》1999 年第 2 期；余崇生：《陈淳〈北溪字义〉刊本七种》，《鹅湖月刊》第 19 卷第 2 期总第 218 号；李蕙如：《陈淳研究》，海峡出版发行集团、海峡文艺出版社 2014 年版，第 33—39 页。

（一）南宋

据《四库全书提要》，在宋代有两种刻本，一为永嘉赵崇端、温陵诸葛珏刻本；一是清漳本，刻于淳祐间，即九华叶信原本，今均不得见。此外还有黄氏纂目本。

1. 永嘉赵氏本。陈宓云："温陵诸葛珏来莆，一目（原作"日"）是书，恨见之晚。归，谋之永嘉赵崇端，锲板以惠同志。"① 是知此版本之刊刻乃温陵诸葛珏与永嘉赵崇端二人共同谋定，后世遂以永嘉赵氏本称之，或可见赵崇端之作用在诸葛珏之上。

2. 九华叶氏本，又称清漳本。该版本今已不得见，然因明正德三年重刻而保存其基本面貌。正德本目录开头、卷上末，有"门人清源王隽编抄、后学九华叶信厚校刊"等字样，在卷下末及附卷末，"叶信厚"则作"叶信原"。《四库全书总目》在不同版本中亦有"叶信厚"、"叶信原"两种不同提法。如，文渊阁本、武英殿本均作"叶信厚"②、中华书局影印本作"叶信原"③。《四库全书提要》则作"叶信厚"④。又，《闽中金石志》卷一〇"苏溥等鼓山题名淳祐七年"条亦有"九华叶信厚"字样⑤。魏小虎云："'叶信厚'"，底本作'叶信原'，据殿本改。《景定建康志》卷二十七《官守志四》载江宁县县令有叶信厚：'宣教郎。宝祐三年十二月二十四日到任，至四年十月六日避亲离任。'疑即其人。"⑥ 综上，可知该版本当由九华叶信厚校刊。

淳祐七年（1247 年），整理者王隽之族子、清源学者王稼叙《北溪字义》云："郡庠刊《西山读书记》成，学者争诵之。博士叶君病其条目浩穰，后进无所从入也。曰：使'西山未殁，能无如司马公作《举要》以振《通鉴纲领》乎？'稼因以北溪先生《字义》为告，君喜，亟锓梓以传同志。"⑦ 道明了刊刻该书之源

---

① 陈宓：《复斋先生龙图陈公文集》卷一〇，清钞本。又见《北溪字义》附录二《宋陈宓序》，第 88 页。

② 永瑢、纪昀等：《钦定四库全书总目》卷九二，景印文渊阁四库全书本、武英殿本，第 3 册第 42 页。

③ 永瑢等：《四库全书总目》，中华书局 1965 年版，第 787 页。该版本以浙本为底本，参校武英殿本及粤本。张加才所见《四库全书总目》做"叶信原"，未详其所据为何版本（张加才：《〈北溪字义〉版本源流蠡测》，《北方工业大学学报》1999 年第 2 期）。

④ 《北溪字义》提要，景印文渊阁四库全书本。

⑤ 《闽中金石志》卷一〇，民国希古楼刻本。

⑥ 魏小虎：《四库全书总目汇订》，上海古籍出版社 2012 年版，第 2882 页。

⑦ 《闽中理学渊源考》卷二八，第 381—382 页。

由，亦可见时人眼中《字义》较《西山读书记》更为条目简要、提纲挈领。

3. 黄氏纂目本。据张加才研究，黄氏纂目本即为 1924 年陈惟彦排印本之底本，该版本有"门人清源王隽抄录黄必昌纂目"之字样。依据陈氏排印本，可以大致推知该版本的构成如下：南宋学者颜仲颐序、陈宓序、目录、正文。陈淳弟子黄必昌纂以小目，其所纂细目，上卷有命、性、心、性、情、才、志、意、仁义礼智信、忠信、忠恕、诚、敬、恭敬；下卷有道、理、德、太极、皇极、中和、中庸、礼乐、义利、经权、鬼神。颜序称该书为《字义详讲》，并指明底本乃通过陈淳之子附以过庭所闻的增补本。颜序所署日期为嘉熙己亥毂宾朔日（1239 年五月初一），可知该版本大概刊刻于宋理宗嘉熙三年。

以上即为已知的《北溪字义》南宋时刊刻版本，其中永嘉赵氏本面貌难以推知，九华叶氏本、黄氏纂目本均可从后世版本大致推知。

（二）元代

有元一代，究竟有多少《北溪字义》刻本，今已不得而知。现存的元刊本，题为《北溪先生性理字义》，藏于台北故宫博物院，为元代建阳刊本。其版式为 14 行 24 字，黑口，四周双边。据日本学者阿部隆一《中国访书志》考证，该版本字样有宋末建刊本遗风，也许是覆宋本①。此外，井上进根据该版本中的避讳字，如"让"避濮安懿王讳为"逊"，推断此版本很好地保留了宋本的面貌②。

该本子的构成，首先是陈宓序，次为错入卷上首页，其后为目录，其后是作为本文的第二页。全书分为 25 门，与陈序相合，与后世刊本差异较大，因而井上氏认为此为其保留宋代初刻本面貌的证据之一。该本子亦有细目，但与黄必昌所纂差异甚大。其细目如下：卷上有命字、性字、心字、情字、才字、志字、意字、仁义礼智信、孔门教人求仁、程子论仁、忠信、忠恕；卷下是诚字、敬、恭敬字、道字、理字、德字、太极、皇极、中和、中庸、礼乐、经权、鬼神。各细目之下各条亦有标题。其中《命字》未收入黄氏纂目本所谓"北溪之子附以过庭所闻"的四条。

（三）明代

明永乐十三年（1415 年），胡广奉旨编修《性理大全》，收录了《北溪字义》约五成以上内容，少数条目基本全文收录，为涉及《一贯》《皇极》《中庸》《经

① ［日］阿部隆一：《中国访书志》，汲古书院 1983 年版，转引自张加才：《〈北溪字义〉版本源流蠡测》，《北方工业大学学报》1999 年第 2 期。

② ［日］井上进：《北溪字义版本考》，《东方学》1990 年。

权》《义利》《佛老》。其采用版本基本与元代版本相同，仅在行文的衔接上改动个别字眼。严格而言，此本不能算作一种版本。

明代流行的版本主要分为两类：一类为多版本相互校勘，并有自行改字，代表为弘治本；另一类为重刻九华叶氏本，代表为正德寿藩本。

1. 弘治林同刊本。林同刊本有弘治庚戌（三年，1490 年）、壬子（五年，1492 年）两种，其中庚戌本刻于江西，壬子本刻于浙江。

今藏于北京图书馆为壬子本，版式为 10 行 21 字，黑口，四周双边。该本子的构成，首先是明代胡荣的序，之后是陈宓序，接着为目录与正文，后为林同后序，之后附《严陵讲义》，最后为周季麟跋。正文分为 25 门，收入了《一贯》门。据张加才考察，该版本以元本为主，参校了九华叶氏本，并经考订，自行改易①。

2. 正德寿藩本。基本为九华叶氏本重刊本，今藏于上海图书馆。其版式为 9 行 16 字，黑口，四周双边。该本子的构成，首先是正德三年（1508 年）寿藩的重刊序，其次是淳佑七年王稼序，接着是目录、正文，之后附《严陵讲义》，最后为寿藩的后序。正文分为 26 门，细目与通行本相同，各段的顺序与分合却与通行本不同。该版本的底本收录内容最为完备。其一，完整地收录了"命"字后面的四段，但缺了黄氏本所言北溪之子陈渠过庭所闻的注。其二，与黄氏本相较，还增加了《一贯》《佛老》，增补了《礼乐》末段。

值得注意的是，在目录"一贯"下，注有"依清漳家藏本增入"。表明寿藩本底本与清漳家藏本联系密切。此外，《四库全书总目》又称九华叶氏本为"清漳本"。因而推知寿藩本基本是九华叶氏本的重刊本。

3. 隆庆李畿嗣刊本。明隆庆李畿嗣重刊，丘汴校正，题为《北溪先生字义详讲》，现藏于北京图书馆。其版式为 9 行 16 字，黑口，四周双边。该版本的构成是，无序文，目录之后收列入校刊姓氏，紧接着为正文。从段落安排等看，乃正德本的重刻本；但也有个别字漏刻，主要依据弘治本改动。

（四）清代

1. 康熙施元勋刊本。康熙三十四年乙亥（1695 年），桐川施元勋（翼圣）以弘治本校订重刊，今仅见施《序》。后世刊本施《序》言道："元勋早岁受读是书，向无善本。付梓之时，各以旧本来校，期间谬误，多所订正，故视他本极为

---

① 张加才：《〈北溪字义〉版本源流蠡测》，《北方工业大学学报》1999 年第 2 期。

精当。"可知施氏对其刊本颇为自信。其中又谈及《严陵讲义》乃"弘治间刊本有之，今仍附后焉"。

2. 康熙戴嘉禧、顾秀虎刊本。康熙五十三年甲午（1714年），戴嘉禧与顾秀虎刊刻了《陈北溪先生字义》。今北京图书馆所藏，有爱荆堂和赐书楼两个刊板，版式均为10行22字，黑口，左右双边。二版体式略有不同，爱荆堂版目录下盖有阴文朱印"礼经二戴后裔"，赐书楼版则为版刻阳文墨印，说明爱荆堂版很可能为戴顾本初版。中国社科院哲学亦藏有爱荆堂刊本。

根据戴序可知，其获得朱彝尊所藏钞本，将要刊行，又看到了施氏刊本。于是戴氏以钞本相参校，顾秀虎则从《性理大全》所引北溪文句中，增补了原《字义》中未刊刻的多条（即《补遗》1卷）。由于戴顾二人在文字校勘上着力较多，因而此版本内容较为完整、文字较为精审，被视为最好的本子。《四库全书》本即以副都御史黄登贤家藏戴顾本为底本，1968年台湾书局"中国思想名著"丛书本亦以戴顾本为底本。

3. 乾隆江源刊本。乾隆八年癸亥（1743年），江源刊刻于保阳官舍，存诚堂藏版，今藏于北京大学图书馆。书名为《北溪字义》，其版式为10行22字，黑口，左右双边，称采择诸家，卷末有《北溪先生传略》。

4. 乾隆《北溪先生全集》附刻本。乾隆四十八年癸卯（1783年），陈文芳重刊《北溪先生文集》附刻了《北溪先生字义》。其版式为10行22字，黑口，四周双边。收录陈宓序、胡荣序、林同后序、戴嘉禧序，并首次增入了李晶英《跋》。后来光绪年间重印《北溪先生全集》所附同于此。

5. 惜阴轩丛书刊本，又称李锡龄刊本。道光二十年庚子（1840年），李锡龄校刊了《北溪字义》。其版式为10行21字，黑口，四周双边。该本子的构成，首先是胡荣、陈宓、顾仲、戴嘉禧、施元勋等人的《序》，接着为目录和李锡龄的校刊记、正文、林同的后序和周季麟的跋，之后附《严陵讲义》和戴顾本增补的内容，最后是为《宋史·陈淳传》。其底本是弘治五年刊本。1957年10月补印商务印书馆《丛书集成初编》本藏中国社会科学院哲学所。

6. 明辨斋《宋北溪陈先生遗书》。咸丰十一年辛酉（1861年），余氏刊刻，今藏于北京图书馆。其版式为8行18字，白口，左右双边。该本子的构成，首先是《选刻北溪先生遗书弁言》，次为《四书字义原叙》（即陈宓《序》和《四书字义旧跋》（即李晶英跋），接着是目录，之后收录了《侍讲待制朱先生叙述》《晦庵先生赞》《梦中自赞绘像》《蒙雅言训》（附程正思《性理字训》)、《字义》《严陵讲义》和《道学二辨》，最后为《有宋北溪先生陈公墓志铭》和胡荣、戴嘉禧《序》。

除上述版本外，清代尚有还有津河广仁堂版《性理字义》（刊于光绪八年1882 年，以顾本为底本）、1883 年学海堂重印戴顾本（刊于光绪九年，今存香港中文大学新亚研究所）等版本。

（五）日本、朝鲜

1. 日本

（1）日本活字本。日本刊活字本《北溪先生性理字义》，庆应义塾大学藏所，其印刷时间被推定为 1618 年前。其版式是 10 行 18 字，白口，四周双边。是朝鲜嘉靖本的翻印本。

（2）宽永九年刊《北溪先生性理字义》。日本宽永九年（1632 年），中野市右卫门覆刻古活字本，版式与其同，今藏于北京大学图书馆。

（3）宽文八年刊《北溪先生字义详讲》。日本宽文八年（1668 年），山胁重显校点，铜驼坊书肆村上平乐寺刊版。该版本为明正德寿藩本的覆刻。除单页为10 行外，版式与体制一如其旧。1985 年 4 月，日本东京中文出版社影印，收入了《近世汉籍丛刊：思想初编一》中，台北广文图书公司亦有重印本。

（4）宽文十年《北溪先生性理字义》。日本宽文十年（1670 年），熊谷立闲点校宽永本，并附有简单的语句注释的，即所谓"首书本"。辽宁省图书馆今藏。

2. 朝鲜嘉靖刊本。嘉靖三十二年（1553 年），丁应斗等人校刻《北溪先生性理字义》，在朝鲜庆尚南道的晋州刊行，日本内阁文库今藏。其版式为 10 行18 字，黑口，四周双边。序文以下的体式与元本全同，保存了元朝古本的面貌。在最后叶裱有"皇明嘉靖癸丑\晋州开刊"字样，叶底列有丁应斗等 6 名职衔姓名。

除上述版本上，今通行版本为 1983 年中华书局《理学丛书》版《北溪字义》。该版本由熊国祯、高流水点校，以明弘治壬子本为底本，以清康熙甲午顾刻本为主要校本。并收录了《严陵讲义》《似道之辨》《似学之辨》以及顾本的补遗等内容。附录有《宋史·陈淳传》以及宋陈宓《序》、李晶英《跋》、明胡荣《序》、林同《后序》、周季麟《跋》、清施元勋《序》、戴嘉禧《序》以及《四库全书总目北溪字义提要》、清李锡龄《序》等。有学者指出该版本其实受惜阴轩丛书本的影响非常大①。

---

① 张加才：《〈北溪字义〉版本源流蠡测》，《北方工业大学学报》1999 年第 2 期。

通行本《北溪字义》分为上下 2 卷。上卷为：命、性、心、情、才、志、意、仁义礼智信、忠信、忠恕、一贯、诚、敬、恭敬计 14 门；下卷为：道、理、德、太极、皇极、中和、中庸、礼乐、经权、义利、鬼神（魂魄附）、佛老计 12 门。共 26 门，涉及了理学的大多命题。该书是了解理学范畴尤其是朱子理学思想的重要入门参考书。其分卷、门次具有其内在的逻辑结构。学者指出："《北溪字义》的范畴研究，不仅确实有着内在的逻辑结构，而且首次建构了理学范畴的一套完整的逻辑体系，这一体系实际上可以作如下的概括：《北溪字义》分上下两卷。卷上为内圣之学，可分为前后两部分：前半部分为心性论，包括命、性、心、情、才、志、意；后半部分为道德论或功夫论，包括仁义礼智信、忠信、忠恕、一贯、诚、敬、恭敬。卷下为外王之学，实际上可分为 3 个部分：第一部分为理本论，阐明外王之学的根据，包括道、理、德、太极、皇极；第二部分为教化论，包括中和、中庸、礼乐、经权、义利；第三部分批判异端，包括批判流俗'鬼神'迷信和'佛老'空无之学。"①

### 三、蒙学著作

朱熹极为重视童蒙教育，著有十余种蒙学著作。受其影响，陈淳亦大力倡导蒙学教育，并亲自从事开蒙教育外，亦编撰了数种蒙学著作。

（一）《小学诗礼》

朱熹曾辑《小学》以补古小学失传之阙。陈淳亦"辑《曲礼》《少仪》《内则》诸书，择其要且切者，集为五言，次以韵语，体童子时时讽诵而服习焉，题之曰《小学诗礼》"②。该书分事亲、事长、男女、杂仪四部分，共 43 则，均为教养童蒙遵习礼仪之文。清代陈宏谋颇为欣赏该书，称赞道："盖歌咏所以养其性情，而步趋因以谨仪节。过庭之训，殆于兼之。"③陈宏谋将该书与《朱子白鹿洞书院揭示》、朱子《童蒙须知》《朱子论定程董学则》、真德秀《教子斋规》等一并列入《养正遗规》。

（二）《训蒙雅言》《启蒙初诵》

《北溪大全集》卷一六收录了多篇陈淳的蒙学作品，其中《训蒙雅言》与

---

① 张加才：《〈北溪字义〉与理学范畴体系的诠释和建构》，《厦门大学学报》（哲学社会科学版）2004年第 3 期。
② 陈宏谋：《五种遗规·养正遗规》卷上《陈北溪小学诗礼》，乾隆培远堂刻汇印本。
③ 《五种遗规·养正遗规》卷上《陈北溪小学诗礼》。

《启蒙初诵》关系密切。此二篇作于庆元五年（1199 年）夏天。时为其应郡守赵汝说召请前夕，乃其训童生涯的最后时段，因而此二篇应是其蒙学作品的成熟之作。《启蒙初诵》以三字为句，以人性善为开端，是一部成功的蒙学作品。其内容与形式均为后世的《三字经》所效仿①。《训蒙雅言》（即《训童雅言》）以四字韵语为句，集选儒家经典中明白切要字句。其内容，先言尧舜周孔之道，后讲人人均需遵从的道德礼仪，同时将理学的存心养性之理渗透其中。无论形式或内容，《训蒙雅言》均是编撰较为成功的蒙学作品。其以四言韵语为句，短小精悍，朗朗上口，精炼了儒家经典中的思想，为蒙童进一步研修儒家学说打下坚实的基础。

在《启蒙初诵》的序文中，陈淳道明了作此二篇的源由。其言曰："予得子，今三岁，近略学语，将以教之，而无其书，因集《易》《书》《诗》《礼》《语》《孟》《孝经》中明白切要四字句，协之以韵，名曰《训童雅言》，凡七十八章，一千二百四十八字。又以其初，未能长语也，则以三字先之，名曰《启蒙初诵》，凡一十九章，二百二十八字。盖圣学始终大略见于此矣。恐或可以先立标的，而同志有愿为庭训之助者，亦所不隐也。若小学洒扫应对进退之仪，则又其中始进之条也。固朝夕次第从事，而其端亦不外乎初诵矣。但其详见于遗经者多，或字艰而文涩，非幼习之便。此须五六年外语音调熟，然后可以为之训焉。"② 可见《训蒙雅言》乃《启蒙初诵》之进阶。先经以《启蒙初诵》学习基本的洒扫应对进退之仪，有了一定基础之后，再经由《训蒙雅言》，进一步学习儒学。

（三）《暑示学子》《暑月喻斋生》

《北溪大全集》卷一六还收录了《暑示学子》《暑月喻斋生》两篇蒙学作品。《暑示学子》四言韵语为形式，仅 48 字。从内容上看，《暑月喻斋生》是对《暑示学子》作进一步解释和说明的文字。

（四）《训儿童八首》

《训儿童八首》收录在《北溪大全集》卷三，为五言律诗，分别是《孔子》

---

① 刘子健认为："《三字经》这样的书，是不会突然出现的。南宋时代的若干思想家、理学家、文人逐渐开始注意普及教育，可能已经有人编写过一些通俗读物，成为（三字经）的前驱。我的这个想法十余年来投有找到证据，最近无意中发现了！这便是载于《北溪大全集》卷一六页六至八的《启蒙初诵》。"（刘子健：《比〈三字经〉更早的南宋启蒙书》，《文史》第 21 辑，中华书局 1983 年版，第 134 页。）邱汉生生指出："《启蒙初诵》，三言，有韵，形式内容都像《三字经》。开头云：'天地性，人为贵，无不善，万物备'，'性相近，道不远'。当为后来的《三字经》所祖述。"（邱汉生：《宋明理学史》，第 516 页。）
② 《北溪大全集》卷一六。

《弟子》《颜子》《曾子》《人子》《洒扫》《应对》《进退》八篇。

### 四、《严陵讲义》

嘉定十年五月（1217 年），陈淳再至临安应试，同年八月应郡守郑之悌之邀，于郡庠讲学约两个月之久。讲稿名为《严陵讲义》，在《北溪字义》《北溪大全集》中均有收录。讲义分为四章，分别为《道学体统》《师友渊源》《用功节目》《读书次序》，一向被视为弘扬朱子学、护卫师门，排斥佛学、贬抑陆学之作。四库馆臣即言："淳以朱子终身与陆九渊如水火，故生平大旨在于力申儒释之辨，以针砭金溪一派之失。集中如道学、体统等四篇，似道、似学二辨，皆在严陵时所作。反覆诘辨，务阐明鹅湖会讲之绪论，亦可谓坚守师传，不失尺寸者矣。"①

### 五、《大学论孟中庸口义》

除上述诸作品外，陈宓《墓志铭》提到："《大学》《论》《孟》《中庸》则有口义"②。陈沂《叙述》则云："《大学》《中庸》口义。"今未见其书。宋末赵顺孙汇纂有关《四书》诸家之疏，备引朱子之说，旁引黄榦、陈淳、蔡沈、真德秀等13 人之说。其所引陈淳之书有《大学口义》《中庸口义》《字义》《文集》《语录》③。除《语录》为陈淳所录朱子讲义外，其余均是其个人推演之说。由此可见，赵顺孙仅见到《大学口义》《中庸口义》二书。

四库本《北溪大全集》卷八有《孟子说天与贤与子可包韩子忧虑后世之义》《告子论性之说五》等数篇与《孟子》相关，又卷一六有《大学发题》《中庸发题》，又卷一八《讲义》有《论语发题》及《学而》《为政》之讲义，此数篇或许即为陈宓所言之《大学论孟中庸口义》部分内容。此外，《四书汇纂》中所录"陈氏曰"均为陈淳之论④。由此推测，该书或散见于《北溪大全集》《四书纂疏》各卷之中。

---

① 《钦定四库全书总目》卷一六一《集部·别集类十四》"北溪大全集"条。

② 《有宋北溪先生主簿陈公墓志铭》，见《北溪大全集》外集。

③ 赵顺孙：《四书纂防引用总目》，《四书纂疏》卷首，景印文渊阁四库全书本。

④ 赵顺孙云："《纂防》所载二黄氏、三陈氏，惟勉斋、北溪不书郡，余以郡书。"可是，书中所录未书郡名之陈氏即为陈淳。《四书纂防引用总目》，《四书纂疏》卷首。

# 第二章　理

## 第一节　程伊川："理无形"

在中国哲学史上，程伊川无疑是一位公认具有"创造性"的思想家。正如英国汉学家葛瑞汉所言："在新儒学复兴儒学的运动中，真正有创见的人物是程伊川。如果衡量一位哲学家伟大的尺度是他的贡献的独创性和他的影响大小的话，毫无疑义，程伊川是两千年来最伟大的儒学思想家！"[①] 这位"最富有创造性"的思想家"最伟大之处"，在于构建以"天理"为核心的哲学思想体系。

### 一、天理"只是道得如此，更难为名状"

在中国哲学史上，真正有创造性的思想家在其思想体系中，必定有几个独创性的概念、范畴。在二程哲学体系中，"天理"无疑是最具标志性的范畴。虽然《庄子》《韩非子》《礼记》等典籍已出现"天理"一词，"能指"虽同，但"所指"与哲学意涵已有翻天覆地变化。正是在这一意义上，程明道颇为自豪地说："吾学虽有所受，天理二字却是自家体贴出来。"[②] "自家体贴出来"的"天理"，在哲学性质上，无生无灭，犹如华严宗所言"涅槃无生无出故。若法无生无出，则无有灭"[③]。既然天理不可以"生灭"界说，自然没有空间的特性，"理无形也，故因象以明理。理既见乎辞，则可以由辞而观象。"[④] "道体物不遗，不应有方所。"[⑤] "理无形"的表述在程伊川的文章中多次出现，"有方所，则有限量。"[⑥] 天

---

① ［英］葛瑞汉：《二程兄弟的新儒学》，大象出版社 2000 年版，第 32 页。

② 程颢、程颐著，王孝鱼点校：《河南程氏外书》卷十二，《二程集》，中华书局 2004 年版，第 424 页。

③ 《大方广佛华严经·如来出现品第三十七》，中华书局 2012 年版，第 82 页。

④ 《河南程氏粹言》卷一，第 1205 页。

⑤ 《河南程氏遗书》卷二上，第 21 页。

⑥ 程颐：《周易程氏传》卷三，《二程集》，第 913 页。

理无方所，不存在具体存在所具有的空间特性。此外，天理有时间特性吗？换言之，天理有时间起始吗？程伊川没有回答这一问题，这正是他的卓然高明之处，因为"没有回答"意味着这一问题本身就是一伪问题。程伊川是否受到庄子与华严宗、禅宗的哲学影响，尚有待于细究。庄子明确点明"道无终始，物有死生"①。道与物截然相分，形上层面的"道"，不可以"终始"来界说。道没有具象那种度量时间属性，具体之物才有度量时间属性，因为时间与空间只是具体存在才具有的存在方式。天理无形，天理无终始，甚至"天理"这一概念本身之"能指"与"所指"，也是"只是道得如此，更难为名状"②。天理在逻辑上"难为名状"，使用"天理"这一概念也不过是"强为之名"（老子语），这一观点与《老子》"道可道，非常道"显然有异曲同工之妙。但是，如果将天理界定为大乘空宗意义上的"空"，无疑也是大错特错。"和靖尝以《易传序》请问曰：'"至微者理也，至著者象也，体用一原，显微无间"，莫太泄露天机否？'伊川曰：'如此分明说破，犹自人不解悟。'"③天理是"至微"，是无形无象的"实"，天理是绝对的本体，但不是大乘空宗绝对之"空"。张载曾经说："太虚者，气之体。"④太虚即气，"清虚一大"是气之本体状态。太虚不可等同于阴阳之气，太虚是本体之气，阴阳二气是宇宙论层面的本原。张载批评"虚生气"，因为这一命题将太虚错认为宇宙生成论层面的范畴。程伊川也多次谈太虚，但对"太虚"这一范畴作了全新的哲学界定：

> "又语及太虚，曰：'亦无太虚，'遂指虚曰：'皆是理，安得谓之虚？天下无实于理者。'"⑤

> "又语及太虚，先生曰：'亦无太虚。'遂指虚曰：'皆是理，安得谓之虚！天下无实于理者'。或谓'许大太虚'，先生谓：'此语便不是。这里论甚大与小！'"⑥

《河南程氏遗书》和《宋元学案》记录的这一段语录基本相同，只是《宋元学案》多出了后面一段对话而已。程伊川把太虚"置换"为理，"旧瓶装新酒"，含义与哲学意义焕然一新。天理不可以"大与小"界说，但是，天理是"实"，

---

① 《庄子·秋水》。
② 《河南程氏遗书》卷二上，第 38 页。
③ 《河南程氏外书》卷十二，第 430 页。
④ 张载：《正蒙·乾称》，《张载集》，中华书局 1978 年版。
⑤ 《河南程氏遗书》卷三，第 64 页。
⑥ 黄宗羲原著，全祖望补修：《宋元学案》卷十五《伊川学案》上，中华书局 1986 年版，第 610 页。

不是绝对之空。程伊川反复说天理是"实","实"指的是天理，是天地万物存在何以可能的终极根据。因为有"实"的哲学特性，天理才能成为世界统一性的本体。"问：'鸢飞戾天，鱼跃于渊'，莫是上下一理否？曰：'到这里只是点头。'"① 面对大千世界的山川树木、鸟语花香，只能"点头"，不可用语言表述，甚至也不能用范畴、概念界说，因为人类能说与所说的只是哲学本体的一偏，而非其全体。"天理云者，这一个道理，更有甚穷已？不为尧存，不为桀亡。人得之者，故大行不加，穷居不损。这上头来，更怎生说得存亡加减？是佗元无少欠，百理具备。"② 天理是自在的存在，不是人理性的创造物。人发现了天理本体，而不是人创造了天理。天理不会因为尧是圣人而有所增加，也不会因为夏桀暴虐而减损。"穷物理者，穷其所以然也。"③ 不论你喜欢还是不喜欢，天理作为宇宙与万事万物的"所以然"始终存在。"莫之为而为，莫之致而致，便是天理。"④ 这句话前半截源出于《孟子》，在"尽心——知性——知天"的逻辑结构中，孟子力图证明"四端"之德性具备普遍性与绝对性，所以人人需"立命"。程伊川巧妙移植过来，旨在说明作为天地间"所以然"的天理，其存在与作用具有普遍性和绝对性特点。在这一意义上，天理也是"命"。

实际上，本书论证至此，力图要证明的一个观点为：天理属于本体论层面上的范畴⑤。冯友兰先生所论：程伊川哲学中的"天理"，属于在"具体的世界"之

---

① 《宋元学案》卷十五《伊川学案》上，第 610 页。

② 《河南程氏遗书》卷二上，第 31 页。这一段话虽是程明道所言，但也代表程伊川思想。二程兄弟哲学思想有同有异，这一段话当是异中之同。

③ 《河南程氏粹言》卷二，第 1272 页。

④ 《河南程氏遗书》卷十八，第 215 页。

⑤ 本书所用"本体论"一词，实际上应称之为"中国哲学的本体论"，而不是西方"本体论"（Ontology）。这是因为西方自柏拉图以来的 ontology，在中国哲学史上严格来说并不存在。中国传统哲学与西方哲学本是两个性质完全不同的文化形态。西方哲学自柏拉图以来存在着两个世界：一个是感性的、现象的、经验的世界，另一个是非感性的、本质的、逻辑的世界。本体论（ontology）是对逻辑世界的描述，它只存在于逻辑世界之中。从柏拉图到黑格尔，西方哲学形态一直表现为逻辑世界与经验世界的两离性。由于西方哲学划分出经验和经验之外两大分离的领域，从而产生了本体论（ontology）以及本体论所表述的理性与纯粹原理范畴。本体论（ontology）是西方哲学特有的一种哲学形态，其中包含着中国传统哲学中所没有的思维方式、叙事模式与哲学传统。中国传统哲学从来就没有所谓经验世界之外还存在着一个相对独立的逻辑世界的观点。恰恰相反，在中国传统哲学形态中，逻辑世界、原理世界是与经验世界、现象世界不可分割地包容于一体的，用中国哲学固有的命题来表述，就叫"道不离器""气兼有无"。无论"道"学、"理"学，抑或"气"学，都不是西方哲学意义上的那种在现象世界之外独立存在的逻辑世界。为避免反向格义带来的对中国哲学的误读与误解，特别加以说明。

外的"概念之世界"中存在的"概念或形式"。①

### 二、"离了阴阳更无道"

但是，特别需指出的是：程伊川的有些表述，容易使人产生一事实判断：天理（理、道）既是本体论，又是宇宙生成论。譬如，"道则自然生万物"②，"天理生生"③。如果天理（理、道）能"生万物"，那么天理（理、道）也是宇宙生成论层面的范畴。天理一方面"无方所"、无始无终，甚至"难为名状"；另一方面天理又能"生万物"？刘蕺山批评程伊川思想"大而未化"④，是否就是针对程伊川天理哲学的内在多重属性而发？因此，为了正确认识天理的特点与哲学性质、澄清一些误读误解，有必要进一步深入地从"理气关系"的视域加以论证：

1. 在宇宙生成论视域，程伊川比较强调"气"的本原性地位。"天地阴阳之气相交而和，则万物生成，故为通泰。"⑤"阴阳不相交遇，则万物不生。"⑥"天之道，以其气下际，故能化育万物，其道光明。下际谓下交也。地之道，以其处卑，所以其气上行，交于天，皆以卑降而亨也⑦。"宇宙万物的生成皆是天地阴阳二气"相交而密"所为，在时间上是"生则一时生"⑧。程伊川在此区分了两个概念："气化"与"形化"。"万物之始，皆气化；既形，然后以形相禅，有形化；形化长，则气化渐消。"⑨"气化"先于"形化"，"气化"之气是宇宙万物客观存在之始基和天地万物统一性之基础。"气化之在人与在天，一也。"⑩"形化"又被称之为"种生"，"气既化后，更不化，便以种生去。"⑪天地万物种类繁殊，在阴阳之气"推迁改易"作用下，都是各个"以形相禅"，不相淆乱。譬如，人类属于"真元之气"（可能受到道教影响），霜露属于"星月之气"，雹属于"阴阳相搏之气"，麒麟是"太平和气"，甚至鬼神也可以"气之聚散"解释。

---

① 冯友兰：《中国哲学史》下，华东师范大学出版社 2000 年版，第 242 页。
② 《河南程氏遗书》卷十五，第 149 页。
③ 《河南程氏粹言》卷二，第 1228 页。
④ 《宋元学案》卷十五，第 588 页。
⑤ 《周易程氏传》卷一，第 753 页。
⑥ 《周易程氏传》卷三，第 924 页。
⑦ 《周易程氏传》卷二，第 773—774 页。
⑧ 《河南程氏遗书》卷二上，第 33 页。
⑨ 《河南程氏遗书》卷五，第 79 页。
⑩ 《河南程氏粹言》卷二，第 1226 页。
⑪ 《河南程氏遗书》卷十八，第 199 页。

总而言之,"盖天地间无一物无阴阳。"① 既然宇宙万物都是"气化"与"形化"的作用,那么每一种具体存在死亡之后,既散之气归于何处?张载认为气是不灭的,天地间每一种存在都只不过是阴阳二气的存在方式而已,既散之气将复归于无形太虚。程伊川明确不同意这一观点,"凡物之散,其气遂尽,无复归本原之理。"② 具体事物消亡,就是气散。既散之气不复存在,更不可能回归本原之气。张载的气论虽然起到了对佛老学说的批判作用,但在宇宙论上将本原之气与具体事物之气混淆不清,大大降低了气的哲学抽象性。天地间有"生气","生气"犹如洪炉与潮水,潮涨潮落,生生不息。当然,这种"生气"是"形化"意义上的气,而非"气化"层面的本原之气。"形化"层面的气有终始,"此是气之终始"③;但"气化"层面的本原之气没有终始。"动静无端,阴阳无始,非知道者,孰能识之?"④ 程伊川对张载思想的批评,其实并没有否定气的地位与作用,反而在宇宙本体论上抬升了"气化"之气的抽象性与本源性。尤其值得一提的是,在宇宙生成论上,程颐主要从阴阳二气的"交感"解释天地万物之源起,这一学说特点在《周易程氏传》中体现得比较典型。《易传》最大的特色在于从阴阳二气证明天地万物存在何以可能,阴阳学说与气学已经"牵手"与"汇流"。《周易程氏传》是程伊川晚年著述,观点已趋于成熟。整部《周易程氏传》在宇宙生成论上,基本上是"萧规曹随",像《易传》作者一样以阴阳气论证明天地万物的性质与特点。相对而言,对天理或理的论述比较少。这一思想特点,反映了程伊川哲学思想一个倾向:在宇宙生成论上,程伊川肯定与强调"气化"之气的根源性与主宰性,主要从气论证成宇宙天地万物的"所从来"⑤。

2. 在本体论层面,程伊川则更多强调天理的作用。本体论层面的天理,"寂然不动",天理是"静",静是天理的恒定状态。人心"感"天理,通达天地万物之理;"动静无端,阴阳无始"层面的本体之气与理相"感",成为天地万物存在之"所以然"。

论及程伊川哲学思想体系中的理与气关系,以下三段话不可忽略:

"离了阴阳更无道,所以阴阳者是道也。阴阳,气也。气是形而下者,

① 《宋元学案》卷十五《伊川学案》上,第592页。
② 《河南程氏遗书》卷十五,第163页。
③ 《河南程氏遗书》卷十五,第163页。
④ 《河南程氏经说》卷一,第1029页。
⑤ [古希腊] 亚里士多德:《形而上学》,吴寿彭译,商务印书馆1991年版,第84页。

道是形而上者。形而上者则是密也。"①

"离阴阳则无道。阴阳，气也，形而下也。道，太虚也，形而上也。"②

"离了阴阳，更无道。所以阴阳者，是道也。阴阳，气也。气是形而下者，道是形而上者。形而上者，则是密也。"③

以上表述，因为非常重要，所以在《遗书》《粹言》与《宋元学案》中反复出现。其中有三点值得我们深思：其一，有些学界同人往往注重"所以阴阳者是道"一层含义，强调天理或道的"所以然"哲学性质，却往往忽略了"离了阴阳更无道"这层含义同样重要。程伊川一再说明理与气不可"离"，理与气相即相融，浑然一体。离开了理的气，是僵死之气；离开了气的理，属于漂浮无根之空无，毫无意义。黄宗羲用"更无道"语词，语气与立场更加坚定。其二，"形而上"与"形而下"的区别，应仔细分辨。"形而上"与"形而下"的区别仅仅在于幽与显，而非"有与无"。"有无"是佛老的提法，张载为了相区别，特意以"幽显"取代"有无"。理、道和太虚是"密"，"密"即微，指理细微不可见，不是经验认识的对象。华严宗在本体论上也经常使用"理"这一范畴，但是其含义与程伊川有较大差异。程伊川哲学中的"理"是"实"，是具体的抽象，不是绝对的空无；华严宗的"理"，既有"真理"的含义，更有"空无自性"之"空"的色彩。其三，此处"阴阳，气也"之气，属于"形化"层面的气，而非"气化"层面的本体之气。换言之，此处理与气的关系，指的是天理与"形化"之气的关系，而非天理与"气化"之气的关系。简单用"质料"一词来界说程子哲学中的"气"，有些笼统与偏颇，因为气有"气化"之气与"形化"之气的区别。用"质料"解释"形化"层面的气或许有几分吻合，但是，用"质料"来对译或诠释"气化"层面的本体之气显然有些南辕北辙。换言之，用"质料"指谓"气化"之气，是对本体之气的"矮化"。"气化"之气属于"未发"，与天理互融互摄。"动静无端，阴阳无始"是本体之气最大特点。天理与本体之气相互涵摄不可分，但天理与"形化"之气有"形上"与"形下"的区别。

因此，我们只有立足于"理不离气""理气合一"，才能读懂程伊川为何一方面论述天理"寂然不动"，是"所以阴阳者"；另一方面又反复多次大谈"天理

<hr />

① 《河南程氏遗书》卷十五，第162页。
② 《河南程氏粹言》卷一，第1180页。
③ 《宋元学案》卷十五《伊川学案》上，第609页。

生生"：

　　　　"天理生生，相续不息，无为故也。使竭智巧而为之，未有能不息也。"①

　　　　"道则自然生万物。今夫春生夏长了一番，皆是道之生，后来生长，不可道却将既生之气，后来却要生长。道则自然生生不息。"②

　　　　"'鼓万物而不与圣人同忧'，天理鼓动万物如此。"③

　　　　"天道，生万物，各正其性命而不妄。王者体天之道，养育人民，以至昆虫草木，使各得其宜，乃对时育物之道也。"④

　　"天理生生"是从《易传》"生生之谓易"脱胎而来，"生生之谓易"侧重于强调易的"生生"之德性，当然程伊川的天理也有这一层含义。除此之外，两者的哲学蕴涵已有所不同。天理不会"生"气，也不可能"生"阴阳。"天理生生"之天理，当是融合了"气化"本体之气的天理。理气合一意义上的天理，才有可能"生生"。牟宗三先生曾经为《老子》"道生一""先天地生"进行辩护，将"生"诠释为"在"，借以遮掩与削减"道"的宇宙生成论成分，抬升道的价值本体论地位："'生'亦'在'义。'先天地生'即'先乎天地而存在'也。"⑤"'道生，德畜'是超越意义的生、畜，是系属于道与德而言者。"⑥牟宗三先生基于文化自觉立场上的辩护，其良苦用心令人钦佩。但就今本《老子》对"道"所作界说而言，把"道生之""道生一"和"周行而不殆"完全看成"超越意义"的"生"与"周行"，恐怕有待商榷。"万物之母""天地之始"（《老子》一章）、"万物之宗"（《老子》四章）、"玄牝之门"（《老子》六章）、"天地之根"（《老子》六章）等等表述，虽然有文化隐喻的成分，但又都言之凿凿地表达出一个观点：道并不纯粹是形而上学的符号，道是实有，道也是生成论层面范畴。把道论证为形而上学层面的"无"，是后来庄子与王弼的贡献。因此，程伊川的"天理生生"既蕴含"生生何以可能在于天理"之本体论成分，即强调天理"所由以说明的第一点"⑦；但是，与此同时，"天理生生"命题并不排斥宇宙生成论色彩，两者兼而有之。究竟应如何理解与评判"天理生生"，学界对此理解不一，甚至分歧

①　《河南程氏粹言》卷二，第 1228 页。
②　《河南程氏遗书》卷十五，第 149 页。
③　《河南程氏遗书》卷五，第 78 页。
④　《周易程氏传》卷二，第 824 页。
⑤　牟宗三：《才性与玄理》，广西师范大学出版社 2006 年版，第 126 页。
⑥　《才性与玄理》，第 133 页。
⑦　《形而上学》，第 84 页。

较大。譬如，日本学者沟口雄三认为，"程子的天理具有强烈的万物生生的'活脉'"，"天理对万物的发生或生生起到能动的作用，或者说天理自身是一个生生不息的具有生命力的'活动之脉'这样一种形象。"① 沟口雄三先生认为，程子的天理主要还只是一生成论意义上的本体，他进而指出程伊川与朱熹"天理"观念也恰好在这一层面呈现出不同的哲学指向。根据他的梳理，《朱子语类》"天理"概念出现 280 余次，"朱子'天理'用例的 90%以上是指人的内心世界的澄明、洒落，从广义上说，是指内心的道德性的。"与此相对，"程子的天理鼓动或是动以天理是与自然界的生成相关联的。"② 在他看来，朱熹的天理主要是价值本体论，而程颐的天理是宇宙生成论。孰是孰非，尚有待于深入讨论。但沟口雄三客观指出程伊川天理范畴确实涵摄生成论属性，这应当不是一空穴来风的臆想。在笔者看来，与"动静无端，阴阳无始"本体之气合而为一的天理确实存在两重属性：既是本体论层面的"所以然"，又是生成论层面的"所从来"。一钥开二门，融和无碍，并不矛盾冲突。其实在论述天理"生生不息"的同时，其实程伊川更想表达的一层含义为：天地万物包括人类的"性命"，由天理而"正"。所以，在理气关系上，程伊川比较经典的表述为："道者，一阴一阳也。动静无端，阴阳无始。非知道者，孰能识之？"③ "至显莫如事，至微莫如理，而事理一致也，微显一源也。"④ "事"即心所指向的物，指的是具体存在与言行，事是显。理或道是源，理（道）是涵摄了气之理（道），此处之气不是"既曰气，便是二"⑤ 意义上的"已发"之气，而是"阴阳无始"层面上的"未发"之气、"气化"之气。"阴阳无始"的"未发"之气，在位格上与天理"并驾齐驱"。由理事合一、理事一源，程颐旨在论证理气相即。"冲穆无朕，万象森然已具，未应不是先，已应不是后。如百尺之木，自根本至枝叶皆是一贯，不可道上面一段是无形无兆，却待人旋安排引出来，教入涂辙。既是涂辙，却只是一个涂辙。"⑥ "冲穆无朕"指的是"气化"之气，因为"应"描述的是一分为二的阴阳之气的运动交感变化。"万象森然已具"诠释无行迹之气何以能化生种类繁殖之万物，因为气是蕴涵理

---

① ［日］沟口雄三：《论天理观的形成》，参见［日］沟口雄三、小岛毅主编《中国的思维世界》，凤凰出版传媒集团 2006 年版，第 230—231 页。

② 《论天理观的形成》，第 232 页。

③ 《河南程氏经说》卷一，第 1029 页。

④ 《河南程氏粹言》卷一，第 1222 页。

⑤ 《河南程氏遗书》卷十五，第 160 页。

⑥ 《宋元学案》卷十五《伊川学案》上，第 616 页。

之气。一棵树的树根与枝叶是连贯一体的，不能说树根属于天理，枝叶属于气生。天理与气是同一个"涂辙"，理与气不分先后，一棵树呈现的既是理又是气化之气。理气是本体，树是现象，现象呈现本体，现象即本体。杨开沅评论说："此段发明道器一贯，最为明白。知此，则'理生气''才说性便不是性'，'人性中曷尝有孝弟来'，皆头上安头，屋上架屋矣。"①

程伊川理事圆融、体用相即的思想，或许受到华严宗的影响。"湛然平静如镜者，水之性也。及遇沙石或地势不平，便有湍激，或风行其上，便为波涛汹涌，此岂水之性也哉。"②唐宋时期学人经常用水与波浪关系比喻性情，程伊川也不例外。从"性即理"意义上论，其中自然涵摄体用关系。唐代华严宗大师法藏说："事虽宛然，恒无所有，是故用即体也，如会百川以归于海；理虽一味，恒自随缘，是故体即用也。如举大海以明百川，由理事互融故，体用自在。"③百川汇流而成大海，川与海融合一体，体用一如。在《种智普耀门》一文中，用水与波浪关系比喻体用相即，更加浅显易懂："十分三智者。谓达尘性空无之理。决择邪正。顺理入真。此决择之心。是加行智。又见此尘全是亡言绝虑。性超图度能所不起动念亦非。此为正体智。又见尘缘起幻有不碍差别。虽种种差别莫不空无所有。以不失体故。全以法体而起大用。一多无碍主伴相摄。一即一切。一切即一。是为后得智然上诸义法无分齐。现必同时，理不碍差。隐显一际。用则波腾鼎沸。全真体以运行。体即镜净水澄。举随缘而会寂。若曦光之流采无心。而朗十方。如明镜之端。形不动而呈万像。"本体与现象的关系，犹如水与波浪，水显现为波浪，波浪本质上就是水，现象乃本体自身之呈现，"一切即一"，"隐显一际"。此外，水与波浪又是同时显现，体用不分先后。理是永恒的，本身没有时间性。理通过气进入时间，又超越时间，所谓"现必同时，理不碍差"。

程伊川对"天理"范畴的界定，在哲学与逻辑层面显得非常周密：天理无形，天理无终始，甚至"天理"观念本身"难为名状"，但天理是"实"，不是绝对之空。因为有"实"的哲学特性，天理才能成为世界统一性的本体。在理与气的关系上，程伊川哲学呈现两个特点：在宇宙论上，侧重阐释"气"的本原地位。而且气有"气化"与"形化"之分，"气化"先于"形化"，"气化"之气"动

① 《宋元学案》卷十五《伊川学案》上，第616页。
② 《河南程氏遗书》卷十八，第242页。
③ 《华严经义海百门·体用开合门第九》。

静无端，阴阳无始"；在价值本体论层面，则更多强调天理的作用。

## 第二节　朱子：理是"净洁空阔底世界"

### 一、"未有天地之先，毕竟也只是理"

与二程一样，在朱熹思想体系中，位阶最高的范畴是"理"或"天理"。理是天地万物存在所以可能的普遍根据，理决定了某物之所以为某物的本质。理是存在的第一原理，理是存在的"所以然"。有人问朱子："昨谓未有天地之先，毕竟是先有理，如何？"朱子回答："未有天地之先，毕竟也只是理。有此理，便有此天地。若无此理，便亦无天地，无人无物，都无该载了！"[①] 理先于天地人而存在，理在逻辑上有"天地之先"的特点。在天地万物没有产生之前，理"亘古今常存"[②]。在一次与学生的对话中，朱子甚至说："且如万一山河天地都陷了，毕竟理却只在这里。"[③]"陷"意味着天地万物不复存在，有时空限定的具体存在消亡，作为本体的理，仍然可以独立存在。有人问："未有人时，此理何在？"朱子答："也只在这里。如一海水，或取得一勺，或取得一担，或取得一碗，都是这海水。但是他为主，我为客，他较长久，我得之不久耳。"[④] 朱子以有形体、有质量的"海水"比喻理，多少会使人有些误解。误以为本体论意义上的理，也有空间特性。恰恰相反，朱子想要表达的一个观点是：理"无形体"[⑤]。理不具有具体存在才具备的度量时间特性，也没有具体存在所必须具有的空间特性。换言之，不可以用时间与空间来界定理。不仅如此，理"无情意，无计度，无造作"[⑥]。理不是至上人格神，理没有生命意识与情欲，也不会具体生成天地万物。正因为如此，理才是一个"净洁空阔底世界"[⑦]。在《答杨子顺》一文中，朱子特意点明理是"形而上者"："谓一阴一阳之谓道已涉形器，五性为形而下者，恐皆未然。阴阳固是形而下者，然所以一阴一阳者，乃理也，形而上者也。五事固是形而下

---

① 黎靖德编：《朱子语类》卷一，中华书局1994年版，第1页。
② 《朱子语类》卷三，第46页。
③ 《朱子语类》卷一，第4页。
④ 《朱子语类》卷一，第2页。
⑤ 《朱子语类》卷一，第1页。
⑥ 《朱子语类》卷一，第3页。
⑦ 《朱子语类》卷一，第3页。

者，然五常之性则理也，形而上者也。"① 阴阳五行属于形而下，理是阴阳五行背后隐藏的"所以然"，因此属于"形而上者"。在《易传》思想架构中，阴阳之气是天地万物生成何以可能的本原，气显然是形而上的第一概念。但是，在朱子哲学架构中，气已下降为"形而下者"，代之而起的是"理"。

或许是为了更圆融地诠释理是"形而上者"，朱子别出心裁地从周敦颐哲学中借用了"无极"与"太极"两大范畴。"无极而太极。太极动而生阳，动极而静，静而生阴。静极复动。一动一静，互为其根；分阴分阳，两仪立焉。"② 周敦颐的"太极图"以及对太极、无极的诠解，显然汲取了陈抟等人的思想，但也作出了颠覆性的界说。由于版本不同的缘故，首句"无极而太极"在九江本中写成"无极而生太极"，在国史本中作"自无极而为太极"。但是，无论周敦颐是否受到道教思想的浸润（朱熹断然否定周敦颐的"无极太极"学说源自道教），也暂且不论版本的异同，有两点是可以肯定的：其一，周敦颐的"无极"与"太极"，本质上是气，而不是理或者天理。"无极之真，二五之精，妙合而凝。"③ 周敦颐的宇宙论，建构在气与阴阳五行学说基础上。周敦颐的宇宙论是气本论，而不是理本论。其二，无极与太极不离阴阳，"五行，一阴阳也；阴阳，一太极也；太极，本无极也。五行之生也，各一其性。"④ 无极与太极不是一观念性本体，天地客观事物，乃至一花一草都能呈现宇宙本体的存在。正如朱子所言："而无极之妙，亦未尝不各具于一物之中也。"⑤ 形而上的无极、太极没有与形而下的世界彻底割离，无极与太极寓含于天地万物之中。经验的世界背后，透显出一个逻辑的世界。

令人惊讶的是，少年时代就拜周濂溪为师的二程兄弟，在其思想体系中，完全弃绝太极图、无极与太极思想⑥。对于二程兄弟为何不谈及太极图，黄百家在《濂溪学案》按语中引述丰道生的观点："至于《太极图》，两人生平俱未尝一言道

---

① 郭齐、尹波点校：《朱熹集》卷五十九，四川教育出版社 1996 年版，第 3036 页。
② 周敦颐：《太极图说》，《周敦颐集》卷一，中华书局 2009 年版，第 3—4 页。
③ 《太极图说》，第 5 页。
④ 《太极图说》，第 5 页。
⑤ 《太极图说》，第 5 页。
⑥ 《周易程氏传》前之《易序》中提到："太极者道也，两仪者阴阳也。阴阳，一道也。太极，无极也。万物之生，负阴而抱阳，莫不有太极，莫不有两仪，絪缊交感，变化不穷。"另外，《河南程氏文集·遗文》也收有《易序》一文。在学术史上，不少学者考证《易序》并非程颐之作。譬如，陈来在其论文《关于程朱理气学说两条资料的考证》中指出《易序》来自《性理群书》，《易序》非程颐所作。

及，盖明知为异端，莫之齿也。"丰道生认为二程兄弟认定周敦颐太极图和太极无极之说属于"异端"，所以二程终其一生不愿提及。对于这一学术史上的悬案，朱子有几个说法，其中一个解释是"二程不言太极者，用刘绚记程言，清虚一大，恐人别处走。今只说敬，意只在所由，只一理也。一理者，言'仁义中正而主静'。"① 虽然程伊川曾经说过："离阴阳则无道。阴阳，气也，形而下也。道，太虚也，形而上也。"② 在宇宙生成论上，理与气合一，道不离阴阳。但是，在本体论层面，理与气又是不杂不混，形而上截然有别于形而下。"二程不言太极"的真实原因，既是对异端的"莫之齿"，也是对张载"清虚一大"气论有所贬谪，对张载所言既散之气复归太虚之气多有批判。因为周濂溪的无极与太极学说本质上是气，因此，二程兄弟对张载"太虚即气"的直接批判，也是对周濂溪无极太极思想的间接否定。在二程兄弟看来，本体论上的理本论以及宇宙论层面的理气说，完全可以圆融无碍地诠释世界的诞生以及世界诞生在逻辑分析上何以可能。在理本论架构中，再引入无极太极学说，无异于叠床架屋、画蛇添足。

颇具吊诡意味的是，作为程伊川忠实信徒的朱熹，却一反程伊川之所为，大张旗鼓地在理本论架构中引入太极无极学说。朱子特意指明，太极与无极范畴本来就是儒家自家固有的"宝藏"，与《老子》和道教没有丝毫关联。"然以熹观之，伏羲作《易》，自一画以下，文王演《易》。自'乾元'以下，皆未尝言太极也，而孔子言之。孔子赞《易》，自太极以下，未尝言无极也，而周子言之。"③ 朱子认为"太极"是孔子发明的概念，"无极"是周敦颐首先提出来的。朱子认为《老子》中的"无极"的内涵是"无穷"④，因此与儒家的思想南辕北辙。颇有讽刺意味的是，虽然朱熹口口声声声明太极与无极直接源自周敦颐哲学，却对无极与太极的本质内涵作了颠覆性的诠释。太极与无极不再是气，而是理！旧瓶装新酒，"城头变幻大王旗"。朱子晚年弟子陈淳问："太极不是未有天地之先有个浑成之物，是天地万物之理总名否？"朱子回答说："太极只是天地万物之理。在天地言，则天地中有太极；在万物言，则万物中各有太极。未有天地之先，毕竟是先有此理。"⑤ 在回答另外几位学生的类似提问中，也一再言之凿凿地标明"太

① 《朱子语类》卷九三，第 2358 页。
② 《河南程氏粹言》卷一，第 1180 页。
③ 《答陆子静》，《朱熹集》卷三十六，第 1575 页。
④ 《答陆子静》，第 1575 页。
⑤ 《朱子语类》卷一，第 1 页。

极只是一个'理'字"①。"若无太极，便不翻了天地"②！既然太极就是理，基于
周濂溪"无极而太极"的逻辑，朱子思想中的无极也应该是理。"圣人谓之太极
者，所以指夫天地万物之根也。周子因之而又谓之无极者，所以著夫无声无臭之
妙也。然曰无极而太极，太极本无极，则非无极之后别生太极，而太极之上先有
无极也。"③朱子《答杨子直》一信写于40岁至41岁之间，属于中年时期的观点。
淳熙十五年，朱子59岁，在《答陆子静》一信中，仍然一如既往阐述同样的思
想："故语道体之至极，则谓之太极；语太极之流行，则谓之道。虽有二名，初
无两体。周子所以谓之'无极'，正以其无方所，无形状，以为在无物之前，而
未尝不立于有物之后；以为在阴阳之外，而未尝不行乎阴阳之中；以为通贯全体，
无乎不在，则又初无声无臭影响之可言也。"④太极即理，无极也即理。将无极太
极范畴引入理本论体系之中，果真不是"架屋下之屋，叠床上之床"？朱子对此
有专门的解释，在几封书信中都一再声明："不言无极，则太极同于一物而不足
为万化根本；不言太极，则无极沦于空寂而不能为万化根本。"⑤在朱子看来，援
无极太极入理本论思想架构，只是一种随时设教的"方便法门"。在向芸芸众生
宣讲理本论时，如果不讲无极，芸芸众生往往会将太极错认为有空间与时间局
限的存在；如果不讲太极，众人又有可能将无极等同于绝对的空无。"闻人说有
即谓之实有，见人说无即以为真无耳。"⑥但是，朱子对太极的界说似乎前后也有
扞格矛盾之处。有人向朱子提问："夫太极动而二气形，二气形而万化生。人与
物俱本乎此，则是其所谓同者；而二气五行，氤氲交感，万变不齐，则是其所谓
异者。同者，同其理也；异者，其气也。"⑦这一番对话讨论人物之性与气质之性，
涉及对宇宙论的理解。朱子回答说："此一条论得甚分明。昨晚朋友正有讲及此
者，亦已略为言之，然不及此之有条理也。"⑧朱子显然同意对方的观点，因为反

---

① 《朱子语类》卷一，第2页。
② 《朱子语类》卷一，第2页。朱熹在《答杨子直》一信中也说："盖天地之间，只有动静两端，循
环不已，更无余事，此之谓易。而其动其静，则必有所以动静之理。是则所谓太极者也。"朱熹这
封书信写于40岁至41岁之间，因此，"太极即理"思想的提出，并非到其晚年才形成。
③ 《答杨子直》，第2154页。
④ 《答陆子静》，第1575—1576页。
⑤ 《答陆子静》，第1576页。
⑥ 《答陆子静》，第1576页。在《答陆子美》一信中又言："熹谓周先生之意，恐学者错认太极别为
一物，故著'无极'二字以明之。"
⑦ 《朱子语类》卷四，第59页。
⑧ 《朱子语类》卷四，第59页。

复用了"甚分明""有条理"等词语。太极居然可以"动"！如果放在周敦颐气论体系中衡评，自然圆融无碍，因为动静是太极的内在属性。但在朱子思想体系中，既然太极即理，太极如何又可以"动"？假使太极能"动"，太极还能是形而上的理吗？这一篇对话中提及《集注》与《或问》，时间上应当在朱子晚年。如何理解本体论层面上的太极即理以及宇宙论层面上的理气合一，或许是打消读者心中疑虑的有效途径，同时也是打开朱子思想体系大门的金钥匙。

## 二、理气关系："在理上看"与"在物上看"

二程的理本论有别于张载的气本论。二程的理作为万物存在何以可能的根据，其本质是观念性实有。程伊川哲学体系中的"天理"无形、无终始，甚至"天理"概念本身"难为名状"。但天理是"实"，不是绝对之空。天理之"实"是观念性的"实有"，"实"蕴含两个层面的内容：一是"存在之理"意义上的实，二是"当然之理"意义上的实。因此，二程的理，自然不同于张载气本论意义上的实有。在理与气关系上，程伊川哲学呈现两个特点：在宇宙论视域，侧重阐释"气"的本原性地位。而且气有"气化"与"形化"之分，"气化"先于"形化"，"气化"之气"动静无端，阴阳无始"；在本体论视域，则更多强调天理的存在。天理"寂然不动"，天理是"静"。人心"感"天理，通达天地万物之理，因此人负有责任将天理的意义揭示出来。

二程的理气论是朱子理气思想的直接源头。朱子的理气关系学说必须一分为二，分别"在理上看"和"在物上看"，才能顺藤摸瓜，厘清其中的逻辑脉络。

1."在理上看"：形而上的视域

所谓"在理上看"，就是从逻辑上思辨与分析。"'问理与气'。曰：'伊川说得好，曰"理一分殊"。合天地万物而言，只是一个理。'"[1]"理一分殊"与华严宗"一多相摄"有天壤之别，与道家道教思想有一些渊源关联。花有花之理，水有水之理。在纷繁万千的具体存在之理之上，还有更高更本质的普遍之理。"天下之理万殊，然其归则一而已矣，不容有二三也。"[2]理是一，因为本体之理的存在与作用，宇宙万物才具有统一性；也正因为"分殊"，天地万物呈现出多样性。理是一，因而在理气关系上，理有"先"的特性。"理与气本无先后之可言。但

---

①《朱子语类》卷一，第2页。
②《答余正甫》，《朱熹集》卷六十三，第3313页。

推上去时，却如理在先，气在后相似。"① 又云："或问：'必有是理，然后有是气，如何？'曰：'此本无先后之可言。然必欲推其所从来，则须说先有是理。'"② 此处之"先"，似乎不是度量时间层面上的"先"，冯友兰先生早年将其概括为"逻辑在先"，令人耳目一新。这里所说的"推上去""推其所从来"，都不是时间上的次序，而是哲学上何为第一性、何为第二性的表述。在朱子晚年的一系列对话、书信与著述中，"理在气先"的表述比较确定。《大学或问》是朱子六十岁的作品，"天道流行，发育万物，其所以为造化者，阴阳五行而已。而所谓阴阳五行者，又必有是理而后有是气，及其生物，则又必因是气之聚而后有是形。"③《答赵致道》稍晚于《大学或问》，朱子在信中说："所疑理气之偏，若论本原，即有理然后有气，故理不可以偏全论。"④ 理不可以"偏全"来界说，气则可以"偏全"表述，因为本体论不可混同于人性论。作为本体的理，可以脱离气独立存在吗？朱子的回答无疑是肯定的。"所谓理与气，此决是二物。但在物上看，则二物浑沦，不可分离各在一处，然不害二物之各为一物也。若在理上看，则虽未有物而已有物之理。然亦但有其理而已，未尝实有是物也。"⑤ 朱子在这里提出了两个概念："在物上看"与"在理上看"。"在理上看"，就是从本体论高度立论。在本体论上，理作为存在之理，在具体事物产生之前就已客观存在。不仅如此，万一天地万物都消亡了，"毕竟理却只在这里。"淳熙十五年，59 岁的朱子在《答陆子静》一信中的观点，与《答刘叔文》的观点有所呼应："周子所以谓之'无极'，正以其无方所，无形状，以为在无物之前，而未尝不立于有物之后；以为在阴阳之外，而未尝不行乎阴阳之中；以为通贯全体，无乎不在，则又初无声无臭影响之可言也。"⑥ 学界通常认为，《答陆子静》几封书信，标志着朱子"理在气先"思想的确立。朱子在此信中，从"无极即理"的角度，论述无极既可以在"无物之前"，又显现于有时空特征的具体事物之中。总之，本体论层面的理，亘古亘今是可以离开天地万物而独立存在的。既然如此，理"在先"就不仅仅是逻辑在先，也有事实在先的特点。结合朱子所言"且如万一山河天地都陷了，毕竟理却只在这里"综合分析，冯友兰先生所高度概括的"逻辑在先"只涵摄了理的

---

① 《朱子语类》卷一，第 3 页。
② 《朱子语类》卷一，第 3 页。
③ 朱熹：《大学或问》，《朱子全书》第六册，上海古籍出版社、安徽教育出版社 2002 年版，第 507 页。
④ 《朱熹集》卷五十九，第 3078 页。
⑤ 《答刘叔文》，《朱熹集》卷四十六，第 2243 页。
⑥ 《朱熹集》卷三十六，第 1577 页。

一个方面的性质。事实在先，也是朱子理本论视域中"理"的本质特性之一。换言之，理既是逻辑在先，也是事实在先。

关于"逻辑在先"，冯友兰在晚年还有一个详细的说明："就存在说，理气是互相依存的。又说'动静无端，阴阳无始'。这是说'大用流行'是无始无终的，就存在说，理、气先后问题就没有意义了。但朱熹仍然认为，照理论上说应该还是理先气后，他认为理是比较根本的。就这一点说，先后问题就是本末问题，理是本，气是末；也就是轻重问题，理为重，气为轻。本和重在先，轻和末在后，这样的在先就是所谓的逻辑的在先。"① 既然"理先气后"是建基在本末、轻重基础之上，"先"就不仅仅指思维逻辑与理论逻辑层面上的"在先"，也有哲学性质上谁为第一性、谁为第二性意义上的"在先"了。值得一提的是，唐君毅先生对冯友兰的"逻辑在先"多有批评。他首先列举了五种"在先"：一是时间上的先后；二是心理认识上的先后；三是认识论的先后；四是逻辑上先后；五是形上学的先后②。然后他指出："不能以时间上之先后、心理认识上之先后、知识论之先后，逻辑上之先后，释朱子所谓理先气后，则唯有就朱子本人之言与意所谓形上之先以释理之先。所谓形上之先者，以今语释之，即在宇宙之根本真实之意义上，理为超乎形以上之最根本之真实，而气则根据理之真实性而有其形以内之真实性者。而吾人之论说宇宙之真实，当先肯定未形之理之真实而后能肯定已形之气之真实。此形上之先后义不仅与逻辑上之先后义迥别，而由逻辑先后之分析亦决不足以成就此形上学中之先后义。"③ 唐君毅认为，释读朱子思想，应读懂朱子的"言与意"。"理先气后"建立在真实性根据之上，气的真实性建立在理的真实性基础之上。逻辑在先与理是否"超乎形以上之最根本之真实"，有些风马牛不相及，冯友兰的"逻辑在先"误读了朱子的思想，甚至可以说否定了"理先气后"。因此，用"形上之先"，才能真正解释朱子的"理先气后"。

"在理上看"，意味着从本体论的视域进行逻辑分析，"理在气先"的本质是在哲学性质上标明理是第一性的，气是第二性的，理在逻辑分析意义上有主宰义与决定义。"逻辑在先"从纯粹的、抽象的理论形态出发揭示朱子理气关系特质，虽然发掘出了理论的逻辑与价值，但也有一些片面性。

---

① 冯友兰：《中国哲学史新编》第五册，人民出版社 1988 年版，第 167—168 页。
② 唐君毅：《朱子理气关系论疏释》，《历史与文化》1947 年第 1 期。
③ 唐君毅：《朱子理气关系论疏释》，《历史与文化》1947 年第 1 期。

2. "在物上看": 理气合一

"在物上看"，就是从宇宙生成论视域分析。立足于知识论高度，以现有的知识为根据，阐释具体的世界是如何发生与演变的。在宇宙生成论层面，朱子非常强调气的地位与作用。"一元之气，运转流通，略无停间，只是生出许多万物而已。"[①]"天地统是一个大阴阳。"[②]朱子一生无论在青年时期还是暮年，认为气是宇宙天地万物的本原，这一观点始终没有改变。他的老师李侗深受周濂溪气学影响，这一师承关系对朱子知识结构的形成产生了决定性作用[③]。"天地初间只是阴阳之气。这一个气运行，磨来磨去，磨得急了，拶得许多渣滓，里面无出处，便结成个地在中央。气之清者便为天、为日月、为星辰，只在外，常周环运转。地便只在中央不动，不是在下。"[④]在朱子宇宙论架构中，气是本原，气有阴阳属性，金木水火土五行是"质"，在性质上，阴阳与五行皆是气。但是，阴阳只是气内在的固有属性，气的这一属性决定了天地万物皆有阴阳之性。"数只是算气之节候，大率只是一个气。阴阳播而为五行，五行中各有阴阳。甲乙木，丙丁火，春属木，夏属火，年月日时无有非五行之气，甲乙丙丁又属阴属阳，只是二五之气。"[⑤]气不是"质"，五行才是"质"，有的学者将气界定为"质料"，显然有所偏颇。"阴阳是气，五行是质。有这质，所以做得物事出来。五行虽是质，他又有五行之气做这物事，方得。然却是阴阳二气截做这五个，不是阴阳外别有五行。"[⑥]五行本质上是阴阳之气所生，五行不离阴阳。朱子有一句话比较难理解："气之精英者为神。金木水火土非神，所以为金木水火土者是神。在人则为理，所以为仁义礼智信者是也。"[⑦]"神"在气学史上地位非常重要，但含义有所不一。在《易传》中，神在功能、作用的意义上，被用于描绘阴阳二气周转变化

---

① 《朱子语类》卷一，第4页。
② 《朱子语类》卷一，第9页。
③ 朱熹在《周子通书后记》中述及读周子之书的心路历程："熹自蚤岁即幸得其遗编而伏读之，初盖茫然不知其所谓，而甚或不能以句。壮岁获游延平先生之门，然后始得闻其说之一二。比年以来，潜玩既久，乃若初有得焉。虽其宏纲大用所不敢知，然于其章句文字之间，则有以实见其条理之愈密，意味之愈深而不我欺也。顾自始读以至于今，岁月几何？倏焉三纪。"这是朱熹58岁所作之文。此段文字包含两层意思：其一，朱子师从李侗之前已读过周子之书，但"茫然不知其所谓"；其二，师从李侗之后，经李侗讲论，才对周子之书有所领悟。李延平之师罗从彦对周濂溪多有称赞，两代名师对朱子的影响，肯定在朱子思想中会有所体现。
④ 《朱子语类》卷一，第6页。
⑤ 《朱子语类》卷一，第8页。
⑥ 《朱子语类》卷一，第9页。
⑦ 《朱子语类》卷一，第9页。

的恒常与神妙。在张载气学中，神概念的含义已有所变化。太虚本体的内在规律、条理称之为"神"，"天下之动，神鼓之也。神则主（于）[乎] 动，故天下之动，皆神 [之] 为（之）也。"① 气何以能动？神是内在动因。因此，在张载哲学体系中，神的基本内涵与"理"相近。朱子所说的"神"，与张载又有所不一。朱子这一段话中所说的"神"，应当是金木水火土产生何以可能的本源，因此，神应该是气，而且是理气合一层面上的本体之气。

梳理清楚气与阴阳、五行的关系，有助于我们更清晰地辨别朱子的宇宙论。"天地间无非气"②，天地万物无一不是气化的结果。"一草一木，皆天地和平之气。"③ 世界是气化的产物，人类也是由气化生。阳气为魂，形成人的精神知觉；阴气为魄，产生人的形体。"问：'生第一个人时如何？'曰：'以气化。二五之精合而成形，释家谓之化生。'"④ 气聚为人，气散为鬼。既散之气，不能复归为太虚之气。"可几问：'大钧播物，还是一去便休，也还有去而复来之理？'曰：'一去便休耳，岂有散而复聚之气！'"⑤ 这一番对话实际上有所指，这是针对张载太虚即气思想而发的。朱子认为，聚散之气与本原之气不可混杂，张载气学的不足在于太虚"夹气作一处"⑥，形上本体与经验世界的区别，没有分隔与厘清。逻辑上的分析与知识论层面的阐释混为一谈。追根溯源，朱子的这一思想显然直接源自程伊川。"又语及太虚，先生曰：'亦无太虚。'遂指虚曰：'皆是理，安得谓之虚！天下无实于理者。'或谓'许大太虚'，先生谓：'此语便不是。这里论甚大与小！'"⑦ 程伊川认为，假使太虚是本体，是不可以"大与小"来界说的。现象世界背后的本体是理，而不是气。气只是宇宙生成论层面的范畴，也只有从这一视域出发，才能解释为何二程、朱子都一致承认鬼也是气化之物。当年王充言之凿凿地批评"人死为鬼"的世俗观点，提出气聚为人，气散为鬼，鬼只不过是气散之物。但是，王充在否定一种荒谬的世俗学说的同时，又在建构一种同样错误的观点。与他人不同之处仅仅在于：人死为鬼还是气散为鬼。朱子与王充一样，也批判"人死为鬼"说："释氏却谓人死为鬼，鬼复为人。如此，则天地间常只

① 《横渠易说·系辞上》，第 205 页。
② 《朱子语类》卷三，第 34 页。
③ 《朱子语类》卷四，第 60 页。
④ 《朱子语类》卷一，第 7 页。
⑤ 《朱子语类》卷一，第 7 页。
⑥ 《朱子语类》卷九九，第 2538 页。
⑦ 《宋元学案》卷十五《伊川学案》上，第 610 页。

是许多人来来去去，更不由造化生生，必无是理。"① 朱子批评的矛头既指向佛教，也指向张载思想。在朱子看来，张载气本论与佛教学说一样，都是"轮回"，佛教是"各自轮回"，张载气本论"依旧一大轮回"②。

值得注意的是，即使在宇宙生成论层面，"理先气后"仍然占据朱子哲学主导性地位，越到晚年，这一特色越发明显。"理气合一"必须在"理先气后"这一基础上立论，才不会导致认识上的偏差。换言之，"理先气后"是本体论，"理气合一"只是陈来教授所说的构成论。"天下未有无理之气，亦未有无气之理。"③"理未尝离乎气。"④"有是理，必有是气，不可分说。都是理，都是气。那个不是理，那个不是气。"⑤ 类似这样的材料比较多，基本上都是从人与物生成意义上论述。具体就人类的诞生而言，本源有二：人的形体、语言来源于气，人的性命源出于理。没有形体之气，理就缺乏"顿放"之处；没有理所赋予的性命，人就只剩下一具躯体空壳。"人之所以生，理与气合而已。天理固浩浩不穷，然非是气，则虽有是理而无所凑泊。故必受二气交感，凝结生聚，然后是理有所附着。"⑥《大学或问》也是朱子晚年作品，理与气有分有合，"天道流行，发育万物，其所以为造化者，阴阳五行而已。而所谓阴阳五行者，又必有是理而后有是气，及其生物，则又必因是气之聚而后有是形。故人物之生必得是理，然后有以为健顺仁义礼智之性；必得是气，然后有以为魂魄五脏百骸之身。周子所谓'无极之真，二五之精，妙合而凝'者，正谓是也。然以其理而言之，则万物一原，固无人物贵贱之殊；以其气而言之，则得其正且通者为人，得其偏且塞者为物，是以或贵或贱而不能齐也。"⑦ 阴阳五行之气与理同是天地万物"造化者"，魂魄形体与仁义性命，缺一不可，两者相合才可称之为人。

由此而来，朱子进而表达的一个观点为：理与气不杂、不离。"太极之义，正谓理之极致耳。有是理即有是物，无先后次序之可言。故曰'易有太极'，则是太极乃在阴阳之中，而非在阴阳之外也。今以'大中'训之，又以乾坤未判、大衍未分之时论之，恐未安也。形而上者谓之道，形而下者谓之器。今论太极而

---

① 《朱子语类》卷三，第 37 页。
② 《朱子语类》卷九九，第 2537 页。
③ 《朱子语类》卷一，第 2 页。
④ 《朱子语类》卷一，第 2 页。
⑤ 《朱子语类》卷三，第 46 页。
⑥ 《朱子语类》卷四，第 65 页。
⑦ 《大学或问》，第 507 页。

曰'其物谓之神'，又以天地未分，元气合二为一言之，亦恐未安也。有是理即有是气，气则无不两者。"① 太极作为"理之极致"，寓含于二气五行之中，而不是存在于阴阳五行之外。理与气没有割离，理在气中，理是一种具体的普遍，而不是超越经验世界的抽象普遍。在《答何叔京》一文中，朱子侧重阐述理与气不杂。"'体用一源'者，自理而观，则理为体，象为用，而理中有象，是一源也。'显微无间者'，自象而观，则象为显，理为微，而象中有理，是无间也。"② "理中有象"，是从"体用一源"角度发论；"象中有理"，是从"显微无间"层面论证。理与象不可混而为一，"理象便非一物"③。总而言之，理与气既不离又不杂。但是，需特别点明的是，理与气不离不杂，分别是从不一样的视域表述的。理气不离，是宇宙论的表达；理气不杂，是本体论的陈述。

我们只有从"在物上看"与"在理上看"的不同层面解读，或许才能释读看上去似乎有些矛盾的陈述。譬如，前述"夫太极动而二气形，二气形而万化生"，太极是否能"动"？如果太极可以动，太极还能是形而上本体吗？我们还是回到朱子本人的解释："太极者，如屋之有极，天之有极，到这里更没去处，理之极至者也。阳动阴静，非太极动静，只是理有动静。理不可见，因阴阳而后知。理搭在阴阳上，如人跨马相似。"④ 朱子用"人跨马"来论证"理有动静"，这一比喻非常经典，在朱子著述中反复提及。太极（理）只蕴涵动静之理，太极本身不会动，阴阳之气才能动。太极"凑泊"在气上，犹如人骑在马上，马在动人不动，人随着马动而动。"太极理也，动静气也。气行则理亦行，二者常相依而未尝相离也。"⑤

陈来教授总结朱熹理气论有三变：早年主张"理气无先后"，鹅湖之会后转为"理在气先"，晚年定论为理"逻辑在先"⑥：

"或问'理在先，气在后'。曰：'理与气本无先后之可言。但推上去时，却如理在先，气在后相似。'"⑦

"或问：'必有是理，然后有是气，如何？'曰：'此本无先后之可言。然

①　《答程可久》，《朱熹集》卷三十七，第 1660 页。

②　《答何叔京》，《朱熹集》卷四十，第 1889 页。

③　《答何叔京》，第 1889 页。

④　《朱子语类》卷九四，第 2374 页。

⑤　《朱子语类》卷九四，第 2376 页。

⑥　参见陈来：《朱子哲学研究》，华东师范大学出版社 2000 年版，第 99 页。

⑦　《朱子语类》卷一，第 3 页。

必欲推其所从来，则须说先有是理。然理又非别为一物，即存乎是气之中；无是气，则是理亦无挂搭处。气则为金木水火，理则为仁义礼智。'"①

"或问先有理后有气之说。曰：'不消如此说。而今知得他合下是先有理，后有气邪；后有理，先有气邪？皆不可得而推究。然以意度之，则疑此气是依傍这理行。及此气之聚，则理也在焉。盖气则能凝结造作，理却无情意，无计度，无造作。只此气凝聚处，理便在其中。且如天地间人物草木禽兽，其生也，莫不有种，定不会无种子白地生出一个物事，这个都是气。若理，则只是个洁净空阔底世界，无形迹，他却不会造作；气则能酝酿凝聚生物也。但有此气，则理便在其中。'"②

晚年朱熹有时说理与气"本无先后"，有时又说"不可得而推究"。到底谁先谁后？抑或根本就不存在先后？以下两段表述似乎已有较确定的回答：

"问：'有是理便有是气，似不可分先后？'曰：'要之，也先有理。只不可说是今日有是理，明日却有是气，也须有先后。且如万一山河大地都陷了，毕竟理却只在这里。'"③

"周子康节说太极，和阴阳滚说。《易》中便抬起说。周子言'太极动而生阳，静而生阴'。如言太极动是阳，动极而静，静便是阴；动时便是阳之太极，静时便是阴之太极，盖太极即在阴阳里。如'易有太极，是生两仪'，则先从实理处说。若论其生则俱生，太极依旧在阴阳里。但言其次序，须有这实理，方始有阴阳也。其理则一。虽然，自见在事物而观之，则阴阳函太极；推其本，则太极生阴阳。"④

朱熹认为，从"次序"上讲，理在气先。此处所说的"次序"之"先"，既是逻辑层面的"先"，又是时间意义上的"先"。因为"万一山河大地都陷了，毕竟理却只在这里"。"山河大地"是现象世界、气的世界，气具有时间性。因此，朱熹晚年所坚持的"理在气先"，应当将其归纳为"逻辑在先"，但不是"逻辑上在先"。"逻辑上在先"是指逻辑顺序上在先，一个思想体系中的位阶最高的抽象范畴相对于具体概念而言，前者是后者的根据，后者是前者的展现。"逻辑在先"指涉逻辑的外在关系而非逻辑的内在关系。换言之，关涉以逻辑称谓的范畴体系

① 《朱子语类》卷一，第3页。
② 《朱子语类》卷一，第3页。
③ 《朱子语类》卷一，第4页。
④ 《朱子语类》卷七五，第1929页。

与现实世界的关系。尤其重要的是，"逻辑在先"与"时间在先"并无矛盾。在西方哲学史上，柏拉图的理念在先、康德的先验范畴在先和黑格尔的绝对精神在先，都蕴涵时间在先的特点。

## 第三节　陈淳："理不外乎气"

宋光宗绍熙元年（1190 年），61 岁高龄的朱熹出守漳州，陈淳"抱十年愿见不可得之诚"，拜朱子为师。朱子比较喜欢这位弟子，一见面就滋生"恨见之晚"的感慨，并多次对人说："南来，吾道喜得陈淳。"① 首次见面，朱子就告诫陈淳做学问贵在穷究"根原"。十年之后，陈淳再次谒见朱子，朱子当时已卧病在床。陈淳陈述自己所学所思，朱子最后叮嘱说："如公所学，已见本原。所阙者下学之功尔。"② 十年之后的师生相聚论学，朱子又一次提及"本原"。朱子称赞陈淳"上学"已臻至本体论、宇宙论高度，略显不足的是"下学"工夫论层面的践履。第二次见面三个月之后，朱子病逝。陈淳对朱子敬仰有加，在《初见晦庵先生书》中说："自孔孟没，天下贸于俗学，盖千四百余年，得濂溪周子、河南二程子者出，然后斯道有传，而正学始有宗主。自程子至今又百余年矣，见知闻知代不乏人，然渊源纯粹精极，真可以当程氏之嫡嗣而无愧者，当今之世，舍先生其谁哉？而天下学士有志于古，欲就有道而正之者，非先生亦谁与归哉？"③ 在儒家道统上，朱子是当之无愧的"宗主""嫡嗣"，其学问"扫千百年之谬误"。"故孔孟周程之道，至先生而益明，所谓主盟斯世，独惟先生一人而已。"④

陈淳的代表作是《北溪字义》，实际上这是一部理学词典。陈宓评价说："临漳北溪陈君淳，从文公先生二十余年，得于亲炙，退加研泳，合周、程、张、朱之论而为此书，凡二十有五门，决择精确，贯串浃洽。"⑤ 陈淳虽然是朱子晚年高足，但是，在学问与思想方面，并非一味固守师说，亦步亦趋，不敢越师门半步。而是在"得于亲炙"的基础上，又广泛吸取周子、二程、张横渠等人思想，甚至远揽董仲舒、王充等思想家的观点。或许正是有所继承，有所发明，才奠定

---

① 脱脱等：《宋史》卷四百三十《道学四·陈淳》，第 12788 页。

② 《宋史》卷四百三十《道学四·陈淳》，第 12788 页。

③ 陈淳：《北溪大全集》卷五，漳州北溪书院、福建正华闽南文化发展有限公司 2004 年影印本，第 98 页。

④ 陈淳：《北溪字义》补遗，中华书局 1983 年版，第 74 页。

⑤ 《北溪字义》附录二《宋陈宓序》，第 98 页。

了陈淳在思想史上的地位。如果陈淳对前人仅仅只是"萧规曹随","述而不作",可能在历史的长河中早已被人淡忘。

《朱子语类》开门见山,就可以看到朱子与陈淳之间的多次学术讨论:

1."(陈淳)问:'太极不是未有天地之先有个浑成之物,是天地万物之理总名否?'先生曰:'太极只是天地万物之理。在天地言,则天地中有太极;在万物言,则万物中各有太极。未有天地之先,毕竟是先有此理。动而生阳亦只是理,静而生阴亦只是理。'"

2."(陈淳)问:'《太极解》何以先动而后静,先用而后体,先感而后寂?'曰:'在阴阳言,则用在阳而体在阴,然动静无端,阴阳无始,不可分先后。今此只是就起处言之,毕竟动前又是静,用前又是体,感前又是寂,阳前又是阴,而寂前又是感,静前又是动,将何者为先后?不可只道今日动便为始,而昨日静更不说也。如鼻息,言呼吸则辞顺,不可道吸呼,毕竟呼前又是吸,吸前又是呼。'"

3."(陈淳)又问:'昨谓未有天地之先毕竟是先有理,如何?'先生曰:'未有天地之先,毕竟也只是理。有理,便有这天地。若无理,便亦无天地、无人、无物,都无该载了。有理,便有气流行,发育万物。'曰:'发育是理发育之否?'先生曰:'有这理,便有这气流行发育。理无形体。'曰:'所谓体者,是强名否?'先生曰:'是。'曰:'理无极,气有极否?'先生曰:'论其极,将那处作极?'"

4."(陈淳)问:'天地之心亦灵否?还只是漠然无为?'曰:'天地之心不可道是不灵,但不如人恁地思虑。伊川曰:"天地无心而成化,圣人有心而无为。"'"

5."(陈淳)问:'先有理,抑先有气?'曰:'理未尝离乎气,然理形而上者,气形而下者。自形而上下言,岂无先后?理无形,气便粗,有渣滓。'"①

这几场师生之间的问答,涉及天理本体、理与气关系、太极无极、天地之心与德性本体、动静阴阳互为体用。这些问题意识以及对这些根本问题的思考,形成了朱子思想体系的核心,也深刻左右了陈淳思想的内在结构与哲学特色。基于师生之间的这几场对话,我们侧重讨论几个问题:

① 《朱子语类》卷一,第1—4页。

### 一、理、气关系：理主宰气

气在一位思想家思想架构中的地位与作用，可以典型地凸显这位思想家的学术源流。在张载思想体系中，太虚之气不同于阴阳二气，太虚是本体，太虚无形无始，没有空间特性，也不可以用时间来界说。太虚"至静"，静是太虚本体的特点。因为太虚"至静"，所以张载气学已有别于周濂溪的太极无极学说。太虚本质上是气，但这是本体论层面的范畴，阴阳之气是宇宙生成论视域中的本原。在程朱思想中，虽然程子思想与朱子有些不吻合处，但"理在气先"，可以说是程子与朱子思想相融相通之处。《朱子语类》收录了陈淳记录的师生一段对话："天地初间只是阴阳之气。这一个气运行，磨来磨去，磨得急了，便拶得许多渣滓。里面无处出，便结成今地在中央。气之清者便为天，为日月，为星辰，只在外常周环运转。地便只在中央不动，不是在下。"[1] 阴阳二气化生天地万物，这一表述颇具代表性，对陈淳思想影响非常深远。"人与天地万物，皆是两间公共一个气。"[2]"天地间无一物不是阴阳。"[3] 这些表述与朱子的气论如出一辙，人由阴阳二气化生，鬼神也是阴阳二气的运转变化。当年王充批评"人死为鬼"的观点，提出鬼神由阴阳二气形成。在否定一个荒诞观点的同时，又提出了一个同样荒诞的观点。张载坚决反对佛教"死生转流"的鬼神论和道教长生不死的"神人"说。张载从"二气之良能"出发，认为鬼神是阴阳二气屈伸变化的不同性能，魂虽是"死而游散者"，但鬼神绝非主宰宇宙人生的神秘力量。值得注意的是，沿着张载的思路继续往前发展，陈淳对传统的鬼神观加以"泛化"。这一泛化过程，实际上就是一种哲学观上的颠覆。陈淳强调鬼神其实就是阴阳二气的"屈伸往来"，"天地间无物不具阴阳，阴阳无所不在，则鬼神亦无所不在。"[4] 天地万物都具有阴阳属性，因此，天地万物都是鬼神。阴阳之气力量强盛时，属阳、属神；阴阳之气力量消退，属阴、属鬼。具体而论，天是阳、神，地是阴、鬼；春夏是阳、神，秋冬是阴、鬼；太阳是阳、神，月亮是阴、鬼；白天是阳、神，夜晚是阴、鬼；草木始生之时是阳、神，落叶之时是阴、鬼。陈淳的鬼神论，实际上把建基于有神论基础上的鬼神观彻底否定，在阴阳气论基础上建立了无神论的鬼神

---

① 《朱子语类》卷一，第 6 页。

② 《北溪字义》卷下《鬼神》，第 59 页。

③ 《北溪字义》卷下《鬼神》，第 59 页。

④ 《北溪字义》卷下《鬼神》，第 57 页。

论。这一哲学上的颠覆，是陈淳思想的一大进步之所在。因为朱子在鬼神这一问题上，还依然存在有神论的色彩。朱子认为鬼神属于"气里面神灵"①。朱子虽然以气论鬼神，但明确肯定有鬼神存在。作为朱子晚年高足的陈淳，在鬼神观上，显然并非简单地沿袭师说，而是在自己沉潜思考基础上，对朱子思想有所批评、有所发明。

在理、气关系上，有一个观点值得我们进一步评论：理对于气是否有"主宰"意义？

陈淳以阴阳之气诠释天地万物的起源与变化，"气到这物便生这物，气到那物又生那物。"② 在这一宇宙生成论的背后，还存在本体论的思考。宇宙万物由气化生何以可能？当陈淳思考这一更加"本原"的问题时，已上升至本体论的维度。陈淳认为，天地万物虽然由气化生，但在气的背后还存在一个主宰者——理。"盖二气流行，万古生生不息，不成只是空个气？必有主宰之者，曰理是也。"③ "天所以万古常运，地所以万古长存，人物所以万古生生不息，不是各各自恁地，都是此理在中为之主宰，便自然如此。"④ 何谓"主宰"？陈淳解释说，主宰就是"枢纽"，也可以说是"命""天命"。何谓"命"？孟子尝言："莫之为而为者，天也；莫之致而至者，命也。"朱子对此注释道："以理言之谓之天，自人言之谓之命。"⑤ 朱子以理训天，已增加了德性本体的因素。此外，朱子以理训天，还有一层哲学上的用意，那就是否定至上人格神的存在。"问：'天之所命，果有物在上面安排分付之否？'曰：'天者，理而已矣。古人凡言天处，大概皆是以理言之。'"⑥ 天即理，在自然为天，在人为命。在天地万物之上，不再存在"安排分付"的至上人格神。朱子思想显然又源自程伊川"天所赋为命，物所受为性"⑦。

在梳理前贤学说基础上，陈淳继而分别从"以气言"和"以理言"两大层面，诠释天命。"以气言"命，命是宇宙万物生成变化的态势、规律、条理、法则。贫富贵贱，夭寿祸福，都是命数，圣人禀气"至清""至粹"，所以能生知

---

① 《朱子语类》卷三，第30页。
② 《北溪字义》卷上《命》，第1页。
③ 《北溪字义》卷上《命》，第1页。
④ 《北溪字义》卷下《太极》，第44页。
⑤ 《北溪字义》卷上《命》，第4页。
⑥ 《北溪字义》卷上《命》，第5页。
⑦ 《朱子语类》卷五，第82页。

安行。孔子虽是圣人，但"天地大气到那时已衰微了"①，所以禀气不如尧舜清且长。"以理言"命，"天命，即天道之流行而赋予于物者也。"② 天理在我为性，天理在物为命。既然是"命"，意味着天理对于万物万事具有客观性、普遍性与绝对性。陈淳将天理具有的这一客观性、普遍性与绝对性，称之为"实理"。譬如，以一朵花为例。"春气"流注到花朵，花便发芽、含苞待放；春气消散，花朵开始枯萎凋落。但是，无论是春气勃发，还是春气衰落，背后都有理在"主宰"。有春气勃发之理，方有春气流注于花朵；有春气凋零之理，才有花朵枯萎之气象。"方其花萌蘖，此实理之初也；至到谢而尽处，此实理之终也。"③

在理气关系上，理对于气有"主宰"义。这一观点与明代思想家罗钦顺有很大区别。罗钦顺被后世誉为"朱学后劲"，《明史·儒林列传序》认为："时天下言学者，不归王守仁则归湛若水，独守程朱不变者，惟柟与罗钦顺云。"④ 在与王阳明等人不断的论辩中，旗帜鲜明地阐发程朱思想。但是，在理与气关系上，罗钦顺的基本观点是"理在气中"。气运行、作用的内在规律、法则、条理是理，理不能离开气独立存在，也不可能对气起主宰作用。明代另外一位气学思想家薛瑄，也主张"理在气中"。理与气不可分先后，理只是气内在的法则、规律。但是，薛瑄又主张气有聚散，理无聚散。换言之，理可以脱离气独立存在。有所比较，我们对陈淳理对于气有"主宰"义，或许认识得更加到位。

## 二、理气合一

在理、气关系上，朱子一生观点多变。早年、中年与晚年皆有变化，有一段时间也主张"理气合一"。但是，晚年的定论应该是"理在气先"。理与气存在形而上与形而下的分别，从逻辑上"推上去"，理在先，气在后⑤。朱子的这种"理先气后"，表明在其范畴体系内部，理与气位阶不一，理高于气。理不仅逻辑上在先，而且也是时间上在先。陈淳在理气关系上，别出心裁地提出"天即理"命题。据陈淳自己交代，"天即理"命题的提出，深受张载思想熏陶。张载尝言："由太虚，有天之名；由气化，有道之名。"⑥ 太虚与阴阳之气的关系，既内在又超

---

① 《北溪字义》卷上《命》，第2页。
② 《北溪字义》卷上《命》，第1页。
③ 《北溪字义》卷下《补遗》，第72页。
④ 《明史》卷二八二《儒林列传序》，中华书局1997年版，第1854页。
⑤ 《朱子语类》卷一，第3页。
⑥ 《正蒙·太和》，第9页。

越。太虚是阴阳之气运动变化何以可能的根据，阴阳二气是太虚本体的作用与表现。因此，在张载思想体系中，天只是太虚本体的直观化、形象化的譬喻，切不可说"天即太虚"或"太虚即天"。吊诡的是，陈淳认为张载所说的"天"就是理。"古圣贤说天，多是就理上论。"① 陈淳这一误读，或许是为他自己的理论学说寻找一个哲学依据。因为陈淳一再强调，理不是一个纯粹观念性的存在，理是"实理"。理作为"实理"具体彰显于：理是阴阳二气内在的"路脉"。"一元之气流出来，生人生物，便有个路脉。"② 既然理是气的内在"路脉"，理与气融合贯通，不可分离。理气和合为一，理才不会成为"死理"，"理不成死定在这里。"③ 概而言之，陈淳"天即理"命题的提出，其实质在于强调理的客观实在性。

从天理具有"实"的哲学特性出发，陈淳进而批评老子、庄子道家将"道"界说为一"空虚道理"④。"老庄说道，都与人物不相干，皆以道为超乎天地器形之外。"⑤ 道既然是个"空虚道理"，说明道悬隔于万事万物之外，道仅仅是一观念性存在，远离经验世界，走出人类历史。不得不说的是，陈淳对道家"道"论多有误解。庄子虽然强调"道未始有封""物物者非物"，但又声明道有"周、遍、咸"三大特点。庄子与东郭子关于"道恶乎在"一段对话，典型地体现出道的哲学本质。

> "东郭子问于庄子曰：'所谓道，恶乎在？'庄子曰：'无所不在。'东郭子曰：'期而后可。'庄子曰：'在蝼蚁。'曰：'何其下邪？'曰：'在稊稗。'曰：'何其愈下邪？'曰：'在瓦甓。'曰：'何其愈甚邪？'曰：'在屎溺。'东郭子不应。庄子曰：'夫子之问也，固不及质。正获之问于监市履狶也，每下愈况。汝唯莫必，无乎逃物。至道若是，大言亦然。周、遍、咸三者，异名同实，其指一也。'"⑥

道在蝼蚁，道在瓦甓，道在稊稗，道在屎溺，其实都是在表达一个哲学观点：道是一"具体的普遍"，而不是"绝对的普遍"。"绝对的普遍"只存在于逻辑世界之中，与经验世界、现实世界相隔断，从来与人类历史不搭界。但是，"具体的普遍"与经验世界不相脱离，与人类生活世界不相隔断。现实生活中每一个细微

---

① 《北溪字义》卷下《道》，第38页。
② 《北溪字义》卷下《道》，第38页。
③ 《北溪字义》卷下《道》，第38页。
④ 《北溪字义》卷下《道》，第38页。
⑤ 《北溪字义》卷下《道》，第38页。
⑥ 《庄子·知北游》。

的、卑微的存在，都能彰显道的存在。清代学者胡文英评论说："所谓盈天地皆物，而盈物皆道也。"① "道不离器"，"盈物皆道"，道在器中，恰恰正是庄子道论的根本特点。具有讽刺意味的是，陈淳一再阐述的"其实道不离乎器，道只是器之理"，恰恰正是庄子哲学的基本观点。

在误解道家思想基础之上，陈淳继而分辨道与理的细微区别。道与理在程朱理学家思想体系中"只是一件物"②，但细而论之，还是存在一些细微差别。道重在强调本体的普遍性、永久性，"故万古通行者，道也。"③ 理侧重于表述本体的绝对性，"万古不易者，理也。"④ 所谓"万古不易"，实际上就是指具体经验世界中万事万物的一个个"当然之则"。"理乃是在物之理，性乃是在我之则。在物底便是天地人物公共底道理。"⑤ 理作为"公共底道理"，在日常生活中"活泼泼"显发作用。为君止于仁，仁就是"当然"；为臣止于敬，敬就是"当然"；为父止于慈，为子止于孝，慈孝就是"当然"。绝对性、普遍性、永恒性，构成天理（道与理）的三大本质特点。如前所述，天理虽然是形而上存在，但绝非一个观念性的"空虚"。"其实道不离乎物，若离物则无所谓道。"⑥ 君臣有义，君臣是器，义是道与理。在君臣政治伦理中，透显出"义"。而不是在君臣伦理之外，存在一个只高悬于逻辑世界之中的"义"。理不离气，道不离器，儒家的学问，本质上就是实学。"圣门之学，无一不实。"⑦

由此而来，需辨明的一个问题是：理是否可以脱离气独立存在？在理、气关系上，这是一个十分关键而又敏感的问题。朱子认为，在天地万物没有产生之前，理"亘古今常存"⑧。在一次与学生的对话中，朱子甚至说："且如万一山河天地都陷了，毕竟理却只在这里。"⑨ "陷"意味着天地万物不复存在，有时空限定的具体存在消亡，作为本体的理，仍然可以走出人类历史而独立存在。有人问："未有人时，此理何在？"朱子答："也只在这里。如一海水，或取得一勺，

---

① 胡文英：《庄子独见》，华东师范大学出版社 2011 年版，第 166 页。
② 《北溪字义》卷下《理》，第 41 页。
③ 《北溪字义》卷下《理》，第 42 页。
④ 《北溪字义》卷下《理》，第 42 页。
⑤ 《北溪字义》卷下《理》，第 42 页。
⑥ 《北溪字义》卷下《理》，第 39 页。
⑦ 《北溪字义》卷下《理》，第 39 页。
⑧ 《朱子语类》卷三，第 46 页。
⑨ 《朱子语类》卷一，第 4 页。

或取得一担，或取得一碗，都是这海水。但是他为主，我为客，他较长久，我得之不久耳。"① 朱子以有形体、有质量的"海水"比喻理，多少会使人有些误解。误以为本体论意义上的理，也有空间特性。恰恰相反，朱子想要表达的一个观点是：理"无形体"②。理不具有具体存在才具备的度量时间特性，也没有具体存在所必须具有的空间特性。换言之，不可以用时间与空间来界定理。不仅如此，理"无情意，无计度，无造作"③。理不是至上人格神，理没有生命意识与情欲，也不会直接生成天地万物。正因为如此，理才是一个"净洁空阔底世界"④。

在这一问题上，陈淳的观点与朱子显然有所不同。陈淳始终坚持"理不外乎气"⑤"道不离乎物"⑥，理只是气之理，理与气不可隔断。"理气"⑦一词是陈淳的发明创造，这一概念既不见于程子，也不见于朱子。陈淳发明"理气"概念，就是要说明"理气"是"天地间公共之物"，人得"理气"而生，气尽而亡。人死亡之后，理复归本体"理气"，不会随着具体生命的死亡而消亡。

如何全面理解陈淳的"理不外乎气"，"太极"是另一个切入点。其师朱子为了更圆融地诠释理是"形而上者"，从周敦颐哲学中借用了"无极"与"太极"两大范畴。"无极而太极。太极动而生阳，动极而静，静而生阴。静极复动。一动一静，互为其根；分阴分阳，两仪立焉。"⑧ 朱子认为，太极与无极范畴本来就是儒家自家固有的观念，"然以熹观之，伏羲作《易》，自一画以下，文王演《易》。自'乾元'以下，皆未尝言太极也，而孔子言之。孔子赞《易》，自太极以下，未尝言无极也，而周子言之。"⑨ 作为朱子晚年高足，陈淳也效仿乃师，以理诠释太极。援太极入理本论，论证"太极即理"，从此也成为陈淳思想一大课题。但是，相比之下，有继承也有新的发明：

其一，步朱子之后尘，论述"太极即理"。"太极只是浑沦极至之理，非可

---

① 《朱子语类》卷一，第 2 页。
② 《朱子语类》卷一，第 1 页。
③ 《朱子语类》卷一，第 3 页。
④ 《朱子语类》卷一，第 3 页。
⑤ 《北溪字义》卷下《补遗》，第 72 页。
⑥ 《北溪字义》卷下《道》，第 39 页。
⑦ 《北溪字义》卷下《似道之辨》，第 80 页。
⑧ 《太极图说》，《周敦颐集》卷一，第 3—4 页。
⑨ 《答陆子静》，第 1575 页。

以形气言。"① 陈淳同其师朱子一样，断然否定"太极"学说源自道家，认为《易传》才是儒家"太极"思想的源泉。柳宗元、邵康节是"以气言"太极，周濂溪是"以理言"太极。

其二，太极不是纯粹"悬空"的观念。"太极只是总天地万物之理而言，不可离了天地万物之外而别为之论。才说离天地万物而有个理，便成两截去了。"② 太极本体属于"具体的普遍"，不是脱离经验世界的纯粹概念，也从来没有离开人的历史。

其三，太极与气"无些子缝罅"③。在宇宙生成论上，理作为阴阳五行何以可能之道而存在，因此理在气先。但是，在本体论上，理与气完全融合为一，彼此的边界完完全全重合。"然此理不是悬空在那里。才有天地万物之理，便有天地万物之气；才有天地万物之气，则此理便全在天地万物之中"④ 理与气衔接毫无缝隙，而且理与气没有先后之分，也不应该以"先后"界说。"那相接处全无些子缝罅，如何分得孰为先？孰为后？"⑤ 理气"无先后"，这一观点与朱子晚年的理气关系论显然不一致。朱子晚年的理，是可以脱离经验世界而独立存在的，完全可以走出人的世界。理在气先，不仅是逻辑上在先，也是时间上在先。理气合一？还是理先气后？形成了陈淳与朱子哲学上的一大分歧。

但是，陈淳在有些表述中，似乎给人留下"理先气后"的印象，譬如："夫未有天地之先，只自然之理而已。有是理则有是气，有动之理则动而生阳，有静之理则静而生阴。阴阳动静，流行华育，其自然之理从而赋予于物者为命。"⑥ "自未有天地之先，固是先有理。然才有理，便有气。才有气，此理便在乎气之中，而不离乎气。"⑦ 细细推敲斟酌，陈淳于此所说的"先有理"，不是"理生气"层面的"先"，也不是时间层面的"先"，而应当是构成论意义上的"先"。动静阴阳，有动之理，才有动之现象；有静之理，才有静之现象。动静之理，是动与静、阴与阳的内在"路脉"。"气无所不在，则理无所不通。"⑧ 理气合

---

① 《北溪字义》卷下《道》，第 43 页。
② 《北溪字义》卷下《太极》，第 45 页。
③ 《北溪字义》卷下《太极》，第 45 页。
④ 《北溪字义》卷下《太极》，第 45 页。
⑤ 《北溪字义》卷下《太极》，第 45 页。
⑥ 《北溪字义》卷下《似道之辨》，第 81 页。
⑦ 《北溪字义》卷下《道》，第 40 页。
⑧ 《北溪字义》卷下《道》，第 40 页。

一，时间不分先后，构成上有因果关联。"若说截然在阴阳五行之先，及在阴阳五行之中，便成理与气为二物矣。"① 不可说理在阴阳二气之先，这一表述比较好理解。但是，也不可说理在阴阳五行之"中"。因为阴阳五行是宇宙生成论层面的范畴，理是本体论层面的范畴，理是阴阳五行背后隐伏的终极根据，决定了阴阳二气运行变化何以可能。理与阴阳五行，彼此位阶不一样，理与阴阳五行不相混杂。理气无先后、"理不外乎气"，应当是陈淳在理气关系上的基本观点。

① 《北溪字义》卷下《补遗》，第 72 页。

# 第三章　道

## 第一节　倡明道学的二程

### 一、作文害道

（一）以道为理

从先秦到宋明儒者，都论及"道"，以"道"为人生所追求的最高价值，而此所谓道，是以道德为主而又具形上实体意义。先秦孔孟儒学中所说的道，与宋儒之说是相通的，即孔孟所说的道也有形上的实体义，故孔子是践仁以知天，孟子是尽心知性知天，如牟宗三所说，天道性命相贯通之义，是先秦与宋明儒的共同理解。至于二程，同受业于周濂溪，但由于资质不同，造就各异，他们的道论，细察之，其实有相异之处。正如《四库提要》论《二程学案》撰作缘由："是编以二程造德各殊，因辑二程语录及先儒议论二程者，各为一卷"①，另则二程之学宗旨有别，而"朱子得力于伊川，故于明道之学，未必尽其传也"②。张永儁曾根据《宋元学案》《二程遗书》《伊川易传》中较确定可靠的资料，辨析二程学的差异。③ 然而，即使试图割裂二人，有时仍不免杂糅，且为说解方便，以下仍就二程对道的说解进行阐释，仅就明显差异处做梳理。

道，是二程宇宙论思想中的根本观念；程颢将"道"视为自然普遍流行的天道，无内外物我之分，即本体即现象，有言："言天之自然者，谓之天道。天之赋予者谓之天命。"④ 既言"自然"，表示其不待外缘，自性自足；程颐则把程颢

① 《钦定四库全书总目》卷九十七"二程学案"条，第 15 页。
② （清）黄宗羲：《宋元学案》，中华书局 1986 年版，卷十三《明道学案》上，第 542 页。
③ 张永儁：《二程学管见》，东大图书股份有限公司 1988 年版。
④ 《宋元学案》卷十三《明道学案》上，第 320 页。

所言之"道"更推进一层，认为形而下的阴阳之所以能运作，要仰赖形而上的"道"：离了阴阳更无道，所以阴阳者是道也。阴阳，气也，气是形而下者，道是形而上者。形而上者，则是密也。①

由此，道具有超越、隐微的特色，是绝对的精神实体，也是居于一切现象背后的"密"。至于理，是二程哲学的最高范畴，程颢曾言："吾学虽有所受，天理二字，却是自家体贴出来"②，程颐则将道与理产生联系："在天为命，在义为理，在人为性，主于身为心"，这些"只是一个道"③，而且，理与道是一致的，"理便是天道"④ "此理，天命也。顺而循之，则道也""上天之载，无声无臭，其体则谓之易，其理则谓之道"⑤，由此可知，顺理便是道，而且，道是无声无臭之理。应以道为理，此道此理，就是伦理纲常，如"为君尽君道，为臣尽臣道，过此则无理"⑥，在此，"道"是君臣父子等级关系的反映，体现出君仁臣忠、父慈子孝的伦理观念。

（二）先学文鲜有能至道

"道"的概念包含两个层面：一是理想的社会制度，即人类社会历史必须遵守的客观典范；二是个人必须不断修养和遵守的伦理道德规范，在传统的儒学中这两者是并重的。⑦ 然而，这样的客观典范与道德规范是易于追求的吗？周敦颐《周子通书》："不知务道而第以文辞为能者，艺焉而已。噫！弊也久矣！"而在《近思录》中有言："圣人之道，入乎耳、存乎心，蕴之为德行，行之为事业。彼以文辞而已者，陋矣！"道重而文轻显为共识。如程颢在《颜子所好何学论》中言："不求诸己而求诸外，以博闻强记，巧文丽辞为工，荣华其言，鲜有至于道者"，并强调"学者先学文鲜有能至道，至如博观泛滥，亦自为害"，另则，程颢亦表达对子弟中的"轻俊者"尤为担忧，除了"忧子弟之轻俊者，只教以经学念书，不得令作文字"外，并指出：

子弟凡百玩好皆夺志。至于书札，于儒者事最近，然一向好者，亦自丧志。
如王、虞、颜、柳辈，诚为好人则有之，曾见有善书者知道否？平生精力一

----

① 《宋元学案》卷十三《伊川学案》上，第 354 页。

② 《河南程氏外书》卷十二。

③ 程颢、程颐：《二程集》，中华书局 1981 年版，第 204 页。

④ 程颢、程颐：《二程集》，第 290 页。

⑤ 《河南程氏遗书》卷一。

⑥ 《河南程氏遗书》卷五。

⑦ 程杰：《北宋诗文革新研究》，内蒙古教育出版社 2000 年版，第 276 页。

用于此，非惟徒费时日，于道便有妨处，足知丧志也。①

道是存在于文学以外的东西，程颢重道轻文，以为有德者必有言，无须致力为文。类似观点可见程颐《答朱长文书》：

> 向之云无多文与诗者，非止为伤心气也，直以不当轻作尔。圣贤之言，不得已也。盖有是言，则是理明；无是言，则天下之理有阙焉。……后之人，始执卷，则以文章为先，平生所为，动多于圣人，然有之无所补，无之靡所阙，乃无用之赘言也。不止赘而已，既不得其要，则离真失正，反害于道，必矣。诗之盛莫如唐，唐人善论文莫如韩愈，愈之所称独高李、杜，二子之诗存者千篇，皆吾弟所见也，可考而知矣。②

程颐告诫门人朱长文，道出文章是无用之赘言，不仅无补于道，甚至造成道之不明，而谓文以害道。程颐的反对乃是站在提倡道学的角度上，他还曾言："人有三不幸：年少登高科，一不幸；席父兄之势为美官，二不幸；有高才，能文章，三不幸也。"③该论点不仅是针对苏轼而发的批评，亦表达出程颐对"道"的重视。程颐曾言"欲趋道，舍儒者之学不可"④，加以"经所以载道也，诵其言辞，解其训诂，而不及道，乃无用之糟粕耳！"⑤故所重在义理，而不在训诂。程颐更直言文学有害于道：

> 问作文害道否？曰：害也，凡为文不专意则不工，若专意则志局于此，又安能与天地同其大也？《书》曰："玩物丧志"，为文亦玩物也。⑥

程颐认为若是着意文章工巧，心志局限其中，便无法廓然同于天地之广。基此，他曾批评杜甫诗"穿花蛱蝶深深见，点水蜻蜓款款飞"："如此闲言语，何为道出哉？"⑦可见对使人"志局于此"的词章之文表达轻视。

## 二、以道学辅人主

### （一）道学之名

宋代王开祖提出："自孟子以来，道学不明"，希冀能"述尧舜之道，论文武

① 《近思录》卷十一，影印文渊阁四库全书本，（台湾）商务印书馆 1983 年版。
② 《河南程氏文集》卷九。
③ 《河南程氏外书》卷十二。
④ 程颢、程颐：《二程集》，第 187 页。
⑤ 程颢、程颐：《二程集》，第 671 页。
⑥ 《河南程氏文集》卷九。
⑦ 《二程遗书》卷十八。

之治，杜淫邪之路，辟皇极之门"①，南宋永嘉学者称他"独能研精覃思，发明经蕴，倡鸣道学二字，著之话言"②。当时，"道学"乃指与政术相对应的学术，并非特指某学派之称，加上王开祖享年三十二岁，遑论建构道学体系。直至二程，"道学"之名方有较为明确的含意：宋神宗元丰八年（1085 年），程颢逝世，程颐作《明道先生墓表》："周公没，圣人之道不行！孟轲死，圣人之学不传。道不行，百世无善治；学不传，千载无真儒。无善治，士犹得以明夫善治之道，以淑诸人，以传诸后；无真儒，天下贸贸焉莫知所之，人欲肆而天理灭矣。"程颐表彰其兄"孟子之后，传圣人之道者，一人而已"③，又言："呜呼！自予兄弟倡明道学，世方惊疑"④"门人朋友为文以叙其事迹、述其道学者甚众"⑤"家兄道学行义，足以泽世垂后"⑥，在这个说法中，除了可看出程颐对其兄道德学问的赞颂，亦可看出道学已具有"传圣人之道的学问"的意义。而后，程颐屡言道学，其意益明，如"儒者得以道学辅人主"⑦"道学者愿得矜式之意"⑧"智足以知其道学"⑨"道学不及传之书"⑩"既而门人朋友为文以叙述其事迹，述其道学者甚众"⑪。而在《宋史·道学传》则记载，张载于嘉祐初年至京师，见二程子时，"先生与语道学之要，厌服之，固涣然自信，于是尽弃易学，淳如也"⑫。然而，二程之学从北宋后期至南宋前期，在学术界影响并不大，直到南宋因朱熹的大力提倡，程氏之学开始盛行，南宋亦因理学的分化，使得道学之称为对理学主流派的特称。

朱熹《程氏遗书后序》云："夫以二先生倡明道学于孔孟既没，千载不传之学，可谓盛矣。"是以二程为继孔孟以后，传承发扬圣贤之学者，至南宋，仍以道学称之，且具政治化，如朱熹于淳熙十五年"戊申封事"之上疏云："一有刚毅正直、守道循理之士出乎其间，则群讥众排，指为道学之人，而加以矫激之

---

① 王开祖：《儒志编》，收于《四库全书》。
② 《儒志编附录·儒志先生学业传》，文渊阁四库全书本。
③ 程颢、程颐：《二程集》，第 639 页。
④ 程颢、程颐：《二程集》，第 643 页。
⑤ 程颢、程颐：《二程集》，第 639 页。
⑥ 程颢、程颐：《二程集》，第 603 页。
⑦ 《程氏文集》卷六。
⑧ 《程氏文集》卷七。
⑨ 《程氏文集》卷九。
⑩ 《程氏文集》卷九。
⑪ 《程氏文集》卷十一。
⑫ 《宋元学案·横渠学案上》，第 383 页。

罪，上惑圣听，下鼓流俗。"① 随程朱之学的政治地位进一步确立，世人渐又将道学特指伊洛之学，如宋末元初周密曾言："伊洛之学行于世，至乾道、淳熙间盛矣。其能发明先贤旨意，溯流徂源，论著讲解卓然自为一家者，为广汉张氏敬夫、东莱吕氏伯恭、新安朱氏元晦而已。朱公尤渊洽精旨……盖孔孟之道，至伊洛而始得其传，而伊洛之学，至诸公而始得无余蕴。必若是，然后可以言道学也已。"由此，可见二程在理学上的特殊地位。

（二）断案明察的程颢

程颢举进士后，历官京兆府鄠县主簿、江宁府上元县主簿、泽州晋城令。据《宋史·道学传》所载四则事例，足见明智：

> 鄠民有借兄宅居者，发地得瘗钱，兄之子诉曰："父所藏。"颢问："几何年?"曰："四十年。""彼借居几时?"曰："二十年矣。"遣吏取十千视之，谓诉者曰："今官所铸钱，不五六年即遍天下，此皆未藏前数十年所铸，何也?"其人不能答。

> 茅山有池，产龙如蜥蜴而五色。祥符中尝取二龙入都，半涂失其一，中使云飞空而逝。民俗严奉不懈，颢捕而脯之。

> 为晋城令，富人张氏父死，旦有老叟踵门曰："我，汝父也。"子惊疑莫测，相与诣县。叟曰："身为医，远出治疾，而妻生子，贫不能养，以与张。"颢质其验。取怀中一书进，其所记曰："某年月日，抱儿与张三翁家。"颢问："张是时才四十，安得有翁称?"叟骇谢。

> 民税粟多移近边，载往则道远，就籴则价高。颢择富而可任者，预使贮粟以待，费大省。民以事至县者，必告以孝弟忠信，入所以事其父兄，出所以事其长上。度乡村远近为伍保，使之力役相助，患难相恤，而奸伪无所容。凡孤茕残废者，责之亲戚乡党，使无失所。行旅出于其途者，疾病皆有所养。乡必有校，暇时亲至，召父老与之语。儿童所读书，亲为正句读，教者不善，则为易置。择子弟之秀者，聚而教之。乡民为社会，为立科条，旌别善恶，使有劝有耻。在县三岁，民爱之如父母。

首则见其人断案之明察，次则为程颢于上元县任职时对迷信的破除，第三则发生在晋城，揭穿一件冒充他人生父的骗局，最后一则显现仁民爱物、视民如子。凡此，皆可见其政绩。此外，任御史时，神宗早已耳闻其人声名，因此数次

---

① 《朱文公文集》卷十一。

召见。程颢曾劝谏君王："躬尧舜之资，处尧舜之位，必以尧舜之心自任，然后为能充其道"，"前后进说甚多，大要以正心窒欲、求贤育材为言，务以诚意感悟主上。尝劝帝防未萌之欲，及勿轻天下士，帝俯躬曰：'当为卿戒之。'"① 而后，因与王安石政见不合，不受重用②，遂潜心于学术。

（三）不求仕进的程颐

程颐幼承家学熏陶，其政治思想颇受其父程珦影响，推举其父反对王安石新法乃"独公一人"。宋仁宗皇祐二年（1050 年），时年十八的程颐上书仁宗："劝以王道为心，生灵为念，黜世俗之论，期非常之功，且乞召对，面陈所学"，期许君王尊儒重道，可惜未受召见。二十四岁时曾在京师（今河南开封）授徒讲学。宋神宗熙宁五年（1072 年）偕兄程颢于嵩阳讲学。元丰元年（1078 年）知扶沟县，"设庠序，聚邑人以教之"。元丰五年（1083 年），曾任宰相的文彦博③将其鸣皋（今河南洛阳）之千亩良田赠给程颐，程颐乃自建伊皋书院，讲学其中几达二十年。

程颐在元祐元年（1086 年）有《上太皇太后书》："儒者得以道学辅人主，盖非常之遇，使臣自择所处，亦莫过于此矣！"④ 来年四月，程颐作《又上太皇太后书》："万一以臣言为是，则愿陛下明示好古求道之意，使朝廷在位皆知之……诚如是，则将见道学日明，至言日进，弊风日革，为益孰大于此"⑤，又曾言："治道亦有从本而言，亦有从事而言：从本而言，惟是格君心之非，正心以正朝廷，正朝廷以正百官；若从事而言，不救则已，若须救之，必须变"、"所谓立志者，至诚一心，以道自任。以圣人之训为可必信，先王之治为可必行，不狃滞于近规，不迁惑于众口，必期致天下如三代之世，此之谓也"，程颐不避利害直言谏诤、进讲色庄，期许君王以道自任，且因长期讲学，门徒益多。著作有《伊川先

---

① （元）脱脱：《宋史·道学传》，（台湾）艺文印书馆，据清乾隆武英殿刊本影印。
② 据《宋史·道学传》所载："王安石执政，议更法令，中外皆不以为便，言者攻之甚力。颢被旨赴中堂议事，安石方怒言者，厉色待之。颢徐曰：'天下事非一家私议，愿平气以听。'安石为之愧屈。自安石用事，颢未尝一语及于功利。居职八九月，数论时政，最后言曰：'智者若禹之行水，行其所无事也；舍而之险阻，不足以言智。自古兴治立事，未有中外人情交谓不可而能有成者，况于排斥忠良，沮废公议，用贱陵贵，以邪干正者乎？正使侥幸有小成，而兴利之臣日进，尚德之风浸衰，尤非朝廷之福。'遂乞去言职。"
③ 《宋史》："彦博虽穷极富，而平居接物谦下，尊德乐善，如恐不及。其在洛地，洛人邵雍、程颢兄弟皆以道自重，宾接之如布衣交。"
④ 《程氏文集》卷六。
⑤ 《程氏文集》卷六。

生文集》《二程粹言》《河南程氏经说》《周易传》等。

### 三、《宋史·道学传》中的儒者图像

（一）从《儒林传》到《道学传》

《宋史》于《儒林传》前别立《道学传》，起自卷四百二十七，列传第一百八十六至一百八十九，共录二程等二十四位人物：

列传第一百八十六道学一：周敦颐、程颢、程颐、张载、张戬、邵雍

列传第一百八十七道学二：刘绚、李吁、谢良佐、游酢、张绎、苏昞、尹焞、杨时、罗从彦、李侗

列传第一百八十八道学三：朱熹、张栻

列传第一百八十九道学四：黄榦、李燔、张洽、陈淳、李方子、黄灏

自司马迁"以经师相授受者为《儒林传》"[1] 后，历代正史皆因袭之，专记儒家代表人物的学术活动和儒家经典的传授过程，彰显表扬服膺儒家学说人物的学术成就与思想。直至《宋史》创立《道学传》，以道学观点来议论人事，方展现不同以往的儒者图像，不仅构建二程等理学家的传承谱系，更确立道学的正统性。

（二）元末史臣表章道学

元人编撰《宋史》主要取材宋代国史并加以修正，如《道学传序》有言："邵雍高明英悟，程氏实推重之，旧史列之《隐逸》，未当，今置张载后。"《宋史》另取材于朱熹《伊洛渊源录》和宋理宗时人李幼武所撰《皇朝道学名臣言行录》。南宋朱熹《伊洛渊源录》、明儒周汝登的《圣学宗传》、清儒孙奇逢的《理学宗传》均试图对道学及其学者进行总结。如《伊洛渊源录》一书共十四卷，记周敦颐以下，包括二程、张载等人及其交游、门人共四十六人，收录事状、行状、墓志铭、友人叙述等言行事迹，借此不但能获悉伊洛学派发展脉络，亦可通晓其师友授受关系，该书将之视为正宗，具有强烈的宗派色彩，乃朱熹有意拔高二程地位。从朱熹称辑录资料极少的周恭叔"自太学蚤年登科，未三十，见伊川"[2] 可知，透过延续发展伊洛学派，规范了道学的范围，却也使伊洛学派以外的儒者显得黯淡，同时影响后世对道学的界定。如万斯同《儒林宗派》所言：

---

[1] 钱大昕：《跋宋史》，收于《钱大昕全集·潜研堂文集》卷二十八，江苏古籍出版社1997年版，第471页。

[2] （宋）朱熹：《伊洛渊源录》卷十，（台湾）文海出版社1968年版，第1064页。周恭叔资料仅一条。

"自《伊洛渊源录》出，《宋史》遂以道学、儒林分为两传，非惟文章之士、记诵之才，不得列之于儒。"由《道学传》所收的儒家学者考之，作者采取的是当时被推崇为官学的程朱学派的立场而进行编辑，以致选裁有所限制，主要以程朱为宗，即二程与朱熹及三人之门人为主，但取舍比《渊源录》更为严格。面对世衰道微，孔子有道之德而无道之位①，于是透过经典，力图发扬先王之道。再者，宋儒得孔子之传，二程受业于周敦颐，始得古圣"传心之奥"，因而称为道学。据元儒虞集（1272—1348）说法，元朝时程朱官学化乃一大成就②，清代四库馆臣认为《宋史》于《儒林传》外别设《道学传》，实与元末史臣撰修《宋史》之"大旨以表章道学为宗"③有关。宋元时期，道学为官方哲学，由于国家认同，道学家便通过儒学重建政治地位与社会秩序，如此，"道"有其实践义，关涉文化价值与政治课题。

**四、圣学复明：从祀孔庙④**

**（一）从祀孔门，有功斯道**

"孔子有功万世，宜飨万世之祀；诸儒有功孔子，宜从孔子之祀"⑤，然而，后儒如何有功于孔子？或许可从明儒程敏政之言得到解答："诸儒从祀于孔门者，非有功于斯道不可。然道非后学所易知也，要必取证于大儒之说，斯可以合人心之公。"⑥易言之，道本非易知，需经历代儒者阐释发扬，方能为后人所理解。正如文彦博题程颢墓曰"明道先生"，并云："圣人之道，得先生而复明，为功大矣！"⑦可为明证。而且，后人追念程颢（1032—1085），言及孔孟之传：

> 伯淳既没，公卿大夫议以明道先生号之，子为之言曰："周公死，圣人

---

① 历来多以"素王"称孔子"有德无位"。《庄子·天道》郭象注："有其道为天下所归，而无其爵者，所谓素王自贵也。"成玄英疏："老君、尼父是也"（见王叔岷《庄子校诠》）此外，章学诚谓孔子"有德无位，即无从得制作之权；不得列于一成，安有大成可集"（见氏著《文史通义》，华世出版社 1980 年版，第 37 页）。章氏置周公成就于孔子之上，异于多数儒者评论，他解释："非孔子之圣逊于周公，时会使然也。"因周公德位俱全，而为集大成者。

② 虞集：《道园学古录》（国学基本丛书，商务印书馆 1929—1941 年版），第 588—589 页。

③ 《四库全书总目·宋史》："其大旨以表章道学为宗，余事不甚措意，故舛谬不能殚数。"《宋史》因保留元朝诸多史料，而有详尽史料，故显篇帙浩繁。

④ 相关资料可参考李蕙如：《论〈宋史·道学传〉人物从祀孔庙》，《东吴中文学报》2016 年第 31 期。

⑤ 黄彰健校：《明神宗实录》卷一五五，第 4 页。

⑥ 程敏政：《篁墩文集》卷十，第 12—13 页。

⑦ 《伊川文集》卷七。

之道不行；孟轲死，圣人之学不传。道不行，百世无善治；学不传，千载无真儒。无善治士犹得以明夫善治之道，以淑诸人，以传诸后；无真儒则天下贸贸焉，莫知其所之，人欲肆而天理灭矣。先生千四百年之后，得不传之学于遗经，天不慭遗，哲人早世，学者于道知所向，然后见斯人之为功；知所至，然后见斯名之称情，山可夷；谷可埋，明道之名，亘万古而长存也。"①

"明道"不但是程颢的名号，也是后人对先贤典型的表彰。宋淳祐元年（1241 年）伊洛之学荣登孔廷，士习丕变，理宗下令学官将二程等人列诸从祀，以表崇奖，制《道统十三赞》：

　　朕惟孔子之道，自孟轲后不得其传，至我朝周敦颐、张载、程颢、程颐，真见实践，深探圣域，千载绝学，始有指归。中兴以来，又得朱熹精思明辨，表里混融，使《大学》、《论》、《孟》、《中庸》等书，本末洞微，孔子道，益以大明于世。②

正如朱鸿林《儒者从祀孔庙的学术与政治问题》③一文所言："我们从从祀哪一类的儒者的事情之中，就可以发现某一个时代的儒学的解释和期待是怎么样的，当时所强调的是儒学的哪些方面等等。"④以此观之，周敦颐、张载、二程、邵雍均于明崇祯十五年从先儒⑤改称先贤，从中可看出理学地位之跃进。

（二）二程门人从祀孔庙

二程倡道既久，大程殁后，小程独任传道逾二十年，洛学因而昌盛，为天下所宗仰。二程早年之弟子最著者为刘绚、李吁、刘立之等⑥，皆不幸早卒，故其流未广；"程门学士"则有谢良佐、杨时、游酢、尹焞。其中，游酢早卒，入禅甚深⑦；尹焞"于洛学最为晚出，而守其师说最醇"。至于程门从祀者计有：杨时、罗从彦、谢良佐、尹焞、游酢五人。杨时，于明弘治八年（1495 年）入祀；罗从彦，于明万历四十一年（1613 年）入祀；谢良佐，于清道光二十九年

① 杨时订定，张栻编次：《二先生粹言》，收入朱熹编：《二程全书》卷四一，第 370 页。
② 脱脱等：《宋史》卷四二，第 821 页。
③ 朱鸿林：《儒者从祀孔庙的学术与政治问题》，收于清华大学历史系、生活·读书·新知三联书店合编：《清华历史讲堂续编》，生活·读书·新知三联书店 2008 年版，第 336—355 页。
④ 朱鸿林：《儒者从祀孔庙的学术与政治问题》，第 337 页。
⑤ 先儒意指先世儒者，始于唐贞观二十一年（647 年），太宗命以左丘明、公羊高等二十二人从祀孔庙。
⑥ 相关资料可参考《宋元学案·刘李诸儒学案》。
⑦ 相关资料可参考《宋元学案·鹰山学案》。

（1849 年）入祀；尹焞，于清雍正二年（1724 年）入祀；游酢，于清光绪十八年（1892 年）入祀。以下分别述之：

杨时，字中立，南剑州将乐人。宋皇祐五年生，绍兴五年卒，年八十三。谥曰文靖，世称龟山先生。《文庙从祀位次考》[①] 指杨时于明弘治九年从祀，封将乐伯。嘉靖九年改称先儒。杨时亲得程门道统之传，又曾力辨王安石新学经义之谬，批判异端，非有传经之功，而是以明道之儒身份得以从祀。关于杨时从祀时间，洪国强的《宋儒杨时在明代从祀孔庙的历程及其时代意义》[②] 一文中有清楚梳理：文中从地方请祀和朝廷议祀孔庙人选的互动角度，重建杨时在明代从祀的历程，借此说明地方社会现实需求和道统叙事文本变动对朝廷孔庙议案的影响。

罗从彦，字仲素，南剑州罗源人。宋熙宁五年生，绍兴五年卒，年六十四。谥曰文质，世称豫章先生。《文庙从祀位次考》[③] 指明万历四十二年从祀称先儒。据《文庙祀典考》[④] 记载，明万历四十一年，提学佥事熊尚文请祀罗从彦。礼部覆准，将罗从彦列于宋儒杨时之下，入庙从祀。《阙里文献考》则系之四十七年，谓福建巡抚丁继宗所请。明中叶后，德性渐获重视。时儒瞿九思倡议："凡诸儒之学，所以学为圣贤，必其学已得正传，可以受承道德，方可列于孔庙，以为圣人之徒。"[⑤] 可见从祀要件重生命实践，德行优于经术。

谢良佐，宋皇祐二年生，崇宁二年卒，年五十四。道光二十九年时，河南巡抚潘铎请以从祀[⑥]，列杨时之次，从祀称先儒。谢良佐与游酢、吕大临、杨时在程门，号"四先生"。关于谢良佐在洛学中的地位和作用问题，从南宋开始，就有不同的认识。朱熹一方面肯定谢良佐的作用，但又认为他"别立一家"；而于道光二十九年从祀一事，可见当时学者认为谢良佐继承和发扬了洛学的传统。

尹焞，字彦明，洛人。宋熙宁四年生，绍兴十二年卒，年七十二。赐号和靖处士。雍正二年从祀称先儒。是时，礼部等衙门再议从祀，重新定明嘉靖年间被罢祀者，尚有增祀者尹焞等二十人[⑦]。

---

① 陈锦著，孔子文化大全编辑部编辑：《文庙从祀位次考》，山东友谊书社，第 1194 页。
② 洪国强：《宋儒杨时在明代从祀孔庙的历程及其时代意义》，《新史学》第 25 卷第 1 期。
③ 《文庙从祀位次考》，第 1194 页。
④ 庞锺璐：《文庙祀典考》，中国礼乐学会 1977 年版，第 17 页。
⑤ 瞿九思：《孔庙礼乐考》卷五，明万历年，第 53 页。
⑥ 《文庙祀典考》卷一，第 29 页。
⑦ 尚有黄榦、陈淳、县亶、牧皮、乐正子、公都子、万章、公孙丑、诸葛亮、魏了翁、何基、王柏、赵复、金履祥、许谦、陈澔、罗钦顺、蔡清、陆陇其。

上述二程弟子座次"皆按生年先后，合东西总计之，若有增次则移位"①，其人体现程朱理学之学术立场，从祀亦可看出二程倡明道学的再发挥；此外，透过官方的评价及肯定，亦可彰显二程倡明道学的历史定位。

## 第二节　建构道统的朱熹

### 一、道统传衍的体现

#### （一）道统之名

"道"适应当代文化而生，除此之外尚有"传衍"问题，否则便有失传的可能。道统观溯自孟子，谓圣人之道由尧、舜、禹、汤、文武，至于孔子。② 而后韩愈著《原道》，以弘扬儒家圣人之道为己任，明确提出儒家圣人之道传授谱系，此对宋代理学道统论的确立产生重要影响。③ 但韩愈对道统哲学理论上的论述尚不足，也未把道统说体系化。二程吸取韩愈的道统思想，以继孟子之后，程颐称程颢乃"得不传之学于遗经"④。其对道统之道的理解，比韩愈更深刻，道不仅是道统传授的内容，而且成为与天理等同的宇宙本体，并提出了一系列重要理论和命题。朱熹继承二程，在其《中庸章句·序》中首将"道统"连用，进一步把儒学道统体系化，依序列出上古圣神、尧、舜、禹、汤、文王、武王、皋陶、伊尹、傅说、召忽、孔子、颜渊、曾参、子思、孟子、二程。从形式上讲，朱熹系统梳理了道的传授统绪，指出道统始于伏羲、神农、黄帝，而尧、舜、禹相传，其后成汤、文、武作为君王，皋陶、伊、傅、周、召作为大臣接续了道统之传。至孔子有德无位，有功于尧舜之道的传授。孔门弟子颜、曾亲得其传，又由曾氏传之子思。子思作《中庸》，体现了孔门传授心法，使道得以载之于此

---

① 《文庙从祀位次考》，第 10 页。

② 《孟子·尽心下》："由尧、舜至于汤，五百有余岁，若禹、皋陶则见而知之，若汤闻而知之；由汤至于文王，五百有余岁，若伊尹、莱朱则见而知之，若文王则闻而知之；由文王至于孔子，五百有余岁，若太公望、散宜生则见而知之，若孔子则闻而知之；由孔子而来至于今，百有余岁，去圣人之世若此其未远也，近圣人之居若此其甚也，然而无有乎尔，则亦无有乎尔。"

③ 朱熹曾感叹："此道更前后圣贤，其说始备。自尧舜以下，若不生个孔子，后人去何处讨分晓？孔子后若无个孟子，也未有分晓。孟子后数千载，乃始得程先生兄弟发明此理，今看来汉唐以下诸儒说道理见在史策者，便直是说梦！只有个韩文公依稀说得略似耳。"（《朱子语类》卷九三）

④ 程颐：《明道先生墓表》，《伊川文集》卷七，第 7 页。

书而不泯。子思传孟子，孟子没而道统中断而失传。朱熹认为，由于道载之于《中庸》等儒家经典之中，二程兄弟以此为据，才使圣人之道复明于世。朱熹明确提出十六字心传的思想，以超越时代的心传体现道统的传授。① 在朱熹看来，《尚书·大禹谟》的十六字传心诀与《中庸》体现的"孔门传授心法"相通的，是以义理之心即道心为标准，随时而为中，通过心心相传、领悟，传授圣人之道。朱子虽非发明"道统"一词②，但却在实质上丰富了道统的内涵，由此提高了道统之道的哲学思辨性，也渐形成宋儒的集体意识，是时重视文教，儒学备受重视。

（二）制衡帝王统道

朱熹并把道学与道统相结合，赋予道统论以时代精神的新义，这使道统思想广泛影响与流传。朱熹认为："上古圣神，继天立极，而道统之传有自来矣！"③ 在把儒学道统体系化的过程中，把帝王统道转变为儒者统道，其道统中并无周公以后历代帝王的地位，因而具有制衡君权的意义。周、孔分家象征的是政教分离，分离以后，以孔子为中心的从祀制度因而成立。因此，文庙祭祀是道统的象征，以周公和帝王为中心的祭祀是统治的象征。④ 诚如余英时所言："朱熹一方面运用上古'道统'的示范作用以约束后世的'骄君'，另一方面则凭借孔子以下'道学'的精神权威，以提高士大夫的政治地位。"⑤ 相较于诉诸外在权威的帝王统道而言，道统所强调的是道德意涵，乃具有高度责任感，而能彰显人心。职是之故，帝王拥有的是治理国家政务的权势，朱子身为知识分子，拥有匡正时局的责任，得以批评朝政，提出建言，且能兼具政治实践与儒学传承；帝王期盼将道统纳入政权体制之中，朱子等知识分子又将道统独立于治统之外，因此，两者互为

---

① 刘述先认为："就纯考据的观点看，道统的观念显然是难以成立的。朱子追溯道统根源，引十六字心传，乃出于伪古文尚书；再由考古的观点看，中国信史自商起，则伏羲、黄帝、尧、舜仍属神话传说时代，未能确证实有其人，故道统之说为主观信念。但却由此看出宋儒与先秦儒的连贯性，先秦儒者的一贯作风正是把时间推回远古，所谓仲尼祖述尧舜、宪章文武是也。即使文献不足征，仍有一脉相承的线索。"（详参氏著《朱子哲学思想的发展与完成》，台湾学生书局1995年版，第420—421页）
② 据叶国良考证，唐代盖畅曾著《道统》，显示道统一词时已流传，参见氏著《唐代墓志考释八则》，《台大中文学报》第7期。
③ 此段话见于《中庸章句·序》。《大学章句·序》有类似的言论："此伏羲、神农、黄帝、尧、舜，所以继天立极。"
④ 《清华历史讲堂续编》，第340页。
⑤ [美]余英时：《朱熹的历史世界——宋代士大夫政治文化的研究》，允晨文化公司2003年版，第67页。

制衡，并行天下。

（三）遍注群经以传道

朱子对经学的研究既多且广，诸如《论语》《孟子》《大学》《中庸》，抑或《易经》《诗经》《尚书》《孝经》等书皆深入探讨。① 撰成《四书章句集注》《诗集传》《周易本义》等著作，并于晚年召集门人黄榦、吴必大、吕祖俭、李如圭等人修纂《礼》书，另将《尚书》托付门人蔡沈。然而，遍注群经的朱熹是否如朱彝尊所言，具有朱门传经的特色？陈荣捷对此采反对立场，他欲打破朱彝尊朱门传经之论②，言朱门尊师重道，与传衣钵般的传经截然不同，而且，朱熹于传经传统"真如水火不容。今谓朱子传经之事，可谓厚诬朱子矣"，甚至直言"朱子传道，非传经也"③。其实，对于释经一事，朱熹有如下看法，反躬确有支离之病：

> 盖平日解经最为守章句者，然亦多是推衍文义，自做一片文字，非惟屋下架屋，说得意味淡薄，且是使人看着将注与经作两项功夫做了，下稍看得支离，至于本旨，全不相照。以此方知汉儒可谓善说经者，不过只说训诂，使人以此训诂玩索经文。训诂、经文，不相离异，只作一道看了，直是意味深长也。④

此封信在鹅湖之会后写成，也是促成朱熹经学思想新发展的动力。朱熹肯定汉儒训诂为解，但若只重训诂，割裂经注，将两者分别看之，则读经便显支离，须"训诂、经文不相离异"，始能体会经典的意味深长。平心而论，实则虽言朱熹传经，但道亦据之而传。

## 二、"救世以道"的从政观

（一）援天下以道

据《宋史》所载，朱熹屡召屡辞，其人出仕则志在邦国，退隐则意存著述。绍兴十八年（1148 年），朱熹时年十九，进士及第，至庆元五年（1199 年）致仕，共历仕高宗、孝宗、光宗、宁宗四朝，在五十二年的仕宦生涯中，朱子奏请

---

① 相关资料可见蔡方鹿：《朱熹经学与中国经学》，人民出版社 2004 年版。

② 两人主张相异，乃因朱彝尊为经学家，陈荣捷为儒学大师，故所重亦有不同：一为重经、一为重道。

③ 以上两段引文皆出自陈荣捷：《朱门之特色及其意义》，《朱学论丛》，学生书局 1988 年版，第288 页。

④ 《答张敬夫》，《朱熹集》第三册，第 1329—1330 页。

派为祠官二十次①，实际出任官职的时间则有七年半，多是任地方亲民官②。朱子在朝针砭"左右便嬖之私"，更提出"辅翼太子""选任大臣""振肃纪纲""爱养民力""诸将求进"等要点。然而，朱熹一生虽建言颇多，受君王采纳者却少。李心传在《建炎以来朝野杂记》中明确指出："晦庵先生，非素隐者也，欲行道而未得其方也。"③ 朱子持道从政，与世俗价值发生冲突，故无法得君行道。如黄榦《朱子行状》所言：

> 先生平居惓惓，无一念不在于国。闻时政之阙失，则戚然有不豫之色，语及国势之未振，则感慨以至泣下。然谨难退之礼，则一官之拜，必抗章而力辞；厉易退之节，则一语不合，必奉身而亟去。其事君也不贬道以求售，其爱民也不徇俗以苟安。故其与世动辄龃龉，自筮仕以至属纩，五十年间，历事四朝。仕于外者仅九考，立于朝四十日，道之难行也如此。然绍道统、立人极，为万世宗师，则不以用舍为加损也。④

黄榦形塑朱熹于道学集团中的地位，将个人政治行为与议论主张视为道的具体展现。⑤ 于行状之末，黄榦说明写作史料去取原则⑥，描述朱熹屡次辞官之因，同时点出"道之难行"的现实层面，并指出朱熹"绍道统"的历史贡献。

（二）建祠讲道

注重道德修养的朱熹，曾于淳熙六年（1179 年）三月知南康军，当地学风

---

① 关于朱熹担任祠职的情形，陈荣捷统计朱子一生奏请派为祠官二十次，被派监督主渠道教六宫观十一次，计有二十二年又七月。详参陈荣捷：《朱子固穷》，《朱学论集》，第 207—213 页。

② 绍兴二十三年（1143 年），朱熹任泉州同安主簿；淳熙六年（1179 年），受命知南康军，在任两年；淳熙八年（1181 年），任提举两浙东路常平茶盐公事；绍熙元年（1190 年），知漳州，后因子丧去职；绍熙五年（1194 年），任知潭州、荆湖南路安抚使。关于朱熹的政治生涯，可参考孟淑慧《朱熹及其门人的教化理念与实践》附录二"朱熹担任官职、祠职及重要教化事迹年表"（台湾大学出版委员会，2003 年）第 418—425 页。

③ 李心传撰，徐规点校：《建炎以来朝野杂记》乙集，中华书局 2000 年版，第 632—637 页。据李心传所载，乾道七年虞允文当国，召朱熹赴行在。他以政治意见不同力辞之；乾道九年，梁克家再召，朱熹再辞；淳熙二年，龚茂良又向孝宗举荐朱熹，但群小乘间谗毁，事未成；淳熙五年春，丞相史浩欲引用朱熹为中都官，但参知政事赵雄建议让他处外郡："不若姑以外郡处之，待之出于至诚，彼自无词，然其出必多言，姑安以待之可也"（第 634 页），于是朱熹有南康之行。

④ 黄榦：《朝奉大夫文华阁侍制赠宝谟阁直学士通议大夫谥文朱先生行状》，《勉斋集》，影印文渊阁《四库全书》第 1168 册，台湾商务印书馆 1986 年版，第 423 页。

⑤ 郑丞良：《百年论定——试论黄榦〈朱子行状〉的书写与朱熹历史形象的形塑》，《汉学研究》卷三十，2012 年，第 157 页。

⑥ 黄榦："先生之用舍去就，实关世道之隆替、后学之楷式。年月必记，所以着世变；辞受必书，所以明世教。状先生之行，又岂可以常人比、常体论哉。"《勉斋集》卷三六《朱熹行状》，第 49 页。

不振，朱熹试图以建祠讲学兴教善俗。因周敦颐曾经任职于南康军，朱熹就在军学中建周敦颐的祠堂，而以程颐、程颢配享，并请当时知江陵府的张栻作祠记，张栻撰成《南康军新立濂溪祠记》，宣扬周敦颐的理学思想。除了提倡道学之教外，亦表彰周敦颐在道统中的重要地位。[①] 以二程配享的朱熹，对道的阐释也承二程之说，以理释道："道者，事物当然之理"[②] "道者，天理之自然"[③] "道者，天理之当然"[④] "道即理之谓也"[⑤] "道是统言义理公共之名"[⑥] "阴阳迭运者，气也，其理则所谓道"[⑦]，道便是理，两者同为形而上，且与器、气等形而下相对。正如致门人周必大信有云：

> 以道为高远玄妙而不可学邪？则道之得名，正以人生日用当然之理，犹四海九州岛百千万人当行之路尔。非若佛、老之所谓道者，空虚寂灭，而无与于人也。以道为迂远疏阔而不必学邪？则道之在天下君臣父子之间，起居动息之际，皆有一定之明法，不可顷刻而暂废。……故子游论夫子之言曰："君子学道则爱人，小人学道则易使。"[⑧]

道乃是人生日用当然之理，是当行之路，若能学道，则可达到君子爱人、小人易使的境地，此亦为朱熹于南康讲学的期许。然而，他曾对门人感慨讲学不明：

> 佛经云："佛为一大事因缘出现于世。"圣人亦是为这一大事出来。这个道理，虽人所固有，若非圣人，如何得如此光明盛大！……自秦汉以来，讲学不明。世之人君，固有因其才智做得功业，然无人知明德、新民之事。君道间有得其一二，而师道则绝无矣！[⑨]

当时南康军学教育不振，朱熹写信询问南康门人黄灏关于地方舆论，并叙述学校概况："学中讲说不敢废，近亦颇有能问者。两邑亦令整葺教养，庶几有向风

---

① 参见《朱熹集》卷八六《奉安濂溪先生祠文》，第4428—4429页。张栻所作的祠记，见《张栻全集·南轩集》卷十《南康军新立濂溪祠记》，第706—707页。张栻曾言周敦颐"崛起于千载之后，独得微旨于残编断简之中……孔孟之意，于以复明。至于二程先生，则又推而极之"(《张栻全集·南轩集》，第699页)。又，朱熹曾言："自孔孟之云远，圣学绝而莫继，得周翁与程子，道乃抗而不坠。"(《朱子语类》，第1514页)
② 《论语集注·里仁》。
③ 《孟子集注·公孙丑上》。
④ 《中庸章句》。
⑤ 《通书·诚上注》。
⑥ 《朱子文集》卷四一。
⑦ 《周易本义·系辞上》。
⑧ 《朱子文集》卷三八《答周益公》。
⑨ 《朱子语类》卷一三，第230页。

者。敝政恐有所闻，切告垂谕，至恳至恳。"① 于是，朱熹于此讲授《大学》，并重视《论语》②。关于南康军的授课情况，见于朱熹所作的《招学者入郡学榜》："惟此邦江山奇秀如此，俊茂宜倍于他郡，而诵弦之声寥寥旷绝，此长吏教化不明之责也。"因此，提出以下主张：

> 每日讲书，次日覆，三八出题，四九纳课；择精勤者书考以劝，无籍者给食，有籍者以次差补职事。其不率教者，则有规请贤父老勉其子弟，努力从事于学，尚庶几有以见其成焉。③

要之，可见军学每日讲书，亦有复习，授课有一定的奖惩机制，确实有精确的规划。努力推动教育的朱熹，于《知南康榜文》与《知南康军牒》中，亦深刻表明对教育的重视，以及对培养人才的企盼。

### 三、编著以明道统

#### （一）《伊洛渊源录》：叙源流传授

《伊洛渊源录》记周敦颐以下及二程交游门人言行，凡十四卷。首六卷为北宋五子，载其行状、墓表、言行、朋友叙述及遗事；次六卷交游四人与门人十四人；又次一卷为胡安国；末卷为门人无记述文字者二十人。伊水洛阳，为二程讲学之区，此书乃所以叙述其源流传授也。朱子道统思想，于是逐渐完成。以二程得孟子没后不传之圣学，以周敦颐为理学之基，张、邵为理学之辅，备载其师友传授与言行政事。其中，以二程两章特详。二程生前学说被禁④，因此，从北宋后期至南宋前期影响并不大，直到南宋因朱熹等人的大力提倡，程氏之学开始盛行。朱熹指出，因二程的弘扬，"道乃抗而不坠。然微言之辍响，今未及乎百岁，士各私其所闻，已不胜其乖异"⑤。此外，他在《程氏遗书后序》中则云："夫以二先生倡明道学于孔孟既没，千载不传之学，可谓盛矣。"认为圣人之道经程氏兄弟之手，得以复明于世。另有言曰："吾少读程氏书，则已知先生之道学德行，实继孔孟不传之统。顾学之虽不能至，而心向往之。"⑥ 然而，以朱子为首的朱子学派因为特别强调程氏之学真正继承了孔孟的道统，并不断加以标榜，俨然以道

① 《朱熹集·别集》卷六《黄商伯》，第 5485 页。
② 《朱熹集》卷三四《答吕伯恭》，第 1482 页。
③ 引上引文均出于《朱熹集》卷九，《招学者入郡学榜》，第 5540 页。
④ 见《宋史纪事本末》卷二一《道学崇黜》。
⑤ 《朱文公文集》卷八七《又祭张敬夫殿撰文》。
⑥ 《朱文公文集》卷七八《建康府学明道先生祠记》。

统自居，无形中带有排他性①，这使得当时其他思想体系的儒家学者难以接受。

（二）《近思录》：以道体为首

《近思录》为朱子与吕祖谦合编。朱子淳熙二年五月五日后序云："淳熙乙未之夏，东莱吕伯恭来自东阳，过予寒泉精舍，留止旬日。相与读周子、程子、张子之书……共掇取其关于大体而切于日用者，以为此编。总共六百二十二条，分十四卷。"取《论语·子罕》"切问而近思"之言以名之，即程颐所谓"切问近思在己者"②，亦即朱子"关于大体而切于日用者"③。朱子自云："《近思录》一书无不切人身，救人病者。"即近思之谓也；又云："《近思录》逐篇纲目，一道体，二为学大要，三格物穷理，四存养，五改过迁善克己复礼，六齐家之道，七出处进退辞受之义，八治国平天下之道，九制度，十君子处事之分，十一教学之道，十二改过及人心疵病，十三异端之学，十四圣贤气象。"此非各章题目，只朱子总括之言。④朱子于乾道四年已成《程氏遗书》，八年成《西铭解义》，九年成《太极图说》与《通书解》。于程、周之书，研味有年，非因东莱之来，偶尔采选，而是特约吕子而来。该书编排与内容，以朱子道统观念为据，"去取之慎，朱吕互议之勤。然主动全属朱子"⑤：每卷以周子始，二程次之，张载为后。其实，张载年长于二程，又是两人表叔，论理应置于前，但朱子的次序主要是因以周敦颐为理学之祖，且朱子曾言："横渠之于程子，犹伯夷、伊尹之于孔子"⑥，将二程视为理学成立阶段，张载曾为补充下工夫。此外，《近思录》中未收邵雍之言，因邵雍以理数为主，少谈仁义之学，道家气味显得浓厚。

《近思录》首列道体，以周敦颐《太极图说》为首，由太极至阴阳五行，以至万物化生，卒归诸"中正仁义，立人极焉"，亦见道体的重要性。然而，朱子

---

① 张永儁曾归纳宋儒道统有权威性、民族性、伦理性、人文性、排他性之通性，以及尊生、自由、个性、人本、自我实现与完全等特质。《宋儒之道统观及其文化意识》，《文史哲学报》第38期，第308页。

② 《外书》卷六，第9页。

③ 《近思录·序》。

④ 据黄榦《复李公晦第三书》："近思旧本二先生所共编次之日，未尝立为门目，其初固有此意，而未尝立此字。后来见金华朋友方撰出此门目，想是闻二先生之说，或是料想而为之。"见黄榦《勉斋集》卷八，第49页。此处金华朋友应指叶采，其人《近思录集解》题目最古亦最通行，即：道体、为学、致知、存养、克己、家道、出处、治体、治法、政事、教学、警戒、异端、圣贤。

⑤ 陈荣捷：《朱学论集》，第126页。

⑥ 《朱子语类》卷九三。

认为除了孔子直指道体外，孟荀子都未见道体，只有庄子见得道体，此乃依循程颐之说："庄子说道体，尽有妙处，如云'在谷满谷，在坑满坑'"，认为这就是道体无所不在的思想。朱子认为，《庄子》中偶发的道体之论，必是庄子曾从学于孔门之徒所得①。另则，朱子更强调的是浑然道体中的各种现象是有分别、有条理的：

> 一阴一阳虽属形器，然其所以一阴而一阳者，是乃道体之所为也。故语道体之至极，则谓之太极；与太极之流行，则谓之道。虽有二名，初无两体。②

在此，朱熹就道体作为宇宙的最根本的根源来说，道体即是太极；就太极的流行展开而言，太极就是道体。是故，作为所以然的太极有其流行。此外，于《论语集注》中载有朱子关于道体的论述：

> 天地之化，往者过，来者续，无一息之停，乃道体之本然也。然其可指而易见者，莫如川流。故于此发以示人，欲学者时时省察，而无毫发之间断也。③

此段话针对《论语·子罕》"子曰，逝者如斯夫，不舍昼夜"所言，之下又引程子之言："此道体也。天运而不已，日往则月来，寒往则暑来，水流而不息，物生而不穷，皆与道为体，运乎昼夜，未尝已也。是以君子法之，自强不息。及其至也，纯亦不已焉。"又曰："此见圣人之心，纯亦不已也。纯亦不已，乃天德也。有天德，便可语王道，其要只在谨独。"④ 道体的概念为程颐提出，朱子加以发明。程颐认为"水流不息、物生不穷"都是与道为体，意即作为道之流行的载体。朱子则进一步辨析程颐"与道为体"的概念⑤，道没有形下之体，"日往月来，寒往暑来，水流不息，物生不穷"此四者并非道之体，但却可见道之体，由此可见可闻的四者，可以见得"无声无臭"形而上的道之体本身。朱子曾解释："道无形体，却是这物事盛载那道出来，故可见。与道为体，言与之为体也"⑥，"盖物生水流，非道之体，乃与道为体也"⑦。而且，"恐人说物自物，道自道，所以指

---

① 《朱子语类》卷一六。
② 《朱子文集》卷三六。
③ 《论语集注》子罕第九。
④ 《论语集注》子罕第九。
⑤ 《朱子语类》卷三六，第 975—976 页。
⑥ 《朱子语类》卷三六，第 975 页。
⑦ 《朱子语类》卷三六，第 975 页。

物以见道。其实这许多事物凑合来，便都是道之体，便在这许多物上，只是水上较亲切易见。"① 由此可见道体及与道为体间的分别。

（三）《四书章句集注》：理学讲论到经典重构

《四书章句集注》可分为《大学章句》《中庸章句》各一卷，《论语集注》十卷，《孟子集注》十四卷。朱子谓"先读《大学》以定其规模，次读《论语》以言其根本，次读《孟子》以观其发越，次读《中庸》以求古人微妙"，《四书章句集注》撰作时间约三十年，完成后也屡次修改内容。而且，在淳熙四年（1177年）《四书章句集注》完成之前，朱熹已对《论语》《孟子》《大学》《中庸》进行基础认识，于南宋孝宗隆兴元年（1163年）时，撰成《论语要义》，又删录成《论语训蒙口义》，为家塾童子入门之用；至乾道八年（1172年），则撰成《论孟精义》，后更名为《论孟要义》。陈淳在《答苏德甫三》中指出，"文公表出《近思录》及四子，以为初学入道之门者"②，且于《答陈伯澡一》中对朱熹《四书章句集注》推崇备至：

> 况如四书者，后学求道之要津，幸文公先生批注已极精确，实自历代诸儒百家中磨刮出来，为后学立一定之准，一字不容易下，甚明甚简，而涵蓄甚富，诚有以订千古之讹，正百代之惑。今学者即此据依，不支不蔓，而直从容于圣门之入，以全其降衷秉彝为成德之归，非以资谈柄矣。③

朱熹掇取诸家精华，磨刮而成《四书章句集注》，对千古百代的讹误、疑惑有所订正，上述引文中可见陈淳对该书的高度评价。另则，四书的撰成，其实也代表了孔子、曾子、孟子、子思之传，圣圣之间以道统相传，由此，四书因而形成其义理体系；而且，朱熹在《四书章句集注》里，极少引用宋代以前的注家，而是每每祖述二程的观点，以二程或程门弟子之言揭示全书的宗旨和要义，并加以发挥，自言"尝窃取程子之意以补之"④，充分体现了朱熹对二程的继承和认同，同时表明二程对朱熹思想产生了影响。程朱相互联系又各具特色，构筑内涵丰富的儒学思想体系。是故，《四书章句集注》确实能在某种程度上补足二程研讨为多、撰作为少的情况，也由理学讲论进入经学重构。

---

① 《朱子语类》卷三六，第 975 页。
② 《北溪大全集》卷二九，第 11 页。
③ 《北溪大全集》卷二七，第 1—2 页。
④ 朱熹：《四书章句集注》，第 6 页。

### 四、从祀孔庙呈现的道统观

（一）从祀与配享

配享从祀有三个等级：第一级是"四配"，东侧是颜回、子思，西侧是曾子、孟子；其次，是"十二哲"，计有闵损、冉雍、端木赐、仲由、卜商、有若、冉耕、宰予、冉求、言偃、颛孙师、朱熹，四配十二哲人物都在大成殿[1]；最后则是东西两庑从祀的"先贤先儒"。除子思、孟子、朱熹外，其余皆为孔子门人。子思、孟子、朱熹三人对于经典传承的共通点为不限于前人之说，而善于阐发，且具新意。朱熹于宋淳祐元年（1241 年）入祀孔庙，然而陆象山却迟至明嘉靖九年（1530 年），因阳明门人薛侃之请才得以从祀孔庙[2]，其间差距三百年之久。陈建（1497—1567）盛赞朱熹为儒学振衰起弊：

> 有帝王之统，有圣贤之统。如汉祖、唐宗、宋祖开基立业，削平群雄，混一四海，以上继唐、虞、夏、殷、周之传，此帝王之统也。孟子、朱子距异端、息邪说、辟杂学、正人心，以上承周公、孔子、颜、曾、子思之传，此圣贤之统也。[3]

明嘉靖九年改称先儒，崇祯十五年改称先贤，位汉唐诸儒上，在在显示朱熹地位。此外，配享和从祀，表达儒学师统师道。然而，配享在孔庙里有塑像，从祀则只有牌位而没有塑像。由朱子配享而非从祀观之，可观其人特殊地位。

（二）尊道有祠，为道统设也

南宋嘉定十七年（1224 年）赵昀继宁宗为帝，对朱熹推崇备至，且追赠朱熹太师，甚至引韩愈说法，写下《道统赞》，揭示孟子死后，千年无人继承，然后北宋五子才又恢复道统。此外，南宋宁宗年间，魏了翁等上疏请赐周敦颐谥，吏部考功郎中楼观则云："理学之说，隐然于唐虞三代之躬行，开端于孔门洙泗之设教，推广于子思、孟轲之讲明，驳杂于汉唐诸儒之议论，而恢复于我宋濂溪

---

① 大成殿始建于唐代，因孔子曾被封为文宣王，故又称文宣王殿。宋崇宁三年（1104 年）徽宗赵佶取《孟子》的"孔子之谓集大成"语义，下诏更名为大成殿。现存大成殿为清雍正二年（1724 年）重建。殿外正中匾额是清雍正皇帝所题的"生民未有"，殿内正中是康熙皇帝所题的"万世师表"和光绪皇帝所题的"斯文在兹"，南面则有乾隆皇帝题书的"时中立极"的匾额。见韩秀林编《孔府孔庙孔林》，吉林文史出版社 2009 年版，第 78—80 页。

② 《明史》，第 1300 页。

③ 陈建：《学蔀通辩》，中文出版社 1977 年版，第 9 页。

先生周公敦颐。"① 直至南宋，道统方发扬光大。从祀攸关儒家思想标准的认定，皇权事关道统，与儒臣形成或强或弱的局势。明儒章懋（1436—1522）曾议周、张、程、朱于配享，乃为凸显道统之传承：文庙祀典，以道统言之，须进周子、两程子、张子、朱子于配享之位；汉儒之无稽者，而序进宋数大儒于从祀之列，斯允当矣！② 朱熹等人从祀孔庙虽可视为朝廷与道学家关系一大转折点，这是否意味着君主对道学家的全然接受？据《宋史·理宗本纪》所载，"虽然，宋嘉定以来，正邪贸乱，国是靡定，自帝继统，首黜王安石孔庙从祀，升濂洛九儒，表章朱熹四书，丕变士习，视前朝奸党之碑，伪学之禁，岂不大有径庭也哉！"但是，即便有宋理宗提倡科举、奖励学术，却仍因不理朝政而终致亡国。③

## 第三节　辨析似道的陈淳

### 一、《道学体统》明道之义

（一）道原于天命之奥

陈淳在《道学体统》中直言"道原于天命之奥"，类似的言论亦见于《北溪字义·道》："若推原来历，不是人事上划然有个道理如此，其根原皆是从天来""论道之大原，固是出于天"，意旨均不脱道原于天。此处重点有二：天命定义与根原问题。《中庸》："天命之谓性，率性之谓道，修道之谓教。"关于天命，陈淳引用朱熹所言"以理言之谓之天，自人言之谓之命，其实一而已"④，指出天与命的分别及统一，并进一步分析二者的不同："为以做事言，做事是人，对此而反之，非人所为便是天；至以吉凶祸福地头言，有因而致是人力，对此而反之，非力所致便是命"⑤，又言"天以全体言，命以其中妙用言"⑥。实则两者关系密不可分："吉凶祸福自天来，到于人，然后为命，乃是于天理中，截断命为

———

① 《周子全书》卷二一。

② 章懋：《枫山章先生语录》卷八《政治类》。

③ 诚如狄培理所言："宋室将朱学订为科举取士的标准，似属确立朱学正统地位的必要措施。但此类促使朱学制度化的办法，在朝廷日益衰落的情况下，不过虚有其表，徒具形式，对朱学本身毫无裨益。"详见氏著《元代新儒家正统思想的兴起》，《思与言》第 21 卷第 1 期，1983 年，第 43 页。

④ 《北溪字义·命》。

⑤ 《北溪字义·命》。

⑥ 《北溪字义·命》。

一边而言，其指归一尔。若只就天一边说吉凶祸福，未有人受来，如何见得是命?"①综上可知，天与命并非全然一致，但又具整体性，又，在非人所为及非力所致之处，天命便得以显现。

　　朱熹将天命视为事物"所以然之故"，比拟为水的发源处，重视天命的根原问题，陈淳亦受其影响。陈淳初次从学于朱熹时，朱熹训以"凡看道理，需要穷个根原来处""如论孝，需要穷个孝根原来处""凡道理皆从根原处来穷究，方见得确定，不可只道我操修践履便了"②；以此观之陈淳所撰《孝根原》③《君臣夫妇兄弟朋友根原》④《事物根原》⑤诸篇，确实以寻求根原为其精神。如孝之根原在于"天之所以命于人，而人之所以受于天"，是则"子之于父母，信其为天所命，自然而然，人道之所不能无"；关于君臣，乃因"天之生人，群然杂处，愚智不能皆齐，不能以相安，必有才智杰然于中，为众所赖以立者，是君臣盖天所命，自然如此也"；至于夫妇，"亦天所命，自然如此也"；再言兄弟，虽由父母所生，然而"不能一时群生而并出，必先者焉，有后者焉。是兄弟亦天所命，自然如此也"；最后论及朋友，陈淳认为天之生人，必与人为群，非与鸟兽为伍，因此，"朋友亦天之所命，自然如此也"；类似论点也出现在《事物根原》中。由此观之，凡是社会伦理规范均有其自然凭据，是天命之自然，而非外来的、人所强为的。

　　综上，穷究根源的陈淳，思索存在于人事之理背后的终极原因，并归结最终来自天命之奥。除了受朱熹启发外，亦有个人见解。

　　(二)道学者，人生日用之常也

　　将朱子学说落实于日用伦常间，可谓陈淳思想理论的重要内容。在《道学体统》中，陈淳阐述源于天命之奥的天理，最终体现在人生日用之间。日用伦常，自有其天命、天理为根源：圣贤所谓道学者，初非有至幽难穷之理，甚高难行之事也，亦不外乎人生日用之常称。(《北溪大全集》卷十五，页一)此外，陈淳由心、身、人事各方面切入，阐述不论是仁义礼智之性、恻隐羞恶辞让是非之情、耳目鼻口四肢之用、君臣父子夫妇兄弟师友之伦，处而修身齐家，应事接物，出

① 《北溪字义·命》。
② 《朱子语类》，第2815页。
③ 《北溪大全集》卷五，第4—7页。
④ 《北溪大全集》卷五，第7—8页。
⑤ 《北溪大全集》卷五，第9—10页。

而莅官理国、牧民御众；小从饮食起居，大到礼乐刑政、财赋军师，都有一定不易之则；在此，化用《孟子》"恻隐之心，人皆有之；羞恶之心，人皆有之；恭敬之心，人皆有之；是非之心，人皆有之。恻隐之心，仁也；羞恶之心，义也；恭敬之心，礼也；是非之心，智也。仁义礼智，非由外铄我也，我固有之也，弗思耳矣"；《中庸》"君臣也，父子也，夫妇也，昆弟也，朋友之交也，五者天下之达道也"；《大学》"古之欲明明德于天下者，先治其国。欲治其国者，先齐其家。欲齐其家者，先修其身。欲修其身者，先正其心"等儒家经典，说明人生日用伦常，皆应禀赋这个天理，道学所要讲求的，也是讲求这个天理。陈淳认为求道不能脱离人伦日用，唯有从自身出发，方能探求人事自然之理，也能得到切于身心之道：故欲求道者，须是就人事中，尽得许多千条万绪当然之理，然后可以全体是道，而实具于我。① 类似言论亦可见于《北溪字义·道》：

> 道之大纲，只是日用间人伦事物所当行之理，众人所共由底，方谓之道。大概须是就日用人事上说，方见得人所通行底意亲切。②

> 道非是外事物有个空虚的，其实道不离乎物，若离物则无所谓道。且如君臣有义，义底是道，君臣是器。若要看义底道理，须就君臣上看。不成脱了君臣之外，别有所谓义？父子有亲，亲底是道，父子是器。若要看亲底道理，须就父子上看。不成脱了父子之外，别有所谓亲？即夫妇，而夫妇在所别；即长幼，而长幼在所叙；即朋友，而朋友在所信。亦非外夫妇、长幼、朋友而有所谓别、叙与信。③

朱熹曾对道做出界定，认为"道者，人之所共由"④，陈淳在此基础上进一步阐发由人们共同遵守的道，为日用间人伦事物当行之理，并以君臣、父子、夫妇、朋友等关系为例，将道与人伦做出巧妙联系，道的观念也能得以落实，不致至幽难穷，或是甚高难行。亦即《道学体统》结语所言："是岂有离乎常行日用之外，别自为一物，至幽而难穷，甚高而难行也哉？"若是向外求之，则皆非大中至正的圣贤之道。

（三）天理自然流行着见

朱熹曾言："循其所得乎天以生者，则事事物物，莫不自然，各有当行之路，

---

① 《北溪大全集》。
② 《北溪字义·道》。
③ 《北溪字义·道》。
④ 《朱子语类》卷六。

是则所谓道也"，这样的观点，同样见于陈淳的《道学体统》中：

> 凡千条万绪，莫不各有当然一定不易之则，皆天理自然流行着见，而非人之所强为者。自一本而万殊，而体用一原也。合万殊而一统，而显微无间也。上帝所降之衷，即降乎此也。生民所秉之彝，即秉乎此也。以人之所同得乎此而虚灵不昧，则谓之明德。以人之所共由乎此而无所不通，则谓之达道。尧舜与涂人同一禀也，孔子与十室均一赋也，圣人之所以为圣，生知安行乎此也。学者之所以为学，讲明践履乎此也。谓其君不能，贼其君者也；谓其民不能，贼其民者也；自谓其身不能，自贼者也。操之则存，舍之则亡，迪之则吉，悖之则凶。盖皎然易知而坦然易行也。

陈淳认为，道乃是天理流行的自然显现，无法勉强致之。另则，就理一分殊的观点来看，体用一原、万殊一统，道是人所同得共由的，而能虚灵不昧且无所不通。不论是个人禀赋，或是生知安行、讲明践履，皆离不开道，因而坦然易行。此外，《北溪字义·道》中一段文字则可互参观之：

> 道流行乎天地之间，无所不在，无物不有，无一处欠缺。子思曰鸢飞、鱼跃、上下察以证之，有以见道无不在，甚昭著分晓。在上则鸢飞戾天，在下则鱼跃于渊，皆是这个道理。程子谓："此是子思吃紧为人处，活泼泼地。"所谓吃紧云者，只是紧切为人说；所谓活泼泼地云者，只是真见这道理在面前，如活底物相似。此正如颜子所谓卓尔，孟子所谓跃如之意，都是真见得这道理分明，故如此说。

陈淳言道流行于天地，无所不在，如《中庸》所谓："鸢飞戾天，鱼跃于渊。言其上下察也。"朱熹曾对《中庸》此段加以注解，认为："子思引此诗以明化育流行，上下昭著，莫非此理之用，所谓费也。然其所以然者，则非见闻所及，所谓隐也。"费乃指可见的广大的现象；隐则为不可见的形上本体，以朱子观点而言，鸢飞鱼跃代表化育流行的显用。

## 二、《师友渊源》重申道统

### (一) 二程亲受周敦颐之旨

陈淳于《师友渊源》中阐明儒家圣贤之学递相传授关系，论述道统的传衍，依序为：伏羲、神农、黄帝、尧、舜、禹、汤、文王、武王、皋陶、周公、伊尹、傅说、召忽、孔子、颜渊、曾子、子思、孟子、周敦颐、二程、朱熹。此道统观主要依朱子脉络，但亦有个人想法。其中，陈淳以为，在孟子逝后的一千四百余年间，道统失传："荀与扬既不识大本，董子又见道不分明，见有文中子，粗知明德新民之为务矣，而又不知至善之所出。韩子知道之大用流行于天下矣！而又不知全体具于吾身。盖千四百余年，昏昏冥冥，醉生梦死。"陈淳除了正面论述接续道统的人物外，另以反面说明荀卿与扬雄不识大本，董仲舒则见道不分明；王通①以明王佐之道为己任，盼能在魏晋乱世重振儒学，故力倡仁政，却不知至善之所出；至于韩愈则知道的流行大用，却不知具于吾身；上述诸儒对道无法全然掌握，这样的局面，直至宋朝"卓然以先知先觉之资"②的周敦颐及二程相继而出，儒道方为大明，道统得以重振。陈淳认为"羲皇作《易》，首辟浑沦"，此处以浑沦解释太极本体，③至周敦颐则"再辟浑沦"，上接伏羲。

程颢、程颐少时，曾问学于周敦颐，周子每令寻孔颜乐处，所乐何事，虽说二程对周敦颐思想要旨极少提及，但陈淳依循朱子之说，表彰大小程子亲受周敦颐之旨，"又从而光大之。故天理之微，人伦之著，事物之众，鬼神之幽，与凡造道入德之方，修己治人之术，莫不粲有条理。使斯世之英才志士，得以探讨服行而不失攸归"，举凡造道入德、修己治人等方面皆能加以阐明，粲然完备，而且，"河洛之间，斯文洋洋，与洙泗并"，在此，陈淳乃将二程地位拔高与孔子同，可见高度肯定。

（二）朱子上统群圣、下统百家

陈淳曾于《初见晦庵先生书》中表达对朱熹的倾慕，回忆当初不识圣贤门户为何，直至二十二岁，得朱子所集《近思录》读之，始知有濂溪、有明道、有伊川，为近世大儒。后又得《语孟精义》《河南遗书》《文集》《易传》《通书》与朱熹所著定的《语》《孟》《中庸》《大学》《太极》《西铭》等传。然而，"求诸书，未如亲炙之为浃洽；徒言之诵，未若讲订服行之为实益"，并表明"真可以当程氏之嫡嗣而无愧者，当今之世，舍先生其谁哉"，而且，"孔孟、周程之道，至先生而益明，所谓主盟斯世，独惟先生一人而已"④，且于《侍讲待制朱先生叙述》

---

① 王通（584—617），字仲淹，隋时儒者。弟子取《周易·坤卦·象辞》"黄裳元吉，文在中也"之义，私谥为文中子。其人学说对宋代理学影响深远。石介尝谓圣人之道自孟子而扬雄、王通以至韩愈。详参石介：《徂徕集》卷十三，第 10 页。

② 《师友渊源》。

③ "朱熹以太极为理。陈淳谨守师说，然加以浑沦两字去解释太极的本体，则和朱熹的思想不相合。"见罗光《中国哲学思想史》（三），学生书局 1978 年版，第 671 页；又，楠本正继（1889—1963）著《宋明时代儒学思想的研究》，特提陈淳以"浑沦一箇的理"解释太极。

④ 以上三段引文皆出自陈淳《北溪大全集》第 1 页。

中，赞扬朱子"集儒之粹，会圣之精"。

陈淳在《师友渊源》里强调朱熹具有承续道统之重要地位，朱熹之于二程，乃是"闻而知者"，就二程的"微言遗旨，益精明而莹白之。上以达群圣之心，下以统百家而会于一。盖所谓集诸儒之大成，嗣周、程之嫡统，而粹乎洙泗濂洛之渊源者也"。朱熹能够阐明二程微言遗旨，使其人思想更为精明清楚，并且继承周敦颐、二程的嫡统，集诸儒大成。透过陈淳论述道统，朱熹地位也得以突出显明。

（三）与黄榦道统说之比较

黄榦曾著《圣贤道统传授总叙说》[1]，认为圣人是得其秀之秀而最灵者，"于是继天立极，而得道统之传，故能参天地，赞化育。而统理人伦，使人各遂其生，各全其性者，其所以发明道统以示天下后世者，皆可考也。"其道统依序为：尧、舜、禹、汤、文王、武王、周公、孔子、颜渊、曾子、子思、孟子、周敦颐、二程、朱熹；彼以汤得统于禹为礼义，文王得统于汤为以礼制心，以义制事，武王周公得统于文王为敬以直内，义以方外，孔子得统于周公为《论语》之博文约礼与克己复礼，与《大学》之格致诚正修齐治平；颜子承《论语》之教，曾子得《大学》之义；至子思则先之以戒惧谨独，次之以仁知仁勇，而终之以诚；孟子得统于子思则为求放心、集义与扩充，相为次序。[2] 至于孟子之后，则有如下传承：

> 及至周子，则以诚为本，以欲为戒，此又周子继孔、孟不传之绪者也。至二程子则曰："涵养须用敬，进学则在致知。"又曰："非明则动无所之，非动则明无所用。"而为《四箴》，以著克己之义焉，此二程得统于周子者也。先师文公之学，见之四书，而其要则尤以《大学》为入道之序。盖持敬也，诚意正心修身而见于齐家治国平天下，外有以极其规模之大，而内有以尽其节目之详，此又先师之得其统于二程者也。圣贤相传，垂世立教，灿然明白，若天之垂象昭昭然；而隐也，虽其详略之不同，愈讲而愈明也。学者之所当遵承而固守也，违乎是则差也，故尝撮其要旨而明之。居敬以立其本，穷理以致其知，克己以灭其私，存诚以致其实，以是四者而存诸心，则千圣万贤所以传道而教人者，不越乎此矣。[3]

---

[1] 《黄勉斋文集》卷三。
[2] 陈荣捷：《朱子新探索》，第430—431页。
[3] 《黄勉斋文集》卷三。

至于陈淳在《师友渊源》中所展示的道统内容，则与黄榦道统说有些微差异：

> 粤自羲皇作《易》，首辟浑沦，神农黄帝相与继天立极，而宗统之传有自来矣。尧、舜、禹、汤、文、武，更相授受。中天地为三纲五常之主，皋陶、伊、傅、周、召又相与辅相，跻天下文明之治。孔子不得行道之位，乃集群圣之法，作六经，为百世师，而回、参、伋、轲实得之，上下数千年，无二说也。

以上为陈淳道统说的第一阶段，始自伏羲，终至孟轲，其与黄榦道统说之差异亦见于此。在此，陈淳所列群圣，较之黄榦则多了以下七人：伏羲、神农、黄帝、皋陶、伊尹、傅说、召忽。首列伏羲，经神农、黄帝，之后又加上皋陶等贤臣，而能够更为清楚呈现道统传承脉络。此外，这样的排序实乃与朱熹道统说并无差异，也可看出陈淳对朱子学说的熟悉与依循。值得一提的是，不论是朱熹，抑或黄榦，其道统说均由正面立论，开展脉络，陈淳则不然，当他论述道孟轲之后道统不明的现象时，以反面切入，对荀卿、扬雄、董仲舒、王通、韩愈等儒提出批评，由此正反论析，更显完备。

### 三、老佛之道与圣贤之道

#### （一）似道而非道

今检核《北溪大全集》，"道"字单独出现共 834 次，其余语词计有："道心" 63 次、"道理" 54 次、"天道" 23 次、"人道" 22 次、"道体" 13 次、"道德" 12 次、"道义" 11 次、"王道" 10 次、"中道" 6 次、"世道" 4 次，另外，尚有"道家""道行"等为 2 次，可见陈淳对"道"的重视。清人张伯行曾言其人"《似道》《似学》二辨，不可谓非见道之切、卫道之严，而克自振拔者矣。无如功不及竟，而赍志以殁。然道以人传，人以学显，先生为朱门高弟"[1]。又，李滉曾赞陈淳"其学长于辨说，门人鲜及之"。重视思辨精神的陈淳，指出：盖学不厌讲而贵乎有疑，必有疑而后能进。以疑则辨、辨则明、明则通，至于工夫大进而万疑毕凑，焕然为之一决，则如冰雪消融而不复疑矣。[2] 主张学贵有疑、注意思辨的陈淳，充分将其精神体现于《似道之辨》中：

---

① 见《正谊堂文集续集》卷三《陈北溪先生文集序》。
② 《北溪大全集》。

　　或曰：今世所谓老佛之道，与圣贤之道何如？曰：似道而非道也。盖老氏之道以无为宗，其要归于清净，令学者修真炼气以复婴儿，诚为反人理之常。世固有脱事物、游方外以事其学者，然其说未甚炽，固不待论。若佛氏之教，则充盈乎中华，入人骨髓，自王公大人至野夫贱隶、深闺妇女，无不倾心信向之。而其所以为说者大概有二：一则下谈死生罪福之说，以诳愚众，然非明识者莫能决；一则上谈性命道德之说，以惑高明，亦非常情所易辨也。

　　虽言老佛之道，但涉及老子部分较少；相较于已充盈中华、深入骨髓的佛学而言，以无为宗的老子其说未甚炽，因此，陈淳将主要心力放在辟佛上。至于老佛之道与圣贤之道的说法有两点令人难以决辨，其一为死生罪福之说，其二为性命道德之说：

　　今佛者曰：未生之前，所谓我者固已具，既死之后，所谓我者未尝亡。所以轮回生生于千万亿劫而无有穷已。则是形溃而反于原。既屈之气有复为方伸之理，与造化消息辟阖之情殊不相合。且谓天堂地狱明证昭昭，则是天地间，别有一种不虚不实之田地可以载其境；别有一种不虚不实之砖瓦材木，可以结其居，与万物有无虚实之性又不相符。况其为福可以祷而得，为罪可以赂而免，则是所以主宰乎幽阴者，尤为私意之甚，抑非福善祸淫大公至正神明之道也。观乎此，则死生罪福之说，真是真非了然，愚者可以不必惑，而明智者亦可以自决矣。

　　陈淳认为死生无二理，能原其使则知其生，反其终则能知其死，绝非如佛家所言循环无穷。此外，至于理气，"未有天地之先，只自然之理而已。有是理则有是气，有动之理则动而生阳，有静之理则静而生阴。阴阳动静，流行化育，其自然之理从而赋予于物者为命。人得是所赋之理以生，而具于心者为性。理不外乎气，理与气合而为心之灵"①，佛家却不然：

　　自告子以生言性，则已指气为理，而不复有别矣。今佛者以作用是性，以蠢动含灵皆有佛性，运水搬柴无非妙用，专指人心之虚灵知觉者而作弄之。明此为明心，而不复知其为形气之心；见此为见性，而不复知性之为理；悟此为悟道，而不复别出道心之妙。

　　告子"生之谓性"之说出于《孟子·告子上》，针对此说，孟子曾以"生之

———————
① 《似道之辨》。

谓性也，犹白之谓白与"质之，并进一步以"白羽之白也，犹白雪之白；白雪之白，犹白玉之白与？"及"然则犬之性，犹牛之性；牛之性，犹人之性与？"反驳告子之说。朱子曾斥佛者作用见性之说："作用是性，在目曰见，在耳曰闻，在鼻齅香，在口谈论，在手执提，在足运奔，即告子生之谓性之说也。且如手执捉，若执刀胡乱杀人，亦可为性乎？"① 由此可知，陈淳将佛家之说与告子主张加以联系，乃受朱熹影响。

（二）异端邪说与圣门实学

朱子文集、语类中有比较儒道之语，虽多简短却为数不少。② 朱熹认为"佛学之与吾儒虽有略相似处，然正所谓貌同心异，似是而非者，不可不审"，而且，"圣门所谓闻道，闻只是见闻，玩索而自得之之谓道。只是君臣父子日用常行当然之理，非有玄妙奇特不可测知，如释氏所云豁然大悟、通身汗出之说也。"③ 此外，朱子注周敦颐太极图说，以儒家思想解释道家无极观念，涤尽其人道家思想，之后的邵雍则屏之不录。至于朱熹与吕祖谦合编的《近思录》中，第十三目乃是辨异端之学，十四条中佛家占九条。钱穆曾言："先秦诸子，惟道家庄老与儒家孔孟立言最相近。但庄老多本自然，孔孟则本人文。庄老非不言人文，孔孟亦非不言自然，但立言本源异，则推演所及亦必异。故后起儒学每视庄老道家为异端。佛教主出世，其为异端更显然。然虽属异端，而同属求道。"④ 此外，如周濂溪虽亦从仕，迹近隐沦，且好与方外游，"其志则重明道更重于为政"，至于二程自为学，"亦出入释道，返之六经而始得之"，因此，辨异端的重点"非不致意于异端之学，乃从异端中阐明出正道来"⑤。宋儒与佛老间确有分疏，陈淳对当时的儒学不振感怀至深，有谓："自圣门实学不明，然后有老、庄、佛氏一切等说。后世儒者才说到道，便涉老庄去"⑥。《似道之辨》中有言：

---

① 《朱子语类》卷一二六。
② 陈荣捷：《朱子新探索》，第608—614页。如《朱子语类》有曰："或曰：吾儒所以与佛氏异者，吾儒则有条理、有准则，佛氏则无此尔。曰：吾儒见得个道理如此了，又要事事都如此，佛氏则说，便如此做也不妨，其失正在此。"
③ 以上引文均出于《朱子文集》卷五九《答吴斗南》。
④ 钱穆：《宋代理学三书随札》，东大图书股份有限公司1996年版，第152页。
⑤ 以上引文均出于钱穆《宋代理学三书随札》第153页。此外，钱穆认为"横渠之学，兼采易庸，取径与濂溪相近。二程则多引论孟。要之，皆是辨异端也"，且"近人或疑理学家亦颇杂道释两家义，谓其持论不纯。或则讥其阴释阳儒，有悬羊头卖狗肉之嫌。是皆不识辨异端之学五字义"。
⑥ 《北溪大全集》。

　　至于无君臣父子等大伦①，乃其后截人事粗迹之悖缪至显处。其为理之发端，实自大原中已绝之。心本是活物，如何使之绝念不生？所谓念者，惟有正不正耳。必欲绝之不生，须死而后能。假如至此之境，果无邪心，但其不合正理，是乃所以为邪而非豁然大公之体也。程子以为"佛家有个觉之理，可以敬以直内矣，而无义以方外，然所直内者亦非是"②，正谓此也。观乎此，则性命道德之说，真是真非了然，高明者可以不必惑，而常情亦可以能辨矣！

　　朱熹有言："释氏只要空，圣人只要实。释氏所谓敬以直内，只是空豁豁地更无一物，却不会方外。圣人所谓敬以直内，则湛然虚明，万理具足，方能义以方外。"③陈淳点出佛学困惑高明者，令其无法辨于常情，干扰学者对道的探求，故谓之异端，而与圣门实学相对。

**四、紫阳别宗卫道之功**

（一）北溪之流，溯紫阳之源

　　在朱子思想业已形成并日臻完善的过程中，陈淳开始学习和研究朱子学。一方面，重视概念辨析，强调义理的纯粹，力图准确理解和把握朱子思想精髓，乃至不惜寻枝逐叶；另一方面，撰成《北溪字义》，也积聚了亲沐朱子教诲的心得。《四库全书总目提要》谓"淳于朱门之中，最为笃实"；另则，观之朱子门人，载于《朱子语类》卷一一三至一二一"训门人"中，其中有三十四条为训陈淳（1159—1223），较其他门人为多。陈淳晚年透过频繁讲学，在闽浙一带培养了一批朱子学者，由"北溪之流，溯紫阳之源"，主要在漳州和泉州一带传播朱子学，陈淳一系也因此被称为"紫阳别宗"。乾隆己亥（1779年）时，漳浦儒者蔡新在重刻《陈北溪先生全集》时有以下论述：

　　　　考朱子平生及门半天下，然求其择精语详，足以衍斯道之宗传如先生

---

① 《中庸》："君臣也，父子也，夫妇也，昆弟也，朋友之交也，五者天下之达道也。"
② 《周易》卷一："君子敬以直内，义以方外，敬义立而德不孤。"《二程集》：彼释氏之学，于"敬以直内"则有之矣，"义于方外"则未之有也。故滞固者入于枯槁，疏通者归于恣肆。此佛之教所以为隘也。吾道则不然，率性而已。斯理也，圣人于易备言之。《二程集》："敬以直内，义于方外"，合内外之道。释氏，内外之道不备者也。《二程集》："佗（禅宗）有一个觉之理，可以敬以直内矣，然无义以方外。其直内者，要之其本亦不是。"敬与佛教禅定而忘外有所不同，二程以"敬"替代周敦颐之"静"，而为"居敬穷理"的张本。
③ 《朱子语类》卷一二六。

者，诚不可一二数。其拳拳服膺，视七十子之服孔子，殆无以异。迄今五六百年间，虽道术纷歧，风流销歇，而吾闽无有显背朱子，自逞其诐邪之说以簧鼓后进者，则先生卫道之功，为不可没也。

朱子逝世后，陆学的影响日益扩大，由于杨简和袁燮的推动，其思想传播有与日俱增的态势。陈淳在临安时即有所闻，但严陵的情况更出乎陈淳的意料。与陆学的昌炽相比，朱学在此影响微乎其微，甚至"无一人置得晦翁《大学解》。间或一有焉，亦只是久年未定之本"。对此，陈淳自言撰成《严陵讲义》四篇之因："慨念江西禅学一派，苗脉甚张旺于此山峡之间，指人心为道心，使人终日默坐，以想象形气之虚灵知觉者以为大本，而不复致道问学一段工夫，以求理气之实。"提纲挈领地介绍朱学思想，阐明剖析，以正人心，息邪说诐行，从而确立了朱熹的道统地位。在朱子众多门人中，陈淳能恪守师说，服膺朱子，力排异学，深具传衍阐析之功，其人卫道之功不可湮没。

（二）从祀孔庙，光大朱学

康熙二十四年（1685年）进士张伯行曾将陈淳与黄榦、蔡元定、刘爚诸人并列：昔孔子之徒三千，而斯道赖以昭著。朱子门下知名之士，如黄、陈、蔡、刘辈，亦不下数十余人。[①] 在康熙三十四年（1695年）时，施元勋将《北溪字义》视为周、二程、张、朱五子思想的完整表达，"经书中之要义，如身心性命之端，理义道德之旨，与夫阴阳鬼神之微渺、儒术异流之同异，纲举目张、条分缕析、遍布周密、发挥无遗。"而在康熙五十三年（1714年）时，戴嘉禧、顾仲等人亦刊刻《北溪字义》；另则，据《四库全书总目提要》中揭示清康熙五十六年（1717年）圣祖仁皇帝御定的《御纂性理精义十二卷》成书之由时，肯定朱门高弟陈淳之启发："初，朱子门人陈淳撰《性理字义》，熊刚大又撰《性理群书》。性理之名由是而起。"由此，皆营造一定的学术氛围，亦为雍正时的从祀起了先导作用。

身为异族统治者的雍正（1678—1735年）确实了解孔教对社会的凝聚力，对其重要性深有所悉，因而增祀程朱学者，宣示教化之盛。雍正二年（1724年）三月，雍正帝诣太学谒先师孔子，行礼毕，满汉祭酒、司业讲《大学》《书经》。五月时，"礼部等衙门遵旨议奏，古昔圣王制祀，凡有道有德，施教于学者，祀于瞽宗。汉文翁立学宫于成都，首祀孔子，又画七十二子之像于壁，此诸贤从

---

① 《正谊堂文集·续集》卷十二。

祀之始也，厥后有功经传皆得从祀，谓之经师。自唐至明，历代进退不一，而当代贤儒得预于祀典，盖自宋始。"① 是时，礼部详考先儒事实，请增入两庑从祀者十八人②，八月，孔庙遭雷击，大成门以北主要建物几乎被毁，雍正帝引过自责③，"降旨遣大臣前往"④，并期许士子"饮水思源，不忘所自，如有情愿捐赀，不必限以数目"⑤。是时，礼部等衙门再议从祀，重新定明嘉靖年间被罢祀者，除了复祀者六人⑥ 外，尚有增祀者尹焞、黄榦、陈淳等二十人⑦，"或亲承训论，递衍源流，或远契心传，倡明正学，升诸从祀之列"⑧。此次入祀孔庙的儒者，除了"先罢而宜复"者外，尚有"旧缺而增祀"者，人数仅次于唐太宗和唐玄宗的时代，程朱学者居十三位，却无一位为陆王学者。⑨ 可见从祀人选与思想脉动息息相关，而受理学思潮氛围影响。从祀标准除了阐明圣学的经师外，传授道统的人师更为重要。如《周书·卢诞传》所言："经师易求，人师难得"⑩，胡三省注解"经师"为"专门名家，教授有师法者"；"人师"为"谨身修行，足以范俗者"。此外，从祀重点有二：一为羽翼圣经，一为扶持名教。如陈淳撰《隆兴书堂自警》三十五首中有言："二程十四五，即为圣人徒。汝年已蹉跎，得无惊觉乎？""周翁图太极，张子铭订顽。吾门礼义宗，毋离几席间。"⑪ 诗中以二程、周敦颐、张载为目标，而深自警惕。身为朱门高弟，在朱熹逝后，继承与弘扬师说，学术醇正、造诣精深的陈淳，阐扬师说，不但有著作《北溪大全集》《北溪字义》等书，对于儒家思想亦能有所扶持，故符合从祀孔庙之标准。

---

① 《大清世宗宪皇帝实录》（一），台湾华文书局发行，第18页。
② 十八人为乐正子、公都子、万章、公孙丑、诸葛亮、陆贽、韩琦、尹焞、黄榦、陈淳、何基、王柏、金履祥、许谦、陈澔、罗钦顺、蔡清、陆陇其。
③ "朕惟孔子道德高厚，为万世师表，所以维世教、立人极者，与天地同其悠久。朕临御以来，思极尊崇之典，用申仰止之忱。今阙里圣庙被焚，岂朕尊师重道之心诚有未至欤！"（《孔府档案》卷四九九一）
④ 《大清世宗宪皇帝实录》（一），第23页。
⑤ 《大清世宗宪皇帝实录》（一），第24页。
⑥ 林放、蘧瑗、秦冉、颜何、郑康成、范甯。
⑦ 除文中三人外，尚有县亶、牧皮、乐正子、公都子、万章、公孙丑、诸葛亮、魏了翁、何基、王柏、赵复、金履祥、许谦、陈澔、罗钦顺、蔡清、陆陇其。
⑧ 《大清世宗宪皇帝实录》（一），第24—25页。
⑨ 庞锺璐：《文庙祀典考》，第11—13页。
⑩ 《资治通鉴》卷五五《汉纪》。
⑪ 《北溪大全集》，第1页。

# 第四章　太　极

"太极"是中华文化的标志性概念之一，也是哲学的最高问题宇宙本体论的重要范畴。其表述的是宇宙本体论意义的终极存在，也是宇宙生成规律。要了解"太极"这个概念，先从其字义入手，因中国文字的形成，与中国文化背景及哲学思维是密不可分的，通过对文字追本溯源，来大致先了解一下"太极"的内涵。

从字形字义来分析，"太"字在《康熙字典》中的解释："与大、泰并同。《说文》：滑也。一曰大也，通也。按经史太字俱作大。如大极、大初、大素、大室、大玄、大庙、大学及官名大师、大宰之类。又作泰，如泰卦、泰坛、泰誓、泰春、泰夏、泰秋、泰冬之类。"①《新编说文解字》解释为："本作'大'，后语音分化，在'大'字下添加符号，成指事字。"②。可以看出，"太"有最高的、最大的意思。

"极"在《说文解字》中释为"栋也，从木，亟声"。指屋的正中至高处。而"太极"原为"太極"，"极"与"極"两字古代并存，《说文》有"极"字注释，说明"极"是"極"的古代简化字。古代汉字简化所表述的内涵是一致的，不像现代的简体字，侧重书写方便而简化。《汉语大字典》："亟，古極字……中从人，而上下有二横画，上接于顶，下接于踵，而極之本义昭然可视矣。"③"亟"是古"极"字的初文。中间是一个站着的人，上面一横表示"极于顶"，下面一横表示"极于踵"，意思是与天地上下相通，表示到尽头，再无去处。"太极"之"太"作为修饰语，以言"极"之大，之最，"极"融合了至高、至中、尽头、极点的含义，"太极"二字就有"至于最高、最大、最根本"的意思。

---

① 张玉书等编：《康熙字典：点校整理本》，汉语大词典出版社2002年版，第184页。
② 古敬恒、刘利：《新编说文解字》，中国矿业大学出版社1991年版，第332页。
③ 《汉语大字典》，湖北辞书出版社1992年版，第24页。

先秦著述中，"太极"① 一词最早出现在《周易·系辞》中："是故《易》有太极，是生两仪，两仪生四象，四象生八卦。""太极"于《周易》仅此一见，文本上没有直接的解释。

另外，在《庄子·大宗师》也提到太极："夫道，有情有信，无为无形，可传而不可受，可得而不可见。自本自跟，未有天地，自古以固存；神鬼神帝，生天生地。在太极之先而不为高，在六极之下而不为深。先天地而不为久；长于上古而不为老。"② 庄子的"太极"不是一个实体性概念，而是对"道"的存在状态或性质的摹写，是与六极对文，指空间的最高极限。

至于汉代，解易者都以气释太极。《易纬·乾凿度》云："易始于太极，太极分而为二，故生天地。"郑玄注曰："气象未分之时，天地之所始也。"③ 汉儒常训"太极"为"大中"。《河图括地象》云："易有太极，是生两仪，两仪未分，其气混沌。"④《汉书·律历志》引刘歆云："太极元气，函三为一，极，中也，元，始也。"⑤ 以元气为太极。"太"犹"大"，故"太极"即"大中"。

三国时期的吴国人虞翻说："太极太一，分为天地，故生两仪也。"⑥

晋韩伯康注"易有太极"，认为："夫有必始于无，故太极生两仪也。太极者，无称之称。不可得而名，取有之所极，况之太极者也。"⑦ 韩伯康是主张有形出自无形的，无形和有形都是属于物，而以"太极"作为有形物的起点，因它是"有之所极"。

孔颖达说："太极，谓天地未分之前，元气混而为一，即是太初、太一也。故老子云道生一，即此太极是也。"⑧ 把太极看作是混而为一的元气，把太极与两仪的关系解释为元气混一与天地既分的关系，这较韩康伯的"有之所极"进了一

---

① 帛书本作"大恒"。关于大恒是否是笔误还是实际指代太极，现代学者有很多讨论，如朱伯崑认为大恒为笔误，是"篆文转抄成隶书而造成的笔误"（朱伯崑：《帛书本〈系辞〉文读后》，《道家文化》第三辑，第 38 页）。而饶宗颐则认为大恒就是太极，绝非笔误。（饶宗颐：《帛书〈系辞传〉大恒说》，《道家文化研究》第三辑，第 17 页）金春峰认为"大恒"与"太极"乃是不同的两个版本，反映着背后不同的文化意蕴，不可混淆。（金春峰：《〈周易〉经传梳理与郭店楚简思想新释》，中国言实出版社 2004 年版，第 73 页）金先生说法较稳妥，故本书不采用"大恒"说。

② 郭庆藩：《庄子集释》，《新编诸子集成本》（第一册），中华书局 1995 年版，第 246—247 页。

③《安居香山·中村璋八》，《纬书集成》（上卷），河北人民出版社 1994 年版，第 7 页。

④《纬书集成》（下卷），第 1092 页。

⑤ 班固：《汉书·律历志》，中华书局 1960 年版，第 7 页。

⑥ 参见李鼎祚：《周易集解》卷十四，中华书局 1990 年版，第 7 页。

⑦ 参见孔颖达：《周易正义》卷七，阮元校刻十三经注疏本，中华书局 1991 年版，第 82 页。

⑧《周易正义》卷七，第 82 页。

步，而其为物质实体，也就更加清楚了。

受汉唐气论的影响，北宋前期多有以气解太极的人，李觏、刘牧皆是如此。刘牧《易数勾隐图》云："太极未有象数，唯一气耳。一气既分，轻清者为天，重浊者为地，是生两仪也。"① 不仅以太极为气，并以天地为两仪，也是汉唐的一般解释。

太极在发展的进程里，逐渐与无极、动静、阴阳三范畴发生了联系，这种结合的完成是由宋明理学的开创者周敦颐实现的。陈淳的太极论在这些先贤的理论基础上，建立其太极观。

## 第一节　周敦颐："无极而太极"

周敦颐是朱子认定的理学开山者、理学哲学思潮的奠基者，其"太极"观为朱子创建理学思想起到关键作用，也是陈淳梳理朱子思想的一把关键钥匙。

周敦颐思想体系中的"太极"，是前代思想文化发展中所形成的"太极"之义的整合与创新。周敦颐一生流传下来的著作主要有《太极图说》《易通》（又名《通书》）、《爱莲说》《拙赋》等。有清康熙张伯行刊《正谊堂集·周濂溪集》、清乾隆董榕辑《周濂溪集》（简称董本）、《四库全书·周元公集》（简称四库本）等。这些作品全部加在一起，仅 6248 字。但其思想博杂，影响深远。

其中最具代表性的著作是《太极图说》，全文仅 250 余字，精练而完整地构建了一个关于宇宙本原论的哲学框架。《太极图说》中共提四次"太极"，即"无极而太极"，"太极动而生阳，动极而静，静而生阳，静极复动"，"阴阳，一太极也；太极，本无极也。"在《通书》中直接提到的一处，在《动静第十六》中："无形阴阳，阴阳太极"。其"太极"涵盖了以下几种观点：

### 一、以"太极"为核心的宇宙发生发展模式

"无极而太极。太极动而生阳；动极而静，静而生阴。静极复动，一动一静，互为其根。分阴分阳，两仪立焉。阳变阴合，而生水火木金土。五气顺布，四时行焉。五行一阴阳也，阴阳一太极也，太极本无极也……二气交感，化生万物。

① 《道藏》第三册，文物出版社、上海书店出版社、天津古籍出版社 1988 年版，第 130 页。

万物生生而变化无穷焉。"①

　　周敦颐的宇宙生成论就是一个从无极至太极，至阴阳、天地，至五行、四时，至万物的发生形成过程。《太极图说》将宇宙演化过程归纳为五个阶段：第一阶段："无极而生太极"；第二阶段：从"太极"到阴阳；第三阶段：从阴阳到五行；第四阶段：从"五行"的运动到万物化生。周敦颐的宇宙发生论可以概括为：无极——太极——阴阳——五行——天地万物。

　　"无极而太极"一言是朱熹校定本《太极图说》首句原文。但在当时存在的其他版本中，其首句与此不同。九江周敦颐故家传本首句为"无极而生太极"，洪迈《宋史》所载本首句为"自无极而为太极"。从思想体系分析，周敦颐不仅以"无极"置于"太极"之上，且以太极出自于无极之中。他说："太极本无极也"，太极以无极为本，既是太极归本于无极。《说文解字》解释："本，木下曰本。从木，一在其下。""本"指"树根"，指"根本"，这里作为动词，是指太极以无极为根本，即太极出自于无极。故就其内涵而言，无论是"无极而生太极"还是"自无极而为太极"，都符合周敦颐思想，而"无极而太极"的表述更加简洁，只是朱熹的看法与周敦颐略有不同。

　　"无极"出现在《太极图说》中共约三处：即"自无极而太极"，"太极本无极"，"无极之真，二五之精，妙合而凝"。在他的《通书》中则没有"无极"这一说法。"无极"一说不见于儒家经传，多见于道家典籍，周敦颐的"无极"最早出自《老子》第二十八章，即"知其雄，守其雌，为天下溪，常德不忒，复归于无极"，而"无极"的内涵如《老子》首章所称："道可道，非常道；名可名，非常名。无名天地之始，有名万物之母。故常无欲以观其妙；常有欲以观其徼。此两者同出而异名，同谓之玄（元）。玄（元）之又玄（元），众妙之门。""无名天地之始，有名万物之母"，说的是宇宙万物生成的先后次序。

　　周敦颐的无极太极是一种虚无实体，他在《通书》中解释太极曰："五行阴阳，阴阳太极。四时运行，万物始终。混兮辟兮，其无穷兮。""五行阴阳，阴阳太极"，即如《太极图说》中的宇宙生成论原理，"混兮"指原始宇宙中阴阳二气未分的混沌状态，"辟兮"则指太极分化出了阴阳二气，这是对汉唐以来的太极元气说的延续。不过，此处却没有提及"无极"，这一问题后来引起了激烈的争辩。后世学者据此怀疑"无极"到底是否是周子提出，是否是儒家道统中

① 《周濂溪集》，商务印书馆 1936 年版，第 2 页。

该有的概念，等等。实际上，周敦颐的无极不仅是对太极虚静若无的状态的一种描述，还是对形而上的客观存在的一种描摹。"无极之真，二五之精，妙合而凝"就是指"太极"所蕴含的精微之气，与无极"妙合"而成"无极之真"。虽无形无状无限，但其中实有真真切切的东西。不是空无所有，不是虚无，是有真实内容的。这用量子物理学中的"真空"来表达，似乎更亲切些。随着时代的发展和变化，我们对宇宙、物质和自身的存在状态，有了属于我们这个时代的解读和诠释。20世纪三四十年代量子场论创立后，认识到"真空"不空，它是由不断地进行着自发产生与消灭的粒子和反粒子组成。空间看上去是空的，是因为所有量子的产生和消灭都是在极短的时间和极小的距离内发生。这正如《周易·系辞》中所说："生生之谓易"。凡是事物，都产生运动和变化。古代圣人总结、归纳、概括，将这种运动、变化的状态，称之为易。《易经》由此而来，易学亦由此而来。

周敦颐《太极图说》对于太极是不是"理"并没有明确的论断，但总以太极与阴阳对言，且以太极动而生阳，静而生阴，即太极的动静生阴阳。

### 二、"太极"为元气的动静运行形式

太极是"动而生阳，动极而静，静而生阴。静极复动。一动一静，互为其根"。动静是宇宙万物的两种运动形式，静并不是绝对不动，动也包含着相对的静。动和静这两种运动形式是互为其根的。静中蕴含着动，动中也蕴含着静，静的结束是动的开始，动的结束亦是静的开始。动静这种运动形式既是相互包含，又是循环往复以至于无穷尽的。

周敦颐以气释太极，指出太极乃未分之元气，其有动静，其动则生阳，静则生阴。周敦颐太极动而生阳，静而生阴的观点，很好地建构了由太极元气的运动静止而生发阴阳二气的模式。他还认为在此过程中运动静止相互依存，阴阳二气相循环和对立。此种阴阳动静观毫无疑问蕴含丰富而深刻的辩证思想。周子的《太极图说》首句"（自）无极而太极"也很清晰地表明，他将无极作为太极之本原，太极之元气，（有）乃是从无极（无）生发出来，实乃秉承了道家"无中生有"之宇宙历时生成观思想。太极的运动不仅起源于无极的静止，同时也将复归到这种静止之中，这种动静观的确没有脱离道家动静观之精神内核。

周敦颐的太极是混沌未分的元气，动生阳，静生阴，这种历时过程体现了宇宙从无到有，从混沌到有序的最初过程，是一个生生的过程。

太极的"动静"有着相互区别的规定，动生阳，而静生阴；从动到静或从静到动，都要经历一个发展过程，即"动极而静""静极复动"。总之，它不是动静的神秘融合，而是动静的相互区别、相互转化。在周子看来，阳动与阴静是既相互对立又相互依存，而且还相互转化的。也就是说，就具体事物而言，运动与静止是相互排斥的，是不能并存的，运动时没有静止，静止时没有运动。但是对于宇宙大化来说，则是静止中有运动，运动中有静止。这便是万物生生而变化无穷的基本规律。

关于周敦颐太极哲学体系中的"动静"这一辩证范畴的含义，我们还可做出更进一步的说明。首先，"动静"这一概念是表示宇宙万物是由阴阳之气通过各种运动变化的形式而生成的。"动"是明显的运动，"静"是不明显而微妙的运动，因此动、静仅仅是运动形态的表现不同而已，它们的本质都是运动的。其次，动静是依据"太极"之理与阴阳之气相结合而产生出来的运动形式。由此可见，动静是依据太极之理，也是太极阴阳辩证之法。最后，形而上之动静与形而下之动静存在着区别。

周敦颐在《通书》中说道："动而无静，静而无动，物也。动而无动，静而无静，非不动不静也。物则不通，神妙万物。"① 由此可以看出，这里的动静所指的是两个不同的层次。其中，"物"指具体的事物，其"动而无静，静而无动"的表现形式乃经验事物的说明，是形而下的；而"神"即神妙莫测的天道，其"动而无动，静而无静"的形态即是超越经验事物的说明，为形而上的理的本质形态。

经验性事物"动而无静"，即是说事物凡是动的就不是静，动静是经验概念：动的事物就是动的，而不是静的，静的事物是静的，就不是动的，否则就会自身矛盾，动静分离，就是动静不通，所以说"物则不通"，这是经验事物的层次。"动而无动，静而无静"，从表面看这种说法是违反逻辑的，但因为它要说明的是超越经验事物的天道本身，其本质并非逻辑的说明，其目的仅是要说明天道本身是神感神应、神妙无比的形上本体，因此是超越经验，超越逻辑的。牟宗三先生又曾解释周敦颐在《通书》中的上述话语为"动而无动相，静而无静相"②，意思是说天道活动本身是有动有静的，即如"静无而动有"所说明的，作为本体

---

① 周敦颐：《通书》，《周敦颐集》卷二，中华书局 1990 年版，第 26 页。
② 牟宗三：《心体与性体》，正中书局 1943 年版，第 361 页。

可说它是静，作为活动它又是动，故而有动有静，但表现出来的却不是经验世界的动静相。天道虽然动，但没有"动就不是静"的动相，也没有"静只是静"的静相，而是又动又静的神妙运用。因此，动静相即，静中有动，动中有静。正因如此，动静二者合一，才能微妙地变化以化生万物，亦即周敦颐所言之"神妙万物"。

周敦颐的《太极图说》由此也就包括了宇宙论和道德形而上学两方面的内容。宇宙论讲天地万物的来源和演化过程，是对宇宙生成的过程的描述；道德形而上学则指明人生意义的本质和寻求途径。这同时也表明了周敦颐不仅试图为现实的社会和人生寻找到实现价值之处，确立人的生存价值和意义，更企图为人建立一个完满的与天地宇宙合一的意义世界。在他这里，客观物质世界和意义世界并非决然分立，而是圆融为一的，二者紧密相连，相互融通。宇宙论和道德形而上学由此也就有了生生不息的运动性，从而将宇宙观自然导向了人生观。

用阴阳动静的关系解释太极和两仪的关系，这也是周敦颐的创见。周敦颐提出"动而生阳""静而生阴"说，认为太极的动静是由于元气自身的运动和静止产生的；然后由元气的动静分化出阴阳二气，而在分化的过程中，运动与静止、阴气与阳气相互对立又相互轮替。这种阴阳动静说吸收了汉易的阴阳消长说，含有辩证的因素，对宋明易学的太极观产生了很大的影响。

太极动静互换互转，互为其根，不仅阴阳动静得以确定，而且阴阳五行也得以成立，这构成了周敦颐太极图式的哲学逻辑结构。《太极图说》尽管简短，但却是融合了儒、释、道三家之精髓为一体，而且纳自然、社会和人生为一体。

### 三、以"太极"为核心的人生论

周子用"太极"解释"诚"的道德起源论。从宇宙论的角度论述人生社会道德心性，开天道性命相贯通之先河，奠定了宋明理学的基调。

周敦颐作《图说》，从宇宙发生论引出他的人生论。周敦颐提出个体修养应当"中正仁义而主静"，认为只有如此才能达到圣人的境界，这也就是其所谓的"人极"思想，而其中"主静"的认识便是源于"无极"。《通书》中的"诚"是意义世界的终极根源，也是意义世界的高度集中的表现。《太极图说》中的"太极"对人生的意义世界具有指导性作用。《太极图说》中的"太极"在《通书》中则用"诚"来加以解释，"无极而太极"可以表述为"太极——诚"的关系。从客观世界和意义世界的一体连贯来看，诚和太极是同质、同体并同用的，以

"诚"解释"太极",说明周敦颐太极哲学中宇宙观和人道观是一以贯之的。太极为宇宙论上的万物根源显性的状态表征,而诚则是潜隐的"仁义中正"的道德伦理,然后其与太极一样,都贯通于万物生成过程的始终。

关于"人生论",他作了两方面的强调:一方面,人亦是生生不息大化流行的宇宙的产物之一,亦是"太极"本体的展开。另一方面,人是禀阴阳五行之灵秀而成,具有思维能力,更有万物不备的善恶观。突出了人之特殊处在于道德品性,并以此作为立"人极"的标志,从而强调人当以"中正仁义"作为尺度,以"主静无欲"的方法进行修养。

《通书》不但将"太极"重新定义为宇宙本体,而且还通过"诚"与"乾元"的沟通,确立了"诚"的道德本体地位。所谓"诚",是儒家从道德实践中抽象概括出来的,用以说明道德主体的自觉品质或心理状态的范畴。虽然在《中庸》中,"诚"已经具有贯通天人的内涵,但"诚者,天之道也;诚之者,人之道也"的表述过于简单,没有具体回答天道何以具有伦理属性的问题。周敦颐在《通书》的《诚上》章中,用《易》《庸》互训的方法,将《周易》中元、亨、利、贞的宇宙生化过程称为"纯粹至善",也就是"诚"。然后,通过"继"和"成",将本善的"诚"转化为人的本质,即"继之者善也,成之者性"。这样,周敦颐通过论证"诚"具有天道的本质属性和向现实的转化可能,从而沟通了天道与性命的关系,确立了儒家的伦理纲常的本体论依据。

《太极图说》中指出:"惟人也得其秀而最灵。形既生矣,神发知矣。五性感动,而善恶分,万事出矣。圣人定之以中正仁义,而主静,立人极焉。故圣人与天地合其德、日月合其明、四时合其序、鬼神合其吉凶。"[1] 这段话谈到了人性和人极。前段文字侧重于客观世界的描述,后一段文字解释了人生价值的真实性,认为宇宙之源便是人生价值之源,从而指明了人生的真正价值意义之所在。这样就使得太极由宇宙生成理论转向了人生价值哲学,为宋明理学的心性修养理论建立起了一个形而上的理论起点。

周敦颐在《通书》中说道:"性者,刚柔、善恶,中而已矣。"[2] 他随之又解释说:"刚善,为义,为直,为断,为严毅,为干固;(刚)恶,为猛,为隘,为强梁;柔善,为慈,为顺,为翼(柔)恶,为懦弱,为无断,为邪债。惟中也

---

① 《周敦颐集》卷一,中华书局1990年版,第5—6页。
② 《周敦颐集》卷二,第19页。

者，和也，中节也，天下之达道也，圣人之事也。"① 意指人性有刚善、刚恶、柔善、柔恶与中和五种，"中"性是五性中的最高标准，也是人性与社会和谐的根本。而中和之性便是"人极"的本质性表征。所谓"人极"，即是人的标准，其理想人格就是"圣人"。要求人在日常行为中以仁义中正为准则，在自我修养上做到"主静""无欲"，并以"圣人"可与天地、日月、四时、鬼神相交感融合的精神境界为追求目标。在此，周敦颐"立人极"所讨论的是意义世界的根本价值问题，与"太极"的本体论意义相连通。

"太极——诚"产生了人生世界，并使这个过程充满了意义。人的生存意义不仅在于获得生成过程，使心灵得到依托，还在于通过对现实宇宙的客观图景和过程的了解，而领悟到其中生生不息的生命意义世界，因此更加积极地投向对更高的"太极——诚"的状态的追求和体悟。自此，"立人极"与"太极——诚"的境界中追求完全合一，这也是周敦颐关于人的价值理想的最终设定。从宇宙、人生和社会寻求理性原则的角度来看，周敦颐的"立人极"与"太极——诚"说，对消除道德人格和理性精神普遍堕落的陋习，对于为北宋社会步入稳定有序的状态和建立知识分子独立人格，提供了理论指导。

## 第二节　二程：不提太极

宋学发展至二程，有一现象颇令人困惑：二程的前辈如胡瑗、邵雍、周敦颐、司马光诸人皆大谈太极，他们的宇宙论体系都是围绕着"太极"建构起来的。稍长二程的张载、王安石及与二程同时而略少数岁的苏轼也都言"太极"，二程后学论"太极"者比比皆是。如陆象山、杨简等也讨论太极。唯独二程夹于前后之间不言"太极"，此颇可怪。

翻遍收录二程著作的《二程集》，仅仅在《周易程氏传》前的《易序》中提到："太极者道也，两仪者阴阳也。阴阳，一道也。太极，无极也。万物之生，负阴而抱阳，莫不有太极，莫不有两仪，絪缊交感，变化不穷。"②

《河南程氏文集·遗文》中也收有《易序》一文。但二程终身不提周敦颐的《太极图说》和《通书》，也从未提到太极的观念，更不提无极，而是讲天理、道

---

①《周敦颐集》卷二，第 19 页。

程颢著，王孝鱼点校：《二程集》，中华书局 1981 年版，第 667、690 页。

和阴阳。《易序》中有太极、无极之语，与二程的理论体系极不协调。前人以及目前国内外不少学者认为《易序》并非程颐的著作。陈来先生在他的文章《关于程朱理气学说两条资料的考证》[1]中指出《易序》来自《性理群书》，并论证了《易序》非程颐所作。

二程学术中最核心的思想——阴阳无端、生生之义、形上形下，均直接来自《易传》，他们用力最深、体会最深的儒家经典也为《易传》："圣人用意深处全在《系辞》《诗》《书》及格言。"[2]《易传》乃是"太极生两仪"而建构起来一个乾坤体系，并由此衍生出四象、八卦，六十四卦周转不已，以象天道运转不息、生生不已。然而伊川《易传》不提"太极"。

二程不同于周敦颐，乃为《易传》的乾坤体系，不采太极元气说，用天理（太极）代替了元气。天理为形而上，非形而下的生物之具，这就等于否定了阴阳有更高的生成来源。为了弥补阴阳生成来源的缺失，二程引用了《易传》"生生之谓易"的观念，把阴阳自身的生成推到没有开端——"动静无端，阴阳无始"。阴阳既无开端。因一阴一阳既为道，则除此阴阳别无所谓的"道"，道即阴阳，阴阳即道，道外无阴阳，阴阳之外无道。阴阳上下贯通，天地之间只是一个阴阳，既无开端也无结局，所以，阴阳之上并无一个所谓的阴阳未分的太极或元气。

如此一来，天理对阴阳的生成就没有作用了，阴阳的来源成了二程的天理，乃为一"形而上者"，非生物之具，故生成者乃阴阳本身，与郑玄的问题就没有任何区别。二程消除了太极元气一说，阴阳之上不复有浑沌实体，故生阴阳者乃是阴阳自身。二程虽作此革新，但"阴阳无始"乃可视作为郑玄的太极"忽然而自生"的另一种说法。就太极与阴阳均不知端始，不知所从来，没有独立其上的母体等，二说没有区别。阴阳就"无始""自生"而言，也复是"忽然而自生"，阴阳既是"忽然而自生"，则阴阳作为一个整体来说它的生成范式当遵循"独化"原则。二程的道和阴阳是向朱熹太极阴阳说的过渡。

## 第三节　朱熹："太极是理"

"太极"是朱子哲学中的核心概念和最高范畴。他用"太极"作为其宇宙本

①　陈来：《关于程朱理气学说两条资料的考证》，《中国哲学史研究》1983 年第 2 期。
②　程颢、程颐：《二程集》，第 13 页。

体的最高概念，既解释了宇宙的来源问题，也成就了儒家道德的形上学。

## 一、太极是天地万物本然之理

朱子兼收周子"太极说"、二程"天理论"，提出了"所谓太极乃天地万物本然之理，亘古亘今，颠扑不破也"①的观点。

"太极只是天地万物之理，在天地言，则天地有太极；在万物言，则万物中各有太极。"②事事物物，各有其理，理有许多，故物有许多，但天地万物之理合为一理，这就是"太极"。"盖所谓太极云者，合天地万物之理而一名之耳。以其无器与形而天地万物之理无不在是，故曰无极而太极。"③故"太极无形象，只是理"④。"盖太极是理，形而上者。"⑤"太极"即理，是形而上学意义上，万物之理的总名。

他说："五行具，则造化发育之具无不备矣。故又即此而推本之，以明其浑然一体，莫非无极之妙，而无极之妙，亦未尝不各具于一物之中也。盖五行异质，四时异气，而皆不能外乎阴阳。阴阳异位。动静异时，而皆不能离乎太极。"⑥这是对太极图中从太极到五行的过程所作的解释。"浑然一体"，指阴阳五行之理的全体。"无极之妙"，指太极之理没有形迹。是说，有了五行之气，万物发育成形的条件就完全具备了。由五行之气上推其本原，五行不离乎阴阳，阴阳又不离乎太极，而太极始终寓于阴阳、五行和万物之中。他进一步论述说："盖合而言之，万物统体一太极也。分而言之，一物各具一太极也。所谓天下无性外之物，而性无不在者，于此尤可以见其全矣。"⑦"统体"即整体。"性"，指太极之理寓于人与物之中，成为人与物的本性。这是说，万物作为一个整体，其本体为一太极；就分开说，万物形成之后，一物又各具有一太极。也即所谓"人人有一太极，物物有一太极"⑧。据此，他总结说："太极非别为一物，即阴阳而在阴阳，即五行而在五行，即万物而在万物，只是一个理而已。因其极至，故名曰

---

① 《朱子全书》第 21 册，第 1574—1575 页。

② 《朱子语类》卷一，第 1 页。

③ 《隆兴府学濂溪先生祠记》，《朱熹集》，四川教育出版社 1996 年版，第 4085 页。

④ 《朱子语类》卷九四，第 2366 页。

⑤ 《朱子语类》卷五，第 84 页。

⑥ 《朱子全书》第 13 册，第 73 页。

⑦ 《朱子全书》第 13 册，第 74 页。

⑧ 《朱子语类》卷九四，第 2371 页。

太极。"① 阴阳、五行和万物皆根于太极之理，而此理即在阴阳五行之气和万物之中，阴阳五行和万物是太极之理自身的展开或显现。他认为，从太极到万物化生，乃体用关系。他解释说："自太极至万物化生，只是一个道理包括，非是先有此而后有彼。但统是一个大源，由体而达用，从微而至著耳。"② 这也是以程颐"体用一源，显微无间"说解释从太极到万物化生的过程。认为太极之理为体，阴阳五行之气和万物化生为用，有体则有用。前者为微，后者为显。阴阳五行和万物化生乃太极之理自身的显现，彼此之间不存在时间上的先后问题，但却存在一定的"节次"或顺序，即逻辑的程序。

朱子："且夫《大传》之太极者，何也？即两仪、四象、八卦之理，具于三者之先，而蕴于三者之内者也。圣人之意，正以其究竟至极，无名可名，故特谓之太极，犹曰'举天下之至极无以加以此'云尔，初不以其中而命之也。至如'北极'之'极'、'屋极'之'极'、'皇极'之'极'、'民极'之'极'，诸儒虽有解为中者，盖以此物之极常在此物之中，非指'极'字而训之以中也。……至于太极，则又初无形象方所之可言，但以此理至极而谓之极耳。"③ 朱子以至极、极致解"极"，太极为万化之至极，必须说一个无极，太极才能从制高点降落下来贯穿于阴阳、五行以至于万化之中。他说："'无极而太极'，只是说无形而有理。所谓太极者，只是二气五行之理，非别有一物为太极也。"④ 太极即是终极之理，是天地万物存在的根据，是宇宙之本体，不可能再有所谓的"太极之上"，用无极形容太极，表示太极在时间上没有终始，在空间上没有边际，无处不在，无时不在，而且无形无状，无有形迹，实乃究竟至极之体。如其所说："无极，只是极至，更无去处了。至高至妙，至精至神，是没去处。濂溪恐人道太极有形，故曰无极而太极。"⑤ 又说："周子所以谓之'无极'，正以其无方所、无形状，以为在无物之前，而未尝不立于有物之后；以为在阴阳之外，而未尝不行乎阴阳之中；以为贯通全体，无乎不在，则又初无声臭影响之可言也。"⑥ "无声臭影响"，即指太极无有形迹。在朱熹看来，此太极就是天地万物的本原，所谓"圣人谓之

---

① 《朱子语类》卷九四，第 2371 页。
② 《朱子语类》卷九四，第 2372 页。
③ 《朱子全书》第 21 册，第 1567 页。
④ 《朱子语类》卷九四，第 2365 页。
⑤ 《朱子语类》卷九四，第 2369 页。
⑥ 《朱子全书》第 21 册，第 1568 页。

'太极'者，所以指天地万物之根也"①。

每类事物都有它的"理"，这"理"便是事物之所以然。这"理"便是该事物的"气"。这就是说，"理"是事物的终极标准。整个宇宙也必定有一个终极标准，它是至高的，又是无所不包的。它包括了万有的万般之"理"，又是一切"理"的概括，因此称为"太极"。朱熹说："太极者，如屋之有极，天之有极，到这里更没去处，理之极至者也。"② 太极是不可分割的全体，又是普遍的超越的绝对，它"与物无对"，是"至极"之理，故为"造化之枢纽、品汇之根柢也"③。

然而，太极与理之间有细微的差别：理是有层次的，而太极则是要从根本上解决世界的统一体问题，即所谓"统体一太极，物物一太极"的问题，针对此，朱子对太极与理的关系做了一些梳理，主要有两方面：

其一，太极是总天地万物之理，它是从全体的理而言的。朱熹说："盖其所谓太极云者，全天地万物而一名之耳。"④

其二，太极是理之极致，是最高层次的理。朱熹说："太极之义，正所谓理之极致耳。"⑤ 他赋予太极以宇宙全体或整体的意义，而又是有超越的绝对性。

### 二、太极与动静

《太极图说》里讲"太极动而生阳，静而生阴"，"太极理也，动静气也。气行则理亦行，二者常相依而未尝相离也。太极犹人，动静犹马，马所以载人，人所以乘马。马之一出一入，人亦与之一出一入。盖一动一静，而太极之妙未尝不在焉。此所谓'所乘之机'，无极、二五所以'妙合而凝'也。"⑥ 朱熹认为阴阳动静乃出于太极之理，即有太极之理方有阴阳动静之事，因此太极为"本然之妙"，而动静为"所乘之机"。"所乘之机"的"机"字，朱子有明确的解释："机，是关捩子。踏着动底机，便挑拨得那静底；踏着静底机，便挑拨得那动底。"⑦ 此处的"关捩子"，应该是指能发动、转动机械的那个枢轴装置。枢轴中

---

① 《朱子全书》第 22 册，第 2071 页。
② 《朱子语类》卷九四，第 2374 页。
③ 《朱子全书》第 13 册，第 72 页。
④ 《朱熹集》，第 4085 页。
⑤ 《朱熹集》，第 1660 页。
⑥ 《朱子语类》卷九四，第 2376 页。
⑦ 《朱子语类》卷九四，第 2376 页。

心的部分不动，属静；但周围动的部分又围着不动的轴心枢轴。其引申出来的意思就是，静的部分使动成为可能，而动的功能又是静的作用所在。又说："'动静，所乘之机'。机，言气机也。诗云：'出入乘气机。'"①

朱熹对《太极图说》进行了改造，使周子之动静说符合理本论哲学体系之精神，并将之纳入其中。朱熹对它的注解为："太极之有动静，是天命之流行也。所谓一阴一阳之谓道。诚者，圣人之本，物之终始，而命之道也。其动也，诚之通也，继之者善，万物之所资以始也；其静也，诚之复也，成之者性，万物各正其性命也。动极而静，静极复动，一动一静，互为其根，命之所以流行而不已也。动而生阳，静而生阴，分阴分阳，两仪立焉。分之所以一定而不移也。盖太极者，本然之妙也；动静者，所乘之机也。"②

太极作为理"不离于形"，也"不囿于形"，所以朱子只说太极有动静，而不说太极兼动静。"太极，形而上之道也；阴阳，形而下之器也。是以自其著者而观之，则动静不同时、阴阳不同位，而太极无不在焉。自其微者而观之，则冲漠无朕，而动静之理已悉具于其中矣。虽然，推之于前，而不见其始之合；引之于后，而不见其终之离也。故程子曰：'动静无端，阴阳无始。'非知道者，孰能识之！"③ 梁文叔云："太极兼动静而言。"曰："不是兼动静，太极有动静。喜怒哀乐未发，也有个太极；喜怒哀乐已发，也有个太极。只是一个太极，流行于已发之际，敛藏于未发之时。"④

朱子之所以强调"有动静"和"兼动静"的区别，恐怕是"兼动静"这样的表达，容易让人产生太极能动能静的印象。

与周敦颐以气自身之动静而产生"第一推动力"不同，朱熹将太极看成"理"，此理即为其动其静之"第一推动力"。因此，朱熹以太极为"本"为"体"，动静为"机"为"用"，阴阳动静因动静之理而生，动静之理因阴阳动静而承（顿放）。此种太极阴阳动静观亦未曾脱离理气论的"控制"，可以表述为"理搭气而行"，而所指有异罢了。

与太极动静相关联的，还有理能否造作的问题。在朱子那里，理并没有主动的创造性，主动的创造性根源于气："或问先有理后有气之说。曰：不消如此说。

---

① 《朱子语类》卷九四，第 2376 页。
② 朱熹、吕祖谦撰，江永注：《近思录集注》，商务印书馆 1930 年版。
③ 《朱子全书》第 13 册，第 72—73 页。
④ 《朱子语类》卷九四，第 2372 页。

而今知得他合下是先有理，后有气邪；后有理，先有气邪？皆不可得而推究。然以意度之，则疑此气是依傍这理行。及此气之聚，则理亦在焉。盖气则能凝结造作，理却无情意，无计度，无造作。只此气凝聚处，理便在其中。且如天地间人物草木禽兽，其生也，莫不有种，定不会无种子白地生出一个物事，这个都是气。若理，则只是个净洁空阔底世界，无形迹，他却不会造作；气则能酝酿凝聚生物也。但有此气，则理便在其中。"①

理无造作，但理必有气，气自然能凝结创造；理无动静，但既有理，便有气、有象，便有动静。

朱熹认为太极有动静之理，含动静之理，但非便是动静。若认为太极便是动静，则形而上下变成一体而不可分，其太极也为周子所言之"太极"也。他说："盖天地之间，只有动静两端，循环不已，更无余事，此之谓易。而其动其静，则必有所以动静之理焉，是则所谓太极者也。……熹向以太极为体、动静为用……谓太极含动静则可（以本体而言也），谓太极有动静则可（以流行而言也）。若谓太极便是动静，则是形而上下者不可分，而'易有太极'之言亦赘矣。"② 因此，朱熹实主张天地之间的动静变化循环就是易，是我们现在可以看到的现象世界，或者称为"象"世界，属于形而下的物事。这种"象"世界的存在可以看成是一种"结果"，而形成这种结果的"因"就是背后存在的"理"，也就是太极，属于形而上的存在。并且，这种"理"或太极含有动静之理，能使形而下的世界运动或静止，但自身则不能动静。因此，朱熹主张太极阴阳，形而上下两个世界相分，太极含动静而非能动静的观点极为鲜明。他曾云："此章动而无静，静而无动，物也，此言形而下之器也。形而下者，则不能通。故方其动时，则无了那静；方其静时，则无了那动。如水只是水，火只是火。……动而无动，静而无静，非不动不静，此言形而上之理也。理则神妙莫测。方其动时，未尝不静，故曰无动。方其静时，未尝不动，故曰无静。静中有动，动中有静，静而能动，动而能静，阴中有阳，阳中有阴，错综无穷是也。"③ 其中可见朱熹主张太极乃动静之理，为形而上之理，为体，为静；阴阳动静为形而下之事，为用，为动（也有静）。太极是宇宙的最高存在或本体，其综合有无，又超然于有无之上，其不仅含具动静之理（从本体言），且自身亦能动（从流行言），即"动而无动，静

---

① 《朱子语类》卷一，第3页。
② 《朱子全书》第22册，第2072页。
③ 《朱子语类》卷九四，第2403页。

而无静，动中有静，静中有动"，乃是太极的存在状态。

### 三、太极与阴阳

"太极"与"阴阳"的关系，朱熹在《语类》卷九十四之例以明此原理："才说太极，便带着阴阳。才说性，便带着气。不带着阴阳与气，太极与性那里收附。然要得分明，又不可不拆开说。"[①] 太极与阴阳之间的关系不好说清楚，说到太极，便是携带着阴阳的，离开阴阳，太极没地方归附。"所谓太极者，便只是在阴阳里，所谓阴阳者，便只在太极里，而今人说阴阳上面，别是无形无影底物是太极，非也。"[②] 这是说不要在阴阳之外安个太极，太极就在阴阳中，阴阳也只在太极里。另外，朱熹也提到，天地万物是由太极之气分为阴阳、五行，然后互相"滚合"而成的。"一片底便是分做两片底，两片底便是分做五片底。做这万物、四时、五行，只是从那太极中来。太极只是一个气，迤逦分做两个气：里面动底是阳，静底是阴，又分做五气，又散为万物。"[③] "天地初间只是阴阳之气。这一个气运行，磨来磨去，磨得急了，便拶许多查滓，里面无处出，便结成个地在中央。气之清者便为天，为日月，为星辰，只在外，常周环运转。地便只在中央不动，不是在下。"[④] 一气运行，分为阴阳动静，磨来磨去，分出日月星辰，最后凝结成地球。朱熹提出"太极只是一个气"，是继承于汉唐易学中的元气概念。太极既然是气，它就是物质实体，而不是形而上的存在。朱子在《图解》中说："○，此所谓无极而太极也，所以动而为阳，静而为阴之本体也。然非有以离乎阴阳也，即阴阳而指其本体，不杂乎阴阳而为言尔。"[⑤] 这是认为，太极之理乃阳动阴静之本体，但此本体并不离开阴阳二气，而在阴阳二气之中，故说"即阴阳而指其本体"。此本体虽在阴阳之中，又不同于阴阳二气，具有自己的独立本性，故说"不杂乎阴阳"。与太极相对的是阴阳，阴阳之气，并不是构成万物的具体材料，如五行之类，而是气的最基本的形态。太极即不离阴阳，却也不杂乎阴阳，这看似有些矛盾，如何看待这个问题。

朱熹运用二程思想，解太极与阴阳的关系为道与器的关系。他认为，太极和

---

① 《朱子语类》卷九四，第 2371 页。
② 《朱子语类》卷九五，第 2437 页。
③ 《朱子语类》卷三，第 41 页。
④ 《朱子语类》卷一，第 6 页。
⑤ 《朱子全书》第 13 册，第 70 页。

阴阳二气乃形上和形下的关系，二者本有区别，但又相即不离，太极之理始终寓于阴阳之中。他论述说："太极，形而上之道也。阴阳，形而下之器也。是以自其著者而观之，则动静不同时，阴阳不同位，而太极无不在焉。自其微者而观之，则冲穆无朕，则动静阴阳之理，已悉具于其中矣。"[①] "著者"，指阴阳二气；"微者"，指太极之理。"冲穆无朕"，指太极之理无形迹。这是以道器范畴说明太极和阴阳二气的关系。意思是说，就二气说，其流行不同时，其对待不同位，而太极之理即在其中。就太极说，无声无形，而阴阳动静之理皆具于其中。此以形而上之理为微，以形而下之器为显，以显微关系解释理气关系，是以程氏易学的"显微无间"说，说明太极之理和阴阳二气的关系乃不即不离的关系。

太极无形，为形而上之道；阴阳即气，为形而下之器，以此说明"太极不离于阴阳而亦不杂于阴阳"的观念。"大抵阴阳只是一气，阴气流行即为阳，阳气凝聚即为阴，非直有二物相对也。此理甚明，周先生于太极图中已言之矣。"[②] 太极与阴阳虽然是理气关系，但那是更高层次上的关系，即宇宙模式及其物质实体的关系，太极是决定阴阳的。太极作为阴阳之体，是宇宙总规律，又是宇宙本源，阴阳作为太极之用，根据太极之理而化生天地万物，无太极即无阴阳，太极是所以阴阳者。太极又是无限的潜在的质能，阴阳则是其实现，二者是潜在和实在的关系。

朱熹认为，从客观存在的角度看，太极阴阳乃是"一体"之浑成，不存在两体之对立，但是为了更好地认识太极和阴阳两者之间的关系，我们可以从主观思维上对此"一体"进行"分割"，乃形成"太极"和"阴阳"之两分。朱熹答程迥信中说："太极之义，正谓理之极致耳。有是理即有是物，无先后次序之可言。故曰：'易有太极。'则是太极乃在阴阳之中，而非在阴阳之外也。今以'大中'训之，又以乾坤未判、大衍未分之时论之，恐未安也。形而上者谓之道。形而下者谓之器。今论太极而曰'其物谓之神'，又以天地未分，元气合而为一者言之，亦恐未安也。有是理即有是气，气则无不两者。"[③] 在朱熹，体即天理，天理又是太极。气不能是由理产生的，因为理是至善无恶的，由至善之理生出的气应该也是善的，这无法解释气的世界中的清浊厚薄；"盖天地之间，一气而已，分阴分

---

①《朱子全书》第 13 册，第 72—73 页。

《朱熹集》卷五十，第 2406 页。

《朱子全书》第 21 册，第 1642—1643 页。

阳，便是两物。"① "阴阳太极，不可谓有二理，必矣。然太极无象，而阴阳有气，则亦安得而无上下之殊哉？此其所以谓道器之别也。"② 依朱子之见，作为"体"的"太极"与作为"用"的"阴阳"，虽然"一源"，却不妨用"先后"去认识它们。太极与阴阳，不仅存在先后之序，而且，像《易传》所说的"道"和"器"那样，还可以用"上下"去定义它们。

"太极"与"阴阳"既是体用关系，又是形而上与形而下的关系，二者结合起来，便构成了朱熹完整的宇宙本体论。

### 四、太极是天地人物万善至好底表德

太极作为世界本体不仅是万事万物产生的总根源，落实到现实生活中，它还是生命的最高价值标准。"太极固无偏倚而为万化之本……而又兼有'标准'之义"③ 对人而言，太极表现为动静，"在人，则为动静而生五常，以应万事"④。生命遵循本体原则，生生不已，发用流行，生命价值的实现在于进入那种超越物我，主体生命与本体世界浑然一体的生命境界。

朱熹认为人类社会的道德观念也来自最高的宇宙本体，它根植于人的本心本性中，为人的本心本性中所固有。人禀受的太极之理成为人的"本然之性"，禀有的二五之气为人的"气质之性"。"气质是阴阳五行所为，性即太极之全体，但论气质之性，则此全体坠在气质之中耳，非别有一性也。"⑤ 朱熹认为宇宙万物由气质而形成的，气就是阴阳，质是五行，质由气积聚而成的一定形质，宇宙万物都由阴阳五行交错而形成的。"论天地之性，则专指理言。论气质之性，则以理气杂而言之。未有此气，已有此性。其有不存，而性却常在。虽其方在气中然气自是气，性自是性，亦不相夹杂。至论其遍体于物，无处不在，则又不论气之精粗，莫不有是理。"⑥ 气质之性是人具有的受形体这一客观条件制约的属性。本然之性是不拘形体的、任何人普遍具有的形而上本性。而个体构成自己固有的形质，成为多姿多样的宇宙中之一。"太极只是个极好至善底道理。人人有一太极，

---

① 《朱熹集》卷三八，第 1693 页。
② 《朱子全书》第 13 册，第 77 页。
③ 《朱子全书》第 21 册，第 1572 页。
④ 《朱子语类》卷九四，第 2371 页。
⑤ 《朱子语类》卷九四，第 2379 页。
⑥ 《朱子语类》卷四，第 67 页。

物物有一太极。周子所谓太极，是天地人物万善至好底表德。"① 认为这种气质虽然有不同的，但是具体的事物都具有宇宙本体作为自己的本性，这个本性都是至善的道理，人人有太极，物物有太极。在天地间表现为阴阳，阴阳化生五行生养万物。而"人物之生，莫不有是性，亦莫不有是气。然以气言之，则知觉运动，人与物若不异也；以理言之，则仁义礼智之禀，其物之所得而全哉"②。天地之性存在于形气中，由于禀气的差异而各有殊异，这就是气质之性。

虽然气禀清浊偏正的不同，气质之性也就有善有恶，有智愚贤不肖之别，但并不妨害天命之性的纯然至善，是继善成性。由性到情为心的自然流露，就像先天之理的展开一样自然，一样的"诚"。朱熹强调一切伦理纲常是从人的本性中自然引申出来的，故人的存在根据或本质和行为的必然规律，以及伦理纲常皆是一致的。

总之，朱子的太极是万物之理和人本心良知的总和，是理之全体；太极是理，具有总摄及分殊义；太极是道，可以兼体用而言；太极是神，它不疾而速；太极是易，是世界运动变化的根柢；是心，是人语默动静、变化不测的依据；太极是仁、义、礼、智，是人类社会道德价值的超越的本源；太极是空理，是一种逻辑形式的存在；太极是无，是性，是浑沦未分的未发之中；太极有先天之理、后天之理；太极是所以然者，也是所当然者；太极是主宰，是诚，是朱子学的核心概念和最高范畴。

## 第四节　陈淳："太极只是浑沦极至之理"

《宋元学案》的作者全祖望说："（淳）卫师门甚力，多所发明"。朱子的学问博大精深，促读难以把握主旨内涵，陈淳作为朱子得意门生，以自己的力学梳理整理朱子庞杂理学系统。以"太极"贯通形而上的本体论（太极即理）与形而下的心性论。

陈淳在继承朱熹关于"太极"的基本观点之上，对太极进一步地概括，说太极是混沦极至之理。他以"混沦极至之理"来解释太极。他认为总万物为一"太极"，是理的极致，是天地万物的最初，最高，是枢纽，是主宰，是"混沦"，散

---

《朱子语类》卷九四，第 2371 页。

子全书》第 6 册，第 396 页。

而为天地万物，总而为一太极，天地万物亦各有一太极。所以，陈淳对朱熹"太极"的进一步发展，在于他对太极的"混沦极至"特征的阐释中，阐述解释"太极"，其实也是在进一步阐明"理"，因为太极即是理。太极、理、道，在宋明理学中，名虽异而实等价，都是形而上的本体范畴。宇宙本体既可被视为天道自然之所以生生不息的终极本原，同时也是人类社会道德价值之所以产生的超越源头。

## 一、太极是极至之理

陈淳在《北溪字义》中对"太极"的解释，开宗明义第一句："太极只是浑沦极至之理"①。陈淳承袭朱子"太极"思想，以"理"解太极，在朱熹哲学当中，朱熹讲"太极只是一个'理'字"②。"理"是作为最高的本体而存在的，为何不直接说"理"，而是说太极是理的极致？

虽然朱子也说过："太极之义，正谓理之极致耳。"③"太极者，如屋之有极，天之有极，到这里更没有去处，理之极至也。"④而陈淳更加明晰清楚地解释"极至之理"的内涵，提出："太极所以唤做理者，以其至极，万古不易而已。穷天地，亘万古，所不易者惟理。此所以为万化枢纽，而天地万物无此，则不能以自存也。"⑤不仅说太极之所以叫作"理"，就因为它的至极，万世不会改变。同时它与天地万物共存，绵延万古，是不会更改的理。这也成为它化生天地万物的关键所在，如果天地万物没有它，则不能生存。为了更好地理解说明"太极"的"极至"，陈淳进一步仔细解释"太"和"极"两字的含义，"太之为言甚也，太极是极至之甚，无可得而形容，故以太名之。"⑥"太"本身就有极大、极致之义，而"致者，推之而至其极之谓"。⑦而"太极"就是极致到无法用数字、范围或量来表述和形容，所以用"太"来命名。而太极的"极"字更是意义深远，"太极只是以理言也。理缘何又谓之极？极，至也。以其在中，有枢纽之义。如皇极、北极等，皆有在中义。"⑧极有"枢纽之义"和"在中之义"。"在中"即在物之

---

① 陈淳：《北溪字义》，中华书局 1983 年版，第 43 页。
② 《朱子语类》卷一，第 2 页。
③ 《朱熹集》，第 1660 页。
④ 《朱子语类》卷九四，第 2374 页。
⑤ 《北溪大全集》卷四十二，《答陈伯澡再问太极》，钦定四库全书影印本。
⑥ 陈淳：《北溪字义》，第 44 页。
⑦ 陈淳：《北溪字义》，第 77 页。
⑧ 陈淳：《北溪字义》，第 44 页。

中，但不可将"极"解释为"中"，即不能说是"太中"。这里的"中"有枢纽之义，如"枢"是指门户上的转轴，"纽"是器物上用来提系之处一样，是事物的关键部位和中心环节，而"极"就是指存在于在万物中，并起到枢纽作用之义。为了更形象直观地领悟"极"的内涵，陈淳又说："盖极之为物，常在物之中，四面到此都极至，都去不得。如屋脊梁谓之屋极者，亦只是屋之众材，四面凑合到此处皆极其中；就此处分出去，布为众材，四面又皆停匀，无偏剩偏欠之处。如塔之尖处偏是极。如北极，四面星宿皆运转，惟此不动，所以为天之枢。"① "极"的意思相对于"物"而言，常常是在物之中，四面八方到处都有，没有一处不到的。就如屋子最高处的屋脊梁叫作"屋极"一样，它是由盖房子所用的木材，四面八方聚合到一起，成为房屋的最高点，同时全部木材都集中到屋顶；也就在这屋顶，这些木料又展开，均匀地分布于四面八方，不会有多余和欠缺的地方。就如塔的最尖的地方，这便是"极"。如北极星，四面的星宿皆围绕它运转，而北极星不变动位置，故而成为天的枢纽。这样陈淳不仅表达"极"的含义，是在天地万物之中，同时又是天地万物的枢纽。同时也说明了他所描述的"太极"："若太极云者，又是就理论。天所以万古常运，地所以万古常存，人物所以万古生生不息，不是各各自恁地，都是此理在中为之主宰，便自然如此。就其为天地主宰处论，恁地浑沦极至，故以太极名之。盖总天地万物之理到此凑合，皆极其至，更无去处，及散而为天地，为人物，又皆一一停匀，无少亏欠，所以谓之太极。"② 太极从"理"的角度论说，就是天亘古以来运转不停，地亘古以来一直存在，人类和万物亘古以来绵延繁衍的原理，不是说天地万物各自不自觉地随意存在，而是此理在其中起到主宰的作用，便自然而然成为现在的天地万物。从此理对天地万物所起的主宰作用上论，就这样圆满而无所不至地成就万物，所以以"太极"之名称之。总的来说，天地万物的理都凑合集中在此，都成为天地万物的极点至高，再无可去处。等到此理发散开来，便成为天地，成为人类和万物，又各自一一具足此理，并均匀公平，没有一处多余或欠缺，所以称之为"太极"。陈淳实际是用"屋极"来形象地表述"太极"之义。太极是生化天地万物的主宰，是枢纽，是万理之全体的归一处，是万理之总名，是总汇天地万物的理，是理的极致。

---

① 陈淳：《北溪字义》，第44页。
② 陈淳：《北溪字义》，第44页。

另外，陈淳还说："极之为训穷也，至也，只是言此理之无穷极而实至极耳。从而语其义，则只是无声无臭而为万化之枢纽。"① 极也可解释为穷尽，因"穷"本身就有"极"和"竟"的意思，如"穷则变"中的"穷"是指人或事物走到尽头，没有发展余地的境地。这里的极就有这个穷尽之义。是说此理的无穷无尽而且无处不在，发展到尽头。从这个方面来说，极就是无形无状、无声无臭却是化生天地万物的枢纽。另外，从陈淳对"皇极"的解释中也能体悟出太极为至极之理的含义。"《书》所谓皇极，皇者，君也。极者，以一身为天下至极之标准也。……人君中天下而立，则正身以为四方之标准，故谓之皇极"②。皇极就君主、君德而言，君主是最崇高富贵之位、极致之位置，无以复加。而"太极"就如君主，是至极的理，是总天地万物之理。

进而他讲了太极之所以为"极至"原因："太极之所以为极至者，言此理之至中、至正、至精、至粹、至神、至妙、至矣、尽矣，不可以复加矣，故强名之曰极耳。"③ 说太极是极其中正、精粹、神妙的理，"至中"是极中，就是把整体全方位的浓缩，"中"可以是空间的，可以是时间的，更可以同时是空间也是时间的。虽动而"中"不变，上下平衡则"中"重量上不多不少，空间上不前不后、不左不右、不上不下；时间上不先不后，是重量、空间、时间的"至中"。"至正"就是极为公平中正，不偏不倚；"至精"是一种极其精微神妙而不见形迹的存在；"至粹"是最纯粹的精华；"至神"指万物之中最神奇不可测的；"至妙"者就是最微妙深远不可思议的；这"六至"，把一切都包含说尽了，真是无可复加了，是至极了！

"盖太极者，天地万物所同然之理，至极无以加之名，而为万化之所总会而取准也。语其精则极天下之至精而无有以过其精；语其神则极天下之至神而无有以过其神。所谓无极云者，则又以是理之至极而实无形象方所之可究极指定尔……故自其冲漠无朕而已浑沦完具则谓之无极而太极，自其浑沦完具而固冲漠无朕则谓之太极本无极。此彻上彻下之道，处处皆圆而在在皆足，非有动静之间可以一囿之也。"④

有必要梳理一下"极"与"至"二字，在儒家经典中的原始义，以及其含义

①　《陈淳大全集》卷四十二。
②　陈淳：《北溪字义》，第 46 页。
③　陈淳：《北溪字义》，第 46 页。
④　陈淳：《北溪大全集》，台湾商务印书馆 1986 年版，第 679 页。

的演变过程，然后才能更好地理解陈淳的"太极是极至之理"。

《大学》曰："是故君子无所不用其极"①；"在止于至善"，"极"与"至"字同义。《中庸》曰："唯天下至诚"，以及"'上天之载，无声无臭'，至矣"；《孟子》曰："圣人，人伦之至也"，几处"至"字均可换成"极"。与"极"或"至"相对应的动词就是"致"，"至"为成德目标的实现，"致"乃躬行实践、笃实修养的过程。如《大学》之"致知"与《中庸》之"致曲"，"致"有由内而外扩充之义。如《中庸》曰："大哉圣人之道，洋洋乎，发育万物，峻极于天……故曰苟不至德，至道不凝焉。故君子尊德性而道问学，致广大而尽精微，极高明而道中庸。"②"极高明"则能"致广大"，"极"字本身就涵摄"大"。儒家经典中除了"致"以外，还有更简易直接的功夫就是"尽"。"尽"与"致"境界不同，分别对应率性与修道。如《中庸》曰："唯天下至诚，为能尽其性"。《孟子》曰："尽其心者，知其性也；知其性，则知天矣"。尽心或尽性，功夫与本体合一。对比分析"峻极于天"与"继天立极"，"极"字经由动词、副词向名词转化，从功夫复归本体，"极"就有了"性"与"天道"这层含义。如《尚书》曰"皇建其有极"，"会其有极，归其有极"，以及《系辞》曰"易有太极"。"极"作名词用，极者，天道也，天命也。凡是能用感官感知的，都是有限的，而绝对超越的天帝是无限的。既然天帝是无限的，难以言表，如何用语言来描述至高无上的天帝呢？在人类的语言意象系统中，对有限的否定就意味着对有限的一次超越。例如，凡是成为视觉对象的物体总是落入方所，存在于空间中的此处，就不能存在于彼处。而天帝不能被看见，天帝无形无相，无处不在，所谓"大德不官，大道不器"。唯有通过对有限的感官进行否定来间接地表达天帝的崇高与广大，故可说"上天之载，无声无臭"，但绝对不能说没有天帝。极者，极高明、尽精微且致广大，"极"本身就是无限。言"太极"，太者，致广大，极者，极高明，故言太极足矣。

所以，太极是极至的，是无对待的、完美的，是不依赖其他存在的终极存在。这样的区分有利于把握理与太极的关系。太极的贯通全体、贯通古今，体现了本体的绝对性、永恒性。太极之妙不可名状，难以形容。它无形状，无方所，无声无臭，语其大而无外，语其小而无内，然又横塞天地，纵贯古今，无往

---

① 朱熹：《四书章句集注》，中华书局 1983 年版，第 5 页。

② 朱熹：《四书章句集注》，第 35 页。

不在，无所不来。太极如此神秘莫测，然并非不可把握。陈淳认为只是借用"太极之名"来描述理之"极至"的特征。这样的一种描述，有些类似现代量子宇宙学理论认为：奇点在真空中暴涨期间，没有任何粒子及其电磁辐射，当然也没有任何化学元素及星体，在真空暴涨结束的瞬间发生了相变，创生了基本粒子，即光子、电子、中子……由此可知：将真空视为宇宙的基本物质，才能合理地说明宇宙极早期的创生及演化的进程。在宇宙创生之初（奇点不存在），宇宙是一个真空的世界，宇宙创生之后，真空容纳无限的宇宙万物，宇宙万物其内部的"空间"由真空所充满。[1] 由量子宇宙学可知，真空为宇宙的基本物质，是基态量子场，它具有许多物质存在的属性，它是人类尚未完全认识的物质存在基本形态，基本粒子是激发态量子场，它是由基态量子场（或真空）演化而来的。基本粒子的消失，并不是物质的消失而是激发态量子场的消失，是物质存在形态的转化。

## 二、太极之体为浑沦

北溪多次用"浑沦"来说明太极，如他说"太极只是浑沦极至之理"[2]；认为："太极之体浑沦""太极之体本浑沦"，用浑沦来解释太极，或者在太极前加"浑沦"二字，用以修饰太极，另一种情况是用"浑沦"代替太极或理，如"粤自羲皇作《易》，首辟浑沦""濂溪……为上所谓再辟浑沦"[3] 等。这两种情况实际是一种，即陈淳用"浑沦"来代替"太极""理""性"等道体。高令印、张加才和李玉峰等先生已经对陈淳"浑沦"一词有所阐释。高令印认为："陈淳用'浑沦'解释理，带有明显的二元论色彩……所谓浑沦，就是象云雾一样，茫茫为之浑沦……很显然，陈淳所谓浑沦之太极，是吸取了张载的唯物主义的'太虚即气'之说的……陈淳把太极释为似茫茫云雾，犹张载谓气聚散于太虚。"[4] 张加才说："所谓'浑沦'，就是对太极整体性的写照，浑而为一，完满周遍。"[5] 他还对中华书局校点本《北溪字义》对"浑沦"一词的使用情况进行了统计："陈淳非常喜用'浑沦'一词。在《北溪字义》一书中，卷上《一贯》门采用五次，卷下《太极》门采用十二次，《中和》门采用三次，附录《师友渊源》采用两次，《补

① 张含峰：《真空是宇宙的本源物质》，《青海社会科学》2005 年第 5 期。
② 陈淳：《北溪字义》，第 43 页。
③ 陈淳：《北溪字义》，第 76 页。
④ 高令印、陈其芳：《福建朱子学》，福建人民出版社 1986 年版，第 115—116 页。
⑤ 张加才：《诠释与建构——陈淳与朱子学》，人民出版社 2004 年版，第 46 页。

遗·太极》条采用十次。"① 李玉峰说："(陈淳)认为理气是'浑沦极至之物',独具特色。此说大概取自庄子所讲的'浑沌',《庄子·应帝王》讲倏、忽'日凿一窍,七日而浑沌死。'浑沌本无七窍,但也是有生命的机体,如'尝试凿之'便破坏了浑沌之机体的自有特性,使其失去生命。大概陈淳是想用浑沦的哲学比喻,来诠释他对理气关系的看法。理气共同构成一个浑沦的机体,所以'那相接处全无些子缝罅,如何分得孰为先、孰为后?'若分别的先后,便在一边,便是凿七窍的行为。便是对理气一如、体用不二的浑沦机体的破坏。"② 高令印指出了"浑沦"即元气,确有一定的见地,如汉儒京房等所说太极太一均指天地未分之浑沦;马融之北辰说,也本诸元气之说;张加才概括指出了浑沦的引申义;李玉峰的浑沦来自混沌的推测也不无道理。但对陈淳的"浑沦"一词含义还有进一步探究的必要。

"浑沦"这个词出自晋人伪托的《列子·天瑞》:"夫有形者生于无形。则天地安从生?固曰:'有太易,有太初,有太始,有太素。太易者,未见气也;太初者,气之始也;太始者,行之始也;太素者,质之始也。气、行、质具而未相离,故曰浑沦。浑沦者,言万物相浑沦而未相离也。'"③ 这段文字中的"浑沦"是指宇宙万物形成前的迷蒙,浑然一体不可分的状态。这一观点,与老子《道德经》的"无名,天地之始;有名,万物之母"是一致的,也可能与当今宇宙形成的星云说是不谋而合的。陈淳使用"浑沦"一词修饰或代替"太极",其实还可以参考王弼对《老子》二十五章"有物混成"的注释:"浑然不可得而知,而万物由之以成,故曰'混成'也"④。王弼在《老子指略》里又对"浑然而不可知"的原因进行了解释:"无形无名者,万物之宗也。不温不凉,不宫不商。听之不可得而闻,视之不可得而彰,体之不可得而知,味之不可得而尝。故其为物也则混成,为象也则无形,为音也则希声,为味也则无呈。故能为品物之宗主,包通天地,靡使不经也"⑤。

笔者认为陈淳的"浑沦"与我们常用的"混沌"或"浑沌"一词近似,如汉代王充在《论衡·谈天》中说:"说易者曰:'元气未分,浑沌为一。'"⑥ 传说中

---

① 张加才:《诠释与建构——陈淳与朱子学》,第 46 页。
② 李玉峰:《论陈淳与朱熹理气论的异同》,《科技信息》2010 年第 21 期。
③ 景中译注:《列子》,中华书局 2008 年版,第 6 页。
④ 王弼著,楼宇烈校释:《王弼集校释》,中华书局 1980 年版,第 63 页。
⑤ 《王弼集校释》,第 195 页。
⑥ 黄晖:《论衡校释》卷十一,中华书局 1990 年版,第 172 页。

天地未形成时的那种元气未分，模糊不清的状态。融为一体，不可分割的样子。《淮南子·诠言训》："洞同天地，浑沌为朴。未造而为物，谓之太一"①。这些都是古人想象中天地未开辟以前宇宙的状态。是描摹宇宙形成前，宇宙间有能量的运行，但又无形无色无物，一切混合相互不分离，不分明的状态。

这种"浑沦"状态，类似于老子所谓"先天地生者，无形而形存"之"道"。这个"道"是充盈于天地之问，天地万物都在"道"之无形笼罩下发生、发展、变化。人均能知之、感之，却又无法具体示之。这个浑沦状态，北宋画家朱德润有一幅《浑沦图》，画右首隶书题"浑沦图"，行书题赞，赞曰："浑沦者，不方而圆，不圆而方。先天地生者，无形而形存；后天地生者，有形而形亡。一翕一张，是岂有绳墨之可量哉！"②

朱德润又把它理解为"气"，气乃其根，其《野云自号序》曰："夫一元既剖，充塞乎天地万物之间者，气也。而动植飞潜之成形。乎气者，理也。而理无形焉？天高地厚，河流山峙，盖有宣。阴阳变昏旦，氤氲纷郁弥漫六合者，其气之所为也乎？故其触石而起，或发乎山泽，舒卷太空，苍白成容，变化无定时。和则为庆为祥。岁旱则为霖为泽，是气之有形者也。"③"浑沦"也好，"气"也好，都是无形而有质，无处不在，无时不存，而又变化万千。

朱熹也用"浑沦"一词，原指元气或天。朱熹说："天是一个浑沦底物，虽包乎地之外，而气则迸出乎地之间。地虽一块物在天之中，其中实虚容得天之气迸出来。《系辞》云：乾，静也专，动也直，是以大生焉；坤，静也翕，动也辟，是以广生焉。大生是浑沦无所不包，广生是广阔能容"④。朱熹也说太极是浑沦的道理，如他说"太极只是一个浑沦底道理，里面包含阴阳、刚柔、奇偶，无所不有"⑤。朱熹还在《答陈器之问玉山讲义》中具体解释了孟子对太极浑沦之理的阐发，他说："性是太极浑然之体，本不可以名字言，但其中含具万理，而纲理之大者有四，故命之曰仁、义、礼、智。孔门未尝备言，至孟子而始备言之者……盖由其中间众理浑具，各各分明，故外边所遇，随感而应，所以四端之发各有面貌之不同，是以孟子析而为四以示学者，使知浑然全体之中，而粲然有条若此。

---

① 张双棣：《淮南子校释》卷十四，北京大学出版社1997年版，第1469页。
② 朱德润：《存复斋续集》之《浑沦图赞》，参见《四部丛刊》，上海书店出版社1989年版，第903页。
③ 《存复斋续集》之《浑沦图赞》，第898页。
④ 《朱子语类》卷七四，第1905页。
⑤ 《朱子语类》卷七五，第1929页。

则性之善可知矣。然四端之未发也，所谓浑然全体，无声臭之可言，无形象之可见，何以知其粲然有条如此？盖是理之可验，乃依然就他发处验得。"① 所谓浑然全体具备，即太极之中万理为一，虽曰浑然，却粲然而有条理。故此，陈淳则将"浑沦"直接代指"太极"。

此浑沦即为"太极只是理，理本圆，故太极之理本浑沦。理无形状，无界限间隔，故万物无不各具得太极，而太极之本体各无不浑沦"②。"太极"不可分割不可分离，绝对的完整而圆满。理是没有形状，与天地万物没有界限和隔绝的，万物没有一物中不含太极，太极的本体就是完整地存在在万物中不可分，故浑沦为一。浑沦本"圆"，浑而为一，不可分割。陈沂在《叙述》中记载陈淳之语说："太极只是理，理本圆，故太极之体浑沦。以理言，则自末自本，自本自末，一聚一散，无所不极其至，自万古之前，与万古之后，无端无始，此浑沦太极之全体也。自其冲漠无朕，而天地万物皆由是出，及天地万物既由是出，又依旧冲漠无朕，此浑沦无极之妙用也。圣人一心，浑沦太极之全体，而酬酢万变，无非太极流行之用。"③ 圆者元也，有元本、元始、最初等的意思；圆本字也有圆圈、圆满、完整之义，含有浑沦本圆，既是开始又是结束，既是根本也是枝节末梢，既可以分散开来，无边无界，又可以聚合起来到无所不至的极点，从万世之前，到万世之后，没有开端也没有结束，这就是浑沦太极的完整绝对。它虚寂恬静，没有迹象空寂无形，但天地万物都是由它产生出来，即使天地万物都从它而出，它依然空寂无形，这就是混沦无形无状的妙用妙有之处。圣人的心，也是如混沦太极一样，能应对天地万物的变化，不过是顺应太极运行变化的功能而已。

而且浑沦有自始至末的一贯性；从象言，它可以无所不具，万象粲然；也可以使粲然之象合而为一。此浑沦既在天地之先，又在万物之后。唯圣人之心能得浑沦之全体。陈淳认为太极浑沦本体就像水银一样，"譬如一大块水银恁地圆，散而为万万小块，个个皆圆。合万万小块复为一大块，依旧又恁地圆。陈几叟月落万川处处皆圆之譬，亦正如此"④。浑沦的这种从时间到空间都充其极，无所不有，无所不在的属性，既是太极的特点，又是理的特点。

---

① 《朱子全书》第 23 册，第 2778—2779 页。

② 陈淳：《北溪字义》，第 72 页。

③ 陈淳：《北溪先生大全文集·外集》，宋集珍本丛刊，第 70 册，第 293 页上。

④ 陈淳：《北溪字义》，第 46 页。

"就其为天地主宰处论，恁地浑沦极至，故以太极名之。"①"总而言之，只是浑沦一个理；亦各有一个太极；分而言之，则天地万物各具此理，亦各有一太极，又都浑沦无欠缺处。"②"盖总天地万物之理到此凑合，皆极其至，更无去处，及散而为天地，为人物，又皆一一停匀，无少亏欠，所以谓之太极"③；这里浑沦有二义：一是指理本是圆融、圆满的，所以太极本来浑沦；二是理无形无状，没有界限间隔，是一个无限的、无形状的整体，所以太极本体浑沦。太极又以"月落万川、处处皆圆"的形式普及于万事万物之中。这样就赋予太极以圆足性、完满性、广被性。陈淳认为，浑沦太极贯串于万事万物，凑成一浑沦大本，又从浑沦大本中散为万事万物，未有窒息。"浑沦"就是无所不包的大全，万物皆有太极。陈淳之所以以"混沦"释"太极"，又以"太极"释"理"，其目的在于维护理的形而上性，补理自一至万之不足。

陈淳使用"浑沦"，另外也用"太极"来形容"理"的无形体、无方所的特性而言。

"所谓太极，亦是指三才未判浑沦底物"④，"所谓'无极而太极'，而字只轻接过，不可就此句中间截作两截看。无极是无穷极，只是说理之无形状方体，正犹言无声无臭之类。……此只是说理虽无形状方体，而万化无不以之为根柢枢纽，以其浑沦极至之甚，故谓之太极。文公解此句，所谓'上天之载'是以理言，所谓'无声无臭'是解无极二字，所谓'万化之枢纽，品汇之根柢'是解太极二字，又结以'非太极之外复有无极也'，多少是分明。"⑤"无极而太极"便是对太极的描摹。陈淳则把太极当作一物，当作产生天地万物之物。

"太极只是总天地万物之理而言，不可离了天地万物之外而别为之论。才说离天地万物而有个理，便成两截去了。毕竟未有天地万物之先，必是先有此理。然此理不是悬空在那里。才有天地万物之理，便有天地万物之气；才有天地万物之气，则此理便全在天地万物之中"⑥；"然则才有理，便有气，才有气，理便全在这气里面。那相接处全无些子缝隙，如何分得孰为先、孰为后？所谓动静无

---

① 陈淳：《北溪字义》，第44页。
② 陈淳：《北溪字义》，第45页。
③ 陈淳：《北溪字义》，第44页。
④ 陈淳：《北溪字义》，第43页。
⑤ 陈淳：《北溪字义》，第44页。
⑥ 陈淳：《北溪字义》，第45页。

端，阴阳无始。若分别得先后，便成偏在一边，非浑沦极至之物"①。太极的体用是混沌，混沌就是太极，但太极还是总合天地万物的理而言的，不可离开了天地万物之外另外说太极。离开天地万物谈理，便是将理与天地万物分开截断了。毕竟是妙用天地万物之前，必定是先有这理。但这理不是悬空在那里没有一物。才有天地万物的理，便有了天地万物的气；才有天地万物的气，则这理便全体完整的在天地万物之中。那么才有了理便有了气，才有了气便有理全部在这气里面。这理与气之间相接触转化处没有一点的缝隙，这就是所说的动静没有开端，阴阳没有初始。如果分别得出个先后，便会有失偏颇，不是混沦极至的物了。气与理，与太极之间是不可分离，混沦一起，没有间隔。

### 三、太极为阴阳变化之理

陈淳说，太极是"非可以形气言……易只是阴阳变化，其所以为阴阳变化之理，则太极也"②。陈淳借用《系辞传》的"易有太极"来言说本体，太极不是可以用形而下的有形之气来说的，易是指形而下的阴阳二气的演化而言，而阴阳二气变化的道理，就是"太极"。太极是主宰阴阳变化的至理，是万事万物存在之基本态势背后的终极奥义。

而阴阳就是"《易》说'一阴一阳之谓道'，阴阳，气也，形而下者也；道，理也，只是阴阳之理，形而上者也。孔子此处是就造化根原上论"③。太极之所以"非可以形气言"，就在于"太极"与"道"和"理"一样，都是指形而上的造化天地万物的本体，不可与形而下的阴阳之气言。陈淳认为孔子在《易传》中所言"一阴一阳之谓道"的实质是：从造化根原上来看，阴阳是形而下的气；而道是阴阳之理，属于形而上者。他将道解释为阴阳之理，这与太极的内涵相吻合，但二者亦有细微差别。太极是"立乎天地万物之表，而行乎天地万物之中，在万古无极之前，而贯于万古无极之后"④，而"论道之大原，则是出于天"⑤。这即是从本原论的角度说，太极作为生化万物的本体，可以暂时地先在于万物之前，但必然地随气而动发育万物。而道只能从太极既已随气而动的那个时刻而言。若单就本

---

① 陈淳：《北溪字义》，第 45 页。
② 陈淳：《北溪字义》，第 43 页。
③ 陈淳：《北溪字义》，第 40—41 页。
④ 陈淳：《北溪字义》，第 46 页。
⑤ 陈淳：《北溪字义》，第 40 页。

体论来讲，道与太极都是行乎天地万物流行之内，而超乎天地万物有形之表的宇宙本体。

"人物之生，不出乎阴阳之气，本只是一气，分来有阴阳，阴阳又分来为五行。"[1] 陈淳认为这个在宇宙间创造出人和物的气，在流行的过程中，具体地展现为"阴阳二气"与"五行之气"。此气流行本身就是大化全体，除此外更没有其他的造化本原。在此气流行的背后，隐藏着深奥的道理。那个大本驾驭着造化之气，并规定其以一定的造化形式发育出人和物。陈淳借助易学的语境，将太极本体阐释出来。他认为在伏羲所发现的《河图》与大禹所发现的《洛书》中蕴藏着天地间"一气"流行的总体奥妙。河洛之书原本记载的只是一些经过组合的黑点与白点的图案。但是经过圣人的理解和整理，河洛之书就以一些具有方位和奇偶特性的数字的形式呈现出来。这些数字即是宇宙生化的定数，它们规定了"一气"流行的总体态势。陈淳称"河图之数本五行生成之数""洛书之数本阴阳奇偶之数"[2]，即是说河洛之书中所包含的定数揭示了阴阳五行之气的生成和运行法则。此定数的推衍极为复杂，其背后蕴藏的道理则更为深奥。

在易象之"代换、变易"中，无不有太极贯穿其中："在造化，则阴阳二气之中各具一太极；在书，则六十四卦之中每象每爻亦各具一太极也；四十九策之中，每揲每变亦各具一太极也。"[3] 天地造化之气依循着易道而生生不息，而隐微不可直观的易道，则在二气五行的流行中具体展现为阴阳交易与变易的总体态势。

从无形无象的造化根原，到有形有象的万事万物之间，都是太极本体随气而动的过程。陈淳认为虽难以用时间的长短来形容太极化育万物的神妙过程，但是可以用抽象与具体的关系来说明。所以他说："一元之气流出来，生人生物，便有个路脉，恁地便是人物所通行之道。"[4] 太极本体抽象而不可见，但因其随气而流行，便能显现出相对具体的路脉。从本质上来讲，此路脉是在太极本体驾驭一元之气而生人生物的过程中所呈现出的相对具体的原则。道就是个相对具体的生化原则，它规定了太极本体通贯万事万物的方式。

"'形而上者谓之道，形而下者谓之器'。自有形而上者言之，其隐然不可见

---

[1]　陈淳：《北溪字义》，第 2 页。
[2]　陈淳：《北溪大全集》，台湾商务印书馆 1986 年版，第 583 页。
[3]　《北溪大全集》卷十九，钦定四库全书影印本。
[4]　陈淳：《北溪字义》，第 38 页。

底则谓之道。自有形而下者言之，其显然可见底则谓之器。其实道不离乎器，道只是器之理。"① 道与器不离不杂。从形而上与形而下的角度来讲，道是太极本体流行的规则，自然属于隐而不可见的形而上范畴。而在一气流行的另外一端，则称显而可见的形而下事物为器。自生化之始，太极与气不曾分离，道与器也不曾分离。道是器中的形而上之理，器是道在形而下的具体展现形式。这即是说，太极本体虽然无形无象，却实实在在地化育万物；万物虽有形有象，却无不包含太极本体。

太极"无形状方体"，是超乎形气、器物之先之外的。而且是"万古不易者"，陈淳从超乎时间空间的角度赋予太极以无限性。本体虽是永恒绝对的，但内在于天地万物的实存之中，太极内在于阴阳之气，并非是太极产生了阴阳之气。太极作为与形气相区别的形上本体，是阴阳之气变化过程的主宰。太极只是先验的本体。

"太极只是总天地万物之理而言，不可离了天地万物之外，而别为之论。才说离天地万物而有个理，便成两截去了。"② 在太极与气的关系上，陈淳虽以理为主，但他认为理在气中，理通过气而体现出来，二者是不能分开的。

陈淳与朱子对"太极"不同之处，主要体现在理气先后的问题上。由于存在不同的讨论角度，朱子一方面认为有理就有气，理生气；另一方面又认为理为气本，理在气先，导致在理气关系上的说法给人以自相矛盾的感觉。朱熹认为："若论本原，即有理然后有气，故理不可以偏全论。若论禀赋，则有是气而后理随以具。"③ 虽然朱熹用论本原与论禀赋的区分，澄清为什么理虽一，而万物却各有分殊的问题。但在字面上依然无法说清楚理与气的关系。他认为"道不离气，气不离道"，且"理气不离"。陈淳更强调理与气不可截然对立，因为"太极"若截然先于阴阳五行，就无异于将理与气判为二物，④ 而且朱子虽说理气不离，但在次序上却说理在气先。陈淳认为理不能离气而独存，理气虽可分形上形下，但不能推论出孰先孰后，强调理气始终不离。故而陈淳认同理气无先后，体用不二分的整体思维的观念。

陈淳说："与理对说，则道字较宽，理字较实，理由确然不易底意。故万古

---

① 陈淳：《北溪字义》，第 39 页。

② 陈淳：《北溪字义》，第 45 页。

③ 《朱子全书》第 23 册，第 2863 页。

④ 见蒙培元《理学的转变——从朱熹到王夫之戴震》，台北文津出版社 1990 年版，第 114—132 页。

通行者，道也；万古不易者，理也。"① 道是"万古通行"，理是"万古不易"；道是具有普遍意义的，而理则具有规则的意义，"只是事物上一个当然之则，便是理。'则'是准则、法则，有个确定不易底意。"② 显然"规则理"的意义在与"道"的对比下变得明确起来。虽然从哲学的角度分析，本体是"万古不易"是永远存在的，对于万事万物的具体的存在，理是具有超越性的。但本体对于气，并不具有超越性，理是不外乎气的。本体则是内在于实存之中的超越性存在。对此，陈淳马上又说："老氏说：'道在天地之先'，也略有此意。但不合都离了天地人物外，别说个悬空的道理，把此都做粗看。"③ 可见，陈淳反对道家那种将道视为超乎形器之外的本体的说法，这样的本体缺乏与现实实存的互动便成为无用之体。

朱熹把气作为理产生世界万物的中间环节，陈淳则把气作为直接产生世界万物的本原了。"天只是一元之气流行不息如此，即这便是大本，便是太极。万物从这中流出去，或纤或洪，或高或下，或飞或潜，或动或植，无不各得其所欲，各具一太极去，个个各足，无有欠缺。"④ 既然世界万物都是从气或太极这个"大本"流出来的，人的生死也是如此。他说："夫死生无二理，能原其始而知所以生，则反其终而知所以死矣。盖无极之真，二五之精，妙合而凝，乾道成男，坤道成女，二气交感，化生万物，此天地所以生人物之始也。人得是至精之气而生，气尽则死，得是至真之理所赋，其存也顺吾事，则其没也安死而无愧。始终生死，如此而已。自未生之前是理气，为天地间公共之物，非我所得与。既凝而生之后，始为我所主，而有万化之妙。及气尽而死，则理亦随之一付之大化，又非我所能专有，而常存不灭于冥漠之间也。"⑤ 在这里，陈淳用理气分合来解释生死问题，人未生之前是理气，阴阳二气交感，人得至精之气而生，天命理解为理和气，然后再说天命决定一切。陈淳在《四书性理字义·命》中有这样一段对话："问：天之所命，果有物在上而安排分付之否？曰：天者，理而已。古人凡言天处，大概皆是以理言之。……上而苍苍者，天之体也。上天之体以气言。上天之载以理言。"在陈淳看来，这种主宰一切的天，不是有意志的人格神，而是由

① 陈淳：《北溪字义》，第41—42页。
② 陈淳：《北溪字义》，第42页。
③ 陈淳：《北溪字义》，第45页。
④ 陈淳：《北溪字义》，第32页。
⑤ 陈淳：《北溪字义》，第80页。

理气这种自然而然的现象来支配的。

作为本体的"理"是绝对的宇宙本体，"气"是构成天地万物的元素，这个宇宙本体是天地万物的总根源，故与气是分离的，是独立于具体的气之上的形上本体。陈淳则把太极当作一物，是产生天地万物的东西，认为"太极"是产生天地万物之母，但太极是不能离开气的，他说："圣人之心，全体浑沦只是一个理，这是一个大本处。……凡百行万善，千条万绪，无非此一大本流行贯串。……天只是一元之气流行不息如此，即这便是大本，便是太极。万物从这中流出去，或纤或洪，或高或下，或飞或潜，或动或植，无不各得其所欲，各具一太极去，个个各足，无有欠缺。亦不是天逐一去妆点，皆自然而然从大本中流出来，此便是天之一贯处。"① 他认为太极与气是统一的，并不能截然分开。这样，根本之理与具体的气有机地统一起来了，从而使得他的理论更为通顺、融合。

另外，对"太极在象数之先"的看法有所不同。朱子认为画象之《易》为《易》之本源，而太极是画卦的源头，是说未有象数之前已具有此理。"易者，变化之总号，代换之殊称，乃阴阳二气生生不息之理。……其实非此往彼来，只是其象如此。然圣人当初亦彼恁地思量，只是画一个阳，一个阴，每个便生两个……皆是天地本然之妙元如此，但略假圣人手画出来。"② 说明卦爻象来源于阴阳之理，是天地自然而然之道，这些都是其理在气之先的观点的体现。陈淳在《原画》中也说："所谓太极云者，象数未形而其理已具之称。"但他在《原辞》中说："然易之起，原于象数，自象数之既形，则理又具于理数之中，而不可以本末二其观也。"③ 正是基于象数、义理不分本末先后的观点，陈淳认为："若偏于象占而不该理义，则孔子之意泯；若一于理义而不及乎象占，则羲、文、周公之心亦几乎息。"④

杜保瑞认为朱子以存有论的理气说来支持伦理学的理一分殊说。朱熹的理气关系论，无法诠释成理气一元论，或气一元论，或太极一元论，因为太极只是理，理气之间虽离为二，却也不杂为一。钱穆先生称之为"理气之混合一元论"⑤。朱熹并未以明显的语句来说明理气关系中的理一分殊的情况，而是多以

①  陈淳：《北溪字义》，第 31 页。

②  《朱子语类》卷六五，第 1605 页。

③  《北溪大全集》卷十九。

④  《北溪大全集》卷十九。

⑤  钱穆：《中国学术思想史论丛》，学生书局 1978 年版，第 169 页。

"理在气先""理在气中"及"理同气异"或"理异气近"说明。[1]而陈淳主张"理气不离，难分先后"的观点，是在理本论的框架下对朱子学的修正。他所提出的"理有能然、必然、当然、自然之义"的观点，诠释出理所蕴含的能动性及丰富意义，对朱子思想有所补充。[2]"太极"为"宇宙论"的最根本，是"天""人"道通体系中最高原则。

### 四、太极为万理总会于吾心

陈淳提出"心为太极"。"谓心为太极者，只是万理总会于吾心，此心浑沦是一个理耳"[3]。蒙培元先生在其《理学范畴系统》中认为此乃陈淳在宋明理学中首倡。心只是浑沦一个理，并非指气，但才说理，便有气，故不必分言。"浑沦"就是无所不包的大全，万物之理皆在心中。陈淳提出心为太极，在于提倡心的主体作用，从而达到心理合一。在朱子那里，"性犹太极也，心犹阴阳也，太极只在阴阳之中，非能离阴阳也……惟性与心亦然"[4]。太极只在阴阳之中，而心犹阴阳，故太极在心之中，不能离心说太极，也不能离太极来说心。朱熹也不否认"心为太极"说。

理学因重视人作为道德实践活动的主体，强调心在人的道德实践中的重要地位，所以把心和心的修养放在很重要的位置。陈淳所处的理论背景及其经历，这点更为明显。蒙培元认为，陈淳虽然从"天命"一直讲到理、道与性，但最后却归结到心。

陈淳认为："人生来具是理于心"，人生来就具备理于吾心中。"大抵人得天地之理为性，得天地之气为体，理与气合方成个心。有个虚灵知觉，便是身之所以为主宰处。"[5]而心由理和气组成，如化学上的合成，理是组成心的一种成分。实质上，心具理、由理气合成这两种说法大体一致。心由理气合成，心又似个器一般，"承载"着理或性。由此，陈淳在结构上确定了心和理的关系。接下来从同异角度对心与理的关系作介绍，这是对心进一步认识的基础。

---

[1] 杜保瑞：《南宋儒学》，台湾商务印书馆2010年版，第322—323、330页。张立文则认为朱子主张"理本气末"，朱子的哲学理论思维有其严密性和逻辑性。见张立文主编：《气》，中国人民大学出版社1987年版，第164页。

[2] 《中国哲学诠释与建构——陈淳与朱子学》，第214—215页。

[3] 陈淳：《北溪字义》，第45页。

[4] 《朱子语类》，第87—88页。

[5] 陈淳：《北溪字义》，第11页。

在心与理的关系上，陈淳的认识和朱子基本一致，认为"心具万理"。具体地讲，这一认识是以二者既相互区别又相互联系为基础的。当然，陈淳所说的这个理不是散在于万物的理，而是作为人的本质的理，即性。为何用性不用理呢？他的理由是："盖理是泛言天地间人物公共之理，性是在我之理。只这道理受于天而为我所有，故谓之性。"① 理是天地万物所公有的共性，而性为人类所独有的个性。关于"性"，陈淳依《中庸》"天命之谓性"结合朱子"元亨利贞，天道之常；仁义礼智，人性之刚"的观点，说道："得天命之元，在我谓之仁；得天命之亨，在我谓之礼；得天命之利，在我谓之义；得天命之贞，在我谓之智。性与命本非二物，在天谓之命，在人谓之性。"② 也就是说，性是具于人心中的道德本质，"其大目只是仁义礼智四者而已"，它来源于宇宙的普遍法则——"元亨利贞"。独具特色的是，他还从训诂的角度对性作出解释："性字从生从心，是人生来具是理于心，方名之曰性。"③ 这是在谈二者关系前先需作交代的。

关于心与理或性的区别，可以从陈淳把心视为容器而盛理的比喻中大略看出，"心只似个器一般，里面贮底物便是性"④。他又引用邵雍"心者，性之郛郭"的说法，解释道："盖郛郭者，心也。郛郭中许多人烟，便是心中所具之理相似"⑤。按照这个解释，人生而禀受于天的公共之理的处所便是心了。另外，他认为此性是心的内在本质，"即这所具底便是心之本体"。因此在他看来，心与理或性确为两个不同的事物。

再者，性全是善，而心有善恶。陈淳说："性只是理，全是善而无恶。心含理与气，理固全是善，气便含两头在，未便全是善底物，才动便易从不善上去"⑥。因为性是理，理纯善而无恶，所以性善；而知觉之心的构成中有气的参与，气由于运动便存有不合理的因素，容易把心导向不善的结果，所以心不全然是善。这也是心与理的重要区别。此外，陈淳关于心有体用，主性情等观点，也同样是在心与理或性有别的基础上展开论述的。因此，在陈淳的思想里，可以说心之本体是理，即性，但心并非理。

"理具于心"，不仅意味着心与理之间存在着区别，同时也表明二者之间是相

① 陈淳：《北溪字义》，第6页。
② 陈淳：《北溪字义》，第6页。
③ 陈淳：《北溪字义》，第6页。
④ 陈淳：《北溪字义》，第11页。
⑤ 陈淳：《北溪字义》，第10页。
⑥ 陈淳：《北溪字义》，第12页。

互联系的。理不仅是心之所以构成的元素和承载的内容，而且它还是心之知觉的内在道德依据和能动的原因，陈淳说："理具于心，便有许多妙用。"① 其"妙用"中的一个重要方面是作为道德意识的出发点，使人的行为符合道德规范，"知觉从理上发来，便是仁义礼智之心，便是道心"。他还认为："若知觉从形气上发来，便是人心，便易与理相违。且如饥而思食，渴而思饮，此是人心。至于食所当食，饮所当饮，便是道心。……"② 因此，知觉不只是一种形气之心，还是一种理义之心。但是当人在进行道德活动时，它表现为道德本质对于知觉的支配，并通过具体的行为表现出来。因此，在把心视为道德意识活动主体的理学那里，性对于心非常重要。

"心有体有用。具众理者其体，应万事者其用"③；"及其动而应物也，大用流行，妍媸高下，各因物之自尔，而未尝有丝毫铢两之差，而所谓鉴空衡平之体亦常自若，而未尝与之俱往也"④；"心虽不过方寸大，然万化皆从此出，正是源头处"⑤；"此心之量极大，万理无所不包，万事无所不统"⑥。

把心本体与太极范畴相等同，二者同为宇宙之本体。心所具有的宇宙本原的意义，在太极那里同样具有。

"心为太极"，大化流行中，太极转化为内在生命个体之心，从而生命个体的存在价值得以确立，否则生命个体只是与普遍物质世界没有区别的单个物质而已。气聚成器为心之郭郭，理具于气器之心中为本体。从构成论处看，心包含且享受着万理，理先天的存在于生命个体，内在于心，心具众理不是经过工夫修养之后才达到的一种境界，而是生命个体本有的先验的；从伦理学上来看，此可以说明生命个体先验的具有"人道"的各种属性和道德品质，而由于生命个体之中尤其是心之中包含着各种不符合理之知觉，因为太极作为大本始终存在于心，心的主体性得到加强，为了使生命个体在现实中的活动及意识完全成为太极之彰显，受到理的支配和控制，便要求生命个体在修养工夫中追求"天""人"道通，做到"天""人"道通。气化流行，理寓其中，为之枢纽。与此同时心还具有宇宙论本体之功能意，那心也具有一定的本体意味，陈淳在这里即加强了生命个体

① 陈淳：《北溪字义》，第11页。
② 陈淳：《北溪字义》，第11页。
③ 陈淳：《北溪字义》，第11页。
④ 陈淳：《北溪字义》，第12页。
⑤ 陈淳：《北溪字义》，第12页。
⑥ 陈淳：《北溪字义》，第13页。

之主体性，使"性即理"在生命个体操作方面更加突出生命个体的"天""人"道通性。陈淳论太极，别之为二，"在天太极""在人为心"。宇宙本原即"在天太极"；万物之理即"在人为心"。

他在讲"心为太极"的同时，又提出"此心浑沦是个理"的命题。表明心、太极、理三者是同等概念，相互沟通，为同一层次的本体范畴。三者通过太极把心、理联结起来。

陈淳进一步发展完善朱熹天道性命观点，将本体论与心性论完美结合，将形而上的道体论与人性论结合，打通天道与人道之间的关系，沟通了天人之际的关系。

我们能够认识现实，并进而掌握不可言喻之本体论；这样的本体论如果其真实性获得存留，那么是不能凭借语言而进行完全、清楚的表达的。圣人通过察看在事物的过程和活动中呈现出什么，以及明白自己所有的东西，即源自于太极的性质而达致对太极的认识。通过自我中有的东西，（以此）一个人能够意会地知道太极。通过自我中有什么而知道也就是感情移入地把自己和自己所知道的打成一片，并采纳自己所知道的观点。为显示世界上所有事物本性的实现而增强一个人的能力，并进而把自我本身和天地之道的创造性力量视为同一。人们能够表达的本体论理解是创造力本身，或者现实的创造性进化之部分。在这个意义上，本体论不再是一种客观的研究，而是一个对客观实在完全实现的过程。本体论的真正知识是实现事物和维持以及提高道的创造力的创造性活动。无论何时，一个人都能够做到这一点。当然，我们是指他认识道或现实。他不必说他知道，或他知道如何用语言表达他的理解。在这个意义上，说一个人能够认识现实是基于如下看法：他能够精确或近似地按照天地的模型行动，这一模型产生了事物，保持了和谐并且显呈出伟大的所有基本特征：无穷、无间断、久远、广博、深厚、高大和光明。当一个人理解了天地所显呈之物时，他也就知道了天地之道。另一方面，一个人知道了天地之道，这体现在他的行为和活动中，而非言语之中。此种情形是会意的知道，是关于不可言喻之道的本体论之派生。

值得注意的另一点是，陈淳非常强调一个人察知天地以及生活中平常事件所呈现之物的能力之重要。所谓察即注视生活和变化中所呈现出来的事物性质。呈现出来的不一定是显著呈现出来的。事实上，终极真理是以一种微妙和不显著的方式而得以呈显的。因此，发展理解显示出来的何谓世界终极真理之能力是需要专心和教养的。既然太极本体存在于各处，那么，如何吸收它并构成一个人的有关知识便是一件研究和实践的事情。这种知识必须被经常不断地追求和实践。

综观陈淳的"太极论",可以看出,身为朱子重要的门人与传人,陈淳的太极观受到其师影响颇深。然而,他立足于朱子的理学体系上,又有些创新和发展:首先,陈淳继承朱子"太极即理"的说法,并进一步以"浑沦至极"的理来解释太极,既符合朱子原意,也更贴近明了。用"浑沦"来描摹太极,用"至极"说明太极的绝对性根本性。其次,用阴阳变化之理来说明太极,提出太极与理、气之间的关系。与其师一样主张太极、理与气不离思想相同,但朱子在逻辑上将太极、理、气分而言之,容易使人误作两截来看。陈淳则主张太极、理、气不分先后,借以补正朱子思想。此外,陈淳注重本体论的定义,以水银恁地圆,散而个个皆圆为例,与佛教月印万川的说法类似,以进一步明晰太极与天地万物的关系。最后在天道真实无妄的定义下,将形而上的天道观与心性论完美结合,"心为太极",将万理总汇于吾心,打通天道与人道之间关系,将不可捉摸的理通俗化、日常生活化。天命心性学回归到原点,由高远深奥的"太极",最后落实到人类实现自我的重要意义上。从天道中寻找道德自觉的依据,这些均继承了理学的传统观点。

# 第五章 仁

二程、朱子与陈淳为何要从天理高度论说"仁"？所谓"天理高度"，意味着不是局囿于道德学视域论仁，而是从知识论、本体论维度论说仁。这一哲学追问，有助于我们领悟二程、朱子思想所达到的哲学高度，有助于我们去揭开深藏于二程、朱子和陈淳思想深处的一大秘密，有利于我们真正认清楚天理哲学的人文关怀。在逻辑上，梳理天理与仁的内在关系，首先必须厘清天理与性的关联，才能考辨清楚天理与仁的关系。

## 第一节 程伊川：仁善何以可能

### 一、"性即理"与"仁者公也"

在程伊川哲学思想体系中，价值本体论的因素特别突显。二程兄弟精心建构的以天理为核心的哲学思想，其最终的哲学追求并不单纯只是对纯粹自然世界本质与奥秘进行探索。"醉翁之意不在酒"，二程天理哲学的真正兴趣与最高目标关注的是人，即人自身如何成己成德，"止于至善"，在人生"此岸"实现内在超越①。

---

① 《宋元学案》有一则故事，颇具代表性：程颐与邵雍坐而论道，忽然室外电闪雷鸣。邵雍于是问程颐："子知雷起处乎？"程颐答："我当然知道，但是你未必明晓。"邵雍听后非常惊讶，不知程颐为何断言自己不知电闪雷鸣之奥秘。程颐转而解释说："如果你确实知道，就没有必要用象数去推算；正因为你一无所知，所以想用象数推测。"邵雍有些不悦，于是问对方："既然你知道自然界的奥秘，不妨说说雷源起于何处？"程颐回答道："起于起处。"这则故事表面上判别程颐与邵雍的学问途径，实际上在于阐明儒家的一大特点："今日格一件，明日格一件"的"物理研究"虽然重要，但落脚点应该在人，而不是单纯的自然之理。正如钱穆先生所言：儒家的真正兴趣并非在物理世界上，而是"贯通在吾之心，贯通在性理上"。成己成人，"止于至善"，才是儒家之所以为儒家的本质特点。

换言之，二程兄弟天理哲学的真正兴趣在于证明"止于至善"何以可能以及"仁义"等儒家伦理观念存在的正当性与普遍性，而非矻矻探寻自然世界的存在何以可能。其实从形上学的高度证明儒家仁义等价值观存在正当性，并非滥觞于二程兄弟，"以启山林"者当属孔子。孔子"仁者安仁"命题已初步从道德形上学高度说明仁出自人之普遍本性，仁内在于生命本然，仁不是外在的强制性行为准则。牟宗三先生评论说：孔子之"仁即是性，即是天道"①。孟子起而踵之，从心性论高度证明仁出于天，因而具有"命"之绝对性；仁是善，又具有正当性特点。仁是善与正当性的完美统一。孟子仁论与天、命、心、性相结合，论证了仁的来源和正当性，证明了人性何以平等，在人性平等基础上进而证明"仁者安仁"是否可能。孔子开创的仁学演进至孟子，以仁为核心的道德形上学基本建立。冯友兰先生说："孟子言义理之天，以性为天之部分，此孟子言性善之形上学的根据也。"②在儒家道统上，程颐是对孔孟思想与逻辑的"接着讲"，标志性的命题就是"性即理"：

> "性即理也，所谓理，性是也。"③

> "伯温又问：'孟子言心、性、天，只是一理否？'曰：'然。'"④

> "心也，性也，天也，非有异也。"⑤

"性即理"之"即"不是谓词"是"，而是"若即若离"之"即"，含有"融合"之义。从人与本体关系视域立论，性是天理在人之彰显与落实，是人之所以为人的本质规定。人作为认识与实践主体，理"夯实"为性理，理才具有活泼泼的意义。由此而来，"性即理"层面的"性"自然而然具有"善"的品格：

> "气有善不善，性则无不善。人之所以不知善者，气昏而塞之耳。"⑥

---

① 牟宗三：《名家与荀子》第三讲，吉林出版集团有限责任公司 2010 年版，第 135 页。反求诸己，体悟自性先验性存有仁心仁德，人性天生有善，无须外假，人生之幸福莫过于此。也正是在这一意义上，君子可以"安仁""乐道"。徐复观先生将孔子人性学说高度概括为"人性仁"，也正是基于这一材料有感而发。

② 冯友兰：《中国哲学史》第十二章，华东师范大学出版社 2000 年版，第 217 页。

③ 程颢、程颐著，王孝鱼点校：《河南程氏遗书》卷二十二，《二程集》，中华书局 2004 年版，第 292 页。

④ 《河南程氏遗书》卷二十二，第 296—297 页。

⑤ 《河南程氏遗书》卷二十五，第 321 页。对于程子"性即理"思想在中国哲学史上的意义，朱熹的评价比较确当："如'性即理也'一语，直是孔子后惟是伊川说得尽。这一句便是千万世说性之根基，是个公共底物事。"参见黄宗羲原著，全祖望补修：《宋元学案》卷十六《伊川学案》下，中华书局 1986 年版，第 650 页。

⑥ 《河南程氏遗书》卷二十一下，第 274 页。

"自理言之谓之天，自禀受言之谓之性，自存诸人言之谓之心。"①

"性，即理也。天以阴阳五行化生万物，气以成形，而理亦赋焉，犹命令也。于是人物之生，因各得其所赋之理，以为健顺五常之德，所谓性也。"②

程颐、朱熹皆认为性是天理在人之实现，"性者，浑然天理而已。"③ 在程朱哲学逻辑结构中，有"理之性"和"气质之性"之分，"理之性"先验蕴涵"健顺五常之德"。具体而言，仁义礼智信忠孝廉耻都是性之固有内涵。"父止于慈，子止于孝，君止于仁，臣止于敬。"④ "仁、义、礼、智、信五者，性也。"⑤ "须知天理只是仁、义、礼、智之总名，仁、义、礼、智便是天理之件数。"⑥ 天理浑然不可分，天理与仁义礼智信"五常"的关系不是本体与派生物之间的关系，而是本体与属性之间的关系。仁义礼智并非由理"旋次生出"，理是人伦道德的"总名"，仁义礼智信则是天理之"件数"。父慈子孝、长幼有序、夫妇有别、兄友弟悌，各有所止，当止其所止则安，失其所止则乱。在社会伦理诸德目中，仁的地位最高，仁是"体"或"全体"，义、礼、智是"支"："仁者，全体；四者，四支。仁，体也。义，宜也。礼，别也。智，知也。信，实也。"⑦ 在社会伦理体系层面，仁是集合概念，义、礼、智、信、忠、孝、廉、耻等是仁之精神在各个社会关系准则中的具体表现。"学者须先识仁。仁者，浑然与物同体。义、礼、知、信皆仁也。识得此理，以诚敬存之而已，不须防检，不须穷索。"⑧ "仁，浑沦言，则浑沦都是一个生意，义礼智都是仁；对言，则仁义礼智一般。"⑨ 程朱哲学中之"仁"，犹如周敦颐哲学思想中之"诚"。诚是太极之德，贯通天人上下。仁是"理之性"之德，因此，仁有"公"之品格，"又问：'如何是仁？'曰：'只是一个公字。学者问仁，则常教他将公字思量。'"⑩ "仁之道，要之只消道一公字。"⑪ "公"

---

① 《河南程氏遗书》卷二十二上，第296—297页。

② 朱熹：《四书章句集注》（中庸章句），中华书局1983年版，第17页。

③ 《朱子语类》卷九五，第2427页。

④ 《周易程氏传》卷四，第968页。

⑤ 《河南程氏遗书》卷二上，第14页。

⑥ 朱熹：《答何叔京》，《朱熹集》卷四十，四川教育出版社1996年版，第1885页。

⑦ 《河南程氏遗书》卷二上，第14页。

⑧ 《河南程氏遗书》卷二十二上，第16—17页。

⑨ 《朱子语类》卷六，第107页。

⑩ 《河南程氏遗书》卷二十二上，第285页。

⑪ 《河南程氏遗书》卷十五，第153页。

是仁内含之天理，仁是"公"之具体实现。朱熹对此诠释说："要识仁之意思，是一个浑然温和之气，其气则天地阳春之气，其理则天地生物之心。……这不是待人旋安排，自是合下都有这个浑全流行物事。此意思才无私意间隔，便自见得人与己一，物与己一，公道自流行。"① 天地之理是"公道"，"公道"在人心彰显为仁。朱熹所说的"公道"，在程伊川思想中等同于"道心"："'人心'，私欲也；'道心'，正心也。"② 公与私相对，私是人欲、"客气"，公的基本特点是"克尽己私"③，也就是中正、公平、公正，克尽己私方能彰显天理之中正公平特性。既然"仁者公也"④，仁是"公"，自然意味着仁是善，仁善的形而上根据来自"至善之源"⑤ 的性："盖本然之性，只是至善。"⑥

## 二、性善与仁善

性善何以可能？这是程伊川势必应当回答的哲学问题。葛瑞汉指出，程伊川在论证"性善何以可能"思路上，其问题意识与逻辑路向可梳理为：从天理落实到性，性善因为天理善。"至于二程，伊川毫不犹豫地把善归于理，因而也归于性。"⑦ 葛瑞汉这一诠释应当是"原样理解"，从天理至善落实到性善仁善，确实是程伊川一以贯之的运思路向："如天理底意思，诚只是诚此者也，敬只是敬此者也，非是别有一个诚，更有一个敬也。天理云者，这一个道理，更有甚穷已？不为尧存，不为桀亡。人得之者，故大行不加，穷居不损。这上头来，更怎生说得存亡加减？是佗元无少欠，百理具备。"⑧ 天理是天地万物"所以阴阳者"，是"事物之所由成为事物者"。⑨ 既是天地自然存在之最终依据，又是人类社会应然法则，所以称之为"百理具备"。不仅如此，天理还是性善何以可能之形而上学根据："天下之理，原其所自，未有不善。"⑩ "盖天道运行，赋与万物，莫非至善

① 《朱子语类》卷六，第 111 页。

② 《河南程氏遗书》卷十九，第 256 页。

③ 《河南程氏遗书》卷二十二上，第 286 页。

④ 《河南程氏遗书》卷九，第 105 页。

⑤ 《朱子语类》卷五九，第 1388 页。

⑥ 《朱子语类》卷五九，第 1387—1388 页。

⑦ [英] 葛瑞汉：《二程兄弟的新儒学》，大象出版社 2000 年版，第 209 页。

⑧ 《河南程氏遗书》卷二上，第 31 页。

⑨ [古希腊] 亚里士多德：《形而上学》，商务印书馆 1991 年版，第 88—89 页。

⑩ 《河南程氏遗书》卷二十二上，第 292 页。

无妄之理而不已焉，是则所谓天命者也。"① 天理"至善"！程颐、朱熹这一观点，在中国哲学史上非常重要。从形上学高度论证哲学本体"至善"，可能肇始于《庄子》。《齐物论》中的"无己""无功""无名"，表面上是赞颂真人之德，实际上是表述"道"之德性，因为真人、圣人、至人都是道之人格化隐喻。道至善，在《骈拇》篇中直接表述为道"臧"："吾所谓臧者，非仁义之谓也，臧于其德而已矣；吾所谓臧者，非所谓仁义之谓也，任其性命之情而已矣。""臧"即善，成玄英《疏》云："臧，善也"。德源出于道，德"臧"自然以道"臧"为前提。"臧于其德"和"任其性命之情"，都是指道在人性之彰显。道善决定了人性善，人性（"真性"）中的仁义是"道德不废"意义上的仁义，这种仁义是"大仁""至仁"。在儒家谱系中，寻找并证明"至善"，也是自孔子以来历代儒家矻矻以求的哲学使命。《大学》"止于至善"，还停留在生活伦理的视域论证，尚未上升到形上学的本体论高度证明。周敦颐以"诚"论太极之德，太极本体已蕴涵"纯粹至善"的超越德性，但尚处于发轫时期。一直到程明道、程伊川和朱晦庵，才系统、深入从哲学形上学高度证明"至善"何以可能。

缘此，程朱是如何从形上学层面证明"天理"至善的呢？粗略分析，似乎可分为两个层面：

其一，从天理"生生之德"意义上立论。在程颐、朱熹思想逻辑结构中，对"天理至善"何以可能的证明，首先从《易传》"一阴一阳之谓道，继之者善也，成之者性也"论断中寻求理论资源。"'生生之谓易'，是天之所以为道也。天只是以生为道，继此生理者，即是善也。善便有一个元底意思。'元者善之长'，万物皆有春意，便是'继之者善也'。"② "造化所以发育万物者，为'继之者善'，'各正其性命'者，为'成之者性'。"③《易传》作者所言"生生"之德，是从宇宙生成论视域立论，"天地之大德曰生"。宇宙本原化生万物，宇宙之间一片春意盎然。云卷云舒、花开花落，每一种物体都按照其本性自由自在生长。但宇宙本原从不居功自傲，宇宙本原有"生生"之德，"生生"之德即是善。在传统思想资源意义上，除了《易传》之外，程颐、朱熹思想与老子"道"论有几分相通之处。老子"道法自然"即"道不违自然"。道生成万物，但道"生而不有，为

① 朱熹：《朱子四书或问》，《论语或问》卷二，《朱子全书》，上海古籍出版社、安徽教育出版社 2002 年版，第 641 页。
② 《河南程氏遗书》卷二上，第 29 页。
③ 《朱子语类》卷七四，第 1897 页。

而不恃，长而不宰"（《老子》十章），道并不居功自傲，也不干预天下万物，而是遵循万物之本性（自然），让天地万物自身如其自身地存在与变化。道不仅是宇宙本原，而且道有大德。换言之，道是价值本源与根据。严灵峰认为老子之道有四重义项，其中之一就是道乃人生修身养性之应然法则。[①] 唐君毅也认为，老子之道蕴涵"同于德之义"："道之义亦未尝不可同于德之义。盖谓物有得于道者为德，则此德之内容，亦只是其所得于道者；此其所得于道者，固亦只是道而已。"[②] 道是一"德性"的最高存在，程伊川的天理也先验性具有德性。

其二，进一步从超越的意义层面立论。周敦颐《通书》云："'大哉乾元，万物资始'，诚之源也。'乾道变化，各正性命'，诚斯立焉。纯粹至善者也。"周敦颐以"诚"贯通天人，以形上本体之诚，论证人之心性之诚何以可能。价值本体已蕴涵"纯粹至善"的先在德性。二程思想中"善便有一个元底意思"，应当是对周敦颐思想的"接着讲"：

> "'一阴一阳之谓道'，道非阴阳也，所以一阴一阳道也。如一阖一辟谓之变。"[③]

> "离了阴阳更无道，所以阴阳者是道也。阴阳，气也。气是形而下者，道是形而上者。形而上者则是密也。"[④]

> "理则一而已，其形者则谓之器，其不形者则谓之道。然而道非器不形，器非道不立。盖阴阳亦器也，而所以阴阳者道也。是以一阴一阳，往来不息，而圣人指是以明道之全体也。"[⑤]

程颐、朱熹在运思路向与观点上，显然与《易传》作者大异其趣：一是以"天理"范畴取代了阴阳气论，理是"所以阴阳者"；二是不再局限于从宇宙生成论角度立论，而是从价值本体论高度证明。作为非对象性存在的天理，其自身之善天然具有"元"的特性："善便有一个元底意思"。天理之善是"元善"，"元善"之善属于至善，"元善"不是与恶对立的善，而是超越了善恶对立的善。天地万物"无独必有对"，皆是对象性存在。但是，天理是"独"，"独"也就是"元"，

① 严灵峰：《老庄研究》，台北中华书局 1966 年版，第 378 页。
② 唐君毅：《中国哲学原论导论篇》第十一章《原道上：老子言道之六义》，中国社会科学出版社 2005 年版，第 230 页。
③ 《河南程氏遗书》卷三，第 67 页。
④ 《河南程氏遗书》卷十五，第 162 页。
⑤ 《朱熹集》卷四十五，第 2147 页。

"元者物之先也。物之先，未有不善者。"① 如果说"未有不善"还属于正言反说，以否定句形式表述天理至善（元善）的正面含义，那么以下师生之间的问答已跨越伦理学高度，直接从本体论视域讨论天理何以至善："或曰：'《大学》在止于至善，敢问何谓至善？'子曰：'理义精微，不可得而名言也，姑以至善目之，默识可也。'"② 《大学》中的"止于至善"还只是伦理学层面的概念，与生命理想境界相牵连。但是，二程于此所回答的显然已不是伦理学意义上的"至善"，而是本体世界层面的"至善"。天理至善不可以概念、范畴界定，也不可以语言表述与界说，只可以"目之"与"默识"。或许这正是东西方旧形而上学共同面临的一道哲学之"坎"，所以康德会为人类理性划定一范围。人类虽不能认识与证明，但可以信仰。信仰虽不能证明，但可以相信。"目之"与"默识"，既有求诸普遍证明的特点，也蕴含信仰的成分。也正是在这一意义上，天理至善（元善）也是"命"。"理也，性也，命也，三者未尝有异。穷理则尽性，尽性则知天命矣。"③ 理是"命"，天理元善也是"命"，这是程朱哲学上接孟子思想的一大命题。此处之"命"，蕴涵两层义旨：

其一，命意味着普遍性、平等性。"人之于性，犹器之受光于日，日本不动之物。"④ "犬、牛、人，知所去就，其性本同，但限于形，故不可更。如隙中日光，方圆不移，其光一也。"⑤ 天、理、性、命在朱熹哲学体系中，环环相扣、相互说明。"问：'天与命，性与理，四者之别：天则就其自然者言之，命则就其流行而赋于物者言之，性则就其全体而万物所得以为生者言之，理则就其事事物物各有其则者言之。到得合而言之，则天即理也，命即性也，性即理也，是如此否？'曰：'然。'"⑥ 分而言之，各各不同，在天为命，理落实于人心为性，已发为情。因此，命强调的是天理"流行"。儒家自孔子"仁者安仁"、孟子"四端之心"肇始，就开启了人性平等之先河。程颐、朱熹起而踵之，从天理高度论证人性源出于天理，因此天地万物和人类皆在性理层面存有共同的性，"'天命之谓性'，此言性之理也。"⑦ 自尧舜以至平民百姓，皆本来就具有共同的性理，皆

① 《河南程氏粹言》卷二，第1268页。
② 《河南程氏粹言》卷一，第1208页。
③ 《河南程氏遗书》卷二十一下，第274页。
④ 《河南程氏遗书》卷三，第67页。
⑤ 《河南程氏遗书》卷二十四，第312页。
⑥ 《朱子语类》卷五，第82页。
⑦ 《河南程氏遗书》卷二十四，第313页。

拥有生命的尊严，皆具备内在自我超越的道德生命。

其二，"命"意味着无条件性、绝对性。"天之赋与谓之命，禀之在我谓之性，见于事业谓之理。"① "在天曰命，在人曰性。"② "天所赋为命，物所受为性。"③ 程颐、朱熹用性沟通天人，贯通形而上、形而下。在性理意义上，性源自天理，所以又称之为性命。性命观念表明：作为"天之赋与"的性命，在本体层面与天理无二，只是在实践理性领域有本与用的区分。天理与性理恒常自存而遍在，先天地而独立，即使天地山河塌陷，理、性、命仍然"颠扑不破"。理善不与恶对，善是超越性的、独立的、固有的、先在性的"元善"。

程朱道德形上学中预设天理至善是极其必要的，因为天理至善的无条件存在，"性善""仁善"等观念的存在才获得存在的正当性。天理至善，在整个程朱理学体系中，无疑起着一个十分重要的"拱心石"的作用。程颐关于天理至善（元善）的思想，后来对胡宏的思想产生了深刻影响。"宏闻之先君子曰：'孟子所以独出诸儒之表者，以其知性也。'宏请曰：'何谓也？'先君子曰：'孟子道性善云者，叹美之辞也，不与恶对。'"④ 胡宏认为，孟子性善的含义并非指谓"人性善"或"性是善的"，"善"只是一形容词，赞叹"性无限美好"，"善"已不能对"性"作任何限定，也非与"恶"相对之"善"。"或问性，曰：'性也者，天地之所以立也。'曰：'然则孟轲氏、荀卿氏、扬雄氏之以善恶言性也，非欤？'曰：'性也者，天地鬼神之奥也，善不足以言之，况恶乎？'"⑤ "性"作为天理在人之落实，善不足以概括、描述性之特质，恶更无从表征与形容之。性理层面的性已超越善恶对立，因为善恶只能评判后天的"已发"，发而中节则为善，发而不中节则为恶。但本然之性属于"未发"层面，远远超出了善恶能够评判的畛域。胡宏的善恶"不足以言"性论，通过对孟子人性论的阐发，对程颐天理至善思想有所体悟。

缘此，我们不禁要问：恶有独立的形上来源吗？程明道与程伊川对此观点有歧义。程颐、朱熹的回答是：恶不存在形上学的根据，恶与天理本体无关，恶与性命无涉，恶只与"形化"层面之气有关。"气有善不善，性则无不善。"⑥ "寿夭

① 《宋元学案》卷十五，第630页。
② 《河南程氏文集》卷九，第606页。
③ 《朱子语类》卷五，第82页。
④ 胡宏：《胡宏集》附录一《宋朱熹胡子知言疑义》，吴仁华点校，中华书局1987年版，第333页。
⑤ 《胡宏集》附录一《宋朱熹胡子知言疑义》，第333页。
⑥ 《河南程氏遗书》卷二十一下，第274页。

乃是善恶之气所致。仁则善气也，所感者亦善。善气所生，安得不寿？鄙则恶气也，所感者亦恶。恶气所生，安得不夭？"①在程颐思想体系中，因为气有"气化"与"形化"之分，气禀之气已不是张载哲学意义上的"气本"。天理是至善无恶，"形化"之气有善有恶。恶不存在一个超越经验世界的形上根源，天理无须对恶负责。"恶专是气禀，不干性事。"②恶"不干性事"，自然更"不干"天理事。理与气已经截然相分，"形化"之气需对恶负责，恶源自恶气。纯善无恶之天理与有善有恶之"形化"之气，成为程颐哲学的一大主题。

刘蕺山尝论："小程子大而未化，然发明有过于其兄者。"③刘蕺山立足于"心学"立场批评程伊川"大而未化"，或许针对理气关系而发，但显然也有浓厚的门户之见。刘蕺山客观点明"发明有过于其兄"，当是平允确当之论。在哲学旨趣上，二程兄弟天理哲学的真正兴趣在于证明人"止于至善"何以可能以及"仁义"等儒家伦理观念存在的正当性与普遍性，而非矻矻探寻自然世界的本质与奥秘。从孔子"仁者安仁"肇始，儒家仁学开启了绵延流长的一个文化道统：仁与人性有内在关联。孟子"即心言性""即天论性"，从性命论、形式逻辑和生命经验三大层次证明仁为天之所"命"，落实于人心为善端。"命"意味着无条件性和普遍性，普遍性意味着人性平等，无条件性说明仁是"善"，是"应当"，是自由。在中国哲学史上，二程、朱子"仁学"标志着以仁为核心的儒家道德形上学达到了前所未有的新高峰。陈北溪尝言："自孔门后，人都不识仁。"④陈淳认为二程、朱子以天理论仁，从形上学而非伦理学层面界说仁，才真正抉发出孔孟仁学的内在精神。"人伦者，天理也。"在逻辑上，程朱可能受到了庄子、禅宗、华严宗和周敦颐思想的影响。"善便有一个元底意思"，天理之善属于绝对性的"元善"，"元善"意味着无条件性、先在性。天理之善是至善，不是与恶对立的善，而是超越了善恶对立的善。换言之，天理"元善"是无条件命令。理善，所以"理之性"善；性善，所以仁善！仁在普遍的人性中是无条件的命令，无条件意味着自由，仁是儒家自由意志视域中的自由。程朱从价值本体论证明：因为天理至善，所以仁善。这一思路与康德多少有点神似之处，应该说这是儒家哲学一大跃进！经过二程和朱子的创造性诠释，儒家仁学广度和深度上都获得了重大的

---

① 《河南程氏遗书》卷十八，第224页。
② 《朱子语类》卷九五，第2429页。
③ 《宋元学案》卷十五，第588页。
④ 陈淳：《北溪字义》卷上，中华书局1983年版，第25页。

提升，理论形态趋向成熟与完备，儒家道德形上学臻于巅峰状态。证明"至善"，臻于"至善"，是儒家一大思想主题。从伦理学意义上的《大学》"止于至善"出发，经周敦颐太极"纯粹至善"，一直到道德形上学意义上的程颐"天理至善"（元善）思想的诞生，历代儒家探求至善的哲学步履递进递佳。二程、朱子"仁善由于天理善"思想的诞生与论证，标志着儒家仁学成为中国自由主义伦理基础得以可能①。

## 第二节 朱子："仁、义、礼、智便是天理之件数"

"仁"是儒家最具代表性的观念。孔子之仁，是"爱无差等"与"爱有差等"的辩证统一。在公德领域，"仁者爱人"是人类普遍之爱，对陌生人社会有所涉及与设计；在私德层面，孔子儒家讲究一个"推"字，由家到国，推己及人。"立爱自亲始"，由孝亲之情向外无限扩充，从亲亲到仁民，从仁民到爱物。孟子的"爱物"，冯友兰称之为"天地境界"。此外，尤其可贵的是，孔子"仁者安仁"把仁学推向了前无古人的思想高度。"安仁"就是"乐仁"，以仁为安，就是以仁为乐。仁者安仁，意味着仁与人性有涉。仁不是外在强加给我的人伦规范，而是我内在先验性的天赋。徐复观先生将孔子人性论概括为"人性仁"，恰如醍醐灌顶，使人有"电然"（梁启超语）之感。牟宗三先生也说：孔子之"仁即是性，即是天道"②。远在孟子之前，孔子就已经从人性论高度论证仁存在正当性，这是儒家仁学的一大特点。董仲舒进而从宇宙论视域论证仁与宇宙本原的关系，"阳气仁"，"仁，天心"。仁是气本体之德性，道德本体论已初步建立。在周濂溪的太极图式中，无极、太极是本体，诚是本体之德，诚是纯粹至善。二程起而踵之，从本体论而非宇宙论高度证明天理与仁的内在关系。"学者须先识仁。仁者，浑然与物同体。义、礼、知、信皆仁也。识得此理，以诚敬存之而已，不须防检，不须穷索。"③ 二程哲学中的"仁"，犹如周濂溪哲学思想中之"诚"。诚是太

---

① 由此笔者想起现代新儒家徐复观的一大观点：儒家之"仁"是中国自由主义的伦理基础。这是"儒家自由主义"代表人物非常重要的一大学术观点，时至今日，其重要性越来越凸显。儒家仁学成为中国自由主义伦理基础是否可能？何以可能？这是学界需从理论高度深入探讨的一大课题。

② 《名家与荀子》第三讲，第135页。反求诸己，体悟自性先验性存有仁心仁德，人性天生有善，无须外假，人生之幸福莫过于此。也正是在这一意义上，君子可以"安仁""乐道"。徐复观先生将孔子人性学说高度概括为"人性仁"，也正是基于这一材料有感而发。

③ 《河南程氏遗书》卷二十二上，第16—17页。

极之德，贯通天人上下。仁是"理之性"之德，遍在于人和天地万物。朱子承二程之余绪，进一步从天理哲学论仁，"须知天理只是仁、义、礼、智之总名，仁、义、礼、智便是天理之件数。"①

## 一、仁是"天地之心"

朱子曾经与张钦夫讨论"天地之心"，张钦夫认为"天地以生物为心"这一命题的成立有待证明，因此心有所"未安"。朱子反驳说："盖天地之间，品物万形，各有所事，惟天确立于上，地愦然于下，一无所为，只以生物为事。故《易》曰'天地之大德曰生'，而程子亦曰'天只是以生为道'。其论'复见天地之心'，又以动之端言之，其理亦已明矣。"②"天地之心"在学术史上是一常言常新的命题。《易传·象传》说："《复》，其见天地之心乎。"复卦五爻皆阴，唯独一阳潜伏于下。寒冬腊月之时，阳气在天地间顽强挺立生长，由此可见天地有"生生"之大德。程伊川说："既有知觉，却是动也，怎生言静？人说《复》以静见天地心，非也。《复》之卦下面一画便是动也，安得谓之静！自古儒者皆言静见天地之心，惟某言动而见天地之心。"③《易传》作者和程伊川皆从自然观视域论证天有"生生"之德，"静"是本体论意义上的概念，理是静而不是动。"动"是宇宙生成论层面的概念，气属于动而不是静。程伊川这一番言论与人没有关系，揭示的是宇宙运动的根本法则。

在思想史上，另一条线索是论证人也有"天地之心"。《礼记·礼运》云："故人者，其天地之德，阴阳之交，鬼神之会，五行之秀气也。……故人者，天地之心也，五行之端也。"《礼记·礼运》从人论层面阐述人禀五行之气，先天赋有"天地之心"。因此人作为德性主体有责任揭示天地之德，有义务践行天地之心。汉代董仲舒继而认为："仁，天心，故次以天心。"④"天志仁，其道也义。"⑤天之所以永不停歇地化生天地万物，是因为天有"仁"德，"仁"是最高的价值原理。这一价值原理不仅源出于天，而且落实于人的本性，践行于人的言行。"察于天之意，无穷极之仁也。"⑥

---

① 《答何叔京》，《朱熹集》卷四十，第 1885 页。
② 《答张钦夫》，《朱熹集》卷三十二，第 1391 页。
③ 《宋元学案》第一册卷十五《伊川学案》上，第 593 页。
④ 《春秋繁露·俞序》。
⑤ 《春秋繁露·天地阴阳》。
⑥ 《春秋繁露·俞序》。

朱子《仁说》撰写于中年时期，是一篇阐释仁学的专论性文章。《仁说》涉及面较广，主要包含三方面内容：

其一，从天地之心有"生生"之德，过渡到"心之德"是仁。"天地以生物为心者，而人物之生，又各得夫天地之心以为心者也。故语心之德，虽其总摄贯通无所不备，然一言以蔽之，则曰仁而已矣。"[1] 仁是"心之德"，但仁不可简单等同于心。就其"总摄贯通无所不备"意义上言，"心之德"可概括为仁。这一篇文章始终没有提及"诚"，更没有论证本体之诚与本体之仁、人性之仁的内在逻辑关系。人如何从天地之心具备"心之德"？朱子用"一言以蔽之"来掩盖其论证过程的粗疏，决定论的色彩比较明显。

其二，天心之德是元亨利贞，以元为通贯；人心之德是仁义礼智，以仁为通贯。"盖天地之心，其德有四，曰元亨利贞，而元无不统。其运行焉，则为春夏秋冬之序，而春生之气无所不通。故人之为心，其德亦有四，曰仁义礼智，而仁无不包。其发用焉，则为爱恭宜别之情，而恻隐之心无所不贯。"天地之心与人之心相对应，仁义礼智是未发之性，"发用"而为爱恭宜别。心、性、情三者的关系，朱子作了内在的逻辑梳理。

其三，仁是"爱之理"。"论人心之妙者，则曰：'仁，人心也。'则四德之体用亦不待遍举而该。盖仁之为道，乃天地生物之心，即物而在，情之未发而此体已具，情之既发而其用不穷，诚能体而存之，则众善之源，百行之本，莫不在是。"[2] 爱是情，仁是性；爱是已发，仁是未发。仁是"爱之理"，不可将仁与爱简单混同为一。仁"即物而在"，天地万物乃至一草一木，无不彰显天地"生物之心"。因此，仁不是纯粹观念性存在，也不是像牟宗三所说的"死仁"。仁表现在天地万物，呈现为春光灿烂、"块然生物"的生命活力；仁体现在人，彰显为恻隐慈爱、"温然爱人利物"的人文精神。

其四，通过对杨时与谢良佐的批评，正面阐发其思想。"程氏之徒，言仁多矣，盖有谓爱非仁，而以万物与我为一为仁之体者矣。"朱子于此虽未点名，但很显然是针对程颢与杨时而发。"万物与我为一为仁之体"只说到"无不爱"，却缺乏切实可行的求仁之方。孔子的"博施济众"一段话，当年是针对子贡好高骛远心态而发，劝诫子贡应脚踏实地，因为即使圣人也难以企及"博施济众"。因

---

① 《仁说》，《朱子全书》第二十三册，第 3279 页。
② 《仁说》，第 3280 页。

此，"万物与我为一"，容易使人陷入"含糊昏缓"的泥潭。谢上蔡以"知觉释仁"，禅味较浓。"觉"是生理感受，知痒知痛、酸甜苦辣都是觉。以觉释仁，仁被界说为生理本能，"认欲为理"。朱子认为，恻隐之心是情，属于道德本能，主要以情感的方式表达出来。仁是道德判断，属于人之性。"性即理"，性的主干就是仁，由此也可以说"仁即理"。因此，谢上蔡以知觉释仁，容易使人陷入"张皇迫躁而无沉潜之味"①。

《仁说》是朱子中年时期的作品，朱子晚年也经常谈及"天地之心"。学生黄樵仲问："向着先生教思量天地有心无心。近思之，窃谓天地无心，仁便是天地之心。若使其有心，必有思虑，有营为。天地曷常有思虑来！然其所以'四时行，百物生'者，盖以其合当如此便如此，不待思惟，此所以为天地之道。"朱子问答说："如此，则《易》所谓'复其见天地之心''正大而天地之情可见'又如何？如公所说，只说得他无心处尔。若果无心，则须牛生出马，桃树上发李，他心又却自定。程子曰：'以主宰谓之帝，以性情谓之乾'。他这名义自定，心便是他个主宰处，所以谓天地以生物为心中间。钦夫以为某不合如此说。某谓天地别无勾当，只是以生物为心。一元之气运转流通，略无停间，只是生出许多万物而已。"学生又问："程子谓'天地无心而成化，圣人有心而无为'。"朱子回答说："这是说天地无心处。且如'四时行，百物生'，天地何所容心？至于圣人，则顺理而已，复何为哉！所以明道云：'天地之常，以其心普万物而无心；圣人之常，以其情顺万事而无情。'说得最好。"学生再问："普万物，莫是以心周遍而无私否？"朱子回答说："天地以此心普及万物，人得之遂为人之心，物得之遂为物之心，草木禽兽接着遂为草木禽兽之心，只是一个天地之心尔。今须要知得他有心处，又要见得他无心处，只恁定说不得。"② 学生只认识到天地"无心"这一层含义，却没有意识到天地是有心与无心的辩证统一。天地"无心"是指天地不是一有意志、有欲求的人格神存在。云卷云舒、春华秋实，天地自然，无所容心；天地"有心"是指天地万物背后存在着普遍性、永恒性的自然法则、规律与原理，因此桃树不会生出李子，牛不会生马。朱子说天地有"主宰"的意思，也是从天地自然背后隐含的法则、规律与原理而发的。

张载曾经说"为天地立心"，此"心"就是仁。二程认为"仁"是天下的

① 《仁说》，第 3281 页。
② 黄士毅编，徐时仪、杨艳汇校：《朱子语类汇校》第一册，上海古籍出版社 2014 年版，第 4—5 页。

"正理"。朱子继而认为，天地"有心"泽及万物，彰显出生生不已的仁德。有学生问朱子："仁者天地生物之心"。朱子说："天地之心，只是个生。凡物皆是生，方有此物。如草木之萌芽，枝叶条干，皆是生方有之。人物所以生生不穷者，以其生也。才不生，便干枯杀了。这个是统论一个仁之体。其中又自有节目界限，如义礼智，又自有细分处也。"问"偏言则一事，专言则包四者"。曰："以专言言之，则一者包四者；以偏言言之，则四者不离乎一者。"天地之心的功效与作用就是"生"，"生"彰显出"仁之体"。仁是事之本体，其他四德涵摄在仁德之下。

既然仁是天地之心，那么生命个体的"吾之心"与"天地之心"是什么关系？《礼记·礼运》说人是"天地之心"，朱子理应对两者之间关系有所辨析。"因说此章，问曰：'今不知吾之心与天地之化是两个物事，是一个物事？公且思量。'良久，乃曰：'今诸公读书只是去理会得文义，更不去理会得意。圣人言语只是发明这个道理。这个道理，吾身也在里面，万物也在里面，天地也在里面。通共只是一个物事，无障蔽，无遮碍。吾之心即天地之心。圣人即川之流，便见得也是此理，无往而非极致，但天命至正，人心便邪；天命至公，人心便私；天命至大，人心便小，所以与天地不相似。而今讲学便要去得与天地不相似处，要与天地相似。'"①朱子思考良久才缓缓作出的答复，可从两方面解读：其一，从本体上讲，天地万物一体，犹如一棵参天大树，枝枝叶叶都从这一"大原"上生发，"牵一个则千百个皆动。"②因此，"吾之心"就是"天地之心"；其二，从人性论与现实情况而论，人心又与天地之心不可混同。天地之心"至正""至公""至大"，人心不同于道心，因为有欲望纠缠其间，所以人心有"邪""私""小"的特性。其后王阳明指出："人者，天地万物之心也；心者，天地万物之主也。"王阳明这里所说的人心，是"纯乎天理之心"意义上的良知良能。人作为宇宙间智慧的存在，有责任揭示天地万物的本质与意义，有义务论证人作为"天民"在宇宙间的责任与意义。

## 二、性即理，仁即理

在儒学史上，孔子"仁者安仁"已开始从人性论高度论证仁义与人性的关

---

① 《朱子语类汇校》第二册，第 1031—1032 页。
② 《朱子语类汇校》第二册，第 1031—1032 页。

系。孟子继而从天论视域论证仁义礼智四端与天的关系，冯友兰评论说："孟子言义理之天，以性为天之部分，此孟子言性善之形上学的根据也。"[1] 董仲舒则从天论与气论这一形而上维度证明仁义的正当性，从阳气仁、阴气恶推导出人性"有贪有仁"。在儒家道统上，程颐是对孔孟思想的"接着讲"，具有创见性的命题就是"性即理"：

> "性即理也，所谓理，性是也。"[2]

> "伯温又问：'孟子言心、性、天，只是一理否？'曰：'然。'"[3]

> "心也，性也，天也，非有异也。"[4]

从人与本体关系视域立论，性是天理在人之彰显与落实，是人之所以为人的本质规定。人作为认识与实践主体，理"夯实"为性理，理才具有活泼泼的意义。由此而来，"性即理"层面的"性"自然而然具有"善"的品格：

> "气有善不善，性则无不善。人之所以不知善者，气昏而塞之耳。"[5]

> "自理言之谓之天，自禀受言之谓之性，自存诸人言之谓之心。"[6]

朱子对程伊川的"性即理"思想服膺有加，亦步亦趋地弘扬程伊川的学说。"性者，浑然天理而已。"[7] "性，即理也。天以阴阳五行化生万物，气以成形，而理亦赋焉，犹命令也。于是人物之生，因各得其所赋之理，以为健顺五常之德，所谓性也。"[8] "性只是理"[9]，朱子多次反复提及这一命题。人作为一生命体，从气本原获得形体躯壳，从天理获得五常之性。这一推导过程与结论，多多少少有些决定论、独断论的色彩。人何以就从天理获得先在性的道德禀赋？如何证明"必得是理，而后有以为人物之性"[10]？二程、朱子的这一论证思路与叙事模式，不如孟子与王阳明更加自然亲切。王阳明抛弃了高悬于天上的形上本体，从生命个

---

[1]　冯友兰：《中国哲学史》第十二章，华东师范大学出版社 2000 年版，第 217 页。

[2]　《河南程氏遗书》卷二十二上，第 292 页。

[3]　《河南程氏遗书》卷二十二，第 296—297 页。

[4]　《河南程氏遗书》卷二十五，第 321 页。对于程子"性即理"思想在中国哲学史上的意义，朱熹的评价比较确当："如'性即理也'一语，直是孔子后惟是伊川说得尽。这一句便是千万世说性之根基，是个公共底物事。"参见黄宗羲原著，全祖望补修：《宋元学案》卷十六《伊川学案》下，第 650 页。

[5]　《河南程氏遗书》卷二十一下，第 274 页。

[6]　《河南程氏遗书》卷二十二上，第 296—297 页。

[7]　《朱子语类》卷九五，第 2427 页。

[8]　朱熹：《四书章句集注》（中庸章句），第 17 页。

[9]　《朱子语类》卷四，第 66 页。

[10]　《朱子语类》卷四，第 59 页。

体的具体生命经历与生命体验入手，通过自身体悟，证明"四德"与"良知"的存在具有普遍性与鲜活性。"四德"与"良知"活泼泼地显发于我们日常生活之中，而不是存在于思辨的天空。

在朱子思想体系中，天地之性属于"理之性"，"理之性""堕"在气质之性中。但是，"理之性"与气质之性"不相夹杂"。虽然"理之性"与气质之性存在于每一个生命个体之中，但"理之性"其实可以脱离气质之性而独立存在。"论天地之性，则专指理言；论气质之性，则以理与气杂而言之。未有此气，已有此性。气有不存，而性却常在。"①"理之性"不生不灭，与天理一样亘古长存。"理之性"只是寄寓于气质之性中，犹如佛教所说的"水中盐味"。朱子于此借用佛教术语"水中盐味"，来表述"理之性"与气质之性"不离""不杂"。但是，这一譬喻实际上是存在矛盾的。"理之性"与气质之性"不杂"自然圆融无碍，但说两者之间"不离"，就与朱子自己所说的"气有不存，而性却常在"相扞格。

谈及"理之性"的普遍性，朱子用了"理同气异"与"气同理异"两个命题来表述。"理同气异"，是从宇宙论层面阐发。"人物之生，天赋之以理，未尝不同。"② 人与牛马羊动物都先验性赋有天理，先在性共有"理之性"。犹如用勺子去舀水，只能盛装一勺子水。用木盆去舀水，就可能一盆水。不同的只是数量，相同的是本质；"气同理异"是从构成论层面说的，属于"已得之后"，而不是"方付与万物之初"。人与动物都禀受天理以为性，禀受天地之气以为形体躯壳。但是，人人气禀不一样，气有昏明厚薄的不同，所以所得到的"理之性"也有差异。"惟其所受之气只有许多，故其理亦只有许多。"③ 人的本性以"明暗"论，动物的本性以"偏塞"论。"暗"的人性，通过后天道德践履，可以实现内在超越，由暗变明。"偏塞"的动物，永远只能"是其所是"地存在，无法"使之通"。所以虎狼蜂蚁虽然也有"理之性"，但受"偏塞"的阻碍，在理义上"只有一两点子光""有一点子明"。④

"理之性"的具体属性是仁义礼智，四者同是天理的"件数"。在有的场合，朱子把孝悌忠信与仁义礼智并列，也看成是"理之性"固有的"件数"。在仁义

---

① 《朱子语类》卷四，第 67 页。
② 《朱子语类》卷四，第 58 页。
③ 《朱子语类》卷四，第 57 页。
④ 《朱子语类》卷四，第 57 页。

礼智四德中，仁作为"众善之长"，可以涵摄义礼智三德。由此，"性即理"也可推导出"仁即理"。尤其重要的是，朱子指出自汉以降学者几乎都没有真正理解孔孟的仁学真谛。最大的错漏在于：仁与爱不分，性与情不辨。"由汉以来，以爱言仁之弊，正为不察性、情之辨，而遂以情为性尔。"① 唐代韩愈以"博爱"释仁，以情为性，可谓典型的"不察性、情之辨"。朱子晚年弟子陈北溪有一句名言："自孔门后，人都不识仁。"② 陈淳之论，既有对师门的褒扬，也隐含对汉代以来学者尤其是韩愈等人的批评。在朱子、陈淳看来，程颢、程颐兄弟才真正抉发出孔孟仁学的本质。因为程子明确点明："仁，性也；爱，情也，岂可便以爱为仁？"③ 朱子对程子的这一观点服膺有加，广泛播扬。在几封与张钦夫讨论仁学的书信中，朱子一再阐述程子的"仁性爱情"说。"盖曰仁者，生之性也。而爱其情也，孝悌其用也。公者所以体仁，犹言'克己复礼为仁'也。学者于前三言者可以识仁之名义，于后一言者可以知其用力之方矣。"④ 仁作为"爱之理"，属于"自然本有之理"⑤。爱是情感，是仁性的发用。人人先在性具备这一"自然本有之理"，所以对于一草一木都充满爱之情。仁性爱情，在人之所以为人的本质上，两者是协调融合的。面对父母，"自然本有之理"显现为孝；面对子女，显现为慈；面对陌生人，显现为诚信。"仁但主爱，若其等差，乃义之事。"⑥ 儒家仁爱从孔子起始，就呈现出爱有差等与爱无差等的辩证统一。孝悌忠信都是爱在不同社会关系、不同社会场合的体现，本质上都是仁爱，属于"一仁包之"。但在发用上有宜与不宜的裁断，所当爱就应该爱，不当爱就不施爱。这一后天基于道德理性基础上的价值判断与价值选择，就是"义之事"。

谈及仁性爱情，有两对概念必须梳理清楚：

其一，仁与心的关系。

李延平先生当年对朱子有所教诲，在仁与心关系上，可以说"仁，人心"，但不可以心训仁。心有本心与欲心之分，"人之本心无有不仁，但既汩于物欲而失之，便须用功亲切，方可复得其本心之仁。"本心与欲心，或者说道心与人心，同存于每一个生命个体之中，但仁只存在于本心、道心之中，人在现实利

---

① 《又论仁说》，《朱熹集》卷三十二，第1395页。
② 《北溪字义》卷上，第25页。
③ 《答张钦夫论仁说》，《朱熹集》卷三十二，第1392页。
④ 《又论仁说》，第1394页。
⑤ 《又论仁说》，第1398页。
⑥ 《又论仁说》，第1392页。

益面前被欲望功利所诱导，欲心就有可能遮蔽道心、本心。仁作为"心体本然之妙"，就将丧失其"妙"。孟子所说四端之心人人皆有，这是从"心体本然"层面上立论。乍见孺子入井，人人内在的恻隐之心都会被触动。王船山对孟子的观点提出反驳：如果发现孩子的父母与我有不共戴天之仇，那么我弃之不顾甚至抛入井中，也有充足理由。既然我有可以不救孺子的理由，"恻隐之心人皆有之"这一结论就不能成立，"人皆有不忍人之心"就不具备普遍性。王船山的这一驳难能成立吗？掩卷而思，应该说王船山并没有读懂孟子的人性论。因为如果发现孩子的父母与我有不共戴天之仇而不救孩子，已经是以后天的某种利益与欲求左右其行为，本心已经被遮蔽，"汨于物欲"，欲心占据上风。孟子的"四端"是人人先验性的道德本能，"乍见"触动了人内在的道德本能，而不是"滋生"了人的道德本能。因为见还是没有见到孺子入井，恻隐之心本来就存在于我的人性之中。即使因为不共戴天之仇而不救孩子，也恰恰证明恻隐之心先验性存有，只不过一时"失其本心之妙"。有人问朱子："心有善恶否？"朱子明确回答："心是动底物事，自然有善恶。"[1]善是心，恶也是心，善恶皆出于心。不可说善是心，恶不是心。见孺子入井，顿生恻隐之心，是善心流露；见孺子入井，弃之不顾，是恶心发用。恶心是心之本体被遮蔽，因为"心之本体未尝不善"。所以，朱子强调"公"，"公"就是后天的道德觉醒与道德践履，通过"用功亲切"，达到"复得其本心之仁"。"古人学问便要穷理、知至，直是下功夫消磨恶去，善自然渐次可复。"[2]

其二，心不可等同于性。

儒家与佛教区别之一，在于认性为"实"，还是认性为"空"？朱子指出，天理（道）没有方所，没有形体，性就是天理（道）的形体，性的具体内涵就是仁义礼智孝悌忠信。因此，性是实，性不是观念性存在。这里讨论的性，只是狭义上的性，而不是宽泛意义上的性。宽泛意义上的性，还涵摄气质之性。孟子说"仁义礼智根于心"，朱子认为这是从天命之性层面立论，没有涉及气质之性。"如有天命之性，便有气质。若以天命之性为根于心，则气质之性又安顿在何处？"[3]天命之性源出于天理，气质之性受气禀影响，其实都"根"于心，

---

① 《朱子语类》卷五，第86页。
② 《朱子语类》卷五，第86页。
③ 《朱子语类》卷四，第64页。

由心"收拾"性①。朱子此处所说的心，是"心之理是太极"②意义上的心，也就是道心，而不是人心。道心至善，因为形而上的天理至善。人心并非有恶无善，人心被私欲遮蔽，便流向恶。道心虽然有别于人心，但是道心与人心同时存在于人的心，并不是道心与人心存在于不同的地方。"盖人心固异道心，又不可作两物看，不可于两处求也。"③人心光明磊落，无纤毫私欲混杂其间，就是道心。

论及心与性关系，"心统性情"是不可回避的命题。"心统性情"虽然由张横渠提出，但受史料的囿限，张横渠这一命题的详细内涵已很难全面了解。朱子认为，程伊川的"性即理"思想与张横渠的"心统性情"思想，都是具有创见性的哲学思想，"颠扑不破"。具体论及"心统性情"思想的起源与流变，朱子甚至认为张横渠的哲学成就远远高于二程，"'惟心无对'，'心统性情'，二程却无一句似此切。"④朱子对"心统性情"之说非常佩服，在心与情性关系上也有自己的一些思考，基本上可以从两大层面梳理：

首先，心兼性情。"'心统性情。'统，犹兼也。"⑤"'心统性情'，性情皆因心而后见。心是体，发于外谓之用。孟子曰：'仁，人心也。'又曰'恻隐之心'，性情上都下个心字。'仁，人心也'，是说体，'恻隐之心'是说用。必有体而后有用，可见'心统性情'之义。"⑥兼，意即涵摄、赅括。朱子以镜子为例：镜子是心，镜子中出现人物山水草木，这属于情。镜子何以能照见人物山水草木是性。镜子将照见的内容以及之所以能照见内容的原理统一起来。"心是包得住这两个物事"⑦，心是性情的"统名"，并不意味着可以说"心即性"，只可以说心之体是性。

其次，心主性情。"性者，理也。性是体，情是用。性情皆出于心，故心能统之。统，如统兵之'统'，言有以主之也。"⑧统意味着统领、主宰与指挥，犹如战场上指挥千军万马的将帅，军队或进或退、或左或右，全部由将帅统领。

---

① 《朱子语类》卷四，第 64 页。
② 《朱子语类》卷五，第 84 页。
③ 《答张敬夫》，第 1377 页。
④ 《朱子语类》卷九八，第 2513 页。
⑤ 《朱子语类》卷九八，第 2513 页。
⑥ 《朱子语类》卷九八，第 2513 页。
⑦ 《朱子语类》卷一百一十九，第 2867 页。
⑧ 《朱子语类》卷九八，第 2513 页。

"统是主宰，如统百万军。"① 心统性情之心，是道心，价值理性之心。朱子认为，孟子说仁义礼智"根于心"，另一方面又说恻隐、羞恶、辞让与是非也是心。仁义礼智是性，这是性心；恻隐、羞恶、辞让与是非属于情，恻隐、羞恶、辞让与是非可称之为情心。性心与情心都出于心。性是心之静，情是心之动。"一心之中自有动静，静者性也，动者情也。"② 仁义礼智是性，性即理，这是从道德形上学视域立论；但是，仁心、义心、礼心、智心，也是孟子固有的观念，朱子指出，这四心是从经验世界生命个体的实践伦理立论，仁义礼智都与心贯通。恻隐之心、羞恶之心、辞让之心和是非之心，也是心。因此，性与情都与心贯通，"性情皆主于心"③。心何以能主宰、统领性情？"性便是心之所有之理，心便是理之所会之地。"④ 朱子打了一个比方。理在人心，犹如道理在田地。心仿佛是一块田地，性是田地中隐藏的条理、法则。朱子所说的情，既指喜怒哀乐情感，也涵摄"智识念虑"。"见恶而怒，见喜而喜。"⑤ 这是情合乎"节"的表达。如果有三分喜，却放大到十分；有三分恶，扩张至十分，这就是不"中节"。中节或不中节的权衡度量，就是"理在人心"的性。因此，"心统性情"的本质是理之性统领、主宰情。在具体的生活世界中，实际通过每一个个体的心来实现而已。朱子在与张敬夫的一封信中说道："情根乎性而宰乎心，心为之宰，则其动也无不中节矣，何人欲之有？惟心不宰而情自动，是以流于人欲而每不得其正也。然则天理人欲之判，中节不中节之分，特在乎心之宰与不宰，而非情能病之，亦已明矣。盖虽曰中节，然是亦情也，但其所以中节者乃心耳。"⑥ 情"中节"与否，由心来裁断。这一段表述，似乎与前面一段话相矛盾。其实"理在人心"之性，是心性合一之性。性心是心，情心也是心，性心与情心不是有两个心。在个人生活世界中，是由心来主宰、裁断情，还是由性来裁断、统领情？只是从不同层面诠释而已。"理之心"在人为性，是从道德形上学意义上表述；"心统性情"，则是从个人道德践履意义上论说。

　　朱子以动静来界说情与性。由此而来，朱子需回答一个问题：当情处于"静"状态时，是否还需要心来主宰？朱子回答说："心，主宰之谓也。动静皆主

---

① 《朱子语类》卷九八，第 2513 页。
② 《朱子语类》卷九八，第 2513 页。
③ 《朱子语类》卷九八，第 2514 页。
④ 《朱子语类》卷五，第 88 页。
⑤ 《朱子语类》卷九八，第 2514 页。
⑥ 《问张敬夫》，《朱子全书》第二十一册，第 1395 页。

宰，非是静时无所用，及至动时方有主宰也。"① 心处于静的状态，也就是情之未发状态。未发状态的情，天理浑全自然，情与性合一，以性为主。在未发之时，朱子主张以敬涵养情，使心情平静如水，不起杂念。在答林择之的一封信中，又一次谈到这一话题："所引'人生而静'，不知如何看'静'字？恐此亦指未感物而言耳。盖当此之时，此心浑然，天理全具。所谓'中者状性之体'，正于此见之。但《中庸》、《乐记》之言有疏密之异，《中庸》彻头彻尾说个谨独功夫，即所谓敬而无失平日涵养之意。《乐记》却直到好恶无节处，方说不能反躬，天理灭矣。殊不知未感物时，若无主宰，则亦不能安其静，只此便自昏了天性，不待交物之引然差也。盖'中和'二字皆道之体用，以人言之，则未发已发之谓。但不能慎独，则虽事物未至，固已纷纶胶扰，无复未发之时。既无以致夫所谓中，而其发必乖，又无以致夫所谓和。"② 人虽没有与外在的事物相交接，心如果没有主宰，平静如水的"中节"状态也有可能受到干扰。未接物之时，如何做到"安其静"？朱子认为必须主敬，以敬来提澌心，使心在未发时处于"中"的状态。人是情感的存在，不是死灰槁木。因此，动静也只是相对而言的。恻隐、羞恶、喜怒、哀乐，显而易见是"心之发"。在恻隐、羞恶、喜怒、哀乐之前的"寂然而静"之时，人也并非处于心如死灰状态，不仅有耳目手足的发用，实际上心也在"动"。因此，"心无间于已发未发。彻头彻尾都是，那处截做已发未发！"③ 天理之心，通贯于未发已发之时，联通于动静之际。明代王阳明弟子也曾经问过王阳明类似的问题：当人处于瞌睡状态时，良知是否也在熟睡？王阳明的回答是：良知永远处于清醒状态，无论白天黑夜，无论动还是静，良知永远光芒四射，"顺应无滞"。二程、朱子的天理之心与王阳明的良知，存在着内在的思想逻辑连贯性。

## 第三节　陈淳：仁是"天理自然流行"

### 一、"性即理"与"命即理"

陈淳说："性即理也。"④ 既然是性即理，为何还要标出"性"这一概念？陈

---

① 《朱子语类》卷五，第 94 页。
② 《答林择之》，《朱熹集》卷四十三，第 2045—2046 页。
③ 《朱子语类》卷五，第 86 页。
④ 《北溪字义》卷上《性》，第 6 页。

淳解释道：天理作为本体，"泛言天地间人物共同之理。"① 天地万物，一草一木、人物禽兽，都尊奉因循一个共同的理。性"是在我之理"②，天理具体落实在人，称之为"性"。由此也可以说，性是天理的"分有"。因为性是天理的"分有"，证明天理具有永恒性、普遍性，同时也证明得自天理的人性具有普遍性、平等性特点。当然，"性即理"并不是陈淳的发明创造，程伊川早就提出了这一命题：

> "性即理也，所谓理，性是也。"③
> "伯温又问：'孟子言心、性、天，只是一理否？'曰：'然。'"④
> "心也，性也，天也，非有异也。"⑤

"性即理"之"即"不是谓词"是"，而是"若即若离"之"即"，含有"融合"之义。从人与本体关系视域立论，性是天理在人之彰显与落实，是人之所以为人的本质规定。人作为认识与实践主体，理"夯实"为性理，理才具有活泼泼的意义。

程伊川提出性、天、心都是理，陈淳继而提出"性命只是一个道理"⑥。"性即理"，也可以说"命即理"。性与命，既要"合看"，又要"分看"：

其一，命是从源头上论，在天为命，尚未走进人的世界、人的生命；性是专指天理降落人心，天理走进人的历史。陈淳的性命观，基本上是对张载和二程的绍承。张载认为，从太虚本体所授而言，称之为"命"；从人受之于天而言，称之为"性"。"天授于人则为命，（亦可谓性）。人受于天则为性，（亦可谓命）。"⑦性与命，在张载思想体系中，经常称之为"性命"或"道德性命"。"道德性命是长在不死之物也，己身已死，此则常在。"⑧

其二，人性的具体内涵是仁义礼智，仁义礼智直接脱胎于元亨利贞。元亨利

---

① 《北溪字义》卷上《性》，第6页。
② 《北溪字义》卷上《性》，第6页。
③ 《河南程氏遗书》卷二十二上，第292页。
④ 《河南程氏遗书》卷二十二，第296—297页。
⑤ 《河南程氏遗书》卷二十五，第321页。对于程子"性即理"思想在中国哲学史上的意义，朱熹的评价比较确当："如'性即理也'一语，直是孔子后惟是伊川说得尽。这一句便是千万世说性之根基，是个公共底物事。"参见黄宗羲原著，全祖望补修：《宋元学案》卷十六《伊川学案》下，第650页。
⑥ 《北溪字义》卷上《性》，第6页。
⑦ 《张子语录中》，《张载集》，第324页。
⑧ 《经学理窟·义理》，《张载集》，第273页。程子也有类似言论："天所付为命，人所受为性。"

贞是"天命",宇宙自然法则与规律。天命之元,落实在人为仁;天命之亨,落实在人为礼;天命之利,落实在人为义;天命之贞,落实在人为智。朱子认为,元亨利贞是天心之德,以元为通贯;人心之德是仁义礼智,以仁为通贯。"盖天地之心,其德有四,曰元亨利贞,而元无不统。其运行焉,则为春夏秋冬之序,而春生之气无所不通。故人之为心,其德亦有四,曰仁义礼智,而仁无不包。其发用焉,则为爱恭宜别之情,而恻隐之心无所不贯。"天地之心与人之心相对应,仁义礼智是未发之性,"发用"而为爱恭宜别。元亨利贞与仁义礼智相比附的目的,是力图从哲学上证明仁义礼智存在的正当性。

其三,既然"在天为命",命属于理之性,静是命的最大特点,至静而无感。因此,命纯善无恶。性是天理走进人的生命、人的世界,"走进"就不再是"空得个理"①。人禀受天地阴阳之气而成形骸,禀受天地之理而成性。张横渠说:"天地之塞吾其体,天地之帅吾其性。""塞"源自孟子"浩然之气塞乎天地","塞"指的是气。"帅"出自孟子"志,气之帅",陈淳仿效朱子将"志"诠释为"理"。气与理,建构了生命个体的完整内涵,也赋予了生命个体的存在意义。与此同时,既然气形成了生命个体,由此衍生气是否"偏正"?是否"通塞"?气之偏正通塞,又引出了宋代儒家哲学另一个重要的观念——"气禀"。

其四,气禀与恶。"气禀"学说的本质,是力图从哲学高度探究一个根本性问题:恶是否存在一个哲学形上学的本源?孔夫子当年说"唯上智与下愚不移",基本上还是就道德论道德,在"现象直观"层面描述人类的智力与人性差异。但是,多多少少也与宋代学者所讨论的气质之性有些许关联。孟子从心性论层面,阐述仁义礼智"四端"是先天赋予。"四端"是善,这种善是先验的、普遍的,同时也是绝对性的,因此,这种善是"命"。已发为情,显现为恻隐之心、羞恶之心、辞让之心和是非之心。四心属于情,在情感背后,隐藏的是仁义礼智之性,性是未发。心将性与情统摄起来,张载归纳为"心统性情"。孟子在人性论上的重心是谆谆告诫人们,应当自觉地以人性中的"四端"作为性,而不应当以"食色"为性。"君子所性"与"人之性"迥然有别,"人之性"既包含"大体",也涵摄"小体"。但是,"君子所性"强调在人禽之别的意义上,应时时牢记只有仁义礼智"四端"才是性。值得挑明的是,孟子其实并没有论证一个根本性的问题:"恶"是否也像善一样,也存在一个普遍性

---

① 《北溪字义》卷上《性》,第6页。

的源头？或者说，"恶"有一个形而上的本源吗？

　　值得注意的是，在中国思想史上，汉代董仲舒第一次从宇宙论高度论证"阳气仁""阴气恶"①。董仲舒认为，天有"大数"，以十为终。阳气在正月开始出现，天地万物也从正月开始萌芽；阳气兴盛于夏季，万物蓬勃生长于夏季；阳气开始衰退，万物也随之凋零。"物随阳而出入，数随阳而终始。"②阳气有生育万物"生生"之德，所以阳气有仁之德；换言之，仁德是阳气本质属性之彰显。与此相对，"恶之属尽为阴，善之属尽为阳。"③阳气善，阴气恶，董仲舒这一思想在中国思想史上非常重要，因为董仲舒第一次从宇宙论高度论证一个本根性问题：恶也存在一个形而上的本源。正因为如此，才能从人性论上解释为何人性"有贪有仁"？为何说人性是"性未善"？

　　令人深思的是，无论是二程兄弟，还是朱子、陈淳，尽管他们在哲学观点上多有歧义。但是，在恶是否有独立的形上来源问题上，异口同声地否定董仲舒的观点，立场坚定地认为：恶不存在形上学的根据，恶与天理本体无关，恶与性命无涉，恶只与"形化"层面之气有关。"气有善不善，性则无不善。"④"寿夭乃是善恶之气所致。仁则善气也，所感者亦善。善气所生，安得不寿？鄙则恶气也，所感者亦恶。恶气所生，安得不夭？"⑤在程伊川的思想体系中，因为气有"气化"与"形化"之分，气禀之气已不是张载哲学意义上的"气本"。天理是至善无恶，"形化"之气有善有恶。恶不存在一个超越经验世界的形上根源，天理无须对恶负责。"恶专是气禀，不干性事。"⑥恶"不干性事"，自然更"不干"天理事。理与气已经截然相分，"形化"之气需对恶负责，恶源自恶气。纯善无恶之天理与有善有恶之"形化"之气，成为程朱哲学一大主题，后来又深刻地影响了陈淳思想的形成。"天所命于人以是理，本只善而无恶。"⑦天命之性是"理之性"，纯善而无恶。恶只与具体生命个体气禀之闭塞、偏全有关。刚烈之人，先天禀受过多阳气；软弱之人，先天禀受过多阴气。阴险歹毒之人，禀受了阴气之恶。芸芸众生，因为气禀有异，个性各有差异。但在本源意义上，"理之性"在每一个

---

① 《春秋繁露·阳尊阴卑》。在《天地阴阳》篇中，有"天志仁"的表述，含义一致。

② 《春秋繁露·阳尊阴卑》。

③ 《春秋繁露·阳尊阴卑》。

④ 《河南程氏遗书》卷二十一下，第274页。

⑤ 《河南程氏遗书》卷十八，第224页。

⑥ 《朱子语类》卷九五，第2429页。

⑦ 《北溪字义》卷上《性》，第7页。

生命个体中仍然存在。"气虽不齐，而大本则一。"①"大本"之善，具有普遍性、绝对性，存在一个超越时空的本体。恶则不一样，恶只与生命个体的"具体经验"有关。

## 二、仁是自然权利

人建构了"仁"，还是发现了"仁"？这是颇有哲学色彩的一个话题。其实这一话题又与前面提到的"二程朱子为何从天理高度论说仁"关系密切。我们只有论证"二程朱子为何从天理高度论说仁"，才能回答人建构了"仁"，还是发现了"仁"？

在儒家仁学史上，存在着一条从伦理学角度论说"仁"，进而发展到从宇宙论、本体论视域论说"仁"的逻辑线索。"仁"字虽不是孔子所发明，但他赋予了其全新的内涵。《论语》20篇，仅有4篇未涉及仁。面对诸多学生、时人"问仁"，孔子的回答都不一样②。其中缘由可作三方面诠解：

其一，提问者学识、性格不一，孔子有的放矢，针对不同的对象作不同的回答。

其二，在诸多不同的对答背后，孔子对"仁"有一个哲学层面的思考，所以能够以一对万，应接万人。

其三，孔子论"仁"，已超出伦理学视域，已经蕴含一些知识论的因素。其中最典型的命题就是"仁者安仁，知者利仁"③。孔子把"仁"分为"安仁"与

---

① 《北溪字义》卷上《性》，第7页。
② 譬如在《雍也》篇中，先后有樊迟、宰我和子贡三位弟子"问仁于孔子"：
"（樊迟）问仁。曰：'仁者先难而后获，可谓仁矣。'"
"宰我问曰：'仁者，虽告之曰"井有仁焉"，其从之也？'子曰：'何为其然也？君子可逝也，不可陷也；可欺也，不可罔也。'"
"子贡曰：'如有博施于民而能济众，何如？可谓仁乎？'子曰：'何事于仁，必也圣乎！尧、舜其犹病诸！夫仁者，己欲立而立人，己欲达而达人。能近取譬，可谓仁之方也已。'"
《论语》记载樊迟三次问仁，孔子三次答复皆不同。在《雍也》篇中孔子对樊迟所作的答复，并非泛泛而论，根据朱熹的考证，当是"此必因樊迟之失而告之"。樊迟年少好勇，急于求成，所以孔子又以"居处恭，执事敬，与人忠"劝勉。宰我之问，也是有感而发，刘聘君认为"宰我通道不笃，而忧为仁之陷害，故有此问"。君子"可欺以其方"，不可"罔以非其道"。孔子之答，是对宰我立志行仁道的勉励。至于对子贡的答复，吕公著认为："子贡有志于仁，徒事高远，未知其方。孔子教以于己取之，庶近而可入。是乃为仁之方，虽博施济众，亦由此进。"为仁之方，在于"能近取譬"，脚踏实地，不可好高骛远，空发高论。
③ 《论语·里仁》。

"利仁"两类,《礼记·表记》进而将"仁"细分为三类:"仁者安仁,知者利仁,畏罪者强仁。""安仁"也可理解为"乐仁",《大戴礼记·曾子立事》有"仁者乐道,智者利道"的记载,正好可作佐证。孔子以"仁"为"安"、为"乐",实质上是说明仁出自人之本性,仁内在于生命本然,仁不是单纯外在的行为准则。正如牟宗三先生所言:孔子之"仁即是性,即是天道"[①]。仁既然源自普遍人性,就具有普遍性特点,普遍性意味着平等性,平等性也意味着仁是自然权利,先天自然赋有,人人皆先验性具备。《史记·滑稽列传》裴骃《集解》云:"安仁者,性善者也;利仁者,力行者也;强仁者,不得已者也"[②]。反求诸己,体悟自性先验性存有仁心仁德,人性天生有善,无须外假,人生之幸福莫过于此。也正是在这一意义上,君子可以"安仁""乐道"。徐复观先生将孔子人性学说高度概括为"人性仁",也正是基于这一材料有感而发。既然"仁者安仁",而非"利仁",仁就不是手段,而是目的本身。君子行仁,是内在仁心仁德之彰显,不做作,不虚饰,自然纯粹,天然混一。犹如鱼不离水,瓜不离秧。"安仁者不知有仁,如带之忘腰,屦之忘足。利仁者是见仁为一物,就之则利,去之则害。"[③] 朱子这一训释,通俗易懂,切近要害[④]。"上者率其性也,次者利而为之。"[⑤] 卢文弨所说的"率其性",也就是孟子仁学思想体系中的"由仁义行"。与此相对,"利仁"之仁,是外在于人心的价值规范,"利仁"是孟子思想中的"行仁义",是朱熹所说的"硬去做"[⑥]。"是真个见得这仁爱这一个物事好了,犹甘于刍豢而不甘于粗粝。"[⑦]"利仁"既然是"以仁为利而行之"[⑧],行仁是手段,而非目的,因此智者之仁含有极强的以人为中心的社会功利性。"至若欲有名而为之之类,皆是以为利也。"[⑨]

二程、朱子仁学,已建基于知识论和本体论基础上。程子云:"学者须先识仁。仁者,浑然与物同体。义、礼、知、信皆仁也。识得此理,以诚敬存之

① 《名家与荀子》第三讲,第135页。
② 司马迁:《史记》卷一百二十六《滑稽列传》,中华书局1959年版,第3214页。
③ 《朱子语类》卷二六。
④ 朱熹这一表述或受庄子影响,《庄子·达生》篇云:"忘足,履之适也;忘腰,带之适也;忘是非,心之适也。"
⑤ 王聘珍:《大戴礼记解诂·曾子立事》,卢文弨注,中华书局1983年版,第77页。
⑥ 《朱子语类》卷二六。
⑦ 《朱子语类》卷二六。
⑧ 《河南程氏外书》卷六,第381页。
⑨ 《河南程氏外书》卷六,第381页。

而已，不须防检，不须穷索。"① 二程哲学中的"仁"，犹如周濂溪哲学思想中之"诚"。诚是太极之德，贯通天人上下。仁是"理之性"之德，遍在于人和天地万物。朱子承二程之余绪，进一步从天理高度论仁，"须知天理只是仁、义、礼、智之总名，仁、义、礼、智便是天理之件数。"② 天理是集合概念，仁义礼智是天理的"件数"，"件数"说明了仁义礼智是天理的属性，而不是天理的派生物。因为"仁包四德"，所以又可以说仁是天理的"件数"。

从朱子仁是天理"件数"出发，陈淳进而认为仁属于"天理自然流行"③，所以"仁含万善"④。按照二程、朱子天理"在天为命""在我为性"的逻辑，"天理自然流行"意味着人为的因素被弃绝，仁义不是人类理性的产物。天理因循其内在的"生生"路数，将仁义播撒于天地万事万物之间。在人类存在之前，天理已独立存在。在人类诞生之后，天理的作用不因人的意志而转移。仁在人体现为"人所以为人之主"⑤，体有仁义礼智之性，用有恻隐、羞恶、辞让、是非之情。仁在家庭伦理与社会伦理彰显为君臣、父子、夫妇、兄弟和朋友之伦，在制度、经济、军事、外交等领域表现为"当然一定不易之则"⑥。一本而万殊，万殊而一统。仁是"天理自然流行"，大致可以从两个方面解读：

其一，仁是性，爱是情。

陈淳有一句名言："自孔门后，人都不识仁。"⑦ 陈淳之言，既有对师门的褒扬，也蕴含对他人的批评。在陈淳看来，汉唐学者全部"不识仁"，性与情不分，仁与爱混淆，甚至于将仁简单等同于爱，"将仁看得全粗了"⑧。最典型的人物就是韩愈，以博爱训仁，将"爱之理"混同于情感之爱，忽略了博爱的背后，还隐藏着一个超越经验世界的本体之仁。迨至程子，破天荒第一人真正认清儒家仁学的真髓。"仁是性，爱是情"⑨。仁与爱相分，性与情相别。经验世界的情爱不可等同于超越经验世界之上的理念世界的仁；伦理学层面的情爱，不可混同于

① 《河南程氏遗书》卷二十二上，第16—17页。
② 《答何叔京》，《朱熹集》卷四十，第1885页。
③ 《北溪字义》卷下《严陵讲义》，第75页。
④ 《北溪字义》卷上《仁义礼智信》，第25页。
⑤ 陈淳：《答王迪甫问仁书》，《全宋文》卷六七二一，曾枣庄、刘琳主编：《全宋文》，上海辞书出版社、安徽教育出版社2006年版，第140页。
⑥ 《北溪字义》卷下《严陵讲义》，第75页。
⑦ 《北溪字义》卷上《仁义礼智信》，第25页。
⑧ 《北溪字义》卷上《仁义礼智信》，第25页。
⑨ 《北溪字义》卷上《仁义礼智信》，第25页。

认识论、本体论层面的仁。在程子去世之后，程门弟子又"剑走偏锋"，陷于极端。一味单纯地从形上学高度论仁，忽略了"上学"同时，还存在"下达"的维度。忘记了程子之所以从本体论论说仁，本质上在于为仁义寻求一个存在的正当性。但是，本体论上的证明，如果不能有效地下贯至生活世界的仁爱，这种仁，最终会成为"死仁"。程子的本体论，最大的特点是"具体的普遍"，而不是"绝对的普遍"。程门弟子恰恰断章取义地领会程子的思想，"门人又将爱全掉了，一向求高远去。不知仁是爱之性，爱是仁之情，爱虽不可以正名仁，而仁亦岂能离得爱？"①对于仁与爱的关系，张栻的认识比较深刻。他指出仁体作为爱之理，其发用即是爱，爱作为情用，公于天下，无处不在。程伊川当年声明"公"近仁，"公"与人的工夫论紧密相关，人若能克服私欲，将内在先验性仁性天理展现无遗，便实现了仁。因此，在仁与爱之间，还存在"公"这一关节。人往往是通过公进而实现仁。对于仁与爱的内在关系，陈淳也作了仔细的梳理：性与情相对，情属于"性之动"②。仁作为天理之在我者，是未发之性，静、隐是仁性的常态。心是性与情的"郛郭"，心一动，静的状态便有所惊醒，仁性有所萌动，体现为恻隐。恻隐作为仁性的自然萌动，一定是不假思索的第一反应。如果有后天功利性的计较、权衡，已不再是仁性的萌动。恻隐与某种具体的对象相结合，便形成为爱。恻隐作用于父母，这种爱具体显现为孝；恻隐作用于子女，显现为慈。因此，仁性是爱的树根，恻隐之心的萌动犹如根的萌芽。作为情感的爱，则是郁郁葱葱的树冠。陈淳在《答林尉问仁者心之德爱之理书》中，对性与情的区别，再一次进行了辨析："仁是此心中天理生生之全体，发出来真情，自恻隐，自无不爱。但恻隐是于浑沦体上，方萌动便是从恻隐端来。流行及到那物处，故爱与恻隐皆仁之情、性之用，如何全指仁作本是个爱的物，无乃认情为性，认用为体？恐差之远矣，更仔细体认之。"③恻隐与爱虽然都是情，都是"仁之情、性之用"，但还是有细微的差别。恻隐作为仁心之萌动，还没有与具体的对象结合，还没有"流行及到那物处"。因此，没有后天功利性的思索、计较与权衡，是恻隐最大的特点。爱作为仁心之用，已经"流行"到具体的作用物，已经"夹带"后天的辨析、界定与利益计较。

由此而来，可以看出杨龟山与谢上蔡对仁的理解多有偏差。陈淳对杨龟山、

①《北溪字义》卷上《仁义礼智信》，第25页。

②《北溪字义》卷上《情》，第14页。

③ 陈淳：《答林尉问仁者心之德爱之理书》，《全宋文》卷六七二一，第141页。

谢上蔡等人的批评，基本上沿袭朱子的观点。朱子尝言："程氏之徒，言仁多矣，盖有谓爱非仁，而以万物与我为一为仁之体者矣。"① 朱子于此虽未点名，但很显然是针对程颢与杨时而发。"万物与我为一为仁之体"只说到"无不爱"，却缺乏切实可行的求仁之方。孔子的"博施济众"一段话，当年是针对子贡好高骛远心态而发，劝诫子贡应脚踏实地，因为即使圣人也难以企及"博施济众"。因此，"万物与我为一"，容易使人陷入"含糊昏缓"的泥潭。陈淳继而批评道："夫仁者固能与物为一，谓与物为一为仁则不可。此乃是仁之量。若能转一步看，只于与物为一之前，彻表里纯是天理，流行无间，便是仁也。"② 谢上蔡以"知觉释仁"，禅味较浓。"觉"是生理感受，知痒知痛、酸甜苦辣都是觉。以觉释仁，仁被界说为生理本能，"认欲为理"。朱子认为，恻隐之心是情，属于道德本能，主要以情感的方式表达出来。仁是道德判断，属于人之性。"性即理"，性的主干就是仁，由此也可以说"仁即理"。因此，谢上蔡以知觉释仁，容易使人陷入"张皇迫躁而无沉潜之味"③。陈淳起而踵之，"上蔡遂专以知觉言仁，又流入佛氏'作用是性'之说法。夫仁者固能知觉，谓知觉为仁则不可。若能转一步看，只知觉纯是理，便是仁也。"④

其二，仁包四德。

程伊川尝言："四德之元，犹五常之仁，偏言则一事，专言则包四德。"⑤ 以元亨利贞搭配仁义礼智信，以自然之道证明伦理道德存在正当性。元亨利贞是"天命"，宇宙自然法则与规律。天命之元，落实在人为仁；天命之亨，落实在人为礼；天命之利，落实在人为义；天命之贞，落实在人为智。朱子进而认为，元亨利贞是天心之德，以元为通贯；人心之德是仁义礼智，以仁为通贯。"盖天地之心，其德有四，曰元亨利贞，而元无不统。其运行焉，则为春夏秋冬之序，而春生之气无所不通。故人之为心，其德亦有四，曰仁义礼智，而仁无不包。其发用焉，则为爱恭宜别之情，而恻隐之心无所不贯。"天地之心与人之心相对应，仁义礼智是未发之性，"发用"而为爱恭宜别。元亨利贞与仁义礼智相对应的目的，是力图从哲学形上学证明仁义礼智存在的正当性。

---

① 朱熹：《仁说》，《朱子全书》第二十三册，第 3281 页。
② 《北溪字义》卷上《仁义礼智信》，第 25 页。
③ 《仁说》，第 3281 页。
④ 《北溪字义》卷上《仁义礼智信》，第 25 页。
⑤ 《北溪字义》卷上《仁义礼智信》，第 22 页。

以自然之道之绝对性、普遍性，论证"心之理"的正当性，陈淳基本上亦步亦趋地效仿二程、朱子。"人性之有仁义礼智，只是天地元亨利贞之理。"① 仁在天为元，与春季相配，天地万物萌芽发露；礼在天为亨，与夏季相配，天地万物蓬勃生长；义在天为利，与秋季相配，万物成熟，各得其所。秋有肃杀之气，所以义如刀刃，遇事而裁断，事事各得其宜；智在天为贞，与冬季相配，天地万物归根复命，宇宙万事皆有定数。自然之道充满"生意"，所以，元与仁意味着"生意"之始，亨意味着"生意"之通，利意味着"生意"之遂，贞意味着"生意"之藏。从二程、朱子到陈淳的这一论证思路，容易让人想起战国秦汉时期十分流行的宇宙图式，天、地、阴阳、气、四时、五行、五味、五方、五脏一一比附，彼此之间相互感应、相互作用。有所不同的是，战国秦汉时期的宇宙图式是在一种宇宙论或宇宙生成论背景下展开的。二程、朱子的四德配五常理论，建基于天理本体论之上。"盖通天地间，唯一实然之理而已。"② 天理是"实"理，不是单纯存在于逻辑世界的纯粹观念，本身无所谓"坎陷"。换言之，天理从不需要什么"坎陷"。天理贯通于天地内外，涵摄天地人物。超越于天理之外的道，从来就不存在。因此，元亨利贞与仁义礼智相提并论，进而相互论证，绝非是一种譬喻或比附，实质上是天理"理一分殊"的彰显。

程伊川曾经指出，仁义礼智四德有"专言"和"偏言"的两种说法。从"偏言"层面表述，仁是爱之理，义是宜之理，礼是敬之理，智是知之理。仁义礼智四个范畴边界明确，外延清晰。从"专言"角度分析，仁的位阶又显然高于其他三德。"专就仁看，则仁又较大，能兼统四者，故仁者乃心之德。"③ 所谓"兼统"，是指仁可以涵摄义礼智三者。譬如一家四兄弟，父母早亡情况下，依照礼俗，长兄为大。称呼长兄姓名，就代表了全家。称呼其他三兄弟之名，只能代表具体的个人。由此而来，需进一步探索的问题是：为何仁能够"兼统"义礼智三德？"盖人心所具之天理全体都是仁，这道理常恁地活，常生生不息。"④ 仁是人心"天理全体"，可以从三方面解读：

其一，"以理言"。天理在人为性，在心为仁。仁是人心"全体天理之公"⑤。

① 《北溪字义》卷上《仁义礼智信》，第 22 页。
② 陈淳：《心体用说》，《全宋文》卷六七二九，第 253 页。
③ 《北溪字义》卷上《仁义礼智信》，第 18 页。
④ 《北溪字义》卷上《仁义礼智信》，第 19 页。
⑤ 《北溪字义》卷上《仁义礼智信》，第 26 页。

程子所说"仁者天下之公，善之本也"和朱子所言"心之德，爱之理"，其实都是从天理视域说仁。"心之德"是从本体立论，天理是仁的本体，仁又是爱的本体；"爱之用"，是从作用上言说，爱是仁的具体表现。

其二，"以心言"。"心之德"之心，纯粹天理充盈，没有一丝一毫私欲夹杂其中。"纯是天理"之心，二程朱子称之为"公"。孔子称赞颜回"三月不违仁"，在"三月"这一时间段，颜回的心，处于清澈透明的"公"状态。孔子批评冉雍"不知其仁"，是指冉雍的心始终有私欲夹杂。程子说："只是无纤毫私欲，少有私欲便是不仁。"① "以心言"仁，实质上是从工夫论层面界说仁。

其三，"以事言"。"以事言"仁，实际上就是在日常生活中以仁义自守，以仁义行世。孔子称赞"殷有三仁"，是"以事言"仁的例子。在大是大非大灾难面前，即使白刃在前，火海在后，仍能视死如归、舍生取义。

因此，陈淳"以理言"，"以心言"，"以事言"，分别是从本体论、境界论、工夫论和日常伦理层面论证：仁是心之全德、天理全体。仁"流行"在父子人伦，显现为慈与孝；仁"流行"到夫妻，显现为礼与别；仁"流行"到君臣，显现为忠；仁"流行"到朋友，显现为诚信。二程、朱子与陈淳的仁说，与王阳明的良知与致良知，至少在逻辑上，已有一些可比较之处。

值得发掘的是，在继承二程、朱子"仁包四德"思想基础上，陈淳别出心裁地提出仁义礼智信"五常"一体思想。仁义礼智信五者之间融合无间，一动俱动，交错互现。你中有我，我中有你，互融互合，互证互明。

关于仁义礼智信一体思想，陈淳从三个方面论证：

其一，纵向分析。父子有亲就是仁，君臣有节就是义，夫妇有别就是礼，长幼有序就是智，朋友有信就是信。五常每一个范畴都有相对确定的内涵，都有相对清晰的外延。

其二，横向分析。从仁这一视域判别五常，父子有亲，君臣有义，夫妇有别，长幼有序，朋友有信，其实这五个方面都可以视为仁在不同人伦的具体"流行"。"以仁言，则所谓亲、义、序、别、信，皆莫非此心天理流行，又是仁。"② 从义这一视域判断，父子应当亲，君臣应当义，夫妇应当别，长幼应当序，朋友应当信，五常"各当乎理之宜，又是义"③；从礼视域分析，父子有亲，君臣有

① 《北溪字义》卷上《仁义礼智信》，第 26 页。
② 《北溪字义》卷上《仁义礼智信》，第 23 页。
③ 《北溪字义》卷上《仁义礼智信》，第 23 页。

义，夫妇有别，长幼有序，朋友有信，各有节文，仪轨不乱，五常又都是礼；从智视域分析，知道父子有亲、君臣有义、夫妇有别、长幼有序、朋友有信是善、是真理，是非善恶，"当然而不昧"①；从信视域分析，在日常生活当中切切实实做到了父子有亲、君臣有义、夫妇有别、长幼有序、朋友有信，"诚然而不妄"，五常就都是信。

其三，纵横交错分析。先秦儒家说"亲亲，仁也"，之所以敬爱双亲，是因为在仁爱情感背后，深藏人性之仁。"所以爱亲之诚，则仁之仁也②。"之所以谏亲，在于仁爱背后蕴含义；之所以每天奉行温清定省礼节，是因为仁中蕴含礼；仁爱父母，进而仁民爱物，只要良知没有被遮蔽，人人都明白这一是非善恶道理，这是仁中含智；几十年如一日，踏踏实实敬亲爱亲，这是仁中有信。仁中自然蕴含义礼智信，义中自然而然蕴含仁礼智信，礼中自然蕴含仁义智信，智中自然蕴含仁义礼信，信中自然蕴含仁义礼智。"五者随感而发，随用而应，或才一触而俱动，或相交错而互见，或秩然有序而不紊，或杂然并出而不可以序言。"③牵一发而动全身，一动俱动，交错互见。譬如，见人受伤，顿生恻隐之心，同时又愤恨施暴者，这是仁爱的同时又萌生义；见人干坏事，顿生憎恶之心，与此同时，又希望此人能改恶从善，这属于义中涵摄仁。见宾客进门，理应以礼相待，唯恐礼节上有所不周，这属于礼中带智；在日常生活中，对万事万物都有个是非善恶判断，并妥善处理遇到的一事一物，不违礼节，这是智中含礼。五常"纵横颠倒，无所不通"④。仁义礼智信彼此贯通无碍，五常是一个有机的系统，仁义礼智信连为一体，相互联系，相互作用。

其实，无论是"性即理""仁包四德"、仁性爱情，抑或五常一体，陈淳实际上想证明一个观点：仁属于"天理自然流行"⑤。当年曾子以"忠恕"概括孔子一贯之道，忠是内在的尽己之心，是对自己的道德要求；恕是对待他人的道德态度，恕是由未发转向已发过程中的价值判断与选择，既有价值之心的因素，也包含外在的礼仪节文。忠与恕相合，就是仁。陈淳撰有《一贯》一文，"一"是天理本体，"自其浑沦一理而言，万理莫不森然具备。"⑥"贯"是体用之用，指谓

① 《北溪字义》卷上《仁义礼智信》，第23页。
② 《北溪字义》卷上《仁义礼智信》，第23页。
③ 《北溪字义》卷上《仁义礼智信》，第24页。
④ 《北溪字义》卷上《仁义礼智信》，第24页。
⑤ 《北溪字义》卷下《严陵讲义》，第75页。
⑥ 《北溪字义》卷上《一贯》，第31页。

"一理流出去"，贯行到天地万事万物。按照二程、朱子的思维逻辑，天理在天为命，在人为性，性中仁包四德。陈淳这里所说的"一贯"之贯，就是仁。仁从"一理流出去"，在父为慈，在子为孝，在夫妻为别，在朋友为信，在君臣为义。甚至视之明，听之聪，色之温，貌之恭，动容周旋之礼，都是仁"从这大本中流出见于用"①。大至参天地之化育，小到日常洒扫应对、挑水劈柴，都是仁的体现与应用，"无非此一大本流行贯串。"②陈淳特意提及孔子待师长之道，以论证"一贯"之理。一位名叫冕的盲人乐师曾来拜访孔子，孔子亲自出门迎接，走到阶沿，孔子细心提醒他"小心台阶"。走到座席旁，孔子又提醒他座席的位置。待主客坐下后，孔子一一介绍："某在斯，某在斯"。师冕告辞后，弟子子张问："与师言之道与?"问孔子这是否就是尊重盲人的礼仪，孔子回答："然，固相师之道也。"指出这就是尊敬师长之礼仪。生活礼仪的深处，可以感悟价值本体之仁的存在。韩愈尝言："道之所存，师之所存也。"师是道的承载者、弘扬者，而道则是师存在的理由与精神归宿，师与道合一。

论及仁是"天理自然流行"，陈淳尝言理有四大特点，有助于我们进一步理解仁与天理的关系。

其一，"理有能然"③。乍见孺子入井，触动恻隐之心。恻隐是情感，是气，恻隐之心何以能够发生？是因为恻隐情感的背后有仁性驱使，仁是人性先验的存有，仁不是人建构出来的，也不是人理性的产物。仁是人发现的人性奥秘，犹如阿里巴巴喊着"芝麻开门"走进神秘山洞发现了奇特宝藏。正因为人先天具有仁性，所以在"乍见"情景之下，会自然而然引发恻隐之心。

其二，"理有必然"。乍见孺子入井，必然会引发恻隐之心，施以援手。

人不是槁木死灰，人心是活泼泼的，活泼泼的人心见孺子入井，必然触动内在的恻隐之心。"虽欲忍之，而其中惕然自有所不能以已也。"④即使出于后天某种功利性考量忍住不上前抢救孺子，但是，基于内在仁性之上恻隐之心"不容已"。恻隐之心犹如地下泉水，生生不息，喷涌不止。即使有人出于某种利益上的欲求强行压制，但泉水一如既往"不容已"。

① 《北溪字义》卷上《一贯》，第 31 页。
② 《北溪字义》卷上《一贯》，第 31 页。
③ 陈淳：《理有能然必然当然自然》，《全宋文》卷六七二七，曾枣庄、刘琳主编：《全宋文》，上海辞书出版社、安徽教育出版社 2006 年版，第 229 页。
④ 《理有能然必然当然自然》，第 229 页。

其三，"理有当然"。乍见孺子入井，触动恻隐之心，不假思索上前营救，这是天理之"当然"。人与禽兽的区别就在于有"不容已"之天理良心，"当然"就是人类特有的价值判断与价值选择，一旦违背"当然"，就是"悖天理而非人类"①。具体而论，"当然"又可细分为两类：一是以义裁断，在"合做底事上直言其大义如此"②。譬如，孺子入井应当恻隐，为父应当慈，为子应当孝，为君应当仁，为臣应当义，凡是都以"义"作裁断，"惟其义尽，所以仁至。"二是以智立身处世，事事"捡别其是是非非"③。视其所当视，听其所当听。是非善恶辨别清楚，"则得其正而为理。"④

其四，"理有自然"。乍见孺子入井，触动恻隐之心，奋勇上前营救，属于"天理之直流行，发见自然而然，非有一毫人伪预乎其间"⑤。乍见孺子入井，我们可以说是"触动""引发"了恻隐之心，但不可以说"滋生"了恻隐之心。见到或者没有见到孺子入井，恻隐之心本来就存在于我心，"乍见"引发了我先天固有的恻隐而已。"乍见"不是见到孺子入井，马上立一个"心"去盘算、计较是否去上前营救，而是"乍见"与恻隐之心同一时间闪现。这种闪现，犹如大自然电闪雷鸣。"乍见"与恻隐之心，在时间上完全同步，不分先后。在学术史上，王夫之曾经对孟子关于恻隐之心的观点提出质疑："且如乍见孺子将入于井，便有怵惕恻隐之心，及到少间，闻知此孺子之父母却与我有不共戴天之仇，则救之为逆，不救为顺，即此岂不须商量？"⑥ 应该说，王夫子没有读懂孟子的"恻隐之心"，他的这一反驳失之偏颇。如果因不共戴天之仇而弃孺子入井于不顾，这已经是由后天的功利性利益支配其行为。但是，孟子力图要证明的是：人之仁义礼智"四心"，超越后天人文教化与知识。不是"乍见孺子将入于井"会"滋生"出我的恻隐之心，而是恻隐之心本来就存在于我心，孺子入井只不过是触动、引发了我内在的恻隐之心而已。"稍涉安排商量，便非本心。"⑦ 恻隐之心属于"本心"，不是后天"安排商量"产生的，而是不假思索的"天理之直流行"。

从仁是"天理自然流行"出发，如果我们进一步深入思考，我们不难发现：

---

① 《理有能然必然当然自然》，第 229 页。
② 《理有能然必然当然自然》，第 229 页。
③ 《理有能然必然当然自然》，第 229 页。
④ 《理有能然必然当然自然》，第 230 页。
⑤ 《理有能然必然当然自然》，第 230 页。
⑥ 王夫之：《读四书大全说》卷八《孟子》，《船山全书》，岳麓书社 1996 年版，第 943 页。
⑦ 《读四书大全说》卷八《孟子》，第 943 页。

二程朱子和陈淳所要论证的"仁"，属于人的自然权利。仁是人的自然权利，包含三个相连贯的命题：

其一，仁作为自然权利，人人生而具有。仁是天赋的自然规定，不假外求，内在先验自足。孟子称之为"天爵"，其具体内涵是仁义礼智"四德"。既然仁义礼智出于天，孟子进而认为"人人有贵于己者"①。"贵"有"良贵"与"非良贵"之别，公卿大夫是"非良贵"，仁义礼智是"良贵"，"良者，本然之善也。"② 本然之善的仁义礼智，人人皆备，所以孟子说"饱乎仁义"③。仁义之"饱"，不是后天父母、师长"喂饱"的，而是人人先天自然而然"饱"。理解了"饱乎仁义"，方能读懂"万物皆备于我"。程颐、朱熹皆认为性是天理在人的实现，"性者，浑然天理而已"④。性有"理之性"和"气质之性"之分，"理之性"先验蕴涵"健顺五常之德"。仁义礼智信忠孝廉耻都是性之固有内涵。"须知天理只是仁、义、礼、智之总名，仁、义、礼、智便是天理之件数。"天理与仁义礼智信"五常"的关系不是本体与派生物之间的关系，而是本体与属性之间的关系。在五常之中，仁的地位最高，仁是"体"或"全体"，义、礼、智是"支"："仁者，全体；四者，四支。"⑤ 仁是集合概念，义、礼、智、信、忠、孝、廉、耻等是仁之精神在各种社会关系中的自然流行发用。"学者须先识仁。"⑥ 程朱哲学中之"仁"，犹如周敦颐哲学思想中之"诚"。诚是太极之德，贯通天人上下。仁作为"天理"之德，"不是待人旋安排"⑦，而是显现为"一个浑然温和之气"⑧，先验存在于人性之中。

其二，仁义礼智信作为先天的自然权利，具有普遍性，人人皆有。无论是贵戚之胄，还是贩夫走卒，人人都有仁性。犹如"月印万川"，月光播洒每一寸山河大地。

孟子认为"人皆有仁义之心"⑨，所以"人皆可以为尧舜"。人人都有成为尧舜的心性与道德基础，就在于人人皆有此"心"。顺心而"为"，犹如"掘井"。

① 《孟子·告子章句上》。
② 朱熹：《孟子集注》卷十一，第336页。
③ 《孟子·告子章句上》。
④ 《朱子语类》卷九五，第2427页。
⑤ 《河南程氏遗书》卷二上，第14页。
⑥ 《河南程氏遗书》卷二十二上，第16—17页。
⑦ 《朱子语类》卷六，第111页。
⑧ 《朱子语类》卷六，第111页。
⑨ 焦循：《孟子正义·告子章句下》，诸子集成本，中华书局2006年版，第477页。

半途而废，"犹为弃井"。汉代董仲舒从宇宙论高度证明：天抚育万物、泛爱群生、谦退自让、周而复始、诚而有信，天有"仁"之德。"仁，天心也。"① 人"受命于天"，所以"取仁于天而仁也"②。人之血气是先天的存有，"化天志而仁"③，血气化天志，显现为仁德。因此人之仁德源自天，落实于人心，具体体现为"父兄子弟之亲，有忠信慈惠之心，有礼义廉让之行，有是非逆顺之治。"④ 仁是上位概念，已可统摄忠、信、慈、惠、礼、义、廉、让诸德目。

程伊川从"性即理"出发，进而认为："人之初生，受天地之中，禀五行之秀，方其禀受之初，仁固已存乎其中。及其既生也，幼而无不知爱其亲，长而无不知敬其兄，而仁之用于是见乎外。"⑤ 既然仁是"固已存乎其中"，仁就属于全人类，而不是仅仅属于某一社会阶层。正因为仁具有普遍性，才能成为一种天然而普遍的自然权利。在这一自然权利与道德基础之上，圣人境界才得以可能臻至。其后朱熹进一步推导：既然"天下无性外之物"⑥，既然天地万物都先在性禀具仁义礼智信"五常"之德，那么，至少在逻辑上承认天地万物与禽兽也禀受了"五常"成为无法回避之问题。对于这一问题，朱熹作了如下回答："问：'性具仁义礼智？'曰：'此犹是说"成之者性"，上面更有"一阴一阳"，"继之者善"。只一阴一阳之道，未知做人做物，已具是四者。虽寻常昆虫之类皆有之，只偏而不全，浊气间隔。'"⑦ "问：'虎狼之父子，蜂蚁之君臣，豹獭之报本，雎鸠之有别，物虽得其一偏，然彻头彻尾得义理之正。人合下具此天命之全体，乃为物欲、气禀所昏，反不能如物之能遇其一处而全尽，何也？'曰：'物只有这一处通，便却专。人却事事理会得些，便却泛泛，所以易昏。'"⑧ 既然"人物之性一源"，当然禽兽也具"五常"之德。人兽之别仅仅在于：人能禀受"五常"之全体，禽兽由于气禀有别，只能得"五常"之偏："气相近，如知寒暖，识饥饱，好生恶死，趋利避害，人与物都一般。理不同。如蜂蚁之君臣，只是他义上有一点子明。虎狼之父子，只是仁上有一点子明，其他更推不去。恰似镜子，其他处

① 《春秋繁露·俞序》。
② 《春秋繁露·王道通三》。
③ 《春秋繁露·为人者天》。
④ 《春秋繁露·王道通三》。
⑤ 《河南程氏遗书》卷二十三，《二程集》，第 310 页。
⑥ 《朱子语类》卷四，第 56 页。
⑦ 《朱子语类》卷四，第 56 页。
⑧ 《朱子语类》卷四，第 60 页。

都暗了，中间只有一两点子光。"[1] 朱熹将"性"比喻为日光，人性得"性"之全和形气之"正"，受日光大；物性得"性"之偏，受日光小，因而只"有一点子明"。"性如日光，人物所受之不同，如隙窍之受光有大小也。"[2] 虎狼有"仁"，蜂蚁有"义"，尽管只"有一点子明"，但毕竟"有一两点子光"。

其三，仁作为自然权利，与人的本性密不可分。但是，人必须借助理性对这一自然权利进行认识。

陈淳第一次拜见朱子时，朱子就谆谆教诲陈淳做学问需从"根原"处下手。换言之，思考问题需打破就道德论道德的藩篱，应上升到本体论层面探究事物的根源。陈淳撰有《孝根原》一文，专门探究"人为何行孝？""为人子止于孝，近因读'事父母几谏'至'父母之年不可不知'等章，极索玩味，似略见根原确定处，未知是否，试一言之。夫人子于父母，其所以拳拳竭尽如此，笃切而不敢缓，极致而不敢少谦者，是果何而为如此也？"[3] 孝源自父母的恳切教导吗？孝源自对父母责骂的畏惧吗？孝源自父母对我的殷切期望吗？孝源自圣人制定的道德教条吗？孝源自对神明的敬畏吗？孝源自对乡党、友朋讥讽的反省吗？人降生于世，绝不可能"天降而地出"，也不可能像孙悟空那样，裂石而出。怀胎十月而出，不是父母的"安排计置"，而是"为天所命，自然而然"。所谓"自然而然"，意味着人的出生是天道自然而然，"人道之所不能无俯仰戴履。"[4] 人道因循天道，人禀阴阳二气而有此身，又禀天理而有此性。人生天地间，"岂能出乎天理之外哉？"[5] 人性中的仁作为"理之性"核心，并不是后天教化所形成，而是先天的禀赋。但是，人只有从哲学高度思考，才能梳理天理与仁的关系。仁源自天理，作为普遍性、绝对性的自然权利和道德自律赋予人类。正因为如此，既然人生于世，无法一日而游离出天理之外，"决不可空负人子之名于斯世，决然在所当孝，而决不容于不孝。"[6] 当年程子增字解经，将孝悌训读为"行仁之本"而非"仁之本"，目的就在于从天理本体层面证明：仁作为天理之性，是孝存在正当性的形而上依据。陈淳的《孝根原》在问题意识与观点上，对程朱的观点作了更加详细的阐释。

---

① 《朱子语类》卷四，第 57 页。
② 《朱子语类》卷四，第 58 页。
③ 陈淳：《孝根原》，《全宋文》卷六七二六，第 211 页。
④ 《孝根原》，《全宋文》卷六七二六，第 211 页。
⑤ 《孝根原》，《全宋文》卷六七二六，第 211 页。
⑥ 《孝根原》，《全宋文》卷六七二六，第 211 页。

# 第六章　义

　　义，作为儒家伦理道德思想的重要组成部分，构成了儒家思想体系建构的重要范畴。作为核心范畴的"义"，它从古至今，始终活跃于学术研究和思想体系建构的各个方面。义，作为横跨道德形而上学体系建构，和具体行为规范指导两个层面的范畴，它始终作为最根本的要素，渗透在道德命题、政治命题当中。在对程朱理学，乃至朱子后学的研究中，无论是就具体思想梳理、文献研究、形而上学体系分析、语言分析，还是做历史或文学维度的研究，义范畴始终是必不可少的部分。它在程朱理学，乃至朱子后学中，对义范畴的诠释呈现出了多维度、概念化、实践化的特点。这一时期，义范畴在理论上开始逐渐摆脱自然语言在语义、语用方面的蒙昧时期，逐步向语言哲学式问题关注转变，这从侧面反映出儒家思想的哲学化理论化建构真正走向成熟化。

　　殷商到春秋时期，是义范畴的创发期。在这一时期，它还没有摆脱具象化的内涵和语用。义的古字是"義"，最早出现于甲骨文中，甲骨文的写作"𦏧"，小篆为 𦏧。从它的字形可以看出义字"从羊，从我"。《说文解字》："我，古杀字"，由此可以推断，义的内涵一定与"杀"有所关联。甲骨文中"义"字出现总是伴随着"京"字，"义京"一词在卜辞中多次出现。据考证[1]，"义京"指代地名，为祭祀场所。由于商朝政权特点是祭政合一，"义京"能够多次以地名的方式出现在卜辞中，说明"义京"在商朝的政治和宗教生活中，有着重要的地位。在卜辞中"义京"常常是与"羌""宜"字连用的，"义京"为商朝祭祀、刑杀的宗教场所。周代的礼乐文明，取代了商代以祭祀和宗教化信仰文明形式，也取消了作为宗教场所的"义京"存在的政治基础和物质基础。但是"义京"内涵的最核心部分——"宜"，作为政治和道德概念却得以保留，并在礼乐文明中

---

① 陈梦家：《殷虚卜辞综述》，中华书局1988年版，第266页。

逐渐被阐发出来。

从春秋时期到秦，是其形成期和奠基期。春秋战国时期，由于社会矛盾的尖锐性和复杂性，礼乐文明的崩坏，开显了社会秩序的两个方面——政权与伦理。伦理道德之仁与政权政治之义相互纠缠，开出伦理政治这一新形式。仁义，也在此时，正式成为儒家思想的重要范畴，成为文化、政治、经济等思想领域内最核心的部分。义，在道德意识中表现为道德耻感——羞恶之心，义之端也；在道德与政治标准中体现为规范性、正当性——仁以直内，义以方外。

从两汉到隋唐，这一时期的义范畴，虽然在理论和内涵上均没有显著的发展和变化，到了宋明时期，义范畴走向成熟期，它真正实现了以现实问题应对为基础的多维度发展局面。理学的建立和发展、传承，使得义这一范畴的内涵不断变化发展，不断获得新的存在形式。这一时期儒家哲学以及义范畴所面临的问题包括经学研究义理化转变、思想理论体系化建构、对于社会经济政治等问题的理论回应、与佛道的宗教论争、新理论方法的寻求、哲学新范畴的寻求和界定、新理论形态的形成和对经学的蜕变等问题，此类问题的解决造成了儒家哲学新形态的出现——宋明理学。

宋代儒学重视对义理的理解诠释和阐发，但同时他们还重视学术思想与社会现实问题之间的紧密联系，从对现实问题的关注、反思、解决中寻求理论的突破。"义"作为儒家独有范畴，其基本含义正是普遍化的内在合目的性与外在合规律性的统一。社会现实问题的复杂性，对儒家伦理道德思想体系提出了新的挑战，儒学义理化、体系化正是顺应了这一趋势。义，在两宋理学体系中主要表现为内在道德义务，在道德领域内的道德义务意识，它的呈现通常被理学家们诉诸多重手段。他们出于不同的学术兴趣、理论资源、性情爱好等，将之诉诸理性、信仰、情感等，丰富了"义"范畴的内涵，极大地推进了这一范畴的发展。

## 第一节　二程：天理之所宜

程颢由于性格随和，学术兴趣重视内心体验，对儒家心性、诚敬、仁、义等思想颇为推崇，并多有新的阐发。他以"天理"为最高范畴，以理为万事万物的统一，建立了与经验世界相对应的形而上理世界，实现了天道与人伦的直接接洽，为义范畴摆脱经验事物，跃迁至道德形而上学理论范畴，打下了理论基础。

程颢"义"范畴的发展体现在他以"天理"作为"义"的来源和保证，并从"天理"中分化出"义理"作为社会伦理道德的普遍原则，使"义"的原则性含义直接获得最高哲学范畴的论证。同时他以气禀为人性来说明理有善恶，以气沟通形上理世界和形下经验世界，使天道观和心性论完整地结合在一起，将其注重内心体验的治学倾向发展为道德修养功夫，强调了内心体悟对于道德修养的重要意义，以区别以往由经义学习考证来论述道德修养的传统方法。他以诚敬为复性功夫，强调人的道德意识的重要性和行为动机的道德规范性，从动机角度阐发义利之辩和公私之别，反映了北宋时期士大夫普遍存在的重义轻利思想倾向和重视公私之别的时代思想特点。他的思想继承了孟子注重内心体验和自我道德修养的思想特点，以温和而不失风趣的性格和光风霁月的洒脱精神境界，形成了独具一格的学派——洛学。

程颐是程颢的弟弟，人称"伊川先生"。与程颢不同，程颐性情严肃庄重，为学严谨，对师道尊严颇为重视，这体现在其学术特点上便是重视严谨而烦琐的思想论证和说理。

程颐义思想的特点是注重外在知识对心性修养的影响，他对"义"的阐发，也多在气化流行范围内展开，具有强烈的外在性色彩，无论是作为性理的道德原则的义，还是作为外在行为规范的义，程颐的思想进路总是由外向内，内外合一。同时他较为重视性理对义的决定性影响，尤其他将性理阐发为理性，更加凸显知识与理性对义的决定意义。

在修养功夫方面，他希望通过持敬的道德修养功夫以实现转变气质的目的，在行为上注重严肃庄重的持敬功夫与静思涵养，以求对"中道"的正确把握。在他的义思想中，开始在形而上学范围内将格物致知与道德心性修养结合起来，开启了在"义"范畴内探讨自然知识与道德知识之间的区别和联系，通过在道德修养领域内对道德知识的关注，知行关系正式进入了"义"范畴内，将中国哲学的"义"范畴研究推向了崭新的高度。

### 一、从天理到仁义

程颢对义范畴的阐发，基本包括道德形而上学、心性论、理气论、义利公私之辩四个组成部分。他从天理中分化出义理这一范畴，以此作为"义"范畴理论结构的核心。他以仁为天理论的核心，将仁阐发为天道的生生之德，以此宇宙生成的自然哲学天道观和道德哲学心性论结合起来。他以提高仁的理论地位的方式，以仁为道德哲学奠基，使之涵盖义礼智信四者，同时也彰显了其道德行为动机的重要内涵。

程颢将义理规定为社会伦理道德普遍原则，"义"范畴作为义理的理论组成部分。在程颢看来义理作为社会道德伦理的普遍原则而存在的："为夫妇、为长幼、为朋友无所为而非道。此道所以不可须臾离也。然则毁人伦去四大者其分于道也远矣，故君子之于天下也无适也，无莫也，义之与比"①。

程颢认为人之大伦也就是道，即是天道天理的人伦日用层面，因此"义之与比"②的伦也即是伦理和义理："伦，理也。既通人理之极，更不可以有加"③。程颐对伦和理的解释同时也在侧面印证了义理也是伦理的思想。义理在他看来，应当作为人类社会道德伦理规范的核心，"视听言动，非理不为，即是礼。礼即是理也"④。义理在这里成为规范"视听言动"的"礼"——原则。

义理作为天理的一部分，其理论意义是义范畴在天理层面上，获得本体论含义和形而上学的合理性论证。天理将义理、性理、自然律有机地统一起来，为义理的非理性内涵解释向理性内涵解读的转变提供了可能性。其意义在于，对理性的发现和运用，使道德知识的建立成为可能，为儒家道德学说的哲学化理论化发展提供可能性保证。

仁与义作为儒家思想的核心范畴，两者一直都是作为伦理道德思想的同一理论层面要素而存在。仁义礼智信构成了人性五常，五者作为同一层面的要素，它们在范围、界限和作用等各个方面的理论地位都是同一的，而到了程颢这里，"义"范畴的理论地位却发生了变化。

程颢对仁义关系的界定与前人相比发生了极大变化，他把仁的地位提高到其余四者之上，打破了仁义之间原本的平等关系。他对仁把握主要诉诸直觉和体悟，"仁者以天地万物为一体"⑤，将仁解释为人与万事万物之间的相通性，"仁者浑然与物同体"⑥"学者需先识仁"⑦则在凸显其思想重视内在体验的特点，同时也

---

① 程颢、程颐：《二程集·程氏遗书》，王孝鱼点校，中华书局 1981 年版，第 121 页。

② 比，根据许慎《说文解字》是与方互训的，而方与类在推类逻辑中是互训的，以至于比也就是义类。

③ 《二程集·程氏遗书》，第 197 页。

④ 《二程集·程氏遗书》，第 146 页。

⑤ 《二程集·程氏遗书》，第 15 页。

⑥ 《二程集·程氏遗书》，第 17 页。

⑦ 《二程集·程氏遗书》，第 15 页。

彰显了仁与义礼智信之间相区别的重要特点——通。

程颢认为，仁的最重要特点即是通，"仁者以天地万物为一体，莫非己也。认得为己，何所不至？若不有诸己，自不与己相干？如手足不仁，气已不贯，皆不属己。"① 在他看来，仁就是己与他（它）的相通，是有诸己而通乎外的一以贯之。"仁者与天地万物为一体""民胞物与"和孟子的"万物皆备于我"，三者在不同角度揭示了儒家道德思想的核心命题——"一体之仁"。程颢以此为基础，提出了"学者先须识仁"的道德命题。

> "学者须先识仁。仁者，浑然与物同体，义礼智信皆仁也，识得此理，以诚敬存之而已，不须防检，不须穷索。……须反身而诚，乃为大乐。"②

程颢认为仁义礼智信五常都以仁为基础，将之强调为人的道德意识和道德原则的内在性本质，同时也体现了他获得道德知识的主要方式，即直觉体验和内在体悟。他强调人的道德意识和原则的建立，首先要诉诸己与他（它）在意识领域内建立关系，己与他（它）基于意识关系的相通。

程颢的义思想特点是道德意识内涵比较突出，其义思想在认识论上比较重视内在心灵体验和直觉体悟。他的义思想以道德意识为基础，以人的道德主体性为逻辑预设，通过意识内己与他（它）道德善关系建立而使公平、正义、同情、原则等发挥作用，进而实现道德主客关系建立，由己出发，为自然和社会建立合乎正义的秩序。仁与义的关系，在程颢思想中已经实现了局部的突破。他开始认识到仁与义两者在道德领域作用方式的不同，同时也将仁这一价值善关系以"通"来概括，为仁增加了新的内涵。"义"范畴在程颢这里的新发展是，他认识到了"义"范畴作用的发挥，必须建立在特定的道德关系基础上，改变了以往"义"范畴在道德思想中过分依赖经验事物的做法。

### 二、义与心性

程颢的思想虽然也表现出了强烈的内在化倾向，重视内在体验和直觉体悟的特点，贯穿了其各个方面；然而却未如陆九渊一样走向心学。两者区分的关键在于程颢体验和体悟的对象，是以儒家经典中的重要命题为基础，这一区别在心性论上体现得尤为明显。

---

① 《二程集·程氏遗书》，第15页。
② 《二程集·程氏遗书》，第15页。

（一）义：私智到公心

程颢认为，与圣人的无偏无私的"廓然大公"之"无情"相比，常人是有情且为情所蔽，"自私而用智"即不义。从狭隘自我需求出发，就不可能体会"浑然与物同体"的认识境界。所谓自私和用智并不意味着取消个体认识，或者否认个人认识合理性的可能。而是不合天理私和不合道心的智。

> "人之情各有所蔽，故不能适道，大率患在于自私而用智。自私则不能以有为为应迹，用智则不能以明觉为自然。今以恶外物之心而求照无物之地，是反鉴而索照也。……无事则定，定则明，明则尚何应物之为累哉！……今以自私用智之喜怒，而视圣人喜怒之正为何如哉？"①

程颢认为摆脱自私和用智的关键在于"内外两忘"，即是摆脱自我意识与外物属性之间的二元对立关系，实现以"道心"观物的"廓然大公"认识境界，以达到认识天理的目的。

事实上，"廓然大公"的公，就是周敦颐一直强调的"圣人之道，至公而已"的公。公这一范畴，是应时代思想发展需要，而从"义"范畴中剥离出的。从它一出现就作为义的重要原则，直接成为社会问题的评判标准。从周敦颐开始，宋代理学家们就强调公私之辩这一道德原则的重要性。程颐将公私之辩上升到国家存亡这一前所未有的高度。"一心可以丧邦，一心可以兴邦，只在公私之间尔"②，充分体现了公私之辩作为"义"范畴中这一道德原则的重要性。

（二）义：理欲之辩

程颢将《尚书·大禹谟》中四句教予以发挥，"人心惟危，人欲也。道心惟微，天理也。惟精惟一，所以至也。允执厥中，所以行也"③。在这里程颢首次将天理和人欲以对立关系展现出来，以人心遂人欲，以道心成天理，把理欲之辩纳入"义"范畴，为其增加了新的问题和内容。

程颢对于道心和人心的区分仅仅用来诠释"天理"和"人欲"。在传统的儒学经典及其研究中，人的意识、情感、认识、知识等主观意识范畴往往被统称为"心"。在具体使用中其意义的辨别往往诉诸上下语境，而在儒学义理化、内在化建构的初期，对"心"的使用上仍未摆脱传统的限制是可以理解的。程颢认

---

① 《二程集·程氏遗书·定性书》，第460页。
② 《二程集·程氏遗书》，第134页。
③ 《二程集·程氏遗书》，第124页。

为："人心私欲，故危殆。道心天理，故精微。灭私欲则天理明矣"①，程颢直接用"道心"和"人心"指代"天理"和"人欲"。程颢这里，以"理"解"心"的做法，实质是以道德认识的结果，直接取代道德意识和道德认识过程，这一做法体现了宋儒义理化、哲学化的理学抽象化倾向，同时也表明其对义范畴做理论建构中的抽象化、概念化倾向。

程颢以"天理"和"人欲"取代"道心"和"人心"，以道德认识的结果直接取代道德意识和道德认识过程，突出了"天理"对于人格化成的决定性意义。他认为："人心，私欲也，危而不安；道心，天理也，微而难得。唯其如是，所以贵于精一也。精之一之，然后能执其中，中者，极致之谓也"②，他将人的道德意识和道德认识过程中贯穿着的善这一本质规定性作为道德认识的应然结果——善看待，以"天理"作为人的本之规定。道德意识和道德认识过程中，不符合善这一应然要求的部分被划给人，称之为"人心"和"人欲"，人欲实质就是作为天理的逻辑补充而存在。

天理和人欲的对立做法，导致了在道德领域对人的欲望、行为、价值取向等进行善恶二分的结果，而"义"恰构成了这一衡量标准。同时需要指出的是，程颢所谓"存天理、灭人欲"并不意味着禁欲和压抑人性。人的欲望包含有"天理之常"和"人欲之私"两方面，而要实现欲望等纯乎天理的道德应然性要求，则需要道德原则——义的指导。

人欲的产生，在程颢看来是人为"物欲"所诱的结果，"人之为不善，欲诱之也。诱之而弗知，则天理灭而不知反。故目则欲色，耳则欲声，以至鼻则欲香，口则欲味，体则欲安，以皆有以使之也。"③ 人的行为等失去了义这一原则的指导而为物欲所诱，也就意味着失去了从人欲上升到天理的可能性，同时也意味着人失去了自身的本质规定性——"人之所以为人，以有天理也。天理之不存，则与禽兽何异矣"④。

在日常行为活动中，注重道德意识的培养和道德原则的坚守，集义持敬，去人欲而存天理，实现由自然人向社会人、道德人的转变，正是程颢定性所要表达的道德修养功夫。

---

① 《二程集·程氏遗书》，第 312 页。
② 《二程集·河南程氏粹言》，第 1261 页。
③ 《二程集·程氏遗书》，第 319 页。
④ 《二程集·河南程氏粹言》，第 1272 页。

### 三、公私与义利

程颢通过对"公私之辩"和"义利之辩"两个道德问题的反思和解决，拓展了"义"范畴的理论范围，同时也体现了理学家们强烈关注现实社会问题的思想特点。他首次提出了"义与利，只是个公与私"①的命题，将义利之辩与公私之辩合二为一，凸显了义范畴的"公义"内涵。

（一）公私之辩

程颢认为"义与利，只是个公与私也"，在他看来，义往往意味着道德原则，代表了道德原则的普遍性，要求义必然超越狭隘个体的视野，而跃迁至由私到公。

程颢将义利之辩转化为公私之辩，其理论范围是清晰的。程颐也有类似的表述，"义利云者，公与私之异也。较计之心一萌，斯为利矣"②。程颐认为两者相通的关键是动机和认识，程颢也认为"公义在，私欲必不能胜也"③。私欲往往是从人的不良道德动机而言的，其范围界定范围也是"心"。公私之辩与义利之辩的统一，其关键是道德心即道德动机，其关键作用，往往意味着"一心可以丧邦，一心可以兴邦，只在公私之间尔"④。程颢以心也就是动机，将公私和义利相结合，凸显了道德的重要作用，同时也体现了儒家义利之辩中重视动机的传统。

公与私的关系，除了作为道德原则和道德动机的普遍性和个体性之别外，还意味着群体与个体的关系。私与公之间的关系，儒家思想传统中往往以通过践行仁义的功夫，克己去私从而实现"内圣外王"的大公目的，实现个体与社会的完整统一。公，无论是作为普遍性还是整体性，其内涵都是清晰的。

综上所述，程颢对"利"的认识有三种：具有普遍性和合理性的利——义利；不具有动机和实践上的普遍性，但具有合理性的利，也就是个人生存和发展的必要条件；既不具有合理性又不具有普遍性的利，也就是基于个人欲望等满足的纵欲、浪费、争夺等目标的利——私利。很显然程颢在公私之辩中谈到的，与私具有价值一致性的"利"——私利是并不具备普遍性与合理性的利；程颢以公私区分义利，强调了动机的重要性和判断标准的核心意义，个人在谋求利益中的

---

① 《二程集·程氏遗书》，第 176 页。
② 《二程集·河南程氏粹言》，第 1172 页。
③ 《二程集·程氏遗书》，第 310 页。
④ 《二程集·程氏遗书》，第 134 页。

动机——为己或为人——为公或为私决定了"利"是义还是利，同时是否符合义这一判定标准也决定"利"的公私归属。

需要注意的是，程颢所言的私利，与现代意义上的私利有着严格的区别。现代意义上所谓的私利，通常被界定为私人的利益、财产等，其内在区分标准是多样的，其中包括合法与不合法、自私或非自私。程颢所谓的私利，纯指人基于自私动机或不合理（不义）手段所获得的利益。可以说程颢所说的私利就是自私之利，只不过程颢要强调的是其动机和区分标准，所以才会有程颐"盖欲利于己，必损于人"① 的说法。

（二）义利之辩

程颢对义利之辩的创发，其创造性在于赋予"义"以本体层面的含义，将"天理""人欲"的二元对立关系与义利之辩在逻辑上和结构上统一起来。天理作为义的本体论依据，同时评判义利之辩的终极依据，同时也是人类社会的所当然之则这一人的道德本质的普遍性规定，同时也是社会行为规范得以成立的所以然之故。"利"由于二程将之与"人欲"进行了逻辑上的对应，从常识角度往往被理解为私利或者不义的事物，然而事实上他们并没有取消其存在的合理性。

> "故者以利为本，故是本如此也，才不利便害性，利只是顺。天下只是一个利，孟子与周易所言一般。只为后人趋着利便有弊，故孟子拔本塞源，不肯言利。其不信孟子者，却道不合非利，李觏是也。其信者，又直道不得近利。人无利，直是生不得，安得无利？且譬如椅子，人坐此便安，是利也。如求安不已，又要褥子，以求温暖，无所不为，然后夺之于君，夺之于父，此是趋利之弊也。利只是一个利，只为人用得别。"②

从利的来源上看，如孟子所说"故者以利为本"指的是在三代时期，圣人那里是义利不分的，利是人类生存和社会发展的根本，而利在当时也不过是意味着为人类活动提供和获得的便利而已。程颐将利作为人生存的根本，恢复其生生之德的本义，"人无利，直是生不得"。同时他又揭示了利的道德属性和自然属性的区别，"譬如椅子，人坐此便安，是利也"，而人们求利的动机、行为方式、手段等等才赋予其道德属性，"利只是一个利，只为人用得别"。

义利同源指的是两者从来源上说，三代圣王的王道政治、道德理想状态而

---

① 《二程集·河南程氏经说》，第 1038 页。
② 《二程集·程氏遗书》，第 215 页。

言，本无所谓义利之辩。当时人们改造事物的活动就是为了获得自身需要的满足，而这一活动是天然合乎道德的。从两者产生来看，无论是利还是义，都来源于人类对事物的价值评判，以及人们有意识有目的的求利活动。从程颢对义利理解看，他已经清醒地认识到了事物自身属性，与人们求利目的之间的根本区别，也看到了义利同源："圣人于利，不能全部较论，但不至妨义耳。乃若唯利是辨，则忘义耳"①。程颢对利的看法也体现着义利同源的观点："凡顺理无害处便是利，君子未尝不欲利"②，程颢认为义利是统一的。

义重于利，是儒家在伦理道德乃至政治哲学方面一贯的价值取向，从程颢对天理的推崇和对义理的重视，不难看出程颢对这一取向的继承。从程颢将义利之辩诠释为公私之辩和天理人欲之辩这一做法来看，义利之辩中的义，显然是具有优先性的。

义重于利，从其实质上看，是要强调道德在社会生活的各个方面指导意义，也是儒家以德为思想根基的体现。正如程颢对董仲舒"正其义不谋其利，明其道不计其功"③的推崇，"君子处世，事之无害于义者，从俗则可也，害于义则不可从"④"计利则害义"⑤。从程颢对利的态度可以看出，程颢十分注重行为活动中"义"作为原则的坚定性和作为动机的唯一性。义利之辩作为人们求利活动中的选择，义利的动机选择往往构成了道德判断的依据，同时以义或是以利为核心的选择，则直接决定从义还是从利，因此孟子、董仲舒、二程等人一再强调义。

从义利之辩对儒家理想人格的影响上看，程颢突出了理想人格形成过程中对义重于利认同的必要性，尤其突出在道德与富贵等冲突的时候义的重要性。"富，人之所欲也，苟于义可求，虽屈己可也；如义不可求，宁贫贱以守其志。非乐于贫贱，义不可去也"⑥，二程这一看法与孔子"富而可求也，虽执鞭之士，吾亦为之；如不可求，则从吾所好"⑦的义利之辩思想不谋而合。

---

① 《二程集·程氏遗书》，第 396 页。
② 《二程集·程氏遗书》，第 124 页。
③ 《汉书·董仲舒传》。
④ 《二程集·河南程氏经说》，第 1050 页。
⑤ 《二程集·河南程氏经说》，第 1050 页。
⑥ 《二程集·河南程氏经说》，第 1044 页。
⑦ 《论语·述而》。

### 四、义命之辩

儒家哲学本根领域内，自从理气之辩本根模式取代天人之辩生成模式之后，性命关系也逐渐向性理关系转化。命作为"天"赋予人的多种规定性含义：作为随机偶然意义的运命、作为人的生存本质规定性的"天命"、作为道德本质规定性的义命、作为人的外在限定性的时命。

程颢利用其"天理"哲学体系对"天"进行了哲学的改造后，运命和时命存在和基础被取消，天命和义命在理学家的气化本根论中获得了新的含义。他认为："上天之载，无声无臭。其体则谓之易，其理则谓之道，其理则谓之神，其命于人则谓之性。"①"天"在他看来也就是"天理"流行发用；"命"是天赋予事物以规定性。"命"在程颢这里是作为"性命"之命来使用的。从程颢的说法可以看出，"命"在道德领域内意味着道德律令，道德律令的主体是"天"，而"天"也就是"天道""天理"。"天理"更侧重于道德精神价值方面，因此从本质上说义与命是一致的；然而命却依旧保留了其原始处延——富贵贫贱、生死寿夭、成败兴亡等等。

> "问富贵贫贱寿夭固有分定。君子先尽其在我者，则富贵贫贱寿夭可以命言。若在我者未尽，则贫贱而天理所当然，富贵而寿是为侥幸，不可谓之命……求在我者也，求之有道，得之有命，是求无益于得也，求在外者也。故君子以义安命，小人以命安义。"②

命，从"性理"的范围内看，它应当是"人性之在天者"，也就是道义之命，并不能包括生死寿夭；命应当是"天道"除去其与"性理"和"义理"之后，天理运行对于人产生的种种决定性作用——在天而不在人者。"君子先尽其在我者"是认识命的前提，"在我者"也就是在人的实践能力范围之内的事物，包括社会伦理道德范围和对自然改造等等内容。富贵贫贱、生死寿夭等是在天人相分的基础上在天而不在人者。求在我者，也就是在表明道德原则对于人的重要意义——君子以义安命。

义命之辩，其含义是在行为选择中，决定人的行为选择的出发点是内在性的道德原则的义，还是外在的不可改造的命。程颐的"君子以义安命，小人以命安

---

① 《二程集·程氏遗书》，第4页。
② 《二程集·程氏遗书》，第307页。

义"命题无疑表明了儒家的一贯立场——道德原则在道义逻辑的天然优先性。程颢同样有类似的表达，他认为"圣人则更不论利害，惟看义当为不当为，便是命在其中"①，在程颢看来，圣人眼中义就是命，义命是一致的。

程颢坚持其内境界本体说修养功夫的做法，直接从"天理"这一本体高度来谈义、命，直言义命统一于"天理"和"义理"，命不过是"天之命于人之谓性"的方式和过程，命只有在义的主导下才有意义。义命之辩在他看来，也就是人以义为主导原则而进行实践活动的展开，命即是义之命，义即是天之所命，义命之辩也就成了"定性"理论的展开。义利之辩也就意味着在进行求利的活动中必须"定性"，必须坚持义作为主导原则。义命之辩与义利之辩的统一就在于坚持道德原则的主导，也就是坚持义在两个命题中的逻辑和价值上的优先性地位。

二程往往以公私关系诠释义利关系，这种做法背后的原因，除北宋时期士大夫知识分子的社会地位和意识转变外，儒学思想自身的发展需求因素影响同样不可忽视。义作为儒家人性的重要范畴组成，其内涵的变化和发展很大程度上受到人性论乃至儒家思想理论发展的制约。二程以公私论义利，说明社会现实生活中存在的尖锐公私矛盾正式成为儒学关注的主题问题。义利之辩是儒者基于儒家道德价值立场，在参与社会事务中与非道德现象产生尖锐矛盾而进行的理论概括，义利之辩与公私之辩的结合在儒家思想中有着深厚的理论依据。

程颐将理欲之辩作为其道德伦理学说的核心内容，来强调在道德修养中义的原则作用。天理作为程颐哲学的核心和最高范畴，在程颐看来包含了天道运行的易理和伦理道德的义理，当人们在行为活动中发现两者之间有所冲突时，"命"这一范畴则不得不负责解决这一矛盾冲突。义命之辩作为程颐义思想不可忽视的重要组成部分，是程颐对天理学说内在矛盾的调和，也是作为道德人安身立命不可回避的重要问题。

义命之辩作为矛盾范畴的形成由来已久，可以说自从西周初期"以德配天"的观念形成时，它便内在蕴含于"天人之辩"这一命题中。从宗教意上说，义从宗教教化的规范与禁忌下的神权，转变为人的道德行为。这一转变使得人的道德主体地位发现和突出，人获得道德自由的同时，也意味着人必须自己对道德和人生幸与不幸境遇负责——德与福双重问题——消失的宗教不能再来承担德福问题的责任。

① 《二程集·程氏遗书》，第176页。

　　义命之辩的实质，是人的道德行为与所获幸福之间关系。"孔子进以礼，退以义，得之不得曰有命"①，义负责道德而命负责现实境遇，"不知命，无以为君子"② 则意味着命又与道德紧密相关。在先秦时期的"天人之辩"的道德哲学建构模式里，人们的道德知识和理论尚且处于模糊阶段。理学时期的理气之辩哲学建构模式，使义命之辩的实质也就发生了变化。在程颐看来，义不仅仅意味着人性五常之义，同时还具备义理层面的内涵，义与命在天理范围内的关系表现为"其理则谓之道，其用则谓之神，其命于人则谓之性"③，天之命于人即是性——仁义礼智信。

　　程颐认为"天所授谓之命"④，命即天所赋予种种规定性；"在天曰命，在人曰性，循性曰道，各有当也"⑤，"问古人多寿，后世不及古，何也？莫非是命否，曰气便是命也"⑥。在气化流行过程中，人的规定性具有两重含义：从其来源的道—理—天上说是命，从其承担者人—物上说是性。正如程颐将人性区分为天命之性（理之性）和气质之性（气之性）一样，命在他看来也包含两方面："在天曰命，在人曰性。贵贱寿夭命也，仁义礼智亦命也。动物有知，植物无知，其性自异。但赋形于天地，其理则一也"⑦，程颐将命分为道德与非道德两部分："圣人之于天道也，命也；有性焉，君子不谓命也。"⑧ 孟子认为在道德领域内只有性，天命的非道德部分不在人性论研究范围之内。道德之命与气质之命的二分，显然是程颐义命之辩建立的基础，同时也是程颐义命观基本范围划分——道德范围内的正命与非道德范围的非命。

　　程颐认为义命关系首先表现为命对义的来源作用，义是天之所命的结果，从这一点上说义即是命，是其合理性来源，"命者所以辅义，一循于义，则何庸断之以命哉？若夫圣人之知天命，则异于此言，天之自然者，谓之天道。言天之付与万物者，谓之天命"⑨。程颐强调了命和义在道德领域的区别，即人在道德认识

①　《孟子·万章上》。
②　《论语·尧曰》。
③　《二程集·程氏遗书》，第 6 页。
④　《二程集·程氏遗书》，第 316 页。
⑤　《二程集·河南程氏粹言》，第 1169 页。
⑥　《二程集·程氏遗书》，第 204 页。
⑦　《二程集·程氏遗书》，第 315 页。
⑧　《孟子·尽心下》。
⑨　《二程集·程氏遗书》，第 114 页。

上必须清醒认识到在己者和在外者，义是在己者，命具有在己和在人两部分。

其次，程颐继承了其兄程颢的义命思想，认为义命在道德领域内应当是统一的。"贤者惟知义而已，命在其中；中人以下乃以命处义，如言求之有道，得之有命，是求无益于得，知命之不可求。故自处以不求，若贤者则求之以道，得之以义，不必言命"①，贤人能够认识到义命的一致性，明白本心之义即是天命，由本心以行自然合于天命，非命是不可求和求不得的，因此不再以外在道德定言命的方式加以限制。之所以要对中人强调命的存在，是因为中人之才不足以认识到义命的统一和区别，以命处义就是要通过强调义的外在至高性和客观性，表达义的可以行和必要性，也凸显道德领域之外的命是求不得和不可求的。

"以命处义"和"命在义中"从形式上看是相互矛盾的，但是这两种说法针对的是道德领域内不同觉解者。道德领域内，命在义中，义命一致；道德领域之外，义命两不相干，命不可求、求不得。圣贤明白这一区分，自然只会谈道德之命——义命；对中人之才必须言明此道理，以定言命令形式将内在的道德意识外化为必须持守的道德规则和行为规范。

"利害者，天下之常情也。人皆知趋利而避害，圣人则更不论利害，惟看义当为与不当为，便是命在其中也。"② 圣人先天达到了"尽心知性知天"的天人合一道德境界。"天命之谓性，率性之谓道，修道之谓教"，自上而下由命至性赋予过程，本体功夫在天人合一道德境界中合二为一。

最后，程颐对非命也做了详细阐发，"命谓正理，失正理为妄命……妄不顺也。"③ 命有合乎正理和不合乎正理之分，显然妄命就天道气化流行而不合乎道德的影响。妄命与义之间出现矛盾冲突，在义命相冲突时有两种选择：以命安义和以义安命。

"君子当穷困之时……知命之当然也，则穷塞祸患不以动其心，行吾义而已。苟不知命，则恐惧于险难，陨获于穷厄，所守亡矣，安能遂其为善之志乎?"④ 君子在穷困时，也就是遭遇妄命时必须清醒认识到其发生的客观性，不可因为主观努力而避免；在此境遇中仍然要坚持义的立场，尽己所能地实现自己的志向。不因为不合理的境遇而改变自己的道德立场和精神追求，"不以动心，行吾义而已"。

---

① 《二程集·程氏遗书》，第 13 页。
② 《二程集·程氏遗书》，第 13 页。
③ 《二程集·河南程氏易传》，第 726 页。
④ 《二程集·河南程氏易传》，第 941 页。

程颐的义命观与其"孔颜乐处"的道德境界追求是一致的。同时义命之辩已然涉及了德福一致问题，但是对于这一问题，程颐并没有深入挖掘。对道德大义的一贯重视立场和对天理这一本体范畴的高扬，在很大程度上消解了德福一致问题深入分析的可能。义命之辩由于过分强调义命的统一性，进而忽视了人生的具体境遇对道德选择的影响；程颐的义思想最终被本体的天理所桎梏，义之理与义之事之间的不统一矛盾消解，意味着义思想通过矛盾悖论分析法，而实现研究进步这一可能性的消解。

## 第二节 朱熹：义即天理之所宜

朱熹对于"义"范畴的发展颇具独到之处。他改造"心性"基础上论义、在理气论层面论证、对"义利之辩"的新解、对"王霸之辩"的历史哲学诠释、对古代推类逻辑的继承和突破、对理一分殊的使用，这些创新体现了他对"义"范畴理论建构上的全面突破。"义"范畴发展到朱熹这里，两宋时期对"义"范畴的发展，在内容和发展方向已经基本都得到了展开，也正式进入了总结的阶段。朱熹弟子陈淳继续对朱熹的"义"思想进行发展，最终形成了概念到范畴、范畴到命题、命题到推理的范畴研究方法；对儒家概念范畴的字义式研究，表明了义理之学和传注之学的合流以及儒家哲学的语言学研究突破。

### 一、义：心与理

朱熹在很大程度上继承了程颐的人性论主张，在接受程颐气禀说人性的基础上，他以理本论为基础，以"理先气后"为理论前提，努力突破以往形上形下、道器之辩、体用之辩的二元割裂理论结构模式局限，建立了心即理和性即理学说，从心、性两个层面全面诠释了"义"范畴的理论内涵两个层面。

在理学家的思想中，"性即理"是一个普遍的命题，"性"是由终极性依据的"理"直接投射于人身上的结果，也就是人的本质规定性。朱熹的人性论与之前的理学家相比较，其优越性在于他是基于"理气论"来言人性的，这种做法涵盖了形而下现实世界和形而上理论世界，包含了本体论特色和宇宙生成论内涵两个层面。

（一）义与理气

朱熹围绕"义"的根本内涵——"宜之理"，将义逐步拓展到其理学思想体系的其他方面。首先他将"义"与"理"结合起来，提出了"义者，天理之所宜"①的命题。在他看来，义的终极依据是"天理"，由于其理论理气二分的结构设置，天理不能直接与作为道德范畴的义建立结构联系，借助"性即理"的命题，义经由此命题，又与天理建立了理论关系。

就"义"与天理在意义上的直接关联看，义也就是"天理之所宜"。"义者，宜也。君子见得这事合当如此，却那事合当如彼，但裁处其宜而为之，则无不利之有。君子只理会义，下一截利处更不理会。"②朱熹把义直接理解为依据天理而进行的心的裁制作用，而天理作为道德意识思维活动评判"合当"与否的标准，是与道德理性判断的作用的结果。"合当"作为"宜"的同义词，在他理解看来，就是人对于天理的理解和把握，"君子只知得个当做与不当做。当做处，便是合当如此……只看天理当如何"③，"义"作为具有独立意义道德范畴，也有其自身的"理"——宜之理。

从宇宙生成论角度看，在气化流行的过程中，天理"命"于人的得到具体实现。

"盖木神曰仁，则爱之理也，而其发为恻隐……金神曰义，而其发为羞恶……有得金气之重者，则羞恶之心常多。"④"仁礼属阳，义智属阴。"⑤"仁义礼智，便是元亨利贞。若春间不曾发生，得到夏无缘得长，秋冬亦无可收藏。""问元亨利贞有次第，仁义礼智因发而感，则无次第。曰：发时无次第，生时有次第。"⑥朱熹将"义"范畴与阴阳、四德、五行等紧密结合在一起，以其丰富而庞大的气化生成体系，弥补理气二分带来的"义"范畴内涵的分裂。人性气禀说的根本，并不在于先验命定和决定论，气的运动变化属性决定了它并不是一次性完成的赋予，而是与人类活动和选择密切相关，因此人性论将道德和气禀的结合才具有现实意义，关于朱熹人性气禀说陷入命定论的说法，是对朱熹气学理解的偏差。

（二）心与义

朱熹极为重视对"心"这一范畴的探讨，他在吸收二程及其后学的心性思想基础上，恢复了"情"这一范畴在理学体系中的重要地位，同时也在该体系中恢

① 朱熹：《四书章句集注·里仁》，中华书局 1993 年版，第 73 页。
② 黎靖德编：《朱子语类》卷二七，王星贤点校，中华书局 1986 年版，第 702 页。
③ 《朱子语类》卷二七，第 701 页。
④ 《朱子语类·性理二》卷四，第 74 页。
⑤ 《朱子语类·性理三》卷六，第 108 页。
⑥ 《朱子语类·性理三》卷六，第 108 页。

复性情之间的紧密联系，强调了性情之间的体用关系。朱熹对"心"的探讨很大程度上继承了儒家的传统，以性情言心性。他通过对《中庸》"已发未发"的探讨，区分了情与性之间的理物、体用之别，将"已发""未发"这种基于意识活动时间先后的结构区分，创造性地改造为具有逻辑意义的体用之别；情以性为体，性以情为用。

> "喜怒哀乐之未发，谓之中；发而皆中节，谓之和。中也者，天下之大本也；和也者；天下之达道也。致中和，天地位焉，万物育焉。"①

已发与未发，很显然是指意识活动的两个阶段，即决定和统摄七情的心性原则和判定七情是否合当的外在标准。朱熹的已发未发学说经历了两个阶段——中和旧说和中和新说。旧说认为作为至上的天理直接赋予人的结果——性，始终是幽微不见的寂然状态，也就是未发。而"心"作为人的思维意识活动，在他看来是永远处于运动变化发展中的，也就是完全属于已发。旧说以心为已发，在其心性论上造成了极大的理论漏洞——体用断绝。针对作为意识思维活动的"心"，如何贯通性情体用两个部分这一理论漏洞，他创造性地提出了中和新说，将"心"改造为贯穿已发未发的总体性范畴；性为未发，情为已发，心则统摄性情。

朱熹的心性论，突破了以往理学家关于心性之间体用关系的界定，他重新分析和界定了"心"的内涵、属性以及作用机制。朱熹认为"心"是贯穿性情的总体，改变了以往"心为已发"的论断，"心"作为认识能力、认识活动、情感活动等统摄未发之性和已发之情。"心统性情"确定了其心性论体系中，性情之间的体用关系，将"已发""未发"两个阶段界定为体段和用段，迈出了传统性情论向哲学形而上学建构转变的第一步。

> "心主于身，其所以为体者，性也；所以为用者，情也。是以贯乎动静而无不在也。"②

> "性是体，情是用，性情皆出于心，故心能统之。统如统兵之统，言有以主之也。"③

"心统性情"包含了性体心用的基本规定，这种规定是对《中庸》"已发未发"的改造，理气体用关系在心性论上的展现。通过朱熹对"心"的使用，可以看出他将"心"理解为道德思维意识活动的总体范畴：具体的道德情感——情，

---

① 《中庸》。
② 《晦庵朱文公文集》卷四十。
③ 《朱子语类》卷九八，第2513页。

和人的内在道德本质——性，共同构成了这一总体。朱熹将"心"简单以体用分为两段，一定程度上弱化了"心"的丰富含义；同时，以"情"为用，也混淆了道德情感与道德意识、道德理性之间的界限。

朱熹强调心主性情，心作为思维意识活动的总体，不仅仅制约着情的发挥和表现，同时也是性体在道德活动中彰显自身的必要方式。"心"对于"情"的制约，只要是道德理性对于道德情感的引导和制约，以及道德认识判断的理性裁制作用。"心"主"性"是就因果关系而言，作为现实的"心"——思维意识活动，制约着"性"的作用能否得到彰显和发挥。"心主性情"即意味着对已发之情做理性引导、裁制、约束；针对未发之性，则要做持敬涵养的功夫，以保证心境的清明、纯洁，保证"心体"的纯粹性，避免外在干扰和污染，牢牢把握未发之"中"的道德作用得到真实发挥。

性情之间除了体用之别外，在心性论上，两者之间也有着不同的修养功夫要求。作为寂然不动之体的性，需要的是主一、持敬的静态涵养功夫；而作为接物而发、流行不已之用的情，在工夫论上则需要格物致知、诚意正心等动态践行功夫。

（三）义：主敬功夫

在心性论层面，作为未发的心之体的性，在具体修养功夫上要求主一、持敬的静态涵养功夫。因此，"义"范畴的"宜之理"的体段，在修养功夫上自然表现体现为主敬涵养。然而朱熹对于主敬涵养的界定，如同他对"未发"的两重界定一样，未发既是指"思虑未萌"的状态、阶段，作为具体思维意识活动的组成部分，同时也指作为心之体的性。因而朱熹关于未发的涵养功夫，也包含有两重含义：既包含对未发的心之体的主一涵养的内向收敛功夫，与格物穷理的外向功夫相对；也包含有贯通已发未发的全部过程的持敬涵养功夫，包含对静态之体的内向收敛和动态之用的外向克制功夫。

"敬有甚物，只如畏字相似，不是块然兀坐，耳无闻、目无见、全不省事之谓，只收敛身心、整齐、纯一，不惭地放纵，便是敬。[1]

"且要收拾此心，令有个顿放处……须是教义理心重于物欲，如秤令有低昂，即见得义理自端的，自有欲罢不能之意，其于物欲，自无暇及之矣。"[2]

---

① 《朱子语类》卷一二，第 208 页。
② 《朱子语类》卷一二，第 202 页。

"敬莫只是主一？曰主一又是敬字注解。要之，事无小大，常令自家精
神思虑尽在此。遇事时如此，有事时亦常如此。"①

这种对未发的涵养功夫，实质上已经打通了已发未发、心体情用以及持敬格
物之间的界限。朱熹的主敬涵养，其实质是要在道德思维意识活动领域，牢牢把
握住道德理性对行为的主宰作用。这一意识活动过程中，思虑未萌时保持意识状
态的平和、安静，为道德理性的发挥创造条件，同时确立道德意识活动中理性意
向对象。

在心性修养功夫论领域内的"义"范畴，亦如已发未发一样，也需要主敬涵
养的功夫。"义"分为"宜之理"、公正、羞恶之心、裁制之意、方外等内涵。其
中程颐的著名命题——"敬以直内，义以方外"则表现了义作为已发的外向性特
点。但是在朱熹的哲学体系内，"宜之理"属于未发范围，需要主敬涵养的功夫。
"义"虽然是贯彻内外、知行、物我的范畴，但是其内在性部分已经被性、理、
仁、心等范畴给予了多重规定。"义"不再是先秦孔孟理论中的本心直觉的道德
本能行为，而是需要大量的明理、通仁、识性、明心等一系列内在思虑功夫的道
德范畴。内在部分的逐渐丰富和烦琐，使得外在的裁制、合宜、践行等内容逐渐
独立。内在的思维意识功夫，逐渐取代外在认识功夫，进而加剧了内外分化。

朱熹在心性论和道德修养工夫论领域，对"义"做了丰富而烦琐的论证，使
得其理本论哲学体系愈加庞大和严谨。然而理本论哲学体系的建构毕竟是本体现
象二分的，世界的逻辑化构造，并不能确证一个有效的认识论体系和道德哲学体
系。以外在化的虚化的"理"为本体，必然导致理论内部本体论、认识论和道德
哲学论的冲突。朱熹的"义"范畴，在修养功夫上强调主敬涵养的内在化静功
夫，而在格物致知上却强调物之理的外在化认知而沦入逐外；最终，义的内在合
目的性与外在合规律性相结合的实践特征被消解，而"义"也沦为纯粹的道德认
识问题。

## 二、义：理欲之辩

理欲之辩是理学建构以后始终存在的问题，它是指道德原则、原理、规律，
与人的欲求之间的矛盾关系。理学家们对天理和人欲的区分往往做合理不合理、
正确与错误的二元化处理。人欲，直接作为"天理"的对立面，"不是人欲，便

---

① 《朱子语类》卷一二，第206页。

是天理；不是天理，便是人欲。"① 天理和人欲这对矛盾中，不合理、感性、自私等消极含义都由人欲来承担。虽然理学家们清醒地认识到了这种表达带来的误解，又积极地对人欲做详细的界定和说明。但是矛盾绝对对立的思维结构，不可避免地造成了后人对"人欲"这一范畴的误解。

朱熹认为道心即天理、人心即人欲，"道心者，天理也"，"只是一个心，知觉从耳目之欲上去，便是人心；知觉从义理上去，便是道心。"② 朱熹对这种直接将理欲之辩对应于道心人心的做法，做了理论上的解释，但是朱熹的理欲之辩，较之二程多了理气论方面的论证。

朱熹将天理作为事物合理性和价值的终极来源，是人进行一切活动必须遵守的原则、规则、依据。而人欲在朱熹看来则主要是由于气禀造成的，人在生成和活动中，秉受或习染了污浊、褊狭、鄙薄的气，从而导致了形气之私的产生；形气之私的产生，则必然导致人性中蕴含的至善天理被遮蔽，从而使人陷于物欲之中而不自知，进而导致恶的产生。

人欲由形气之私导致，而形气之私产生的原因在于逐物之蔽，逐物之蔽则意味着人的先验道德理性的作用受到外在事物的遏制。人的欲求脱离了道德理性的制约和引导，进而导致各种不合理欲望的产生和强烈满足需求。人的欲望中原本包含正当的、合理的部分，但是由于理气二分，人欲最终沦为恶。

天理对于人欲，除了具备道德上的优势地位外，更重要的是其引导和规范作用。天理是一切道德行为、道德判断和道德意识的最终依据，也是道德修养的最终目的和归宿，人欲由于其不具备可普遍性和道德合理性，因此成为人们依据天理进行积极改造的目标。正如朱熹对人欲的界定，"无利直是生不得，安得无利？且譬如椅子，人坐此便安，是利也。如求安不已，又要褥子以求温暖，无所不为。然后夺之于君，夺之于父，此是趋利之弊也，利只是一个利，只为人用得别。"③ 人欲是在合理欲求基础上的过度追求享受，是基于过分的欲望满足而导致对道德原则的破坏。

理欲之辩的关键，在于处理具体行为和意识选择时候，道德理性规范、限定，与感性欲求满足两者之间何者为主的问题。朱熹对理欲之辩的界定，强调道德理性以及由此产生的道德原则、规范、原理，在人的具体行为和意识活动中，

---

① 《朱子语类》卷九九，第 2541 页。
② 《朱子语类》卷七八，第 2009 页。
③ 《论孟精义》，朱杰人编：《朱子全书》，上海古籍出版社、安徽教育出版社 2002 年版。

能够发挥其主导、规范、约束的作用。

人欲在朱熹看来，是不合理欲望的总体概括，义则是至高至上的天理显现于人心的结果，它作为人的本质规定性，呈现在人身上的道德范畴。在朱熹的哲学体系内，义与人欲之间是间接的不可调和的矛盾关系。然而如果我们对人欲这一概念进行历史还原，不难发现蕴含在其结构中的合理性因素，人欲成为恶的来源，其背后蕴藏着朱熹哲学理论的诸多矛盾。

朱熹将"义"与人欲关系做矛盾化除理，从"欲中见理"来看，"义"和人欲并不是矛盾统一关系，两种不同的界定恰好反映了"义"与天理之间的辩证统一关系。欲望自身并没有进入道德伦理范围内，当人由于满足个人欲望而开展一系列行为和活动时，人突破个体性存在局限进入社会存在范围内，道德评价才具备可能性。作为个体的人，与作为社会存在的人之间关系是矛盾的。个人一方面是属于社会组成部分，并以社会性存在为其本质存在方式，同时个人又是相对独立的存在，对私有空间和个体独立性要求，也是其实现个体存在价值的基本方式。人存在方式的特殊性，决定了其思维意识活动和现实行为的矛盾属性。朱熹认为社会性存在是人的本质存在方式，同时也是区分合理与不合理的基本界限；他将规则、原理、规律实体化，借此来抬高社会属性的地位，义也因此彻底落入抽象的公共性范围内。

实际上，人的欲望既是人的合目的性要求，也是义得以存在的基本前提；而外在合规律性这一方面，则由于理的实体化、本体化，从而逐步与人相分离。义的两重含义被截然二分，同时其内在性部分被抽离，彻底沦为理的附属；义与人欲的分离，意味着其内在生长力的丧失。朱熹企图借助于建构"心统性情"来解决这一问题，但是"心统性情"的理论前提——理本论、心性论已经包含着理欲的本末、体用、善恶之分，朱熹这种"心统性情"问题解决方式无疑陷入了循环论证。

### 三、义利与王霸

朱熹的思想中，蕴含着积极的社会问题关注特点，尤其是在他一生中进行的几次重大辩论，更体现出他积极的社会问题关注意识。针对南宋面临的军事、经济、思想、外交、政权等一系列问题，朱熹在积极谋求解决之道的同时，还就这些问题，与当时著名思想家展开热烈讨论和激烈论辩。其中论辩中涉及"义"范畴的有公私之辩、义利之辩、王霸之辩三个重要问题。

（一）公私之辩

公私之辩在两宋之前，并未正式成为儒家哲学的问题，因而在朱熹之前，并没有思想家对公与私进行形而上的哲学体系论证，朱熹对公私之辩所作出的贡献在于，他将公私之辩发展为具有形而上学高度的理论命题。朱熹认为程颐以"公"为"仁"的做法欠妥，他强调两者是体用关系，"某以仁，惟公可尽之。伊川曰：思而至此，学者所难及也。天心所以至仁者，惟公耳。人能至公，便是仁。"朱熹答道："人能至公，便是仁，此句未安，然和靖言仁，所见如此。"① 朱熹认为程颐以"公"为"仁"是混淆体用之别，"公"只能作为"仁"流行发用的手段。

在朱熹看来，"仁"是人性论重要德目，是本体天理的"爱之理"投射在人上的体现，而"公"则是"仁"在道德意识、理性中的投射。"公不可谓之仁，但公而无私便是仁。仁是爱底道理，公是仁底道理。故公则仁，仁则爱。"② "公却是仁发处。无公，则仁行不得。"③ "公是仁之方法。"④ 朱熹将"公"清晰地界定为"仁"的方法和功夫，"公"在人性论中获得了重要地位。同时"公"也获得了修养功夫论的保证"仁在内，公在外"，在这里的内外之别是说其意向性指向，仁强调爱之理和恻隐之心，公强调外在可普遍性。"公"作为"仁"的修养功夫和方法，其目的是要克去人内心的私欲、私意、私心，而实现廓然大公的心理状态，以保证天理的无碍流行发用。

朱熹认为"私"首先表现为"私意""私欲"，也就是个体人从心底所发出的意志，但他不将"私意""私欲"局限在个人领域，而是直接在道德形而上学领域展开论述。"私意是心中发出要去做底。今人说人有意智……私欲是耳目口鼻之欲，今才有欲，则混浊沉坠，即不高明矣。"⑤ 在这里，"私意"和"私欲"还表现为个人域的事实，然而朱熹马上将之进行道德判断，也就是欲望能够令人混浊，"私意"必须符合天理的规范引导，必须由个体的私上升到公共的公。

"一言一语，一动一作，一坐一立，一饮一食，都有是非，是底便是天理，非底便是人欲。"⑥ 在朱熹对"私"的使用上，必须清楚地看到两种内涵，即相对

---

① 《朱子语类》卷九七，第 2488 页。
② 《朱子语类》卷六，第 117 页。
③ 《朱子语类》卷六，第 116 页。
④ 《朱子语类》卷六，第 116 页。
⑤ 《朱子语类》卷六四，第 1585 页。
⑥ 《朱子语类》卷三八，第 1004 页。

于社会人而存在的个体化的人，和人的不合天理的私意、私欲。个人与公共社会关系的紧张，表现在哲学理论上则是公私在道德主体与道德本体之间的紧张，抑私扬公是理学家们的首要选择。现实生活中，公共领域对私人领域的剥夺，表现在朱熹这里就是"理"对于"私意""私欲"合理内容的剥夺；私由中性词汇而逐渐沦为道德贬义和负面范畴，与不合理、自私等负面范畴等同起来。

因而，在朱熹看来，公私之辩也是区分君子小人之辩的标准。"君子小人所为不同，如阴阳昼夜，每每相反。然究其所以分，则在公私之际，毫厘之差耳"①。"君子周而不比，小人比而不周"，"周"即普遍，比即偏党，虽然周与比"皆与人亲厚之意，但周公而比私耳"。② 君子所谓公，即是合乎天理以普遍而正当的方式行事，出于公心；小人所谓私，即是以不合乎天理以损人的方式行事，出于自私自利的动机。公私之分，其实为道德行为的动机上的区分。

朱熹在公私之辩问题上，尤其强调其对于士人的重要意义，并以此训诫士人要以公心为官为学为民。他强调为官首先要有"公"心，"官无大小，凡事只是一个公。若公时，做得来也精彩。便若小官，人也望风畏服。若不公，便是宰相，做来做去，也只得个没下梢。"③ 为官秉公执政与否，足以决定政治成败，"用一善人于国，则一国享其治；用一善人于天下，则天下享其治。"④ 以公心论公政，进而实现天下大公的理论进路，恰恰印证了"八条目"的格致诚正修齐治平的逻辑上升进路。

朱熹对公私之辩的论证比较系统化，从本体的天理，到诚意正心，再到修身治国，公私之辩这一伦理道德命题，最终完整融入了儒家知识论和道德修养论体系中。朱熹公私之辩思想，表现在哲学思想中，即表现为道德哲学内行为动机上的，公心利他和私心利己的区别。宋代哲学对公私之辩的强烈关注和理论上的多重突破，蕴含着儒家哲学的理论突破。

（二）义利之辩

朱熹站在天理论的高度，对义利之辩展开诠释，他将义利之辩和公私、理欲、道心、王霸等问题上展开。从义利之辩的历史性发展来看，作为道德范畴的义和个体生活的利，总是处于紧张关系中。道德理性和理想往往决定着人的现实

① 《四书章句集注·论语集注》，第57页。
② 《四书章句集注·论语集注》，第57页。
③ 《朱子语类》卷一百一十二，第2735页。
④ 《朱子语类》卷二四，第576页。

行为选择，义利之辩基本都是以道德动机为核心而展开的。朱熹对义利问题的探讨，突破动机界限，开始在形而上学领域内进行探讨。

从义利之辩产生，两者便处于截然二分的紧张状态，从"君子喻于义，小人喻于利"命题出现，义利就被分为赋予了善恶含义。义成为人的道德根本规定性之一，而利在道德领域内则一直被作为消极范畴对待。义利之分，从最初的君子小人之别，到"正其谊不谋其利"，再到"义和利，只是个公与私"，再到"交出并见"的成人之道，从人格之分到动机之分再回归人格，印证了矛盾辩证发展的规律。

儒家道德哲学意义上的义利关系，一直就是以理想人格设计为基础展开的。无论是公私、理欲、王霸，都是儒家理想人格某个侧面的展开。义利之别，并不是在实践领域中在行为选择时，求义或是求利何者优先或正当的区别。明确了这一点，就已经在理论上澄清了以往对儒家义利观的误会。

利是作为义的矛盾范畴而存在的，两者的含义在外延上构成补集关系。与义作为人性本之规定不同，利在理论结构上出于形下现象范围内。朱熹认为利即是"人欲之私"①"人情之所欲"②，是处于已发阶段的感性欲求。"小人只计较利害……只理会下一截利，更不理会上一截义。"③ 在朱熹看来，所谓利也就是在心之已发阶段，它只计较个体利害，而不顾及是否会损害他人。朱熹对于义的界定，除了羞恶之心外，基本都属于未发阶段；同时在心之已发阶段，义也表现为道德耻感。无论是已发还是未发，义总是和利有着严格的区分，并表现出截然对立的状态。

朱熹对义利的认识，还体现在他对义进行形而上学的天理层面的诠释。义利之辩从已发之心的范围，合理地上升至天理的形而上学高度，中间需要阶段性过渡——道心与人心方面的理论奠基。已发之心范围内，作为心之本体的性与心之末用的情是混杂的；性作为天理在人身上的落实，蕴含了理。人性论上的理气相杂，导致了"心"内容混杂；作为义理动机的公正和私欲，在已发之心内部构成了矛盾关系，两者分别指向道心——天理、人心——人欲。义利之辩，从动机上的轻重之分，到"心"上的体用之别，再到理本论上的理欲之辩，完成了形而上学的论证。

---

① 《四书章句集注·孟子集注》，第 201 页。
② 《四书章句集注·论语集注》，第 73 页。
③ 《朱子语类》卷二七，第 702 页。

在朱熹看来，义是利的最高存在方式。"正其义则利自在，明其道则功自在。专去计较利害，定未必有利、未必有功。"①朱熹此说虽然还停留在动机论的层面，但是他已经注意到了义利之间的体用、本末关系，认识到了义利从动机到结果的不平衡发展。"义根于人心之固有，天理之公也；利心生于物我之相形，人欲之私也。循天理，则不求利而自无不利；殉人欲，则求利未得而害已随之。"②

义利关系在内涵首先明确的是，义利关系的根本点在于动机，动机背后的理论依据是理欲之辩。其次，就公私之辩上说，公私虽然也是指行为意识的公共性或个体性的意向性选择的差异，但是公私主要强调的还是道德动机。公私之辩与义利之辩的差异在于，公私之辩强调的是个体需求和群体需求的差异，公私之辩因此仅能作为义利之辩的理论组成部分，而不能直接作为义利之辩来解决问题。个体性需求其中不乏合理性，而群体性的欲求也未必皆是合理的，显然"义与利，只是个公与私"，这种以公私为义利的做法，显然是忽略了义的正当性和适宜性的真实内涵。

总之，在朱熹这里，义利关系是获得形而上学论证的，理欲之辩、公私之辩、道心人心在朱熹的思想中，紧密地结合在一起，进而形成完整的结构。值得说明的是，正是由于义利之辩融入理气论，形成严谨结构，后世思想家往往以义利之辩为突破口，通过对个体动机和利益的强调，以修改义利含义的方式来反驳朱熹的理学思想。

（三）王霸之辩

王霸之辩也是朱熹"义"思想的重要组成部分，是义利之辩与历史哲学思想相结合。王霸之辩作为儒家政治哲学和历史哲学命题，是儒家政治理想在历史观上的体现，也是王道政治寻求历史哲学论证的重要体现。

朱熹的王霸之辩思想，主要源于他在提举浙东期间，与陈亮重利主义和主张霸道政治问题，展开的激烈论辩。在朱熹看来，浙东学派的重利思想已经背离了儒家思想的正统，主张霸道政治，也是对儒家道统说和王道政治的破坏。

"自到浙中，觉得朋友间谈论却别是一种议论……直说义理与利害只是一事，不可分别，此大可骇。熹窃以为今日之病，唯此为大。"③

朱熹认为，浙东学派凡事均以利为出发点，从利害计较中看义理，这无疑从

① 《朱子语类》卷三七，第981页。
② 《四书章句集注·论语集注》，第201页。
③ 《晦庵朱文公文集》卷三十六。

道德根本上取消了义的优先性。义利双行无疑也在本体领域，背离了朱熹的天理至上性，混淆体用之别、本末之辩。因此朱熹在信中不禁感慨"今日之病，唯此为大"。

重利主义思想在宋代仅仅是作为地域性思潮出现，尚未形成系统化的形而上学论证，其理论阐发往往依赖对直接生活经验的总结分析和对以往历史事件的当下反思。这种做法反映在经典研究领域，自然是以注重经验性最强的史学研究，尤其是春秋学中《左传》的研究。义利动机之别，反映在历史观上，就是统治手段上王道与霸道之别。在朱熹看来，王道政治是内本义理，外行仁政；霸道政治则是内本私欲，外假仁义，也就是"心乃利欲之心，迹乃利欲之迹"。①

虽然朱熹的义利观论证严密、体系庞大，但是在遭遇浙东学派义利观之后，却面临了严重的挑战。朱熹道德意识上的重义轻利倾向，使他将利的内涵和外延逐步压缩，并将义利交叉部分全部划归为义，使得截断了义利之间辩证理解的可能。而陈亮以利说义的做法，则恰恰相反，他以利为中心，将义理解为利的实践合理化结果，充分表达了当时由于平民和庶族的利益要求，带给儒家伦理道德的冲击，同时也揭露了儒家政治的重要内在矛盾——政治与道德之间的矛盾关系。

朱熹的王霸思想是对儒家主流历史观——今不如昔的历史退化论的继承。朱熹认同三代政治是儒家理想化政治制度设计，他认为三代帝王均能以"道心"（天理）治理天下，行为动机上是"仁义为先，而不以功利为急"②，属于王道政治。秦汉隋唐帝王则是以"人心"（人欲）治理天下，因而事事以功利为先，导致了"举世没于功利，而不知仁义之固有"③，属于霸道政治。王道政治表现为义理公行、政治清明、人民纯朴；霸道政治表现为社会黑暗、人欲横流、阶级矛盾尖锐。

> "古之圣人致诚心以顺天理，而天下自服，王者之道也；后之君子能行其道，则不必有其位，而固有其德矣。故用之则为王者之佐，伊尹周公是也；不用则为王者之学，孔孟是也。若夫齐桓晋文，则假仁义以济私欲而已。设使侥幸一时，遂得王者之位而居之，然其所由，则固霸者之道也。故汉宣帝自言：'汉家杂用王霸'，其自知也明矣。"④

---

① 《晦庵朱文公文集》卷三十六。
② 《晦庵朱文公文集》卷七十五。
③ 《四书或问·孟子或问》。
④ 《四书或问·孟子或问》。

由于儒学伦理道德本位的特点，无论是政治哲学还是历史哲学，都未能逃脱出道德本位的理论桎梏。道德观作为本位贯穿其历史观和政治观。他以义利说政治，以《大学》格致诚正、修齐治平的理论进路。朱熹希望以个体出发，通过个人道德修养的提升，以内圣开出外王。就中国古代政治的人治特点，具有强烈的现实意义，他希望通过道德的教化的方式，实现君王"与士大夫共治天下"局面的参与，以区分王道和霸道为手段，力图论证南宋王权政治再现"王道"中兴的气象。同时，朱熹以王道学说讲仁义、顺天理而天下咸服的理想，劝谏统治者重仁义、行王道、服远人，则表明了他积极的现实问题关注意识。

朱熹的"义"思想在体系化和逻辑化方面，达到了前所未有的高度。他对"义"范畴的解读，以"理"本体为依据，以理本论为形而上学理论依据，以人性论为道德哲学根本理论，以体用二分为基本方法，以已发未发剖分道德思维意识的不同状态和性质；又以义利之辩、公私之辩、天理人欲之辩、道心人心之辩、王道霸道之辩等各类问题紧密结合，并由此形成了一个由现实问题为切入，以形而上学基本理论为保障的应用伦理学，达到了"义"范畴研究前所未有的高度。虽然朱熹哲学，无论是理气论、心性论、体用论还是义利观等都存在不小的问题，但这些问题多数为历史局限性、阶级局限性、理论认识逻辑方法局限性和实践局限性造成，这要求我们在研究中必须以同情和理解的态度看待。

## 第三节 陈淳：义与《字义》

陈淳对"义"范畴的理解和创发，主要表现在"义"的"下学"功夫上。他把知行关系理解为不分先后的依存共在，在此基础上为将形而上学的天理，在日用常行的生活中具体细致地展开。他将"仁义礼智信"以横、纵、错观的方式进行相互规定，以便于正确处理理事、知行关系。同时他在公私之辩基础上进一步区分了义利关系，全面而详细地揭示了"利"的种种消极含义，揭露了事功学派以利为义、混淆义利的缺陷，有助于后世学者正确理解朱熹义利观和儒家义利关系。陈淳对义利之辩在"心"与"事"层面上进行分析，体现了朱子理学平民化、日常化的发展趋势以及心学和事功学理论融合趋势。

### 一、《北溪字义》与字义研究方法

朱熹在晚年意识到理学自身及其发展的种种问题，他在对门人弟子的训诫中尤其重视"下学"与"上达"的结合。陈淳在继承朱熹理学思想的同时,尤其注重"下学"功夫的研究,并在此基础上,通过对儒家诸多理论范畴的细致分析与比较,创作了《北溪字义》,澄清了儒学诸多概念和范畴的内涵,正式开创了字义分析、概念范畴辨析的理学研究方法。

理学范畴的字义研究,并非肇始于陈淳,朱熹以义理方式注疏四书便重视这一研究方法。他对于许多概念范畴都有过准确而简要的界定,并由此而建构起理论体系,但朱熹的范畴界定比较散乱,且尚未摆脱随文注释的影响。陈淳接受并继承了这一分析诠释的方法,他有意识地挑选出数十个重要范畴,在进行个体分析和细致考察基础上,强调各个范畴之间的理论联系,将义理解经发展为严格的字义诠释学,进而推动了经学和理学研究的进步。

陈淳尤其重视概念范畴的含义确定性与范畴、理论之间逻辑关联性,两者已经成为其主要的研究方法。陈淳重视概念范畴的内涵确定性与范畴之间的逻辑关联性,并提倡字义研究法。

陈淳的字义研究法,细分起来包含三部分:竖观、横观、错观。所谓竖观,在陈淳看来是其实范畴之"事",借助现代逻辑理解,即是定义中的外延。以人性"五常"为例,"就事物而言,父子有亲便是仁,君臣有义便是义,夫妇有别便是礼,长幼有序便是智,朋友有信便是信,此是竖观底意思。"① 从陈淳这一表述看,竖观的含义是指逻辑外延是毫无疑问的,而将竖观看作次序关联的学者,显然是混淆了陈淳"五常"和"五常"之间逻辑关联。"孟子四端之说,是就外面可见底,以验其中之所有。如乍见孺子入井,便自然有恻隐之心,便见得里面有这仁。"② 陈淳在这里区分内在之理与外在之事,就是为了明确"五常"的内外之别、纵横之分。

所谓横观,也并非如许多研究者所言的那样,是指横向联系;横观是指范畴的实践含义——理。"若横而观之,以仁言,则所谓亲、义、序、别、信,皆莫非此心天理流行,又是仁。以义言,则只那合当亲、合当义……"③ 横观即是"五常"的内在含义,并非是五者之间的逻辑关联。正如陈淳所强调的,仁即是天理流行,义只是合当如此,所谓横观,也就是指事物的实践含义——蕴藏在"五常"背后的天理要求。

---

① 胡广:《性理大全书·理九》卷三十七,山东友谊书社影印本。
② 陈淳:《北溪字义·仁义礼智信》,熊国祯、高流水点校,中华书局2009年版,第20页。
③ 《北溪字义·仁义礼智信》,第21页。

　　所谓错观，即是"错而观之"，是指将竖观与横观相结合，理与事相结合。陈淳避开了理事二元表述，直接以包含两者的范畴说开，将范畴之理和事综合起来研究，形成了理事统一、体用统一、形上形下统一的研究方法。

　　"亲亲，仁也，所以爱亲之诚，则仁之仁也……从兄，义也，所以从兄为爱兄之诚，则义之仁也……"① 陈淳将理事相结合，呈现出了理事之间的错综脉络关联和逻辑联系。为将之简明表述，故列表陈述：

| 竖观<br>错观<br>横观 | 仁之理<br>（理） | 义之理<br>（宜） | 礼之理<br>（序） | 智之理<br>（别） | 信之理<br>（实） |
|---|---|---|---|---|---|
| 仁之事（亲亲） | 亲亲之诚 | 进谏于亲 | 侍亲节文 | 良知之爱 | 事亲之实 |
| 义之事（从兄） | 爱兄之诚 | 庸敬在兄 | 从长节文 | 良知之敬 | 从兄之实 |
| 礼之事（敬宾） | 恳恻于中 | 接待之宜 | 周旋节文 | 酬酢不乱 | 敬宾之实 |
| 智之事（察物） | 是非恳恻 | 是非得宜 | 是非中节 | 是非一定 | 是非之实 |
| 信之事（复言） | 天理之公 | 天理之宜 | 出而中节 | 有条不紊 | 为言之实 |

　　错观，即是要将"五常"之理与"五常"之事紧密结合起来，使得体用相合、理事不乱；"五者随感而发，随用而应，或才一触俱动，或相交错而互见，或秩然有序而不紊，或杂然并出而不可以序言……"② 陈淳的竖观、横观、错观，其实是要在辨析范畴的内涵与外延基础上，明确其理与事的区别和联系，进而实现对范畴的正确认识。

## 二、义：朱子学继承与发展

　　陈淳将"义"范畴做字义研究，通过个体分析和整体综合的方法，勾勒出了"义"范畴在理学体系内的理论结构，同时也明确了它的理路内涵。陈淳的义思想在很大程度上都是继承朱熹而来，无论是人性论、心性论以及修养工夫论；然而他对"义"范畴还是有所创发的，陈淳更加重视"义"与其他范畴之间的体系性关联及其日用常行化。陈淳对"义"的界定，可以简单分为三个部分："义"范畴的理气论依据；"义"的内涵；"义"范畴与其他范畴间的关联。

① 《北溪字义·仁义礼智信》，第23页。
② 《北溪字义·仁义礼智信》，第24页。

（一）义与理气论

陈淳继承了朱熹的理本体思想，他首先将"义"界定为理赋予人的本质规定性之一，是人性五常、五性。他认为"义"即宜之理，同时此理伴随气化流行过程，从而构成人的基本组成部分。"（仁义礼智信）五者谓之五常，亦谓之五性。就造化上推原来，只是五行之德……义在五行为金之神，在人性为义……金位西……秋属金"①。陈淳继承了朱熹理学的庞大体系，将五性之"义"与金气、西方、秋季等结合并联系起来，使"义"得到了理气一体的宇宙生成本体论理论的支持。理本论与易学思想的结合，也是其重要方面，仁义礼智四性比类元亨利贞四德，同时亦将四德同四时相联系，揭示"义"以获利、裁决、肃杀等含义，并将仁义礼智四者建构为生生不息的运动循环整体。

"人性有仁义礼智，只是天地元亨利贞之理……义在天为利，于时为秋，盖万物到此时皆成遂，各得其所，如义断制万事，亦各得其宜。秋有肃杀气，义亦有严肃底意……亨又生利，利又生贞，只管如此去，循环无端……利只是此生意之遂……如仁兼统四者，义礼智信都是仁。至其为四端，则所谓恻隐一端，亦是贯通乎辞逊、羞恶、是非之端，而为之统焉。"② 在这里，"义"又与乾卦的四德相联系而成为"利"之德；"义"借助易学范畴无所不包的比类方法，进而扩展为秋季、肃杀、裁决、得宜、生生之意的完成、仁之要素。陈淳以理气论，将"义"铺展为贯通天地万物的范畴，使其使用范围得到前所未有的扩大，同时也通过比类而将义彻底融入理学体系。

陈淳在以气言"义"的同时，并没有忽略理对于"义"的规范作用，他强调义的理事、内外之别"仁是爱之理，义是宜之理……事物各得其宜乃义之用，而宜之理则在内。"③ 陈淳并没有突破朱熹二元论的影响，他将义做了理事本末、体用、内外的区分。这种区分解决了孟子与告子关于义内义外的争论，同时也将事功学派的利中见义、以利和义的谋利、事功思想，做了很好的理论定位，明确了两者论述领域的不同。义不仅指宜之理，同时也指事物的得宜，理事不离的一贯性在这里得到了体现。

然而历来的理学家都在强调"仁"的重要性，仁也逐渐由"五常"之一而逐渐被拔高为统摄其余四者的大全，是心之德、爱之理、生生之意、贯通之理等。

① 《北溪字义·仁义礼智信》，第18页。
② 《北溪字义·仁义礼智信》，第22页。
③ 《北溪字义·仁义礼智信》，第18页。

"义"范畴中虽然包含有宜之理，但是并不能直接与理建立联系，仁作为理与其他人性范畴的中介，是统摄四者而又与四者相互关联的范畴。将义界定为生之遂、元之利、爱之宜等命题，无疑表明了陈淳及其他理学家们以仁统义的思想。"仁者，心之全德，兼统四者。义、礼、智，无仁不得。盖仁是心中个生理，常流行生生不息，彻始终无间断。苟无这生理……处事之际，必不解裁断，而无所谓义。"① 陈淳显然是将仁作为生生之理，同时也作为心——意识生发的之理，是各种意识生发的开端和关键；他无意识地将外在宇宙生成论的逻辑构造，移植到内在心性论中，建构起内在的道德意识的生生系统。仁作为理、天德等是外在生生之理，在内是意识的生生之几，是道德意识的开端；义在外为得宜之理，在内为裁决合当，都是由仁生发出来，因而义在理论上是仁的次级概念。

（二）义：横观、纵观与错观研究法

就"义"范畴自身内涵而言，它的本质含义是"宜"，而这一含义经过理气论、心性论、知行观等改造后逐渐被消融于冗杂庞大的思想体系中，义由此也获得了多重含义。首先，作为改造事物的合目的性和人的道德理性原则，义指称宜之理。作为道德意识的作用和具体事物的处理要素，义指称裁决、裁制，"义就心上论，则是心裁制决断处。宜字乃裁断后字"②，作为裁制行为的目的和结果，义依旧指称"宜"。"裁断当理，然后得宜。凡事到面前，便须有剖判，便是可否……凡事若不能剖判，便是此心顽钝无义了。"③ 就内在意识而言，义必须诉诸分析和判断——裁制，与把握未发之中的持敬涵养功夫不同，义必须建立在已发之心的范围内；在已发范围内，心的作用就是处理依据天理来裁决事物，在此基础上，义是内在的。

陈淳同时还强调"义"常常在日用常行事务中得到体现，他认为理不离事，对作为人性要素——义的认识，同样需要在处理事务中实现。"四者端绪，日用间常常发见，只是人看理不明，故茫然不知得……既知得是非已明，便须判断，只当如此做，不当如彼做，有可否从达便是义。若要做此，又不能割舍得彼，只管半间半界，便是心中顽钝而无义。"④ 他认为仁义礼智四端之心，时常在生活中得到体现，义在生活中体现为对行为的选择和判断，取舍不定、犹豫不决便是无

---

① 《北溪字义·仁义礼智信》，第 22 页。
② 《北溪字义·仁义礼智信》，第 19 页。
③ 《北溪字义·仁义礼智信》，第 19 页。
④ 《北溪字义·仁义礼智信》，第 21 页。

义的表现。

陈淳依据其横观和竖观的字义研究方法，对义做了理和事两方面的处理，从而界定了义在事为君臣、从兄、裁决等含义，以及在理为裁决割正处和宜之理含义。

（三）义利之辩

陈淳继承了朱熹的义利观，并进一步明确了义利的区别，强调两者来源不同、本末之别。陈淳的义利之辩，与朱熹相比较，其创新之处在于陈淳将义利之辩作为手段，使之成为求仁境界的必要阶段。与以往义利之辩不同的是，他不再将义利之辩为政治哲学、历史哲学王道霸道判分服务，而是直接诉诸内圣的求仁境界。陈淳此举，无疑佐证了他的朱子学思想发展的心学倾向。

陈淳首先区分了两者所述范围的不同，并在此基础上将它们截然对立起来。"义与利相对而实相反。才出乎义，便入乎利，其间相去甚微，学者当精而察之。"[1] 陈淳在此处论述两者相对相反却又相去甚微的矛盾关系，其实是在说义利作为理欲之别，在理论上是相对相反而在意识判断上却是一念之隔。理欲之辩的绝对化，是造成义利截然相对的原因，不同于事功学派以及后期理学家"欲中见理"的现实伦理领域分辨理欲，陈淳与朱熹的理欲之辩讨论的是道德哲学的基本原则的确立。"自文义而言，义者，天理之所宜；利者，人情之所欲，欲是所欲得者。就其中推广之，才是天理所宜底，即不是人情所欲。"[2] 义和利作为天理和人欲的结果，在"心"——道德意识领域展开；天理与人情（人欲）截然对立，同样也是在道德形而上学范围内的概念范畴区分，陈淳将两者截然对立区分，是字义研究要求概念范畴精确化、定义化的体现。理欲、义利在道德哲学中基于范畴上的区分，并不意味着在现实生活中也是截然二分的；就事上说，"其间相去甚微"，是人的道德意识对事物判断所形成的结果，在事实本身不构成义利和理欲。

陈淳对义利之辩在公私、当然与否、有为无为等角度进行区分。"义者，天理之所宜；利者，人情之所欲……天理所宜者，即是当然而然，无所为而然也。人情所欲者，只是不当然而然，有所为而然也。天理之所宜是公，人情所欲为是私。"[3] 首先陈淳强调天理与人欲的界限，"当然"如前文所言，是理作为原则，包

① 《北溪字义·义利》，第53页。
② 《北溪字义·义利》，第53页。
③ 《北溪字义·义利》，第53页。

含了对人的行为的约束、限制和范导；天理与人情、义与利，正是基于"理"的当然意义上做出的区分，义利之辩的意义即是道德原则原理在个人行为活动中实现约束、限制和范导作用。天理的"自然"含义，意味着义、道心是道德原则、原理在道德意识和行为上的自然显发，即是"无所为而无所不为"。天理和人欲分别于公私相对应的做法自二程便开始，所谓公与私，既有社会公共领域、事务含义，也包含原理、原则的普遍性。陈淳强调的天理是公，无疑是在说其普遍性以及社会领域的普遍适用性。义利与公私的对应，在道德哲学中，强调的是义作为原理的普遍性，以及利作为个体行为结果的非普遍性。在社会事务中，义强调公共利益和事务的普遍性，以及私人利益和事物的非普遍化。公私范畴本身不涉及正当性问题，义的正当性是基于公私范畴矛盾的基础上才得以体现的，即是私利与公利，个体意志与公共规则、普遍原理的矛盾冲突。义利之辩即是为了正确处理个人与他人、私人与公共之间的关系，由于宋代思想家们收到历史局限性的影响，在私人领域尚未发达的时代，不可能对公私之辩做出全面而深刻的理解。

陈淳继承了朱熹以理气论义利的思想，从理气论出发，揭示义与利、天理与人欲形成。人在其形成过程中，天理赋予人五性，形气赋予人四体；仁义是心得天理，四体由于是形气之私形成，因而由私气导致私情、私欲的产生。"人惟天理、私欲二者，并行乎性命形气之间，而又接乎事物无穷之境，是以性命常易为形气所掩，而天理常多为私欲所屈。故耳目口体之用属，往往偏为己意之徇。"[1]天理人欲在人身上并行、交杂，人在日常活动中又难免受到外物的影响，导致性命正理被遮蔽，天理被私欲染污；人的耳目口鼻等感官享受，是私欲、私利的重要来源，也是人理欲、义利之辩讨论的重要领域。

由感官欲望到私欲，进而导致私利的追求——人心、人欲，以理气关系论证义利之辩，虽然容易产生命定论的误解，却也是理学思想体系化、逻辑系统化的不可避免的结果。陈淳以理气论义利，并非仅仅为义利做论证，更为关键的是要实现其求仁的理想。仁作为心得天理之全，是天理在人心上得以自然流行的关键，也是理"当然"内涵得以展开的前提条件。陈淳一再强调克己复礼，在义利之辩上体现为克出私心、私欲，以恢复天理之公。"克己是去人欲于彼，复礼是复天理与此"[2]，克己为功夫，复礼为目的，陈淳将义利之辩与求仁境界相结合，

① 陈淳：《北溪大全集·理有能然》卷六，四库全书影印本。
② 陈淳：《北溪大全集·理有能然》卷六，四库全书影印本。

融体用、本末、修养功夫于一体，体现了字义研究重视范畴间逻辑关联的特点。

（四）义利与公私

陈淳将利进行了详细的说明，既包含了能够引起求利之心的外在事物，也包括求利之心本身；既有徇私行为，也有求私意向。

> "如货财、名位、爵禄等，此特利之粗者。如计较强弱多寡便是利，如取自便宜亦是利，如求名观效，如徇己之私，如徇人情而为之，如有外慕底心，皆是利。然货财、名位、爵禄等，亦未可便做利，只当把一件事看，但此上易陷于利耳。"①

陈淳将"利"分作求利对象、求利意识、求利手段等部分，他认识到"利"产生的根本在于私欲——求利意识。他强调"货财、名位、爵禄等，亦未可便做利"，三者在未经由价值判断，形成道德思维活动和行为活动的时候，虽然包含了成利的可能性，但不能构成利。义利之辩，在陈淳看来，主要是基于动机上的区分。陈淳认为，计较之心、取自便宜、求名、观效、徇私、徇情、外慕等思维意识，都是利——求利之心的体现；为保证"义"作为道德原则、原理的纯粹性，他以动机上义利截然对立的为基础，将所有可能涉及利的因素，从道德意识范围内层层剥离，"有所为而为，如有所慕而为善，有所畏而不为恶，皆是利"②。陈淳这种做法，虽然保持了义作为道德原则、原理的纯粹性，同时也取消了义作为行为范导理论的现实性。"为获而耕，为畬而菑，皆是利"，义脱离了利，其正当性便无所依存。陈淳将道德原则、原理的纯粹性，理解为"无为"的自然，以其特征、现象作为内涵，故而导致了义利相混、以义为利的问题。

陈淳以历史还原的方式，解释了义利产生、含义、义利之辩的实质。他认为古代统治者征税于民，只是出于维护国家机器正常运行的需要，"山林川泽，悉与民共之"，统治者是尽公无私的，其国家制度的建构亦是尽公无私的。后来由于毁分封而行郡县制，遂使天下大公为私利，天下求私利便上行下效，公私的矛盾对立导致了义与利的对立。

陈淳在对义利进行范畴界定和历史还原的基础上，再次强调了义利之辩的重要性，将克己复礼和存理灭欲作为求仁的必要手段和功夫。他以公私之辩、理欲之辩说明义利之辩，将义利之辩，由道德意识、动机问题，进一步上升为道德哲

---

① 《北溪字义·义利》，第53页。
② 《北溪字义·义利》，第54页。

学本体范畴，从而在修养功夫和成己实践上落实为求仁。

　　陈淳对"义"范畴的发展，包括字义研究方法的创新和理事结合的"错观"式结合；他在理论和方法上的创新，推动了"义"范畴在理学体系内的发展。宋代理学，从朱熹到陈淳的演变，标志着理学与心学、事功学相结合的发展趋势，同时也暴露了理学的内在矛盾和缺陷。"义"范畴虽然在朱熹和陈淳这里，还没有真正实现向心学和事功学发展的实质突破，但它的确将"义"范畴及其理论推向了前所未有的发展高度。

# 第七章　礼　乐

## 第一节　二程礼乐思想

程颢、程颐学术思想各有侧重，故后世分途发展出朱子学派、浙东学派、陆氏心学三部分内容，但是两人在传统经学方面仅有作品《程氏易传》，均未有礼乐作品传世，这是由二程在学术思想方面注重《大学》《中庸》《论语》《孟子》之学，尚未在经学方面达到与其所创立的理学体系相同高度，故在本章的具体论述中，除非文献有明文记载，否则我们不再区分二程学术观点的内在差异，以免画蛇添足。

### 一、内圣外王目标：礼的实践功能

"内圣外王"一语，源出《庄子》，经过魏晋六朝玄学、隋唐佛学的熏陶，儒家学者改造了内圣外王的观念，使其成为外在事功与内在修养之间的完整表述。但是内在修养与外在事功完美结合之事，仅是少数人才能够达到的理想目标，使得普通士人不得不两方面有所侧重。作为理学创始人的二程，注重内圣目标，是当时社会条件发展的必然结果。余英时说：

> 理学起于北宋，至南宋而大盛；它所发展的则是儒学中关于"内圣"的部分。它赋予儒学以新貌，但并不是其全貌。就儒学本身而言，理学"鞭辟向里"，代表了一种内向的发展。但理学之所以在第三阶段获得许多人的信奉，则因为它提供了下面这个有说服力的承诺：只有在"内圣"之学大明以后，"外王"之道才有充分实现的可能。因此它虽似内转，却仍与北宋以来儒学的大方向保持一致。[1]

---

[1] [美] 余英时：《朱熹的历史世界：宋代士大夫政治文化的研究》，生活·读书·新知三联书店 2004 年版，第 410—411 页。

所谓"第三阶段"主要指"朱熹的时代"①。余英时所言内容大体有三：第一，两宋理学源起北宋，到南宋才成为主流学术流派。第二，理学的主要贡献在"内圣"方面，但是理学派学者仅改造了儒学目标的实现路径，终极目标仍是"外王"。第三，理学思想在南宋跃升为主流思想的原因在于理学给士人提供了一条发展道路，即由修养"内圣"之学，才能实现"外王"之道。余英时的观点论述严谨，甚为准确，但是他更多地关注朱熹时代，忽视其他两个阶段，即："从宋初到仁宗朝为第一阶段，确立了'治道'的大方向，即重建一个以'三代'理想为依归的政治、社会秩序。""第二阶段政治文化的高潮则在熙宁变法，这是士大夫从'坐而言'转到'起而行'的时期。"② 因此，从二程对礼乐思想的论述能够详细考察理学内在修养与外在事功转变的学术因子，兹述如下：

一方面，礼能够助人修身养性，提升自我道德境界，实现"内圣"的目标。

在内圣方面，一般以人的道德修养和治国方法的学习作为主要目标，正如《大学》首章所说："物格而后知至，知至而后意诚，意诚而后心正，心正而后身修，身修而后家齐，家齐而后国治，国治而后天下平。"朱子注曰："修身以上，明明德之事也。齐家以下，新民之事也。物格知至，则知所止矣。意诚以下，则皆得所止之序也。"③ 更在注解"自天子以至庶人，一是皆以修身为本"时说：

正心以上，皆所以修身也。齐家以下，则举此而错之耳。④

朱子集理学大成，其思想意识正是源自二程学术传统，故在理学家的意识中，从齐家开始到平天下，均属于外王之事，而格物到正心则属于修身的内容。由此可知，凡是未把齐家、治国、平天下的本领用之于实践都属于内圣的修身范畴。因此，内圣的内容主要包括了自身的道德修养，也包括自身的行为规范内涵。故我们从道德修养和行为规范两方面来考察二程的内在修养理论。

在道德修养方面，礼仪能够提高士人的精神品格，完成自我道德完善的过程。道德修养既要有明白事物内在格物致知之理，更需要有外在行为的培养才能够加快道德培养的效果。程颢说：

礼乐只在进反之间，便得性情之正。⑤

---

① 《朱熹的历史世界：宋代士大夫政治文化的研究》，第410页。
② 《朱熹的历史世界：宋代士大夫政治文化的研究》，第409页。
③ 朱熹：《大学章句》，《四书章句集注》，上海古籍出版社、安徽教育出版社2002年版，第17页。
④ 朱熹：《四书章句集注》，第17页。
⑤ 程颢、程颐：《河南程氏遗书》卷三，《二程集》，中华书局1981年版，第68页。

　　此句虽短，却蕴含有丰富的内涵：一是礼乐虽然仅是以具体规则规范行为人做事的具体方式，但是其本身蕴含了社会共同的审美特质；二是礼乐在进反活动之间的原则正是社会原则的内涵反映，由此实现了化刚性社会规则为柔性的精神规则；三是礼乐与性情之间存在联动关系，能够通过日常练习实现外在行为与内在情感转化同步进行。礼乐之间的关系，留待后文。事实上，二程对礼的特质具有非常清晰的认识。《河南程氏遗书》游酢载：

　　　　圣人缘人情以制礼，事则以义制之。[1]

　　礼依据人情的原则而建立，事情的规则是遵循义的原则，前者为内在原则，后者为外在做事原则。正是礼的制作原则是人情，则遵循礼仪，必然要依循人情做事才能够实现进反得当的目标。程颢还说：

　　　　礼者因人情者也，人情之所宜则义也。[2]

　　礼是依据人情来制定的规则，与前文游酢所载录，如出一辙。更为重要的是此处后半句对义的注解是"人情之所宜"，这便把礼与义之间的关系直接联系在一起，形成了尊人情的外在原则便是遵礼，要遵循人情的恰当原则。两者之间形成了一个依人情制礼，依礼来做事的原则，实现由外在礼仪规范导入人情变化过程，实现人情与外在行为规范的无缝对接，并把人情约束在社会的礼仪规则内。

　　在自身行为规范方面，礼仪能够为人的行为提供最基本的指南，实现自我行为的内在约束功能。礼因人情而制定，而人情所宜之处便是义，但是人情是因人而异的，现实中不可能真的出现人人是圣人的情况，这便需要用礼仪来规范人的行为，实现社会规则具体化为人的个人行为规范。程颢说：

　　　　礼者，理也，文也。理者，实也，本也。文者，华也，末也。理是一物，文是一物。文过则奢，实过则俭。奢自文所生，俭自实所出。故林放问礼之本，子曰："礼，与其奢也宁俭。"言俭近本也。[3]

　　礼理的外在之文，则理是本源，礼仪是理的外在表现而已，不能简单等同起来。外在礼仪过于奢华便远离理，会导致礼仪华而不实，失去礼的实质——理。由此可知，大程更强调内在之理，并以理作为礼的本源来看待，符合程氏以理为万物内在规律的整体原则。既然礼的本源是理，则礼的各个方面都是理的具体表现，没有例外之处，正如程颢所说：

---

[1]　《河南程氏遗书》卷六，《二程集》，第 87 页。
[2]　《河南程氏遗书》卷十，《二程集》，第 127 页。
[3]　《河南程氏遗书》卷十一，《二程集》，第 125 页。

洒扫应对便是行而上者，理无大小故也。故君子只在慎独。①

洒扫应对属于礼仪最细小环节，但因理蕴含于天地万物，故洒扫应对的小礼节便蕴含了礼的本义——理，所以礼属于理的外在表现，当属无疑了。正因礼属于理的外在表现，所以一旦不遵循具体礼仪，便违背了理的原则，所以程颐补充说：

视听言动，非理不为，即是礼，礼即是理也。不是天理，便是私欲。人虽有意于为善，亦是非礼。无人欲即皆天理。②

程颐用视听言动非理不为来再次论证了礼是理的观点，而脱离礼的约束便是私欲。事实上，视听言动与礼的关系，出于《论语·颜渊》篇，朱子在注释其文时引述了程子之言如下：

程子曰："颜渊问克己复礼之目，子曰：'非礼勿视，非礼勿听，非礼勿言，非礼勿动。'四者，身之用也。由乎中而应乎外，制于外所以养其中也。颜渊事斯语，所以进于圣人。后之学圣人者，宜服膺而勿失也，因箴以自警。其《视箴》曰：'心兮本虚，应物无迹。操之有要，视为之则。蔽交于前，其中则迁。制之于外，以安其内。克己复礼，久而诚矣。'其《听箴》曰：'人有秉彝，本乎天性。知诱物化，遂亡其正。卓彼先觉，知止有定。闲邪存诚，非礼勿听。'其《言箴》曰：'人心之动，因言以宣。发禁躁妄，内斯静专。矧是枢机，兴戎出好。吉凶荣辱，惟其所召。伤易则诞，伤烦则支。己肆物忤，出悖来违。非法不道，钦哉训辞！'其《动箴》曰：'哲人知几，诚之于思。志士励行，守之于为。顺理则裕，从欲惟危。造次克念，战兢自持。习与性成，圣贤同归。'"③

朱子所引述的内容远比前引语录来得详细，但是两者核心内涵高度一致，都强调视听言动是"身之用"，均以遵循礼仪来行动作为最高原则，则礼便是人的行为法则了。事实上，程子的观点尚仅停留在"四者，身之用也。由乎中而应乎外，制于外所以养其中也"。也仅停留于具体论述，呈现出理学初创阶段的粗糙与不成熟，有待后继者朱子的提炼与完善。

另一方面，以礼为准则，方能实现"外王"的目标。

自我生存是实现齐家、治国、平天下目标的基础。虽然孔孟说杀身成仁与舍

---

① 《河南程氏遗书》卷十三，《二程集》，第 139 页。
② 《河南程氏遗书》卷十五，《二程集》，第 144 页。
③ 朱熹：《四书章句集注》，第 167—168 页。

生取义，但是在现实环境中，每样事情动辄舍生取义，则会导致小人固执的结果，无法真正实现外王的目标。《河南程氏遗书》卷一载：

> 有人劳正叔先生曰："先生谨于礼四五十年，应其劳苦。"先生曰："吾日履安地，何劳何苦？他人日践危地，此乃劳苦也。"①

旁人看到程颐守礼，认为其生活模式过于辛苦，程颐从守礼能够帮助自己实现安全的问题入手，主要包含两方面：一是认为礼能够帮助自己创造安全环境，反之则会置自己于危险的处境。二是在日常生活中守礼，看似限制行为，而不守礼看似随意自由，但如果考虑到守礼化解了危险处境所带来的心理愉悦与轻松感，则守礼显然较为轻松了。由此可知，礼仪具有建设自身生存环境的重要功能，也具备优化生存处境的功能。在获得自身生存安全的环境基础上，需要有儒家推己及人之义了。推己及人，需要从自身的生存安全出发来逐步达到齐家的功效。

家与家族，是每个士大夫的立足之地。《说文解字》载："家，尻也。从宀，豭省声。"段玉裁注曰：

> 尻，各本作居。今正。尻，处也。处，止也。《释宫》："牖户之间谓之扆。其内谓之家。"引伸之，天子诸侯曰国，大夫曰家。凡古曰家人者，犹今曰人家也。家人，字见哀公四年《左传》、《夏小正传》及《史记》、《汉书》。家、尻叠韵。②

家本为居住之地，但后来引申为大夫封地，后世废除封建后，实指邻里之地。正是基于家的语义，我们看到家在传统文化中两个方面的意义：一是指有血缘关系的宗族嫡亲，即扆内之地为家的范围；二是由有血缘关系的宗族扩大到自己管理的范围内，当指封建时代的封地及后世居住地附近地区。正是家和家族在封建时代远大于现代意义，故《大学》所谓"齐家"也不仅仅是教育子弟，还包括维系家族与美化社会风俗。前者我们留待下文礼的教育功能部分再详述，本部分仅对礼的美俗作用加以阐述。

在家族方面，礼具有维系宗族的功能。宗族是传统社会组织结构的核心内容，每人都是由其自己扩大到五宗的宗族，而礼正是维系宗族关系的重要纽带。程颐说：

---

① 《河南程氏遗书》卷一，《二程集》，第8页。
② 许慎撰，段玉裁注：《说文解字注》，上海古籍出版社1981年版，第337页。

宗子法废，后世谱牒尚有遗风。谱牒又废，人家不知来处，无百年之家，骨肉无统，虽至亲，恩亦薄。①

宗子法被废除，谱牒也废除，导致社会中无法确定自身来源，家族各个组成部分四散居住，使得人与人之间的亲亲之情淡薄了，使得社会失去了稳定的基础，故程颐总结其情形便是："宗子法坏，则人不自知来处，以至流转四方，往往亲未绝，不相识。"② 正是社会的基本结构——家与家族被破坏了，社会也就失去了其稳定的运行机制，故二程高度重视宗子之法，提倡以宗族之法解决美俗功能。《河南程氏遗书》载：

所谓宗者，以己之旁亲兄弟来宗于己，所以得宗之名，非己宗于人。③

程子以宗子来统领整个宗族，组成一个严密的人际关系网，实现宗族自我治理的效果。祭祀祖先便是其最为主要的场合，故程颐说："宗子者，谓宗主祭祀也。"④ 通过祭祀维系整个宗族的情感，保持宗族结构的稳定，为社会的运行提供基本机制。程颐说：

凡小宗以五世为法，亲尽则族散。若高祖之子尚存，欲祭其父，则见为宗子者，虽是六世七世，亦须计会今日之宗子，然后祭其父。宗子有君道。⑤

所谓"君道"便是宗子具有管理整个宗族的权力，能够实现宗族的自我管理功能，以此纽带实现社会治理有序化。正是复建宗族结构，实现整个家族自我治理和自我净化过程。因此，程颐说："宗子之法不立，则朝廷无世臣。宗法须是一二巨公之家立法。宗法立则人人各知来处。"⑥ 要巨公之家来作表率的原因在于其具有巨大的社会影响力，能够成为社会的标杆，由此带动社会风气的形成，又反过来良好的家风为朝廷输送更多优秀的人才。这是因为宗族之大事在祭祀，而祭祀能够成为宗族成员良好行为的培养过程。《河南程氏遗书》卷二十二上载：

又问："祭如在，祭神如神在。"曰："祭如在"，言祭祖宗。"祭神如神在"，则言祭神也。祭先，主于孝，祭神，主于恭敬。⑦

---

① 《河南程氏遗书》卷十五，《二程集》，第 162 页。
② 《河南程氏遗书》卷十五，《二程集》，第 150 页。
③ 《河南程氏遗书》卷十五，《二程集》，第 180 页。
④ 《河南程氏遗书》卷十七，《二程集》，第 179 页。
⑤ 《河南程氏遗书》卷十七，《二程集》，第 180 页。
⑥ 《河南程氏遗书》卷十七，《二程集》，第 179 页。
⑦ 《河南程氏遗书》卷二十二上，《二程集》，第 285 页。

"祭如在，祭神如神在"语出《论语》，而程颐所言的内容正是祭祀的两大要义：祭祖先主要在表达孝心，而祭祀各类神明则以恭敬为主。我们看到两者之间都是涉及礼仪的核心内涵。正是如此，才使得祭祀成为维系整个宗族的关键礼仪内容。

与宗子体制相关，礼具有美化世俗的作用。《河南程氏遗书》卷十载：

> 子厚言："关中学者，用礼渐成俗。"正叔言："自是关中人刚劲敢为。"子厚言："亦是自家规矩太宽。"①

张载在关中推行礼仪，产生了良好影响，改造了关中质朴的风气，促成了关中用礼的风俗，实现以礼美化习俗的目标。虽然张载说其制作的礼仪简单易行，未及礼的具体内容，但是其所用之礼显系具有礼经依据，否则便无足称道。《河南程氏遗书》卷十载：

> 正叔言："礼院者，天下之事无不关。此但得其人，则事尽可以考古立法，苟非其人，只是从俗而已。"②

礼院是朝廷制礼的职能部门，关系到天下各项礼仪事宜，其职责是考古礼法，其目标则是用古代礼义来制礼，规范社会风俗，而非以现在社会普通风俗来规范人的日常行为。这便是以古代礼仪来美化世俗的做法，否则考古立法与以俗为法就无从区分了。

至于治国方面，礼具有非常重要的作用，主要体现在军、刑二礼两个方面。

军礼是五礼中的一种，关系到治国的重要举措，而在北宋时期更是成为社会热点。北宋虽属统一国家，但是北方前有辽，后有金国，西北有西夏，使得治军成为北宋士大夫关注的热点问题，二程也不例外。《河南程氏遗书》卷七载：

> 兵阵须先立定家计，然后以游骑旋，旋量力分外面与敌人合，此便是合内外之道。若游骑太远，则却归不得，至如听金鼓声，亦不忘却自家如何，如苻坚养民，一败便不可支持，无本故也。③

在治军方面，二程坚持以守为主，再腾出其额外力量来以进攻为守备的积极防御战略，这属于中国传统的战略思想，正如《说文解字》的"止戈为武"之意，其后续完整形态便是兵家思想"上兵伐谋"，持以积极防守为主的国防思想。与军队战略战术思想相对应的内容，便是平时的军礼需要以培养军人勇猛气质为

---

① 《河南程氏遗书》卷十，《二程集》，第 114 页。
② 《河南程氏遗书》卷十，《二程集》，第 112—113 页。
③ 《河南程氏遗书》卷七，《二程集》，第 100 页。

主。《河南程氏遗书》卷七载：

> 义勇也是拘束太急，便性轶轻劣。大凡长育人材，且须缓缓。①

治军当以戎礼的宽严相济之法，方才能实现军队战斗力的提升目标，否则欲速则不达。因此军队是国家利器，且是以勇猛为主的战斗之事，仍旧要求治军的政策需要符合军队本身特征。《河南程氏遗书》载：

> 正叔言："管辖人亦须有法，徒严不济事。今帅千人，能使千人依时及节得饭吃，只如此者能有几人？尝谓军中夜惊，亚夫坚卧不起，不起善矣，然犹夜惊何也？亦是未尽善。"②

治理军队不仅是将领之事，更涉及整个国家的组织体制问题，需要有充足的物质保障，否则仅有严格的军队纪律，仍无济于事。程颐以礼治军，为国家军队治理提供保障，并以此管理整个国家军事的机制，方才能够实现国家军事实力持续提升的目标。这便在中国传统礼仪的经典之作《仪礼》中设有《乡射礼》，以此涵养民风。

在刑罚方面，二程主张以礼治国，其惩罚措施要遵循礼的原则。程颐说：

> 今责罪官吏，殊无养士君子廉耻之道。必断言徒流杖数，赎之以铜，便非养士君子之意。如古人责其罪，皆不深指斥其恶，如责以不廉，则曰俎豆不修。③

程颐以刑不上大夫原则主张通过礼仪来治理官吏的犯罪问题，最为重要的方法是把已经归入国家刑律部分的礼仪内容，再次抽离出来，用礼法来处理士大夫的犯罪问题，否则会出现士大夫不重视自身的修养问题。事实上，程颐的观点在于通过礼法来惩处士大夫，让士大夫能够通过提高自我修养，解决士大夫的犯罪问题。这是以复古为创新的思路。《河南程氏遗书》卷二下载：

> 自古治乱相承，亦常事。君子多而小人少，则治；小人多而君子少，则乱。然在古，亦须朝廷之中君子小人杂进，不似今日剪截得直是齐整，不惟不得进用，更直憔悴善类，略去近道，则须憔悴旧日交游，只改节者，便于世事差遂。此道理，不知为甚？正叔近病，人有言之，曰："在他人则有追驳斥放，正叔无此等事，故只有病耳。"④

---

① 《河南程氏遗书》卷七，《二程集》，第100页。
② 《河南程氏遗书》卷十，《二程集》，第114页。
③ 《河南程氏遗书》卷十，《二程集》，第112页。
④ 《河南程氏遗书》卷二下，《二程集》，第51页。

在朝的士大夫仅论政治派别，排除异己，不论政见对错，仅论站队是否顺应掌权人，其根源正是国家刑罚对士大夫的惩罚以法律来处理，而不是以礼典来处理，由此导致了政治斗争变为了水火不相容的政治游戏了。

正是失去了以礼典来处理政治人物之间的纷争的传统，使得宋代刑法变成了士大夫做事的准则了，士大夫由此噤声，也由此失去了朝廷各项政策的修正力量，离亡国也就不远了。

最后，礼具有强烈的教育功能，能够通过礼仪教育为社会发展提供良好的人才，为美俗与社会治理提供人才。

前文已言，礼具有规范人的日常行为的功效，这是因为"礼者理也，文也。理者实也，本也"①。即礼是天理的外在表现形态，则遵守礼仪，便是遵守天理。由此可知，教授礼仪便能够为学生的成才提供基础。《河南程氏遗书》载：

> 子厚以礼教学者，最善，使学者先有所据守。②

二程高度评价张载以礼教学者，其最重要的原因在于能够使学者行有依据，而其行为依据，便是修身的法则。正是以礼来教授学生，使学生能够按照礼仪来做事，自然而然养成按照礼仪来行事的习惯，二程子深明其中之理，故说：

> 勿谓小儿无记性，所历事皆能不忘。故善养子者，当其婴孩，鞠之使得所养，全其和气，乃至长而性美，教之示以好恶有常。至如养犬者，不欲其升堂，则时其升堂而扑之。若既扑其升堂，又复食之于堂，则使孰从？虽日挞而求其不升，不可得也。养异类且尔，况人乎？故养正者，圣人也。③

小儿记性好，使得其儿时所学内容能成为终身行为准则，因此从小开始教其所当行的标准和好恶的原则，则婴孩便能成长为性美之人。至于该教小孩的内容为何物呢？当然是天理的法则，即礼仪。《河南程氏遗书》卷十五载：

> 圣人之道，更无精粗，从洒扫应对至精义入神，通贯只一理。虽洒扫应对，只看所以然者如何。④

洒扫应对所呈现的便是天理，而洒扫应对本就是指代礼仪，故教育婴孩当是以礼仪为教学内容，使小孩能够从小学习圣人之道。但是礼仪的教育功能并未能够被社会所采纳，故失去者实多。《河南程氏遗书》载：

---

① 《河南程氏遗书》卷十一，《二程集》，第 125 页。
② 《河南程氏遗书》卷二下，《二程集》，第 23 页。
③ 《河南程氏遗书》卷二下，《二程集》，第 57 页。
④ 《河南程氏遗书》卷十五，《二程集》，第 152 页。

古人为学易，自八岁入小学，十五入大学，舞勺舞象，有弦歌以养其耳，舞干羽以养其气血，有礼义以养其心，又且急则佩韦，缓则佩弦，出入闾巷，耳目视听及政事之施，如是，则非僻之心无自而入。今之学者，只有义理以养其心。①

古人治学过程中，以礼乐来修养其心，这能够促使学习者自觉抵挡非僻之心，从而使学习者能够事半功倍，而二程所处时代，古礼已经被忽略了，仅有义理来维护其内心。这便使学习者的学习效果事倍功半而已。即使在二程时代，其培养学习者内心的功能也仍旧是义理相关的礼仪内容，可见礼仪确是具有教育学者的功能。

至于学者所学的具体内容及古代礼仪复兴的具体任务，则需要等到理学者开始全面继承两宋礼学家关于礼学的成果之后，最后到朱子时代而集其大成。

## 二、文献准绳：二程复归礼的文献

礼具有内圣外王的功能，但是礼在运转过程中，却无法把礼经的内容直接用于各个时代的社会，因为礼具有顺人情的特征。《河南程氏遗书》载："圣人缘人情以制礼"②，由此则导致了人人有人情，人人有自己关于礼仪的原则，成为各个时代的风俗习惯了。但是二程对各个时代的风俗并非全部赞同，如对待丧礼的态度，程颐说：

某家治丧，不用浮图。在洛，亦有一二人家化之，自不用释氏。道场之用螺钹，盖胡人之乐也，今用之死者之侧，是以其乐临死者也。天竺之人重僧，见僧必饭之，因使作乐于前。今乃以为之于死者之前，至如庆祷，亦杂用之，是甚义理？如此事，被他欺谩千百年，无一人理会者。③

二程时代的洛阳，大多数人已经在治丧之时使用僧人诵经超度亡灵的仪式了，即已经成为洛阳的风俗了。程颐持反对意见，因其违反中国传统的礼仪。而对待其他各项礼仪则持肯定态度，如拜扫之礼。《河南程氏遗书》卷十八载：

或问：今拜扫之礼何据？曰："此礼古无，但缘习俗，然不害义理。古人直是诚质，葬只是藏体魄，而神则必归于庙，既葬则设木主，既除几筵则木主安于庙，故古人惟专精祀于庙。今亦用拜扫之礼，但简于四时之

---

① 《河南程氏遗书》卷十五，《二程集》，第162—163页。
② 《河南程氏遗书》卷六，《二程集》，第87页。
③ 《河南程氏遗书》卷十，《二程集》，第114页。

祭也。"①

这显然是程颐吸收了当时扫墓的风俗，并为古代没有扫墓一事加以解释，实承认扫墓行为的合理性。比扫墓之事更为重要，程颐还自己提出了设置礼仪的内容，如叔嫂之间的服丧关系。吕与叔载："嫂叔无服，先王之权。后圣有作，虽复制服可矣。"② 这显然是二程提出了超越当时风俗的内容，且无法找到礼经依据的内容。

由上述可知，程颢、程颐的观点对具体礼仪内容存有诸多不同的情况，主要有三种：一是反对当时风俗；二是赞成当时风俗；三是提出礼经所无的内容，制作新的礼仪。三种情形各有差异，对三者的不同态度之中，二程所持判断标准正是礼义。

关于礼义的内容，必然涉及外在礼仪的变化。程颢说：

> 识变知化为难。古今风气不同，故器用亦异宜。是以圣人通其变，使民不卷，各随其时而已矣。"后世虽有作者，虞帝为不可及已。"盖当是时，风气未开，而虞帝之德又如此，故后世莫可及也。若三代之治，后世决可复。不以三代为治者，终苟道也。③

程颢所说内容甚为丰富，其要有三：一是认识到时代风气变化非常困难，需要透过外在变化的表象求得内在的本质；二是圣人能够通达外在变化，能够顺应百姓变化而解决问题；三是虞舜时期已然无法复制，而三代的变化却与虞舜不同，具有内在的连贯性，由此提出了后世可以恢复到三代的治理规模。事实上，程颢所说的三代之治更多的是偏向于文化，正如余英时考察宋人从石介到欧阳修、范仲淹、王安石的观点后认为："文化重于政治原是宋人'三代'概念的基本属性。"④ 但具体到程颢所言，其文化的内容则有更为具体的内容，那便是指礼义之事。朱子对此事有深刻观察，他说：

> 国初人便已崇礼义，尊经术，欲复二帝三代，已自胜如唐人，但说未透在。直至二程出，此理始说得透。⑤

朱子明确把程颢、程颐对礼义、经术发展目标定位为恢复到二帝三代，更多

① 《河南程氏遗书》卷十八，《二程集》，第 241 页。
② 《河南程氏遗书》卷二上，《二程集》，第 23 页。
③ 《河南程氏遗书》卷十一，《二程集》，第 129 页。
④ 《朱熹的历史世界：宋代士大夫的政治文化》，第 193 页。
⑤ 黎靖德编：《朱子语类》，上海古籍出版社、安徽教育出版社 2002 年版，第 4020 页。

着眼于三代的礼义。正是出于对三代礼义的高度推崇，程子对礼义的功能和作用进行了反复论述。程颐说：

> 曾子执亲之丧，水浆不入口者七日，不合礼，何也？曰："曾子者，过于厚者也。圣人大中之道，贤者必俯而就，不肖者必跂而及。若曾子之过，过于厚者也。若众人，必当就礼法。自大贤以上，则看他如何，不可以礼法拘也。且守社稷者，国君之职也，太王则委而去之。守宗庙者，天子之职也，尧、舜则以天下与人。如三圣贤则无害，他人便不可。然圣人所以教人之道，大抵使之循礼法而已。"①

程颐的观点是指对于曾子、太王、尧、舜等大圣贤的要求，需要特殊看待，不能够以简单的礼法来判断他们的做法。但事实上，不管是曾子，还是太王、尧、舜，都是符合圣人孔子的价值观判断。孔子所说："过犹不及。"②朱子注曰："道以中庸为至。贤智之过，虽若胜于愚不肖之不及，然其失则一也。"③并特地引用尹焞的观点说：

> 中庸之为德也，其至矣乎！夫过与不及，均也。差之毫厘，缪以千里。故圣人之教，抑其过，引其不及，归于中道而已。④

尹焞为程颐的门人，其观点当可作为程颐观点的表述，因为尹焞与朱子观点高度相似，仅有十分细微的差异，而程颐更是多次强调需要以《论语》来作为评判经义的标尺。《河南程氏遗书》卷十八载：

> 问："圣人之经旨，如何能穷得？"曰：以理义去推索可也。学者先须读《论》、《孟》，穷得《论》、《孟》，自有个要约处，以此观他经，甚省力。《论》、《孟》如丈尺权衡相似，以此去量度事物，自然见得长短轻重。某尝语学者，必先看《论语》、《孟子》。今人虽善问，未必如当时人，借使问如当时人，圣人所答，不过如此。今人看《论》、《孟》之书，亦如见孔、孟何异？⑤

六经难穷，仅能以理义去推索其内在经义，其门径正是《论语》《孟子》，即以《论语》《孟子》为丈尺权衡各经经义。虽然现存的《二程集》中仅有《论语

① 《河南程氏遗书》卷十八，《二程集》，第211页。
② 朱熹：《四书章句集注》，第161页。
③ 朱熹：《四书章句集注》，第161页。
④ 朱熹：《四书章句集注》，第161页。
⑤ 《河南程氏遗书》卷十八，《二程集》，第205页。

解》一卷，散佚严重，亦未涉及前引《论语·先进》内容，但是从其对《论语》的推崇程度已然可以清晰看到，程颐非常清楚《论语·先进》的内容，且熟悉《中庸》之道，因为二程也都对《中庸》有过深入研究，正如《河南程氏经说》卷八的按语所载：

> 按晁昭德《读书志》，有明道《中庸解》一卷，伊川《大全集》亦载此卷。窃尝考之，《中庸》，明道不及为书，伊川虽言已成《中庸》之书，自以不满其意，已火之矣。反复此解，其即朱子所辨蓝田吕氏讲堂之初本、改本无疑矣。用仍其旧，以备参考。①

晁公武《郡斋读书志》和程颐《大全集》全部载录有《中庸解》，虽属程氏后学作品，而非二程亲定稿，但我们仍旧可以断定，不论是程颢还是程颐均高度熟悉《中庸》一文，当可定谳。

既然二程十分清楚中庸之道，也清楚孔子"过犹不及"的观点，但是程颐对曾子、太王、尧、舜仍旧持一种赞赏眼光来看待他们与礼法的关系，而对众人则持以遵循礼法为正确，存在双重标准的嫌疑，其原因是圣人与众人之间的差异。《河南程氏遗书》卷十八载：

> "惟圣人然后践形"，言圣人尽得人道也。人得天地之正气而生，与万物不同。既为人，须尽得人理。众人有之而不知，贤人践之而未尽，能践形者，惟圣人也。②

人都具有人理，但是仅有圣人能够把人道全部付诸实施，贤人则能够实行部分的人道，众人有人理却懵然不知如何实行。三种人在人道的理解和实行上有着巨大差异，其原因正是对人理的理解程度有差异。人理的外在表现是礼，内在运行规则便是礼义。

正是基于此，二程把对礼义的理解和实行程度看作是区分圣人、贤人、众人之间关键差异的形成原因。

与其标尺功能相对应，二程注重礼义的实质性作用，即制定礼仪的标准。前文已言，器物随时变化，但内在礼义则是不变的，外在礼仪需要依据礼义来进行更定。《河南程氏遗书》卷二十二上载：

> 先生曰："祭祀之礼，难尽如古制，但以义起之可也。"富公问配享，先

---

① 《河南程氏遗书》卷八，《二程集》，第1165页。
② 《河南程氏遗书》卷十八，《二程集》，第211—212页。

生曰："合葬用元妃，配享用宗子之所出。"又问："祭用三献，何如？"曰："公是上公之家，三献太薄。古之乐九变，乃是九献。"曰："兄弟可为昭穆否？"曰："国家弟继兄则是继位，故可为昭穆，士大夫则不可。"①

所谓难尽如古制，以义起之，则是祭礼随时代变迁，难以恢复到古礼，仅能够根据祭义安排祭祀之礼，由此断定了礼的制定原则："凡礼，以义起之可也。"② 这虽是程颐针对祭礼而进行总结的观点，也同样适用于冠礼。《河南程氏遗书》卷十五载：

> 冠礼废则天下无成人。或人欲如鲁公十二而冠，此不可。冠所以责成人，十二年非可责之时。既冠矣，且不责以成人事，则终其身不以成人望他也，徒行此节文何益？虽天子诸侯，亦必二十而冠。③

冠礼的内在礼义是成人的标志，即实行冠礼后，年轻人便需要承担成人的责任与义务。如果失去成人礼的意义，就会失去冠礼的固有意义，仅剩下礼仪的外在仪式而已，这便是二十而行冠礼的根源。

如果说祭礼仅被小方面更改，冠礼已经被废除，失去了讨论的实质性意义了，那么丧礼则是各代儒家学者始终在苦苦追寻的重要礼仪，二程也说："慎终追远。"④ 虽有"不止为丧祭"⑤ 的说明，但其包括了丧祭二礼无疑了。《河南程氏遗书》卷二十二上载：

> 问："丧止于三年，何义？"曰："岁一周则天道一变，人心亦随以变。惟人子孝于亲，至此犹未忘，故必至于再变，犹未忘，又继之以一时。"⑥

关于服丧时间，尤其是为父母服丧的问题，实为丧礼的核心内容。但是程颐在此回答询问者之时，不是引经据典，而是由丧礼的内在礼义，即三年之丧的内在礼义是孝道。三年之丧，源出《论语·阳货》，但是程颐并非从行礼的基本原则来论述三年之丧，而是从礼由人情的礼义来立论，论述三年之丧是由孝子心理变化，其本质是子辈对父母之孝心的内在生发，三年之丧的内在礼义——孝的体现。

既然礼义的作用如此重要，那么礼义是如何获得的呢？这便涉及礼义的来源

---

① 《河南程氏遗书》卷二十二上，《二程集》，第278页。
② 《河南程氏遗书》卷二十二上，《二程集》，第286页。
③ 《河南程氏遗书》卷十五，《二程集》，第146页。
④ 《河南程氏遗书》卷六，《二程集》，第86页。
⑤ 《河南程氏遗书》卷十八，《二程集》，第186页。
⑥ 《河南程氏遗书》卷二十二上，《二程集》，第292页。

问题。

礼义的来源，当有多种途径，一种是以记载古人行礼的内在礼义原则的各类典籍，一种是古人制礼的礼学典籍文献。前者记载古人行礼事迹的各种典籍，后者则是直接记载礼仪内容的"三礼"之学，两者均是礼义的重要来源，二程对此有清晰的认识。《河南程氏遗书》卷二上载：

> 学礼者考文必求先王之意，得意乃可以沿革。①

所谓"意"当指得内在文义，其文当指各类涉及礼学的文献，而非简单的《周礼》《仪礼》《礼记》而已，否则《周礼》《仪礼》《礼记》实有明文记载，无须"考文"了，而制作礼仪也需要"考古立法"②，这些均是考述载录于其他典籍的礼仪内容。

但是考古立法的目标却非仅仅是为考礼而考礼，而是要以礼法治理天下，这也需要考察各项古籍，方能提炼出治理国家的方法。《河南程氏经说》卷四载：

> 《春秋》，鲁史记之名也。夫子之道既不行于天下，于是因《鲁春秋》立百王不易之大法。平王东迁，在位五十一年，卒不能复兴先王之业，王道绝矣。孟子曰："王道之迹熄而《诗》亡，《诗》亡然后《春秋》作。"适当隐公之初，故始于隐公。③

此处未有一字涉及礼学文献，但王道只有遵从礼仪才能被实现，故《春秋》虽属于史书，却是夫子立法之书，处处含有礼学实践的内容，正如清儒刘文淇《春秋左氏传旧注疏证》说：

> 释《春秋》必以周礼明之。周礼者，文王基之，武王作之，周公成之。周礼明，而后乱臣贼子乃始惧。若不用周礼，而专用从殷，则乱臣贼子皆具曰："予圣!"而藉口于春秋之改制矣。④

刘文淇以周代礼制作为解读《春秋》的不二法门，而周代礼仪的内在礼义正是夫子之道，属于王道的内涵，故刘文淇的观点实承自宋儒观点而来，只是清儒轻视宋儒，仅能暗袭其观点而已。

至于其他典籍，如《尚书》学方面，程颐说："典，典则也。上古淳朴，因时为治，未立法度典制。至尧而始著治迹，立政有纲，制事有法，故其治可

---

① 《河南程氏遗书》卷二上，《二程集》，第 23 页。
② 《河南程氏遗书》卷十，《二程集》，第 112—113 页。
③ 《河南程氏遗书》卷四，《二程集》，第 1086 页。
④ 刘文淇：《春秋左氏传旧注疏证·注例》，科学出版社 1959 年版。

纪，所以有书而称典也。"① 则《尚书》属于记载王道原则的内容，而《诗经》也是属于王道规范的内容。两者与礼学的关系，程颐以并列形式呈现，即"《诗》、《书》，统言。'执礼'，人所执守"②。《诗经》与《尚书》为记载礼学内容的典籍，而"执礼"则是人需要遵守的规则，两者正是言与行的关系，都属礼学范畴。

正是诸经都为实现王道或者为王道的实践记录，都是后世礼仪制作的基本原则，故均属于礼仪文献内容。因程颐未着手编撰完善的礼学典籍，其论述仅属于教学的只言片语，未成体系，但其以王道为指归来看待六经，把六经作为礼学的文献，深刻影响了朱子编撰《仪礼经传通解》的材料来源。

### 三、以礼为主导，乐为辅助：二程礼乐思想

礼主序，乐主和，两者不可分割，其最早始于《论语·阳货》。其文载：

> 子曰："礼云礼云，玉帛云乎哉？乐云乐云，钟鼓云乎哉？"③

礼与乐在儒家创始者孔子看来，两者实呈现相生关系，则后世礼乐文化实为一体，均无法独立出来。二程对礼乐关系的看法既继承儒家的传统，又力图区分二者之间的差异。

一方面，礼乐实为一个共同体，在具体运用过程中无法分离。《河南程氏遗书》载：

> 礼乐不可斯须去身。④

礼与乐均不能片刻离身，即礼乐的实行原则，需要每个人时刻遵循，不可片刻脱离礼乐秩序。二程着重在以相同地位来看待礼与乐的关系，这是因为礼乐在人的行为过程中，具有不可分割的关系，如程颢说："礼乐只在进反之间，便得性情之正。"⑤ 在遵循礼乐原则做事的过程中，便自然养成符合圣人之道的纯正性情了。事实上，二程甚至把礼乐的重要程度上升到无以复加的地步。《河南程氏外书》卷七载：

> 兼四人之所长，而又"文之以礼乐，亦可以为成人矣"，成人之难也。
> 武仲之智非正也。若文之以礼乐，则无不正者。今之成人者，"见利思义，

---

① 《河南程氏遗书》卷二，《二程集》，第 1032 页。
② 《河南程氏遗书》卷六，《二程集》，第 95 页。
③ 朱熹：《四书章句集注》，第 222 页。
④ 《河南程氏遗书》卷二上，《二程集》，第 32 页。
⑤ 《河南程氏遗书》卷三，《二程集》，第 68 页。

见危授命",谓忠也;"久要不忘平生之言",信也。有忠信而不及礼乐,亦可以为成人,又其次也。①

用礼乐来作为自身行为的准则,可以使人成为品德高尚的人,而忠与信也可以使人成为品德高尚的人,但是其境界却要低于以礼乐为准则的人。孔子说:"民无信不立。"② 则已置信于缺一不可的地位,但是二程却把礼乐的重要性放置于忠信之上,正是其创新之处,甚至连朱子都对此条文献的真实性存疑,仅放置于《河南程氏外书》,而不放置于《河南程氏遗书》之中,其原因正如朱子所作序言:"此外,诸家所钞尚众,率皆割裂补缀,非复本篇,异时得其所自来,当复出之,以附今录,无则亦将去其重复,别为《外书》,以待后之君子云尔。"③ "其曰《外书》云者,特以取之之杂,或不能审其所自来,其视前书,学者尤当精择而审取之耳。"④ 但是不管如何,此条文献至少当为二程时代学者所持观点,方能进入《胡氏本拾遗》之内。由此可见,礼乐一体实为二程及其时代所持的主要观点,并且二程把礼乐一体的重要性上升到无以复加的地步了。

另一方面,礼乐毕竟在六经当中已经分科为礼经与乐经,《汉书·艺文志》便对礼乐两经的书目分类载录,当有其内在差异之处,二程对此亦有较为清晰的认识。《河南程氏遗书》载:

"礼云礼云,玉帛云乎哉?乐云乐云,钟鼓云乎哉?""此固有礼乐,不在玉帛钟鼓。先儒解者,多引'安上治民莫善于礼,移风易俗莫善于乐'。此固是礼乐之大用也,然推本而言,礼只是一个序,乐只是一个和。只此两字,含蓄多少义理。"又问:"礼莫是天地之序?乐莫是天地之和?"曰:"固是。天下无一物无礼乐。且置两只椅子,才不正便是无序,无序便乖,乖便不和。"又问:"如此,则礼乐却只是一事。"曰:"不然。如天地阴阳,其势高下甚相背,然必相须而为用也。有阴便有阳,有阳便有阴。有一便有二,才有一二,便有一二之间,便是三,已往更无穷。老子亦曰:'三生万物。'此是生生之谓易,理自然如此。……"⑤

此条内容甚为丰富,含有三大部分:第一,礼乐实为一体,其功能是安上治

① 《河南程氏遗书》卷七,《二程集》,第396页。
② 朱熹:《四书章句集注》,第170页。
③ 《河南程氏遗书》卷一,《二程集》,第6页。
④ 《河南程氏遗书》卷一,《二程集》,第10页。
⑤ 朱熹:《四书章句集注》,第225—226页。

民和移风易俗，实有殊途同归的效果。第二，礼乐功能的传导机制是礼乐一体，而且礼是秩序，由此形成了和的局面。程子以巧妙比喻的方式来说明作为社会秩序的礼和社会调和剂的乐之间的关系呈现于一张椅子上的具体形式，使礼乐一体的模糊情形进一步清晰地呈现出礼乐关系中以礼为基础，呈现和的效果的礼乐传导机制。第三，礼乐之间相须为用，互为本末，使礼乐各自功能被发挥出来。程子从学周敦颐，对《周易》颇有研究，著有《程氏易传》，故以易道的阴阳关系来说明礼乐之间的关系，实属相互依存关系，并且由此打破了礼为本而乐为辅的主次关系，实具有提升乐的地位之意。

正是乐不再简单隶属于礼的内容，提升了乐的地位，两者之间的具体关系实如阴阳，故程颐说：

> 礼胜则离，故"礼之用和为贵，先王之道斯为美，小大由之"。乐胜则流，故"有所不行，知和而和，不以礼节之，亦不可行"。礼仪和为贵，故先王之道以此为美，而小大由之。然却又所不行者，以"知和而和，不以礼节者"，故亦不可行也。[1]

礼与乐的关系，实如阴与阳的关系，其表现形态便是文与质的关系。礼与乐的关系，需要互相协调，否则礼多乐少，便会上下离心离德，而乐多礼少，也会流于无序状态，故礼仪需要以乐的最高标准——和为准则，作乐也需要以礼的秩序为准则，两者无法简单分开，也无法简单合并，需要以礼来节制乐，又要以乐来弥合礼。如《河南程氏遗书》卷十八载：

> 昏礼不用乐，幽阴之义，此说非是。昏礼岂是幽阴？但古人重此大礼，严肃其事，不用乐也。昏礼不贺，人之序也，此说却是。妇质明而见舅姑，成妇也；三日而后宴乐，礼毕也，宴不以夜，礼也。[2]

婚礼是否用乐，需要以礼来节制，而礼成之后，又需要以乐来补充礼的内容，调和婚礼的严肃气氛，完成整个礼仪过程。宴乐的时间又要以白天为范围，这又是遵守礼仪的内容。

至于乐律方面，因二程对阅读古史书尚且视为玩物丧志的态度，故对音乐实未有深入研究，亦未有音乐方面的系统论述，我们仅能看到其关于乐律的古今差异的零星解释而已，如《河南程氏遗书》卷十五载：

---

① 《河南程氏遗书》卷十九，《二程集》，第257页。
② 《河南程氏遗书》卷十八，《二程集》，第244页。

先王之乐，必须律以考其声。今律既不可求，人耳又不可全信，正惟此为难。求中声，须得律。律不得，则中声无由见。律者自然之数。至如今之度量权衡，亦非正也。今之法且以为准则可，非如古法也。此等物，虽出于自然，亦须人为之。但古人为之，得其自然，至于规矩，则极尽天下之方圆。①

程子以古乐所依存古律不可得，导致古乐典籍缺损严重，其原因在于古今度量衡的差异。这明显存有以古为佳的思想，实属先秦儒家重西周雅乐而轻视新起郑卫之音的传统，尚未有创新之处。但是二程以度量衡的变革来解释音乐不同的问题，则为朱子整理乐律之时提供了参考。至于古乐的整理工作，程子也仅提出其困难之处，其具体整理工作则留待朱子来完成了。

## 第二节　重续礼乐传统：朱子礼乐思想特征

朱子的学术思想承自北宋五子，但是在礼乐思想方面，则更多源自程颢与程颐兄弟，正如蒙培元所说："他把二程哲学思想中的不同倾向统一起来，吸收并容纳在自己的哲学体系之内。"② 但是朱子不仅是"集宋学理学之大成者"③，更是"集儒学之大成者"④。因此，朱子在礼乐方面的成就并非二程所能牢笼，亦非宋代理学所能局限，呈现出从继承宋儒礼乐思想到上承汉唐礼乐经学历史的转变，为宋代以后的礼乐发展打下了扎实的基础。因此，本节主要从朱子的实用礼学思想、礼学文献整理及由礼乐教化天下的儒家内圣外王思想三方面来探讨朱子礼学思想变化发展过程及其复杂而多维的特征。

### 一、践行内圣外王信念：朱子继承二程礼学思想

由上节可知，程子以内圣外王作为礼学实践目标，但是二程的学术思想与社会实践更多地具有初创阶段的特征，朱子则践行了二程的内圣外王的礼学思想。

在个人实践方面，如前所述，程颐一生四五十年均守礼，以至于熟识者认为程子太过劳苦。朱子在个人礼仪实践方面也是如此。《朱子语类》载：

① 《河南程氏遗书》卷十五，《二程集》，第 166 页。
② 蒙培元：《理学的演变——从朱熹到王夫之戴震》，福建人民出版社 1984 年版，第 4 页。
③ 钱穆：《朱子学提纲》，生活·读书·新知三联书店 2002 年版，第 26 页。
④ 《朱子学提纲》，第 32 页。

某自十四岁而孤，十六而免丧。是时祭祀，只依家中旧礼，礼文虽未备，却甚齐整。先妣执祭事甚虔。及某年十七八，方考订得诸家礼，礼文稍备。是时因思古人有八十岁躬祭事拜跪如礼者。常自期，以为年至此时，当亦能如此。在《礼》虽有"七十曰老，而传"，则祭祀不预之说，然亦自期倘年至此，必不敢不自亲其事。然自去年来，拜跪已难，至冬间益艰辛。今年春间，仅能立得住，遂使人代拜，今立亦不得了。然七八十而不衰，非特古人，今人亦多有之，不知某安得如此衰也！①

朱子讲述了从其父朱松过世之后，参与家中祭祀，青年时期考订家礼，至年老时参与祭祀之礼，概括了朱子一生对待礼仪的态度及内心的真实想法。由此可知，朱子在个人践行礼仪方面实可与二程相媲美。但是礼仪除了个人修身之外，还具有维持社会秩序的重要作用，二程则停留于理论论述方面而已，朱子却在政治实践当中认真践行，如1155年朱子在同安主簿任上进行了各项礼仪制度建设。据束景南《朱熹年谱长编》可知，朱子在绍兴二十六年秋，"考定释奠仪。申请严婚礼。整顿礼制，作《民臣礼议》，以《政和五礼》多失，建议别纂《绍兴纂次政和民臣礼略》，考正礼书。"② 其中考定释奠仪虽属考订之作，但是其实质性目的正是为了能够用于指导学校施行释奠礼，正如束景南所引洪嘉植《朱熹年谱》所言：

初，县学释奠旧例，止以人吏行事。先生至，求《政和五礼新仪》印本于县，无之。乃取《周礼》、《仪礼》、《唐开元礼》、《绍兴祀令》更相参考，画成礼仪、器用、衣服等图，训释辨明，纤悉毕备，俾执事学生朝夕观览，临事无舛。③

由此可知，朱子考订释奠仪之事实出于现实需要，其目标正是服务于同安县学的行释奠礼。《四库全书总目》提要说：

淳熙六年己亥，差知南康军，奏请颁降礼书。又请增修礼书，事未施行。绍熙元年庚戌，改知漳州。复列上释奠礼仪数事，且移书礼官，乃得颇为讨究。时淳熙所镂之版已不复存，后乃得于老吏之家。又以议论不一，越再岁始能定议，而主其事者适徙他官，遂格不下。此释奠礼之再修也。绍熙五年甲寅，除知潭州。会前太常博士詹元善还为太常少卿，始复取往年所被

① 《朱子语类》卷九十，第3052页。
② 束景南：《朱熹年谱长编》，华东大学出版社2001年版，第192—193页。
③ 《朱熹年谱长编》，第192页。

敕命，下之本郡。吏文繁复，几不可读，且曰属有大典礼，未遑遍下诸州。时朱子方召还奏事，又适病目，乃力疾钩校，删剔猥杂，定位四条，以附州案，俾移学官。是为最后之定稿，即此本也。①

由此可知，朱子释奠仪的作品几经删改，最终成文，但是不管哪个版本的释奠仪，都是以服务于学校施行释奠仪为目标。正是从同安主簿到潭州知州，长达38年（1155—1193年）的时间里，朱子经历多任地方主官，均从服务地方文化建设来考虑礼学内容。这便是朱子实用礼学思想的形成和发展过程。

正是经过多年的礼学实践，朱子形成了一整套完整的实用礼学思想，兹述如下：

第一，礼顺人情，实是礼学具有可行性的关键因素。"礼顺人情"语出《礼记·丧服四制》，二程已经以此观点，建构礼学思想，正如《河南程氏遗书》所载："圣人缘人情以制礼，事则以义制之。"② "礼者因人情者也，人情之所宜则义也。"③ 只是二程未详细论述"礼顺人情"的内在原理与具体实行原则。朱子则详细论述了"礼顺人情"的功能，并把"礼顺人情"由基本原理具体化为各类礼仪实行的依据。《朱子语类》载：

> 古礼难行。后世苟有作者，必须酌古今之宜。若是古人如此繁缛，如何教今人要行得！古人上下习熟，不待家至户晓，皆如饥食而渴饮，略不见其为难。④

古礼难行，其原因在于古今时代不同，而制礼者需要斟酌古礼适合当代具体情况的部分，即古人熟习礼仪，而今人对礼仪的具体内容茫然无从知晓，无法真正落实古代的礼仪。要实行礼仪的关键是抓住礼的大本大原，而其大本大原正是人情。《朱子语类》载：

> 圣人有作，古礼未必尽用。须别有个措置，视许多琐细制度皆若具文，且是要理会大本大原。曾子临死丁宁说："君子所贵乎道者三：动容貌，斯远暴，慢矣；正颜色，斯近信矣；出辞气，斯远鄙倍矣。笾豆之事，则有司存。"上许多正是大本大原。如今所理会许多，正是笾豆之事。曾子临死，教人不要去理会这个。"夫子焉不学，而亦何常师之有？"非是孔子，如何尽

---

① 永瑢等：《四库全书总目提要》，中华书局1965年版，第702页。
② 《河南程氏遗书》卷六，《二程集》，第87页。
③ 《河南程氏遗书》卷十二，《二程集》，第127页
④ 《朱子语类》卷八十四，第2877页。

做这事？到孟子已是不说到细碎上，只说"诸侯之礼，吾未之学也。吾尝闻之矣，三年之丧，齐疏之服，饘粥之食，自天子达于庶人"。这三项便是大原大本。……①

朱子在此用列举法说明行礼需要理会礼的"大本大原"的具体内涵而已，这是由《朱子语类》仅是师生问答的体例所决定的，但是由其内在关系可知，大本大原处正是礼的根本处，也是核心之处。行礼的根本核心内容不在于具体礼仪，而在于随顺人情，也当以约束人心作为制作礼仪的核心内容。事实上，朱子对自己所编撰的礼书亦主张随时代变化而变化。《朱子语类》载：

问："所编礼，今可一一遵行否？"曰："人不可不知此源流，岂能一一尽行？后世有圣人出，亦须着变。夏、商、周之礼已自不同，今只得且把周之礼文行。"②

朱子是基于历史变化过程，即夏、商、周三代的礼仪制度已经不相同了，更何况现在自己所编的礼书《仪礼经传通解》呢？后世再有圣人出现，也要随社会变化而变化。在礼仪方面，古人熟习礼仪，当下却是礼仪荒废，无法落实古礼的繁杂内容，故朱子描述当时礼学衰败的情形时说：

古者礼学是专门名家，始终理会此事，故学者有所传授，终身守而行之。凡欲行礼，有疑者辄就质问。所以上自宗庙朝廷，下至士庶乡党，典礼各各分明。汉、唐时犹有此意。如今直是无人。如前者某人丁所生继母忧，《礼经》必有明文，当时满朝更无一人知道合当是如何，大家打哄一场。后来只说莫若从厚。恰似无奈何，本不当如此，姑徇人情从厚为之。是何所为如此？岂有堂堂中国，朝廷之上以至天下儒生，无一人识此礼者！然而也是无此人。州州县县秀才与太学秀才，治《周礼》者不曾理会得《周礼》，治《礼记》者不曾理会得《礼记》，治《周易》者不曾理会得《周易》，以至《春秋》、《诗》都恁地，国家何赖焉！……③

上引内容为陈淳所载录的内容，后续未引内容则为贺孙所载录的内容，当属黎靖德或者之前语录修订者融合多条内容而成，有繁杂之嫌，故不在此处引录。此条语录至少包含两部分内容：一是汉唐以前礼学兴盛，其时则是礼仪文献散佚，礼学人才凋零，使得当时连为继母丁忧的礼制亦无从查考。二是其时人心变

---

① 《朱子语类》卷八十四，第2878—2879页。
② 《朱子语类》卷八十四，第2886页。
③ 《朱子语类》卷八十四，第2884—2885页。

化已经由古代遵守礼仪秩序变为从俗心态了，这便是社会礼崩乐坏的情形。正是社会人心变化极大，原有礼仪制度无从施行，故徇俗便成为一种常态。由此引出了另外一个问题：礼顺人情，但非徇俗，而是需要遵循亲疏有别的形态，这便是朱子实用礼学的核心精髓。

正是在人才不足的情况下，朱子仅能回归到礼仪制作的最基本原则——以人心作为行礼的标准。《朱子语类》载：

> 问："温公所集礼如何？"曰："早是详了。又，丧服一节也太详。为人子者方遭丧祸，使其一一欲纤悉尽如古人制度，有甚么心情去理会！古人此等衣服冠屦，每日接熟于耳目，所以一旦丧祸，不待讲究，便可以如礼。今却闲时不曾理会，一旦荒迷之际，欲旋讲究，势必难行。必不得已，且得从俗之礼而已。若有识礼者，相之可也。"①

人情在丧失亲人之际，处于荒迷状态，无法真正落实礼书典籍上所载录的丧礼，这是当时人心的具体情形。事实上，当时学者对于认真实行丧礼的学者反而颇多质疑，甚至嘲笑之事。此可以程颐主持司马光丧礼之时，因其严格遵循礼书的丧礼原则，反被苏轼嘲笑，最后因有学者出面解释程颐此前曾为其母办过丧礼，熟悉丧礼之事，方才平息士林风波。因此，实行礼仪需要依据当时人心变化来做事，否则会成为众矢之的。至于实行礼别亲疏的基础正是培养礼学人才，其最为重要途径当属修撰礼书，留待后文再详述。

第二，礼，时为大，需要顺时制作礼仪。"礼，时为大。"语出《礼记·礼器》。关于"礼，时为大"的内涵，二程也有初步论述。《河南程氏遗书》载：

> 季冬行春令，"命之曰逆"者，子克毋也。②

程颐所讨论的内容出自《礼记·月令》，其文曰："行春令，则胎夭多伤，国多固疾，命之曰逆。"③ 但是程颐仅直言不应该触犯此条禁令而已，并未给出具体理由，也未有详细论述。

与二程不同，朱子遵循二程守时行礼之外，更加注重依时用礼的原则，着手落实以时为大的行礼原则——编撰《仪礼经传通解》。

关于注重依时行礼，朱子说：

> "礼，时为大。"使圣贤有作，必不一切从古之礼。疑只是以古礼减杀，

① 《朱子语类》卷八十四，第2886页。
② 《河南程氏遗书》卷十一，《二程集》，第130页。
③ 阮元校刻：《十三经注疏·礼记正义》，中华书局1980年版，第1384页。

从今世俗之礼，令稍有防范节文，不至太简而已。观孔子欲从先进，又曰"行夏之时，乘殷之辂"，便是有意于损周之文，从古之朴矣。今所集《礼书》，也只是略存古之制度，使后人自去减杀，求其可行者而已。若必欲一一尽如古人衣服冠屦之纤悉毕备，其势也行不得。①

《礼记·礼器》郑玄注解"礼，时为大"主要着眼于商周王朝更替造成的时代变化，而朱子则着眼于因时间流逝而造成的时代变化，使商周更替的政治事件，被古今文化衍变所取代了。这不仅符合王朝更替，更符合时代变化的内涵。事实上，朱子所谓"礼，以时为大"不仅跳出了政治事件，更是从古为今用的角度确立以当前世俗作为行礼的标准，古礼仅是作为被减杀的对象而已。由此可知，朱子的礼学观念主要着力于古为今用，以符合具体时代情势。但是"礼，时为大"，却并非是全部不要古代礼仪，这便是朱子以《仪礼经传通解》"略存古之制度"。至于礼书的使用原则仍旧以时为大，即要以时代环境来减杀古代礼仪文献，寻求可行之处。

另外，"礼，时为大"的观念又是朱子编撰《仪礼经传通解》的重要原因之一，因为"礼，时为大"需要在古礼的基础上依据时代的环境来增减古礼，而一旦失去记载古礼的文献，则"礼，时为大"的所有现实基础便无从实施了。朱子所处的时代环境，正是礼学典籍丧失严重，礼学人才凋零，故朱子以编撰礼书来实现"礼，时为大"的目标。《乞修三礼札子》论述其编撰体例之文如下：

> 故臣顷在山林，尝与一二学者考订其说，欲以《仪礼》为经，而取《礼记》及诸经史杂书所载有及于礼者，皆以附于本经之下，具列注疏诸儒之说，略有端绪。②

此文被朱子置于《仪礼经传通解》卷首，用于说明《仪礼经传通解》的编撰体例。虽然《乞修三礼札子》与《仪礼经传通解》具体编撰体例之间具有一定差异，但是上引文献仍旧给我们指出了其编撰《仪礼经传通解》最为重要的原则，即汇聚《仪礼》《周礼》《礼记》及诸经史杂书涉及礼学的部分，搜集各代礼学家作品，追求以礼学文献的完整性为目标。这便是朱子对"礼，时为大"的原则的创造性运用。

由上述"礼，顺人情"和"礼，时为大"两者之间的关系便获得了第三个原

① 《朱子语类》卷八十四，第2886页。
② 朱熹：《晦庵先生朱文公文集》卷十四，上海古籍出版社、安徽教育出版社2002年版，第687—688页。

则，即制作礼仪和使用礼仪均需要变革原有的礼仪。

礼仪变革的基础是人情与时代，二程已有所论述。关于冠礼的着装，程子说："今行冠礼，若制古服而冠，冠了又不常着，却是伪也。必须用时之服。"① 这显然是依据时代变化而改变冠礼的服装，虽属小方面的调整，但已经彻底贯彻了"礼，顺人情"和"礼，时为大"的要求，因为社会着装已经随着时代和人的喜好发生了改变。

正是二程对礼仪改革方面虽有论述，但尚未完整，故朱子便从礼仪制作的基本原则入手来完善礼仪制作的原则。《朱子语类》载：

> 观孔子欲从先进，又曰"行夏之时，乘殷之辂"，便是有意于损周之文，从古之朴矣。②

"孔子欲从先进"，源出《论语·先进》篇，而"行夏之时，乘殷之辂"语出《论语·卫灵公》。朱子在注解第一条内容时引程颐的观点："先进于礼乐，文质得宜，今反谓之质朴，而以为野人。后进之于礼乐，文过其质，今反谓之彬彬，而以为君子。盖周末文胜，故时人之言如此，不自知其过于文也。"③ 朱子大体赞同程颐的观点，故在文末特下按语说："孔子既述时人之言，又自言其如此，盖欲损过以就中也。"④ 至于后一则，朱子注强调"行夏之时，乘殷之辂，服周之冕"的原因分别是："时以作事，则岁月自当以人为纪。……盖取其时之正与其令之善，而于此又以告颜子也。""古者以木为车而已，至商而有辂之名，盖始异其制也。周人饰以金玉，则过侈而易败，不若商辂之朴素浑坚而等威已辨，为质而得其中也。""周冕有五，祭服之冠也。冠上有覆，前后有旒。黄帝以来，盖已有之，而制度仪等，至周始备。然其为物小，而加于众体之上，故虽华而不为靡，虽费而不及奢。夫子取之，盖亦以为文而得其中也。"⑤ 从注文可知，朱子认为孔子并非一味追求周代的礼仪制度，而是以周的礼仪制度为基础，吸收夏、商制度，完成礼仪的变革过程，即以损周之文，追求"中"的境界，故朱子有"有意于损周之文，从古之朴矣"的总结。

以周礼作为损益的对象，这是朱子从孔子思想变化而来，但这并非朱子独创

① 《河南程氏遗书》卷十七，《二程集》，第 180 页。
② 《朱子语类》卷八十四，第 2886 页。
③ 朱熹：《四书章句集注》，第 157 页。
④ 朱熹：《四书章句集注》，第 157 页。
⑤ 朱熹：《四书章句集注》，第 157 页。

观点，而是由经学史发展而来，正如"礼，时为大"与"礼，顺人情"两者的评价标准都是时代和人情，而时代和人情都是随着社会变化而变化，也是承自二程的礼学思想而来，并且为礼学的变革注入了新的动力，完成礼学的新体制。

### 二、复归礼学文献：朱子晚年礼学思想

二程已经非常重视礼学文献的作用，如二程说："学礼者考文必求先王之意，得意乃可以沿革。"① 又说："礼院者，天下之事无不关。此但得其人，则事尽可以考古立法，苟非其人，只是从俗而已。"② 皆是以古代记载礼学典籍或者记载古人行礼的典籍来研究古人礼制的内在思想，其基础是以礼学文献作为基础，但是二程仅停留于论述礼学典籍的重要性而已。朱子则在礼学实践基础之上，着手编撰礼学典籍——《仪礼经传通解》，为实现内圣外王储备人才。

1. 礼学典籍：礼学实践的基础

在地方执政过程中，朱子为地方制作礼仪，编撰礼学典籍，但是到了朝廷任职仅四十日，经历了更为残酷的政治斗争，以失败告终，其阻力不仅来自政治对手，还来自政治盟友，特别是赵汝愚等人，都在礼学实践中强烈反对朱子的意见，使朱子看到了礼学实践基础的薄弱之处。《朱子语类》载：

> 祧僖祖之议，始于礼官许及之、曾三复，永嘉诸公合为一辞，先生独建不可祧之议。陈君举力以为不然，赵揆亦右陈说。文字既上，有旨，次日引见。上出所进文字，云："高宗不敢祧，寿皇不敢祧，朕安敢祧？"再三以不祧为是。既退，而政府持之甚坚，竟不行。唯谢中丞入文字右先生之说，乞且依礼官初议。为楼大防所缴，卒祧僖祖云。③

以朱子所言内容可知，当时朝廷上下仅有"谢中丞入文字右先生之说"，其他学者均以朱子观点为非，可见朱子的礼学观点实远离自己"顺人情"的观点，也是朱子屡次奏议礼学观点屡次失败的根源。更为重要的是当时支持祧庙的学者，如陈傅良等，都是朱子在政治上的盟友，却都与朱子持相反意见，而双方的学术观点又都可以找到自己的对应经学文献证据。《朱子语类》载：

> 偶一日接奉使，两府侍从皆出，以官驿狭，侍郎幔次在茶坊中，而隔幔次说及此，某遂辨说一番，诸公皆顺听。陈君举谓："今各立一庙，周时后

---

① 《河南程氏遗书》卷二上，《二程集》，第23页。
② 《河南程氏遗书》卷十，《二程集》，第112—113页。
③ 《朱子语类》卷一百七，第3489页。

稷亦各立庙。"某说："周制与今不同。周时岂特后稷各立庙,虽赧王也自是一庙。今立庙若大于太庙,始是尊祖。今地步狭窄,若别立庙,必做得小小庙宇,名曰尊祖,实贬之也。"君举说几句话,皆是临时去检注脚来说。某告之云："某所说底,都是大字印在那里底,却不是注脚细字。"……①

由此可知,朱子以经文的观点作为证据,而陈傅良则是以经文的注疏作为论据,两者之间由论据不同而形成不同观点,反映当时学术界对礼学文献的熟悉程度,仅是"临时去检注脚来说",可见陈傅良对礼学文献十分陌生,朱子亦有此弊端,此可见于前文所述朱子未能找到嫡孙承重的注疏证据之事。与之形成鲜明对照,朱子与陈傅良等学者对《大学》《中庸》《论语》《孟子》均是张口能诵,未见有文本不熟而产生争议的记载,可见当时学者的学术兴趣已然转移到四书学了,对礼学文献则兴趣缺缺了。

对于学术界对礼学文献十分陌生的情况,朱子归因于礼学典籍缺失严重,使得学礼者无从下手,导致了社会学术走向空疏的方向,这便需要有一部集中礼学资料的完整文献。《朱子语类》载:

> 礼学多不可考,盖为其书不全,考来考去考得更没下稍,故学礼者多迂阔。一缘读书不广,兼亦无书可读。如《周礼》"仲春教振旅,如战之陈",只此一句,其间有多少事?其陈是如何安排,皆无处可考究。其他礼制皆然。大抵存于今者,只是个题目在尔。②

礼学典籍缺失严重,使得考礼者无从获得完整的礼学资料,使得学礼者未能经纶济世,学礼者数量便逐渐减少,最终出现礼学人才凋零,又反过来加速礼学典籍消亡与散佚的速度。正是礼学典籍的缺失,使得礼学的各项内容失去了其存在和应用的社会基础,各项礼仪也就丧失了学习的价值了,无从实现"礼,顺人情"和"礼,时为大"的基本原则。

正是基于礼学典籍散佚严重的情况,朱子才着手编撰《仪礼经传通解》,其目标正如其在《乞修三礼札子》中提出解决礼学问题"咸幽冥而莫知其源",力图为礼学复兴提供典籍基础。

2. 综合诸经:继承二程礼学典籍编撰原则

二程在复归礼学文献的过程中,综合诸经存在的各项礼学文献来论述礼学内

---

① 《朱子语类》卷一百七,第 3493 页。
② 《朱子语类》卷八十四,第 2876 页。

容，只是二程并未着手编撰礼学文献，故其观点散落于语录当中，朱子则是在礼学实践当中遇到祧庙、嫡孙承重等问题之后，亦明白了礼学典籍编撰的重要性，综合诸经所含礼学内容编撰《仪礼经传通解》。

一是利用各类古籍资料，补充完善礼书内容，便于学者提取内在礼义。

在编撰《仪礼经传通解》之时，朱子收集了其时代所能见到的所有资料。以《冠义》为例，朱子采纳了诸多典籍资料。《篇第目录序题》载：

> 此《小戴记》第四十三篇，盖汉儒所造以释冠礼之义者也。《家语·冠颂篇》略见天子、诸侯、大夫之礼，《小戴·曾子问》中有变礼，《春秋》内外传有事证，今皆以附于后，定为第二，而递改下篇之次云。①

单独一篇《冠义》，已经涉及了小戴《礼记》《家语·冠颂篇》《春秋左氏传》《国语》四种古代典籍。如果说上述典籍尚属真正的古代典籍，那么《孔丛子》则直接被朱子定为伪书，故他对学生说："《家语》中说话犹得，《孔丛子》分明是后来文字，弱甚。天下多少是伪书，开眼看得透，自无多书可读。"② 这分明是论定《家语》《孔丛子》为伪书，但因两书为魏晋时期作品，故朱子仍旧采纳两书的内容。由此可见，为了实现全面收集礼学材料的目标，他实尽全力搜集其所能找到的礼学资料了。

由前述可知，朱子在编撰《仪礼经传通解》之时，搜集到了其所能搜集的礼学文献资料，打造具有全面性的礼书，为后世学礼者考文提供了资料的广泛性。

二是利用各类古籍，编撰了各种《仪礼》所无的礼经篇目，使各类涉及礼学的资料形成一个完整的系统，便于学者考察内在礼义。

现存《仪礼》仅有十七篇，《礼古经》无从查考，故朱子依据各项典籍资料，补充撰写了新的礼经篇目，以《仪礼经传通解》前二十三卷朱子编定稿为例，我们依据《篇第目录序题》可知其所撰写或者改编的篇目依次如下：

> 内治第六、五宗第七、学制第十六、学义第十七、臣礼第二十一、钟律第二十二、钟律义第二十三、诗乐第二十四、礼乐记第二十五、书数第二十六。③

上述篇目均是"古无此篇"，④ 均由朱子依据各种经史子集的资料编撰而成的

---

① 《篇第目录》，《仪礼经传通解》，第31页。
② 《朱子语类》卷八十四，第2888页。
③ 朱熹等：《仪礼经传通解》，上海古籍出版社、安徽教育出版社2002年版，第32—38页。
④ 《篇第目录》，《仪礼经传通解》，第32页。

新篇章，涉及礼经的经文，也有礼义的部分，使《仪礼经传通解》能够形成家礼、乡礼、学礼、邦国礼的内容体系。

正是补编的礼学资料具有"三礼"所缺资料的特征，故礼学典籍因这些新编撰的篇目而形成一个覆盖了从修身、齐家、治国到平天下的礼仪体系，为后世学者"考文必求先王之意"提供了礼学资料系统性的条件，也就为二程以礼义作为制礼依据的思想提供了具有可操作性的基础条件。

三是以各类古籍文献资料作为基础，为各篇礼经提供了生动的历史资料，帮助学者理解礼学文本内在礼义。

礼学文献缺失，使得习礼者迂阔不通世故，与社会脱节，反过来使学者不重视《仪礼》等礼学典籍，导致诸多学者对礼学典籍非常陌生。这不仅是学者不读典籍，更是无好典籍可读的缘故。《朱子语类》载：

> 礼学多不可考，盖为其书不全，考来考去考得更没下稍，故学礼者多迂阔。一缘读书不广，兼亦无书可读。①

为了避免无书可读的尴尬，朱子在编撰《仪礼经传通解》的过程中，大量融入了与礼学实践密切相关的史料，如采纳了《左传》《国语》《白虎通义》《说苑》《孟子》《书大传》《新序》《列女传》《汉书》《新书》《孔丛子》《史记》《通典》《淮南子》和前、后《汉志》等典籍，②使其礼学内容具有了礼仪、礼义的典型性，又有礼学实践的历史史实，能够促进礼学传统更好地被保留下来。

正是礼经具有了各项相关历史资料，使其内在礼义具有了各种典籍的佐证，帮助后世学者深入理解各项礼仪的内在礼义，指明礼义内容当以历史实践为基础的礼学思想。

3. 回归经学传统：编撰礼书注重传承学术思想

二程学术，属于典型的宋代学术特征，正如钱穆所说："宋儒为学，实乃兼经史子集四部之学而并包为一。若衡量之以汉唐儒之旧绳尺，若不免于博杂。又好创新说，竞标己见。然其要则归于明儒道以尊孔，拨乱世以返治。在宋儒之间，实自有一规格，自成一风气，固不得斥宋学于儒学之外，此则断断然者。故宋儒在自汉以下之儒统中，实已自成新儒，不得谓自理学出世，始有新儒，此义必须明白标出。"③正是因为宋儒好创新论，而理学又为宋儒中特出者——以创新

---

① 《朱子语类》卷八十四，第2876页。
② 参见《篇第上当》，《仪礼经传通解》，第30—40页。
③ 《朱子学提纲》，第13页。

为主要特征，故二程后学以二程学术思想中的某一点作为立论基础，引入佛学、道家学术来系统论证，从不同方面完善和发展了二程的学术思想，但是创新历来有风险，故有朱子所说的未有传衣钵之人。《朱子语类》载：

> 问："程门诸公亲见二先生，往往多差互。如游定夫之说，多入于释氏。龟山亦有分数。"曰："定夫极不济事。以某观之，二先生衣钵似无传之者。"又问："上蔡议论莫太过？"曰："上蔡好于事上理会理，却有过处。"又问："和靖专于主敬，集义处少。"曰："和靖主敬把得定，亦多近傍理。龟山说话颇浅狭。范淳夫虽平正，而亦浅。"又问："尝见《震泽记善录》，彼亲见伊川，何故如此之差？"曰："彼只见伊川面耳。"曰："中无倚著之语，莫亦有所自来？"曰："却是伊川语"。①

朱子评价了作为二程高足的游酢、谢良佐、尹焞、杨时、范祖禹，得出结论："二先生衣钵似无传之者"，即二程的学生全都未传承其学术精髓。导致学习二程语录的人反而能超越二程亲授的弟子，而亲炙于二程学术的学者反而失其本意。

正是看到二程学派传承的问题，朱子在编撰《仪礼经传通解》之时，采用了汉唐经学注重师法的传统，以传承自己学术思想作为遴选参编者的基本条件，否则即使礼学成就再高亦不会招揽进入《仪礼经传通解》的编撰者队伍，此可以余正甫为例。

朱子与余正甫的关系，可据陈荣捷《朱子门人》所载，简要载录如下：

> 余正父，亦做正甫。正父乃字。名里不详。《文集》六三25至34答余正甫三书，皆言丧礼祭礼。《语类》问答十余处，亦几全关丧祭之礼。八四3479记第三六"礼编"条朱子至长沙（一一九四），编修礼书，"尽唤天下识礼者修书，如余正甫诸人皆教来"。……《经义考》不采为授礼弟子，何也？《实纪》八19，《渊源录》十三15，与《宗派》十14，均以为门人。《学案》未录，《补遗》六九210注只谓宗派有其人。不知其为名为字，亦不知其为何许人，姑识之云。②

陈荣捷把余正甫定为朱子门人，但缺乏严密考证过程，并不可信。③但是从

---

① 《朱子语类》卷一百一，第3359页。
② 陈荣捷：《朱子门人》，华东师范大学出版社2007年版，第54—55页。
③ 余正甫与朱子之间的关系明显不是师生之间的关系，这在《晦庵先生朱文公文集》有关朱子寄给余正甫的五封信中，处处可见两人关系明非师徒关系，如朱子对余正甫回信中称"足下不以仆为愚"，"老兄"这些称呼的尊敬程度绝非是师徒之间关系的称呼，尤其是"老兄"一语足以确定余正甫与朱子之间当是学友之间的关系。参见《晦庵先生朱文公文集》，第3070页。

上文的资料可知，余正甫和朱子渊源颇深，当可确定。从上引资料亦可知，余正甫无疑是一位礼学专家，但是在《仪礼经传通解》的编撰过程中，被朱子招致麾下的并非都是其门人，有一些仅是志同道合的后辈学友而已，而余正甫却没有最终进入朱子的编撰团队中，个中原因，《朱子语类》有明确记载：

> 先生尝举程子读《论》《孟》切己之说，且如"学而时习之"，切己看时，曾时习与否？句句如此求之，则有益矣。余正甫云："看《中庸》《大学》，只得其纲而无目，如衣服只有领子。"过当时不曾应。后欲问："谓之纲者，以其目而得名，谓之领者，以其衣而得名。若无目，则不得谓之纲矣。"故先生编《礼》欲以《中庸》《大学》《学记》等篇置之卷端为《礼本》。正甫未之从。①

此文为王过甲寅（1194 年）以后所闻录。此条语录为我们提供了比《晦庵集》丰富得多的内容，而余正甫与朱子在礼学方面的矛盾由此可见一斑。但是现在所见《仪礼经传通解》正缺少了以《中庸》《大学》《学记》为卷首的内容，反而与余正甫原来的想法相一致，当是朱子受余正甫影响的印记之一，正如殷慧所言：

> 最终成稿的《通解》目录看来，朱熹实采纳了余正父的观点，并没有将上述诸篇作为礼本放在卷端。②

殷慧所言虽属推论，但言之成理，当可成立，因为我们在《朱子语类》中看到余正甫与朱子有多处礼学观点分歧之处，而《仪礼经传通解》最终却符合余正甫的观点，如对待礼学材料方面，《朱子语类》载：

> "余正父欲用《国语》而不用《周礼》，然《周礼》岂可不入！《国语》辞多理寡，乃衰世之书，支离蔓衍，大不及《左传》，看此时文章若此，如何会兴起国家！"坐间朋友问是谁做。曰："见说是左丘明做。"③

朱子以"三礼"为核心资料，其他资料则是作为补充，而余正甫则认为《国语》也当进入补充资料之列，朱子则持反对意见，但是《仪礼经传通解》最后采用了《国语》中的资料。比上述差异更大的地方则是他们之间处处存在着礼学观点相左的情况，最终只能以分道扬镳收场，《朱子语类》《晦庵集》中有多处记载此事，兹举一例以概其余。《朱子语类》载：

> 余正甫前日坚说一国一宗。某云："一家有大宗，有小宗，如何一国却

① 《朱子语类》卷十九，第 663 页。
② 殷慧：《朱熹礼学思想研究》，湖南大学 2009 年博士学位论文，第 121 页。
③ 《朱子语类》卷八十四，第 2889 页。

一人？"渠高声抗争。某检本与之看，方得口合。①

此为叶贺孙辛亥（1191 年）以后所闻录。余正甫和朱子之间讨论学术问题时甚至"高声抗争"，正是从礼学材料的处理问题到礼学观点之间的差异，甚至为学术观点而产生了严重的争论，虽然以"口合"收场，但难免没有下一次，正是诸多的分歧最后导致朱子与余正甫分道扬镳，各自编撰礼书。

因此，朱子在《仪礼经传通解》的编撰过程中，实以汉唐经学坚持师法或家法的标准来遴选人才，其目标正是以传承道统作为学术诉求，回归了汉唐的经学传统，亦可证钱穆所持"集儒学之大成者"② 观点的精确了。

### 三、整理乐律辅助礼学典籍：朱子乐学思想

二程以礼为主导，注重区分礼乐的异同性，朱子继承了二程的礼乐思想，编撰《仪礼经传通解》之时，着手整理乐律文献，并以行礼方便性为目标，便于后世学者完善礼仪内容。

首先，朱子从音律起源开始说起，探究音乐的律吕根源，为音律的衍变发展过程提供了理论支撑，扩大了音乐在礼学中应用的范围。

礼崩乐坏，实是儒家学者最揪心的问题，朱子亦不例外，故在《乞修三礼札子》中说："六经之道同归，而《礼》、《乐》之用为急。遭秦灭学，《礼》、《乐》先坏。汉晋以来，诸儒补缉，竟无全书。其颇存者，《三礼》而已。"③ 则礼学典籍已坏，乐学更不用说了。基于此，凡是能够实现促进礼学传播之事，均为朱子所力倡，而其首先遇到的问题便是礼学典籍需要音乐加以佐助，方能真正实现礼学复兴的局面，这需要从音律的起源来突破古今乐律差异而造成的行礼方面障碍。

在音律的起源和相生部分，朱子注语说："以上用《周礼》、《吕览》、《汉志》、《隋志》通修。"④ 其中涉及《周礼》《吕氏春秋》《汉书·艺文志》《隋书·经籍志》，则朱子在编撰《仪礼经传通解》之时，时刻不忘的仍旧是通过历史文献来解决行礼过程中涉及的音乐问题。《朱子语类》载：

问："《周礼》祭不用商音，或以为是武王用厌胜之术。窃疑圣人恐无此意。"

曰："这个也难晓。须是问乐家，如何不用商。尝见乐家言，是由杀伐之意，故祭

---

① 《朱子语类》卷九十，第 3042 页。

② 《朱子学提纲》，第 32 页。

③ 《晦庵先生朱文公文集》卷十四，第 687 页。

④ 《仪礼经传通解》卷十三，第 486 页。

不用。然也恐是无商调，不是无商音。他那奏起来，五音依旧皆在。"①

《周礼》虽属礼经，但是其内容以礼仪制度为主，明确记载行礼过程中涉及配乐问题。如果对音乐没有基本的研究，便会出现无法详细理解礼仪的问题，也无法真正整理礼学文献。对于《周礼》不用商音的问题持保留态度，朱子的第一反应是这属于音乐问题，需要求助于乐家，则礼乐分家实属朱子思想中根深蒂固的观念了。在第二层面中，朱子再引用乐家的观点来回答问题，并提出自己的观点——无商调，五音依旧存在。朱子亦未有十足把握，故用"恐"字表示猜测之意。但不管如何，祭祀不用商音才是礼学中的最重要问题。

在礼学当中，涉及音乐问题的内容不仅有不用商音的问题，还有各音调之间的关系问题。《朱子语类》载：

　　问："《周礼·大司乐》说宫、角、徵、羽，与七声不合，如何？"曰："此是降神之乐，如黄钟为宫，大吕为角，太簇为徵，应钟为羽，自是四乐各举其一者而言之。以大吕为角，则南吕为宫；太簇为徵，则林钟为宫；应钟为羽，则太簇为宫。以七声推之，合如此，注家之说非也。"②

宫、角、徵、羽四音本属音乐中的律吕为问题，但是涉及《周礼》，则属于礼学制度问题了。因此，乐律虽属音乐制度，但是行礼过程中如何用乐，则属于礼仪制度了。正是如此，朱子详加注解宫、角、徵、羽的问题，并以其变化规律推导出《周礼》郑玄、贾公彦观点有误的结论，故朱子依据各史料所整理的《律吕相生图》，其图③如下：

---

① 《朱子语类》卷九十二，第3085页。
② 《朱子语类》卷九十二，第3083页。
③ 《仪礼经传通解》卷十三，第486页。

此图又名"十二律阴阳辰位相生次第之图"①，其文献来源有两个：一是郑玄注"三礼"所持礼学观点，二是司马迁《史记》所持观点，朱子在其文末注曰：

此诸儒无异说，其论之不同者，今谱如左，览者可以考其得失焉。②

由此可知，朱子对律吕相生之图实是以乐学的内容来解决礼学文献中的疑难问题，并非就音乐而研究音乐。

其次，通过整理音乐文献，整理音乐各乐律关系，补充完善礼学典籍，便于后世学者制作礼仪用乐。

《乞修三礼札子》说明其编纂礼书的理由之一便是："若乃乐之为教，则又绝无师授。律尺短长，声音清浊，学士大夫莫有知其说者，而不知其为阙也。"③ 其解决办法是"而钟律之制，则士友间亦有得其遗意者。窃欲更加参考，别为一书，以补六艺之阙，而亦未能具也。欲望圣明特诏有司，许臣就秘书省太常寺关节礼乐诸书，自行招致旧日学徒十余人，踏逐空闲官屋数间，与之居处，令其编类。……"④ 其上书皇帝之名为《乞修三礼札子》，则其本为修撰礼书，但是具体阐述内容之时，又涉及音乐的内容，则朱子之意当是音乐实为礼学的一个必要组成部分无疑，其言外之意实有音乐乃是礼学的附属部分而已，这便是朱子与二程乐学观点相续而接的部分。

较二程进步之处在于朱子强调音乐不明，实严重影响礼学实施效果，故有"别为一书，以补六艺之阙"的说法。只是最后因未得朝廷支持，朱子仅能以私人之力主持编撰《仪礼经传通解》，其对钟律之制的文献整理除了前引《律吕相生图》之外，还有《十二律寸分厘毫丝数》⑤《五声五行之象清浊高下之次》⑥《五声相生损益先后之次》⑦《二变相生之法》⑧《十二律正变倍半之法》⑨《旋宫八十四声之图》⑩《六十调之图》⑪，由此形成了完整的音乐钟律规律变化体系。

---

① 《仪礼经传通解》卷十三，第486页。
② 《仪礼经传通解》卷十三，第487页。
③ 《晦庵先生朱文公文集》卷十四，第687页。
④ 《仪礼经传通解》卷二十一，第688页。
⑤ 《仪礼经传通解》卷十三，第492页。
⑥ 《仪礼经传通解》卷十三，第493页。
⑦ 《仪礼经传通解》卷十三，第493页。
⑧ 《仪礼经传通解》卷十三，第494页。
⑨ 《仪礼经传通解》卷十三，第498页。
⑩ 《仪礼经传通解》卷十三，第500页。
⑪ 《仪礼经传通解》卷十三，第501页。

与二程把音乐作为礼的重要补充内容，又仅限于乐对礼的补充功能不同，朱子以乐律作为一项专门内容加以独立成章，实是一项大进步，也彰显了朱子治学路径更为宽广的大成者气象。朱子在论述乐律之时，时刻未忘记礼学的最高目标——内圣外王，如朱子在《五声五行之象清浊高下之次》下特引《乐记》"宫为君，商为臣，角为民，徵为事，羽为物，五者不乱则无怗滞之音矣。宫乱则荒，其君骄；商乱则陂，其官坏；角乱则忧，其民怨；徵乱则哀，其事勤；羽乱则危，其财匮。五者皆乱，迭相陵，谓之慢。如此，则国之灭亡无日矣。"[1]朱子以音乐声调论述国家兴亡之事，以音乐观世风之实，但是仍旧以音乐之和来维护礼的秩序的礼乐一体观念，故朱子在此引语之下注曰："凡声浊者为尊，清者为卑。怗滞，敝败不和貌。"[2]清浊本属音色范畴，而尊卑则属礼学范畴，两者融为一体，便于以乐观世风之实了。《朱子语类》载：

> 律递相为宫，到末后宫声极清，则臣民之声反重，故作折半之声；然止于四者，以为臣民不可大于君也。事物大于君不妨。五声分为十二律，添三分，减三分，至十二而止。后世又增其四，取四清声。[3]

君臣之道实为礼学最为重要的内容之一，其实质则正是尊卑有序，故有"臣民不可大于君"的观点，而事物又能够大于君，其隐含的内治秩序便是天生万物，而人居其中，便有君臣民的关系，正是礼学的核心精髓，正如程子所说："推本而言，礼只是一个序。"[4]可见朱子在研究音乐之时，均是以礼学为主轴，未旁及纯粹的音乐之学。

再次，注重古今音乐流变特征，为礼仪实行过程中的时代性问题提供可操作性的技术支撑作用。

由前述可知，礼学具有时代性，也具有流变性特征，决定了礼学文本需要随时代变化进行适当调整，其中礼仪用乐便是礼学随时代变化而进行调整的一个重要方面。

礼学尚有《周礼》《仪礼》《礼记》流传至今，而音乐则未有典籍传布下来，但是行礼过程音乐却不可或缺，这便需要对现有音乐进行新的价值判断，故朱子以音乐的内涵来判定其价值，而不再简单依据其声调。《朱子语类》载：

---

[1] 《仪礼经传通解》卷十三，第493页。
[2] 《仪礼经传通解》卷十三，第493页。
[3] 《朱子语类》卷九十二，第3082—3083页。
[4] 《河南程氏遗书》卷十八，《二程集》，第225页。

今之乐，皆胡乐也，虽古之郑、卫，亦不可见矣。今《关雎》、《鹿鸣》等诗，亦有人播之歌曲。然听之与俗乐无异，不知古乐如何。古之宫调与今之宫调无异，但恐古者用浊声处多，今乐用清声处多。季通谓今俗乐，黄钟及夹钟清，如此则争四律，不见得如何。《般涉调》者，胡乐之名也。"般"如"般若"之"般"。"子在齐闻《韶》"，据季札观乐，鲁亦有之，何必在齐而闻之也？又夫子见小儿徐行恭谨，曰："《韶》乐作矣！"①

朱子认为古音已亡，不止是雅乐而已，就连被孔孟等圣人狠批的郑卫之音也无从查找了，即使以复古之音重谱《关雎》《鹿鸣》等诗，也属当代俗乐而已，也就是用胡乐之音来谱曲而已，终究属于今调了。但是以蔡元定的方式研究今乐与古律的关系，则属单纯研究音乐的技巧了，陷入了二程所批判的"玩物丧志"之境。因此，面对全新的音乐形式，当以音乐的内涵来判定其价值，这便是胡乐也可以是雅乐之品，故朱子举孔子之例来说明，孔子在齐闻《韶》乐而三月不知肉味，实非为《韶》乐之美，而是为其礼仪之美，因此"见小儿徐行恭谨"有"《韶》乐作矣"之叹，可见以礼来作为音乐的评判标准才是音乐雅正与否的关键。

正是古乐消亡，新声更迭，使得家常行礼用乐也大可不必追求古乐之雅，当换音乐之和为标准。《朱子语类》载：

胡问："今俗妓乐不可用否？"曰："今州县都用，自家如何不用得？亦在人斟酌。"②

俗乐被州县府衙用于各类仪式，而士大夫之家自然可以用之于各种礼仪场合，不存在废弃俗乐的问题。这当中是由古今音乐衍变过程所致，其最典型者当属钟律方面。

音乐随着世代变化也出现了各自的新情况，使得行礼过程无法坚持原有音律，但只要符合乐律，达到和的境界，便可以被用于礼仪当中。《朱子语类》载：

洛阳有带花刘使，名几，于俗乐甚明，盖晓音律者。范蜀公徒论钟律，其实不晓，但守死法。若以应钟为宫，则君民事物皆乱矣。司马公比范公又低。二公于《通典》尚不曾看，《通典》自说得分晓。《史记·律书》说律数亦好。此盖自然之理，与《先天图》一般，更无安排。但数到穷处，又须变

---

① 《朱子语类》卷九十二，第3091—3092页。
② 《朱子语类》卷九十二，第3094页。

而生之，却生变律。①

乐律本属自然之理，遵循穷则生变之理，未能以俗乐便认为其音乐不合符乐律，反而是坚守古代音律，使君民事物都陷入混乱之中，比如范镇、司马光都仅能死守古法，未能通变致用。事实上，音律随着时代变化，并非毫无章法可循，如：

> 今之曲子，亦各有某宫。其宫云："今乐起处，差一位。"②

俗乐仍旧有乐宫，而其遵循的正是音乐的内在规则，仅是对其内在乐律进行适当调整而已，如："俗乐中无徵声，盖没安排处；及五黄钟等四浊声。"③ 这便是音乐随着时代变化而呈现的自我调整内容。其最高境界正是以和为美。

以和为美，是音乐的最高法则，正如前引二程观点："乐只是一个和。"朱子仍旧遵循二程的观点，只是和的境界被转换为自然的评价。朱子说：

> 向见一女童，天然理会得音律，其歌唱皆出于自然，盖是禀得这一气之全者。④

据前引朱子观点可知，女童所唱之歌曲显然是俗乐无疑，但是她遵循音律所唱之歌，却能达到自然状态，而自然的状态在朱子讲学语境之中正是符合音乐之理，因为朱子认为女童禀得"一气之全"，即女童禀得天地之气，由此实现乐之和的境界当可定谳。

综上所述，朱子以修礼书而研究乐律，目标在于实现礼学的复兴，贡献则在于深入整理了乐律的各项规律，进一步发展了二程的礼乐思想。

## 第三节　陈淳礼乐思想与实践

在礼乐方面，陈淳因其治学方法、兴趣及职业关系而形成了自己的礼乐思想，为二程、朱子礼乐思想的推广作出了重要贡献。本节主要从陈淳礼学思想、礼乐一体思想及礼乐教育实践三个方面研究陈淳在二程、朱子礼乐思想继承与发展方面的特色。

---

① 《朱子语类》卷九十二，第 3094 页。
② 《朱子语类》卷九十二，第 3094 页。
③ 《朱子语类》卷九十二，第 3094 页
④ 《朱子语类》卷九十二，第 3094 页。

### 一、承接二程、朱子理念：陈淳礼学思想特征

《宋史》陈淳本传载：

> 其所著有《语孟大学中庸口义》、《字义详讲》、《礼》、《诗》、《女学》等
> 书，门人录其语，号《筠谷濑口金山所闻》。①

此为元代编《宋史》者所载录，但是后世被目录学著作所保存的仅有《北溪
字义》和《北溪大全集》两书而已，因此，我们仅以陈淳的《北溪字义》和《北
溪先生大全文集》作为文献依据，研究陈淳的礼学思想。

第一，礼是理的节文，其最佳状态是中庸。

《北溪字义》两个类目涉及礼，一是"仁义礼智信"条，一是"礼乐"条。
两者均以礼与其他内容相对而言，重在从宏观角度论述礼的基本原则、功能和作
用。《北溪字义》载：

> 礼者，心之敬，而天理之节文也。心中有个敬，油然自生便是礼，见于
> 应接便自然有个节文。节则无太过，文则无不及。如做事太质，无文采，是
> 失之不及；末节繁文太盛，是流于太过。天理之节文乃其恰好处，恰好处便
> 是理。合当如此，更无太过，更无不及，当然而然，便即是中。故濂溪《太
> 极图说》"仁义中正"，以中字代礼字，尤见亲切。②

行礼的关键是心中要有敬，其目标在于达到中庸的程度。这并不是陈淳自创
的观点，而是源自于朱子。《北溪字义》载：

> 文公曰："礼者，天理之节文，人事之仪则。"以两句对言之，何也？盖
> 天理只是人事中之理，而具于心者也。天理在中而著见于事，人事在外而根
> 于中，天理其体而人事其用也。"仪"谓容仪而形见于外者，有璨然可象底
> 意，与"文"字相应。"则"谓法则、准则，是个骨子，所以存于中者，乃
> 确然不易之意，与"节"字相应。文而后仪，节而后则，必有天理之节文，
> 而后有人事之仪则。言须尽此二者，意乃圆备。③

陈淳引用朱子"礼者，天理之节文，人事之仪则"来作为立论的起点，但事
实上，陈淳和朱子的礼学观点之间存有巨大差异。朱子认为礼与人事之仪则之
间的关系确定为礼是模拟天理，仅有圣人能够实现依据天理而制作礼仪的程度。

---

① 脱脱等：《宋史》卷四百三十，中华书局 1977 年版，第 12790 页。
② 陈淳：《北溪字义》卷上，中华书局 1983 年版，第 19—20 页。
③ 《北溪字义》卷上，第 20 页。

《朱子语类》载：

> "天叙有典，敕我五典五惇哉！天秩有礼，自我五礼有庸哉！"这个典礼，自是天理之当然，欠他一毫不得，添他一毫不得。惟是圣人之心与天合一，故行出这礼，无一不与天合。其间曲折厚薄浅深，莫不恰好。这都不是圣人白撰出，都是天理决定合着如此。后之人此心未得似圣人之心，只得将圣人已行底，圣人所传于后世底，依这样子做。做得合时，便是合天理之自然。①

朱子认为礼与理的运行机制主要有三个环节，即第一个环节是天理运行规则，第二个环节是圣人之心与天理合一，其关键是圣人依天理而制作礼仪，第三个环节是普通人实行礼仪，最高原则是顺从现有礼仪，实现符合天理的目标。朱子把理与礼之间的关系加了一个桥梁——圣人，即天理——圣人——礼仪——普通人——礼仪——天理。

与朱子不同，陈淳突破了圣人桥梁作用，直接把天理当成是人事之理，存在于每个人的心中。这是陈淳吸纳了性本善和人人都可以成为圣人的儒家思想，创造性地发展了朱子的心性思想，其基础便是认为识理是心的功能。《朱子语类》载：

> 问："心是知觉，性是理。心与理如何得贯通为一？"曰："不须去贯通，本来贯通。""如何本来贯通？"曰："理无心，则无着处。"②

陈淳正是吸收了理与心为一，且相互贯通的关系，故陈淳在论述心的命题时说：

> 心者，一身之主宰也。人之四肢运动，手持足履，与夫饥思食，渴思饮，夏思葛，冬思裘，皆是此心为之主宰。如今心恙底人，只是祠心为邪气所乘，内无主宰，所以日用间饮食动作皆失其常度，与平人异，理义都丧了，只空有个气，仅往来于脉息之间未绝耳。大抵人得天地之理为性，得天地之气为体，理与气合方成个心，有个虚灵知觉，便是身之所以为主宰处。然这虚灵知觉，有从理而发者，有从心而发者，又各不同也。③

心是由理与气合成的，这便意味着心具有了识别理的能力，故陈淳提出了天理具于各人之心，使高不可攀的天理落实到人人可得的平凡地位，而天理的原则

---

① 《朱子语类》卷八十四，第 2885 页。
② 《朱子语类》卷五，第 219 页。
③ 《北溪字义》卷上，第 11 页。

也由此变成了人人需要遵守的礼仪。

既然各人之心存有天理，意味着人人都可以制作礼仪了，但是现实礼仪并非人人都可以随意施行，而是需要有普遍规则来限制人的行为，这便是中庸的原则。所谓中庸的原则便是朱子在《中庸》篇所作的注解："中者，不偏不倚、无过不及之名。庸，平常也。"① 由此可以确定，要达到行礼的恰当境界，便是中庸的境界。

陈淳以朱子心性之学来解释礼仪，又能够回归到儒家的传统当中，为二程、朱子以礼来实践内圣外王提供了一个更为合理可行的原则。

第二，辨析文献，重塑宗法观念。

关于宗子法，在《礼记》中有明确的论述，如《大传》说："别子为宗，继别为大宗，继祢为小宗。"② 但是在唐末五代的混战中，各族谱系混乱，全社会失去了大小宗等级制度之后，需要重构社会秩序之时，北宋儒者再把宗法制度重新推出来。《河南程氏遗书》卷六载：

> 管摄天下人心，收宗族，厚风俗，使人不忘本，须是明谱系世族与立宗子法。一年有一年工夫。③

二程把谱系世族制度和宗法制度作为管理社会的重要措施，其目的是维系天下人心、收宗族、厚风俗、使人不忘本，实现外王的目标。但是其句末有小字注"一年有一年工夫"则是无法理解，正如朱子在编撰《程氏遗书》时注语："此卷间有不可晓处，今悉存之，不敢删去。"④ 与宋儒推崇宗族的观念相同，宋代士大夫也已经在实践中逐步落实宗族制度。冯尔康《中国古代的宗族与祠堂》整理史料如下：

> 宋代官僚对于组建宗族、开展宗亲活动，表现出一定的兴趣。翻阅《宋史》……第二八五卷贾琰传云，贾琰任职三司副史，抚养昆季遗孤，"聚族凡百口，分给衣食，庭无间言"，形成为一个较有规模的家族。……卷二九四讲的胥偃，长沙人，家有良田数千亩，中进士做官后，把所有田产分给族人。卷二九六记休宁（安徽休宁）人查道，青年时因家贫，没钱到京城赶考，族亲送他3万钱作路费，他中进士后，在京中任左正言、工部员外

---

① 朱熹：《四书章句集注》，第 32 页。
② 《十三经注疏·礼记正义》卷三十四，第 1508 页。
③ 《河南程氏遗书》卷六，《二程集》，第 85 页。
④ 《河南程氏遗书》卷六，《二程集》，第 80 页。

郎，家中还是较为困难，但把孤独的族人团聚在一起，散给禄赐所得。卷三〇〇王鼎传云，王鼎中进士，任官刑部郎中，出使辽朝，把所得的千匹缣全部分给族人。①

由此可知，宋代的士大夫开始注重宗族活动，而宗族活动已具备了三方面的功能：一是抚恤族内孤寡人员，具有初步的社会保障功能，如贾琰抚养昆季遗孤，查道禄赐孤独族人；二是具有社会救济的组织功能，如查道进京赶考接受族亲救济，他又资助孤独族人，胥偓和王鼎分财产给族人；三是具有维系族人关系的社会管理功能，如贾琰家族形成较大规模家族、查道能够聚集孤独的族人等。

由上述可知，二程的宗族理论正是当时社会风气发展的结果，也是当时社会实践的初步总结。重建一项社会制度，这在小政府的传统社会里，主要由士大夫来推动，其过程便是托古改制。程子说：

> "宗子继别为宗"，言别，则非一也。如别子五人，五人各为大宗。所谓"兄弟宗之"者，谓别子之子、继祢者之兄弟宗其小宗子也。②

"宗子继别为宗"源自《礼记·大传》，但是程子却从"别"的词义入手，得出了"别子五人，五人各为大宗""兄弟宗之"，引向了别子之子，这和《礼记·大传》郑玄注文"别子之世嫡也。族人尊之，谓之大宗，是宗子也"③完全相同，但是程子的理论舍弃了郑玄的另一注文："别子谓公子，若始来在此国者，后世以为祖也。"④即程子把周王朝所特有的周王与诸侯，诸侯与各公子之间的嫡庶之间的关系改造为了大宗与小宗的关系。

可惜的是程子仅是提出了观点，尚未进行系统论证，程氏门人也未能发扬光大其师说，反而是陈淳对此进行了详细阐述。陈淳《宗说上》从《礼记·大传》经文"别子为始祖，继别为大宗，继祢为小宗"入手论述从诸侯到普通百姓的各种"宗"的情况，形成完整的理论体系。他说：

> 宗，其为始祖后者，为百世不迁之宗。宗，其为高祖后者，为五世则迁之。宗，盖诸侯嫡子、嫡孙，常继世为君。自第二而下诸子，不得祢先君，而别于正嫡，皆称别子，其后子孙为卿大夫，则不敢祖诸侯，必立此别子为始祖。而别子之世嫡，则常继此别子之正统，以主始祖之祭祀，与族人为

① 冯尔康：《中国古代的宗族与祠堂》，商务印书馆1996年版，第33—34页。
② 《河南程氏遗书》卷一，《二程集》，第7页。
③ 《十三经注疏·礼记正义》卷三十四，第1508页。
④ 《十三经注疏·礼记正义》卷三十四，第1508页。

宗，为其所尊。宗，谓之大宗子，虽五世外与之绝服者，亦皆为齐衰三月，及其妻同。虽妇人不敢降，是谓百世不迁之宗。①

与前引程子的观点如出一辙，陈淳也没有把诸侯与周王的关系列入嫡子与别子的关系里，而是基于社会认知来论述每个诸侯国内部的诸侯嫡子与别子的关系、侯别子后代中嫡子与其他兄弟的关系等内容，解释了"大宗"的来源，而小宗则是"别子之庶子，又不得祢别子，而自使其世嫡后之，以主庶子之祭，与昆弟为宗，谓之小宗子，旁例而降之"②。陈淳把第一世继祢者至第四世继高祖者的情况逐一论述，形成了简明扼要的宗法图，其图如下：

始祖：别子，不敢以诸侯为祖，故为小宗，为服期，不敢为三年之服。

第一世：继祢者，曰继祢，小宗为亲兄弟所宗，为服期。

第二世：继祖者，曰继祖，小宗为同堂兄弟所宗，为服大功。

第三世：继曾祖者，曰继曾祖，小宗为再从兄弟所宗，为服小功。

第四世：继高祖者，曰继高祖，小宗为三从兄弟所宗，为服缌。③

由此形成了大宗与小宗之间的区分，提高了大宗与小宗之间的辨别度。但是礼的内容正如朱子所说："礼有经，有变。经者，常也；变者，常之变也。"④故陈淳在辨析礼仪内容之时，特别注重其变例。

《宗说上》在叙述大小宗的一般情况之后，重点陈述了别子的各类特殊情形，具体如下：

不惟公子之为然，或异姓公子之来自他邦，别于本国不来者，亦谓之别子。及庶姓之起于是邦，别于隐沦不起者，亦谓之别子，其继世为大小宗法一与此同。不惟公子继世之后为然，其在当时或先君之子，今君兄弟等辈，上不得宗君，下又乏为后世之宗，不可无人主领，则亦比附大小宗法以领之。国君之同母弟嫡夫人所生者，谓之嫡昆弟，其庶母所生者谓之庶昆弟，皆先君之子，俱谓之公子，而在士大夫列者，固有相宗之道焉。君必为此公子士大夫之庶者立此公子士大夫之嫡者为之宗，使之宗之。若有嫡母弟则使一人为宗以领，公子死则公子为之齐衰九月，其母则小君也。为其妻齐衰三月，礼如大宗，更不立庶昆弟为之宗，是谓有大宗而无小宗。君无嫡母弟，

① 陈淳：《北溪先生大全文集》卷十三，线装书局 2004 年版，第 75 页。
② 《北溪先生大全文集》卷十三，第 75 页。
③ 此处是据陈淳《宗说上》制作的礼图。《北溪先生大全文集》卷十三，第 75 页。
④ 《朱子语类》卷八十五，第 2899 页。

则择庶昆弟一人为宗以领，公子死则公子为之大功九月，其母妻无服，礼如小宗，是谓有小宗而无大宗。或公子惟一无他公子可为己宗，而亦无他公子来宗于己，是谓有无宗，亦莫之缺。此又大小宗之变例也。①

陈淳论述了两大类的变例情况：一是别子的来源，有"异姓公子之来自他邦者""庶姓之起于是邦者"两种情况，但是其继世和公子的情形相同。二是继世之法出现重大变例的情形，大体有"当时或先君之子，今君兄弟等辈"情况，也是以大小宗法来执行，这便是公子之法的各种变例。

经礼与变礼的思想贯穿于《宗说上》的其他部分，使得礼经的各方面内容形成一个完整的整体，这是受朱子礼学思想的影响。《宗说中》载：

或问："大宗继别子之后，只是世世直派嫡长，非有他也，而《大传》乃曰：'宗其继别子之所自出者'，其主意又似归重于所从出之人何也？"曰："按，郑氏注无此文，亦无解此意，至疏家则以为别子所由出者，或由此君而出，或由他国而来。果若然，则是其所为宗者，非宗其继别子之世，适是乃宗其别子所由出之先君与其所由他国之公子也，无乃支离迂折之甚乎。故文公以'之所自出'四字，断为衍文，谓：'作注时未误，至作疏时乃始误耳，今当删去。'则古人宗法明白直截易见，如日星而无可疑矣。"②

陈淳明确引用了朱子的观点，但是我们并未找到朱子观点的原文出处，但是朱子在《仪礼经传通解》卷五《五宗》第七在"百世不迁者，别子之后也。宗其继别子之所自出者，百世不迁者也。五世而迁者，继高祖者也。宗其继高祖者，五世则迁者也"后说：

今按："之所自出"四字疑衍，注中亦无其文，至作疏时方误尔，今不取。③

从问答的形式来看，《宗说中》明显是学习语录的形式，但是从其内容来看，前后文献内容之间存有小差异，陈淳引文为"至作疏时乃始误耳，今当删去"。与《仪礼经传通解》中的朱子按语稍有差异，但是"今当删去"与"今不取"仅是语句差异，并未有内容方面的差异。另外，我们查考《朱子语类》卷八七《大传》部分，虽部分涉及前引内容，却未有文献考证方面的内容，亦可佐证，陈淳当不是从《朱子语类》中获得的观点，而是补充完善朱子的学术观点之后的成果。

---

① 《北溪先生大全文集》卷十三，第75页。
② 《北溪先生大全文集》卷十三，第77页。
③ 《仪礼经传通解》卷五，第202页。

　　第三，礼要以"敬"为核心，以具体礼仪为行为准则，其实现途径是克己复礼。

　　礼，是每个人都能够制作的，其行礼的目标是中庸，而中庸的境界关键点在于"不偏不倚、无过不及"且为平常行为，这便意味着礼实际上从朱子时代的圣人法则落实到了社会普通法则而已。因此，陈淳强调按照社会之礼来约束自己的行为。

　　《隆兴书堂自警三十五首》第十六曰：

　　　　诗蔽思无邪，礼主毋不敬。二言书诸绅，时时与涵泳。①

　　"毋不敬"，出自《礼记·曲礼》，但是《曲礼》仅言："毋不敬，俨若思，安定辞，安民哉。"而《曲礼》重在载录变礼，正如朱子所说："先儒以《曲礼》为变礼，看来全以为变礼亦不可。盖曲者，委曲之义，故以《曲礼》为变礼。然'毋不敬，安定辞安民哉'，此三句，岂可谓之变礼！"② 但是朱子在肯定此句话不是变礼之时，并未明确确定此句话的地位，故陈淳用"主"字确立了行礼的最为重要标准"毋不敬"，则可以看到陈淳对"毋不敬"的推崇之情。

　　陈淳不仅简单说明"毋不敬"是行礼的重要标准，并把它贯彻于各项有关礼学的观点当中，形成陈淳礼学思想的最为重要基石。《闲居杂咏》的《礼》和《礼维》分别如下：

　　　　礼者人之门，节文自中根。所主一以敬，出入无不存。③
　　　　礼以维其心，在心无不敬。非此勿言动，非此勿视听。④

　　所谓"礼者人之门"，则确立了人无礼不立的观点，其根源在于人出入言谈举止都要以敬作为自己行礼的根本标准，达到"出入无不存"，其具体的表现便是非礼则勿言、动、视、听，这便是要以敬为出发点。这便又回到了宋儒最为注重的四书学《论语》当中来了。

　　朱子在注解《论语·颜渊第十二》"颜渊问仁"章时说："目，条件也。颜渊闻夫子之言，则于天理人欲之际，已判然矣，故不复有所疑问，而直请其条目也。非礼者，己之私也。勿者，禁止之辞。是人心之所以为主，而胜私复礼之机也。私胜，则动容周旋无不中礼，而日用之间莫非天理之流行矣。事，如事事

────────────

① 《北溪先生大全文集》卷一，第 11 页。
② 《朱子语类》卷八十五，第 2899 页。
③ 《北溪先生大全文集》卷一，第 12 页。
④ 《北溪先生大全文集》卷一，第 13 页。

之事。请事斯语，颜子默识其理，又之知其力有以胜之，故直以为己任而不疑也。"① 这便是由外在的礼仪，转化为内在的心理动机，其实行的关键就是遵循社会礼仪。

在遵循朱子的学术观点基础上，陈淳提出遵循礼仪的具体原则——以内方为原则。《槷子名字义》说：

> 法皆自中定，方非由外至。如或非礼视，是以不法视。于视为不方，随物而妄伺。如或非礼听，是以不法听。于听为不方，随物而妄应。如或非礼言，是以不法言。于言为不方，随物而妄宣。如或非礼动，是以不法动。于动为不方，随物而妄往。惟视方而明，不为非礼倾。惟听方而聪，不为非礼适。一一守吾法，私意无容杂。寻绝枉尺为，乘戒诡遇合。②

为了说明"槷所以为方，是为法度器"，则其目标是为了说明没有规矩不成方圆之理，这正是礼的内涵，故陈淳在非礼勿视、听、言、动的意义基础之上对其行为准则进行了仔细剖析，其原则大体有两方面：一是视、听、言、动都要以方为原则，而方正是礼仪；二是行为之法需要以所学习的礼仪作为准则，而不能由外在社会刚性惩罚来执行其原则。陈淳由此确立了人的一切言行举止都要以礼作为基本原则。

与传统礼典相反，现实生活千变万化，人心风俗也是不断变化的，这必然会遇到各种传统礼仪所没有限定的新挑战，这便要求确立行礼的根本原则——克己复礼原则。

"克己复礼"源出《论语·颜渊》，孔子曰："克己复礼为仁。"朱子注曰：

> 仁者，本心之全德。克，胜也。己，谓身之私欲也。复，反也。礼者，天理之节文也。为仁者，所以全其心之德也。盖心之全德，莫非天理，而亦不能不坏于人欲。故为仁者必有以胜私欲而复于礼，则事皆天理，而本心之德复全于我矣。归，犹与也。又言一日克己复礼，则天下之人皆与其仁，极言其效之甚速而至大也。又言为仁由己而非他人所能预，又见其机之在我而无难也。日日克之，不以为难，则私欲净尽，天理流行，而仁不可胜用矣。○程子曰："非礼处便是私意。既是私意，如何得仁？须是克尽己私，皆尽于礼，方始是仁。"又曰："克己复礼，则事事皆仁，故日天下归仁。"○谢

---

① 朱熹：《四书章句集注》，第 167 页。
② 《北溪先生大全文集》卷一，第 15 页。

氏曰："克己，须从性偏难处克将去。"①

此注文甚为重要，不仅涉及朱子的观点，还溯及程颐、谢良佐的观点，由此确立上引文献实为程朱学派的核心论点。钱穆《朱子学提纲》对《四书章句集注》的体例总结说："凡属理学新义之有当于创造性者，朱子亦已尽量纳入其《四书集注》与《章句》中。凡朱子认为于孔孟大传统有走失而无当于创造性者，虽程张所言，亦不阑入。或则仅收于圈外，不列入注之正文。使读者辨别其虽有发明，而非本义。"②朱子把程子和谢良佐的观点列在正文之外，则朱子认为程子和谢良佐的观点虽有合理之处，但仅属程子、谢良佐本人的观点，并不完全符合《论语》的内涵。那么《论语》中的本义是什么呢？《论语》的本义当是心本善，容纳天理，但是受人欲的影响而被歪曲，需要"胜私欲而复于礼"，复归于天理的境界，其关键是以礼克尽自己的私欲工夫。只是朱子此注偶有涉及克己与复礼的关系，如："克，胜也。己，谓身之私欲也。复，反也。礼者，天理之节文也。"却容易产生克己之后返回礼的偏差观点，故朱子在其晚年对此处观点不断加以修正。《朱子语类》载：

> 克己是大做工夫，复礼是事事皆落腔窠。克己便能复礼，步步皆合规矩准绳，非是克己之外，别有复礼工夫也。……吾儒克己便复礼，见得工夫精细。圣人说得来本末精粗具举。下面四个"勿"字，便是克与复工夫，皆以礼为准也。"克己复礼"，便是捉得病根，对症下药。仲弓主敬行恕，是且涵养将去，是非犹未定。涵养得到，一步又进一步，方添得许多见识。"克己复礼"，便刚决克除将去。③

朱子在此认为克己与复礼的工夫是同一过程，其内容正是四个"勿"字，即非礼勿视听言动的内容。换言之，克己与复礼仅是一个过程的两种表述，难以区分开来。但是在日常讲学中，却存有不同的表述，如《朱子语类》载："龚郯伯说：克去己私后，却方复礼。曰：'克己复礼'，一如将水去救火相似。又似一件事，又似两件事。"④"克己，则礼自复；闲邪，则诚自存。非克己外别有复礼，闲邪外别有存诚。"⑤前者以克己和复礼为一件事的两个步骤，而后者则是克己与复

① 朱熹：《四书章句集注》，第167页。
② 《朱子学提纲》，第187—188页。
③ 《朱子语类》卷四十一，第1452页。
④ 《朱子语类》卷四十一，第1448页。
⑤ 《朱子语类》卷四十一，第1448页。

礼为同时并存的过程，更为重要的是朱门弟子特地下按语："此非定说。"事实上，朱子后来的观点朝着前者方向发展，使得朱子更为注重礼仪文献的考订工作

在朱子晚年学术思想基础上，陈淳融通了朱子不同阶段的观点，形成了具有自己特色的克己复礼工夫。《克己复礼须知二而一、一而二》说：

> 克己复礼，须知二而一、一而二者也。盖克己是去人欲于彼，复礼是复天理于此，此二也。然二者相为消长，犹阴阳寒暑，彼盛则此必衰，绝无人欲则纯是天理，故去人欲是乃所以复天理而实非二事，此二而一也。二者虽同为一事，然亦须有宾主之分。天理，主也；人欲，客也。复天理，主事也。去人欲，客事也。吾日所重者当以复天理为主，以为用力归宿之地，而去人欲以会之尔。于其去人欲也。又每提天理使卓然清明不昧，则权在我而所克也。有统亦自不劳余力矣。非谓止务克去人欲，更不必及天理，则天理自复也，此一而二也。①

陈淳以"复天理"解释"复礼"，源自二程、朱子"礼者，天理之节文也"②。但是他突破了朱子视克己与复礼为两件事或者一件事的观点，而是以阴阳寒暑的关系来看待天理与人欲的消长变化。但是阴阳寒暑的变化虽能很好呈现克己复礼的变化状态，却未能体现出克己复礼的本质，故陈淳说："天理，主也；人欲，客也。复天理，主事也。去人欲，客事也。"在主客的界定中，已然把复礼作为主要内容，克去己私变为次要的，使朱子以事件发展过程来讨论克己复礼转化为以礼仪来克去己私，即"以复天理为主，以为用力归宿之地，而去人欲以会之尔"。要以学习礼仪和实践礼仪作为克去己私的手段和途径。换言之，陈淳以实践礼仪作为手段实现存天理的目标。因此，陈淳明确突出了实践礼仪在克己复礼中的重要性。

当然，陈淳以复归天理来注解复礼，有其值得商榷之处，因为朱子说："'克己复礼'，不可将'理'字来训'礼'字。"③但是朱子对陈淳的创造性观点持高度肯定的意见。此可见于朱子的批语："右问目一卷。文公答书云：其间说得极有精密处甚不易，思索至此，今更不能一一批凿，得久之自见得也。"④可见陈淳

---

① 《北溪先生大全文集》卷七，第 45 页。
② 朱熹：《四书章句集注》，第 167 页。
③ 《朱子语类》卷四十一，第 1451 页。
④ 此处未见于《北溪先生大全文集》，而是引自四库全书本。参见陈淳：《北溪大全集》卷七，文渊阁四库全书本。

的观点实已逐步突破了朱子的思维体系，呈现自身的礼学思想特征了。

### 二、深化礼乐一体化思想：陈淳礼乐思想特征

礼乐并称，实属中国传统文化的惯例，其最早者当推《论语》，如"子曰：'礼云礼云，玉帛云乎哉？乐云乐云，钟鼓云乎哉？'"等。据杨伯峻统计可知，"礼"在《论语》一书中以"礼意，礼仪，礼制，礼法：礼之用"有74次之多，[①]"乐"字在《论语》中出现了46次，但表示音乐之义的"乐"字仅出现22次。[②] 由此可见，孔子对礼的重视程度远高于乐，但是《论语》示范在前，故后世礼乐并称成为学术惯例，甚至成为儒家的代称了。从二程到朱子都对礼乐一体的特征有详细论述，但是二程重在通过礼乐功能方面来辨析二者异同，而朱子则在编撰礼书之时着力于整理音乐规律以补充礼学文本，陈淳则在二程、朱子基础之上，重在论述礼乐一体化的内涵。

一方面，礼乐结构的一体化。礼乐本属儒家六经中的二经，具有不同的内涵，陈淳也认同二者具有差异性，故说"礼只是中，乐只是和"[③]及"礼只是个恭底意，乐只是个和底意"[④]。但是陈淳并未如荀子《乐论》与《礼论》分开论述礼乐功能，而是以"礼乐"并称的形式放置于《北溪字义》当中。尽管这可能是陈淳弟子编撰《北溪字义》时的个人观点，但是细观《北溪字义》"礼乐"条可知，五条讲学内容均以礼乐并称，可见陈淳弟子以礼乐并称形式来编撰，确实遵守了陈淳的一贯观点。在礼乐并称之外，更重要的是陈淳创造性地发展了儒家礼乐一体化观点，即论证礼乐具有相同的结构模式。

礼是由各项礼仪构成，而音乐则由乐律而谱成，但是陈淳在礼乐表面结构存有巨大差异基础上，创造性地发展了礼乐结构一体化模式。《北溪字义》载：

> 礼乐有本有文。礼只是中，乐只是和，中和是礼乐之本。然本与文二者不可一阙。礼之文，如玉帛俎豆之类。乐之文，如声音节奏之类。须是有这中和，而又文之以玉帛俎豆、声音节奏，方成礼乐。不只是偏守中和底意思，便可谓之礼乐。[⑤]

---

① 杨伯峻：《论语译注》，中华书局1980年版，第311页。
② 《论语译注》，第302页。
③ 《北溪字义》卷下，第49页。
④ 《北溪字义》卷下，第50页。
⑤ 《北溪字义》卷下，第49页。

礼乐具有巨大的差异，但是这仅存在外在形式当中，如礼有玉帛俎豆之类，乐有声音节奏之类，但是二者内在精神却存有高度一致性。礼与乐均有本与文两部分，礼的本是中，乐的本是和，但陈淳明确说："中和是礼乐之本"，则礼乐有相同的内涵。

朱子注《论语·学而篇第一》"礼之用，和为贵"时说："和者，从容不迫之意。"① 事实上，此处的"和"在理学家传统话语里，实指乐的功能，朱子亦熟知其内涵，故朱子引用程子的观点："礼胜则离，故礼之用和为贵。先王之道以斯为美，而小大由之。乐胜则流，故有所不行者，知和而和，不以礼节之，亦不可行。"② 又引范祖禹的观点："凡礼之体主于敬，而其用则以和为贵。敬者，礼之所以立也；和者，乐之所由生也。若有子可谓达礼乐之本矣。"③ 并下按语曰：

> 愚谓严而泰，和而节，此理之自然，礼之全体也。毫厘有差，则失其中正，而各倚于一偏，其不可行均矣。④

程子重在解析礼乐之间的具体联系，范祖禹则认为礼乐一体且以礼为本，而乐为用来论述礼乐之间的关系，但是朱子对二者的观点都持保留意见，故朱子把二程和范氏的观点放置于正文注解之后，即"○"之后，但是由前引朱子按语可知，朱子以"严而泰，和而节"作为理的特征，又是礼的全部内容，则乐之和实为礼的一部分内容表现出来的特征而已，这便和范祖禹的观点又完全相同了。因此，礼乐的内在本质实属相同，正是陈淳观点的理论来源。

正是礼乐的本质是中和，具有高度一致的内在结构，正是陈淳所言的玉帛俎豆和声音节奏两者出现的场合是高度相关，即行礼过程伴随着相关音乐实为礼乐出现的经典场合。陈淳说：

> 就心上论，礼只是个恭底意，乐只是个和底意，本是里面有此敬与和底意。然此意何自而见？须于宾客祭祀时，将之以玉帛，寓之以笾豆，播之于声音节奏间，如此则内外相副，方成礼乐。若外面有玉帛钟鼓，而里面无和敬之心以实之，则不成礼乐。若里面有和敬之心，而外面无玉帛钟鼓以将之，亦不成礼乐。⑤

---

① 朱熹：《四书章句集注》，第72页。
② 朱熹：《四书章句集注》，第72页。
③ 朱熹：《四书章句集注》，第72页。
④ 朱熹：《四书章句集注》，第72页。
⑤ 《北溪字义》卷下，第49—50页。

礼乐在心理方面呈现的则是恭敬与和的状态，更值得注意的是陈淳所举的例
子——宾客祭祀场景。礼乐实践的场合是"将之以玉帛，寓之以笾豆，播之于声
音节奏间，如此则内外相副，方成礼乐"。则礼乐同场同时协调进行，未有分开
之时，而且玉帛、笾豆等礼学道具的呈上与撤下之间，均是以音乐的节奏来搭
配，弥缝行礼之间所留下的各等级缝隙。由此可见，礼仪与音乐之间实属二而一
的完整形态。

另一方面，礼乐功能的一体化。

礼乐功能各有侧重，二程也继承了儒学先贤的观点，即礼便是一个序，乐便
是一个和，朱子亦持相同的观点，但是陈淳在二程、朱子基础之上，进一步论述
礼乐功能的一致性问题，其着力处便是礼乐对社会治理的作用。《北溪字义》载：

> 礼乐亦不是判然二物，不相干涉。礼只是个序，乐只是个和。才有序便
> 顺而和，失序便乖而不和。如两个椅子，才下得失伦序，便乖戾不和。如父
> 子、君臣、兄弟、夫妇，所以相戕相贼，相争相斗，相仇相怨，如彼其不和
> 者，都缘是先无个父子、君臣、兄弟之礼，无亲义序别，便如此。①

礼乐不可分割，其理由是礼是一个序，乐是一个和，这是承自儒家礼乐传统
观点，更是二程明确说过的观点，二程、朱子把礼乐功能简单看作一体或者有差
异而已，陈淳却把礼乐运作过程效果的序与和之间的因果关系呈现出来，即序是
和的前提条件，如果没有序，便会失去和，这仍旧持以礼为主导，而和为结果的
关系。故陈淳又说：

> 礼乐无所不在，所谓"明则有礼乐，幽则有鬼神"，如何离得？如盗贼
> 至无道，亦须上下有统属，此便是礼底意。才有统属，便自相听从，自相和
> 睦，这便是乐底意。又如行路人，两个同行，才存个长少次序。长先少后，
> 便相和顺而无争。其所以有争斗之心，皆缘是无个少长之序。既自先乱了，
> 安得有和顺底意？于此益见礼先而乐后。②

由程子所谓"礼乐不可斯须去身"到礼乐无所不在，实属同义，并未有任何
创新之处，只是陈淳突出了礼乐的功能在人类社会的作用不可或缺的位置，强化
了礼乐产生效果的相互补充作用，但是陈淳在强调礼乐功能均不可或缺之时，重
点强调礼乐功能中礼为先，乐为后，实质便是礼为主导，而乐更多的是礼的秩序

---

① 《北溪字义》卷下，第50页。
② 《北溪字义》卷下，第50页。

实行之后的效果而已，这便有意无意地忽视了礼乐在具体实行过程中不可或缺的部分，而其根源正是二程、朱子对礼的重视程度远高于乐，此可见于本章第一、二节，不再赘述，这也是朱子学派少有学者能够获得突破的领域。

### 三、推广二程、朱子礼乐文化：陈淳礼乐教育实践

由《宋史》陈淳本传可知，陈淳一生以训蒙作为主要职业，其训蒙过程中践行圣人之学，大力推行礼仪教育，力求实现克己复礼的目标。陈淳在日常的教学当中，始终以礼作为施教的中心内容。《训儿童》八首的后四首分别说：

> 人子勤于孝，无时志不存。夜来安寝息，早起问寒暄。（《人子》）
>
> 奉水微微洒，恭提帚与箕。室堂须净扫，几案亦轻麾。（《洒扫》）
>
> 应对须恭谨，言言罔不祗。父呼唯无诺，长问逊为辞。（《应对》）
>
> 进退须恭敬，时时勿敢轻。先生趋拱立，长者后徐行。（《进退》）①

这是《训儿童》礼学行为规范诗，仅涉及两方面的内容，即言和动。第一则主要介绍早晚问安的礼仪内容，出自《礼记·曲礼》："凡为人子之礼：冬温而夏清，昏定而晨省，在丑夷不争。"② 第二则是介绍轻轻洒水、认真提扫帚，扫干净屋内的洒扫应对原则。第三则是要求晚辈应答要迅速与谦逊。第四则是从恭敬有礼角度来要求进退的方式。如果说上引第一则尚仅是对《礼记·曲礼》的简单陈述而已，那么第二到第四则具体陈述礼仪的行为准则，其内容源自《论语·子张》篇，其目的正是为了详细阐述行礼的具体原则。《论语·子张》篇载：

> 子游曰："子夏之门人小子，当洒扫、应对、进退，则可矣。抑末也，本之则无。如之何？"子夏闻之，曰："噫！言游过矣！君子之道，孰先传焉？孰后倦焉？譬诸草木，区以别矣。君子之道，焉可诬也？有始有卒者，其惟圣人乎？"③

朱子在注解此条文献时，引用了程子"君子教人有序，先传以小者近者，而后教以大者远者。非先传以近小，而后不教以远大也"等五条语录，但是朱子对第一条最为看重，并下按语说：

> 程子第一条，说此章文意最为详尽，其后四条，皆以明精粗本末。其分虽殊，而理则一。学者当循序而渐进，不可厌末而求本。盖与第一条之意，

---

① 《北溪先生大全文集》卷三，第 22 页。

② 《十三经注疏·礼记正义》卷一，第 1233 页。

③ 朱熹：《四书章句集注》，第 235 页。

实相表里，非谓末即是本，但学其末而本便在此也。①

朱子引程颐的观点为《论语》的注脚，而朱子自己的按语则点明学礼者当循序而渐进，指出学习礼仪的"洒扫、应对、进退"的规则，就是在学习礼仪内容的内在之理，两者并未截然分开，而是二而一、一而二的关系。朱子已经把程子先礼仪再授理的教授过程，融化为理一分殊的理论形态，使得习礼就是习理成为一个统一整体，其理论根源便是格物致知。但是朱子对"洒扫、应对、进退"之礼并未进一步阐述如何实行，使得学习礼仪的人仅仅知道学礼和学天理之间是一致的而已，至于如何"洒扫、应对、进退"则未可知，这便要回归到传统礼学典籍当中方才能获悉全部内容，但是皓首穷经毕竟少有人能够坚持，故礼仪的普及程度逐步衰减。

正是朱子未详细论述"洒扫、应对、进退"之礼，故陈淳先具体化三条礼仪，使得泛指礼仪全部内容的"威仪容节"②具体化为如何洒扫、如何应对、如何进退，再论述其基本原则，为蒙童制定了基本行为准则，"洒扫、应对、进退"一词变为可感的礼仪规则。更为重要的是陈淳注重礼仪的具体内容，简化礼学的经文。前引《洒扫》的内容，是论述洒水与扫地之时要注意的礼节，而其根源正是集合传统礼仪的内容，如《礼记·曲礼》："凡为长者粪之礼，必加帚于箕上，以袂拘而退，其尘不及长者。以箕自向而扱之。"③《应对》则是从《礼记·曲礼》"父召无'诺'，先生召无'诺'，'唯'而起"而来，《进退》也都是从《礼记》中具体礼仪摘引而来。

较《训儿童诗》更系统的礼仪启蒙的教材，当属陈淳独创的启蒙读物《启蒙初诵》和《训蒙雅言》。关于其文创作的初衷，其序有言：

> 予得子，今三岁近略学语，将以教之，而无其书，因集《易》、《书》、《诗》、《礼》、《语》、《孟》、《孝经》中明白切要四字句，协之以韵，名曰《训童雅言》，凡七十八章一千二百四十八字。又以其初未能长语也，则以三字先之，名曰《启蒙初诵》，凡一十九章二百二十八字。④

这是陈淳为其子陈榘所编撰的教材，其内容来源于《易》《书》《诗》《礼》《语》《孟》《孝经》等儒家经典，其遴选的第一准则是涉及礼仪的明白切要内容。

---

① 朱熹：《四书章句集注》，第236页。
② 朱熹：《四书章句集注》，第235页。
③ 《十三经注疏·礼记正义》卷二，第1239页。
④ 《北溪先生大全文集》卷十六，第91页。

《启蒙初诵》有：

> 君臣义，父子亲，夫妇别，男女正，长幼序，朋友信。……讷于言，敏于行，言忠信，行笃敬，思无邪，居处恭，执事敬，与人忠。入则孝，出则弟，敬无失。恭有礼，足容重，手容恭，目容端，色容庄，口容止，头容直，气容肃，立容德，视思明，听思聪，色思温，貌思恭。正衣冠，尊瞻视，坐毋箕，立毋跛。……进以礼，退以义。……①

《训蒙雅言》载：

> 进礼退义，温良恭俭，若圣与仁，为之不厌。宗庙便便，乡党恂恂，私觌愉愉，燕居申申。立不中门，行不履阈，不正不作，不时不食……②

因为《礼》和《孝经》之间的内容存有部分重合，故我们仅列出上述内容，已足以证明陈淳的礼学思想的演变轨迹了。主要有两大步骤，一是三岁之时学习的《启蒙初诵》，礼仪内容有一百字左右，接近全文的一半，可以想见陈淳对礼仪的重视程度，而三岁之后所学的《训蒙雅言》礼仪内容则仅有四十八字而已，占比仅有百分之三点八五而已。从两者在礼学内容的分量差异可知，陈淳以礼仪内容作为儿童启蒙的起点，以礼仪作为儿童日常行为的主体内容，先教授其礼仪基本规则，再从日常行为来落实礼仪内容。二是礼仪内容从最简单的动作到复杂的礼仪容貌形态，呈现阶梯式上升模式。《启蒙初诵》以该怎么行礼的内容为主体，而《训蒙雅言》则重在以较抽象的行礼形态"便便""恂恂""愉愉""申申"来说明行礼者根据具体环境来呈现礼容，且以否定的形态来说明行礼规则，两者均是远较该如何做的内容复杂得多，也需要更为完善的思维习惯。

从《启蒙初诵》到《训蒙雅言》，再到《训儿童》，形成了从三岁到四岁，再到五六岁的教育过程，构造了较为完整的启蒙教育教材体系，"陈淳诗歌实具有了幼儿教育教材的性质，覆盖了传统教育所忽视的学前教育部分，促进了程朱学派基本理念舌头到儿童教育的进程，扩大了程朱学派的影响力，成就了陈淳普及程朱学派儒学观念的宗主地位。"③ 正是构筑了较为完整的学术启蒙路径，使得陈淳在包括礼学思想在内传统文化启蒙方面获得了学术界的广泛认可，成为"紫阳别宗"。

---

① 《北溪先生大全文集》卷十六，第 92 页。
② 《北溪先生大全文集》卷十六，第 92 页。
③ 王志阳：《论陈淳"紫阳别宗"学术地位的形成原因——以陈淳诗歌为考察对象》，《天中学刊》2015 年第 4 期。

在普及礼学的过程中，陈淳以乐作为工具来提高礼学的普及效果，其最为重要的手段正是利用汉字的声韵特质，制作了三、四、五言儿童诗歌，促进礼学文化在儿童中的普及发展，也扩大了陈淳在朱子学派学术传播中的影响力，礼乐一体，以礼为主导，这必然使陈淳在教授礼仪之时，必然会涉及音乐，正如陈淳在《大学发题》一文中所说：

> 人生八岁，则自王公至庶人之子，皆入小学，而教之以洒扫应对进退之节，礼乐射御书数之文，若《曲礼》、《少仪》等篇是也。①

陈淳所说实属古代小学制度，并非陈淳在日常教学中教授礼乐射御书数，但是恢复古代小学制度却是朱子在教学制度方面的最为重要的主张，此当为陈淳所深知。《朱子语类》载：

> 问："大学与小学，不是截然为二。小学是学其事，大学是穷其理，以尽其事否？"曰："只是一个事。小学是学事亲，学事长，且直理会那事。大学是就上面委曲详究那理，其所以事亲是如何，所以事长是如何。古人于小学存养已熟，根基已深厚，到大学，只就上面点化出些精彩。古人自能食能言，便已教了，一岁有一岁工夫。到二十时，圣人资质已自有十分。大学只出治光彩。今都蹉过，不能转去做，只据而今当地头立定脚做去，补填前日欠缺，栽种后来合做底。如二十岁觉悟，便从二十岁立定脚力做去；三十岁觉悟，便从三十岁立定脚力做去。纵待八九十岁觉悟，也当据见定劄住硬寨做去。"②

此条为朱子关于小学、大学制度的论述，其内容正是陈淳所载录，而且系朱子弟子多人同时听到，故黎靖德有注文"淳。寓同"③。朱子强调了两点内容：一是古代小学、大学制度运行情况；二是当今面对没有小学制度的现状的应对之策是从当下做起，教授小学阶段所学内容，补填前面欠缺的内容。可见朱子十分重视小学所学内容，朱子也十分注重落实小学制度所学课程内容，正如陈淳所记录：

> 先生下学，见说《小学》，曰："前贤之言，须是真个躬行佩服，方始有功。不可只如此说过，不济事。"④

---

① 《北溪先生大全文集》卷十六，第90页。
② 《朱子语类》卷七，第270页。
③ 《朱子语类》卷七，第270页。
④ 《朱子语类》卷七，第272页。

学《小学》之书，如果仅止步于空谈其内容，实失去了其价值和意义，应该以《小学》所载的内容作为行动的指南，并落实到具体行为中，才能够解决小学制度缺失所带来的问题。由此可见，朱子重视小学所学内容远高于小学制度。

作为朱子高足，又是卫护师门最力的弟子，陈淳当然坚持以古代小学所当学的内容作为自己教学指南。但是在《北溪字义》《北溪先生大全文集》里，我们并未看到陈淳在日常教学过程中贯彻落实小学制度，尤其是未见到陈淳教授学生音乐或者运用音乐进行教学，我们认为陈淳的做法正是遵循朱子的教诲，在小学阶段，重在教授学生礼乐射御书数，但因朱子已经编撰有《小学书》[1]，无须陈淳继续在小学教育阶段着手编撰教材，而且小学阶段的内容均是具体礼仪，正如朱子所说："小学是事，如事君、事父、事兄、处友等事，只是教他依规矩做去。"[2]因此在教授小学阶段的学生启蒙读书之时，仅需要对处于小学阶段的学生指导其如何按照礼仪行事，而处于小学之前的幼儿教育问题，朱子尚未留意，故陈淳撰写了《启蒙初诵》和《训蒙雅言》两文，正如陈淳所作序文所说："予得子，今三岁，近略学语，将以教之，而无其书。"[3]陈淳由此补充完善了传统教育家所忽略的早教阶段。

因此，我们从陈淳最具创新性的早教阶段仍旧可以陈淳对乐的重视程度。兹述如下：

在三岁时，小孩当学《启蒙初诵》，其文属于《训蒙雅言》的初级篇，开篇说："天地性，人为贵，无不善，万物备，仁义实，礼智端。"[4]由此六句可知，陈淳使用了闽南话的音调，使三字句出现朗朗上口的儿歌形态，这正符合陈淳籍贯（漳州龙文区人），正是闽南话的核心区的特征。在小孩子三岁左右时，实以父母所在方言为自身的母语，即使到了清代雍正时期，朝廷仍旧针对福建籍官员的语言提出了具体要求，可见陈淳时代所用语言当以闽南话为主无疑。另外，陈淳在作序之时说其文能够"薰聒于前"[5]，其形式能达到"诵"的程度，达到屏蔽俚谈邪语之功。如以中原方言来看待，显然无法达到朗朗上口的程度，这也是后来《三字经》仅取陈淳《启蒙初诵》的形式，却未袭用其原有的词汇的原因之一。

---

① 《宋史》卷四百二十九，第 12769 页。
② 《朱子语类》卷二，第 269 页。
③ 《北溪先生大全文集》卷十六，第 91 页。
④ 《北溪先生大全文集》卷十六，第 91 页。
⑤ 《北溪先生大全文集》卷十六，第 91 页。

与前引《启蒙初诵》不同,《训蒙雅言》采用了四字句的格式,这种格式是中国最古老的诗集《诗经》的经典格式,并且陈淳对其格式明确说明其文献来源"集《易》、《书》、《诗》、《礼》、《语》、《孟》、《孝经》中明白切要四字句,协之以韵",则《训蒙雅言》采用了四字句的诗歌样式,其特征便是以四字句的儿歌来普及传统文化,而其目标的实现正是依靠四字句的韵律便于儿童背诵。

除了《训蒙雅言》采纳四字句的诗歌古典样式之外,陈淳在教育过程中也有采纳四字句的诗歌模式,如《暑示学子》,其文如下:

> 冠以庄首,衣以庇躬。裳为胫饰,屦为趾容。非人之制,乃天之常。君子奉之,寒暑一同。语必表裕,礼毋褰裳。先民有训,呜呼敬恭。①

此首诗歌以基本着装礼仪作为主要内容,讲述各部分服装的功能,实未超出基本礼仪范畴,但是此首诗歌的格式却是四言形式,在其朗朗上口的语言中实具有自身的语音之美。让乏味的礼仪内容能够在诵读过程中潜移默化地被接受与吸收。

从三言到四言的文本可知,陈淳在撰写教材的过程中,虽未谈及音乐的问题,但是陈淳以学生学习礼仪内容为目的,其实现途径正是朗朗上口的文本形式美,其语言正是具有语言活化石之称的闽南话作为朗诵的语言,虽未涉及乐律,却以闽南话的南音乐调作为基本语调,形成儿歌化的教材文本,实现古乐音调融入教学过程,为礼乐传统文化的普及作出了自己的贡献。

以音乐性的方言音调撰写普及礼学传统文化的教材,创造性地利用了闽南话的音乐性特质,提高了学前教育教材的教学效果和可行性,以及传统礼学文化普及的深度与广度,完成礼乐一体化的新形式。

--------

① 《北溪先生大全文集》卷十六,第94页。

# 第八章 致 知

　　在儒释道三教融合的大背景下，宋代道学以及理学在"知"的概念上有了超越层面上的发展。自从张载提出"德性之知"与"见闻之知"的分别，[1]"知"成为贯通天人的"天德良知"而具备了本体意义。然而，朱熹一方面继承了张载、二程对人心所含德性的本体论设定，同时却又在如何"明明德"的方式上有所保留。"明德"是本体意义上的心之理或心之德，[2] 而"明明德"是通过格物的功夫使此心的本体或心中的本然之性明朗呈现，也就是达到了"知至"的结果。可见朱熹并未将"知"放在本体的位置上，只有经由格物的"下学"功夫渐次累积，才能"上达"某个"知至"的横断面，既展现出物的表里精粗，也明了心的全体大用。"明明德"不在形而上的"德性之知"里，而就在这种切实的格致工夫中。这个"致知"的过程在持续地进行着，在每个"知至"的断面上都在继承和更新物我体用的全部知识；由此，朱熹发展出了理学中一脉独特的"格物致知"论，并由陈淳等后学所继承。

## 第一节　朱熹的格物致知过程论

　　致知在于格物，格物所以致知。朱熹认为，致知与格物是在我与在物的关系："致知、格物，只是一事，非是今日格物，明日又致知。……致知是自我而言，格物是就物而言。"[3] 从事物上去理会穷究是格物，用自己的心去明察推广是

---

[1] 张载："见闻之知，乃物交而知，非德性之知；德性所知，不萌于见闻。"（《正蒙·正心》）

[2] 据陈来所指出，朱熹在"明德"的解释上，有时指心之本体，即"本然之心，仍具有心的特征与功能，如虚灵不昧"；有时则是指本然之性，即心之德、心中之理。究竟"明德"是指心之本体还是心之体，或由心知所统贯的性，依然是不明的。参见陈来：《朱熹哲学研究》，中国社会科学出版社1988年版，第215—217页。

[3] 黎靖德编：《朱子语类》（一），王星贤点校，卷十五，中华书局1994年版，第292页。

致知，格致是同一个过程，只是分主体与客体而言。

## 一、致知在我，穷理在物

格物需要主体敞开心胸迎接事物的到来，这意味着主体先于事物到来之前已存在；但不是一个闭锁的相对主体"黑淬淬裹守着"，而在动静之间"彻上彻下，表里洞彻"①。这个主体贯通形而上与形而下领域，介乎"居仁"与"由义"、"敬以直内"与"义以方外"之间，即贯穿于格物的全过程。事物到来之前，主体悠然持养着廓然大公的心性本体；当与事物相接，事物作为与主体相对的客体材料，同时鲜明地呈现出来。格，是穷至事物之理，因而格物可以看作是一个概念推演的过程。在格物之初，事物之理并不明显，也许只是一点点明白晓达的概念；但由此出发，"穷到是处，吾心亦自有准则。"在这样的渐次推广中，主体心中的知识得到了扩充，格物同时也是致知的过程。

从自我的角度讲，致知不但在积累知识，同时深化着主体的领悟。② 如果说格物致知是一个过程，那么物格、知至就是这个过程的一个阶段性终点。主体对事物的一个知来藏往的经过，就是这样一个格物致知的阶段；而物格、知至是这个阶段的结果，表现为"表里精粗无不尽"的横断面。事物之理的表里精粗，至此都呈现在主体的知觉中，"表便是外面理会得底，里便是就自家身上至亲至切、至隐至密、贴骨贴肉处。"知至就是伴着极为体贴亲密的知觉，将事理分明纳入主体的知解与领会。

格物致知是一个渐进积累的过程，在每个阶段都有新的发现；这种新发现或者是被主体纳入已有的概念体系的事理，抑或是在保持原有概念体系不变的前提下，以新的感觉材料扩展了概念的外延。无论是哪种新颖的发现，从客体方面说是穷究事物之理以至其极；而从主体方面说，自己知识体系的扩充是符合着心的本体的，即在尽心知性的诱导下使心的知觉得到尽量的满足。这种满足就是从知之到好知、再从好知到乐知的转进，直至到达一个"亲切得当"的境地，才看见道体"如有所立卓尔在前"。③ 而这种满足诱导着主体由格物致知、博文约礼的工夫逐渐深入欲罢不能的境界。不过这种欲罢不能并非所谓停不下的红舞鞋的那种

① 《朱子语类》（一），卷十五，第286页。
② 《朱子语类》（二），卷十六，第324页。
③ 朱熹："（颜子）则见圣人所以循循然善诱之者，不过博文约礼。于是就此处竭力求之，而所见始亲切得当，如有所立卓尔在前。"《朱子语类》（三），卷三十六，第965页。

癫狂状态，而是如诗乐般有着自然的音响节奏，即经过一个阶段的涵养而致知的消磨，才达到一个知至的飞跃，继而又由集义之行再进入下一阶段的诚敬涵养。

在每一个阶段性终点的横断面上，主体都会有伴随着物格而知至的满足；这样一种满足感显然不是因为自己又增长了一点知识，故而超出或压迫他人的自满虚荣，而是伴随着"知得里，知得精"，即在此次格致过程中对"定理""大体"有了明确的把握，心中充满光明，鉴照万物不遗，从而获致的温暖和愉悦的情感。这种满足愉悦就是仁爱的情感。仁是"天地所以生物之心，而人物之所得以为心者也"。人是通过格物致知而获得了仁，得仁以为心，并顺应仁的发用周流贯彻，即由格物致知到诚意正心的浑化一体。伴随着知至而至于仁，心中包含了万殊之理，一并统摄在仁的本体之下；然而扩充多少知识并非最高的追求，只有通过格致事物之理而使心契合仁，才能对天理有亲切的体会，得到主体的满足感。

知在我、理在物，在格致过程中，事物之理客体化为主体心知的对象，而主体从自我与事物的共在中推究如何将事理安放在一个新颖的概念结合体中。当致知推到了一个极处，主体在知至的满足中决定应对事物的所当然之则与所以然之道，"如为君便当止于仁，为人臣便当止于敬。"决定既是在直感中做出的，又是湛然明澈的，"有一个是，一个非，是底便行，非底便不行。"（《朱子语类》卷一五）于是新的概念结合体由此产生，此事物之理客体化为该体系的一个元素，被主体明确地包容在新的结合体中。

格物致知自事物到来、物我照面而开始，因而是一个时间性的过程；在此之前是未发的主敬涵养，在此之后是"言忠信，行笃敬"的进德居业，这都是可以离开心知的察识而独行的，因而也都是超越了时间性的。格物，即是事物的到来使自我从廓然大公的超时间存在跌落到了顺应物我对待的存在领域中，如古诗"花气袭人知昼暖"所言，这种跌落将迫使主体去穷究事理，以至"一有觉焉""本体洞然"的知至之境。（《四书或问·大学或问上》）这个物来顺应的过程具有时间性，也只有因回到了廓然大公的满足中才告一段落，每一次的知至，即为这样一个阶段性的终点。

## 二、下学上达，接续不已

然而这里就出现了一个常存在争议的话题：是否可以从有限次数的格物中获得终极的天理？朱熹说："一书不读则阙了一书道理，一事不穷则阙了一事道理，一物不格则阙了一物道理。须着逐一件与他理会过。"(《朱子语类》卷一五）这里似乎肯定了格物在量上积累的重要性，只格了两三件事物便获得天理是不太可能的。因为一事一物皆有各自的理，都是天理的体现；但要领会那终极的天理，却须从事事物物中逐一格过，才能统绪融贯起来。

万理虽只是一理，学者且要去万理中千头百绪都理会，四面凑合来，自见得是一理。不去理会那万理，只管去理会那一理，说"与点"，颜子之乐如何。程先生语录事事都说，只有一两处说此，何故说得恁地少？[1]

朱熹的格致理论是继承程颐而来，即"今日格一件，明日格一件，积习既多，然后脱然自有贯通处"(《二程遗书》卷十八）。贯通必须来自大量积累，从事物各自特殊的理的凑合中才能见到那个唯一的理，这样大体看来，不是每一次的格致都会获得终极的天理。但另一个问题是，遍格天下事物也是不可能的，那么"脱然贯通"究竟发生在格了哪些物或多少次格物之后就很难把握。因而，这种"零零碎碎凑合将来，不知不觉，自然醒悟"的自积累而贯通，[2] 又很容易被理解为一种偶然撞上的顿悟。

其实朱熹在对照延平和伊川二人关于格物的观点时，更偏好前者。他认为，延平的"待此一事融释脱落，然后别穷一事"，比起伊川的"今日格一件，明日格一件"，显得不那么急迫。[3] 也就是说，格物应在一事一物上格到熟透，直到对于事物之理通达透辟，不过这个理属于"万理"而非终极的"一理"。能将已知的理凑合起来，推出那终极的一理并推广到世间一切事物，就是下学而上达。[4] 即使每次知至所得的理并不等于"天理"，也不妨其作为众理之一的整全性。而天理的意义就在由已知推及未知，"接续不已，自然贯通"的过程当中。[5] 只有在格物致知的功夫里面，才能领会到仁义礼智在未发、已发之间的周流贯通。朱熹将格物致知的工夫摆在《大学》三纲领八条目的基础地位，也可见他对此过程论

---

[1] 《朱子语类》(七)，卷一百一十七，第 2820 页。

[2] 《朱子语类》(二)，卷十八，第 394 页。

[3] 朱熹："这话不如伊川说'今日明日'恁地急。这说是教人若遇一事，即且就上理会教烂熟离析，不待擘开，自然分解。久之自当有洒然处，自是见得快活。"《朱子语类》(二)，卷十八，第 422 页。

[4] 朱熹："所谓不必尽穷天下之物者，如十事已穷得八九，则其一二虽未穷得，将来凑合，都自见得。又如四旁已穷得，中央虽未穷得，毕竟是在中间了，将来贯通，自能见得。"(《朱子语类》卷一八)

[5] 《朱子语类》(二)，卷十八，第 392—393 页。

的重视。

### 三、博文约礼，欲罢不能

知至的周流贯通只存在于超越时间性维度的瞬间，而这些瞬间隔断了格致的持续过程，使其成为各个线状的时间性阶段。如果说知至的瞬间打开了具万理、应万事的主体之心，以及主体所面对的时空世界，那么主体下一步要做的就是用已具万理的心去应对这个世界上的万事，即以礼的方式处理事情、去新民和止于至善，并筹备着未知的下一轮的格物。这一个阶段相对于知来说属于行的范畴，相对于坤道属于乾道。朱熹以克己复礼作为此阶段的概括。

在学者问到"颜子喟然叹曰"这一章的时候，朱熹强调："要紧只在'夫子循循然善诱人，博我以文，约我以礼'三句上。须看夫子'循循然善诱'底意思是如何。圣人教人，要紧只在'格物、致知'，'克己、复礼'。"在朱熹看来，从博文到约礼的转换关节，就是由格物致知而到了知至的境地，"虽说是博，然求来求去，终归于一理，乃所以约礼也。"（《朱子语类》卷三六）博文求的是"惟精"，而约礼则达到了"惟一"；因为礼是"天理之节文"，天理是唯一的，那么作为天理的等差和文采的礼也是有一定的样式的。从博文转向约礼，也就是格物致知的终结并转向"克己复礼"的开始。约礼将博文的格致功夫扩展到了行为的领域，就迥异于湖湘学派急知立行的紧迫，而在"知崇"和"礼卑"之间晕染出悠然自得的氛围。[1] 知行一贯须从事事物物各穷其理上循循做功，在经历了持久的博文而约礼的过程后，作为道体之节文的礼也渐渐形成规模。

从博文到约礼，是从格物而知至、到复礼于自己身心之间循环往复的过程。这个过程是持续不断的，犹如两脚走路，构成了彼此的动力，博文与约礼也由此一重更进一重的向前推进，犹如"欲罢不能"一般。[2] 除了立志于事物之外而致功于事物之中的含义以外，"欲罢不能"还有一层"竭吾才"的意思。[3] "才"是

---

[1] "道夫曰：'知崇便是博，礼卑便是约否？'曰：'博然后崇，约然后卑。物理穷尽，卓然于事物之表，眼前都栏自家不住，如此则所谓崇。戒慎恐惧，一举一动，一言一行，无不着力，如此则是卑。'"《朱子语类》（三），卷三十六，第970页。

[2] 朱熹："'欲罢不能'，非止是约礼一节；博文一节处，亦是'欲罢不能'。博文了，又约礼；约礼了，又博文。恁地做去，所以'欲罢不能'。"《朱子语类》（三），卷三十六，第966页。

[3] 朱熹："'欲罢不能'，是住不得处。惟'欲罢不能'，故'竭吾才'。"《朱子语类》（三），卷三十六，第967页。

情的能力和某种定然的趋向，① 由于秉受于气并受到气的限制，才类似知识意义上的标量，给定了情的发展限度。如同仁爱是可以包罗万事万物的，而一个人的情感是有限度的，对更多的人即使有心也无力。而"欲罢不能"意味着将仁爱情感以最大的限度施予外界，直到竭尽情才的全部力量。

那么在才的有限性前提下，如何发用自己的情感和心智？有人曾问及自一己之身到万物之理应如何去格致，道夫答以"由中而外，自近而远，秩然有序而不迫切"。朱熹表示认同，并补充道："到得豁然处，是非人力勉强而至者也。"② 也即承认了这样一个以自己为中心，由内至外顺次而推的秩序，直到才力所"住不得"处为止；在此顺推中要追求博文的"惟精"和约礼的"惟一"，只有约礼的功夫深透详密了，博文的功夫才更加明彻，反之亦然。在力所能及的范围内，将博文约礼推至极其绵密的境地，即适可而止，就是止于至善了，而不用因勉力推至更远反却忽略了精一的追求。

## 第二节　朱熹：涵养与致知的互以为用

格物致知是一个终始相继的过程，而贯穿这个过程的是诚敬的态度。程颐提出"涵养须用敬，进学则在致知"，朱熹将其发展为"致知须用涵养，涵养必用致知"。涵养在事物到来之前，需要主敬持养着心性的虚明；在事来而格的过程中，同样要秉持着诚敬，"敬则便自见得一个是非"，"敬者，彻上彻下工夫"。(《朱子语类》卷一八) 诚敬是格致过程得以接续的保证："且如今格一物，若自家不诚不敬，才格不到，便弃了，又如何了得！"③ 诚敬涵养既贯穿在格物致知的过程中，成为后者的根基；格物致知又因其能从已知推及未知，从而扩充天理，激发着心中诚敬情感的深化，故反过来成为涵养的助力。

### 一、诚敬是致知的根本

从时间的先后来说，涵养本应在致知之前，这体现在一个人自小到大为学的次第上。从小学工夫中习得了诚敬，才能秉持着这种态度进入大学的格物致知。

---

① 朱熹："才便是那情之会恁地者。情与才绝相近。但情是遇物而发，路陌曲折恁地去底；才是那会如此底。"《朱子语类》(一)，卷五，第 97 页。
② 《朱子语类》(二)，卷十八，第 394 页。
③ 《朱子语类》(二)，卷十八，第 403 页。

不过倘若就一个已经进入大学阶段的成人的当下处境着眼，涵养与穷格也未必讲究这样的先后期限之分，而更适于看作一个整体的持续过程。而这个过程之所以是连续的，在于以敬作为根本和主导。

任道弟问："涵养又在致知之先？"曰："涵养是合下在先。古人从小以敬涵养，父兄渐渐教之读书，识义理。今若说待涵养了方去理会致知，也无期限。须是两下用工，也著涵养，也著致知。伊川多说敬，敬则此心不放，事事皆从此做去。"（《朱子语类》卷一八）

无论未发已发，只守着诚敬不放，立足于这个根本，至于穷格到什么地步也就不重要了。只要真诚地体会到"合如此言，合如此行"，至于究竟什么才是忠信、笃敬倒不是特别重要。[①] 可见致知对于持敬涵养而言，只是第二位的。诚敬不但贯穿着致知的全程，甚至可以绕过致知的环节而直接进入言行实践中去，当然这种境界必须在格物久熟的情况下才能达到。

就大多数的人来说，因其诚敬的涵养尚未曾达到圣人的境界，只有通过格物致知的下学工夫以求得上达。做工夫首须"立诚意"，即"着实用力""朴实下工夫"。[②] 与"立诚意"并列的是专一主敬。诚与敬在理学中属于乾坤的关系："坤道静重而持守，如'敬以直内，义以方外'之类是也。"[③] 坤道也指"涵养须用敬，进学则在致知"，"敬以直内"即涵养，"义以方外"即致知。在格物致知的坤道之后，才进入了诚意、正心的乾道。力行本也包括涵养在内，因此正如乾道的诚与坤道的敬并非截然二分一样，为致知而立下的着实之诚与知至以后的斩截之诚也并不总能清晰地区分开，诚与敬也可以同属于涵养。

"立诚意"与主敬，都贯穿在动静之间，既在思虑未萌、情感未发之前，也在已发之后的物来顺应之中。"静中动，起念时。动中静，是物各付物。"[④] 静时的敬是湛然虚定，体验仁的本体，起念也不杂私欲，这是静中生动；动时的敬是在应事接物中操持着虚定心体，随着事来便在应接事物上，待事过后又回归虚静。敬贯彻在致知过程中，至天理开显而后由明而诚、进德居业，由坤道进入了

---

① 朱熹："且如'言忠信，行笃敬'，只见得言行合如此；下一句'蛮貊之邦行矣'，便未须理会。及其久也，只见得合如此言，合如此行，亦不知其为忠信笃敬如何，而忠信笃敬自在里许，方好。"《朱子语类》（二），卷十八，第 404 页。

② "问'格物穷理，但立诚意以格之'。曰：'立诚意，只是朴实下工夫'"；"这个诚意，只是要着实用力，所以下'立'字"。《朱子语类》（二），卷十八，第 401 页。

③ 《朱子语类》（三），卷四十二，第 1077 页。

④ 《朱子语类》（一），卷十二，第 219 页。

乾道。而在乾道的信言笃行中，也随时含有坤道的涵养致知，力行也推进并渗入真知的深化。"诚，只是去了许多伪"，诚意于行即是真行，与"立诚意"于知即为真知一样；以此真诚的意志立在事物之上，再以敬的持守贯穿于真知与真行之中，知行并进如双脚走路，乾道与坤道运行不息。"主敬以立其本，穷理以进其知，使本立而知益明，知精而本益固。"（《程氏遗书后序》，《朱文公文集》卷七十五）诚敬为致知的根本，从而由对已知、已能的诚信笃敬中推致未知；而致知进学则有助于加固这个根本，未能，使得在这种推致中强化了诚敬。所知的对象虽在不断的更新中，然而对未知的探索只存在于对已知的敬畏与尊重当中。

**二、诚敬立心，心统性情：天理在致知中客体化为明德**

由已知推求未知，这里的未知与已知既指所认识到的各种知识，同时也是形而上的义理之知。在由已知推致未知的致知过程中，天理以"心统性情"的主体形式呈现在心中。心统性情，即以诚敬保持着心做主宰，通过格致的功夫去知觉和省察性体与心体，以将天理统摄在心中、成为"人之所得乎天"的明德，此明德包含着用心来贯通的统摄着未发的性与已发的情。格物致知的过程指向天理在主体心中客体化为明德的确定呈现，仍以诚敬操存着心对明德的主宰，并将心中的明德推扩到行为中去，这个知行并进的整个过程即"明明德"。① 天理客体化为明德，可以说是知至的阶段性终点，它是由涵养省察、格物致知的明明德功夫推动的，而此功夫贯穿在知行如乾坤运转的整个过程中。

(一) 明明德：格物致知的磨镜功夫

格物致知是通过心的作用而进行的，天理也是朗现于心中的。心就像镜子一样，经过格致工夫的打磨而明亮起来，从而能够湛然鉴照出天理明德。明德包括"人之所得以生"的"仁义礼智"之性，而此性是通过恻隐、羞恶、辞让、是非之心的作用而呈现的，这些端绪也属于明德。② 心中的"四端"本身也是性的发用，由此明德的发端推广开即为接续的格致，这种功夫如同磨镜子一样，逐渐磨

---

① 朱熹晚年修订《大学章句》"明明德"注云："明，明之也。明德者，人之所得乎天，而虚灵不昧，以具万理而应万事者也。但为气禀所拘，人欲所蔽，则有时而昏；然其本体之明，则有未尝息者。故学者当因其所发而遂明之。"朱熹：《四书章句集注》，中华书局 1983 年版，第 3 页。

② "人与物受之者谓之性，主于一身者谓之心，有得于天而光明正大者谓之明德。或问：'明德便是仁义礼智之性否？'曰：'便是。'或问：'所谓仁义礼智是性，明德是主于心而言？'曰：'这个道理在心里光明照彻，无一毫不明。'"《朱子语类》(一)，卷十四，第 206 页。

出心的虚灵不昧、性的朗然呈现，因此这是明明德的功夫。为心所具有的这种本然的虚灵，将自身明德显现出来并照见性理以及世间万物之理，心从而可以"具众理""应万事"，这就是"明得自家明德了"。

格物致知就是明明德的磨镜过程。人心本来是虚灵不昧的，然而气禀有偏邪，物欲有蔽乱，使心中所显示出来的知觉往往是昏蔽的。但心的善端却总是在萌发着，比如见孺子入井而发怵惕恻隐之心，"见尊贤而恭敬，见善事而叹慕"，"见非义而羞恶"，以及"知己德之不明而欲明之"，这些都是心中善端的发见。从这个善端出发，"当因其所发而推广之"，以格物致知的功夫，打磨去私欲的遮蔽，而能使此心"接续光明之，令其不昧，则其全体大用可以尽明"（《朱子语类》卷一四）。

心之所明的"明德"是涵盖了心、性为一体的"尽明"，这种"明"既包括心、性，也包含了情。朱熹以"心统性情"来说明：

> 心之全体湛然虚明，万理具足，无一毫私欲之间；其流行该遍，贯乎动静，而妙用又无所不在焉。故以其未发而全体者言之，则性也；以其已发而妙用者言之，则情也。然"心统性情"，只就浑沦一物之中，指其已发、未发而为言尔；非是性是一个地头，心是一个地头，情又是一个地头，如此悬隔也。（《朱子语类》卷五）

心之全体的湛然虚明，是明德之明；从未发的性上讲，也是明德之明；再从已发的情上讲，仍旧是这个明。而若从格物致知上说，磨光镜子、使其渐发光明的过程，这是明其明德，即"明明德"中前面一个"明"，也即令此明德光明起来；而明德本身是人之所得于天的，其中既含有"人所受于天"的性，也包含心中的光明端绪以及推扩光明以至"光明照彻"的体验。那么，明德既是如同一个虚概念的仁义礼智之性，又是心中实在的经验，且着重在后者。因此朱熹说："只理会明德是我身上甚么物事。某若理会不得，便应公'是"天生德于予"之"德"'，公便两下都理会不得。且只就身上理会。"当有人问"明德"时回答："须是更仔细，将心体验。"（《朱子语类》卷一四）可见，明德的含义主要是从心的体验上讲的，此体验一方面是指逐渐推明的经验过程上，另一方面是心之本体的湛然虚明，遮不住总是要发见出来。也就是说，明德既是心中所具有的性本体，同时也是心的本体；明明德即是将心磨光，使心之本体与心中所含的性体都朗现出来，统御着其他的情感思虑。

（二）明德：天理客体化为心统性情的贯通

明明德是心之体以及心所含之性的呈现，而这两种本体都是人所禀受的天理；天理成为明德，仅当心成为主体并以明德为对象的时候才成立。换句话说，心对于明德的经验，即为天理客体化为明德，并为超越的主体的心所展视。① 心对明德的这种省察或展视即为"知至"的洒然贯通。这种贯通表现为超越的主体之心对性、情、心三者关系的明确的省察，朱熹称此关系为心主性情或心统性情，此即对张载的"心统性情"的继承和阐发。

> 性是未动，情是已动，心包得已动未动。盖心之未动则为性，已动则为情。所谓"心统性情"也。欲是情发出未底。心如水，性犹水之静，情则水之流，欲则水之波澜。

> 心，主宰之谓也。动静皆主宰，非是静时无所用，及至动时方有主宰也。言主宰，则混然体统自在其中。

> 心者主乎性而行乎情，故喜怒哀乐未发则谓之中，发而皆中节则谓之和。心是做功夫处。②

性是指人与物所秉受的天理，在人而言即是仁义礼智。性本来是没有不善的，不过在人生之前，天理发出来的只是继善，生为人物之后才成为性；因此只有通过心做格物穷理的功夫，磨去私欲的恶以恢复人性的善。这也就是明明德的功夫，即以磨镜子一般的功夫保存着心的主宰，而所明的明德即为心统摄着性情的体验。

心对于性的统摄，体现为喜怒哀乐未发的"寂然不动"，这个状态可能是有着肢体耳目的活动的，只不过心并没有关于义理的察识，心的主宰作用只表现为用诚敬的态度持存着性理。心对性情的统摄，是贯乎动静、彻上彻下的；而当心展视到其自身对性情的这种统摄，则是知至的境界。换句话说，知至既是指所

---

① "展视"为怀特海在解释"概念性包容"时所使用，用来表述概念性的包容对某种可能性的善或恶，即现实如何可能是确定的洞察或"展视"，其对象是与各种殊相相联系的抽象、独立的"原初本性"的创造性超体的存在。[英]怀特海：《过程与实在》，李步楼译，商务印书馆2011年版，第54页。这里援用这个词语，意在表明心作为包容或统摄性、情的主体，心统性情即为主体形式；心统性类似概念性包容，心统情如同物理性包容；而心之于包括性体与心体在内的"明德"的关系，即可类比于这样的主体对"概念性包容"之现实可能的确定性展视。因为明德是超越了时间性世界中各种殊理的超越天理（或超体）的客体化，心在每一次"知至"的满足中把握或展视到了明德，即实现了对所有殊理的贯通包容。

② 《朱子语类》（一），卷五，第93—94页。

知的外在事理的贯通，也是指心对自己统摄性情的内在展视；例如，非但是知得了孝悌是仁之本这个道理，同时还看到了自己的心是如何通晓了这个道理的。这时，天理客体化为心主性情的明德体验，而以明德为客体的心也自立为一个超越的主体，对天理客体化为明德有了一个整体的肯认。

其实，心对性情的统摄或主宰，既是心对外在事物以及自身性情的知解和把握，同时也是心去追寻、贴近性并去安置情的过程。换言之，心对仁的知晓、把握本身，等同于心去体贴性并包含情、去实现自己的德性。朱熹以心之德为仁，①那么心去致知并主宰性情的明德，正是心所本具的仁的发用流行。朱熹说："若能到私欲尽净、天理流行处，皆可谓之仁。但从一路入，做到极处，皆是仁。"（《朱子语类》卷四二）这是肯定了知至即为仁，并且格物致知过程中的任何一个到达贯通的阶段都是仁，也就是"知仁即是仁"。仁是天理，那么天理就在这里客体化为知仁的过程（明明德）了；而展视这个客体的应有一个更超然的主体，此主体对明德的展视即蕴涵了肯认。也就是说，"知仁即是仁"的命题既是对仁展开为知仁过程的客观描述，也是这个超越主体对此过程整体所作的主观认可或判断，包含着对仁作为根本价值的肯认。

（三）明明德之心立于诚敬

"明明德"是《大学》三纲领之首，贯彻在八条目之中。朱熹说：

> 如格物、致知、诚意、正心、修身五者，皆"明明德"事。格物、致知，便是要知得分明；诚意、正心、修身，便是要行得分明。若是格物、致知有所未尽，便是知得这明德未分明；意未尽诚，便是这德有所未明；心有不正，则德有所未明；身有不修，则德有所未明。②

可见，明明德统领着知行的整体，格物致知是从"知得分明"上去明此明德，诚意、正心、修身是从"行得分明"上去明此明德，由此在知与行的并进不悖中保持着明德的常明，没有顷刻之间的断裂。之所以能保持明德的常明不断，在于诚敬的操持贯穿在知行的始终。朱熹说："敬之一字，圣学之所以成始而成终也。"（《四书或问》卷一）主敬持养在小学与大学之间一以贯之，从小学的色温貌恭、洒扫应对，到《大学》的三纲领八条目，无不依赖敬的时时提澌才得以持续。相比于敬的提澌持守，诚是对于仁体的忠实信奉，凭着对仁的忠

---

① 朱熹："心非仁，心之德是仁。"《朱子语类》（二），卷二十，第 474 页。
② 《朱子语类》（一），卷十四，第 264 页。

信去为仁、行仁，以仁体的条理节文（礼）来检视自己的病痛，查漏补缺、克除私欲，如同排拒盗贼一样。① 敬相对于诚更为靠近"仁"的本源。当处于不做工夫的未发之前，敬是悠悠然的持养着仁；到了已发之后、心性本体确立之前，敬畏于未知的压迫中，心被激发着竭尽才力"痛理会一番，如血战相似"。（《朱子语类》卷九）经过这番痛彻的格致，与仁体相契的心放缓下来，体会蔼然如春阳般愉悦安然；这个境界里依然要持敬，只不过此时的敬只是涵养，在涵养中灌溉义理，把知得的道理一一检视，如同将自家的东西看管着不使放失一般。敬是静中的持守，而诚是在守住心门的同时，以心为尺度去裁度诊疗、用药去病。闲邪存诚需要以心为尺度，因而诚的另一面是敬，用敬保存着本心的不昏昧、也不放失，才能使诚意、正心、修身的过程继续下去。

### 三、推己知及未知：致知推动涵养

致知是从已知之理去推及未知之理的过程，而这里的推源自仁的发用。从上文可见，知仁即是仁，知包含在仁之内，或者说，知就是仁的流行。那么，能推既是知之理，又是仁之用。"道理都自仁里发出，首先是发出为爱。"② 同为仁的发用，其他道理是从爱的源头流出来的，知理也要从这个源头处开始穷究。因而，作为知之理的推，就与"推那爱"的恕联系起来了。（《朱子语类》卷九五）恕用来推爱，从而能将爱推己及人，以至亲亲仁民爱物，实现仁的流行。同样，从已知推未知，也是仁的发用流行。其实，恕道推扩与致知的推进是合拍的，可以通过致知的推出敬恕之道。在这个意义上，致知也是激发涵养的通途。

（一）致知在于推

"推"是朱熹经常使用的一个词。通常情况下"推"主要是指推究、类推或推算、推测，即致知穷理的一种推理方法，如《朱子语类》卷二里的"推之乃知其然""以理推之"等等。卷四里讲到人与万物的气相近而所受理不同的时候，朱熹也用了"推"："理不同，如蜂蚁之君臣，只是他义上有一点子明；虎狼之父

---

① 朱熹："致知、敬、克己，此三事，以一家譬之：敬是守门户之人，克己则是拒盗，致知却是去推察自家与外来底事。伊川言：'涵养须用敬，进学则在致知。'不言克己。盖敬胜百邪，便自有克，如诚则便不消言闲邪之意。犹善守门户，则与拒盗便是一等事，不消更言别有拒盗底。若以涵养对克己言之，则各作一事亦可。涵养，则譬如将息；克己，则譬如服药去病。盖将息不到，然后服药。将息则自无病，何消服药。能纯于敬，则自无邪僻，何用克己。"《朱子语类》（一），卷九，第 151 页。

② 《朱子语类》（二），卷二十，第 472 页。

子，只是他仁上有一点子明；其他更推不去。"动物所受的天理，虽与人所受的天理，从天理本源上说没有不同；然而当秉受于形质中便有了不同，正如孔隙里透进来的光有大有小一般。人的形气中所秉受的理，比物所秉受的理更明澈，也有了更多"推"的能力。有人问："人则能推，物则不能推。"朱熹回答："谓物无此理，不得。只是气昏，一似都无了。"（《朱子语类》卷四）物确乎不像人那样能推，只因物的气是昏昧的。那么物究竟有没有像人那样的推的能力呢？朱熹似乎没有给出确定的回答。

究其原因，朱熹做出人能推的判断，只是由于他在格致过程中体认到了明德，而明德正体现在推的能力上。顺着为学的次第，人要先从小学做起，大学只是将小学习得的道理推得更广阔，致知的过程就在这样的"推"中得以持续下去。"古人于小学小事中，便皆存个大学大事底道理在。大学，只是推将开阔去。向来小时做底道理存其中，正似一个坯素相似。"（《朱子语类》卷八）推有横向与纵向两方面的维度。从纵向上说，推是从事物之理向外、向上推原，直到穷得事理的所以然。比如在理气关系上，"理与气本无先后之可言。但推上去时，却如理在先，气在后相似"；"而今知得他合下是先有理，后有气邪；后有理，先有气邪？皆不可得而推究。"（《朱子语类》卷一）而从横向上讲，"推"有向前推进、意味悠长之感。如朱熹在《朱子语类》卷三二里讲："知便有个快活底意思，仁便有个长远底意思。故曰：'知者乐，仁者寿。'"致知进入了快活的境地，就是知至并以仁为心；仁的悠然长远，又令人欲罢不能。

这样，推就有了两个维度。一是在每个格致的阶段上尽力挖掘，以求推原到那个最终的所以然处，这是纵向的深入。而在一个阶段的知至之后，推依然保持延伸，这种延伸是静中的动，在静的涵养中将已穷之理反复检视，并根据在行动中的校验，① 察明之前推理的正确性。这是推的第二个维度，即横向的延伸。

静中的推要有动的延伸，不然就容易缠绵于静而无所立足和用心。这是朱熹所反对的"无著摸处用工"。② 朱熹早年耽于禅学，遇到了李延平才进入儒学门

① 朱熹："这道理，须是见得是如此了，验之于物，又如此；验之吾身，又如此；以至见天下道理皆端的如此了，方得。某所见所言，又非自会说出来，亦是当初于圣贤与二程所说推之，而又验之于己，见得真实如此。"（《朱子语类》卷一百四）

② 问："必有事焉，而勿正，心勿忘，勿助长。"曰："此亦只是为公孙丑不识'浩然之气'，故教之养气工夫缓急云，不必太急，不要忘了，亦非教人于无著摸处用工也。某旧日理会道理，亦有此病。后来李先生说，令去圣经中求义。某后刻意经学，推见实理，始信前日诸人之误也。"（《朱子语类》卷一百四）

径，从此对他之前的参禅常常悔悟。每当提到静中涵养，他往往回忆李延平对他的提醒，当回到经书，"推见实理"。这其实也是从静推向动推的延伸。心勿忘勿助长的静时涵养功夫，不是教人无处去落实做功，而恰恰是要在静中的反复检视校验里延展出格致的动功来。静推的横向延伸必将遭遇新的事物，从而开始下一番动推与察识。动推是从一事一物上推理，不过当把这种推理孤立、间断地来看时，此条与彼条道理之间似乎不融贯，这就需要静推的功夫了。在静中将各条道理一一检视，就是"子细看来看去，却自中间有个路陌"，循着这种关联路陌往开阔处去推寻，就会将众理贯通起来，默契天理。在此绵绵不绝的延伸中，必会遇见新的事物，并开始新一轮的格物致知，即进入纵向的动推阶段。由此可见，推就是在静中延伸出了动，再由动推回了静，在动静之间延绵不绝。

（二）推是仁之理

致知以贯通天理为目的，而每一次知至的贯通都以获知仁体为标志，知仁体现为心中满足安乐的情感涌动。在这种情感的涌动里，心可以体察到万事万理之间的贯通："盖谓仁者，天地生物之心，而人物得以为心。则是天地人物莫不同有是心，而心得未尝不贯通也。虽其为天地，为人物，各有不同然其实则有一条脉路相贯。故体认得此心，而有以存养之，则心理无所不到，而自然无不爱矣。"（《朱子语类》卷九五）万理在心中的贯通，也称为"公"。"公"即是心中纯粹的觉知，万理在这种觉知中无所不贯、无所不统。

> 仁之道至大而难明，故程子别言之，使人知所体验也。盖仁之为道，取数多而旨各有当，若总而论之，只消说一个"公"字，而仁之旨已无余蕴。然公者，止是仁之理如此耳，非即仁也。理者，其中之条理也。其理无所不同，无所不统，无所不贯，无所不纯，无所不觉，无事不在，无时或息，皆有公之义。故谓仁之道至公则可，以公，而当作仁则不可。惟其本公而以人体之，则身心之间实有所以同，所以能统而贯，所以能纯而觉，所以能体事，能不息，方唤作仁。故孟子亦曰"仁也者，人也"。就人身认取所以公，便得其所以为仁之旨，学者当细思之。①

心对仁的察识，可以总括为"公"。这是"仁之理""仁之旨"或"仁之道"，但称之为"仁"则不可以。因为"仁"是本体，而"公"只是心中的体验，即

---

① 严佐之、戴扬本著，刘永翔主编：《近思录专辑》，第四册；张伯行撰，罗争鸣校点，《近思录集解》卷二，华东师范大学出版社 2014 年版，第 72—73 页。

"统而贯""纯而觉""能体事，能不息"；当心获得了这种廓然大公的体会，才可以称为获知了仁体。那么，知仁就是指心体会到了贯通万理于一个天理的廓然大公；这种"公"的体会并不是万理静止地呈现在那里，而是无所不觉、无时不息的动态感受，必须依赖心的随时觉醒（常惺惺）来维持。而心的保持觉醒，又依靠万理之间的相互推动；换言之，正是静推的延展性，涌动着心去时常警醒。因此，仁的旨要和条理在于"公"，而"公"在于推的精妙：

> 仁之公而实指其所以推行之妙，即所谓体仁也。言惟仁为至公之理，所以能体之，则于物我之同然者，兼照无遗。故仁则此心本如彼心，即当使彼心适如此心，所以能恕。仁则一体之怀有感，关切之情辄动，所以能爱。然则恕者，彼我如一，因其可推之理，达其能推之才，则仁之施也。而爱者，满腔恻隐，不忍抑遏其情，不能不直遂其愿，则仁之用也。朱子有云："仁譬泉之源，恕则泉之流出，爱则泉之润泽，而公则疏通而无壅塞之谓。"惟其疏通而无壅塞，故能流动而泽物也，状仁之道，亦可谓深切而著明矣。①

知仁、体仁，其实是指体会到了仁之理——公的推行之妙。而"公"之所以成为仁的条理，在于可推，即能够推己及物。这样的推己及物并不是因为已经知晓了物我本同才去推，而是在"一体关怀"的"关切之情辄动"时，心才会推动自己确立起使彼我如一的心体；也就是在关切之情的涌动中，发现物我之理的诸多不同，而从这些不同中磨去私欲的遮蔽，去推究一个共同的性体，同时确立起自己的心体。这即是格物致知以明明德，也即动推的过程。而当确立起了心体，即体会到了仁体的瞬间，则进入了静推的状态，即未发之中。在此境地，推尽力延伸至触物而发；发用为爱则满腔恻隐，不忍遏制，而将爱推行到事物中去，使应事接物无不中节，这是恕道，也是新的一番动推。从知仁到施仁的反复中，推的功夫在动静之间得以不断磨炼，私欲就会越来越少，未发之前无所不中，所发也将益发中节，故从知之转进好知、乐知，由博文约礼而逐渐进入欲罢不能的境界。

在现实生活中，人往往从所处的已发状态开始，首先进入动推的过程。仁的发用体现为爱，在前现代的生活方式下，常人的爱往往从孝悌开始。故朱熹说："知得这孝弟之理，便是尽性至命，也只如此。若是做时，须是从孝弟上推将去，方始知得性命。如'孝弟为仁之本'，不成孝弟便是仁了！但是为仁自孝弟始。"

---

① 《近思录集解》卷二，第72—73页。

（《朱子语类》卷九六）孝悌本身不是仁，但若要知仁，需要从孝悌开始推原上去，直到体会到仁体。所以说孝悌虽不等同于仁，却是推出仁的起点，并且推的过程本身也是仁的施展流行。因此说"孝弟为仁之本"，而推即是仁之施。推的方法也用"恕道"表达，心以恕道确立心体与性体，即通过恕而体会到仁。朱熹以恕为"仁之施"，同时也讲到爱是"仁之用"，那么恕与爱又是什么关系呢？

（三）恕用来推爱

当认识到恕是仁之施，爱是仁之用的时候，恕与爱只是两个概念的关系，之间还难以建立材料上的关联。要对二者的关系进行根本的肯认，领会恕究竟是如何将爱推己及物的，还要回到"公"的体验上。①

有人仅仅从概念上去理解恕与爱都出于仁，然而对于仁如何发用为爱，恕又怎样去推动爱，却不能有一个清晰的体认。朱熹提议不必纠结于仁、恕、爱的概念，而应回到公的体验上去。心对于仁的察识与存养，是从"廓然大公"的切实体会上得来的，而"公"的体会在于静推中心对万理的兼照无遗。而当遭遇事物的到来，心从静推的延展中触及了事物，心里常惺惺的敬意便围绕事物而展开关切之情，这就是仁发用为爱。当关切之爱一旦发动，心便由寂然不动进入感而遂通的状态，静推在由恻隐之爱打开的时空领域中转为动推，恕道推动着心去格物致知以明明德；而这种动推在有了时间维度之后，还需要以情才作为空间中的材料，爱就是这个材料。换言之，在静推中，心只要常惺惺的敬便可以维持万理的兼照无遗；然而当开始了动推，则需要足够的去爱的能力，才能保持不在博文约礼的过程中半途而废。这种能爱之才，既源于对仁体的忠诚，也是"立诚意"于仁体的重建；既是斩截于克己复礼的真诚意志，也是朴实用功的笃定决心。唯其有了这样的情才作为基础，恕的动力才有了施展的空间。所以朱熹打比方说，爱如同水，而恕则像开沟引水流动，有了水作为材料才能展开恕的引导，开沟引流

---

① 又问："公所以能恕，所以能爱；恕则仁之施，爱则仁之用。爱是仁之发处，恕是推其爱之之心以及物否？"曰："如公所言，亦非不是。只是自是凑合不著，都无滋味。若道理只是如此看，又更做甚么？所以只见不长进，正缘看那物事没滋味。"又问："莫是带那上文'公'字说否？"曰："然。恕与爱本皆出于仁，然非公则安能恕？安能爱？"又问："爱只是合下发处便爱，未有以及物在，恕则方能推己以及物否？"曰："仁之发处自是爱，恕是推那爱底，爱是恕之所推者。若不是恕去推，那爱也不能及物，也不能亲亲仁民爱物，只是自爱而已。若里面元无那爱，又只推个甚么？如开沟相似，是里面元有这水，所以开著便有水来。若里面元无此水，如何会开著便有水？若不是去开沟，纵有此水，也如何得他流出来？爱，水也；开之者，恕也。"又问："若不是推其爱以及物，纵有此爱，也无可得及物否？"曰："不是无可得及物，若不能推，则不能及物。此等处容易晓，如何恁地难看！"（《朱子语类》卷九五）

就是以恕道推动爱去继续博文约礼、明德于心的过程。

> 问:"'恕则仁之施,爱则仁之用',施与用何以别?"曰:"施是从这里流出,用是就事说。'推己为恕。'恕是从己流出去及那物;爱是才调恁地。爱如水,恕如水之流。"又问:"先生谓'爱如水,恕如水之流',淳退而思,有所未合。窃谓仁如水,爱如水之润,恕如水之流,不审如何?"曰:"说得好。昨日就过了。"(《朱子语类》卷九五)

陈淳也曾就仁、恕与爱的关系请教朱熹,他问的是施与用应当如何区别。如果恕与爱都是仁在感发状态的体现,那么施与用分别对应着仁的哪方面呢?这个问题就更为深邃了,上文解释道,静中体仁以廓然大公作为概括,这种"公"的体验是由常惺惺的敬来维持着的,静推只是在心的常惺惺中检视着万理,以敬的涌动保持着推的延展不息;而当进入了感而遂通的动推状态,在敬的同时还需要诚的协助。忠诚于以获知的心体与性体,才能从尽己的"忠"发用为推己及人的"恕";而以恕的"可推之理",去达到"能推之才"——已发的爱,这同样需要敬的涌动作为资助。诚、恕唯有依着敬,才能成为"仁之施",并共同保持着格致过程的推进。当"关切之情辄动",静中的敬转化为爱,而诚就是去动用爱、竭尽爱的能力来维系着推的进程,这种斩截的诚也是静推的延展发用在情才上而显出的动力。恕如诚,则爱如敬。因此朱熹说,恕是仁之施,爱是仁之用,施与用都是仁的显发,或者说分别是"公"的两方面的发用;静推的延展发用为诚恕,而静中的常惺惺发用为爱敬。那么,恕指出了仁所发用的方向,也即"施是从这里流出",爱则是材料本身,即"爱如水,恕如水之流"。而陈淳反思后觉得不甚合,故对老师的结论提出了商榷,拟修改为"仁如水,爱如水之润,恕如水之流"。这是把老师所论及的已发态推广到了未发态,爱与恕就虽在感通之后,却并不与未发之前的仁有所割裂。仁—爱—恕如一水相贯,不过恕爱为润物而流动的水,仁只是静态的水而已。朱熹也同意了这个补充,这其实是对其心统性情的印证和发展,无论是已发未发,都在一心之内、为心所统,恰如一水或动或静只在此水之中。水因能润物而流动,正如恕推着爱去完成博文约礼的过程。

(四)恕:致知推进涵养

从理学体系与仁学体系的分疏上讲,① 格物致知工夫论属于前者,而忠恕之

---

① 陈来:"从一定的意义上来看,朱子的哲学思想体系可以从两个基本方面来呈现:一个是理学,一个是仁学。从理学的体系去呈现朱子哲学,是我们以往关注的主体;从仁学的体系去呈现朱子思想,以往甚少。"《朱子思想中的四德论》,《哲学研究》2011 年第 1 期。

道属于后者。这两者之间的关系，虽说在朱熹本人那里，也尚未被清晰地梳理出来，然而统合两者的工作是极有意义的。当把格物致知作为一个整体过程来看，忠恕与格致其实是同一个过程。忠恕是推尽己之心以及人及物，而格致同样是推已明之德、已知之理去达于未明、未知的磨镜功夫；只不过忠恕强调的是已知、已明的出发点，而格物穷理则重在未知、未明的目标。正因此，朱熹会有此困惑：

> "穷理是寻个是处，然必以恕为本。"但恕乃求仁之方。试看穷理如何著得"恕"字？穷理盖是合下工夫，恕则在穷理之后。胡文定载显道语云："恕则穷理之要。"某理会，安顿此语不得。
>
> 上蔡说："穷理只寻个是处，以恕为本。"穷理自是我不晓这道理，所以要穷，如何说得"恕"字？他当初说"恕"字，大概只是说要推我之心以穷理，便碍理了。龟山说"反身而诚"，却大段好。须是反身，乃见得道理分明。如孝如弟，须见得孝弟，我元有在这里。若能反身，争多少事。他又却说："万物皆备于我，不须外面求。"此却错了。"身亲格之"，说得"亲"字急迫。自是自家格，不成情人格！（《朱子语类》卷十八）

朱熹对胡安国转载谢上蔡的"恕则穷理之要"表示不解，因为穷理是从自己所不明的地方开始，如果用恕的"推我之心"去穷理，则反倒成为穷理的阻碍。他赞同龟山的"反身而诚"，从自己心上去穷理，去发现理本在自己心里；然而又反对他的"万物皆备于我"，认为开始便将己心认作万理具足，还有什么可去穷的，穷理的自己在理的面前必须是卑微的，然后才能从亲身去格致。可见，朱熹坚持恕在知至以后、穷理在恕之前的次序，不能认同谢上蔡等人将穷理与恕视为一体的观点。然而这样却割裂了格物致知的连续过程：每一次的格致穷理都不是从白纸一张的心为起点的，而都是在以往积累的基础上，从已明明德的心开始，迎接新事物的来临，继而由静推进入动推的忠恕之道。如上文所述，忠是忠诚于已知之理、已明之德，而恕推动着对事物的爱与对天理的敬，从而用已知之理去推及未知，这与新的格致阶段是完全重合的。用朱熹自己的话说，忠恕的一贯"犹言以一心应万事"（《朱子语类》卷二七）。这万事都是迎面与自己相遇的新事物，而忠恕是用心下已知的真实道理去应付，[①] 立下诚意以具万理之心去应

---

① 朱熹："忠是一，恕是贯。忠只是一个真实。自家心下道理，直是真实。事事物物接于吾前，便只把这个真实应副将去。"《朱子语类》（二），卷二七，第670页。

万事，岂不就是由已知及未知的新一轮格物致知吗？

朱熹要将忠恕与格致相割裂，而坚持二者的先后次序，其实已经违背了他的致知与涵养互发的宗旨。他这么做是出于一时的思虑不及，还是另有原因呢？在谈论忠恕时，朱熹区分了圣人与学者的不同，圣人近于用忠，而学者近于用恕。①

圣人应物之道可以称为"忠"，而学者之道只能称为"恕"，这里的忠恕又像体用的关系一般。圣人与学者之间关系作为一个事理，也要依照"理一分殊"来解释，圣人如同"理一"，总揽着诸学者的"分殊"。圣人的忠与学者的恕就是一以贯之的关系："忠便贯恕，恕便是那忠里面流出来底。"故有人将忠恕比作未发与已发。虽说忠恕从形而上学的角度说都属于已发，不过在圣众的殊理上讲，这个殊理当中又有着如同性情体用的一贯关系，圣人的忠是源，学者的恕则如流。因此，学者即使在实际处事上做到了细致绵密、滴水不漏，依然与圣人不在一个层次上，不可能想象出来圣人真实见到的道理。那么圣人心中的道理，是学者无论如何也体会不到的，这是由圣人所处的历史与现实地位所决定的。从圣众之分上面很难分析出多少哲学意味，只能归于朱熹的崇古、崇圣立场，这个立场不能脱离他所处的历史情境。不过今天如果用积极的视野去看，从他这个有限的立场中也未必不可以得到一些有启发的推论。圣人的工夫只在天理上做，不需要进入现实的事功，而只有圣人才有资格不入事功，那么实事只是学者们去做的。而在做实事的过程中，任何学者，无论功业多么广大、境界多么高尚，也不能将自己的心得体会当作终极的天理，只能继续在待人接物的实事上用功，竭尽才力以求精进。由于圣人虚悬在上，成为众人可望不可即的天理，人们才不至耽于心性玄理，只能回归日用伦常的切实工夫里去尽可能地接近圣人。这也是朱熹区别于陆九渊心学的地方，正因圣人不须在格致上用功，圣人之教只在格物致知，而学者

---

① 朱熹："曾子答门人说忠恕，只是解'一以贯之'，看本文可见。忠便贯恕，恕便是那忠里面流出来底。圣人之心浑然一理。盖他心里尽包这万理，所以散出于万物万事，无不各当其理。"履之问："'忠者天道，恕者人道。'盖忠是未感而存诸中者，所以谓之'天道'；恕是已感而见诸事物，所以谓之'人道'。"曰："然。"或曰："恐不可以忠为未感。"曰："恁地说也不妨。忠是不分破底，恕是分破出来底，仍旧只是这一个。如一碗水，分作十盏，这十盏水依旧只是这一碗水。"又曰："这事难。如今学者只是想像笼罩得是如此，也想像得个万殊之所以一本，一本之所以万殊。如一源之水，流出为万派；一根之木，生为许多枝叶。然只是想像得个意思如此，其实不曾见得。如'曾点浴沂'一段，他却是真见得这道理。而今学者只是想像得这一般意思，知底又不实去做。及至事上做得细微紧密，盛水不漏底，又不曾见得那大本。圣人教人，都是教人实做，将实事教人。如格物、致知以至洒扫应对，无非就实地上拈出教人。"（《朱子语类》卷二七）

却不能越过这个阶段，直接以为自己心性与圣人相等同。

不过以上的结论依然建立在格物致知是个连续过程的基础上，也就是必须承认，虽然学者的忠恕与圣人的有所不同，但忠恕与格致是重合的或合拍的。可遗憾的是，朱熹在讲忠恕与格致时，明显是分为两截的，并且这种分离是以现实政治结构为依托的。社会等级比较高的也更多地倾向于用恕道，而等级较低的，虽然也可以讲忠恕，不过更应重视格致工夫。在朱熹那里，致知虽在时间上是持续的过程，但毕竟在空间上有着以上化下的特征，与当时的皇权等级制是密切相关的。这就意味着格物致知的过程不可能像粒子式社群那样平等自发地持续下去，而要受到按照社会等级分配的权力的制约。如果说天地的忠恕是无心，圣人的忠恕是无为，而学者的忠恕是求做工夫，那么无心无为也是以实际做工夫者不违背其意志为前提的，否则做工夫的主体就可以被更换了。在实际等级的制约下，"有为"是以"无为"为限度的，因而不宜简单类比为虚君的"共和"或基督教里上帝与教徒的关系。

虽然看到了朱熹"忠恕"论的局限性，还是可以在跳出这个历史局限之外，承认其恕道与格致工夫的重合性的。那么恕就是在格致过程中动态的去推动，其所推的是对所格事物的爱、与对所致天理的敬。那么在承认了仁学与理学的重合的前提下，我们可以认为，恕道在推着敬爱之情的同时，也与格物致知的进程是一而二、二而一的。故也可归结为，致知以恕的形式，推动着主敬涵养的时常提撕，在这个意义上，致知对涵养也有着反向的作用。

## 第三节　陈淳：忠恕以致知

陈淳作为朱熹一个主要的衣钵传人，以两部著作《北溪字义》《北溪先生大全文集》浓缩了朱熹理学的精华，前者曾被誉为"坚果壳中的朱子学"。[1] 他继承了朱熹以致知与涵养为左右脚相须并进的观点，并发展为"犹之行者目视足履，动辄相应"（《北溪字义·用工节目》）。在陈淳的学说里，可以发现"主敬"占据了一个重要的地位。知行的交进互发，以至明明德的整个过程，都可以统率在一个"敬"字下。陈淳对朱熹学说的传承，可以归于从忠恕一贯到主敬涵养的越发

---

① WING-TSITCHAN, *Neo-confucian Terms Explained* (The Pei-hsitzu-i)，(Columbia University Press, New York 1986).

绵密的阐释上。那么在陈淳知论的解释上，可以与对朱熹知论的分析作个对比，以"敬"为入手处，梳理出知与行的关系如何被彻始彻终的敬所贯穿。

## 一、主敬与穷理

陈淳继朱熹的"心统性情"之后，更加强调和扩大了心的功能，以心为万化的源头，包容着古往今来的万理万事。仁是由心所生出来的，而敬是"心所以生"的根据；心不但能统性情，并且可包万理，可令天理昭融在内。心所做的工夫主要是持敬。程颐曾说："主一之谓敬，无适之谓一。"朱熹把这两句合起来说"主一无适之谓敬"。陈淳认可二程把"敬"放在"学者做工夫"的地方来说，以此突出这个字的紧要关键，这样就把本来是个虚字的"敬"落到了实际的工夫上面，好像一个实实在在的事物摆在那里，需要随时去把握持守。心要在已发未发之间保持着对性情的主宰，但无论动还是静中，心都容易迷失方向，这就需要用敬的工夫来保持着心的主宰统摄。陈淳继承了朱熹以"常惺惺"论敬的说法："所谓敬者无他，只是此心常存在这里，不走作，不散慢，常恁地惺惺，便是敬。"（《北溪字义·敬》）无事的时候保持心不走作，有事时则专一在事情上，敬贯穿着心的已发与未发，从里到表、彻始彻终没有丝毫间断。

心处于无事而静的状态时，敬是用来保证心的清醒不昏昧的，从而致使天理昭融于心中，并涵养着动的端绪。当静中敬的工夫做好了，由此而发出的"四端"也必然真诚而齐整，所遇到的事物也不易违背静中所检视、昭融于心的理则，因而很自然地由动再次回归未发之静。在这样的反复循环中，敬的工夫会越发圆熟，对天理的领会也更加融贯。到了圣人的境界，工夫已圆熟到几近省略了，似乎可以留居于未发而不须在动时用功一样。不过对贤人学者而言，遇事穷理的工夫还是必需的，也只有通过穷理才能在事上不断磨炼以更加接近圣人。而穷理则依托在敬的工夫上：

> 无事而主于敬者，所以醒定其未发；有事而所主之敬不弛者，所以齐整其已发。未发者醒定，则天理昭融于方寸，有以涵夫动之端，其发也必齐整。已发者齐整，则天理森布于事物，各不违其静之则，而其复常而为未发也，又益醒定矣。一动一静只管如此循环去，然亦岂一时暂尔之敬而遽能尔哉！平时之学苟惟一理之未莹，则未发虽醒定，而其中已有是一理之欠；其中既有一理之欠，则所发虽齐整，而亦必有乖拟不中节之处矣。一私之未克，则未发虽醒定，而其中已有是一根之伏。其中既有一根之伏，则所发虽

齐整，而亦必有不觉乘问为事之累矣。故平生之穷理克己，非主敬不能。而亦所以维是敬也，盖敬贯动静，而穷理者又所以栽培其未发而精翼所已发，克己者又所以堤防其未发而洒落其所已发。平时之穷理克己所以为今日未发已发之趾，而今日之穷理克己又所以为复日未发已发之基。理之穷也日益精，则敬之致也日益密，而动静灼然纯天理之公，己之克也日益力，则敬之存也日益固，而动静粹然无人欲之间。①

陈淳相比于朱熹，更为注重一动一静的循环互发。虽说朱熹也在程颐"积累贯通"的学说上发展出了"接续不已""欲罢不能"的过程论，不过陈淳在这里明确点出了动静循环、互相增益，比朱熹的"敬以直内、义以方外"的"敬义夹持"又更进了一层。在朱熹那里，致知与涵养虽可互发，但心的容量和功用没有陈淳所说的那么大，每一次的知至不能说已将"天理昭融于方寸"而只是尽量接近；因此，学者所用工夫重在格致而略于忠恕，圣人与学者的分界是清晰判然的，学者无论如何用功也不可能达到圣人境界，不能通晓圣人对天理的体知。而陈淳则通过敬贯动静的主张，在致知与涵养的互发过程中加入了无穷增益的指向，标明了一条穷理日精、致敬日密以至于动静灼然天理而无人欲间杂的入路。可见经过这条路径，学者可以直通圣人之境。

在主敬穷理的工夫上，陈淳对朱熹的继承和超越可以概括为以下两点。首先，无论圣人还是学者，其心中所明见、行为中所涵养的天理都是一样的："天理自然流行圆转，日用万事无所不在。我心见之明而养之熟，随其所处从容洒落，而无一毫外慕之私；然后有以契乎天理自然流行之妙，在在各足而无处不圆。尧舜之所以为尧舜者，不能加毫末于此矣。"② 尧的"明德亲族、平章协和"、舜的"饭糗茹草若将终身"以至"被袗鼓琴二女媒若固有之"，无非都是天理的流行；同样，当人们处于富贵中依然不能感到愉快，而唯有顺从父母才得到快乐，以及天下的事事物物所须依循的当然之则，也都是天理的必然发用。孔子的应事接物之道，与尧舜之道是同一个道，尧舜与孔子所明得的是同一个理。曾点也正是明得了这个道理才发出"曾点之志"，即"有见乎此，故不必外求，而惟即吾身之所处，而行吾心之所乐，从容乎事物之中，而洒落乎事物之表"，将此与物并育同乐尧舜气象，推致洒扫应对、威仪三千之中，也与尧舜的事业没有什

---

① 陈淳：《北溪先生大全文集》卷六，明弘治本。

② 陈淳：《详集注与点说》，《北溪先生大全文集》卷八，明弘治本。

么不同。陈淳从根本上抹杀了圣贤君子在领会天理和实践扩充上的区别，有别的只是功夫次第的先后疏密而已。

陈淳不同于朱熹的第二点就是，将圣贤学者的区别定义在了工夫的层面上。陈淳随后分析了孔门弟子在工夫上的深浅精粗之分。① 《论语·先进》篇中，陈淳认为与曾点同时侍坐的子路、冉有、公西华三人所向往的事业也没有超出理之所当为，不过与自己现在所处的境况不相当，即"身未当其时"。对他们而言，理在彼不在此，不能切实于日用情境当中，也不能着落在自己的身心修养上，因而只能循着以往事功的样式去模仿，这却难免倚重于既往业绩而不能就当下切己领会天理，所以会有"出位越思"的凝滞之病。曾点不像他们滞于事上、不知迁变，而是能在切身所遇到的事物上，与以往事理相贯通，因此在理的体悟上圆融绵密。不过比起颜回，曾点又欠缺一段下学工夫，实践上不够缜密，虽有上学的天分，却也只到了"窥见圣人之大意如此而已"，不能达到颜回在全体大用上立于"卓尔之地"，反不如漆雕开那样从扎实的下学做起、渐进于上学，从而在上学境地上有着不可估量的前途。因此，陈淳建议学者纵有天资，也不可高蹈心性而忽略格致的工夫，循着漆雕开的路径，体会颜回的事业，超越曾点以达颜回都是可以作为的。圣人虽生知安行，也不过是将自己领会到的整全的天理，依其条理彰显为礼仪差等；而后世学者穷理直到本原恰好的地方，也就与圣人相契合了。由此可见，陈淳对学者与圣贤的划分，仅仅在于用功的次第深浅，只要在格物穷理上的工夫做足了，进入圣人之境也不是不可能的。

穷理即是存天理、去人欲，直到好善如好好色、恶恶如恶恶臭为止。穷理要一分一分地渐进天理："盖天理一分长，则人欲一分消；天理二分长，则人欲二分消；便待天理所造者五分，而人欲亦只五分之消，犹有五分之相持，未可保其决不为他引去。"（《北溪先生大全文集》卷八）在获得五分天理之前，人欲胜过

---

① 陈淳："若三子之事亦莫非此理之所当为，但身未当其时，履其地而区区焉，以是横于心而不忘者何哉？是则理在彼而不在此，在异日而不在今日，在吾身外而不在日用之见定。便觉出位越思而有凝滞倚着窘迫正助之病。较之于点，则点见事无非理，三子则事重而理晦；点于理密而圆；三子则阔而偏，不可与同日语矣。虽然点亦只是窥见圣人之大意如此而已，固未能周晰乎体用之全，如颜子卓尔之地，而其所以实践处又无颜子缜密之功，故不免为狂士。是盖有上达之资，而下学之不足安其所已成，而不复有日新之意。若以漆雕开者比之，则开也正所以实致其下学之功，而进乎上达不可得而量矣。在学者于点之趣味固不可不涵泳于其中，然所以日致其力者，则不可以躐高而忽下，而当由下以达高，循开之所存而体回之所事，开之志既笃则点之地可造，回之功既竭则点之所造又不足言矣。"（《北溪先生大全文集》卷八）

天理,很容易把持不住,一旦被人欲引去,前面所穷的几分天理也丧失了。穷理要从原初的昏昧状态开始,这最开头的工夫是最难的,需要以极大的敬意贯穿在事来格物、无事涵养之间,在一动一静的循环中保持着心的不走作、不散漫。而随着天理渐增、人欲渐少,工夫也就越发平缓起来;当持养下来的天理达到六分以上时,人欲已经难再胜过天理,好善恶恶就如同目善好色、鼻恶恶臭一般了。从此继续下去,主敬工夫日益坚固,穷理工夫也日渐精微,直到私欲净尽、唯有天理流行。

通过主敬穷理的工夫,心保持着仁体在表里动静之间彻始彻终的流行不息。如果在事物的细微处稍不留意,敬的持养有顷刻的间断,都会导致私欲萌生,阻隔了天理的流行;仁体流通的任何一处一旦被私欲所遮蔽,就会在这一处出现麻痹、不识痛痒的症状,只有依靠持敬来保持着仁体的浑然通畅。颜回能够三月不违仁,体现出的正是他主敬功夫的深入细密;保持下去,趋于"从心所欲不逾矩"的圣人境界也是可以期待的。而三月之后,颜回对仁体的持养之所以有了间断,可能是遇到了令他困惑的偶发事件;而当再下一番格致工夫之后,穷得了这件事的理,并将其纳入天理的范畴,则仁体又得以继续维持下去。可见在遇到此事之前与之后,颜回所持养的仁体都是一致的,并从为这件事理所下的工夫上得到了贯通;那么从学者以至圣贤,其工夫境界虽有所不同,但他们所主敬致知而获得的天理都是一样的,同是仁体的大化流行。陈淳将圣学之分划归在工夫次第上,也就在天理的根本层面上认可了每个人的平等,这为其统合致知与忠恕奠定了基础。

## 二、忠恕与致知

在忠恕之道与格物致知的关系判别上,陈淳也对朱熹有了一定的超越。朱熹的忠恕观可以集中表现在对《论语·公冶长》里一段话的解释上:"子贡曰:'我不欲人之加诸我也,吾亦欲无加诸人。'子曰:'赐也,非尔所及也。'"程颐对此句的解释是:"'我不欲人之加诸我,吾亦欲无加诸人',仁也;'施诸己而不愿,亦勿施于人',恕也。恕则子贡或能勉之,仁则非所及矣。"朱熹注:"愚谓无者自然而然。勿者禁止之谓。此所以为仁恕之别。"[1] 即在程颐的解释基础上,朱熹从"无""勿"两字的不同意涵区别仁、恕。仁是自然而然流出来的,恕是用力

---

① 朱熹:《论语章句集注》,《四书五经》(上册),第 19 页。

加持而然的；因此《中庸》的"施诸己而不愿，亦勿施于人"是教人去做工夫，不像《论语》这句是从自己心中发出的真诚体会。朱熹的仁、恕之分也同样可以投射在忠恕观上，忠是尽己，与诚意义相近。他解释"忠信所以进德"为"盖无一念之不诚，所以进其德也"（《朱子语类》卷六九）。忠、诚都是仁体的发用，即忠诚于仁而不违背，比起恕的推己及人更为优先。而当论及圣学之分时，朱熹更把忠推到前面，甚至可以进入未发之前，而与仁有了相当的地位。忠恕从而用以区分圣人和学者，圣人用忠而学者用恕，圣对于学、忠对于恕如理一分殊的关系。

陈淳则在忠恕问题上，虽也承认忠与恕是一与贯的关系，然而却坚持了忠恕都在已发的工夫层面上。"忠信便只是五常实理之发，但到那接物发言处，方始名之曰忠信。""忠信两字近诚字。忠信只是实，诚也只是实。但诚是自然实底，忠信是做工夫实底。"（《北溪字义·忠信》）忠相对于诚，离仁的本体更远了，诚是从仁体上自然流出的，而忠只是从人切实做工夫上讲的。那么从已发的角度上说，忠作为一种功夫，是圣人与贤人都可以做的。圣贤也在忠的工夫上得到分别："圣人分上，忠信便是诚，是天道。贤人分上，忠信只是思诚，是人道。"这里的"天道""人道"都是在已发的工夫论上讲的。在人做工夫的层面上，诚相对于忠来说，更接近天道，而忠相对于信也更接近天道；圣人的工夫以忠、诚为主，看起来似乎就是诚与忠信浑然一体，而贤人通过忠信的工夫以"思诚"，与作为天道的诚有了一些距离。不过随着工夫的日益精密，从"思诚"的人道转入"诚"的天道也是可能的。这样，圣人与学者就不再依据"理一分殊"原理而成为体与用的一贯关系。陈淳把一贯落在了工夫论的尽己与推及上，而在这个工夫论层面上，圣人与学者仅根据工夫的圆融程度来划分，其实是从先验的角度抹平了圣人和学者的差异。

（一）忠恕作为圣学共同的工夫

忠恕都属于功夫，不过在每个人的修为中，体现为不同的次第。首先，忠恕之分在人的工夫上，即表现为心物之分："忠是就心说，是尽己之心无不真实者。恕是就待人接物处说，只是推己心之所真实者以及人物而已。"（《北溪字义·忠恕》）将天理持存在心中的工夫是忠，发出来推及人物是恕；反过来，在应事接物上做到了恕，便成就了忠。尽己之心达到了足够的忠，推己及物也就极尽简易。比如就天地而言，忠恕是"至诚无息，而万物各得其所是"；就圣人而言，忠恕是"吾道一以贯之"。天地的忠恕之道，就是天理在真实自然的流行着，天命於穆不已，万物各正性命，不需要建立一个主体刻意去推。圣人用自己的心洞察展视到了整全的天理，心与仁体契合无间，忠恕就是圣人心中的仁体流行，事物各自止于当止。圣人的忠就是诚，恕就是仁，心的动静往来就是仁的真诚运化，工夫已极致圆融而渣滓极尽浑化，因此也不需要着力去推。而到学者这里，忠恕就蕴涵了具体的去"推"的法则，即"己欲立而立人，己欲达而达人"，以及"己所不欲，勿施于人"，忠于自己心中所获知的善，再将此善推广到周围，同时注意不要将自己所认识到的不善施及他人。

学者的恕是推善及人，要尽力将自己已知已存的善推出去，所存的善越多，推起来就越不费力；而若被私欲遮蔽了善，就要下更大的力量去推。私欲的多少决定了推力的大小，这是圣人不需要推而学者则需要的原因，推的力度与个人的工夫圆熟程度是成反比的。反之，推也能减少私欲之蔽，促进工夫圆熟。陈淳说："学者未免有私意锢于其中，视物未能无尔汝之间，须是用力推去，方能及到这物上。既推得去，则亦豁然大公矣。所以子贡问：一言而可以终身行之者，其恕乎？盖学者须是着力推己以及物，则私意无所容而仁可得矣。"（《北溪字义·忠恕》）因为有私欲，故应努力推；而只要能推到物上，也就消除了私欲而廓然大公了。也就是说，忠不足就应更加痛下恕的工夫，而当恕的工夫做好了，也就实现了忠的圆满。如果忠恕都已臻完满，就到达了圣人的境界，这时的忠就是诚，恕也与仁的全体大用没有什么区别了。不同于朱熹以圣人仁忠、而学者用恕的体用截然二分，陈淳无论在天理上还是在工夫论上，都没有在范畴、概念上对圣人和学者所知之理和所做工夫做什么分梳，圣学之分只不过显示在所做工夫的程度上、在所存天理和所去人欲的比例上。

由于忠恕是圣人学者共同的工夫，忠与恕的一贯关系也落实在了工夫论的层面上。陈淳推重曾子的忠恕观，以之为"即所以形容此一贯，借人道之实以发明天道之妙，尤为确定切实"（《北溪字义·一贯》）。其中，"借人道之实以发明天道之妙"，意思是指用工夫论上的忠恕去发现和阐明天道；以尽己的心浑沦作为天理的大本大原，忠因此成为了"一"，以此心应接万事万物，则是由一个本原散发为诸多枝叶，恕因此成为了"贯"。从切实的忠恕工夫里去体贴天理的一贯，为学者提供了据实下手的地方；从这里开始做工夫，可以最终上达圣人的浑沦全体之境。

（二）忠恕与格物致知的重合

如上文所述，忠恕作为圣人学者共用的工夫，每个人都可以由此出发、上达天理。忠是一而恕是贯，那么忠恕也可以看作是动静之间、已发未发的工夫。恕是心在已发的动态中，用力去推自己心中的明德，一旦推到了所遇到的事物上，即获得了对事物之理的认识，并将此事理纳入了已知之理的范围，从而扩充和加深了自己对天理的体会，增进了自己的明德。当恕道完成了这个推己及人的过程，意味着扩大了自己心中的明德，从而达到了尽己的忠。可见，这是一个明明德的环节，也是格物致知的一个整体阶段。陈淳在这里做到了对朱熹的一个关键性的超越，就是把忠恕之道与格物致知吻合起来了。

从陈淳反对以忠为未发这件事上看，他对朱熹的这个超越已经表现得很明确了：

> 程子说忠恕以大本达道为言，只是借中庸此字言之，其意自不同否？盖中之为大本，是专指未发处言之；此忠之为大本，则是就心之存主处真实无妄为言，彻首彻尾无间于已发未发。但就忠恕分别，则忠主于心言，恕通于事言。然忠之彻首彻尾当其为忠时，恕便包在其内；及到那恕处，这忠底又只在也。如天命流行不已，自元至贞，生物都包在其内，而万物生生各遂处，不已之命又只在也。其实难截然分成两段去，故发出忠底心便是恕底事，做成恕底事便是忠底心。（《北溪先生大全文集》卷五）

陈淳认为程颐说忠是大本、恕是达道时，只是借用了《中庸》的字面，其实意思是不同的。《中庸》里的大本专指的是未发，然而说忠是大本，是就心的所存所主真诚无妄来说的，那么这里的忠是指心彻始彻终无间于未发已发的状态。这可以与朱熹对忠的解释做个对比：

> 履之问："'忠者天道，恕者人道。'盖忠是未感而存诸中者，所以谓之'天道'；恕是已感而见诸事物，所以谓之'人道'。"曰："然。"或曰："恐不可以忠为未感。"曰："恁地说也不妨。忠是不分破底，恕是分破出来底，仍旧只是这一个。如一碗水，分作十盏，这十盏水依旧只是这一碗水。"（《朱子语类》卷二七）

有人提出，忠是"未感而存诸中者"，恕是"已感而见诸事物"，朱熹表示赞成。这时另有人提出质疑，说恐怕不可以把忠当作未感，而朱熹则给出了反对的回应。朱熹的态度很明显，就是以忠为未发的理一，而以恕作为已发的分殊，忠恕构成了体用一贯的关系。然而对朱熹的这个说法，陈淳则表示了不同意。他专门指出了忠是心上做的工夫，并且不必归于已发或未发，忠是对诚的贯彻，因此它更接近彻头彻尾贯穿在动静之间的真诚不妄。忠与恕也不是理一与分殊的关系，上文已经讲到，它们的一贯是在工夫论上讲的。陈淳进一步指出了忠恕的包容和重合：忠在其彻底和纯粹的贯彻中已经包含了恕，同样，恕在推己及物、使其生生各遂的过程中也便实现了忠。这就如同格物与致知的关系一样：知在我，即如"忠主于心"；理在物，则如"恕通于事"；"发出忠底心便是恕底事"，犹如致知在格物，而"做成恕底事便是忠底心"，则如同格物以致知。以恕道来格物，推及到物上即是物格而知至，与此同时也就是尽心知性、廓然大公了，达到了尽己之忠的目的。而立足于忠，真诚地将已知之理推及他人，也就是推己知及未知的格物或推己及人的恕。忠恕之道与格物致知由此得到了完全的整合。

（三）忠恕之行与格致之知的互相渗透

程颐曾这样表述知与行的关系："内积忠信，所以进德也。择言笃志，所以居业也。知至至之，致知也。求知所至而后至之。知之在先，故可与几。所谓'始条理者，智之事也'。知终，终之力行也。既知所终，则力进而终之。守之在后，故可与存义。所谓'终条理者，圣之事也'。"① 朱熹对此的解释是："'内积忠信'，一言一动，必忠必信，是积也。'知至至之'，全在'知'字。'知终终之'，在着力守之。"又说："'内积忠信'是实心，'择言笃志'是实事。"（《朱子语类》卷六九）从朱熹的解释上看，忠信以进德属于实心，择言笃志以居业属于实事，大致可以与忠恕分别对应。而这两点又与致知、力行相联系。朱熹在此不认同程颐以"知至至之"主知、"知终终之"主行，因为进德不仅意味着德进了许多，同时也指见识增长了许多，"知至至之"即是在进德又长见识之中致知到了极处，真实的知得了"如恶恶臭，如好好色"。而"知终终之"是知得了这个终点，又要将其保守住，这是"择言笃志"的居业。换言之，"知至至之"虽然是讲如何由致知以达知至的，但其中既包含知的过程，同时也有进德之行的因素，忠信以进德与这个致知过程是重合的。而"知终终之"是知到了尽头想要保持不使失落，因而要修辞立诚、择言笃行；这既是行的范畴，而同时也有涵养并重新致知的成分在内。那么"知至至之"不单主知，其中也有行；而"知终终之"也不单主行，其中依然包含了知。在朱熹的思想里，知、行几乎与致知、涵养的关系相等同，早已密切地结合起来了，知中含行、行中有知，正如涵养以致知、致知在涵养一样，知行的这种相互蕴涵被朱熹称为"知行相须"。②

① 程颐：《伊川易传·释乾卦第一之文言九三传》，《二程全书》卷一，明弘治本。
② 朱熹："知、行常相须，如目无足不行，足无目不见。论先后，知为先；论轻重，行为重。"《朱子语类》卷九。

　　陈淳进一步发展了朱熹"知行相须"的思想:"(知行)二者亦非截然判先后为二事,如车两轮,如鸟双翼,实相关系,盖亦交进而互相发也。故知之明则行愈达,而行之力则知益精矣。"(《北溪先生大全文集》卷十五)陈淳认为,知行是"一套"的事,不必分成先知了然后再行的两截,而应齐头并进地去做工夫。(《全集·答陈伯澡一》)在致知的每个阶段,都要"念念每与行相顾",在行动中也要"步步每与知相照应",就好像人在走路中的眼睛与足履相互照应,"犹之行者目视足履,动辄相应"。(《北溪字义·用工节目》)在《全集·答陈伯澡六》里,陈淳进而指出知、行如目视足履一样不可偏废,不然就像瞽者专用脚走或跛者只用眼看,都不能走到他们想去的地方:"瞽者不用目视而专靠足履,则寸步决不能行;若跛者不用足履而专靠目视,则有空劳望想亦决无可至之处。"(《北溪先生大全文集》卷二十六)行贯穿在致知过程中,不是等到知至了之后再专门去行,即使在尚未明见事理的致知途中就有着行的帮助,否则就不能继续知的进程。

　　同在这一卷内,陈淳不但强调知行并进,并将二者的共同目标归结在"知至"上。如果行得不够有力,没有达到预计的结果,这并不是行动本身的原因,只是由于知得不够真切。"真能知则真能行,行之不力非行之罪,皆由知之者不真切。须到见善真如好好色、见恶真如恶恶臭,然后为知得亲切,而谓知之至,则行之力即便在其中矣。"(《全集·答陈伯澡一》)穷理到了极致即为知至,这时天理已胜过了人欲,心对于善的知觉如同喜好好色一般,道心胜过并统摄了人心。知已至此,行也就到了得力而真能行的境地。

　　知行的这个关系很像忠恕的形影不离:忠包含着恕,就像知包含了行;恕实现了忠,则如行推进着知。不过忠恕相对于格物致知而言,应属于行的范畴;那么根据上述知行交进的原理,忠恕是渗透着知在内的行,而格致是包含着行在内的知。知到了极致的"见善如好好色"时,便是尽己的忠;从这个忠的心发出来就是行事得力的恕,而通过恕道的推己及物,就彻底落实了忠,及物同时也是格物,及到物上就是知到了极处。恕既是行事,同时也是涵养以致知,那么忠恕之道就是知以尽行、行以尽知的关系,与格致的行而知、知含行的关系不但是重合的,更是相互渗透的。知与行的交进,也可以说是格致与忠恕的互发;这种互发也是互渗,忠对于恕的一贯,也渗透着知对于行的包容。知是无限格物穷理的过程,同时也是无限涤除私欲、尽己之心的过程;行既是推己及物的持续不息,也同样秉着对事物的敬畏,去穷格物理以致己之知。知包含着行,那么格致之知包容了忠恕之行;恕实现着忠,那么忠恕之行又推进着格致之知。陈淳将工夫论上的忠恕之道，与其涵养致知并进的知行论，在这里已经比较完满地融合在了一起。

### 三、主敬贯知行

不论是忠恕之道，还是格物穷理，其中都彻头彻尾地贯注着敬。陈淳在《答陈伯澡一》中讲："至其所以为致知力行之地者，又在主敬。此又是日用贯动静工夫，所以唤醒此心常存于此、惺惺不昧，然后看理不散漫而知可精，作事不差缪而行可达。"开始的知至只贯通到事理的当所然之则，所穷得的天理尚未多过人欲，这时的知行并进都属于下学的工夫，也是学者以至贤人所做的工夫。经过下学工夫逐渐积累增多，直到所穷得的天理胜过人欲、人心服从了道心，事事物物的所以然之理融会贯通起来，知行的交进互发圆熟得力，这里所致的知便进入了以推究天理之所以然为主的上达工夫。那么在进入上达工夫之前，主敬对于下学是尤为重要的；而在上达之后，敬依然需要时时提澌，以保持住已知之理、已明之德常存不失，只不过这时的敬已是比较自然容易了。如果首先留意初学时的状态，这时所穷得的天理尚未达到五分以上，在动静之间的持敬既难得而又不好保持，一不留神就会迷失，甚至失去了过去已积累起来的天理。陈淳既强调下学，同时注重主敬在知行之间的贯彻。

（一）敬之理是礼

在《北溪字义》上卷中，陈淳首先点出"敬"是"心之所以生"，而由心所穷得的仁义礼智之性都是心中所生的道；敬虽是情，却又是保持着心不走作、不昏昧的关键情感，是知得天理的保证。当天理具在心中，表现为仁义礼智等在我之性，其中礼是敬之理。礼虽说是天理节文具于心中所知，其实只要心中持敬，礼就摆在那里明白可见。陈淳说：

> 礼者，心之敬，而天理之节文也。心中有个敬，油然自生便是礼，见于应接便自然有个节文，节则无太过，文则无不及。如做事太质，无文彩，是失之不及；末节繁文太盛，是流于太过。天理之节文乃其恰好处，恰好处便是理。合当如此，更无太过，更无不及，当然而然，便即是中。故濂溪太极图说"仁义中正"，以中字代礼字，尤见亲切。（《北溪字义·仁义礼智信》）

用敬去应事接物，作为天理之节文的礼就会自然体现出来，不假额外思索穷格。天理之节就是言行不至太过，在繁文缛节上不必过于讲求；天理之文则是言行上没有做得不到的，不至失于过度的简单朴素。礼就是在过与不及之间把握到合适的分寸，因此礼也可称为"中"。

张立文先生曾指出陈淳的"中"有两层意思：

> 一是中有已发之中与未发之中，未发是从性上讲，已发是就事上讲。已发的中节是指应当喜而喜，当怒而怒，恰到好处，便是和；二是中有中和之中和中庸之中。中和之中专主未发说的，中庸之中有两方面意思：从内来说是心中之中，从外而言是在事物之中，中庸是合内外不偏不倚的。①

如果用这段话来解释陈淳的"礼"，礼之所以称为中，也可以分为已发、未发两部分。礼作为未发的"中"是天理之节文，已发在外的"中"则是人事之仪则。再从中庸意义上讲礼之中是合内外之中：从内在来说，具于心的礼体现为敬，心中有敬而发用在应接事物上即为无过无不及的节文；从外在上来说，天理之节文表现为人事之仪则，内外两方面合起来一起称为"中"。陈淳道："文公曰：礼者，天理之节文，而人事之仪则。以两句对言之，何也？盖天理只是人事中之理，而具于心者也。天理在中而着见于人事，人事在外而根于中，天理其体而人事其用也。'仪'谓容仪而形见于外者，有粲然可象底意，与'文'字相应。'则'谓法则、准则，是个骨子，所以存于中者，乃确然不易之意，与'节'字相应。文而后仪，节而后则，必有天理之节文，而后有人事之仪则。言须尽此二者，意乃圆备。"（《北溪字义·仁义礼智信》）天理之节文是体，人事之仪则是用；天理通过在人事上做工夫而呈现在心中，表现为作为礼之体的"天理之节文"，与此节文相应的礼之用是"人事之仪则"。虽说是体在用之前，先有文后有仪、先有节后有则，不过只有当心在持敬时，天理的体才会显现为心中对节文的把握，并发用为事上的仪则。礼之体与礼之用都是在心的主敬工夫中油然而生的，礼之所以被称为"中"，既是从用上的发而中节推穷得出体的未发之中，也是内在节文与外在仪则在心中的合而为一。

礼发用在外，即以恭敬的态度应对人事的仪则，以此推出敬之理就是礼之体，这是一个由行到知，即涵养即致知的过程。礼之体作为未发的中，在遇到事物时自然会发用为恭敬之心的端绪，"如一接宾客之顷，便自然有恭敬之心，便见得里面有这礼。"（《北溪字义·仁义礼智信》）以恭敬之心应事接物即是恭敬之行，在持敬的行为涵养中，可以见到并把握天理之节文，从而获得对礼之体的认知。敬之理是在恭敬的发用中推穷而得的，即在恭敬之心的作用中，才觉察到了

---

① 张立文：《陈淳的〈北溪字义〉》，《齐鲁学刊》2012年第6期。

这个敬之理、礼之体；而对天理之节文的觉察，又属于知是知非的智之端绪。也就是说，无论对仁义礼智的哪一个的察识，都在智的发用——知中获得的；知与行对应着四端中的后两端，敬与知在相互镶嵌中，如磨镜子一般推进着天理在心中的呈现。然而从发用的次序上，似乎是恭敬的端绪在先，知是非的智之端在后，也即涵养先于致知、行先于知，这却又与程朱所认可的"知先行后"构成了矛盾。那么对陈淳来说，恭敬与致知究竟哪个在前，哪个处于决定地位呢？

（二）致知副于力行

陈淳对朱熹的超越，从上文可见，主要在于融合了知行于一体。这样，他就在朱熹认作格物致知的进程里糅入了行的因素。主敬涵养本身就是礼之体发用为恭敬的端绪，应用在处理事情的行为中，涵养与行为是合并在一起的。那么，由涵养而进学，在陈淳这里就发展成为，因力行而致知。致知以力行为目的，并主导着行的方向，因此如果行得不到，不是行本身的缘故，而应归结到知得不真切上。不过他接着又说，这不是教人只顾致知而不去力行，也不是知至之后才可以行，或知至了自然能行，而是要"力行为主，致知副之"。"大抵圣学以力行为主，而以致知副之。以力行为主，则日日皆是行底事。以致知为副，日间讲究皆是所以达其行，彻首尾无容丝发间。"（《北溪先生大全文集》卷二十八）他突破了程朱的"知先行后"，把知贯穿在行的过程中，以随时引领着行为的方向，但最终还是要落实在行上。他所谓知行是一套的事，其实是说这一套自始至终都是"行"，而"知"如同画龙点睛一样，在行动中给以提点和指导，却不能取代以行为主、以行在先的位置。

据上文所引述，程颐和朱熹都曾对"知至至之"与"知终终之"所蕴涵的知行关系做出过解释。程颐认为前一句指致知，后者指力行，二者是"始条理"与"终条理"的次序。而朱熹反对这个观点，而给出了"知至与知终属致知，至之终之属力行，二者自相兼带"的修正。（《朱子语类》卷六九）已将知行密切结合了起来。陈淳继承了朱熹的这个观点，并使解释进一步清晰畅达：

> 乾九三发明知至至之与知终终之二节，示人以进德居业始终条理之方。然合而观之，知至知终皆致知之属，至之终之皆力行之属。今于始条理以知至为主，而必继以至之；于终条理以终之为主，而必继于知终之下。知与行终始常相依而不能相离，则圣人精密之意可见矣。（《北溪先生大全文集》卷二十八）

这里点出了知行的始终相依，行必继于知至之后，知必以行为主。他提出，致知须"念念每与行相顾",如果所知到了一个地步却不能付诸实行,就应在开始行动之前思索什么地方出现了窒碍,必须克服思路上的障碍以使得行动畅通无阻。力行也要"步步每与知相照顾",若行而不知理,即使功有偶成、事有偶济,也会终将流于疏率;因此必须在行动中同时见到了"其理昭昭在前面"。这样的行必须靠着知,而知必须副于行并加以指引。

知行的次序可以从与"四端"的发见中,进行一个更为详密的梳理:

> 四者端绪,日用间常常发见,只是人看理不明,故茫然不知得。且如一事到面前,便自有个是,有个非,须是知得此便是智。若是也不知,非也不知,便是心中顽愚无知觉了。既知得是非已明,便须判断,只当如此做,不当如彼做,有可否从违,便是义。若要做此,又不能割舍得彼,只管半间半界,便是心中顽钝而无义。既断定了只如此做,便看此事如何是太过,如何是不及,做得正中恰好,有个节文,无过无不及,此便是礼。做事既得中,更无些子私意夹杂其间,便都纯是天理流行,此便是仁。事做成了,从头至尾皆此心真实所为,便是信。此是从下说上去,若从上说下来,且如与个宾客相接,初才闻之,便自有个恻恻之心,怵然动于中,是仁。此心既怵然动于中,便肃然起敬去接他,是礼。既接见毕,便须商量合作如何待,或喫茶,或饮酒,轻重厚薄,处之得宜,是义。或轻或重,或厚或薄,明白一定,是智。从首至末皆真实,是信。此道理循环无端,若见得熟,则大用小用皆宜,横说竖说皆通。(《北溪字义·仁义礼智信》)

这段话是贴合着"知至至之""知终终之"来讲的。首先从知是知非的智之端说起,知得是非已是如此,然后依据已知的是非,判断行为的当然之则并集义而行;凭借对理之所当然的判断,便有了过与不及的标准,其中正中恰好的节文、仪则就成为了礼;进德居业、以礼而行,忠信无私,即为仁的流行。这个顺序是继承着传统的阐释来说的,即由知而行,以知为起点。而反过来才是顺着"四端"发用的次第来说的:首先是遇事而进入已发状态,如接待宾客先起了恻恻之心,这是仁的端绪发见;依恻恻之心而升起了恭敬之心,于是依据礼的节文仪则进行接待;在依礼而行的过程中,须对过与不及做出适合情境的判断,即行而宜之的义,而这个判断是由知是知非的智之端绪开始的。这个次第是依照着现实情形中,"四端"遇事而发的先后来讲的;从中可见恻隐与恭敬在先,而知义在后,正符合朱熹以仁礼为阳、智义为阴的发用次序。其实,上半段的叙述恰可以嵌入下半段中,即依然从遇事而发的实情入手,以恻恻、恭敬为先,继而以知、义裁断礼的节文,再依仁而行,由此构成了"致知始终副于行"的循环不已过程。

(三)下学而上达

在力行为主、知副于行的基础上,陈淳继续发展了朱熹的"下学而上达"的思想。(《朱子语类》卷八)朱熹讲为学功夫,不论读书应事,都应依循着先易后难的伦序,慢慢下功夫着实去做,由下学而求上达,不能反向而为。从小学的洒扫应对开始,直到格物致知的工夫,都属于下学,而上达只是领会天理;但天理的领会只能在下学中才能获致,即便是圣人也不能绕开下学而直通上达。不过对陈淳来说,下学虽依然是格物致知、知行并进,然而随着知行的工夫不断圆熟,到了圣人的境界时,便"冰融冻释自不劳余力",可以跳脱涵泳于上达之境,而不再有下学的艰难困惑之忧。

陈淳曾回忆朱熹对他的时常警策,直指其病痛无非在下学上,必须专致于下学工夫。他也晓得下学工夫重在践习:"所谓致知必一一平实循序而进,而无一物之不格,所谓力行亦必一一平实循序而进,而无一物之不周;要如颜子之博约,毋遽求颜子之卓尔,要如曾子之所以为贯,毋遽求曾子之所以为一。"(《北溪先生大全文集》卷十)虽说陈淳同样反复强调下学的重要,然而真积力久而终有一日可达豁然贯通、与圣人之心无间然的上学境界,依然在他那里占据着终极而首要的地位,这也是学者用功的目的地。对朱熹来说,知行始终需要下艰深的功夫,而天理只可以求接近、圣境只能揣摩体贴却难以到达,因此主张学者只务下学,"圣贤教人,无非下学功夫"(《朱子语类》卷第一百一十七)。而陈淳却依工夫次第排出了一个由难到易的等级,当天理胜过人欲,工夫已趋于容易,而终达圣境时就不再需要用力推求,心体与天地契合而浑然大化、自然流行。

上达是下学的"归著"、理的根源或所以然。陈淳以"知天"为下学的事,而下学所格致的必须要有所归著到上达的"实见"上去。下学与上达各自不相妨碍,也不可偏重于任何一方。① 朱熹也曾指出,致知是从事理之所当然中去推究

---

① 陈淳:"夫所谓根源来底,只是以天理言之。看理至于知天始定,此亦不过下学中致知格物一节事,而所致所格者要有归著至到云耳。盖致知力行正学者并进之功,真能知则真能行,知行俱到正所以为上达实见之地,自不相妨恐,未可偏抑。而但如来教只务理会此,不必理会彼,而彼自在里许,忽然自达,恐差之多也。如严说者全篇大旨,只谓直到清明在躬、志气如神,则天下无不可为之事。又曰:素其位而行,不愿乎其外,无入而不自得。又曰:须自所乐中出,方做得圣贤事业。此只说得集注所谓洒落从容以下底,乃涵养成后之效也,其所以如此者,端由向前有造理之功,洞见得天理流行日用间无处不是。故涵泳乎其中,即是见在便是乐地,更无他念耳。以此意推广之,何处不是此理之妙何处,不是此理之乐故?"(《北溪先生大全文集》卷二十二)

其所以然，这个所以然者即为天理，不过这个天理只存在与事物之中，是从事理上认识和体贴到的形而上者；功夫随时都需要做，那么所知的这个"所以然"也只能是力求接近而非天理本身。而在陈淳看来，所谓"根源"是从天理上讲的，这是"理之所自来，天命之本然"，理之"所以然"是理的来历根源、天理的大化流行。（《北溪先生大全文集》卷四十）陈淳将朱熹的"所以然"推到了更超越的高度，是心与天地契合无间的天命根原。学者通过下学功夫的渐次累积，最终总能达到"洞见得天理流行间无处不是"的上达境界。

由下学进于上达，是通过从万事万物上逐一格致理会，以心汇总诸多事理，再从事理上去推原天理之所以流行。"须于人心之中、日用事物之际，见得所合做底，便只是此理一一有去处，乃为实见；所合做底做得恰好，乃为实践。即此实见无复差迷，便是择善；即此实践更能耐久，便是固执；即此所合做底分来，便成中正仁义；即此所合做底见定浅深轻重，便是日用枝叶；即此所合做底浅深轻重，元有自然条理缝罅，非由人力安排，便是天命根原。"（《北溪先生大全文集》卷二十二）对天理的实见必须能在实践上有所落实而没有任何差错，并在实践中做得恰好并能持久，由此见得自然的始终条理，无不是天理的大化流行。当下学已臻于纯熟，所知道理无不一一能行，所行之处尽是所知，知行俱进已不复出现阻滞，这时心中对天理流行的总体把握就是对所以然之理的上达。可见上达也不脱离下学而成为第二截事，其实只是下学达到了圆熟境界自然转为上达。这就像陈淳称圣人与学者所做工夫都是忠恕，只不过境界不同；学者的忠恕终将达到圣人的忠恕，并与天地忠恕合一，也可以称为是下学而上达的功课。

（四）忠恕一贯于敬

在陈淳看来，圣门教与如来教的根本区别在于"下学而上达"，从来没有下学工夫没到就直接进入上达门径的。下学工夫做得好的，除颜回以外只有曾子，能够"于周旋进退之常，固已无一节之不究矣，日省吾身以三者，内外交相饬则体之在我者，又已无一刻之不谨矣"，只不过欠缺的是"未知夫大本之所以为一尔"。（《北溪先生大全文集》卷九）孔子深知他下学功夫已经完成了，即将在上学的领悟上有所进益，因此以"一贯之旨"来启发他，曾子果然言下便能心领神会。曾子达到上学境地不是一蹴而就的，而是在随事发见、精察实行的真积力久之功上终于领悟了一贯之道。他对门人讲一贯之道的时候，却只讲述推己、尽己的忠恕之道，以让人容易理解。

上文曾经涉及，陈淳所说的忠恕分为三种，分别是天地的忠恕、圣人的忠恕、学者的忠恕。"有天地之忠恕，至诚无息，而万物各得其所是也。有圣人之忠恕，吾道一以贯之是也。有学者之忠恕，己所不欲勿施于人是也。皆理一而分殊。"（《北溪字义·忠恕》）其中，天地、圣人的忠恕都不待去推、去尽，在天地的忠即"维天之命於穆不已"，恕即"乾道变化各正性命"，圣人的忠即是诚、恕即是仁，唯有学者的忠恕是推己、尽己的工夫。"曾子谓'夫子之道忠恕'，只是借学者工夫上二字来形容圣人一贯之旨，使人易晓而已。"陈淳指出，曾子之所以用忠恕讲述一贯之旨，只是希望门人能从学者的忠恕中去体贴圣人、天地的一贯，从日用习行、格致工夫里去想象圣人境界的仿佛样子。

学者的忠恕就是知行交进的下学工夫，要从下学中体会和接近上达境界，需要用持敬的工夫，从日用伦常中的千条万绪各自精察实践；不断磨除残存的私意蔽锢，将已知已尽于自身的理不断外推，使已获得的见解能够触及更多的事物，从而依次将所穷道理累积合并、向上贯通。经过一段又一段的尽己推己、穷理知至，心里保存下来的天理越积越多，而推的工夫也越发容易，直到天理彻底击败人欲，这时的忠恕工夫也已臻圣境。曾子领悟一贯之道，就是通过这样的下学而上达的方式，逐渐积累以至豁然大公的。

如上文所述，忠恕与致知是同一个做工夫的过程，可以合称为即知即行、知行互发的进程。其中，行为贯彻始终，而致知副于力行。行为从恻隐之端发起，在恭敬的持养中知至、知终，同时在集义而行中达到至之、终之，心中领会天理之节文，并落实在行为上的人事之仪则，从而获致了合内外、无过无不及的礼之体、敬之理。在忠恕工夫的循环反复中，恭敬随时从恻怛的端绪中提点出对天理的致知，保持着心的惺惺不昧，心中累积的天理的节文趋于明朗，显发为外在的人事仪则日益精熟。忠恕工夫的加深，也即从恭敬的端绪中增进对天理节文的把握，在此过程中学者会像曾子那样究于礼节而谨于心性，最终将以心为大本、散为万事的酬酢应接而不假推求，这是圣人的忠恕之道、天地的一贯之旨。在体贴一贯的过程中，敬自始至终贯彻在其中，忠恕、知行、下学、上达，都可以归结到敬的基础上。陈淳在以敬为知的根本这个论述上，糅合了朱熹所涉及的各个范畴，达到了理论上的融会贯通，将朱熹有关于知的理论推向了一个高峰。

# 第九章　信

## 第一节　儒家"信"观念的产生与发展

### 一、"信"观念的起源

在先秦时期，"信"观念经历了一个由产生到发展成熟的过程。在已经识读的甲骨文中并未出现"信"字，"信"最早出现于金文。在 1977 年河北平山出土的中山国文物——中山国三器中，中山王鼎与中山王方壶中都出现了"信"字。在中山王方壶中，"信"字写作𣌾，也即是訫字。[①] 中山王鼎与中山王方壶作为战国中晚期的产物，借助于其中记载的文本考察"信"观念的起源是不够的，因此很多学者立足于《尚书》《左传》考察"信"观念的起源。

张鲁君对先秦儒家"信"观念做了系统研究，他根据《尚书》《左传》指出"信"观念起源与人与神的关系，表现为在祭祀时庙祝史官的"正直言词"和贡品的"丰盛齐全"，带有宗教神秘光环。[②] 张鲁君认为最早关于"信"字的记载当见于《尚书·汤誓》"尔尚辅予一人，致天之罚，予其大赉汝！尔无不信，朕不食言。尔不从誓言，予则孥戮汝，罔有攸赦"，也即是商汤号召人们相信他并与他一起讨伐夏桀。所谓"国之大事，在祀与戎"，考察"信"之最早起源与最早记载竟然与祭祀和战争这二者都联系起来。

从信"观念"的起源与最早记载而言，"信"一开始更多地涉及祭祀与战争的主体——国家，而并非个人，这点有异于孔子以来的侧重个人道德修养层面的"信"观念。

---

①　张守中：《中山王厝器文字编》，中华书局 1981 年版，第 67 页。
②　张鲁君：《先秦儒家"信"观念研究》，山东大学历史文化学院 2006 年硕士学位论文，第 9 页。

## 二、"忠信"

孔子更多强调的则是个人道德修养层面的"信"，这便是"忠信"。杨伯峻先生最先考察了《论语》一书的"信"字的使用状况，他指出"信"字在论语中共出现 38 次，是使用频次最多的实词之一。<sup>①</sup> 可见《论语》对"信"这一德目之重视程度。在杨伯峻先生指出的 24 次"诚实不欺"义中，"忠""信"连用者竟有七次之多，这足以说明"忠信"是《论语》"信"观念的新特色。总结来说，孔子一方面提出要"主忠信"<sup>②</sup>"言忠信"<sup>③</sup>，简单说就是内心常主忠信，从而做到言行忠信；另一方面孔子又将"忠""信"作为教导学生的内容，"子以四教：文，行，忠，信"。<sup>④</sup> 自孔子提出"忠信"后，"忠信"二字便成为儒家常用的话语，无论是《大学》《中庸》中，还是在《孟子》《荀子》中，都有"忠信"连用的情况。

虽然忠信常常连用，但是对于"忠"与"信"的含义却并没有准确的定义。对于"忠"，《论语》中一方面有"君使臣以礼，臣事君以忠"，<sup>⑤</sup> 似乎"忠"特别用于臣子对于君主的忠心；而另一方面则有"居处恭，执事敬，与人忠"，<sup>⑥</sup>"忠"则是适用于对待一切人的态度。"信"也是如此，一方面有"与朋友交言而有信"，<sup>⑦</sup>"信"特别用于调节朋友之间的关系；另一方面则有"人而无信，不知其可也"，<sup>⑧</sup>"信"又指每个人应当具有的普遍的品质。也就是说，一方面"忠""信"有其特殊的作用范围，"忠"特别用于君臣之间，"信"特别用于朋友之间；另一方面，"忠""信"作用范围又可以扩展到一切人。正是由于"忠""信"并没有确切的含义，从而造成了某种混乱，真正厘清"忠""信"的含义有待于伊川、明道二兄弟。

## 三、"诚"与"信"

在现代汉语中，"诚""信"二字常常连用组成"诚信"一词，而含有"诚"

---

① 杨伯峻：《论语译注》，中华书局 1980 年版，第 257—258 页。
② 《论语·学而》。
③ 《论语·卫灵公》。
④ 《论语·述而》。
⑤ 《论语·八佾》。
⑥ 《论语·子路》。
⑦ 《论语·学而》。
⑧ 《论语·为政》。

与"信"的词语如"诚实""守信"也意义相近，都表示不欺骗的意思，这就表明在现代人的视野中"诚""信"二字其实具有相同的内涵。但是在先秦秦汉时期，"诚"与"信"的关系却复杂得多，一方面既有《中庸》《孟子》的"诚""信"泾渭分明，意义迥别；另一方面却有《荀子》那里"诚信"连用，《说文解字》"诚""信"互释的情况。总体而言，"信"字出现较早，在《论语》中便已经成为一个成熟的道德观念。而"诚"字则出现较晚，及至《中庸》《孟子》才发展成为一个成熟的哲学范畴。在《论语》中"诚"字凡两见：

> 子张问崇德、辨惑。子曰："主忠信，徙义，崇德也。爱之欲其生，恶之欲其死。既欲其生，又欲其死，是惑也。'诚不以富，亦祇以异。'"(《论语·颜渊》)

> 子曰："善人为邦百年，亦可以胜残去杀矣。诚哉是言也！"(《论语·子路》)

可见"诚"字在《论语》中既非道德观念，也非哲学范畴，而是"确实"之意。但是"诚"字"实"的内涵却构成了以后"诚"观念发展的基础。在《中庸》中"诚"字共25见，已经成为一个非常重要的哲学范畴，"诚者，天之道也；诚之者，人之道也""诚者物之终始，不诚无物"等文本已经极为抽象，[1] 很难理解"诚"字的内涵。但是有一点值得注意，那就是"诚""信"地位迥别。徐复观先生考察了"诚"字的使用情况，认为《论语》《老子》中的"诚"字都是作为形容词使用的，而《中庸》的"诚"字则是作为名词用，他进一步指出："作名词用之诚字，乃《论语》'忠信'观念之发展"。[2]《孟子》中一方面大量保留了《论语》中"诚"字的用法，如"不识此语诚然乎哉"，[3] "子诚齐人也，知管仲、晏子而已矣"；[4] 另一方面仅在非常简短的两章中使用了作为哲学范畴意义上的"诚"，一章中部分文本"是故诚者，天之道也；思诚者，人之道也"类似于《中庸》文本，[5] 另一章表述为"万物皆备于我矣。反身而诚，乐莫大焉"。[6] 比较有趣的是《孟子》中出现一次"诚""信"连用的情况，即："彼以爱兄之道

---

① 《中庸》。
② 徐复观：《中国人性论史》，上海三联书店 2001 年版，第 121 页。
③ 《孟子·万章上》。
④ 《孟子·公孙丑上》。
⑤ 《孟子·离娄上》。
⑥ 《孟子·尽心上》。

来，故诚信而喜之，奚伪焉？"① 这里的"诚信"不同于今日之"诚信"，意义其实是"确实相信"。其实这就给我们某种启示，作为一种哲学范畴的"诚"一般与"信"观念迥然有别，而非哲学范畴意义上的"诚"字就有可能与"信"字连用。这一点在《荀子》那里得到了证实，《荀子》中"诚信"凡三见：

> 劳苦之事则争先，饶乐之事则能让，端悫诚信，拘守而详。(《荀子·修身》)

> 公生明，偏生暗，端悫生通，诈伪生塞，诚信生神，夸诞生惑。(《荀子·不苟》)

> 得众动天，美意延年。诚信如神，夸诞逐魂。(《荀子·致士》)

从"诚信"与"端悫"并提，与"诈伪""夸诞"对立，可以推断"诚信"作为一种良好的品质其实在荀子那里已经近似于今日之"诚信"。如此推断，作为一种哲学范畴的"诚"与"信"差异明显，地位悬殊；而一般意义上使用的"诚"字却与"信"字意义相近，因此可以连用以增强对"信"这种品质的强调。因此到了两汉时期，许慎在《说文解字》一方面解释"信：诚也。从人从言。会意"，另一方面又解释"诚：信也。从言，成声"，这就将"诚"、"信"互释。当然，这仅仅能够说明在东汉时期的日常语言中，"诚""信"的意义已经趋同，因此可以互释，而作为一种哲学范畴意义上的"诚"实有高于"信"字的独特地位。不过"诚""信"含义的趋同却是不争的事实，影响直到今天。这点同样表现在程颐、朱子那里，他们一方面极力区分"诚"与"信"，强调二者的不同，另一方面却又难免受日常用语的影响而"诚信"连用。

### 四、信与"五常"

提起儒家，人们常常会提到"三纲五常"。由于"五常"经常与"三纲"连用，因此自新文化运动以来"五常"与"三纲"一道饱受批判。但是所谓"五常"，即"仁义礼智信"，用今天的话语来说不过是五种优良的品质，与"三纲"一道遭受批判确实很是冤枉。"信"与"仁义礼智"一道构成了"五常"的内容，在儒家思想体系中有着独特的地位。

不过与"忠信"观念相比，"五常"观念的出现相对晚得多。"仁""义""礼""智""信"虽然在孔子那里便已经存在并受到了相当的重视，

---

① 《孟子·万章上》。

但是五者的连用不仅在孔子那里，就是在孟子、荀子那里也不存在。直到西汉时期，"五常"之说才正式出现并迅速为学者认同，俨然成为儒家思想中的核心观念。但是在"五常"观念形成之前也有着相当长时间的孕育期。首先便是前面提到的孔子那里对"仁""义""礼""智""信"五者的分别阐述，这构成了"五常"说出现的基础。其次便是"仁""义""礼""智""信"五者部分的并提，《左传》中就有"夫乐以安德，义以处之，礼以行之，信以守之，仁以厉之，而后可以殿邦国、同福禄、来远人，所谓乐也"，[①] 这里已经将义、礼、信、仁四者并列；在《孟子》中提出"四端"之说则影响更为深远，所谓"四端"，即恻隐之心、羞恶之心、辞让之心、是非之心，孟子认为："恻隐之心，仁之端也；羞恶之心，义之端也；辞让之心，礼之端也；是非之心，智之端也"，[②] 进而在这个意义上将"仁义礼智"四者并列，认为"仁义礼智"是人之所固有的四种德行。孟子"四端"说影响十分深远，成为宋明以来儒家学者讨论的重要资源。

　　冯友兰就指出，"五常是儒家所讲的五种不变的德性：仁、义、礼、智、信"，"是所有的汉儒都共同主张"，冯先生认为董仲舒虽提出了"五常"，但并未特别强调，而到了《白虎通义》中则将"五常"与五行相合。[③] 在孟子那里的"仁义礼智"四者并列与"五常"相比仅仅缺少"信"字，那么为什么孟子那里未将"信"与"仁义礼智"并列？有学者认为董仲舒将"信"列为"五常"之一，夸大了信的内涵[④]。二程兄弟根据他们对于"信"观念的理解解决了这个问题，并将之概括为"四端不及信"，成为程朱理学"信"观念探讨的一个重要问题。

　　如果说在先秦时期"信"观念孕育并发展，那么在西汉"五常"之说的提出则代表着儒家"信"观念的成熟。可以说"忠信""诚信"、五常之"信"三者构成了程朱理学"信"观念探讨的基础，在继承儒家"信"观念的基础上，明道、伊川二兄弟在理学的视域下开始了对于"信"观念新的探讨。

---

① 《左传·襄公十一年》。
② 《孟子·公孙丑上》。
③ 冯友兰：《中国哲学简史》，北京大学出版社 2010 年版，第 208 页。
④ 张鲁君：《先秦儒家"信"观念研究》，第 40 页。

## 第二节 "以实"与"觉悟"——二程对"信"观念的新发展

二程继承了先秦儒家特别是孔子对"忠"与"信"的理解，以及孟子、《中庸》对"诚"与"信"的理解，在"以实之谓信"的意义上作了新的发展。

### 一、"忠""诚""信"

"信"作为一种德行，在二程兄弟那里常常与"忠""诚"共同讨论，而无论是"忠"还是"诚"都与"信"密切相关。二程也正是在探讨几者关系的基础上给出了对"信"的基本理解。

（一）"忠"与"信"

"忠""信"二字常常连用，在《论语》便有"主忠信""必有忠信如丘者焉"等几处"忠""信"连用的情形。所谓"忠"，一般会被理解为臣子对于君主的态度以及行为，如《论语·八佾》："君使臣以礼，臣事君以忠"。但是《论语·里仁》中孔子又说过"吾道一以贯之"，曾子解释说"夫子之道，忠恕而已矣"，在这个意义上"忠"便不是狭义的以事君为忠。二程主要也是在这个意义上发展了"忠"这一范畴，认为"尽己之谓忠"。

程颢认为"忠"与"信"是表里之义，"尽己之谓忠，以实之谓信。发己自尽为忠，循物无违谓信"。[①] 所谓表里之义指"忠"与"信"其实有着相同的内涵，只是有着内外的区别，所谓"忠"即指向内在的自我，所谓"信"则指向外在的事实。"忠""信"的相同内涵都是真实无妄，因此在讨论《论语·宪问》"子路问成人"一章时，程颢一方面指出："今之成人者，'见利思义，见危授命'，谓忠也；'久要不忘平生之言'，信也"，认为这只不过是在说忠信；另一方面又指出："忠信者实也，礼乐者文也"，[②] 认为"忠"与"信"虽然表现不同，但是都具有"实"的内涵。

程颐与程颢对于"忠"的理解基本一致，但是对于"信"的理解却略有差别。程颐厘清了人们的一些不当理解，当时有人认为"尽己之谓忠，尽物之谓

---

① 程颢、程颐：《河南程氏遗书》卷十一，《二程集》，中华书局 2004 年版，第 133 页。
② 《河南程氏遗书》卷十一，第 123 页。

恕"，程颐认为"尽己之谓忠"没有问题，但是说"尽物之谓恕"就没有说透彻。① 他在这里就区分了"忠""恕"与"信"三个概念，认为应当是"推己之谓恕"，也就是说推己及人才是"恕"，这就是《论语》中"己所不欲，勿施于人"之意。他认为"尽己为忠，尽物为信"，然后详细解释"尽己"就是"尽己之性"，"尽物"则是"尽物之性"。② 不过应当指出，程颐"尽物之谓信"与程颢"循物无违谓信"表达虽有差别，但是其基本内涵却是一致的，即"信"真实反映事物的真实面目。因此，程颐接着"尽物者尽物之性也"又指出，"信者，无伪而已，于天性有所损益，则为伪矣"。③

通俗来说，"尽己之谓忠"其实也就是指为人做事就像对待自己之事一样，可以说是对自己内心的真实反映，因此二程又称"尽心之谓忠"；"尽物之谓信"则是对外在事物的真实反映，二程也称"见于事，谓之信"。④ 就其真实无欺的一面，无论"忠"还是"信"其实都与另一个范畴——"诚"密切相关。因此，由"不诚无物"出发，二程认为"无忠信，则无物"。⑤

（二）"诚"与"信"

现代汉语"诚""信"二字往往连用，它们有着相似的内涵，但是在先秦，二者的联系并不是十分密切。《论语》中还是少言"诚"而多言"信"，自思孟学派开始，"诚"开始受到重视。此时，无论是《中庸》还是《孟子》都未明确指出"诚"与"信"之间的关系。但是，《孟子》已经隐含地揭示出"诚"对"信"的统摄作用。到了汉代，《说文解字》中"诚"与"信"被用来相互解释，许慎将"诚""信"互训虽略有不妥，但是却确确实实表现出"诚""信"二字意义逐渐在靠拢。

所谓"诚"，初始意义为"实"，二程也同样是在"实"的意义上解释"诚"，认为"诚者，实理也"，吕大临进一步解释道："实有是理，故实有是物；实有是物，故实有是用；实有是用，故实有是心；实有是心，故实有是事。故曰：诚者实理也。"⑥ 二程把"诚"作为"信"内核，程颐指出"学贵信，信在诚。诚则

---

① 《河南程氏遗书》卷二十三，第 306 页。
② 《河南程氏遗书》卷二十四，第 315 页。
③ 《河南程氏遗书》卷二十四，第 315 页。
④ 《河南程氏经说》卷六，第 1146 页。
⑤ 《河南程氏粹言·论道篇》，第 1174 页。
⑥ 《河南程氏粹言·论道篇》，第 1169 页。

信矣，信则诚矣。不信不立，不诚不行"。① 如果单看"诚则信矣，信则诚矣"一句，似乎"诚"与"信"的地位是平等的，其实不然，二程指出"闲邪则诚自存，诚存斯为忠信也"，② 由此可见"诚"为"信"的先决条件。"诚"是用来表现内心的真实不欺，正如程颐所说的"有诸中者，必形诸外。惟恐不直内，内直则外必方"，③ 只要做到了"诚"，则自然做到"信"。正因为如此，程颐肯定地指出"诚则信矣，信则诚矣"。但是程颐又指出"信不足以尽诚，犹爱不足以尽仁"，④ 这似乎意指只凭"信"还不足以做到"诚"，这就与"信则诚矣"相矛盾了。其实，"诚"所统摄的并非仅仅一个"信"，而且还统摄着仁义孝悌等诸多范畴。因此，程颐才指出"信不足以尽诚"。

二程又接续孟子"可欲之谓善，有诸己之谓信"，指出"乾，圣人之分也，可欲之善属焉。坤，学者之分也，有诸己之信属焉"，⑤ 这其实就是将善归之于天之道。与思孟学派"诚者，天之道也；诚之者，人之道也"相对应，二程也就是将"善"理解为"诚"，而将"信"理解为"诚之"。所谓"诚之"，《中庸》解释为"择善而固执之"，这就是将"诚"作为"信"的内核。因此，程颢便指出"有诸己之谓信，能充实之，可以至于圣贤"，⑥ "信"不仅仅是一静态的"实"，更是一动态的充实的过程。这样一来，"诚"便是天道精神的体现，而"信"则成为人道精神的体现，是对"诚"的积极追求。

### 二、"以实之谓信"

前面已提及，程颢与程颐对于"信"的表达略有不同，程颢认为"循物无违谓信"，而程颐则说"尽物之谓信"。其实两种表达都体现了相同的内涵，那就是信是实有其理。所谓"尽物之谓信"，程颐认为"尽物者尽物之性也"。所谓"性"，其实不过是"理"自禀赋而言，因为"心、性、天，只是一理"，"自理言之谓之天，自禀受言之谓之性，自存诸人言之谓之心"。⑦ "尽物之性"不过是真实反映事物之理。这样一来，程颐"尽物之谓信"其实也就是表达了"循物无违

① 《河南程氏遗书》卷二十五，第 318 页。
② 《河南程氏遗书》卷二上，第 26 页。
③ 《河南程氏遗书》卷十八，第 185 页。
④ 《河南程氏遗书》卷二十五，第 324 页。
⑤ 《河南程氏遗书》卷四，第 74 页。
⑥ 《河南程氏外书·罗氏本拾遗》，第 385 页。
⑦ 《河南程氏遗书》卷二十二上，第 296—297 页。

谓信"。后来朱熹也正是在继承二程"以实之谓信"的理解，对"信"观念有了新的发展。

　　既然"信"不过是实有其理，那么如果"信"作用于心性，那么其实也就没有什么"信"了。程颐屡屡讨论"四端不言信"这个问题，认为信无所谓在与不在，信不过是有此理，因为有了不信，才有了信。"四端"本是《孟子》一书的用语，指仁、义、礼、智的发端——恻隐之心、羞恶之心、辞让之心、是非之心，信与仁、义、礼、智并列为五常之一，然而孟子却没有提到信之端。程颐就举了东西南北四个方向为例，认为"东西南北已有定体，更不可言信"，即是说东西南北本来如此，但是如果"以东为西，以南为北"，这样并非实际的样子，因此就产生了不信。① 而信正是因为不信的缘故而产生。程颐认为只要实有其理，那么东便是东，西便是西，根本就不需要什么"信"了。"性者自然完具，信只是有此"，就是说"信"其实不过是有"仁""义""礼""智"，是对"仁""义""礼""智"的再一次强调。程颐认为这也正是《孟子》一书中的"四端"并未涉及"信"的原因。程颐接着"四端不言信"的问题又讨论了"信"在"四端"中的作用，有人问程颐"信在四端，犹土王四季乎"，程颐并未正面回答这个问题，而是指出"信"无所谓在与不在，他认为"信""在《易》则至理也，在孟子则配道义之气也"。② 后面我们会看到，朱子肯定了信在"五常"中正如土在五行中的地位，这一点便构成了朱熹与二程兄弟论"五常之信"的主要不同。

　　这样，二程对"信"这一儒家伦理中的重要范畴从天理的高度又作了新的阐释，所谓"以实之谓信"，其实也正是实有此理。实有此理，故一方面能够彰显人性之"四端"，另一方面则可以真实反映外在的事物。前者之"信"内在于人之性情，后者之"信"外显于人伦物用。但是如此一来，"五常之信"似乎与"忠信之信"便割裂开来，处于不同的层次，如果将二者并列似乎存在某种矛盾。但是这种矛盾在二程这里仅仅初露端倪，问题的发现与解决有赖于朱熹、陈淳师徒。

① 《河南程氏遗书》卷十五，第 168 页。
② 《河南程氏粹言·论道篇》，第 1176 页。

## 第三节 "心""理""事"——朱子对"信"观念的整合

如果说伊川、明道二先生在继承原始儒家"信"观念的基础上，立足于理学思想体系重新阐释了儒家之"信"，建立起理学"信"观念，那么在朱子这里，理学"信"观念臻于成熟。应当指出，虽然朱子"信"观念主要继承于二程兄弟，但是这种继承并非如同理学的传承一样直接接续北宋五子尤其是二程兄弟，朱子对二程"信"观念的继承可谓是一种间接继承。朱子"信"观念主要体现在朱子注释经典以及就经典与学生讲学议论的过程中，正是在对儒家经典中含有"信"的章句阐释中，朱子构建出一套"信"观念系统。所谓间接继承，就是指朱子通过经典阐释形成自己的"信"观念，而非直接吸纳二程兄弟的"信"观念。朱子对儒家经典尤其是四书的注疏可谓遍采诸家，但对二程兄弟的注解尤为重视。《四书章句集注》中的很多注解，正如朱子的弟子陈淳指出的，"乃是即程子之意而发明之"。① 朱子正是在吸收二程兄弟对于儒家经典的注解以及阐发的基础上吸纳了他们的"信"观念，因此可谓是间接继承。由于朱子对于"信"观念的阐发通过经典注释这一过程而形成，而朱子对于二程兄弟的注解并非全盘吸收，而是广泛吸纳各家注解，遍采诸长，因此朱子"信"观念与二程"信"观念可谓同中有异。可以说，把握朱子对儒家经典的注解是理解朱子"信"观念的一个重要线索。

### 一、忠信

无论是为人之忠还是交友之信都是通过应接事物过程中的言语、行为呈现的，因此程颢指出"发己自尽为忠，循物无违谓信"。② 二程兄弟所讨论的忠信主要是就应接事物而言的"忠信"，然而朱子在与学生讲学讨论时则指出儒家经典中的"忠信"实有不同，有就应接事物而言，有即心而言，不能一概而论。我们看到正因为二程之"忠信"主要是即事而言，因此在某种程度上与"五常之信"处于不同的层次，很难统一。二程兄弟也尝试作出统一"忠信"与"五常之信"的努力，但我们现在所见不过只言片语，不成体系。而朱子立足于儒家经典的阐

---

① 陈淳：《答廖师子晦书一》，载曾枣庄、刘琳主编《全宋文》第295册，上海辞书出版社、安徽教育出版社2006年版，第4页。
② 《河南程氏遗书》卷十一，第133页。

释，尝试以"忠信"为核心，统一"信"观念体系。下面首先讨论朱子对"忠信"观念的区分，然后通过"诚"与"忠信"的对待探索"忠信"之统一。

（一）"心""理""事"——忠信的不同"地头"

"忠信"本身是否具有等级？在与学生讲学讨论中，朱熹立足于儒家经典，回答了这个问题。有一次朱子与学生讨论忠信问题，学生童伯羽（字蜚卿）举出圣贤所说的忠信来比较它们的异同之处，朱子就指出这些忠信都是同一个，仅仅因为"地头"不同而有异。这时朱子的另一个弟子黄榦（字直卿）顺势便说道，乾卦之"忠信"与其他地方所说的"忠信"，正像孔子之"忠信"与子思所谓"违道不远"之"忠恕"相似。黄榦所说不过是指出"忠信"如同"忠恕"一样有等级，就"忠恕"而言，一方面有"夫子之道，忠恕而已矣"，[①] 另一方面又有"忠恕违道不远"，[②] 不区分等级难以调和二者。黄榦正是看到了乾之"忠信"与其他地方所说的"忠信"似乎截然有别而指出"忠信"有不同的等级。朱子断然否定了黄榦之说，认为二者并非有等级，而是"地头"有别。由此可见，朱子否认"忠信"有等级，其区别只在于"地头"不同。那么朱子所谓"地头"究竟是什么？这有必要仔细考察一下黄榦所说的乾之"忠信"。

黄榦所说的乾之"忠信"，实际上是指《文言》对周易乾卦九三爻辞"君子终日乾乾，夕惕若，厉无咎"的解释，即："君子进德修业。忠信，所以进德也；修辞立其诚，所以居业也。"[③] 朱子在《周易本义》中对此进行了解释，"忠信主于心者，无一念之不诚也；修辞见于事者，无一言之不实也。虽有忠信之心，然非修辞立诚，则无以居之"。[④] 乾之"忠信"是就心上说，而"修辞立其诚"是就事上说。但是这样一般所谓的"忠信"其效果恰恰便是验之于事，表现为言行之实，却成了"修辞立其诚"。因此有人就一般所谓"忠信"对乾之"忠信"提出了质疑，"疑忠信是指言行发于外者而言，如'为人谋而不忠，与朋友交而不信'，皆是发见于外者，如何却言'进德'？'修辞立诚'与忠信果何异？"[⑤] 朱熹便指出乾之"忠信"是心中实见其理，因而可以进德；而一般所谓"忠信"则属于"修辞立诚"，是就言语上说。朱熹在讲学中问起什么是"忠信进德"，其弟子

---

① 《论语·里仁》。

② 《中庸》。

③ 《周易·文言》。

④ 朱熹：《周易本义》，中华书局 2009 年版，第 36 页。

⑤ 黎靖德编：《朱子语类》卷六九，中华书局 1986 年版，第 1722 页。

杨道夫（字仲思）回答"恐只是'发己自尽，循物无违'"，①"发己自尽，循物无违"正是程颢对"忠信"的阐发。朱熹也立马指出"发己自尽，循物无违"说的是应事接物的"忠信"，依旧是"修辞立其诚"，并非"忠信进德"。如此，则乾之"忠信"以心言，"主忠信""与朋友交言而有信"之"忠信"以事言。"心"与"事"便成为朱熹所说的"地头"，以心言，则本之于内；以事言，则见之于外。

　　"忠信"见之于事表现为"忠信"之事，因而具体而易解；但乾之"忠信"以心言，便显得抽象，难以理解。朱子十分赞赏程颐在《周易程氏传》中对乾之"忠信"所作的"内积忠信"的注解，认为"积"字说得好，传达出积在内心而未见之于事之意。正因为"忠信"积于内，故能一言一动皆能忠信。有学生问及曾子"为人谋而不忠乎，与朋友交而不信乎"之"忠信"却是从外面来谈"忠信"，难道是内心之工夫已经做到？朱子认为，"内外只是一理。事虽见于外，而心实在内"。②因此，"忠信"无论以心言还是以事言，都有其统一之处。既然"忠信""内外只是一理"，那这一理究竟是什么？程颐曾经指出，"忠信者，以人言之，要之则实理"。③这一理正是程颐所说的实理，朱子对此作了发挥，他认为"以人言之，则为忠信；不以人言之，则只是个实理"。④无论是见于心还是见于事，都可以说是以人言之，因而称为"忠信"。但是"忠信"还可以不以人言之吗？《礼记·乐记》中有"天则不言而信，神则不怒而威"这样一句话，朱子在与学生讨论中便用"实理"来解释"天则不言而信"。但是所谓"实理"究竟是什么，程颐认为"实理者，实见得是，实见得非"，⑤朱子却指出"实理"与"实见"是不同的。朱子认为理是在物而言的，见是在己而言的，物物都有实理，而人需要确实见得实理才是实见。朱子对"实理"与"实见"的区分表现在对"忠信"的理解之中，弟子刘砥（字履之）问易之"忠信"是否只是说的"实理"，朱子指出"此说实理未得，只是实心。有实心，则进德自无穷已"。⑥但在另一处，朱子却又承认"忠信进德"中"忠信"是在说实理。⑦《朱子语类》两条记

①　《朱子语类》卷六九，第 1716 页。
②　《朱子语类》卷二一，第 486 页。
③　《河南程氏遗书》卷十一，第 121 页。
④　《朱子语类》卷二一，第 503 页。
⑤　《河南程氏遗书》卷十五，第 147 页。
⑥　《朱子语类》卷六九，第 1720 页。
⑦　《朱子语类》卷六九，第 1712 页。

载似乎矛盾，但是其实朱子并未否认乾之"忠信"是实理，而是指出实理之说不准确，实心之说才确切。那么"实理"与"实心"究竟如何分别？朱子就《中庸》中"诚者，物之终始"，认为这是指实理而言；而"君子诚之为贵"，认为这是指的实心而言。他在另一处与学生讨论中说得更具体，指出"实心是义理底心"。① 那么所谓"实理"其实便是义理，"实心"不过是心存义理。朱子用大学诚意"如好好色，如恶恶臭"之说来解释乾之"忠信"，诚意之前自有格物致知，因此乾之"忠信"便是内心真正识得义理，从而能够进德。朱子反问："见得分明，方有个进处，若不曾见得，则从何处进？分明黑淬淬地，进个甚么？"② 正因为"德"是指"得之于心者也"，③ 朱子肯定了乾之"忠信"只是实心。

立足于乾之"忠信"的特殊性，朱子以"心""理""事"三者区分了儒家圣贤所言之不同"忠信"。"心""理""事"三者正是朱熹所谓的"地头"，"忠信"以心言则存于内，以理言则无所不在，以事言则见于外。可见，朱熹使用的"地头"不过是指"忠信"的不同作用范围。有了"心""理""事"三者的区分，儒家经典中的"信"观念便能够从"忠信"意义上统一起来。

（二）"诚"与忠信

在具体讨论"忠信"的不同"地头"之前，还有必要先研究一下在朱子那里"诚"与"忠信"的关系。首先，朱子对于"诚"的认识与二程兄弟略有区别。他指出自从汉代以来，人们专门用"诚悫"来言诚。所谓"诚悫"，大概同于今日的真诚，意义在于表现内心真实诚恳的态度。自从二程兄弟倡明道学，将"天理"上升为最高范畴，同样也从"天理"的角度论诚，以"实理"来言诚。朱子认为二程后学都放弃了两汉以来的"诚悫"之说，而专主二程"实理"之说。但是《中庸》论"诚"，既有言实理的，也有言诚悫的，因此不可只把"实理"当作诚。正因为二程仅仅将"诚"理解为实理，所以"诚"与"信"关系较为简单，一方面"信不足以尽诚"，另一方面能"诚"则能"信"。朱子取"诚悫"与"实理"二说，在圣人与众人两个维度论述了"诚"与"信"的复杂关系。

朱子与学生讨论乾之"忠信"时，他指出"忠信进德"之"忠信"便是"诚"。朱子学生就此而感到疑惑，提出疑问，"'诚'字说来大，如何执捉以进

① 《朱子语类》卷九八，第 2530 页。
② 《朱子语类》卷六九，第 1724 页。
③ 《朱子语类》卷六九，第 1714 页。

德?"朱子便回答说"由致知格物以至诚意处，则诚矣"。① 由此可见朱子提出"忠信"便是"诚"，这个"诚"正是大学诚意之"诚"。在另一处，朱子也明确指出："这'忠信'二字，正是中庸之'反诸身而诚'，孟子之'反身而诚'样'诚'字"。② 但是当学生问起"忠信进德"是否圣人之事时，朱子断然予以否认，并指出如果是圣人之事就不用说"忠信"了，只可以说得是"至诚"。由此可见，朱子区分"反身而诚"、"诚意"之"诚"与"至诚"之"诚"，二者的区分正是上面所说的"诚悫"与"实理"之分。"忠信进德"之"忠信"以"心"言，对于"修辞立其诚"，朱子认为这里的"诚"便就是"忠信"，此"忠信"以事言。"修辞立其诚"之"诚"必然同样区别于"至诚"之"诚"。那么，无论是以"心"言，还是以"事"言，乃至以"理"言，"忠信"与"诚"的关系区别不大。

问题的关键便是"诚悫"与"实理"究竟有何不同？朱子讨论了《中庸》所说的"诚"，他指出"诚者，天之道也"，便是诚；"诚之者，人之道也"，就是信。那么，所谓"诚者"便是"至诚"，是"实理"；"诚之者"便是"反身而诚"，"诚意"，是"诚悫"。因此，如果准确来说，只有"至诚"才能称为"诚"，朱子就指出"诚是自然无妄之谓。如水只是水，火只是火，仁彻底是仁，义彻底是义"，因此，"诚"与"信"的区分便真正显示出来，"诚是自然底实，信是人做底实"，"诚"是自然如此，"信"却是人做工夫中对"诚"的积极追求。③ 但是朱子又立足于儒家对圣人与众人的不同认知，指出圣人之"信"便是"诚"，而众人之"信"只能叫作"信"，不能叫作"诚"，其原因大概就是在儒家话语体系中，圣人生而知之，自然如此，而众人则有待于后天的积极学习。

如此一来，"忠信"与"诚"相对并不需要"心""理""事"的区分，而是十分统一。就圣人而言，"忠信"即是"诚"；而就众人来说，"忠信"仅仅只能说是"诚之者"，是对"诚"这种自然如此的状态的积极追求，有待于后天的工夫。

## 二、"信"与"义"

"忠信"见之于事，"忠"与"信"的效果实有差异。正如前所述，二程兄弟

① 《朱子语类》卷九七，第 2492 页。
② 《朱子语类》卷六九，第 1721 页。
③ 《朱子语类》卷六，第 103 页。

首先确切界定了"忠"与"信"两个范畴，阐述了二者之间的联系与区别。朱子在与学生讲学讨论中接续二程兄弟对"忠""信"观念的阐释，结合丰富的事例辨析了"忠""信"二范畴，使"忠""信"表现得更为具体、生动。然而朱子在对儒家经典的阐释过程中却发现了一个问题，即"信"与"义"二范畴不可避免地要发生矛盾。如果"忠信"以事言，则"忠""信"二者就有所区别，正如程颢所理解的那样"发己自尽为忠，循物无违谓信"。所谓"循物无违"，表现在言行关系上，就意味着言语一定要得到践行。朱子意识到这一点，认为"信是言行相顾之谓"。① 但是如果提到行，儒家对此存在另外一种要求，这便是义。如果一味强调言行相顾，很有可能因为追求信而陷入不义的境地；如果一味追求义，则有可能言而无信。"信"与"义"这两种美德竟然有可能相互冲突，不得不说令人遗憾。对此，朱子通过对儒家经典的重新阐释，以自己独特的方式化解了二者的矛盾。

（一）"忠"与"信"

朱子根据儒家经典中对"忠信"的使用从"心""理""事"三方面作了区分，正如前面提到的，"以人言之，则为忠信；不以人言之，则只是个实理"，② 而"实心"也不过是"实理"蕴之于心。因此，就"心""理"两方面，"忠信"无所谓"忠"与"信"之区分，但是从"事"这一方面，"忠"与"信"的差异就体现出来。因此，凡是涉及"忠"与"信"之区分的"忠信"都是即事而言，伊川、明道二先生正是在这一层面区分了二者。朱子为了以"忠信"统一儒家经典中"信"的不同维度，而将"忠信"从"心""理""事"三方面进行了划分，但是他也认识到"忠信"主要是还是即事而言，"忠信以人言之，须是人体出来方见"。③ 因此，对于二程兄弟对"忠""信"所作的新阐释，朱子一概吸收，在此基础上结合具体事例予以补充。

二程认为"忠"与"信"的关系为表里内外，朱子同意这个观点，他认为"忠信只是一事，而相为内外始终本末。有于己为忠，见于物为信。做一事说，也得；做两事说，也得"。④ 既然"忠信"只是一个道理，那么"忠信"其中任何一个便同时指代了二者。因此当学生问及有时候只会说到"信"字，而不会提到

① 《朱子语类》卷二一，第 486 页。
② 《朱子语类》卷二一，第 503 页。
③ 《朱子语类》卷六，第 103 页。
④ 《朱子语类》卷二一，第 486 页。

"忠"字时，朱子便断然肯定这个"信"字便同时就表里而言；学生又问及有的只说"忠"字儿不说"信"字，朱子便指出"信非忠不能，忠则必信矣"。① 虽然"忠"与"信"都可以兼有二者而言，但是毕竟"忠"更强调存于内，"信"更强调发于外。朱子将"恭敬"二者的关系与"忠信"类比，认为"敬"与"忠"相似，都是存主于内心的；"恭"与"信"相似，都是发显于外面的。因此就"恭敬"与"忠信"这种表里关系，朱子一方面肯定了"凡言发于外，比似主于中者较大。盖必充积盛满，而后发于外，则发于外者岂不如主于中者"，② 另一方面又强调存主于内心之中的"忠"却是根本。朱子在另一处中则概括得更为简练，指出"忠是信之本，信是忠之发"。③ 有人问及程颢所说的"发己自尽为忠"，为什么不说成是"反己"，朱子便回答说"若言反己，是全不见用处，如何接得下句来"，④ 这就意味着"忠"虽存主于内，但其仍然有作用向外的一面。因此"忠"强调的不是存主于中，而是强调"发于心而自尽"。⑤

朱子对于二程对"忠""信"字义的界定赞赏有加，认为二程以前儒者何尝说到这个程度。朱子认为程颐对于字义的界定极为准确，"一心之谓诚，尽心之谓忠，存于中之谓孚，见于事之谓信"，感叹"被他（程颐）称停得也不多半个字，也不少半个字"。⑥ 朱子还对比程颐、程颢二兄弟对于"忠信"的界定，对于"尽己之谓忠，以实之谓信"，朱子认为"伊川之语严，故截然方正"；对于"发己自尽""循物无违"，朱子指出"明道之语，周于事物之理，便恁地圆转"。⑦ 朱子认为伊川和明道之说其实都是一样的，所谓"循物无违"其实就是"以实"，不过是说得更为详细罢了。总体而言，朱子十分满意二程对"忠信"的解释，当学生林夔孙（字子武）问起"尽己之谓忠"，朱子就指出："'尽己'字本是'忠'字之注脚。今又要讨'尽己'注脚，如此是隔几重！"⑧ 朱子对此的贡献并非对二程之说再作解释，而是以丰富的事例来丰富二程之说。例如，朱子以足疾来解说"发己自尽"与"循物无违"，"足有四分痛，便说四分痛，与人说三分，便不是

① 《朱子语类》卷二一，第 492—493 页。
② 《朱子语类》卷六，第 123 页。
③ 《朱子语类》卷二一，第 486 页。
④ 《朱子语类》卷二一，第 490 页。
⑤ 《朱子语类》卷二一，第 486 页。
⑥ 《朱子语类》卷二一，第 491 页。
⑦ 《朱子语类》卷二一，第 491 页。
⑧ 《朱子语类》卷二一，第 486 页。

发己自尽","实是病足,行不得,便说行不得;行得,便说行得。此谓循其物而无违";① 朱子还以与人说话为例,指出与人说话时说到底而不是只说一半不肯说尽,这便是"忠",说话时有这件事情就说有,没有就说没有,这便是"信"。

程颐对于"信"还有一个解释便是"尽物之谓信",朱子指出所谓"尽物"其实也就是"循物无违"。有人问朱子,所谓"物"是否是性中之物?朱子对此断然否定,认为"物"是指的性外之物,也就是眼前之物。朱子认为就算是"有物有则"之"物",也同样是眼前之物。就"物"与"则"而言,朱子竟指出"语言,物也;而信,乃则也"②。将语言视之"物",很自然地由"尽物之谓信"推广到"在人无不实之言为信"。③ 而"言之实"就不仅仅体现在语言自身之中,同样需要行动予以实现。这样,"信"就与言与行紧密联系起来。

(二)"义"与"信"

对于言语是否一定要践行,在先秦时期,《论语》《孟子》中都有相关的讨论。《论语》中有子对于"言""行"关系也有一番讨论,"信近于义,言可复也;恭近于礼,远耻辱也;因不失其亲,亦可宗也",④ 有子似乎有调和"信"与"义"二者的意图。在《孟子》中则有"大人者,言不必信,行不必果,惟义所在",⑤ 孟子似乎主张为了"义"便可以牺牲"信"。但是应当指出无论是"义"还是"信",都是儒家所推崇的道德,牺牲其中一个德目以成全另一德目显然不能令人满意。朱子发现了"信"与"义"之间似乎存在某种张力,他尝试通过重新阐释儒家经典来解决这种矛盾。前面已经提到,在朱子对于"忠信"的区分中,关涉到言行关系的"信"仅仅是"忠信"见之于事。虽然在儒家所谓"五常"中,"义"与"信"并列,但是"五常之信"并非以事言,而是以理言。这里所探讨的"信"因为涉及言行关系,因此并非"五常之信"。

对于语言和行为,朱子极为肯定"信"的价值。谈及"言必信,行必果"时,朱子认为"言自合著信,行自合著果,何待安排。才有心去必他,便是不活,便不能久矣"。⑥ 虽然"言必信,行必果"也可以称为士,但是孔子毕竟称

---

① 《朱子语类》卷二一,第491页。
② 《朱子语类》卷二一,第492页。
③ 《朱子语类》卷二一,第492页。
④ 《论语·学而》。
⑤ 《孟子·离娄下》。
⑥ 《朱子语类》卷三六,第952页。

其为"硁硁然小人哉"。朱子指出"小人，言其识量之浅狭也"，① 即这里的小人之意不同于别处。朱子之意在于指出小人由于语言与行为都期必有其效果，有意为此因而识量浅狭。也就是说朱子通过对"必"字的否认肯定了"信"对"言""行"的绝对价值。这一点也体现在朱子对《孟子》中"言不必信，行不必果"的态度之中，他认为"言不必信，行不必果"应当急忙连着下句"惟义所在"一块读，如果偶然脱掉下一句，甚为害事。而且朱子特别强调"言不必信"不具有普遍性，因此有人问起"大人言不必信"时，朱子直接指出"此大人之事。大人不拘小节，变通不拘"。② 而且朱子强调就算是大人，也并不是直接就说自己言语不信，只是到了特殊情况下才必须那样做。由此可见，对于孟子关于"信""义"关系的论述，一方面朱子肯定"惟义所在"的重要性；另一方面就算这样朱子还是认为这仅仅能够成为"大人之事"。其实在孟子那里也未必有什么大人、学者之分，孟子之意不过以"义"来规范"信"，肯定"义"的绝对价值。但是朱子却不仅肯定了"义"，同时也强调"信"的绝对价值。但是"信"与"义"二者毕竟有可能发生冲突，朱子又如何解决这两种德目之间这种张力呢？

　　朱子的解决方案就在于对《论语》中有子"信近于义，言可复也"的阐发。朱子认为《论语》中有子所言都文字晦涩，难以为人所理解，但是朱子又承认有子之言却仍旧有些滋味，需要仔细玩味。正是基于这一点，朱子重新注解了有子所言"信近于义，言可复也"，消弭了"信"与"义"之间的矛盾。对于有子所言，张载与程颐都有注解，朱子对二者的注解都进行了品评。张载指出"君子宁言之不顾，不规规于非义之信"，③ 这其实便是成全"义"而牺牲"信"。程颐则认为"信本不及义……然信近于义者，以言可复也"，④ 这便是从言语可以得到践行这一点肯定信近于义，其重点在于肯定"信""义"相近，而非协调二者。朱子在评价程颐的注解时，就认为程颐之说也可以作为一说，但是却忽略了紧要处，因此认为程颐之说离文义太远。朱子在评价张载注语时，指出这其实不过是先儒对此的理解，问题在于对"言可复也"的"也"字理解有误，但是张载的理解还是比较靠近文义的。张载对于"信"与"义"关系的处理其实落在语言说出后即将践行之际，当言语合乎"义"的要求时，就践行其言，否则便不践行。朱

---

① 　朱熹：《四书章句集注》，中华书局 2011 年版，第 138 页。
② 　《朱子语类》卷二二，第 526 页。
③ 　张载：《正蒙·有德》，《张载集》，中华书局 1978 年版，第 44 页。
④ 　《河南程氏遗书》卷八，第 103 页。

子指出，他与张载的区别就在于将"言可复也"的"也"理解为"矣"字，言语可以践行成为必然的后果。那么朱子对"义"与"信"矛盾的解决就不在于矛盾已经产生之后，而是矛盾未出现之前，只有如此言语才必定可以得到践行。朱子指出"言约信而合其宜，则言必可践矣"，[①] 这就是说人与其他人要约之前要先考虑一下所要说的话是否符合"义"之规范，如果符合那便说，不符合就不说，如此所说出的话便必定可以践行了。朱子认为，张载以及先儒正是将"义"与"信"这一符合的过程放到了言语说出之后，因此导致了"义"与"信"之间的两难抉择。"与人要约不是当，不问行得行不得，次第践其言，则害于义；不践其言，则害于信"，[②] 张载必然面对一个"信"与"义"之间取舍的难题，张载做出了舍"信"取"义"的选择，但这不能不说是令人遗憾的。问题的关键不是在言语说出之后，而应在言语说出之前。朱子明确给出了他的态度，"某看来，是要人谨于未发，皆是未交际之先"。[③] 这样，朱子便真正协调了"信"与"义"二者，一方面"言必信"，另一方面也能够"行必义"。

但是朱子的学生对此仍有质疑，既然与人约信要合其宜，不能妄言，但是毕竟人所能考虑的事情是有限的，有时候不可能考虑得那么周到，那么万一预料不到的事情发生怎么办？朱子认为这样也无可奈何，但是在这里他还是不愿意放弃"信"这一美德，而是指出导致料事未及的原因在于自己未能明理。然而朱子的学生徐宇（字居父）却想到了另外一种情况，他就"尽己之谓忠"指出，"今有人不可以尽告，则又当如何？"[④] 所谓"不可以尽告"是指有的人凶恶，如果如实告诉他相关信息，可能便导致杀人的惨剧，因此不可以如实言说。不如实相告自然属于不忠，但是朱子还认为"忠信"一体，不忠则必不信，这也自然"不信"。朱子在这种情况下就不得牺牲"信"，指出"信不近义，则不可以复"，其实质便是将张载"君子宁言之不顾，不规规于非义之信"搬出来救急了。但是应当指出，朱子主张的方法毕竟可以解决大部分"义""信"冲突，这正是朱子对"义""信"关系的一大贡献。为了成就"义"而牺牲"信"毕竟是特殊情况，较为少见，只能在朱子那里充当一种不得已的补充。

---

① 朱熹：《四书章句集注》，第 54 页。
② 《朱子语类》卷二二，第 521 页。
③ 《朱子语类》卷二二，第 521 页。
④ 《朱子语类》卷二一，第 491 页。

### 三、五常之信

在儒家思想中，"信"还有一个非常重要的用法，那就是与"仁义礼智"四者组合而为"五常"。自董仲舒首先将"仁义礼智信"五者并列，在二程以前人们讨论的"五常之信"实际上与"忠信"之"信"并没有太大区别。然而二程兄弟却认为"五常之信"与一般所说的交友之信、言行之信实有差异，并对"五常之信"作出了独特解释。朱子则仍旧坚持伊川、明道二先生的看法，也同样放弃了日常言语中对"信"的理解，给予"五常之信"以新的解释。冯友兰先生就明确意识到这一点，他指出程朱论"信"不同于我们日常生活中所说的"信"，而是"以诚行仁义礼智"。[①] 然而冯先生却没有意识到为何程朱要放弃"信"的日常用法，而赋予"五常之信"以新的理解。对"五常之信"的重新阐释并不是一个理学家偶然的行为，而是程颢、程颐兄弟，朱子乃至朱子的学生陈淳等诸多理学家共同认可，并依次传承下去的理论修正。二程兄弟对"五常之信"作出了自己独特的注解，但是也同时将"五常之信"与交友之信、言行之信割裂开来。朱子意识到这种"信"观念本身应当是统一的，因此尝试以儒家经典中的"忠信"为核心，将"信"观念统一起来。

（一）天理与五常

对比程朱理学与先秦儒学，最大的一个变动便是将"理"上升为最高的哲学范畴。陈来先生指出，"二程哲学中的'天理'既指自然的普遍法则，又指人类社会的当然原则，天理的这种意义本身就表现了天人合一"。[②] 对于"理"，朱子的理解与二程一致，"至于天下之物，则必各有其所以然之故与所当然之则，所谓理也"。[③] 由程朱对于"理"的理解，可知理具有普遍性，事事物物皆有理。这种普遍性不仅体现在物质世界，同样也表现在思想世界，即"理"无可避免地统摄其他诸范畴。可以说先秦儒学中并不存在这样一种普遍的最根本的法则，但是自从二程将"天理"或"理"这样一种范畴加入到儒学思想体系中，一切便都要相应作出改变，这种改变便体现在二程、朱子对于原始儒家诸范畴的重新诠释。

既然"理"具有普遍性，那么其作用范围就不仅仅是自然界，同样也涉及人

---

① 冯友兰：《新理学》，江苏文艺出版社 2010 年版，第 118 页。

② 陈来：《宋明理学》，生活·读书·新知三联书店 2011 年版，第 89 页。

③ 朱熹：《四书或问·大学或问》，朱杰人等编：《朱子全书》第 6 册，上海古籍出版社、安徽教育出版社 2010 年版，第 512 页。

自身。但是"理"随其作用范围的不同而具有不同的名字，程颐就指出"在天为命，在义为理，在人为性，主于身为心，其实一也"，①这就直接指出命、理、性、心是同一的，其实也就是理。程颐特别强调"性"与"理"的同一，他认为"性即理也，所谓理，性是也"。②朱子也同样认同"性即理"。

那么"仁义礼智信"五常与"理"以及"性"是什么关系？在理学形成之前，韩愈就指出"其所以为性者五：曰仁、曰礼、曰信、曰义、曰智"，③这就将"仁义礼智信"五者当作"性"。对于韩愈以此五者为性，朱子十分赞赏，"却是韩愈说性自好，言人之为性有五，仁义礼智信是也。指此五者为性，却说得是"。④朱子还就《中庸》"天命之谓性"肯定了"仁义礼智信"五者就是性，"问：'如何谓之性？'曰：'天命之谓性。'又问：'天之所命者，果何物也？'曰：'仁义礼智信。'"⑤正因为"性即理"，朱子同时便肯定了"仁义礼智信是理，道便是统言此理"。⑥但是朱子还指出了"性"与"仁义礼智"四者的区别，性是"理"之总名，因而是万善之总名，而"仁义礼智"四者则是性中一理之名。那么"性"是众理，而"仁义理智"四者则是一理。因为程朱将"五常之信"理解为实有仁义礼智四者，故这里仅仅提到"仁义理智"。

虽然朱子为了统一儒家经典中对"忠信"的使用，将"忠信"按照"心""理""事"三者作出区分，但是一般所谓"忠信"，如曾子所谓"为人谋而不忠乎，与朋友交而不信乎"，往往是即事而言。"忠信"又往往与"孝悌"并提，能够做到"忠信""孝悌"其实并不算是很难的事，因此孔子说"十室之邑，必有忠信如丘者焉，不如丘之好学也"。⑦朱子也意识到了这一点，认为仅仅能够做到"言忠信，行笃敬"是不够的，汉唐以来并不是没有这种忠信之人，但是为什么自孟子之后儒家道统却无人继承？朱子便指出"盖道理至广至大，故有说得易处，说得难处，说得大处，说得小处。若不尽见，必定有窒碍处"。⑧孔子肯定"言忠信，行笃敬"可以行于蛮貊之邦，而朱子却指出这仅仅是从小的方面说

---

① 《河南程氏遗书》卷十八，第204页。

② 《河南程氏遗书》卷二十二上，第292页。

③ 韩愈：《原性》。

④ 《朱子语类》卷一百零一，第2592页。

⑤ 《朱子语类》卷一九，第2381页。

⑥ 《朱子语类》卷九五，第2421页。

⑦ 《论语·公冶长》。

⑧ 《朱子语类》卷一九，第435页。

的道理，必须从小处理会透彻根本的道理，如果只看到"言忠信，行笃敬"这种小的方面而奉行这一德行，是不够的。那么言行之信、交友之信这些美德都仅仅是从小的方面展现出来的，其实并不根本，最根本之处在于通过格物致知获得对于"天理"的认识。如此一来一般所谓的"忠信"在理学思想体系中其实处于较为边缘的位置。

另一方面，"信"与"仁义礼智"并列而成为"五常"。在二程兄弟倡明道学之前，将"五常之信"理解为言行之信、交友之信并不产生什么问题，可以仅仅将这五者视为五种美德。但是在理学思想体系中，"五常"被视为"五性"，同时又因为"性即理"，"仁义礼智信"五者又可以视之为理，同理学中最核心的范畴"天理"紧密联系在一起。那么"仁义礼智信"五者便就是人性之中最根本的法则，应当是内在于人心之内的。自孟子倡导"仁义内在"，"仁义礼智"四者内在于人心之内自然没问题，但是一般所说的"信"却很难可以说内在于人心。对于言行之信、交友之信，程颐指出"见之于事之谓信"，朱熹则指出"信是言行相顾之谓"，这些理解都将"信"观念理解为外在的，因此很难与内在的"仁义礼智"四者并列。由此二程便借着孟子"四端"不涉及信这个问题的讨论，对"五常之信"做了新的界定，认为信便是实有仁义礼智四者，不过是对四者的再一次强调。朱子则同样持这种立场，但是他意识到如此一来"信"关系体系就变得支离了，因此尝试以儒家经典中"忠信"的使用为依据，从"心""理""事"三方面统一"信"观念体系。但是"忠信"一般的使用情况往往是即事而言，以儒家经典为依据从"心""理""事"三个角度对其作出区分固然很完美，但毕竟偏离了日常生活中对"忠信"的使用。

（二）五常与五行

朱子论"五常之信"的一大特色便是将五行引入五常的讨论中，以"土"在五行中的地位类比"信"在五常中的地位，以此回答为何孟子提到的"四端"中不涉及信的问题。朱子应用周敦颐《太极图说》的太极—阴阳—五行的宇宙生成图式阐释五常的地位，可以说朱子以五行论"五常"很大程度上有取于周敦颐尤其是其《太极图说》的哲学思想。

朱子哲学思想受周敦颐影响颇深，他在《伊洛渊源录》中便将周敦颐放到二程之前，实际上尊奉周敦颐为理学开山。同时他又肯定二程兄弟曾经求学于周敦颐，二者之间存在师承关系，如此一来朱子自身便从师承传授上与周敦颐、二程联系起来。朱子哲学思想正是对濂（周敦颐）洛（二程）二学的有机结合，他一方面吸收了周敦颐《太极图说》这种由"太极"到"阴阳"到"五行"再到万物宇宙生化模式，另一方面又继承了二程开创的理学思想。作为二者的结合之处便在于太极，朱子将"太极"理解为二气五行之理，并非是别有一个物称为太极，所谓"无极而太极"便是无形而有理。对于"太极"，朱子又特别指出"太极非是别为一物，即阴阳而在阴阳，即五行而在五行，即万物而在万物，只是一个理而已"，[①] 也就是说"太极"仅仅存在于阴阳二气之中，并不能离开阴阳二气而存在。因此朱子肯定了其普遍性，"大而天地万物，小而起居食息，皆太极阴阳之理也"。[②] 那么如此一来《太极图说》这种宇宙生成图式便成为气与理合化生万物的过程。如果仅仅从"太极""阴阳"的角度来说，朱子不过是根据二程所开创的理学体系来理解《太极图说》，不过是有理有气罢了。但是《太极图说》不仅仅涉及"太极""阴阳"，毕竟还包括一个由"阴阳"到"五行"生化万物的过程，恰恰这个过程二程理学体系所言甚少。程颐、程颢兄弟虽然在十四五岁时曾经求学于周敦颐，但是二人似乎并未传承周敦颐哲学，邓广铭先生就指出"二程曾受学于周敦颐，乃是二程幼年时候的事，只能算是启蒙教师，而不可能传授道德性命等高深学问"。[③] 因此无论二程是否师事周敦颐，有一点可以肯定，那就是二人并未接受周敦颐哲学思想。而朱子则不然，他不仅吸收了周敦颐"无极""太极"等术语，而且对《太极图说》《通书》等著作十分重视。可以说二程与朱子关于"五常之信"阐述的差异便在于此，二程就五常而论五常，朱子则寻求于《太极图说》中这样一种太极、阴阳、五行的生化过程来谈五常，将"五行"与"五常"类比，以"土"在五行中的地位概括"信"在五常中的地位。因此同样讨论孟子所谓"四端"不涉及"信"的问题，二程就"信"本身的特性而谈，朱子有取于周敦颐。关于这一点，朱子其实已经意识到：

> 问："先生以为一分为二，二分为四，四分为八，又细分将去。程子说：'性中只有仁义礼智四者而已。'只分到四便住，何也？"曰："周先生亦止分到五行住。若要细分，则如易样分。"[④]

针对学生指出的朱子自己将一分为二、二分为四、四分为八，然后一直这样细分下去，而二程则仅仅认为性中只有仁义礼智四者，仅仅分到四而已，朱子就

---

[①] 《朱子语类》卷九四，第 2371 页。

[②] 《朱子语类》卷六，第 104 页。

[③] 邓广铭：《关于周敦颐的师承和传授》，《宋史十讲》，中华书局 2015 年版，第 206 页。

[④] 《朱子语类》卷六，第 105 页。

指出周敦颐也仅仅分到水火木金土五者。我们不需要关注朱子师徒讨论的是否细分的问题，而是看到朱子意识到二程将人性分为"仁义礼智"四者，而周敦颐却分到"金木水火土"五者，在人性中则对应"仁义礼智信"。二程将人性分为"仁义礼智"，因此关注四端不言信问题，将"信"理解为仁义礼智四者真实无妄；而朱子力图将周敦颐的"五分"与二程的"四分"结合起来，正好"土"在五行中的地位为此提供了一个契机。

（1）五常与五行：朱子前后期的不同认识

既然朱子将"太极"理解为二气五行之理，那么此太极在人则可称为"性"，朱子在与人讲学讨论中便承认了这一点。不过在早期，朱子直指太极便是"性"，认为"太极便是性，动静阴阳是心，金木水火土是仁义礼智信，化生万物是万事"，① 直接将太极在自然世界化生过程与在人性中的表现对应起来，因此直接将五行与五常对等。朱子又接着指出"'无极之真，二五之精，妙合而凝'，此数句甚妙，是气与理合而成性也"，② 这里的"性"显示并不是指纯善无恶的"天地之性"，而是"天地之性"与"气质之性"的混合，这里的"二"显然是阴阳二气，"五"却成为"仁义礼智信"五常，因此朱子称"气与理合而成性"。在周敦颐《太极图说》中，"五"肯定指"水火木金土"五者，朱子在这里却用五常代替了五行，显然认可二者的等同。因此有人问及《太极图》为何列"仁义礼智信"五者于阴阳之下，朱子就回答："五常是理，阴阳是气。有理而无气，则理无所立；有气而后理方有所立，故五行次阴阳"，朱子显然并不以问者的问题为非，而是从理气关系的角度回答了这个问题。比较有趣的是，在这一条语录下有一条注语：

按：太极图列金木水火土于阴阳之下，非列仁义礼智信于阴阳之下也。
以气言之，曰阴阳五行；以理言之，曰健顺五行之性。此问似欠分别。③

注者显然意识到了五行属气，五常属理，等同二者就等于等同气与理，因此指出太极图在阴阳下面列的是五行而非五常，但是注者并没有以朱子为非，而是批评问者没有区分开二者。但是在后期朱子便自己意识到直指太极为性的说法不妥，而提出一种禀受说：

问："先生说太极'有是性则有阴阳五行'云云，此说性是如何？"曰：

① 《朱子语类》卷九四，第2379页。
② 《朱子语类》卷九四，第2379页。
③ 《朱子语类》卷九四，第2381页。

"想是某旧说，近思量又不然。此'性'字为禀于天者言。若太极，只当说理，自是移易不得。易言'一阴一阳之谓道'，继之者则谓之'善'，至于成之者方谓之'性'。此谓天所赋于人物，人物所受于天者也。"①

朱子这就指出太极只应当理解为"理"，这一点是不容改变的。朱子根据《周易·系辞传》中"继善成性"的理论，认为只有此理赋予于人才可称为"性"。那么朱子对于"太极"与"性"关系的看法由以前的直接等同说转换为后来的禀受说，因此对于五行与五常关系的看法也有所改变。朱子以前赞同"（太极）在人，则为动静，而生五常以应万事"，②但是后来则认为"以人身言之：呼吸之气便是阴阳，躯体血肉便是五行，其性便是理"，"其气便是春夏秋冬，其物便是金木水火土，其理便是仁义礼智信"。③同样就太极在人而言，朱子以前赞同五常即五行，但是五常其实是理，五行则是气，这就等同气与理；后来朱子便注意到了二者的区分，认为人的躯体血肉便是五行，其实属于气，而人之理则是"仁义礼智信"。

对比朱子前后时期对于"五常"与"五行"关系的不同看法，我们会发现在朱子早期直接肯定"金木水火土是仁义礼智信"，则自然可以对"五常"与"五行"进行类比；而后来朱子虽然在某种程度改变了看法，有意识地区分"五常"与"五行"，但是朱子仍然认可二者之间存在某种类比关系。

（2）"五常之信"与"五行之土"

二程兄弟发现孟子提出"四端说"，在五常中"仁义礼智"四者皆有端，而唯独"信"无端，因此提出一个"四端不言信"的问题。朱子对这个问题也同样非常关注，他指出"信者，只是有此四者（仁义礼智），故谓之信"。④信的意义只是实，而"四端"在人心无有不实，都是真实无妄的道理，因此"四端"不言信。有的学生就"四端不言信"，询问朱子信未发时如何已发时如何，朱子便回答"如恻隐真个恻隐，羞恶真个羞恶，此便是信"。孟子认为"四端"是心，二程则指出"四端"属情，属于已发。因此朱子的学生直接便追问，那样便是只有已发时才有这个信，朱子对这个问题没有直接回答，而是指出"其中真个有此理"。⑤那

① 《朱子语类》卷九四，第2371—2372页。
② 《朱子语类》卷九四，第2371页。
③ 《朱子语类》卷九四，第2378页。
④ 《朱子语类》卷一四，第255页。
⑤ 《朱子语类》卷五三，第1296页。

么朱子之语到底是什么意思？在另一处与学生讲学讨论之中，朱子从体与用两方面指出了"信"在五常中的作用，"论其体，则实是有仁义礼智；论其用，则实是有恻隐、羞恶、恭敬、是非，更假伪不得"。那么"信"无论已发未发都有其作用，是对"仁义礼智"与"恻隐、羞恶、恭敬、是非"的又一次肯定。因此当学生又一次问起"四端不言信"时，朱子便说："公泼了碗中饭，却去碗背拾！"朱子在这里便用了一个有趣的比喻来来解答"四端不言信"这个问题，"信"与"仁义理智"的关系就好比碗对于饭的作用，碗是用来盛饭的，碗的存在不过是为了确保饭的存在，而"信"也不过是对"仁义理智"存在的肯定。如果碗中的饭泼到地上，这时应当去地上捡起饭菜，而不是去捡碗；"信"与"仁义礼智"也同样如此，仅仅有"仁义礼智"，那么"信"便存在于其中，因此"四端不言信"。

可以发现，朱子对于"信"在五常中作用的论述与二程兄弟并没有根本的区别，朱子的独创之处就在于丰富了"五常之信"与"五行之土"的类比关系，以此回答"四端不言信"这个问题。首先，将"五常"与"五行"对应并非是朱子的独特做法，在西汉《白虎通义》中便将二者进行了对应；其次，如同前面所提到的，在二程同时代也有人从"土王四季"的角度思考"信"在"五常"之中的地位与作用。但是二程对这些对应不以为意，仅仅从概念分析当中回答"四端不言信"的问题。朱子则不然，他结合周敦颐《太极图说》的宇宙生成模式，先丰富了"土"在"五行"中的独特作用，进而以"信"在"五常"中的地位和"土"在"五行"中的地位进行类比，以此解答"四端不言信"这个问题。

那么朱子认为"土"在"五行"之中究竟有何特殊地位？《太极图说》中有所谓"分阴分阳，两仪立焉"，所谓"两仪"，朱子认为便是"天地"。"天地生物，五行独先。地即是土，土便包含许多金木之类"，[1] 既然朱子认为地便是土，那么土便在宇宙生化过程中有了某种优先性，因此"土"具有承载"金木水火"四者的特殊地位。不仅如此，朱子又指出金木水火分属春夏秋冬，土便寄旺于四季之间。朱子具体指出土在四季中每个季节寄旺十八天，因此一年总共七十二天。其中属于夏季的十八天土气最旺，所以土能生属于秋季的金。在这里朱子就结合《太极图》来解说这个道理，"木生火、金生水之类，各有小画

---

① 《朱子语类》卷九四，第2367页。

相牵连；而火生土，土生金，独穿乎土之内，余则从旁而过，为可见矣"。① 程颐仅仅认可五行相生说，不承认土的独特作用，朱子在这里其实通过《太极图》将五行相生说与土寄旺于四季说有机地结合起来。

因此朱子一方面将"仁义礼智"与"春夏秋冬"四季相配，认为"春为仁，有个生意；在夏，则见其有个亨通意；在秋，则见其有个诚实意；在冬，则见其有个贞固意"，② 另一方面又将"仁义礼智信"与"金木水火土"相配，指出"仁木，义金，礼火，智水，信土"。③ 那么自然就出现一个问题，"信"如"土"一样都没有相应的季节与之相配。而"信"在"五常"中的地位正如同"土"在"五行"中的地位。一方面信"如五行之有土，非土不足以载四者"；④ 另一方面"信"又如"土"一样没有定位，"土"只得寄载于四季之间，而"信"也只是同样体现于"仁义礼智"的真实无妄之中。如此一来，借助于"五常"与"五行"的类比，朱子又给出了"四端不言信"这个问题另一个答案。

## 第四节　"五常之信"与"忠信之信"——　陈淳对"信"观念的两层划分

陈淳对于"信"这一范畴极为看重，在理学的思想世界中，"信"虽称不上最核心的范畴，但陈淳在《北溪字义》中对"信"着笔尤多。《北溪字义》"以四书字义分为二十有六门，每拈一字，详论原委，旁引曲证，以畅其论"，⑤ 而直接涉及"信"者独占二门——即"仁义礼智信"与"忠信"二门。如果考虑进其他涉及"信"并与"信"关系极为密切的范畴，则又有"诚""义利"二门，也就是说《北溪字义》中涉及"信"的条目竟有四条之多，可见陈淳对"信"这一范畴之重视。陈淳对"信"这一范畴的理解基本上是直接来源于二程、朱子，不过他将程朱对于"信"的理解进行了梳理，从而将"信"划分为两个层次。

---

① 《朱子语类》卷九四，第 2368 页。
② 《朱子语类》卷六，第 105 页。
③ 《朱子语类》卷六，第 104 页。
④ 《朱子语类》卷六，第 104 页。
⑤ 见《四库全书总目·北溪字义提要》。

## 一、陈淳"信"观念的两个层次

如果考察儒家对于"信"字的使用情况，一方面"信"字常常与"忠"字连用，组成"忠信"一词，而另一方面"信"字又与"仁义礼智"连用组成儒家的"五常"。董仲舒在"仁义礼智"的基础上添加了一个"信"字，认为此五者便是一种不变的法则，从而构成了儒家的"五常"。自董仲舒之后，无论"仁义礼智信"还是"忠信"都成为儒家经常使用的术语，这在汉唐以来的思想中并没有产生什么矛盾。但是，自从明道、伊川二先生倡明道学，他们将"理"上升为一个最根本的哲学范畴，又认为"性"同样也是"理"，不过是在物为理，在人为性罢了。就像朱子指出的"元亨利贞，天道之常；仁义礼智，人性之纲"，"仁义礼智"其实便是人性的纲目，在理学的思想世界中其实处于一个更高的层次。而"忠信"则不然，"忠信"常常与"孝慈"并提，虽然同样是非常重要的伦理范畴，但却不能与"仁义礼智"相提并论。这样在理学的体系中就产生了某种矛盾，"信"一方面作为一种核心范畴与"仁义礼智"并提，而另一方面又作为某种略微不重要的范畴与"忠"连用，"信"这一个字似乎产生了两种意义。这个问题在二程那里便已经凸显出来，但是二程仅仅是讨论了"仁义礼智信"与"忠信"中"信"的含义，而没有具体指出两个"信"在层次上的不同。朱子意识到了二者的差别，但是他采用儒家经典中的"忠信"来统一二者，"忠信"以理言便是"五常之信"，"忠信"以事言则是"言忠信"这种一般意义所说的忠信。但是一般所说的"忠信"往往都是即人即事而言，朱子的解决方案固然完善，但是却脱离了一般意义上所说的"忠信"。陈淳正是考虑到了这一点，将一般意义上所说的"忠信"与"五常之信"分开，将"信"划分为两个层次。

陈淳认为"五常之信以心之实理而言，忠信之信以言之实而言"。[①] 所谓"心之实理"，是指"信"在"仁义礼智"四者中的作用是使"仁义礼智"四者都真实无妄；而"言之实"则指发言做事之实，按陈淳的话理解就是"有话只据此实物说，有便是有，无边是无"。[②] 陈淳认为对这两种"信"应当逐一看得透彻才可以，因此他认为不可混淆"信"的两个层次，他指出古人说"信"有就五常之"信"说的，有就忠信之"信"说的，不可以把它们当作同一意义看待。如果

---

① 陈淳：《北溪字义》，中华书局 1983 年版，第 27 页。

② 陈淳：《北溪字义》，第 27 页。

当作同一意义看待，那么就会造成文意的不通，不能正确理解前儒思想。陈伯澡向陈淳问"五常之信"与"忠信之信"的同异时，陈淳首先肯定了"信之得名只是实而已"，① 这一点构成了二者同称之为"信"的基础。接着陈淳指出了二者的区别，"五常之信"是以心之实而言，是"信"之体；"忠信之信"是以言之实而言，是"信"之用。二者实际上是体用关系，其实并非有两种不同的东西。陈淳还具体论述了"五常之信"与"忠信之信"的这种体用关系，认为"忠信便只是五常实理之发"。② "五常之信"不过是"仁义礼智"四者真实无妄，而性中只有仁义礼智四位，万善都从此而生；而"仁义礼智"四者则是万善之总括，"忠信""孝悌"便在万善中，不过是其中的两种罢了。在这里，陈淳实际上是强调了"忠信"的工夫论意义，"忠信"不过是内心中的五常实理作用到那接物发言处的效果。

其实结合陈淳的求学经历，也不难理解陈淳为何要将"信"之一字区分为体用两个层次。在朱子出守漳州时，陈淳抱着十年愿意见而不得见之诚意来见朱子，朱子便授予了陈淳"根原"二字，教导陈淳凡看道理都要穷其根原。陈淳便把"根原"二字作为其学问的基础，此后连续写了《孝根原》《君臣夫妇兄弟朋友根原》《事物根原》数篇探讨根源的文章。在《君臣夫妇兄弟朋友根原》一文中，陈淳推演君臣、夫妇、兄弟、朋友之根原，认为"四者皆天命所必然，非由外而来"，③ 而君臣之所以当义，夫妇之所以当别，兄弟之所以当友，朋友之所以当信也同样非由外而来。正如陈淳在《孝根原》一文中指出的，"其根原之所自来，皆天之所以命于人，而人之所以受乎天"。④ 陈淳认为君臣、夫妇、兄弟、朋友之根原也同样如此。那么根原到底是什么呢？陈淳在《北溪字义》对"性"字的解释中明确提到"性与命本非二物，在天谓之命，在人谓之性"，⑤ 其实人之所以受乎天的不过是"性"。因此陈淳在推演朋友之所以当信的根原时，会将这个根原归为性。但是陈淳其实可以意识到，性中不过"仁义礼智"四位，

---

① 陈淳：《答陈伯澡问论语一》，载曾枣庄、刘琳主编《全宋文》第295册，上海辞书出版社、安徽教育出版社2006年版，第362页。

② 陈淳：《北溪字义》，第26页。

③ 陈淳：《君臣夫妇兄弟朋友根原》，载曾枣庄、刘琳主编《全宋文》第295册，上海辞书出版社、安徽教育出版社2006年版，第213页。

④ 陈淳：《孝根原》，载曾枣庄、刘琳主编《全宋文》第295册，上海辞书出版社、安徽教育出版社2006年版，第211页。

⑤ 陈淳：《北溪字义》，第6页。

也就是说陈淳将"信"的根原归为"仁义礼智";但是还有一个"信"字与"仁义礼智"并列成为"五常",而"五常之信"不过是实有"仁义礼智",似乎陈淳面临着一个将"信"的根原又归为"信"的问题。陈淳给出的解决方案便是将"信"划分为体用两个层次,"五常之信"是其体,"忠信之信"是其用,用的根原自然可以归之为体。而朋友之信不过是"忠信"之信,探讨其根源自然不存在问题了。

## 二、"信"之体——"信"与"仁义礼智信"

陈淳将"五常之信"称为"信"之体,他立足于"仁义礼智信"之整体探讨"信"在其中的地位与作用。但是"仁义礼智信"五者是一个紧密联系的整体,它们之间的关系错综复杂,五者有时秩序井然,有时交错并见,不可以单独讨论某一者而不涉及其他范畴。因此陈淳在论述五者相互关系中展开了对"五常之信"的探讨,在这里他首先结合五常与五行讨论了"信"在五常中的位置,然后又分别在讨论了五常的排列顺序以及看待五常的不同角度的过程中涉及了"五常之信"。

（一）五常与五行

所谓"五常",即"仁义礼智信",也称"五性"。陈淳延续朱子的理解,将"五常"与"五行"匹配起来,认为"五常""就造化上推原来,只是五行之德"。[①] 陈淳将"仁""义""礼""智""信"分别对应"木""金""火""水""土",他认为"仁在五行为木之神,在人性为仁;义在五行为金之神,在人性为义;礼在五行为火之神,在人性为礼;智在五行为水之神,在人性为智"。[②] 但是人性中只存在"仁义礼智"四种,而没有"信"的位置。对于这个问题,程颐便开始了讨论,并将之概括为"四端不言信",程颐认为因为有"不信"才有了"信",而"仁义礼智"其位已定,也就是实有"仁义礼智",所以"四端不言信"。有人问程颐"信"在"四端"中的作用如"土王四季"吗,程颐只是回答"信无在无不在。在《易》则至理也,在孟子则配道义之气也",[③] 没有明确结合五行来回答"四端不言信"的问题。陈淳同朱子一样则明确利用五行与五常的关系来解决"四端不言信"这个问题。他首先指出五行的方位中土没有定位,五行中木在

---

① 陈淳:《北溪字义》,第18页。

② 陈淳:《北溪字义》,第18页。

③ 《河南程氏粹言·论道篇》,第1176页。

东方，金在西方，火在南方，水在北方，而土并没有固定的位置，只能寄于四位之中；他又指出五行中土与四季没有对应关系，木属于春天，火属于夏天，金属于秋天，水属于冬天，而土则没有专门的季节对应，只得"分旺于四季之间"。[1]就像陈淳指出的"五常"只是"五行"之德，因此"土"在"五行"中的地位同样适用于"信"在"五常"中的地位。在五行中"土"无定位、无专气，所以在人性中只有"仁义礼智"四位，而没有"信"位。接着陈淳又结合"土"在"五行"中的作用讨论了"信"在"五常"中的作用，他认为"四行无土便都无所该载，犹仁义礼智无信，便都不实了"。[2]正是是结合"土"在"五行"中的地位与作用，陈淳同样认为"信"在"五常"中最为易懂，而"仁义礼智"四者却要逐个看明白。

（二）五常之顺序

我们一般按照"仁""义""礼""智""信"的顺序来排列五常，但是陈淳指出五常的道理其实循环无端，"仁义礼智"四者究竟哪个是其开端其实常常显现在日用之间，只是人们因为看理不明，所以茫然无知。陈淳便结合日用间的两件小事给出了五常的两种排列方式以及相应的理解，他首先按照"从下说上去"的方式将五常排列为"智""义""礼""仁""信"。陈淳结合具体的做事情境，认为一件事情到了面前，便会自然有个是非，知道这个是非便是"智"；他进一步指出如果内心不知道是非，那么便是心中愚笨无知。在是非已明的基础上，能够判断应该这么做，不应该那么做，这便是"义"；陈淳进一步指出如果既要这样做，但是又割舍不了那样做，便是心中顽钝无"义"。其实，陈淳在这里指出"智"与"义"一个是实然判断，一个是应然判断。在断定了只应当这样做的基础上，对于这件事要看明白如何是做得太过，如何是做得不及，对于这件事应该做得无过与不及，这便是"礼"。最后陈淳指出做事做得合"礼"，在做事的过程中没有私心杂念夹杂于其中，纯粹符合天理，那么这便是"仁"。如果事情做成了，这件事从头到尾都是根据内心真诚而做成的，这就是"信"。这样陈淳便从应接事情开始到做成事情结束这一过程中阐释了五常之发动过程。接着陈淳又从心的角度按照从上说下来的顺序重新将五常排列为"仁""礼""义""智""信"。陈淳还是结合具体的情境来解释这五者，他指出当人接待宾客的时候，刚听说

---

[1] 陈淳：《北溪字义》，第 18 页。

[2] 陈淳：《北溪字义》，第 18 页。

宾客的到来便有个诚恳痛切之心起作用，这就是"仁"；有了这种诚恳痛切之心，便肃然起敬去接待宾客，这就是"礼"；接见完宾客，便想着如何对待客人，是给客人饮茶还是给客人饮酒，对待客人轻重厚薄处之得宜就是"义"；而明白对待客人的轻重厚薄，则是智；在这个过程中，从头到尾都真实便是"信"。陈淳就这样利用了做事以及待客的过程讲解了"仁义礼智信"五者其实循环无端，无论是从下说上去，还是从上说下来，陈淳其实都将"信"置于五常的最后一位，并强调了信是从头到尾都真实。陈淳认为"信在性只是四者都实底道理"，① 也就是说实有仁义礼智，因此在论述五常的顺序时，也必须先有仁义礼智四者，之后才能说实有仁义礼智。这样就不难理解陈淳为何一边说五常的道理循环无端，而另一边却都将"信"放在了五者的最后。

（三）理解五常之角度

陈淳不仅指出了五常的道理循环无端，还进一步指出如果对这五者理解透彻的话，那么就会"大用小用皆宜，横说竖说皆通"。② 也就是说如果从不同的角度理解"仁义礼智信"五者不仅可以说通，而且可以获得不一样的理解。

陈淳首先指出，"就事物言，父子有亲便是仁，君臣有义便是义，夫妇有别便是礼，长幼有序便是智，朋友有信便是信"，③ 这是竖观"仁义礼智信"。那么什么叫作"竖观"？从字面理解，竖观不过是竖着看的意思，在这里"竖观"其实就是单就"仁义礼智信"独自考察其不同层次。前面已经提到，陈淳将"信"划分为体与用两个层次，"五常之信"是其体，"忠信之信"是其用。"仁义礼智"四者同样有不同的层次，这里"竖观"就是就这五者考察它们在事物中的作用。也就是说，"父子有亲"是"仁"之用，"君臣有义"是"义"之用，"夫妇有别"是"礼"之用，"长幼有序"是"智"之用，"朋友有信"是"信"之用。有了"竖观"，自然也有"横观"，陈淳接从横着看的角度理解"仁义礼智信"。所谓"横观"，其实便是就"仁义礼智信"中的一种来理解自己以及其他四种。从"仁"的角度来说，那么"亲""义""序""别""信"无不是此心之天理流行，因此又都可以说是"仁"；从"义"的角度来说，那么应当"亲""义""序""别""信"都是合乎天理之宜，因此又都可以说是"义"；从"礼"的角度说，具体做"亲""义""序""别""信"的事情无过不

① 陈淳：《北溪字义》，第21页。
② 陈淳：《北溪字义》，第21页。
③ 陈淳：《北溪字义》，第23页。

及，适宜得中，便又可以称为"礼"；从"智"的角度说，依靠"智"来明白"亲""义""序""别""信"，因此这五者又都可以称为"智"；从"信"的角度来说，依靠"信"来实有"亲""义""序""别""信"，使它们真实无妄，因此这五者又可称为"信"。应当指出，陈淳在这里实际上分别取出了五常中的每一种来考察"亲""义""序""别""信"，实际是"横观"与"竖观"的结合。

陈淳不仅提出了"横观"与"竖观"两种考察"仁义礼智信"的角度，接着又提出了一种"错而言之"的角度。所谓"错而言之"，其实就是分别考察"仁"中之"仁""义""礼""智""信"，"义"中之"仁""义""礼""智""信"，"礼"中之"仁""义""礼""智""信"，"智"中之"仁""义""礼""智""信"以及"信"中之"仁""义""礼""智""信"。陈淳在这里就分别提出了"仁之信""义之信""礼之信""智之信"以及"信之仁""信之义""信之礼""信之智""信之信"九种关乎"信"的概念。陈淳分别指出"亲亲，仁也"，"所以为事亲之实，仁之信也"；"从兄，义也"，"所以为从兄之实，则义之信也"；"敬宾，礼也"，"所以为敬宾之实，则礼之信也"；"察物，智也"，"所以为是非之实，则智之信也"。[①]陈淳这里仍旧是就事物而言随笔指点出发见于外的"仁""义""礼""智"之用，并非说"仁"就是"亲亲"，"义"就是"从兄"。同样如此，陈淳又指出"复言，信也"，所谓"复言"其实出自《论语·学而》"信近于义，言可复也"，朱子对此作的注解"复，践言也"，也就是说"复言"就是践行说出的话之意。这里的"复言"固然可以称为"信"，但不能说"信"是"复言"，陈淳在这里强调的是就事物而言的"信"之用。接着陈淳便就"践行说出的话"这件事，指出践言是由于天理之公，这就是"信之仁"；对说出话的践行都符合天理之宜，这就是"信之义"；对说出话的践行都恰到好处，无过不及，这就是"信之礼"；对说出话的践行有条而不紊，这就是"信之智"；说出的话真实无妄并能实行之理，这就是"信之信"。陈淳在这里其实没有给出"仁""义""礼""智"之"信"与"信"之"仁""义""礼""智""信"具体的解释，而是就事物而言指出九者具体在事物中的体现。

陈淳最后对五常之错综复杂的关系进行了总结："五者随感而发，随用而应，或才一触而俱动，或相交错而互见，或秩然有序而不紊，或杂然并出而不可以序言。大处则大有，小处则小有，疏处则疏有，密处则密有，纵横颠倒，无所不

---

① 陈淳：《北溪字义》，第23页。

通"。① 这段话其实就是说"仁义礼智信"五者有时有序而不紊，有时则不可以依顺序来看待，这全取决于理解"仁义礼智信"不同的角度，如果对五者把握得当，那么从各种角度都可以解释得通，获得不一样的理解。因此，对于"五常之信"必须一方面置于"仁义礼智信"之全体来考察"信"，另一方面又要立足于"信"来考察"仁义礼智信"，但是由于"五常之信"是实有仁义礼智这一特性，因此不可以脱离"仁义礼智信"之整体来单独谈"信"。

### 三、"信"之用——"信"与"忠""诚""义"范畴的互动

陈淳特别区分了"五常之信"与"忠信之信"，认为"忠信之信"是"信"之用。其实陈淳说的"忠信之信"正是日常生活中我们对"信"字的使用——也即说话真实，遵守诺言。其实与"信"有联系的除了"忠"之外还主要有"诚"与"义"两个范畴，当"信"与这三者同时使用时都是在"忠信之信"的意义上展现的"信"之用。陈淳正是在"信"与"忠""诚""义"三者的互动的过程中描绘了我们平常所使用的"信"字在理学思想体系中的地位。

（一）"忠"与"信"

"忠"与"信"常常连用，《论语》中便提到"主忠信"。陈淳又解释了"主忠信"，他认为主与宾相对，宾客便是外人，出入无常，而主则表示主人常常在屋内。因此"主忠信"便是把"忠信"当作内心之主人，也即内心常存"忠信"，无时无刻不在心中。陈淳对"主忠信"的解释展现了陈淳对"忠信"的重视，正因为内心有"忠信"，所以心中许许多多道理才能够实在，如果没了"忠信"，那么一切道理便都虚无了。

陈淳基本上继承了二程对"忠信"的理解，他强调了程颐、程颢兄弟对"忠信"二字的独特贡献，认为直到二程才准确说出了"忠信"二字的准确意义。陈淳首先指出了前人对于"忠信"二字的错误理解，前人都将"忠"当作"事君不欺"，都将"信"当作"不疑"。而陈淳认为能做到"忠"固然可以做到"事君不欺"，但是不能把"忠"直接定义为"事君不欺"，否则"忠"字只可以在对待君王的时候才可以使用了；能做到"信"自然可以做到"不疑"，同样不能将"信"直接定义为"不疑"。陈淳反问："所谓不疑者，不疑何事？"② 他的意思其实不过

---

① 陈淳：《北溪字义》，第24页。
② 陈淳：《北溪字义》，第27页。

是说将"信"定义为"不疑"的话,这个理解会缺少宾语,构不成一个完善的定义。接下来,陈淳便援引程颐、程颢兄弟对于"忠信"的理解,给出了"忠信"二字的准确含义。陈淳先解释了程颐的理解"尽己之谓忠,以实之谓信",[①]所谓"尽己"就是尽己心力,无一丝一毫的保留。陈淳举了个例子,如果心中有十分的话,只说出来七八分,还保留着两三分没有说出来,这就是不忠。所谓"以实"是就话语上说的,即说话仅仅是依据实际存在的事物来说,有就是有,没有就是没有。如果把有说成无,把无说成有,那么就不能说是"以实",不应称之为信。陈淳接着又解释了程颢的理解"发己自尽为忠,循物无违为信",即从自己内心中发出无一不尽便是忠;仅仅依靠那事物的实际情况来说话,不违背事物的真实情况便是信。陈淳在这时对比了伊川与明道的理解,认为伊川的理解简要确实,明道的理解畅达明快。程颢认为"忠信"是表里之意,朱子认为"忠信一体",陈淳也同样指出"忠信非判然二物",[②]不过"忠"是就中心处说,"信"是就言语上说,也就是说内心的"忠"发出之后作用于外便是"信"。陈淳一方面强调了从内心发出,没有一丝一毫不尽是"忠",但又指出"忠是就中心处说,非指其发于外也",[③]就是说"忠"在内心的作用其实并非静止的,而是存在着一个发动的过程。同样陈淳也指出"信"便是"忠"发动作用于外的结果。其实也就是说"忠"与"信"的关系如同形与影的关系一样,内面有此"忠",外面才有此"信"。因此,当"忠"与"信"相对而言时,"忠"是天之道,"信"是人之道。对于"忠"与"信",陈淳各作了一首诗以概括各自的内涵。

### 忠

忠以尽诸己,其中不容伪。一毫苟自欺,在我先有愧。

### 信

信以实诸言,于外无妄宣。要须循尔物,何可背其然。

有了对"忠信"二字的准确把握,陈淳具体讲解了"忠""信"二字在不同的使用情况下的确切含义。所谓事君之忠,就是竭尽自己的内心来事君;为人谋而忠,就是竭尽自己的内心来替人做事;与朋友交而信,就是真实无妄地与朋友

---

①　应当指出,这句话实际在《二程遗书》中位于十一卷,整卷都是明道先生语,全文是"君子坦荡荡,心广体胖。尽己之谓忠,以实之谓信。发己自尽为忠,循物无违谓信,表里之义也"。程颐对于"忠信"类似的表述见于《二程遗书》第二十四卷,"尽己为忠,尽物为信"。

②　陈淳:《北溪字义》,第27页。

③　陈淳:《答陈伯澡问论语一》,载曾枣庄、刘琳主编《全宋文》第295册,上海辞书出版社、安徽教育出版社2006年版,第362页。

交往；与国人交之信，就是真实无妄地与国人交往。这四者都是人做工夫的具体情境，因此陈淳称"忠信"是人用工夫上立字。

（二）"诚"与"信"

"诚"字与"信"字极为相近，关系也同样十分密切，许慎在《说文解字》中便将"诚""信"互释。二程认为"诚"与"信"都具有"实"的内核，但"信不足以尽诚"。[①]陈淳则接续二程的观点，他首先指出二者的相同点，"忠信两字近诚。忠信只是实，诚也只是实"。[②]接着他便指出了二者的区别，诚是自然的实，是从天所赋予的真实无妄的道理上立字；而忠信则是做工夫的实，是从人做工夫上立字。但是在回答陈伯澡问忠信与诚时，陈淳却说"忠信是人做工夫处。不诚无物之诚亦是就人工夫言，若诚者物之终始与诚者天之道之诚，则以自然之实理言。当随处看"，[③]在这里"诚"同样具有了工夫论的意义。那么"诚"与"忠信"究竟如何区分？

陈淳认为"诚"字本来是论述天道的，是天道运行的真实无妄；但也可就人而论，是天道实理的流行赋予于人，在日用伦常中自然显现，这时仍未说到做工夫处，陈淳认为这时其实也是天之道，未论及人之道。只有当从人做工夫处论及"诚"，也就是确实不欺伪，这才是人之道。因此，陈淳指出"存心全体悫实，固诚也；若一言之实，亦诚也；一行之实，亦诚也"，[④]前者即天之道，后两者从人做工夫处出发，是人之道。陈淳认为如果未能做到真实无妄，便需要做工夫。《中庸》所谓"诚之者，人之道也"，便是做工夫意义上论及的。其实做工夫意义之"诚之"或"思诚"也就是"信"，这一点陈淳不像朱子一样给出了明确的说明，而是通过对圣人、贤人的分别中暗示出来。陈淳认为诚在人而言，圣人之诚便是天之道；而贤人之诚则是人之道；对于圣人，忠信便是诚，是天道；对于贤人，忠信只是思诚，是人道。圣人已经能够做到真实无妄，不需再做工夫，因此忠信便是诚；而对于贤人，还未能做到真实无妄，只能从做功夫意义上谈诚，忠信只能说是做工夫意义上的"思诚"。虽然"诚"本身有天之道的层次，有人之道的层次，但是在与"信"相对的时候，"诚"只是天道，"信"只是人道。"诚"

---

① 《河南程氏遗书》卷二十五，第 324 页。

② 陈淳：《北溪字义》，第 27 页。

③ 陈淳：《答陈伯澡问论语一》，载曾枣庄、刘琳主编《全宋文》第 295 册，上海辞书出版社、安徽教育出版社 2006 年版，第 362 页。

④ 陈淳：《北溪字义》，第 34 页。

自身固然可以分为天之道与人之道，但是人之道意义上的"思诚"，"不诚无物"其实也就是"信"，因此"诚"与"信"相对而言，自然"诚"是作为自然的实，是天之道；而"信"作为做工夫的实，是人之道。

对于"诚"与"信"的区别，陈淳作了如下总结："诚是自然，信是用力；诚是理，信是心；诚是天道，信是人道；诚是以命言，信是以性言；诚是以道言，信是以德言"。① 其实也就是指出"信"源于"诚"，而"信"又是对"诚"的积极追求。

（三）"义"与"信"

在五常之中，"义"与"信"处于相同的层次，但是无论是《论语·学而》"信近于义，言可复也"，还是《孟子·离娄下》"言不必信，行不必果，惟义所在"，"义"都处于一个较高的位置。其实按照陈淳的逻辑的话，这里的"信"其实同样是"忠信之信"而非"五常之信"。

对于《论语》中有子所说的"信近于义，言可复也"，陈淳进行了详细的讲解。陈淳认为有子此言的目的是为了让人们谨言慎行，以防后患。陈淳指出，人们许诺的目的本来是期望他们说出的话能够得到践行，但是如果说出诺言的时候不考虑自己的许诺是否适宜，那么所说的话总会有不能够得到践行的。因此，如果因为"义"而不践行诺言，那么就会失去"信"；而如果不顾是否符合"义"的要求一味践行诺言，这样固然能做到"信"，但是却伤害了"义"。也就是说如果许诺时不考虑是否合宜，无论如何做，将必然存在一个"义"与"信"的矛盾，二者只能取其一。因此，陈淳认为有子此言是要人们许诺之时必然要合乎"义"的要求才可以，只有如此才可以做到"信"而不害"义"，真正杜绝后患。陈淳一方面将"信"视为一种良好的品质，另一方面又不得不面对"信"与"义"之矛盾。孟子对"信"与"义"的矛盾给出的解决方案是"言不必信，行不必果，惟义所在"，这就是牺牲了"信"而保全"义"。陈淳则试图找出一种两全的方案，认为只要加上"约信之始必求其合于义"这一限制，② 那么就可以消解这一矛盾。其实陈淳此举是用"义"来规范"信"，一改孟子认为"信"不具备判断能力的看法，使得"信"自身即成为一种主体的判断标准。《孟子》中提

---

① 陈淳：《北溪字义》，第34页。
② 陈淳：《论语讲义·论语发题》，载曾枣庄、刘琳主编《全宋文》第295册，上海辞书出版社、安徽教育出版社2006年版，第312页。

到"言语必信，非以正行也"，陈淳认为这是"当然而然，便是义"。① 也就是说陈淳认为信守诺言并不是因为有所希冀，而应当是本然如此。如果是因为有所倾慕而做善事，有所害怕而不做恶事，那就是"利"。但是"言语必信，非以正行也"其目的并非为了"正行"，其目的又是为了什么？其实陈淳在这里就是指出"言语必信"的目的就是"信"本身，"信"在这里其实已经合乎"义"的要求，自身成为一种价值标准。

陈淳将"信"这一范畴划分为"体"与"用"两个层次，并分别进行了论述。无论是"信"之体还是"信"之用，"实"都是"信"观念的核心。对"信"之体——"五常之信"，陈淳指出"信"不过是"仁义礼智"四者的真实无妄；而对于"信"之用——"忠信之信"，陈淳指出"信"是做工夫上的实，强调主体的积极追求。"信"之用其实不过是"信"之体的外在显现。但是应当指出，陈淳其实主要是继承二程、朱子以来对"信"理解，对"信"观念并未有太大的发展。无论是"五常之信"还是"忠信之信"，二程那里其实就已经有了成熟的讨论，"信"的体与用两个层次其实已经暗含于其间，只是二程并未明确指出。一方面固然是因为二程对"信"观念进行了突破性发展，朱子又进行了完善，陈淳要做的只是继承这个对"信"的解释系统，这一点决定了陈淳不可能有太大的突破；另一方面也是最为关键的则是陈淳本身的态度，陈淳自己在阐释《论语》"吾与点也"一句时曾明确指出他"只是推广程子及集注之意，而不敢有加焉"，② 对于"信"字陈淳的态度大概也是不敢有所发明创造。陈淳在朱子去世之后便以二程、朱子所开创的理学的卫道者身份活跃于闽浙之间，屡屡与陆九渊后学进行针锋相对的争辩。"只是推广程子及集注之意，而不敢有加焉"正是他这种卫道者身份的最好写照。但是我们仍然应当承认陈淳对"信"观念的贡献，那就是他将二程、朱子以来关于"信"的散见于各处的零散理解进行了系统的梳理，以一种完整的形式呈现于《北溪字义》当中。陈淳完整给出了理学的思想世界中"信"的最终面貌。

---

① 陈淳：《北溪字义》，第 54 页。

② 陈淳：《答廖师子晦书一》，载曾枣庄、刘琳主编《全宋文》第 295 册，上海辞书出版社、安徽教育出版社 2006 年版，第 4 页。

# 第十章　忠

## 第一节　二程："忠为理本"

　　二程忠思想的形成，离不开当时特定的政治历史条件。北宋时期，中国历史正处于重要转折期。社会经济方面，由门阀士族地主占主导地位的社会演变为新兴庶族地主占主导的社会；政治方面，北宋政权与少数民族政权长期林立的社会现实条件，激发了深受儒家正统思想影响的士大夫阶层的爱国意识；思想文化方面，佛、道思想的盛传对儒学的正统地位形成了挑战，北宋儒学的复兴进一步为理学的形成奠定了基础。二程兄弟以复兴孔孟儒家道统为己任，创立理学。与两宋以前儒家的思想不同，二程思想的最大特点就在于它以"天理"作为哲学上的依据，并以此作为贯通天与人、自然与社会的最高法则。从而使得中国传统政治思想走向哲理化。但同时以"天理"为本体并不只是空谈心性，天理最终走向政治实践，"天理"最终是为王道仁政的政治理想服务的。以天理为价值基础，二程对重建国家权威和政治秩序提出了独到的见解。忠思想也随之得到丰富和发展。程颢、程颐政治思想的基本点是以王道仁政"为治之大原，牧民之要道"[①]。因此，其忠思想不仅仅是统治者维护政治统治秩序的工具，也是统治者自身的道德规范。二程忠思想主要表现在：在本体论方面，二程首先将"忠"提升到"理"的哲学地位，忠为三纲之首借以维护封建统治秩序；在政治实践方面，忠既是统治阶级为政之要，也是普通民众修身之举。因此，二程以忠为政治伦理道德的中心，规范全体社会成员的政治行为，进而担负起"为天地立心，为生民立命，为往圣继绝学，为万世开太平"[②]的历史使命。

---

① 《二程文集》卷二《明道文集二·论十事札子》。
② 《宋元学案》卷十八《横渠学案下》。

### 一、忠为理之本

二程以"天理"论作为理论依据，并以此作为贯通天与人、自然与社会的最高普遍法则。明道尝曰："吾学虽有所受，天理二字却是自家体贴出来。"① 理的客观性和普遍性确立了其最高的哲学本体地位。首先，理具有客观性，"理"是世界万事万物永恒的客观存在、最高的精神实体。二程认为。"万物皆只是一个天理……天理云者，这一个道理，更有甚穷已？不为尧存，不为桀亡。"② 其次，理具有普遍性，"理"是世界万事万物的普遍规律和准则。天理不仅是自然界天地万物发生发展的普遍规律，同时也是人类社会所遵循的伦理道德准则。程颢说："万物皆有理，顺之则易，逆之则难，各循其理，何劳于己力哉？"③

以"天理"为本体并不只是空谈心性，天理最终要走向政治实践。首先，二程赋予天理以道德属性。天理是道德的体现，有德者以天理为道德准则来治理天下。"有德者！得天理而用之"④。那么，天理又是如何体现道德的呢？紧接着，他们将孔孟儒家的忠孝观纳入理本论。二程认为，君臣关系是天理的体现，是人们必然遵循的道德准则。程颐说，"凡眼前无非是物。物物皆有理。如火之所以热，水之所以寒，至于君臣父子间皆是理。"⑤"父子君臣，天下之定理，无所逃于天地之间。"⑥ 将君臣关系纳入理本论，为中国君主政治体制提供合法性基础。君尊臣卑是天理的安排，不可逃避，毋庸置疑。那么，作为臣子，忠于君主也是天理的表现。程颢说："忠者天理，恕者人道。忠者无妄，恕所以行乎忠也。忠者体，恕者用，大本达道也。"⑦

忠是天理，二程又提出了为国家尽忠的主要内容。二程看来，忠不仅仅是只对君主阿谀奉承而不顾道义的愚忠，而是忠于国家社稷的"大忠"之忠。为国家尽忠，就是践行齐家、治国、平天下的大公之道。为人臣子首先要有忧国爱君的忠心。臣对君要竭尽忠心，要保君、报君。根据在于，首先，君是国家最高统治

---

① 《河南程氏外书》卷十二《传闻杂记》。
② 《二程遗书》卷二上《二先生语二上·元丰己未吕与叔东见二先生语》。
③ 《二程遗书》卷十一《明道先生语一·师训》。
④ 《二程遗书》卷二上《二先生语二上·元丰己未吕与叔东见二先生语》。
⑤ 《二程遗书》卷十九《伊川先生语五·杨遵道录》。
⑥ 《二程遗书》卷五《二先生语五》。
⑦ 《二程遗书》卷十一《明道先生语一·师训》。

者，君尊臣卑是天理的体现。"下顺乎上，阴承乎阳，天下之正理也。"① 其次，臣子的衣食俸禄都是君赐予的，君作为臣的衣食父母，臣对其忠是理所当然之事。对君忠是为了报答君主的恩情。"古人饮食必祭，食谷必思始耕者，食菜必思始圃者，先王无德不报如此。夫为人臣者，居其位，食其禄，必思何所得爵禄来处，及得于君也。必思所以报其君，凡勤，尽忠者，为报君也。"② 此外，二程借此批判佛家的出世主义。认为佛家出世主义只是为了逃避社会现实，逃避责任。"又其言要出世，出那里去？又其迹要出家，然则家者，不过君臣、父子、夫妇、兄弟，处此等事，皆以为寄寓，故其为忠孝仁义者，皆以为不得已而尔。又要得脱世网，至愚迷者也"。③ 但忠君又不是对君主一味地阿谀奉承，为人臣者只需竭尽忠诚就可以了。程颐说："以臣于君言之，竭其忠诚，致其才力，乃显其比君之道也，用之与否？在君而已，不可阿谀奉承，求其比已也。"④ 二程也用自己的实际行动做到了为国家致其才力，为君主竭尽忠诚。

**二、忠为统治者为政之要**

二程将忠上升到"理"的哲学高度，并没有由此将忠思想束之高阁，而是推动"忠"走向政治实践，借以实现王道仁政的政治理想。如前所述，二程忠思想不仅是臣对君、民对君的政治准则要求，而且是忠于国家、忠于社稷的"大忠之忠"。对于统治者而言，忠也就成了治理国家进而保证国家长治久安的为政之"道"。主要表现在，首先君主加强自身道德修养，同时要以生民为念，不忘民本。

（一）格君心之非为忠

二程认为，实施王道政治离不开君主自身的素质。虽然君主是一国之主，但想要治理好国家，必须先从修身开始。"将欲治人，必先治己，故以忠恕自治"。⑤正君心是治理国家的大本之道，君能否做到正心诚意，直接关乎朝廷官员的正气和国家的长治久安。"治道亦有从本而言，亦有从事而言。从本而言，惟从格君心之非，正心以正朝廷，正朝廷以正百官。"⑥ 由此可见，正君心的重要性。那

① 《伊川易传》伊川程先生周易上经传卷之二。
② 《二程遗书》卷十九《伊川先生语五·杨遵道录》。
③ 《二程遗书》卷二上《二先生语二上·元丰己未吕与叔东见二先生语》。
④ 《伊川易传》伊川程先生周易上经传卷之一。
⑤ 《二程集·经说·论语说》。
⑥ 《二程遗书》卷十五《伊川先生语一·入关语录》。

么，怎样正君心呢？二程认为，当务之急是君主加强道德修养。圣人之言必信，先王之道为可必行。"臣以为今日至大至急，为宗社生灵久长之计，惟是辅养上德而已。"① 这与他的王道仁政的政治理想是分不开的。对于皇帝道德的培养，二程特别指出了要正君心。皇帝也要及时反思思想过错，端正思想。他以孟子三见齐王而不言治国之道为例来说明。"昔者孟子三见齐王而不言事，门人疑之。孟子曰：'我先攻其邪心，心既正，然后天下之事可从而理也。'"② 其次，他强调了皇帝学习的重要性。人主只有不断汲取圣人治国之道，总结历史兴亡的经验和教训，才能实现善治。"臣窃谓自古国家所患，无大于在位者不知学。在位者不知学，则人主不得闻大道，朝廷不得致善治。不闻道，则浅俗之论易人，道义之言难进。人君功德高下，一系于此。"③ 他特意强调了君主通过读书能够学习儒家治国之道，学习治理国家的大道理。

此外，二程认为皇帝要立志。王道政治的实践需要君主通过立志坚定信念，"王道如砥，本乎人情，出于礼义，若履大路而行，无复回曲……故治天下者，必先立其志，正志先立，则邪说不能移，异端不能惑，故力进于道而莫之御也"。④ 皇帝通过立志能够不被异端学说所迷惑，国家才能实现大治。

二程"格君心之非"的思想旨在克服君主专制的局限性，实现国家的长治久安。"格君心之非"并非是否认君权，而是建立在忠于君的基础之上的。实际上，在二程那里，"天理"的提出已经为统治的正当性提供了依据。"格君心之非"实则隐含着二程对君主的"大忠"。

（二）重民保民为忠

儒家历来重视民众在国家中的作用。早在先秦时期，孟子曾提出："民为贵，社稷次之，君为轻。是故得乎丘民而为天子。"⑤ 孟子表面上是提高了"民"的地位，实则是看到了民众的力量，强调"得民心"的重要性。

二程继承并发扬了孟子的重民思想。首先，二程强调了民的重要性。"民为邦本，本根如是，邦国奈何？"⑥ 民是国家的根本，得民心是实现国家长治久安之道。此外，二程还强调重民轻财的思想，统治者不可随波逐流，忘乎本根。"古

---

① 《二程文集》卷六《上太皇太后书》。
② 《二程外书》卷六《罗氏本拾遗》。
③ 《二程文集》卷六《上太皇太后书》。
④ 《二程文集》卷二《明道文集二·论王霸之辩》。
⑤ 《孟子·尽心下》。
⑥ 《二程文集》卷六《伊川文集一·为太中上皇帝应诏书》。

之时得丘民则得天下，财散则人聚。后世苟私利于目前，以兵制民，以财聚众。聚财者能守，保民者为迂。"①

二程的"重民""保民"思想并非泛泛而谈，而是包含了一系列的具体措施。二程首先继承孟子"重民"思想，认为统治者应懂得爱护人民，保障人民切身利益，尤其是保障人们的物质利益。程颢在朝为官时，尤其注重爱护百姓。例如，他在上元县任主簿时，通过改革赋税制度，减轻农民负担，从而维护社会的安定。"田税不均，比他邑尤甚。盖近府美田，为贵家富室以厚价薄其税而卖之，小民苟一时之利，久则不胜其弊。为令画法，民不知扰，而一邑大均。"② 此外，他尤其注重保障人民的衣食之需。"保民之道，以食为本"③，进一步提出国家要储备粮食的政策。"政治废乱，生民困苦，朝廷虽有惠泽，孰能宣布以达于下？"④ 由于京师没有粮食积蓄，百姓困苦之时国家却不能施恩泽。

此外，二程进一步发扬孟子重民思想，提出了重民的具体原则。"所谓察己之为政者：为政之道，以顺民心为本，以厚民生为本，以安而不扰为本。"⑤ 顺民心是为政之本，"君子之道，其说于民，如天地之施，感于其心而说服无斁……人君之道，以人心说服为本，故圣人赞其大。"⑥ 厚民生就是对民众要因利而导之，关心民众切身利益。不扰民是为百姓安心生产创造生活环境，以便创造物质财富。当然，二程重民、保民是为了维护社会的安定和国家的长治久安，其最终目标是为君主政治服务的。

### 三、忠为普通民众修身之举

理学以阐述义理为主要方法，尤其注重人们的修身之道。对于普通民众而言，通过加强自身的道德修养，才能树立正确的伦理道德思想，从而恢复人内心的"天理"，自觉成为一名忠君爱国的好臣民。首先，二程为人们的自我修养提供了最高标准。二程认为，"人皆可以至圣人，而君子之学必至于圣人而后已……圣人之所为，人所当为也。尽其所当为，则吾之勋业，亦周公之勋业

---

① 《二程文集》卷十《伊川文集·答人示奏草书》。
② 《二程文集》卷十二《伊川文集·明道先生行状》。
③ 《二程文集》卷六《伊川文集一·为太中上皇帝应诏书》。
④ 《二程文集》卷六《伊川文集一·为太中上皇帝应诏书》。
⑤ 《二程文集》卷六《伊川文集一·为太中上皇帝应诏书》。
⑥ 《伊川易传》伊川程先生周易下经传卷之八。

也。"① 通过后天的努力，普通人也可以成为圣人。在这个基础上，二程进一步提出了修养的方法。即：尽人道。人道就是指君臣、父子、兄弟、夫妇之道，认为只要把这四者之间的道德行为做好，就可以说是圣人了。② 据此可以看出，二程将忠看作是普通人道德修养的重要组成部分。忠不再仅仅是君臣之间的政治规范，而走向了世俗化，成为普通民众修身之举。以下通过"尽己""忠信""忠恕"等重要概念对此进行解析。

（一）尽己无欺为忠

程颢认为，"忠"是"知性""知天"的前提，可以解释为"尽己""尽心""尽诚"。

"尽己无欺为'忠'。"（《河南程氏粹言·论道篇》）

"尽心之谓'忠'。"（《河南程氏粹言·心性篇》）

"问：'尽己之谓忠，莫是尽诚否？'既尽己，安有不诚？尽己则无所不尽，如孟子所谓'尽心'。"（《河南程氏遗书》卷十八）

由此看来，忠不是表面行为上的顺从，而是发自内心的忠诚。这便进一步将儒家忠思想的外在行为规范转化为人们内心的道德自律，从而深化忠思想的影响，有利于为国家培养忠君爱国之士。

二程还指出，虽然"尽心""尽诚"看起来属于个人的心理活动，实则体现在与人交往的一言一行之中。他们特意强调了与人忠应做到表现自身的诚意，而非仅仅是虚言。此外，即便是人已经功成名就，倘若内心不是忠诚的，也会彰显其浮气。这与理学成圣思想进路是分不开的。

"居处恭，执事敬，与人忠，此是彻上彻下语，圣人元无二语。"（《河南程氏遗书》卷二）

门人有曰："吾与人居，视其有过而不告，则于心有所不安，告之而人不受，则奈何？"曰："与人处而不告其过，非忠也。要使诚意之交通在于未言之前，则言出而人信矣。"（《河南程氏遗书》卷四）

"才而不诚，犹不是也。若非至诚，虽有忠义功业，亦出于事为，浮气几何时而不尽也！"（《河南程氏遗书》卷十）

---

① 《二程遗书》卷二十五《畅潜道本》。
② 卢连章：《程颢程颐评传》，南京大学出版社 2011 年版，第 286 页。

（二）忠信所以进德

二程认为，忠信，也就是诚，诚实也就是讲信用，按照事物的原貌来解释事物。无忠信便无物。同时，忠信也是个人必须具备的品质。

"尽己之谓忠，以实之谓信。发己自尽为忠，循物无违谓信，表里之义也。"（《河南程氏遗书》卷十七）

"圣人言忠信者多矣，人道只在忠信。不诚则无物，且'出入无时，莫知乡音'者，人心也。若无忠信，岂复有物乎？"（《河南程氏遗书》卷十一）

"'今之成人者何必然？见利思义，见危授命，久要不忘平生之言，亦可以为成人矣'者，只是言忠信也。忠信者实也，礼乐者文也。"（《河南程氏遗书》卷十一）

其次，忠信也是个人"进德修业"的重要途径。忠信者要保持内心的正直，敢于对自身的言行承担责任，并用恰当的方式表达，达成个人德行修养的至高境界。由此形成了中国文化中"敬言""谨言""慎言"的优良传统。

忠信所以进德，"修辞立其诚，所以居业"者，乾道也；"敬以直内，义以方外"者，坤道也。（《河南程氏遗书》卷十一）

忠信所以进德，终日乾乾，君子当终日对越在天也。（《河南程氏遗书》卷一）

忠信所以进德，何也？闲邪则诚自存，诚存斯为忠信也。（《河南程氏遗书》卷二）

最后，忠信是为人处世之道，人与人之间要相互信任，以忠信为根本，否则便不善。此外，君主对待臣子要把忠信和俸禄看得同等重要。用人首先就要信任他。

言忠信，行笃敬，虽蛮貊之邦行矣。言不忠信，行不笃敬，虽州里行乎哉？立则见其参于前也，在舆则见其倚于衡也，夫然后行。（《河南程氏遗书》卷十一）

"体群臣"者，体察也，以诚求之，则无不察矣，忠厚之至也。故曰："忠信重禄，所以劝士。"言尽其忠信而厚其禄食，此所以劝士也。（《河南程氏遗书》卷十一）

（三）忠恕违道不远

首先，二程认为，忠恕源于仁。天地之间的仁爱产生忠恕等人间的道德情感。人际关系中以仁爱精神指导自己的行为，故要以忠恕为指导原则。

维天之命，于穆不已，不其忠乎！天地变化草木蕃，不其恕乎！（《河南程氏外书》卷七）

故仁，所以能恕，所以能爱，恕则仁之施，爱则仁之用也。（《河南程氏遗书》卷十五）

物，仁也。推己及物，恕也。（《河南程氏遗书》卷十一）

忠恕所以公平，造德则自忠恕，其致则公平。仁之道，要之只消道一公字。公只是仁之理，不可将公便唤做仁。公而以人体之，故为仁。只为公，则物我兼照，故仁，所以能恕，所以能爱，恕则仁之施，爱则仁之用也。（《河南程氏遗书》卷十五）

二程赋予忠恕极高的地位。虽然将儒家之道仅用忠恕二字来概述并不全面，但他补充说，忠恕实则已经接近道了。同时，在人类社会中，忠恕成了为人处世之道。

"忠者天理；恕者人道。忠者无妄，恕者所以行乎忠也。忠者体，恕者用，大本达道也。"（《河南程氏遗书》卷十一）

"曾子曰：'夫子之道，忠恕而已矣'。《中庸》以曾子之言虽是如此，又恐人尚疑忠恕未可便为道，故曰：'忠恕违道不远，施诸己而不愿，亦勿施于人。'此又掠下教人。"（《河南程氏遗书》卷一）

"事上之道莫若忠，待下之道莫若恕。"（《河南程氏遗书》卷二十四）

二程之所以提倡忠恕之道，是体悟到了恕道有利于和谐人际关系，稳定社会秩序。忠恕源于仁，而"仁者以天地万物为一体"，故他们认为忠恕同为天地之德，忠恕具有了道德基础。

## 第二节　朱熹：天理君权

朱熹是理学的集大成者。清代思想家全祖望称其思想为"致广大，尽精微，综罗百代"。[①] 朱熹传承和发展了二程学说，并融合儒家、佛家、道家思想，汲取周敦颐、张载、邵雍学说的部分内容，熔铸成庞大的理学体系，建立了理学中的主流学派——闽学。毫无疑问，思想文化的发展与当时的政治背景是分不开的。朱熹生活的南宋时期较之北宋发生了巨大变化。一方面是南宋政局面临

---

① 《宋元学案》卷四十八《晦翁学案》。

的内忧外患。靖康之变后，在金军强大的军事压力下，北方沦陷，高宗皇帝选择偏安一隅，对外采取"求和"的方式，激起了主战派的强烈反对。对内则不断剥削民众，甚至以血腥方式镇压农民起义，朝廷与农民的矛盾十分尖锐。另一方面是士大夫与皇帝共商国是的政治格局被摧毁。高宗皇帝为了保住权力，任用秦桧一党，对金求和。孝宗皇帝利用"进习"加强君主专制，使朝廷逐渐弥漫着因循的政风。南宋社会的内忧外患进一步激起了士大夫们的爱国热情以及深重的历史责任感，儒学所宣扬的"忠义"等伦理道德价值在此时越发显得具有现实意义。但同时，"国是"政局的摧毁让实现儒家所倡导的"得君行道"的政治理想变得遥不可及，以朱熹为代表的道学派面对儒家理想与现实之间的矛盾冲突，不得不寻求儒学的真精神，进一步强化儒家"内圣"境界，同时为整顿朝纲、维护政治社会的稳定而做出努力。朱熹继承发扬二程的忠思想，首先，他提出天理君权论。朱熹在继承二程天理论的基础上，进一步丰富发展了理一分殊、天理人欲等重要思想，忠作为天理的一种更加具有权威性，这一方面为君主专制提供政权合法性根据，另一方面，天理也成了约束君主的重要工具。在此基础上，他强调"为政以德"。君主要做到"正心诚意"、爱民养民、懂得任贤使能之道，才能有望实现三代"内圣外王"的政治理想。此外，朱熹进一步丰富二程的"做人之忠"，他提出"尽己之为忠"，丰富忠信与忠恕的内涵，并提出加强忠思想教育。总之，朱熹进一步深化忠思想内涵，使得忠思想进一步走向世俗化。

## 一、天理君权论

朱熹继承发展了二程的天理论，认为理是万事万物的本源。忠等伦理道德也是天理的体现。"然而举天下之事，莫不有理。且君臣之事君，便有忠之理；子之事父，便有孝之理；目之视，便有明之理；耳之听，便有聪之理；貌之动，便有恭之理；言之发，便有忠之理。"[1] 那么，理如何渗透到万事万物呢？他又进一步提出"理一分殊"。"合天地万物而言，只是一个理；及在人，则又各自有一个理。"[2] 朱熹又指出，分并不是简单地分割理，他把理与分解释为体用关系，分体现着理的作用。"万物皆有此理，理皆同出一原，但所居之位不同，则其理之用不一，如为君须仁，为臣须敬，为子须孝，为父须慈。物物各具此理，而物物各

---

① 《朱子语类》卷一三《学七·力行》。
② 《朱子语类》卷一《理气上·太极天地上》。

异其用。"①

理一分殊的提出巩固了忠作为理的哲学基础，提高了忠思想的地位。一方面说明君臣关系是天理，君臣不同的地位和等级是天理的安排。另一方面将君仁臣敬解释成了天理的作用和体现，君臣须按照人伦道德的要求，各司其职，各安其分。此外，在综合儒家理欲观的基础上，朱熹明确提出"存天理，灭人欲"，"圣贤千言万语，只是教人明天理，灭人欲"。②但他肯定了人的合理欲望，对二程的天理人欲观进行了修正。"问：'饮食之间，孰为天理？孰为人欲？'曰：'饮食者，天理也，要求美味，人欲也。'"③在此基础上，朱熹将个人学习修德的过程解读为明天理，克尽私欲的过程。因此，天理人欲的相互对立与依存为朱熹的格物致知的道德修养观提供了理论基础。

具体到政治领域，朱熹进一步提出"天理君权论"。这是继董仲舒"君权神授"理论之后儒家政治思想的又一发展。由此，君权由神秘走向理性。朱熹认为，君是天理的扶持者，代表着天理的安排，具有至高无上的权力和地位。但同时，天理也表现为一系列的政治伦理道德，无论是君、臣、民都须遵循，以实现天下太平。天理君权论首先肯定了君权的合理性，为中国古代君主专制国家提供政权合法性。同时，朱熹也想借助天的威力约束君主，防止君主滥用权力，损害国家利益。"上帝降衷于民。天降大任于人。天佑民作之君。天生物因其才而笃。作善降百祥，作不善降百殃。"④由此可知，君主的善与不善关乎天下的福祸，君主不能为所欲为。

在天理君权论的理论基础上，朱熹进一步提出要加强君权。首先，保证君主至高无上的权力，臣民要服从君主的统治。"君臣之际，权不可略重，才重则无君。"⑤朱熹为提高君主的地位，还特意制定了一套礼仪制度。《君臣服议》《君臣礼仪》从衣冠制度、礼仪上保证君主的权威。为官时，他还颁布《劝谕文》，规劝臣民要学会忍，遵守王法，服从统治。其次，他要求为人臣者要尽忠。"天下之理，不过是与非两端而已。从其是则为善，徇其非则为恶。事亲须是孝，不然，则非事亲之道；事君须是忠，不然，则非事君之道。"⑥当然，臣子并非单方

———————

① 《朱子语类》卷一八《大学五》。
② 《朱子语类》卷一二《学六》。
③ 《朱子语类》卷一三《学七·力行》。
④ 《朱子语类》卷一《理气上·太极天地上》。
⑤ 《朱子语类》卷一三《学七·力行》。
⑥ 《朱子语类》卷一三《学七·力行》。

面地尽忠，君臣关系要合乎"义"。"父子兄弟夫妇，皆是天理自然，人皆莫不知爱敬。君臣虽亦是天理，然是义合。"① 进一步引用孔子所述来说明君臣相处之道。主张为君当尽为君之道，使臣以礼；为臣当尽为臣之道，事君以忠。君臣上下，各尽其道，天下没有治理不好的。"问：'止于至善，向承教，以为君止于仁，臣止于敬，各止其所而行其所止之道……'子曰：'君使臣以礼，臣事君以忠'。君与臣，是所止之处，礼与忠，是其所止之善。"② 但当君主没有以礼相待时，做臣子的就要离开君主，而非以不忠相待。"君使臣不以礼，则臣可以事君而不忠乎！君使臣不以礼，臣则有去而已矣。事之不以忠，非人臣之所宜为也。"③ 他还特意指出，臣子尽忠的目的是要有益于君。即便是君主不喜之言，也要言辞相劝。"某谓'益之，用凶事'者，言人臣之益君，是责难于君之时，必以危言鲠论恐动其君而益之。"④

朱熹亲自践行了忠臣之理，做到了忠君、益君。例如，他在对孝宗的第二奏札中论复仇说："君父之仇，不与共戴天者。"⑤ 他不顾自身安危，直言孝宗违背天理，最终被罢官。

**二、为政以忠**

朱熹强调为政以德，认为德行的感化有利于收服人心，符合天理，从而稳定社会秩序。"为政以德者，不是把德去为政，是自家有这德，人自归仰，如众星拱北辰。"⑥ 而忠作为政治领域里一种重要的德行和规范，不仅表现在臣民对君主要忠，同时君主也要忠于国家社稷，遵循相应的政治道德规范。具体表现在，君主作为最高统治者，首先要加强自身道德修养，以德感化民众。他特意强调"正君心"。其次，君主要懂得任贤使能之道，选拔有才能的人来辅助自己管理国家。最后，民为邦本，统治者要在经济上使民富，为民谋利。此外，他还极其重视对民的教化，通过儒家伦理道的教化培养忠君爱国的好臣民。

1. 正君心

在天理君权论的基础上，朱熹进一步提出君主也要修德。如何修德呢？朱熹

① 《朱子语类》卷一三《学七·力行》。
② 《朱子语类》卷一四《大学一》。
③ 《朱子语类》卷二五《论语七·君使臣以礼》。
④ 《朱子语类》卷三七《论语十九·知者不惑》。
⑤ 《晦庵集》卷十三《垂拱奏札二》。
⑥ 《朱子语类》卷二三《论语五·为政以德》。

提出要"正君心"。通过摒弃内心的私欲，转为天下大公。"凡言今日之告君者，安得如此说！只看合下心不是私，即转为天下之大公。将一切私底意尽屏去，所用之人非贤，即别搜求正人用之。"① 其次，君主正心，修德于己，才能感化别人。"为政以德，不是欲以德去为政，亦不是块然全无所作为，但修德于己而人自感化。"② 此外，朱熹还认为，君心关乎国家的治乱安危。"天下之大本者，陛下之心也。今日当务之急，则辅翼太子，选任大臣，振举纲维，变化风俗，爱养民力，修明军政，六者是也。"③ 而这六者的改革能否顺利在于君主的心，所以要"正心诚意"。朱熹看到了在君主专制统治下君主的重要作用，是对二程"格君心之非"思想的进一步发展。

2. 任贤使能

人才关乎国家的治乱安危，在南宋内忧外患的国家局势下，朱熹认为人才是关键。"'今日之治，当以何为先？'曰：'只是要得人。'"④ 他进一步阐明了人才的标准，有见识有度量的人方为人才。"今日人材须是得个有见识，又有度量人，便容受得今日人材，将来截长补短使"⑤。同时，对待人才需要看到他的优点。"不以恶小掩大善，不以众短弃一长。"⑥ 他还特意强调君主要亲贤者远小人，"至于选任大臣之说，则臣前所谓劳于求贤而贤人不得用者，盖已发其端矣。夫以陛下之聪明，岂不知天下之事，必得刚明公正之人而后可任也哉？"⑦

此外，朱熹还对当时人才选拔制度——科举制提出了自己的看法。作为国家主要人才选拔制度——科举制发展到南宋时，其弊端已经逐步显现。朱熹看到了当时科举制度的弊端，"今上至朝廷，下至百司庶府，外而州县，其法无一不弊，学校科举尤甚。"⑧ 但他并不主张废除科举，"'也废他不得。然亦须有个道理。'又曰：'更须兼他科目取人。'"⑨ 在此基础上，他进一步提出改革措施，指出学校教育应注重"德行"和"道义"的培养。"古者学校选举之法，始于乡党而达于国

---

① 《朱子语类》卷一百八《朱子五·论治道》。
② 《朱子语类》卷二三《论语五·为政以德》。
③ 《晦庵集》卷十一《戊申封事》。
④ 《朱子语类》卷一百八《朱子五·论治道》。
⑤ 《朱子语类》卷一百八《朱子五·论治道》。
⑥ 《晦庵集》卷三十七《与刘共父》。
⑦ 《晦庵集》卷十一《戊申封事》。
⑧ 《朱子语类》卷一百八《朱子五·论治道》。
⑨ 《朱子语类》卷一百九《朱子六·论取士》。

都，教之以德行、道艺，而兴其贤者能者。……夫三代之教，艺为最下，然皆犹有实用而不可阙，其为法制之密，又足以为治心养气之助，而进于道德之归，此古之为法所以能成人材而厚风俗，济世务而兴太平也。"①

### 3. 爱民养民

朱熹认为，人君为政在于得人，因此恤民是为政的最重要的内容，"天下国家之大务，莫大于恤民，而恤民之实在省赋，省赋之实在治军。"②而想要统治好民就要先得其心，民心关乎社会的安定和国家的长治久安。"因论郡县政治之乖，曰：'民虽众，毕竟只是一个心，甚易感也。'"③在经济上就要使民众生活富足，他进一步总结了"民富"与"君富"的关系。他认为，民富则君不独贫，民贫则君不独富。因此要保证民的衣食之需，民众只有衣食足，才能够遵守礼教，国家才能富庶，社会秩序才能安定。而"足食之本在农"，所以，他特别重视农业生产发展。朱熹在《劝农文》提出了不误农时，改良土壤、兴修水利、保护耕牛等具体的提高农业产量的方法。此外，他还提倡政府要恤民、省赋，从而缓和社会矛盾，促进经济发展。

对民众的治理，朱熹主张通过德刑兼施的方法惩恶扬善，惩罚不善者，弘扬善的品德，从而培养民的"忠"思想。"若善者举之，不善者便去之，诛之，罚之，则民不解便劝。惟是举其善者，而教其不能者，所以皆劝。……孝以率之，慈以结之，所以使之忠也。"④他尤其重视加强对民众的"忠"思想教育。朱熹每到一地都会就地讲学，宣扬理学思想。此外，他极为重视伦理道德的教育，认为教民的重点是孝悌忠信等伦理道德，其次是务农讲武的方法。"问：'集注先只云：教民者，教之孝悌忠信。后又添入务农讲武之法。'曰：'古人政事，大率本末兼具。'"⑤朱熹还提出了通过民间传唱的音乐来宣扬忠德，"又如孝弟忠信，人伦日用间事，播为乐章，使人歌之，仿周礼读法，偏示乡村里落，亦可代今粉壁所书条禁。"⑥

---

① 《朱子语类》卷一百九《朱子六·论取士》。
② 《晦庵集》卷十一《庚子应诏封事》。
③ 《朱子语类》卷一百八《朱子五·论治道》。
④ 《朱子语类》卷二四《论语六·为政篇下·季康子问使民敬忠以劝》。
⑤ 《朱子语类》卷四三《论语二十五·子路篇·善人教民》。
⑥ 《朱子语类》卷一百八《朱子五·论治道》。

### 三、做人以忠

朱熹更多的是将忠视为普通人性情修养的重要范畴，由此忠思想进一步走向通俗化。朱熹继承发展了二程格物致知的主体修养方法。忠作为重要的伦理道德规范，需要通过格物来培养，体认仁义礼智之理。"如今说格物，只晨起开目时，便有四件在这里，不用外寻，仁义礼智是也。"① 同时，忠德的修养过程也是个人存理灭欲，发挥人善本性的过程。"人心本善，只为嗜欲所迷，利害所逐，一齐昏了。贤能能尽其性，故耳极天下之聪，目极天下之明，为子极孝，为臣极其忠。"② 朱熹进一步深化了二程关于"忠""忠信""忠恕"等重要概念的内涵，深化了忠思想含义。同时，他将忠纳入小学教育的范畴，并阐发了关于忠德的教育思想，具有重要意义。

1. 尽己之为忠

首先，朱熹继承发展了二程关于忠的体认。第一，尽忠即尽己，尽心竭力。全心全意去尽忠。第二，忠有诚实不欺的含义。第三，忠同时还是为人处世所应遵循的原则，即要尽职尽责，做好本分工作。

"为人谋时，竭尽自己之心，这个便是忠。"（《朱子语类》卷二六）

"尽己之心而无隐，所谓忠也"。（《论语或问》卷一）

"尽己之心只是尽自家之心，不要有一毫不尽。"（《朱子语类》卷二〇）

"问尽心者知至也。曰：'知得到时，必尽我这心去做。如事君必要极于忠，为子必要极于孝，不是备礼如此。'"（《朱子语类》卷六〇）

"忠者，诚实不欺之名"。（《朱子语类》卷二七）

"众人只是朴实头不欺瞒人，亦谓之忠。"（《朱子语类》卷二一）

"非是别将事物存心。孔子曰：'居处恭，执事敬，与人忠。'便是存心之法。"（《朱子语类》卷一二）

"本分当为者，一事有缺，便废天职。居处恭，执事敬，与人忠。推是心以尽其职者，无以易诸公之论。"（《朱子语类》卷一三）

其次，朱熹特别强调尽忠要学会思虑，一方面思考尽忠的细微之处。另一方面要深知尽忠与不尽忠的后果，要做到静而思虑，知其所当止，这样才能不为利

---

① 《朱子语类》卷一五《大学二·经下》。

② 《朱子语类》卷八《学二·总论为学之方》。

禄所诱。

"如平时知得为子当孝，为臣当忠，到事亲事君时，则能思虑其曲折精微而得所止矣。"（《朱子语类》卷一四）

"知止，只是知有这个道理，也须是得其所止方是。若要得其所止，直是能虑方得。能虑却是紧要。知止，如知为子而必孝，知为臣而必忠。能得，是身亲为忠孝之事。若徒知这个道理，至于事亲之际，为私欲所汩，不能尽其孝；事君之际，为利禄所汩，不能尽其忠，这便不是能得矣。"（《朱子语类》卷一四）

"今人未到为人谋时方不忠，只平居静虑闲思念时，便自怀一个利便于己，将不好虑推与人之心矣。须是于此虑常常照管得分明，方得。"（《朱子语类》卷一百二十一）

再次，朱熹强调忠的内在德性，有忠德也就会有忠的行为。尽忠不是一朝一夕之事，而是长期应尽得职责。同时，尽忠也没有任何私欲之心，只求问心无愧。

"如方独虑默坐，未曾事君亲，接朋友，然在我者已浑全是一个孝弟忠信底人。以此做出事来，事亲则必孝，事君则必忠，与朋友交则必信，不待旋安排。盖存于中之谓德，见于事之谓行。《易》曰：'君子以成德为行'，正谓以此德而见诸事耳。"（《朱子语类》卷第九十七）

"盖德是得这物事于我，故事亲必孝，必不至于不孝；事亲必忠，必不至于不忠。若今日孝，明日又不孝；今日忠，明日又不忠，是未有得于我，不可谓之得。"（《朱子语类》卷三四）

"且如'万物皆备于我。反身而诚，乐莫大焉'，亦只是个无亏欠。君仁臣忠，父慈子孝，自家欠却他底，便不快活。"（《朱子语类》卷五二）

最后，朱熹强调践行忠德的重要性，主体内在忠德需要在具体行动中体现出来，认为忠不只是知其道理，而且应该亲身实践。

"如说事父母能竭其力，事君能致其身，人多会说得。只是不曾见得决定著竭其力处，决定著致其身处。若决定见得如此，看如何也须要到竭其力处，须要到竭其身处，且如事君，若不见得决定著致其身，则在内亲近，必不能推忠竭诚，有犯无隐；在外任使，必不能展布四体，有殒无二。"（《朱子语类》卷一四）

2. 忠信与忠恕

朱熹关于忠恕的阐述，主要有以下三方面内容。首先，忠恕源于仁，同时也体现了仁的境界。其次，关于忠恕的含义，恕是对忠的道德行为规范的推广，是个体心及人物的原则。最后，重点阐述了忠恕的关系。朱熹用"一贯""内外""本根与枝叶""体用"等来描述。

"忠是洞然明白，无有不尽。恕是知得为君，推其仁以待下；为臣，推其敬以事君。"（《朱子语类》卷二七）

"忠。只是实心，直是真实不伪。到应接事物，也只是推这个心去。直是忠，方能恕。若不忠，便无本领了，更把什么去及物。"（《朱子语类》卷一六）

忠恕相互联系：

"无忠做恕不出来。"（《朱子语类》卷六三）

"一者，忠也；以贯之者，恕也。体一而用殊。"（《朱子语类》卷二七）

"主于内为忠，见于外为恕。"（《朱子语类》卷二七）

"忠是体，恕是用，只是一个物事。"（《朱子语类》卷二七）

"忠是本根，恕是枝叶。非是别有枝叶，乃是本根中发出枝叶，枝叶即是本根。"（《朱子语类》卷二七）

朱熹关于忠信的阐述内容主要为：第一，忠信为礼的根本，是天理的体现，也是人立身处世的根本所在。第二，忠信的含义，即真诚而不虚伪。第三，忠与信是内与外，心与事，发于己与于物的关系。此外，他还继承二程的思想，认为忠信是一种德行，是人道德修养的重要内容。

"君子有大道，必忠信以得之，骄泰以失之……忠信乃天理之所存，骄泰乃天理之所亡。"（《朱子语类》卷一六）

"'知性善以忠信为本'。须是的然识得这个物事，然后从忠信做将去。若不识得这个，不知是做什么，故曰：'先立乎其大者'。"（《朱子语类》卷一百四十）

"如有一般人实是敦厚淳朴，然或箕踞不以为非，便是不崇礼。若只去理会礼文而不敦厚，则又无以居之。所以'忠信之人可以学礼'，便是'敦厚以崇礼'。"（《朱子语类》卷六四）

"人道惟在忠信，不诚无物。人若不忠信，如木之无本，水之无原，更有甚底！一身都空了。"（《朱子语类》卷二一）

"忠信者，真实而无虚伪也；无些欠阙，无些间断，朴实头做去，无停住也。"（《朱子语类》卷六）

"竭尽自己之心，循物无违为信。""曰：忠，以心言；信，以事言。青是青，黄是黄，这便是信。未有忠而不信，信而不忠，故明道曰：'忠信，内外也。'这内外二字极好。"（《朱子语类》卷二一）

"忠自里面发出，信是就事上说。忠，是要尽自家这个心，信，是要尽自家这个道理。"（《朱子语类》卷六）

"忠信只是一事。但是发于心而自尽，则为忠；验于理而不违，到为信。忠是信之本，信是忠之发。"（《朱子语类》卷二一）

"忠信为本只是发于己者既忠，则见于物者便信，一事而有两端之义也。"（《朱子语类》卷二一）

"'忠信所以进德。'忠信，实也。然从知上来，吾心知得是非端的是如此，心便实，实便忠信。""'忠信进德'，便是意诚处。至'如恶恶臭，如好好色'，然后有地可据，而无私累牵扰之患，其进德孰御？"（《朱子语类》卷六九）

"忠信进德之类，皆穷理之事。"（《朱子语类》卷七七）

"忠信者，谓实得于心，方为德也。"（《朱子语类》卷二三）

3. 忠思想教育

朱熹重视加强对民众的教育。首先，他认为教育的目的是明人伦，整顿伦理道德。"圣人教人有定本，舜使契为司徒，教以人伦，父子有亲，君臣有义，夫妇有别，长幼有序，朋友有信……皆是定本。"[1] 通过对民进行人伦教育，培养忠孝之人，从而防止犯上作乱，维护社会政治秩序。

朱熹将忠思想视为个人的基本道德，从而使忠进一步走向世俗化。首先，他把忠列入小学教育的范畴，"忠信孝弟之类，须于小学中出"。[2] 忠是儿童时期就应该培养和学习的道德品质，由此可以看出，忠是作为臣民所必备的品德，是人伦日常之事。朱熹还将忠的教育视为系统工程，小学大学教育内容虽有所不同，但忠信教育始终贯穿于其中，只是深浅程度不同。"古者初年入小学，只是教之以事，如礼乐射御书数及孝弟忠信之事。自十六七入大学，然后教之以理，如致

---

① 《朱子语类》卷八《学二·总论为学之方》。
② 《朱子语类》卷一四《大学一·纲领》。

知、格物及所以为忠信孝弟者。"① 经过忠思想由浅入深的教育和学习，忠不仅仅成为人伦日常的需要，也渐渐内化为人的品德，成为自觉遵守的道德品质。从而达到了忠思想教育的本质。

## 第三节　陈淳："忠道自然"

由于家境贫苦，陈淳一生主要以训童谋生。他曾两次亲炙朱门，朱熹分别授予其"根原"以及"下学"工夫，对其思想产生了深远影响。朱子逝世后，陈淳致力于讲学，捍卫师门，排击异说。他晚年通过讲学培养和造就了一大批朱学传人，形成"北溪学派"。对于传播朱子学，扩大朱子学的影响力作出了巨大贡献。陈淳所在时代，由于我国经济重心南移，加之生产技术的革新以及港口贸易的兴盛，南宋经济发展十分迅速。但经济发展的同时，社会不同阶层利益矛盾也日益凸显。在经济利益的驱使下，民俗竞奢。统治者借机敛取民财，民风未淳。社会道德急需加强。因此，加强社会伦理道德建设成为现实需要。此外，朱熹去世后，庆元党禁逐渐被解除，统治者日渐重视理学思想的重要价值，从而为理学的发展提供了良好的政治环境。朱熹弟子利用时机，积极传播理学，使得理学迎来了发展的新时期。但与此同时，心学思想也得到广泛传播，陈淳勇于捍卫师门，担负起传播理学的使命。陈淳一生虽未为官，但他关注地方时政，关心百姓民间疾苦，并提出了一些改革时弊的良策，如他曾提出"止横敛、惩豪奸、禁屠牛、戢海寇、罢塔会"等建议。更重要的是，他倾尽其力追随朱子发扬儒家精神，传播理学，重建社会秩序与人伦道德。"忠"，作为儒家重要伦理道德，是陈淳思想的重要组成部分。陈淳对忠思想的发展主要贡献在于：第一，忠道自然，忠作为人伦日用道德之一来自于天命，是自然而然之事；第二，深化忠的内涵，通过忠于师门、忠于百姓等行为亲身践行忠道德；第三，对忠思想的广泛传播，通过训蒙、家训、讲学、著作等通俗化的传播途径，使得忠进一步走向世俗化。经过陈淳的发展，忠思想进一步内化成为人们心中的道德自律，忠真正成为人伦日用之间的道德基础，成为社会基本的道德规范，从而进一步维护了社会秩序的稳定。

---

① 《朱子语类》卷七《学一·小学》。

### 一、忠道自然

儒家十分重视伦理纲常等道德规范。宋儒的重大理论贡献就在于为"忠"等伦理道德规范提供了形而上的基础，从而使得儒家伦理规范更加合理合法、更加稳固。

二程与朱熹都重视对天理的形而上的探索。朱熹曾对儒家的"道"做出了界定，"道者，古今共由之理，如父之慈，子之孝，君仁，臣忠，是一个公共底道理。德，便是得此道于身，则为君必仁，为臣必忠之类，皆是自有得于己，方解恁地。"① 陈淳在此基础上进一步将儒家的"道"落实到人伦日用间，"道之大纲，只是日用间人伦事物所当行之理。众人所共由底方谓之道。大概须是就日用人事上说，方见得人所通行底意亲切。"② "圣贤所谓道学者，初非有至幽难穷之理，甚高难能之事也，亦不外乎人生日用之常尔。"③ 因此，他将"道"看成是人事自然之理，没有什么高深之处，只是人伦日常。这样，忠从理论上也只是日用间的道德。

但陈淳并没有就此止步，他进一步思索人伦日常之事的"根原"，即为天命。忠的"根原"也是天命。紧接着他用天命自然来说明忠道自然。"盖道原于天命之奥，而实行乎日用之间。"④ 而天命又是什么呢？陈淳进一步解释说，"命犹令也，如尊命、台命之类。天无言，做如何命？只是大化流行，气到这物便生这物，气到那物又生那物，便是［似］分付命令他一般。"⑤ 天命只是理，是通过大化流行，气生万物而得以体现的，没有什么神秘之处，只是自然而然之事。在《君臣夫妇兄弟朋友根原》中，陈淳对于君臣之根原是这样论述的，"天之生人，群然杂处，愚智不能皆齐，不能以相安，必有才智杰然于中，为众所赖以立者，是君臣盖天所命，自然如此也。"⑥ 他认为，君臣产生的根原是人的智愚不齐，而那些智慧超群，为众望所归的人才有能力担当领导者。而这正是天所赋、人所禀的差异造成的，是天命之自然。这样他从忠的自然发生的基础来探讨伦理道德的根原，并指出这是天命所为，是自然而然之事。在此基础上，陈淳强调人要"知

---

① 《朱子语类》卷一三《学七·力行》。
② 《北溪字义·道》。
③ 《北溪大全集》卷十五，《杂著·道学体统》。
④ 《北溪大全集》卷十五，《杂著·道学体统》。
⑤ 《北溪字义·命》。
⑥ 《北溪大全集》卷五，《书问·君臣夫妇兄弟朋友根原》。

命""顺命"，尽人事，听天命。"盖到人事已尽地头，赤见骨不容一点人力，便是天命所为。"① 陈淳通过"天命"论将忠等伦理道德规范的根原进行探析，一方面解释了忠的合理性及其不可抗拒性，进一步提高了忠的地位。另一方面，通过天命自然将忠等人伦日常之事当作自然而然之理，使得忠思想走向世俗化。

## 二、忠信与忠恕

关于忠思想内涵，陈淳在继承朱熹竭心尽力、诚实不欺等内涵的基础上，进一步深入分析，使得忠的内涵以及实践更加精细化。例如：他认为，尽心竭力就是倾尽道德主体的全力去待人，有一分不尽，就不能算作是忠。"尽己是尽自家心里面，以所存主而言，须是无一毫不尽方是忠。如十分底话，只说得七八分，犹留两三分，便是不尽，不得谓之忠。"② 这种尽心竭力深入到道德主体的内心，更加强调了忠的心性修养。此外，忠还具有普遍化的意义。对于尽忠之心，无论是王公大臣还是平民百姓，无一例外，都是如此。"事君之忠，亦只是尽己之心以事君。为人谋之忠，亦只是尽己之心为人谋耳。"③

陈淳尤其强调主敬工夫，践行忠道德，需要持敬工夫来达到。"程子谓主一之谓敬，无适之谓一。文公合而言之曰：主一无适之谓敬，尤分晓。"④ 因为，持敬才能更好地践行忠德，一方面，持敬可以达到对心的主宰，"不走作""不散漫"。从而实现忠的专一性。另一方面，持敬贯穿为人处世的始终，不能间断。"闲静无事时也用敬，应事接物时也用敬。心在里面时也如此，动出于外来做事也如此。出头做事也如此，做到末梢也如此。"⑤ 从而实现忠的持久性。这样，忠的道德修养通过时时刻刻敬，不许人有一丝一毫的松弛与邪念，从而达到儒家真境界。"格物致知也须敬，诚意正心修身也须敬，齐家治国平天下也须敬。敬者，一心主宰，万事之根本。"⑥

关于忠信，首先，陈淳认为忠信是善的体现。"忠信是就人用工夫上立字。大抵性中只有个仁义礼智四位，万善皆从此而生，此四位实为万善之总括。如

① 《北溪字义·命》。
② 《北溪字义·忠信》。
③ 《北溪字义·忠信》。
④ 《北溪字义·敬》。
⑤ 《北溪字义·敬》。
⑥ 《北溪字义·敬》。

忠信、如孝弟等类，皆在万善之中。"① 其次，他进一步解释了二程关于忠信的概念。即"以实之谓信"。"以实是就言上说，有话只据此实物说，无便曰无，有便曰有。若以无为有，以有为无，便是不以实，不得谓之信。"② 最后，他进一步明确忠与信的关系，忠是内在的德性，信是忠的外在体现，二者实则一物。"忠信非判然二物。从内面发出，无一不尽是忠。发出外来，皆以实是信。"③ 陈淳还进一步举例说明忠与信的具体类别，都是将"尽己之心"施于他人。"如事君之忠，亦只是尽己之心事君；为人谋之忠，亦只是尽己之心以为人谋耳。如与朋友交往之信，亦只是以实而与朋友交；与国人交之信，亦只是以实与国人交耳。"④ 他还对孔子的"主忠信"思想作出了详细的阐述。他从程朱理学的立场出发，对"主忠信"思想作出了理论分析：忠信与万善相对。他认为吾心之忠信是"主"，而由它派生出来的万善则是"宾"。"主与宾相对，宾是外人，出入无常。主人是吾家之主，常存在这屋里。以忠信为吾心之主，是中心常有忠信，盖无时而不在是也。心中所主者忠信，则其中许多道理便都实在。这里若无忠信，则一切道理都虚了。"⑤ 因此，主体要心存忠信之德，这样在与外物接触时，就会诚实而不虚伪。

关于忠恕，陈淳首先从字义上分析忠恕内涵，具有理学特色。"字义中心为忠，是尽己之中心无不实，故为忠。如心为恕，是推己心以及人，要如己心之所欲者，便是恕。"⑥ 此外，他进一步细化在推己过程中，不单单是己所不欲，勿施于人。同时，己所欲还要施于人。从积极与消极两方面来推己之德。"其实不止是勿施己所不欲者，凡己之所欲者，须要施于人方可。"⑦ 其次，在忠与恕的关系方面，一方面忠与恕犹如形影，是内与外的关系。"大概忠恕只是一物，就中截作两片则为二物。上蔡谓'忠恕犹形影'，说得好。盖存诸中者即忠，发出外来便是恕。应事接物处不恕，则在我者必不十分真实。故发出忠底心，便是恕底事；做成恕底事，便是忠底心。"⑧ 另一方面，忠与恕是尽己与待物的区别。"忠是

① 《北溪字义·忠信》。
② 《北溪字义·忠信》。
③ 《北溪字义·忠信》。
④ 《北溪字义·忠信》。
⑤ 《北溪字义·忠信》。
⑥ 《北溪字义·忠恕》。
⑦ 《北溪字义·忠恕》。
⑧ 《北溪字义·忠信》。

就心说，是尽己之心无不真实者。恕就待人接物处说，只是推己心之所真实者以及人物而已。"① 此外，忠还是恕的决定因素，"忠是在己底，恕是及人底。单言恕，则忠在其中"，"己若无忠，则从何物推去？无忠而恕，便流为姑息，而非所谓由中及物者矣"。② 陈淳将恕区分为圣人之恕与常人之恕。他说："圣人本无私意，此心豁然大公，物来而顺应，何待于推？学者未免有私意锢于其中，视物未能无尔汝之间，须是用力推去，方能及到这物上。既推得去，则亦豁然大公矣。"③ 他进一步提倡要学习圣人之恕，加强自身道德修养，养成忠恕的自觉性。同时，他还发现，虽然人人都可以推行恕道，但不同社会地位的人所行恕道之后的影响是不同的。"在士人，只一门之内，应接无几，其所推者有限。就有位者而言，则所推者大，而所及者甚广。苟中天下而立，则所推者愈大。"④ 故统治者倘若能够推行恕道，其影响是极为广泛的。

### 三、忠思想的践行与传播

陈淳虽然一生从未为官，但他以儒家"修身、齐家、治国、平天下"为安身立命之本，用自身行为践行忠思想。一方面，他忠于国家，关心社会治乱安危，并积极向国家建言献策，提出了一些安民主张，如《拟上赵寺丞改学移贡院》："或者曰：改学校移贡院大役也，宁无扰民费财之病乎？愚以为善于区处则不扰民、不费财而自集；区处之不得其策，则虽扰民费财而无成。"⑤ 他还敢于揭露私欲横行的社会现实。"夫鬻盐一横赋，在漳民实为痼疾，民罹斯苦余七十年矣。盖自绍兴庚申，虔寇陆梁于西隅，陈敏一军屯于郡，林倅安宅为权宜之计，创以食盐暂鬻民间，以佐军须。……官府来继者，人人类欲囊橐之厚，胥徒效命者，人人类欲室家之肥。"⑥ 他认为，为政者治民要德刑兼具，使民生畏而且又有羞耻之心，"故民亦畏威革面，不敢为恶，以苟免于刑罚，然无所羞愧，则其为恶之心未亡也。德礼者所以出治之本，而德又礼之本，乃吾躬行之所实得者，若孝悌忠信之类是也。……若专务德礼，而不用政刑，则徒善不足以为政。专用政刑，

---

① 《北溪字义·忠恕》。
② 《北溪字义·忠恕》。
③ 《北溪字义·忠恕》。
④ 《北溪字义·忠恕》。
⑤ 《北溪大全集》卷四十三，《拟上赵寺丞改学移贡院》。
⑥ 《北溪大全集》卷四十四，《上庄大卿论鬻盐》。

而不务德礼，则又徒法不能以自行。"①

陈淳因为德行修养以及学术造诣有着重要的社会地位，也受到了当地政府礼待。另一方面，他忠于自身的家庭责任，并通过践行忠德的实际行动赢得称赞，对社会产生了积极影响。据《宋史》记载："淳性孝，母疾亟，号泣于天，乞以身代。弟妹未有室者，皆婚嫁之。葬宗族之丧无归者。居乡不沽名徇俗，恬然退守，若无闻焉。然名播天下，世虽不用，而忧时论事，感慨动人，郡守以下皆礼重之，时造其庐请焉。"②

此外，陈淳的家庭成员忠于国家的崇高精神也体现了他对忠的践行与持守。清戴嘉禧在《北溪先生字义》中有对陈淳二子的记录："陈淳二子，植、格，参加了抗元斗争。格以身殉。植宋亡后变姓名，隐匿，临终令葬海滨，南望崖山。"表现出了他们崇高的民族气节。陈淳也在诗中流露出他忠君爱民、忧国忧民的思想感情，并以儒家圣人境界为先例，作为自己努力的方向。告诫自己要从本质上改变，直到刚柔相济之境。例如，他在《隆兴书堂自警三十五首》中所述如下：

人为天地心，体焉天地同。病于有我私，不能相流通。

二程十四五，即为圣人徒。汝年已蹉跎，得无惊觉乎。

尔宜变尔质，变尔柔而刚。

陈淳最大的贡献则是倾尽其力传播儒家精神，扩大理学在社会中的影响，进而淳化民风，提高社会道德水平。陈淳对忠思想世俗化的传播，一方面源于对传承理学的使命和责任。陈淳曾两次亲炙朱门，虽然时间不长，但与朱熹形成了深厚的师生友谊，朱熹生前授予陈淳下学工夫，"所欠者惟当大专致其'下学'之功尔"。③朱熹死后，陈淳谨遵师父嘱咐，注重修养自身下学工夫，并将传播理学作为自己的责任和使命。《严陵讲义》从道学体统、师友渊源、用功节目、读书次第四个方面对理学进行阐发，在当时社会产生了很大影响。忠作为儒家重要伦理道德是陈淳宣传的重要内容。另一方面，社会环境为忠思想传播提供了良好的教育传播阵地。陈淳所处的时代，私学教育，尤其是蒙学教育已经相当普遍。据载，南宋"都城内外，自有文武两学，宗学、京学、县学之外，其余乡校、师塾、会馆、书会，每一里巷，须一二所。弦诵之声，往往相闻"④。私学的兴盛，

① 《北溪大全集》卷十八，《讲义论语·为政第二》。
② 《宋史》卷四百三十列传第一百八十九《道学四》。
③ 《北溪外集·叙述》。
④ 耐德翁：《都城纪胜》，见《三教外地》，扬州诗局重刊栋亭藏本，第14页。

虽然因其规模小而有一定的限制性，但因其办学灵活，传播地域范围广泛，其所授予对象涵盖识字儿童到成年士子，是普及理学知识，启发学习理学兴趣的重要场所。此外，书院教育与理学相结合，为理学的传播作出巨大贡献。通过不同门人弟子之间的相互争论与辩解，大大活跃了理学学术氛围，促进忠思想进一步发展。此外，随着庆元党禁的解除，理学传播的政治形势好转，理学书籍因其传播的系统性、持久性和广泛性而得到重视，大量先师的文集、语录得到刊行。针对儿童的启蒙教材也大量编印，陈淳的《北溪性理字义》对于理学传播尤其是在下层民众中的普及起到了积极的推动作用。

　　总的来说，陈淳一方面挖掘忠的原初根本义，进一步从人的心性方面对忠进行了阐释，在此不一一赘述。另一方面，对朱熹传播途径和方式的继承和吸收，使得忠渐渐走向人伦日常，成为人安身立命、人际交往的基础。主要表现为，首先，陈淳将忠思想内容融于理学著作甚至诗歌之中，并以通俗易懂的方式呈现出来。如：《闲居杂咏三十二首》内容以儒家传统伦理道德为对象，其中对忠、信以及君臣的阐释内容为：

　　　　忠：忠以尽诸己，其中不容伪，一毫苟自欺，在我先有愧。
　　　　信：信以实诸言，于外无妄宣。要须循尔物，何可背其然。
　　　　君臣：君臣本大分，天尊而地卑。一言在有义，不可以为利。

　　此外，陈淳编印了针对儿童的启蒙教材。陈淳对其多半生的训童经验进行总结，以浅显易懂的表达方式传播儒家经典，与他的训蒙生涯是密切联系的，他说，至于经书，"但其详见欲遗经者，多或字艰而文涩，非幼学之便，此须五六年外，语音调热，然后可以为之训焉。"① 因此，他把程朱学派的启蒙教育内容多方位注入诗歌以及伦理道德教材之中，其更加切合儿童心理和生理特点。通过文字简洁，简短韵语，朗朗上口，便于诵读，通俗易懂，浅显易学的文字形式，并多举眼前之事，多明身边之礼，如衣履冠带、言行举止、洒扫应对等等，是对忠思想传播的创新。例如：在《启蒙初训》中，通过三言诗，使得读者朗朗上口。

　　　　言忠信，行笃敬，思无邪，居处恭，执事敬，与人忠。

　　陈淳在《训童雅言》中采用四言格式，内容比《启蒙初训》深一些。《小学诗礼》采用五言格式将《礼记》诸篇所讲的仪节，择其要而切者，编成《事亲》《事长》《男女》《杂仪》等在内的五言诗43首。成为重要的关于伦理道德行为规

---

范的教材。

## 第四节 二程、朱熹、陈淳忠思想的传承与发展

"天理"的提出从理论上确立了三纲的至上性。君为臣纲之忠作为三纲伦理道德由其上升到"天理"的高度而得以强化和发展。通过对二程、朱熹、陈淳的忠思想内容进行梳理与总结可以发现，忠思想的发展与演化有其特定的历史条件与学术渊源，思想的发展既是现实社会的需要，同时也是学术的传承与发展过程。二程生于北宋相对统一的政治局势下，其所追求的王道理想政治更加侧重"外王"的实现。随着南宋时期国家积贫积弱的社会现实，内忧外患的国家局面以及少数民族屡次侵扰的民族危机，宋朝统治者选择苟且偏安，使得儒家"外王"理想难以实现。为适应现实的政治局势，朱熹在传承二程道学思想的前提下，更加注重"内圣"理想的实现，强调儒家思想道德的心性修养，并进一步将理学传播对象扩展到普通社会成员，促进理学的广泛传播。忠思想发展也呈现出相应时代的特殊性。此外，两宋时期特殊的国家环境也为思想学术的发展迎来了新的发展机遇。宋朝科举制的发展与书院的兴起为理学的传播与发展提供现实条件，理学思想家积极抓住时机，通过讲学、著书等形式，大力传播儒家思想道德，忠思想进一步普及，向着世俗化方向发展。综上所述，特殊的政治历史环境以及理学学术发展过程需要使得二程、朱熹、陈淳忠思想的传承与发展呈现出以下三个特点，从本体论上，他们把忠视为天理的体现，从而提高忠的地位。忠思想经历了"理本体的确立""忠为理的完善""忠道自然"等通俗化的发展。其次，忠思想经历了世俗化发展过程。从侧重政治领域的忠道德规范逐渐将忠视为人伦日常之道，体现于人的日常言行之中。从而扩大忠的践行主体，有利促进了忠思想的发展和传播。此外，从注重"外王"政治理想逐渐强调注重内圣修养，"忠"在人的心性修养方面阐释逐渐深入。

### 一、"忠"到"理"的哲学化完备

理学化的论证是忠德在理论上成熟的表现。[①] 主要意义在于理学从更加理性成熟的角度论述了君权的合理性，为忠君提供了合理依据。而这一哲学化过程也

---

① 欧阳辉纯：《中国传统儒家忠德研究》，花木兰文化出版社 2014 年版，第 87 页。

经历了从确立到成熟再到通俗化的发展。二程首先将"天理"作为贯通天与人、自然与社会的最高普遍法则,确立了理的绝对地位与权威。明道常曰:"吾学虽有所受,天理二字却是自家体贴出来。"① 天理将宇宙法则抽象出来,一方面,与物质意义的天有了明确的区分。另一方面,也不同于思孟学派将天简单理解为人格化的天。而是经过细密的哲学论证将天理理解为必然意义的天,而这个必然意义的天就是天理。实际上,正是从程氏兄弟起,天理才成为道学家频繁使用的核心概念。② 二程在理是万事万物的本源之上,又进一步明确理具有绝对性和普遍性,"万物皆有理,顺之则易,逆之则难,各循其理,何劳于己力哉?"③ 从而确立起理的哲学本体。而君臣之忠是天理的体现,"父子君臣,天下之定理,无所逃于天地之间。"④ 进而通过将忠作为理的重要内容而确立起忠的本体地位。朱熹进一步用"理一分殊"将君仁臣敬解释成了天理的的作用和体现,巩固了忠作为理的哲学基础。"万物皆有此理,理皆同出一原,但所居之位不同,则其理之用不一,如为君须仁,为臣须敬,为子须孝,为父须慈。物物各具此理,而物物各异其用。"⑤ 理虽然具有唯一性,但由于每个人所禀受的天理不同,所处地位就不同,所遵守的道德规范也就不同。由此,君尊臣卑也就理所当然,"忠"具备了天然的合法性,成为君臣民必须遵守的道德准则。既然忠于君主成为天理的体现,理学借此提升君主地位,确立君主至高无上的地位。并提出了一系列忠君的具体措施。但理学的忠并非单单指"忠君",忠有着更加广泛的含义。一方面,君臣之忠是双向的,君主对臣要以礼相待,同时,君主忠于国家社稷、忠于百姓也是天理的要求,"正君心""格君心之非"思想的形成便说明了这一点。另一方面,理一分殊之理不仅仅将忠理解为君臣之间的政治规范,同时也存在于人的道德修养领域,普通社会成员忠于自身职责,忠于他人、忠于内心同样也是天理的体现。"为人谋时,竭尽自己之心,这个便是忠。"⑥ 由此可见,朱熹通过忠思想的理学化论证不仅仅实现了从理论上为君主政治提供合法性,还为道德主体加强忠德修养提供了理论依据,成为中国古代稳定政治秩序的工具。由此,忠作为理的重要内容而形成完善的哲学体系。陈淳作为朱熹的徒弟最大的贡献就在于捍卫师

① 《河南程氏外书》卷十二《传闻杂记》。
② 孙晓春:《中国政治思想通史(宋元篇)》,中国人民大学出版社2014年版,第205页。
③ 《二程遗书》卷十一《师训》。
④ 《二程遗书》卷五《二先生语五》。
⑤ 《朱子语类》卷一八《大学五》。
⑥ 《朱子语类》卷二六《论语八》。

门，传承朱熹的理学思想。同时，他也结合时代发展的需要进一步将儒家的道落实到人伦日用间，"道之大纲，只是日用间人伦事物所当行之理。"① "圣贤所谓道学者，初非有至幽难穷之理，甚高难能之事也，亦不外乎人生日用之常尔。"② 从理论上将理看成是自然而然之事，从而为忠思想的广泛传播奠定了哲学基础。

### 二、忠思想向世俗化方向发展

哲学化的完备理论如果得不到世俗化的发展，不能走向人伦日常，则理论只能束之高阁，无法产生广泛影响。而忠思想在两宋时期得到了广泛传播。经过理学家的论证与传播，忠日渐成为社会成员的基本道德规范。一方面得益于两宋时期政治社会背景，两宋时期科举制度的发展与书院的兴起为忠思想走向世俗化提供了社会基础。科举制度的改革实现了政治权力对下层民众的开放。加之，其考核内容主要为儒家经典，而作为儒家重要思想内容的忠也成为科举制的考核内容。这样，社会下层民众为考取功名进入仕途，也开始习得儒家忠思想经典，忠思想得到广泛传播。两宋时期，书院作为私人教育场所，作为官学的补充而得到迅速的发展。由于书院教育传播方式注重学习的自主性与道德主体的自觉性等优势，忠思想渐渐成为道德主体内在需求。此外，普通民众也可以通过书院学习儒家伦理道德思想，忠成为普通民众的日常道德准则。社会背景对忠的世俗化发展提供了可能性，理学对忠的理论化发展具有决定性作用。首先，理学家对忠的阐释具有世俗化倾向。二程虽然也提出了修身之忠，通过人性论的分析将人性纳入到天道范畴，并肯定了民众体认天理的能力，为德行修养提供了前提，而忠作为儒家道德伦理规范便是民众修养的重要内容，"尽己无歉为'忠'"③，"尽心之谓'忠'"④，但二程理学本体论确立的最终目的是实现得君行道的政治理想，忠更多地体现在政治领域。因此，其影响范围有限，只能将忠思想束之高阁，普通民众难以完全理解，也难以产生较大的社会影响。理学发展到南宋时期，由于南宋偏安一隅的政治形势，得君行道理想的破灭，朱熹更多发展修身之理来加强理学的传播，通过着眼于个体修养之忠来实现其王道政治理想。朱熹认为，尽忠只是在尽其本分，而忠体现了日常生活之中，是普通人修养的一部分。"本分当为者，

---

① 《北溪字义·道》。
② 《北溪大全集》卷十五，《杂著·道学体统》。
③ 《河南程氏粹言·论道篇》。
④ 《河南程氏粹言·心性篇》。

一事有缺，便废天职。居处恭，执事敬，与人忠。推是心以尽其职者，无以易诸公之论。"① 他还进一步发展了二程的格物致知的修养之道，为忠道德的具体践行提供了明确的路径，真正将忠走向个体，产生了重要的社会影响，也为理学官学化的实现奠定了广泛而深厚的群众基础。陈淳则进一步通过天命自然将忠等人伦日常之事当作自然而然之理。为南宋后期忠思想的广泛传播作出了重要贡献。此外，朱熹与陈淳对忠德的教育思想有利于实现忠的世俗化。朱熹开始注重对忠思想的教化，认为忠作为社会成员必备的品德是儿童时期就该习得的。"忠信孝弟之类，须于小学中出"。② 陈淳以训童为生的人生经历对忠德德教育贡献更为突出，例如：他在教育传播方式上，理学家将忠思想内容融于诗歌等浅显易懂的读物之中，对忠的广泛传播起到了重要作用。经过忠思想由浅入深的教育和学习，忠不仅仅成为人伦日常的需要，也渐渐内化为人的品德，成为自觉遵守的道德品质。从而达到了忠思想教育的本质。

### 三、从人的心性修养方面阐释"忠"的内涵

理学不仅仅通过天理的哲学化解释了忠等伦理道德规范应然性。更进一步为道德的实现提供了具体的实践路径。即通过人的心性修养达到德性境界，进而实现王道理想政治。这种向内的道德实践路径为践行忠德提供了现实可能，有力地支撑了忠德德发展。这一实践路径也贯穿于二程、朱熹、陈淳对理学的传承与发展之中，完备了儒家道德体系。首先，理学继承了先秦时期孔孟的心性理论，并形成了完备的形而上的理论论据。"仁"在孔子儒家思想体系中居于核心位置，对其他诸德有统领之效。宋代理学家对于"仁"的含义进行了吸收借鉴，并融入了他们所希望的"仁"的含义。忠作为其中重要的含义得以发展。二程主张"仁者，以天地万物为一体，莫非己也"③。说明仁的境界应该达到与天地万物融为一体、忘我非我的境界中。这种仁者与天地万物相融的思想，是对仁本内涵的深度阐发，里面渗透着忠道、恕道以及诸德所体现的精神和精华。在此基础上，二程对于"仁"的含义做了形而上的提升，程颐率先将诸德之"仁"界定为道德本体。认为仁和爱是居于不同层次范畴的概念，爱由仁生，仁是本、爱只是现象，仁还会产生其他的道德情感，从而将仁视为诸德之首，由此本体产生忠道、恕

---

① 《朱子语类》卷一三《学七·力行》。
② 《朱子语类》卷一四《大学一·纲领》。
③ 《二程集·河南程氏遗书》卷二上《二先生语二上》。

道、孝道等诸德。朱熹则在二程的基础之上进一步发展了二程在此方面的思想，进一步将仁与其他道德情感的关系做了剖析。"'仁者爱之理'，只是爱之道理，犹言生之性，爱则是理智见于用者也。盖仁，性也，性只是理而已。爱是情，情则发于用。性者指其发末，故曰'仁者爱之理'。情即已发，故曰'爱者仁之用'。"① 朱子认为，仁乃是爱的本源以及所有诸德产生的内在根本，仁是根、是体，爱是情、是用，他形象地解释为"理是根，爱是苗"，"仁是根，爱是苗，不可便唤苗做根。然而这个苗，却定是从那根上来。"② 用根和苗的关系，生动形象地说明了仁和爱的体用关系。将"仁"的含义提升到道德本源的高度，能够让他们的思想在仁与爱的关系中进一步升华出忠思想和恕思想的关系。通过对仁的阐发，忠成为是内在而自然的。而对忠恕关系的辩证，明确忠思想是根本，恕则是表现。忠符合天理本源，而恕的实施则要围绕忠、符合忠的原则。陈淳则在此基础上进一步强调："忠是就心说，是尽己之心无不真实者。恕是就待人接物处说，只是推己心之所真实者以及人物而已"。"忠是在己底，恕是及人底。单言恕，则忠在其中"。"己若无忠，则从何物推去？无忠而恕，便流为姑息，而非所谓由中及物者矣"③。陈淳则是通过阐述忠和恕二者的关系，明确了恕由忠出，无忠而不恕的关系定位。由此可以看出，通过他们经过"民胞物与""仁者以天地万物为一体"的主张，提出忠恕同为天地之德。同时，他们更重视忠思想的地位，提升到本位、天理的地位。经过宋明时期理学家的发展，忠思想渐渐居于主导，由忠恕同为天地之德，转变为忠为恕本，忠体恕用的关系。

此外，心、性、情是理学思想的重要范畴，理学以理为最高本体，同时也重视心的作用，心是身的主宰同时也统御着性情。在此基础上强调主敬工夫，"格物致知也须敬，诚意正心修身也须敬，齐家治国平天下也须敬。敬者，一心之主宰万事之根本。"④ "主一无适"是敬的基本精神，而忠德修养，需要持敬工夫来达到。陈淳认为："程子谓主一之谓敬，无适之谓一。文公合而言之曰：主一无适之谓敬，尤分晓。"⑤ 通过持敬，可以达到对心的主宰，专一尽忠，实现儒家道德修养的真境界。从忠的内涵来看，程子解释忠为："尽己无歉为'忠'"⑥ "尽心

① 《朱子语类》卷二〇《论语·学而上》。
② 《朱子语类》卷二〇《论语·学而上》。
③ 《北溪字义·忠恕》。
④ 《北溪字义·敬》。
⑤ 《北溪字义·敬》。
⑥ 《河南程氏粹言·论道篇》。

之谓'忠'"。① 朱熹解释忠为，"忠者，诚实不欺之名"。② 陈淳解释忠为，"字义中心为忠，是尽己之中心无不实，故为忠。"③ 可见，理学更加侧重从心性修养方面解释忠的内涵，将忠视为人性情修养的重要内容。另一方面，忠的外在行为同时也是内心的体现，理学强调行为要发自内心的忠诚。"居处恭，执事敬，与人忠，此是彻上彻下语，圣人元无二语。"④ 朱熹强调忠的内在德性，心存忠德就会有忠的行为。"且如'万物皆备于我。反身而诚，乐莫大焉'，亦只是个无亏欠。君仁臣忠，父慈子孝，自家欠却他底，便不快活。"⑤ 同时，理学家对忠信、忠恕的解释也有这样的特点，忠是信、恕的根本，内心为忠其行为才能做到忠信、忠恕。"忠信只是一事。但是发于心而自尽，则为忠；验于理而不违，到为信。忠是信之本，信是忠之发。"⑥ "忠。只是实心，直是真实不伪。到应接事物，也只是推这个心去。直是忠，方能恕。若不忠，便无本领了，更把甚么去及物。"⑦ 此外，对于忠思想的教育与传播，理学强调生命体的内在觉悟，强调发挥主体的能动性与道德自觉性，从而从心性上培养忠道德。总之，理学提倡通过加强忠的内在心性修养，才能树立正确的伦理道德思想，从而恢复人内心的"天理"，自觉成为一名忠君爱国的君子。

① 《河南程氏粹言·心性篇》。
② 《朱子语类》卷二七《论语九·里仁篇下·子曰参乎章》。
③ 《北溪字义·忠恕》。
④ 《二程遗书》卷二上《二先生语二上·元丰己未吕与叔东见二先生语》。
⑤ 《朱子语类》卷五二《孟子二》。
⑥ 《朱子语类》卷二一《论语三·学而篇中》。
⑦ 《朱子语类》卷一六《大学三·传八章释修身齐家》。

# 第十一章　诚

周敦颐建构了"以诚为本"的哲学体系，"诚"变成了宇宙本体论和修养工夫论中的核心观念之一。学者们普遍认为，周敦颐通过"诚"论等内容的阐发，初步完成了儒家伦理天道化和天道伦理道德化的工作，回答了儒家道德何以可能的形上学问题，塑造了理学的基本框架和话语范式。但是，他并没有将佛道的"无极"与儒家的"诚"二者之间的关系真正讲清楚，并且"诚"作为本体也不能很好地回答宇宙生化的问题，他为实现"诚"所开出的"主静""无欲"和"慎动"等修养论内容由于颇具佛道色彩也为世人所诟病。可以说，周敦颐在通过"诚"来论证"天人合一"的问题上还有很多不严密的地方。张载站在气本论的哲学立场之上，也将"诚"诠释为天人合一的关键范畴，指出"性与天道合一存乎诚"。他以"诚"论气，"诚"被定义为太虚之气的属性和功能，更重要的是，他用"实"取代了周敦颐以"无"论"诚"的倾向，弥补了周敦颐过多杂糅释老的不足，符合儒家一贯的不离现实人生而谈天道性命的特色。因为张载以气作为宇宙本体论的范畴，所以他所谓的"诚"更多的是指一种物质性的实体，与周敦颐主要从精神实体而言"诚"的角度有很大的不同。太虚之气是一种真实存在的本体，也就是是"诚"体，太虚之为诚既是由于它是"天之实"（天德），又是因为它是"心之实"（人性），张载相信天德能够借助于气的真实运化机制而贯通于人性之中，在这个过程中宇宙本体和心性本体实现了合二为一。但是，张载"虚空即气"的气本论思想主要是为了抗击佛道崇尚虚空的学说而提出的，由于"气"本身物质性的色彩比较浓厚，所以它更多地属于一种宇宙论的范畴，这也就注定了作为关注宇宙实体的气本论思想"未能与儒家的核心伦理原则紧密结合起来"[1]。

---

[1] 陈来：《宋明理学·引言》，生活·读书·新知三联书店2011年版，第13页。

根据以上的论述我们可以发现，在寻找儒家伦理道德真实本原（"诚"体）的问题上，虽有周敦颐、张载等人的探索性思考，但离恰切地论证"天道"和"人道"何以统一于"诚"的儒家传统思路还有一定的距离。依照逻辑发展的进路，在"诚"的问题上，宋儒需要一种更为系统的超越宇宙论而该遍宇宙、人生的道德形上学来为儒家"天人合一"论断进行张本。可以说，这个任务是由程颢、程颐开其端绪，而由朱熹基本完成的。程朱理学最大的特色在于他们提出了以"理"为核心的本体论学说，同时吸收了气学等其他思想流派的有益成分，将儒家的伦理道德上升至"天理"的高度，从而为儒家思想设置了更为坚实的本体论基础。对于"诚"的问题，程朱之学也紧紧围绕着理本论的立场来展开，将"诚"视为"理之实然"，其实就是不可移易的真实天理，这个真实的"理"乃是超越时空的"天下万古，人心物理"之所同然，因此，人类最终极的意义就在于追求、思索、回复、践行这个真实无妄的天理本然。可以说，程朱以理论"诚"的学说是对周敦颐、张载等人"诚"论的整合，作为实理的"诚"是涵括宇宙万物、人类社会的真实本体，这也说明先秦哲学中"天"的本体地位已经被"理"所取代了。程朱理学以"诚"论"理"的意义在于将儒学的价值内容打造为超越时空的至上真理，借以推行儒家的伦常教化，最终建立一个符合本土思想文化传统的政治社会体系。

## 第一节 二程："无妄之谓诚"

单从字面的意义上来看，二程常说"无妄之谓诚"，所谓"无妄"就是指不虚伪，也就是真实。所以，朱熹后来又用"真实无妄"来诠释"诚"的含义。思孟学派将"诚"视为天道诚体之属性以及人道当然之原则，建立了一套"天道——人道"相贯通的思想体系。二程的"诚"论并没有超出这样一个系统，但对于"天道"的内容也如同周敦颐、张载等人一样有了新的阐发。在二程的思想系统中，作为宇宙万物主宰的"天"以及人类价值本原的"道"是完全统一的，这个"天道"又被他们以"理"代称，天道"只是理，理便是天道也。且如说皇天震怒，终不是有人在上震怒？只是理如此"（《河南程氏遗书》卷二十二上）。①北宋初年，包括欧阳修、周敦颐以及邵雍等学者虽然已经赋予了"理"以自然和

---

① 程颢、程颐：《二程集》，王孝鱼点校，中华书局1981年版，第290页。

人文法则的含义，但只有二程兄弟将"理"作为一个终极的、至上的范畴来重新建构儒学的形上学体系。

## 一、"诚者实理也"

二程以"无妄"释"诚"，这其实是对天理性质的解说。程颐说："天之化育万物，生生不穷，各正其性命，乃无妄也。"(《周易程氏传》卷二)[1] 可见，天理的"无妄"("诚")体现为生物不息、正其性命的神奇功能，这在思孟"诚"学中已经涉及，二程则对于这个生生不息、成就性命的真实无妄的过程做出了更为具体、丰富的描述。在他们看来，天理的主宰与生化作用与万物（特别是人）成就本性、生成命运的过程归属于同一个不虚伪、不荒诞的系统，人和宇宙万物一样都是源自于生生之实理，而生生之理真实作用于天地万物之中，可以说"万物皆只是一个天理"(《河南程氏遗书》卷二上)[2]。实理贯通于天、地、人之间，是自然规律和道德法则的统一体，它没有缺欠，完美自足，百理具备，虽散在万物之中，但万物具体之理与宇宙根本之实理没有区别，这就是所谓的"理一分殊"。因此，在实理的作用之下，万物与人类都表现出"实"的性状出来：

> 或谓："诚者，专意之谓乎?"子曰："诚者实理也，专意何足以尽之?"吕大临曰："信哉! 实有是理，故实有是物；实有是物，故实有是用；实有是用，故实有是心；实有是心，故实有是事。故曰：诚者实理也。"(《河南程氏粹言》卷一)[3]

在程颐看来，心意之专一并不能包含"诚"的全部，"诚"从根本上而言指的是"实理"，他的弟子吕大临借此发挥其师的学说，认为正是由此实理才造就出实在的物体，实在的功用，实在的心灵，实在的事情。朱光庭在称赞大程时总结了"诚"作为宇宙万物之"所以然之理"的本体意义：

> 大抵先生之学，以诚为本。仰观乎天，清明穹窿，日月之运行，阴阳之变化，所以然者，诚而已。俯察乎地，广博持载，山川之融结，草木之蕃殖，所以然者，诚而已。人居天地之中，参合无间，纯亦不已者，其在兹乎! 盖诚者天德也。圣人自诚而明，其静也渊停，其动也神速，天之所以

---

① 程颢、程颐：《二程集》，第 822 页。
② 程颢、程颐：《二程集》，第 30 页。
③ 程颢、程颐：《二程集》，第 1169—1170 页。

位，万物之所以育，何莫由斯道也？（《河南程氏遗书》附录）①

总之，彻上彻下，从天地的阴阳变易到人类的性命德教，从形而上的道到形而下的器，无非是一诚实之道理的主宰与作用，此理就是"一本"，即"表现无论从主观面或客观面说，总只是这'本体宇宙论的实体'之道德创造或宇宙生化之立体的直贯"②。在二程的思想话语中，此一本之实理还有众多异名，它是天，是帝，是天道，是太极，是太虚，是诚体，是神体，是仁体，是中体，是性体，是心体，是寂感真几，也是於穆不已之体，它们之间虽有细微之差别，但皆为无妄之实理之化身自不待言。从宽泛的意义上来看，将二程之理学视为"诚"学亦不为过。

与其他思想家一样，二程的本体论创造也是以对抗佛道二教之冲击、重建儒家之道统为目的的。二程以"诚"论实理、实物、实用、实心，这与佛道追求绝对空无而以理与事、心与情为本性之障蔽的倾向大异其趣，他们"以理与事为实有，即事可知理，即理而可以通于事，二程理一分殊的理事观与佛学大相径庭"③。二程由实理得出的结论必然是人要刚健有为、真实无伪地投身于社会实践中去，不消极避世，不推脱责任，不爱生而惧死，而是通过处理好君臣、父子、夫妇的人伦日用关系而感悟天地浑然与我一体、实理彻上彻下运行无碍的宇宙秩序。总之，在二程的本体论中，"诚"可以作为天理的代名词，只有天理才是最真实无妄的存在，天地人物、古今后世皆诚一于理，由理来支配。因此，人类的出路就在于以诚敬之心去感知、存续、践行这个实理。"诚"之于"理"的意义在于，它一方面赋予了"理""极高明"的本体地位，这种地位体现为超越时空的绝对真实本性；另一方面，"诚"本身所具备的经验性情感的含义又为儒者所主张的人类应当以天理为指归并切实践行天理提供了一种可以把捉、可以获致的修养功夫体验，不至于使人陷入茫然无措的境地。

因此，作为"诚者"的实理虽然看似杳渺，但如果没有物、事、人的真实存在它也不能称之为"诚"。在物、事、人中，人无疑是最重要者，人类的全部意义在于向"诚"体（实理）归趋，即"诚之"的作为。这个归趋从根本上是靠心之"思"来实现的，"思"代表的是人类自身的主观能动性，这种能动性是知行合一的：在二程这里，"知"主要体现为"识仁"，即感悟天、地、人、物浑然

---

① 程颢、程颐：《二程集》，第 331 页。
② 蔡仁厚：《宋明理学·北宋篇》，吉林出版集团有限责任公司 2009 年版，第 170 页。
③ 李旭然：《北宋四子的"诚"论》，西北大学中国思想文化研究所 2014 年博士学位论文，第 136 页。

一体之仁的实理,"行"则主要是通过"学、聚、问、辨"而"进德"以及"宽居""行仁"而"修业"。概而言之,此知此行的最终目的就是实现儒学以仁为本的道德善业,在儒者看来,这个伦理价值系统既是实理、人性为人类所确立的必然追求,也是人类体认天理、返归本性的必经之路。

从整个儒学发展的历程上来看,二程以实论诚、以诚论理的哲学意义在于以"一本"的立场整合了天道与人道、自然与人文,改变了儒学之前形上学构造所出现的二元论甚至是多元论的局面。他们眼中的"诚"指向的是宇宙生生不息之理,此一实理作为最高范畴统摄了宇宙本体和价值本体,"从而为传统儒家思想提供了一个既超越又现世的、形而上的依据"①,这是对中国儒学乃至于整个中国哲学的重要推进。

## 二、"识仁"与"诚敬"

与思孟学派自天而人的思路一样,"诚"不仅指向实理诚体,还是为人之道的根本原则。"诚"对于人之修身治事、为人处世而言都非常重要,程颐说:"盖诚之于物,无不能动,以之修身则身正,以之治事则事得其理,以之临人则人感而化,无所往而不得其志也。"(《周易程氏传》卷二)② 这是从形下的层面而言,从形上超越的角度来讲,他们也相信"诚"能够带来一种神秘性的崇高体验,即"人苟诚焉,则感于天地,通于神明"(《河南程氏经说》卷二)③。那么人如何才能使"诚"成为自身的一种内在的道德品质而促进个体与群体的生活,也就是如何能够实现"诚"的境界呢? 二程所论与"诚"相关的修养论内容,大致有如下两个层面:

其一,识仁。孟子讲"反身而诚",目的在于回归并实现人类本有之善性,而在二程这里,人的价值追求便是"识仁",只有"识仁"才会体悟万物一体之"诚"。上文讲到,仁指"浑然与物同体",那么"识仁"便是将作为宇宙一员的"己"与其他存在看作是息息相通的整体,而不是相对而立的主客体关系,"己"与"物"统一于"生生"之理。程颢说:

> 学者须先识仁。仁者,浑然与物同体。义、礼、智、信皆仁也。识得此理,以诚敬存之而已,不须防检,不须穷索。……孟子言"万物皆备于我",

---

① 徐洪兴:《旷世大儒——二程》,河北人民出版社 2000 年版,第 141 页。
② 程颢、程颐:《二程集》,第 824 页。
③ 程颢、程颐:《二程集》,第 1042 页。

须反身而诚，乃为大乐。若反身未诚，则犹是二物有对，以己合彼，终未有之，又安得乐？（《河南程氏遗书》卷二上）①

与小程相比，明道之学特重体贴在己之天理，故"识仁"便是当下认取吾人性体本有之仁心诚体，用孟子的话就是反身之"诚"，良知良能诚有诸己。他对于外向的穷理之学不甚认同，认为这种路径终究不能直面心性本体，只是获取文字意义层面的模糊概念，而非天理流行之於穆不已而又活泼灵动之心。识得此仁体、诚体在程颢等注重内在心性修养之学的儒者看来其意义在于，此良知必有纯亦不已实践仁、义、礼、智、信等道德之良能，使人自明自律而不容已地投身道德实践，此乃儒家伦理道德所实现之依据。前文已经论述二程以实理论儒家价值体系之正当性与合法性，此处则通过人类本性之诚实良善来确证儒家道德规范之实现的可能性与可行性。笔者认为，"识仁"之论乃是《中庸》"自诚明"论断的发展，二者皆是通过挺立一个心性的主宰力量来贞定人类生命意志、价值追求之方向。对于此诚心诚性，大程认为要以诚敬存之，此"诚"与诚体之"诚"有别，乃是与"敬"相关的修养功夫，"诚"与"敬"的关系下文将有详细论述，在此从略。以诚敬存仁，乃是针对内心的修养功夫，此心与外物不曾相分，外物的诱惑虽可能成为人之本心本性的障蔽，但人亦无须处处防检穷索以规避外诱，只须诚敬慎独存养实理之在我者（即仁体、诚体），使其诚有诸己，便能于与物相接之时自然而又中节地发而形之于外，使喜、怒、哀、乐皆顺应实理而非私意小知那般不能做到廓然大公、物来顺应。总之，"识仁"的最终效果便是物我浑然一体，"万物静观皆自得，四时佳兴与人同"（程颢：《秋日偶成》)②，天地万物无一物非我，也就无一物非此仁心诚性所发露贯注、当下朗现，这也就是《中庸》所谓"成己成物"之全体大用。同样，"识"本身所蕴含的认识意义也与《中庸》"自明诚"的思路相接续，总之，"自诚明"与"自明诚"在宇宙一体之仁的境界中已经合二为一，这也正是《中庸》"诚则明矣，明则诚矣"的进一步阐释。可见，明道"识仁""定性"之论实乃以《中庸》之"诚"说为其命脉。在二程看来，做到了"识仁"还不远远不够，下一步的关键在于如何将此仁体、诚体常存于心性之中，这就涉及"诚""敬"的功夫了。

其二，诚敬。前文已经提到，二程以"无妄"释"诚"，"诚"是作为最真实

---

① 程颢、程颐：《二程集》，第 16—17 页。
② 程颢、程颐：《二程集》，第 482 页。

不虚妄的天理而存在的。不过，"无妄"也可以指人内心之情态，即真实而不虚假，也就是将人之为人的本心本性呈现出来的自觉意识与心理状态。求真求实是儒家一向的追求，先秦儒家就特别注重人类情感的真实显发，后来儒家又为单纯的人类情感加入了道德价值的要素，使得礼乐的规制、约束与引导意义凸显了出来。二程所论心理状态层面的"诚"也是以儒家伦理道德规范的遵循与践行为指归的，程颐云："学者不可以不诚，不诚无以为善，不诚无以为君子。修学不以诚，则学杂；为事不以诚，则事败；自谋不以诚，则是欺其心而自弃其忠；与人不以诚，则是丧其德而增人之怨。"（《河南程氏遗书》卷二十五）① 可见，人之求"诚"的目的在于向善，此善正是儒家为人们所创设的君子之道，此道兼知兼行，内外合一。君子之道涉及为学、为政、为事、为人等方方面面，具体来说便是儒家忠、信、仁、义等具体的道德要求，因此，"诚"就是切实推行这些伦理规范而不苟且。用比较具有哲理的话来说就是，"诚实贯通于诸德之中，并为诸德之成为自身提供了可能性"②。例如，在儒家三纲之一的君臣关系中，"诚"应当作为二者共同遵守的行为准则："君臣之交，能固而常者，在诚实而已。"（《周易程氏传》卷二）③ "君推诚以任下，臣尽诚以事君，上下之志通，朝廷之泰也。"（《周易程氏传》卷一）④ 又如，在处理与朋友乡党的关系时，"诚"的要求也贯穿始终："在朋友亦然，修身诚意以待之。"（《周易程氏传》卷一）⑤ 二程认为只有做到至诚才能成就德性，感人至深，受人信任，正所谓"苟诚意能动，则虽昏蒙可开也，虽柔弱可辅也，虽不正可正也"（《周易程氏传》卷四）⑥，最终"德卒升闻，道卒为用"（《周易程氏传》卷四）。⑦ 可见，君子自守至诚无疑会对维护和稳固儒家所看重的伦常关系及其规范起到至关重要的作用。这种论调看似只是在提倡"诚"德的重要性，其实更是向知识阶层与统治阶级灌输只有遵守儒家的伦理道德才能真正实现安身立命、成就功业的人生价值。至少从士人建功立业的功利角度或者君主粉饰政治的意义上来考虑，我们就不难理解为何二程之学能够最终成为影响中国一千余年的官方哲学的重要组成部分之一了。

---

① 程颢、程颐：《二程集》，第 326 页。
② 陈赟：《中庸的思想》，生活·读书·新知三联书店 2007 年版，第 216 页。
③ 程颢、程颐：《二程集》，第 848 页。
④ 程颢、程颐：《二程集》，第 753 页。
⑤ 程颢、程颐：《二程集》，第 742 页。
⑥ 程颢、程颐：《二程集》，第 986 页。
⑦ 程颢、程颐：《二程集》，第 942 页。

以上是讲以诚存诚，其实可以算作是对"诚之""思诚"的展开，但这种以诚存诚的讲法似乎还没有达到圆融之境地。这是因为，虽然这里出现的两个"诚"分属于不同的层次，但难免会有同义反复之嫌：为了实现 X，就必须 X，X既是目的又是手段。这种思路在逻辑上是有问题的，至少并没有讲清楚二者之间是如何进行区分、转化的。其实在《中庸》文本中，"诚"所蕴含的本体论意味的"真实"与功夫论意味的"真诚"是不做区分的，但二者毕竟有很大的不同。也因此，二程在"诚"功夫之外又特重"敬"的一环，这既是对"诚"的补充，又在一定程度上弥补了以诚存诚论在逻辑上的缺陷。所以，朱熹弟子陈淳说："敬一字，以前经书说处尽多，只把做闲慢说过，到二程方拈出来，就学者做工夫处说，见得这道理尤紧切，所关最大。"① 他强调二程所论之"敬"并非只是外在的容貌仪态，而主要成为一种道德修养功夫。那么"敬"又是怎样一种功夫呢？他们说："敬是闲邪之道。"(《河南程氏遗书》卷十八)② "闲邪"就是抵御外在邪僻对于心志之烦扰，程颐以形象的比喻说道："闲邪存诚，闲邪则诚自存。如人有室，垣墙不修，不能防寇，寇从东来，逐之则复有自西入；逐得一人，一人复至。不如修其垣墙，则寇自不至，故救闲邪也。"(《河南程氏遗书》卷十五)③ 可见，"闲邪"的目的是为了"存诚"，因此，"敬"就成了"诚"的前提，所以他们又说："未及诚时，却须敬而后能诚。"(《河南程氏遗书》卷六)④ "敬"是人实现"诚"的方式，人心的持敬是对于实理、天道、本性的虔诚追寻，最终的结果便是体验到合内外、一天人的至诚境界。

以上只是对"敬"的性质与意义的说明，还没有回答如何才是"敬"的问题。对于"敬"，小程的阐发比较系统全面。⑤ 在他看来，人生在世，难免会与外物打交道而产生闻见思虑，思虑既多不免会对仁心诚体造成一定的干扰。但儒家不主张完全与外物相隔绝，而是通过一种收敛身心、控制意念的方式来使心不四处走作、不自欺怠慢、不怨天尤人而有贞定、专一之主宰，这种意念控制方法在二程这里便是"敬"。"敬"就是"主一"，就是防止邪念的方法，即将心思意念集中于纯粹至善的天理以及由天理所开示的道德规范，而"诚"则是经由此种功

---

① 陈淳：《北溪字义·心》，熊国祯、高流水点校，中华书局 1983 年版，第 35 页。
② 程颢、程颐：《二程集》，第 185 页。
③ 程颢、程颐：《二程集》，第 169 页。
④ 程颢、程颐：《二程集》，第 92 页。
⑤ 详见《二程集》，《河南程氏遗书》卷十五"学者先务，固在心志"一节，第 168—169 页。

夫所达成的人与天理合一的境界。也就是说，"敬"是一种视听言动时的意念性活动，当久而久之而无所不敬时，"诚"也就达到了。真德秀说："及其涵养既熟，此心湛然，自然无二无杂，则不待主而自一矣。不待主而自一，即所谓诚也。敬是人事之本，学者用功之要。至于诚，则达乎天道矣。此又诚敬之分也。"(《宋元学案·西山真氏学案》)① 同样，人一旦达到至诚境地便无所不敬，这样就进入了一个"敬——诚——敬"的循环，这是人道的应然状态。所以，我们就不难理解二程为何主张人的一切认识、言语和行动，包括从格物致知、诚意正心到修齐治平的全过程，无一不应从"敬"字入手。从现实功利的角度来看，"敬"对人的意义也是非凡，程颢说："圣人修己以敬，以安百姓，笃恭而天下平。惟上下一于恭敬，则天地自位，万物自育，气无不和，四灵何有不至？此体信达顺之道，聪明睿智皆由是出。"(《河南程氏遗书》卷六)② 因此，"敬"实乃人道之根本，这与上文"识仁"的主张其实是一致的。

还应该注意的问题是，二程一直在强调他们并不认同道家"屏去闻见知思"以及佛教"坐禅入定"的修行方式来处理内心世界与外部世界的关系，因为这些方式在试图获得内心的宁静与清净背后都有一种弃绝或逃避人与外物相交感的倾向。然而人心如明镜，不可能不去鉴照万物，也就很难使其不思虑。"敬"的意义不在于杜绝思虑的发生，而是用儒家所谓的实理来充实、占领心灵这块阵地，使物欲邪念没有可乘之机和立足之地，外物诱惑不得而入，则人心皆为实理之流行发动，言行思虑无不中节正义。此"敬"并不只是纯粹虚静的功夫，可以说是敬兼动静，即动静之时无不应当主敬；反之，"敬则自虚静"，但又"不可把虚静唤做敬"。(《河南程氏遗书》卷十五)③ 这明显是对佛道思想以及周敦颐"主静"之说的一种矫正。对于二程想要表达的意思，真西山也有很精彩的总结：

> 所谓主一者，静时要一，动时亦要一。平居暇日未有作为，此心亦要主于一，应事接物有所作为，此心亦要主于一，此是静时敬，动时敬。静时能静，则无思虑纷纭之患；动时能静，则无举措烦扰之患，如此则本心常存而不失。为学之要，莫先于此。(《宋元学案·西山真氏学案》)④

---

① 沈善洪主编：《黄宗羲全集》第六册，《宋元学案》卷八十一，浙江古籍出版社1992年版，第184—185页。
② 程颢、程颐：《二程集》，第81页。
③ 程颢、程颐：《二程集》，第157页。
④ 沈善洪主编：《黄宗羲全集》第六册，《宋元学案》卷八十一，第185页。

可见，无论是闲居涵养未有作为，还是应事接物有所行动，"敬"都是内心不可或缺的修养工夫。

## 第二节　朱熹：诚是"实理"

朱熹自幼就在深受二程理学影响的父亲朱松指导下学习儒家经典，后又从学于罗从彦的弟子李侗，成为二程的四传弟子。朱熹是理学的集大成者，他的思想特色在于兼采众说，综罗百代，全面总结北宋以来的理学思潮，构建了一个同样以"理"为核心观念的哲学体系，后世将其与二程合称，是为"程朱学派"。朱熹的理学在继承二程理本论的同时，吸收了张载等人关于气的学说，系统地提出了"理——气——物"的哲学体系。

### 一、"诚者，实理之谓也"

朱熹论"诚"，虽没有迥异于二程的论断，但在深度和广度上又较二程显得充实、丰富。与二程一样，朱子也把"诚"看作是表征超越、绝对之实体（"理"）的概念。他说：

> 诚，实理也，亦诚悫也。由汉以来，专以诚悫言诚，至程子乃以实理言，后学皆弃诚悫之说不观。（《朱子语类》卷六）[1]
>
> 诚者，真实无妄之谓，天理之本然也。（《中庸章句》）
>
> 诚者，至实而无妄之谓，天所赋、物所受之正理也，人皆有之。圣人之所以圣者，无他焉，以其独能全此而已。（《通书·诚上第一》注）[2]
>
> 诚只是实。又曰：诚是理。（《朱子语类》卷六）[3]

此"诚"既指实理，那么它就具备了天理的一切性质和功能。朱熹所论之理与二程无异，皆是指万物产生之本原，天地之间，有理有气；理乃形而上之道，生物之本；气则是形而下之器，生物之具。理与气二者虽然相即不离，但从逻辑上来看，先有实理才有是气，理是气、事物赖以存在的根据。但是，理的存在却又不是完全脱离于世的虚玄，它必须需要一个安顿、挂搭、附着的方所，这个方所便是气。其实二程在解释《周易·系辞》"一阴一阳之谓道"时就论述了道

---

[1]　黎靖德编：《朱子语类》，第93页。

[2]　周敦颐：《周敦颐集》，第64页。

[3]　《朱子语类》，第93页。

（理）是不能离开阴阳之气的运动变化，同时，阴阳之气的运化规律是由道（理）所支配的，朱熹继承了这种理气关系之论断并更为明确言之。从理论上来讲，朱熹理学所构建的"理——气""形上——形下"的哲学系统既可以对抗佛道以虚空为本体所带来的视人生为幻妄的弊病，又可以弥补单纯谈气所带来的哲理性、涵括性欠缺的问题。理以其寂然不动、无造作、无计度的姿态展现了它作为真实本体的绝对与超越，而理又借助于由它所从出的可以动静变化、流行发育、凝聚造作的气形塑出万事万物。这里的事物，"既是自然界、物理的东西，也包括意识、精神、心理的东西"①，这些事物以气为中介而与实理相沟通，故也就禀赋了真实的意义。所以，朱熹才会说"诚"是"天所赋物所受之正理也"。理作为真实之原，故由其所主宰之物从本源的意义上来看也都有真实的特性。

程朱理学所论之"诚"不会只停留在形而上的道体层面，诚必须落实于人与物才会显现它的意义。作为宇宙之中最为灵秀的存有物，人皆有"诚"，也就是说人之本然之性乃源于天理之实性。同二程一样，在朱熹看来，性乃是实理之具于人者，这就是性理，不过他以其理气论的哲学解释了"性即理"之所以成立的依据：

> 性即理也，天以阴阳五行化生万物，气以成形，而理亦赋焉，犹命令也。于是人物之性，因各得其所赋之理，以为健顺五常之德，所谓性也。（《中庸章句》）

可见，性理的内容实为儒家所倡导的仁、义、礼、智、信"五常之德"，故"诚"也就是圣人之德。朱熹说："圣人之德，浑然天理，真实无妄，不待思勉，而从容中道，则亦天之道也。"（《中庸章句》）可见，儒家的至善正是天之"诚"理，这无疑是在继承二程等人论证儒家价值体系之合理性的思路。在心性的内容中，朱熹也把"仁"视为根基性的观念，故亦有以仁为心之体的倾向。推而言之，仁就是实理，实理兼天人而言之，故仁亦有宇宙与人心的两面。钱穆说："从宇宙界言，则理为主。从人生界言，则心为主。程门言仁，重于言理，忽于言心，朱子矫之，已如上述。言诚，亦同有此歧趋。"②依照钱穆的说法，二程论"诚"重在宇宙本体之论断而不重人心之修养之层面，但根据前文的分析我们可以发现，二程所论诚敬之功夫皆就心性而言，并非"忽于言心"。况且，在二程

---

① 张立文：《朱熹思想研究》，中国社会科学出版社 2001 年版，第 138 页。
② 钱穆：《朱子学提纲》，生活·读书·新知三联书店 2014 年版，第 86 页。

那里，心是理，理是心，故实理就存于圣人心中，宇宙本体便是心之本体，二者没有明显的界限。可以说，二程与朱熹所论之"诚"皆是"合内外之道"，并没有明显的偏重。

## 二、"诚"的功夫论系统

思孟学派"诚"思想的核心正是道德修养问题，它塑造了儒学中所谓"心性儒学"这一派别。"诚"即本体即功夫，"诚之""思诚""反身而诚"是心性儒学的路径依赖。如果说这些方式还显得笼统、抽象、模糊的话，那么与"诚"密切关联的治国九经、仁义之政以及诚信之治便是"诚"的具体落实。程朱理学的"诚"功夫论皆不出上述内外圆融之范围，但在一些具体问题上，朱熹较二程的论述更为全面细致。

首先，心统性情与道心人心。对于人来说，实理首先是外在的，而诚心在内，"天行之实理，仍待人心之诚与之契合表见而始完成也"①。因此，程朱学派所论实理必定要落实于心性之修养功夫，而心性修养功夫该如何着手便又涉及如何处理心、性、情三者之关系的问题。这就是朱熹所谓"实理"之"诚"与"诚悫"之"诚"的合一。一般来说，儒家认为人的本性来自于天道、天理，天性虽然真实无妄（"诚者，人之道也"），但它毕竟只是内在的潜质和可能性，儒家提出人性论的目的并不只是为了说明人性本原的至上来源及其人性的高贵性，而是希望这种良善的性质能够成为影响人类思维与情感的内在源泉。思维与情感对于人类的意义在于，它们作为意识活动会对人类安身立命、建功立业等实践活动会产生重要的影响，儒家认为个体的思虑与情感的完善程度直接决定了其内圣外王所能达到的境界与程度。这种完善性与否的标准正是由天道实理以及由它所决定的真诚之性，而实理实性的具体内容就是儒家仁、义、礼、智等价值追求，这也就意味着，人的思虑和情感也应该符合儒家价值规范的要求。以上就是儒家心性学说的基本思路。儒学中表示人类本性、思虑与情感的概念就是性、心、情三者，不过，对于三者的关系儒家内部各个派别都有不同的定位。

孟子提出了一套"尽心——知性——知天"的修养进路，与其"反身而诚"的主张合而观之，他是希望人们通过努力回归本然之善良心、性的方式来获得与天道的合一，进而体验最高层次的内心愉悦。张载则以气为沟通天人的中介，

---

① 钱穆：《朱子新学案》（第二册），九州出版社 2011 年版，第 520 页。

"反身而诚"在他那里就转化为天地之性对于气质之性的超越。二程则以理本论的哲学将孟子所谓的"心""性"视作天理的处所与化身:"理也,性也,命也,三者未尝有异。穷理则尽性,尽性则知天命矣。"(《河南程氏遗书》卷二十一下)① 他们通过"理"将人性与天道合一的传统观念重新进行了诠释。在朱熹看来,程颐的"心即理"以及张载"心统性情"的论断是"颠扑不破"的真理,正是在这些思想资源的基础之上,朱子建立了更具有逻辑性与精确性的人性理论。关于"性即理"的主张上文已经论述,在此就不再赘述了。

其次,表里如一之"诚"。思孟学派之所以要注重阐发"诚"哲学,在很大程度上源于当时整个社会政治环境所表现出来的虚伪不实的现实情形,特别是一些诸侯君主满口仁义道德但实际上却表里不一,仁义对于他们来说很大程度上就是一种粉饰政治、欺骗舆论的幌子罢了,用孔子的话说这就叫"文"与"质"不符,用《中庸》的话来讲便是"内"与"外"不一。真与伪、虚与实的博弈一直存在于中国整个历史当中,宋明理学家们也试图与假仁假义相抗衡,这种虚假既有政治层面的,也有意识形态层面的。也正是基于这样一种考虑,他们才会对儒家"诚"学大加阐发,希望人可以真正以本性之善来自觉自为而行事,而不是基于任何功利、权宜的考量。《孟子·尽心上》记载孟子的话说:"孟子曰:尧、舜,性之也;汤、武,身之也;五霸,假之也。久假而不归,恶知其非有也。"联系上下文及孟子思想之全体,笔者认为这段话中的"之"指的就是仁、义、礼、智四德,所谓"性之"是指基于全体之善性来推行仁义,"身之"则是指虽未达至诚但也依靠后天的努力而实践仁义,而"假之"则指依据功利的算计而以欺世盗名之心施行仁义。朱熹对于这些"窃其名以终身,而不自知其非真有"(《孟子集注》)的缺少内心之诚而只是停留于外在形式者持批判的态度,可以说,在道德的问题上朱熹是一个动机论而不是结果论者。根据他的表述我们可以推断,即便人的作为达到了善的效果,但如果人心却没有实理之贯注,这些善的效果也就如同不存在。朱熹追求内外一如,即"表现于外在行为的'仁'或'义',其必须依据内在的'本然之性',亦即'天理'为其根源",② 只有这样"诚"之"真实""无妄""无邪"之价值内涵才能得以实现。

再次,诚意、慎独与居敬。作为"实"的"诚"既可以就人之行动的效果

---

① 程颢、程颐:《二程集》,第274页。
② [日]藤井伦明:《朱熹思想结构探索——以"理"为考察中心》,台大出版中心2013年版,第24页。

而言，也可以就行动发动时的心态来说，很显然后者更为关键。因此，朱子特重《大学》之"诚意"功夫。在朱熹看来，经由"格物"而获致的"知"就是对天理、义理也就是人性、德性、心性的体认，也就是"穷理"所要追求之"理"，只有在真切而又全然地获知实理的基础之上才可以谈论心意操存之类需要价值准则为指引的个人修养问题。可以说，"意诚"是"知至"的结果，是以实理为标准而对内心的善导。人心之所发的"意"要符合"诚"（即"真实无妄"）的要求，根据《大学·诚意章》的意思来说就是在善恶问题上人应"毋自欺"，即朱熹所总结的"一于善而无自欺"。如果说"格物致知"是主体辨识、获得至善之理的努力的话，那么"诚意"则是主体真切地贯彻至善之理，即通过好善恶恶（朱熹认为这是"真情"[1]）、为善去恶的方式所自觉进行的道德修为。那么"诚意"又该如何落实呢？朱熹继承了《大学》中的"慎独"思想。先秦思想家们所说的"慎独"其实就是"诚意"，或者说"诚意"的落实就在于"慎独"。朱熹在解释"慎独"时指出，他人不知而己所独知之境地正是检验一个人诚与不诚的绝佳时机。此时常人容易自欺欺人，自我放纵，意有不诚便心不得其正，而君子的可贵之处就在于在此善恶意念发动微妙之几仍能发自真情地贯彻存善去恶之原则，特别是遏私欲于将萌，弃绝欺伪，表里内外、精粗隐显皆是如此，无纤毫丝发之苟且，自我满足，无待于外。这种警觉提澌不放松、使天理常存而须臾之顷不离的谨慎态度又被称为"敬"："盖无放心底的圣贤，'惟圣罔念作狂'。一毫少不谨惧，则已堕于意欲之私矣。此圣人教人彻上彻下，不出一'敬'字也。"（《朱子语类》卷一六）[2]

朱熹论敬，主要综合了小程及其弟子谢良佐、尹焞等人的观点，以"主一无

---

[1]　朱熹说："诚意者，好善'如好好色'，恶恶'如恶恶臭'，皆是真情。"（《朱子语类》卷一六）蒙培元先生指出："所谓'真情'，是指人的真实情感意即真情实感，毫无做作，毫无虚伪，这就是诚。以'真情'解释诚，最能体现儒家哲学的精神的特点，像朱子这样的理性主义者，也不例外。"（蒙培元：《朱熹哲学十论》，中国人民大学出版社 2010 年版，第 172 页）需要指出的是，提倡"真情"并非就是主张人类自然情感应该自在自由地显发和外露，因为这个"情"不是平常意义上的人心与外物相交接时所产生的好恶、忧乐等心理活动，而是儒家所构造或者说是儒家所信仰的人类先验本有的道德性情。所以，蒙先生又说："诚与仁，这才是人的'真情'，也是人的真性。其理想状态是'满腔子恻隐之心'而'无所不爱'，即'爱人利物'之心。这就是'心与理一'，即天人合一的境界。"（同上书，第 174 页。）朱熹认为好善恶恶乃是人之真情，这说明他也相信人性本来就是善的，而此真情善性就是儒家相信人能够"诚之""思诚"以及"反身而诚"的内在原因。

[2]　《朱子语类》，第 296 页。

适"为敬，又以"常惺惺""收敛其心"来解释"主一"："常惺惺"的目的在于戒慎恐惧于此心的昏昧放逸，而"收敛其心"则是为了专一于防范此心的昏昧放逸，二者的"目的都是在使'心'不被私欲所间隔，而能保有其湛然虚明、万理具足的本然状态"①。他认为，致知离不开敬，只有居敬才能穷理："学者工夫，唯在居敬、穷理二事。此二事互相发。能穷理，则居敬工夫日益进；能居敬，则穷理工夫日益密。"（《朱子语类》卷九）② 所谓"居敬"即"持敬"，它包括整肃仪表、静坐闲邪等具体功夫，其目的在于使心中所具之天理能够时刻充实而不放失。

最后，诚与忠信。在思孟学派的思想体系中，"诚"与"信"是处于不同层级的两个概念。孟子在其心性理论中提到了"仁、义、礼、智"四端，后儒又增加了"信"从而组成儒家之"五常"。二程和朱熹清楚地认识到"诚"与"信"之间不可全然画等号。程颐说："信不足以尽诚，犹爱不足以尽仁也。"（《河南程氏粹言》卷一）③ 孔子以"爱人"释"仁"，"仁"是源于亲缘关系而又可以推至于整个人伦关系的爱的情感，但到了二程这里，他们已经将"仁"构造为使天地万物通而为一的本体性范畴，仁其实就是天理的化身。所以，爱的情感必然不能穷尽生生之仁的所有意蕴。同样，在小程看来，"信"就犹如这个"爱"，它也不能穷尽与"仁"处在同一位格的"诚"的意涵。一般来说，"诚"指向作为宇宙万物之主宰的生生不息之天道实理，而"信"则主要从主体言行的外在效果上而立论。而朱熹明确指出：

> 诚是自然底实，信是人做底实。故曰："诚者，天之道。"这是圣人之信。若众人之信，只可唤做信，未可唤做诚。诚是自然无妄之谓。如水只是水，火只是火，仁彻底是仁，义彻底是义。（《朱子语类》卷六）④

他所谓"众人之信"指的就是《中庸》"诚之者，人之道也"，可见，朱熹将"诚"与"信"看作是两种不同的人生境界："诚"则其命其德出自天理之真实性而生生不已，换句话说就是"诚"意味着主体自身"实有此理"，不须穷索，无须外求，这是圣人所能达到的境界；而对于普通人而言，一旦有意于追寻生生不息之德命便落入人为，此种有意而为地追求天理之实则是"信"而非"诚"。

---

① 董金裕：《朱熹学术考论》，里仁书局 2008 年版，第 54 页。
② 《朱子语类》，第 136 页。
③ 程颢、程颐：《二程集》，第 1178 页。
④ 《朱子语类》，第 93—94 页。

这是由境界上而言"诚"与"信"之差别,但二者更重要的区别在于,"诚"是主体对主体本身的真实无伪,即能够全然实现天理所赋之善性,进而使落实于现实中的自己还能够以本来之自己的面目去成己成物,而"信"则从一开始就落入主体与客观的相对待的关系之中。

与诚、信相关的概念还有忠。一般来说,"忠"与"信"一样皆指向人的后天作为,是一种人在应事接物的过程中所秉持、展现出来的忠实于天理的意识、情感状态;而当"忠恕"合称指代圣人之德性时,此"忠"就与"诚"相通为一了,皆就天理本性自在显发的状态而言。

## 第三节 陈淳对程朱理学"诚"哲学的总结

在《北溪字义》中,陈淳除了专辟"诚"条目论述思孟学派这一重要概念之外,他还在对性、情、忠、信、敬、道、理等范畴的诠释中讨论了与"诚"相关的一系列问题。综合来看,陈淳"诚"论的特点在于,他通过罗列与"诚"观念相关的各方面内容,全面总结了之前理学家们在这个问题上的论断,并根据自己的立场在一些具体问题上做出了独特的判断。

### 一、对"诚"之内涵的全面总结

陈淳在与"忠""信"等概念进行比较的基础上,明确了"诚"作为一个哲学概念的确切含义。他说:"诚字与忠信字极相近,须有分别。诚是就自然之理上形容出一字,忠信是就人用工夫上说。"(《北溪字义·诚》)① 此外,他也将"诚"与"信"的差别看作是自然之理与人为之道的分野:"诚与信相对论,则诚是自然,信是用力;诚是理,信是心;诚是天道,信是人道。诚是以命言,信是以性言。诚是以道言,信是以德言。"(《北溪字义·诚》)② 此种论断来自朱熹,但是陈淳又着重区分了看似就人用功夫立言的"至诚"之"诚"与忠、信的差异。他在综合程朱"诚"论的基础上说:

> 诚字后世都说差了,到伊川方云"无妄之谓诚",字义始明。至晦翁又增两字,曰"真实无妄之谓诚",道理尤见分晓。后世说至诚两字,动不动

---

① 陈淳:《北溪字义》,第 32 页。
② 陈淳:《北溪字义》,第 34 页。

加诸人，只成个谦恭谨愿底意思。不知诚者真实无妄之谓，至诚乃是真实极至而无一毫之不尽，惟圣人乃可当之，如何可容易以加诸人？（《北溪字义·诚》）①

陈淳赞赏程颐、朱熹用真实无妄释"诚"做法，认为只有如此诠释才能将"诚"所指代的至上性的道和理揭示出来。由于"诚"本身蕴含着至上性与超越性的内容，因此他反对后世将"至诚"形下化的倾向，也就是将其视为人在进行道德修养时所体现出来的"谦恭谨愿"的情态。在他看来，"诚"既然与真实无妄的天理相关，那么"至诚"就是人与天理实现合一后实理完美具足于己身而无一毫之不尽的境界。很显然，这种境界并非是任何人都能达到的，只有圣人才可以做到至诚无妄。陈淳又说："古人立意，有就天命言者，有就人做工夫言者。至于'至诚'二字，乃圣人德性地位，万理皆极其真实，绝无一毫虚伪，乃可以当之。"（《北溪字义·诚》）② 因此，他认为不可轻易地将"至诚"下移至普通人的修养领域。

## 二、对天道之"诚"与人道"诚之"的系统论述

陈淳继承思孟学派以"天道——人道"之对立统一而言"诚"的传统架构，对天道之"诚"与人道"诚之"做了全面的总结。在陈淳看来，前人之所以以"诚"定义"天道"，原因在于天命、天道之流行於穆不已，自古及今，未曾出现丝毫虚妄。这是人们对于自然现象进行观察而得出来的结论：

> 暑往则寒来，日往则月来，春生了便夏长，秋杀了便冬藏，元亨利贞，终始循环，万古常如此，皆是真实道理为之主宰。如天行一日一夜，一周而又过一度，与日月星辰之运行躔度，万古不差，皆是真实道理如此。（《北溪字义·诚》）③

此说是对前人论断的总结，它意识到了在变动不居的自然现象背后潜藏的真实不变的客观规律，这是古人理性智慧的体现。但陈淳却将客观规律的"诚"反推至具体事物之上，例如他以果木为例，认为果实味道之酸甜苦涩与颜色之青白红紫也是"万古常然，无一毫差错"（《北溪字义·诚》）④，这显然是绝对化的判

---

① 陈淳：《北溪字义》，第32—33页。
② 陈淳：《北溪字义》，第34页。
③ 陈淳：《北溪字义》，第33页。
④ 陈淳：《北溪字义》，第33页。

断，在科学技术已经日趋发达的今天必定不能令人信服。应该看到，中国古代思想家们没有习惯将科学分析、实证实验的方法引入到对于宇宙自然的观察当中去，而是用夹杂着人文价值的整全性视角来观照人之所存在于其中的世界，因此，他们才会将在今天看来漏洞百出的所谓"真实"规律引入到人世的领域，以此作为人安身立命的指导性原则。在儒家的视域中，就天道之"诚"而言，它对人的启示与引领意义在于：其一，它无时无刻不存在于人之日常生活之中，更是先验地流行、赋予吾身，只是人并未觉察而已。此人类所禀赋之"诚"指的就是儒家所谓的至善之性，因为此性天然本具而自在流行，并不能为人力所左右，故此诚此性"未说到做工夫处"（《北溪字义·诚》）①。此时，人应该安时顺化，不待安排，任凭此真实本然之性也就是人类的良知良能自然发用。陈淳相信，即便是那些为物欲昏蔽甚重的"极恶"之人，其天理良心也不会殄灭，因为天理流行之真实不会遗漏任何一个事物。人能够禀赋天之实理诚道，这对于人的启示意义在于，人不是一个无根的存在，在人身上有最真实的道理在流行发用，只要意识到这一点，人即便置身于日常生活之中也不会完全沉沦而失去意义。更直白地说，儒家"诚"哲学就是要昭示人是一种高贵性的存在，他需要有一种接续天道（"诚"）的意识来获得自身的价值（"诚之"）。其二，顺应天道而不假作为、实现人与天的合一毕竟只是一种圣人境界或者说是一种理想的状态，对于普通人来说做到真实无妄并不是一蹴而就的。于是圣人需要依据天道之"诚"而创制出一套功夫论的内容，以便作为常人言行的规则与范导。在陈淳看来，由"诚"而来的工夫论"则只是悫实不欺伪之谓。是乃人事之当然，便是人之道也。故存心全体悫实，固诚也；若一言之实，亦诚也；一行之实，亦诚也"（《北溪字义·诚》）②。也就是说，人的言行要出自实心实意，不可欺骗、虚伪，这就是"诚之"的"人之道"，陈淳还特别指出孟子之"思诚"正是传承了子思的这个主张。当然，此实心实意之"实"的内容就是儒家的纲常伦理："如君臣、父子、夫妇、兄弟、朋友等类，若不是实理如此，则便有时废了。惟是实理如此，所以万古常然。虽更乱离变故，终有不可得而殄灭者。"（《北溪字义·诚》）③ 儒家一贯相信"三纲五常"乃是亘古不变之真理，人们自然应该切实践行之。

---

① 陈淳：《北溪字义》，第 33 页。
② 陈淳：《北溪字义》，第 34 页。
③ 陈淳：《北溪字义》，第 34 页。

### 三、"诚"与"存理灭欲"之松动

陈淳通过辨析性情之关系来明确"诚"所蕴含的"存理灭欲"内容的确切含义。他从体用的角度来论述心与性、情的关系，这明显是在继承其师的观点。他认为心似一个容器，其所具之实理便是性，性是心之本体，寂然不动；心又有知觉之妙用，当它应接万物时就会感而遂通，发而为情。因此，他赞同张载、朱熹等前辈"心统性情"的论断："横渠曰：'心统性情。'尤为语约而意备，自孟子后未有如此说亲切者。文公曰：'性者，心之理。情者，心之用。心者，情性之主。'说得又条畅明白。"（《北溪字义·心》）① 对于性，他也主张要有操存涵养之功，只有这样才能使其卓然常存心中而不亡失，从而始终成为心之主宰。但是心之知觉② 一旦从形气上而发（即所谓"人心"）便容易与理相违背，出入无常定，心之本体便有所放失，此时就需要孟子"求其放心"的"学问之道"来扭转心的偏颇。对于情，朱熹以中节与否论情之善恶，既承认喜怒哀乐之情系于人身的普遍性与存在的合理性，又试图对情做出限制以保障实理在人体的发用流行。他认为情本非不善，李翱复性论中的灭情之说乃是释老学说的翻版，而程子"情其性""性其情"的论断也并非全说情之不善。朱熹说："人之生，不能不感物而动，曰'感物而动，性之欲也'，言亦性所有也，而其要系乎心君宰与不宰耳。心宰则情得其正，率乎性之常，而不可以欲言矣。心不宰则情流而陷溺其性，专为人欲矣。"（《晦庵先生朱文公文集》卷六十四《答何俈》）③ 可见，情断不可灭，情与性之间不是完全对立的关系，情只是性之发用而已；欲也是性之所有，与情基本上是同一的，差别在于"欲"主要是指情之发而不中节的产物；此心只要能以实理为主宰，则情欲自得其正，这就是"存理灭欲"的含义。陈淳总结了朱熹等人在天理与情欲关系问题上的判断，他说：

> 情者心之用，人之所不能无，不是个不好底物。但其所以为情者，各有个当然之则。如当喜而喜，当怒而怒，当哀而哀，当乐而乐，当恻隐而恻隐，当羞恶而羞恶，当辞逊而辞逊，当是非而是非，便合个当然之则，便是

---

① 陈淳：《北溪字义》，第 13 页。

② 陈淳认为心含理与气，理静而气动，理成就心之本性，而理与气结合便成就心之虚灵知觉之妙用。心之知觉从理上而发便成就仁、义、礼、智之"道心"，从形气上发来便是"人心"。道心全然是善，而人心则兼具善恶，容易走向不善的方向。

③ 朱熹：《朱子全书》第二十三册，第 3115—3116 页。

发而中节，便是其中性体流行，著见于此，即此便谓之达道。若不当然而然，则违其则，失其节，只是个私意人欲之行，是乃流于不善，遂成不好底物，非本来便不好也。(《北溪字义·情》)①

朱熹强调情或有不善，而陈淳直言情并非不好的事物，这种表述上的些许差别其实反映了陈淳对于情欲看法相对于其师来说较为宽容。他对情之所应切中的"节"进行了具体的说明，此"节"就是当然之则，指的是人与外物相接触时内心依据本性所应当显现出的状态，由于没有被其他因素（特别是私意人欲）所干扰而呈现出善的性质，否则就会流于不善。最后，他再次强调情并非本来不善，这无疑对于唐末李翱等人"灭情复性"之"诚"论以及宋代理学之"诚"学所自觉或不自觉表现出的压抑人的自然情感以及合理欲求的倾向具有一定的纠正作用。

### 四、"诚"与"鬼神"之感格

最后，陈淳的鬼神观念对于限制"诚感神应"（因真诚而感应鬼神）的迷信、虚妄内容会产生积极的作用。陈淳曾经向朱熹请教"诚"与"鬼神"的关系问题，朱熹说："诚是实然之理，鬼神亦只是实理。若无这理，则便无鬼神，无万物，都无所该载了。"(《朱子语类》卷六三)② 也就是说，鬼神的根据是实理而非任何虚幻的存在。理学家们认为，实理是通过阴阳二气的运化机制来显现其造物之功的，而鬼神就是这种造化之功的迹象。陈淳又吸收了张载、二程、朱熹等人以往来造化之迹、气之屈伸良能论鬼神的思想。他说："大抵鬼神只是阴阳二气之屈伸往来。自二气言之，神是阳之灵，鬼是阴之灵。灵云者，只是自然屈伸往来恁地活尔。自一气言之，则气之方伸而来者属阳，为神；气之已屈而往者属阴，为鬼。"(《北溪字义·鬼神》)③ "天地间无物不具阴阳，阴阳无所不在，则鬼神亦无所不有。"(《北溪字义·鬼神》)④ 这就意味着鬼神并非独立于人世之外的神秘性、超绝性的存在，而是应该"在人自体究"即从人类自身的存有和活动上进行考察。他赞同《礼运》将人看作是阴阳、鬼神交会的产物，并以天人一体的传统观念解释了阴阳在人身体上的对应关系，这自然没有多少科学的依据。但

---

① 陈淳：《北溪字义》，第 14 页。
② 《朱子语类》，第 1386 页。
③ 陈淳：《北溪字义》，第 56—57 页。
④ 陈淳：《北溪字义》，第 57 页。

是，他反对以汉儒为代表的在阴阳五行、鬼神魂魄问题上过度神秘化、虚妄化倾向，这突出地表现在其对于祭祀的看法上。陈淳所处的年代迷信活动特别是淫祀昌盛，所谓淫祀是指不符合礼乐制度之规定、毫无道理可言的祭祀活动。他描述当时南方好尚淫祀之风说：

> 某窃以南人好尚淫祀，而此邦之俗为尤甚。自城邑至村墟，淫鬼之名号者至不一，而所以为庙宇者，亦何啻数百所！逐庙各有迎神之礼，随月迭为迎神之会。自入春首，便措置排办迎神财物事例。（《上赵寺丞论淫祀札》）①

陈氏并不反对祭祀活动，他认为古人祭祀"以魂气归于天，体魄归于地，故或求诸阳，或求诸阴"（《北溪字义·鬼神》）②，也就是祭祀所采用的方式各不相同。但无论在何种祭祀活动中，参与祭祀者真诚的心理状态都是必不可少的，因为"诚意既不接，幽明便不交"（《北溪字义·鬼神》）③，"诚只是真实无妄，虽以理言，亦以心言。须是有此实理，然后致其诚敬，而副以实心，岂不歆享？"（《北溪字义·鬼神》）④ 他还说："诚者，心与理真实无妄之谓。在山川社稷，有是真实无妄之理矣，若又加之真实无妄之心，以萃集其神灵，则必能实感而实应。"（《请傅寺丞祷山川社稷札》）⑤ 总之，祭祀者需要在遵循实理的前提下、以其实心实意来集聚精神从而招致被祭祀者的感格，这可以被称作"诚感神应"的作用机制。

但是，陈淳对于这种因诚而感应鬼神的机制进行了限制，在他看来，"神不歆非类，民不祀非族"（《北溪字义·鬼神》）⑥，这也就意味着诚敬的效用不是肆意、无节制的。他举季氏祭祀泰山的例子说："且如季氏，不当祭太山而冒祭，是无此实理矣。假饶极尽其诚敬之心，与神亦不相干涉，泰山之神亦不吾享。"（《北溪字义·鬼神》）⑦ 泰山不过一座山而已，没有人的形貌，人们却为它设立庙堂，俨然把它看作是垂旒端冕、衣裳而坐的人格化存在了，更可笑的是人们还为它的庙堂建立后殿，似乎又要为它找一个陪祭的对象，对于此种淫祀之风气，陈淳斥之为迷惑至极。此外，他又批评民间在祭祀祖宗之外又胡乱拜祭其他鬼神的现象：

① 曾枣庄、刘琳主编：《全宋文》第295册，上海辞书出版社、安徽教育出版社2006年版，第169页。
② 陈淳：《北溪字义》，第58页。
③ 陈淳：《北溪字义》，第59页。
④ 陈淳：《北溪字义》，第59页。
⑤ 曾枣庄、刘琳主编：《全宋文》第295册，第191页。
⑥ 陈淳：《北溪字义》，第60页。
⑦ 陈淳：《北溪字义》，第59页。

今人于祭自己祖宗正合着实处，却都卤莽了，只管胡乱外面祀他鬼神，必极其诚敬。不知他鬼神与己何相关系！假如极其诚敬，备其牲牢，若是正神，不歆非类，必无相交接之理；若是淫邪，苟简窃食而已，亦必无降福之理。(《北溪字义·鬼神》)①

可见，他是在强调如果所祭非所当祭，那么即便秉持着再多的诚敬也是徒劳，鬼神自然不会感应，祭祀者更不会获致任何福利。陈淳在此主要针对的是民间佛教信仰兴盛的现实，佛教既为外来之宗教，那么国人对于释迦这个"胡神"的祭拜自然属于"非类""非族"的行列，在他看来必定是不正当的：

古人宗法，子孙于祖先，亦只嫡派方承祭祀，在旁支不敢专祭。况祖先之外，岂可又招许多淫祀之鬼入来？今人家家事神事佛，是多少淫祀！孔子谓："非其鬼而祭之，谄也。"今人谄祀鬼神，不过只是要求福耳，不知何福之有！(《北溪字义·鬼神》)②

陈淳还以实证的方式说明论证佛教天堂与地狱说的荒谬，其目的无非在于警示人们虔诚于佛教并不能真正获得一种解脱之道。此外，他还批判道教设醮祭天的做法，认为这种行为违背了庶人不能祭天的祀典，同样属于淫祀。总之，"大凡不当祭而祭，皆曰淫祀。淫祀无福，由脉络不相关之故。后世祀典，只缘佛老来，都乱了"。(《北溪字义·鬼神》)③

陈淳认为"大抵'妖由人兴'。凡诸般鬼神之旺，都是由人心兴之"(《北溪字义·鬼神》)，④而人心之所以出现此种偏颇一方面是由于外教之蔽障，但更根本的原因则在于世俗教化不明而导致人类自身精神出现不"实"的情况。换句话说，人们所"诚"的对象并非天理，如此就自然使人心走向了虚妄、愚昧与怪诞。所以，陈淳虽然试图以无神论、唯物论的观点来解释鬼神，但他更倾向于回归孔子"敬鬼神而远之"的传统。不过，敬而远之并非一件易事，如何处理好"敬"与"远"之间的关系非常关键："如正神，能知敬矣，又易失之不能远；邪神，能知远矣，又易失之不能敬。须是都要敬而远，远而敬，始两尽幽明之义。"(《北溪字义·鬼神》)⑤ 在这个问题上，他又从其师朱熹那里找到了答案："文公

① 陈淳：《北溪字义》，第59页。
② 陈淳：《北溪字义》，第60页。
③ 陈淳：《北溪字义》，第62页。
④ 陈淳：《北溪字义》，第66页。
⑤ 陈淳：《北溪字义》，第67页。

《论语解》说：'专用力于人道之所宜，而不惑于鬼神之不可知。'此语示人极为亲切。'未能事人，焉能事鬼？'须是尽事人之道，则尽事鬼之道断无二致。"（《北溪字义·鬼神》）①人道就是"诚之"之道，就是存天理灭私欲，就是以儒家仁、义、礼、智的道德内容充实人心进而使其成为为人处世之指导性原则，就是追求与天道之"诚"的合一。如此人们自然能够认识万物往复归伸之理，也就不再沉溺于淫祀邪神之迷信以求取无端之福利。陈淳这种试图剥离儒家"诚"思想中神秘、迷信之内容的努力可以说是"充分体现了他对端正社会、移风易俗的儒者人文关怀，即使从今天的角度看来，也是具有一定的积极意义的"②。

通观陈淳的思想可以发现，他非常重视"实"学，③其实也就是儒家传统之"诚"学，他对于儒家"诚"观念的诠释更多的是在继承前人的思想上完成的。但是，在与"诚"相关的一些细节问题上，他要么通过厘定概念、辨析字义的方式而使儒家"诚"思想更为明晰，要么通过纠正前人在"诚"哲学上的偏僻而起到解放思想、排斥异端、回归理性的作用。更为重要的意义在于，通过对"诚"概念的诠释，陈淳得以阐述自己关于"天道——人道""下学——上达"等问题的观点，而这些观点正是在其师的点拨之下逐渐形成和完善的。因此可以说，陈淳对"诚"思想的阐发其实就是对儒家之道学、朱子之理学的传承，其卫道之功不可不谓盛矣。

---

① 陈淳：《北溪字义》，第 67 页。

② 陈支平：《陈淳的神明崇拜观述论》，见陈支平、叶明义主编《朱熹陈淳研究》，厦门大学出版社 2014 年版，第 451 页。

③ 《四库全书总目·北溪大全集提要》说："淳于朱门弟子之中，最为笃实。"

# 第十二章　孝

## 第一节　朱熹：以理论孝

在儒家文化中，孝被誉为人伦之始、立德之本、众善之基。从孔子开始，儒家致力于对孝道进行理论建构，但以孔、曾为代表的原生儒家并未在形上的高度论证孝的正当性问题。董仲舒和《孝经》作者开始从形而上的高度解答此问题，将孝论证为天之道的自我运动与自我发展，儒家孝论的思辨性大大加强。朱熹认为"人子须尽孝"，那么人子为何要尽孝呢，即孝的正当性是什么呢？人应该如何去尽孝呢？针对行孝的一些具体问题，朱熹也有其富有价值之思想，笔者在下文将试图回答以上问题。

### 一、孝——天理在事亲之显现

在朱熹的思想中，孝是事亲之理，天理是孝的终极依据。两者之间的关联是如何实现的呢？下文将予以详细阐述。

（一）"理一分殊"

朱熹继承了二程之理学思想，构建了周密而完备的理本论哲学。理是其哲学的最高范畴，是宇宙本根，是天、地、人、物成其所是的终极依据。"宇宙之间，一理而已，天得之而为天，地得之而为地，而凡生于天地之间者，又各得之以为性。其张之为三纲，其纪之为五常，盖皆此理之流行，无所适而不在。"[①]

理的第二层含义是事物的法则和规律。朱熹认为理存在于万事万物之中，万事万物各有其理。"又问：'"性即理"，何如？'曰：'物物皆有性，便皆有其理。'

---

① 朱杰人、严佐之、刘永翔主编：《晦庵先生朱文公文集》卷七十，《朱子全书》，上海古籍出版社、安徽教育出版社 2002 年版，第 3376 页。

曰：'枯槁之物，亦有理乎？'曰：'不论枯槁，它本来都有道理。'因指案上花瓶云：'花瓶便有花瓶底道理，书灯便有书灯底道理。'"① 天地、日月星辰、山川草木、人物禽兽等，无论是有生命的还是没有生命的物体，都有理存在。不光是自然界中的物有其理，人文世界中的事也有其理。"然君臣父子兄弟之间，各有个当然之理，此便是道。"② 万物之所以不同根本在于万物之理不同。"问：'曾见答余方叔书，以为枯槁有理。不知枯槁瓦砾，如何有理？'曰：'且如大黄附子，亦是枯槁。然大黄不可为附子，附子不可为大黄。'"③ 大黄之所以是大黄，不是附子，是因为大黄有大黄之理；附子之所以是附子，而不是大黄，是因为附子有附子之理。附子和大黄之间的本质区别在于，它们的理是不同的。

由上可知，理分为两种情况，那么这两种情况的理之间是什么样的逻辑关系呢？在朱熹看来，天理和事物之理是一本和万殊之间的关系。作为宇宙本根的理只有一个，事物之理则是多种多样的。有多少种事物，就有多少种理。他说："理只是这一个道理，则同。其分不同，君臣有君臣之理，父子有父子之理。"④这就是"理一分殊"的思想。

最早提出"理一分殊"的是程颐，他说："《西铭》明理一而分殊，墨氏则二本而无分"⑤。程颐"理一分殊"思想的本意是指道德原则是一，其发用是万殊的。朱熹对此加以引申，用来解释天理和万物之理的关系。他说："二气五行，天之所以赋授万物而生之者也。自其末以缘本，则五行之异，本二气之实，二气之实，又本一理之极。是合万物而言之，为一太极而已也。自其本而之末，则一理之实，而万物分之以为体。故万物之中，各有一太极，而小大之物，莫不各有一定之分也。"⑥ 太极是理的终极状态，是天理。天理与万物是本和末的关系。若从末上溯为本，万物本于五行，五行本于二气，二气又本于天理。若从本下推为末，天理散见于万事万物之中，作为万物之性而存在。天理是个大太极，可以分为无数个小太极，每个事物之性就是一个小太极。

天理与事物之理并非本源与派生物之间的关系，而是总与分之间的关系。天理与事物之理是同一个理，是同质的。只是事物的材质不同，所秉受的天理也就

① 《朱子语类》卷九七，《朱子全书》，第 3266 页。
② 《朱子语类》卷一百二十一，《朱子全书》，第 3835 页。
③ 《朱子语类》卷四，《朱子全书》，第 188 页。
④ 《朱子语类》卷六，《朱子全书》，第 237 页。
⑤ 程颢、程颐：《河南程氏文集》卷九，《二程集》，中华书局 1981 年版，第 609 页。
⑥ 《通书注》，《朱子全书》，第 117 页。

不同。为了说明这个问题，他举了一个直观形象的例子。"人物性本同，只气禀异。如水无有不清，倾放白碗中是一般色，及放黑碗中又是一般色，放青碗中又是一般色。"① 他将天理比作清水，将气质比作不同颜色的碗。因为碗的颜色不同，所盛之水也跟着不同。因为气质不同，所以万物之性也是不同的。但是无论什么颜色的碗，它们所盛的水都是一样的，都是清水。事物之理虽然千差万别，但是与天理只是一个理。

（二）"性即理"

程颐首先提出"性即理"："性即理也，所谓理，性是也。天下之理，原其所自，未有不善。"② 朱熹极为肯定程颐"性即理"的提法，说："伊川说话，如今看来，中间宁无小小不同？只是大纲统体说得极善。如'性即理也'一语，直自孔子后，惟是伊川说得尽。这一句，便是千万世说性之根基。"③

朱熹继承了"性即理"的观点。"万物皆有此理，理皆同出一原。但所居之位不同，则其理之用不一。如为君须仁，为臣须敬，为子须孝，为父须慈。物物各具此理，而物物各异其用，然莫非一理之流行也。"④ "性者，人物之所得以生之理也。"在朱熹的思想中，"性即理"有两层含义，第一层含义是性在质上等同于理；另一层含义是，性来源于天理。

人性是人之生理，人之生理秉自天理。"天命之性，万理完具；总其大目，则仁义礼智，其中遂分别成许多万善。"⑤ 仁、义、礼、智是人性的主要内涵，是其分名。人性中除了此四者，别无其他。而仁、义、礼、智又内在包含了万善，万善不出此四者。"仁义礼智，自天之生人，便有此四件，如火炉便有四角，天便有四时，地便有四方，日便有昼夜昏旦。天下道理千枝万叶，千条万绪，都是这四者做出来。"⑥

在仁、义、礼、智四者之中，仁最大，是全德，内涵了其他三者。朱子曰："仁者，爱之理，心之德也。"⑦ 他认为程颐的"仁者，天下之正理"的说法过于宽泛，将仁从"天之理"改为"心之理"。所以他说："仁者，只是吾心之

① 《朱子语类》卷四，《朱子全书》，第185页。
② 《河南程氏遗书》卷二十二上，《二程集》，第292页。
③ 《朱子语类》卷九三，《朱子全书》，第3107—3108页。
④ 《朱子语类》卷十八，《朱子全书》，第606页。
⑤ 《朱子语类》卷一百一十七，《朱子全书》，第3687页。
⑥ 《朱子语类》卷二〇，《朱子全书》，第688页。
⑦ 《四书章句集注·论语集注》，《朱子全书》，第68页。

正理。"①

仁是爱之理。人心之所以能够发出爱，是因为心中有仁存在。但是仁与爱是有区别的，朱熹举了许多日常的例子，来厘清仁与爱之间的区别和联系。首先，仁是性，爱是情。仁是天赋于人心之理，爱是人心所发之情。"'仁者爱之理'，只是爱之道理，犹言生之性，爱则是理之见于用者也。盖仁，性也，性只是理而已。爱是情，情则发于用。性者指其未发。故曰'仁者爱之理'。情即已发，故曰'爱者仁之用'。"②其二，仁是本，爱是末。朱熹将理比作根，将爱比作苗。根就是本，苗便是末。"仁是根，爱是苗，不可便唤苗做根。然而这个苗，却定是从那根上来。"③其三，仁是体，爱是用。他认为爱对于仁好像是甜对于糖，酸对于醋，即用对于体。"仁之爱，如糖之甜、醋之酸，爱是那滋味。"④其四，仁是未发，爱是已发。仁无形而爱有形。"未发时，只唤做仁，仁却无形影；既发后，方唤做爱，爱却有形影。"⑤

仁是心之德。"'爱之理'是'偏言则一事'，'心之德'是'专言则包四者'。故合而言之，则四者皆心之德，而仁为之主，分而言之，则仁是爱之理，义是宜之理，礼是恭敬、辞逊之理，知是分别是非之理也。"⑥仁有偏言和专言的区别，作为"爱之理"之仁是偏言之仁，是人性的内涵之一，与义、礼、智位格相同。作为"心之德"的仁是专言的仁，内涵了仁、义、礼、智，是"四德之元"。这是朱子对程颐"四德之元，犹五常之仁，偏言则一事，专言则包四者"的思路的继承。朱子以生来解释"专言之仁"，"于此见得分明，然后就此又自见得仁字是个生底意思，通贯周流于四者之中。仁，固仁之本体也；义，则仁之断制也；礼，则仁之节文也；智，则仁之分别也。正如春之生气，贯彻四时，春则生之生也，夏则生之长也，秋则生之收也，冬则生之藏也。故程子谓四德之元犹五常之仁，偏言则一事，专言则包四者，正谓此也。"⑦义、礼、智属于生意的范畴，区别在于属于不同的生意，义是"断制"的生意，礼是"节文"的生意，智是"分别"的生意。因为有生意，心才能够生。

---

① 《朱子语类》卷四五，《朱子全书》，第 1589 页。
② 《朱子语类》卷二〇，《朱子全书》，第 690 页。
③ 《朱子语类》卷二〇，《朱子全书》，第 690 页。
④ 《朱子语类》卷二〇，《朱子全书》，第 690 页。
⑤ 《朱子语类》卷二〇，《朱子全书》，第 691 页。
⑥ 《朱子语类》卷二〇，《朱子全书》，第 693 页。
⑦ 《晦庵先生朱文公文集·玉山讲义》卷七十四，《朱子全书》，第 3589 页。

"或问：'仁有生意，如何？'曰：'只此生意。心是活物，必有此心，乃能知辞逊；必有此心，乃能知羞恶；必有此心，乃能知是非。此心不生，又乌能辞逊、羞恶、是非？'"① 有生意，心才能生生不息，心能生则说明心是活的，死的心不能生。有仁、义、礼、智的生意，心才能生出恻隐、羞恶、辞让、是非之情。

朱熹认为"偏言之仁"和"专言之仁"是你中有我、我中有你的关系，两者是融为一体的，只是侧重点不同。从外延的角度来看，"专言之仁"的外延要比"偏言之仁"的外延大，"专言之仁"不仅包含"偏言之仁"，还包含义、礼、智。"说着偏言底，专言底便在里面；说专言底，则偏言底便在里面。"② "'爱之理'，即是'心之德'。不是'心之德'了，又别有个'爱之理'。偏言、专言，亦不是两个仁。小处也只在大里面。"③ 朱熹对于仁的解释紧扣"生"和"爱"两个关键字，因为人心中有仁，所以心是生生不息的，那么仁是生意，"心之德"。因为仁生而为爱，所以仁是爱之理。

（三）孝是仁之发用

《论语》中记载，有子曰："其为人也孝弟，而好犯上者，鲜矣；不好犯上，而好作乱者，未之有也。君子务本，本立而道生。孝弟也者，其为仁之本与！"④ 此句揭开了"仁孝之辩"的开端。所谓"仁孝之辩"，指的是仁、孝的先后、体用、本末大小等关系问题。从字面上来看，"孝弟也者，其为仁之本与"可解读为孝悌是仁的根本，但如此解读则与孔子的一贯思想不相融合。孔子的思想以仁为本，仁是比孝悌更为根本的概念。

"'孝弟也者，其为仁之本与！'言为仁之本，非仁之本也。"⑤ 二程明确提出孝不是仁之本，而是行仁之本。在仁孝关系方面，朱熹赞同程颐的观点，认为孝不是仁之本，而是为仁之本或者行仁之本。"问'孝弟为仁之本'。曰：'论仁，则仁是孝弟之本；行仁，则当自孝弟始。'"⑥ "爱是仁之发，谓爱是仁，却不得。论性，则仁是孝弟之本。惟其有这仁，所以能孝弟。仁是根，孝弟是发出来底；仁是体，孝弟是用；仁是性，孝弟是仁里面事。某尝谓孟子论'四端'处说得最详尽，里面事事有，心、性、情都说尽。心是包得这两个物事，性是心之体，情

① 《朱子语类》卷二〇，《朱子全书》，第 695—696 页。
② 《朱子语类》卷二〇，《朱子全书》，第 689 页。
③ 《朱子语类》卷二十，《朱子全书》，第 694 页。
④ 杨伯峻：《论语译注》卷一，中华书局 1980 年版，第 2 页。
⑤ 《河南程氏遗书》卷十一，《二程集》，第 125 页。
⑥ 《朱子语类》卷二〇，《朱子全书》，第 689 页。

是心之用。性是根，情是那芽子。"① 孝是爱亲，属于情的范畴。仁是性，性发而为情，仁是"爱之理"，发而为爱。孝是对亲人的爱，是仁在事亲中发出来的。仁是体，孝是仁在事亲一事中的发用。故仁为孝之本。

"如爱，便是仁之发，才发出这爱来时，便事事有：第一是爱亲，其次爱兄弟，其次爱亲戚，爱故旧，推而至于仁民，皆是从这物事发出来。"② 仁发而为爱，爱不仅是爱亲，所有的爱都是仁的发用。仁的发用还有先后顺序，首先是亲亲，其次是仁民，然后是爱物。更具体一点来说，首先是爱亲，其次是爱兄弟，接着依次为爱亲戚、故旧、路人……既然仁的发用顺序是这样，行仁自然也要按照这样一个顺序。孝是仁的先发，那么行仁也应该从孝开始，孝是仁民、爱物之前提和基础，若舍弃了孝这一环节，仁民、爱物将无法开展，所以说孝是行仁之本。在朱熹看来，仁是本，没有本上加本的道理，孝不是仁之本，而是仁之末。他把行仁比作水流经池子，有第一池、第二池、第三池……必须先流经第一池，才能流经第二池、第三池……孝是第一个池子，仁民是第二个池子，爱物是第三个池子。行仁自孝开始，换句话说，孝是行仁之本。"但是爱亲爱兄是行仁之本。仁便是本了，上面更无本。如水之流，必过第一池，然后过第二池，第三池。未有不先过第一池，而能及第二第三者。仁便是水之原，而孝弟便是第一池。"③ 他还有类似的比喻，"仁如水之源，孝弟是水流底第一坎，仁民是第二坎，爱物则第三坎也。"④

朱熹关于仁孝关系的观点具体表现在以下几个方面。其一，仁属于人性的范畴，孝属于情感的范畴。天理落实于人身上叫人性，人性中只有仁、义、礼、智，并没有孝。孝是对亲人的爱，是情感。其二，仁和孝是本体和发用之间的关系，或者本质和现象之间的关系，仁是本质，孝是现象。朱熹将仁比作谷种，将孝比作禾苗，谷种是禾苗的根，禾苗是谷种的生发，仁是孝之体，孝是仁的发用。仁发用为作为情感的爱，爱不仅指爱父母亲，还包括爱亲戚、爱故旧，乃至于仁民、爱物。仁的发用有先后的秩序，孝是仁的先发，然后依次为仁民、爱物。其三，因为孝是仁的先发，而且最为亲切，所以行仁自孝开始，孝是行仁的根本。朱熹用水流经塘子的例子来说明这一问题。水从上面流下来，下面有几个

---

① 《朱子语类》卷一百一十九，《朱子全书》，第 3751 页。
② 《朱子语类》卷一百一十九，《朱子全书》，第 3754 页。
③ 《朱子语类》卷二〇，《朱子全书》，第 688 页。
④ 《朱子语类》卷二〇，《朱子全书》，第 689 页。

塘子，水必须从第一个塘子流过，然后再流到第二个塘子、第三个塘子……孝便是第一个塘子，行仁必须先从孝开始。

在朱熹看来，孝不仅是行仁之本，还是行义之本、行礼之本、行智之本。"昔人有问：'孝弟为仁之本，不知义礼智之本。'先生答曰：'只孝弟是行仁之本，义礼智之本皆在此。使其事亲从兄得宜者，行义之本也；事亲从兄有节文者，行礼之本也；知事亲从兄之所以然者，智之本也。"不爱其亲而爱他人者，谓之悖德；不敬其亲而敬他人者，谓之悖礼。"舍孝弟则无以本之矣。'"[1] 行孝不是有个爱亲之心就足够了，还需要恰当地去爱亲，这就是义的表现；行孝还要做到敬亲，通过践行温清定省的礼节来实现，孔子说孝是以礼事亲，以礼事亲是礼的表现，行孝还要知道如何行孝，为何行孝？这就是智的表现。"孟子曰：'仁之实，事亲是也；义之实，从兄是也；智之实，知斯二者弗去是也；礼之实，节文斯二者是也；乐之实，乐斯二者是也。'以此观之，岂特孝弟为仁之本？四端皆本于孝弟而后见也。然四端又在学者子细省察。"[2] 行孝还涉及许多具体的问题，比如如何孝顺父母才是合宜的，要解决这个问题需要懂得义；中国被称为"礼仪之邦"，古人非常注重礼仪，子女见了父母必须躬身作揖，不然就是不孝。随着时代的发展，一些礼节已经被废除，但是今人在与父母相处之时，仍要做到礼貌和尊重；朱熹认为，知道父母是应该爱的，并且实实在在去做，就是智的表现。所以说，只是这一件事，从情感上讲，就是仁；把这件事做得恰当，就叫义；谦逊地去做，就叫礼；知道怎么做，就叫智。孝不仅是仁的表现，也是义、礼、智的表现；行孝不仅是行仁之始，也是行义、礼、智之始，若孝不存，则朱熹的整个伦理体系将中断和坍塌。

由上可知，孝是事亲之理，是仁的发用。仁是人性，是在人心中的天理。那么天理就是孝的本原，孝是天理在事亲一事的呈现。

## 二、尽孝工夫论

人禀受天理作为天命之性，内涵仁、义、礼、智，孝是仁发用。故人先天禀受孝，孩提已知爱亲。但现实中不孝之人之事比比皆是，原因在于人在禀受天理之时也禀受气作为形体，两者结合形成了气质之性。人的天命之性相同，但气质

---

[1] 《朱子语类》卷二〇，《朱子全书》，第 686 页。
[2] 《朱子语类》卷二〇，《朱子全书》，第 689 页。

之性有差。禀受气较清之人私欲少，禀受气较浊的人私欲多。私欲少对人天命之性的遮蔽少，私欲多对人天命之性的遮蔽多，人有不孝是私欲遮蔽善性的结果，故尽孝要去除私欲。孝是一事，又是千事万事。每事有每事之理，尽孝须知每事之理。这些理并非人生而知之，人需要循序渐进地学习。而仅知道如何去行孝是不够的，还要去按照所知毫无保留地去行。所以朱熹的尽孝工夫论必须要解决去除私欲、获取孝道知识以及实践孝道的问题。针对以上三个问题，他提出了居敬、格物致知以及力行相结合的尽孝工夫论。

（一）格物以致知

朱熹提出"格物致知"的方法来获取孝道之知。他在《补格物致知传》中说："格物者，言欲致吾之知，在即物而穷其理也。盖人心之灵，莫不有知，而天下之物，莫不有理；惟于理有未穷，故其知有不尽也。是以大学始教，必使学者即凡天下之物，莫不因其已知之理而益穷之，以求至乎其极。至于用力之久，而一旦豁然贯通焉，则众物之表里精粗无不到，而吾心之全体大用无不明矣。此谓格物，此谓知之至也。"朱子说"物"，包含事与物，指全体事物，既包括自然界中的一草一木，也包括人伦之事。"物，犹事也。""凡天地之间，眼前所接之事，皆是物。"朱子认为事事物物都有其定理，都有"所当然之则"和"所以然之故"。理不能够独立存在，必须存在于事物之中，隐藏在事物背后，主宰事物的运动变化，并通过事物的运动变化来表现自身。"问：'或说形而下者为费，形而上者为隐，如何？'曰：'形而下者甚广，其形而上者实行乎其间，而无物不具，无处不有，故曰费。费，言其用之广也。就其中其形而上者有非视听所及，故曰隐。隐，言其体微妙也。'"[1] 若想获得事物之理，必须要到事物上去求，朱熹认为到事物上求理的工夫叫"格物"。朱子训"格"为"至"或"尽"，就是即物而尽其极之义。他说："格，至也"。又说："格物者，格，尽也，须是穷尽事物之理。若是穷得三两分，便未是格物。须是穷尽到得十分，方是格物。"[2] 他对格物的要求是穷尽事物之理，对事物的探索要达到十分的程度，不到十分就不是格物。"道理要见得真，须是表里首末极其透彻，无有不尽，真见得是如此，决然不可移易，始得。不可只窥见一班半点，便以为是。如为人父，须真知是决然止于慈而不可易，为人子须真知是决然止于孝而不可易。"[3] 因此，格物就是去穷

---

① 《朱子语类》卷六三，《朱子全书》，第 2068 页。
② 《朱子语类》卷一五，《朱子全书》，第 463 页。
③ 《朱子语类》卷一百一十七，《朱子全书》，第 3686 页。

理，是穷理的途径。

"致知"之"知"是指知识。朱熹说："致，推极也。知犹识也。推极吾之知识，欲其所知无不尽也。"事物之"所当然之则"和"所以然之故"在事物为理，在人心为知。致知是扩充心中关于事物之理的知识，使之达到极致。那么如何去致知呢？朱熹认为格物是致知的必要途径，致知不能只是在头脑中推理，必须要去物上格。"义刚曰：'只是说所以致知，必在格物。'曰：'正是如此。若是极其所知去推究那事物，则我方能有所知。'"[1] 致知必须要去接物，因为形上之理寓于形下之气中，现实世界中并没有独立存在的理，所以理必须在事物上探求。一次格物获取的是一事或者一物的知识，格物的次数多了，知识不断累积，当累积到一定程度，将其加以归类，推出同类事物之理，便会豁然贯通，达到"众物之表里精粗无不到，而吾心之全体大用无不明"的极致状态。致知要一物一物地去格，但没有必要格尽天下之物，只需要格到一定程度"以类相推"，自会豁然贯通，自然实现格尽天下之物的目的。格物和致知是一个工夫，只是格物是从物的角度来命名，致知是从"我"，即认识主体的角度来命名。朱子说："致知是自我而言，格物是就物而言。"

人伦之事是朱子格物的重点。君臣、父子、夫妇、朋友、兄弟这五伦是人所共有的，所以朱子认为穷尽五伦之理是每个人的必修课。他说："君臣、父子、兄弟、夫妇、朋友，皆人所不能无者，但学者须要常格得尽。事父母，则当尽其孝。处兄弟，则当尽其友，如此之类。"父慈子孝是父子之间的"所当然之则"，原因在于父子所禀受的气是相同的。他们本来是一个身体，结果分成了两个，同体决定了他们的恩爱属性。为什么同体则恩爱？这是天理所规定的。归根结底，天理决定了父要慈、子要孝，天理是父慈子孝的"所以然之故"。"又如父之所以慈，子之所以孝，盖父子本同一气，只是一人之身，分成两个，其恩爱相属，自有不期然而然者。其它大伦皆然，皆天理使之如此，岂容强为哉！"[2]

上文已经提到，人禀受了天理作为人性，人性的具体内涵是仁、义、礼、智，孝是仁、义、礼、智的表现。孩提之童就已经知道去孝父母，等到他们长大之后自然知道尊敬兄长，孝悌是人天生的知识。朱熹认为这种天生知识是一种粗略的知识，不够充分，不够透彻，仍然需要格物致知的工夫，去获得充

---
① 《朱子语类》卷一五，《朱子全书》，第 473 页。
② 《朱子语类》卷一七，《朱子全书》，第 585 页。

分、精微的知识，去穷尽事物之理。"物莫不有理，人莫不有知。如孩提之童，知爱其亲；及其长也，知敬其兄；以至于饥则知求食，渴则知求饮，是莫不有知也。但所知者止于大略，而不能推致其知以至于极耳。"① 事亲是一事，又是千事万事。在不同的情形下，子事亲形成了不同的事，每事有每事之理，例如昏定晨省、色难养志、谏亲顺亲之类。"如知'为人子止于孝'，这是表；到得知所以必着孝是如何，所以为孝当如何，这便是里。"② 孝之理众多，有表里粗精的区别。

具体的孝之理并非人生而知之，需要通过格物的工夫方能获得。"人谁无知！为子知孝，为父知慈。只是知不尽，须是要知得透底。且如一穴之光，也唤做光，然逐旋开剜得大，则其光愈大。物皆有理，人亦知其理，如当慈孝之类，只是格不尽。但物格于彼，则知尽于此矣。"③ 朱熹将格物比作光束，光束的开端只是一个点，往后逐渐变大。人生而知孝，但仅此知还不够，需要通过格物去获取孝的全部知识。格一件事，人就增长一件事的知识。尽孝的要求是格尽所有事亲之事，完全获得有关孝的表里粗精的知识。

获取孝的知识是循序渐进的过程，不是一蹴而就的。格物应先从"切近易见处"入手，然后过渡到深远精微之处。"明德，也且就切近易见处理会，也且慢慢自见得。如何一日便都要识得。如出必是告，反必是面，昏定晨省，必是昏定晨省，这易见。……如'博弈好饮酒，不顾父母之养'，是不孝；到能昏定晨省，冬温夏清，可以为孝。然而'从父之令'，今看孔子说，却是不孝。须是知父之命当从，也有不可从处。盖'与其得罪于乡党州闾，宁孰谏'。'谕父母于道'，方是孝。"④ 格物要先从易于明白的事情上格，比如昏定晨省、冬温夏清，出必告、返必面等日常的事亲礼节。人们每日都会用到这些礼节，可谓"近"，而且易于明白。等到这些知识都弄明白之后，再去辨明那些困难的深远的精微的知识。比如，孝是顺亲，还是谏亲？什么时候应该谏亲，应该怎样谏亲等。

格物致知有其具体的途径。二程认为穷理的方式是多种多样的，可以从读书中穷理，也可以讨论古今人物的是非，还可以在处事中穷理，等等。"穷理亦多端：或读书，讲明义理；或论古今人物，别其是非；或应接事物而处其当，皆穷

① 《朱子语类》卷一五，《朱子全书》，第 472 页。
② 《朱子语类》卷一六，《朱子全书》，第 523 页。
③ 《朱子语类》卷一五，《朱子全书》，第 472 页。
④ 《朱子语类》卷一四，《朱子全书》，第 435 页。

理也。"① 在此问题上，朱熹继承了二程的观点，认为事物包罗万象，变化多端，格物的方式必然是多种多样的。他说："若其用力之方，则或考之事为之著，或察之念虑之微，或求之文字之中，或索之讲论之际。使于身心性情之德，人伦日用之常，以至天地鬼神之变，鸟兽草木之宜，自其一物之中，莫不有以见其所当然而不容已，与其所以然而不可易者，必其表里精粗无所不尽，而又益推其类以通之，至于一日脱然而贯通焉，则于天下之物，皆有以究其义理精微之所极，而吾之聪明睿智，亦皆有以极其心之本体而无不尽矣。"② 在这段话中，朱熹列举了以下几种格物的常用方式："考之事为之著"，"察之念虑之微"，"求之文字之中"，"索之讲论之际"。

获取孝的知识的方式是多种多样的。朱熹认为推究先圣遗经是穷孝之理的格物方式之一。"今人皆无此等礼数可以讲习，只靠先圣遗经自去推究，所以要人格物主敬，便将此心去体会古人道理，循而行之。如事亲孝，自家既知所以孝，便将此孝心依古礼而行之。"③ 今人没有制定孝的礼节，若想获取孝的礼节，就要去古圣先贤的书籍中探索。等到获得孝的礼节之后，发动孝心按照孝的礼节去做。默识也是求孝知的方式。"至善是极好处。且如孝：冬温夏凊，昏定晨省，虽然是孝底事，然须是能'听于无声，视于无形'，方始是尽得所谓孝。"④ "听于无声，视于无形"就是默识的意思。在做孝的事情之时，人可以"听于无声，视于无形"，默识得事情的至善之处。例如，侍奉父母要做到冬温夏凊，目的是让父母生活更舒适，即使是同一个季节，每天的天气也是不同的，为达成这个目的的具体做法也是不同的，合目的的正确做法需要通过默识来获得。

（二）尽孝须力行

"始条理是致知，终条理是力行。"⑤ 致知并非尽孝工夫的全部，在致知之后还要力行。力行就是按照格物获取的知识毫无保留地去做。

工夫为何要做到致知与力行相结合呢？

因为在朱熹的思想中，知行"常相须"，是互相依存、不可分割的关系。他说："知、行常相须，如目无足不行，足无目不见。"⑥ 他将知与行之间的关系比喻

---

① 《河南程氏遗书》卷十八，《二程集》，第 188 页。
② 《朱子语类》卷十五，《朱子全书》，第 528 页。
③ 《朱子语类》卷十五，《朱子全书》，第 467 页。
④ 《朱子语类》卷十四，《朱子全书》，第 441 页。
⑤ 《朱子语类》卷五八，《朱子全书》，第 1866 页。
⑥ 《朱子语类》卷九，《朱子全书》，第 298 页。

为走路之时目和足之间的关系。人在走路之时，足和目共同起作用，不可或缺。所以，致知和力行要一样下功夫，获得同等程度的重视，不能有所偏废。"致知、力行，用功不可偏。偏过一边，则一边受病。"①

朱熹特别强调了力行的重要性。"致知力行，论其先后，固当以致知为先，然论其轻重，则当以力行为重。"② 他明确提出行比知更重要。首先，行是培养德性的根本途径。实践性是道德的根本品格，只有通过行，人才能培养善性，将外在于人心的善转化为德性。"善在那里，自家却去行它。行之久，则与自家为一；为一，则得之在我。未能行，善自善，我自我。"③ 其次，行是获取和检验真知的必要途径。未行之知，处于较浅的层次；只有实践之后的知识，才能真切、深刻。"论知之与行，曰：'方其知之而行未及之，则知尚浅。既亲历其域，则知之益明，非前日之意味。'"④ 知识正确与否只有通过行才能够检验。关于孝的知识正确与否，必须在行了之后才知道。"必待行之皆是，而后验其知至。"行也是判断意诚与否的唯一标准。"欲知知之真不真，意之诚不诚，只看做不做如何。真个如此做底，便是知至、意诚。"⑤ 意是一种动力之知，诚意就是真知。真知必然能够不打折扣地去执行，如果不去行，便不是真知。真的知孝一定会去行孝，假如不去行孝，就不是真的知孝，行孝是判断一个人是否知孝的标准。在此问题上，王阳明的观点与之一致，他认为真知必行，知孝必然能够去行孝，若不去躬行践履，只知徒口讲说，便不是真的知孝。上文中朱熹提到知行同样重要，又说行比知重要，实际上这两种提法并不矛盾。一方面，他认为知易行难，行应该获得更多的重视。"这个事，说只消两日说了，只是工夫难。"⑥ 另一方面，这是补偏救弊的提法，在当时一些学者身上出现了流于空谈而忽视践行的风气，针对这种现象，他提出了知易行难的观点，敦促那些不重视行的人去行，最终达到知行并重的效果。

工夫要遵循知先行后的次序，他说："夫泛论知行之理而就一事之中以观之，则知之为先，行之为后，无可疑者。"⑦ 知行互相依存、不分前后的关系是从抽象

---

① 《朱子语类》卷九，《朱子全书》，第 299 页。
② 《晦庵先生朱文公文集》卷五十，《朱子全书》，第 2324 页。
③ 《朱子语类》卷十三，《朱子全书》，第 386 页。
④ 《朱子语类》卷九，《朱子全书》，第 298 页。
⑤ 《朱子语类》卷十五，《朱子全书》，第 485 页。
⑥ 《朱子语类》卷十三，《朱子全书》，第 387 页。
⑦ 《晦庵先生朱文公文集》卷四十二，《朱子全书》，第 1914 页。

意义来讲的，或者说是从整体上的把握。而在具体操作上，朱熹认为知与行必须分出先后，知在前，行在后。朱熹主要是在道德的意义范围内谈论知行关系，只有具备一定的道德知识，才能够做出合乎规范的道德行为。反之，道德行为若没有道德认知的指导，会陷入盲目的境地，所以朱熹反对行在知先。"'义理不明，如何践履？'……'如人行路，不见，便如何行。'"① 而且道德认知不仅能指导道德行为，也能够为道德行为提供动力。"若讲得道理明时，自是事亲不得不孝，事兄不得不弟，交朋友不得不信。"② 真正明白了人子须尽孝这个道理，自然去尽孝。"格物，须真见得决定是如此。为子岂不知是要孝？为臣岂不知是要忠？人皆知得是如此。然须当真见得子决定是合当孝，臣决定是合当忠，决定如此做始得。"③ 知的程度不同，行的动力也有大小的差异。"见得到这般处，方知决定是着孝，方可以用力于孝，又方肯决然用力于孝。人须是扫去气禀私欲，使胸次虚灵洞彻。"④ 朱熹此处提到了三种动力程度的孝：决定是着孝、用力于孝、决然用力于孝，这是由于对孝的认知程度不同所导致的。对孝的认识愈深刻，行孝的动力也就愈足。

（三）主敬贯始终

人有孝有不孝，上文已经提到，事亲情形下由仁性之发为孝。仁性有时被气质所遮蔽，由气质而生的私欲在事亲的情形下发而为不孝。"人性本善，只为嗜欲所迷，利害所逐，一齐昏了。圣贤能尽其性，故耳极天下之聪，目极天下之明，为子极孝，为臣极其忠。"⑤ 假如人只有天命之性而没有私欲的遮蔽，人事亲无不能尽孝。但是现实是唯有圣贤能做到尽孝，绝大多数人都做不到。朱熹以私欲的障蔽来解释现实，圣贤能尽孝是因为私欲少，而普通人不能尽孝是因为私欲遮蔽多。而朱熹拎出气禀作为私欲之出处，气有清浊，浊气是人不能尽孝的根源。因此，朱熹认为人尽孝必须要去除私欲，克去私欲的方法首先在于主敬涵养。

主敬是人心自作主宰，常提着自己的心，不能放纵，使心中全是天理、没有人欲。"敬只是此心自做主宰处。"⑥ 朱熹非常重视主敬的功夫，将主敬定位为学

① 《朱子语类》卷九，《朱子全书》，第303页。
② 《朱子语类》卷九，《朱子全书》，第304页。
③ 《朱子语类》卷十五，《朱子全书》，第464页。
④ 《朱子语类》卷八，《朱子全书》，第523页。
⑤ 《朱子语类》卷八，《朱子全书》，第280页。
⑥ 《朱子语类》卷十二，《朱子全书》，第371页。

问的根本。"敬者，一心之主宰，而万世之本根也。知其所以用力之方，则知小学之不能无赖于此以始；知小学之赖此以为始，则夫大学之不能无赖于此以为终者，可以一以贯之而无疑矣。盖此心既立，由是格物致知以尽事物之理，则所谓尊德性而道问学；由是诚意正心以修其身，则所谓先立其大者而小者不能夺；由是齐家治国以及乎天下，则所谓修己以安百姓，笃恭而天下平。是皆未始一日而离乎敬也，然则敬之一字，岂非圣学始终之要也哉？"① 主敬是学问的"用力之方"，贯穿于学问整个过程的始终，无论是小学还是大学都是如此。主敬立本的工夫，是格物致知、穷理尽性的基础，也是修身、齐家、治国、平天下的基础。

主敬是贯穿动静始终、未发已发的学问。"殊不知未感物时，若无主宰，则亦不能安其静，只此便自昏了天性，不待交物之引然后差也。"② 未发之时就是人与物不相感之时，此时人心虽然没有外物的干扰，也并非一个安静的状态，天性仍可能被人欲迷惑。朱熹认为，在未发时主敬能够使心保持一种收敛、警醒、戒惧的状态。心在已发的状态下，即与物相感的状态下也需要主敬的工夫。"如何都静得。有事须着应。人在世间，未有无事时节；要无事，除是死也。自早至暮，有许多事。不成说事多扰乱，我且去静坐。敬不是如此。若事至前，而自家却要主静，顽然不应，便是心都死了。无事时敬在里面，有事时敬在事上。有事无事，吾之敬未尝间断也。"③ 生是人存在的根本方式，所谓"生"可以说是心与物相感而发，心的发用也是心存在的根本方式。心时时遇事，遇事则发用，少有安静的时候。朱熹认为不能因为事扰乱了心的清净而去逃避事情，选择静坐的修养方式。有事之时，心自然有感而发，这是人性之仁，是心的生理。若在有事之时，一定要主静，那就违背了心之生理，相当于死人了。所以，有事之时的修养工夫是主敬，主宰此心使其一心在事上，没有私心杂念。

朱熹的主敬思想是在吸收程颐"涵养须用敬"的思想的基础上，结合个人修养体验发展而成，是理学修养工夫思想的集大成者，主要有以下几点要求：主一、敬畏、收敛、警觉、行为举止端庄严肃。总体来说，朱熹是想通过主敬达到内无妄思、外无妄动的境界。

主敬贯穿学问工夫的始终。朱熹主张人在未发之时，通过主敬来达到清醒、

① 《四书或问·大学或问》，《朱子全书》，第 506—507 页。
② 《晦庵先生朱文公文集》卷四十三，《朱子全书》，第 1979 页。
③ 《朱子语类》卷十二，《朱子全书》，第 374 页。

宁静的心理状态，为格物以及践行做好心理准备。不仅未发之时需要主敬，格物致知以及力行之时也需要主敬。"其为学也，穷理以致其知，反躬以践其实，居敬者所以成始成终也。谓致知不以敬，则昏惑纷扰，无以察义理之归；躬行不以敬，则怠惰放肆，无以致义理之实。"① 他认为人在格物致知之时不主敬，就会"混惑纷扰"，造成"无以察识义理之归"的后果；若在践行的时候不主敬，则会"怠惰放肆"，造成"无以致义理之实"的后果。所以，主敬要贯穿于尽孝工夫的始终。

### 三、"谕父母于道"——朱熹的谏亲思想

"顺"经常与孝放在一起，被人们谈起，顺亲是孝亲的重要内涵之一，由此引发一个问题：假如父母言行不当，顺亲也是符合孝道的吗？在顺亲的同时是否要谏亲呢？孔子认为当父母言行不当时，人子应做到"几谏"，务必使父母处于无过之地，盲目顺亲并非孝道。曾子、荀子、《孝经》作者均认同其观点，并在其观点基础上有所发展。孟子的观点与孔子不同，他认为父子之间不应"责善"，否则会伤害宝贵的亲情。他思想中理想人格的化身——大舜，是一位唯有顺亲才可以解忧之人。

朱熹不主张无条件顺亲，认为谏亲是孝的当然之义。"不得乎亲之心，固有人承亲顺色，看父母做甚么事，不问是非，一向不逆其志。这也是得亲之心，然犹是浅事。惟顺乎亲，则亲之心皆顺乎理，必如此而后可以为子。所以又说'烝烝乂，不格奸'。"② "得亲"的意思是不问是非，无条件顺从父母的心意，朱熹认为做到这样只是"浅事"；"顺亲"的意思是"谕父母于道"，内含谏亲义，务必使父母之心合于理，这才是难的事情。

朱熹认为无条件地顺从父母，不问是非，这样也能够得到父母的喜爱，但这是低层次的孝。以道义为最高准则，当父母的言行不合于道义之时，应向他们劝谏，才是高层次的孝。朱熹的孝论与孟子不同，更加贴近孔、曾。朱熹认为孝是顺德，顺不是不违逆父母的心意，不是曲意顺承父母来取悦他们，而是及时规劝父母，使他们知晓道、言谈举止不违背道。顺从父母的心意来取悦父母是小事，以道劝谕父母、以理侍奉父母才是大事。若父母行为不合道义，不及时阻止父

① 《勉斋集》卷三十六，《文渊阁四库全书·集部·别集类·南宋建炎至德佑》。
② 《朱子语类》卷五六，《朱子全书》，第1825页。

母，他们可能会得罪"乡党州里"，获得不义的名声。"然而'从父之令'，今看孔子说，却是不孝。须是知父之命当从，也有不可从处。盖'与其得罪于乡党州间，宁熟谏'，'谕父母于道'，方是孝。"[1]"至如子从父之令，本似孝，孔子却以为不孝。与其得罪于乡间，不若且谏父之过，使不陷于不义，这处方是孝。"[2] 孝是爱亲，爱亲就要为父母着想，避免使父母陷入不义之中，那么就要及时谏亲。"人情自有偏处，所亲爱莫如父母，至于父母有当几谏处，岂可以亲爱而忘正救。所敬畏莫如君父，至于当直言正谏，岂可专持敬畏而不敢言。"[3]

谏亲要采取恰当的方式。孔子提出"几谏"，曾子提出"微谏不倦"，但二人未进行具体解释，实际上两者内涵一致，《礼记》对此有较为详细的解释："父母有过，下气怡色，柔声以谏。谏若不入，起敬起孝，说则复谏；不说，与其得罪于乡、党、州、间，宁孰谏。父母怒，不说而挞之流血，不敢疾怨，起敬起孝。"[4] 朱熹继承了前人观点，认为应及时"几谏"："一家之中，尊者可畏敬，但是有不当处，亦合有几谏时。不可道畏敬之，便不可说着。若如此唯知畏敬，却是辟也。"[5]

在劝谏方式上，朱熹提倡"渐渐细密谏"。"问'几谏'。曰：'几，微也，只是渐渐细密谏，不恁峻暴，硬要阑截。内则"下气、怡色、柔声以谏"，便是解此意。'"[6]"渐渐细密谏"是对谏亲语言表达方式的要求。朱熹认为不宜直截了当表达反对意见，容易引起父母的反感和抵抗，而应小心翼翼地、试探性地劝谏，要讲明道理，语言周密。如此劝谏表达出对父母的尊重和诚意，更容易让父母接受。

即使做到了"几谏"，仍有可能触怒父母，朱熹认为这不是对父母的侵犯，反而是孝道的表现。"问：'人子之谏父母，或贻父母之怒，此不为干犯否？'曰：'此是孝里面事，安得为犯？然谏时又自"下气怡色，柔声以谏"，亦非凌犯也。'"[7]"'又敬不违'者，上不违微谏之意，切恐唐突以触父母之怒；下不违欲谏之心，务欲置父母于无过之地。其心心念念只在于此。若见父母之不从，恐触其

---

[1] 《朱子语类》卷一四，《朱子全书》，第 435 页。

[2] 《朱子语类》卷一四，《朱子全书》，第 436 页。

[3] 《朱子语类》卷一六，《朱子全书》，第 544 页。

[4] （清）孔希旦：《内则第十二之一》，《礼记集解》卷二十七，中华书局 1989 年版，第 737 页。

[5] 《朱子语类》卷一六，《朱子全书》，第 549 页。

[6] 《朱子语类》卷二七，《朱子全书》，第 1007 页。

[7] 《朱子语类》卷二〇，《朱子全书》，第 684 页。

怒，遂止而不谏者，非也；欲必谏，遂至触其怒，亦非也。"①朱熹认为劝谏要做到两不违背，一方面不能违背了"微谏"或者"几谏"的劝谏方式，因唐突而导致父母恼怒；另一方面违背劝谏之心，不能因为父母恼怒而停止劝谏，务必使父母处于无过之地。

朱熹借对匡章事件的叙述表达了他的谏亲思想。"孟子之于匡章，盖怜之耳，非取其孝也。故杨氏以为匡章不孝，'孟子非取之也，特哀其志而不与之绝耳'。据章之所为，因责善于父而不相遇，虽是父不是，己是，然便至如此荡业，'出妻屏子，终身不养'，则岂得为孝。故孟子言'父子责善，贼恩之大者'，此便是责之以不孝也。但其不孝之罪，未至于可绝之地尔。然当时人则遂以为不孝而绝之，故孟子举世之不孝者五以晓人。若如此五者，则诚在所绝尔。后世因孟子不绝之，则又欲尽雪匡子之不孝而以为孝，此皆不公不正，倚于一偏也。必若孟子之所处，然后可以见圣贤至公至仁之心矣。'或云：'看得匡章想是个拗强底人，观其意属于陈仲子，则可见其为人耳。'先生甚然之，曰：'两个都是此样人，故说得合。'味道云：'舜不告而娶，盖不欲"废人之大伦，以怼父母"耳，如匡章则其怼也甚矣！'"②

在朱熹看来，孟子与匡章来往并非不认为匡章不孝，只是怜悯他的遭遇，认为他虽不孝，却不至于受到被时人弃绝的待遇。时人以匡章谏亲惹恼父亲为不孝，且弃绝他，后又因孟子与其交往而推崇他，朱熹对这两种情况都不赞成。朱熹认为匡章不孝，不孝之原因不在于因责善而惹恼父亲，那是父之错。匡章不孝之处在于，惹恼父亲之后"出妻屏子"，那是对其父的怨怼，谏亲应该做到"屡谏不倦""劳而不怨"。

朱熹还将责善纳入到正与中的范畴中加以评价，他认为责善是正而不是中。"一件物事自以为正，却有不中在。且如饥渴饮食是正，若过些子便非中节。中节处乃中也。责善，正也，父子之间则不中。"③责善是正，因为它合乎孝道。对于父子感情来说，却不是中，因为责善会伤害父子之间的感情，属于理之发用不中节、不得宜之处，引起父子之情不和。他又说："中须以正为先。凡人做事，须是剖决是非邪正，却就是与正处斟酌一个中底道理。若不能先见正处，又何中之可言！譬如欲行赏罚，须是先看当赏与不当赏，然后权量赏之轻重。若不当赏

---

① 《朱子语类》卷二七，《朱子全书》，第1008页。
② 《朱子语类》卷五七，《朱子全书》，第1849页。
③ 《朱子语类》卷六七，《朱子全书》，第2240页。

矣，又何轻重之云乎？"① 正是中之基础和前提，先做到谏亲，再去其中揣度不伤害父子感情的恰好处。

陈淳继承了朱子的谏亲思想。他认为谏亲是"仁之义"，是对义的践行。"亲亲，仁也。所以爱亲之诚，则仁之仁也；所以谏乎亲，则仁之义也；所以温清定省之节文，则仁之礼也；自良知无不知是爱，则仁之智也；所以为事亲之实，则仁之信也。"② 他不主张无条件顺亲，认为天理高于父命。但是在天理与父命出现冲突时，他既不主张恃父命而违背天理，也不主张恃天理而违背父命。可见在实际选择中，他将天理与父命摆在了同样的位置。在《详论夷齐》一文中，他同样赞成伯夷和叔齐的选择。

"伯夷、叔齐以天伦言之，则伯夷主器之嫡，在法固当立。然不得先君之命，则内无所承，乌得以嗣守宗庙而有国也。以父命言之，则叔齐固有其命矣，然伯夷长也，叔齐弟也，叔齐之德不越于伯夷，其父乃舍嫡立少是一时溺爱之私意，非制命以天下之公义者也，乱伦失正，王法所不兴，何可以闻于天王而抚国也？此皆在己有碍而不利便处。此在伯夷，所以不敢挟天伦自处以压父命之尊，只得力辞而不受，而决然不敢以或受。在叔齐，所以不敢恃父一时之命以压天伦之重，只得固让而不为，而决然不敢以或为。皆各据其分之所当然，以求即乎吾心之安，盖不如此则心终不安。"③

按照"天伦"，伯夷应被立为君，但他没有获得父命；按照父命，叔齐应被立为君，但是却违背"天伦"。伯夷没有恃"天伦"而违背父命，叔齐也没有恃父命而违背"天伦"。他们各退一步，谁都没有接受王位。心安是他们选择的标准。伯夷若接受王位，等于违背父命。违背父命，心则不安；若叔齐接受王位，等于违背"天伦"。违背"天伦"，心则不安。只有退一步，心才会安。他们的行为被世人认可，载入史册，流芳千古。陈淳认可他们的选择，他们的行为表达了陈淳的思想。

综上所述，孝是事亲之理，是天理在事亲之事上的呈现。朱熹认为孝道并非社会发展到一定阶段的产物，而是在人存在之前已经存在，是亘古不变的天理。孝是人伦道德，在朱熹思想中，人伦道德就是宇宙规律。人伦道德是应然，并不必然会发生，而宇宙规律是实然，是必然会发生的。朱熹将应然论证为实

---

① 《朱子语类》卷六七，《朱子全书》，第 2240 页。
② 陈淳：《北溪字义》，中华书局 1983 年版，第 23 页。
③ 陈淳：《北溪大全集》卷六，景印文渊阁四库全书，第 1—2 页。

然，孝的权威性和神圣性大大加强。所以无论人们处在何种社会发展阶段，处在何种境遇中，孝都是应该遵循的伦理法则。在朱熹的思想中，孝是事亲的当然之则。但是人心中或多或少有私欲存在，私欲可以遮蔽人的孝心。因此，对于每个人来说，孝未必是实然。朱熹认为，人应当将应然之孝转化为实然，即尽孝。为此，他提出了主敬、格物致知、力行相结合的工夫论。主敬能够避免私欲对孝心的遮蔽，且为尽孝奠定心理基础，格物是获取孝之理的知识，行孝是尽孝的关键环节。格物致知在前，行孝在后，主敬贯穿整个过程。孝之理是多种多样的，涵盖表里大小粗精等，一次格物只能获取一种孝的知识，一次行孝只是对一种孝的知识的践行，尽孝是穷尽所有孝的道理，且按照孝的道理尽心去做。所以，尽孝不是一蹴而就的，需要依照居敬、格物致知、力行相结合的方法，也需要循序渐进、坚持不懈地努力。

在朱熹的思想中，理是人子事亲的最高标准。他主张以理事亲。当天理与父命出现冲突时，他认为人子正确的选择是天理优先于父命。他认为孝内涵顺之义，但不主张盲目顺亲。在亲的行为违背社会道义的情况下，顺亲等于陷亲于不义之中。正确的做法是去谏亲，但是谏亲尤其要注意方式。他赞成"微谏"的谏亲方式，做到"下气怡色，柔声以谏"。不能因为唐突而触怒父母，也不能害怕触怒父母而停止劝谏，直到父母能够听从劝谏、重拾道义为止。朱熹的谏亲思想是对先秦儒家谏亲思想的继承与发展，也对弟子陈淳产生了重要的影响。而且朱熹的谏亲思想也适用于现代社会，能够为现代社会孝道建设提供重要的借鉴。

## 第二节 陈淳：孝根原于天命

作为朱子的得意门生，陈淳的学术思想主要继承自朱子，他的孝道思想也主要继承自朱子。他认为孝是人子事亲之理，以天理为终极依据，与朱熹对于孝"何以可能"的解答是一致的。陈淳的孝论与朱子的孝论又存在区别，陈淳表现出了比较明显的心学倾向，从朱子学向心学跨进了一步。

### 一、孝是事亲之当然之则

（一）"理一分殊"

与朱熹一致，陈淳也持"理一分殊"的思想。"天只是一元之气流行不息如此，即这便是大本，便是太极。万物从这中流出去，或纤或洪，或高或下，或飞或潜，或动或植，无不各得其所欲，各具一太极去，个个各足，无有欠缺。亦不是天逐一去妆点，皆自然而然从大本中流出来。此便是天之一贯处。"① "太极"是万事万物共同之理，万事万物又有其各自的理，是其运动变化的规律和法则，是事物存在的依据。作为宇宙本根的"太极"只有一个，但是作为事物的规律和法则的理是随物而异的。事物各有其理，事物之理是特殊的。事物的特殊的理是由太极所分出来的，在大化流行中，事物的形体一形成，太极即落在其中，形成了事物之理。太极是圆满具足的，万事万物之理也是圆满具足的。陈淳运用水银和月映万川的现象来解释这一问题。一颗大的水银是圆润的，这颗水银摔在地上，成为无数颗小水银，而每一颗水银都是圆润的。天上的月亮是圆的，万川中月的倒影也是圆的。所以陈淳认为万物有一个大太极，事物又都有个小太极。小太极是从大太极中流出来的，两者是一贯的东西。

"总而言之，只是浑沦一个理，亦只是一个太极；分而言之，则天地万物各具此理，亦各有一太极，又都浑沦无欠缺处。自其分而言，便成许多道理。若就万物上总论，则万物统体浑沦，又只是一个太极……就万事总言，其实依旧只是一理，是浑沦一太极也。譬如一大块水银恁地圆，散而为万万小块，个个皆圆。合万万小块复为一大块，依旧又恁地圆。陈几叟月落万川处处皆圆之譬，亦正如此。此太极所以立乎天地万物之表，而行乎天地万物之中，在万古无极之前，而贯于万古无极之后。自万古而上，极万古而下，大抵又只是浑沦一个理，总为一太极耳。此理流行，处处皆圆，无一处欠缺。才有一处欠缺，便偏了，不得谓之太极。太极本体本自圆也。"② "太极"是作为宇宙本根的理，"小太极"是事物具体的事物发展变化的准则和规律。"太极"与"小太极"之间是普遍和特殊，一与多，源与流之间的关系。

在大化流行中，人获得其形体，也获得人性。人的形体是气质所组成的。天理在人心之中为人性，所以性即理。"大抵性只是理，然人之生不成只空得个理，须有个形骸方载得此理。其实理不外乎气，得天地之气成这形，得天地之理成这性。"③ 在大化流行中，人禀受气质形成形体，也禀受天理作为人性。所以，性即是理。既然"性即理"，为何将人心中之理称为"性"，而不是"理"呢？陈淳的答案是，天地万物之所同然的规律和法则是"理"，"理"具有公共性。而"性"

①　陈淳：《北溪字义》，第 32 页。
②　陈淳：《北溪字义》，第 45—46 页。
③　陈淳：《北溪字义》，第 6 页。

专指在人心之理，与公共之理区分开。"性"与"理"实质上是一回事，只是适用的范围不同而已，"性"是"理"的别称。"性即理也。何以不谓之理而谓之性？盖理是泛言天地间人物公共之理，性是在我之理。只这道理受于天而为我所有，故谓之性。性字从生从心，是人生来具是理于心，方名之曰性。"①

陈淳认为性是天命，是天赋予人的规定。命具有强制性，人只能接受并顺应它，不能反抗。

他说："性与命本非二物，在天谓之命，在人谓之性。"② 所谓天命，指是"天道流行而赋予于物者"。天道在大化流行中赋予物以命，也赋予人以命。陈淳直接点出天即是理，并且进一步指出理被称为天的原因在于理本自然，天有自然义。他也指出天不是指天之体，天之体是苍茫之气，没有形质可言。"天即理也。古圣贤说天，多是就理上论。理无形状，以其自然而言，故谓之天。若就天之形体论，也只是个积气，恁地苍苍茫茫，其实有何形质。"③ 天道与天理也是同义。因为理并不是死定在某个地方，而是随着大化流行而运动。大化流行有其轨迹，此轨迹被称为"天道"。"天道"是由天理所主宰的，是从贯通的意义上来看待天理。因此，"天道"就是天理。天道在大化流行中生人生物，也是人物的通行之道。

"但横渠此天字是说理。理不成死定在这里？一元之气流出来，生人生物，便有个路脉，恁地便是人物所通行之道。此就造化推原其所从始如此。至子思说'率性之谓道'，又是就人物已受得来处说，随其所受之性，便自然有个当行之路，不待人安排著。其实道之得名，须就人所通行处说，只是日用人事所当然之理，古今所共由底路，所以名之曰道。"④

人在造化中获得其形体之时，当即获得其性。人获得其性意味着获得了"当行之路"，"当行之路"即"通行之路"，是人处事的当然之理。"通行之路"不是特殊的，不是因人而异的，而是人所共有的。人性是人的"通行之路"，因此古今天下之人性都是相同的。

上文已经提到，陈淳认为性是天命，天命是"天道流行而赋予于物者"，也就是说天命来自于天道，天道即天理。因此，人性实质上本于天理，是人生而在

①　陈淳：《北溪字义》，第6页。
②　陈淳：《北溪字义》，第6页。
③　陈淳：《北溪字义》，第38页。
④　陈淳：《北溪字义》，第38页。

人心的天理。因为天理是至善的，故人性也是至善的。仁、义、礼、智是人性的内涵，来自于天命中的元、亨、利、贞。仁对应为元，义对应为亨，礼对应为利，智对应为贞。"性字从生从心，是人生来具是理于心，方名之曰性。其大目只是仁义礼智四者而已。得天命之元，在我谓之仁；得天命之亨，在我谓之礼；得天命之利，在我谓之义；得天命之贞，在我谓之智。性与命本非二物，在天谓之命，在人谓之性。故程子曰：'天所付为命，人所受为性。'文公曰：'元亨利贞，天道之常；仁义礼智，人性之纲。'"①

仁是人性最重要的内涵。陈淳训"仁"为"心之德""爱之理"，是对朱熹思想的继承。首先，陈淳认为仁是"爱之理"。爱属于情感的范畴。人常常会发出爱的情感，比如爱父母、爱朋友、爱小动物、爱花草树木等等。爱是人心发出来的，人心为什么会发出爱呢？因为心中有仁存在，仁是人生而有之的存在于心中的天理。仁是人性，发用为归属于情感的爱，所以说仁是爱之理。陈淳还具体描述了仁发用的过程，仁生生不息，时时发用。仁发用时，首先是恻隐从心中萌发出来，继而恻隐扩充至物成为爱，爱物便是仁的发用。假如将仁比作根的话，恻隐是萌芽，爱是已经长成的树。从这样一个形象的比喻中可以得出结论：仁是爱之理，爱是仁之用。"仁是此心生理全体，常生生不息。故其端绪方从心中萌动发出来，自是恻然有隐，由恻隐而充及到那物上，遂成爱。故仁乃是爱之根，而恻隐则根之萌芽而爱则又萌芽之长茂已成者也。观此，则仁者爱之理，爱者仁之用，自可见得脉络相关处矣。"②

仁是"心之德"。与义、礼、智相比，仁最大，可以兼统义、礼、智。仁是心之全德，天理在人心中全部是仁，仁已经包含了义、礼、智在内。为何仁为"心之全德"呢？因为仁是心之生理，人心能够生生不息，是因为仁的存在。心中若无仁，心自然不会生，不生则说明心是死的。若心是死的，义、礼、智三者不可能发用，也不可能存在。"仁者，心之全德，兼统四者。义、礼、智，无仁不得。盖仁是心中个生理，常流行生生不息，彻终始，无间断。苟无这生理，则心便死了，其待人接宾，恭敬何自而发？必无所谓礼。处事之际，必不解裁断，而无所谓义。其于是非，亦必顽然无所知觉，而无所谓智。既无是四者，又乌有所谓实理哉？"③

① 陈淳：《北溪字义》，第 6 页。
② 陈淳：《北溪字义》，第 19 页。
③ 陈淳：《北溪字义》，第 22 页。

（二）孝是仁之发用

仁是"心之德""爱之理"。因为仁的存在，心生生不息，发而为爱。由仁发用的爱不是狭隘的，而是普遍的，即韩愈所谓的"博爱"。仁发用为对天地万物普遍的爱，孟子所谓"亲亲、仁民、爱物"都是仁之发用。孝本质上是爱亲，属于"亲亲"的范围之内，是仁的发用之一。陈淳说孝是仁在事亲处的落实，即孝是仁在事亲之事上的发用。仁是本体，孝是发用；仁是未发，孝是已发。

"孝弟便是个仁之实，但到那事亲从兄处，方始目之曰孝弟。"①

"然程子又曰，论性则以仁为孝弟之本何也，盖孝弟者仁中之一事耳。仁是性，孝弟是用。譬之粟而生苗，仁其粟而孝弟其苗也，此仁所以为孝弟之本也，学者而识仁则于此自明白矣。"②

"盖仁者，心之德而爱之理也。心之德，其全体而见于爱者，其用事亲从兄，则爱之端先见而最切者。此如木之根本处，加之培壅之功，则爱之萌日滋而无所遏。自此而充广之，由亲亲而仁民，由仁民而爱物，如木之自根而干，自干而枝叶，虽有差等之不齐，而此气无不流行通贯。所谓仁之道于是乎生生不穷矣，其功用岂不甚大，又岂特常人所谓不好犯上作乱者而已哉！此孝弟所以为行仁之本也。"③

仁发用为对天地万物普遍的爱，这是仁发用的普遍性。在此基础上，仁的发用具有差等性。其差等性表现之一为仁的发用有先后的次序。亲亲而仁民，仁民而爱物。亲亲之中也有次序区别，爱亲在前，敬长在后。陈淳以人们所熟知的自然界的现象来阐明这一问题，树木的生发有先后的顺序，先发芽再长干，然后生枝生叶。这个顺序是必然的，是没法颠倒的。仁的发用次序也是必然的，不可改变，仁必然先发为孝。仁发用的差等性还表现在不同的爱之间的深厚程度是不同的。其情感强度按照发用的顺序依次递减，先发的较强，后发的较弱。人对父母的爱是最深厚真切的，对兄长、路人、万物的爱依次递减。由上可知，对于仁孝关系，陈淳继承了二程、朱熹的观点，认为仁是孝之本，孝是仁之先发，且感情最为真切深刻。

另一方面，孝为行仁之本，行仁自孝开始。"所谓孝弟者，乃为仁之根本也。

① 陈淳：《北溪字义》，第26页。
② 《北溪大全集》卷十八，第5页。
③ 《北溪大全集》卷十八，第5页。

为仁犹曰行仁，行仁者推行充广之谓。"①"行仁"是指推广扩充仁道。仁是天赋之人性，原本在人的心中，将仁从心中推到物上，就是行仁。仁的发见有先后的次序，先是爱亲、敬长，继而仁民，最后爱物。上文提到，陈淳认为气生人生物有其脉络，此脉络便是人物通行之道。仁的发用有其先后的顺序，行仁也要按照这样的顺序。而且仁的发用次序是理，人对待理的态度是只能顺应不能违背。因此，行仁也必须要依照这样一个顺序，先从爱亲敬长做起，继而仁民、爱物。行仁要从行孝做起，孝是行仁的起点和根本。若脱离了孝，仁将无从实现。"行仁只是推行仁爱以及物，须从孝弟处起。盖事亲事兄乃爱之发所最先处，以是为根本，然后可及民物。所谓亲亲而仁民，仁民而爱物也，须认定此意，熟看不必支离。"②

忠恕之道是践行仁道的途径。陈淳指出，孝是行仁之本，也是行忠恕之道的根本。"孝是忠恕之本，所发用来最先，第一件便在此上。若就此上分别二字，则其正所从事孝时，便是恕起头处。其所存主于中真实无伪妄处，便是忠。至于事长弟、事君忠，便只是以此事亲底心达之尔。但学者着力而然，便是尽，便是推。故自其所存，主于事亲时真实无伪妄底心，到事长、事君时无间断，便是尽己之忠；自其所从事于事长、事君时，要得皆如事亲底心，便是推己之恕。至凡应事条皆是己与人相接了，其为心皆如此。若其思虑当如何如何，此又是讲学之事。"③

事亲孝是忠恕的先发，也是行忠恕之道之始。人在事亲时有一颗真实无妄的心，且依照此真实无妄之心去事亲是孝。将此真实无妄之心推到事长、事君等处，事长、事君之心也如事亲之心一般真实无妄，是尽己之忠。以事亲之真实无妄之心推到事长、事君上，并以此真实无妄之心去是事长、事君，是推己之恕。忠恕之道包含两个方面：一是"己欲立而立人，己欲达而达人"，这是其积极方面；二是"己所不欲，勿施于人"，是其消极方面。人的天命之性是相同的，己所欲便是人所欲。己欲孝，人亦欲孝。实现自己的孝心之时，也要成全他人孝心；己不欲不孝，他人亦不欲不孝，自己不做不孝之事，也不要使他们做不孝之事。因此，孝是践行忠恕之道的根本。"如己欲孝，人亦欲孝，己欲弟，人亦欲弟，必推己之所欲孝、欲弟者以及人，使人得以遂其欲孝、欲弟之心；己欲立，

---

① 《北溪大全集》卷十八，第5页。
② 《北溪大全集》卷三十七，第3页。
③ 《北溪大全集》卷四十，第6—7页。

人亦欲立，己欲达，人亦欲达，必推己之欲立、欲达者以及人，使人亦得以遂其欲立、欲达之心，便是恕。只是己心底流去到那物而已。然恕道理甚大，在士人，只一门之内，应接无几，其所推者有限。就有位者而言，则所推者大，而所及者甚广。苟中天下而立，则所推者愈大。如吾欲以天下养其亲，却使天下之人父母冻饿，不得以遂其孝；吾欲长吾长，幼吾幼，却使天下之人兄弟妻子离散，不得以安其处；吾欲享四海之富，却使海内困穷无告者，不得以遂其生生之乐，如此便是全不推己，便是不恕。"[1]

陈淳认为孝不仅是行仁之本，也是行义、礼、智、信之本。孝必须有诚于孝亲之心，没有私欲的遮蔽，求得诚于孝亲的心是行仁；谏亲是孝的基本要求，也是行义；温清定省也是孝的基本要求，按照温清定省的节文去做是行礼；由爱亲之心发出，良知自能知，良知之知是行智；孝要做到笃实去侍奉亲人，笃实侍奉亲人是行信。因此，孝不仅是行仁，也是行仁、义、礼、智、信之本。试想一个人事亲都不会做到仁、义、礼、智、信，在其他事上又怎会做到？所以，行仁、义、礼、智、信五伦，都应自行孝始。

"若又错而言之：亲亲，仁也。所以爱亲之诚，则仁之仁也；所以谏乎亲，则仁之义也；所以温清定省之节文，则仁之礼也；自良知无不知是爱，则仁之智也；所以为事亲之实，则仁之信也。"[2]

## 二、孝是心之发用

作为朱门后学中的重要人物，陈淳学术主要继承了朱子理学的思维理路，晚年也曾力排陆学，表现出强烈的"门户之见"。他在《严陵四讲》中从道统、学统及心性论等角度对陆学展开了批判。令人诧异的是，这位斥陆学为"吾道之贼"的人表现出比较清晰的心学倾向。蒙培元、田浩、何俊、傅小凡等学者早已发现并从不同的角度揭示了陈淳的心学倾向。蒙培元在《理学的演变》提到了陈淳的一些与心相关的言论，如"心虽不过方寸之大，然万化皆从此出，正是源头处"。他指出此句反映出陈淳将心作为世界万物的本体，一切变化的根源，指出这是陈淳思想从"从朱熹到王阳明心学之间的第一环节"。再如，"此心之理亦无一物之不体，而万物无一之非吾心"[3]。蒙培元认为根据此句话可以得出"心即

---

[1] 陈淳：《北溪字义》，第28页。
[2] 陈淳：《北溪字义》，第23页。
[3] 《北溪大全集》卷十一，第3页。

理"的结论，而"心即理"是心学的重要命题。在第二次问学之时，陈淳向朱子汇报近年来的学问收获，谈到了其得意之作《与点说》，遭到了朱子的批评。朱子批评他的学问方向有偏向"尊德性"而忽视"道问学"之嫌，且告诫陈淳专注于"下学"的工夫。由此可见，在朱熹眼中，当时的陈淳已经表现出明显的心学倾向。

陈淳提出"万物无一物而非心"的观点，意即心是万物之理的本原，万物之理是心的发用。心是无所不包、至大无外的。他得出此结论的依据在于天理是至大无外、无所不包的。他将心之理与天之理完全挂钩，认为二者实质上是一，且是相通的。心之理为性，人性之内涵仁、义、礼、智对应天理之元、亨、利、贞。陈淳特别强调两者是真实的对应关系，而不是譬喻。陈淳也解释了人性与天理为一的原因：天理为万物之理的本原，万物禀受天理作为其性。万物气质不同，虽然禀受同一个天理，但获得的天理有偏有全。人在万物之中位置特殊，是万物之灵，所以禀受了完全的天理。

"盖通天地间惟一实然之理而已，为造化之枢纽，古今人物之所同得。但人为物之灵，极是体而全得之，总会于吾心即所谓性。虽会在吾心，为我之性，而与天固未尝间。此心之所谓仁，即天之元；此心之所谓礼，即天之亨；此心之所谓义，即天之利；此心即所谓智，即天之贞。真实一致，非引而譬之也。故天道无外，此心之理亦无外；天道无限量，此心之理亦无限量；天道无一物之不体，而万物无一之非天；此心之理亦无一物之不体，而万物无一之非吾心。"①

陈淳指出心也是一个大"太极"，是万物之理的本体。心在应接事物之时会发出万物之理，那么万物之理是心的发用。万物之理是一个个小"太极"，由心这个大"太极"分出。

"人得此理具于吾心，则心为太极。所以邵子曰：'道为太极'；又曰：'心为太极'。谓道为太极者，言道即太极，无二理也。谓心为太极者，只是万理总会于吾心，此心浑沦是一个理耳。只这道理流行，出而应接事物，千条万绪，各得其理之当然，则是又各一太极。"②

他进而指出"圣人之心"是"大本"，事物大小粗精的理均是此"大本"的发用。"一只是这个道理全体浑沦一大本处。贯是这一理流出去，贯串乎万事万

①　陈淳：《北溪大全集》卷十一，第 3 页。
②　陈淳：《北溪字义》，第 45 页。

物之间。圣人之心，全体浑沦只是一理，这是一个大本处。从这大本中流出见于用，在君臣则为义，在父子则为仁，在兄弟则为友，在夫妇则为别，在朋友则为信。又分而言之，在父则为慈，在子则为孝，在君则为仁，在臣则为敬。又纤悉而言之，为视之明，听之聪，色之温，貌之恭，凡三千、三百之仪，动容周旋之礼。又如乡党之条目，如见冕者与瞽者必以貌，如或仕或止，或久或速，或温而厉，或恭而安，或为居处之恭，或为执事之敬，凡日用间微而洒扫应对进退，大而参天地赞化育，凡百行万善，千条万绪，无非此一大本流行贯串。"① 大到君臣之义、父子之仁、兄弟之友、夫妇之别、朋友之信，分而为父之慈、子之孝、君之仁、臣之敬，小到色温、貌恭等礼仪，以及居处安、执事敬等乡党之条目，均是"圣人之心"所发。"圣人之心"纯是天理而没有私欲，是人的"道心"，或者说是"本心"。他认为人之本心是事物的本体，事物之理是本心的发用。朱熹认为人生而知孝，但只是粗疏的知道。孝只是事亲的大原则，事亲还有许多具体之理。这些具体之理不由人心所发出，而是需要格物致知的工夫去事物上求取。陈淳的观点显著不同，他认为这些孝的大小粗精的理都是本心之发用。这是明显的心学倾向。

### 三、孝是天命

朱熹认为事物之理包含"所当然之则"与"所以然之故"。"问：'或问，物有当然之则，亦必有所以然之故，如何？'曰：'如事亲当孝，事兄当弟之类，便是当然之则。然事亲如何却须要孝，从兄如何却须要弟，此即所以然之故。'"② 孝是事亲的"所当然之则"，天命是孝的"所以然之故"，也就是孝的本原。"知天命，是知这道理所以然。如父子之亲，须知其所以亲，只缘元是一个人。凡事事物物上，须是见它本原一线来处，便是天命。"③

作为得意门生，在事亲的"所当然之则"以及孝的"所以然之故"问题上，陈淳继承了朱熹的观点。他认为孝是人子的当然之则。"为人子止于孝。"而孝的"所以然之故"是天命，即孝根原于天命，他专门撰写了《孝根原》来阐明孝根原于天命的道理。"近因读《事父母几谏》至《父母之年不可不知》等章，极索玩味，似略见根原确定处。为之是否，试一言之。夫人子于父母，其所以拳拳竭

① 陈淳：《北溪字义》，第 31 页。
② 《朱子语类》卷一八，第 625 页。
③ 《朱子语类》卷二十三，第 810 页。

尽如此，笃切而不敢缓，极致而不敢少歉者，是果何为而如此也？非父母使我如此也，又非畏父母而然也，又非冀父母于我如何也，又非吾身自欲如何也，又非圣人立法使人如此也，又非畏神明谴之、乡党议之、朋友责之而然也。其根原之所自来，皆天之所以命于人，而人之所以受乎天。"①

陈淳认为孝的根原不在于父母的要求、对父母的畏惧、以孝为手段来实现对父母的期望以及圣人立法，畏惧神明谴责、乡党议论和朋友的责备等后天的因素，他指出孝根原于天命，是天赋予人的命令。孝是天命，诚是天命之品格，因而诚也是孝之品格，不受私意的干扰，是自在自为的，没有牵强，没有矫饰。"其道当然诚自有不容已处，非有一毫牵强矫伪于其间也。"② 天借助父母之胞胎生人，归根结底孝是上天的意志，父母和子女只是贯彻上天意志的工具，不应该也没有能力对孝产生影响。"盖天之生人，决不能天降而地出，木孕而石产，决必由父母之胞胎而生，天下岂有不由父母之胞胎而生之人乎？而其所以由胞胎而生者，亦岂子之所能必，而亦岂父母所能安排计置乎？是则子之于父母，信其为天所命，自然而然，人道之所不能无。"③ 此处之天是至上人格神，孝作为天命不受人为因素的影响。陈淳认为人对待孝的正确态度是顺应孝道、遵守孝道，而不应该试图改变它、违背它。

"命"一字在陈淳的思想中处在一个极为重要的位置，《北溪字义》第一篇便是对"命"的解读，将命视为孝、悌、忠、信、义等伦理道德的根本依据。那么"命"在陈淳的思想中具体内涵指什么呢？"命，犹令也，如尊命、台命之类。天无言做，如何命？只是大化流行，气到这物便生这物，气到那物又生那物，便是分付命令他一般。"④ 命是令的意思，天命就是天的命令。人的命令往往通过语言来传达，天没有语言，怎么去命令呢？天通过大化流行来下命令，气至生物就是天将命令赋予物。天通过大化流行赋予万事万物以命，早在孔子已经含有这样的思想。《论语·阳货》中记载："子曰：'天何言哉？四时行焉，百物生焉，天何言哉？'"⑤ 陈淳与孔子的思想是相通的，天无言但却作用万物，从不间断，"四时行""百物生"便是天命流行。天不说话，通过"四时行""百物生"来说话，"四

---

① 《北溪大全集》卷五，第4—5页。
② 《北溪大全集》卷五，第5页。
③ 《北溪大全集》卷五，第5页。
④ 陈淳：《北溪字义》，第1页。
⑤ 《论语译注》，第188页。

时行""百物生"就是大化流行。

对于天和命之间的意义关联，陈淳在《北溪字义·命》中录下了朱熹对于孟子"莫之为而为者，天也；莫之致而至者，命也"的注解，表示他也认同此观点。

"问：'莫之为而为者，天也；莫之致而至者，命也。'朱子注曰：'以理言之谓之天，自人言之谓之命，其实一而已。'此处何以见二者之辨？曰：天与命只一理，就其中却微有分别。为以做事言，做事是人；对此而反之，非人所为便是天。至以吉凶祸福地头言，有因而致是人力；对此而反之，非人力所致便是命。天以全体言，命以其中妙用言。其曰'以理言之谓之天'，是专就天之正面训义言，却包命在其中。其曰'自人言之谓之命'，命是天命，因人形之而后见。故吉凶祸福自天来，到于人然后为命。乃是于天理中，截断命为一边，而言其指归尔。若只就天一边说，吉凶祸福，未有人受来，如何见得是命？"①

命是"莫之为而为者"，是无法解释的现象，这些无法解释的现象是天道顺其自然的结果。命不受人为因素的影响，以吉凶祸福为例，人为因素所导致的吉凶祸福为"人力"，非人为因素所导致的吉凶祸福为天命。天是命的施为方，人是命的接受方。天和命之间有一致之处，也有微小的差异存在。一致之处在于两者内涵都是理。在朱熹的思想中，天是理的意思，是宇宙中的最高实体。引文中提到了"吉凶祸福"是命的内涵，吉凶祸福属于理的范畴。天与命均是理，只是在不同的角度命名不同，因为命的内涵为理，理来在于天，所以在理的角度命名为天；命是天理存在于人身上，是天对人的规定性，所以从人的角度命名为命。朱熹认为，天与命之间有细微的区别。首先，从体用关系上来看，天是体，命是天的运用。其次，理是宇宙本根，是永恒的，无论人存在与否，理都不受影响。天理必须在人禀受之后才能称为命，也就是说命只有在人成形之后才存在，人的形体消亡之后，命也随之消亡。

在古代思想家的著作中，"天"是个频繁出现的字眼，内涵也是多方面的，有时指"自然之天"，有时指"运命之天"，有时指"义理之天"。陈淳认为运命之天即义理之天，天即是理。"曰：天者，理而已矣。古人凡言天处，大概皆是以理言之。"② 这不仅是他的观点，也是程朱理学家的一致思想。陈淳在《北溪字

---

①　陈淳：《北溪字义》，第4—5页。

②　陈淳：《北溪字义》，第5页。

义》中引用程朱的话予以证明。"程子曰:'夫天,专言之则道也,"天且弗违是也。"'又曰:'天也者,道也。'《论语集注》:'获罪于天'曰:'天即理也。'《易本义》:'先天弗违,谓意之所为,默与道契。后天奉天,谓知理如是,奉而行之。'又尝亲炙文公说:'"上帝震怒",也只是其理如此。天下莫尊于理,故以帝名之。'观此亦可见矣。故上而苍苍者,天之体也。上天之体以气言,'上天之载'以理言。"① 天是理,但是理也不是独立存在的,而是与气融为一体,理气不分。天之体是气,体中载道。

既然天包含了理与气,天作用人之命自然也包含了理与气,命之理和气融为一体,不可分离。人在禀受了气的同时,也禀受了理。理与气各有其功用,运动流行的是气,理是气的主宰,是气运动遵循的法则。"命一字有二义:有以理言者,有以气言者,其实理不外乎气。盖二气流行,万古生生不息,不成只是空个气? 必有主宰之者,曰理是也。理在其中为之枢纽,故大化流行,生生未尝止息。"②

人所禀受的气是不同的,命也因此不同。气有厚薄清浊的差异,人的命因此也有差别。气的长短厚薄决定了人的贫富贵贱、夭寿祸福,人所禀受气的清浊决定了人的智愚贤否。人所禀受了气的长短厚薄不同决定人的贫富贵贱、夭寿祸福不同;人所禀受了气的清浊不齐,决定了人有智有愚有贤有否。"如就气说,却亦有两般:一般说贫富贵贱、夭寿祸福,如所谓'死生有命'与'莫非命也'之命,是乃就受气之短长厚薄不齐上论,是命分之命。又一般如孟子所谓'仁之于父子,义之于君臣,命也'之命,是又就禀气之清浊不齐上论,是说人之智愚贤否。"③

为什么人禀赋的气有清浊、厚薄的差异呢? 从运命的主体天来说,天所赋予人之命都是相同的,区别之处在于人所接受的不同。陈淳举了两个形象的例子来说明这个问题。他将"天之所命"比作雨,雨对于所有的容器来说都是相同的,不同的容器所容纳的雨量和水质是有差别的,例如江河全部接纳了雨,滔滔不绝,无增无减;溪涧禀受了相同的雨,就会"洪澜暴涨";"螺杯蚬壳之属"所盛的雨是清的,用不干净的容器所盛的水是浊的。对于容器来说,天所下的雨量和水质都是相同的,它们自身的不同,造成了最终所接纳的雨的不同。

---

① 陈淳:《北溪字义》,第5页。
② 陈淳:《北溪字义》,第1页。
③ 陈淳:《北溪字义》,第1—2页。

"问：天之所命则一，而人受去何故如彼之不齐？曰：譬之天油然作云，沛然下雨，其雨则一，而江河受去，其流滔滔，不增不减；溪涧受去，则洪澜暴涨；沟浍受去，则朝盈暮涸。至放沼沚坎窟、盆瓮罂缶、螺杯蚬壳之属受去，或有斗斛之水，或只涓滴之水，或清甘，或污浊，或臭秽。随他所受，多少般样不齐，岂行雨者固为是区别哉？"①

陈淳竭力劝说人们去行孝。他认为孝道是终身的，人只要活在世上，只要拥有身体，就不能离开天理，都要去践行孝道。因为气至生物就是天将命赋予物，气形成了人的身体，一旦人的身体产生，天命已经寓于其中。只有舍弃形体，才能离开天命；人只有死去，才不必遵守孝道。"俯仰戴履，自此身有生以至没世不能一日而相离。如欲离之，必须无此身而后可然。人岂能无此身？岂能出乎天理之外哉？既不能无此身，不能出乎天理之外，则是决不能一日而相离。"② 因此，孝道不能"一日而相离"，这是陈淳对于孝道在时间上的要求。除此之外，他还奉劝人们竭尽全力去行孝，这是他对行孝程度的要求。"既不能一日而相离，则决不可以不竭尽，决不可空负人子之名于斯世，决然在所当孝而决不容于不孝，且如君者以天下奉、以天下养。"③

除了告诉人们孝是至高无上的天命之外，他还列举了其他行孝的理由，既以理服人，也以情动人。他企图唤醒人们的孝心，他情真意切地指出，年老的父母只有子女，如果子女不去奉养他们，他们就无人奉养。委托他人奉养，于理不合。让他们自己养活自己，于心不安。而且父母给了子女生命，养育子女长大，强壮子女的身体，并非为了让子女无所事事。子女竭尽全力孝敬父母是分内之事，是对父母生养之恩最好的回报。"父母之下唯子而已，不以子之身勤劳奔走以事父母，更教谁事哉？设或使人为之，岂理之宜乎？或亲焉不免劳于自养，岂事之安乎？况子之身又非子之身，父母之赐而天所与也，天之命尔为人子者，果何谓父母之生尔为子，而字育惟谨者，果何为壮尔体，强尔力，是岂欲使安闲空饱饮于天地间而全无所事乎？则人子之竭力以尽所事于此，岂得为过分乎？"④

接下来，他强调了孝敬父母的急迫性，主张及时行孝。时间一去不复返，亲人也一天天老去，趁着亲人还在身边要及时尽孝，不要等到亲人逝去徒留悔恨。

---

① 陈淳：《北溪字义》，第5页。
② 《北溪大全集》卷五，第5页。
③ 《北溪大全集》卷五，第5页。
④ 《北溪大全集》卷五，第5—6页。

"维天于穆，天命流行不曾停，日复一日，岁复一岁，尺奔趱督趣乎？其后往者不可以复反，老者不可以复壮，则亲不可得而再事，亦不可得而久事，是岂可逗留于前，私窃自怠若挨推不行，而格其于穆无疆之大命哉！万一大愿未偿，终天之隔，虽欲孝，谁为孝？岂不为大欠缺大悔恨耶！此仁人孝子所以必汲汲，急于竞辰爱日，无所不自尽，奉天命而不敢稽，恭天职而不敢惰，如执玉，如奉盈，如养婴儿，无跬步不切于心。盖必如此，然后吾心始安，俯仰无愧方足以偿愿塞责，而恰得谓之人子不然，则为天地间有罪，虽安须眉卣目立于人类中不得。名之曰人子，是无父母而生之人矣。即是而观，为人子止于孝，其根原岂不昭昭可见乎？夫岂自外来乎？夫更孰有加于此者乎？是岂不为人道大本，确然终其身而不可易者乎？妄论如此，幸望裁教。"[1]

由上可知，陈淳既以理服人，又以情动人，可谓苦口婆心地劝孝。他既从经验世界的角度提出人必须尽孝的理由，最重要的是将孝与天命挂钩。在古人心目中，天是至上人格神，天命是至高无上的命令。陈淳直接将孝与天命挂钩，赋予孝至高无上的权威，人只能去行孝而不能违背孝，因为违背孝就是违背天命。陈淳认为孝是天理在事亲之事上的呈现，也认为孝是人心之发用。他的思想徘徊于理学与心学之间，决定了其孝论也徘徊于理学与心学之间。

---

① 《北溪大全集》卷五，第 6—7 页。

# 第十三章　友

从"友"的字面来看，人们会说这是"朋友"的"友"，或是"友谊"的"友"，说法当然很对，但不够全面，不全面的原因在于我们无暇去探其源、寻其流。在没有考察"友"字源流之前，笔者也仅是粗略的理解它，接触到更多资料之后，才逐渐发现"友"的天地是一个不断拓展的世界，它反映了人类历史的某些变迁，也许它是中国思想史领域的重要理念之一。

从已有资料来看，"友"既是特定的人称，也用于表达伦理规则，现代人一般将"友"认定为朋友或朋友间的伦理规范。在先秦的早些时候，"友"的内涵与现今的含义有所差别。有些学者认为"友"的古义为同族的人、僚属或同僚，在一些文献中，"友"与君臣之道联系密切。在《尔雅·释训》中，友即"善兄弟为友"①，在这个解释中，友可指称兄弟间的相处规范。上述不同的解释不禁使人们感到好奇，看似简单的一个"友"怎会产生如此之多的内涵呢？难道与"友"的造字及原始含义有关？下文的内容能否揭开"友"字的奥妙呢？

在甲骨文中，友，写作𢏚，从二又（手），构形不明，用作人名之组成部分时为借音字。从"友"的字形：两手相依，似两人在共同做事，我们可以简单推断它有互助的含义，代表了亲密的人际关系。一些学者就"善兄弟为友"来说明"友"指手足兄弟，但兄弟一说很可能是后起的引申义。单独分析甲骨文中的"又"（手），其象右手之形，罗振玉指出："卜辞中左右之右，福祐之祐，有亡之有，皆同字。"②"又"字，甲骨文用作侑祭之侑时为借音字，对先王和自然神进行又祭，是为了求得福佑和好年成。殷代卜辞常见"受又"一词，意思是说受到神灵的佑助，若借用罗振玉等人的考证，"友"为二又（手）连列，可解释为相

---

① 郭璞注，邢昺疏：《尔雅注疏》，上海古籍出版社2010年版，第200页。
② 于省吾：《甲骨文诂林》第一册，中华书局1996年版，第877页。

互帮助。

《说文解字》释"又"为"手"。"又"是"右"之初文，王力先生认为助人以手，右的本义应是以手相助。"友"从二又（手），"友"的本义则是两手相助。"友"作"帮助"之义，在《孟子》《荀子》等文本中可见，如《孟子·滕文公章句上》："乡田同井，出入相友。"①

"友"可用作官名、人名，如"中友父"；或作为对人的尊称，"友邦君""友邦家君"。从友的本义出发，"'友'引申出'亲爱、友好'义（多用于兄弟之间）和'志趣相投的人'义，在此基础上，'亲爱、友好'义又引申出'和顺'义，'志趣相投的人'义又引申出'交友'义。"②"友"的"亲爱、友好"义常见于兄弟之间，兄弟间更离不开互相帮助。

东汉许慎在《说文解字》中说："同志为友，从二又相交"，"周礼注曰：同师曰朋，同志曰友。"③可见"同志为友"为当时学者所采纳，"友"为拥有共同志向的人群。清代段玉裁注解说："二又、二人也。善兄弟曰友。亦取二人而如左右手也。"段玉裁认为"友"是以善对待兄弟，有"友爱"义。许慎与段玉裁对"友"的解释已接近"友"的现代含义。

童书业先生解释"士有隶子弟"与"士有朋友"时说，士一般无家臣，以子弟为仆隶，类似于臣。但他也说"隶"可能为亲族隶属之义。朋友应是士之宗族成员，朋友即"隶子弟"。他举铜器铭文作例证时说朋友为族人。"朋"字有比、类、党等含义，"'善兄弟为友'，则'朋友'古义为族人……《毛公鼎铭》'以乃族干吾王身'……作'以乃友干吾王身'，二器同时，可证'朋友'古义为族人。"④

鲁庄公二十二年，陈国公子完（卒谥"敬仲"）逃亡到齐国，齐桓公想让敬仲做卿，敬仲以诗辞谢说："翘翘车乘，招我以弓。岂不欲往，畏我友朋。"⑤于是敬仲做了一个小官工正（管理工匠的官）。童书业先生认为此处"友朋"是族人之义，指陈国的同族。至于为什么说"友朋"是敬仲的族人，童书业先生并未作出详细解释。如果我们留心一下诗中的"畏"字，一个"畏"字已足够说明敬仲

---

① 焦循：《孟子正义》，中华书局 1987 年点校本，第 359 页。
② 吴峥嵘：《"朋"与"友"的词义发展》，《信阳师范学院学报》（哲学社会科学版）2005 年第 2 期。
③ 许慎撰，段玉裁注：《说文解字注》，上海古籍出版社 1981 年版，第 116 页。
④ 童书业：《春秋左传研究》，中华书局 2006 年版，第 111 页。
⑤ 杨伯峻：《春秋左传注》，中华书局 1981 年版，第 220 页。

的友朋可以指摘他的言行，友朋有责善之职，否则因何生畏呢？当然敬仲心中已有不做卿的决断，引诗作答是他委婉谢绝齐侯的言语方式。

孔子说："不学诗，无以言"①，孔子也说过："诵诗三百，授之以政，不达；使于四方，不能专对；虽多，亦奚以为？"②对孔子的这两句话我们该如何理解？结合敬仲对诗的巧妙运用，我们可知诗是古人在重要场合交流的一种方式。诗中已含人情礼仪、治国安民之道，善于用诗的人可以恰当表达自己的意见而不致招辱，能够避免对方的不愉快甚至愤怒。难怪孔子希望学生在理解诗的内涵的基础上，出使四方时能做到以诗专对。通过对传统文化的学习，我们很容易感到古人言语的方式比现代人更委婉一些，在孔子的时代及其以前，有以诗作答的传统，《荀子》一书大量引用诗歌是十分明显的。

除了提到"朋友"的古义为族人，童书业先生又指出："'友'如非指族人，即指僚属或同僚"③。从童书业先生的论述中我们不难看出，早期"朋友"的含义不容易确定，但大体可以归为"族人"和"僚属"两类。

先秦之前，"友"曾指称兄弟间的亲属关系，这一看法在一些学者的论述中经常出现。在西周的青铜器铭文中，有一类与器主关系较密切的人——"友"（或"朋友"）。朱凤瀚先生解读西周青铜器铭文并比照《左传》等书，得出西周时期"友"或"朋友"指同一家族的亲属，亲兄弟也在朋友一称中，由于"西周器铭未见朋友、兄弟并称者，当是亲兄弟亦包含在朋友之称中"④。

钱宗范先生则认为"朋友"当不包含亲兄弟，他说："我们今日所用'朋友'一词的原始意义，在古代是指同族内的弟兄。"⑤他进一步解释说，朋友的亲属关系远于亲兄弟而近于绝族之人（族人者谓绝族者），应视为同宗之弟兄。对"朋友"的原始意义作过阐释后，钱宗范先生认为先秦文献中作现代意义解释的"朋友"并非本义，宗族制度解体、不同宗族之间的人频繁接触，才是此类"朋友"含义出现的原因。

王利华教授说西周铭文提到的人称，除了"友"与"朋友"，还有父母祖先、子孙，有时提到同僚（如卿事、师尹）和姻亲，都属于关系亲密的人，这些人群

① 程树德：《论语集释》，中华书局1990年点校本，第1168页。
② 程树德：《论语集释》，第900页。
③ 童书业：《春秋左传研究》，第111页。
④ 朱凤瀚：《商周家族形态研究》，天津古籍出版社1990年版，第311页。
⑤ 钱宗范：《"朋友"考（上）》，载朱东润编《中华文史论丛·第八辑》，上海古籍出版社1978年版，第272页。

"要么是同姓亲属，要么是异姓亲戚"①，他把"友"归到了同姓亲属与异姓亲戚中。《广雅·释诂》释"友"为"亲"，如今"亲"这一称呼被应用于朋友间，甚至陌生人之间，颇有一番趣味。

同样是探讨"友"的含义，学者们的意见却并不一致，究竟哪一种解释更接近客观史实呢？接下来我们不妨找寻一些相关证据。童书业先生曾以铭文解释"友"的含义，认为"友"与"族"含义接近。"《毛公鼎铭》'以乃族干吾王身'……作'以乃友干吾王身'，二器同时"，由此可见，"友"与"族"的地位比较重要，虽然两器同时存在，但以此推断"友"与"族"为同一含义是不是有些勉强？青铜器铭文将朋友列于师尹或大夫之后、婚媾之前，笔者推测"朋友"也可能为职位名称。王孙钟铭记："用乐嘉宾父兄，及我朋友"，在此处父兄与朋友同时出现，表明"朋友"并不指称兄弟关系。"友"和"朋友"在春秋之前究竟指哪一类人群，就研究者的说法来看，似都有漏洞，惟童书业先生说"'友'如非指族人，即指僚属或同僚"一说，较为中肯。结合"友"的本义分析，我们暂作猜测："友"指称的是较亲密的人群，它可指兄弟间的亲密关系，也有"僚属或同僚"的含义，"孝""友"二字连用，当取"友"的延伸义"友爱、抚助"讲。如果这个论断成立，《诗经》《左传》郭店楚简等文献所涉及的友朋内容，方能顺利解释。

在《诗经》的篇章里看不出"友"有同族亲属的含义，有时它与"兄弟"次第出现，如《沔水》所述"嗟我兄弟，邦人诸友"②。诗经谈到的"友"是脱离血亲关系的一类人。自天子以及庶人，未有不须友以成，"相彼鸟矣，犹求友声。矧伊人矣，不求友生。"③朋友有规劝之责，"朋友攸摄，摄以威仪"④，《沔水》的作者劝告朋友要警惕和提防谗言兴起，他说"我友敬矣，谗言其兴"。在《诗经》中，"友"还有"善兄弟为友"的含义，"张仲孝友"⑤中的"友"可解释为友爱，《皇矣》称赞王季对兄友爱，诗人说"维此王季，因心则友。则友其兄"⑥。

西周青铜器铭文已出现了"诸兄"等词语，"兄弟"与"朋友"同出的情况见于春秋早期的"贩叔多父盘铭"，铭文将"朋友"列在"师尹"之后、"兄弟"

① 王利华：《周秦社会变迁与"友"的衍化》，《江西社会科学》2004 年第 10 期。
② 方玉润：《诗经原始》，中华书局 1986 年点校本，第 374 页。
③ 方玉润：《诗经原始》，第 335 页。
④ 方玉润：《诗经原始》，第 511 页。
⑤ 方玉润：《诗经原始》，第 361 页。
⑥ 方玉润：《诗经原始》，第 489 页。

之前。这里的"朋友"显然与亲属无关，只是地位略次于"师尹"的一类人，铭文的内容倒与"天子有公，诸侯有卿，卿置侧室，大夫有贰宗，士有朋友"①的顺序相符，而且在诗经里"朋友"作为臣属之义出现的次数较多。《诗·假乐》："燕及朋友"②，《毛传》称"朋友"为群臣。《六月》："饮御诸友"，阵奂谓："诸友，处内诸臣也"（《诗毛氏传疏》）。

吕思勉先生认为"朋友"的古义是群臣，君臣的关系近似于朋友。他说："《毛传》曰：'朋友，群臣也。'此古义也。"③《史记·廉颇蔺相如列传》记载：赵国宦者令缪贤说："我曾经跟随大王与燕王在边境上会盟，燕王私下与我握手，说'愿结友。'"此处的"友"即互助的朋友。

春秋以后，见于文献的"友"主要指志趣相投、联系密切的人群。《庄子》记载了这样一个故事：老聃病终，秦失前去吊唁，哭了几声就出来了。弟子问：您的吊唁这样简单，难道老聃不是您的朋友吗？秦失说：他是我的朋友。来到人世时，老聃应时而生；离开人世时，他顺理而去。"安时而处顺，哀乐不能入"④，这是我和老聃对生命共有的认识，因此我可以这样吊唁。《庄子·内篇·大宗师》记载：子祀、子舆、子犁、子来聚到一起谈论说：谁能把无当成头，把生当作脊梁，把死当作尾骨，谁能认识到死生存亡是一体的，我们就和他交朋友。说完他们相视而笑、彼此心意相通，于是结为朋友。这样的事例在古代文献里并不鲜见。

综上所述，作为特定人称的"友"或朋友，其字义经历了一定变化。由典籍可证，"友"最初可指互助、共事的一类人，或指兄弟间的亲属关系，随着周代社会的历史变迁，"友"或"朋友"进一步指称同僚或僚属，士友关系逐渐瓦解时，"友"的当代义浮现，即它过渡到有共同志向的人群上来。

## 第一节　二程："朋友相观"与"以敬为主"

在《二程集》中，我们不难看到二程对佛教、禅宗的认识与批判，正是在这些批判中，后人才能辨清儒学的真貌。何谓儒者，"通天地人曰儒"，这句话是汉

---

① 杨伯峻：《春秋左传注》，第 1016—1017 页。
② 王先谦：《诗三家义集疏》，中华书局 1987 年点校本，第 897 页。
③ 吕思勉：《吕思勉读史札记》，上海古籍出版社 2005 年版，第 241 页。
④ 陈鼓应：《庄子今注今译》，商务印书馆 2012 年版，第 124 页。

代扬雄所说，它确实反映了儒者的特征，但程颐认为天地一道，通天地即通人，通人也通天地。天理或理是二程思想中不可回避的重要概念，天者，理也，就理与天理的含义来看，二者差别不大。"天理云者，百理俱备，元无少欠，故'反身而诚'，只是言得已上"①。天德为天然完全自足之物，反身而诚可得之。天理不为尧存、不为桀亡，尽天理便是易。圣人致公心、尽天理，能使天地万物各当其分，于天地万物处循得天理便是至道。圣人循理，平直而易行。程颐说："天下物皆可以理照。有物必有则，一物须有一理。"②事物各有其理，因而顺理为正。"万物庶事莫不各有其所，得其所则安，失其所则悖。"③圣人顺治天下，止物各于其所。

陈淳认为性中有仁义礼智四者，万善由此而生，我们常提到的孝、悌等范畴存在于万善之中，而在二程看来，天下物皆有理，他们说"物理最好玩"④。既然世间存在物之理，那么"理"在朋友处如何体现？人们怎样循理而行呢？

## 一、从"朋友相观"到"处朋友，务相下"

曾子说"以友辅仁"，朋友之道向来为儒家重视。程颐说人心多从亲爱之人，"常人之情，爱之则见其是，恶之则见其非"⑤。好而知其恶，恶而知其美，却天下鲜见。妻、子之言，有失却多听从，而言行随从亲爱者，恐怕难合正理。出门而交即结交益友，朋友不为私情所系，因此能于己有功。程颐在易传中说："天下之可说，莫若朋友讲习"⑥，讲习能使朋友相互受益。"天下之悦不可极，惟朋友讲习"⑦，朋友讲习，虽过悦也无害。程颐将朋友讲习看作天下最值得喜悦的事情，因为讲习能够真正互益于彼此生命，使朋友有志于道。

既然交友有益于人生，那么我们应该如何选择朋友呢？伊川先生说："君子观象，知人情有争讼之道"⑧。他认为做事应谋其始，于事之开始绝讼端，则能免讼，如慎交结便是办法。在《荀子》一书中，我们读到过后天环境对人成长的影

① 程颢、程颐：《二程集》，中华书局 2004 年点校本，第 32 页。
② 程颢、程颐：《二程集》，第 193 页。
③ 程颢、程颐：《二程集》，第 968 页。
④ 程颢、程颐：《二程集》，第 39 页。
⑤ 程颢、程颐：《二程集》，第 785 页。
⑥ 程颢、程颐：《二程集》，第 998 页。
⑦ 程颢、程颐：《二程集》，第 84 页。
⑧ 程颐：《周易程氏传》，中华书局 2011 年点校本，第 37 页。

响，"蓬生麻中，不扶而直"①，而兰槐之根渐渍于苦酒或臭汁，君子不近身，因此荀子说："君子居必择乡，游必就士"，以近中正而防邪僻。

在《二程集》中，程子也谈到过幼童的成长环境，就此他提出了"以气动气"的解释和"养正"的教养主张。程子比较推重以前的教育方式，他说古人自幼时，耳目所见皆善处而不见异物（不善处），易于成就人才。而今人自幼时，所见不善，便日习秽恶，以气动气、和气衰减，难以造就圣贤。因此程子说，欲要婴儿善，需保留其真性。善养子者，"当其婴孩，鞠之使得所养，全其和气，乃至长而性美，教之示以好恶有常。"②

在二程思想中，"气"字出现的频率很高，"气"为形而下者，"有形总是气，无形只是道"③。从自然界来讲，气满天地；就人、物来说，生则气聚，死则气散，至于形声之类，也是气。程子将外界施于幼童不利影响的过程称作"以气动气"④，可谓实际又生动。在程子看来，善于教养的人懂得保存幼童与生俱来之和气、避免恶气引诱真性。待孩童长大一些，再示以好恶有常，这种教育方法即是"养正"。如果一开始就以恶引诱，即使以后人们再竭力教养，恐怕也是徒费心力。

"以气动气"不只适用于教养幼童，天下无非是感与应，例如饮食养护人的身体，也是外气涵养之道。程颐以鱼与水比喻人与天地，他说鱼的性命并非水所造就，但它必据于水才得以生存。人居天地气中，同样也需要外气。但外气分善与恶，得善则利于性命，遇恶则损伤性命。人的视听言动皆是气，美善的言行可以养护人的真性，污秽的习行则触动人的和气。

在日常交往中，你是否有以下体会，若临温温君子，我们似"如沐春风"；如果面对的是恶少悍妻，内心感受则极不舒适，真不若耳聋，由此人与人之间的感通便可以用"以气动气"来解释，因此我们也可以用"以气动气"的提法来指导交友之道。与益友相处即是善养和气，因此选择朋友十分重要。

慎重交友，历来为儒者看重，程子解释"主忠信，毋友不如己者"时说，毋与不忠不信之人交友。朱熹对"毋友不如己者"解释较多，在内容上我们可以归纳为三类，

---

① 王先谦：《荀子集解》，中华书局 2013 年点校本，第 6 页。
② 程颢、程颐：《二程集》，第 57 页。
③ 程颢、程颐：《二程集》，第 83 页。
④ 程颢、程颐：《二程集》，第 35 页。

一是胜己有如己的含义，要与胜己者处，"要得临深以为高"①。人交朋友，须求有益，与不如己者处，则有损而无益。但朋友才不如我时，便无敬畏之意、生狎侮之心，这样做却无益。

二是若交友必求胜己者，在理解上已存在偏差。"无友不如己"是圣人针对现实有感而发，一般人择友的现状是"见其胜己者则多远之，而不及己则好亲之"②，"无友不如己"是针砭时弊、救学者之病。

三是"无友不如己"也不是拒绝交结不及者，只是必须拒绝便佞者。这一解释和程子与忠信之人交友的主张相仿。"上焉者，吾师之；下焉者，若是好人，吾教之；中焉者，胜己则友之，不及者亦不拒也，但不亲之"③。于师，求其贤于己；于友，求其胜己；于不肖者，则绝之。从上述语句中，我们可以了解到朱熹的交友之道以及他对师、友的看法。有志于道，必慎重开始。慎重择友，是交友的前提与为人处世的开端。

张载认为"忠信进德，惟尚友而急贤"，但他也说"欲胜己者亲，无如改过之不吝。"④王阳明的弟子周道通曾谈到过朋友讲习的益处，得朋友讲习，此志精健阔大，才有生意。若不得朋友相讲，遇事便会困，有时会忘。王阳明在给他的书信中指出，困忘之病恐怕是志欠真切，既知自家痛痒，更须立志调停，朋友讲习固然有益，但始终离不开自身的磨砺。"以友辅仁"含有"辅"字，朋友切磋的同时，勿忘自身立志、进德。

子夏论与人交往时说："可者与之，其不可者拒之。"子张却说："君子尊贤而容众，嘉善而矜不能"，贤人于人无不容。这两句话看似有些冲突，但把两句回答分别放在不同的情境中分析，冲突便化解了。子张、子夏论交，子夏、子张告人各有所依，初学与成德者事不同。读到这两句话时，程子与王阳明一致认为，子夏在谈小子之交，子张在说成人之交。但我们是否也可以这样解读，子张谈的是大贤与百姓交往的态度，君子心怀天下，亲亲而仁民，《周易》记载：君子"宽以居之，仁以行之"⑤，而子夏讲的是志同道合的交友，例如"主忠信，毋友不如己者"。

---

①　黎靖德编：《朱子语类》，中华书局1986年点校本，第505页。

②　黎靖德编：《朱子语类》，第506页。

③　黎靖德编：《朱子语类》，第505页。

④　张载：《张载集》，中华书局1978年点校本，第66页。

⑤　王弼著，楼宇烈校释：《周易注》，中华书局2011年版，第7页。

　　儒学发展到宋明理学，才算真正完成了一次蜕变。宋明理学家们不仅完善了儒学知识，也完成了他们自身的人格，而宋明理学的意义在于后人能够循着穷理与他们修身的足迹，找到实现自我修养的路径。开始读六经时，我们虽然能略懂一些，但在内心体验上似乎还是感觉那些知识外在于我，如同学生为了高考去学习知识一样，而看过张载、二程等思想家的著述后，人们很可能会有内在于我的感受，能够找到为学门径。他们不断穷理、努力丰富儒家学说，同时也以经验来引导人们的认知与行为。体认宋明理学并加以实践，可谓"学而时习之，不亦乐乎?"《近思录》一书最能反映下学上达之义，它提到的齐家、出处进退辞受、存养、迁善改过等条目，既有日用处，又有大体处，体认后能使人感受到前后有较多一贯处。宋明理学强调自身体认，能够治愈学问空疏的顽疾，儒学是实学，积累日久必有心得。学者问仁，程颐说："此在诸公自思之，将圣贤所言仁处，类聚观之，体认出来。"[1] 谈到仁义礼智时，程子指出它们本于心，他说："仁义礼智根于心，其生色言四者，本于心而生色也。"[2] 宋明理学将儒学转变成随处可学、随时可用的学问，不系古与今、己与人。道学家们试图将六经中蕴涵的道抽离出来，以便为人所用。例如张载说"矫轻警惰"，这句话直指常人病处。张载说："天资美不足为功，惟矫恶为善，矫惰为勤，方是为功。"[3]

　　在宋明理学的学习过程中，你是否注意到一个现象，谈到朋友相处时，理学家们似乎有一个共识：与朋友论学，更宜相观或委曲谦下，这与我们之前谈论的朋友之道有些差异。或者说依照他们的生活体验，理学家给中国式的朋友之道注入了新的内容。程子说"朋友讲习，更莫如相观而善工夫多。"[4] 相观即互相观摩，朋友在相互观摩中，学到的善处更多。

　　张载说："朋友之际，欲其相下不倦。"[5] 他认为与朋友交往，不为燕安而为辅仁。他观察到人们交友，都希望选择善柔之人，善柔则气合，但与朋友相处，一言不合时，却容易怒气相加，以致朋友离散。看到人们的具体表现，为了解决这一冲突，张载提出于朋友之间宜主于敬。敬则日益亲密、辅仁最速。君子之遇事，无巨细，一于敬而已。孔子批评一些子弟不以礼事师而且不能虚心求学，或

---

① 程颢、程颐：《二程集》，第 182 页。
② 程颢、程颐：《二程集》，第 41 页。
③ 张载：《张载集》，第 271 页。
④ 程颢、程颐：《二程集》，第 23 页。
⑤ 张载：《张载集》，第 268 页。

许只为速成。朋友相下即是虚心求教。学者须先温柔，温柔可以进学，在张载看来，以温柔处朋友，获益更多。

王阳明说："处朋友务相下，则得益，相上则损。"① 王阳明同样认为朋友之间相互谦让，益处较多，互相争上则有损失。他又诫九川："与朋友论学，须委曲谦下，宽以居之。"② 大概九川不易谦让，王阳明才着重告诫吧。这种告诫与明示也表明了社会上不少人存在的一类通病：临事分物我，不肯屈下，"外面事不患不知，只患不见自己"③。为治此心病，委曲谦下是一剂良药。王阳明还指出：知学的人需打破一类病痛，才能做到善与人同。崇一解释说："这病痛只是个好高不能忘己"④。孟源有自大、好名之病，王阳明曾屡次告诫。一天，一位朋友陈述修身功夫，孟源说："此方是寻着源旧时家当。"王阳明警示他："尔病又发！"孟源急忙为自己辩解，王阳明接着说："尔病又发！若不去病根，随居所长，只是滋养得此根。"

程子说"己"为我所有，知得最真切，因而舍己从人最难，即使能忍痛弃舍，"犹惧守己者固而从人者轻也"⑤。因存"己"，便有自私之理。若难以舍己，处朋友则不易相下，程子还进一步指出即便"己"能痛舍，还可能有固守之病。处朋友时诚心谦下、虚心求善，能够治人心疾，也是一门修养工夫。

程颢说："子路亦百世之师"⑥。子路，人告以有过则喜，此时心喜很难得，因而程颢希望学者以子路为师、借他人忠言以修身补过。离别一年后谢良佐与程颐相见，程颐询问他工夫做得如何，谢良佐回答也只去个"矜"字，谢良佐继续说：我感觉内心病痛尽在"矜"字，若去得这个字，才有进处，程颐听后非常赞同。矜有自夸的含义，"自贤曰矜"，自矜是常人的心病，去矜犹如克己，克己才能做到虚心择善。

处朋友时，无论相观还是相下，我们仔细读来，实际上里面都藏有克己工夫，克去自身私欲，便是去人欲，去人欲即是识得天理。人须在事上磨炼，于朋友处见得相观、相下，方知能克己复礼。程颐见人议论前辈短处，曾指导他们

---

① 王阳明原著，施邦曜辑评：《阳明先生集要》，中华书局 2008 年点校本，第 46 页。
② 王阳明：《阳明先生集要》，第 105 页。
③ 程颢、程颐：《二程集》，第 98 页。
④ 王阳明：《传习录》，中州古籍出版社 2008 年版，第 366 页。
⑤ 程颢、程颐：《二程集》，第 108 页。
⑥ 程颢、程颐：《二程集》，第 68 页。

说："汝辈且取他长处。"① 论学取人长处，能显现人们谦下、虚心的态度。持有谦虚的心态与朋友相处才能有益，否则只是固执己见。

在《论语》中，儒者虚心求学的精神并不鲜见，例如孔子称赞孔文子"不耻下问"，曾子赞誉他的朋友"以能问于不能，以多问于寡，有若无，实若虚"。张载说人有物我，不肯屈下，在朋友，则不能下朋友。相观、相下是对儒家恭敬、虚心精神的传承，它是程子、张载等人对生活细致观察、谨慎思考而得出的结论，反映了人能虚心、谦让的美德。处朋友、务相下离不开良好的道德修养。张载说学者处事常责己，"责己者当知无天下国家皆非之理。"② 责己即督责自身，与朋友交往也应遵循此理。

由上述内容来看，朋友以温和相处，我们似乎感觉少了些责善的氛围，难怪后人有时责难宋儒尽是乡愿！乡愿这一评价是否客观呢？答案显然是否定的。实际上，儒家以易为道、讲求时中，若结论与现状相和，药能因病而施，此时的见解便是合理的。由此我们可以将朋友之道的内容归纳得更加详细，责善、近则正之与朋友相观、相下都是处友之道，对常人来讲，相观、相下益处更多。把握朋友之道关键在于人们能合理运用，"时中"则正。

## 二、责友以善

读《传习录》时，我们时常见得王阳明与朋友切切偲偲的场景，一日王阳明询问诸友功夫做得如何，一友说虚名意思，一友述说今昔异同，听后王阳明说，你们一个说光景、一个说效用，不仅不是功夫，反而在"助长外弛病痛"③。为善之心真切，见善即迁、有过即改才是真功夫。看到这处对话时，我们犹如穿越到几百年前的师友之间，在朋友真诚的交流、责善中，学问与见识得以改善，志于道才是朋友相聚、求学的真正缘由。

看《二程集》时，程子有不少对王安石的评论，但程颢与人论王安石之学时说："为我尽达诸介甫，不有益于彼，必有益于我也。"④ 世人往往将别人对自己学问的批评当作对自身的批评，其实没有道理，学问与自身原本就是两回事。程颢从容的气象深得王阳明称赞，他愿天下朋友皆如此。王阳明说求道之人以立志求

---

① 程颢、程颐：《二程集》，第 436 页。
② 陈荣捷：《近思录详注集评》，华东师范大学出版社 2007 年版，第 189 页。
③ 王阳明：《阳明先生集要》，第 74 页。
④ 王阳明：《阳明先生集要》，第 191 页。

学为要紧事，"且论自己是非"。天下有议论我者，若能从中取善，皆是切磋砥砺之言。荀子说："非我而当者，吾师也"，倘世人不在批评之上增加好恶，能从批评中吸取教训，从而立志求学不懈，则师友之道明于天下。朋友讲习的益处在于能常使心有志于道，不为客气、旧习缠绕。客气为血气，生理欲念所发之气，旧习即不良的习行。人若有利欲之心，则与"道"相背离。

责善同样为程子看重，他认为事前讲求适当的责善方法，劝告才能有效。有人曾经问他：与人相处时，如果对方有过失而不告知，则于心不安，告诉他又担心他人并不接受，我该怎样做才好呢？程子说：与人相处而不告知其过失，是你的不忠。"要使诚意之交通在于未言之前，则言出而人信矣。"① 为了克服告人以过的难题，程子提出了以诚待人的解决办法。要想使他人听从建议，我们应以诚感人，得到他人信任后才能做到"言出而人信"，不能打动人，只因未达至诚。

程子指出，责善之道要使"诚有余而言不足"，这样做对人有益，也不会使自身受辱，"'信而后谏'，唯能信便发得人志"②。在传统的责善之道中，程子将至诚作为责善的关键与前提，并辅以"言不足"的表达方式。"言不足"须以智动人，做到"言不足"离不开人们的精心思考，"言不足"三个字显示了古人的谈话艺术，是了不起的中华智慧。"言不足"的妙处在于它能给他人留有自我觉悟的余地，指过的同时能够照顾到对方的心理，不致招致怨恨与灾祸。

程颐言："今责罪官吏，殊无养士君子廉耻之道。必断言徒流杖数，赎之以铜，便非养士君子之意。如古人责其罪，皆不深指斥其恶，如责以不廉，则曰俎豆不修。"③"言不足"的智慧除了用于朋友责善，在其他一些场合也有不俗的发挥。

《白虎通疏证》记有隐恶之义，古人有出妻（出妻即休妻）一事，妻有不善，便当出。读书时，我们也许会心生困惑，对姑（姑为夫之母）叱狗、黎蒸不熟显然是些小事，为何成为出妻的理由？其实对姑叱狗、黎蒸不熟只是托词，并非出妻的真正原因。君子不忍以大恶出其妻，遂以微罪去之，由此可见君子忠厚之义。古人绝交无恶言，去臣无恶声，弃妻令其可嫁，绝友令其可交。对于弃妻、绝友这类事情，自己理直且妻、友知其罪过就可以了，何必使他人尽知实情？而

---

① 程颢、程颐：《二程集》，第 74 页。
② 程颢、程颐：《二程集》，第 147 页。
③ 程颢、程颐：《二程集》，第 112 页。

有识者自然知晓。反之，如果彰显妻、友之不善，自己则是浅丈夫而已。

就人情而论，多数人说话"多欲令彼曲我直"①，"彼曲我直"即对待冲突时，人们常把自己的想法视为正确无误的，而把对方的言行看作不正确的，但君子并不这样做，君子说话有包涵与宽容的意思。班固将绝交不出恶言称为隐恶，他认为朋友、夫妻有相隐之义。在东晋葛洪的书中，我们也能读到朋友互相隐恶的说法，他说君子交绝无恶言，朋友之义有"护其短而引其长，隐其失而宣其德"的内涵。

### 三、朋友"以敬为主"

寻找二程论朋友之道的一些特点，朋友间主敬是其显著特征，但朋友之间主敬已经是"敬"之事了。程颐说君臣朋友，皆当以敬为主，君子淡以成，小人甘以坏。程颐常谈"敬"，"敬"与"致知"是他提倡的工夫纲领。"敬"属于内界工夫，"主一之为敬"②，"主一"是"中"与"内"，"主一"则天理明。不敢欺、不敢慢、不愧屋漏皆属"敬"。

在《论语》中，孔子说晏平仲（晏婴，齐国大夫）善于与人交往，他指出晏婴与人交往的优点在于"久而敬之"③。交友久则敬意衰几乎是每一个人的切身体会。为何久则敬意衰减呢？也许没有了新鲜感，也许交往时间一长，对方的缺点逐渐暴露、优点也不再突出，很难使人产生诚敬之心。晏婴则与俗不同，交往时他能做到"久而敬之"，因此得到了孔子的称赞。仲弓问"仁"时，孔子回答"出门如见大宾，使民如承大祭"④，有此气象之人定能敬人、动容周旋中礼自然，由此可见，擅长与人交往的晏婴，已能行仁。张载也说朋友之间宜主于敬，敬则使人亲密。久而能敬便是天理发见处。

既然"久而敬之"是孔子称赞的美德，那么与人交往时如何保持诚敬之心呢？程颐说："涵养吾一。"⑤周敦颐说"一"是学之要，"一者，无欲也"⑥。"不可以己待物"⑦，涵养日久则存得天理，有诸中便形诸外，与人交往时自然有诚敬的

---

① 程颢、程颐：《二程集》，第 243 页。
② 程颢、程颐：《二程集》，第 1173 页。
③ 程树德：《论语集释》，第 327 页。
④ 程树德：《论语集释》，第 824 页。
⑤ 程颢、程颐：《二程集》，第 143 页。
⑥ 陈荣捷：《近思录详注集评》，华东师范大学出版社 2007 年版，第 140 页。
⑦ 程颢、程颐：《二程集》，第 165 页。

气象。程颢说人道只在忠信，"诚者天之道，敬者人事之本。"① 程颐说："出门如见大宾，使民如承大祭"属"敬"，"敬"是不私。不敬时，私欲万端便害于仁。"俨然正其衣冠，尊其瞻视"②，其中也有个"敬"。

此时需要指出的是，在程颢、程颐的思想中"敬"主要强调的是工夫，它与《论语》、张载提到的"敬"存在差异，因而具体到接人处事时，他们常说"恭"字。"敬是持己，恭是接人"③，与人恭而有礼，交往时循理自当如此。陈淳在《北溪字义》中说："恭就貌上说，敬就心上说。恭主容，敬主事。"④ 与人交往瞻视时，亦需节制。"己之敬傲必见于视。"⑤ 柔心才能视下，言听才会诚敬、信实。对于"久而敬之"，孔子称赞的是晏婴久而不失诚敬的美德，而实际上多数人时间一久待人之敬意便衰减。

记得一首诗写道"久别故人疏"，故人可以是曾经的玩伴或朋友，但随着时间与空间的改变，很多故人容易疏远。原壤是孔子的故人，他的母亲去世后，孔子帮助他修整棺椁。没想到原壤竟登上椁木唱起歌来，孔子假装没有听见。跟随孔子的人说：原壤实在无礼，难道您不可以与他绝交吗？孔子说，我曾经听到过这样一句话："亲者毋失其为亲也，故者毋失其为故也。"孔子并没有因原壤无礼而与之绝交。从这个小故事中，我们认识到的是先贤不忘昔日友情。或许小时候的玩伴还未定性，受到成长环境的影响，性格、见识会变化很大；也许以前曾是好友，现在却很难成为志同道合的朋友。志向一旦不同，就要绝交吗？儒家的传统文化还告诉我们：应不忘旧时友情。孔子与原壤的故事还使人联想起四个字："朋友有旧"，"朋友有旧"见于《白虎通义》，"朋友有旧"与"故者毋失其为故"表达的含义近似。就此，笔者不得不提出一个问题，"朋友有旧"与绝交之说冲突吗？实际上，二者并不矛盾。在《礼记》中，"朋友有旧"是就大处说，它也是民众的礼仪规范，而志趣不同则分手避让属于儒者的言行，它们分别针对不同的人群。若进一步分析，则须遵照朱熹的说法，何时"疏之以渐"，何时绝交，应合理把握时机与分寸。

慎重择友几乎是历代儒者的交友共识，而二程"以气动气"的解释为"慎交

① 程颢、程颐：《二程集》，第 127 页。
② 程颢、程颐：《二程集》，第 185 页。
③ 程颢、程颐：《二程集》，第 184 页。
④ 陈淳：《北溪字义》，中华书局 1983 年点校本，第 36 页。
⑤ 张载：《张载集》，第 268 页。

结"之说提供了崭新的内容。另外，"朋友相观"与"处朋友，务相下"是宋明时期的儒者对交友的普遍认识，也是这一时期交友思想的显著特征，它反映了儒者虚心克己的修养要求。

### 四、君臣"同治天下"

（一）君臣因民而设

阅读有关资料后，我们不难发现二程的君臣观念十分接近孟子等先秦儒者的思想主张"友，君臣之道"。近千年后，儒家君臣思想如此一贯，并得以发展、延续，可以称得上是中国思想史上特有的文化现象。空闲时曾想起这样一个问题：在儒家思想中为什么君臣关系总被反复提起并加以论述呢？看过程颢、黄宗羲、谭嗣同等人的著作后，笔者似乎找到了解答。

程颐的一段论述可以作为历代君臣思想的代表，他说："为人臣者，居其位，食其禄，必思何所得爵禄来处，乃得于君也。必思所以报其君，凡勤勤尽忠者，为报君也。如人主所以有崇高之位者，盖得之于天，与天下之人共戴也，必思所以报民。古之人君视民如伤，若保赤子，皆是报民也。"[1] 这段论述将天、民、君、臣四者紧密联系在一起，由此看来，君哪是至上，臣又何止为君尽义，天、民犹在！君道本于天、民，这是儒家的思想传统。程颐论君道不离天道，还反映了他天人无间的思想，天人本无二，不必言合。王者体天之道，亦与民同道，不能独私一人，当与天下大同，与天下大同，则万国咸宁。程颐说："民以为王，则谓之天王天子；民不以为王，则独夫而已矣。"[2]

孟子称"民为贵，社稷次之，君为轻"，说的也是同样的道理。而君臣之道关系黎民百姓，能不重要？儒家反复论述君臣之道，用意正在于忧怀天下，为生民立命。董仲舒说："天之生民，非为王也；而天立王，以为民也。故其德足以安乐民者，天与之；其恶足以贼害民者，天夺之。"[3] 在董仲舒看来，王因民而设，德不能安民而恶足以害民，则天可夺之。汉代谷永说得更是透彻："方制海内非为天子，列土封疆非为诸侯。皆以为民也。垂三统，列三正，去无道，开有德，不私一姓，明天下乃天下之天下"[4]。徐复观先生说："儒家对我们民族最大的贡

---

① 程颢、程颐：《二程集》，第264页。
② 程颢、程颐：《二程集》，第273页。
③ 曾振宇、傅永聚注：《春秋繁露新注》，商务印书馆2010年版，第158页。
④ 班固：《汉书》，中华书局1962年版，第3466—3467页。

献之一，是在二千年以前即明白指出政治乃至人君是人民的工具，是为人民而存在……人君要以人民的好恶为好恶，而不是人民以人君的好恶为好恶"①。程颐曾问韩持国："为何在市中聚浮图？"韩持国答道：为民祈福，程颐说："福斯民者，不在公乎？"② 在程颐看来，为百姓谋福不在于浮图，而在于官员诚意为民。

春秋时期就存在忠民、利民的思想，《左传》记载"所谓道，忠于民而信于神也。上思利民，忠也"③，童书业先生指出"'忠'之道德最原始之义似为尽力公家之事"④，为公即利民。文公闰月不告朔为非礼，《左传》指出："不告闰朔，弃时政也，何以为民？"⑤ 闰以正时，时以作事，事以厚生，生民之道存于礼中，文公不厚生，不为百姓谋福，于是遭到指责。宣公二年，鉏麑奉晋灵公之命谋杀赵盾，但当他看到赵盾上朝前身着盛服、坐而假寐的威仪时，立即放弃了刺杀的行动，鉏麑感叹道：此人不忘恭敬，实为百姓之主。贼民之主为不忠，弃君之命为不信。在不忠、不信之间取舍，我宁愿死去，最终鉏麑触槐而死。从上面的史实来看，贼民之主为不忠，那么诚心为民可称得上"忠"。

程颐生病时，有医师寄来药方，程颐因此事赋诗说："至诚通化药通神，远寄衰翁济病身。我亦有丹君信否？用时还解寿斯民。"⑥ 这首诗既表达了谢意，又反映了程颐学道的志向："寿斯民"。"寿斯民"即心怀天下百姓，孔子的志向不正是如此吗？子曰"老者安之，朋友信之，少者怀之"，此志即圣人之事。圣人心尽天地万物之理，孔子言安之，信之，怀之，正是天理一事。程颐的君臣思想是建立在忠民、利民的基础之上的。

春秋战国时，君臣关系与朋友有近似处，如事范、中行氏时，豫让说"众人遇我，我故众人报之"，而事智伯时，豫让说"国士遇我，我故国士报之"。在某些时候，君臣接近于朋友。"事君数，斯辱矣；朋友数，斯疏矣"，大臣以道事君，不可则止。子贡问友，孔子也说："不可则止，毋自辱"。孟子说天生斯民，使先知觉后知、先觉觉后觉，"予天民之先觉者也，予将以斯道觉斯民也。"孟子描绘的伊尹的抱负寄托了古代中国优秀士大夫阶层的心声，他们出仕为臣并不是为了一姓之天下，而是为公、为民，志在于道。

---

① 徐复观：《学术与政治之间》，九州出版社 2014 年版，第 313 页。
② 程颢、程颐：《二程集》，第 270 页。
③ 杨伯峻：《春秋左传注》，第 111 页。
④ 童书业：《春秋左传研究》，第 243 页。
⑤ 杨伯峻：《春秋左传注》，第 554 页。
⑥ 程颢、程颐：《二程集》，第 239 页。

（二）君臣有序

读《孟子》一书，除了分析孟子的言语，我们也应注意到他的行为，因为行为本身直接反映了孟子是如何遵礼的，他的言行举止能够让我们更加清楚地了解到当时礼仪的具体内容。孟子离开齐国时，宿于昼，这是一种礼，表明孟子仍然期待齐王改变想法，任用他以安齐国及天下百姓，"岂徒齐民安，天下之民举安"①，宿于昼可见孟子的迟迟顾恋之心。

二程分析《考槃》一诗说："贤者退而穷处，心不忘君，怨慕之深者也"。若理解为君不用其才，则士人内心躁忿，便永誓不复告君、不复见君，岂是"思无邪"？二程说："君臣犹父子，安得不怨？"② 诗人癙癙弗忘，"永矢弗过"、"永矢弗告"，更能够反映诗人怨慕之至诚。与孟子相仿，诗人怨慕至深同样是一片顾恋之心。从这首诗的分析可以看出二程继承了郭店楚简的思想，他们视君臣如父子，郭店楚简曾称："君犹父也，其弗恶也，犹三军之旌也，正也。"

程子批评当时一些士人，在朝者不能言，退者遂忘之，又不肯言。他说："君臣、父子也，父子之义不可绝。岂有身为侍从，尚食其禄，视其危亡，曾不论列，君臣之义，固如此乎？"③ 在君主无"大横见加"的前提下，程子始终坚持君臣之义。人臣食其禄，危亡之际却不进谏，这种做法有失为臣之道。

二程的君臣思想建立在保民的基础之上，关于君臣之义只有在这个前提下讨论才有意义。君臣之义不仅可谈，而且必谈，谈论的原因就在于从大纲来论它是成立的，只是不能绝对化。什么是大纲呢？就天、地、人来讲，我们必须承认世间存在一定的秩序，张载说："天之生物也有序，物之既形也有秩。知序然后经正，知秩然后礼行。"④

具体说来，我们熟知的人际关系是有秩序的，例如父子、兄弟、长幼、夫妇、君臣，针对天序、物秩，圣人制礼使天下人遵守大纲，大纲即是现实的规律，也是天道。子弟幼年时不修礼义、不知孝悌，从小娇纵坏了，成人后更难管教。为子弟时，"于其亲已有物我，不肯屈下"⑤，难以体仁、为仁，此病根一种，若不痛定思痛，便会跟随人的一生、直至死亡。这样的人"为子弟则不能安洒扫

---

① 焦循：《孟子正义》，第 307 页。
② 程颢、程颐：《二程集》，第 41 页。
③ 程颢、程颐：《二程集》，第 43 页。
④ 张载：《张载集》，第 19 页。
⑤ 张载：《张载集》，第 281 页。

应对，在朋友则不能下朋友，有官长不能下官长。为宰相不能下天下之贤"①，心中徇私意，则义理全失，"人而无礼，胡不遄死！"② 礼一失而为夷狄，再失则为禽兽。圣人恐人入于禽兽，故春秋之法谨严。

再举一个众所周知的事例，程子曾说饿死事小，失节事大。这句言论也是就大纲来说，我们不能把它绝对化。择妇要以德配身，择媵妇岂能配身？程子对这句话也做了解释，他说后人只是担心媵妇饿死，饿死一事具有特殊性，只能随事而论，而以德配身却有普遍性，不可不讲。谭嗣同说："宋儒炀之，妄为'饿死事小，失节事大'之瞽说"③，乃是对二程学说的偏见。我们常说凡事从大处着眼、注意普遍规律，便是指的大纲。再如人性论，为何孟子的性善论受到多数思想家的认可，而荀子的性恶论却备受诋斥呢？其实孟子等多数思想家并非不清楚历史上曾经发生了什么，与荀子一样，他们面临的几乎是共同的人情、事势。孟子以性善立论，因为他看到了人的美德，他希望人类以心为善，存心养性、收其放心。宋儒也是期待人们能重返天地之性，实现人心可臻完美的道德。通过他们自身的穷理、存养，宋儒告诉我们追求自我完善的努力是有效的，而且人们能从中体验到喜悦与快乐。性善论着眼于大纲，它也遵循了人性教育的合理规律。多数思想家希望人心以善为本，而不是认恶为本，性善、性恶，何者更有益于人生？恐怕不言而喻。

举"利"字而言，天下只是一个利，只在人如何用得得当，孟子未尝不清楚"善"也是利，因后人趋利便有弊，于是孟子拔本塞源，不愿言利。不肯言利也是就大处说。"圣人于道，防其始，不得不如是之严。如此而防，犹有流者。"④ 父子、君臣是天下之达道，性善则是立人性之源，源清，流可能不清，何况源浊？学道之途，差之毫厘，谬以千里。正本清源，天下不免争乱，若不立本源，后世人的生活更不堪想象！

对待圣贤言论，若以静止的方法分析，虽然力求客观，必不得其解。若以发展的观点，即以"易"辨析，便容易理解了。圣贤除了求道，还有为后世立教的情怀。如何立教才能顺天承命、功披天下，经过慎重的思考，他们讲中庸、说仁义、立性善。圣人理事，"虑之以大，爱之以敬，行之以礼，修之以孝养，纪之

---

① 张载：《张载集》，第 287 页。
② 方玉润：《诗经原始》，第 167 页。
③ 汤仁泽编：《谭嗣同卷》，中国人民大学出版社 2015 年版，第 47 页。
④ 程颢、程颐：《二程集》，第 157 页。

以义，终之以仁"①，在传统文化的研究中，我们要注意"虑之以大"。例如墨子本为学仁，杨朱本是学义，若学者稍偏，其流遂至于无父无君。仔细阅读墨子与杨朱的言论，墨子论尚同、兼爱，不至于视邻之子犹兄之子；杨朱谈为己，不至于无父无君，但其流必至于此。因其流有害，孟子为正其本，直接指其流弊。伯夷是圣人极清处，柳下惠为圣人极和处，圣人则兼之而时出之。清、和不至于偏，但其流也是有害的。"智者乐水，仁者乐山"②，仁者乐在有所止，智者则乐在时中。

（三）君臣各"止其分"

在分析二程君臣思想之前，我们需要知晓二程保民的思想，即君臣合力为天下之天下、非为一姓之天下的思想。在这个前提下，二程尤其重视君臣之义。他们认为君臣各有其职责，"为君尽君道，为臣尽臣道，过此则无理。"③ 父子君臣，为天下之定理，他们期望君臣皆能安得天分、不有私心，"有分毫私，便不是王者事。"④ 何谓王者事呢，王事即"保民而王"⑤。但不知为何，徐复观先生说："儒家'三纲'之说，将儒家对等之伦理主义改变而为绝对之伦理主义"⑥。儒家以易为道，讲求时中，何时绝对过？很多时候学术会成为理想，但道不行于世并不代表道是错误的。随着时代的发展，也许有某种学说更适用于发展中的社会现状，但不能否定先贤当时的悟道是没有意义的。程颐说"有物必有则，父止于慈，子止于孝，君止于仁，臣止于敬"⑦。父慈子孝、君仁臣敬，自孔子至宋代程颐，早期儒家对等的伦理规范显然得到了继承与发展。

《程氏易传》是一本以"易"参悟天下达道的经典，这本书凝聚了伊川先生读史悟道的体会，里面记录了许多有关君臣、朋友等各类人群相处的规范与禁忌，《程氏易传》对于后世有着极为重要的价值。余英时先生评价此书说，《程氏易传》"表达的是程颐本人对于政治、文化秩序的基本观点，与《易》的原始文本可以分开。他的终极关怀在秩序重建，此书便是最有力的见证"⑧。同时《程氏

---

① 孙希旦：《礼记集解》，中华书局 1989 年点校本，第 579 页。
② 程树德：《论语集释》，第 408 页。
③ 程颢、程颐：《二程集》，第 77 页。
④ 程颢、程颐：《二程集》，第 77 页。
⑤ 程颢、程颐：《二程集》，第 98 页。
⑥ 徐复观：《学术与政治之间》，第 366 页。
⑦ 程颢、程颐：《二程集》，第 968 页。
⑧ ［美］余英时：《宋明理学与政治文化》，吉林出版集团有限责任公司 2008 年版，第 137 页。

易传》也表达了程颐以天道悟人道、天人无间断的思想。

在君臣之义下，我们注意到君臣之间是有秩序的，父子、长幼等人际关系也是有序的。既然君臣有序，这个秩序便被解说为君尊臣卑，在这里，卑不是一个贬义词，而是与尊相对，如同天尊地卑。难得《二程集》中有《君臣篇》，我们可以从中寻觅其君臣思想的概貌，接下来我们分别分析一下君道与臣道。

程颢说王者奉天道，尽天道则为王道。"毋不敬，俨若思，安定辞，安民哉"① 指的是君德与君道，君德即天德，君道即天道。"毋不敬"的心态，可以对越上帝，安民为君德、君道的重要内容。程颐解释"克明峻德"说：帝王之道"以择任贤俊为本，得人而后与之同治天下"②，《易传》中君臣"共成其功"或"共成天下之事"也有此意。君臣同治天下即君臣皆以治天下为职，君臣要诚敬爱民，"若使爱敬其民如其赤子，何错缪之有？"③ 诚心求之，即使不中亦不远。

程颢为官时，坐处皆书"视民如伤"，他时常说：颢常愧此四字。"视民如伤"是儒者爱护百姓、以民为重的情感写照，《左传·哀公元年》记载"国之兴也，视民如伤，是其福也"④。孟子称赞文王时说："文王视民如伤"⑤。刘安礼曾就临民一事问明道先生，明道先生回答说"使民各得输其情"⑥。程颢说圣人如天地、以各类人群的安适为己任，其志为"老者安之，朋友信之，少者怀之"。程颢曾说仁者浑然与物同体，子路的志向是车马轻裘"与朋友共敝之而无憾"，颜渊"无伐善，无施劳"，孔子则愿"少者安之，朋友信之，少者怀之"，三人心意相同，"皆与物共者也"⑦。

程颐将臣与君的关系比作子与父，他说臣之所以能建功立业，依靠的是君的势位与人民对君的拥戴，人臣不可恃功自傲。在他看来，唐太宗辅佐其父平天下，论功业也只是一名功臣，岂可夺太子之位？唐代纪纲，自太宗乱，因而"终唐之世无三纲"。程颐认为人臣"事君若周公可也"⑧。周公建功立业，皆属人臣当为，周公也只是尽了人臣职责而已。作为人臣，须自知其不足，而不应自视有

---

① 程颢、程颐：《二程集》，第 117 页。
② 程颢、程颐：《二程集》，第 1035 页。
③ 程颢、程颐：《二程集》，第 16 页。
④ 杨伯峻：《春秋左传注》，第 1607 页。
⑤ 焦循：《孟子正义》，第 570 页。
⑥ 陈荣捷：《近思录详注集评》，第 270 页。
⑦ 程颢、程颐：《二程集》，第 21 页。
⑧ 程颢、程颐：《二程集》，第 71 页。

余。赐天子礼乐以祀周公，不合道义。人臣用天子礼乐，乱周公之法。君子言学以道为志，言人则以圣为志。君子为臣，当"引其君于道，志于仁而后已。"① 为臣当升君于道、升贤于朝，己则止其分而升其德。

在程子看来，君、臣应不设私意，皆以天下为公，且君臣各止其分。程颐在易传中说："万物庶事莫不各有其所，得其所则安，失其所则悖。"② 君臣各有其职，思不出其位，能知止而行，君止于仁，臣止于敬，则天下可顺治。君临天下，当显明天下之道，发政施仁、诚意待物、泽被四海，不可显其小惠，欲致天下亲己。臣则竭其忠诚、尽其才力，不可阿谀奉迎以求君主厚己。臣尽其诚，用否在君，朋友相处也是如此，诚意待友，疏戚在人，不可巧言令色以求与己亲密。君臣、朋友倘能克己私欲、心中存诚，则义理常存，"义理客气，相为消长者也。以其消长多寡，而君子小人之分"③。

君臣同治天下，"友"则为君臣之道。程颐在"九二，见龙在田，利见大人"处指出："利见大德之君，以行其道。君亦利见大德之臣，以共成其功。"④ 君臣共成天下之事，非相友不可。程颐对张良评价较高，他说张良是一个儒者，进退之间极有道理。众人皆知汉高祖能用张良，却不知事实上是张良能用高祖。张良计谋不妄发、发必中。如后来立太子事，能使高祖必从，使之左便左，使之右便右。观张良之心，只是为天下。在对张良的评价中，我们可以体会到程颐对"君臣相友"的看法。君子有为于天下，惟义而已，不可则止，无苟为，亦无必为。君臣、朋友以理相合，其合不正，久则疏离。

在事君的具体行为上，程子提出了一些建议，如止君恶当于其微。事君须就君主开明处因势利导，忠信善道事其君"必达其所蔽，而因其所明，乃能入"⑤。若以理示君，人君不听，臣须就他开纳处进言。汉高祖欲废太子，叔孙通进言嫡庶之分，汉高祖不肯听。张良知道汉高祖一向敬重四皓，于是使四皓奉事太子，而汉高祖知人心归于太子后，便放弃了废太子之意。左师触龙说服赵王太后，亦与上述事例相类。

综上所述，程颢、程颐的君臣思想主要表现在三个方面，第一，君臣与民同

① 程颢、程颐：《二程集》，第 72 页。
② 程颢、程颐：《二程集》，第 968 页。
③ 程颢、程颐：《二程集》，第 1255 页。
④ 程颢、程颐：《二程集》，第 696 页。
⑤ 程颢、程颐：《二程集》，第 1243 页。

道，君应视民如伤、若保赤子，君臣合力为天下。第二，在主张政治平等的同时，程子还提倡君臣有序。第三，在以民为本的认知前提下，君臣要各止其分，"为君尽君道，为臣尽臣道，过此则无理。"君臣同治天下，"友"同样为君臣之道，张良出仕为天下，进退之间极有道理。君臣共成天下之事，非相友不可。

## 第二节　朱熹："朋友之于人伦所关至重"

朱熹对友道的重要性有明确的认识，朱熹认为"朋友之于人伦所关至重"，朱熹说："朋友乃彝伦之一，今人不知有朋友之义者，只缘但知有四个要紧，而不知朋友亦不可阙。"①

### 一、"朋友有信"

朱熹认为事兄、处友等事属于"小学"，"小学"是教人依规矩做事，他将"君臣有义""长幼有序""朋友有信"作为教人的"定本"之一。朱熹希望朋友以立志为先，学者定要立志，才学，便要做圣人，只有立志，才可能"去世俗之陋者"。

朋友是天然存在的。人之一身推之于家，便有父子、夫妇、兄弟；推之天地，便有君臣、朋友，千秋万代不待后人安排。一身之中，里面有五脏六腑，外面有耳目、口鼻、四肢，人人皆有，兄弟、朋友、君臣，也是人人需要面对的。至于物，有大小，便有兄弟，同类中各有群众，便有朋友。圣贤抚临万物，知晓天地生生之意，各遂其性而因势利导，使万物各得其所，处理朋友关系时，则以"信"相维系。

孔子谈到自己的志向时说，愿"朋友信之"，可见"信"在朋友交往中非常重要。曾子也特别看重"信"的修养，把它作为每日克己省察的内容之一。他说："吾日三省吾身：为人谋而不忠乎？与朋友交而不信乎？传不习乎？"②"信"是交友的原则。"信"字在《论语》中出现了38次，"信"即守信，说出的话真实无妄，能够做到人己不欺，言行一致。

朱熹告诫我们，交朋友，贵乎信。朋友之间没有任何强制性的权利和义务，

---

①　黎靖德编：《朱子语类》，第234页。
②　程树德：《论语集释》，第18页。

只能靠"信"来维系。朱熹经常提到"曾子三省"，他把"与人交，不信乎"作为每天自省的内容之一，可见信之重要。朱熹把"仁、敬、孝、慈、信"作为调整君臣、父子、朋友关系的道德准则，他认为这些道德是人心天命自然产生的，并不是人为的。"信"是不变的定理，朱熹将"朋友有信"提升到了天命、定理的高度。"与国人交，则其所当止者在于信，是皆天理人伦之极致，发于人心之不容己者。"[1] 在这句话里，朱熹认为"信"出于人的内心，是天理人伦的极致。

朱熹没有停留在"朋友有信"的认知上，他认为虽然人们能认识到"朋友有信"，但须去"致极其知"、讲求工夫，以实现自浅以至深、由近及远的致知。至善是"明德中有此极至处"，例如与国人交止于信，是"在止于至善"。如何止于敬，如何与国人交之信，这里便有一个下功夫处。"信"的道理是天所予人者，但其节目，须讲学以明之，方知圣贤下功夫处。由已知之理而穷之，以求"至乎其极"。圣人欲使人们入于圣贤之域，若心中道理明，事兄之"弟"，交友之"信"为自然之事。

人与人同类相从，"自天子至于庶人，未有不须友以成"[2] 是讲朋友功效。在与朋友交往方面，朱熹提出了很好的建议。与朋友交往中，有时我们会慢慢发现眼前的朋友并不是志同道合之人，知其不善后，若断绝朋友关系，则伤恩；不与他断绝，又似"匿怨而友其人"。朱熹说此类情状并非匿怨，心有怨而与之交往，才是匿怨。若发现朋友不善，在情意上应当疏远，但要注意"疏之以渐"[3]。如果没有发生严重的事情，不必"峻绝之"，"亲者毋失其为亲，故者毋失其为故"。朋友以钱相授，若不害道理可以接受，朋友之间应以"道"交往，以礼接应，若委托不法之事，并以钱馈赠，可断然不受！

## 二、"习"与"察"的功夫

朱熹认为学问中工夫应依靠自身，"自勉之于中"，师友的作用为"示之于始而正之于终"，师友只是发明道理，人们自身须躬身实践。《学而》篇也是先讲自修，而后亲师友。谈到"师"时，朱熹说师与朋友同类，而势分等于君父，"师"与朋友之义相同，而地位与君父类似。朋友多而师少，因此常以朋友称师友。

在事兄、交友方面，朱熹提出"习"与"察"的方法，"察"字较轻。"习"

---

① 朱熹著，郭齐、尹波点校：《朱熹集》卷十五，四川教育出版社 1996 年版，第 587 页。
② 王先谦：《诗三家义集疏》，第 569 页。
③ 黎靖德编：《朱子语类》，第 234 页。

是指功夫，"察"则指知识处。"克己复礼"属于"习"的范畴，"视听言动"是"习"的内容，"察"是"识其所以然"。"习"与"察"并举，事兄、交友既知如何做，又"识其所以然"。

人不能没有朋友，但学者须要"穷格得尽"，处朋友，则当尽其"信"。处朋友应就切近处逐一理会，格物莫若察之于自身。"君子之道四，丘未能一焉：所求乎子，以事父未能也；所求乎臣，以事君未能也；所求乎弟，以事兄未能也；所求乎朋友，先施之未能也。"①处朋友时，需自身先做到对朋友友善、施恩惠于对方，而不能仅对朋友提出过高的要求。

朱熹还认为"敬"是事兄、交友的立脚处，持"敬"不间断在于自省，敬有不放肆的含义。为人，既要重视事兄、交友的具体做法，又要随时省察与存养。

冯友兰指出："传统的五种社会关系：君臣、父子、兄弟、夫妇、朋友，其中有三种是家族关系。其余两种，虽然不是家族关系，也可以按照家族来理解。君臣关系可以按照父子关系来理解，朋友关系可以按照兄弟关系来理解。在通常人们也真地是这样来理解的。"②但在理论上，朋友伦理融入家族伦理的进程几乎止步不前，相比较其他几伦，朋友一伦仍属社会伦理，是五伦中较为特殊的一类社会关系。《性理会通·人伦》："必欲君臣、父子、兄弟、夫妇之间，交尽其道而无悖焉，非有朋友以责其善、辅其仁，其孰能使之然哉！故朋友之于人伦，其势若轻而所系为甚重，其分若疏而所关为至亲，其名若小而所职为甚大。此古之圣人修道立教所以必重于此，而不敢忽焉者也。"朋友关系势轻、分疏、名小，看起来无足轻重，但实际上对人的一生关系重大。

朱熹交友较广，他与陈亮、叶适、辛弃疾、吕祖谦、张栻等人的交往更是传为一代佳话。朱熹是陈亮的辩友，他们虽在学术上有重大争论，但彼此间仍保持良好的友谊，这是因为"责善，朋友之道也"。真正的朋友在治学等方面是可以相互批评的，并不会因此疏远彼此的友情。陈亮十分佩服朱熹的人品，称他为"人中之龙"，朱熹则赞陈亮"志大宇宙，勇迈终古"。当陈、朱两人共同的朋友吕祖谦去世时，他们第一次相遇。葬礼后的几个月朱熹顺路到永康拜访了陈亮，后来陈亮也回访了朱熹。之后两人书信往来频繁，讨论有关学术、土地、旱灾、地方官员等问题。每逢朱熹生辰，陈亮都要派人致寿词、送礼品。

① 朱熹：《四书章句集注》，中华书局 2012 年版，第 23 页。
② 冯友兰：《中国哲学简史》，北京大学出版社 1985 年版，第 24 页。

朱熹和叶适在学术上也有分歧，但他们也是很好的朋友。朱熹被委任临安兵部郎官时，因脚有疾病没能按时上任，林栗当时官居兵部侍郎，就以势压人，用怠慢君命的理由参劾朱熹，并说朱熹"本无学术"，要求罢免他的一切职务。在朝臣普遍沉默的时候，叶适挺身而出，向孝宗指出林栗以权力来压制学术的恶劣行径。经过审查，林栗的参劾被驳回，叶适的及时相助使朱熹摆脱了困境，这正是朋友"共患难而相救"。

朱熹在学习和生活上曾得益于父亲好友的帮助，"武夷三先生"胡宪、刘勉之、刘子翚，还有延平李侗既是他父亲朱松生前的好友，又是朱熹的老师。张敦颐是朱家在徽州婺源的老乡，也是朱松的好友。朱松初为尚书郎兼史事，高宗初年因反对秦桧与金国议和被贬。后来他出任南剑州尤溪（今属福建省三明市）县尉。因家庭贫困，入闽之前朱松不得已将祖宗所传百亩田地卖掉以充路费。张敦颐得知后，替朱松把田赎了回来。朱松去世后，张敦颐写信安慰朱熹，并将田还给了朱家。朱熹二十一岁时，回婺源扫墓，张敦颐将此田历年所收的田租也一并送给了朱熹。朱熹扫墓、祭祀的全部费用，都是用这笔田租支付的。这件事给朱熹留下了很深的印象，他经常向弟子提起张敦颐对自己的恩情。

### 三、慎重择友

"取友善人，不可不慎，是德之基"[①]。荀子认为君主选择臣属和普通人选择朋友要以道为原则，应十分慎重，这是因为选臣、取友是成就德行的基础，如果与小人相处，则有损道德，"君人者不可以不慎取臣，匹夫不可以不慎取友。"君子与贤能的人交往，才能显扬善的德行。即使一个人"性质美而心辩知"，也需要"求贤师而事之，择良友而友之"。得到贤师，所闻皆尧舜禹汤之道；得遇良友，所见皆忠信敬让之行。与良师益友相处，则日进于仁义；与不善之人交往，所闻皆欺诬诈伪、所见皆污漫淫邪贪利之行，则日陷于刑戮。

朱熹认为交结朋友，尤其应当注意慎重地选择。虽然是同学，也不能不分辨亲疏，这时就要请教老师，虚心听取他的教诲。大凡诚朴宽厚、忠诚、讲信用，能够指出自己过错的人，是有益的朋友；惯于逢迎巴结、轻佻浮薄、对人傲慢、行为放荡、教唆人干坏事的人，是对自己有害的朋友。用此标准去看待人，自己也可看清五七分，再向老师请教，加以审查，那就百无一失了。担心志向情

---

① 王先谦：《荀子集解》，第 607 页。

趣卑下平庸，不能严格要求自己，不能虚心接受别人的正确意见，这样，对益友虽然不想疏远而客观上却自然而然地疏远了；对损友虽然不想亲近却自然而然地亲近了。这就需要严加检查和约束，纠正自己的缺点，切不可让自身逐步染上这些坏习气，而使自己走进小人的圈子里，虽有贤良的师长，也不能改变自己的处境。见到人家有良言美行，要以敬慕的心情把它记录下来，看到胜过自己的好文章，就借来熟读，或者抄录下来进行探讨，一直到向他看齐为止。不论老少，有优点就主动学习。在朱熹看来，交友必须慎之又慎，应亲近"益友"，远离"损友"。"敦厚忠信"、相互责善是"益友"的特征，"诌谀轻薄、傲慢亵狎、导人为恶"是"损友"的表现，他特别指出了老师的指导作用。在交友上，朱熹较重视"善"的内容，他认为自身的"克己从善"是广交益友的基础，取友之"善"是交友的目标，见善则"思与之齐"，将"善"作为学习和效仿的标准。"见贤思齐焉，见不贤而内自省也""见善如不及，见不善如探汤"，都是虚心向他人学习的表现。王阳明说："今日致知之学，更无可疑。但这件工夫，固宜自力，还须常亲师友"。良友间的劝诫、砥砺可以促使良知显现，从而避免了志向偏离正道、渐入颓靡的境地。王阳明给宗贤写信时说，人在仕途，比退处山林的时候，要困难十倍；如果没有品性端正的朋友时时加以劝诫，那么平日所怀志向，没有人不悄悄地改变，直至接近颓废的境地。在王阳明看来，"温恭直谅、孝友谦和"是"良士"的品德，"狂噪惰慢"则为"凶人"的特质。"良士"能规劝彼此的过失，增益朋友的美德，"凶人"却以"骄奢淫荡之事""贪财黩货之谋"使朋友陷于不仁不义的境地。他希望温和恭敬、刚直、能体谅人的朋友讲习学问、谈论大道，不时教诲孝敬、友善、谦逊、平和的品行，在德性、事业上相互鼓励，有过失则互相劝诫。

在朱熹的相关论述中，我们可以读到他对"朋友有信"的深刻见解。"信行于朋友，皆不易之定理"，在认知"信"的基础上，朱熹进一步提出"致极其知"、讲求工夫，将"察"与"习"紧密结合，并强调了"习"的重要性。"习"是指工夫，"克己复礼"属于"习"的范畴，"视听言动"也是"习"的内容。"信"的道理是天所予人者，"信"的条目则须讲学以明，由已知之理而不断探索，以求"至乎其极"。另外，儒家学者对于朋友的见解，较为集中的内容在于交友对象的品质。"直""谅""多闻"是益友的标准，也是有德之人的品格。古人之所以重视交友对象的品质，是因为良师益友能够辅仁、成就仁德。

郭店楚简提到"友，君臣之道"，"友，君臣之道"的"友"与"友行，以尊贤良"中"友"的含义并不十分相同，因此，君臣相友便含有两个方面的内容：一是君臣相互辅助以志于道，二是敬贤使能，合而言之为尊贤重道。君臣之间是有秩序的，父子、长幼等人际关系也是有序的，在主张政治平等的同时，程子还提倡君臣有序。朱熹也指出君臣有序的重要性，他说君臣之际，权不可略重，才重则无君，圣人重君，常常小心谨慎。

## 第三节　陈淳："以实而与朋友交"

《北溪字义》与《严陵讲义》是陈淳的重要著作，在《北溪字义》中，陈淳以哲学基本范畴及其关系为线索，详细而清晰地阐述了他对理学概念的深刻见解。陈淳认为"悌"与"友"存在于万善之中。陈淳认为"性"中大概只有仁义礼智四者，仁义礼智为万善之总括，万善由四者而生，"弟"便在万善之中。他指出"弟"是"仁之实"，在从兄处方称之曰"弟"。

### 一、"忠信"

陈淳这样解释一贯，"一只是这个道理全体浑沦一大本处。贯是这一理流出去，贯穿乎万事万物之间"①，大本见于用，"在君臣则为义，在父子则为仁，在兄弟则为友，在夫妇则为别，在朋友则为信。"② 君臣、父子、夫妇、兄弟、朋友等类都有实理在内。例如孩提之童，无不知爱亲敬兄，都是这实理发见出来，乃良知良能，"信"是大本在朋友间的体现。

陈淳说"忠信是就人用工夫上立字"③，由此可见，"忠信"适用的范围比较广泛，从兄与交友也离不开"忠信"二字。

在陈淳看来，"忠"不只适用于事君，尽己时"无一毫不尽方是忠"。"忠信"之"信"针对于言语与做事，言语时，说话依据实物，"无便曰无，有便曰有"④，以无为有，以有为无，便是不实。

"忠"与"信"联系紧密，由内心发出，"无一不尽是忠"，发出后，皆循物之实为"信"，是便曰是，非便曰非。对比忠与信，忠是天道，信是人道。陈淳

---

① 陈淳：《北溪字义》，第 31 页。
② 陈淳：《北溪字义》，第 31 页。
③ 陈淳：《北溪字义》，第 26 页。
④ 陈淳：《北溪字义》，第 27 页。

指出与朋友交之"信",是"以实而与朋友交"。程子曰:"以实之谓信",陈淳解释道:"以实是就言上说,有话只据此实物说,无便曰无,有便曰有。"① 忠信在万善之中,忠须是无一毫不尽,"诚"侧重"自然实底",忠信侧重"做工夫实底"。

在言语上,"信"是"发言之实";在应接事物上,"信"是"做事之实"。"信"也是五常、五性之一。但五常之信与忠信之信有一定的区别,五常之信针对"心之实理",忠信之信主要指向"言之实"。在圣人层面,忠信是"诚",是天道;在贤人层面,忠信是"思诚",是人道。

陈淳对"气""理""性"等概念作过诠释,比较恰当地解释了人与物生生之理,在人物生生之理的基础上,我们得以理解人的特质与合理的人伦规范,"友"与"悌"也在其中。陈淳认为"气"生万物,"大化流行,气到这物便生这物,气到那物又生那物"②。"命"字有两种含义,分别是"理"与"气",那么"理"与"气"有何联系与区别? 陈淳说"理不外乎气"③,"气"不是空的,"理"在"气"中,"不杂乎气"④,"理"负有主宰与枢纽的作用。"气"分阴阳二气,理与气合,遂生人与物。一气分阴阳,阴阳分五行,人得气之正与通,物得气之偏与塞。气有长短、厚薄、清浊之分。气之清浊,导致了人有智、愚、贤、不肖之分,例如圣人得气至清,"得气之清者不隔蔽",理义便昭著。气之长短、厚薄则赋予人们寿命长短、贫贱富贵。人有万般不齐,只因气禀不同。气为阴阳五行之气,七者夹杂便有不齐,阴阳之气本无恶,因分合转移却成驳杂之善恶。性即理,"理是泛言天地间人物公共之理,性是在我之理。"⑤ 性与命并非二物,在天谓命,在人谓性。性之大目即仁、义、礼、智,天命之大目为元、亨、利、贞。"得天命之元,在我谓之仁;得天命之亨,在我谓之礼;得天命之利,在我谓之义;得天命之贞,在我谓之智。"⑥ 依上述解释,天命与人性便自然贯通了。心为一身之主宰。"理与气合方成个心",理具于心,理为心之本体,知觉从理上发见,便是仁义礼智之心,即为道心。知觉从形气上发来,便是人心,人心易与理违背。心有体用,体即性,用为情。"情者,性之动也",其大目为喜、怒、哀、惧、爱、恶、欲,陈淳将忧患、好乐及亲爱、畏敬等也视为情。仁出恻隐,义出

---

① 陈淳:《北溪字义》,第27页。
② 陈淳:《北溪字义》,第1页。
③ 陈淳:《北溪字义》,第1页。
④ 陈淳:《北溪字义》,第1页。
⑤ 陈淳:《北溪字义》,第6页。
⑥ 陈淳:《北溪字义》,第6页。

羞恶，礼智出辞逊、是非。"情者，心之用"，须有个当然之则。理解了人的特质与性、情，我们不得不思考怎样存养仁义理智，在人际交往中如何做到知觉从"理"上发见，以达到"情"的合理释放。

"忠信"是"五常实理之发"，在接物发言处名之曰"忠信"。事君之忠，是尽己之心以事君。为人谋之忠，也是尽己之心。陈淳说"与朋友交之信，亦只是以实而与朋友交"，与国人交之信，也是以实与之交。心中"主忠信"，则许多道理囊括于心，待到交友时，言语与做事便能"循物之实"了。"德是行是道而实有得于吾心者"，实心事兄，便是此心实得这"悌"，实心事朋友，便是此心实得"信"。

### 二、"恭敬"

交友也离不开"恭敬"二字。"恭"侧重貌，"主容"；"敬"侧重心，"主事"。身体严整，容貌端庄，是"恭"，"恭"是"敬"见于外者。

程子说"主一之为敬，无适之谓一"，"敬"本是一个虚字，与畏惧等词相似，"敬"侧重做功夫时，则指"敬者无他，只是此心常存在这里"①，闲静无事时用"敬"，应事接物也用敬，心在里面用"敬"，动出于外也用敬，做事之初用"敬"，即将结束时也用敬，俗语说"靡不有初，鲜克有终"，其原因便是人们很难将"敬"贯彻始终。

"敬者，一心之主宰，万事之根本"②。礼称"执虚如执盈，入虚如有人"，其中有持敬的工夫。举例而言，当一个人手捧重物，若心不在执重物上，重物便会倾倒；只有心常在执物上，行走再远的距离重物也不会倾倒。虽入无人之境，此心仍然持敬、严肃，如同面对贵宾一般，便是"主一"。整齐严肃，乃敬之容。

事兄与交友需要遵循一定的"礼"，"礼"与"敬"密不可分。礼是敬之理，恭敬可见处为礼之用，而敬之理在"礼"内。礼为心之敬，是天理之节文，心中有敬，油然自生是礼，应接处自然有节文。做事太质、无文采，是失之不及；繁文缛节太盛，是流于太过，节文则是恰到好处，无过无不及为"中"。礼只是中，乐只是和，中和是礼乐之本，但无和敬之心以实之，则不成礼乐。

在与朋友的交往过程中，人们离不开仁、义、礼、智、信，五者常在生活、

---

① 陈淳：《北溪字义》，第35页。
② 陈淳：《北溪字义》，第35页。

日用中体现。例如面临事情，明白是与非是智，是也不知，非也不知，便是无知觉了；决断时，应当如何做，不当如何做，是义，如此做又割舍不了如彼做，是无义；决断后，看清如何是太过、如何是不及，做法恰到好处，是礼；做事守"中"，内心无私意夹杂，浑然是天理流行，是"仁"；事情结束后，前后皆是此心真实所为，是信。"仁"是心之全德，"仁是心中个生理，常流行生生不息"①，待人接宾之恭敬由仁发，无仁便无礼。陈淳说与朋友、宾客相接时，仁、礼、义、智、信皆在应事接物中，"敬"也常在心中。"初才闻之，便自有个恻隐之心，怵然动于中，是仁"，此心既怵然动于中，便肃然起敬去接宾客，是礼；谈话之余，或饮茶，或饮酒，需处之合宜，是义；或厚或薄，明白事理，是智；自始至终实心待客，无妄真实，是信。

在从兄处，也有仁、义、礼、智、信与"恭敬"。"从兄，义也。所以为爱兄之诚，则义之仁也；所以庸敬在兄，则义之义也；所以徐行后长之节文，则义之礼也；自良知无不知是敬，则义之智也；所以为从兄之实，则义之信也。"②

"圣门之学，无一不实。"在陈淳看来，道不离物，君臣之道在于义，朋友之道则在于"信"，研究"信"的道理便从朋友一伦着手。

理有确然不易的含义，"事物上一个当然之则便是理。"③《大学》讲"为人君，止于仁；为人臣，止于敬；为人子，止于孝；为人父，止于慈；与国人交，止于信。"④ 为君止于仁，"止仁便是为君当然之则。"为臣止于敬，为父止于慈，为子止于孝，与国人交，止于信，敬、慈、孝、信是当然之则。

谈到"信"时，陈淳指出五常之信与忠信之信有一定的区别，五常之信针对"心之实理"，忠信之信主要指向"言之实"。在交友方面，陈淳对"信"做了深入浅出的分析。在言语上，"信"是"发言之实"；在应接事物上，"信"是"做事之实"。与朋友交之"信"，是"以实而与朋友交"，结交朋友时，自始至终实心待友，无妄真实，是"信"。谈论交友之"敬"时，陈淳说"敬"侧重做功夫时，则指"敬者无他，只是此心常存在这里"，应事接物也用敬，与程子、朱熹的论述类似。

朋友与君臣属于"无亲"的社会关系，因而郭店楚简有时将友、君臣同

---

① 陈淳：《北溪字义》，第 22 页。
② 陈淳：《北溪字义》，第 23 页。
③ 陈淳：《北溪字义》，第 42 页。
④ 朱熹：《四书章句集注》，第 5 页。

举，如："友、君臣，无亲也"①、"君臣、朋友，其择者也"，郭店楚简的作者进而以"友"来规范君臣关系，这是儒家友朋观的一个新变化。孟子认为君臣相互辅助并以义相合，郭店楚简也提到了"君臣义生言"②的观点。郝大维、安乐哲在《先贤的民主》里提到"古典儒学界定君臣关系不是简单地如同父子关系，而是将父子关系与朋友关系结合的一种关系"③，杜维明认为士人"能够以教师、顾问、批评者或朋友的身份，对帝王保持一种独立的姿态。他们从来就不是妾妇。"④陈淳多次提到"君臣有义"，他认为"止仁便是为君当然之则"，臣则在"止敬"的范围内合理地劝谏。陈淳也谈到了君臣有序，君是"一身为天下至极之标杆"，以孝言，则极天下之孝；以弟言，则极天下之弟，因此国君理应受到"四面尊仰"。

① 刘钊：《郭店楚简校释》，福建人民出版社 2005 年版，第 182 页。

② 刘钊：《郭店楚简校释》，第 109 页。

③ ［美］郝大维、安乐哲：《先贤的民主》，江苏人民出版社 2004 年版，第 86 页。

④ ［美］杜维明：《杜维明文集》第三卷，武汉出版社 2002 年版，第 523 页。

# 第十四章　敬

"敬"观念在儒家思想中具有重要的地位，有着丰富的内涵和外延，是阐释人与自然、人与人之间关系的重要哲学概念之一，既是一种外在的道德行为准则，又是一种内在的修身之道，在"修身、齐家、治国、平天下"中起着至关重要的作用。与其他中国本土文化中的哲学概念、范畴一样，历经不同历史时期的发展和不同儒家人物的发挥，"敬"观念的内涵、使用、表达及传承演变过程本身就已形成了一个完整的中国哲学的概念体系，对于理解和把握儒家思想具有重要的研究价值和意义。

从先秦到宋明，在不同历史时期、不同儒家代表的思想中，"敬"观念都并非一成不变，而是在传承中不断发展，"敬"字的含义和功能也都发生了重大变化，呈现出由"行笃敬"的伦理道德到"持敬"修养工夫转向发展的历史演变过程。在先秦，孔孟荀虽多谈及"敬"，但"敬"这一概念并没有得到人们足够的重视。直至宋明，二程朱子赋予"敬"新的内涵和生命，提升至修养工夫必由之路的高度，方才逐渐为人们所讨论和重视。先秦儒家中，孔子对"敬"观念给予了足够的重视，不仅体现出对君民、人伦亲情的关注和尊重，也包含"敬"对个人自身修养的价值和作用。二程、朱子的"主敬""持敬"思想是在孔孟对"敬"的解释之上，进而阐释发挥而来的。儒家的"敬"观念，自孔子到朱熹都有其内在不变的传承和独特的发挥，而并非自说自话，毫不相关，不能割裂开来只看其中的某一个方面。其实，二程朱子的"敬"观念不仅延续继承了先秦儒家思想中道德伦理、行为规范的含义，而且进一步提升了"敬"的地位，凸显了"敬"字的修身意味，成为"主敬""持敬"的修养工夫，进而修身养性、涵养省察达到圣人境界。

学术界关于宋明理学的研究多数偏重在周、张、程、朱等大家，而对继承、传播和发展朱子思想的弟子门人代表研究探讨不够深入。具体到"敬"观念的相关研究，关于孔、孟、荀、程、朱等的"敬"思想研究虽有不少，但缺乏系统性、整体性的分析，或偏于某一位或几位思想家的"敬"观念，或偏于某一个人物"敬"思想的某一方面，缺乏对"敬"这一中国哲学概念的思想演变及其内在逻辑的历史性分析。而且，在学术界颇具影响力的经典论著中，儒家的"敬"思想并没有得到足够的重视，或简而论之，或未曾涉及，未能呈现出儒家"敬"观念传承发展的全貌和特点。作为"朱门第一人"的陈淳，是朱熹晚年的得意门生，毕生致力于阐发和推广朱子思想。陈淳在继承朱子学说的基础上，不仅对"敬"观念进行系统的梳理和总结，而且对朱子学说的传播和弘扬都作出了重要贡献。陈淳的"敬"观念，主要继承了二程、朱子的思想，对朱子学说"多所发明"，不仅简洁明了地对理学"敬"思想进行系统的梳理和解释，而且还颇有其独到的见解。

## 第一节 "执事敬"：先秦"敬"观念产生与指向

"敬"初作"苟"，《说文解字·苟部》中解释"敬"字："肃也。从攴、苟。"《宋本广韵》中解释"敬"为："恭也，肃也，慎也。""敬"字较早出现于西周金文之中。据张再兴《西周金文文字系统论》一书统计，西周金文出现的字数总量为 2837 个，其中使用 10 次以上的字为常用字，共 642 字，其总覆盖率占 93.3%。其中，"敬"字共出现 37 次，属于三级常用字。[①]"敬"在先秦典籍中亦有多次出现，其一般含义为严肃、认真、谨慎、谦恭、尊敬、恭敬等。

### 一、"敬"观念的产生

"敬"是人们作为主体对待自然、人伦及日常行为的一种精神和态度，亦是一种遵循天道而产生的道德观念。关于"敬"观念的产生，大致分为畏惧之心和忧患意识两种说法，二者都是心之所生，是人类内心世界情感活动的反映和体现。

"敬"源于畏惧之心。李泽厚先生认为，"敬"是一个重要范畴，"既是一种外在态度，更是一种内在情感，源起于巫术礼仪中对上帝鬼神的尊敬畏惧，理性化后转为生活态度和情感要求。"[②]在先秦时期，人们对生死、自然的认知有限，

① 张再兴：《西周金文文字系统论》，华东师范大学出版社 2004 年版，第 9—13 页。
② 李泽厚：《论语今读》，生活·读书·新知三联书店 2004 年版，第 32 页。

对神秘的自然和生老病死的生存状态充满未知和疑惑，因而感到无助和渺小。于是，人们普遍借助于祭祀、巫术等仪式来寻求与天、神灵的交流沟通，以求得现实生活的安定和超自然存在的庇护。这种对待超越一切而存在的未知力量的态度，就是"敬"的表现，是人类对天和自然发自内心的畏惧之意。从文字演变的考证来看，敬字本身也是反映出人们对神灵虔诚恭敬的形象和态度。于省吾在考证羌、苟、敬三字在形、音、义上的孳化关系后，认为："某些少数民族的巫师在作法礼神时，戴角而跪，以示虔恭，苟之所以为敬之初文者，也即此意。"①

"敬"源于忧患意识。徐复观先生在谈到敬观念之出现时提出了"忧患意识"这一概念，认为，"敬""敬德""明德"等观念是"在忧患意识跃动之下，人的信心的根据，渐由神而转移向自己本身行为的谨慎与努力"的具体表现，"是直承忧患意识的警惕性而来的精神敛抑、集中及对事的谨慎、认真的心理状态。"他指出，"周初所强调的敬，是人的精神，由散漫而集中，并消解自己的官能欲望于自己所负的责任之前，凸显出自己主体的积极性与理性作用。"② 牟宗三先生承接"忧患意识"这一概念，认为："中国人的忧患意识绝不是生于人生之苦罪，它的引发是一个正面的道德意识，是德之不修，学之不讲，是一种责任感。由之而引生的是敬、敬德、明德与天命等等的观念。"③ 人的忧患意识在开始时表现为"临事而惧"的负责认真的态度，之后进而引发出"戒慎恐惧"的"敬"观念，并逐渐成为一种道德观念。

### 二、孔子"敬"观念的五种指向

先秦时期，"敬"观念已经逐渐从产生之初的畏惧之心、忧患意识转向进入到人们的日常伦理生活和政治统治方式之中，其内涵也进一步丰富和完善，所反映、指向的对象除了天和自然之外，也有所扩展，成为修身、齐家、治国的重要行为规范和道德要求。此后，"敬"观念开始转向伦理道德层面，不再单纯地作为一种关系和态度。在孔子的思想体系中，"敬"与仁、礼、孝、忠、信以及其他的道德范畴紧密相连，根据其指向对象的不同而具有不同的内涵。《论语》中"敬"的指向对象，大致可分为自然之道、治国之道、孝道、君子之道、修身之道等五种，每一种指向对象都对应"敬"观念的一个层面和内涵，尽管偏重于人

---

① 于省吾：《释羌、苟、敬、美》，《吉林大学社会科学学报》1963 年第 3 期。
② 徐复观：《中国人性论史·先秦卷》，上海三联书店 2001 年版，第 20 页。
③ 牟宗三：《中国哲学的特质》，上海古籍出版社 1997 年版，第 16 页。

与自然、下对上、子对亲、接物应事等日常伦理规范，但其修身之道的指向已经开始具有修身工夫的意味。

1. 敬鬼神而远之

"敬"的第一种指向是自然之道。在"天命""天道"之外，"敬"是孔子谈论自然之道的一个重要概念，包含"敬鬼神而远之""祭思敬"两个层面。人们往往将孔子对鬼神的态度解释为"存而不论"，即"子不语怪，力，乱，神"①。但如何对待"鬼神"是当时社会中普遍存在、不容忽视的一个重要问题，是人们因自然、生死、天命而生的"忧患意识"的现世表现。《论语》中，有关"鬼神"的表述并不多，其内涵是作为超越人们认知范围的自然的代名词。

> 子疾病，子路请祷。子曰："有诸?"子路对曰："有之。诔曰：'祷尔于上下神祇。'"子曰："丘之祷久矣。"②

可见，孔子本人也曾向神祇祈祷，但与其"敬而远之"的观点并不冲突。鬼神之事是超乎于人们正常生活经验之外而存在的，是"远"在人事之上，对此应不惑于鬼神，怀有敬畏之心，既敬且远。

有关"敬"与自然之道的另一个层面体现在当时的祭祀活动之中。祭祀活动是礼的重要形式之一，也是人们与自然发生关联、与死者之气产生关系的必由中介。对待祭祀，孔子已经超出对生死"忧患意识"的"惑"，而代之以敬虔的态度，"祭之以礼"③，将人们对自然的敬畏透过"祭思敬"得以呈现。"致孝乎鬼神""与祭"皆为"思敬"的外在表现，其根本乃是人们对待先祖的敬虔之心，仍是人们敬畏超自然之力的一种心理状态。

2. 居简而行简

"敬"的第二个重要的指向是儒家政治哲学的治国之道。仁政、德治和礼范是孔子政治思想的核心，而"敬事"是行仁政首要之事，敬礼是礼范之本，都是上对下的准则。

"敬事"是治国之道的根基。"敬事"是对君主自身处事的明确要求，要以专注、严肃、谨慎的态度重视国事，既隐含了君主对个人职位、职分的理性认知、心理态度，又规范了君主对政务、政事行为的普遍性准则。

"礼"与"事"之间本身无先后之分，但就治国而言，则"礼"在"事"先。

---

① 《论语·述而》。

② 《论语·述而》。

③ 《论语·为政》。

"敬礼"是"敬事"的前提。君主治国首当遵循礼的规定，包括君臣父子的等级制度、行为规范用以建构理想的社会结构，当仍以"敬"为本，保持严肃、认真的态度，强调尊重、服从于礼的无条件性。"敬礼"所呈现的不仅是个体对外在礼仪规范的认同和尊重，更是个体成就自身德性，实现其内在价值的重要尺度。

在孔子的思想中，"敬事""敬礼"皆为"居敬"而引发之行为。仲弓曰："居敬而行简，以临其民，不亦可乎？居简而行简，无乃太简乎？"子曰："雍之言然。"①

朱熹注解说："言自处以敬，则中有主而自治严，如是而行简以临民，则事不烦而民不扰，所以为可。"程子曰："居敬则心中无物，故所行自简；居简则先有心于简，而多一简字矣，故曰太简。"② 因此，君主应"居敬"，对待政事要严谨不苟，敬事而信，才能治理好臣民。

3. 又敬不违

"敬"的第三种指向是孝道。敬亲，是孔子孝道思想的核心。但是，"孔子孝论并不单纯是指赡养行为，更重要的，它是一种情感，一种根源于血缘关系的自然亲情。"③ 指向孝道的"敬"是在"养亲"基础上对子女行孝道提出的更高要求。子游问孝于孔子，孔子回答说："今之孝者，是谓能养，至于犬马，皆能有养，不敬，何以别乎？"④

以养犬马的方式来养父母，仅满足于物质层面的供养而不知用敬爱之心，父母则与犬马无异。《礼记》云："小人皆能养其亲，君子不敬，何以辨？"⑤ 所以，"敬"乃是区别人与犬马之孝的根本，是自然而然地存在于人们内心的敬爱之心。孔子在"敬亲"之上，又提出更高一个层次的道德伦理规范，即"又敬不违"。

子曰："事父母几谏，见志不从，又敬不违，劳而不怨。"⑥

孔子认为，侍奉父母，如果他们有不对的地方，应委婉劝谏，看到自己的心意没有得到听从，依然恭敬而不冒犯他们，虽然忧愁但却不埋怨。"又敬不违"不但体现出对父母子女人伦之间具体行为的规范，更是建构社会孝道的重要原则。这里的"敬"既是对父母的尊敬、敬爱，又是对道德伦理的尊重、服从，同

---

① 《论语·雍也》。
② 朱熹：《四书章句集注》，中华书局 2011 年版，第 82 页。
③ 曾振宇：《儒家孝论的发生及其变异》，《文史哲》2002 年第 6 期。
④ 《论语·为政》。
⑤ 《礼记·坊记》。
⑥ 《论语·里仁》。

时又是合乎自然之道的。

### 4. 行笃敬

"敬"的第四种指向是君子之道。君子之道，是个体为主体指向"事""上""行""人"等外在事物拥有合乎仁义礼智信的行为处置方式，具体来讲，就是要"行笃敬"①。

《论语》中，"事"与"敬"有多次出现。作为政事，"事"涉及在上者、在下者参与政治的活动，由此，"执事敬"表现为为政者对公务的严肃认真，以及对自身所承担的社会责任的尊重。在此之外，"事"推而可至于日常生活中人可能面临的一切事情。因与个人生活紧密相关，由此"敬"又生成了新的内涵，即个体对待生活以及生活中的各种事情的认真谨严、尽己不怠的态度。

"敬"放置于人与人之间的人际关系时，在一定意义上即是对他人的人格、品德的肯定和认同，不同于纯粹的心理情感，而是以义为准则，以理性认知为基础，是具有理性精神的。正如：

> "君子敬而无失，与人恭而有礼，四海之内，皆兄弟也。君子何患乎无兄弟也。"②

人与人之间的尊敬是相互的，"敬"在这里是一种双向的行为和态度，时刻保持自身良好的品德和行为，就会让人"久而敬之"，所以，"敬而无失"的君子也不会担心生活中缺乏能够相互尊敬的志同道合之人。

### 5. 修己以敬

"敬"的第五种指向是修身之道。君子之道注重对个体外在行为、处事的规范与约束，那么修身之道则更强调个体内心的修养，在某种程度上，"修己以敬"在孔子的思想中已经隐含了修身工夫论的意味。

"修己以敬"强调，个体在自我修养过程中，时刻保持严谨认真的态度，修养自身的德性，规范自身的行为，塑造儒家的理想人格，而成为君子。在孔子看来，个体人格的自我完善与社会的和谐进步、个人价值以及社会价值的实现是内在统一的。

> 子路问君子。子曰："修己以敬。"曰："如斯而已乎？"曰："修己以安人。"曰："如斯而已乎？"曰："修己以安百姓。修己以安百姓，尧舜其犹

---

① 《论语·卫灵公》。
② 《论语·颜渊》。

病诸?"①

"安人""安百姓"是儒家政治哲学的理想社会,其前提则是"修己以敬"。与修己相关,"敬"具有双重内涵:一方面,"敬"含有慎独的意义,恪守一种内在的谨严、慎独的道德追求;另一方面,"敬"即严肃、认真行事的态度和准则。因此,在自我修养过程中,"修己以敬"是通过"敬"所包含的内在道德追求与外在处事态度的统一,而将修身的目的和途径融合为一处的过程。

## 第二节　"涵养须用敬":二程"敬"观念工夫论意义的转向和突破

到宋明理学时期,"敬"观念随着理学家们回归儒学传统的不断尝试和努力,不再只是一种具有外在指向意味的精神态度和道德范畴,而成为一个具有全新内涵的哲学概念。二程在继承先秦儒家的基础上,把"敬"提升到一个新的高度和层面,真正确立了"敬"在宋明理学中的重要地位,赋予"敬"作为修身养性、涵养致知的修养工夫和方法的重要功能,并进行了深入探讨。

二程的"敬"思想是对孔子"敬"思想的进一步发展和创新,将孔子的"敬"所隐含的修身之意,突出、重塑、扩大到个体的道德生活和社会生活之中,成为内在的存涵养、明天理的根本。此外,二程曾师从周敦颐求学,二程的修养工夫论在某种程度上受到周敦颐"主静"说的影响。面对佛教思想,二程以"敬"取代"静",一方面回归了儒家传统,区别于佛老;另一方面,拓展了"敬"的内涵,赋予"敬"一种新的工夫论意义,成为宋明理学中的一大发明,为后世所推崇。由此,"敬"的思想成为宋明理学道德涵养的根本途径。

尽管二程兄弟在儒学的天道、心性、修养工夫等方面观点基本一致,但具体到"敬"观念上仍有所区别。正如徐复观先生所说:"先哲的思想,是由他所使用的重要抽象名词表征出来的。因此,思想史的研究,也可以说是有关的重要抽象名词的研究。但过去研究思想史的人,常常忽略了同一抽象名词的内涵,不仅随时代之演变而演变;即使在同一时代中,也因各人思想的不同而其内涵亦因之不同。"②

---

① 《论语·宪问》。
② 《中国人性论史·先秦篇》,第1页。

### 一、程颢：诚敬存之

在程颢看来，"诚"与"敬"都是修养工夫的重要方法。"学要在敬也、诚也，中间便有个仁"①。程颢认为，为学的关键在于进行诚和敬的修养，修养应先识仁，然后对义、礼、知、信以诚敬存之，而后才能体悟浑然与物同体、进入万物皆备于我的境界。诚敬是自身道德的修养工夫，也是天道本体。

1. 诚与敬

"诚"与"敬"的关系，在程颢看来，诚是天理之诚，亦是天理、天之道；敬是敬天理，亦是处理人事的根本修养方法。他说，"诚者天之道，敬者人事之本。敬者用也。敬则诚"②。对此作为终极实在的"天理"，不仅须"诚"且"信"，而且还须无间断地敬守不失。"敬则无间断，体物而不可遗者，诚敬而已矣，不诚则无物也。"③ 诚必然能敬，但没有达到诚时，必须通过敬的修养工夫才能达到诚。"诚者天之道"，要求时刻将天道、天理著于心中，将全部精力和心思集中于对天理的体认。只有努力尽人事才能达天意，以实现天人合一。"如天理底意思，诚只是诚此者也，敬只是敬此者也，非是别有一个诚，更有一个敬也。"④ 所谓"诚"即诚守此真实不虚之"天理"，所谓"敬"即敬守此真实不虚之"天理"，非离此真实不虚之"天理"去"诚"去"敬"。

2. 诚敬存之

程颢"诚敬存之"的理学的工夫论，为"敬"的内心层面设定了明确的具体要求。其一，强调"敬须和乐"。他把"敬以直内"和"乐"相联系，认为二者的意思有一致处，但他对二者的区别亦很清楚。说到底，敬只是方法，而"和乐"则是对方法的根本要求，没有"和乐"的敬是不可取的。个人修养想要达到诚敬的境界，要始终和乐，能够宽温待人，没有鄙诈之心才可以处事自然和乐，不和乐者仍须作"敬"的功夫修养。其二，要求敬"不可急迫"。"学者须敬守此心，不可急迫，当栽培深厚，涵泳于其间，然后可以自得。但急迫求之，只是私己，终不足以达道。"⑤ 敬的工夫要存养渐进，不可用私，不可急迫，执事亦不可

---

① 程颢、程颐：《二程集》，王孝鱼点校，中华书局 1981 年版，第 141 页。

② 《二程集》卷十一，第 127 页。

③ 《二程集》卷十一，第 118 页。

④ 《二程集》卷二上，第 31 页。

⑤ 《二程集》卷二上，第 14 页。

矜持太过，才能有心之自得，才会达道体贴出天理。其三，强调"敬而无失"。程颢说："敬而无失，便是'喜怒哀乐未发之谓中'也。敬不可谓之中，但敬而无失，即所以中也。"[①]宋明理学格外重视"中"的概念，是对《中庸》关于"中和"问题论述的进一步发挥。在程颢看来，所谓"敬"并非"中"，只有"敬而无失"，循物无遗，不偏不倚地做敬的工夫，才能达到发而皆中节的境界，亦即是诚敬。

### 3. 言貌庄敬

程颢的"敬"包含内心和外在两个层面，除了要"诚敬存之"，还强调个人外在的言行容貌要严肃、端正，要想做到"敬"，前提就是言庄、貌庄，否则"言不庄不敬，则鄙诈之心生矣；貌不庄不敬，则怠慢之心生矣"[②]。他以写字举例说，"某写字时甚敬，非是要字好，只此是学。"[③]写字时用敬，是一种"下学"的进路，外在出来是"敬"，但目的并非是让字写得好，也不一定会把字写得好。"学"在这里也并非指"字好"，而是指做学问追求至善的功夫。字的好坏，是不待问的，是在学问之外的。要字好，"敬"就不纯粹、不完整。唯有将"敬"从写字中独立出来，才可以成为"理"，自在穿梭于万事万物之中。

### 二、程颐：涵养须用敬

与程颢的"诚敬存之"不同，程颐在不同的程度和角度上对"敬"进行系统阐发、解释和完善，进一步确立了"主敬"这一宋明理学修养功夫论的重要命题。程颢的"敬"偏重于阐释如何修养内心，而程颐在对此更多阐述的基础上，强调"涵养须用敬，进学则在致知"[④]，即内在方面，要用敬涵养，做持守主一无适的工夫；外在方面，要致知穷理，做道德认知的工夫。"操约者，敬而已矣。"[⑤]涵养、操约是程颐所谓"敬"的内涵的一种表述，是指让自己的心总处于道德至善状态。涵养有许多方法和途径，程颐以"涵养须用敬，进学则在致知"来表述，其意在说"涵养莫如敬"，用道心或义理来控制和培养自己的心灵。

---

① 《二程集》卷二上，第44页。
② 《二程集》卷一，第7页。
③ 《二程集》卷三，第60页。
④ 《二程集》卷十八，第188页。
⑤ 《二程集》卷十一，第126页。

1. 主一无适

与程颢不同，程颐进一步明确了"敬"的具体内涵，即"主一者谓之敬。一者谓之诚。主则有意在"①。所谓"敬"就是主一，是指心中所专一的道德理想状态，就是诚，就是天理。敬就是主一于内，强调主一于性善之内，回复到喜怒哀乐之未发之本体之中。

什么是主一呢？"主一"就是要求在自身内心中做到不偏不倚，而专一于一处用心来修养体察，才能明了自得天理。何谓"主一无适"？可以概括为四层意思。第一层意思，主一就是专心于一处，思想高度集中，心主一事，不能同时考虑两件事。换言之，人心不可二用，不可三心二意。"大凡人心，不可二用，用于一事，则他事更不能入者，事为之主也。事为之主，尚无思虑纷扰之患，若主于敬，又焉有此患乎？"② 第二层意思，要内心保持不偏不倚的绝对的中和状态。"主一，则既不之东，又不之西，如是则只是中。既不之此，又不之彼，如是则只是内。存此，则自然天理明。"③ 主一，就一定要排除一切外界干扰，思想总是保持"中"，既不东不西，又不此不彼，就是所谓的"无适"，不做作，能保持正心于内。第三层意思，外表上要整齐严肃。"如何一者？无他，只是严肃整齐，则心便一。一则自无非僻之奸。此意但涵养久之，天理自然明白"④。在内心中和的基础上，表现在外面上就能"整齐严肃"，"动容貌，整思虑，则自然生敬。"⑤ 人的外貌端正、严肃，衣冠整齐，举止规范，思想按照仁、义、礼、智等道德原则来整顿，那么"非僻之奸"就无孔可入。

2. 敬以直内，义以方外

"敬以直内，义以方外"语出《周易》，程颐用此句发挥，作为其修养工夫论关键、核心的命题。"敬以直内，义以方外"是程颐回归儒家经典寻求道德实践入路的重要路径，是立身修养之本。所以，程颐认为，"敬以直内，义以方外"是为学的根本，但更看重"敬以直内"，认为"切要之道，无如'敬以直内'"⑥。程颐认为，以"敬"为立身之本，外辅之以义，是为学的根本所在，但"直内

---

① 《二程集》卷二十四，第 315 页。
② 《二程集》卷二十，第 169 页。
③ 《二程集》卷十九，第 149 页。
④ 《宋元学案》卷十五，第 624 页。
⑤ 《二程集》卷十五，第 149 页。
⑥ 《二程集》卷十九，第 152 页。

是本"①，关键仍在于通过"敬"的工夫，让内心清澈坦荡，无私念，无杂意，充满浩然之气。程颐强调，"易所谓'敬以直内，义以方外'，须是直内，乃是主一之义。至于不敢欺，不敢慢、尚不愧于屋漏，皆是敬之事也。但存此涵养，久之自然天理明"②，直内，即是主一，要操存天理，体认天理，必须治心、养心、存心，而涵养之方，唯独敬以直内，别无他途。"敬以直内"在程颐看来是保持道德操守的根本方法，具体到个体而言，就是要严格按照道德天理来约束自己。

程颐对敬内义外的诠释，重在"直内必方外"，直内与方外都作为"敬"的工夫，二者是贯通一体的。那么，如果只敬以直内，不务方外会怎么样呢？程颐回答说："有诸中者，必形诸外。惟恐不直内，内直则外必方。"③程颐认为，"内直必方外"，真正"主敬"修养工夫之后，必然会有"义以方外"的效果，"敬以直内"就必得"义以方外"，二者是内外一体的两个层面。

> 问："必有事焉，当用敬否？"曰："敬只是涵养一事。必有事焉，须当集义。只知用敬，不知集义，却是都无事也。"……问："敬义何别？"曰："敬只是持己之道，义便知有是有非。顺理而行，是为义也。若只守一个敬，不知集义，却是都无事也。且如欲为孝，不成只守着一个孝字？须是知所以为孝之道，所以侍奉当如何，温清当如何，然后能尽孝道也。"又问："义只在事上，如何？"曰："内外一理，岂特事上求合义也？"④

在这里，程颐对"敬"与"集义"二者的关系进一步作了详细阐释。他认为，敬与义是有区别的，敬是涵养心性的工夫，是对主体而言的，是直内的；义是决断是非的工夫，是指向外在对象的，是方外的。"敬"只属涵养工夫，专指修养之工夫，是喜怒哀乐未发的"中"的状态。因此，"必有事"不能仅靠"敬"，还需要"集义"。"敬"虽是在内心上做工夫，但必然要外发出来，"集义"便可知其是非，才能决断是否顺应天理。程颐的这一论断，并没有严格区分"敬"与"集义"的高下，仍是强调内直则外必方，直内是根本，但同时方外亦不可或缺。只要通过"敬"的修养工夫使内心澄明无私，那么发于外的行为则必然是合乎礼仪法度的。这也是程颐所强调的"敬"的内外两个层面，"敬以直内"

① 《二程集》卷十九，第149页。
② 《二程集》卷十五，第169页。
③ 《二程集》卷十八，第185页。
④ 《二程集》卷十八，第206页。

是内在之工夫，而"义以方外"是外在的工夫，但根本上来讲二者不是一内一外截然分立存在的，"方外"的根据仍然是内在的，二者是"合内外之道"的。

与程颐不同，程颢则强调"敬以直内"与"义以方外"的同等地位。程颢认为："'敬以直内，义以方外'，仁也。若以敬直内，则便不直矣。行仁义岂有直乎？'必有事焉而勿正'则直也。夫能'敬以直内，义以方外'，则与物同矣。故曰：'敬义立而德不孤'。是以仁者无对，放之东海而准，放之西海而准，放之南海而准，放之北海而准。"① 程颢将"敬以直内"与"义以方外"二分来看，用敬于内，行义于外，二者整体合乎内外之道。程颢要求君子先完成主体内心的修养，然后再去行仁义，才能到达与物同的境界，才能让仁义道德放之四海而皆准。程颢还对"敬以直内"和"以敬直内"进行了区分探讨。"以敬直内"的表述还停留在把敬作为"直内"的一种方式，表示主体内心还未到"敬"的程度，如此就不能真正做到"直内"。同时，行仁义，要求"敬义立"，必须是在已敬的境界中去实行，中心必须已经"直"才能行仁义。因此，不能用"以敬直内"代替"敬以直内"。

3. 闲邪之道

程颐认为，"敬是闲邪之道"，是防止邪念、消除恶念的修养方式，"闲邪则诚自存"，去掉人内心中恶的念头就能到达与纯粹至善的天理为一体的状态。"闲邪则诚自存，不是外面捉一个诚将来存着。今人外面役役于不善，于不善中寻个善来存着，如此则岂有入善之理？只是闲邪，则诚自存。故孟子言性善，皆由内出。只为诚便存，闲邪更着甚工夫？"② 程颐认为，做"敬"的工夫能够让人摒除邪念，将外诱之邪予以隔离间闲，即是由内而出，就可以使"诚"自存于内心，由此性善。那么，闲邪如何进行呢？"闲邪存其诚，虽是两事，然亦只是一事。闲邪则诚自存矣。天下有一个善，一个恶。去善即是恶，去恶即是善。譬如门，不出便入，岂出入外更别有一事也。"③ 在程颐看来，既然心之所发有善有不善，那么，要保证心之所发为善，首先就必须摒弃所有不善的念头，防止邪念的侵扰，这是"闲邪"；而一旦将邪念摒之于人心之外，则内心中便只有善没有恶，那么就是"存诚"。"闲邪"与"存诚"的工夫是一体的，"存诚"只是"闲邪"，都是"敬"的工夫。

① 《二程集》卷十一，第 120 页。
② 《二程集》卷十五，第 149 页。
③ 《二程集》卷十八，第 185 页。

二程实现了对先秦儒家"敬"观念的重大突破，使"敬"的内涵和功能发生了新的转向，由先秦时期的伦理道德层面转向个人身心修养工夫的层面，成为宋明理学中具有核心地位的哲学范畴，对后世理学家们深入关注和探讨修养工夫提供了关键性的指引，具有重要的启发意义。

## 第三节 "敬义夹持"：朱熹"敬"观念体系的构建

北宋理学家均有关于"敬"的论述，但是无论是对"敬"的重视程度，还是论述的严谨细致程度，都无过于二程者。到南宋时期，南宋诸儒如胡寅、胡宏、张栻、朱熹、陆氏兄弟、吕祖谦等皆有论"敬"之语，但是从论断见解和体系完备程度上，都难以与朱熹比肩。

> 问："敬，诸先生之说各不同。然总而行之，常令此心常存，是否？"曰："其实只一般。若是敬时，自然'主一无适'，自然'整齐严肃'，自然'常惺惺'，'其心收敛不容一物'。但程子'整齐严肃'与谢氏尹氏之说又更分晓。"①

这里也体现出程颐之后朱熹之前，理学之"敬"论的主要脉络，是朱熹对宋代理学以来"敬"观念及其内涵的概要性总结。"主一无适"是就心上做工夫，保持意识的高度集中而不走失；"整齐严肃"则是就外在上做工夫，要求仪容整齐、举止端庄；"常惺惺法"则是"心不昏昧之谓"②，常令此心保持唤醒而不间断的状态，重在"唤醒"而令此心清醒不间断；"收敛此心，不容一物"则是"心主这一事，不为他事所乱"③之意，重在"收敛"而令此心专一为主。在朱熹看来，"主一无适""整齐严肃""常惺惺法""收敛此心，不容一物"都是"敬"，都是"涵养一事"，都是修养工夫的具体方式和方法。朱熹把"敬"被作为"真圣门之纲领，存养之要法"④，并首次明确提出了"'敬'字工夫，乃圣门第一义，彻头彻尾，不可顷刻间断"⑤，完善了宋明理学的修养工夫论。

---

① 朱熹：《朱子语类》，黎靖德编，王星贤点校，中华书局1986年版，第213页。
② 《朱子语类》卷一七，第373页。
③ 《朱子语类》卷一七，第373页。
④ 《朱子语类》卷一二，第210页。
⑤ 《朱子语类》卷一二，第210页。

### 一、主敬存养

围绕"主敬存养"这一命题，朱熹首先强调"敬，只是此心做主宰处"，在此基础上，朱熹又提出"做工夫""唤醒""收敛""静坐"等系列概念，作为修养工夫论的具体实践方法，是对其"敬"观念体系不可或缺的重要补充和完善。

1. 此心自做主宰

论及程颐的"主一无适"时，朱熹说："主一又是'敬'字注解。要之，事无小无大，常令自家精神思虑尽在此。遇事时如此，无事时也如此。"① 他认为，遇事和无事时都要把个人的思想精力倾注在"敬"上，遇事无论事之大小内心都专注于一，是切要之道。朱熹论"敬"亦是从心上说起，以心为主，主敬存养，强调"敬，只是此心自做主宰处"②，不管未发、已发的过程，心都是自做主宰，都要做"敬"的工夫，未发时要存养，已发时应审察，无时无事不如此。朱熹的主敬存养与程颐的"涵养须用敬"大致无差，却有所细别。在此基础上，朱熹提出了日常涵养与察识存养相结合的修养方法。朱熹说：

> 学者当知孔门所指求仁之方，日用之间，以敬为主。不论感与未感，平日常是如此涵养，则善端之发，自然明著。少有间断，而察识存养，扩而充之，皆不难乎为力矣。造次颠沛，无时不习。此心之全体皆贯乎动静语默之间，而无一息之间断，其所谓仁乎！③

由此看出，朱熹把主敬分为日用和间断两个时间段，日用间以敬涵养，间断时以察识存养予以扩充，二者并存，那么内心就无时无刻不主敬，贯通人内心、人与自然的全部过程，从而达到仁的境界。

2. 做工夫

朱熹使用的"做工夫"这个概念，指的是人们在认识到"敬"的重要性之后一定要实做"敬"工夫的意思。

> 曰："说固是恁地，却如何做功夫？"伯游云："顺理而行。"先生又遍问坐上诸友。叔重曰："知得是当然之理，自甘心行之，便自不拘迫。"时举云："其初须持敬。持之久则渐熟，熟处便和。"④

---

① 《朱子语类》卷一二，第206页。
② 《朱子语类》卷一二，第210页。
③ 《朱子语类》卷一二，第213页。
④ 《朱子语类》卷二二，第514页。

朱熹强调做工夫不能空有正确的价值意识，空有明确的工夫操作方法，而是要持敬长久，顺理而行，甘心情愿地实做工夫，否则终是不济事，都不会有长进和收获。若只知要做工夫，却都并没有真实下手去做，而是一味地拖延等待，那么圣人的修养境界永远也无法到达。

3. 唤醒

朱熹说，"人惟有一心是主，要常常唤醒"①。可见，朱熹的"唤醒此心"是"敬"的前提，就是要让此心不昏昧，常常觉醒、专一来主导修养行为。朱熹说：

"每日做工夫，只是常常唤醒，如程子所谓'主一之谓敬'，谢氏所谓'常惺惺法'是也。"②

4. 收敛

朱熹说："敬者，收敛而不放纵也。"③ 敬的具体实践就是收敛，与主敬的意思相当，而收敛就是收敛身心，既是身体的整齐严肃，更要求心理上的心无不敬。朱熹强调收敛身心是做工夫的入门之道，心不能走作、分神，不要被纷杂外界所影响，做到耳无所闻、目无所见、心无所思；行为举止要合乎礼仪规矩、整齐纯一、恭敬严肃，不能放纵、放荡。

倪求下手工夫。曰："只是要收敛此心，莫要走作，走作便是不敬，须要持敬。问："敬如何持？"曰："只是要莫走作。若看见外面风吹草动，去看觑他，那得许多心去应他？便也不是收敛。"④

5. 静坐

程颢、李侗、朱熹都谈教人"静坐"之法，但与佛家的"静坐""禅坐"有着本质区别。

问："敬通贯动静而言。然静时少，动时多，恐易得挠乱。"曰："如何都静得！有事须著应。人在世间，未有无事时节；要无事，除是死也。自早至暮，有许多事。不成说事多挠乱，我且去静坐。敬不是如此。若事至前，而自家却要主静，顽然不应，便是心都死了。无事时敬在里面，有事时敬在事上。有事无事，吾之敬未尝间断也。"⑤

---

① 《朱子语类》卷一二，第201页。
② 《朱子语类》卷一百一十六，第2801页。
③ 《朱子语类》卷六，第123页。
④ 《朱子语类》卷一百一十八，第2854页。
⑤ 《朱子语类》卷一二，第212、213页。

朱熹强调的"静坐"只是主敬涵养的一种方法和途径，是在"静坐"过程中始终"主敬""持敬"，在"静坐"的过程中去除杂念私欲、收敛专一，时时提澌把捉自己的内心。因此，"静坐"的前提和根本是"敬"无间断、主敬存养的工夫，"静坐"不过是"敬"所呈现和反映出来的一种身体活动状态，是主敬的一种实践修养方法。

### 二、居敬穷理

"居敬"一词出自"居敬而行简，以临其民，不亦可乎？居简而行简，无乃大简乎？"① 二程将其发挥上升至修养之工夫，阐释为"内主于敬，则心中无物"之意，朱熹则进一步论述为"自处以敬，则中有主而自治严"②。"穷理"语出"穷理尽性至于命"③，朱熹阐释为，"理会得道理穷尽"④，穷得物之理，方能尽得人性，从而得那天命。朱熹所说的"穷理"，就是"格物致知"之意。"居敬穷理"，是朱熹为学的最高宗旨，他强调，"主敬、穷理虽二端，其实一本"⑤，是内在修养与外在格物的统一，不可分离，本质上是一体的修养工夫，是儒家道德修养与道德实践的结合。

1.二事互相发

在论及居敬与穷理二者的关系时，朱熹说：

> 学者工夫，唯在居敬、穷理二事。此二事互相发。能穷理，则居敬工夫日益进；能居敬，则穷理工夫日益密。譬如人之两足，左足行，则右足止；右足行，则左足止。又如一物悬空中，右抑则左昂，左抑则右昂，其实只是一事。⑥

在朱熹看来，居敬、穷理二者是"互相发"的关系，二者既是两件事又是一件事，既是一件事又是两件事，两者互以他者为必要条件，缺一不可，也就是说两者是平行的关系，而其最后一句"其实只是一事"，则意谓两种工夫其实只是同一个工夫的过程。这一思维方式，颇类似于朱熹的"知行并进"，是并行不悖的，正如人之两足、车之两轮、鸟之两翼，都是互相配合，助人向前的。朱熹又说：

---

① 《论语·雍也》。
② 朱熹：《四书章句集注》，第 82 页。
③ 《周易·说卦》。
④ 《朱子语类》卷七七，第 1968 页。
⑤ 《朱子语类》卷九，第 150 页。
⑥ 《朱子语类》卷九，第 150 页。

> 涵养中自有穷理工夫，穷其所养之理；穷理中自有涵养工夫，养其所穷之理，两项都不相离。才见成两处，便不得。①

朱熹的"穷理"并不单纯是求知事物的具体道理的，更是对"天理"的追求。在朱熹看来，"居敬"并不是作为"穷理"的手段、方法而存在，而是"穷理"的内在必然要求。不能居敬，则不能穷理；不能穷理，则不能判断分辨清楚真伪是非。要实现个人的修养，就要做到居敬穷理，二者相互促进、相互推动，从而体认到天理，使人们的思想和行为更加符合伦理道德规范。同样，寻求事物究竟的道理，可以让内心主敬涵养的工夫不断精进；做到内心收敛执持，能使格物致知的工夫更为仔细缜密。

2. 持敬是穷理之本

那么在二者"互相发"的密切关系中，何者更为根本？处于并行关系的两种工夫虽同处在一个工夫过程中，即穷理离不开居敬，居敬亦离不开穷理，但是只有居敬工夫具有贯动静、通上下、成始终、无间断、常惺惺之特征，显然居敬比穷理工夫更为根本。对此，朱熹说：

> 吾儒之学，则居敬为本，而穷理以充之。②

朱熹强调，儒家以居敬为本，以穷理补充，明确了二者的地位，告诉人们要去寻得"天理"，就必须"居敬"，意在加强对道德主体的内在修养，才能穷尽对"天理"的认识。居敬之所以为本，是因为居敬是从本原上用功，本原就是人的心性命；穷理是为了尽性至命，是为学的根本目的，也是修养的根本目的，持敬则是实现这个目的的根本途径和方法。正是如此，持敬是"穷理之本"，持敬是养心、存心的工夫，穷理只是"养心之助"，"敬则天理常明，自然人欲惩窒消治"③，"人能存得敬，则吾心湛然，天理粲然，无一分着力处，亦无一分不着力处"④。穷理归根结底，是穷心中之理，必须在居敬的统领下去穷，最终才能穷理尽性而达于天命。

3. 敬贯穷理

朱熹主张"敬贯始终"，即除了主敬存养，还要敬贯穷理。所以，他不赞成先穷理而有所见，再主之以敬的说法，而是主张"持敬以穷理"，即在居敬的前

---

① 《朱子语类》卷九，第 149 页。
② 《朱子语类》卷一百二十六，第 3016 页。
③ 《朱子语类》卷一二，第 210 页。
④ 《朱子语类》卷一二，第 210 页。

提下去穷理，这是朱熹居敬穷理的实质所在。如此，居敬与穷理就不只是一般所谓"互相发"的问题，而是以居敬为本，以穷理为辅，在居敬的前提下再去穷理。如果做不到专一而心不杂，那么向外穷理亦无所收获。正如朱熹在论述涵养、致知、力行三者关系时所说：

> 如公昨来所问涵养、致知、力行三者，便是以涵养做头，致知次之，力行次之。不涵养则无主宰。如做事须用人，才放下或困睡，这事便无人做主，都由别人，不由自家。既涵养，又须致知；既致知，又须力行。若致知而不力行，与不知同。亦须一时并了，非谓今日涵养，明日致知，后日力行也。要当皆以敬为本。敬却不是将来做一个事。今人多先安一个"敬"字在这里，如何做得？敬只是提起这心，莫教放散；恁地，则心便自明。这里便穷理、格物。见得当如此便是，不当如此便不是；既是了，便行将去。①

在朱熹看来，涵养、致知、力行三者都是修养工夫的重要方法，但三者之间并非是单纯的时间上的先后，而是一时并行的逻辑顺序，主敬涵养是致知、力行的前提和根本，格物穷理必先居敬，以敬为本。

### 三、敬义夹持

"敬"与"义"是朱熹修养工夫体系中着重强调的两个概念。"敬者，守于此而不易之谓；义者，施于彼而合宜之谓。"②"敬要回头看，义要向前看"③。朱熹认为，敬、义实为一事，各有侧重，敬是始终专一、坚守原则不变，义是行为处事切合时宜、合乎天理。敬，就是要不断地反思、总结、提醒。义，则是要不断地前进、努力去实行。

1. 涵养用敬，处事集义

朱熹主张涵养用敬、处事集义，提出要"敬义夹持"，是在二程"敬以直内，义以方外"的发挥基础之上来讲的。"敬以直内"是持守工夫，是修养心性，而"义以方外"是讲学工夫，是格物致知。朱熹说：

> "敬以直内"是无纤毫私意，胸中洞然，彻上彻下，表里如一。"义以方外"是见得是处决定是恁地，不是处决定不恁地，截然方方正正。④

① 《朱子语类》卷一百一十五，第2777页。
② 《朱子语类》卷一二，第216页。
③ 《朱子语类》卷一二，第216页。
④ 《朱子语类》卷六九，第1739页。

朱熹进一步解释认为，"敬以直内"离不开"义以方外"，人要做到内在德性与外在行为的统一：内在要恭敬不苟、正直不欺，外表要行为适宜、处事端方。"敬以直内"就是内心没有一丝一毫的私心杂念，内心透明、无杂物，从头到脚，从内到外，表里如一。"义以方外"，就是看到正确的，就决定这样去做；看到错的，就坚决不去做，方方正正毫不含糊。

2. 敬义夹持，循环无端

在探讨敬与义的关系之后，朱熹又详细论述其"敬义夹持"内外合一工夫的必要性。朱熹说：

> 敬有死敬，有活敬。若只守着主一之敬，遇事不济之以义，辨其是非，则不活。若熟后，敬便有义，义便有敬。静则察其敬与不敬，动则察其义与不义。如"出门如见大宾，使民如承大祭"，不敬时如何？"坐如尸，立如齐"，不敬时如何？须敬义夹持，循环无端，则内外透彻。①

二程认为，"敬"是内在的，是保持自己的本心和操守。"直内"就是胸怀坦荡，表里如一。"义"是外在的，是符合道德的行为。"方外"就是处事合乎天理，无所偏颇。朱熹进一步发展了二程的观点，首先借助"义"的概念对"敬"作了两种区分，即"死敬"与"活敬"。死敬是指只守着内心的主一，而忽略以义的工夫明辨是非；活敬则是指敬与义互为补充、互相渗透，并存同行。朱熹说，"若有敬而无义，有义而无敬，即孤矣"②。他认为"敬"与"义"两个范畴是紧密联系在一起的，两者不可分割，缺一不可。"义"绝不能离开"敬"，离开了"敬"的"义"便不可称为真正的"义"，当然敬也是需要义的扶持。

> 景绍问"敬义"。曰："敬是立己之本，义是处事截然方正，各得其宜。"道夫曰："'敬以直内，义以方外'，莫是合内外之道否？"曰："久之则内外自然合。"又问："'敬以直内'后，便能'义以方外'，还是更用就上做工夫？"曰："虽是如此，也须是先去'敬以直内'，然后能'义以方外'。"③

如果将"敬"与"义"结合起来，那么静的时候就能够心中存"敬"。动的时候就能觉察出来是否是按"义"来行动。所以"敬"需要和"义"相结合，用"敬"来主宰内心，以"义"来规范行为，这样，才会内外透彻，人的行为举止才会表里如一，严格地按照自己内在的要求来处事。这是一种内外兼顾的工夫。

---

① 《朱子语类》卷一二，第216页。
② 《朱子语类》卷二七，第707页。
③ 《朱子语类》卷六九，第1740页。

"敬、义只是一事。如两脚立定是敬，才行是义；合目是敬，开眼见物便是义。"①
很显然，从这段话中我们可以看出，朱熹不仅强调人的内心修养的重要性，而且
也非常重视道德实践的作用。如果一个人，只是在内心有"主敬"，而在外面却
无所表现，也不是真正的"主敬"。但朱熹也明确强调，敬义夹持中，"敬以直
内"最是紧要密切的工夫，其核心和首要的工夫还是主敬，做到"敬以直内"便
可以"义以方外"。

此外，朱熹还对佛家所谓的"敬以直内"进行了批判，认为，佛家只追求
空，没有实在的内容，而儒学讲求修身养性，格物致知，体察天理。他说："释
氏所谓'敬以直内'，只是空豁豁地，更无一物，却不会'方外'。圣人所谓'敬
以直内'，则湛然虚明，万理具足，方能'义以方外'。"②

### 四、整齐严肃

"敬"的修养工夫不仅包括人内心的修养，而且还包括人外貌言行举止的修
养。二程的主敬，除要求在内做到主一无适外，在外还必须于视听言动、容貌辞
气上下功夫，做到外貌端肃、衣冠整齐、举止规范、庄敬自重。

1. 主一无适与严威俨恪

朱熹继承和发展了二程"严威俨恪"的说法，进一步提出"敬"不仅要在
心中主一和收敛身心，外在的状态和举止行为也要保持"敬"，就是要"整齐严
肃"，保持敬畏庄严的仪容风范，来修身养性、提升道德境界和精神境界。

> 或问"整齐严肃"与"严威俨恪"之别。曰："只一般。整齐严肃虽非
> 敬，然所以为敬也。严威俨恪，亦是如此。"③

朱熹认为，"整齐严肃""严威俨恪"虽然不能包含"敬"的全部，但与"主
一无适"相比并无实质区别，都是到达"敬"的必要修养方法，属于"主敬"修
养工夫外在层面。与"惟是动容貌、整思虑，则自然生敬，敬只是主一也"④ 一
样，朱熹认为，敬"不用解说，只整齐严肃便是"。⑤

如果能做到保持端正、严肃的神态，保持整齐的衣冠，使自己的举止规范符

① 《朱子语类》卷一二，第 216 页。
② 《朱子语类》卷一百二十六，第 3015 页。
③ 《朱子语类》卷一七，第 372 页。
④ 《二程集》卷十九，第 149 页。
⑤ 《朱子语类》卷一二，第 211 页。

合"礼"的要求，其思想就会自然而然地符合"天理"的要求，那么私欲就不复产生，则自然生出"敬"来。

2. 常惺惺与整齐严肃

"常惺惺"原为佛家禅宗用语，意为时刻保持清醒，后谢良佐引入理学来论敬，成为心性修养的工夫。朱熹认为，相比谢良佐的"常惺惺"之说，程颐的"主一"与"整齐严肃"之说更为深切恰当。

> 问谢氏惺惺之说。曰："惺惺，乃心不昏昧之谓，只此便是敬。今人说敬，却只以'整齐严肃'言之，此固是敬。然心若昏昧，烛理不明，虽强把捉，岂得为敬！"①

外在的整齐严肃可以使敬心常存，由此便可以"常惺惺"。如果离开"整齐严肃"，只讲"惺惺"，便不能真正把握捉摸，也就无法真正做到"常惺惺"。那么，"整齐严肃"比"常惺惺"更好吗？到底二者是一种什么样的关系呢？朱熹说：

> 人心常炯炯在此，则四体不待羁束，而自入规矩。只为人心有散缓时，故立许多规矩来维持之。但常常提警，教身入规矩内，则此心不放逸，而炯然在矣。心既常惺惺，又以规矩绳检之，此内外交相养之道也。②

在朱熹看来，"常惺惺"与"整齐严肃"是"敬"的"内外交相养之道"，不可偏废，都要做工夫，如此才是合乎敬的修养方法。人心有主一专注之时，也有散漫松弛、放纵无拘之时，需要规矩准则来维持"常炯炯"的状态，如此便要常常提撕警醒，使外在言行举止符合道德规范。

3. 敬之目

朱熹认为，"整齐严肃"即是端庄严肃的神态，整齐的衣冠，严肃认真的态度，行为举止符合规范，身心内外就会表里如一，身心都端正严肃，这样就能自然地达到"敬"的状态。

朱熹还详细阐述了整齐严肃的具体内容，包括坐、立、头、目、足、手、口、气、衣冠等日常生活言行举止的诸多方面，并提出了具体明确的要求来进行规范。"'坐如尸，立如齐'，'头容直，目容端，足容重，手容恭，口容止，气容肃'，皆敬之目也。"③坐时要谨慎且恭，站立时要庄严整齐，头端正不歪斜，目

---

① 《朱子语类》卷一七，第373页。
② 《朱子语类》卷一二，第200页。
③ 《朱子语类》卷一二，第212页。

光认真正视，步伐稳重踏实，手要恭敬，口不妄言，气质神态要严肃认真，这些外在表现就是"整齐严肃"。

朱熹"敬"观念体系十分完备，在继承二程"主敬"思想同时，兼收"主一无适""常惺惺法""敬义夹持""其心收敛，不容一物""诚敬存之""居敬穷理"等诸多学说，并有深入的分析和进一步的理论发挥，对儒家修养工夫论具有重要的贡献和影响。

## 第四节 "主敬穷理克己"：陈淳"敬"观念的总结与发挥

作为朱门高第的陈淳，先后两度从学于朱熹，既学见本原，又致力于下学之功，颇得朱熹之真传。朱熹多次对人称，"南来，吾道喜得陈淳"[1]。全祖望在《北溪学案序录》中指出，作为朱熹的重要门人代表，"沧洲诸子，以北溪陈文安公为晚出。其卫师门甚力，多所发明，然亦有操异同之见而失之过者"[2]，肯定了陈淳为朱子学说的传承、传播和发展作出的重要贡献，认为陈淳在理学思想方面"多所发明"。尤其是，陈淳的《北溪字义》，虽不及朱熹著述宏大精深，却不局限于解析理学思想体系中的诸多重要概念范畴，更"盖汇周、程、张子之旨，而总折衷于朱子，融会贯通，从博归约，语不多而源流本末、体用分合之际，灿若列眉，洵经学之指南，而诸大儒性理之提纲也"[3]。

当然，陈淳"敬"观念不仅在《北溪字义》中有所阐述，在《北溪大全集》《北溪学案》中也皆有论及。陈淳"敬"观念基本承袭二程朱子之说，但也有其独到的发挥之处。

### 一、敬与恭、恕、穷理、克己

陈淳的《北溪字义》类似于理学词典，对宋明理学中核心关键的概念范畴逐一进行疏释论述，被称为"初学值根基、立标的之综要""后学入道之门户"。陈淳在论及性、命、道、诚、敬、仁义礼智信、太极等重要理学范畴之外，还就"敬"与"恭""恕""穷理""克己"等概念进行了区别阐述。

---

① 陈淳：《北溪字义》，熊国祯、高流水点校，中华书局1983年版，第85页。
② 《宋元学案》卷六十八，第2219页。
③ 陈淳：《北溪字义》，第94页。

1. 恭与敬

"恭"字常与"敬"字同用,"恭"字有多种字义。《说文解字·心部》解释为,"肃也"。《广韵·上平声·锺·恭》解释为"恭敬"。据《康熙字典·心部·六》所录:"《礼·曲礼》君子恭敬,搏节退让以明礼。疏:在貌为恭,在心为敬。貌多心少为恭,心多貌少为敬。"可见,恭与敬,字义既有相同之处,亦有所侧重区别。"恭"字重在言外貌,"敬"字重在讲内心。在孔子那里,"恭"成为"温、良、恭、俭、让"五种美德,指做人要端庄诚恳,表里如一。后孟子二字合用,提出"恭敬之心"一说,朱熹注解认为,"恭者,敬之发于外者也;敬者,恭之主于中者也"①,进一步对二者各有侧重的外在和内心两个层面之间的关系作出解释,即,"恭"是内心"敬"所发的外在表现,而"敬"则要求"恭"主存于内心,这里已经体现出朱熹"主敬"修养工夫的意味。朱熹进一步对"恭"与"敬"进行区别,认为,恭是重在说外在的容貌,敬是强调主事,"敬是就心上说,恭是对人而言"②。同时,朱熹也强调"恭"字虽然对人们的品德养成有着重要作用,但在学者的修养工夫上来讲,"恭字不如敬之切"③,"敬"更适合人们作为修养的工夫。

陈淳基本继承朱熹的观点,认为恭与敬是有区别不同的,同意朱熹所说的"恭就貌上说,敬就心上说。恭主容,敬主事"④的说法。陈淳进一步对二者的区别进行深入探讨,认为"敬,工夫细密;恭,气象阔大"⑤,恭是身体严整、容貌端庄的意思,"正其衣冠,尊其瞻视,俨然人望而畏之。便是恭之容"⑥,而"敬之容"则是"坐如尸,立如齐"。陈淳又说,"恭敬可见处乃礼之用,而敬之理则在内",恭敬在外在表现出来的都是礼的具体要求和体现,但根本上仍是因为"敬在内"。但陈淳把恭与敬二者的关系进行了进一步的发挥。陈淳认为,恭与敬字是紧密相关的,不是两个截然不同的事物,"未有内无敬而外能恭者,亦未有外能恭而内无敬者,恭敬不是二物,如形影与忠信忠恕相关一般"⑦。在陈淳看来,恭是外在的表现、仪表,敬存于恭中,是敬见于外的方面,恭与敬两者如

---

① 朱熹:《四书章句集注》,第 307 页。
② 《朱子语类》卷九六,第 2471 页。
③ 陈淳:《北溪字义》,第 37 页。
④ 陈淳:《北溪字义》,第 36 页。
⑤ 陈淳:《北溪字义》,第 37 页。
⑥ 陈淳:《北溪字义》,第 36 页。
⑦ 《宋元学案》卷六十八,第 2222 页。

形影不离不分。但就修养工夫来讲，敬才是最好的选择。因为，"格物致知也须敬，诚意正心修身也须敬，齐家治国平天下也须敬。敬者，一心之主宰，万事之根本。"①

心有敬来主宰统摄，便不会走作散漫，这便是主一之谓敬。因此，内心如果不能保持主一无适，走作散漫，昏聩惑乱，杂念私欲常存，而外在依然能够做到身体严整、容貌端正，这样的情况是不存在的。同时，如果外在身体坐姿歪斜、衣冠不整、容貌不正，而内心依然不能做到敬贯动静，不能主一无适，不能收敛身心不容一物，不能时刻保持清醒，这样的情况也是不可能存在的。可见，陈淳在强调"敬"的重要地位和功能的同时，也进一步强调了"恭"对于"敬"的影响，认为身体严肃、容貌端正对于"敬"的修养工夫而言具有重要的促进作用。

2. 敬与恕

"恕"字《说文解字·心部》解释为"仁也"。"恕"是孔子谈"仁"时提出的一个重要概念，孔子认为"己所不欲，勿施于人"就是"恕"。程颐认为，恕是"推己及物"，是做人的道理。朱熹认为，"推己之谓恕"，说的也是要推己及人。② 与孔子一样，朱熹也有较多谈及"忠恕"，强调要以己度人，推己及人，由己之心去理解、推知他人之心，设身处地为他人着想。不同之处在于，在朱熹看来"忠恕"不仅仅是行仁义的道德要求，更加强调忠为体，恕为用的关系。此外，朱熹从修养工夫的角度提出"主敬行恕"，他在讨论克己工夫与主敬行恕的区别时说：

> "克己复礼"，是截然分别个天理人欲，是则行之，非则去之。敬恕，则犹是保养在这里，未能保它无人欲在。若将来保养得至，亦全是天理矣。
> "克己复礼"，如拨乱反正；主敬行恕，如持盈守成，二者自有优劣。

朱熹认为，主敬行恕只是保养守成，是要内心存敬、恕以待人，虽不能保证内心是否有私欲，但如果工夫得当却也可以完全体察天理；而克己复礼，却能够当下分辨出天理人欲，舍弃人的杂念私欲，按照天理的要求去做。由此可以看出，朱熹认为，克己复礼与主敬行恕各有优劣。

陈淳又进一步对敬恕关系进行阐述，他说：

> 敬者，吾心之所以生而仁之存也。恕者，吾心之所以达而仁之施也。诚

---

① 陈淳：《北溪字义》，第 35 页。
② 朱熹：《四书章句集注》，第 71 页。

能主敬持己，若是其笃，则私意无所萌于内矣。行恕及物，若是其实，则私意无所形于外矣。内外无私意，则纯是天理，而仁在是矣。①

陈淳认为，敬是由内心所生，是仁存在的根本，而恕是有内心向外而发，是仁的实施。要想求仁就必须同时做到敬恕，立身修养就要主于敬，让私欲杂念不在内心生出，待人接物就要以恕行，让私欲杂念不呈现出来。"内外敬恕，私欲何寓？天理周流，无所不具。"② 如此，主敬行恕，就会让人内心和外在都不存在私欲杂念，就都是合乎天理的，从而达到圣人仁的境界。

3. 主敬穷理克己

格物致知，是宋明理学家讨论的重要概念，又常常与主敬、穷理、克己等概念相提而论。对于三者关系的探讨，宋明理学家们颇为重视，有诸多讨论。程颐认为，格物即是穷理，致知在格物，"格犹穷也，物犹理也，犹曰穷其理而已也。穷其理，然后足以致之，不穷则不能致也。"③ 论及"敬"，程颐说"涵养须用敬，进学在致知"④，修身养性，须要做到主一无适，获得学问则在日积月累学习知识。朱熹认为，格物，所以穷理，"大要在致知，致知在穷理，理穷自然知至。"论及致知、敬、克己三者的关系时，朱熹有一段精要的论述：

致知、敬、克己，此三事，以一家譬之：敬是守门户之人，克己则是拒盗，致知却是去推察自家与外来底事。伊川言："涵养须用敬，进学则在致知。"不言克己。盖敬胜百邪，便自有克，如诚则便不消言闲邪之意。犹善守门户，则与拒盗便是一等事，不消更言别有拒盗底。若以涵养对克己言之，则各作一事亦可。涵养，则譬如将息；克己，则譬如服药去病。盖将息不到，然后服药。将息则自无病，何消服药。能纯于敬，则自无邪僻，何用克己。若有邪僻，只是敬心不纯，只可责敬。故敬则无己可克，乃敬之效。若初学，则须是功夫都到，无所不用其极。⑤

朱熹用家来比喻作心，认为："敬"是看守门户的人，即是持守内心，主一无适。"克己"是防止偷盗，即是防止本心被外物所扰乱侵蚀。"致知"是推求省察自家和家之外的事，即是通过推求省察来获得事物的知识和道理。敬是闲邪之

① 陈淳：《北溪大全集》，漳州北溪书院 2014 年版，第 120 页。
② 《北溪大全集》，第 96 页。
③ 《二程集》卷二十五，第 316 页。
④ 《二程集》卷十八，第 188 页。
⑤ 《朱子语类》卷九，第 151 页。

道，如果诚敬常存内心便能"克己"，这正是程颐只谈敬、致知，不提克己的原因。主敬涵养犹如修养身心，克己则如同服药治病，如果能够真正做到敬的修养工夫，就无须服药，无须克己。所以说，"敬则无己可克"，做到主敬修养的工夫是可以代替克己的。

相比二程、朱子，陈淳在《主敬穷理克己工夫》一文中对于主敬、穷理、克己三者的关系阐述得更为详细、明了、透彻。陈淳说：

> 主敬是日用间动静不可间断要切工夫，其次则穷理、克己又其相须也。盖敬者，生道也，心之所以常惺惺不昧，而天理之所以聚也，必主焉，则专以是为重，常存于中，为此心之镇，而无少时之不然也。无事而主乎敬者，所以醒定其未发。有事而所主之敬不弛者，所以齐整其已发。未发者醒定，则天理昭融于方寸，有以涵夫动之端，而其发也必齐整。已发者齐整，则天理森布于事物，各不违其静之则，而其复常而为未发也。又盖醒定矣，一动一静，只管如此循环去然，亦岂一时暂尔之敬，而遽能尔哉。平时之学，苟惟一理之未莹，则未发虽醒定，而其中已有是一理之欠，其中既一理之欠，则所发虽齐整而亦必有乖碍不中节之处矣。一私之未克，则未发虽醒定，而其中已有是一根之伏，其中既一根之伏，则所发虽齐整，而亦必有不觉乘间为事之累矣。故平时之穷理、克己，非主敬不能，而亦所以维，是敬也。[①]

三者在陈淳看来，主敬是日用、动静之间不可间断的，是修养身心的首要工夫，与穷理、克己是相互依存、互相需要的关系。陈淳认为，敬乃是"生道"，能使内心保持清醒，不昏聩晦暗的关键，更是天理集聚之处，必须要无时无刻不做到主一无适常存于心中，保持内心的安静。不论是在"无事"与"有事"之时都要"主敬"。无事时主敬，可以让心于"未发"之时就保持清醒、安定而不慌乱，那么天理自然而然就会呈现在内心里面，从而使心要行动之初就能得到敬的涵养，如此外在的行为就会严肃端正、整齐有序。有事时内心亦不间断主敬的工夫，"已发"就必然整齐严肃，那么天理就会散布于万事万物之上，让外在行为各自符合天理的纯粹法则要求，从而复原常态成为"未发"。如此内心时刻保持清醒、主一无适，便在动静之间循环往复，不能有丝毫间断才行。如果日常中有一理未穷得，即使内心保持清醒安定、主一无适，也是存在一理的欠缺，那么"已发"的外在行为就会有不合天理的地方。如果日常中有一私未克，即使内心

---

① 《北溪大全集》，第 113、114 页。

保持清醒安定、主一无适，也是存在一私在内心里面，那么"已发"的外在行为就会在不知不觉中为私欲所连累。所以，陈淳认为，穷理、克己必须先要主敬，同时，主敬也需要穷理、克己来维持，三者之间是互相依存、互相补充、互相需要的联动关系，要达到圣人境界不能缺少其中的任何一个环节。

紧接上面的论述，陈淳又对三者的关系进行概括和总结。陈淳说：

> 盖敬贯动静，而穷理者，又所以载培其未发，而精明其所已发，克己者又所以提防其未发，而洒落其所已发。平时之穷理、克己，所以为今日未发已发之趾，而今日之穷理、克己，又所以为后日未发已发之基。理之穷也，日益精，则敬之致也，日益密，而动静灼然纯天理之公。己之克也，日益力，则敬之存也，日益固，而动静粹然无人欲之问。夫是以未发之前全体完莹，而真有大本之中。已发之际大用通畅，而实得其达道之和矣。此心地上工夫之大，概动静无端，与日周流，至死而后已也。①

虽然陈淳认为敬是心的主宰统摄，是学者应当关注的最大工夫，但也强调必须在"主敬"的同时配合"穷理""克己"，才能实现"真有大本""实得其达道之和"的修养境界。陈淳认为，敬是贯通动静之间的；穷理是培养人内心"未发"，使"已发"明洁至诚的；克己是去私欲防范"未发"，也在"已发"之中存在的。所以说，之前日常的穷理、克己，是如今"未发""已发"的根基，而如今的穷理、克己又是之后"未发""已发"的基础。如此循环，穷理之工夫就会日益精进，主敬修养的工夫也就日益细密，就更贴近纯粹的天理。如果克己之工夫日益力行，内心主敬修养的工夫就日益稳固，在动静之间就不再有私欲杂念的存在。因为人心的存在动静循环之间不已，所以陈淳认为，人要时时刻刻做敬的修养工夫，使主敬、穷理、克己三者互相结合、促进，"与日周流，至死而后矣"。

由此，在继承二程、朱子思想的基础之上，陈淳提出了主敬穷理克己的工夫方法，既强调了主敬的重要地位，又兼顾穷理、克己的有益补充，进一步发展、完善了宋明理学主敬的修养工夫学说。

### 二、敬则有所统摄主宰

陈淳在《答郑尉景千问持敬》中关于敬的一段阐述，涵盖宋明理学的诸多敬

①《北溪大全集》，第114页。

之说法，并总结归纳出"敬"观念的五个方面，可以作为其"敬"观念的核心和综述。陈淳说：

> 所谓主一无适者，敬之义。所谓常惺惺者，敬之体。所谓整齐严肃者，敬之容。所谓戒谨恐惧者，敬之意。所谓其心收敛不容一物者，又正持敬时凝定之功。①

陈淳对前人"主一无适""常惺惺法""整齐严肃""戒谨恐惧""其心收敛，不容一物"等有关敬的说法进行逐一阐述，总结区分，分别从"敬之义""敬之体""敬之容""敬之意""持敬之功"五个方面进行论述，既有对二程、朱子、上蔡、和靖的继承，也有自己的思考发明。"敬"观念作为修养功夫之说，自二程提出，到朱熹形成完整的理论体系，直至陈淳对"敬"观念进一步总结提升，使得"敬"一字的地位逐渐上升，主敬的修养功夫逐步成为宋明理学乃至儒家修身、齐家、治国、平天下的关键进路和重要思想，对后世儒家思想产生了重大的影响。

1. 敬之义：主一无适

回顾在此之前有关"敬"观念的发展历程，陈淳认为，"敬"字在先秦经典中有诸多论述，但都是无关紧要的闲慢之说，到二程方才认识到敬的重要和作用，单独提出作为儒家修养工夫的关键。之后，也就有了从程颐的"主一之谓敬，无适之谓一"到朱熹说的"主一无适之谓敬"的发展。陈淳更加强调"敬"的主体性意味，认为："敬字本是个虚字，与畏惧等字相似，今把做实工夫，主意重了，似个实物事一般。"②

"盖敬者，主一无适之谓，乃心之生道而万事之根本，所以成终而成始者也。"③ 陈淳认为，敬即是"主一无适"，是心所生之道，是万事万物的根本，贯穿于万事万物的始终。陈淳论敬，是从心出发的，认为敬是由心所生，但人心妙不可测、不可捉摸，不知道何时出入，也不知道去向何处，如此便无法控制，更谈不上格物致知、体察天理。因此，心就需要有一个主宰统摄，即是敬。所以，陈淳说："所谓敬者，又心之主宰也。"④ 又说："所谓敬者无他，只是此心常存在这里，不走作，不散慢，常怅地惺惺，便是敬。"这些论述，都是在强调敬作为

---

① 《北溪大全集》，第 348 页。
② 陈淳：《北溪字义》，第 35 页。
③ 《北溪大全集》，第 206 页。
④ 《北溪大全集》，第 298 页。

心的主宰地位，只有以敬来统摄，心常存于此，才能不散漫无边、不放逸越规，时时刻刻保持清醒。

由此，陈淳进一步解释"主一无适"。他认为："主一者只是心主这个事，更不别把个事来参插。"① 正如朱熹所讲的"勿贰以二，勿叁以三"②，陈淳认为，"主一"就是心思集中，专注于所要做的这个事，而不时在做这个事的同时又去做别的事来妨碍正在做的这个事。若做一件事情，又插第二件、第三件事情进来，就不是主一，也就是不敬了。陈淳又把"主一"分为无事时和有事时分别解释，"无事时，心常在这里，不走作，固是主一。有事时，心应这事，更不将第二第三事来插，也是主一。"所以，"主一"是要时刻常存的，无事时心不走作，有事时心专一此事，都是敬。陈淳认为，"无适"就是集中于一处，不走作，"心常在这里，不走东，不走西，不之南，不之北"③，也正是朱熹所说的"不东以西，不南以北"④。因此，心不走作，心不二三，是具体来形容敬的含义，都是"主一无适"之意。

"主一无适"还有另外一层含义，即"敬贯动静"。在朱熹看来，无事时心时刻收敛，遇事时以敬应事，读书时敬于读书，人心就自然贯通动静之间，无时不存。所以，朱熹说："方无事时，敬于自持；凡心不可放入无何有之乡，须收敛在此。及应事时，敬于应事；读书时，敬于读书；便自然该贯动静，心无时不存。"⑤ 又说："已发未发，不必大泥。只是既涵养，又省察，无时不涵养省察。若戒惧不睹不闻，便是通贯动静，只此便是工夫。"⑥ 陈来也认为，用敬贯动静，敬贯始终，敬贯知行概括朱子为学之方，比较全面而合乎朱熹的整个思想。⑦

陈淳认为，之所以二程以"敬"说人心的修养工夫，正是因为，人心散漫，出入无定时，不知其归处，"盖以此道理贯动静，彻表里，一始终，本无界限"⑧。他强调，"此心常无间断，才间断便不敬"⑨，心在里面时要主一无适，动出于外来

---

① 陈淳：《北溪字义》，第 35 页。
② 《朱子语类》卷一百五，第 2635 页。
③ 陈淳：《北溪字义》，第 35 页。
④ 《朱子语类》卷一百五，第 2635 页。
⑤ 《朱子语类》卷一百二十，第 2911 页。
⑥ 《朱子语类》卷六二，第 1514 页。
⑦ 陈来：《朱熹哲学研究》，中国社会科学出版社 1988 年版，第 258 页。
⑧ 陈淳：《北溪字义》，第 35 页。
⑨ 陈淳：《北溪字义》，第 35 页。

做事时也应如此，在闲静无事时候要用敬，在应事接物的时候也要用敬，在做事开始的时候要集中专注，在做事即将结束的时候也应如此。

2. 敬之体：常惺惺

陈淳与朱熹在论述"敬"的时候都强调敬与心的关系。如朱熹所说的"敬，只是此心自做主宰处"，陈淳所说的"敬者，心之所以生也"。那么是否存在"敬之体"？心是否是"敬之体"呢？

> 问："尝学持敬。读书，心在书；为事，心在事，如此颇觉有力。只是瞑目静坐时，支遣思虑不去。或云，只瞑目时已是生妄想之端。读书心在书，为事心在事，只是收聚得心，未见敬之体。"曰："静坐而不能遣思虑，便是静坐时不曾敬。敬只是敬，更寻甚敬之体？似此支离，病痛愈多，更不曾做得工夫，只了得安排杜撰也。"①

可见，朱熹并不赞同去寻找所谓的"敬之体"。他认为，敬只是敬，只须专心地去做敬的工夫，读书做事是内心专一，闭目静坐时收敛无杂念，没有必要再去耗费精力寻"敬之体"。但与朱熹不同，陈淳却认为"所谓常惺惺者，敬之体"，究竟是何意？

在佛家语种，"常惺惺"意为头脑经常或长久保持清醒，上蔡引入理学以"常惺惺"释敬，但与佛家之意虽近，方法和目的却完全不同。朱熹认为，二者虽同为一词，但"其唤醒此心则同，而其为道则异"②，其区别在于，儒家所讲的"常惺惺"是唤醒此心用来照应万事万物的道理，而佛家的"常惺惺"只是空唤醒此心后停留在那里，无所作为。朱熹进一步解释，所谓常惺惺法就是，"所谓静中有个觉处，只是常惺惺在这里，静不是睡着了"③，这就叫敬。

陈淳赞同谢良佐所谓"常惺惺"的说法，他认为心应时常保持清醒，如此心便是活的，若不敬，心就如同死灰，如果心在，则万理森然在其中。心之敬亦应常存，才能不走作、不散漫，常如此"惺惺"便是"敬"。陈淳又说："常惺惺亦只是心常惺定在此，不昏困，所主便一，若昏困则便有他适矣。"④可见，陈淳对"常惺惺"之说颇为赞赏，认为只有"常惺惺"，心才能不昏沉困倦，才能做到主一无适。这也正是陈淳"敬之体"之意，并不是要人可以地去为"敬"找一个体

① 《朱子语类》卷一二，第214页。
② 《朱子语类》卷一七，第373页。
③ 《朱子语类》卷六二，第1503页。
④ 《北溪大全集》，第307页。

之所在，而是强调"常惺惺"法是"敬"的内在要求，在身心修养工夫中的重要地位。因此，陈淳强调的"敬之体"与朱熹所讲的"敬只是敬，更寻甚敬之体？"并无根本上的区别，也并不是对朱熹观念的否认和批判。

因此，陈淳说："敬者，主一无适之谓，所以提澌警省此心，使之惺惺，乃心之生道而圣学之所以贯动静彻终始之功也"①，再次强调突出了"常惺惺"对于内心体悟天道和圣人之学贯穿动静始终、周流天地的重要作用。

3. 敬之容：整齐严肃

在此之前，关于"整齐严肃"，朱熹已经进行过细致深入的探讨，认为"整齐严肃虽非敬，然所以为敬也"，并就坐、立、头、目、足、手、口、气、衣冠等"敬之目"的具体行为规范作了详细说明。陈淳在朱熹观点的基础上，又进一步提出"整齐严肃，敬之容"②的观点，认为"整齐思虑、严肃容貌，此心便一，更无他适"③，衣冠举止整齐、神态端庄严肃，是对"主一无适"的详细发明和解释，是"敬"外在的容貌和法则，如果坐姿歪斜、衣冠不整，便是不敬。陈淳认为，只有整齐内心思虑，严肃外在容貌，心才是主一无适，体现在外的"坐如尸，立如齐"，便是敬之容。④

朱熹曾作《敬斋箴》专论"敬"的日常修养工夫，其中就涉及很多"敬之容"的方面，受到其弟子及后世理学家们的大力推崇。陈淳评价说《敬斋箴》"宜列诸左右，常目在之，按为准则做工夫，久久自别"⑤，并撰有《敬斋箴解》，对之逐段逐句作了详细的注释，其中有关"敬之容"的内容颇多。如"正其衣冠，尊其瞻视"就是说，早晨起床时要整齐衣冠，对所见人事物要尊敬。"足容必重，手容必恭"就是说，举止行为要稳重。"战战兢兢"是"战战谓恐惧，如敬于见宾之貌；兢兢谓戒谨，如敬于奉祭之貌"⑥。这些都是朱熹和陈淳所强调的"主敬"的外在层面，要衣着容貌、说话办事、举手投足、举止行为等等都要"整齐严肃"，才是"敬之容"，才是"敬"日常修养的方法和要求。

此外，陈淳还借助朱熹"解中庸为平常"的说法，以"中庸平常"来解释"敬之容"的具体内容。在陈淳看来，"中庸"并不是在"中"之外另有一个

---

① 陈淳：《北溪字义》，第78页。
② 陈淳：《北溪字义》，第36页。
③ 《北溪大全集》，第307页。
④ 陈淳：《北溪字义》，第37页。
⑤ 陈淳：《北溪字义》，第36页。
⑥ 《北溪大全集》，第230页。

"庸"，而是从"中"中发出来的，不偏不倚，无过不及，是日常平时的道理。比如，"如视之思明，听之思聪，色之思温，貌之思恭，与夫足容之重，手容之恭，头容之直，气容之肃，及言忠信，行笃敬，居处恭，执事敬等类，论其极致，只是平常道理。"① 因此，思虑收敛、容貌恭敬、步伐稳重、举止得当、外貌严肃都是平常道理，是符合"中庸之道"的行为准则，只有如此，才是"主敬"修养工夫的"敬之容"。

4. 敬之意：戒谨恐惧

与"戒谨恐惧"相似，"戒慎恐惧"之说早已有之。《易经》震卦中说："君子以恐惧修省"②，讲的是作为君子要常怀畏惧忧患之心来修养内心、反身自省、修身立德，使言行合乎道德规范。"恐惧"在这里并不是惶恐害怕之意，而是时刻保持敬畏之心来自警、自省的修身之道。《礼记·中庸》中又说："君子戒慎乎其所不睹，恐惧乎其所不闻"，朱熹解释说："是以君子之心常存敬畏，虽不见闻，亦不敢忽，所以存天理之本然，而不使离于须臾之顷也。"③ 朱熹认为，君子要心常存敬畏，即使是他人看不见、听不到的时候，也要心存天理道德的本来要求，不能够有一丝一毫的间断和放松。由此，在朱熹那里"戒慎恐惧"已经成为一种修身养性的方法。

朱熹的"敬"观念体系中也谈及"敬之法"和"敬之意"。朱熹说："战战兢兢，如临深渊，如履薄冰。此乃敬之法"，"中庸戒慎恐惧，皆敬之意"。④ 朱熹所讲的"敬之法"，正是曾子所说的"战战兢兢，如临深渊，如履薄冰"，是要时刻常存戒慎恐惧之心，使心不至于昏聩惑乱，如同临深渊担心坠落、履薄冰害怕陷入一样。朱熹认为，待人接物保持中正平和，内心时时警惕谨慎，常怀敬畏，乃是"敬之意"。

与朱熹不同，陈淳认为，"所谓戒谨恐惧者，敬之意"⑤。陈淳认为"敬"字本与畏惧等意思相近，指的是内心要谨慎敬畏，常常自我反省，不要有蔽于外物而被人欲所诱。应该做实的工夫，不能太执着，也不能太拘束。如果"戒谨恐惧"变成"畏怖惊惶"便失去原来的本意。他说："所谓持敬，便即是提醒，便即是

① 陈淳：《北溪字义》，第49页。
② 《易经·震》。
③ 朱熹：《四书章句集注》，第20页。
④ 《朱子语类》卷三五，第912页。
⑤ 《北溪大全集》，第348页。

戒谨恐惧，此中趣味须实用工夫便自见得。若苦执着太重则又太拘，拘反成畏怖惊惶去，本然道理反晦了。"①

那么"戒慎恐惧"与"戒谨恐惧"一字之差，有何区别呢？

从字面上来看，"戒慎恐惧"，强调"慎独"之意，"戒谨恐惧"侧重于"谨慎"之意。但从朱熹与陈淳的阐释来看，二者并无本质区别。只不过，陈淳更强调"戒谨恐惧"的自力、自省。他说，"己所未闻，己所未睹，即须自力，戒谨恐惧"②，"戒谨恐惧四字，解析亦切于自省者"③。而朱熹把"戒慎恐惧"的修养工夫说得更为深入透彻。如朱熹所说"如恐惧戒慎，是长长地做"④，在谈到"不睹不闻"与"慎独"的区别时说，"上一节说存天理之本然，下一节说遏人欲于将萌"⑤。从实质来看，二者都是"主敬"修养工夫的重要内涵，只不过陈淳把"戒谨恐惧"明确看作为"敬之意"，作为实现自身修养而自觉努力的一种"敬"的心理状态和途径。

5. 敬之功：其心收敛不容一物

宋明理学的"敬"观念诸说，都是在强调人要先在心上做工夫，无时无地、无事无物、闲时静时、内事外物，都要敬，必须笃实做持敬工夫。朱熹特别强调"持敬"工夫，把"持敬"比作"若有疾"，认为持敬乃是穷理之根本，须做到"主一无适"，"如人负一个大痛，念念在此，日夜求所以去之之术。理会这一件物，须是彻头彻尾，全文记得，始是如此，末是如此，中间是如此；如此谓之是，如此谓之非。"⑥朱熹的比喻甚是生动、贴切，持敬的工夫就像人患疾痛后，精力心神全在疾痛上，心心念念、不分日夜地去寻求祛除的方法。持敬是为学、修身的重要途径，要想修养德性成就内圣的目标，做的"持敬"就要从头到尾、彻上彻下地明白其中的道理，要善始善终，知晓是非对错，时时刻刻秉持而不间断。

陈淳也非常注重持敬的工夫，在继承朱熹持敬说法的基础上，他说得更为具体明确，认为："所谓其心收敛不容一物者，又正持敬时凝定之功。"⑦在朱熹看

---

① 《北溪大全集》，第 346 页。
② 《北溪大全集》，第 97 页。
③ 《北溪大全集》，第 346 页。
④ 《朱子语类》卷六二，第 1514 页。
⑤ 《朱子语类》卷六二，第 1503 页。
⑥ 《朱子语类》卷一百一十六，第 2803 页。
⑦ 《北溪大全集》，第 348 页。

来，"其心收敛不容一物"就是"心主这一事，不为他事所乱"①，仍是强调"主一无适"之意，并无过多深入的分析和探讨。与朱熹不同，陈淳又进一步对"其心收敛不容一物"的内涵进行了解释，他说：

> 礼谓"执虚如执盈，入虚如有人"，只就此二句体认持敬底工夫，意象最亲切。且如人捧个至盈底物，心若不在这上，才移一步便倾了。惟执之拳拳，心常常在这上，虽行到那里也不倾倒。入虚如有人，虽无人境界，此心常严肃，如对大宾然，此便是主一无适意。又如人入神祠中，此心全归向那神明上，绝不敢生些他念，专专一一，便是不二不三，就此时体认，亦见得主一无适意分晓。②

陈淳认为，人们是因为太过执着于如何做持敬的工夫，所以感觉很难实行。他认为《礼记》中的"执虚如执盈，入虚如有人"用来形容持敬之功非常亲切。持敬正如人手捧着一个盛满东西的容器，如果心不在所持的东西上，走一步容器里的东西就会倾洒出来。所以，一定要心常在所持的容器上，凝神专注、小心谨慎地持着，那么无论走到什么地方都不会倾洒。持敬又如人走进一间空无一人的房间里，尽管没有他人，但是也要"此心常严肃，如对大宾"。陈淳认为，只有内心收敛，只把心专注于所要专注的一事之上，不被其他不相干的他事他物所扰乱，这样才是真正的"持敬底工夫"。

那么在日常生活中如何做持敬之功？陈淳认为："文公敬斋箴，正是铺叙日用持敬工夫节目，最亲切。"③陈淳的《敬斋箴解》中对日用持敬工夫节目进行了注解。如：接物应事时要心要主敬，做到"出门如宾，承事如祭"；想要说话时要不妄言、表达时要不随意，做到"守口如瓶，防意如城"；准备做某事时要心里不走作、散漫，做到"不东以西，不南以北。当事而存，靡他其适"；正在做某事时心要收敛专注，做到"勿贰以二，勿参以三。惟心惟一，万变是监"。④陈淳所注解的日用持敬工夫节目，都是"其心收敛不容一物"在日常生活中应事接物的具体表现。

陈淳还强调，持敬"既不执着太重，又不忽略太忘，既不拘束太迫，又不放荡太宽，只如平常做去，久之，自然耳目手足有常度，容貌身体有常节，初未

---

① 《朱子语类》卷一七，第 373 页。
② 陈淳：《北溪字义》，第 36 页。
③ 陈淳：《北溪字义》，第 36 页。
④ 《北溪大全集》，第 231 页。

尝着意于持敬而固无所不敬也"①。他认为，持敬只是在于让此心收敛存在，不走作、不容他物，做到"坐则在坐，言则在言，视则在视，听则在听，无事时在此常惺惺，有事时则呈露在事执，此事则在此事执，彼事则在彼事对"②，就是持敬，如果人心被外物所乱、所累，就不能主一无适，便会有人情所欲而产生杂念私欲，就不可能达到内圣的修养境界。

　　总的来说，陈淳对以往宋明理学，尤其是朱熹"敬"观念的总结概括，既遍及诸家之说，又梳理涵盖了"敬"的重要内涵，使后学能够大致了解和掌握。陈淳的总结梳理颇有独到之处，围绕"敬"归纳整理而成"敬之义""敬之体""敬之容""敬之意""持敬之功"五个方面，不仅清晰明了，而且总结中亦有深入的分析和详细的阐释。尤其是，"主敬穷理克己"修养工夫方法的提出，不仅是对宋明理学"主敬"修养工夫的有益补充和完善，更是宋明理学中的一大发明，对宋明理学的发展和传播具有重要贡献和意义。

---

① 《北溪大全集》，第 348 页。
② 《北溪大全集》，第 348 页。

# 第十五章　恕

　　现存的甲骨文与金文都没有记载"恕"字，今文《尚书》也不曾使用。① 恕成为中国思想史的重要范畴始于《论语》。子贡问孔子："有一言而可以终身行之者乎?"孔子回答说："其恕乎! 己所不欲，勿施于人。"② 人际关系中，自己不愿意他人用来对待我的某种方式或某种行为，自己就不应该以自己所厌恶的去对待他人。子贡表示希望能够做到这一准则，"我不欲人之加诸我也，吾亦欲无加诸人"。③ 曾子以忠恕概括孔子的一以贯之之道。子曰："参乎! 吾道一以贯之。"曾子曰："唯。"子出。门人问曰："何谓也?"曾子曰："夫子之道，忠恕而已矣。"④ 门人没有追问何谓忠恕，曾子也没有解释忠恕的含义，也许"己所不欲，勿施于人"足以说明忠恕的意蕴。

　　《大学》强调修身的根本性作用。只有自己的道德修养达到一定的完美程度，才能由自己推之于齐家治国平天下。"齐家治国"章说，尧舜躬行仁爱，天下百姓也跟着践行仁爱；桀纣残暴，天下百姓也跟着残暴。"是故君子有诸己，而后求诸人。无诸己，而后非诸人。所藏乎身不恕，而能喻诸人者，未之有也。"⑤ "有诸己"是说自己切实地拥有了道德，此即"明德"；"求诸人"是说帮助别人也达到道德修养完善的状态，即"新民"。只有自己在道德上没有瑕疵，才可能认识到他人的错误，进而要求他人改正，帮助他人成就德行，"所藏乎身不恕"的"恕"即指自我的道德修养。《中庸》记载"忠恕违道不远，施诸己而不愿，亦勿施于人"，表达的仍然是"己所不欲，勿施于人"的意思，但不仅仅是

---

① 庞朴：《儒家辩证法研究》，《庞朴文集》第一卷，山东大学出版社 2005 年版，第 417 页。

② 《论语·卫灵公》。

③ 《论语·公冶长》。

④ 《论语·里仁》。

⑤ 《大学》。

恕，忠恕都包含其中。孟子认为恕是求仁的方法，"强恕而行，求仁莫近焉"。[①]
荀子说："君子有三恕：有君不能事，有臣而求其使，非恕也；有亲不能报，有子
而求其孝，非恕也；有兄不能敬，有弟而求其听令，非恕也。"[②]荀子的恕思想含
有较重的伦理规范意味，事君之忠、养亲之孝以及敬兄之悌等原则，都是恕的
体现。

恕由"如"和"心"两个字组成。《说文解字》："如，从随也，从女从口。"
以女子随人解释如的含义。《白虎通》说："女者，如也"，段玉裁则说："引申之
凡相似曰如，凡有所往曰如。"[③]如的含义包括相似，人的心理有共通之处，以心度
心，做到"己所不欲，勿施于人；己之所欲，既施于人"。[④]贾谊说："以人自观，
谓之度，以己量人谓之恕。"[⑤]王符曰："所谓恕者，君子之人，论彼恕于我，动作
消息于心。"[⑥]韩婴表示："圣人以己度人者也。以心度心，以情度情，以类度类，
古今一也。"[⑦]都强调从自己的内心情感出发，考虑别人的心理情感，自己所不愿
意接受的，就不应该让别人承受；自己所希望达到的，也尽力帮助别人达到。皇
侃在《论语义疏》引用王弼的观点："恕者，反情以同物者也。未有反诸其身而
不得物之情，未有能全其恕而不尽理之极也。"[⑧]王弼阐释恕思想，不仅仅在人际
关系上，而且扩大到物的广泛层面，强调反求己身以推度物之情。颜师古在《汉
书·晁错传》中注解"内恕及人"为"以己之心揆之于人也"。[⑨]以自己内心的真
实情感推测别人的心理需求，也就知道别人所需要的，和自己并无多大的差异。

## 第一节　"推己及物，以养人也"：
### 二程对恕思想的新开拓

先秦儒家的恕思想，基本都在"己所不欲，勿施于人"的基础上加以深化或

---

① 《孟子·尽心上》。
② 《荀子·法行》。
③ 许慎撰，段玉裁注：《说文解字注》，凤凰出版社 2015 年版，第 1079 页。
④ 冯友兰：《中国哲学史》，重庆出版社 2011 年版，第 66 页。
⑤ 贾谊著，阎振益、钟夏校注：《新书校注》，中华书局 2000 年版，第 303 页。
⑥ 王符著，王健注：《潜夫论》，河南大学出版社 2008 年版，第 235 页。
⑦ 韩婴撰，许维遹校释：《韩诗外传集释》，中华书局 1980 年版，第 113 页。
⑧ 转引自程树德：《论语集释》，程俊英、蒋见元点校，中华书局 2013 年版，第 307 页。
⑨ 班固撰，颜师古注：《汉书》，中华书局 1975 年版，第 2294 页。

者作具体的说明。汉唐间从"如心为恕"的角度，强调以己之心度人之心，与人同乐。我们现在论及忠恕思想，往往引用朱子"尽己之谓忠，推己之谓恕"① 的经典表述，认为恕即推己及人。然而，以"尽己""推己"解释忠和恕，直到二程才出现，汉唐千余年间不曾出现"尽己为忠，推己为恕"的说法。

### 一、仁恕之别：以己为仁，推己为恕

二程首先以"尽己""推己"解释忠和恕。明道先生说："以己及物，仁也。推己及物，恕也。"② 明道先生以以己和推己区分仁和恕，仁和恕的联系与区别，下文将会分析。伊川先生说："尽己之谓忠，推己之谓恕。"③ 明道先生以推己及物阐释恕，伊川先生以推己解释恕，二人表述的差异在于"物"字。孟子说："君子之于物也，爱之而弗仁；于民也，仁之而弗亲。亲亲而仁民，仁民而爱物。"④ 爱物、仁民和亲亲是三种不同种类的爱，"物"是对于人而言的，指草木禽兽等。明道先生在解释孟子"万物皆备于我"时，也表示："此通人物而言。禽兽与人绝相似，只是不能推。"⑤ "物"是指禽兽之类的动物，它们没有人类的推理、推广能力。若明道先生理解的物仅仅指动植物，那么推己及物就没有人与人之间的关怀，故而，物应该有更加广泛的内涵。

"以物待物，不以己待物，则无我也。圣人制行不以己，言则是矣，而理似未尽于此言。"⑥ 物是相对己而言的，自己之外的一切都可以称为物，动植物可以是物，除自己之外的他人也可以是物。明道先生认为天地生物多种多样，有大小之差异，有长短之不同，是不可以整齐划一的。明道先生在《答横渠张子厚先生书》中说："圣人之喜，以物之当喜；圣人之怒，以物之当怒。是圣人之喜怒，不系于心而系于物也。"⑦ 此处的物不仅仅指动植物或者他人，因为它们的存在不会造成我的喜怒，只有我和它们发生关系，它们的行为才会使我产生喜和怒的感觉，故而，物也泛指一切关系。明道先生还说"夫天地之常，以其心普万物而无

① 朱熹：《四书章句集注》，中华书局 2014 年版，第 71 页。
② 程颢、程颐：《河南程氏遗书》卷十一，《二程集》，中华书局 2012 年版，第 124 页。
③ 《河南程氏经说》卷六，第 1138 页。
④ 《孟子·尽心上》。
⑤ 《河南程氏遗书》卷二下，第 56 页。庞万里考证为明道语，参见庞万里《二程哲学体系》，北京航空航天大学出版社 1992 年版，第 377 页。
⑥ 《河南程氏遗书》卷十一，第 125 页。
⑦ 《河南程氏文集》卷二，第 461 页。

心"①，从天地造化来看，世间一切都是物，"仁者以天地万物为一体"，故而，推己及物的范围非常广泛，凡是我所见到的、所接触到的都是物，都是自己向外推广应用的对象。物的范围虽然广泛，但也有具体的道德德目，因为离物无道，离道也就没有物，推己及物需要在道的层面展开。"道之外无物，物之外无道，是天地之间无适而非道也。"② 君臣、父子、夫妇、长幼、朋友是伦理关系的主要体现，即道的表现形式，推己及物需要在此领域展开。伊川先生也认为在父子、君臣等人伦关系上做到心悦诚服，是践行道德的大概内容。所以，不论是伊川先生的推己，还是明道先生推己及物，都是将自我指向他人，引导他人积极向道德靠拢，成就完美的德行。

曾子以忠恕概括孔子的一以贯之之道。《中庸》却说："忠恕违道不远。"一个"违"字表明忠恕和道之间存在着距离。伊川先生注意到《论语》和《中庸》表述的差异，他认为《中庸》虽然认可曾子的话，但又担忧其他人怀疑忠恕是否可以为道，所以"忠恕违道不远"是"掠下教人"。③ 《论语》之忠恕是孔子一以贯之之道，《中庸》之忠恕是降下一等，以教育学者领略孔子之道，两者之间存在距离，不在同一个层次。明道先生认为《论语》之忠恕与《中庸》之忠恕的差别在于前者以天而动。以天而动的重要特征是无心，毫无人为的痕迹。孔子即为圣人，他的一举一动都是自然而然地合乎天理，没有一点私意。颜渊和子路侍立在孔子身边，孔子让他俩谈谈自己的境界。颜渊说"愿无伐善，无施劳"④，二程盛赞其志大而无以为加。但是，相对于孔子来说，颜渊仍然是有心为之，至于孔子之志——"老者安之，朋友信之，少者怀之"，则犹如天地之造化万物，万事万物皆出于自然，万事万物皆各得其所，丝毫不用刻意安排，这是圣人的志向。

子贡曰："如有博施于民而能济众，何如？可谓仁乎？"子曰："何事于仁，必也圣乎！尧舜其犹病诸！夫仁者，己欲立而立人，己欲达而达人。能近取譬，可谓仁之方也已。"⑤ 有人问明道先生，子贡问仁，孔子却回答"仁之方"，这是什么原因呢。明道先生说，如果把"己欲立而立人，己欲达而达人"当作仁，那么反而不能领略仁，所以只说为仁，教导人只是这样做下去，自己去领略仁的境

---

① 《河南程氏文集》卷二，第 460 页。
② 《河南程氏遗书》卷四，第 73 页。
③ 《河南程氏遗书》卷一，第 8 页。庞万里考证为伊川语，参见《二程哲学体系》，第 345 页。
④ 《论语·公冶长》。
⑤ 《论语·雍也》。

界。仁，历来被视为孔子的思想核心，《论语》言仁处甚多，孔子有时说做到仁很简单，"吾欲仁，斯仁至矣"①，但是，孔子又不轻易许人以仁，并且说自己也没有做到仁。伊川先生说仁道难以形容，所以只能说"忠恕违道不远""可谓仁之方""力行近乎仁""求仁莫近焉"。孔子在回答子贡时，提出了仁和圣的差别，伊川先生以为仁可分为两个层次，将一件事情做到完满可以称为仁，将所有事情都做到尽善尽美是至仁，圣则是仁的极致。孔子是圣人，尽得人伦之理，可以称为至仁，然而，并不是所有人都能做到全尽仁道，所以只要将一件事情做得圆满，也可以称为仁。

"以己及物，仁也。推己及物，恕也。"②明道先生的这句话可以这样理解："以己及物"即是圣人之仁，圣人全得天理，应对万事万物都是天理的自然流露；推己及物是学者之恕，学者未到圣人境界，为人处世难免有些私心，需要勉强用力从自己内心推理考量。自己所不愿意的，就不应该施加于人；自己所希望达到的，也应该帮助别人达到，推己及人，与人同乐，共同进步。伊川先生注解"强恕而行"时说："知以己之所好恶处人而已，未至于无我也。故'己欲立而立人，己欲达而达人'，所以'为仁之方也'。"③仁是无我，自然而然；恕是有心，所以是为仁之方。

## 二、养人之道

恕是难能可贵的道德品质，体现着一个人的涵养。在《故户部侍郎致仕彭公行状》中，明道先生说彭思永在年幼的时候，冬天躺在被窝里，便知道挂念处在寒冷中的人。明道先生称赞彭思永"仁恕之善，见于天下"④。伊川先生表示明道先生具备恕的品格，"先生行己：内主于敬，而行之以恕；见善若出于己，不欲勿施于人；居广居而行大道，言有物而动有常"⑤。恕不仅仅是出于以心度心的人道关怀，更是帮助人们成就德行的实践方法。《颐》卦阐发存养之道，天地养育万物，圣人培养贤人以及万民，人的养生、养形、养德、养人都是颐养之道。伊川先生说："动息节宣，以养生也；饮食衣服，以养形也；威仪行义，以养德也；推

① 《论语·里仁》。
② 《河南程氏遗书》卷十一，第124页。
③ 《河南程氏遗书》卷二十一下，第275页。
④ 《河南程氏文集》卷四，第494页。
⑤ 《河南程氏文集》卷十一，第638页。

己及物，以养人也。"①

《孟子》记载伊尹说："天之生斯民也，使先知觉后知，使先觉觉后觉。予，天民之先觉者也。予将以此道觉此民也。"②孟子非常称赞伊尹以天下为己任的志向。对这句话，明道先生说："'予，天民之先觉者'，谓我乃天生此民中尽得民道而先觉者也。既为先觉之民，岂可不觉未觉者？及彼之觉，亦非分我之所有以予之，皆彼自有此义理，我但能觉之而已。"③人生天地之间，总有大小、贤愚之分，这是天地生育万物的必然状态，因此需要贤明之人以自己领略到的德行引导他人向道德靠拢，使人性中固有的善质拓展开来，成就德行，成为君子。这种引导是榜样的力量，而不是强制压迫，是人性中固有的善的实现，而不是他人的给予。伊川先生的历史观也颇能说明这个观点，《春秋传序》说："天之生民，必有出类之才，起而君长之，治之而争夺息，导之而生养遂，教之而伦理明，然后人道立，天道成，地道平。"④人类从混乱状态走向和谐有序，有赖于先觉之人发挥道德引领作用。

"推己及物，以养人也"，将成己之道推广，引导别人向道德靠拢，教育是必不可少的途径。二程讲学以教导后进，程门弟子也有近百人，"程门立雪""如坐春风"都是耳熟能详的故事。二程不但自己注意提携后学，而且也劝贤良文学之士多多从事教育事业。宋神宗即位之初，太子中允宇文之邵上书劝谏神宗应该恪守祖宗之法，此时神宗正酝酿变法改革，上疏内容自然没有得到皇帝的采纳，宇文之邵因此致仕回到汉州老家。伊川先生在《为家君请宇文中允典汉州学书》向宇文之邵力陈教育在个人成长和社会进步中的重大作用，希望他能在汉州讲学，将自己领略的道德推广开来。伊川先生认为养育天下百姓，推行教育、进行教化是根本的事业，从教则"小人修身，君子明道"，教育教化在于使天下人自觉地向道德趋进，成就自我的德行。孟子尝言"穷则独善其身，达则兼济天下"，宇文之邵虽然辞官在乡，远离政坛，伊川先生以为他只是自善其身，绝非甘于退避，未曾一日不想行道救济天下，儒者的淑世情怀溢于言表。伊川先生表示，虽然不能做官从政，推行自己笃信的治国方针，然而从事教育，奖掖后进，将自己感受到的道德推广开来，引导人们向道德靠近，也是"己立立人、己达达人"的

---

① 《周易程氏传》卷二，第 833 页。

② 《孟子·万章下》。

③ 《河南程氏遗书》卷一，第 5 页。庞万里考证为明道语，参见《二程哲学体系》，第 344 页。

④ 《河南程氏文集》卷八，第 583 页。

胸怀。伊川先生劝宇文之邵说："盖闻贤人君子，未得其位，无所发施其素蕴，则推其道以淑诸人，讲明圣人之学，开导后进，使其教益明，其传益广，故身虽隐而道光，迹虽处而教行，出处虽异，推己及人之心则一也。"① 伊川先生还以《观》卦上九爻辞"观其生，君子无咎"及其《象》曰"观其生，志未平也"② 的寓意，说明虽然贤人君子在政治上没有地位，但是，仍然是人民敬仰的对象。贤人君子不应该只图独善其身，而应以兼济天下为目标，推己以及人。

济世安民是儒者的人生信念，推己及物的养人之道，最高目标是兼济天下，创造条件使百姓生活安宁，实现天下太平。仁政天下的目标在现实世界是可以达到的，这有赖于君主真心实意地以民为重。明道先生在《南庙试策》中说："老吾老以及人之老，幼吾幼以及人之幼，此纯王之心也。使老者得其养，幼者得其所，此纯王之政也。"③ 推"老吾老、幼吾幼"之心及于人民，实行"老幼各得其所"的仁政，是虞、夏、商、周四代圣王治理天下的根本之道。在中国古代社会，君主是社会运转的轴心，只有君主志于道，发散仁心，才能感受天下百姓的处境，从而推行仁政，实现天下太平。

在伊川先生思想体系中，天地、自然、人事以及道德都是相互贯通的，它们都包含在天理的范畴下，沟口雄三概括为"天·自然——政治——道德——天·自然"。④ 因为天下万物都统摄于天理，故而"天人之理，自有相合。人事胜，则天不为灾；人事不胜，则天为灾"。⑤ 值得注意的是，伊川先生理解的天人关系，已经不是汉代那种带有神秘倾向的天人感应，天的举动不再被视为对人事的奖惩。"乾道变化，各正性命，恕也"⑥，天道的恕在于生育万物，使万物各得其所，那么人间社会的君主也应该遵循天道，养育人民，使之健康成长，这是君主之恕。《观》卦象传注"天道至神，故运行四时，化育万物，无有忒差"，这还是在解释天地生养万物，而万物各得其所，接下来伊川先生将天人之理联系起来，"唯圣人默契，体其妙用，设为政教"。⑦ 在伊川先生看来，除孔子外，能够

---

① 《河南程氏文集》卷九，第594页。
② 黄寿祺、张善文：《周易译注》，上海古籍出版社2012年版，第124页。
③ 《河南程氏文集》卷二，第465页。
④ ［日］沟口雄三：《中国的思维世界》，刁榴、牟坚等译，生活·读书·新知三联书店2014年版，第124页。
⑤ 《河南程氏外书》卷五，第374页。
⑥ 《河南程氏外书》卷五，第392页。
⑦ 《周易程氏传》卷二，第799页。

达到圣人境界的只有上古的君王，君主必须契合天道，将天道生育万物的恕道，转化为养育人民、兼济天下的大道。伊川先生担任哲宗皇帝的老师，元祐二年二月二十五日戊戌，伊川先生在给哲宗讲解"其恕乎，己所不欲，勿施于人"[①] 时，便对哲宗说，皇帝应该推广自己心中的好恶情感，知道百姓劳作的辛苦以及忍受饥寒的痛苦。范祖禹在日记中说，那日伊川先生向哲宗皇帝进言很多，希望皇帝多行恕道，施政行仁。

天地之恕在于生育万物，君主也应该顺应天理，推行恕道，以儒家伦理为社会准则，任用有道儒士为辅臣，抚育万民。如此，伊川先生否定了魏晋南北朝隋唐（前期）士族门阀制度的合法性，官职不再依靠贵族的身份，而是道德水准。更重要的是，伊川先生抨击了五代时期"兵是决定政治、经济以及其他一切的因素"[②] 的暴力霸政，指出居于政位的必须都是有道之士。儒学指引社会走向有序、平等、开放与光明，这是伊川先生的政治理想，也是宋学的愿望。

### 三、施人公理

恕之推己及人不仅在历史上，而且在现代生活中也发挥着非常重要的作用。尤其是 1993 年，孔汉思在世界宗教大会上提出"己所不欲，勿施于人"可以作为全球伦理，儒家恕思想更是引起学者的关注、思考以及批评。躬行恕道，需要从自我指向他人，但人的性格千差万别，推己及人如何可能？学者对恕思想的批评大致可以分为两类。其一，我与他人有着不同的认识和需求，我之所欲并不完全就是他人之所欲，自我中心主义不可避免地造成对他人的霸权。其二，即使我和他人在某件事情上达成共识，双方有着共同的需求，但是并不能保证这种需求是合乎法律或道德的。

人与人的根本差别在于人心的不同，每个人都有自己的想法。二程认为人心不同如面，只是因为每个人都有私心。如果每个人都趋向至公大道，人与人之间发生实质的交流与感通是可以的，"心所感通者，只是理也"[③]，人心之间的交流在于亘古不易的理，伊川先生在《同人》卦象传注中说："天下之志万殊，理则一也。"[④] 天理是推己及物的前提，天下万事万物都从理而来，而且万物都自足地具

---

① 《论语·卫灵公》。
② 漆侠：《宋学的发展和演变》，人民出版社 2011 年版，第 61 页。
③ 《河南程氏遗书》卷二下，第 56 页。
④ 《周易程氏传》卷一，第 764 页。

备理。明道先生解释孟子"万物皆备于我"时说:"不独人尔,物皆然。都自这里出去,只是物不能推,人则能推之。"① 又说:"所谓万物一体者,皆有此理,只为从那里来。'生生之谓易',生则一时生,皆完此理。人则能推,物则气昏,推不得,不可道他物不与有也。"② 天地万物与人皆有此理,人心灵敏,异于万物,能够把心中的理推广应用开来,这就是推己及物。天理是二程思想的核心,万事万物由理产生,理具有宇宙本体论的地位,理落实在人间社会,即是社会伦理道德。张立文指出,综观二程对理的规定,理是一个观念性实体,是世界万物的必然和"所以然",是宗法社会典章制度和伦理道德的升华,是无形的、虚设的绝对。③ 君臣、父子之间的伦理道德是天理的主要体现,是人们日常生活必须遵循的道德规范。有人向明道先生请教什么是"道",明道先生回答说,在君臣、父子、兄弟、朋友、夫妇等人伦关系上,尽到自己的责任,便是符合道的规范。五伦是中国传统社会普遍认可的道德规范,是人之为人的体现,也只有在五项关系中尽到自己的责任,才能被认为是德行完美的人。推己及物的养人之道也是在于引导人们在此规范中尽到自己的责任,在具有普遍意义的儒家伦理范围内,将自己领略的道德推广开来,帮助别人也能成为有道德的人。孔子说:"唯仁者能好人,能恶人"④,二程注解:"仁者用心以公,故能好恶人。公最近仁。人循私欲则不忠,公理则忠矣。以公理施于人,所以恕也。"⑤ 推己及物的内容是天理的道德规范,这样的好恶才能合乎公理的规定,也就不至于同法律或者道德相抵触。

推己及物的养人之道在于指引人们在伦理道德上完善自己,伊川先生的人性论认为人可以由着天命之性,成就完美的德行。伊川先生认为人性本善,现实生活中的自暴自弃之徒乃是自我走向堕落,并不是性中没有善。"语其性则皆善也,语其才则有下愚之不移。所谓下愚有二焉:自暴也,自弃也。人苟以善自治,则无不可移者,虽昏愚之至,而皆可渐磨而进也。"⑥ 正因为人性本善,人人都可以循着天命之性,成就自我。但是,由于气禀的影响,现实生活中又出现了圣明与昏愚之分,"才禀于气,气有清浊,禀其清者为贤,禀其浊者为愚"。⑦ 因此需要

---

① 《河南程氏遗书》卷二上,第 34 页。

② 《河南程氏遗书》卷二上,第 33 页。

③ 张立文:《宋明理学研究》,人民出版社 2002 年版,第 272 页。

④ 《论语·里仁》。

⑤ 《河南程氏外书》卷四,第 372 页。

⑥ 《周易程氏传》卷四,第 956 页。

⑦ 《河南程氏遗书》卷十八,第 204 页。

圣贤之人引导昏愚之人走向道德，推己及人以成就他人。与伊川先生不同的是，明道先生将恶也归之于性，"善固性也，然恶亦不可不谓之性也"①，他认为孟子所说的人性善是在"继之者善"的层面上说的，他以水流向下比喻"继之者善"，有的水流于大海都没有污浊，有的水刚刚流出来就已经污染了，有的污染少，有的污染多，水流清浊虽然不同，但不能说污浊的不是水。回到人性就是"有自幼而善，有自幼而恶"，所以需要人不断地努力。儒家比较注重为己之学，强调学习是为了使自己成为君子。但是，有的人由于禀受了不纯的气质，光靠自己的努力，还不足于成就人格。故而，需要先觉之人发挥榜样的作用，引导后觉之人。"君子之志所虑者，岂止其一身？直虑及天下千万世。"②儒家不仅仅追求自身完善，而且以兼济天下为己任。以己度人，是理解他人的方法；推己及人，不是强迫他人听从我的安排，更不是我为他人制定道德法则，而是发挥我的"先进"作用，引领他人迈向公共的道德境界。这是二程的恕思想——"推己及物，以养人也"。

## 第二节 "尽己之谓忠，推己之谓恕"：朱子对恕思想的体系化论述

子贡请教孔子，"有一言可以终身行之者乎？"孔子回答说："其恕乎！己所不欲，勿施于人。"③孔子认为"恕"字可作为一生行事的准则，可见恕在孔子心目中的地位。朱子非常看重恕在儒家思想体系的位置，他认为孔子告曾子"一以贯之"是《论语》第一章，初学者一时难以理解其中要领，可以先从后面章节研究，但要时时回头专研此章内容，等到积习长久，自然可以领会其中大义。④钱穆先生在《朱子新学案》中表示理学家非常重视忠恕思想，而朱子对此剖析尤为深刻。

### 一、一贯与忠恕

在《论语》中，孔子两次以"一以贯之"说明他心中的道，此语涉及孔子的

---

① 《河南程氏遗书》卷一，第10页。庞万里考证为明道语，参见《二程哲学体系》，第344页。

② 《河南程氏遗书》卷十，第114页。

③ 《论语·卫灵公》。

④ 朱熹：《朱子语类》（第2册），黎靖德编，王星贤点校，中华书局2011年版，第669页。

思想核心，历代儒者对其注解可谓蔚为大观，众说纷纭。刘宝楠认为"一以贯之"一语"自汉以来不得其解"。① 虽然历来对"一以贯之"的解说差异非常之大，诸家诠释自成一说，然而历代儒者的注解都离不开对一贯与忠恕关系的定位。程树德说："此章之义，约之不外一贯即在忠恕之中及在忠恕之外二说。"②

（一）"一以贯之"

前文提到，二程注重一以贯之和忠恕之间的区别。明道先生指出，曾子在《论语》中所言的"忠恕"是"大本达道"，与《中庸》"忠恕违道不远"之间存在着"动以天尔"的差距。朱子以明道先生的论述为基础，对"动以天尔"的忠恕作出详细的解释。朱子曾经对弟子赵至道表示，曾子言忠恕，在当时只有曾子和孔子明白其中的意思，自后千余年间，无人知晓其中大义。及至宋代，二程才将其中道理说得确切。二程门人只有侯仲良和谢良佐领略了其中的精神，朱子是通过侯仲良记录下的二程语录，理解了"忠恕一以贯之"的意义。侯仲良之记载，指的是明道先生的这段话："以己及物，仁也。推己及物，恕也。忠恕一以贯之。忠者天理，恕者人道，忠者无妄，恕者所以行乎忠也。忠者体，恕者用，大本达道也。此与'忠恕违道不远'异者，动以天尔。"③ 朱子将明道先生这句话分解为三节，使之层次分明。首先，"以己及物，仁也"即一以贯之，这是圣人孔子的忠恕。其次，"推己及物，恕也"是《中庸》"施诸己而不愿，亦勿施于人"的注解，这是学者的忠恕。最后，"忠恕一以贯之"以下，指出圣人和学者的忠恕之区别在于圣人是"动以天尔"，即圣人应对万事万物都是自然而然，丝毫没有勉强。

二程提到了《论语》和《中庸》所言忠恕的差别，朱子通过对明道语的分层，认为《论语》之忠恕是圣人的忠恕，《中庸》所言忠恕是学者"尽己为忠、推己为恕"的实践工夫。同为忠恕，意义却不同。朱子曾对范直阁说：

> 明道先生谓，曾子所言与违道不远异者，动以天尔。盖动以天者，事皆处极，曾子之所言者是也。学者之于忠恕，未免参校彼己，推己及人，则宜其未能诚一于天，安得与圣人之忠恕者同日而语也？若曾子之所言，则以圣人之忠恕言之，而见其与性与天道者未尝有二，所以为一贯也。④

① 刘宝楠：《论语正义》，高流水点校，中华书局1990年版，第152页。
② 程树德：《论语集释》，第309页。
③ 《河南程氏遗书》卷十一，第124页。
④ 朱熹：《晦庵先生朱文公文集》卷三十七，朱杰人、严佐之、刘永翔主编：《朱子全书》（第21册），上海古籍出版社、安徽教育出版社2010年版，第1608页。

二程、朱子都认为孔子是尽得天理的圣人，所以不论孔子做什么事情，都是天理的自然流露，这种境界就像天地四时运转，没有丝毫人为，所谓"动以天尔"是形容孔子的自然而然，天人完全贯通，没有一丝勉强。朱子在《论语集注》中对"一以贯之"解释道："夫子之一理浑然而泛应曲当，譬则天地之至诚无息，而万物各得其所也。自此之外，固无余法，而亦无待于推矣。"①"一以贯之"即孔子一心以应万事，就像天地的运转那样自然而然，虽然没有什么刻意的安排，世间万物都各得其宜，各自实现自己的价值。曾子领略到了孔子的境界，但一时难以向门人言说，所以借用学者"尽己""推己"之实践方法加以说明，其实孔子浑然天理的境界，根本不需要"尽"与"推"。

曾子言"夫子之道，忠恕而已矣"，《中庸》却说"忠恕违道不远"。忠恕是否即是道，两者的说法不尽一致。《论语》与《中庸》都被二程、朱子视为儒家经典，为了捍卫经典表述的一致性，二程、朱子都同意《论语》之忠恕与《中庸》之忠恕存在着境界高下之别。但是，曾子所言忠恕是否就是夫子之道，伊川先生和朱子的观点又存在着些许差异。曾子言"夫子之道，忠恕而已矣"，伊川先生解释说："《中庸》以曾子之言虽是如此，又恐人尚疑忠恕未可便为道，故曰：'忠恕违道不远，施诸己而不愿，亦勿施于人。'此又掠下教人。"②伊川先生认为忠恕是道，只是担心有人不理解，所以才说"违道不远"。伊川先生还说："曾子言夫子之道忠恕，果可以一贯，若使他人言之，便未足信，或未尽忠恕之道，曾子言之，必是尽仍是。"③伊川先生认为只有曾子言忠恕才可以一贯。伊川先生在忠恕是否是道这个问题上是犹豫的，一方面他认为忠恕是道，另一方面又强调只有曾子所言忠恕才是道，若是其他人所言，则未必是道。伊川先生上述之语，朱子怀疑是记录有错，"今记录不明，乃似不知其言之是否，而唯其人之信，若侏儒之观优者，夫岂然哉！"④按照朱子的理解，忠恕不是孔子一以贯之之道，忠恕只是曾子用来形容孔子之道的，忠恕只是一贯的注脚，而不是圣人之道。二程和朱子都对圣人之道作出探讨。有人问："吾道一以贯之，而曰忠恕而已矣，则所谓一者，便是仁否？"⑤伊川先生回答说，正是仁。有学

① 朱熹：《四书章句集注》，第71页。
② 《河南程氏遗书》卷一，第8页。庞万里考证为伊川语，参见《二程哲学体系》，第345页。
③ 《河南程氏遗书》卷十五，第153页。
④ 朱熹：《四书或问》，《朱子全书》（第6册），第691页。
⑤ 《河南程氏遗书》卷二十三，第306页。

生认为既然忠恕已是道，又何必再说"违道不远"，朱子则回答说，仁才是道，忠恕是学者实践仁的方法。朱子还解释了曾子为何用忠恕解释孔子之道而不直接用仁，"合忠恕，正是仁。若使曾子便将仁解一贯字，却失了体用，不得谓之一贯尔，要如此讲'贯'方尽"。① 忠和恕是两个范畴，二程和朱子以"忠体恕用"的形式，使两者可以一以贯之。

（二）"其至则一"：忠恕是学者工夫

二程和朱子都非常羡慕圣人浑然一理的境界。伊川先生说"强恕而行"没有达到"无我"的境界，所以只是为仁之方，而非仁之体。明道先生则言"仁者，以万物为一体"，但是，圣人随心以应万事的境界是非常难以达到的，学者只有勉力做工夫，才有可能领略到这种精神状态，没有平日的积累，就直接想要达到一以贯之的境界，容易流入佛家的顿悟之说。朱子一再强调圣人不需要忠恕，圣人之忠即是诚，圣人之恕即是仁，忠恕只是曾子借用学者"尽己"与"推己"来形容孔子之道的。只有曾子平日践履充实，积累深厚，才能领略孔子之道，从而用简明易晓的尽己和推己的实践方法，向门人解释。朱子释"贯"为通，孔子心中之理可以贯通天下万事万物，使之各得其所。曾子以其平日"随事精察而力行"，故能领略圣人境界。朱子意欲学者多多实践，由积累以至贯通。陈来先生指出，理一分殊为朱子提供了认识论和方法论的基础，分殊决定了积累的必要性，理一决定了贯通的可能性，理会分殊是贯通一理的基础和前提，贯通一理是理会分殊的目的和结果。②

圣人和学者在境界上有所不同，然而他们要追求的目标却是一致的。"圣人之恕与学者异者，只争自然与勉强。圣人却是自然扩充得去，不费力。学者顺要勉强扩充，其至则一也。"③ 学者心中不免有私心，只有通过"己所不欲，勿施于人"的内心反思，然后推己及人，才能克制内心的私欲，达到合乎天理的境界。圣人处事则是自然而然，虽然两者方法不同，然而都是要使天理显现。朱子说："圣人是天理上做，学者也是就天理上做。圣人也只是这一理，学者也只是这一理，不成是有两天理！但圣人底是个浑沦底物事，发出来便皆好。学者是要逐一件去推，然也是要全得这天理。"④ 朱子这些言语其实都是对明道先生"以己

---

① 《朱子语类》（第 2 册），第 694 页。
② 陈来：《朱子哲学研究》，生活·读书·新知三联书店 2010 年版，第 143 页。
③ 《朱子语类》（第 2 册），第 672 页。
④ 《朱子语类》（第 2 册），第 677 页。

及物，仁也；推己及物，恕也"①的解释，判断一个行为是"以己"还是"推己"，是依据人的心理状态，不假思索是"以己"，这是"一以贯之"的境界；需要内心思索是"推己"，这是恕的工夫。"盖曾子专为发明圣人一贯之旨，所谓'由忠恕行'者也。子思专为指示学者入德之方，所谓'行忠恕者'也。所指既殊，安得不以为二？然核其所以为忠恕者，则其本体盖未尝不同也。"②虽然两者在方式上存在着自然与勉力的差别，但是目标都是"及物"，展现自己对外界的关怀。同时，两者也具有共同的天理依据。

## 二、推己释义

二程非常重视恕的作用。有人问明道先生，怎样做才是符合恕的行为？先生回答说："充扩得去则为恕。"又说：充扩得去，则天地变化草木蕃；充扩不去，则天地闭，贤人隐。③明道先生认为恕具有天地生化的意义，朱子对这段话曾有一段解释，"充扩得去"则万物各得其所，推广到一家，则一家实现它的价值；推广到一国，则一国实现它的价值。朱子的解释将"天地变化"落实在人间社会的关怀，只理会自己，而不管他人，就是不恕。州县长官只顾自己的享受，不在乎老百姓的生死，则是不能推己及人。伊川先生讲解《论语》"一言可以终身行之，其恕乎"时说："君主应该推己及人，体会百姓生活的艰难。"伊川先生大半生没有进入官场，却在晚年担任宋哲宗的老师，他是真心希望以儒家之道教育哲宗，使之心怀仁心，推行仁政，实现天下太平。二程都以推己阐释恕，不论是"推己及物"还是"推己及人"，都体现自己对外界的同情与关爱。朱子言"尽己之谓忠，推己之谓恕"，是继承二程的观点。但是，朱子拓宽了"推己"一词的内涵，二程所言推己是自己对外界的关怀，朱子所言推己，既有对外界的关怀，也有对自己的要求，推己也是成己之道。

（一）恕与絜矩之道

孔子言恕只说"己所不欲，勿施于人"，强调不要将自己所厌恶的施加于人。《汉书·杜周传》："王者法天地，非仁无以广施；非义无以正身；克己就义，恕以及人，六经之所上也。"颜师古注解说："恕，仁也。言以仁爱为心，内省己志

---

① 《河南程氏遗书》卷十一，第 124 页。
② 朱熹：《晦庵先生朱文公文集》卷三十七，《朱子全书》（第 21 册），第 1606 页。
③ 《河南程氏外书》卷十二，第 424 页。

施之于人也。"① 君主需要以道义严格要求自己，以仁爱之心对待人民，"恕以及人"是六经所要引导的仁政之方。伊川先生也说，"强恕而行"是以己之好恶处人，自己所喜爱的也应该让他人也得到，自己厌恶的就不应该施加给他人。朱子对"己所不欲，勿施于人"之恕的内涵加以拓展，将恕分为"责人之恕"和"爱人之恕"。《大学》谈到恕和絜矩之道。"是故君子有诸己，而后求诸人；无诸己，而后非诸人。所藏乎身不恕，而能喻诸人者，未之有也。"朱子解释说，只有自己先有了善行，然后才要求别人行善；只有自己没有恶行，然后再禁止别人作恶。只有完善自己的道德修养，才能发挥道德榜样的作用，成为人们效法的对象。恕的品质非常强调自我的德行修养对他人的影响，希望以自身为榜样，引导他人成就美好的德行。朱子称之为"责人之恕"，责是要求的意思。《大学》言"絜矩之道"，凡是我所厌恶上面的人对我的态度或者行为，我就不可以以那种态度或行为去对待下面的人；同样，凡是我所厌恶下面的人对我的态度或行为，我也不可以拿来对待上面的人。絜矩之道不是要求人达到某一地步，而是将心比心地为人着想，避免对人的伤害，朱子称之为"爱人之恕"。20 世纪，学者们用积极和消极来区分忠恕，其实是继承了朱子"责人之恕"和"爱人之恕"的说法。

爱人之恕是"己所不欲，勿施于人"。不把自己所厌恶的施加于他人，固然避免了对他人的伤害，但是，仅仅固守"勿施"而不及人，也就丧失了对他人的关爱。儒家一贯注重济世安民，恕不能仅仅停留在"勿施"的层面，而是要推己及人，仁民而爱物。朱子对絜矩之道的内涵加以发展，不仅仅是我所不欲勿施于人，我之所欲更要施之于人。"所谓絜矩者，矩者，心也，我心之所欲，即他人之所欲也。我欲孝弟而慈，必欲他人皆如我之孝弟而慈。'不使一夫之不获'者，无一夫不得此理也。只我能如此，而他人不能如此，则是不平矣。"② 朱子注"平天下"之"平"为"均平"。平是让每个人都有平等的权利推行絜矩之道，具体而言就是人人都能有平等的机会，把自己心中固有的孝悌忠信等伦理德目推广应用在现实生活中。朱子在《大学》的基础上，继续深入探讨如何使民众具备实行孝悌的条件。从朱子的观点来看，《大学》"明德"，是"有得于天而光明正大者"，是每个人人性中固有的天理，每个人的本心都天然的具有至善德行，例如

---

① 班固撰，颜师古注：《汉书》，中华书局 1975 年版，第 2674 页。
② 《朱子语类》（第 2 册），第 361 页。

孝悌、礼让、仁爱、忠信等等。只是由于禀受的气质有所偏差，才导致人们在现实生活中不能做到十分完美。人民若是不知道何谓孝悌，可以通过格物、致知来了解。但是，人民明白孝悌的价值，想要实践孝悌，如果没有物质条件的保证，孝悌也是无法实行的。物质条件的改善，固然需要自己的辛勤劳动，但更需要统治者施行仁政，不与民争财，创造发展的条件，使人民富裕。物质条件的丰富，有助于人民实现孝悌的伦理规范，建设和谐的社会秩序。朱子将恕思想与絜矩之道相连，推己及人需要落实在现实生活的层面，而不仅仅是作理论的探讨和理想的呼吁。

（二）推己的两个维度

朱子认为忠恕是曾子用来形容孔子一以贯之之道的，也只有曾子能够发明忠恕来解释一以贯之，这是曾子平日所学功力决定的。朱子强调必须身体力行，理会事事物物的道理，从而达到圆融贯通的地步。曾子发明忠恕就是用来告诫学者："圣人教人，都是教人实做，将实事教人。如格物、致知以至洒扫应对，无非就实地上拈出教人。"① 曾子虽然鲁钝，却肯在事事物物上努力践履，一以贯之之道不是曾子默然而识，而是在曾子做了足够的工夫之后，得孔子启发而体会到的。黄俊杰认为朱子解释一以贯之如何可能，采取的是近于个体论的方法论立场，只有经由对万殊之理的切实掌握，才能达到一以贯之的境界。② 忠恕可以视为达到一以贯之的实践方法，推己及人之恕不仅仅是展现自我对他人的关爱，同时也是自我成就的方法，是自己将内心具有的伦理道德应用在生活中。内心的真实想法便是忠，将内心真实无妄的想法推广应用在事物上，便是恕的工夫。

有人同朱子讨论《论语集注》中忠恕和一以贯之的关系，"曾子谓之忠恕，虽是借此以晓学者，然既能忠，则心无欺曲，无叉路，即此推将去，便是一。已而至于自然而然，则即圣人之所谓一矣。"③ 朱子认为他的说法，全部集中在忠上，却没有注意到这一段的重点乃是恕。朱子说孔子认为曾子平日践履工夫充足，知道事君之道，也知道孝养父亲的方法，曾子知道单件事情的道理，只是不知道这些道理，其实是可以一以贯之的。经过孔子的点拨，曾子最终明白了孔子为人处世的各种道理，其实都是一以贯之的。但是，圣人孔子浑然一理的境界难以一步达到，所以需要尽己、推己的践履工夫，由积累以致贯通。父子、君臣之

① 《朱子语类》（第 2 册），第 677 页。

② 黄俊杰：《德川日本〈论语〉诠释史论》，台湾大学出版中心 2009 年版，第 270 页。

③ 《朱子语类》（第 2 册），第 684 页。

间如何相处，都有明确的伦理道德规范，这些道理都是人性中所固有的。在平日生活中，需要把心中的这些道德原理，推广应用在具体的伦理关系上，久而久之，才能达到融会贯通的境界。朱子认为恕是重点，其实是在强调平日积累的重要性，要求人们在生活中多多践履，多多做工夫，将心中的道德伦理应用在现实生活中。空守天理，毕竟于人生无多大的益处。

"忠是一，恕是贯。忠只是一个真实，自家心下道理，直是真实。事事物物接于吾前，便只把这个真实应副将去。"① 自己心中具备道理，如为人子，知道孝，便会孝敬父母，推己心中之孝道及于父子关系上，便是恕的行为。朱子将"推己之谓恕"的观点分为两个层面。其一，"推己以及他人"，己之所欲、所恶与他人是相通的，如己欲孝，则知他人也要孝，便会帮助他人尽孝，这是一种将心比心的关怀。其二，"推己以及物"，我心中领略的道理，需要我推理应用在具体的事物上，例如推己心中之孝道于父子关系上，尽到作为子女应该承担的责任。朱子认为这两者是相互联系的，道不远人，凡是自己要求别人达到的地步，都应该是理之所当然，自己同样以此完善自身的道德修养。这个层面的恕是知行关系的论述。朱子对贺孙说，孔子告诉曾子"吾道一以贯之"，曾子回答"夫子之道，忠恕而已矣"，是从行的层面论述；而告诉子贡"一以贯之"，是从知的层面说。方东树在《仪卫轩遗书》中说："一贯之义，兼知行而言，非真用功造极人不能真知。"② 学问之道在于穷理以至于应万事，是知行的辩证关系。"推己之谓恕"，是二程对恕的概括，朱子在此基础上，明确了"推己及物"的含义，推己是从己处往外推，在推的过程中形成了两个维度。一个是关于他人的，以心度心，己所不欲，勿施于人。第二是关于自己的，将我心中的道理应用在实际事物上，如孝悌忠义之类，忠恕关系转化为知行关系。故而朱子认为"恕之得名，只是推己"。③

（三）推己的依据

"穷则独善其身，达则兼济天下"④，济世安民是儒者的人生信条。生活在这个世界上，不论什么时代，不论什么社会，人们之间的生活水平总不会是一致的，总会存在着贫富差距，总会存在着社会分层，正是因为生活中存在着这些不

---

① 《朱子语类》（第 2 册），第 670 页。
② 转引自程树德《论语集释》，第 303 页。
③ 《朱子语类》（第 2 册），第 691 页。
④ 《孟子·尽心上》。

平等，才需要推己及人，需要人们发散爱心，帮助那些生活不如意的人，使之也能过上幸福的生活。不仅仅人们之间的物质生活差别巨大，人们的精神生活也不尽一致，这就需要道德修养高尚的人发挥引领作用，指引他人也追求自身的道德完善。

朱子认为人性本善，为了解释现实生活中存在着人性恶的现象，朱子继承和发展了横渠先生"天命之性"和"气质之性"的区分。蔡方鹿对横渠先生的观点进行过解释，天命之性的基本含义是指一般的人的本性，它源于与天同原的太虚，是善而无偏的；气质之性是指禀受气质而形成的具体的人性，由于气质有异，所以气质之性有美恶、善恶的区别。[①] 气质之性是具体的人性，气质之性有善有恶，所以现实生活中有善人也有恶人，有道德高尚的人，也有道德低劣的人，虽然气质中的善恶也是先天禀受的，但是可以通过后天的努力加以改造，恢复本然的天命之善。横渠先生说："人之气质美恶与贵贱夭寿之理，皆是所受定分。如气质恶者，学即能移，今人所以多为气所使而不得为贤者，盖为不知学。古之人，在乡闾之中，其师长朋友日相教训，则自然贤者多。"[②] 又说："为学大益，在自求变化气质，不尔皆为人之弊，卒无所发明，不得见圣人之奥。故学者先须变化气质。"[③] 人们为学最重要的目的在于变化自己的气质，如果不这样做的话，就会一直局限在种种弊端里面，不能将自己身上的优秀潜能发扬光大，无法见识到圣人的气象。朱子也以气禀解释现实中人性的差异，"盖人之性无不同，而气则有异，故惟圣人能举其性之全体而尽之。其次则必自其善端发见之偏，而悉推致之，以各造其极也。曲无不致，则德无不实，而形、著、动、变之功自不能已。积而至于能化，则其至诚之妙，亦不异于圣人矣"[④]。只有圣人才能得到性之全体，其他人只能在恻隐、辞让、是非、羞恶等善端处努力践履，从此处推广应用，由积累以至贯通，才有可能得到性之全体。

因为气质的影响，人有圣贤和下愚之分，下愚之人固然可以通过自身努力变化气质，但是也需要贤者的指导。"明德者，人之所得乎天，而虚灵不昧，以具众理而应万事者也。但为气禀所拘，人欲所蔽，则有时而昏；然其本体之明，则有未尝息者。故学者当因其所发而遂明之，以复其初也。新者，革其旧之谓也，

① 蔡方鹿：《宋明理学心性论》，巴蜀书社 2009 年版，第 63 页。
② 张载：《经学理窟·气质》，《张载集》，章锡琛点校，中华书局 2014 年版，第 266 页。
③ 《经学理窟·义理》，第 274 页。
④ 朱熹：《四书章句集注》，第 34 页。

言既自明其德，又当推以及人，使之亦有以去其旧染之污也。"① 人们能够使自己的"明德"显现，也应该推己及人，使他人也能够"明明德"。朱子认为明德是上天赋予我们每个人的，不是某一个人可以独占的，当自己"明明德"后，必须推己及人，"此个道理，人人有之，不是自家可专独之物。既是明得此理，须当推以及人，使各明其德。岂可说我自会了，我自乐之，不与人共。"② 朱子还说如果自己的德行已到达完善的状态，却不屑于推己及人，只理会自己，独善其身，没有济世安民的情怀，那便是佛家和道家的主张。每个人都先天的具有仁义忠孝等道德品质，只是受环境的影响，不能按照道德的规定去做。君子的作用便在于引导他人向固有的道德靠拢，而不是为他人建立道德规范。孝是人人心中都具备的德目，只是有的人不能够对父母尽孝。君子知道如何行孝，应该推己及人，指引人们如何行孝，使之也能在孝这个伦理德目上尽到自己的责任。但是，这种引领作用不是强制的，也不是由君子制定详细的伦理规范，强迫他人服从，只是在君子的引导下，激发人性中固有的善，使之心甘情愿地尽孝。程朱理学认为人性皆善，但人的觉悟有先后之分，先觉者需要发挥道德榜样的作用，让后觉者效法，引导后者走向善。正因为觉悟有先后，推己及人才是必要的；也正因为人性皆善，人们都有着向善的心理倾向，"理义是心之所同然"，推己及人才是可能的。

### 三、忠恕之道

"己所不欲，勿施于人"之恕，二程、朱子诠释为"尽己之谓忠，推己之谓恕"，强调推己及人，现代学者称之为忠恕之道。西方文化传统中也有类似的表述，《圣经·马太福音》载耶稣说："你要尽心、尽性、尽意，爱主，你的神。这是诫命中的第一，且是最大的。其次也相仿，就是要爱人如己。"李存山解释说，西方传教士认为中国的"己所不欲，勿施于人"比不上基督教的"爱人如己"，所以视后者为道德金律，前者为银律。③1993 年 9 月 4 日，"第二届世界宗教议会"公开发表的《世界伦理宣言》，重申一条道德原则：数千年来，人类许多宗教和伦理传统都具有并维系着这样一条原则，黄金原则：己所不欲，勿施于人！或者换成肯定的说法，即你希望人怎样对待你，你也要怎样对待人。这应当成为所有生活领域中不可取消和无条件遵循的规则，不论是对家庭、社团、种族、国家还

---

① 朱熹：《四书章句集注》，第 4 页。
② 《朱子语类》（第 2 册），第 379 页。
③ 李存山：《忠恕之道与世界和平及环境保护》，《孔子研究》2005 年第 4 期。

是宗教，都是如此。① 儒家的忠恕之道同西方的道德金律联系在一起，引起学者的广泛讨论。

（一）简述忠恕之道的争论

赵汀阳认为儒家恕道具有"主体观念"。"主体观念"的核心在于以自我为中心，按照我的规则把"与我异者"归化为"与我同者"，进而指出由于现代社会多元化的影响，思想共识的基础已经式微，道德金规则的方法应该由"推己及人"转变为"由人至人"，由"己所不欲，勿施于人"转变为"人所不欲，勿施于人"。② 改变以我为中心的做法，强调对他人的理解与尊重。黄勇将"人所欲，施于人"和"人所不欲，勿施于人"称为道德铜律，认为在日益多元、不断全球化的世界，道德铜律应该取代道德金律，成为道德生活的基本准则。③ 胡启勇认为忠恕之道是推己及人的过程，其基本前提是自己内在的道德情感与道德价值观，基本过程是以自己的心理情感衡量人的内心，其结果是自己内在的道德情感与道德价值观实现扩展，体现出人际间的关爱。但是，以自我为出发点，带来了个人中心主义和主观唯心主义，彰显了自我的道德优越感，体现出阶级不平等。④ 余治平表示，恕道以人心通约为前提，但现实生活中，处于不同的社会背景与宗教文化的人不可能融合统一，儒家的个体自由意志不可能成为普遍意志，推己及人的恕道造成了对他人的暴力与强权。他进而引入列维纳斯的"他者性哲学"，希望引起人们对他者的重视。⑤ 四位学者都表示了儒家恕道以自我为出发点，造成对他人的"主体性霸权"，故而，需要改变以自我为中心的行为模式，从他人的角度出发，切实地体会他人的需要。

针对上述观点，也有学者做出回应。李景林认为学术界将忠恕之道发展为"己之所欲，施之于人"的积极表述，本身是有悖于孔子的思想，易于造成自我中心的伤害。忠恕之道是在人我、物我天然差异实现前提下的沟通，体现了对己的限制与要求，排除了原则的抽象性引发的道德任意。⑥ 冯浩菲将历代学者对

---

① ［德］孔汉思：《世界伦理手册》，邓建华、廖恒译，生活·读书·新知三联书店 2012 年版，第 138 页。
② 赵汀阳：《我们和你们》，《哲学研究》2000 年第 1 期；《论道德金规则的最佳可能方案》，《中国社会科学》2005 年第 3 期。
③ 黄勇：《全球化时代的伦理》，台湾大学出版中心 2011 年版，第 91 页。
④ 胡启勇：《忠恕之道及其实践困境》，《苏州大学学报》（哲学社会科学版）2008 年第 1 期。
⑤ 余治平：《儒家恕道的哲学限度》，《广东社会科学》2009 年第 5 期。
⑥ 李景林：《忠恕之道不可作积极表述论》，《清华大学学报》（哲学社会科学版）2003 年第 3 期。

忠恕的理解分为两派，前者认为忠恕是体用关系的一个概念，原则是"己所不欲，勿施于人"；后者认为忠是"己欲立而立人，己欲达而达人"，恕是"己所不欲，勿施于人"，两者是对立的。进而深入孔子思想的内在逻辑，将忠恕放在仁的范围下，认为前一派的观点符合孔子的愿意。① 其实，恕不可作积极表述，王夫之早有明言："若说恕处，只在己所不欲上推。盖己所不欲，凡百皆不可施于人，即饮食男女，亦须准己情以待人。若己所欲，则其不能推与夫不可推、不当推者多矣。仁者无不正之欲，且其所推者，但立达而已。"② 普通人欲望有不尽合理之处，所以不能推之于人，仁者固然无私欲，但也只能立人、达人罢了，不能过多地干涉他人。王庆节将忠恕之道同基督教道德金律加以比较，认为忠恕之道基于人间之道，与基督教道德金律属于上帝普世之爱完全不同。作为人间关爱原则以及身体性特质，忠恕之道具有存在论、认识论、方法论的优越性，强调人心相通，"近取诸譬"表达了相互理解的"他人性质"，故而，不存在西方式的进入"他人心灵"难题。③ 王庆节将忠恕之道发展为"恕忠之道"，认为它是示范型伦理学，它在于示范却不是规范，教化而非命令，引导而不是强制。

　　西方学者也质疑他们的道德金规则。奥古斯丁提到，道德金律有可能被那些希望有坏事发生在自己身上的人利用。假如有人希望人家请他无节制地喝酒，一直到自己醉倒，为此他先找一个这样的人，并请这个人无节制地喝酒，一直让他醉倒。奥古斯丁说，如果是这种情况，却还认为这个人遵循了道德金律，那将是十分可笑的。康德也说，道德金律不能成为一个普遍法则，因为它同时缺乏对自己的义务和对别人仁慈的义务之根据（不少人可能马上会同意，别人不需要为他们做什么事情，只要他们自己不被要求为别人做什么事情）以及对别人的严格意义上的义务。因为根据这个原则，罪犯可以要求法官给他从轻判决。④ 学者们对道德金规则的批评大致可以分为两类。其一，我与他人有着不同的认识和需求，我之所欲并不完全就是他人之所欲，自我中心主义不可避免地造成对他人的强制。其二，即使我和他人在某件事情上达成共识，双方有着共同的需求，但并不能保证这种需求是合乎法律或道德的。这两个问题大致也概括了我国学者所说的忠恕之道的困境与弊端。

---

① 冯浩菲：《关于孔子忠恕思想的界说问题》，《孔子研究》2003 年第 4 期。

② 王夫之：《读四书大全说》，中华书局 1975 年版，第 107 页。

③ 王庆节：《道德金律、恕忠之道与儒家伦理》，《江苏社会科学》2001 年第 4 期。

④ 转引自黄勇《全球化时代的伦理》，台湾大学出版中心 2011 年版，第 15 页。

　　（二）忠体恕用

　　伊川先生说："以公理施于人，所以恕也。"① 因为有理的规定，可以避免推己及人过程中出现不道德的现象，又说"循理为乐""改而止"，可以避免"自我中心主义的霸权"。朱子通过"忠体恕用"的诠释，也提供对这两个问题的解释。

　　自二程提出"尽己之谓忠，推己之谓恕"，后世学者对忠恕的理解不出尽己、推己的框架，朱子解释了何谓尽己、推己。"忠者，诚有是心而不自欺也；恕者，推待己之心以及人也。推其诚心以及于人，则其所以爱人之道，不远于我而得之矣。"② 忠是自己内心深处最真实的情感，尽己就是克除内心的私欲，使之符合天理的道德要求。先忠后恕，先是我心中具备了合乎天理的道德伦理，才能以此推广应用到事物上。明道先生曾说："忠恕二字，要除一个，更除不得。须是忠，方可以行其恕。"朱子以偷窃为例加以解释，自己不干偷窃的勾当，也劝别人不要做偷盗之事，双方都能守住道德底线，这是一种推己及人，符合恕的要求。自己去偷窃，但不准别人去偷窃，枉己不能正人，所以这不是恕。自己偷窃，也让别人去偷窃，这是彼此姑息，共同走向堕落。虽然是"己之所欲，施之于人"，但不符合道德规范，没有做到忠，所以也不是恕。只有自己具备某种善的品质或者完成了某个善的行为，才可以指导别人也实现这个善，推己及人一定要在合乎道德规范的前提下，否则便是彼此姑息，共同堕落。

　　"忠体恕用"可以保证推己及人过程的行为符合善的要求。忠是天理的呈现，把天理推广应用在生活中，便是恕。万物之理很多，但是举其大者而言，只在君臣、父子、兄弟、夫妇等伦理关系上，人们会在这些伦理节目上达成共识，形成普遍的价值。朱子注解"心之所同然者，理也，义也"：且如人之为事，自家处之当于义，人莫不以为然，无有不道好者。如子之于父，臣之于君，其分至尊无加于此。人皆知君父之当事，我能尽忠尽孝，天下莫不以为当然，此心之所同也。③ 因为世间存在着心之所同的公理，所以人心之间是可以通约的。"天命之性"规定人人都具有成为圣贤的可能，人心在伦理德目上也是可以相通的，朱子多次强调，先觉者应该推己及人，帮助后觉者成就德行，成为合乎伦理道德的楷模。但是，这种希望不是强迫式的，不是要求所有人一定要达到圣贤地位，实际

① 《河南程氏外书》卷四，第372页。

② 朱熹：《四书或问》，《朱子全书》（第6册），第576页。

③ 《朱子语类》（第4册），第1390页。

上，这种强迫也不可能，因为德行是自我成就的，"为仁由己，而由人乎哉"①。朱子解释"新民"为"上之人既有以自明其明德，时时提撕警策，则下之人观瞻感发，各有以兴起其同然之善心，而不能已耳"②，"新民"不是别人强迫去改革更新，而是自己在他人的鼓舞下，自己兴起向善之心。朱子告诫自己的学生，人生中有许多经历需要自己亲自体验，只有自己切实地经验，才能有确切的感悟。

现代学者以推己及人来论述忠恕之道。有的学者认为忠是"己之所欲，施之于人"，恕是"己所不欲，勿施于人"，这是积极和消极两种不同的表达方式。有的学者认为，不是"推己及人"有两种表达方式，而恕有两种表达方式，"己所不欲，勿施于人"是消极的说法，"己之所欲，施之于人"是积极的说法。他们都认为忠恕之道是推己及人，却忽略了"尽己之谓忠，推己之谓恕"是由二程提出，朱子加以论述的。以此，学者们论述忠恕之道时不可避免地在"推己"之"己"的"主体性霸权"上纠结，却不能深入二程、朱子的思想体系，探究以何而"推"，"己"又是什么？

忠恕是曾子用来说明孔子一以贯之之道的。朱子为《论语》作注，不可能抛开一以贯之而谈"尽己为忠，推己为恕"。朱子认为"一贯之道"是以一心应万事，这种境界只有圣人孔子才能达到。学者在父子关系上只能尽个孝慈之心，在君臣关系上只能尽个忠敬之心，每件事情上都有一个道理在，只有每件事都经历了，积累多了，才能达到圆融贯通，所以，忠恕是学者践履的方法，是为仁之方。推己是将自己心中的道理应用在具体的伦理关系上。为人子，心中自然有孝敬之心，就应该将此孝心用在日常生活中对待父母的方方面面上。人心都是相通的，但这种相通绝不是泛化的，而是在具体的伦理关系上，儒家认为在孝悌忠信等德目上，人与人是没有差异的。我有孝敬之心，他人同样有孝敬之心，我对父母尽孝，他人也想尽自己的孝敬之心，那么将心比心，我要帮助他尽孝心。作为朋友，我会向他分享我对父母尽心的做法，供他参考；作为老师，我会告诉他孝敬之心是什么，有哪些纲领，历史上孝子的行为，用来引导他；作为君主，我会推己孝敬之心于天下，勤政爱民，轻徭薄赋，努力创造物质条件，使民众能够尽孝心。然而无论如何，我都不可能代替他人尽孝敬之心，我帮助没有子女照顾的老人，那只是我的仁爱之心，代替不了子女的孝心。这样，如果对"己所不欲，

---

① 《论语·颜渊》。
② 《朱子语类》（第2册），第319页。

勿施于人"作举例说明，应该是作为父母的儿子，我应该孝；作为子女的父亲，我希望子女对我孝。我不能忍受子女的不孝行为，所以将心比心，我必须对父母尽孝，这是尽孝之心过程中反求己身的方式。忠恕之道是在社会伦理范围的推己及人，提供达到孝悌仁义的方法，虽然强调从"己"往外推，但"己"绝不是自己心中的私欲好恶，也不是泛泛而论的饮食之咸淡这些细枝末节，而是社会的普遍公理，孝悌忠信仁义之类的道德规范。

无论是"主体性霸权"的担忧还是"个人中心主义""主观唯心主义"的现代困境或者引入的"他者哲学"，都是对推己及人的误读。推己及人不是把自己心中的想法强加给人，而是自己履行道德义务，追求成仁的境界，成就自己。"己所不欲，勿施于人"是反求己身的方式，严格要求自己，其中蕴含的将心比心，也只是引导别人成就德行，不存在强制的行为，更不是我为他人制定道德原则。学者们担心对他人造成压迫，将忠恕之道局限在"己所不欲，勿施于人"，强调对己的限制与要求，也没有真正理解推己的含义。自己不去及人，固然可以不正面与人冲突，但也放弃了引导他人成就德行的机会。王庆节认为忠作为定位个人与群体关系的德性，只有在恕，即群体内个人与个人之间的关爱关系的基础上才能成立，所以恕是忠的前提。人与人间的关系摆脱了基督教那种上帝式的命令，所以不存在西方式进入"他者心灵"的难题，他仍然在个人与个人基础上探讨"己"，把"己"视为自我的心理世界，而不是"理想人格的化身"，[1] 即人人都共通的孝悌忠信仁义等社会伦理。

儒家着眼点在于社会秩序的建构，在这一点上，孔孟程朱都是一样的。忠恕之道肯定要落实在社会伦理上，只有在孝悌忠信仁义等德目上，人心是相通的，孝心是人人都有的，但饮食口味的咸淡甜辣是不可能人人相同的。推己及人，首先强调的是自我的成德，而不是对他人的要求，推己孝悌忠信仁义之心于社会伦理关系中的他人，为人子做到孝，为人臣做到忠，为人友做到信，为人父做到慈，为人君做到仁爱，都是强调自我的力行，由积累以至贯通，达到仁的境界，这就是儒家一再表示的"为仁由己"。忠恕是求仁之方，人们在推行孝悌忠信仁义的过程中，为了能够尽心，时时要反求己身，"己所不欲，勿施于人"，做到"有诸己，而后求诸人"。儒家认为孝悌忠信仁义等伦理要目是人之为人的基本道德要

---

① 戴茂：《试析儒家忠恕思想中的"己"》，《道德与文明》2007年第3期。侯步云：《从〈论语〉看"推己及人"之"己"》，《社会科学家》2009年第1期。

求，希望每个人都能推行孝悌忠信仁义之心于社会伦理关系中的他人，完成人之为人的道德义务。通过强制手段胁迫人，绝不是儒家追求的"为仁由己"的境界。

## 第三节　"内外敬恕，天理周流"：陈淳对恕思想的理学定位与总结

理，是二程与朱子思想体系的核心。恕，须在理的前提之下。伊川先生认为公理是恕的前提，"以公理施于人，所以恕也"。朱子详细诠释"忠体恕用"，认为推己及人的内容必须合乎理的规定。陈淳对二程与朱子思想中的理，多有归纳与总结，以"天理流行"论恕，是其恕思想的特色。陈淳继承"推己之谓恕"的观点，认为恕是自己固有的仁义礼智等道德节目，在社会关系上的应用，恕是学者实践工夫，具有非常突出的方法论意义。为了避免推己及物过程中夹杂私欲，陈淳提出"欲求仁者，敬恕是宜"的看法，将"忠体恕用"发展为敬恕并进。相比于尽己之心的忠，"持敬"更容易着手，内心的真诚专一，外在的恭敬有礼，都是平时持敬涵养工夫，以此行恕及物，可以避免个人感性情绪在人际关系中产生弊端，从而达到仁的境界。敬恕并进是陈淳对二程、朱子恕思想的发展，也是他注重下学之功的体现。

### 一、天理流行

（一）天地之恕

子贡问孔子，有人能够做到博施众济，那么是否可以称为仁？孔子回答说："何事于仁，必也圣乎！尧舜其犹病诸！夫仁者，己欲立而立人，己欲达而达人。能近取譬，可谓仁之方也已。"[1] 仁和圣的区别与联系，仁与仁之方的关系，历来引起学者的关注与思考。陈伯澡曾请教此章大义，陈淳作《答陈伯澡再问〈论语〉》，详解"博施众济"章的"文意曲折"。陈淳认为"己欲立而立人，己欲达而达人"是仁之体，"仁者之心，以己欲立欲达之心，而及于人，则天理流行无间"；"能近取譬"是推己及人之恕，"推己所以欲立、欲达之心而及于人，亦引天理使流行无间，其示子贡求仁之方，可谓益近而易勉"。[2] 仁之体和仁之方的区

---

[1]　《论语·雍也》。

[2]　陈淳：《答陈伯澡再问〈论语〉》，《北溪大全集》卷四十，文渊阁四库全书本，第 256 页。

别也就是二程、朱子重在强调的仁恕之别，两者虽然存在着自然和勉强的差异，但朱子认为两者"其至则一"，这个"一"在陈淳看来，便是要天理无间断地流行。天理流行是天道之所事，陈淳需要解释天理流行与人心相通的问题，天理流行使得万事万物各得其所，人心得到天所赋予的理，亦能使天理流行，无少欠缺，陈淳以恻隐之心的发用为例，论述如何使天理流行。"且如恻隐一端，近而发于亲亲之间，亲之所以当亲，是天命之流行者然也。吾但与之流行，而不亏其所亲者耳。一或少有亏焉，则天理便隔绝于亲亲之间，而不流行矣。"① 爱自己的亲人是天理流行之当然，人们需要按照天理的规定爱自己的亲人，天理便流行在亲亲之间；仁民、爱物也是天理的流行，人们需要在仁民、爱物上尽到自己的责任，那么就可以使天理流行而无间断。人人都能尽到自己的职责，则万事万物各得其所，无一毫的欠缺。陈淳以明道先生"天地变化草木蕃"加以总结："此程子所以指天地变化草木蕃蕃，以形容恕心充广得去之气象者也，然亦必有是天地同大之体，然后有是天地流通之用，亦必有是天地流通之用，然后为是天地同大之体，则其实又非两截事也。"②

明道先生的原话是："维天之命，于穆不已，不其忠乎！天地变化草木蕃，不其恕乎！"③ 同样的话，伊川先生也说过："维天之命，於穆不已，忠也。乾道变化，各正性命，恕也。"④ 二程都以天地变化来解释恕，"乾道变化，各正性命"出自《易传·象传》，用以形容天地生育万物，而万物各得其所。伊川先生在《乾》卦象传注中说："乾道变化，生育万物，洪纤高下，各以其类，各正性命也。天所赋为命，物所受为性。"⑤ 天地变化，万物各得其所为恕，所以方旭东认为："至于二程，他们提出大化流行万物各得其所，这是天地忠恕的表现，这就把忠恕推到一个准神学的高度。"⑥ 其实，二程以天道论恕的本意不是要为恕寻找"准神学"的依据，而是区分出一以贯之之忠恕与《中庸》"违道不远"之忠恕的区别，即仁和恕的差异。伊川先生说"乾道变化，各正性命，恕也"，天地无心而使万物各得性命之正，圣人有心而无为，亦使万事万物各得其宜，朱子以为这正是形容圣人之心自然无所不到，所以"乾道变化，各正性命"是圣人之忠恕。陈淳也

---

① 《心体用说》，《北溪大全集》卷十一，第61页。
② 《心体用说》，《北溪大全集》卷十一，第61页。
③ 《河南程氏外书》卷七，第392页。
④ 《河南程氏外书》卷七，第392页。
⑤ 《周易程氏传》卷一，第698页。
⑥ 方旭东：《为何〈中庸〉说忠恕与〈论语〉不同》，《绘事后素——经典解释与哲学研究》，第36页。

认为圣人之心浑然一理，犹如天理不间断地流行，他对伊川先生语加以解释：

> 且如维天之命，元而亨，亨而利，利而贞，贞而复元，万古循环，无一息之停，只是一个真实无妄道理。而万物各具此以生，洪纤高下，各正其所赋受之性命，此是天之忠恕也。在圣人也只是此心中一个浑沦大本流行泛应，而事事物物莫不各止其所当止之所，此是圣人之忠恕也。①

二程提到天地忠恕，朱子以为是形容圣人孔子一以贯之的忠恕，其目的是同《中庸》"违道不远"之学者忠恕相区别，朱子说："天地是无心底忠恕，圣人是无为底忠恕，学者是求做底忠恕。"②陈淳继承朱子的观点，也区分出三种忠恕，天地之忠恕，形容天地至诚无息而万物各得其所；圣人之忠恕，即孔子一以贯之之道。学者之忠恕，即平日践履的工夫，需要做到推己及人。天地、圣人、学者之恕都是理一分殊的体现，只是天理流行的方式有所不同。"只是我这理流注去到那事物处，但仁是流去到便熟滑，恕用推方到较生涩，所以恕为求仁之方者，只为事事物物间易为私欲所隔，有不到处便要得逐一推引这天理出去流注到那事物，使千条万绪无所不贯也。"③仁和恕的区别不在于是否及人或者及物，而是推己过程中的方式，仁是自然而然，恕是勉力而推，两者都是天理的流行。陈淳以"天理流行"论恕，是对二程、朱子以天理阐释恕的总结，也是陈淳恕思想的特色。

（二）批评"恕己"

恕既然是天理的流行，那么推己及人的内容必须合乎天理的规定。离开天理，便流入人欲，这就需要加强自我道德修养，使内心时刻保持警觉，与天理流行相一致。"己所不欲，勿施于人"，将心比心地表示出对他人的同情与理解，本来不具有宽容、饶恕的含义。但是，后来恕的含义逐渐扩展，遂含有原谅、宽恕的意思，更有甚者，将恕的对象指向自己。《战国策》记载触龙对赵太后说："老臣病足，曾不能疾走，不得见，久矣，窃自恕。而恐太后玉体之有所郄也，故愿望见太后。"④触龙表示，因为自己年老多病，因而也就宽恕自己很久没有拜见太后。后来逐渐发展成恕己，自己因为某种原因犯了错误，想到他人可能也会犯这个错误，便原谅自己。他人有过错，考虑到自己也可能会犯同样的过错，也就不

---

① 陈淳：《北溪字义》，熊国祯、高流水点校，中华书局 2011 年版，第 29 页。
② 《朱子语类》（第 2 册），第 672 页。
③ 《恕》，《北溪大全集》卷五，第 29 页。
④ 缪文远、缪伟、罗永莲译注：《战国策》，中华书局 2012 年版，第 658 页。

再纠正他人，如此将心比心很容易造成整个社会道德滑坡。这对于追求成圣的宋儒来说，是不得不重视的问题，恕己是他们批判的着重点。

宽恕虽然也是一种美德，但是在涉及道德原则时，却不能一味地宽恕，于理须责也必须责。在《北溪字义·忠恕》最后一节，陈淳对恕己之说加以批判：

> 自汉以来，恕字义甚不明，至有谓"善恕己量主"者，而我朝范忠宣公亦谓"以恕己之心恕人"，不知恕之一字就己上着不得。据他说，恕字只似个饶人底意。如此则是己有过且自恕己，人有过又并恕人，是相率为不肖之归，岂古人推己如心之义乎？①

建武十七年（41年），光武帝废黜郭皇后，郅恽上疏光武帝说："夫妇关系融洽与否这类事，做儿子的不该管，做臣子的就更不应该过问了。这就是为何我不敢过问。尽管如此，我还是希望陛下衡量废除皇后这件事情的轻重，不要让天下的人横加议论。"光武帝回复："恽善恕己量主，知我必不有所左右而轻天也。"②"善恕己量主"的意思大概就是善于用自己的心去推测君主的心思。儒家一贯主张"从道不从君"，朱子认为光武帝无罪废黜皇后，郅恽不能向君主力陈大义，已失臣节；光武帝称赞郅恽能推断君主的心思，则又是开启臣子谄媚君主之门，君臣之义都得不到显明。陈淳在此节引用"善恕己量主"的例子，想必也是赞同朱子的解释。恕己是残害自我，恕人是助纣为虐。张子韶在《中庸解》中倡导"圣人因己之难克，而知天下皆可恕之人"③，朱子对此多次提出批评，自己不能按照道德行事，也使他人远于道德，这是共同堕落，没有道德的保障，就无所谓推己及人。也许人们在生活中，推己及人不免有姑息，所以陈淳在《侍讲待制朱先生叙述》中特别提到，朱子能够"处义无决裂之病，行恕无姑息之蔽"。恕之推己及人，是要让我和他人都能成为君子，在涉及道德原则的大是大非面前，需要有足够的坚持与坚定。

## 二、为仁之方

（一）阐释尽己、推己

"尽己之谓忠，推己之谓恕"是伊川先生在《论语解》中提出的，朱子在《论语集注》中引用了这一说法，但是朱子随后围绕"一以贯之"加以阐发，并

---

① 陈淳：《北溪字义》，第31页。
② 范晔撰，李贤注：《后汉书》，中华书局1965年版，第1031页。
③ 《朱子语类》（第4册），第1071页。

没有解释何谓尽己、推己。陈淳则对此加以解说：

忠是就心说，是尽己之心无不真实者，故为忠。恕是就待人接物处说，只是推己心之所真实者以及人物而已。字义中心为忠，是尽己之中心无不实，故为忠。如心为恕，是推己心以及人，要如己心之所欲者，便是恕。①

忠是对于自己而言的，要做到内心的真实无妄。恕是对于外界而言的，要将自己真实无妄的内心想法施加于人和物。真实无妄之心即是天理之诚，陈淳说："己之所不欲者，非吾本心天理之诚也，必禁而绝之，勿施之于人。则凡其所以沟通贯造于人者，必皆吾本心天理之诚然，而恕之道也"。② 所以，我们可以理解为何陈淳批评范纯仁彼此相恕之说，也就可以说明陈淳认为自汉以来学者都没有理解恕的含义，不是无的放矢，而是陈淳认为他们没有理解己欲或者不欲都不是自己私人情感，而是客观真实的天理。为了强调这一点，陈淳将"己"的含义分为两层，一是个人的自我欲望，即私欲，一是个人的本心，即天理。孔子答颜渊"克己复礼"之"己"即是人的私欲，推己及人之"己"乃是"为仁由己""有诸己"之"己"，是"克己复礼"后的天理。陈淳告诫学者要克制私欲，使内心湛然清明，反诸己而合乎天理之当然。

二程、朱子已经将"己所不欲，勿施于人"扩展为推己及人，自己所不喜欢的，固然不能施加于人，同时，自己所喜欢的，也要施加于人，做到与人同乐，共同走向道德。陈淳也认为"己所不欲，勿施于人"仅仅只论及了一面，"其实不止是勿施己所不欲者，凡己之所欲者须要施于人方可"。③ 不仅勿施己所不愿，也要推己之所愿，如自己有孝心，对父母尽孝，考虑到他人也有孝心，也想尽孝于父母，就应该努力帮助他人，使其也能对父母尽孝，这是心存恕道的表现。伊川先生担任哲宗老师，梦寐以求君主能够发散恕心，实行仁政，创造条件改善民生。陈淳同样认为恕的作用甚大，普通人力量有限，帮助他人也有限，君主是为天下而立，更应该推己之心，实行仁政，关爱天下苍生。君主如果不能爱民如己，就是没有恕心，这体现了儒家一贯的仁政爱民理念。陈淳还以自己为例，讲述他的推己及人的忠恕之心。陆九渊的学说，在陈淳生活的时代很受学者的欢迎，批判陆氏之学，是陈淳学术事业的重要组成部分。但是，陈淳对王震表示，他同陆九渊并没有私仇，批判陆九渊的学说，只是因为其学说不符合儒家的正统

---

① 陈淳：《北溪字义》，第 28 页。
② 《详颜渊仲弓资禀》，《北溪大全集》卷七，第 41 页。
③ 陈淳：《北溪字义》，第 28 页。

观念，容易导致异端的产生，危害人心，所以他才不得已出来讲明公理，剖析是非，展现自己对道的执着以及对学者的爱心。陈淳认为自己走的是符合天理的正道，所以应该引导后觉者也向天理靠近，共同走向道德。

（二）恕是下学之功

推己及人强调推己之仁心以帮助他人，从而使我与他人共同进步，注重我与他人的关系。但是，理学更强调的是自我修养，自内圣而外王，故而推己之恕更指向自我工夫处。"惟欲内成诸己，以无失吾之所固有者而已，在己者有余，然后推而淑诸人"①，陈淳强调君子之学，首先是在于自己有所得，然后才是推己及人。陈淳论述重点放到恕与贯上，即如何通过恕，贯通万事万物之理一。"恕固是推己及人的，若不真识恕，只管泥推己及人，则又拘拘说恕字骨不出，不见得曾子所解贯字广大也"②，陈淳认为不吃透恕字精髓，不理解贯的含义，推己及人是危险的。学生陈伯澡早年倾慕曾点"浴乎沂，风乎舞雩，咏而归"③专心游于一的境界，以上达为己志，而不屑做下学之功，后来发现如此求学不得要领，改学曾子之法，做"贯名斋"警示，陈淳因此写《贯斋记》向他说明一贯的道理。曾子身体笃行，在生活中经历事事物物，总结了各种生活经验，理解其中各个道理，而且自己时常反省自己，使自己内心有主，一旦孔子向他说出一贯，他立刻就明白事事物物虽然各有各的道理，其实都是在一个天理下运行。但是，其他门人下学之功不到，于是曾子借用学者"尽己之忠""推己之恕"来解释孔子的一以贯之之道。每个人心中都有天赋予的仁义礼智等道德条目，推己可以这样理解，将自己心中的道德条目推广应用在工作生活中，事情做得多了，道理积累多了，也就可以贯通起来了。这是陈淳劝诫陈伯澡要在生活中不断地处事积累，而不可拘泥在高玄处冥想。

立足于自己内心的情感，揣度他人的心理，如果自己心中存在私意，则不免以自己的私意施加于人，"则所以施其所欲者，未必理之正，而其所不欲者未必理之非也"④。陈淳提醒推己及物必须是合理的，要使自己心中所欲都在理的范围内。所以，推己及人首先必须格物致知，涵养力行，使自己内心纯然天理，而忠恕为求仁之方，正是学者做工夫处。陈淳要求学者学习颜渊的博约，而不是

---

① 《答梁伯翔书》，《北溪大全集》卷三十，第185页。
② 《恕》，《北溪大全集》卷五，第29页。
③ 《论语·先进》。
④ 《详颜渊仲弓资禀》，《北溪大全集》卷七，第41页。

他的卓尔；学习曾子之所以为贯，而不是之所以为一。陈淳认为，颜渊的克己功夫使得他能广博而能归约；曾子在事事物物上都理会过，各种道理都在内心经历过，所以能理解圣人的理一。但是，对于学者"追慕其学则未可以躐进，夫所谓一，亦惟致曾子下学之功，专从事于所谓贯者而已尔"，生活中事事物物都有条理与规律，学者要学习曾子的下学之力，理解每个事物的理，合万理为一理，然后才可以理解"圣人之心浑然一理而至诚无息，其为忠也，道之体也，而万殊之所以一本也，其为恕，道之用也，而一本所以万殊也"。[1]"忠，尽己，是在我底；恕，推己，是及物底"，忠恕都是做工夫的路径。但是，恕是处理我与物的关系，推己及物是自己心中的道理德行在社会关系的应用，这是成己之道，不涉及"己欲立而立人，己欲达而达人"的成人之道。生活中的事物纷繁多样，千头万绪，该从何处着手用力。陈泊澡认为，尽己、推己应该从事父孝、事君忠开始，然后将这个孝心、忠心应用到社会其他关系，陈淳表示赞同。他说："事亲孝，是忠恕之本所发用来，最先第一件便在此上。"[2]对父母尽孝，就是内在的孝心应用在父子关系上，这个孝心无一时间断，孝这个德行就达到了极致。推类尽孝之心在君臣关系上就是忠，努力地格君心之非，坚守自己的岗位，尽到自己的责任，忠心便达到了极致。在夫妇关系上有礼，对子女慈爱，处朋友有信有义，在人伦大节上都尽心尽力做到，然后处理事事物物大体不会偏离天理之规范。

（三）"欲求仁者，敬恕是宜"

陈淳恕论思想以"天理流行"为特色，非常强调推己及人过程中天理的作用。朱子详加诠释"忠体恕用"，只有尽己之心后，才能保证推己及人的正当性。有人认为既然"己所不欲，勿施于人"是恕，那么以刑罚施加于人，便不是恕，因为刑罚是人不想要的。朱子引用伊川先生"忠恕不可分离"的观点，认为"忠是尽己也，尽己而后为恕"。[3]某人确实犯罪了，刑罚才会施于其身，如果真的做到尽己之心，就会甘心承担责罚，之所以会有人不愿受罚，是因为没有反省自己，心存侥幸之心。没有尽己的工夫，却愿推己之恕，弊端便是姑息。只有先做到忠，才能保证推己及人之心合乎天理道德。陈淳也强调忠恕不可分离，"然忠之彻首彻尾，当其为忠时恕便包在其内，及到那恕处，这忠底又只在也。如天命

① 《贯斋记》，《北溪大全集》卷九，第 49 页。
② 《答陈伯澡再问〈论语〉》，《北溪大全集》卷四十，第 255 页。
③ 《朱子语类》（第三册），第 1071 页。

流行不已，自元至贞，生物都包在其内，而万物生生各遂处不已之命，又只在也。其实难截然分成两段去，故发出忠底心，便是恕底事，做成恕底事，便是忠底心"。① 忠，强调内心的真实情感，怎样才能做到尽己之心无不真实，也是一个值得考虑的问题。为了保证恕道的正当性和可实施性，陈淳将二程、朱子颇为重视的"敬"与"恕"相结合。《敬恕斋铭》说：

> 天地之性，惟人为贵，由其有仁，于我素备。胡为不仁，私欲间之，欲求仁者，敬恕是宜。出门如宾，承事如祭，以主于中，对越上帝。己所不欲，勿施于人，以是而行，与物皆春。内外敬恕，私欲何寓，天理周流，无所不具，是之谓仁。②

陈淳认为求仁的方法，以敬和恕为宜，敬主于内，恕行于外。亲亲、仁民、爱物，这一推己及物的成圣成贤之路，在陈淳看来是非常困难的。因为内心的私欲难以克制，故而二程、朱子强调忠体恕用，必须先尽己之心，才能推己之恕，做到自己内心无一毫私欲，然后推己心中所欲，不外乎是天理的范围。陈淳在《北溪字义·忠恕》开头强调，"忠是尽己之心无不真实者，恕是推己之心所真实者以及人物也"，非常重视内心的"真实"，以此避免推己及人过程中私欲的弊端。朱子以"真实无妄"阐释"诚者，天之道也"，陈淳从天道的角度对"真实无妄"作出阐释："天道流行，自古及今，无一毫之妄。暑往则寒来，日往则月来。春生了便夏长，秋杀了便冬藏。元亨利贞，始终循环，万古长如此，皆是真实道理为之主宰。"③四季交替变化，元亨利贞循环往复，都是天道自然流行，陈淳还举例自然界日月星辰有条不紊地运行，瓜果草木生长过程中体现出的甜苦之味道，青白之颜色，认为这都是天道自然运行的体现，万事万物的本质属性都是天道真实无妄，毫无一丝人力干预。张加才认为陈淳对天道真实无妄的阐述，是为了给人道之"未能真实无妄，而欲其真实无妄"提供本体论依据。④"维天之命，於穆不已；乾道变化，各正性命"，天道自然流行而万物各得其所，人的生活应该仿效天道，努力地尽己之心，克制私欲，推己真实之心应对生活中的事物。

　　忠规定了尽己之心的真实，如何达到这一真实的境地，却没有具体眉目可以

① 《忠恕》，《北溪大全集》卷五，第30页。
② 《敬恕斋铭》，《北溪大全集》卷四，第23页。
③ 陈淳：《北溪字义》，第33页。
④ 张加才：《诠释与建构——陈淳与朱子学》，人民出版社2004年版，57页。

遵循，故而陈淳提出"欲求仁者，敬恕为宜"。[①]仲弓问仁，孔子回答"出门如见大宾，使民如承大祭"，陈淳认为如此端庄谨恪、晬面盎背，周旋中礼，"非平时主敬于中有素者，不能也"，这两句连着孔子随后说的"己所不欲，勿施于人"，陈淳概括为"敬恕"，认为这是求仁之方。忠恕都强调心之真实者，敬则体现在平时的涵养要使心有所主，陈淳对友人林司户表示，收心不难，只要持敬就可以达到，陈淳说："盖心之为物，虚灵知觉，所以为一身之主宰也。身无此为之主宰，则四肢百体皆无所管摄，视必不见，听必不闻，食必不知味矣。然所以为心者，又当由我有以主宰之。我若何而主宰之乎？所谓敬者，又一心之主宰也。"[②]心是身体的主宰，指挥人的行为，没有心的知觉运动，人的生活就没有意义。但是，心也需要涵养，使它保持本然的状态，这就是敬的作用。陈淳认为心虽然只是一个心，却表现"人心"和"道心"两种不同的形式。人心便是以形气为主，道心便是以理义为主。因为禀受气质的不同，人的心表现出善恶不同的状态，所以必须持敬，时时警惕，使理义为主的道心成为主宰。

尽己之忠缺乏具体步骤，学者不易做到。敬比忠更有下手处，首先表现在外在的恭敬。陈淳认为恭与敬密切相关，恭就外貌上说，敬就内心来讲，没有外在的恭敬礼貌，内心持敬是不可能的。早起时，穿衣要正，面容要好，这是外表的恭敬；走路要稳重，动作要合礼，这是举动时主敬；"出门如宾，承事如祭"，这是接人待物时主敬；出言谨慎，不敢妄言，这是说话时主敬。视听言动都非常谨慎，时时刻刻注意礼的规范，不胡乱作为，这是学者应该做到的外在恭敬。敬，还体现在内心的真诚。伊川先生说"主一之谓敬，无适之谓一"，陈淳认为主一就是用心专一，做一件事就认真地对待这件事，不可去操心第二件事；无适就是注意力集中在一件事上，不能分心。如此持敬，可以避免人心散漫，使心有所主宰。心具备万理，虚灵知觉，故而也容易走作，陈淳提出持敬，管束心的运作。首先要做到外在的恭敬，视听言动都合乎礼仪的规范。同时，内心专一，思想集中，做第一件事，如果出现第二件事是物欲私意，立刻制止；如果是合理的事情，则要分清轻重缓急，选择最应该的事情去做，虽然事物千变万化，我只是"主一无适"。推己及人所强调的真实的心理情感，通过持敬是可以做到的。如果能做到笃实地恭敬，则内心便不会产生私意，以此推己及人，那么在外在事物上

①　《敬恕斋铭》，《北溪大全集》卷四，第 23 页。
②　《答林司户二》，《北溪大全集》卷二十九，第 178 页。

也就不会出现私欲。敬恕并进，是陈淳恕思想的创新所在。

由亲亲而仁民而泛爱众是儒者一生的理想。陈淳当然希望以己之力，帮助需要帮助的人们，所以他认为"己所不欲，勿施于人"对人的关怀力度不够广大，应该"己之所欲者，须要施与人方可"。陆九渊与佛道之学大行于世，陈淳从道学的角度对他们加以批评，他说："所谓道学者，其所学以道为主，而所谓道者，又非有他，只不过人事当然之理，天下古今所共由者而已。"① 陆九渊与佛道之学追求自我超脱，不关注人事，只能走向弃绝人伦的道路。陈淳多次写信给州县的学者，劝他们学习自己笃信的道学，走圣贤之路，这是他"心存忠恕"的体现。陈淳认为普通人的力量毕竟有限，推己及人的范围也就有限，州县长官是地方的领导，皇帝是天下的表率，他们应该以对待自己父母妻子的态度对待百姓，努力地勤政爱民，让百姓也有物质条件做到父慈子孝。但是，人的内心不免有私欲，以此私欲推己及人，社会道德将会整体滑坡，所以陈淳批判恕己之说，要求人们必须先尽己之心，才可以推己之恕。

私欲不仅遮蔽了人的本性，阻碍个人成圣成贤，也对社会造成不良影响。故而，陈淳理解的推己及人之恕，更指向学者的践履工夫，将恕阐释为自己心中的仁义礼智等道德节目在社会中的应用，做到事亲尽孝，事君尽忠，待人诚信，慈爱子女等伦理大目。自己在人伦大节都尽心地经历过，也就明白忠孝慈爱都是仁心的发用，以此应对社会事物，大体不离礼的规范，如此推己及人也就避免了私欲的影响。为了使学者在忠孝慈爱等环节中更好地展开实践，陈淳在"忠体恕用"的基础上，提出"欲求仁者，敬恕为宜"的观点。敬包含外在的恭敬礼貌和内心的真诚专一，学者在这两方面理会伦理关系，私欲可以克除，人心的本质可以展现，以此推己及人，都是自己真实无妄之心的发散流行。将心比心地表现出对他人关爱，这是推己及人；自我做工夫，将自己内心的道德应用在社会关系中，这是推己及物。前者是行仁之方，后者是求仁之方，后者是前者的基础，在陈淳的思想体系中，恕是求仁与行仁的统一，而持敬又始终贯穿二者。

---

① 《答西蜀史杜诸友序文》，《北溪大全集》卷三十三，第 206 页。

# 第十六章　性

## 第一节　"性即理也"：程颢、程颐的人性论

"二程"的学术思想基本相同，认为"理"是先于万物的"天理"，"万物皆只是一个天理"，"万事皆出于理"，"有理则有气"。现行社会秩序为天理所定，遵循它便合天理，否则便是逆天理。强调"性即理也"，所以主张人性本善。但由于气禀不同，因而人性有善有恶。浊气和恶性，其实都是人欲。人欲蒙蔽了本心，便会损害天理。"无人欲即皆天理"。因此教人"存天理、灭人欲"。要"存天理"，必须先"明天理"。对此，程颢提出了"传心"说，"天者理也"和"只心便是天，尽之便知性"，"仁者浑然与物同体"。程颐则提出了即物穷理说，认识事物之理，积累多了，天理就豁然贯通。他们的学说在中国思想史上产生了深远的影响。

### 一、性即理也

1. "五行之性"和"五常之性"

在继承前代儒家的基础上，二程提出了自己的人性论。首先，他们对性的概念从五行思想进行了阐述。他们认为凡是生物包括人类都有"五行之性"和"五常之性"。"天有五气，故凡生物，莫不具有五性，居其一而有其四。"[①] "虽木植亦兼有五行之性在其中，只是偏得土之气，故重浊也。"[②] 五气，指的是金木水火土五行之气，五气杂糅和合产生各种事物；五性，就是五气所成的事物所具有之性。人的产生就是因为禀受五行之气的结果。"天有五行，人有五脏。心，火也，

---

① （宋）程颢、程颐著，王孝鱼点校：《二程集》，中华书局 1981 年版，第 162 页。
② 程颢、程颐：《二程集》，第 39 页。

著些天地间风气乘之，便须发燥。肝，木也，著些天地间风气乘之，便须发怒。推之五藏皆然。"① 人的性情是由五脏所发，而五脏又与五行有关。他们认为，这些都是人和其他生物所共有的自然本性。"万物皆有良能，如每常禽鸟中，做得窠子，极有巧妙处，是他良能，不待学也。"② "良能"也称"真性"，指的是人和生物的各种生命欲求，如声色嗅味等耳目口鼻之欲。程颐说："口目耳鼻四支之欲，性也。"③ "祭天本天性，如豹有祭，獭有祭，鹰有祭，皆是天性。"④ 从自然的本性出发，人和其他生物都有"五行之性"。不过，除了"五行之性"人和其他生物还有"五常之性"。二程说："仁、义、礼、智、信五者，性也。仁者，全体；四者，四支。仁，体也。义，宜也。礼，别也。智，知也。信，实也。"⑤ "仁者公也，人此者也；义者宜也，权量轻重之极；礼者别也，智者知也，信者有此者也。万物皆有性，此五常性也。"⑥ 五常性就是万物所有的仁义礼智信五种本性，自然也是人性所固有的本质，这是人之善所由来处。"圣人因其善也，则为仁义礼智信以名之，以其施之不同也。故为五者以别之，合而言之皆道，别而言之亦皆道也。舍此而行，是悖其性也，是悖其道也。而世人皆言性也，道也，与五者异，其亦弗学欤！其亦未体其性也欤！其亦不知道之所存欤！"⑦ 而人之所以和其他生物不同，就是因为人能够不断扩充此五常性，"凡有血气之类，皆具五常，但不知充而已矣。"⑧ "君子所以异于禽兽者，以有仁义之性也。苟纵其心而不知返，则亦禽兽而已。"⑨ 这是二程对"五行之性"和"五常之性"及其有关思想的论述。

2."生之谓性"和"天命之谓性"

其次，他们还从"生之谓性"和"天命之谓性"进行阐述。"'生之谓性'与'天命之谓性'同乎？性字不可一概而论。'生之谓性'，止训所禀受也。'天命之谓性'，此言性之理也。今人言天性柔缓，天性刚急，俗言天成，皆生来如此，

① 程颢、程颐：《二程集》，第 54 页。
② 程颢、程颐：《二程集》，第 256 页。
③ 程颢、程颐：《二程集》，第 257 页。
④ 程颢、程颐：《二程集》，第 285 页。
⑤ 程颢、程颐：《二程集》，第 14 页。
⑥ 程颢、程颐：《二程集》，第 105 页。
⑦ 程颢、程颐：《二程集》，第 318 页。
⑧ 程颢、程颐：《二程集》，第 273 页。
⑨ 程颢、程颐：《二程集》，第 323 页。

此训所禀受也。若性之理也，则无不善，曰天者，自然之理也。"①"生之谓性"在二程看来就是气质的禀受；"天命之谓性"则是性之理，本原之性。二程认为，"天下之理，原其所自，未有不善"②，所以本原之性自然是善的。程颢认为，"性相近也，习相远也，性一也"③，意思是人的天命之性都是一样的，都是善的。可见，他们的"天命之性"和"气禀之性"观点来源于张载的"天地之性"和"气质之性"的思想。不过，他们还融合了告子"生之谓性"的观点。他们曾说："告子云'生之谓性'则可。凡天地所生之物，须是谓之性。皆谓之性则可，于中却须分别牛之性，马之性。是他只道一般，如释氏说蠢动含灵，皆有佛性，如此则不可。"④二程同意告子的生之谓性的观点，但他们认为告子只看到了人、物的共性，而没有看到人、物的特殊性，因而把牛马之性与人之性混为一谈。在二程看来，这种观点与佛教的"蠢动含灵，皆有佛性"的说法相似。二程的人性论由此看来确较前人更为深刻。"天命之性"是二程对《中庸》"天命之谓性"所作的发挥。他们说："'天命之谓性，率性之谓道'者，天降是于下，万物流形，各正性命者，是所谓性也。循其性而不失，是所谓道也。"⑤如果"生之谓性"是万物受生之后称为性，"天命之谓性"则是受生之前就存在的性，是天降在万物身上而体现出来。二程根据自己的人性观念，对孔孟的人性论进行了评述。他们认为孔子的性相近说只是讲了气禀之性，而没有讲天命之性，孟子的性善说才讲到了本原之性。"性相近也，此言所禀之性，不是言性之本。孟子所言，便正言性之本。"⑥在二程看来，孔子、孟子各讲了人性的一个方面，而讲人性还是应兼及气禀之性和天命之性两个方面。二程认为，"性即气，气即性，生之谓也"⑦，"论性，不论气，不备；论气，不论性，不明"⑧。"人生气禀，理有善恶，然不是性中元有此两物相对而生也。有自幼而善，有自幼而恶，是气禀有然也。"⑨二程认为，人生所禀受的气不同，而形成善恶不同的个人。人的天命之性没有差别，但

---

① 程颢、程颐：《二程集》，第 313 页。
② 程颢、程颐：《二程集》，第 292 页。
③ 程颢、程颐：《二程集》，第 207 页。
④ 程颢、程颐：《二程集》，第 29 页。
⑤ 程颢、程颐：《二程集》，第 29—30 页。
⑥ 程颢、程颐：《二程集》，第 252 页。
⑦ 程颢、程颐：《二程集》，第 10 页。
⑧ 程颢、程颐：《二程集》，第 81 页。
⑨ 程颢、程颐：《二程集》，第 10 页。

气有清浊、厚薄、偏正等不同，从而人有缓急、刚柔、才不才等特点。

### 3. 性即理也

再者，程颐还提出了"性即理"的哲学观点。他说："性即理也，所谓理，性是也。"[1]"性即是理，理则自尧舜至于涂人，一也。"[2]性是天赋予人而在人身上的表现。二程说："天之付与之谓命。禀之在我之谓性，见于事业之谓理。"[3]"理也，性也，命也，三者未尝有异。"[4]理、性、命三者是一件东西而名称不同，在天为命，在人为性，在事为理。"在天为命，在义为理，在人为性……其实一也"[5]。后来理学家陈淳对"性即理"解释道："性即理也。何以不谓之理而谓之性？盖理是泛言天地间人物公共之理，性是在我之理。只这道理受于天而为我所有，故谓之性。性字从生从心，是人生来具是理于心，方名之曰性。其大目，只是仁义礼智四者而已。……性与命本非二物，在天谓之命，在人谓之性。故程子曰：'天所付为命，人所受为性。'"[6]陈淳的解释是与二程思想一致的。朱熹则评价道："伊川'性即理也'，自孔孟后，无人见得到此。亦是从古无人敢如此道。"[7]"'性即理也'一语，直自孔子后惟是伊川说得尽，这一句便是千万世说性之根基。"[8]后来，朱熹继承了程颐"性即理"的思想，而陆九渊则主张"心即理"的说法，遂成为此后朱陆之争的核心思想问题，理学与心学的主要分歧所在。

### 二、人性本善

#### 1. 性是善的

对于人性善恶问题，二程都主张性本善说，因为在他们看来，"理则天下只是一个理"[9]，"天下之理，原其所自，未有不善"[10]。人性是理之在人身者，所以人

---

[1] 程颢、程颐：《二程集》，第 292 页。

[2] 程颢、程颐：《二程集》，第 204 页。

[3] 程颢、程颐：《二程集》，第 91 页。

[4] 程颢、程颐：《二程集》，第 274 页。

[5] 程颢、程颐：《二程集》，第 204 页。

[6] （宋）陈淳：《北溪字义》，中华书局 1983 年版，第 6 页。

[7] 朱熹：《朱子语类》卷四，中华书局 1986 年版，第 1387 页。

[8] （宋）黄士毅编，徐时仪、杨艳汇校：《朱子语类汇校》卷九十三，上海古籍出版社 2014 年版，第 2362 页。

[9] 程颢、程颐：《二程集》，第 38 页。

[10] 程颢、程颐：《二程集》，第 292 页。

性是善的。但他们的具体说法有异。程颢将这种本原的性称为天德，"元是天然完全自足之物"①。他进一步解释道："'生生之谓易'，是天之所以为道也。天只是以生为道，继此生理者，即是善也。善便有一个元底意思。'元者善之长'，万物皆有春意，便是'继之者善也'。'成之者性也'，成却待他万物自成其性须得。"② 程颐说："自性而行，皆善也。圣人因其善也，则为仁义礼智信以名之；以其施之不同也，故为五者以别之。合而言之皆道，别而言之亦皆道也。"③ 程颐将性善进一步分为仁义礼智信，这是人所固有的善性，不能违反这五种常性，"世人皆言性也，道也，与五者异，其亦弗学欤！其亦未体其性欤！其亦不知道之所存欤！"④

2. 以气释恶

人性本善，然而恶从何而来？二程以气禀说阐释恶的形成。"'生之谓性'，性即气，气即性，生之谓也。人生气禀，理有善恶，然不是性中元有此两物相对而生也。有自幼而善，有自幼而恶，是气禀有然也。善固性也，然恶亦不可不谓之性也。盖'生之谓性'、'人生而静'以上不容说，才说性时，便已不是性也。凡人说性，只是说'继之者善'也，孟子言人性善是也。夫所谓'继之者善'也者，犹水流而就下也。皆水也，有流而至海，终无所污，此何烦人力之为也？有流而未远，固已渐浊；有出而甚远，方有所浊。有浊之多者，有浊之少者。清浊虽不同，然不可以浊者不为水也。如此，则人不可以不加澄治之功。故用力敏勇则疾清，用力缓怠则迟清，及其清也，则却只是元初水也。亦不是将清水来换却浊，亦不是取出浊来置在一隅也。水之清，则性善之谓也。故不是善与恶在性中为两物相对，各自出来。此理，天命也。顺而循之，则道也。循此而修，各得其分，则教也。自天命以至于教，我无加损焉，此舜有天下而不与焉者也。"⑤ 从这段话可以看出，程颢将告子的"生之谓性"与气禀说联系起来，认为性即是气，气即是性。由此一来，善恶都成为气禀说表现出来的性。程颢进而解释，善恶并不是在性中相对而生，性中原无善恶的对立。在程颢看来，人出生之前，没有生命，自然谈不上有性。等到出生后，可以说有性了，但这已不是天命之性，而是

① 程颢、程颐：《二程集》，第1页。
② 程颢、程颐：《二程集》，第29页。
③ 程颢、程颐：《二程集》，第318页。
④ 程颢、程颐：《二程集》，第318页。
⑤ 程颢、程颐：《二程集》，第10—11页。

气禀之性。他用水作比喻，水有清、浊的不同，但清水、浊水都是水。因此，善恶都是性。不过，水的源头是清的，性之本来是善的。而恶的出现，则是在流行过程中由于气禀的缘故。程颢这是以气禀说和天命论结合来论述人性的善恶问题。朱熹认为二程的天命之性和气质之性的结合，使儒家人性论达到了一个新高度，"孟子未尝说气质之性，程子论性，所以有功与名教者，以发明气质之性也。气质说，则凡言性不同者，皆冰释矣。"① 总之，二程关于人性善恶的观点是相同的，不过，具体的解释则各有侧重，总体而言，他们认为性本善，而以气禀说解释恶的出现。

　　3. 性情才说

　　程颐在解释人性善恶问题上，提出了性情才的学说。程颐说："性无不善，其所以不善者才也。受于天之谓性，禀于气之谓才，才之善不善由气之有偏正也。乃若其情，则无不善矣。今夫木之曲直，其性也；或可以为车，或可以为轮，其才也。然而才之不善，亦可以变之，在养其气以复其善尔。故能持其志，养其气，亦可以为善。故孟子曰：'人皆可以为尧、舜。'惟自弃自曝，则不可以为善。"② 在程颐看来，人性是善的，不善的恶是由于才，程颐将恶从人性中去除了。对于才，程颐还解释道："如材植是也。譬如木，曲直者性也；可以为轮辕，可以为梁栋，可以为榱桷者，才也。今人说有才，乃是言才之善者也。才乃人之资质，循性修之，虽至恶可胜而为善。"③ 在程颐看来，才就是气禀之质，即气质之性，换了种说法而已。如此，性是受于天，故是善；而才则禀于气，并随气之偏正，而为善或恶。

　　对于情，程颐常以性情相对来讲，所以情在其人性论中也是一重要概念。从整体来看，程颐认为情有善有不善。他青年游太学时，曾写过一篇文章《颜子所好何学论》，其中讲到了情："天地储精，得五行之秀者为人。其本也真而静，其未发也五性具焉，曰仁义礼智信。形既生矣，外物触其形而动于中矣。其中动而七情出焉，曰喜怒哀乐爱恶欲。情既炽而益荡，其性凿矣。是故觉者约其情使合于中，正其心，养其情。故曰性其情。愚者则不知制之。纵其情而至于邪僻，梏其性而亡之，故曰情其性。"④ 在此文中，程颐认为，天命之性未发之时有仁义礼

---

① 《朱子语类》卷四，第 70 页。
② 程颢、程颐：《二程集》，第 393—394 页。
③ 程颢、程颐：《二程集》，第 292 页。
④ 程颢、程颐：《二程集》，第 577 页。

智信五性，既发以后，产生喜怒哀乐爱恶欲七情。也就是说，人性本善，而情是感于物从性而发，情任其发展便会流向恶。所以对于情，必须要进行节制，否则会使本原的善性灭亡。后来，程颐对情作了更多的论述，"问：'喜怒出于性否？'曰：'固是。才有生识，便有性，有性便有情。无性安得情？'又问：'喜怒出于外，如何？'曰：'非出于外，感于外而发于中也。'问：'性之有喜怒，犹水之有波否？'曰：'然。湛然平静如镜者，水之性也。及遇沙石，或地势不平，便有湍激；或风行其上，便为波涛汹涌。此岂水之性也哉？人性中只有四端，又岂有许多不善底事？然无水安得波浪，无性安得情也？"程颐认为，情就是性的发动，性是情的根本。"情者性之动也"①，"自性之有动者谓之情"②。"发而中节，则无往而不善"③，"不能顺其情而悖天理，则流而至于恶"④。意思是，情也有善有不善，发中节、顺天理则为善，反之则流为恶。所以，程颐非常重视对人情的调节和控制，"人情不修治，则邪恶生，犹道路不修治，则荆棘生。"⑤ 二程关于情的观点，是与他们的天理观念密切联系，即要"灭私欲，明天理"。所以到宋代二程，关于情的思想已与前人有大不同。

在孔子时，虽然没有提出情，但在其思想中却显露出对情的关注，《论语》中常见这样的语句，"乐而不淫，哀而不伤"⑥，"唯仁者能好人，能恶人"⑦。张岱年曾讲："孔子是一个感情很丰富的人，他很注重情之正当的流露。"⑧ 新出土文献记载了介于孔孟之间儒家关于情的思想，"道始于情，情生于性"⑨。孟子从恻隐、羞恶、是非等后人所称的情出发阐述他的性善论。荀子则将情规定为"性之好恶喜怒哀乐"⑩，并对情与性之间关系描述道："性者天就也，情者性之质也，欲者情之应也。"⑪ 西汉董仲舒认为应以性节情。魏晋道家提出忘情的主张，其实是以自然为情。王弼提出"有情而无累"、"应物而不累于物"的主张。隋唐佛教认

① 程颢、程颐：《二程集》，第 1257 页。
② 程颢、程颐：《二程集》，第 318 页。
③ 程颢、程颐：《二程集》，第 292 页。
④ 程颢、程颐：《二程集》，第 291 页。
⑤ 程颢、程颐：《二程集》，第 1062 页。
⑥ 《论语·八佾》。
⑦ 《论语·里仁》。
⑧ 张岱年：《中国哲学大纲》，江苏教育出版社 2005 年版，第 353 页。
⑨ 《郭店楚简·性自命出》。
⑩ 《荀子·正名》。
⑪ 《荀子·正名》。

为性是净，情是染，即一切烦恼的源头，只有灭情才能显性。唐代韩愈有性情相应说，性有三品，情也有三品。其学生李翱认为，人性是善的，由于情的迷惑才会有恶。可见，儒家对情的认识有个发展变化的过程。先秦对情还有正面积极的认识，隋唐之后，则逐渐强调情的弊端一面。程颐则对儒家性情说做了进一步的阐发。

### 三、心性一也

#### 1. 心即性也

程颐的人性论还非常重视心，并认为心和性在本质上是一致的，只是论说的角度不同而已。"自理言之谓之天，自禀受言之谓之性，自存诸人言谓之心。"① "在天为命，在义为理，在人为性，主于身为心，其实一也。"② "心即性也。在天为命，在人为性，论其所主为心，其实只是一个道。"③ 可见，在程颐看来，理、天、命、性、心、道，名称虽殊而本质则一。程颐强调心的作用，与佛教在历史上产生的影响有关。佛教的天台宗认为，"自性清净心，即是正因，为佛性"④，禅宗认为，"真如之性，即是本心"⑤，都将本心作为佛性，即成佛的内在根据。这种心、性一致的观点，程颐从佛教吸取了过来。为此，程颐还对张载"性大心小"的说法作了批评："不当以体会为非心，以体会为非心，故有心小性大之说。……此心即与天地无异，不可小了它，不可将心滞在知识上，故反以心为小。"⑥ 此处意为，不可将心理解为知识之心，它与天地没什么不同，这是程颐将心在本质上同于性的自然结果。而性本善，所以心也是善的。心虽是善的，但经过思虑，便会有善和不善。"心本善，发于思虑，则有善有不善。"⑦ 不善之思虑，则来源于习俗之恶。"今习俗如此不美，然人却不至大故薄恶者，只为善在人心者不可忘也……只为秉彝在人，虽俗甚恶，亦灭不得。"⑧ 习俗不美导致不善，但不至都为不善。由于心是善的，故不至导致如此结果。

---

① 程颢、程颐：《二程集》，第 296—297 页。
② 程颢、程颐：《二程集》，第 204 页。
③ 程颢、程颐：《二程集》，第 204 页。
④ （隋）智顗：《法华玄义》卷二上，《大正藏》第 33 卷，第 695 页上。
⑤ 石峻、楼宇烈等著：《中国佛教思想资料选编》第 2 卷第 4 册，中华书局 2014 年版，第 89 页。
⑥ 程颢、程颐：《二程集》，第 22 页。
⑦ 程颢、程颐：《二程集》，第 204 页。
⑧ 程颢、程颐：《二程集》，第 200 页。

### 2. 心为身主

程颐虽然强调心性一体，但还是注意到它们的一些不同。首先，就是强调心的主体意识和精神。"心譬如身，四端如四支。四支固是身所用，只可谓身之四肢。如四端固具于心，然亦未便谓之心之用。"① 心是善的，仁义礼智四端是心的表现，如同身体和四肢的关系一样，但也不仅是如此之关系。历代儒家已发现心的主体意识和认识功能，如孟子讲"心之官则思"，荀子说"心有征知"②，程颐也强调心的这种主体意识。他说："人之身有形体，未必能为主。若有人为系掳将去，随其所处，已有不得与也。唯心则三军之众不可夺也。若并心做主不得，则更有甚？"③ 身体有形，却未必能做人的精神主体，若身体被掳，则不能为主，只有心才是不可夺之主。

### 3. 心之体用

其次，心有已发和未发的区别。程颐非常重视《中庸》一书，尤其是其中"喜怒哀乐之未发，谓之中；发而皆中节，谓之和。中也者，天下之大本也；和也者，天下之达道也"一句。程颐开始认为"凡言心者，皆指已发而言。"之后认识到心有体用，"大本言其体，达道言其用，乌得混而一之乎？"④ 认为，"凡言心者，皆指已发而言，此固未当。心一也，有指体而言者，有指用而言者，惟观其所见如何耳"⑤，不仅如此，程颐认为"中止可言体，而不可与性同德"⑥，即心的未发并不与性相同。

### 4. 人心道心

再者，心性的另一不同在于人心和道心的差别。程颐非常重视《古文尚书·大禹谟》中"人心惟危，道心惟微，惟精惟一，允执厥中"一句话。他解释道："'人心'，私欲也；'道心'，正心也。'危'言不安，'微'言精微。惟其如此，所以要精一。"⑦ "人心私欲，故危殆。道心天理，故精微。灭私欲则天理明矣。"⑧ "心，道之所在；微，道之体也。心与道，浑然一也。对放其良心者言之，

① 程颢、程颐：《二程集》，第 183 页。
② （清）王先谦：《荀子集解》，中华书局 1988 年版。
③ 程颢、程颐：《二程集》，第 157 页。
④ 程颢、程颐：《二程集》，第 1182 页。
⑤ 程颢、程颐：《二程集》，第 609 页。
⑥ 程颢、程颐：《二程集》，第 606 页。
⑦ 程颢、程颐：《二程集》，第 256 页。
⑧ 程颢、程颐：《二程集》，第 312 页。

则谓之道心；放其良心则危矣。'惟精惟一'所以行道也。"① 这里道心本是统一的，而人私欲的出现，致使道心和人心分离，也即天理和私欲的区别。

### 四、修养工夫

二程非常重视人性修养问题。他们认为人的天命之性是善的，只是由于后天的气禀问题造成了偏正，需要修治以恢复人的本善之性，程颢说："敬以治之，使复如旧"②，"人须要复其初"③，"人不可以不加澄治之功"④。只要复旧就可以回到性本善，"所以能使如旧者，盖为自家本质元是完足之物。"⑤ 程颐说："形易则性易，性非易也，气使之然也。"⑥ 程颐认为，人的本性是不变的，变的是气质之性。对于如何变化气质，有三个方面：

#### 1. 学以复性

第一，程颐主张学习来变化气质，"学至气质变，方是有功"⑦，"为学三年，而不至于善，是不善学也"⑧。程颐说："大凡所受之才，虽加勉强，止可少进，而钝者不可使利也。惟理可进。除是积学既久，能变得气质，则愚必明，柔必强。"⑨ 只有通过学习，明白了这些道理才能变化气质之性。相反，不愿学习而自甘堕落，则无法变化气质之性。"为自暴者，拒之以不信；自弃者，绝之以不为；虽圣人与居，不能化而入也。"⑩ 二程反对自暴自弃，这样的人不信不为，即使圣人也不能教化。但如果他们肯学习就可以改变。"孔子谓上智与下愚不移，然亦有可移之理，惟自暴自弃者不移也……使肯学时，亦有可移之理。"⑪

#### 2. 环境影响

第二，程颐重视环境对人的影响。他曾说："人只是一个习。今观儒臣自有一般气象，武臣自有一般气象，贵戚自有一般气象。不成生来便如此？只是习

① 程颢、程颐：《二程集》，第 276 页。
② 程颢、程颐：《二程集》，第 1 页。
③ 程颢、程颐：《二程集》，第 83 页。
④ 程颢、程颐：《二程集》，第 11 页。
⑤ 程颢、程颐：《二程集》，第 1 页。
⑥ 程颢、程颐：《二程集》，第 323 页。
⑦ 程颢、程颐：《二程集》，第 190 页。
⑧ 程颢、程颐：《二程集》，第 383 页。
⑨ 程颢、程颐：《二程集》，第 191 页。
⑩ 程颢、程颐：《二程集》，第 956 页。
⑪ 程颢、程颐：《二程集》，第 204—205 页。

也。"① 程颐认为，人各有不同的气象，这些气象不是先天即有的，而是后天环境习惯养成的。他还说："某旧尝进说于主上及太师，欲令上于一日之中亲贤士大夫之时多，亲宦官宫人之时少，所以涵养气质，熏陶德性。"② 程颐曾任崇政殿说书，他希望皇帝能够在好的环境中成长，成为圣君仁主，在程颐看来，生活环境对于人性修养有着重要作用。

3. 持志养气

第三，持志养气。二程认为，人的志和气相互作用，志能够统率气，气也能够影响志。"志，气之帅"③，"志可克气"④，"气亦能动志"⑤，甚至"气胜志"⑥。二程认为，要使志不为气所动，"在持其志而已"⑦。在持志的同时，还要养气。程颐说："浩然之气，天地之正气，大则无所不在，刚则无所屈，以直道顺理而养，则充塞于天地之间。"⑧ 在程颐看来，气有善和不善，人不知善，是不善之气充塞导致，所以，要持志克气，压制不善之气，同时还要养气，养人之善气，即浩然之气，不善之气自是去矣。程颐说："气有善不善，性则无不善也。人之所以不知善者，气昏而塞之耳。孟子所以养气者，养之至则清明纯全，而昏塞之患去矣。"⑨

对于如何养浩然之气，程颐认为要注意渐积、集义和去私。渐积就是逐渐积累，最后充塞天地。"浩然之气，所养各有渐，所以至于充塞天地，必积而后至。"⑩ 养气还要注意"勿忘"、"勿助长"，既不要掉以轻心，又不要拔苗助长。集义就是义与气相合。程颐说："配义与道，谓以义理养成此气，合义与道。方其未养，则气自是气，义自是义。及其养成浩然之气，则气与义合矣。本不可言合，为未养时言也。"⑪ 在养气渐积和集义过程中，还需要去私。程颐说："气直养而无害，便塞乎天地之间，有少私意，即是气亏。无不义便是集义，有私意便是

---

① 程颢、程颐：《二程集》，第190页。
② 程颢、程颐：《二程集》，第190页。
③ 程颢、程颐：《二程集》，第143页。
④ 程颢、程颐：《二程集》，第125页。
⑤ 程颢、程颐：《二程集》，第10页。
⑥ 程颢、程颐：《二程集》，第125页。
⑦ 程颢、程颐：《二程集》，第10页。
⑧ 程颢、程颐：《二程集》，第11页。
⑨ 程颢、程颐：《二程集》，第274页。
⑩ 程颢、程颐：《二程集》，第158页。
⑪ 程颢、程颐：《二程集》，第206页。

馁。"①"一为私心所蔽，则歉然而馁，却甚小也。"②"气须是养，集义所生。积集既久，方能生浩然气象。人但看所养如何，养得一分，便有一分；养得二分，便有二分。"③

在继承前代儒家人性论的基础上，尤其是融合孟子的性善论、告子的生之谓性和张载的气禀说后，二程提出了"性即理"的人性论，使儒家人性论上升到了本体论的高度。将性善论与人性二重说进行了结合，即在坚持人性本善的基础上，对天命之性和气质之性进行了分别，并提出了人性修养的各种主张。他们的人性思想进一步丰富和发展了儒家的人性学说。朱熹称赞他们，"极有功于圣门，有补于后学"④。

## 第二节　"性即理也"和"心统性情"：朱熹的人性论

朱熹是南宋著名的理学家，他继承二程，又独立创新，形成了自己的思想体系，后人称为程朱理学。朱熹认为，在客观世界有一种"天理"，它是人们一切行为的标准。只有去发现（格物穷理）和遵循天理，才能达到真、善、美。而破坏这种真、善、美的是"人欲"。因此，他提出"存天理，灭人欲"的主张，这是朱熹的核心思想。在人性论上，朱熹发挥了张载和程颐的天地之性与气质之性的观点，认为"天地之性"或"天命之性"专指理言，是至善的、完美无缺的；"气质之性"则以理与气杂而言，有善有不善，两者统一在人身上，缺一则"做人不得"。与"天命之性"和"气质之性"有联系的，还有"道心、人心"的理论。朱熹认为，"道心"出于天理或性命之正，本来便禀受得仁义礼智之心，发而为恻隐、羞恶、是非、辞让。"人心"出于形气之私，是指饥食渴饮之类。如是，虽圣人亦不能无人心。不过圣人不以人心为主，而以道心为主。他认为"道心"与"人心"的关系既矛盾又联结，是一而二、二而一的关系，"道心"需要通过"人心"来安顿，"人心"须听命于"道心"。朱熹是南宋理学的集大成者，他的思想对后世产生了深远影响。

① 程颢、程颐：《二程集》，第78页。
② 程颢、程颐：《二程集》，第20页。
③ 程颢、程颐：《二程集》，第207页。
④ 《朱子语类》卷四，第70页。

## 一、性即理也

### 1. 性之本体

朱熹在继承北宋张载和二程的思想后，提出了自己的人性论主张。关于人性论，他有一个根本观点，即"性即理也"。朱熹的这个观点是用来解决人性的本体根据问题。他发现传统儒家人性论没有在性和天之间建立紧密的联系，如"孟子不曾推原原头，不曾说上面一截，只是说'成之者性'也"[1]，而且传统的儒家人性论没有解决人性的善恶问题，这样像孟子的性善论就缺乏足够的说服力。朱熹肯定孟子的性善论立场，但还批评孟子"只见得大本处，未说得气质之性细碎处"[2]，"孟子之论尽是说性善……后来方有不善耳，若如此，却是'论性不论气'，有些不备"[3]，而荀子的性恶论，杨雄的性善恶混，韩愈的性三品说等，在朱熹看来"虽是论性，其实只说得气"[4]，传统的人性论没有根本解决善恶的来源问题。这个问题，到了北宋程颢、程颐兄弟这里，他们提出了"性即理也"的观点，强调人性和理（宇宙的天道）是一致的，使人性的本体论依据得以夯实。"伊川'性即理也'，自孔孟后，无人见得到此。亦是从古无人敢如此道。"[5]"如'性即理也'一语，直自孔子后惟是伊川说得尽。这一句便是千万世说性之根基！"[6]同时张载的天地之性和气质之性说，论证了善恶的源头之各自由来，从而对善恶的道德来源做出了较圆满解答。所以，朱熹说："伊川'性即理也'，横渠'心统性情'二句颠扑不破。"[7]

### 2. 理气合一

朱熹的"性即理"说，认为人的道德本性源于宇宙本体，"性者，人之所得于天之理也"[8]。"性只是理，万理之总名。此理亦只是天地间公共之理，禀得来便为我所有。"[9]朱熹认为，天理禀赋在人身者就是性，所以性的本质就是天理，

---

① 《朱子语类》卷四，第 70 页。
② 《朱子语类》卷四，第 78 页。
③ 《朱子语类》卷四，第 65 页。
④ 《朱子语类》卷四，第 78 页。
⑤ 《朱子语类》卷五十九，第 1387 页。
⑥ 《朱子语类》卷九十三，第 2120 页。
⑦ 《朱子语类》卷五，第 93 页。
⑧ 朱熹：《四书章句集注》，中华书局 2008 年版，第 326 页。
⑨ 《朱子语类》卷一一七，第 2816 页。

性的来源也是天理。朱熹论证道:"命,犹令也,性,即理也。天以阴阳五行化生万物,气以成形,而理亦赋焉,犹命令也。于是人物之生,因各得其所赋之理,以为健顺五常之德,所谓性也。"① 朱熹认为,天在生成生命的时候,以理和气分别形成了人的性体和形体,所以人性是善的。当然,人的性体和形体是二而一的,此处只是分说而已。"大抵人有此形气,则是此理始具于形气之中而谓之性。才是说性,便已涉乎有生而兼乎气质,不得为性之本体也。然性之本体,亦未尝杂。要人就此上面见得其本体元未尝离,亦未尝杂耳。"② 朱熹认为理气是合一的,所以性与气不分离。朱熹又讲到理与气是分别的,所以性与气不杂。"性是形而上者,气是形而下者。形而上者全是天理,形而下者只是那查滓。"③

朱熹不仅认为人性即是天理,还是人与物的区别所在。"性者,人之所得于天之理也……以理言之,则仁义礼智之禀,岂物之所得而全哉?此人之性所以无不善,而为万物之灵也。"④ 人性得自天理,即为仁义礼智,这是物所不能得全的,这也是人为万物之灵的原因。"这个理在天地间时,只是善,无有不善者。生物得来,方始名曰'性'。只是这理,在天则曰'命',在人则曰'性'。"⑤ 朱熹性即理的思想,解决了人性善的根据,这是朱熹继承和发展孟子"性善论"以来儒家传统性善论的结果。朱熹的性即理说承自于二程的思想,但又进行了更深刻的阐释和发展。陈来在《朱熹哲学研究》中说:"在二程学说里虽然大谈其'性与天道',使性与理之间建立起了某种联系,但性与理的统一只是一种自然的天人合一,还没有后来那种禀受天理为性的实体说法。在朱熹则把理更加以实体化,用本体论进一步论证性即是理。"⑥

3. 气质之性

性即理,人性善,但这还需要解决社会中人的道德差异问题。朱熹发挥张载的天地之性和气质之性的思想,对此作了解答。朱熹认为,"性即理也。当然之理,无有不善者。故孟子之言性,指性之本而言。然必有所依而立,故气质之禀不能无浅深厚薄之别。"⑦ 人身禀得天理而为性,所以人性就是天理,天理是善

---

① 《四书章句集注》,第 17 页。
② 《朱子语类》卷九十五,第 2430 页。
③ 《朱子语类》卷五,第 97 页。
④ 《四书章句集注》,第 326 页。
⑤ 《朱子语类》卷五,第 83 页。
⑥ 陈来:《朱子哲学研究》,生活·读书·新知三联书店 2010 年版,第 226 页。
⑦ 《朱子语类》卷四,第 67 页。

的，所以人性也就是善的。但是，天地之性即天理必须安顿在气质之性上，所以人与人存在道德的差别，其原因就在于禀得的气质之性的浅深厚薄的不同。朱熹的天地之性和气质之性其实是一物，而非主张性二元论，他说，"'气质之性'，便只是天地之性"，①"论'天地之性'，则专指理言；论'气质之性'，则以理与气杂而言之"②。故朱熹讲天地之性和气质之性，只是一个实物，天地之性就是气质之性，气质之性是天地之性的实然存在状态，天地之性是气质之性的本然状态，二者是理一和分殊的关系。"气质是阴阳五行所为，性则太极之全体。但论'气质之性'，则此全体在气质之中耳，非别有一性也。"③ 不过，朱熹认为气质之性不可以谓为人性，因为它是杂理与气而言之。"气不可谓之性命，但性命因此而立耳，故论天地之性则专指理言，论气质之性则以理与气杂而言之，非以气为性命也。"④ 这与前儒不同，张载以气质气禀为性，程颐以气禀为才，惟程颢以理气之和为性，朱熹以理气之杂来说气质之性，以理来说天地之性。朱熹用气质之性解决了人们道德差异的问题，"性者万物之原，而气禀则有清浊，是以有圣愚之异"⑤。"禀得精英之气，便为圣，为贤，便是得理之全，得理之正。禀得清明者，便英爽；禀得敦厚者，便温和；禀得清高者，便贵；禀得丰厚者，便富；禀得长久者，便寿；禀得衰颓薄浊者，便为愚、不肖，为贫，为贱，为夭。"⑥ 人的天地之性即天理是不变的，但人的气质之性却是可以变化的。人可以通过修养自身气质以接近天地之性，使得人性"尽夫天理之极，而无一毫人欲之私"⑦，复归人性之天理本然。朱熹性即理的人性论思想，从宇宙本体处论证了人性的道德属性，即人性善，同时又从气质之性论证了人们道德不齐的原因，及改善并进而达到天理即天地之性的道德修养之路，这就是朱熹何以提出存天理、灭人欲思想的缘由。

### 二、心统性情

#### 1. 心兼性情

朱熹的存天理、灭人欲思想，实质上就是改善气质之性以达到天地之性。但

---

① 《朱子语类》卷四，第 68 页。

② 《朱子语类》卷四，第 67 页。

③ 《朱子语类》卷九十四，第 2379 页。

④ 朱熹：《朱子全书》第 23 册，上海古籍出版社 2010 年版，第 2688 页。

⑤ 《朱子语类》卷四，第 76 页。

⑥ 《朱子语类》卷四，第 77 页。

⑦ 《四书章句集注》，第 3 页。

如何才能做到呢？对此，朱熹提出了"心统性情"的思想，用心来统御人的性和情，即天地之性和气质之性，以此确立起人的道德主体。朱熹非常重视心性问题，早在青年时期师从李侗时，朱熹就开始思考这些问题，后来又与张南轩反复讨论心性问题。虽然，"心统性情"这一说法是张载首先提出来的，"心统性情者也。有形则有体，有性则有情。发于性则见于情，发于情则见于色，以类而应也"①，但朱熹对此推崇备至，认为这句话和程颐的"性即理也"同为理学经典之语。朱熹说："伊川'性即理也'，横渠'心统性情'，二句颠扑不破。"② 不过，张载对这一重要论断并没有深入阐发，后来朱熹经过漫长的思考，尤其经历"丙戌之悟"、"己丑之悟"两次深刻变化后，最终确立了"心统性情"的思想。"心统性情"包含两层含义，第一层是心兼性情，"心统性情。统，犹兼也。"③ "性，其理；情，其用。心者，兼性情而言；兼性情而言者，包括乎性情也。"④ 心兼性情就是心包括性情这两种东西。在朱熹的思想体系中，心是意识活动的总体，其内含道德本质的性，外现为欲望表达的情。性和情不同，但都为心所包括。"仁、义、礼、智，性也，体也；恻隐、羞恶、辞逊、是非，情也，用也。统性情、该体用者，心也。"⑤ "心是包得这两个物事，性是心之体，情是心之用。"⑥ 性的内容有仁义礼智，情的内容有恻隐羞恶辞逊是非，前者是体，后者是用，但都包含在心之中。"恻隐、羞恶、辞让、是非，情也。仁、义、礼、智，性也。心，统性情者也。端，绪也。因其情之发，而性之本然可得而见，犹有物在中而绪见于外也。"⑦ "性是体，情是用，性情皆出于心，故心能统之。"⑧ "心统性情，性情皆因心而后见，心是体，发于外谓之用。……仁，人心也，是说体，恻隐之心是说用，必有体而后有用。"⑨ 就性情关系来说，性是未动未发，情是已动已发，但这未动已动、未发已发都为心所包，"盖心之未动则为性，已动则为情。所谓心统性情也。欲是情发出来底"⑩ "心如水，性犹水之静，情则水之流，欲则水之波澜，

---

① 张载：《张载集》，章锡琛点校，中华书局1978年版，第374页。
② 《朱子语类》卷五，第93页。
③ 《朱子语类》卷九十八，第2513页。
④ 《朱子语类》卷二十，第475页。
⑤ 朱熹：《朱熹集》，四川教育出版社1996年版，第2839页。
⑥ 《朱子语类》卷一百一十九，第2867页。
⑦ 《四书章句集注》，第238页。
⑧ 《朱子语类》卷九十八，第2513页。
⑨ 《朱子语类》卷九十八，第2513页。
⑩ 《朱子语类》卷五，第93页。

但波澜有好的，有不好的。"① 相较于性情，心是一个内涵更为丰富的范畴，通过心实现气质之性向天地之性的转化。

对于心性情之间的关系，朱熹还用"易道神"思想做了进一步的说明。何谓"易道神"，朱熹认为，"其阖辟变化之体则谓之易，然所以能阖辟变化之理则谓之道。其功用著见处则谓之神。"② "'易'之为义，乃指流行变易之体而言。此体生生，元无间断，但其间一动一静相为始终耳。程子曰：'上天之载，无声无臭，其体则谓之易，其理则谓之道，其用则谓之神。'正谓此也。此体在人，则心是已。其理则所谓性，其用则所谓情，其动静则所谓未发已发之时也。此其为天人之分虽殊，然静而此理已具，动而此用实行，则其为易一也。"③ 在朱熹看来，天地运动变化的全体为易，天地运动变化的根据则是道，各项具体的运动变化则称为神。这种解释天地运动变化的思想也可以用来解释人的心性情之间关系。"'以其体谓之易，以其理谓之道'，这正如心、性、情相似。易便是心，道便是性。易，变易也，如弈棋相似，寒了暑，暑了寒，日往而月来，春夏为阳，秋冬为阴，一阴一阳只管恁地相易。"④ "其理属之人，则谓之性；其体属之人，则谓之心；其用属之人，则谓之情。"⑤ "所谓易者，变化错综，如阴阳昼夜，雷风水火，反复流转，纵横经纬而不已也。人心则语默动静、变化不测者也。"⑥ "正淳问：其体则谓之易，只屈伸往来之义是否？曰：义则不是，只阴阳屈伸便是形体。……谓如以镜子为心，其光之照见物处便是情，其所以能光者是性，因甚把木板子来却照不见，为它没这光底道理。"⑦

2. 心主性情

心统性情的第二层含义是心主性情。心不仅包含性情，而且在其中起主宰作用。"性者，心之理；情者，性之动；心者，性情之主。"⑧ "性是体，情是用。性情皆出于心，故心能统之。统，如统兵之'统'，言有以主之也。"⑨ 心统性情的意

①　《朱子语类》卷五，第93页。
②　《朱子语类汇校》卷九十五，第2414页。
③　《朱子全书》，第2070—2071页。
④　《朱子语类》卷九十五，第2423页。
⑤　《朱子全书》，第3350页。
⑥　《朱子语类》卷九十五，第2422页。
⑦　《朱子语类》卷九十五，第2423页。
⑧　《朱子语类》卷五，第89页。
⑨　《朱子语类》九十八，第2513页。

思是心对性情有主宰的作用，人的道德活动，无论是应乎天理，还是顺从情欲，都不能离开这一主体精神。"性以理言，情乃发用处，心即管摄性情者也。"① "性，本体也；其用，情也；心，则统性情、该动静而为之主宰也。"② "心，主宰之谓也。动静皆主宰，非是静时无所用，及至动时方有主宰也。言主宰，则混然体统自在其中。"③ 心的主体活动意识，并非消极被动，而是自觉主动地以天理主宰性情。"仁义礼智，性也；恻隐、羞恶、辞让、是非，情也。以仁爱、以义恶、以礼让、以智知者，心也。性者，心之理也；情者，心之用也；心者，性情之主也。程子曰：'其体则谓之《易》，其理则谓之道，其用则谓之神'，正谓此也。"④ 需要注意的是，心统性情，不是说心外有个性，有个理，其实，心就是以性、以理为主宰，"心固是主宰底意，然所谓主宰者，即是理也，不是心外别有理，理外别有个心。"⑤ 心为什么能够主宰性情？朱熹说："心主性情，理亦晓然……未发而知觉不昧者，岂非心之主乎性者乎？已发而品节不差者，岂非心之主乎情者乎？"⑥ "熹谓感于物者心也，其动者情也。情根乎性而宰乎心，心为之宰，则其动也无不中节矣，何人欲之有？惟心不宰而情自动，是以流于人欲而每不得其正也。然则天理人欲之判，中节不中节之分，特在乎心之宰与不宰，而非情能病之亦已明矣。盖虽曰中节，然是亦情也，但其所以中节者乃心耳。"⑦ "情本于性，故与性为对，心则于斯二者有所知觉，而能为之统御者也。未动而无以统之，则空寂而已。已动而无以统之，则放肆而已。"⑧ 心具有知觉的能力，从这一意义说，心与性是认知关系，即心是能觉，性是所觉。"所觉者，心之理也；能觉者，气之灵也。"⑨

心主性情还可分为两个方面的含义。一，是指心对人身体的主宰。朱熹说道："心者，人之知觉，主于身而应事物者也。"⑩ 意思是心是人的知觉能力，主宰着身体的各个部分，并和外物发生相应的关系。他还说，"心之为物，实主于身。

---

① 《朱子语类》卷五，第 94 页。
② 《朱子全书》，第 3584 页。
③ 《朱子语类》卷五，第 94 页。
④ 《朱子全书》，第 3254 页。
⑤ 《朱子语类》卷一，第 4 页。
⑥ 《朱熹集》卷四十二，第 1954 页。
⑦ 《朱熹集》卷三十二，第 1375—1376 页。
⑧ 《朱子全书》，第 1852 页。
⑨ 《朱子语类》卷五，第 85 页。
⑩ 朱熹：《朱熹集》，郭齐、尹波点校，四川教育出版社 1996 年版，第 3436 页。

其体，则有仁义礼智信之性；其用，则有恻隐、羞恶、恭敬、是非之情"①，心主宰身体，实际上就是用仁义礼智信的性来做主导，发而为恻隐、羞恶、恭敬、是非之情。朱熹说："自古圣贤相传，只是理会一个心，心只是一个性。性只有个仁义礼智，都无许多般样，见于事，自有许多般样。"② 可见，朱熹的思想始终是在儒家道德主体论的传统内，并据以提出的新观点。二，是通过心的超越的理来主宰万物。当天下万物禀得天理之后，天地万物也呈现出一种秩序。人在其中则成了万物的主体，人心则要体现出这一主体性。朱熹说："心者，人之所以主乎身者也，一而不二者也，为主而不为客者也，命物而不命于物者也。"③ 心是身体的主宰，它有着主宰的能力，而不是被主宰，不仅主宰身体，还能够主宰他物。"心与理一，不是理在前面为一物，理便在心之中，心包蓄不住，随事而发。"④人的心和理是一物，所以能够主宰万物，随事而发。"心固是主宰底意。然所谓主宰者，即是理也，不是心外别有理，理外别有个心。"⑤ 心的主宰作用，其实就是理的主宰作用，二者是一。超越性的天理和人的道德主体之间建立起了一种关联。人们的道德行为都是心的主体作用的结果。总之，朱熹的心统性情论，是一种内容丰富的理论主张，朱熹以性为形而上的天理，还以性为心的本体，这也是形而上的，所以朱熹心的概念既是形而下的知觉之心，又是形而上的本体之心。朱熹心统性情，就是以心之体用分别性情，这是朱熹此一理论需要理解清楚的核心观点。

3. 格物致知

针对这样的心性论，朱熹提出了相应的修养方法，如诚、敬、静、克己、立志、涵养省察、格物致知等，其中，格物致知则是最根本的方法。格物致知主要就是指尽心，尽心中之体，也即是尽性，尽天理所在人者。心有体，也有用。心之用有知、情、意。知就是认知之心，情就是情感，意就是意念。对心之体的认识，需要从知情意出发。所以朱熹非常重视经验知识的积累。通过这种积累，可以实现"豁然贯通"，即顿悟。这就是朱熹的格物之意。朱熹强调必须内外功夫并用，才能实现格物致知的目的。在朱熹看来，物理和性理是不同的，又是同一

① 《朱子语类》卷二十七，第680页。
② 《朱子全书》，第703页。
③ 《朱子全书》，第3278页。
④ 《朱子语类》卷五，第85页。
⑤ 《朱子语类》卷一，第4页。

的，格物即识得物理，就可致知即得识性理。这种方法就是内外合一、天人合一的方法，就会意识到体用合一、性情合一。"及其真积力久，而豁然贯通焉，则亦有以知其浑然一致，而果无内外精粗之可言矣"[1]，"至于用力之久，而一旦豁然贯通焉，则众物之表里精粗无不到，而吾心之全体大用无不明矣"[2]。如此，贯通天人的理性得以实现，人生则臻至最高境界。朱熹的格物致知说，提出了许多关于认识论的问题，但并没有形成认识论的系统学说，他将认知当成了实现天理道德的工具。朱熹的格物致知，所要认识的是心的理，进而与天地之理合二为一，所以他最终所要认识的是道德主体，而非自然主体。

### 三、鹅湖之会

为了深入探讨儒家的思想，特别是人性论，朱熹与陆九渊曾在信州（今江西上饶市铅山县鹅湖镇）鹅湖寺进行了一次论学，这就是中国儒学史上著名的"鹅湖之会"。南宋时期，理学家讲学之风盛行，宋淳熙二年（1175年）6月，吕祖谦为了调和朱熹"理学"和陆九渊"心学"之间的理论分歧，使两人的观点"会归于一"，于是邀请陆九龄、陆九渊兄弟前来与朱熹见面。六月初，陆氏兄弟应约来到鹅湖寺，双方就各自的哲学观点展开了激烈的辩论。此次论学所涉及到的根本问题，就包括如何对儒家人性论进行正确地理解。在辩论中，双方观点形成了尖锐的对立。朱熹强调"格物致知"，通过对外物的考察来发现内在的良知。格物就是穷尽事物之理，致知就是推致其知以至其极。并认为，"致知格物只是一事"，是认识的内外两个方面，即尊德性与道问学是二而一。所以朱熹主张多读书，多观察事物，然后加以分析，从而得到良知。陆氏兄弟则从"心即理"出发，认为格物不是成为圣贤的必要途径，要成圣须"先发明人之本心"，"先立乎其大"，心明则万事万物的道理自然贯通，不必多做读书穷理的工夫，也不必忙于考察外界事物，圣人自古相传的道统就是此心，只有认识本心，去此心之蔽，就可以通晓事理，所以尊德性、养心神是最重要的，他们不主张格物穷理的主张，以为读书不是成为圣人的必由之路。会上，双方各执己见，互不相让，最后不欢而散。对此，陆九渊门人朱亨道记载道："鹅湖讲道，诚当今盛事。伯恭盖虑朱、陆议论犹有异同，欲会归于一，而定所适从。……论及教人，元晦之意，

---

[1] 《朱子全书》，第 528 页。
[2] 《四书章句集注》，第 7 页。

欲令人泛观博览而后归之约，二陆之意欲先发明人之本心，而后使之博览。"① 此次论学，使朱熹进一步明确了他的理学主张，同时也进一步彰显了朱熹和陆九渊兄弟的理学分歧。朱熹曾道："大抵子思以来教人之法惟以尊德性道问学两事为用力之要。今子静所说，专是尊德性事，而熹平日所论，却是问学上多了……自觉虽于义理上不敢乱说，却于紧要为己为人上，多不得力。今当反身用力，去短集长，庶几不堕一边耳。"② 可见，朱熹对于陆象山是非常尊重的，他们论学也是为了调和两家归于一是，实现本末内外一切恰好的境界。这是朱熹在此一问题上的认识境界。然而，陆九渊听闻此语后却说："朱元晦欲去两短，合两长，然吾以为不可。既不知尊德性，焉有所谓道问学。"③ 陆九渊此说是对的，但朱熹所表达的是尊德性和道问学不要偏于一边，在传心的道统中应加入求知的精神。两家的思想虽然最终没有实现调和一致，但其中所显现出的思想火花，却更加照亮了理学发展的道路。

### 四、论性儒佛

对于朱熹的人性论，有人认为是从禅学中得来，其实不然。其时理学家多陷溺于佛学禅学中，朱熹也深受其影响，虽然其许多思想与禅学不无相似，但是朱熹的思想却是经过了一番辟禅而得出的。朱熹早年对于禅学非常喜爱，涉猎过许多佛书，自师从李延平后便一心归于儒。所以朱熹对于禅学认识非常深刻，而对于禅学的虚空及当时理学之流弊，了然于胸，所以朱熹对于禅学采取了批评的态度。朱熹说："释氏虚，吾儒实。释氏二，吾儒一。释氏以事理为不要紧而不理会。"④ 佛学将事理和吾心分别开来，所以是二。儒家却是将此二者合而为一。"释氏只要空，圣人只要实。释氏所谓'敬以直内'，只是空豁豁地，更无一物，却不会'方外'。圣人所谓'敬以直内'，则湛然虚明，万理具足，方能'义以方外'。"⑤ 佛学主张敬以直内，不说义以方外，所以成就了禅学。朱熹则采取了伊川敬义夹持的说法，同时加以重视。若只说敬，则容易成为禅学。朱熹说："吾以心与理为一，彼以心与理为二……彼见得心空而无理，此见得心虽空而万理

---

① 陆九渊：《陆九渊集》卷三十六《年谱》，中华书局 1980 年版，第 491 页。
② 《朱熹集》，第 2694—2695 页。
③ 陆九渊：《陆九渊集》卷三十四，第 400 页。
④ 《朱子语类》卷一二六，第 3015 页。
⑤ 《朱子语类》，第 3015 页。

咸备。虽说心与理一，不察乎气禀物欲之私，是见得不真，故有此病。大学所以贵格物也。"① 朱熹讲心即理，佛家讲心空，儒家虽讲心即理，但要格物之后而得，否则就是不真。所以儒家重视格物。于是，朱熹特别批评了佛家所谓作用是性的说法。"若释氏之言，则但能识此运水搬柴之物，则虽倒行逆施，亦无所适而不可矣……盖其学以空为真，以理为障，而以纵横作用为奇特。与吾儒之论，正相南北，至于如此。"② 佛家讲的作用是性并不错，但作用还有合理不合理的分别，难道不合理的也是性？所以朱熹特别欣赏伊川性即理的说法。"须是运得水搬得柴是，方是神通妙用。若运得不是，般得不是，如何是神通妙用？佛家所谓'作用是性'，便是如此……君子贵'博学于文'……无精粗小大，都一齐用理会过……方无所不尽，方周遍无疏缺处。"③ 朱熹认为佛家的作用是性并非都是合理地，所以他主张博学，不专在心性上做功夫。所以，在理学家中能够直陈禅学弊端的只是朱熹。在朱熹看来，佛家和儒家的不同就在这两方面。朱熹说："举佛氏语曰：千种言，万般解，只要教君长不昧。此说极好……它只是守得这些子光明，全不识道理，所以用处七颠八倒。吾儒之学，则居敬为本，而穷理以充之。其本原不同处在此。"④ 还说："（童蜚卿）以为释氏，本与吾儒同，只是其末异。某与言'正是大本不同'。……只无'义以方外'，则连敬以直内也不是了。"⑤ 佛家与儒家的差异，在朱熹看来，并不是二者有共同的体，仅是末不同罢了，而是其本即不同，其本有别才致使其末有异。二者的不同，根本上说是它们对性的理解之有异。朱熹说："释氏自谓识心见性，然其所以不可推行者何哉？为其于性与用分为两截也。圣人之道……虽功用充塞天地，而未有出于性之外者。"⑥ 朱熹认为佛学视作用为性，其性与用是两部分，因为它不像儒家将功用充塞天地，儒家讲修齐治平及赞天地之化育，都是性之功用，都未离性。有人问朱熹，孟子讲尽心知性，存心养性，而佛学也说识心见性，两家说法是否一样？朱熹说："其所以识心者，则必别立一心以识此心，而其所谓见性者，又未尝睹夫民之彝、物之则也。既不睹夫性之本然，则物之所感、情之所发皆不得其道理，于是概以为己累而尽绝之……心也者……为主而不为客者也，命物而不命于物者也。惟其理

① 《朱子语类》，第3015—3016页。
② 《朱子全书》卷十二，第990—991页。
③ 《朱子全书》，第2025页。
④ 《朱子语类》卷一二六，第2721页。
⑤ 《朱子语类》卷一二六，第2731页。
⑥ 《朱子语类》卷一二六，第2743页。

有未穷而物或蔽之，故其明有所不照；私有未克而物或累之，故其体有所不存。是以圣人之教，使人穷理以极其量之所包，胜私以去其体之所害……因其一者以应夫万，因其主者以待夫客，因其命物者以命夫物，未尝曰反而识乎此心，存乎此心也。若释氏之云识心，则必收视反听，以求识其体于恍惚之中……此非别立一心而何哉？"[1] 理学家讲心性，禅宗也讲心性，由于理学家多深受禅学的影响，所以对两家的心性说不能辨别清楚，只有朱熹出入禅学而归宗儒家，对两家的心性说剖析精微，破解迷雾，这是朱熹对于理学的重要贡献。

朱熹的心性论是紧依着他的宇宙本体论建立起来的，性即理，也是心之本体，这是将道德所当然与所以然联系起来，合二为一。朱熹的性即理和心统性情的思想，把人的主体意识和天地之理结合起来，使人性找到了坚实的客观依据，同时为确立人的道德主体进行了充分的论证。

## 第三节 "具是理于心，方名之曰性"：陈淳的人性论

### 一、性即理也

1. 性即理也

陈淳的人性论是在继承二程、朱熹的思想基础上发展而来的。二程曾提出"性即理"的思想，朱熹对此大为推崇，称之"颠扑不破"[2]。朱熹曾对陈淳讲："道即性，性即道，固只是一物。然须看因甚唤做性，因甚唤做道。"[3] 陈淳在对朱熹思想经过一番思考后，阐述了对此的理解："性即理也。何以不谓之理而谓之性？盖理是泛言天地间人物公共之理，性是在我之理。只这道理，受于天而为我所有，故谓之性。性字从生从心，是人生来具是理于心，方名之曰性。"[4] 性就是人所得到的天理，这是为性寻找形上依据。陈淳阐述道："性与命本非二物，在天谓之命，在人谓之性。"[5] 意思是性是人禀赋天命而有的。这个性指的是"天地之性"。陈淳继而分别了天地之性和气质之性。"大抵性只是理，然人之生不成

---

① 《朱子全书》，第 4990 页。

② 《朱子语类》，第 1387 页。

③ 《朱子语类》，第 82 页。

④ 陈淳：《北溪字义》，中华书局 1983 年版，第 6 页。

⑤ 陈淳：《北溪字义》，第 6 页。

只空得个理，须有个形骸方载得此理。其实理不外乎气，得天地之气成这形，得天地之理成这性。"① 对于天地之性和气质之性的分别，是宋代理学家的重要理论贡献，其首倡此说的是张载，程朱则对其大加赞赏。张载说："形而后有气质之性。善反之，则天地之性存焉。"② 程颐对此论述道："论性不论气，不备；论气不论性，不明，二之则不是。"③ 朱熹则称赞此说道："所以发明千古圣贤未尽之意，甚为有功。"④ 陈淳则继承理学家们的思想，讲道："气质之性是以气禀言之，天地之性是以大本言之。其实天地之性亦不离气质之中，只是就那气质中分别出天地之性，不与相杂为言耳。"⑤ 在陈淳看来，气质之性和天地之性是从不同角度看的，二者其实是一体不可分离。陈淳还对气质二字进行了解释："流行乎一身之间者是气，凝定成形者是质。"⑥ 人禀得天地之气以生，这便有了气质之性。不仅是人，物的形成也是如此。而人与人的不同，人与物的差异，都是所禀之气的偏正导致。"盖人之所以有万殊不齐，只缘气禀不同。"⑦ 何以是气禀不同？陈淳讲道："不是阴阳气本恶，只是分合转移、齐不齐中便自然成粹驳善恶耳。因气有驳粹，便有贤愚。"⑧ 气本身没有善恶，只是在气的组合形成善恶。气质之性虽有善恶，但并非不可改变，只要加强道德修养，付出更多的功夫，是可以改恶向善的，因为作为人的大本的天地之性是善的。陈淳说："气虽不齐，而大本则一，故虽下愚，亦可变而为善，然工夫最难，非百倍其功者不能。"⑨

　　2. 理命道气

　　在陈淳的人性论中，性与理、命、道、气这些概念密切关联。首先，关于性与理，陈淳主张性即理，但二者又有不同。在陈淳看来，理是天地万物与人共同之理，性是这个理为我所有在我身者，性只属于人。而从性的角度来看，可以说性即理，但不能反过来说理即性。"盖理是泛言天地间人物公共之理，性是在我之理。只这道理受于天而为我所有，故谓之性。性字从生从心，是人生来具是

---

①　陈淳：《北溪字义》，第6页。
②　《张载集》，第23页。
③　《朱子语类》，第1389页。
④　《朱子语类》，第66页。
⑤　陈淳：《北溪字义》，第9页。
⑥　陈淳：《北溪大全集》，景印文渊阁四库全书，第1168册，第842页。
⑦　陈淳：《北溪字义》，第7页。
⑧　张加才：《诠释与建构——陈淳与朱子学》，人民出版社2004年版，第244页。
⑨　陈淳：《北溪字义》，第7页。

理于心，方名之曰性。其大目只是仁义礼智四者而已。得天命之元，在我谓之仁；得天命之亨，在我谓之礼；得天命之利，在我谓之义；得天命之贞，在我谓之智。"[1] 元亨利贞在天是命，仁义礼智在人是性。因此，性就是天理，它是善的而无恶。此处讲的是天地之性，是道德来源的形上根据。第二，关于性和命，陈淳认为二者根本上也是一物，其区别只是在于过程的不同，前者是领受，后者是赋予。陈淳说："性与命本非二物，在天谓之命，在人谓之性。故程子曰：'天所付为命，人所受为性。'"[2] 性、命即是二而一，又是一而二，陈淳认为要从二者之同来把握，又要从二者之异来理解。陈淳说："性命只是一个道理，不分看则不分晓。只管分看不合看，又离了，不相干涉。须是就浑然一理中看得有界分，不相乱。所以谓之'命'、谓之'性'者何故？大抵性只是理，然人之生不成只空得个理，须有个形骸方载得此理。其实理不外乎气，得天地之气成这形，得天地之理成这性。"[3] 陈淳的认识非常全面而准确，性和命本是一物，分开来讲是为了理解人性，以及天地万物与人的差别。但只从不同处看，又会对人性的大本缺乏认识。所以陈淳理解性和命，既看到了同中之异，又看到了异中之同。第三，关于性和道，陈淳认为二者既一致又有别。陈淳说："所谓'善'者，以实理言，即道之方行者也。道到成此者为性，是说人物受得此善底道理去，各成个性耳。"[4] 这是从动态生成过程来探讨人性，道就是人领受善的理从而形成人性。这与理、命的角度又有不同。正因有道的这种功能，才使人性能够实现。而人一旦具备了人性，也即具备了这个道，所以说道亦即是性。第四，关于性和气的关系。陈淳肯定性即理也，此性就是善的，然而现实社会人有善有恶，这种不同的人性状况是怎么回事？朱熹认为这是每人的气禀不同所造成的。陈淳承继了其师的观点，又进一步发挥道："人之所以有万殊不齐，只缘气禀不同。这气只是阴阳五行之气，如阳性刚，阴性柔，火性燥，水性润，金性寒，木性温，土性厚重。七者夹杂，便有参差不齐。所以人随所值，便有许多般样。然这气运来运去，自有个'真元之会'……圣人便是禀得这'真元之会'来。"[5] 陈淳认为人性之不同是由于阴阳五行之气为人所禀赋不同，如果气的组合恰好有个'真元之

---

① 陈淳：《北溪字义》，第6页。
② 陈淳：《北溪字义》，第6页。
③ 陈淳：《北溪字义》，第6页。
④ 陈淳：《北溪字义》，第8页。
⑤ 陈淳：《北溪字义》，第7页。

会'，便会产生出圣人来，但这种情况非常稀少。"天地间参差不齐之时多，真元会合之时少，……人生多值此不齐之气。如有一等人非常刚烈，是值阳气多；有一等人极是软弱，是值阴气多；有人躁暴忿戾，是又值阳气之恶者；有人狡谲奸险，此又值阴气之恶者；有人性圆，一拨便转；也有一等极愚拗，虽一句善言亦说不入，与禽兽无异：都是气禀如此。"①

### 二、心之主宰

#### 1. 身之主宰

陈淳的人性论中还有一个重要的概念——心，要进一步详尽了解性，离不开对心的解读。性是人之为人的本质，而心是人的精神意识和知觉能力。没有性，则人不成为人。没有心，则无法识得性。那何谓心？陈淳的理解和朱熹基本一致。他说："心者，一身之主宰也。人之四肢运动，手持足履，与夫饥思食，渴思饮，夏思葛，冬思裘，皆是此心为之主宰。"② 心是人的主宰，人的行为都是由心作出的，如四肢运动、手持足履、饥食渴饮、夏葛冬裘等。但心究竟是什么？陈淳解释道："如今心恙底人，只是此心为邪气所乘，内无主宰，所以日用间饮食动作皆失其常度，与平人异，理义都丧了，只空有个气，仅往来于脉息之间未绝耳。"③ 失去了心，人就失去了主宰功能，连人的根本理义都会失去，只剩下气的状态。日用饮食失去常度，并不是没有了这些行为，而是说没有了理义的指导。可见，心作为人身的主宰，不仅指心本身，更指心中的理义。陈淳说："大抵人得天地之理为性，得天地之气为体，理与气合方成个心，有个虚灵知觉，便是身之所以为主宰处。然这虚灵知觉，有从理而发者，有从心而发者，又各不同也。"④ 可见，心的构成，是由天地之理和天地之气共同合成，如此才有人的意识，即虚灵知觉。

#### 2. 道心人心

心的意识作用，一种是从理出发的，即道心，一种是从气出发的，即人心。二者有何不同？陈淳说："知觉从理上发来，便是仁义礼智之心，便是道心。若知觉从形气上发来，便是人心，便易与理相违。人只有一个心，非有两个知觉，

---

① 陈淳：《北溪字义》，第 7 页。
② 陈淳：《北溪字义》，第 11 页。
③ 陈淳：《北溪字义》，第 11 页。
④ 陈淳：《北溪字义》，第 11 页。

只是所以为知觉者不同。且如饥而思食，渴而思饮，此是人心。至于食所当食，饮所当饮，便是道心。"① 从理上和从知觉上出发，便是道心和人心的区分。道心，就是根据道德规范来处事；人心，就是听凭生理欲望来行动。虽有这两种区别，但心只是一个心，只是出发点的不同。陈淳说："人心之虚灵知一而已，其由形气而发者，以形气为主，而谓之人心；由义礼而发者，以义理为主，而谓之道心。饥思食、渴思饮、夏思葛、冬思裘，此皆人心也。视思明、听思聪，言思忠、动思义，道心之谓也。"② 由形气而发的就是不正确的行为，所以是人心；由义理而发者，就是正确的行为，所以是道心。道心对人心有节制的作用，像饮食，要从理上考虑当不当。朱熹侧重在善恶上解释人心和道心，而陈淳则侧重从本原上解释人心和道心。从这点讲，陈淳进一步发展了朱熹的思想。从道心和人心出发，陈淳继而探讨了天理和人欲的关系。从欲望出发的是人心，从义理出发的是道心，人心蒙蔽了道心，人就会为恶，道心节制了人心，人就会行善，因此要注意天理和人欲的关系。陈淳认为，天理即是天命，"其根源自来，莫非天命自然，非人而所强为"③，各种伦理道德，都是天命所决定的，因而是合理的，人人都应奉行，为此需要消灭人欲。只有战胜人欲，不使其遮蔽天理，才能实现仁，达至社会的和谐。

### 三、心含理气

#### 1. 心之体用

陈淳还进一步解释了心与理的关系："心有体有用。具众理者其体，应万事者其用。寂然不动者其体，感而遂通者其用。体即所谓性，以其静者言也；用即所谓情，以其动者言也。"④ 心之体，就是心之为心的道理即天理，心之用，就是将理运用于各种具体事情。心之体是不会改变的，心之用是贯通事事物物，所以前者是静的，后者是动的。陈淳还说："体虽具于方寸之间，而其所以为体则实与天地同其大，万理盖无所不备，而无一物出乎是理之外。用虽发乎方寸之间，而其所以为用则实与天地相流通，万事盖无所不贯，而无一理不行乎事之中。此

---

① 陈淳：《北溪字义》，第11页。
② 《北溪文集·用目》。
③ 《北溪文集·用目》。
④ 陈淳：《北溪字义》，第11页。

心之所以为妙，贯动静，一显微，彻表里，始终无间者也。"① 陈淳从体用两方面对心的作用进行了深刻阐述。由于心的这种内涵，在陈淳看来，心具有无穷大，甚至无所不包的特点。"心之量极大，万物无所不包，万事无所不统"②，万事万物都被心所包含统摄，可见心量之大。"虽万理之远，一念便到。虽千古人情事变之秘，一照便知。虽金石质坚，可贵。虽物类至幽至微，可通。"③ 心能够突破遥远时空的限制，一念便到；还能够突破质坚至幽的障碍，可贯可通。心可谓是万能的。朱熹读过这段《心说》后，对陈淳的此番思想高度肯定，"此说甚善。更宽着意思涵养，则愈见精密矣。然又不可一向如此向无形影处追寻"。④ 陈淳后来又对其思想进行了完善："心是个活物，不是贴静死定在那里，常爱动。心之动，是乘气动。故文公《感兴诗》曰：'人心妙不测，出入乘气机'，正谓此也。"⑤ 这一完善，陈淳更加突出了气的作用，使得人身上的理与气更加和谐。陈淳继而思考道："性只是理，全是善而无恶。心含理与气，理固全是善，气便含两头在，未便全是善底物，才动便易从不善上去。"⑥ 性是善的，气有善有恶的可能，心包含理和气，理能控制气则为善，反之为恶。"人须是有操存涵养之功，然后本体常卓然在中为之主宰，而无亡失之患。"⑦ 可见，主宰人心的应该是天理道德，而不应是由气而生的各种生理欲望，人要根据自己的心性本体来指导自己的意识行为。由于心之内涵的复杂性，陈淳还特别阐述了心与情、性、意、志、理、命等概念相互间的关系。"且如一件事物来接着，在内主宰者是心；动出来或喜或怒是情；里面有个物，能动出来底是性；运用商量，要喜那人要怒那人是意；心向那所喜所怒之人是志；喜怒之中节处又是性中道理流出来，即其当然之则处是理；其所以当然之根原处是命。"⑧ 心与这些概念联系密切，是因为心是万化的源头。"心虽不过方寸大，然万化皆从此出，正是原头处。故子思以未发之中，为天下之大本；已发之和，为天下之达道。"⑨

---

① 《北溪大全集》，第 1168 册，第 579 页。
② 张加才：《诠释与建构——陈淳与朱子学》，人民出版社 2004 年版，第 251 页。
③ 《诠释与建构——陈淳与朱子学》，第 252 页。
④ 《朱子全书》，第 2742 页。
⑤ 陈淳：《北溪字义》，第 12 页。
⑥ 陈淳：《北溪字义》，第 12 页。
⑦ 陈淳：《北溪字义》，第 12 页。
⑧ 陈淳：《北溪字义》，第 17 页。
⑨ 《诠释与建构——陈淳与朱子学》，第 251 页。

## 2. 理义之心和形气之心

在陈淳看来，性有天地之性和气质之性，心也有理义之心和形气之心的区别。为了解决道德理性和情感欲望之间的冲突，理学家们曾通过阐发《尚书·大禹谟》中的道心、人心说进行了思考。《尚书·大禹谟》说："人心惟危，道心惟微，惟精惟一，允执厥中。"意为，人心复杂而不稳定，道心深奥而微妙，惟有精诚专一，才能保持中正合理。程颐认为人心是人的生理欲望之心，道心是人的道德本心，二者是对立的。朱熹认为，人心和道心只是人的两种不同知觉意识，人禀气而生成，人禀理而有性，基于理的道德意识就是道心，基于气的情感欲望就是人心。人心要服从道心的节制，"必须道心常为一身之主，而人心每听命焉。"① 虽然二者有别，但它们还是一体的关系，二而一，人只是一个心。陈淳继承了朱熹的思想，用理义之心和形气之心来对道心和人心分别进行了阐发。他认为，心有虚灵知觉，因为心是合理、气而成，"这虚灵知觉有从理而发者，有从气而发者，又各不同也。"② "由形气而发者，以形气为主而谓之人心，如耳、目、鼻、口、四肢之运用者是也，而人与物不甚远也。由理义而发者，以理义为主，而谓之道心，若仁义礼智之属是也，而人与物异，独为最贵者也。二者在方寸之间自不相紊乱。"③ 这段话，讲的是人心由形气而发，像耳好声、目好色、鼻好嗅、口好味、四肢好愉悦。道心是由理义而发的，像仁义礼智等道德范畴。从人心来看，人与物没有多大差别，但从道心来看，由于人有仁义礼智，人成为万物中最尊贵的。二者差别并不大，但很微妙，不可混而为一。

## 四、心统性情

### 1. 心与性情

情也是陈淳人性论中的重要内容。宋代理学家在论性情的时候，大都认为二者是一种体用关系。性是体，情是用。性是情之本，情是性之动。张载曾提出"心统性情"说，二程则将性情分别为静和动、本和末的关系。朱熹则进一步将二者关系明确为体用、动静，并创新性地阐发了"心统性情"的思想。陈淳则继承朱熹的思想继续作了深入地阐发。陈淳认为，性和情之间的关系是对立又同

---

① 《朱子语类》，第 1487 页。
② 陈淳：《北溪字义》，第 11 页。
③ 《北溪大全集》第 1168 册，第 752 页。

一的，实际上就是心的体用动静关系。"体即所谓性，以其静者言也；用即所谓情，以其动者言也。"① "在心里面未发动底是性，事物触着便发动出来是情。寂然不动是性，感而遂通是情。这动底只是就性中发出来，不是别物，其大目则为喜、怒、哀、惧、爱、恶、欲七者。"② 性和情在陈淳看来是相对立的，但都属于心，心统性情，其不同只是在于已发和未发的区别而已。心统性情说，是张载首先提出的，得到了朱熹的高度称赞，称其颠扑不破。陈淳也评价此说："尤为语约而意备，自孟子后未有如此说亲切者。"③ 陈淳对朱熹的阐发也颇为赞同："'性者，心之理。情者，心之用。心者，情性之主'，说得又条畅明白。"④ 与情相近的，还有一个概念，即意，陈淳也做了细致的分辨："意者，心之所发也，有思量运用之意。大抵情者性之动，意者心之发。情是就心里面自然发动，改头换面出来底，正与性相对。意是心上发起一念，思量运用要恁地底。情动是全体上论，意是就起一念处论。"⑤ 常人往往会将情和意的内涵模糊过去，陈淳却将二者的同与异清楚地说了出来。

2. 性体情用

对于心统性情的内涵，陈淳继续做了深入阐释："性只是理，全是善而无恶。心含理与气，理固全是善，气便含两头在，未便全是善底物，才动便易从不善上去。"⑥ 按照陈淳所讲，性是全善的，之所以有恶，是因为情，但情也非全恶，而是有善有恶。其动容易趋向恶，需要有个主宰。所以，陈淳说："情者心之用，人之所不能无，不是个不好底物。但其所以为情者，各有个当然之则。"⑦ 人人都有情，这是不可缺的，它是生命的一种自然状态，不能随便取消和压抑，所以情并非是不好的，但其容易走向恶，需要有个原则为之主导。如果没有，只凭人欲私意，便成了恶之一流。而其主导者则是性，遵循性而发的情，就是善，反之，则成为恶。陈淳说："情循性而发则善，不循性而发则不善。非因所得之得失，而后有善不善之分也。"⑧ "情之中节，是从本性发来便是善。其不中节，是感物

---

① 陈淳：《北溪字义》，第 11—12 页。
② 陈淳：《北溪字义》，第 14 页。
③ 陈淳：《北溪字义》，第 13 页。
④ 陈淳：《北溪字义》，第 13 页。
⑤ 陈淳：《北溪字义》，第 17 页。
⑥ 陈淳：《北溪字义》，第 12 页。
⑦ 陈淳：《北溪字义》，第 14 页。
⑧ 《北溪大全集》，第 1168 册，第 801 页。

欲而动，不从本性发来，便有个不善。"①情的善恶与否，是根据其是否遵循性而发有关，不是通过看结果来确定的。遵循性而发的情，则合乎中节，随物欲而动的情，则不合乎中节，其结果自是不善的。所以陈淳对情并非全是否定。"《中庸》只言喜怒哀乐四个，《孟子》又指恻隐、羞恶、辞逊、是非四端而言，大抵都是情。性中有仁，动出为恻隐；性中有义，动出焉羞恶；性中有礼智，动出焉辞逊、是非。端是端绪，里面有这物，其端绪便发出从外来。若内无仁义礼智，则其发也，安得有此四端？大概心是个物，贮此性，发出地便是情。"②恻隐、羞恶、辞逊、是非四端，在陈淳看来都是情，都不可否定，这也是情所处中节的状态，所以对情不能采取贸然否定的态度。而情的指导原则就是仁义礼智，由此保证了情之发是恰当而正确。"合个当然之则，便是发而中节，便是其中性体流行，著见于此，即此便谓之达道。若不当然而然，则违其则，失其节，只是个私意人欲之行，是乃流于不善，遂成不好底物，非本来便不好也。"③出于这种思想，陈淳不同意佛教以情为恶的看法。"孟子论情，全把做善者，是专指其本于性之发者言之。禅家不合便指情都做恶底物，却欲灭情以复性。不知情如何灭得？情既灭了，性便是个死底性，与我更何用？"④"释氏要喜怒哀乐百念都无，如何无得？只是有正与不正耳。正底便是天理，不正底便是人欲。"⑤陈淳认为，释氏是将情与性分裂开来看的，甚至相互对立，致使情为恶，而性全是善，从而导向禁欲主义的结论，灭情以复性很难实现。在陈淳看来，情和性其实是一种体用的关系，他们是一而二的关系，情不能离性，性也不能离情。二者之间的关系，应当是正与不正和中节与否，决不是是此非彼，绝对对立的。

3. 立志成圣

儒家教人成圣成贤，但需要经过道德修养的一段工夫，因为这是人性的内容所必然要求的。陈淳的人性论告诉我们，要想追求理想人格实现天地之性，首先要向性之大本即天理的方向努力，不要被人欲遮蔽住，用道心指导人心，最重要的方法就是立志。"志者，心之所之。之犹向也，谓心之正面全向那里去。如志于道，是心全向于道；志于学，是心全向于学。一直去求讨要，必得这个物事，

---

① 陈淳：《北溪字义》，第 15 页。
② 陈淳：《北溪字义》，第 14 页。
③ 陈淳：《北溪字义》，第 14 页。
④ 陈淳：《北溪字义》，第 15 页。
⑤ 陈淳：《北溪字义》，第 48 页。

便是志。若中间有作辍或退转底意，便不得谓之志。"① 立志，就是坚定努力的方向，一直做下去就会成功。如果中途方向发生改变，这就不是立志了。"人若不立志，只泛泛地同流合污，便做成甚人？须是立志，以圣贤自期，便能卓然挺出于流俗之中，不至随波逐浪，为碌碌庸庸之辈。若甘心于自暴自弃，便是不能立志。"② 陈淳认为，人若不立志，没有坚定的做人方向，就只能落得同流合污，这样做不成圣贤之人。"立志须是高明正大。人多有好资质，纯粹静淡，甚近道，却甘心为卑陋之归，不肯志于道，只是不能立志。"③ 陈淳认为，做人立志要高明正大，很多人本来资质都不错，离做人之道非常近，但却由于没有立志，最后只能成为卑陋的人。

### 五、评论诸说

根据其人性论思想，陈淳对历史上的各种人性主张进行了分析评论。首先，他对儒家历代的人性论进行了论析。孔子曾提出"性相近也，习相远也"，"惟上智与下愚不移"，陈淳认为孔子说的是气质之性，但没有提出气质这一概念。"夫子曰：'性相近也，习相远也。''惟上智与下愚不移。'此正是说气质之性。"④ 孟子论性善，陈淳认为孟子专讲的是天地之性，而没有提到气质之性的一面，以致引起后世众说纷纭。陈淳还对荀子、杨雄、韩愈、胡宏等人的性论进行了分析，指出了各自的欠缺之处。对荀子的性恶论和杨雄的善恶混说，陈淳认为他们只看到了气禀的一面，而没有看到善的本性，"论气不论性，不明"。⑤ 对韩愈的性三品说，陈淳认为，韩愈根本上主张的其实是性善，"人之所以为性者五，曰仁义礼智信"，但认为他不应把人性分为三品，"气禀之不齐，盖或相什百千万，岂但三品而已哉！"⑥ 对湖湘学派代表胡宏的人性论，陈淳也做了批评："五峰胡氏又以为性无善恶，都只含糊就与天相接处捉摸，说个性是天生自然底物，竟不曾说得性端的指定是甚底物。"⑦ 其次，陈淳还批评了告子、佛家和陆学的人性论。对于告子的人性论，陈淳认为他的最大错误就是"生之谓性"之说，此说只讲到

---

① 陈淳：《北溪字义》，第15页。
② 陈淳：《北溪字义》，第15页。
③ 陈淳：《北溪字义》，第16页。
④ 陈淳：《北溪字义》，第9页。
⑤ 陈淳：《北溪字义》，第8页。
⑥ 陈淳：《北溪字义》，第9页。
⑦ 陈淳：《北溪字义》，第8页。

了气，而没有讲性的本原。而且他认为告子的气，是统指夫气之流行为用者而言，而二程所主张的气是分指气之凝定成体者而言，因此，他认为告子的说法混淆了天理人欲，太过笼统，会产生很消极的影响。① 陈淳对佛教性论的批评主要集中在"作用是性"的论点上。他认为，佛教把人所具有的生理功能即气，称为作用，他说："佛氏把作用认是性，便唤蠢动含灵皆有佛性，运水搬柴无非妙用。不过又认得个气，而不说著那理耳。"② 陈淳称气为作用，佛教把作用认是性，就是把气禀当作是性，佛教从此出发，将人降格等同于动物及一切物，宣称都有成佛的可能。但这忽略了人之为人的本性。陈淳说："性从理来，不离气。知觉从气来，不离理。合性与知觉，遂成这心，于是乎方有心之名。"③ 这句话是说，人的性是从理那里得来的，但不能离开气。人的知觉是从气那里来的，但不可离理。心是性和知觉的合成，是理与气的结合。这是人之为人的根本依据，所以在陈淳看来，佛教只认得气而不知理，这是佛教和儒家的重要区别之一。陈淳为了维护朱熹的学术思想，对陆学做了不少批判工作。在人性论上，陈淳认为陆学和告子及佛学一样，只认得个气而已，"今世有一种杜撰等人，爱高谈性命，大抵全用浮屠作用是性之意，而文以圣人之言，都不成模样。据此意，其实不过只是告子'生之谓性'之说。此等邪说，向来已为孟子扫毁，今又再拈起来，做至珍至实说，谓人之所以能欲能食，能语能嘿，能知觉运动，一个活底灵底便是性，更不商量道理有不可通。"④ 他认为："只是认形气之虚灵知觉者，以此物甚光辉烁烂，为天理之妙，不知形气之虚灵知觉者，人与物皆同，如牛马鸟兽虫雨，凡有血气之属，皆能知觉，趋利避害，不足为贵。此心乃即舜之所谓人心者，而非道心之谓也。人之所以贵于物者，以其有道心，若仁义礼智之粹然者是也。"⑤ 陈淳批评佛教和陆氏心学将由形气而发的形气之心当作性，而这种由之而来的生理欲望，对于人和物是没有什么不同的。而人之所以为人的道理即理义之心才是性。他认为不应将人的自然本性等同于道德本性，佛教和陆氏心学教人终日静坐以存本心，是不能真正认识到人性的根本所在，只有通过读书求理、格物致知才能真正认识理义之心，也即人的道心，人的天地之性。

---

① 《北溪大全集》第 1168 册，第 563—564 页。
② 陈淳：《北溪字义》，第 10 页。
③ 陈淳：《北溪字义》，第 13 页。
④ 陈淳：《北溪字义》，第 10 页。
⑤ 《北溪大全集》，第 1168 册，第 745 页。

　　陈淳的人性论，忠实地继承了朱熹的人性论思想，同时又对朱熹人性论做了许多新的阐释和发明，不仅对朱熹的理学范畴作了更为细致的辨析，进一步挖掘出朱熹思想的诸多方面，而且还对朱熹所未发的思想进行了新的创造，并在卫护师门的过程中纠正理学的某些偏颇，甚至还积极吸收陆氏心学的思想成果，最终成为朱熹之后的一代大儒、理学名家，推动了程朱理学的进一步发展。

# 第十七章　情　欲

蒙培元先生曾指出："'理欲'作为一对范畴，正式出现于《礼记·乐记》。①其中说：'人生而静，天之性也；感于物而动，性之欲也。物至知知，然后好恶形焉。好恶无节于内，知诱于外，不能反躬，天理灭矣。夫物之感人无穷，而人之好恶无节，则是物至而人化物也。人化物也者，灭天理而穷人欲者也。'"② 在这里，宋明理学所讨论的除"气"以外的人性、天性、感通、动静、心、天理、人欲等范畴基本都出现了。蒙先生所截取的《礼记》这段内容即关于第一个问题的总结，来探讨形而上的"天理"，并从"天理"去论证"人欲"，这也是一般宋明理学或朱子学研究的路径。诚然，这半截论断极其重要，但这段文字的后半段也是最终落脚点一样不容忽略："于是有悖逆诈伪之心，有淫佚作乱之事。是故强者胁弱，众者暴寡，知者诈愚，勇者苦怯，疾病不养，老幼孤独不得其所，此大乱之道也。是故先王之制礼乐，人为之节。衰麻哭泣，所以节丧纪也；钟鼓干戚，所以和安乐也；昏姻冠笄，所以别男女也；射乡食飨，所以正交接也。礼节民心，乐和民声，政以行之，刑以防之。礼、乐、刑、政，四达而不悖，则王道备矣。"③ "人化物"，即"人心"逐物欲而动，失去理智的、道德的判断，所以"灭天理而穷人欲"。"欲"动而不加节制则生各种恶，因此，圣人制礼、乐、政、刑以治之。显然，《礼记·乐记》的基本意图是为了探讨儒家礼、乐、刑、政产生的社会根源，并论证其合理性。事实上宋明理学的探讨思路与《礼记》一致，即从人性本源出发去论证儒家修身、治国思想的合理性和必然性。《礼记》注重的是社会教化，在个人修养方面并未深入，且对"天理""性""情"等范畴之区别与联系也未做详细阐释，给宋儒留下了发挥空间。

---

① 蒙培元：《理学范畴系统》，人民出版社 1997 年版，第 299 页。

② 《礼记·乐记》。

③ 《礼记·乐记》。

在朱熹的思想体系中，"理—气—性—心—情—欲"是最基础的几个范畴。朱熹实质上是将"人"视为宇宙之主，或者宇宙以"人"为主，一切道理的最终落脚点或出发点都是"人"。朱熹认为，"人"一身的主宰是"心"，善恶存于一心。因此修养的本质便是修"心"。"心"受外物所诱而生"情"，"情"发失控而产生"欲"。"理"与"气"本是一体，二者相互补充，不能独立存在，因此可以视为一物。以"心"为中心，"理""性"与"情""欲"正好是两组对称的范畴。"理"与"欲"是善、恶两极，"性"与"情"是非善非恶、可善可恶的中点，"心"只是个容器。所谓修身即内心约情制欲、去恶存善。朱熹指出："要之，始终本末只一理。但平天下是一件最大底事，所以推广说许多。如明德、新民、至善之理极精微。至治国、平天下，只就人情上区处，又极平易，盖至于平而已耳。后世非无有志于天下国家之人，却只就末处布置，于本原上全不理会。"①即所谓修身、齐家、治国和平天下其实都是一个道理，就是治理人之"情"和"欲"。

在陈淳看来，无论个人修养还是齐家治国平天下，对于"心"与"性"的认识和修养都是核心。在对"心"与"性"的认识上，陈淳基本继承了朱熹的思想，创新性不大，但略有不同。他们都认为"情"是"心之动""心之用"或"性之用"，也就是说"心"感于外物而动，产生的第一层意念便是"情"，并由此之上生出善与恶的分异。陈淳有意淡化"人欲"，而更加注重从"意""情"便开始加以制约，从而斩断"私心""私欲"产生之根。将修身提高到"万事之先"的地位，并指出修身便是"穷天理、灭人欲"，这是朱熹思想的重要特点。陈淳简化了朱熹的穷理灭欲修身之法，认为学者若能有一个好开端，入于圣门并捐弃己心、潜心向学，以圣贤之思想而思想、学圣贤之行为而行为、以圣贤之遗训来修养身心，在深刻认识到五行之性（仁义礼智）或五常之德（仁义礼智信）之重要价值的基础上，主动而坚定地以之为自己内心的主宰，即以"道心"统率一身的思想和言行。由此则必不被异学所惑、人欲所蔽，自然能成圣成贤。

---

① 朱熹：《朱子语类》，黎靖德编，王星贤点校，中华书局1986年版，第369页。

## 第一节 朱熹、陈淳："情者、心之动"

### 一、朱熹论"情"

(一)"情"的概念

1."情"乃"心"之动

朱熹论及人的来源时指出：

> 人之所以生，理与气合而已。……故必二气交感，凝结生聚，然后是理有所附着。凡人之能言语动作，思虑营为，皆气也，而理存焉。故发而为孝弟忠信仁义礼智，皆理也。然而二气五行，交感万变，故人物之生，有精粗之不同。自一气而言之，则人物皆受是气而生；自精粗而言，则人得其气之正且通者，物得其气之偏且塞者。惟人得其正，故是理通而无所塞；物得其偏，故是理塞而无所知。……然就人之所禀而言，又有昏明清浊之异。①

他认为阴阳五行之气交感聚成万物形体，包括人。由于形成之气各有差异，因此万物形态各异、智能不同。人类兼得五行之气，且"得其气之正且通者"，故有感通之能，且生而五行之性兼具。"物得其气之偏且塞者"，故无感通之能。每个人所得气质又各有差异，有清浊昏明之别，遂有人与人之间智力、品行和身份地位等分异。

人一身的主宰为"心"，"心"有感通之能。此感通之能分两个方向，一是内向，一是外向。内向的感通是指"心"对于"性"的感悟，外向的感通是指"心"对于外界事物的认识。《礼记·乐记》中说："人生而静，天之性也；感于物而动，性之欲也。"②朱熹在这段文字中加入了主语即"心"，是人的一切活动的主宰，动静乃"心"之两种状态。朱熹说："天地储精，得五行之秀者为人。其本也真而静。其未发也五性具焉，曰仁、义、礼、智、信。形既生矣，外物触其形而动于中矣。其中动而七情出焉，曰喜、怒、哀、惧、爱、恶、欲。情既炽而益荡，其性凿矣。"③朱熹认为，"性"是"天之所命""人之所受"，即五行之性仁、义、礼、智、信，人人都有，存于"心"中。朱熹指出："心，主宰之谓

---

① 《朱子语类》，第65页。

② 《礼记·乐记》。

③ 朱熹：《四书章句集注》，中华书局2012年版，第84页。

也。动静皆主宰，非是静时无所用，及至动时方有主宰也。"① 此"心"，即人的意识，是人的肢体之视听言动思的主宰。他说：

> 性者，心之理；情者，心之动。才便是那情之会恁地者。情与才绝相近。但情是遇物而发，路陌曲折恁地去底；才是那会如此底。要之，千头万绪，皆是从心上来。

又说：

> 心是管摄主宰者，此心之所以为大也。心譬水也；性，水之理也。性所以立乎水之静，情所以行乎水之动，欲则水之流而至于滥也。②

"心"在"静"的状态下，是无思的，是合于"天理"而纯善的。但作为活生生的人，必然要通过"动"来维持延续生命。此"动"首先为"心动"，"心"感于物而动。动则生情，是心动之本能。"情"是"心动"产物或表现形式，有"中节"与"不中节"两种情况。"中节"即"情"合于"天理"，不中节则是"情"过分发泄，即是"心"失去"天理"的节制而为物欲所控制，流为"私情""私欲"泛滥。

2. "情"是"实"

"情"是"实"，有两层含义，从内向感通来说，"情"是"性"的外发；从外向感通来说，"情"是"心"依据接人待物实际情况所发。

首先，"情"是"性"的外发。朱熹指出："性者，心之理；情者，性之动；心者，性情之主。"③ "有这性，便发出这情；因这情，便见得这性。因今日有这情，便见得本来有这性。"④ 即"情"是"性"动的产物，有如是"性"，因而才发出如是"情"。朱熹详细阐述道："性不可言。所以言性善者，只看他恻隐、辞逊四端之善则可以见其性之善，如见水流之清，则知源头必清矣。四端，情也，性则理也。发者，情也，其本则性也，如见影知形之意。"⑤ "性"是"心之理"，是抽象的道理，藏于内心而难以认识、不可言说的，只能通过人的思想、情感和言行来认识。比如仁义礼智之"性"，其准确含义是难以描述的，但因为有仁义礼智之"性"，人便会有恻隐、羞恶、辞让、是非之"情"，"情"反映"性"之

---

① 《朱子语类》，第94页。
② 《朱子语类》，第97页。
③ 《朱子语类》，第89页。
④ 《朱子语类》，第89页。
⑤ 《朱子语类》，第89页。

"实"。反之，如果人没有如是之"性"，便不会有如是之"情"，非因"性"所发的"情"皆为"虚情"。

其次，"情"是"心"依据接人待物实际情况所发。"情"必须是基于客观的事实存在而发，不能无中生有。"情"之发还必须控制在合理范围内，不能夸大、泛滥，"中节"为"实"，"不中节"则"不实"。《大学章句集注》中说："子曰：'听讼，吾犹人也，必也使无讼乎！'无情者不得尽其辞。大畏民志，此谓知本。"朱熹解释说："犹人，不异于人也。情，实也。引夫子之言，而言圣人能使无实之人不敢尽其虚诞之辞。盖我之明德既明，自然有以畏服民之心志，故讼不待听而自无也。观于此言，可以知本末之先后矣。"① 双方争讼，必有是非曲直在其中，必有人虚张声势夸大其词，有人饱受损失委屈而欲伸其志，现场表现为双方皆声泪俱下、据理力争、情绪波动剧烈。圣人能内心冷静而不被现场双方情绪所蒙蔽，因此能够很快分清事实、辨明是非并依理作出评判。久而久之，大家都知道他难以蒙蔽，自然也就不会在他面前渲染夸大实情，而能够控制其情绪，从事实出发，依理辨明是非曲直，故能实现"无讼"。

（二）"情"的内容

"情"在朱熹思想中有着丰富的具体内容，大致可分为天地之情、万物之情和人之情三个大类，对人之情又有更加细致的分类。

1. 天地之情

"情"是"心"动的产物，因此有"情"须先有"心"。朱熹说："程子曰：'以主宰谓之帝，以性情谓之干。'他这名义自定，心便是他个主宰处，所以谓天地以生物为心。中间钦夫以为某不合如此说。某谓天地别无勾当，只是以生物为心。一元之气，运转流通，略无停间，只是生出许多万物而已。……所以明道云：'天地之常，以其心普万物而无心；圣人之常，以其情顺万事而无情。'说得最好。……天地以此心普及万物，人得之遂为人之心，物得之遂为物之心，草木禽兽接着遂为草木禽兽之心，只是一个天地之心尔。今须要知得他有心处，又要见得他无心处，只恁定说不得。"② 关于天地有心无心，一直是有争论的。张载提出"心统性情"说，程颢指出"天地之常，以其心普万物而无心"，程颐指出"天地'以主宰谓之帝，以性情谓之干'"。朱熹糅合了二程和张载之说，指出天地有

① 朱熹：《四书章句集注》，第6页。
② 《朱子语类》，第4—5页。

"心"，是"无心之心"，因而也有"性"与"情"，"天地之性"即"天理"。朱熹说："至大而天地，生出许多万物，运转流通，不停一息，四时昼夜，恰似有个物事积踏恁地去。天地自有个无心之心。复卦一阳生于下，这便是生物之心。又如所谓'惟皇上帝降衷于下民'，'天道福善祸淫'，这便自分明有个人在里主宰相似。心是他本领，情是他个意思。"① 天地能够化生万物，正是因为有"心"。

化生万物既是"天地之心"的本领，也是其意思，既是其"性"，亦是其"情"。门人问朱熹："如何见天地之情？"朱熹说："人正大，便也见得天地之情正大。天地只是正大，未尝有些子邪处，一尝有些子小处。"又曰："且如今言药性热，药何尝有性，只是他所生恁地。"② 也说："要见得分晓，但看明道云：'其体则谓之易，其理则谓之道，其用则谓之神。'易，心也；道，性也；神，情也。此天地之心、性、情也。"③ "天地之情"便是正大光明，没有一丝邪念，可以称之为"神"。朱熹论"鬼神"时说："愚谓以二气言，则鬼者阴之灵也，神者阳之灵也。以一气言，则至而伸者为神，反而归者为鬼，其实一物而已。为德，犹言性情功效。视之而弗见，听之而弗闻，体物而不可遗。鬼神无形与声，然物之终始，莫非阴阳合散之所为，是其为物之体，而物所不能遗也。"④ 化生万物之德无形无声，正是天地之"性"与"情"的功效。

概言之，天地有"心"，即"无心之心"。或曰"易"，即"生生"之谓也。天地之"性"即"道"或"天理"，其"情"即"鬼神"，大致描述为"正大"。

2. 万物之情

这里所说的"万物"是指除人之外的宇宙万物，皆有"心"有"情"。《近思录》中引用程颐《易传序》中的文段："易，变异也，随时变异以从道也。其为书也，广大悉备，将以顺性命之理，通幽明之故，尽事物之情，而示开物成务之道也。"⑤ 程颐说《易经》详尽地描述了事物之"情"，展示了开物成务之"道"。朱熹援引此条，也就是说他承认了万物有"情"。

朱熹指出："天下之物，至微至细者，亦皆有心，只是有无知觉处尔。且如一草一木，向阳处便生，向阴处便憔悴，他有个好恶在里。"⑥ 万物皆有心，因为

①　《朱子语类》，第 60 页。
②　《朱子语类》，第 60 页。
③　《朱子语类》，第 97 页。
④　朱熹：《四书章句集注》，第 25 页。
⑤　朱熹、吕祖谦编：《近思录》，上海古籍出版社 2010 年版，第 132 页。
⑥　《朱子语类》，第 60 页。

它们有情感。如一些草木喜欢生长于向阳处而不喜生长于阴暗处，这便是草木的好恶之情。

《朱子语类》中说："且如鸟兽之情，莫不好生而恶杀，自家知得是恁地，便须'见其生不忍见其死，闻其声不忍食其肉'方是。"① 则"好生恶杀"便是鸟兽之"情"。

草木喜阳恶阴、鸟兽好生恶死，这便是万物之"情"的部分体现。

朱熹批评战国时期许行为代表的农家思想，他说："许行欲使市中所粥之物，皆不论精粗美恶，但以长短轻重多寡大小为价也。……夫物之不齐，物之情也；或相倍蓰，或相什伯，或相千万。子比而同之，是乱天下也。"② 他认为差异化是"万物之情"，许行欲使天下万物都按照相同的标准去衡量，是逆"万物之情"而行，会使天下大乱。

3. 人之"情"

人之"情"是朱熹讨论的重点，对天地万物之"情"的讨论皆是为衬托人之"情"。朱熹先从社会中人的普遍的"情"中提炼出人们的共同的"情"，即"人之常情"。继而又根据"情"的种类、内容或人们的控制水平，将"情"分为"常人之情"和"圣人之情"两大类型。

（1）人之常情

所谓"人之常情"，即生而为人都会有的情感反应。《礼记·礼运》中说："何谓人情？喜怒哀惧爱恶欲七者，弗学而能。"即人情大致分为七种：喜、怒、哀、惧、爱、恶和欲。"七情"是人之本能反应，人人都有，不学而能。朱熹对此进行了更加深入的议论："天地储精，得五行之秀者为人。其本也真而静，其未发也五性具焉，曰仁义礼智信。形既生矣，外物触其形而动其中矣。其中动而七情出焉，曰喜怒哀乐爱恶欲。"朱熹所说的"七情"与《礼记》中的"七情"略有差别，他用"乐"替代了"惧"。在他的著作中，将"弗学而能"做了详尽的阐述，指出"七情"之发，乃本性使然，乃"人之常情"。

《孟子·梁惠王下》中载：孟子问梁惠王："您觉得独自一人欣赏音乐和与别人一起欣赏音乐，哪个更快乐？"梁惠王说："不如与人同乐。"孟子又问："与少数人一起欢乐和与大众同乐，哪个更快乐？"梁惠王说："不若与众。"朱熹解释

---

① 《朱子语类》，第 295 页。
② 朱熹：《四书章句集注》，第 265 页。

说："独乐不若与人，与少乐不若与众，亦人之常情也。"① 人是群体性动物，追求欢乐、与人同乐、与众同乐都是人之常情。

《孟子·公孙丑上》中孟子曰："仁则荣，不仁则辱。今恶辱而居不仁，是犹恶湿而居下也。"一个人心存仁义，才能得到他人的尊荣，反之则自取其辱。但很多人既不愿受辱却又不仁不义，就好像有人讨厌潮湿却偏偏居住在低洼之地而不迁到高处一样。朱熹解释说："好荣恶辱，人之常情。"②

《论语·为政》中载哀公问孔子："何为则民服？"孔子对曰："举直错诸枉，则民服；举枉错诸直，则民不服。"朱熹引用谢良佐的观点进行解释："好直而恶枉，天下之至情也。顺之则服，逆之则去，必然之理也。然或无道以照之，则以直为枉，以枉为直者多矣，是以君子大居敬而贵穷理也。"③ 希望公平正义、厌恶徇私枉法是民心所向、天下至情，也是人之常情。

《大学》中说："所谓修身在正其心者，身有所忿懥，则不得其正；有所恐惧，则不得其正；有所好乐，则不得其正；有所忧患，则不得其正。"朱熹说："盖是四者，皆心之用，而人所不能无者。"④ "忿懥"即愤怒，"心之用"便是"情"，忿懥、恐惧、好乐、忧患四种"情"是人皆有之。"所谓齐其家在修其身者：人之其所亲爱而辟焉，之其所贱恶而辟焉，之其所畏敬而辟焉，之其所哀矜而辟焉，之其所敖惰而辟焉。故好而知其恶，恶而知其美者，天下鲜矣！"人们容易被自己的情感所蒙蔽而失去对人和事的公正判断，比如爱之深则易忽略其恶，恨之深则易忽略其善，对自己敬畏的、怜悯的、轻忽怠慢的都会有所偏颇。朱熹认为"五者，在人本有当然之则……"即亲爱、贱恶、畏敬、哀矜傲惰这五种情感同样是发自人之本性的，是人之常情。

《孟子集注》中还说：

> 盖钟鼓、苑囿、游观之乐，与夫好勇、好货、好色之心，皆天理之所有，而人情之所不能无者。⑤

> 父母之丧，固人子之心所自尽者。盖悲哀之情，痛疾之意，非自外至，宜乎文公于此有所不能自已也。⑥

① 朱熹：《四书章句集注》，第213页。
② 朱熹：《四书章句集注》，第237页。
③ 朱熹：《四书章句集注》，第58页。
④ 朱熹：《四书章句集注》，第8页。
⑤ 朱熹：《四书章句集注》，第220页。
⑥ 朱熹：《四书章句集注》，第255页。

欲生恶死者，虽众人利害之常情……①

朱熹认为，好勇、好货、好色、追求物质享受和精神愉悦、哀痛亲人之丧、欲生恶死也都是人之常情。

人之诸多"常情"，归根结底都不出喜、怒、哀、乐、爱、恶、欲七情。朱熹所论"人之常情"，一般都会表述为"非自外至""天理之所有，而人情之所不能无者""在人本有当然之则""皆心之用，而人所不能无者"或"必然之理"等。即之所以称为"人之常情"，是因为它们都出于本性、天理，是所有人都具有的情感。

(2) 常人之情

朱熹按照"气质"差异，将人分为上、中、下三等。上等为圣贤，生而明本性，智虑深远、德行高洁可为万世师。中等人即智力、德行一般，但可通过启发或自我修行而实现本性觉醒的平庸之人。下等人称为"下愚"，地位、智力、德行低下，不思进取或难以启发、本性难以觉醒的愚顽之人。这里所说的"常人"，就是指中、下两等人。常人之情与圣人之情在内容上都是一致的，不外乎喜、怒、哀、乐、爱、恶、欲，只是在所发的程度上有差别。

《大学》载："所谓齐其家在修其身者：人之其所亲爱而辟焉，之其所贱恶而辟焉，之其所畏敬而辟焉，之其所哀矜而辟焉，之其所敖惰而辟焉。故好而知其恶，恶而知其美者，天下鲜矣！"朱熹解释说："五者，在人本有当然之则；然常人之情惟其所向而不加审焉，则必陷于一偏而身不修矣。"②"常人"易被自己的情感所蒙蔽左右，而对所面对的人或事失去分辨是非善恶之能力，最终铸成种种恶果，对他人及社会产生种种不好的影响。

《近思录》引张载之言："若中人之性，其爱恶若无害理，姑必顺之。亲之故旧，所喜者，当极力招致，以悦其亲。凡于父母宾客之奉，必极力营办，亦不计家之有无。然为养又须使不知其勉强劳苦，苟使见其为而不易，则亦不安矣。"③"中人"有一定的正义感和辨别是非的能力，但对自己的情感控制原则性不强。对其所爱之人的要求，只要不害于天理正义，便尽力满足。只要是亲朋好友所喜欢的，"中人"都会尽自己的力量为其置办，以博其喜悦。招待父母宾客时，为了显示其热情的态度、孝顺的品德，不计自己的能力和家庭的经济实力大

---

① 朱熹：《四书章句集注》，第339页。
② 朱熹：《四书章句集注》，第8页。
③ 《近思录》，第217页。

肆营办。奉养长辈极尽奢华，却又不愿他们看到自己实际生活的艰辛。对父母亲朋之爱本是人之常情，但不讲原则、不计成本和自身能力地去营造或凸显自己这方面的热情，却又成了虚情假意。

"常人"不能严格地约束其情感，随着所接触、思想的事物而摇摆泛滥。《近思录》中录程颐之论曰："人心所从，多所亲爱者也。常人之情，爱之则见其是，恶之则见其非。故妻孥之言，虽失而多从。所憎之言，虽善为恶也。苟以亲爱而随之，则是私情所与，岂合正理？"[①] 即"常人"皆心向其所亲爱的人，因此所发之情也总有所偏颇。对其所亲爱的人，总是考虑其好的方面，对其所憎恶的人则总记得他不好的方面。偏听偏信而失天理之正，私情泛滥而致真相不明。

(3) 圣人之情

《近思录》中朱熹摘录程颢之言："圣人之喜，以物之当喜。圣人之怒，以物之当怒。是圣人之喜怒，不系于心，而系于物也。是则圣人岂不应于物哉？乌得以从外者为非，而更求在内者为是也？今以自私用智之喜怒，而视圣人喜怒之正为如何哉？夫人之情易发而难制者，惟怒为甚。第能于怒时遽忘其怒，而观理之是非，亦可见外诱之不足恶，而于道亦思过半矣。"[②] 即圣人同所有人一样有心、有情，但其情与大众之情有质的差别。圣人如同一面镜子，其内心无私，情感之发皆是对外部人和事的真实反应，不加一丝假意做作。圣人之喜怒哀乐当发而发，发而皆中节，当喜则喜、当怒则怒、当哀则哀、当乐则乐，爱、恶、欲亦然。

如圣人亦好勇有怒，但其勇为"大勇"，其怒为"理义之怒"。朱熹说："小勇，血气所为。大勇，义理所发。文王一怒而安天下之民……而武王亦一怒而安天下之民。……宠之四方，宠异之于四方也。有罪者我得而诛之，无罪者我得而安之。"[③] 圣王之怒是与天下人同怒，怒对残暴不仁之恶势力，因此天下人皆爱其怒、与其同怒。

《孟子·万章上》言舜"极天下之欲，不足以解忧；而惟顺于父母，可以解忧"[④]。即舜拥有至高无上的地位、美丽的妻子、富足的物质享受等等，在常人看来应当是无忧无虑。但舜却依然非常忧虑，不是害怕失去或所求不得，只是担忧父母身体状况和喜怒哀乐。常人之情，会被外物所诱引，唯圣人之情发而能不失

---

① 《近思录》，第 282 页。
② 《近思录》，第 44 页。
③ 朱熹：《四书章句集注》，第 216 页。
④ 《孟子·万章上》。

其本心。

圣人不失本心，情之发完全合于天理本性和真实状况，不掺杂一丝假意做作。当发而发，绝不乱发私情或情感泛滥，发而皆中节。这便是圣人之情，一发而正天地之气、顺天下之情，实现"中和天下"的教化目标。

（三）"情"与修齐治平

约束控制"情"无论对于个人修身还是齐家治国平天下，都是极其重要的一个内容。朱熹指出："心者，主乎性而行乎情。故'喜怒哀乐未发则谓之中，发而皆中节则谓之和'，心是做工夫处。"① 即虽然"心"为人一身之主宰，但真正引导人的思想和言行的是"情"，对"情"的控制是修养"心"的最重要的工作。朱熹对"情"的约束控制思想分两个部分：一是约己之"情"，即所谓的修身；二是"顺人情""尽人情""约人情"，即在齐家、治国、平天下的实践中重视对他人情感的满足、引导和控制。譬如齐家，朱熹说："'齐家'一章，但说人之偏处。"他详述道："人情自有偏处，所亲爱莫如父母，至于父母有当几谏处，岂可以亲爱而忘正救！所敬畏莫如君父，至于当直言正谏，岂可专持敬畏而不敢言！"② 因人情之偏，往往对长辈敬畏、对子女溺爱等，或纵容其纵欲，或包庇其过失，或不忍批评其错误，反而因此害了亲人、坏了家风。因此齐家之要在于去人情之偏，依理整肃家风，直言亲人之过并敦促其改正之。

1. 约己之"情"以修身

七情"皆心之用，而人所不能无者。然一有之而不能察，则欲动情胜，而其用之所行，或不能不失其正矣"③。"情"发过其实，则是私情泛滥，其思想言行必然也会随之有所偏颇。"情既炽而益荡，其性凿矣。是故觉者约其情，使合于中，正其心，养其性。愚者则不知制之，纵其情而至于邪僻，梏其性而亡之。"④ "情"发泛滥而不加节制，必然会导致有失本性的思想言行。能主动约其"情"、正其"心"，则能够"致中和"。若放纵其"情"泛滥，必然会导致本性蒙尘、思想言行邪僻放荡，为他人所不齿、天地所不容。所以"学之道，必先明诸心，知所往，然后力行以求至，所谓'自明而诚'也。"⑤ 先明道方能虔诚信道，

---

① 《朱子语类》，第 94 页。

② 《朱子语类》，第 352 页。

③ 朱熹：《四书章句集注》，第 8 页。

④ 《近思录》，第 40 页。

⑤ 《近思录》，第 40 页。

信道笃才能坚守正道、以道修身。仁义忠信，不离乎心，动容周旋合乎礼义，则邪僻之心无自生矣。

2.“顺人情”“尽人情”“约人情”，以齐家治国平天下

《礼记·乐记》中说：“夫民有血气心知之性，而无哀乐喜怒之常，应感起物而动，然后心术形焉。……是故先王本之情性，稽之度数，制之礼义，合生气之和，道五常之行，使之阳而不散，阴而不密，刚气不怒，柔气不慑，四畅交于中而发作于外，皆安其位而不相夺也。”[①] 即因为社会绝大多数人逞血气之性，难以自制其情感，故而导致人与人之间种种矛盾冲突、社会种种混乱。先王们鉴于此，制礼作乐以制约、引导民情，和谐社会关系。朱熹基本继承了《礼记》这一思想，并糅合北宋以来理学一脉相关观点，主张在齐家治国平天下中做到“顺人情”“尽人情”和“约人情”。

首先要“顺人情”。就是在处理家庭或社会事务中能够顺从公理正义、顺从大部分人的愿望或意志，制定政策、方针等要符合社会实情、符合公众的情感意愿。《论语·为政》中载：

> 哀公问孔子：“何为则民服？”孔子对曰：“举直错诸枉，则民服；举枉错诸直，则民不服。”

“民服”即让百姓心服。程颐解释说：“举错得义，则人心服。”谢良佐解释说：“好直而恶枉，天下之至情也。顺之则服，逆之则去，必然之理也。然或无道以照之，则以直为枉，以枉为直者多矣，是以君子大居敬而贵穷理也。”[②] 朱熹在《论语集注》中采用了这两种释义。举措得义，则公平公正。顺人心，则百姓内心的愤愤不平能得到疏解。由此两个原则出发来齐家治国，自能上顺天理、下顺人情，实现家国治理和社会和谐。关于国家制度的改革、政策的制定，朱熹指出：“因时制宜，使合于人情，宜于土俗。”[③] 即制定政策、方针等要符合社会实情、符合公众的情感意愿才能得到公众的拥护，才能行之有效、利国利民。

但是，朱熹强调“顺人情”必须以坚持公理正义为基本原则，不能盲目地无原则顺从他人情感或愿望。《近思录·警戒》中摘录了张载的话：“孟子言反经，特于乡原之后者，以乡原大者不先立，心中初无主，惟是左右看，顺人情，不欲

---

① 《礼记·乐记》。
② 朱熹：《四书章句集注》，第 58 页。
③ 《朱子语类》，第 259 页。

违，一生如此。"①"乡原"是《论语·阳货》中孔子描述的一种人，孔子说："乡原，德之贼也！"指的就是社会上一些"老好人"，墙头草一般无立场、无原则，一味地顺从于他人的情感意志，朱熹对此也坚决反对。

其次，要"尽人情"。即尽最大的努力去满足大众合理的情感诉求。朱熹说："盖钟鼓、苑囿、游观之乐，与夫好勇、好货、好色之心，皆天理之所有，而人情之所不能无者。然天理人欲，同行异情。循理而公于天下者，圣贤之所以尽其性也；纵欲而私于一己者，众人之所以灭其天也。"对美好事物的向往"皆天理之所有，而人情之所不能无者"，就是具有一定的合理性。但一般人只顾自己的情感愿望的实现，而不顾及他人的情感和愿望，就造成了社会普遍的矛盾和冲突。作为皇帝、官员或一家之主，应当在合理满足自己情感诉求的同时，能够照顾到社会大众或家庭成员们普遍的情感诉求的实现。

《孟子·离娄上》中孟子曰："桀纣之失天下也，失其民也；失其民者，失其心也。得天下有道：得其民，斯得天下矣；得其民有道：得其心，斯得民矣；得其心有道：所欲与之聚之，所恶勿施尔也。民之所欲，皆为致之，如聚敛然。民之所恶，则勿施于民。"得民心者得天下，失民心者失天下。得民心有其法，即百姓需要的、渴望的去努力帮他们得到或实现，百姓反对的、厌恶的不要施加在他们身上。朱熹在《孟子集注》中引用晁错的话来解释："人情莫不欲寿，三王生之而不伤；人情莫不欲富，三王厚之而不困；人情莫不欲安，三王扶之而不危；人情莫不欲逸，三王节其力而不尽"。渴望长寿、富裕、安逸等都是人之常情，尧、舜、禹之所以被后世称为圣王，就是因为他们竭其力让百姓健康长寿、生活富足安宁，并节制自己的情感欲望以节约民力，使他们有更多的时间享受安逸。因此他们创制礼法、制作雅乐、施行仁政，受到时人的爱戴和后人的追思。周敦颐评道："古者圣王制礼法，修教化，三纲正，九畴叙，百姓大和，万物咸若。乃作乐以宣八风之气，以平天下之情。故乐声淡而不伤，和而不淫。入其耳，感其心，莫不淡且和焉。淡则欲心平，和则躁心释。优柔平中，德之盛也。天下化中，治之至也。是谓道配天地，古之极也。后世礼法不修，政刑苛紊，纵欲败度，下民困苦。谓古乐不足听也，代变新声，妖淫愁怨，导欲增悲，不能自止。故有贼君弃父，轻生败伦，不可禁者矣。呜呼！"②先王作乐，其目的是宣泄人们

---

① 《近思录》，第 331 页。

② 《近思录》，第 257 页。

内心过分的情感，因此乐声淡雅，不伤不淫。在倾听雅乐的过程中，人们过分的情感得到宣泄、躁动的情绪得到抚平，故能实现"中和"天下。同时他批评了后世的政治，上位者放纵其情欲，致使百姓生活艰难；上位者废雅乐而作新声，妖淫愁怨，不仅不能约情，反而助长了情欲的泛滥导欲。因此他认为社会的一切乱象，都是根源于此。程颢曾说，圣人"以其情顺万事而无情"[①]。周敦颐的论断得到了朱熹的赞同，《近思录》中被全段摘录，《易经》"顺性命之理，通幽明之故，尽事物之情"[②]，为政当"使民各得输其情"[③]。"以其情顺万事而无情"即公正无私、照顾他人感受、为他人着想；"尽事物之情""使民各得输其情"即尽最大限度地实现他人的或社会大众的情感诉求。这些思想直接影响了朱熹，因此他将这些文段全部摘录到了《近思录》中。

最后，要"约人情"。"约"就是控制，"约人情"就是控制他人或社会大众的情感而不使其膨胀躁动、引导他们的情感通过合理的途径宣泄或实现。孔子听讼，使"无情者不得尽其辞，大畏民志"，这就是控制一些人虚妄之情不使其影响公正判断。子曰："诗三百，一言以蔽之，曰'思无邪'。"朱熹释义："凡诗之言，善者可以感发人之善心，恶者可以惩创人之逸志，其用归于使人得其情性之正而已。"[④]朱熹认为，鼓舞人们善良的心志和合理的情感宣泄，批判压制不善的心志情感而使其归于正义，这就是《诗经》的最大特点和圣人删定《诗经》的最终目的。《近思录·家道》中引程颐之语："人之处家，在骨肉父子之间，大率以情胜礼，以恩夺义。惟刚立之人，则能不以私爱失其正理。故《家人卦》大要以刚为善。"[⑤]程颐指出，一般人在爱其子女这个问题上，容易因为亲爱之情太重而失去公理正义，因此"约情"对于齐家也非常重要。

朱熹的思想中"情"的地位非常重要，他认为个人修养的很大部分工夫，都应当用于控制自己的情感。齐家治国之道，就在于君王、各级官员或一家之主严格地控制自己的情感，不使自己躁动泛滥的情感带坏家国风气、给他人或百姓带来麻烦；就在于疏导、控制家庭成员、社会成员的情感，使之宣泄在合理的范围内、走向善的方向；就在于尽最大的努力去充分满足家庭成员、社会成员的合理

① 《近思录》，第 43 页。
② 《近思录》，第 107 页。
③ 《近思录》，第 302 页。
④ 朱熹：《四书章句集注》，第 53 页。
⑤ 《近思录》，第 209 页。

情感诉求，不使民情郁结而引发矛盾冲突。

## 二、陈淳论"情"

（一）"性""心""情"：陈淳"人性论"的三角架构

1."性"：天与人的衔接点

陈淳认为："心有体有用，具众理者其体，应万事者其用。寂然不动者其体，感而遂通者其用。体即所谓性，以其静者言也。用即所谓情，以其动者言也。"[①]以"心"为中心，一边是"性"，一边是"情"，是一体一用，别无他物。

陈淳继承朱熹的天命观，定义"天命"为：

> 命，犹令也，如尊命、台命之类。天无言做，如何命？只是大化流行，气到这物便生这物，气到那物又生那物，便是分付命令他一般。

> 命一字有二义：有以理言者，有以气言者，其实理不外乎气。盖二气流行，万古生生不息，不成只是空个气？必有主宰之者，曰理是也。理在其中为之枢纽，故大化流行，生生未尝止息。所谓以理言者，非有离乎气，只是就气上指出个理，不杂乎气而为言耳。如"天命之谓性"，"五十知天命"，"穷理尽性至于命"，此等命字，皆是专指理而言。天命，即天道之流行而赋予于物者。就元亨利贞之理而言，则谓之天道即此道之流行而赋予于物者而言，则谓之天命。[②]

陈淳认为，"天命"好像是上天的命令。天以命令的形式对宇宙行主宰之权，如同现实社会中的皇帝一般，"天下莫尊于理，故以帝名之。"[③] 此"天"是主宰宇宙之自然法则，一般与"理"合而论之，即"天理"。首先，"天即理"。他指出："天者，理而已矣。古人凡言天处，大概皆是以理言之。"[④] 其次，理主宰气。"盖二气流行，万古生生不息，不成只是空个气？必有主宰之者，曰理是也。"[⑤] 理主宰气，二气交感、五气运行而成宇宙万物，也包括人类。因此人应当绝对服从、顺从于天或理。

"性"是"天之所命、人之所受"，即"天"对"人"的命令。《北溪字义》曰：

---

① 陈淳：《北溪字义》，熊国祯、高流水点校，中华书局1983年版，第11页。
② 陈淳：《北溪字义》，第1页。
③ 陈淳：《北溪字义》，第5页。
④ 陈淳：《北溪字义》，第5页。
⑤ 陈淳：《北溪字义》，第1页。

性即理也。何以不谓之理而谓之性？盖理是泛言天地间人物公共之理，性是在我之理。只这道理受于天而为我所有，故谓之性。性字从生从心，是人生来具是理于心，方名之曰性。共大目只是仁义礼智四者而已。得天命之元，在我谓之仁；得天命之亨，在我谓之礼；得天命之利，在我谓之义；得天命之贞，在我谓之智。性与命本非二物，在天谓之命，在人谓之性。故程子曰："天所付为命，人所受为性。"文公曰："元亨利贞，天道之常；仁义礼智，人性之纲。"

性命只是一个道理，不分看则不分晓。……所以谓之命、谓之性者何故？大抵性只是理，然人之生不成只空得个理，须有个形骸方载得此理。其实理不外乎气，得天地之气成这形，得天地之理成这性。①

性、命和理本质上是一物，但又有不同的内涵。气聚成人而理亦具于身，理附着于人身者即命，人之形体所接受的理便是性。命是理向人的指令，性是人向理的接受。性存于人心，人只能通过心之感通体悟方能识得并恢复其本性。命即元、亨、利、贞，性为仁、义、礼、智。陈淳指出："天所命于人以是理，本只善而无恶。故人所受以为性，亦本善而无恶。"性、命和理一样，纯善而无恶。

朱熹认为，自天子至于庶人，做一切事都应当以修身为前提。他在《中庸章句集注》中解释"自天子至于庶人，一是皆以修身为本"一句时指出："一是，一切也。"②但修身不能是漫无目的、毫无重点、方向和方法的修炼。张载提出"心统性情"说，二程、朱熹及其弟子们人们承继并拓展了这一说法，指出修身便是修心，目的是恢复本性，方法是穷理灭欲。张载认为："合虚与气，有性之名。合性与知觉，有心之名。虚是以理言，理与气合，遂生人物。人物受得去成这性，于是乎方有性之名。性从理来，不离气。知觉从气来，不离理。合性与知觉，遂成这心，于是乎方有心之名。"③即人是理与气的结合物，理与气一虚一实。心为性与知觉的合体，知觉即心在外物诱导之下而产生的情感与欲望。程颐从另一个角度解释了"心统性情"："上天之载，无声无臭，其体则谓之易，其理则谓之道，其用则谓之神。此处是言天之心性情，所谓易便是心，道便是性，神便是情。所谓体者，非体用之体，乃其形状模样恁地，易是阴阳变化，合理与气说。"在"人是理与气合的产物"这个观点上，程颐与张载是一致的。但程颐

① 陈淳：《北溪字义》，第6页。
② 朱熹：《四书章句集注》，第4页。
③ 张载著，章锡琛点校：《张载集》，中华书局1978年版，第9页。

不认为"天"只是"理",或者"天理""天道"只以"性"的形式存在人身上。他认为"天道"分三个内涵,即心、性、情。朱熹则更大程度上采用了张载之说,《近思录·道体》中便引用了张载的"心统性情"说。朱熹在张载和程颐思想基础之上,进一步作了阐发。不仅将修身思想体系化,并给出了修养所针对的具体对象、方法和方向,极尽详细。陈淳担起了护卫、宣传师门学说的重任,他说:"伊川曰:心一也,有指体而言者,寂然不动是也;有指用而言者,感而遂通是也。此语亦说得圆。横渠曰:心统性情。尤为语约而意备,自孟子后未有如此说亲切者。文公曰:性者心之理,情者心之用,心者情性之主。说得又条畅明白。"① 但朱熹的著作略显庞杂和支离,学者深入其中往往难得其要领。陈淳也在自己的理解基础上,将这一学说进行了总结和完善。

2. "心":"性"与"情"的容器

既然"心统性情",那么修身便是修心,即去人心、存道心,在这一点上陈淳与朱熹的思想是一致的。朱熹说:"天地储精,得五行之秀者为人。其本也真而静。其未发也五性具焉,曰仁、义、礼、智、信。形既生矣,外物触其形而动于中矣。其中动而七情出焉,曰喜、怒、哀、惧、爱、恶、欲。情既炽而益荡,其性凿矣。"② "心"在"静"的状态下,是无思的,是合于"天理"而纯善的。但作为活生生的人,必然要通过"动"来维持延续生命。此"动"首先为"心动","心"感于物而动。动则生情,是心动之本能。"情"是"心动"产物或表现形式,有"中节"与"不中节"两种情况。"中节"即"情"合于"天理",不中节则是"情"过分发泄,即是"心"失去"天理"的节制而为物欲所控制,流为"私情""私欲"泛滥。

陈淳对朱熹之说进行了修改,他虽然也承认"心"在"静"的状态下,是合于"天理"而纯善的。他说:"心有体有用,具众理者其体,应万事者其用。寂然不动者其体,感而遂通者其用。体即所谓性,以其静者言也。用即所谓情,以其动者言也。"但他的重点在于对"心"之"动态"进行分析。他继承了邵雍之说:"心者,性之郭郭。"即"心"只是盛载"性"的一个容器。指出:"性字从生从心,是人生来具是理于心,方名之曰性。"③ "心是个活物,不是帖静死定在

---

① 陈淳:《北溪字义》,第 13 页。
② 朱熹:《四书章句集注》,第 84 页。
③ 陈淳:《北溪字义》,第 6 页。

这里，常爱动。心之动，是乘气动。"①

3."情"："心"在"天理"与"人欲"间的徘徊

首先，"情是性之动"，其善恶体现在"情"发之是否中节。陈淳说："情与性相对。情者，性之动也。在心里面未发动底是性，事物触著便发动出来是情。寂然不动是性，感而遂通是情。这动底只是就性中发出来，不是别物，其大目则为喜怒哀惧爱恶欲七者，中庸只言喜怒哀乐四个，孟子又指恻隐、羞恶、辞逊、是非四端而言，大抵都是情。性中有仁，动出为恻隐；性中有义，动出为羞恶；性中有礼智，动出为辞让、是非。端是端绪，里面有这物，其端绪便发出从外来。若内无仁义礼智，则其发也，安得有此四端？大概心是个物，贮此性，发出底便是情。孟子曰：恻隐之心，仁之端也；羞恶之心，义之端也，云云。恻隐、羞恶等以情言，仁义等以性言。必又言心在其中者，所以统情性而为之主也。孟子此处说得却备。又如大学所谓忧患、好乐及亲爱、畏敬等，皆是情。"②即"心"是一个容器，里面藏着"性"，"性"即"理"。心有直觉感通之能，这知觉若是内心本性的觉醒，那便是仁义礼智之心，即道心。"情"是"心"受到诱发而产生的，有如是"性"，便会有如是"情"。也就是说不合于"性"的情是不存在的。因此陈淳也说："盖情即理也"。③"性"有仁、义、礼和智四种，直接发出喜、怒、哀和乐四种"情"。爱、恶、欲、惧、恻隐、羞恶、辞让、是非、亲爱、畏敬等都是"情"，但都是从喜怒哀乐四种基本的"情"上发出的。陈淳指出："情者心之用，人之所不能无，不是个不好底物。但其所以为情者，各有个当然之则。……合个当然之则，便是发而中节，便是其中性体流行，著见于此，即此便谓之达道。若不当然而然，则违其则，失其节，只是个私意人欲之行，是乃流于不善，遂成不好底物，非本来便不好也。"④即情发而中节，则是"性体流行"，是"达道"。若情发"违其则，失其节"，便是私意人欲流行，流于不善。

当然，陈淳也说："情之中节，是从本性发来便是善，更无不善。其不中节是感物欲而动，不从本性发来，便有个不善。"⑤即"情"发自本性则为善，若是"心"感物欲而动所发则为不善。这种观点与朱熹的观点一致，但与陈淳上述观

---

① 陈淳：《北溪字义》，第 12 页。

② 陈淳：《北溪字义》，第 14 页。

③ 陈淳：《北溪大全集》卷二十二，四库全书影印本，第 247 页。

④ 陈淳：《北溪字义》，第 14 页。

⑤ 陈淳：《北溪字义》，第 15 页。

点不太一致，有自相矛盾处。

其次，"情"是"乘气而发"。陈淳继承了朱熹的"理不离气"思想，道理不仅从"理"上论，也从"气"上说。他认为："情之善是从本性正面发来，其不善是发处差了，是感物蹉了性之本位而然，非从本性中来也。若便以理与气合言之，则性即是天理。然理不悬空，必因气赋形生而寓其中。气形活物不能不动，而发于情，情则乘气而发者也。情之所以有不善者，由气有参差不齐，其发时从气之偏胜处差去。故气强厉者多怒，柔弱者多笑，其怒与笑岂能一一皆中节，故气质之性有善恶。"① 从"理"上说，"情"之不善是由于其发太过而失节。但"理不离气"，还要从"气"的角度来分析。"人"是"气"聚而成，是活的生物，不能不动，故而必然会有"情"。不同的人得"气"之质不同，或偏于五行之一，或存在清浊强弱之别，参差不齐。因此其情感发出各有偏盛，不能都中节。故而"气质之性有善恶"，这里的"性"，是"性之动"，也可以解释为"情"。

"心"是一身之主宰，人之思想言行皆受其支配。无论是本体之性，还是动而生"情"，皆存于"心"。"心虽不过方寸大，然万化皆从此出，正是源头处。故子思以未发之中为天下之大本，已发之和为天下之达道。"② "已发"即"情"，有善有不善，演化为善或不善的欲念言行，对他人或社会产生积极的或消极的影响。因此朱熹、陈淳都强调以修身为万事之先，而陈淳认为修身的主要工作便是制约情感。既然"心统性情"，那么"心"的修养便成了修身之核心。陈淳观察社会，总结道："如今心恶底人，只是此心为邪气所乘，内无主宰，所以日用间饮食动作，皆失其常度，与平人异。理义都丧了，只空有个气，仅往来于脉息之间未绝耳。"③ 即很大一部分人的情感之发，不是"性"乘气而动，而是纯粹的气动，"心之体"完全丧失了，其所发之"情"皆不中节。因此他呼吁："人须是有操存涵养之功，然后本体常卓然在中，为之主宰，而无亡失之患。所贵于问学者，为此也。"④ 即呼吁人们存其"心之体"，涵养本性，使之常为一身之主宰。

（二）约情与养心："情"与修身

陈淳指出："情发于心而根于性，虽古人诸说详略之不同，亦未尝不相为流

---

① 《北溪大全集》卷四十一，第 405 页。
② 陈淳：《北溪字义》，第 12 页。
③ 陈淳：《北溪字义》，第 11 页。
④ 陈淳：《北溪字义》，第 12 页。

通而发之，有中节不中节则又系乎所养如何尔。"① "情"是"心"被外物所诱而生的第一层念想，是一切欲望、思想和言行的萌芽阶段，从这里开始，有了善与不善两种走向。因此，修身就是将"情"制约在合理的范围内、导向善的方向。通过切己体会"天理"和深入学习圣贤之道，深入认识自己的本性，促进自己人性的觉醒。让"道心"常为一身之主宰，时刻以仁义礼智为指导来规范自己的情感欲望和思想言行。

修身为学当以圣人为参照或目标，按圣人的教导去思想、仿照圣人的行为方式去行为。陈淳说："圣人盛德之言，随触而应自然，从容中节而不失乎人情事理之宜，真可为万世法矣！"② 圣人的修养境界，正是情感欲望、思想言行完全合乎本性、从容中节的理想状态。"圣人制礼，因人情而为之节文……中哀乐之节、得性情之正，而不失乎圣人之意也。"③ 学习圣人之道，需要有一定的途径和方法。陈淳主张以张载、二程和朱熹学说为进学之门，参考四子学说以融通六经、四书，方能真正学得圣人之道的精髓、人之本性的真理，才能知道如何去约束自己的情感以时刻中节。他说："必须四子兼、诗书皆通后，胸中权衡一定方可及之，乃能真有以断千古是非之情。"④

## 第二节　朱熹、陈淳："穷天理，灭人欲"

### 一、朱熹的"人欲"思想

在朱熹的思想体系里，"人欲"是讨论和针对的核心，与"天理"同样重要。朱熹所论的几对对立概念里，论修身，则"存天理、灭人欲"；论格正君心，则要求人君节制私欲、与民同欲；论"心"，要去"人心"，存"道心"，"道心"主宰人之"心"；论"气"，则必与"性"合而论之，有"天命之性"与"气质之性"之别，呼吁人们去"气质之性"而恢复"天命之性"；论"心"之"动、静"，则又"性""情""欲"合而论之。

朱熹在论"理""气""性"时说：

① 《北溪大全集》卷三十八，第372页。
② 《北溪大全集》卷三十八，第377页。
③ 《北溪大全集》卷十二，第165页。
④ 《北溪大全集》卷二十九，第298页。

人之所以生，理与气合而已。……故必二气交感，凝结生聚，然后是理有所附着。凡人之能言语动作，思虑营为，皆气也，而理存焉。故发而为孝弟忠信仁义礼智，皆理也。然而二气五行，交感万变，故人物之生，有精粗之不同。自一气而言之，则人物皆受是气而生；自精粗而言，则人得其气之正且通者，物得其气之偏且塞者。惟人得其正，故是理通而无所塞；物得其偏，故是理塞而无所知。……然就人之所禀而言，又有昏明清浊之异。①

阴阳二气交感聚成万物形体，包括人。气聚成人，五行之德具焉，五行之德即仁义礼智，是"气"依"天理"成人之道，故而也是"天性"或"天命"，是纯善的。"气"有清浊精粗之别，即聚成每个人的气质不同，才有人与人之间智力、品行、地位等差异。他又说：

性只是理。然无那天气地质，则此理没安顿处。但得气之清明则不蔽锢，此理顺发出来。蔽锢少者，发出来天理胜；蔽锢多者，则私欲胜，便见得本原之性无有不善。②

即"性"是"天理"在人身上的体现，受到不同程度的"昏浊"之气的蔽塞而有人性表象上的差异。此"蔽锢"表现在生活中即"私欲"，逞其"私欲"而罔顾仁义礼智，便是恶。所谓"天命之性"与"气质之性"的讨论，其实重点在"气质之性"。"天命之性"是固定的，纯善的，是不需要进行讨论的。但"气质之性"则不然，兼具"天命之性"的成分，但也存在"非天命之性"的成分，有善有不善。所谓"非天命之性"，即人本身因"气禀之偏"，而本心又为"物欲所乱"，"为物欲所夺，流入于不善底。"③ "如目之于色、耳之于声、口之于味、鼻之于臭、四肢之于安佚"④，所以"天命之性"不明。

欲成人成德，复人之"天性"，则需要修身。朱熹论修身时，强调格正人心，将"心""情""欲"三者合而论之。他指出："心，主宰之谓也。动静皆主宰，非是静时无所用，及至动时方有主宰也。"⑤ 此"心"，即人的意识，是人的肢体之视听言动思的主宰。他说：

性是未动，情是已动，心包得已动未动。盖心之未动则为性，已动则为

①《朱子语类》，第 65 页。
②《朱子语类》，第 66 页。
③《朱子语类》，第 73 页。
④《朱子语类》，第 264 页。
⑤《朱子语类》，第 94 页。

情，所谓"心统性情"也。欲是情发出来底。心如水，性犹水之静，情则水之流，欲则水之波澜，但波澜有好底，有不好底。①

朱熹之论概出于《礼记·乐记》篇，前辈学者也曾多次论及，其中说："人生而静，天之性也；感于物而动，性之欲也。"②朱熹在这段文字中加入了主语即"心"，是人的一切活动的主宰，动静乃"心"之两种状态。朱熹说："天地储精，得五行之秀者为人。其本也真而静。其未发也五性具焉，曰仁、义、礼、智、信。形既生矣，外物触其形而动于中矣。其中动而七情出焉，曰喜、怒、哀、惧、爱、恶、欲。情既炽而益荡，其性凿矣。"③"心"在"静"的状态下，是无思的，是合于"天理"而纯善的。但作为活生生的人，必然要通过"动"来维持延续生命。此"动"首先为"心动"，"心"感于物而动。动则生情，是心动之本能。"情"是"心动"产物或表现形式，有"中节"与"不中节"两种情况。"中节"即"情"合于"天理"，不中节则是"情"过分发泄，既是"心"失去"天理"的节制而为物欲所控制，流为"私情""私欲"泛滥。

所谓"人心""道心"之论，强调主宰心动之向的是"天理"还是"私欲"。朱熹说："心之虚灵知觉，一而已矣，而以为有人心、道心之异者，则以其或生于形气之私，或原于性命之正。"④"性命之正"者即"天命之性"，"心动"之意若出于或合于"天命之性"，就是"道心"。"心动"之意若出于私欲私心，则是"人心"。朱熹指出："人莫不有是形，故虽上智不能无人心，亦莫不有是性，故虽下愚不能无道心。二者杂于方寸之间，而不知所以治之，则危者愈危，微者愈微，而天理之公卒无以胜夫人欲之私矣。"⑤"道心"与"人心"并存于"心"，"心"主宰者人的视听言动思等一切活动，造成善恶不同的结果。所谓修身就是"精则察夫二者之间而不杂也，一则守其本心之正而不离也。从事于斯，无少间断，必使道心常为一身之主，而人心每听命焉"⑥，也就是"去私欲、存天理"。

可见，朱熹的思想体系中，"人欲"无处不在，是对立于"天理"的另一大核心范畴，是修身、齐家、治国、平天下的根本之敌。

---

① 《朱子语类》，第93页。
② 《礼记·乐记》。
③ 朱熹：《四书章句集注》，第84页。
④ 朱熹：《四书章句集注》，第14页。
⑤ 朱熹：《四书章句集注》，第14页。
⑥ 朱熹：《四书章句集注》，第14页。

（一）"人欲"的概念

1. "欲"与"人欲"的区别

"欲"与"人欲"是有区别的，"欲"是个中性的概念，人所共有、可善可恶；"人欲"则一般指"欲"的泛滥，是贬义的。朱熹指出："欲是情发出来底"，"性所以立乎水之静，情所以行乎水之动，欲则水之流而至于滥也。"① 简言之就是心动而生情，情发而生欲，这是一个总的概念。

详而论之，朱熹文本中出现的具体的人欲有追逐财、利、名、权位、优厚物质享受以及肉体之欲等。

《大学章句集注》中说："盖财者人之所同欲"。②《论语集注》中说："利者，人情之所欲。"③ 又引用程颐的话："学者须是务实，不要近名。有意近名，大本已失。更学何事？为名而学，则是伪也。今之学者，大抵为名。为名与为利虽清浊不同，然其利心则一也。"④ 即名与利皆是人之所欲。《大学章句集注》中也指出："如不欲上之无礼于我，则必以此度下之心，而亦不敢以此无礼使之。不欲下之不忠于我，则必以此度上之心，而亦不敢以此不忠事之。"⑤ 想要他人忠于自己、尊敬自己，其实就是想保证自己的地位和利益的稳定性和安全性，人人皆有。《孟子集注》中，朱熹指出："盖钟鼓、苑囿、游观之乐，与夫好勇、好货、好色之心，皆天理之所有，而人情之所不能无者。然天理人欲，同行异情。"⑥ 追求奢华物质享受、美色财货、勇武强大都是人心共同的欲望。孟子曰："口之于味也，目之于色也，耳之于声也，鼻之于臭也，四肢之于安佚也，性也，有命焉，君子不谓性也。"⑦ 朱熹解释说："盖五者之欲，固是人性，然有命分。既不可谓我性之所有而必求得之，又不可谓我分可以得，而必极其欲。"⑧ 即对于美食、美景、美色、美味以及安逸享受等肢体之欲，都是人所共有，且总是追求更多更好。但各人有天命，因而当知其欲望可实现范围，不能强求过分之欲。

概言之，朱熹的人欲包含三个种类，分两个层次。三个种类即肢体之欲、物

① 《朱子语类》，第 93 页。
② 朱熹：《四书章句集注》，第 11 页。
③ 朱熹：《四书章句集注》，第 73 页。
④ 朱熹：《四书章句集注》，第 139 页。
⑤ 朱熹：《四书章句集注》，第 10 页。
⑥ 朱熹：《四书章句集注》，第 220 页。
⑦ 《孟子·告子上》。
⑧ 《朱子语类》，第 1463 页。

质之欲和精神之欲。追求美食、美色、安逸等为肢体之欲；追求豪华居室、广阔园囿、华美服饰、土地、财、利等为物质之欲；追求声名、地位、他人的赞赏尊崇等为精神之欲。这三种人欲又分两个层次，即合理与不合理。朱熹指出："天理人欲，同行异情"，即人欲与天理本是同类，只是情况不同，存在度和量上的差异。这里所说的"天理"，应当是合于"仁义中正"之道的"欲"，反之则为"人欲"。"仁义中正"仅仅是一些空洞的理念，判定天理与人欲还需要一些明确的准则或观念。从表象上看，即是否合规矩、礼法，是否对他人和社会造成伤害。每个时代都有成文的、不成文的礼法仪轨，规定了不同身份和地位的人该享有的物质资源的最大限度、礼仪规格等，人欲的实现在礼法仪轨规定之内则为合理之欲，即"天理"。反之，则为不合理之欲，即"人欲"。人人皆希望最大限度地实现其欲望，在资源有限而难以满足所有人最大欲望的情况下，必然会出现争名夺利的情况。因此，君子当推己及人、怀仁天下，并主动节制个人欲望。若为了一己私欲，或尔虞我诈，或恃强凌弱，或以权谋私，对他人或社会造成恶劣影响，此种情况下实现了欲望即便合乎礼法仪轨规定，亦是不合理之人欲。朱熹说："汤武修身体道，以复其性。五霸则假借仁义之名，以求济其贪欲之私耳。"①

从内心上来讲，主要指欲念在人心之萌发。若个人的欲念是为了社会所有人都能更大限度地实现其欲望，或能为他人欲望之实现而考虑，则为公欲。如汤武革命，虽为以下犯上、杀戮无数且为商汤和周武王等赚取丰厚的利益回报和崇高的荣誉，但其出发点并不是为了实现个人之欲，因此儒家历来称赞他们。朱熹说："汤之心，非以天下为富而欲得之也。"② 若个人的思虑和行为是为了逞其私欲，且完全不顾他人利欲、家国天下，则为不合理之人欲。程颐说："欲利于己，必害于人，故多怨。"③ 朱熹深以为然，他说："内交、要誉、恶其声而然，即人欲之私矣。"④ 任人唯亲、结党营私、追名逐利，此种性质的"欲"即为不合理。

表象上是否合理可依据固定的礼法仪轨和道德准则来判定，但人之内心却难以捉摸。朱熹也只给了一个笼统的判定方式，他说："天下之理，其善者必可欲，其恶者必可恶。其为人也，可欲而不可恶，则可谓善人矣。"⑤ "可欲"之"欲"

---

① 朱熹：《四书章句集注》，第 365 页。
② 朱熹：《四书章句集注》，第 272 页。
③ 朱熹：《四书章句集注》，第 72 页。
④ 《朱子语类》，第 239 页。
⑤ 朱熹：《四书章句集注》，第 378 页。

必定合理且善。可见内心欲念是否为"可欲"，或人能否抑制内心不合理之欲念的萌发，完全在个人之自控。

2."人欲"的根源与实质

既然修身之主要工作就是灭人欲，那么必须得弄清楚人欲的产生根源和实质及存在之处，修身才有针对性和下手处。

首先，从根源上说，人欲生于人心，是人心感于外物而生。"人生而静，天之性也；感物而动，性之欲也。"朱熹对于"人欲"的定义是"欲是情发出来底"，也说"性所以立乎水之静，情所以行乎水之动，欲则水之流而至于滥也"。笼统地说就是心动而生情，情发而生欲，欲失去节制而泛滥，即为"人欲"。朱熹说："盖自天降生民，则既莫不与之以仁义礼智之性矣。然其气质之禀或不能齐，是以不能皆有以知其性之所有而全之也。"① 又说："明德者，人之所得乎天，而虚灵不昧，以具众理而应万事者也。但为气禀所拘，人欲所蔽，则有时而昏。"也说"性即理也"。② 可知朱熹认为仁义礼智就是天理在人身上之体现，也是符合天理运行之道的。气的运行体现在人身上便是人的一切思想和行为，人的欲望的实现也是先有欲念、后有实际行动。详而论之，人的欲念和实现方式、途径不符合仁义礼智，即为人欲。

其次，从实质上说，人欲是气。朱熹说："才说人欲，便是气也。"③ 他指出："人之所以生，理与气合而已。"④ 理是纯善的、亘古长存的，且有一定的运行之道。人心是人体之一部分，是气依理聚成之物，即心是气。心在静态下则全合天理。心有感通之能，会感物而动。心动之时，会产生情，是为喜、怒、哀、乐、爱、恶、欲，因情而生欲望。若脱离天理运行之道，为外物所惑，所生之欲即为人欲。因此，人欲便是不合天理运行之道的那些气。

最后，人欲体现在人的每一个想法和行为中。朱熹说："人物各循其性之自然，则其日用事物之间，莫不各有当行之路，是则所谓道也。"⑤ 即天理流行于生活日用之间，而天理人欲一般并存于人心，因而人欲也存在于生活日用之间，修养也是从这里入手。一念善，则所为皆善；一念恶，则所为皆恶。所以在个人

① 朱熹：《四书章句集注》，第1页。
② 朱熹：《四书章句集注》，第3页。
③ 《朱子语类》，第68页。
④ 《朱子语类》，第65页。
⑤ 朱熹：《四书章句集注》，第17页。

修养上，核心是正人心，当知在心有所思、身有所为之际，"天理人欲，不容并立。"①

（二）"人欲"与修身

1. 明道统、树天理：树立修身治欲的根本理论

朱熹认为，自天子至于庶人，做一切事都应当以修身为前提。他指出："修者，治而去之。"即格治人欲而去之。朱熹给出了修身之目标、进路和榜样。其目标即"胜其人欲之私，而全其天理之公矣。"也就是人心听命于道心。修身之进路分两步：一是知，即通过读圣贤书和在具体事务中体认天理；二是行，即用天理去指导自己的情感、思想和行为。修身需要有榜样，要向圣贤学习，抑人欲、存天理，克己自律、反躬自省、大公无私、怀仁天下。

在修身进路上，朱熹主张先知后行。因而教化工作最首要做的就是让人知道哪一派思想是天理，其内涵是什么，有何价值和意义。朱子学之根本路径便是将儒家关于个人修养、社会教化的理论上升为"天理"，即"天之理"或"天道"。继而告诫所有人，必须用此理格治人欲，方能成人、成德、齐家和平治天下。朱熹先立儒家道统，确立尧、舜、禹、汤、文、武、周、孔、子思、孟子到北宋二程子一脉学术为儒家正统。继而深挖这一脉儒学之核心要义，并对其普适性和真理性加以严密的论证。

朱熹不是生而就知孔孟之道是天理，也是经过长期的学习、体悟和实践方才得出此论。"某旧时亦要无所不学，禅、道、文章、楚辞、诗、兵法，事事要学，出入时无数文字，事事有两册。一日忽思之曰：'且慢，我只一个浑身，如何兼得许多！'自此逐时去了。大凡人知个用心处，自无缘及得外事"②。朱熹经过漫长的、艰苦卓绝的学习，走了不少弯路方才识得天理。他深知世间之知识纷繁驳杂，倘若天资不够、方向不明，则无论如何努力、如何专精，都容易被旁门左道之学迷惑而难成正果。遂为后学指明天理正统，并将自家体认之天理沉淀总结，欲使后学者不再走他的弯路。因而朱熹一再强调："学者识得个脉路正"③。

在《中庸章句集注》中，朱熹推明了他认可的道统：

> 夫尧、舜、禹，天下之大圣也。以天下相传，天下之大事也。以天下之大圣，行天下之大事，而其授受之际，丁宁告戒，不过如此。则天下之

---

① 朱熹：《四书章句集注》，第 257 页。
② 《朱子语类》，第 2620 页。
③ 《朱子语类》，第 138 页。

理，岂有以加于此哉？自是以来，圣圣相承：若成汤、文、武之为君，皋陶、伊、傅、周、召之为臣，既皆以此而接夫道统之传，若吾夫子，则虽不得其位，而所以继往圣、开来学，其功反有贤于尧舜者。然当是时，见而知之者，惟颜氏、曾氏之传得其宗。及曾氏之再传，而复得夫子之孙子思……自是而又再传以得孟氏，为能推明是书，以承先圣之统，及其没而遂失其传焉。……程夫子兄弟者出，得有所考，以续夫千载不传之绪……①

尧、舜、禹、汤、文、武、皋陶、伊尹、周公、召公、孔子、颜回、曾子、子思、孟子、二程，这是朱熹所认可的道统。所谓道，即天道，通俗地说便是天理在人间运行之道，集修身、齐家、治国、平天下之道为一体。朱熹的道统有两层含义：一是天道正统，即儒学；二是儒家正统，即思孟学派及其后世传承者二程和他本人之学。朱熹号召学者积极向道统靠拢、自觉抵制异学而维护道统。

朱熹在确立道统的基础上，将承载道统的圣贤们的思想和言行归纳总结，确立了道统所传承的思想体系，即"天理"或"道"。这一思想体系蕴含两个方面内容：一是思想核心，即仁义礼智；二是行为方式，即修身齐家治国平天下之法。"道"是通过教化而行于天下的，而教化又是通过自上而下的途径来实现的，本能要求社会地位最高的人便是道统的承继者。尧、舜至于周、召皆身处高位而以此道治天下。无论他们自己的言行还是他们所创立的典制，如尧的仁德、舜的孝心、皋陶的刑法、周公的礼制等都是合于此道的。他们之后，道统一度失传，在高位者自身修养偏离此道、治国不全用他们创立的典制，致使礼崩乐坏、天下大乱。

孔子和他之后的道统传承者，虽得其道，但不得其位，只能通过格正君心的方式，督促在位者们以道治天下。孔子以前的圣王们传承此道，主要是将此道之精髓通过"丁宁告戒"的方式来实现，因而后人难得其道之真谛。孔子周游列国皆不得志，为保圣王之道不断绝，遂删订《六经》、著《春秋》、开私学传道授业。《六经》载圣王之道，《春秋》明圣王之道，重在制度，即礼、乐、政、刑。孔子之后，异学纷起，曲解经典，遂有思孟学一派辨异端、提炼经典之核心理念。思孟学一派重在治人心、格私欲，认为万事以修身为先，修身之要为正心诚意，提出"天命之谓性，率性之谓道，修道之谓教"②的观点，成为宋代程朱一

---

① 朱熹：《四书章句集注》，第14—15页。
② 《中庸》。

脉儒学的先导。无论儒、墨、道、法还是杨朱、告子，其学问之本源都是六经，基本是同源而异论。

及至汉代，佛学传入中国，经历魏晋隋唐几代而不断繁盛，与华夏传统之学不同源却持论相似，成为儒学之劲敌。佛家之论也以格治人欲为主题，涉及无、空、心、性、克己、修身等论题。杨时说："吾儒与释氏，其差只在秒忽之间"①。朱熹说："尽、知、存、养，吾儒、释氏相似而不同。"且佛家立论严谨、体系完整，更贴近人的生活，其轮回、报应、往生之说又有极大的威慑性和诱惑性，易使人惧而从之。张载论其危害说："其语到实际，则以人生为幻妄，以有为为疣赘，以世界为阴浊，遂厌而不有，遗而弗存。"②朱熹说："杨墨为我、兼爱，做出来也淡而不能惑人。只为释氏最能惑人。初见他说出来自有道理，从他说愈深，愈是害人。"③从某种意义上说，宋代理学便是在辟佛过程中建立起来的。

朱熹深挖人欲之根源，总结历代以来儒家在格治人欲方面的思想，并论证其优越性和积极性，逐渐建立起他的思想体系。朱熹所说的"天理"便是"仁义礼智"，或"仁义礼智信"，为"五行之德"。"仁"涵盖后四者，因而天理归纳起来便是"仁"。"心"是一身之主宰、情和欲的存在之所，有"道心""人心"之说。朱熹说："仁者，爱之理，心之德也。"④那么"道心"之理便是"仁"。又说："天下只有一个道理，学只要理会得这一个道理。这里才通，则凡天理、人欲、义利、公私、善恶之辨，莫不皆通。"⑤无论天理、人欲，还是公私、义利、善恶之区别就在于心"仁"与"不仁"。"上下数千年，真是昭昭在天地间，前圣后圣相传，所以断然而不疑。"⑥

2. 为学

修身，简言之便是知与行。朱熹说："只有两件事：理会，践行。"⑦"论先后，知为先。"⑧因而修身之第一步便是为学，即穷理，"万事皆在穷理后。经不正，理

① 《朱子语类》，第 2558 页。
② 张载：《张载集》，第 65 页。
③ 《朱子语类》，第 587 页。
④ 朱熹：《四书章句集注》，中华书局 2012 年版，第 48 页。
⑤ 《朱子语类》，第 131 页。
⑥ 《朱子语类》，第 2815 页。
⑦ 《朱子语类》，第 149 页。
⑧ 《朱子语类》，第 148 页。

不明，看如何地持守，也只是空。"①

穷理分两步：一是正心诚意；二是格物穷理。穷理的前提在于去人欲。

正心诚意有两层释义：一是端正心态，心意要诚；二是虚心静虑，存心见性。

首先，心是一身之主宰，能否见得天理，关键在于内心是否诚恳。孔子曰："吾欲仁，斯仁至矣！"便是这个意思。乐于追逐物欲，而不愿受到道德或礼法的约束，此乃人之常情，因而能否克己复礼全在一念之间。因此为学首在端正心态，立志向学。其次，从根源上说，"一心具万理。能存心，而后可以穷理。"②"理不是在面前别为一物，即在吾心。"③"穷理以虚心静虑为本。"④存心即存天理、存天命之性。穷理便是体认天理，明白天理人欲、天命之性与气质之性之别。朱熹说："而今看道理不见，不是不知，只是为物塞了。而今粗法，须是打叠了胸中许多恶杂，方可。"⑤排空心中之物欲，让心归于静态，才能有最好的状态去体悟心之德、去穷理。

格物穷理，朱熹解释说："格，至也。物，犹事也。穷至事物之理，欲其极处无不到也。"⑥朱熹的格物分两部分：一是虚心切己，就事上体悟理；二是读圣贤书，从书中寻求天理。详细地说：

> 且如读书：《三礼》《春秋》有制度之难明，本末之难见，且放下未要理会，亦得。如书诗，直是不可不先理会。又如《诗》之《名数》，《书》之《盘诰》，恐难理会。且先读《典》《谟》之书，雅颂之诗，何尝一言一句不说道理，何尝深潜谛玩，无有滋味，只是人不曾子细看。若子细看，里面有多少伦序，须是子细参研方得。此便是格物穷理。如遇事亦然，事中自有一个平平当当道理，只是人讨不出，只随事羁将去，亦做得，却有掣肘不中节处。亦缘卤莽了，所以如此。⑦

深刻地体会圣贤书中每字每句蕴含的道理、生活中体悟每一事物之理，这便是格物。朱熹指出："常存大纲在我，至于节目之间，无非此理。体认省察，一

---

① 《朱子语类》，第 152 页。
② 《朱子语类》，第 154 页。
③ 《朱子语类》，第 155 页。
④ 《朱子语类》，第 155 页。
⑤ 《朱子语类》，第 155 页。
⑥ 朱熹：《四书章句集注》，第 4 页。
⑦ 《朱子语类》，第 140—141 页。

毫不可放过。理明学至，件件是自家物事，然亦须各有伦序。"① 其为学次序上，先虚心切己就事物上体会，再读书明理。

首先要"虚心切己"。"虚心"便是排空内心之私欲，道心"但为气禀所拘，人欲所蔽，则有时而昏；然其本体之明，则有未尝息者。故学者当因其所发而遂明之，以复其初也"②。天理人欲共存于人心，此进彼退、此长彼短。内心中人欲越炽，则天理愈昏，因此天理人欲不容并立。朱熹说："学问，就自家身己上切要处理会方是，那读书底已是第二义。自家身上道理都具，不曾外面添得来。"③ 气聚成人的形体的时候，天理已然附着在人身上，存于人心之中。因此穷理最首要的、最根本的也是从自身上探寻、自己心上领会，朱熹说："入道之门，是将自家身己入那道理中去。渐渐相亲，久之与己为一。而今入道理在这里，自家身在外面，全不曾相干涉。"④ 教育学者从接人待物中领悟人与人、人与万物并存互利之理，从具体事务中体会仁义礼智之理。

其次要读书明理。聚成人之形体的气有清浊之别，因而本心之蔽塞程度也差异很大，体现在人身上便是资质上的差异。有生而知之者，有学而知之者，有困而学之者，也有困而不学者。圣贤禀气清明，故生而知天理，不勉而中。其他人则因不同程度的昏浊蔽塞，距离天理的远近也不同，皆需要学而知之。圣贤们的言行学思合于天理，蕴含在他们的著作之中，因此学者通过读圣贤书去体认天理是最便捷、最有效的途径。通过广泛而精细的阅读，穷尽义理，以书中之理与心中之理互相补证，才能悟道本心之仁德并巩固之，才能更好地做到"存天理、灭人欲"。

当然，朱熹所说的读书与一般意义上的读书并不相同，朱熹总结为："读书以观圣贤之意；因圣贤之意，以观自然之理。"⑤ 读书的目的是穷理以安仁，天理蕴含在圣贤之书中，然天理的要义书中并未说明，因此要通过圣贤的言语、行为、所立制度中去体悟天理。朱熹说："尝谓圣贤道统之传散在方册，圣经之旨不明，而道统之传始晦。于是竭其精力，以研穷圣贤之经训。"⑥ "自家身上道理

① 《朱子语类》，第 140 页。
② 朱熹：《四书章句集注》，第 3 页。
③ 《朱子语类》，第 161 页。
④ 《朱子语类》，第 446 页。
⑤ 《朱子语类》，第 162 页。
⑥ 黄宗羲著，全祖望补修，陈金生、梁运华点校：《宋元学案》卷四十八，中华书局 1986 年版，第 1504 页。

都具，不曾外面添得来。然圣人教人，须要读这书时，盖为自家虽有这道理，须是经历过，方得。圣人说底，是他曾经历过来。"① 由于"本心陷溺"于人欲，且在资质和阅历上的不足，后学者皆不能如圣人般生而知理，自己的见解总是与天理之核心要义有差别。圣贤书中所载的道理，都是圣贤们从自己经历过事中总结出来的。后学者虽不能有圣贤们的经历，但可以在内心中将史籍中所记载的圣贤事迹与他们书中所讲的道理结合起来演示一番，自会有所体会。朱熹指出："以圣贤之意观圣贤之书，以天下之理观天下之事。人多以私见自去穷理，只是你自家所见，去圣贤之心尚远在！"② 所以读书先要去除自己的私意，且看圣贤是如何说的、如何做的，然后循圣贤书中之意与自身之见解和日常行为方式相结合去体会天理。即"以书观书，以物观物，不可先立己见"③。只有不立己见，看圣贤是如何行事的，以圣贤之书去体会圣贤之意，方能真正摆脱人欲的陷溺而得天理之要义。

当然，不立己见还有第二层意思。从孔子、子思、孟子之书或他们之前的经典成书时间距朱熹的时代已然非常久远，其文意多晦涩难懂，学者乍入其中恐难解其意，因而需要一定的参考书籍。历代解经者无数，众说纷纭，初学者易在其中迷失。在朱熹的道统里，二程为孟子之后的承继者，因而他指出学者应当参考二程对圣贤之书的注解和发挥。他说："如今看文字，且要以前贤程先生等所解为主，看他所说如何"④。即二程的思想最接近圣人，因此学者当以参考二程思想为主，兼取张载、周敦颐、邵雍及二程传人的见解中之优秀部分。接着他们的见解去理解圣贤经典，才是穷理之正路。

论读书之法，即如何学得圣贤书中蕴含的道理，朱熹指出要做到精、熟。朱熹形象地打了两个比方：

> 看文字，须是如猛将用兵，直是鏖战一阵；如酷吏治狱，直是推勘到底，决是不恕他，方得。

> 看文字，正如酷吏之用法深刻，都没人情，直要做到底。若只恁地等闲看过了，有甚滋味！大凡文字有未晓处，须下死工夫，直要见得道理是自家底，方住。⑤

---

① 《朱子语类》，第 161 页。
② 《朱子语类》，第 159 页。
③ 《朱子语类》，第 181 页。
④ 《朱子语类》，第 140 页。
⑤ 《朱子语类》，第 164 页。

其意在告诫学者，读书一定要下死力，不可有丝毫轻浮懈怠；对待圣贤书中的内容，即对每一字每一句都要深究其意，要有斩草除根的决心，绝不放过一字一句。朱熹说："为学之道，圣贤教人，说得甚分晓。大抵学者读书，务要穷究。'道问学'是大事。要识得道理去做人。大凡看书，要看了又看，逐段、逐句、逐字理会，仍参诸解、传，说教通透，使道理与自家心相肯，方得。读书要自家道理浃洽透彻。"① 对圣贤之书要反复阅读和思索，将全部心思投入其中，务求对书中的道理精熟掌握。只有在对每一部经典所含义理精熟的基础上，在能实现对所有书中之理的贯通，才能真正凝练出天理之精髓。

通过自身体会和精熟阅读圣贤之书，学者尽了穷理的工夫，自会体认到天理的价值。在朱熹的思想体系中，天理是"五行之德"，即"仁义中正"或"仁义礼智"。② 仁兼具四德，朱熹说："所谓仁为统体者，则程子所谓专言之而包四者是也。然其言盖曰四德之元，犹五常之仁，偏言则一事，专言则包四者。"③ 又说："仁也是阳也，刚也，仁也，物之始也；阴也，柔也，义也，物之终也。"④ "五常之性，感物而动，而阳善、阴恶。"⑤ 由此可知，朱熹所指之天理其实就是仁。所谓为学，就是在日常生活中用心去体会仁德、从圣贤书中探寻仁之广大意义。"故学者约其情使合于中，正其心，养其性而已。然必先明诸心，知所往，然后力行以求至焉。"⑥ 学者当去人欲、弃私意而明本心之仁德、圣贤之仁德，继而用仁德去主宰心，用仁德之心去指导自己的思想和言行。

大概"人欲"才是朱熹思想的真正起点，朱熹穷尽经史、精察人事，知"人欲"泛滥是人之为恶之心和社会矛盾的根源，节制"人欲"才是中和天下之根本任务。因此他将人欲的产生根源、存在之所及危害进行了深刻剖析，提醒人们去重视"人欲"泛滥之危害，并指出根治人欲泛滥只能用孔孟之学，呼吁人们自觉的以孔孟教导去节欲修身。

（三）"人欲"与齐家、治国、平天下

朱熹指出："修身是齐家之本，齐家是治国之本。如言'一家仁，一国兴仁；

① 《朱子语类》，第 162 页。
② 《周子通书》中说"中正仁义"；《论语集注》中则说"仁义礼智"，其文曰："天命之性，万理完具，总其大目，则仁义礼智"。
③ 周敦颐：《周敦颐集》，陈克明点校，中华书局 2009 年版，第 10 页。
④ 《周敦颐集》，第 8 页。
⑤ 《周敦颐集》，第 6 页。
⑥ 朱熹：《四书章句集注》，第 84 页。

一家让，一国兴让'之类，自是相关，岂可截然不相入也！"① 修身与齐家是一体的，修身正己方能正人，先能正自己家风才能在治国平天下上更有说服力。修身、齐家、治国、平天下本质上说是一件事，即教化。修身是教化自己，齐家是教化家人，治国是教化国民，平天下是教化普天下之人。

虽然在齐家中朱熹更重视对"人情"的控制，但"人欲"在朱熹的齐家思想中地位也比较重要。朱熹的齐家思想集中体现在《朱子家训》中。在其中朱熹指出，齐家要做到爱己爱人、莫追逐人欲、谨慎结交、勤俭与敬畏。朱熹的齐家思想以约束人的言行为主，敦促人们限制人欲、修身立德，做到无欲则刚。同时警惕外部世界的不良诱导，给自己、家人一个清洁高雅的生活环境。这是儒家教化思想在家庭小范围内的展示。

治国平天下，是朱熹思想的目的和最终落脚点。朱熹继承孔子"仁政"思想、孟子"格君心之非"思想，糅合北宋以来程学一脉为政思想，根据南宋初社会形势，提出了以"格治私欲"为核心的为政思想。他说："大抵立法必有弊，未有无弊之法，其要只在得人。若是个人，则法虽不善，亦占分数多了；若非其人，则有善法，亦何益于事！"② 因而政治革新的关键在于选贤任能，根本在于"正君心"。"天下事有大根本，有小根本。正君心是大本。其余万事各有一根本，如理财以养民为本，治兵以择将为本。"③ 人的地位越高，其情感欲望对国家和社会的影响也就越大。尤其是作为国家的统治者，其情感欲望完全有可能左右一个国家的前途和命运，因此对他情感和欲望的约束至关重要。

朱熹一生笃志行道，致力于正君心、正人心，从理不从权，敢于直言皇帝之过。他深知若欲正人，先需正己，故而持守甚正，不敢有一刻懈怠。他亦知若欲引导他人归于天理，需先自我熟知天理，才能给他人讲得明白透彻。终其一生穷尽经史、潜心世务，其学问之广博深厚旷古绝今。他深刻地认识到了治乱兴衰的根本在于人心，人心之蔽在于"人欲"，故而将"人欲"作为修身、齐家、治国、平天下之大敌，并建构了庞大的理论体系去针对、广博的历史和现实依据去佐证。朱熹之功不仅在其思想体系的构建上，更在于他能以身示范，去践行天理，言行学思不掺纤毫人欲之私。朱熹一生为官为师，影响教化了一大批人。正人君子亲近他、追随他、学习他；奸佞小人、贪官污吏惧怕他、攻击他。朱熹和他的追随

---

① 《朱子语类》，第 357 页。

② 《朱子语类》，第 2680 页。

③ 《朱子语类》，第 2678 页。

者、后继者引领了一股正气，黎民百姓深受其福泽。

### 二、陈淳的"人欲"思想

（一）重"情"轻"欲"：陈淳对朱熹"人欲"思想的改造

与朱熹重视"人欲"和强调"气"不同，陈淳好像并不是太重视"人欲"，对"气"的强调程度也不够，《北溪字义》众多范畴中便无"气"与"人欲"但"气"是《北溪字义》中所有思想范畴的底色，"灭人欲"也是陈淳认为的修身、齐家、治国、平天下之最终目的。但他不似朱熹般直接去针对"人欲"，而是针对"人欲"的根源"心""情""志"和"意"，从而断绝"人欲"产生之源。在陈淳的思想体系中，人生所有事皆以修身为本，修身即修心。但人之形体由气聚而成，气质之性随之附到每个人的身上，阻隔着"心"与"性"的结合。拥有感通之能的"心"，在善恶难定的气质之性的影响下，容易在外物诱导之下产生"情"和"意"，终而演化为各色人欲，人欲泛滥而不加节制便演化为气质之恶。因此陈淳认为，修仁心、去人欲当从根本处、萌芽处入手，即制约"情"和"意"。

陈淳深入分析了"情"和"意"之内涵和危害，以诠释他的主张，引起后学者之重视。对于"情"，他指出："情与性相对。情者，性之动也。在心里面未发动底是性，事物触著便发动出来是情。寂然不动是性，感而遂通是情。这动底只是就性中发出来，不是别物，其大目则为喜怒哀惧爱恶欲七者。"又说："情者心之用，人之所不能无，不是个不好底物。但其所以为情者，各有个当然之则。如当喜而喜，当怒而怒……合个当然之则，便是发而中节，便是其中性体流行。……若不当然而然，则违其则，失其节，只是个私意人欲之行，是乃流于不善，遂成不好底物，非本来便不好也。"[1] 他认为"性"与"情"相对，基本绕开了"心"这一物质实体。"性"未动，"情"未发，是完全合乎本性的。"心"感物而动，"性"亦随之产生震动，遂生"情"。若所发之"情"合乎仁义礼智，即为"中节"。若不合仁义礼智，则此情为私意人欲泛滥。

陈淳强调"意"，与朱熹强调"人欲"有所差别，事实上分析二者之概念，是基本一致的。朱熹所指的"人欲"，是在"情"发的基础上产生的欲念，是演化为行为的最后意识形态。陈淳说："意者，心之所发也，有思量运用之义。大

---

① 陈淳：《北溪字义》，第 14 页。

抵情者性之动，意者心之发，情是就心里面自然发动，改头换面出来底，正与性相对。意是心上拨起一念，思量运用要恁地底。"①

由此可见，陈淳所领悟的"情""心""欲"关系，是"心（动）—性（动）—情（中节）"与"心（动）—私意人欲—情（不中节）"，这与朱熹所说的"心（动）—情（中节、不中节）—欲（公欲、私欲）"模式是有差别的。人是活生生的人，不可能永远寂然不动或无意念情感产生。因此修心主要针对已发之"情"、已生之"意"，要求将意念、情感控制在合理范围内，即合于仁义礼智。

（二）"穷天理"即"灭人欲"：陈淳的治欲思想

当朱熹之时，理学思想体系从初步建立到逐步完善，朱熹糅合北宋诸子思想成果，并加以自己对于孔孟之道的体悟，儒家"道学"思想体系终得完善。在这个过程中，朱熹需要深入探究理学思想体系中的每一个细节、每一个范畴，因此对"气"和"人欲"有极其详尽的论述。至朱熹中晚年以后，他的"理、气"二元论、"穷天理、灭人欲"以及关于"人欲"的概念分析基本已成为理学家们的共识，朱熹和他的弟子门人们已经可以很好地运用其思想体系去批判佛道及儒家思想体系内的异说。因而陈淳没必要再去做这方面的分析研究工作，可以全身心地投入穷理修身、卫护"道学"、启迪后学的事业之中。大概陈淳也不愿过分地强调它，引发人们对其展开不必要的重复研究和思考，浪掷大好光阴、徒费大把心思于其上，不仅不能投入更多心思于体认天理，更有可能被其所惑而坏了修行。因而陈淳有意淡化"人欲"，而更加注重从"意""情"便开始加以制约，从而斩断"私心""私欲"产生之根。陈淳简化了朱熹的穷理灭欲修身之法，认为学者若能有一个好开端，入于圣门并捐弃己心、潜心向学，以圣贤之思想而思想、学圣贤之行为而行为、以圣贤之遗训来修养身心，则必不被异学所惑、人欲所蔽，自然能成圣成贤。

陈淳对朱熹之教诲极为信服，他谨遵师训，放弃科举事业，花十余年之功来穷尽义理。按朱熹所示的穷理步骤，一要从切己处体会，即正心诚意，从生活日用中体会本心之德、人性之善；二要读书穷理，即从圣贤书中探寻天理，学习圣贤修齐治平之道。《北溪字义》是陈淳穷理功夫的集中体现，该书分上、下两卷，将程朱理学所讨论诸理论范畴分别进行了深入剖析，将朱熹思想系统化、精准化，下功夫甚深。《北溪字义》的章节排列上鲜明地体现了陈淳谨遵朱熹穷理步

---

① 陈淳：《北溪字义》，第17页。

骤的特点。上卷是从切己处体会天理，范畴排列次序为"命、性、心、情、才、志、意、仁义礼智信、忠信、忠恕、一贯、诚、敬、恭敬"。总的线路是"天—人—天"，即天理与人同生共存，人性是天理在人身上的体现，修身做人应当先去体悟本性之理，继而依本性去思考和行动。这一理论系统之中心是"人"，而"心"又是人一身之主宰，因此上卷内容是以"心"为核心展开的、向两边追溯拓展的排列特点。这些范畴都是从社会"人心"种种分析和人与人之间智力、行为能力的差异中总结出来的普遍道理，因而是"切己处体会"，而不是从书中获得。

下卷中讨论的是"道、理、德、太极、皇极、中和、中庸、礼乐、经权、义利、鬼神、佛老、太极、通书、论朱子"这些范畴和内容，都是四书五经及周、程、朱子、张载、邵雍书中所讨论的重要思想范畴，是典型的读书穷理。陈淳回顾其师朱熹时说："（朱熹）首授以'根原'二字，谓凡看道理须各穷个根原来处，方见得端的确定而不可易。首末表里必极其透彻，不可只窥见一斑半点便以为足。"① 陈淳深以为然，笃志践行师训，其穷理功夫之深、之精堪称朱门之最。

1. "虚心切己"以体认天理

陈淳严谨地遵循了朱熹的格物穷理路径，他积极地在日常生活中体会、思索先圣先贤们所教导的，并经过漫长的历史时期传承下来的，与"人"日常生活密切相关的伦理观念和道德法则。首先，他经过认真的思考，总结了"天理"诸范畴的基本内涵以及它们之间的关系。其次，他将自己体认"天理"之法进行了总结，以展示于他人，帮助他人体认天理、修身成德。其意不仅为显示自己学问之广博通达，更欲说服他人认识和顺从"天理"，并以"理"修身成德。

（1）心，一身之主宰，修养的主体

心是一身之主宰，人之思想言行皆受其支配。无论是本体之性，还是动而生情，皆存于心。"心虽不过方寸大，然万化皆从此出，正是源头处。故子思以未发之中为天下之大本，已发之和为天下之达道。"② 既然"心统性情"，那么"心"的修养便成了修身之核心。陈淳观察社会，总结道："如今心恙底人，只是此心为邪气所乘，内无主宰，所以日用间饮食动作，皆失其常度，与平人异。理义都丧了，只空有个气，仅往来于脉息之间未绝耳。"③ 即很多人失其本心，追逐物欲

① 《北溪大全集·北溪外集》，第471页。
② 陈淳：《北溪字义》，第12页。
③ 陈淳：《北溪字义》，第11页。

邪念，指出："人须是有操存涵养之功，然后本体常卓然在中，为之主宰，而无亡失之患。所贵于问学者，为此也。"① 即呼吁人们存其"道心"，涵养本性，使之常为一身之主宰。因而在"心统性情"之上，又强调"存道心"。

"道心"即"仁心"。朱熹指出："仁义礼智，人性之纲"②，仁兼具四德。朱熹说："所谓仁为统体者，则程子所谓专言之而包四者是也。然其言盖曰四德之元，犹五常之仁，偏言则一事，专言则包四者。"③ 又说："仁也是阳也，刚也，仁也，物之始也；阴也，柔也，义也，物之终也。"④ "五常之性，感物而动，而阳善、阴恶。"⑤ 由此可知，朱熹所指之天理其实就是仁。所谓为学，就是在日常生活中用心去体会仁德、从圣贤书中探寻仁之广大意义。"故学者约其情使合于中，正其心，养其性而已。然必先明诸心，知所往，然后力行以求至焉。"⑥ 学者当去人欲、弃私意而明本心之仁德、圣贤之仁德，继而用仁德去主宰心，用仁德之心去指导自己的思想和言行。

(2) 心之理：天命与性

天、理、命和性，在陈淳思想体系中各有所指，并围绕人产生诸多关联。

首先，在对于"天"的认识上，陈淳继承了程朱理学"天即理"这一观点。陈淳指出："天者，理而已矣。古人凡言天处，大概皆是以理言之。"⑦ 其次，理主宰气。"盖二气流行，万古生生不息，不成只是空个气？必有主宰之者，曰理是也。"⑧ 理主宰气，二气交感、五气运行而成宇宙万物，也包括人类。因此人应当绝对服从、顺从于天或理。

性、命和理本质上是一物，但又有不同的内涵。气聚成人而理亦具于身，理附着于人身者即命，人之形体所接受的理便是性。命是理向人的指令，性是人向理的接受。性存于人心，人只能通过心之感通体悟方能识得并恢复其本性。命即元、亨、利、贞，性为仁、义、礼、智。陈淳指出："天所命于人以是理，本只善而无恶。故人所受以为性，亦本善而无恶。"性、命和理一样，纯善而无恶。

① 陈淳：《北溪字义》，第 12 页。
② 陈淳：《北溪字义》，第 6 页。
③ 《周敦颐集》，第 10 页。
④ 《周敦颐集》，第 8 页。
⑤ 《周敦颐集》，第 6 页。
⑥ 《朱子语类》，第 775 页。
⑦ 陈淳：《北溪字义》，第 5 页。
⑧ 陈淳：《北溪字义》，第 1 页。

孔孟之教，其基本内容可总结为仁、义、礼、智与信五个方面，汉代以来习惯称之为"五常"。宋代的理学家致力于将孔孟之道论证为"天理"，朱熹一派更是将"五常"与"五行"联系起来，认为金、木、水、火、土五行之德对应到人身上便是仁、义、礼、智、信五常之性，也可称之为人之"本性"。修心就是根除因气禀的原因而产生的气质之性，从而恢复人之本性，即五行之德、五常之性，其目为仁、义、礼、智。统而言之可称之为仁性。

仁义礼智信虽同为"心"之本性，但地位不同。陈淳指出："仁者，心之全德，兼统四者。义、礼、智，无仁不得。盖仁是心中个生理，常行生生不息，彻终始，无间断。苟无这生理，则心便死了，其待人接宾，恭敬何自而发？必无所谓礼。处事之际，必不解裁断，而无所谓义。其于是非，亦必顽然无所知觉，而无所谓智。既无是四者，又乌有所谓实理哉！"[①] 又说："孔门教人，求仁为大。只专言仁，以仁含万善，能仁则万善在其中矣。至孟子，乃兼仁义对言之，犹四时之阴阳也。"[②]"仁"是"心之全德"，是其他四德之根本，是孔孟之道的核心，兼含四德。可以说，"性"即是"仁"。

人与物皆得天性，但由于所得无形之气之质量不同而有形体和智能之差异。陈淳指出："人与物同得天地之气以生，天地之气只一般，因人物受去各不同。人得五行之秀，正而通，所以仁义礼智，粹然独与物异。物得气之偏，为形骸所拘，所以其理闭塞而不通。人物所以为理只一般，只是气有偏正，故理随之而有通塞尔。"[③]人类得到无形之气之清秀部分，因而有感通之能，可自觉体悟其性。物则的五行之气之偏浊部分，生而为形骸所拘，心与理之间闭塞不同，无法感通。人与人之间也因为所得阴阳五行之气之质量有差别，造成人与人之间智愚之分、贵贱之异，也形成了不同的人之心性距离其本性的远近之差。程颐称之为气禀，朱熹、陈淳继承之。因所得之气驳粹不一，遂有人之贤愚之别。"气质"越差，"本性"禁蔽越严重，"复性"的难度也越大，对"人欲"的节制能力也越差。

陈淳也认为，与生俱来的心性之差别并不是不可改变的，通过不断修行可自我开悟。"气虽不齐，而大本则一。故虽下愚，亦可变而为善，然工夫最难，非百倍其功者不能。"[④]就是指所有人的本性或天性都是相同的，只是聚成人形之气

① 陈淳：《北溪字义》，第 22 页。
② 陈淳：《北溪字义》，第 25 页。
③ 陈淳：《北溪字义》，第 7 页。
④ 陈淳：《北溪字义》，第 7 页。

驳粹不一而已，地位高贵者、德高望重者、健康长寿者或智慧高超者只是离天性较近，或者觉醒得较早而已。因此不论再愚笨贫贱的人，只要一心向善，努力克己修身、体认天理而复其本性，虽然要比别人艰难些，但仍有可能改变气质，成圣成贤。或者摆脱当下的生活状态，实现更加高标准的生活目标、得到更高的社会地位、受到更多人的尊敬。

（3）修心之方：目标、态度与方法

修心之最终目标便是恢复心之"仁德"。而横亘在"心"与"仁"之间的障碍便是"人欲之私"。"自为仁言，才有一毫人欲之私插其间，这天理便隔绝死了，便不得谓之仁。须是工夫至到，此心纯是天理之公，而绝无一毫人欲之私以间之，则全体便周流不息，无间断，无欠阙，方始是仁。"① 陈淳主张人们树立正确的人生目标，端正人生态度，按照正确的人生道路走下去，以自觉的行仁道、灭私欲。因此陈淳非常重视人生目标、道路的选择和人生态度的端正，并积极在这些方面给人们一个正确的指导。

首先，立志"为仁"。陈淳呼吁人们端正人生态度，认为须先立志"为仁"，即将体认、践行"仁道"确立为自己的人生道路和目标，并下定决心为之奋进。陈淳非常重视立志，他认为："志者，心之所之，之犹向也，谓心之正面全向那里去。如志于道，是心全向于道；志于学，是心全向于学。一直去求讨要，必得这个物事，便是志。若中间有作辍或退转底意，便不谓之志。"② "志有趋向、期必之意。心趋向那里去，期料要恁地，决然必欲得之，便是志。"③ 他认为立志就是确立自己的人生目标和道路，这是循着内心的向往、根据现实的情境而做出的庄重选择，因此要全身心地投入其中，永不言弃。

陈淳强调，所立之志不应当仅仅是自己内心对于物质、声名或权欲等方面的愿望，还应当有合乎仁义、兼济天下的更高人生活追求。或曰立志成人成德、成圣成贤。他说："人若不立志，只泛泛地同流合污，便做成甚人？须是立志，以圣贤自期，便能卓然挺出于流俗之中，不至随波逐浪，为碌碌庸庸之辈。"④ 志向是人生奋斗的开端，它决定着一生的发展方向，因此要非常慎重。陈淳经常告诫学生们："为学紧要处，最是立志之初，所当谨审决定。此正是分头路处。才志

---

① 陈淳：《北溪字义》，第19页。
② 陈淳：《北溪字义》，第15页。
③ 陈淳：《北溪字义》，第16页。
④ 陈淳：《北溪字义》，第16页。

于义。便入君子路；才志于利，便入小人路。"① 人生之路，若一开始不能存仁义之心、立仁义之志，则必然会为利禄所诱惑而走向"小人路"。一步错，步步错，不可不戒。"自今观之，学之门户虽多，若此处所志者一差，不能纯乎圣途之适，则后面所谓立，所谓不惑，所谓知命，所谓从心，节节都从而差，无复有见效处。"② 尤其是为学，若一开始便能辨清"天理""人欲"之正邪善恶，则很容易入圣人之道。由此道不断努力、循序渐进，就有可能达到圣人的修养境界。

其次，循圣贤之教以悟道。朱熹曾说："入道之门，是将自家身己入那道理中去。渐渐相亲，久之与己为一。而今入道理在这里，自家身在外面，全不曾相干涉。"③ 既已深明圣人之道的真意，就应当将之落到实处，成为自己内心之主宰。朱熹说："知、行常相须，如目无足不行，足无目不见。论先后，当以致知为先；论轻重，当以力行为重。"④ "只有两件事：理会，践行。"⑤ "学者工夫，唯在居敬、穷理二事。此二事互相发。能穷理，则居敬工夫日益进；能居敬，则穷理工夫日益密。"⑥ 王阳明说："未有知而不行者，知而不行，只是未知。"明代徐阶在《王文成公全书序》中也说："尝观《论语》述孔子心法之传，曰一贯。"⑦ 朱熹喋喋不休、后世大儒一再强调的，正是要求学者将所学之道落实到行为上，而不是仅仅停留在口头、书面。朱熹教导学者要先放弃己见，以圣贤的教诲为指导去思想、去做事，在生活日用中感受圣贤之道。陈淳主张用"忠信""诚""敬"等态度，将圣人"忠恕"之道"一以贯之"。

"忠信"是孔子对自己品德的基本总结。子曰："十室之邑，必有忠信如丘者焉，不如丘之好学也。"⑧ 孔子对弟子们虽以"仁义"期许，但更重视"信"。他指出："君子义以为质，礼以行之，孙以出之，信以成之。君子哉！"⑨ 即君子之德之内在本质为仁义，外在表现为恭敬有礼，为人处世态度谦逊，但只有诚实守信才能最终成事、成人、成德。子张将要远行，向孔子请教出行途中该如何做人做

---

① 陈淳：《北溪字义》，第 16 页。
② 陈淳：《北溪字义》，第 16 页。
③ 《朱子语类》，第 140 页。
④ 《朱子语类》，第 148 页。
⑤ 《朱子语类》，第 149 页。
⑥ 《朱子语类》，第 150 页。
⑦ 徐阶：《王文成公全书序》，《王阳明全集》，中央编译出版社 2014 年版。
⑧ 《论语·公冶长》。
⑨ 《论语·卫灵公》。

事，孔子告诫以"忠信""笃敬"。"言忠信，行笃敬，虽蛮貊之邦行矣；言不忠信，行不笃敬，虽州里行乎哉？立，则见其参于前也；在舆，则见其倚于衡也。夫然后行。"①孔子并未提及仁义礼智，并不是这些不重要，而是强调只有内心忠信、笃敬，才能真正做到仁义礼智。《论语》中也有对孔子之教的总结："子以四教：文，行，忠，信。"②

陈淳对"忠信"做了详细考察，对"忠信"做了如下定义：

> 忠信是就人用工夫上立字。大抵性中只有个仁义礼智四位，万善皆从此而生，此四位实为万善之总括。如忠信如孝弟等类，皆在万善之中。孝弟便是个仁之实，但到那事亲从兄处，方始目之曰孝弟。忠信便只是五常实理之发，但到那接物发言处，方始名之曰忠信。③

即五行之德或人之本性只有仁义礼智四者，但四者只是虚的理论，只有落实到生活日用中方能成为实德，"忠信"便是仁义礼智落实到个人日常行为上之体现。

《中庸》中讲道："自诚明""诚者自成"，周敦颐深刻领会了"诚"的重要意义，因此在他的著作中特别强调诚，并将诚上升到天理层次。"诚者，圣人之本。"④"圣，诚而已矣。诚，五常之本，百行之源也。……五常百行，非诚，非也……故诚则无事矣。"⑤"诚，无为……寂然不动者，诚也。"⑥周敦颐认为，"诚"是圣人德行之根本，是心寂然不动而无私欲邪念，是完全放弃己思而顺从于天理。程颐继承并发挥了周敦颐的诚论，指出："无妄之谓诚"，强调的是在心动之际，努力克制内心在外界的诱惑下的妄动、妄想。朱熹又对程颐的思想做了补充，他说："诚者，至实而无妄之谓"⑦。即强调内心之无妄思、无妄欲不能是一种刻意的自我控制，而应该将这种无妄转化为一种内心真实的愿望，变成内心自然的思想态度。

陈淳深以为然，并以自己的理解为中心，对前贤思想进行了补充说明。首先，他指出"诚"是"自然之理"。他说："诚字与忠信字极相近，须有分别。诚

---

① 《论语·卫灵公》。

② 《论语·述而》。

③ 陈淳：《北溪字义》，第26页。

④ 《周敦颐集》，第13页。

⑤ 《周敦颐集》，第15页。

⑥ 《周敦颐集》，第17页。

⑦ 《周敦颐集》，第13页。

是就自然之理上形容出一字，忠信是就人用工夫上说。"① 自然之理极其抽象，用一字形容即"诚"。他详细地解释道："就人论，则只是这实理流行付予于人，自然发见出来底，未说到做工夫处。且诚之一字，不成受生之初便具这理，到赋形之后未死之前，这道理便无了？在吾身日用常常流行发见，但人不之察耳。"② 即"诚"是"天理"赋予人身上的那一部分"理"，类似于"性"，在人心内自然流转，体现在生活日用各个方面，只是人们未能发觉而已。他将"诚"与"信"合而论之，以作补充说明："诚与信相对论，则诚是自然，信是用力；诚是理，信是心；诚是天道，信是人道；诚是以命言，信是以性言；诚是以道言，信是以德言。"③ 他认为"诚"是内在的理，"信"是"诚"在具体事务中的体现。因为每个人的内心都具有"诚"之理，所以能发出"信"之德。"诚"是人得自于"天"之"命"，体现在人身上为"性"。陈淳这些理论对周敦颐之说做了一定补充，也对程、朱之论做了详细阐发。

周敦颐深刻地认识到这一点，因此他指出："诚者，圣人之本。""圣，诚而已矣。"并以此告诫后学，须诚心向道，方能学有所成。以陈淳自己来看，他"诚"于朱熹之学、圣贤之道，因而能以十数年之功穷究天理，也是"自诚明、自明诚"的典范。"诚"是他为学、做人的根本态度，但似乎他对于自己的这一态度未能有精准的认识。

"敬"就是在生活日常，对于"天理"、宇宙万物、人和事等常存"敬"意。孔子曾教导颜回"非礼勿视，非礼勿听，非礼勿言，非礼勿动"④。能常存"敬"意，则所思所想、一言一行皆能恪守道德法则，也是以圣贤之道修养身心之根本要求。程颐说："主一之谓敬，无适之谓一。"朱熹更进一步，指出："主一无适之谓敬"，"学者工夫，唯在居敬、穷理二事。此二事互相发，能穷理，则居敬功夫日益进；能居敬，则穷理功夫日益密。"⑤ "正要本原上加功，须是持敬。"⑥ 等等，喋喋不休地强调"敬"的重要性。

陈淳也认识到了程朱所强调的"敬"的重要性，他说："程子就人心做工夫处，特注意此字。盖以此道理贯动静，彻表里，一始终，本无界限。闲静无事时

① 陈淳：《北溪字义》，第 32 页。
② 陈淳：《北溪字义》，第 33 页。
③ 陈淳：《北溪字义》，第 34 页。
④ 《论语·颜渊》。
⑤ 《朱子语类》，第 150 页。
⑥ 《朱子语类》，第 151 页。

也用敬，应事接物时也用敬。心在里面也如此，动出于外来做事也如此。初头做事也如此，做到末梢也如此。此心常无间断，才间断便不敬。"又说："人心妙不可测，出入无时，莫知其乡。敬所以主宰统摄。若无个敬，便都不见了。惟敬，便存在这里。所谓敬者无他，只是此心常存在这里，不走作，不散慢，常惺惺地惺惺，便是敬。"① 因为"心"是人一身的主宰，但心因为有感通之能而易被外物所惑而生邪思杂念，并最终演化为滥情、私欲。且"心"存于身体之内，常不可见，他人亦无法对其加以有效的监管，只能自我约束。程朱等先贤正是认识到了"心"的重要地位和特点，才强调修身以修心为本。内心常存"敬"意、有所敬畏，则能有效地约束邪思杂念、克制滥情私欲，才能专注于探寻天理天道，才能将圣贤之道"一以贯之"。因此，人应当时时处处"持敬"于心。正如陈淳所说——"格物致知也须敬，诚意正心修身也须敬，齐家治国平天下也须敬。敬者，一心之主宰，万事之根本。"②

曾子云："夫子之道，忠恕而已矣。"③《中庸》中也说："忠恕违道不远。施诸己而不愿，亦勿施于人。"④ 可见"忠恕"是孔门后学对孔子之道的基本概括，因此必须引起足够重视。陈淳引用程颐之说，对历代以来学者们关于"忠恕"的不同观点加以辩驳。他摆出程颐之说——"尽己之谓忠，推己之谓恕"并加以解释说明。他指出："忠是就心说，是尽己之心无不真实者。恕是就待人接物处说，只是推己心之所真实者以及人物而已。字义中心为忠，是尽己之中心无不实，故为忠。如心为恕，是推己心以及人，要如己心之所欲者，便是恕。"⑤ 即"忠"是指自己为他人谋而尽己之心力，"恕"是将自己的美好愿望推及他人，使他人也能有相同的愿望、追求。其深层内涵是愿身边人都能够以自己所持的圣人之道去修身、齐家、治国、平天下，共享孔孟之道文化成果。他认为"己所不欲，勿施于人"只是"恕"的一边。详细地论证道："其实不止是勿施己所不欲者，凡己之所欲者，须要施于人方可。如己欲孝，人亦欲孝，己欲弟，人亦欲弟，必推己之所欲孝、欲弟者以及人，使人得以遂其欲孝欲弟之心；己欲立，人亦欲立，己欲达，人亦欲达，必欲推己之欲立、欲达者以及人，使人亦得以遂其欲立欲达之

<hr>

① 陈淳：《北溪字义》，第35页。
② 陈淳：《北溪字义》，第35页。
③《论语·里仁》。
④《中庸》。
⑤ 陈淳：《北溪字义》，第28页。

心，便是恕。"①"己之所欲而加于人"，加于人的并不是一己私欲，而是自己所持守的孔孟之道，是对于促进"禀气浊""气塞"严重的普通人开启本心、恢复本性的另一种说法，也是对于程朱"先觉觉后觉"文化使命的进一步发挥。

放弃私心私欲，能用"忠信""诚""敬"等态度，将圣人"忠恕"之道在生活日用间"一以贯之"，自然做到了"灭人欲"。

2. 读书明理

朱熹认为，聚成人之形体的气有清浊之别，因而本心之蔽塞程度也差异很大，体现在人身上便是资质上的差异。有生而知之者，有学而知之者，有困而学之者，也有困而不学者。圣贤禀气清明，故生而知天理，不勉而中。其他人则因不同程度的昏浊蔽塞，距离天理的远近也不同，皆需要学而知之，也就是"穷天理"。所谓"学"，就是学圣贤。首先要从言行上学习圣贤，从其中体会圣贤之教导、圣贤之修养，进而体会天理天道，朱熹称之为"从切己处体会"。其次要广泛阅读圣贤之书，从中研究探索圣贤之道的来源、内涵及重要意义。但在"从切己处体会"与"读书穷理"之间存在一个次序问题，朱熹说："学问，就自家身己上切要处理会方是，那读书底已是第二义。"

孔子自语其进学过程说："吾十有五而志于学，三十而立，四十而不惑，五十而知天命，六十而耳顺，七十而从心所欲"②。程颐解释道："孔子生而知之也，言亦由学而至，所以勉进后人也。""孔子自言其进德之序如此者，圣人未必然，但为学者立法，使之盈科而后进，成章而后达耳。"③即圣人生而天理具备，但为了勉励后学，将为学穷理的过程亲身演示了一遍，为后学者做个榜样。天理广大、深邃而又抽象，后学者难以凭空捕捉。圣贤们的言行学思合于天理，蕴含在他们的著作之中，因此学者通过读圣贤书去体认天理是最便捷、最有效的途径。朱熹说："人之为学固是欲得之于心，体之于身。但不读书，则不知心之所得者何事。"又说："本心陷溺之久，义理浸灌未透，且宜读书穷理。常不间断，则物欲之心自不能胜，而本心之义理自安且固矣。"④通过广泛而精细的阅读，穷尽义理，以书中之理与心中之理互相补证，才能悟道本心之仁德并巩固之，才能更好地做到"存天理、灭人欲"。

---

① 陈淳：《北溪字义》，第30页。
② 《论语·为政》。
③ 朱熹：《四书章句集注》，第54页。
④ 《朱子语类》，第176页。

陈淳之读书穷理，可谓是对朱熹上述思想严格实践的典范。陈淳深入研究了"道""理""德""太极""皇极""中和""中庸""礼乐""经权""义利"和"鬼神"等社会多有争议的概念范畴。试图为他们"正本清源"，即以先秦孔子、孟子、子思以及宋代周敦颐、张载、二程、朱熹这一脉思想为本，从中探寻诸思想范畴之本源、内涵，并以此界定儒家"正学"、批驳"异学"。

譬如"道"，自古以来一直都是各个学说争夺的最高理论高地，占领这一高地则预示着其学说成为至高无上的、唯一的真理，其他学说则成为无用之异学、错误之思想。陈淳也非常重视对"道"的掌控，他追根溯源，寻找儒家"道"的渊源及内涵、论证其合理性，并以此为基础批驳其他思想流派的不同观点。陈淳首先厘清了"道"的概念。他说："道，犹路也。当初命此字是从路上起意。人所通行方谓之路，一人独行不得谓之路。道之大纲，只是日用间人伦事物所当行之理。众人所共由底方谓之道。大概须是就日用人事上说，方见得人所通行底意亲切。若推原来历，不是人事上划然有个道理如此，其根原皆是从天来。"[1] 他指出"道"是"人所通行之路""日用间人伦事物所当行之理"。"道"应当是适应于所有人的、且能够妥善的解决人们日常生活诸事的道理。他提出"道"是"人所通行之路""日用间人伦事物所当行之理"，是根据《中庸》"率性之谓道"这句话。他说："（子思）是就人物已受得来处说，随其所受之性，便自然有个当行之路，不待人安排著。其实道之得名，须就人所通行处说，只是日用人事所当然之理，古今所共由底路，所以名之曰道。"[2] 很明显，它采用了程颐、朱熹对于中庸的注解。程朱一派重《中庸》，将"天命之谓性，率性之谓道"解释为：天之所命为人所受即"性"；"性"是"天命"，主要内涵为仁义礼智；"率性"即"循性"，也就是遵循人之本性，"仁义礼智"就是"道"。

"义利"是儒家"外王"部分之最重要的一对范畴，孔子说"君子喻于义，小人喻于利"，孟子强调"何必曰利""舍生取义"等，对后世影响深远。"义"有"仁义""忠义""正义"组词，一般解释为"宜"，即合"理"的处事理念。"利"则一般指利欲，有合理与不合理之分，公利与私利之别。判断一个人的行为之善或不善、合不合理，一般看其做事之出发点是为了"义"还是为了"利"。陈淳说："义与利相对而实相反。才出乎义，便入乎利，其间相去甚微，学者当

---

① 陈淳：《北溪字义》，第38页。
② 陈淳：《北溪字义》，第38页。

精察之。自文义而言，义者，天理之所宜；利者，人情之所欲，欲是所欲得者。就其中推广之，才是天理所宜底，即不是人情所欲；才是人情所欲底，即不合于天理之所宜。天理所宜者，即是当然而然，无所为而然也。人情所欲者，只是不当然而然，有所为而然也。天理所宜是公，人情所欲是私。如货财、名位、爵禄等，此特利之粗者。如计较强弱多寡便是利，如取己之便宜亦是利，如求名觊效，如徇己自私，如徇人情而为之，如有外慕底心，皆是利。"①

在陈淳看来，"义"与"利"是对立的，但从内容上又是一致的。"义"与"利"皆是"人情之所欲"，但"义"是合"理"之欲，而"利"是不合"理"之欲。所谓合"理"，有两种解释：一是当得的，即按其人之功劳理应如此，或按照礼法仪规应该如此。是公众或官方赐予之名位、爵禄等，而不是斯人强求之；二是出于公利，如斯人追求财货是为了大家都能够共享之，而不是为了一己之私欲。"义"与"利"在宋代也成为分辨个人品行、政策法令之根本原则，一度影响到了士大夫品行修养和国家大政方针的制定。

通过"从切己处体会"和"读书"两个阶段的努力，陈淳扎实地穷究了"天理"，也深刻地体会到了"穷天理"的重要性。"穷天理"的过程就是在逐步的"灭人欲"，穷得纯粹的"天理"，意味着一个人笃定了自己的信仰和生活原则，此心澈然无私而纯是"天理"。即周敦颐所指的"纯其心"，陈淳解释为："凡物一色，谓之纯也。一者，是表里俱一，纯彻无二。少有纤毫私欲，便二矣。内一则静虚，外一则动直，而明通公溥则又无时不一也。一者，此心浑然太极之体。无欲者，心体粹然无极之真。静虚者，体之未发。豁然绝无一物之杂，阴之性也。动直者，用之流行，坦然由中道而出，阳之情也。"② 若内心中但存一丝私意、私欲，便是"穷理"功夫不到位，仍要继续努力。

"穷天理、灭人欲"是朱子学的核心思想，但朱熹更强调"先觉觉后觉"。即个人在穷得"天理"之后，应当严格依"天理"之要求修身成德、恢复"本性"，并用所穷之"天理"去启发身边未得"天理"、"本性"未觉醒者。孔子曰："性相近也，习相远也。""唯上知与下愚不移。"③ "生而知之者，上也；学而知之者，次也；困而学之，又其次也；困而不学，民斯为下矣。"④ 即人们最初的本性是相

① 陈淳：《北溪字义》，第 53 页。
② 陈淳：《北溪字义》，第 73 页。
③ 《论语·阳货》。
④ 《论语·季氏》。

近的，但后天因为所学不同而走向不同的方向。程朱道学则将"仁义礼智"五行之性视为人之"本性"，指出圣人禀气清明，生而知之，一言一行皆是"本性"流露。一般人则因气禀所拘，难以一步到位，需要通过不断穷究体认，方能有所成就。按照禀气清浊之不同程度，朱熹将人大致分为上、中、下三个层次，上等人即圣贤，中等人即智力一般者，下等人即愚氓之人。下等愚氓之人本性完全为气禀堵塞，既不能通过自我努力体认天理，又不愿接受他人帮助或他人无法帮助，因此恶心恶念顽固难移。中等人数量最大，可通过教育，启发他们弃"人心"、从"道心"，恢复其"性"。

陈淳所谓"穷理灭欲"，是在深刻认识到五行之性（仁义礼智）或五常之德（仁义礼智信）之重要价值的基础上，主动而坚定地以之为自己内心的主宰，即以"道心"统率一身的思想和言行。这样便完全去除了"人心"的消极影响，内心全然不存在"私心""人欲"。他本人便是这一理论的践行者，也确实从中体会到了积极价值，因而很热情地将之推向他人、社会，以惠及更多的人。"己之所欲而施于人"是陈淳的人生信念，他有一种传承孔孟之道或朱熹之道的强烈使命感和责任感，遇人便喋喋不休地讲述他所悟的"道"。在当时的时代，学习文化的一般都是致力于科举事业的青年士人，他们也会成为未来国家各个层次和领域的官员或地方豪绅，他们所学的知识、道理将来便是其为人做事或为官为政的指导思想。这些人上可以影响到君王，下可以影响到平民百姓，因而对他们加强教育的重要性是不言而喻的。当时佛道思想影响依然巨大，陆九渊"心学"思潮风行于世，朱子学面临着巨大的挑战。因此陈淳传播"道学"、启发后学的工作主要在于解答三个问题：哪种学说才是正道？谁才是"道学"正宗？如何去体认"天理"？学者在理清"正道"之学及其传承谱系的基础上，方能真正信服圣贤之道，并主动地放弃私心私意而以"道心"为一身之主宰。在"道心"的指引下去思考和行事，从中体会圣贤之道的妙用；在"道心"的指引下去读书，方能在内心有一个辨别标准，而不会在众多学说中迷失方向。如此坚定而严格地反复体悟和探究，方能穷得"天理"。因而在陈淳思想体系中，"穷天理"就是"灭人欲"，二者就是一件事，而并不是在"穷天理"之后还要"灭人欲"。在不断穷究"天理"的过程中，人们逐渐放弃私心私意，将此身完全归于"天理"的统率之下，则所思所想、一言一行皆出于"天理"、合于"天道"，自然无一丝"人欲"。

# 第十八章　志　意

志与意，二字古来高度相关。《说文解字》说："志，意也。从心从士，士亦声。""意。志也。从心音。察言而知意也。"但是《说文解字》对志与意的注解仍嫌过于简要，且对二者之间的关系并未有明确解释。为了便于下文论述，我们将段玉裁的注解引述如下：

> 按：此篆，小徐本无，大徐以意下曰志也，补此为十九文之一。原作从心之声。今又增二字，依大徐次于此。志所以不录者，《周礼·保章氏》注云："志，古文识。"盖古文有志无识。小篆乃有识字。《保章》注曰："志，古文识。"识记也。《哀公问》注曰："志，读为识。识，知也。"今之识字，志韵与职韵分二解，而古不分二音。则二解义亦相通。古文作志，则志者，记也，知也。惠定宇曰："《论语》'贤者识其大者'，蔡邕石经作志，多见而识之。《白虎通》作志。《左传》曰'以志吾过'，又曰'且曰志之'，又曰'岁聘以志业'，又曰'吾志其目也'。《尚书》曰'若射之志'，《士丧礼》志矢注云：'志犹拟也。'"今人分志向一字，识记一字，知识一字，古只有一字一音。又旗帜亦用识字，则亦可用志字。《诗序》曰："诗者，志之所之也，在心为志，发言为诗。"志之所之不能无言，故识从言。《哀公问》注云："志，读为识者。"汉时志识已殊字也。许心部无志者，盖以其即古文识而识下失载也。①

段玉裁此文虽长，却仅有三个层次的问题：一是补充解释"志"字的依据是源自徐铉（大徐）的观点，并依次进行文字排序；二是从声韵方面说明志与识之间的关系，由此推导出清代志向、识记、知识三个意义均由一字一音发展而来；三是通过考证《毛诗序》获悉志与识相区分最晚在汉代已经发生，并简要说明许

---

① 许慎撰，段玉裁注：《说文解字注》十篇下，上海古籍出版社 1981 年版，第 502 页。

慎《说文解字》未收录志字的缘故。与志字相较，意字则相较简单了。段玉裁注曰：

> 志，即识，心所识也。意之训为测度，为记。训测者，如《论语》"毋意毋必，不逆诈，不億不信，億则屡中"其字俗作億。训记者，如今人云记忆是也，其字俗作憶。《大学》曰："欲正其心者，先诚其意。"诚谓实其心之所识也，如恶恶臭，如好好色，此之谓自谦。郑云："谦读为慊，慊之言厌也。"按厌当言猒。猒者，足也。①

段玉裁从词源来说明意字有两种意义：一是猜测，一是记忆，并对两例进行了简要的说明，未有新的发明，但是我们把段玉裁对志、意两处注解相结合则可以看到志与意之间有一个共同点，即志有记忆，而意也有记忆的词义，这便是《说文解字》用志与意两字互训的原因，但是上述两字随着语言文字的发展，不断出现新的意义，呈现不同之处，大体有三：一是指志向方面，志保留了志向的意义，而意则逐步失去了此项意义；二是志有知识，而意没有此意义了；三是意有猜测的意义，而志则无此项意义。因为志的志向、识记、知识三义均是由志发展而来，到汉代已经把志与识分开使用了，故后代的志，侧重于志向，而意则重在于内心记忆或猜测之意。

因此，本章以"志"的"志向"之义作为核心内涵，考察其在二程、朱子、陈淳学术思想中的意义。与之不同，意的内涵则未有复杂之处，仍旧依《说文解字注》之义为记或者识。

## 第一节 立志为学者第一要义

两宋理学，承汉唐经学发展而来，更偏向于研究内在修养的学术流派，注重研究人的内在思维世界，正如余英时所说："理学起于北宋，至南宋而大盛；它所发展的则是儒学中关于'内圣'的部分。"② 这些特征正是导源于二程。

### 一、立志：万事成功的保障

《论语》："子曰：'父在，观其志；父没，观其行；三年无改于父之道，可谓

---

① 《说文解字注》十篇下，第 502 页。
② ［美］余英时：《朱熹的历史世界：宋代士大夫政治文化的研究》，生活·读书·新知三联书店 2004 年版，第 410 页。

孝矣。'"① 已经涉及了志向的问题了，这便是"志"的重要功能，即指导未来的行为。

第一，志向能够指导人树立目标，并调动所有力量实现预期目标。

树立远大志向，这是基于对志的作用深刻认识的结果。程子说：

> 志，气之帅，不可小观。②

所谓气，实则指人的任何行为，或者任何外在的物质，因为在中国传统哲学里，气实为天地万物的组成部分。因此，志，实则能够指挥人的行为。因此，需要树立大志向，方能有大进展。《河南程氏遗书》卷十二载：

> 人之学，当以大人为标垛，然上面更有化尔。人当学颜子之学。③

每人在选取自己学习对象之时，应该选择伟大人物，最有意味的则是程子仅选取颜子作为学习的对象，而非孔子，这是因为孔子之道小而微者是颜子，而学孔子之道需要先到达颜子的水平，这在程子分析颜子之学时也已明言了，即"圣人之德行，固不可得而名状。若颜子底一个气象，吾曹亦心知之，欲学圣人，且须学颜子"④。事实上，颜子与孔子之间的学术水平存有一间之隔。《河南程氏遗书》卷十二载：

> 颜子曰："仰之弥高，钻之弥坚"，则是深知道之无穷也；"瞻之在前，忽焉在后"，他人见孔子甚远，颜子瞻之，只在前后，但只未在中间尔。若孔子，乃在其中焉，此未达一间者也。⑤

颜子离孔子尚且有一间之隔，而世人则离孔子更远，则选取颜子便是选择孔门之道作为学习的对象。这也是因为颜子可学，而能否达到圣人的水平，则需要有化的过程，不可眼高手低。程子说：

> 所见所期，不可不远且大，然行之亦须量力有渐。志大心劳，力小任重，恐终败事。⑥

"所见所期"，实为志向，其本来应该追求的目标正是要"远且大"，但是落实过程则需要脚踏实地地去落实，不可过于心急。程子说：

> 学者患心虑纷乱，不能宁静，此则天下公病。学者只要立个心，此上头

---

① 杨伯峻：《论语译注》，中华书局 1980 年版，第 7 页。
② 《河南程氏遗书》卷十五，《二程集》，第 143 页。
③ 《河南程氏遗书》卷十二，《二程集》，第 136 页。
④ 《河南程氏遗书》卷二上，《二程集》，第 34 页。
⑤ 《河南程氏遗书》卷十二，《二程集》，第 136—137 页。
⑥ 《河南程氏遗书》卷二上，《二程集》，第 21 页。

尽有商量。①

心里不宁静，关键在于缺少心。但是心是每个人都有的，即使是心虑纷乱之时，也是有心存在，否则何来心虑纷乱呢？因此，此处所言"立个心"实则是立志。正是有了心所向往之志，便能够使人知道努力的方向，从而获得内在的宁静之处，其原因也主要在于志能够控制人的行为，引导人的行为朝着自身关注之处着力，避免其他因素的干扰。这里面还涉及志控制气，还是气控制志的问题。《河南程氏遗书》卷一载：

> 持国曰："凡人志能使气者，能定其志，则气为吾使，志壹则动气矣。"先生曰："诚然矣，志壹则动气。然亦不可不思气壹则动志。非独趋蹶，药也，酒也，亦是也。然志动气者多，气动志者少。虽气亦能动志，然亦在持其志而已。"②

韩持国和程子的观点都认为志能使气，而程子观点的高明之处在于引入辩证法来论述志与气的关系，即志能够决定气的基础上，气也能够深刻影响志。至于志起决定性作用发生在何处呢？程子认为养成良好道德的人，志便能决定气的运转，而气则不能改变志的方向。《河南程氏遗书》卷一载：

> 壹与一字同。一动气则动志，一动志则动气，为养气者而言也。若成德者，志已坚定，则气不能动志。③

"成德者"是指具备儒家高尚道德之人，当指孔孟之类的圣人了。故志与气虽有相互影响的关系，一旦进入道德成圣的境界，则会使志决定气的走势了。更为重要的是程子的观点提出了志向运用的领域，即修养内在道德对志的决定性作用。这显然引入了两宋理学家最为关注的问题，即内圣领域了。

第二，志向能够使人树立判断标准，汲取外界的有效成分，完成人的自我道德修养。《河南程氏遗书》卷二十五载：

> 无好学之志，则虽有圣人复出，亦无益矣。然圣人在上而民多善者，以涵泳其教化深且远也，习闻之久也。④

没有学习圣人的志向，即使是圣人出现，也无法助人成为圣人。只是圣人在治理国家之时，能够通过外在政策为善人的出现提供各方面的支持而已，并无法

---

① 《河南程氏遗书》卷十五，《二程集》，第147页。
② 《河南程氏遗书》卷一，《二程集》，第9—10页。
③ 《河南程氏遗书》卷一，《二程集》，第11页。
④ 《河南程氏遗书》卷二十五，《二程集》，第323页。

使人成为圣人。这也就意味着仅有外在的环境或者条件，没有内在的志向，则会使外在的环境或者条件成为人的习惯基础，并无法促进人向上提升。《河南程氏遗书》卷三载：

> 射法具而不满者，无志者也。①

所谓"射法"为武器级的射箭之法，还是射礼之法，因文献不足，且此条属于"谢显道记忆平日语"②，我们无从知晓具体意义，但是我们都可确定，程子认定其未做到最佳的原因在于练习者没有成为一流射箭者或者习礼者的大志向，使得其练习过程中存有疏忽之处，导致"不满"的情况出现，其内在的逻辑正是确立远大志向实为成功的内在精神保障。

在对待知识方面，程子也以远大志向作为判断标准。《河南程氏遗书》卷三载：

> 以记诵博识为玩物丧志。③

读书从来都是以记诵博识作为基础，方才能实现知识的深化，但是谢良佐的记述并未真正揭示其内在缘由。朱子在整理此条文献时注："时以经语录作一册。郑毂云：'尝见显道先生云：某从洛中学时，录古人善行别作一册，洛中见之，云是玩物丧志，盖言心中不宜容丝发事。'"④郑毂的注语正好补充此条语录的情境，只是此处的语言尚未完全揭示为何"心中不宜容丝发事"？这当求之于《论语》，因其是二程最为重视的研究对象。《论语》载：

> 曾子有疾，孟敬子问之。曾子言曰："鸟之将死，其鸣也哀；人之将死，其言也善。君子所贵乎道者三：动容貌，斯远暴慢矣；正颜色，斯近信矣；出辞气，斯远鄙倍矣。笾豆之事，则有司存。"⑤

曾子所强调的是礼的功能在于通过约束人的容貌、颜色、语辞，使行礼者能够达到远暴慢、有诚信、远鄙倍的结果，而"笾豆之事"则"系代表礼仪中的一切具体细节"⑥，这些细节则归相关主管部门进行管理，不需要君子在此处着意。因此，曾子更注重礼的内在礼义，而非具体礼仪内容。

因此，儒家注重礼仪的内在精神，而非外在的具体礼仪。更值得我们注意的

① 《河南程氏遗书》卷三，《二程集》，第59页。
② 《河南程氏遗书》卷三，《二程集》，第59页。
③ 《河南程氏遗书》卷三，《二程集》，第60页。
④ 《河南程氏遗书》卷三，《二程集》，第60页。
⑤ 杨伯峻：《论语译注》，中华书局1980年版，第79页。
⑥ 《论语译注》，第80页。

是，程子本身便是极其注重礼仪规范的学者。程子说：

> 礼只是一个序，乐只是一个和。只此两字，含蓄多少义理。天下无一物
> 无礼乐。且如置此两椅，一不正，便是无序。无序便乖，乖便不和。又如贼
> 盗至为不道，然亦有礼乐。盖必有总属，必相听顺，乃能为盗。不然，则叛
> 乱无统，不能一日相聚而为盗也。礼乐无处无之，学者要须识得。①

礼乐渗透于世间万物当中，一旦缺少了礼乐，便会大乱。礼，作为儒家最为
重要的内容，尚且需要被分割为具体礼仪和内在礼义，而学者需要掌握的是儒
家的"道"，而非着心于具体的事宜。因为过于关注具体事宜，会使行为主体丧
失关注已确立的志向的内容，模糊焦点，影响后序的行为结果。正如前文所说：
"气一则动志"，则志不定，便为气所转移了，也便失去了原有的方向了。事实
上，其他事项也是如此。《河南程氏遗书》载：

> 子弟凡百玩好皆夺志。至于书札，于儒者事最近，然一向好著，亦自丧
> 志。如王、虞、颜、柳辈，诚为好人则有之。曾见有善书者知道否？平生精
> 力一用于此，非惟徒废时日，于道便有妨处，足知丧志也。②

玩好能够夺走子弟的志向，即使如书札，仅着力于文字，也会进入丧志之
途，其最为重要的原因正是人的精力有限，无法照顾到方方面面，结果必然分散
人的精力，从而使原有的志向无从实现。

第三，志向要以中道为目标，方能实现圣人之业。

立志的方向，被程子纳入了整个儒家最高范式——圣人的模式当中。《河南
程氏遗书》卷二上载：

> 今志于义理而心不安乐者，何也？此则正是剩一个助之长。虽则心操之
> 则存，舍之则亡，然而持之太甚，便是必有事焉而正之。亦须且恁去如此
> 者，只是德孤。"德不孤，必有邻"，到德盛后，自无窒碍，左右逢原也。③

"志于义理"本属于远大志向的内容，但是却不能安乐，这是由于目标远大，
脱离现实环境，导致了立志者处于孑然一身，其症结在于"助之长"。揠苗助长，
必有诸多弊端，但是如果能够养德达于至境，依旧可以实现左右逢源的安乐目
标。由此可见，仅以远大志向作为目标，实未能实现安乐的状态，仍需要遵循理
学家所推崇的理。《河南程氏遗书》卷二上载：

---

① 朱熹：《四书章句集注》，第 222 页。
② 《河南程氏遗书》卷一，《二程集》，第 8 页。
③ 《河南程氏遗书》卷二上，《二程集》，第 42 页。

> 志道恳切，固是诚意；若迫切不中理，则反为不诚。盖实理中自有缓急，不容如是之迫，观天地之化乃可知。①

志于道，本属高远志向，但是仅有高远志向，有时反而夹杂有私心，其表现为"不中理"，即不遵循客观之理，实含有为志道而志道的嫌疑，内含私心，违背了天地之道。确立志向，需要遵守外在之理，而非有揠苗助长之心，否则仅能有远大志向的虚名，于志向的实现实无足称道，也是变了味的志向了。

对于君王，其志向的内容，关系到整个社会国家的发展走向，故立志更显重要性。程颢《上殿札子》开篇说：

> 君道之大，在乎稽古正学，明善恶之归，辨忠邪之分，晓然趋道之正，故在乎君志先定，君志定而天下之治成矣。所谓志定者，一心诚意，择善而固执之也。夫义理不先尽，则多听而易惑；志意不先定，则守善而或移。惟在以圣人之训为必当从，先王之治为必可法，不为后世驳杂之政所牵制，不为流俗因循之论所迁惑，自知极于明，信道极于笃，任贤勿贰，去邪勿移，必期致世如三代之隆而后已也。②

程颢所说的内容涉及三个方面：一是君王立志的内容关系到天下治理的结果，这是立志的作用，需要以三代之隆为君王立志的内容，此可见于上文，不再赘述。二是君王立志需要具备坚定的特征，否则无法实现三代之隆，这关系到如何立志的问题，留待下文再述。三是立志的目标当达到中庸之道。此处虽未有一言谈及中庸之道，却处处以中庸之道来行事。"稽古正学，明善恶之归，辨忠邪之分，晓然趋道之正"都是以"中庸"作为判断标准。事实上，圣人之训、先王之治均是以中庸作为最高准则，正如《河南程氏遗书》所载："不偏之谓中，不易之谓庸。中者，天下之正道；庸者，天下之定理。"③又如程颐在《为家君应诏上英宗皇帝书》所言："所谓立志者，至诚一心，以道自任，以圣人之训为可必信，先王之治为可必行，不狃滞于近规，不迁惑于众口，必期致天下如三代之世，此之谓也。"④不仅与程颢大意相同，甚至用语都如出一辙，可见二程之间在立志和中庸之间思想的一致性了。据程子之意，则中庸为天下正道定理，则圣人之训与先王之治则均是以中庸为原则，正如《中庸解》所说："人莫

---

① 《河南程氏遗书》卷二上，《二程集》，第 13 页。
② 《河南程氏遗书》卷一，《二程集》，第 447 页。
③ 《河南程氏遗书》卷七，《二程集》，第 100 页。
④ 《河南程氏遗书》卷五，《二程集》，第 521 页。

不中庸，善能久而已。久则为贤人，不息则为圣人。"①

正是中庸是圣人做事的准则，则立志的内容当以圣人作为目标来行事，而具体的立志内容则需要以自己的实际情况来执行，不可好高骛远。

### 二、立志之道：以养气为基础

立志当立大志向，但是志向的内容需要以养气为基础。关于志与气的关系，并非是谁决定谁的关系，而是相互渗透、互相影响的关系。程颐说："志，气之帅，不可小观。"② 程颢也说："志动气者十九，气动志者十一。"③ 但是在志主要起决定性作用的情况下，气也能够深刻影响志的运行效果，甚至有时能够反向决定志向的功能。程颢说：

> 志可克气，气胜则愦乱矣。今之人以恐惧而胜气者多矣，而以义理胜气者鲜也。④

理与气的地位是由两者之间的力量所决定的。《河南程氏遗书》载：

> 志顺者气不逆，气顺志将自正。志顺而气正，浩然之气。然则养浩然之气也，乃在于持其志无暴其气耳。⑤

一方面，志决定气的走势。志顺的人气不会有逆反效果，而气顺从志向将会不断自我洗涤更新。二是志和气是浩然之气的有机组成部分，两者在圣人的修行过程中，缺一不可，这便可知气对志的发展具有良好的促进作用，尤其是在养浩然之气的过程中，需要坚持自身之志和培养自身之气同时进行。事实上，浩然之气本就属于实现圣人事业的重要力量，其修养办法是"持其志，无暴其气"。不论是浩然之气，还是其修养方法，均来自于《孟子·公孙丑上》，其文曰："告子曰：'不得于言，勿求于心；不得于心，勿求于气。'不得于心，勿求于气可；不得于言，勿求于心不可。夫志，气之帅也；气，体之充也。夫志至焉，气次焉。故曰：'持其志，无暴其气。'"朱子注：

> 告子谓：于言有所不达，则当舍置其言，而不必反求其理于心；于心有所不安，则当力制其心，而不必更求其助于气。此所以固守其心而不动之速

---

① 《河南程氏遗书》卷八，《二程集》，第 1153 页。
② 《河南程氏遗书》卷十五，《二程集》，第 143 页。
③ 《河南程氏遗书》卷十一，《二程集》，第 124 页。
④ 《河南程氏遗书》卷十一，《二程集》，第 125 页。
⑤ 《河南程氏遗书》卷二十五，《二程集》，第 321 页。

也。孟子既诵其言而断之曰，彼谓不得于心而勿求诸气者，急于本而缓其末，犹之可也；谓不得于言而不求诸心，则既失于外而遂遗其内，其不可也必矣。然凡曰可者，亦仅可而又所未尽之词耳。若论其极，则志固心之所之，而为气之将帅；然气亦人之所以充满于身，而为志之卒徒者也。故志固为至极，而气即次之。人固当敬守其志，然亦不可不致养其气。盖其内外本末，交相培养。此则孟子之心所以未产必其不动，而自然不动之大略也。①

朱子的观点大体是引程子的观点的注解之语，只是程子观点以《孟子》原文来解释，显然属于学术理论较为原始的形态。由此可知，志是气的将帅，能够领导气的走向，但是气是身体的组成部分。志要发挥作用，需要利用气的能力来构成。

另外，气是通过立志来定心的中介。程颐说：

> 心之躁者，不热而烦，不寒而栗，无所恶而怒，无所悦而喜，无所取而起。君子莫大于正其气，欲正其气，莫若正其志。其志既正，则虽热不烦，虽寒不栗，无所怒，无所喜，无所取，去就犹是，死生犹是，夫是之谓不动心。②

要达到不动心，需要心不烦燥，而其方法在于立志，而正气正是由立志到不动心的中间状态。正是气在求放心的过程中处于立志和不动心的中间环节，故养气实是修心的关键举措。但是此处的正气已经是圣人修身的重要目标，其内在逻辑是通过心与气、志与意的关系而使正气能够被纳入《大学》八目之中，其中心是由气构成的，而心发而为意，意集而为志。由事物发展顺序可知，气构成心，心产生意，意产生志，而由修身角度来说，则是通过立志来逐步扭转内在之意的邪恶因素，而驱除邪恶因素之后，心养成以善为思考方向，并由此逐步改造内在之气。《河南程氏遗书》卷二下载：

> 胎息之说，谓之愈疾则可，谓之道，则与圣人之学不干事，圣人未尝说著。若言神住则气住，则是浮屠入定之法。虽谓养气犹是第二节事，亦须以心为主，其心欲慈惠安静，故于道为有助，亦不然。孟子说浩然之气，又不如此。今若言存心养气，只是专为此气，又所为者小。舍大务小，舍本趋末，又济甚事！今言有助于道者，只为奈何心不下，故要得寄湛而已，又不似释氏摄

---

① 朱熹：《四书章句集注》，第 281 页。
② 《河南程氏遗书》卷二十五，《二程集》，第 321 页。

心之术。论学若如是，则大段杂也。亦不须得道，只闭目静坐为可以养心。"坐如尸，立如齐"，只是要养其志，岂只待为养这些气来，又不如是也。①

养气不是目的，仅是途径而已，正心才是目的，但是只有注重心的位置，则会流入释氏摄心之术的范围内，故需要通过立志来养气，并由此来实现修心的目标。

正是气能够深刻印象修心的过程，这便需要从日常训练当中，不断养气，方能够促进志向的培养与发展。程颢《上殿札子》说：

> 天下之事，患常生于忽微，而志亦戒乎渐习。是故古之人君，虽出入从容闲燕，必有诵训箴谏之臣，左右前后无非正人，所以成其德业。伏愿陛下：礼命老成贤儒，不必劳以职事，俾日亲便座，讲论道义，以辅养圣德；又择天下贤俊，使得陪侍法从，朝夕延见，开陈善道，讲磨治体，以广闻听。如是，则圣智益明，王猷允塞矣。②

立志需要在渐习当中不断得到强化，这需要消灭各类隐微的不良行为，因此养成君道需要有诵训箴谏之臣、左右前后均是正人君子，才能够培养成良好道德，实现建立功业，其举措便是遴选老成贤儒和天下俊贤来讲学，真正立志，践行于治国当中。

在人的立志方面，需要以养气的涵养工夫来修习自己的内心。《河南程氏遗书》卷十五载：

> 浩然之气，既言气，则已是大段有形体之物。如言志，有甚迹，然亦尽有形象。浩然之气是集义所生者，既生得此气，语其体则与道合，语其用则莫不是义。譬之以金为器，及其器成，方命得此是金器。③

此段文献为二程子中哪位的观点，实未能确知，因为其卷名之下标注"伊川先生语一"，又有注语"或云：明道先生语。"④不管哪位所言，都可以看到浩然之气已经是完成之物，而志反而无迹可循，浩然之气显系志所生，正是立志之后落实的结果，正如同卷所载："志，气之帅。若论浩然之气，则何者为志？志为之主，乃能生浩然之气。志至焉，气次焉，自有先后。"⑤这是否意味着人的立志不

① 《河南程氏遗书》卷二下，《二程集》，第49页。
② 《河南程氏遗书》卷一，《二程集》，第447页。
③ 《河南程氏遗书》卷十五，《二程集》，第148页。
④ 《河南程氏遗书》卷十五，《二程集》，第143页。
⑤ 《河南程氏遗书》卷十五，《二程集》，第162页。

需要以养气为基础呢？事实上，气在二程时代有两层含义，一是以构成世界之物的成分——气，二是特定之气，如前述所言浩然之气，或者真元之气。

关于浩然之气，前文论述甚多，不再详述，而真元之气则属何物？《河南程氏遗书》卷十五载：

> 真元之气，气之所由生，不与外气相杂，但以外气涵养而已。若鱼在水，鱼之性命非是水为之，但必以水涵养，鱼乃得生尔。人居天地气重，与鱼在水无异。至于饮食之养，皆是外气涵养之道。出入之息者，阖辟之机而已。所出之息，非所入之气，但真元自能生气，所入之气，止当合时，随之而入，非假此气以助真元也。①

所谓真元，是由气所生，又与外气不相同，且通过外气来涵养自身。我们从其所举鱼水关系，大体可知真元为人的内心之理，即人的本性，与外界之理相关，又需要通过涵养工夫来自我修养，由此实现保存真元的目标。正是真元需要通过涵养工夫才能保存，而普通之气正是涵养真元的基础。

正是气有两层含义，我们此处所言立志以养气为基础，所指是以普通之气为基础，这是因为真元乃是心本有之物，浩然之气则是立志的产物，显然不是立志的范畴了。因此，立志正是需要涵养工夫。《河南程氏遗书》卷十五载：

> 率气者在志，养志者在直内。②

"直内"一语出自《周易》中的"敬以直内，义以方外"，这便和敬有关。关于敬，另文详述，本处仅简要概述与立志有关内容而已。《河南程氏遗书》卷十五载：

> 所谓敬者，主一之谓敬。所谓一者，无适之谓一。且欲涵泳主一之义，一则无二三矣。言敬，无如圣人之言。《易》所谓"敬以直内，义以方外"，须是直内，乃是主一之义。至于不敢欺、不敢慢、尚不愧于屋漏，皆是敬之事也。但存此涵养，久之自然天理明。③

养志需要直内，正是以敬作为修养的工夫。"主一之谓敬"则是对每事都持敬，涵养久了，获得天理，而志则是心之所向的终极内容，这意味着养志的过程是每一事都要持敬，方才能够养成符合天理之志。正如同一条语录所说："大凡人心，不可二用，用于一事，则他事更不能入者，事为之主也。事为之主，尚无

① 《河南程氏遗书》卷十五，《二程集》，第 165—166 页。
② 《河南程氏遗书》卷十五，《二程集》，第 151 页。
③ 《河南程氏遗书》卷十五，《二程集》，第 169 页。

思虑纷扰之患，若主于敬，又焉有此患乎？"[1] 正是在每样事情中，都以立志内容作为行为准则，便能够坚定自己的志向，而其工夫，便是与外在之气相交换的养气过程，亦是涵养的过程。

### 三、意：以诚为准的

关于意的论述，二程关注较少，主要集中于诚意。诚，出自《大学》，其言曰：

> 所谓诚其意者，毋自欺也。如恶恶臭，如好好色，此之谓自谦。故君子必慎其独也！小人闲居为不善，无所不至，见君子而后厌然，掩其不善，而著其善。人之视己，如见其肺肝然，则何益矣。此谓诚于中，形于外，故君子必慎其独也。曾子曰："十目所视，十手所指，其严乎！富润屋，德润身，心广体胖，故君子必诚其意。"[2]

朱子注说："右传之六章。释诚意。经曰：'欲诚其意，先致其知。'又曰：'知至而后意诚。'盖心体之明有所未尽，则其所发必有不能实用其力，而苟焉以自欺者。然或已明而不谨乎此，则其所明又非已有，而无以为进德之基。故此章之指，必承上章而通考之，然后有以见其用力之始终，其序不可乱而功不可阙如此云。"[3] 朱子的注解实集理学大成，承自二程观点。由此可知，诚意出自先秦儒学，至两宋时期，尤其是朱子撰成《四书章句集注》之后，成为儒家的核心命题。

诚意，便是遵循天理，而一旦不遵循天理，便有私意，会扭曲事物发展的轨迹。《河南程氏遗书》卷二上载：

> 只著一个私意，便是馁，便是缺了它浩然之气处。"诚者物之终始，不诚无物。"这里缺了它，则便这里没这物。浩然之气又不待外至，是集义所生者。这一个道理，不为尧存，不为桀亡。只是人不到它这里，知此便是明善。[4]

意，本无所谓公或者私，但是一旦参杂进主观意愿，便失去了其客观性，导致的结果便是扭曲了外在事物的变化发展轨迹，也就是说没有公心，便缺少了诚

---

[1] 《河南程氏遗书》卷十五，《二程集》，第 169 页。
[2] 朱熹：《四书章句集注》，第 20—21 页。
[3] 朱熹：《四书章句集注》，第 21 页。
[4] 《河南程氏遗书》卷二上，《二程集》，第 29 页。

意，其结果便是无物。这便是私意的根源。《河南程氏遗书》卷二上载：

> 所谓万物一体者，皆有此理，只为从那里来。"生生之谓易"，生则一时生，皆完此理。人则能推，物则气昏，推不得，不可道他物不与有也。人只为自私，将自家躯壳上头起意，故看得道理小了它底。放这身来，都在万物中一例看，大小大快活。释氏以不知此，去它身上起意思，奈何那身不得，故却厌恶；要得去尽根尘，为心源不定，故要得如枯木死灰。然没此理，要有此理，除是死也。释氏其实是爱身，放不得，故说许多。譬如负贩之虫，已载不起，犹自更取物在身。又如抱石沉河，以其重愈沉，终不道放下石头，惟嫌重也。①

做到诚意的关键在于理解天地万物之理，但是理虽存在，却存有大小之分，其大的方面乃是天地万物之理，而其小的方面，则是观察者从自身的位置来观照外在之物，无法真正探究外物的内在规律，其结果便是泯灭了客观之理，只能是自欺欺人而已。

为了诚其意，依据《大学》诚意章，需要真正的知，而真正的知则来源于外在客观的理，其最为重要的实现途径，便是控制自身的私欲。《河南程氏遗书》卷二上载：

> 人于天理昏者，是只为嗜欲乱著它。庄子言："其嗜欲深者，其天机浅"，此言却最是。②

天理乱于人，其根源在于人被嗜欲所蒙蔽，不清楚天理的具体情形，也就无从诚其意了。事实上，程子也明白人为嗜欲所蒙蔽，其根源在于因吾有身，故他说："大抵人有身，便有自私之理，宜其与道难一。"③ 因有自身，便有自私的嗜欲，其结果便是为外物所累，但是程子的方法是探析其内在之理，解除外物所累的弊端，故程子也反对忘物。《河南程氏遗书》卷三载：

> 忘物与累物之弊等。④

累物易为物所蔽，造成嗜欲过重，而忘物则又会脱离外界之物，无从抓住外物之理，陷入脱离社会之弊。那么如何真正做到保持和外界事物之间恰当相处的距离呢？二程子认为当是敬重万物，并由此探究内在之理，这便是格物穷理的精

① 《河南程氏遗书》卷二上，《二程集》，第33—34页。
② 《河南程氏遗书》卷二上，《二程集》，第42页。
③ 《河南程氏遗书》卷三，《二程集》，第66页。
④ 《河南程氏遗书》卷三，《二程集》，第65页。

神。只是二程针对格物的具体方法，仅是大概叙述而已，其言曰：

> 所务于穷理者，非道须尽穷了天下万物之理，又不道是穷得一理便到，只是要积累多后，自然见去。①

此处的穷理，到朱子时代便以格物致知概括其内涵。程子虽然未能系统论述格物致知的精神，但是他们已探究到了逐物穷理，直至触类旁通之效果。对后世影响更为深远的则是程子把敬引入到格物致知之中。《河南程氏遗书》卷三载：

> 入道莫如敬，未有能致知而不在敬者。今人主心不定，视心如寇贼而不可制，不是事累心，乃是心累事。当知天下无一物是合少得者，不可恶也。②

敬重外在之理，是入道的关键之处，而其基础便是敬重外在事物。正是敬重外在的事物，才能深入探究外在事物之理，达到真诚处理外在事物。由此形成了符合客观实际的意。

除了能够敬重外在之理，敬还能够阻挡邪念，保存诚意，如二程说："敬是闲邪之道。……闲邪则诚自存矣。"③ 正是敬在诚意的保持当中具有十分重要的作用，为儒学的修身之道注入了巨大的活力，正如陈淳所说：

> 敬一字，从前经书说处尽多，只把做间慢说过，到二程方拈出来，就学者做工夫处说，见得这道理尤紧切，所关最大。敬字本是个虚字，与畏惧等字相似，今把做实工夫，主意重了，似个实物事一般。④

正是从二程开始，敬字由虚字转换到实质工夫，使得修身过程的重要环节诚意由敬字来主导。至于如何持敬，留待有关敬字一章进行详细考述。

## 第二节　志公而意私

关于志，朱子从字源上解释说：

> "心之所之谓之志，日之所之谓之时。'志'字从'之'，从'心'；'旹'字从'之'，从'日'。如日在午时，在寅时，制字之义由此。志是心之所之，一直去底。意又是志之经营往来底，是那志底脚。凡营为、谋度、往

---

① 《河南程氏遗书》卷二上，《二程集》，第43页。
② 《河南程氏遗书》卷三，《二程集》，第66页。
③ 《河南程氏遗书》卷十八，《二程集》，第185页。
④ 《北溪字义》卷上，第35页。

来，皆意也。所以横渠云：'志公而意私。'"问："情比意如何？"曰："情又是意底骨子。志与意都属情，'情'字较大。'性、情'字皆从'心'，所以说'心统性情'。心兼体用而言。性是心之理，情是心之用。"①

与前引《说文解字》段注相较可知，朱子吸收了"志"有"意"之义的部分，又对许慎的观点进行了改革。他认为"志"从"之"，并以时的字义来进行旁证，尚缺扎实的文献依据，也未有系统的论证过程，显系随文注解而已。但是从此处观点仍可以看到朱子思维习惯的特质，即凡文字皆需要从制字之义出发进行考证，才能够获得字源，这便是较程子来得严密之处了。关于志与意的关系，朱子则有较系统论述。《朱子语类》载：

问意、志。曰："横渠云：'以意、志两字言，则志公而意私，志刚而意柔，志阳而意阴。'"②

志是公然主张要做底事，意是私地潜行间发处。志如伐，意如侵。③

由此可知，朱子对志与意的关系可概括为三方面：一是从发生过程来看，志是心所执着追求的想法，已经为外人所知道了，而意则是志的前奏，并未定型，尚未被外人所知道的想法；二是从执行力度来看，志需要付诸实施，并以行动作为实现志向的手段来完成预期目标，而意则随时会发生转变的情形，并非一定能够被付诸实施；三是从成熟度来看，志是意发展的结果，而意则属于志的前奏，从意到志的变化过程需要诸多外在环境。当然，志与意的共同点是两者均属于情的范畴。

## 一、立大志：为学的重要基础

朱子处于儒学由外向内转的时代，正如余英时所说："就儒学本身言，理学'鞭辟向里'，代表了一种内向的发展。但理学之所以在第三阶段获得许多人的信奉，则因为它提供了下面这个有说服力的承诺：只有在'内圣'之学大明以后，'外王'之道才有充分实现的可能。"④所谓第三阶段，"主要便是朱熹的时代"⑤，正是理学立足于内圣之学，到朱子时代成为了社会学术的主流，而其注重内圣之

---

① 黎靖德编：《朱子语类》卷五，上海古籍出版社、安徽教育出版社 2002 年版，第 232 页。
② 《朱子语类》卷五，第 232 页。
③ 《朱子语类》卷五，第 232 页。
④ 《朱熹的历史世界：宋代士大夫政治文化的研究》，第 410—411 页。
⑤ 《朱熹的历史世界：宋代士大夫政治文化的研究》，第 410 页。

学的特征，在行为方面便偏向于以教育作为基本职业，其关注点便更多放在培养人才方面了，亦如余英时所言："南宋理学家基本上投身于学术和教育工作。"① 朱子可谓上述职业特征的典范，其一生除了九年左右外出任职，基本都是以学术和教育工作作为终身职业。正是职业所决定，朱子对学术和教育两方面的立志最为关注。又因传统学术属于圣人之学，而教育又是以培养圣人作为自己的目标，所以两者的内容实高度重合，且传统学术实未如西方学术分科来得精细，故我们仅以大方面从以圣人为榜样，具体方面为治圣人之学粗略分之，兹述如下：

立志，当立大志，以培养自己良好的道德为目标，当以追步古圣先贤为自己的奋斗目标。关于立志，朱子说："凡人须以圣贤为己任。"②《朱子语类》载：

> 学者大要立志。所谓志者，不道将这些意气去盖他人，只是直截要学尧、舜。"孟子道性善，言必称尧、舜。"此是真实道理。"世子自楚反，复见孟子。孟子曰：'世子疑吾言乎？夫道一而已矣。'"这些道理，更无走作，只是一个性善可至尧、舜。别没去处了。下文引成覸、颜子、公明仪所言，便见得人人皆可为也。学者立志，须教勇猛，自当有进。志不足以有为，此学者之大病。③

尧、舜为儒家推崇的古代帝王，此可于儒家经典的《尚书·尧典》《舜典》可见其历代传承下来的思想了，而《论语·尧曰》篇亦载有明文："尧曰：'咨！尔舜！天之历数在尔躬，允执厥中。四海困穷，天禄永终。'舜亦以命禹。"④ 则从孔子时代已然尊奉尧舜为先贤，又经过孟子大力提倡，尧舜之学实为圣贤之学的代表了。由此可知，孟子仅凭性善一点，便认为人人皆可至尧舜，则人均应以成为圣人作为自己的立志目标，否则便是自我束缚不前而已。学尧、舜，当然是学习尧舜的人格和圣人气象，这是教育学习者以成为圣人来作为自己的志向，并以圣人的标准要求自己。成为尧、舜，这便是学者要立大志向的内容。

立志要成为圣人，需要学圣人之学，而治学过程便充满了巨大的挑战，这也需要立大志向，方才能够有所成就。《朱子语类》载：

> 问："人气力怯弱，于学有妨否？"曰："为学在立志，不干气禀强弱事。"又曰："为学何用忧恼，但于令平易宽快去。"寓举圣门弟子，唯称颜子好

① 《朱熹的历史世界：宋代士大夫政治文化的研究》，第400—401页。
② 《朱子语类》卷八，第280页。
③ 《朱子语类》卷八，第280—281页。
④ 朱熹：《四书章句集注》，第239页。

学，其次方说及曾子，以此知事大难。曰："固是如此。某看来亦有甚难，有甚易。只是坚立着志，顺义理做去，他无蹉欹也。"①

为学的起点在于立志，而立志实关系到学术成就高低了。即使在孔门传道之人中，也仅有颜回、曾子被孔子称道而已，可见立志为圣人之学并非容易之事，而要做出学术成就，更是难事，这便需要立志，并以此作为克服前进障碍的动力。故朱子又说：

> 学者须是立志。今人所以悠悠者，只是把学问不曾做一件事，遇事则且胡乱恁地打过了。此只是志不立。②

学问作为学者立身之命的基础，却不被当作一回事，胡乱做一些便停止，这便是没有立做圣人之学的志向，其结果当然是学术不振了。正是如此，朱子要求学者"立志要如饥渴之于饮食。才有悠悠，便是志不立"③。正是立志要有大格局，才能够抓住一切时间，认真做学问，否则悠悠晃晃地度时日，成就多少，自然可以预知了。

既然要立成为圣人之志，治圣人之学，而在具体为学方面，也要有大格局，方能有大成就。在指导学生治学之时，朱子也是强调从大处着眼，故他说：

> 为学须先立个大腔当了，却旋去里面修治壁落教绵密。今人多是未曾知得个大规模，先去修治得一间半房，所以不济事。④

做学问需要先建立大的知识体系，再进行知识体系的修补工作，否则无法完成自己知识体系的学习，会耽误了自己学术发展的空间，导致格局偏小的情况。这也就是具体为学之法了。《朱子语类》载：

> 学须先理会那大底，理会得大底了，将来那里面小底自然通透。今人却是理会那大底不得，只去搜寻里面小小节目。⑤

为圣人之学的志向是以圣人之学作为目标来逐步实现的，其为学的秩序是从大方向着眼，树立好大结构，再回过头来处理细节，从而不会错失了为学的初衷，即成为圣人的志向。

与强调立志的重要性相关，朱子对立志的结果已然有深刻认识，那便是立志

---

① 《朱子语类》卷八，第281页。
② 《朱子语类》卷八，第281页。
③ 《朱子语类》卷八，第282页。
④ 《朱子语类》卷八，第277页。
⑤ 《朱子语类》卷八，第277页。

为学，成为圣人的学者毕竟凤毛麟角，这便意味着绝大多数人只能朝着原有的目标前进，至于达到什么境界，则要看各类机缘了。《朱子语类》载：

> "'志伊尹之所志，学颜子之所学'，志固是要立得大，然其中又自有先后缓急之序，'致广大而尽精微'。若曰未到伊尹田地做未得，不成块然吃饭，都不思量天下之事！若是见州郡所行事有不可人意，或百姓遭酷虐，自家宁不恻然动心？若是朝夕忧虑，以天下国家为念，又那里教你恁地籁？"或曰："圣贤忧世之志，乐天之诚，盖有并行而不相悖者，如此方得。"曰："然。便是怕人倒向一边去。今人若不块然不以天下为志，便又切切然理会不干己事。如世间一样学问，专理会典故世务，便是如此。'古之欲明明德于天下者'，合下学，便是学此事。既曰'欲明明德于天下'，不成只恁地空说！里面有几多工夫。"[1]

以圣人之学为志，但是成为圣人毕竟仅是极少数者，而理学仍旧强调要立志，显然会使后学者止步不前，因为立志的结果基本无从实现。朱子显然是看到了立志者需要以学圣人之学，以平天下为己任，而每个个体都有其发展的历史机遇，成就也会受到外在形势影响，故朱子便强调立大志，还要分有先后缓急的次序。这便是强调立大志，方能使个体以天下国家为念，在做事之时，都是以天下国家之事为己任。只有立圣人之志，学圣人之学，才能够真正完成修炼己志以实现外王之事业。这也正如前文余英时所说，立志能够在个人修身之时，时刻不忘外王之业，也是《大学》八目的正身之前，当以齐家、治国、平天下同时进行，正如朱子自己所说："《大学》自致知以至平天下，许多事虽是节次如此，须要一齐理会。不是说物格后方去致知，意诚后方去正心。若如此说，则是当意未诚、心未正时有家也不去齐，如何得。且如'在下位不获乎上'数句，意思亦是如此。若未获乎上，更不去治民，且一向去信朋友；若未信朋友时，且一向去说亲，掉了朋友不管。须是多端理会，方得许多节次。圣人亦是略分个先后与人知，不是做一件净尽无余，方做一件。若如此做，何时得成。又如喜怒上做工夫，固是；然亦须事事照管，不可专于喜怒。如《易·损卦》'惩忿窒欲'，《益卦》'见善则迁，有过则改'，似此说话甚多。圣人却去四头八面说来，须是逐一理会。身上许多病痛，都要防闲。"[2]可谓立志为学与当下之事并举的不易之论了。

---

①  《朱子语类》卷九十四，第 3159—3160 页。
②  《朱子语类》卷十五，第 495 页。

## 二、诚意：重在内省

志是意的外在表现，而其基础正是内在情感思想的微妙变化之意，故二程子提出意的目标是诚意，而朱子则在二程子基础上，针对前引意的特征来进行辨析，力求学者能够真正做到诚意。

第一，诚意贵在自我反省。朱子说：

"诚其意"，只是实其意。只作一个虚字看，如"正"字之类。①

实其意，意味着自己的内在微妙思想需要被放置在具体行为上，而又要让自己的行为与自己隐微的思想之间取得高度一致，才能够真正实现内外一致。《朱子语类》载：

问："诚意是如何？"曰："心只是有一带路，更不着得两个物事。如今人要做好事，都自无力。其所以无力是如何？只为他由个为恶底意思在里面牵系。要去做好事底心是实，要做不好事底心是虚。被那虚底在里夹杂，便将实底一齐打坏了。"②

此处的心是最终决定的结果，而心作出决定的过程中则是由意的力量来发挥作用的，这显然和心作为意与志力量之源的意义有所区别，此处内容留待下文再详述。作恶之心与做好事之心作为两股力量在心里打斗，使得要做好事的心无法彻底实现自己原有的目标，这便导致无法彻底执行预期行为，实现预期目标。朱子此处更多的是着眼于内心的意与外在行为的不一致，而事实上做好事之心与做坏事之心的斗争仅仅发生在自己的内心而已，需要心来时刻把持，方能剔除不良因素，故朱子说：

"诚意"章皆在两个"自"字上用功。自欺、自慊。③

两个"自"字是指自欺与自慊，它们是指《大学》诚意章的"所谓诚其意者，毋自欺也。如恶恶臭，如好好色，此之谓自慊。故君子必慎其独也！"④ 对于此处的内容当以朱子在《四书章句集注》的注文最为准确。他说：

诚其意者，自修之首也。毋者，禁止之辞。自欺云者，知为善以去恶，而心之所发有未实也。慊，快也，足也。独者，人所不知而己所独知之地

---

① 《朱子语类》卷十六，第514页。
② 《朱子语类》卷十六，第515页。
③ 《朱子语类》卷十六，第519页。
④ 朱熹：《四书章句集注》，第20页。

也。言欲自修者知为善以去其恶，则当实用其力，而禁止其自欺。使其恶恶则如恶恶臭，好善则如好好色，皆务决去，而求必得之，以自快足于己，不可徒苟且以徇外而为人也。然其实与不实，盖有他人所不及知而己独知之者，故必谨之于此以审其几焉。①

朱子此处的注文实是最为权威，且最为系统的内容，主要包括了三个部分：第一，诚意实为自我修养的最为重要的原则，而其所需要纠正的内容实非外人所知道的内在思想的隐微部分。第二，诚意的最为重要目标是满足于自我内心的道德感。诚意的内容并非外人所能知道，却又不得不把其置于自我审查的地位，这便是严格的自我反省精神，其最为重要的场合便是慎独。只有在慎独的情境中，才能够完全审查自己内心的各种不足之处。第三，在发现不良的思想倾向之时，需要通过自我道德修养来自己去除这些不良成分，从而完成自我修养过程。

正是诚意的过程仅是关系到士大夫自身的内心修养过程，并未涉及社会道德评价，仅是修身之人对自己内心隐秘之处的时时检讨，故需要在慎独自省当中完成诚意的过程。

第二，诚意是为了完成自我人格完善的目标。诚意，要扫除自己内心的各类不良道德因素了，而其最为重要的途径是通过慎独的环境来不断检验自己的内心世界，其直接目标是为了实现内外言行的一致性。朱子说：

诚意者，好善"如好好色"，恶恶"如恶恶臭"，皆是真情。既是真情，则发见于外者，亦皆可见。如种麻则生麻，种谷则生谷，此谓"诚于中，形于外"。又恐于独之时有不到处，故必谨独。②

性善是此处言论的前提，所以才有好善和恶恶两者与好好色、恶恶臭的比较，但更为重要的是真情是内在思想与外在行为的高度一致，并接受自己一个人扪心自问的考验，从而完成自我道德内在约束过程。《朱子语类》载：

或问："在谨独，只是欲无间。"先生应。③

"无间"就是有人与无人的处境，都是以内外一致的标准处理自己的行为，这便是自我道德修养过程中的重要境界了，所以朱子表示高度赞同，故朱子又说：

诚意，只是表里如一。若外面白，里面黑，便非诚意。今人须于静坐时

---

①　朱熹：《四书章句集注》，第20—21页。
②　《朱子语类》卷十六，第523页。
③　《朱子语类》卷十六，第523页。

见得表里有不如一，方是有工夫。如小人见君子则掩其不善，已是第二番过失。①

表里如一的境界是诚意的境界，但是诚意更是道德修养的一种方法，即由自我道德约束而能够自我省察内在思想的不好之处，及时纠正其偏差之处，达到诚意的境界。至于普通人则是通过外在君子的约束才达到自我行为的纠正，两者显然具有道德高下之别了。

正是为了实现表里如一的境界，朱子重在强调"毋自欺"，其实质是要实现圣人的人格。朱子说：

> 所谓自欺者，非为此人本不欲为善去恶。但此意随发，常有一念在内阻隔住，不放教表里如一，便是自欺。但当致知。分别善恶了，然后致其谨独之功，而力割去物欲之杂，而后意可得其诚也。②

内心与行为之间有一毫不同，便是自欺，而其解决办法是两个步骤：一是通过致知判别善恶，二是通过谨独审查自我内心的私欲，摒除其因素，从而实现意诚之境。没有私欲，仅剩下符合天理的大公无私之意，则实为圣人的人格境界了。故诚意贵在通过谨独工夫，摒除内在的私意，做到内外一致的大公之意，提升自我人格的完善过程。

第三，诚意是以格物致知作为实现条件。诚意是以自我反省作为重要的修身条件，而诚意的目标又是为了实现自我人格的完善，这便意味着其需要树立一个严格的是非判断标准，否则便无从诚意了，也便失去了儒家立论的基础了，故朱子强调诚意与其他学目的关系。《大学》首章载：

> 古之欲明明德于天下者，先治其国；欲治其国者，先齐其家；欲齐其家者，先修其身；欲修其身者，先正其心；欲正其心者，先诚其意；欲诚其意者，先致其知；致知在格物。③

朱子说："此八者，《大学》之条目也。"④ 此八条目中，诚意处于致知与正心之间，正心是诚意的结果，而致知是诚意的基础，格物又是致知的基础。因此，格物致知实为诚意的基础。《朱子语类》载：

> 亚夫问："'欲正其心者，先诚其意。'此章当说所以诚意工夫当如何。"

---

① 《朱子语类》卷十六，第524页。
② 《朱子语类》卷十六，第517页。
③ 朱熹：《四书章句集注》，第17页。
④ 朱熹：《四书章句集注》，第17页。

曰:"此继于物格、知至之后,故特言所谓'诚其意者,毋自欺也'。若知之已至,则意无不实。惟是知之有毫末未尽,必至于自欺。且如做一事当如此,决定只着如此做,而不可以如彼。若知之未至,则当作处便夹带这不当做底意在。当如此做,又被那要如彼底心牵惹,这便是不实,便都做不成。"①

致知达到了至知的程度,则掌握了外物的客观规律,这便会推动行动者按照事物的客观规律来办事。如果对外物客观规律全然没有了解,便无所谓已知之理和行为之间的一致性的问题了。只是每个人都有认识的盲区,或者认识的局限性,这便会有私心来利用客观规律获取私利,故需要行为主体摆正自己的内心思想,使得行为能够朝着已知规律所显示的方向来发展。关于两者之间的关系,朱子明确说:

致知者,诚意之本也;谨独者,诚意之助也。致知,则意已诚七八分了,只是犹恐隐微独处尚有些子未诚实处,故其要在谨独。②

致知的结果是获得真理,正如朱子自己所言:"致知所以求为真知。真知,是要彻骨都见得透。"③ 见得事物透彻,便是致知的结果,否则便不是真正的致知,而其所谓的真知,并非是单纯的某一理,而是囊括了自然与人文诸多方面。《朱子语类》载:

问:"致知莫只是致察否?"曰:"如读书而求其义,处事而求其当,接物存心察其是非、邪正,皆是也。"④

所求之知囊括了传统社会的各项内容,当是以人所处理的各项事务作为知的范畴了。事实上,这是由致知的途径格物所决定的,而格物的结果需要通过致知而推出未知之理,从而掌握更广阔万千世界之理。朱子说:"致知、格物,只是一事,非是今日格物,明日又致知。格物,以理言也;致知,以心言也。"⑤ 则格物是穷尽事物之理,而得到事物之理之后,需要依靠心来推广其所获得之理,从而完成对世界的认识过程,故朱子有观点:"格物,是逐物格将去;致知,则是推得渐广。"⑥

---

① 《朱子语类》卷十六,第 515 页。
② 《朱子语类》卷十六,第 523 页。
③ 《朱子语类》卷十五,第 462 页。
④ 《朱子语类》卷十五,第 462 页。
⑤ 《朱子语类》卷十五,第 473 页。
⑥ 《朱子语类》卷十五,第 471 页。

正是有了格物，才能获得事物之理，并由此使得心透彻认识客观事物之理。即"格物，只是就事上理会；知至，便是此心透彻"①。正是有了透彻了解事物之理的心，其具备了诚其意的基本条件，否则心为外界事物所蒙蔽，仅能盲从于本能而已，故格物致知实为诚意的基本条件，当可定谳。

### 三、志与意的升华：正心的两大关键步骤

立大志向，注重于坚定自我的行动方向，而意则在于幽微之处的内在修养之诚，两者都是以心作为自己的行动主体，这关系到心在立志与诚意中的作用。

一方面，心起主体作用，其行为引发意与志，即心决定意与志。从字源上看，意与志均是从心，这便意味着两者均是与心相关。《朱子语类》载：

> "心，言其统体；意，是就其中发处。正心，如戒惧不睹不闻；诚意，如谨独。"又曰："由小而大。意小心大。"②

心为意的发动之体，而意属于心的活动结果，两者是体与用的问题。在朱子的意识中，心属于人活动的精神主体，意是心刚好发生运动的初始状态，属于心理活动的一种状态。与意相似，志也是心所发动，受心指挥。朱子说：

> 古人言志帅、心君，须心有主张，始得。③

志与心的关系，犹如帅与君的关系，即志受心的指挥。志的存在，是由心中之意凝结为行动导向之后而形成的内容。

由此可知，不管是隐秘之意，还是公开之志，都是由心而产生的作用。朱子说：

> 心无间于已发未发。彻头彻尾都是，那处截做已发未发。如放辟邪侈，此心亦在，不可谓非心。④

不论已发还是未发，心都始终处于运作过程中，深刻影响到每个行为。正是心起到关键性作用，故心决定了意与志的运作。但是有一个非常重要的问题是心扮演关键性角色，并且是主体作用，为何修心的过程中，需要从意和志入手呢？这便又涉及儒家的慎独境界了。《朱子语类》载：

> 问："心，本也。意，特心之所发耳。今欲正其心，先诚其意，似倒说

---

① 《朱子语类》卷十五，第478页。
② 《朱子语类》卷十五，第487页。
③ 《朱子语类》卷十二，第358页。
④ 《朱子语类》卷五，第220页。

了。"曰:"心无形影,教人如何撑拄。须是从心之所发处下手,先须去了许多恶根。如人家里有贼,先去了贼,方得家中宁。如人种田,不先去了草,如何下种。须去了自欺之意,意诚则心正。诚意最是一段中紧要工夫,下面一节轻一节。"或云:"致知、格物也紧要。"曰:"致知,知之始;诚意,行之始。"①

事实上,朱门弟子之问,实合乎情理,只是心无法去捉摸,故朱子便从心所产生的最初成果——意来清除心内所产生的各类不良因素,从而避免产生各类不良后果。心无形影,这是因为心仅属器官,实属物质层面,并非本身就是理,正如朱子所说:"心者,气之精爽。"②而其来源则是天地之气。《朱子语类》载:

> 发明"心"字,曰:"一言以蔽之,曰'生'而已。'天地之大德曰生',人受天地之气而生,故此心必仁,仁则生矣。"③

"天地之大德曰生"出自《周易·系辞下》。人由天地之气而生,则人之心当然也是天地之气所生,只是心能够思考各种事物,故有前引心由阴阳之气中的"精爽"成分构成而已。与之相关,心的运行轨迹则是由理来指导,其受影响因素正是气的成分。《朱子语类》载:

> "心与理一,不是理在前面为一物。理便在心之中,心包蓄不住,随事而发。"因笑云:"说到此,自好笑。恰似那藏相似,除了经函,里面点灯,四方八面皆如此光明灿烂,但今人亦少能看得如此。"④

理在心中,但是心不是理,这便会使心受到各种外界因素的干扰,从而产生各种不良因素,这也是从其最初产物意来审查其心是否仍是赤子之心,而其最后发展的结果必然是外在之志。因此,心是否保持原有的赤子之心,是否受到外界各种因素污染,均能够决定意与志的性质,正如《朱子语类》所载:

> 问:"心之为物,众理具足。所发之善,固出于心。至所发不善,皆气禀物欲之私,亦出于心否?"曰:"固非心之本体,然亦是出于心也。"又问:"此所谓人心否?"曰:"是。"子升因问:"人心亦兼善恶否?"曰:"亦兼说。"⑤

---

① 《朱子语类》卷十五,第488页。
② 《朱子语类》卷五,第219页。
③ 《朱子语类》卷五,第219页。
④ 《朱子语类》卷五,第219页。
⑤ 《朱子语类》卷五,第219—220页。

心囊括众理，其产品有善有不善，虽有性质差异，但是根源均是由心产生，其原因正是心被污染，气存有杂质，兼备善恶因素。由此亦可见心决定了意与志的性质了。

另一方面，意与志也能够对心的功能起重要的影响。《朱子语类》载：

> 问："意是心之所发，又说有心而后有意。则是发处依旧是心主之，到私意盛时，心也随去。"曰："固然。"①

心主宰意的走向，但是意在私心强烈之时，也能够严重影响心的走向，这便是儒家讲究慎独的境界，正如朱子在《四书章句集注》中注解"故君子慎其独也！"时所说："然其实与不实，盖有他人所不及知而已独知之者，故必谨之于此以审其几焉。"② 既然意在强大之时，能够决定心的运作方向，而志则是意发展到强烈之时的产物，则志能够带动心的发展方向。

正是志能够带动心的发展方向，所以朱子强调要立大志，从而使心朝着圣人方向发展。《朱子语类》载：

> 为学，须思所以超凡入圣。如何昨日为乡人，今日便为圣人。须是竦拔，方始有进。③

想要"超凡入圣"，这便是在为学方面的"立志"，而学习圣人之学是格物致知的一个重要内容，故其最终目标仍旧是以"圣人"作为人生的目标。立志成为圣人，能够深刻影响人的行为，使人内心"竦拔"，推动人的进步。这是由于志向一旦确立，人的内心便会高度集中于圣人之学，行圣人之事。朱子说：

> 为学须是痛切恳恻做工夫，使饥忘食，渴忘饮，始得。④

为学需要深入做工夫，达到废寝忘食才能够真正学到圣人之学，其最重要的推动力，便是确立明确的志向。为学如此，做修身工夫也是如此。朱子说：

> 学者做工夫，当忘寝食做一上，使得些入处，自后方滋味接续。浮浮沉沉，半上落下，不济得事。⑤

此条被黎靖德放置于《学二·总论为学之方》，但是朱子所说的"工夫"，显然不仅是为学而已，还包含有为人处世的行为，正如《朱子语类》同一部分所载

---

① 《朱子语类》卷五，第 231 页。
② 朱熹：《四书章句集注》，第 21 页。
③ 《朱子语类》卷八，第 282 页。
④ 《朱子语类》卷八，第 282 页。
⑤ 《朱子语类》卷八，第 282 页。

朱子之语：

> 今之学者，本是困知、勉行底资质，却要学他生知、安行底工夫。便是生知、安行底资质，亦用下困知、勉行工夫，况是困知、勉行底资质。①

工夫囊括了困知工夫和勉行工夫，则可以确定工夫实指格物工夫无疑，而格物的对象正是"物，犹事也"②。即朱子所说："穷理格物，如读经看史，应接事物，理会个是处，皆是格物。"③ 经史与做事处理问题都是事，其做的过程皆是工夫。

因此，不论学习经史，还是应接事物，都是需要下苦功夫，一旦不能立志，便会处于散漫状态。这便是朱子强调"立志要如饥渴之于饮食。才有悠悠，便是志不立"④ 的原因了。由于学圣人之学，行圣人之事，是达到成为圣人的途径，而立志便能够使人具备如饥似渴朝着圣人的方向来行动。

外在行为学圣人之学，行圣人之事，朝着成为圣人方向来行动，其过程的基础便是格物致知，正如朱子所言："致知、格物，便是'志于道'。"⑤ 而其结果便是获得事物之理。朱子说：

> 格物者，穷事事物物之理；致知者，知事事物物之理。无所不知，知其不善之必不可为，故意诚。意既诚，则好乐自不足以动其心，故心正。⑥

格物致知虽能够穷尽事物之理，却仍旧需要有诚意的工夫，方能完成正心的工作。朱子说：

> 格物、致知，是求知其所止；诚意、正心、修身、齐家、治国、平天下，是求得其所止。物格、知至，是知所止；意诚、心正、身修、家齐、国治、天下平，是得其所止。《大学》中大抵虚字多。如所谓"欲"、"其"、"而后"，皆虚字；"明明德、新民、止于至善"，"致知、格物、诚意、正心、修身、齐家、治国、平天下"，是实字。今当就其紧要实处着工夫。如何是致知、格物以至于治国、平天下，皆有节目，须要一一穷究着实，方是。⑦

格物、致知、诚意、正心、修身、齐家、治国、平天下总共八目，每个环节

---

① 《朱子语类》卷八，第 283 页。
② 朱熹：《四书章句集注》，第 17 页。
③ 《朱子语类》卷十五，第 463 页。
④ 《朱子语类》卷八，第 282 页。
⑤ 《朱子语类》卷十五，第 475 页。
⑥ 《朱子语类》卷十五，第 488 页。
⑦ 《朱子语类》卷十五，第 493 页。

都涉及修身节目，皆需要学习者逐一穷究，这便需要谨独工夫来完成诚意的过程。朱子说：

> 致知者，诚意之本也；谨独者，诚意之助也。致知，则意已诚七八分了，只是犹恐隐微处尚有些子未诚实处，故其要在谨独。①

格物是致知的基础，而致知则是推广格物所得之理，由此可见格物致知是获得诚意的根本方法，但是格物致知仅能够获得外物之理，而人心是有私欲的，容易受外在之气的清浊影响，故致知之后，诚意也仅有七八成而已，尚有隐微之处未能真正做到唯天理是从，故需要谨独的工夫来检验自身隐微意念是否符合天理，帮助主体达到真正诚意，因此"君子慎其独也"正是诚意的重要工夫之一，也是正心的重要工夫之一。

## 第三节 安卿论志与意

志与意的内容，虽然经过二程与朱子的论述，渐近完备，但是和心、理等概念相比，志与意显然还有许多未稳当之处，故陈淳对志与意进行更精密与系统性论述，正如宋人陈宓为《北溪字义》作序曰："诸老先生虽虑学者居下而窥高，然其所以极本穷原，发挥蕴奥以示人者，亦未尝有隐也。然皆随叩而应，或得其一二，而无以会其大全，学者病焉。陈君淳，从文公先生二十余年，得于亲炙，退加研泳，合周、程、张、朱之论而为此书，凡二十有五门，决择精确，贯串浃洽，吾党下学工夫已到，得此书而玩味焉，则上达由斯而进矣。"②故本章将就志与意方面具体分析陈淳对二程、朱子学术理论的继承与发展问题。

### 一、志的性质：志于义与志于利

由前述可知，二程与朱子均是从志的光明角度来考察其内容，虽偶有涉及不思进取的行为，也仅是说"此只是志不立"③，"无他，只是志不立尔。"④学业有成，或者事业有成，便都是"立得志定"⑤，而谈及立志的态度需要达到"立志要

---

① 《朱子语类》卷十六，第522页。
② 《北溪字义》附录二，第88页。
③ 《朱子语类》卷八，第281页。
④ 《朱子语类》卷八，第281页。
⑤ 《朱子语类》卷八，第281页。

如饥渴之于饮食"①。但是二程与朱子并未就立志的方向进行深入剖析，导致二程与朱子弟子走入歧途者非常多，以至于王夫之说："朱子没而嗣其学者无一人，是可为长太息者也！"② 至于其根源，王夫之分析道：

> 夫君子之道，弘传奕世，非徒以迹美而名高也。使后起之君相，知之真，行之力，以饬正其身；行其所行，以治平其天下；则旷百世以相承，而君子之志得矣。如其不能，而徒尚以名，则虽同堂而处，百拜以求，登之于公辅，而视之无异于褊夫；禄之以万钟，而视之无殊于草芥。则身没以后，片语之褒，亦官之命，以莛叩钟，漠乎其不相应也。为之徒者，弗能推此志以尊其师。而营营汲汲，伏伺于辇毂，奔走于权门，迨其得之，乃以骄语于俦伍。身辱者，自取之也；辱其所师以辱道，不已甚乎！③

立君子之志，则能弘扬君子之道，而立名利之志，则会毁灭君子之学。不管立哪种志向，实际上都能够促进人向目标前进，正如王夫之所说的"营营汲汲"，也是其求名利之志所产生的结果。正是所立之志的性质决定了立志之人未来发展方向，故辨析清楚立志的内容与方向，实具有非常重要的意义。当然，王夫之说朱子之后，无一人能够得朱子真传，则属片面，因为儒者学术思想能否产生影响力，还需要有社会环境。

但是辨析志向的性质确实具有十分重要的价值，故陈淳十分重视志向的方向与性质。在《北溪字义》中，陈淳特地列入"志"字条，并注重辨析"志"的方向性问题。《北溪字义》载：

> 为学紧要处，最是立志之初，所当谨审决定。此正是分路头处。才志于义，便入君子路；才志于利，便入小人路。舜、跖利善正从此分，尧、桀言行正从此而判。孔子说"从心所欲不逾矩"，紧要正在志学一节上。在圣人，当初成童志学，固无可议。自今观之，学之门户虽多，若此处所志者一差，不能纯乎圣途之适，则后面所谓"立"，所谓"不惑"，所谓"知命"，所谓"从心"，节节都从而差，无复有见效处。惟起头所志者，果能专心一意于圣人之学，则后面许多节目，皆可以次第循序而进。果有"不倦"工夫以终之，则虽"从心"地位至高，亦可得而造到矣。④

① 《朱子语类》卷八，第 282 页。
② 王夫之：《宋论》卷十四，《船山全书》，岳麓书社 2011 年版，第 313 页。
③ 《宋论》卷十四，第 313 页。
④ 《北溪字义》卷上，第 16 页。

　　此处内容甚多，但是最为重要的部分正是立志的方向。立志的重要性在二程、朱子阶段，已然说得十分清楚，故陈淳并未从志的功能来讲解，反而从志的方向来说明，大体有三：一是立志是非常重要，但是更为关键的是立志之初，因为一旦形成志向，必定会马上实施，正如陈淳所说："志有趋向、期必之意。"①二是志的方向决定了立志之人未来的走向，大体有两条路：一条是君子之路，一条则是小人之路，其区别不在于是否立志，而是立志的内容存有义与利的区别。三是志的终点不是立志之人所担心的事情，而是志的内容，即志于圣人之学，则坚持下去，便会实现预期的目标，自己便能成就圣人之业，实不用羡慕圣人的地位。

　　事实上，陈淳的观点实非自己所独创，而是渊源有自，其最为重要的命题均是来自于二程与朱子，但是陈淳的最大贡献是把义利之辩引入了志向的内容之内，促使二程与朱子的学术思想发展完善成一个完整的体系。关于义利之辩，陈淳说：

　　　　义与利相对而实相反。才出乎义，便入乎利，其间相去甚微，学者当精察之。自文义而言，义者，天理之所宜；利者，人情之所欲，欲是所欲得者。就其中推广之，才是天理所宜底，即卜筮人情所欲；才是人情所欲底，即不合于天理之所宜。天理所宜者，即是当然而然，无所为而然也。人情所欲者，只是不当然而然，有所为而然也。天理所宜是公，人情所欲是私。如货财、名位、爵禄等，此特利之粗者。如计较强弱多寡便是利，如取己之便宜亦是利，如求名觊效，如徇己自私，如徇人情而为之，如有外慕底心，皆是利。然货财、名位、爵禄等，亦未可便做利，只当把一件事看，但此上易陷于利耳。②

　　义利之辩是理学的重要概念，我们留待他节再详述。我们此处关心的是义利之间的差异在于义是公，利是私。在义与利之间，仅存有细微差别，这便是义是合乎天理，而利则是因人欲而扭曲天理。由此可知，志于义与志于利便是以公为奋斗目标与以私人欲望为奋斗目标作为志向内容的两大极端方向。

　　正是义与利之间存有巨大差异，其在推动人心朝着预定目标的方向发展必然存有巨大差异。当志向的内容具有义的特征，便会使学者朝着舜与尧以天下为公

①　《北溪字义》卷上，第16页。
②　《北溪字义》卷下，第53页。

的方向前进，而以利为志向，便会引导向跔、桀的路数。如果志向的起点本身便已存在问题，则其后续发展无足道了。

## 二、系统性论述：意与其他命题关系的新创见

关于意与其他命题，二程与朱子均有涉及，但是二程与朱子的论述均是以意与其他单一命题进行论述，尚未系统性论述意与志、情、命、心等重要命题的关系。陈淳在论述意的内容方面的贡献，最为重要的便是把理学的重要命题进行系统构造，形成一个完整的整体。《北溪字义》载：

> 意者，心之所发也，有思量运用之义。大抵情者性之动，意者心之发。情是就心里面自然发动，改头换面出来底，正与性相对。意是心上发起一念，思量运用要恁地底。情动是全体上论，意是就起一念处论。合数者而观，才应接事物时，便都呈露在面前。且如一件事物来接著，在内主宰者是心；动出来或喜或怒是情；里面有个物，能动出来底是性；运用商量，要喜那人要怒那人是意；心向那所喜所怒之人是志；喜怒之中节处又是性中道理流出来，即其当然之则处是理；其所以当然之根原处是命。一下许多物事都在面前，未尝相离，亦粲然不相紊乱。[①]

通观《二程集》《朱子全书》，我们大体可以获得陈淳上述观点的出处，但是二程与朱子对意与其他理学命题的论述远未有陈淳观点来得系统和完整，这便是陈淳此条内容的最大创新之处，其要有三：一是从所指范围的内容来比较各概念之间的差异。情与意之间的关系，便是情动为全体，意为情动的瞬间一念处来说的。二是从人的心理活动的全过程来看待心、情、性、意、志、理、命的关系。心的活动根源处是命，其自然而然的规则是理，而这正是喜怒符合天理标准的原则，其推动力量正是志，志则是由倾向性的意积聚而成，意又是在性的指示之下而形成的活动，其内容被囊括在情里面。这便从心的整个运动过程来看待意的位置，使得学者能够清楚意的作用。三是心理活动具有环环相扣的特征，从而为二程、朱子论述如何把握内心形成了一个系统的心理活动观点。

正是意在心理活动的位置确定了，这便为意的提纯工夫提供了更为准确的内涵。

首先，陈淳确定意的具体内容，便于指导诚意的提纯过程。《北溪字义》载：

---

① 《北溪字义》卷上，第17页。

以意比心，则心大意小。心以全体言，意只是就全体上发起一念虑处。①

意与心的关系，在《朱子语类》中已明言之，并且连用语都与朱子相同，其最具特色之处是陈淳对意在心理过程中的位置进行了精确定位，即"一念虑处"，这便为正心提供了诚意的必要性。意是由心初始运动而形成的，其距离赤子之心最近，其所受到的污染仅是心内之气而已，并未受到其他外在因素污染，故从心动的最初起点来提纯其内容，这便会为后面的情的内容和志向的内容提供了非常重要的时机，这便为诚意提供了极其重要的意义。

在陈淳之前，关于诚意的作用，实可见于二程与朱子的观点当中，但是他们的观点更多强调诚意对正心的作用，即诚意能够检测心是否符合天理，但是陈淳在确定了意产生之时的状态，便能够为诚意的提炼寻找更为恰当的指导方案。《君子谨其独箴》说：

> 天命之性，不能常静。感自外来，动即中应。由乎天理，中节为和。蹉诸人欲，则为偏颇。若何用功，粹然一正。事稍萌初，念微闯境。人所未闻，己独闻知。人所未睹，己独见之。善恶之几，于焉兆朕，毫厘易差，当切致谨，扶持天理，发达敷荣。防遏人欲，无使劳生。兹续前功，相次加密。大本达道，表里为一。咨尔灵台，敬止缉熙。契天合圣，的其在兹。②

内外交感，使心有动，其合乎天理的部分，便是中和的状态，而被外界之气所感产生偏差的部分，则是人欲。意在心的一念初生之时，这便是"念微闯境"之际。其存在的形态正是"己独闻知""己独见之"，而在此善恶产生之机，便需要运用致谨的工夫来扶持天理，防遏人欲进一步发展。这便是使用谨独的工夫来提纯意念刚刚生成之时所夹杂的私欲，为提纯意的最佳时机提供了重要参考。

其次，陈淳对意的性质进行了仔细划分，从而为意需要有诚意工夫提供了方向性。《北溪字义》载：

> "毋意"之意，是就私意说；"诚意"之意，是就好底意思说。③

"毋意"出自《论语·子罕》，"诚意"出自《大学》，两者的内涵，朱子说得甚为清楚，"毋，《史记》作无，是也。意，私意也。"④而关于诚意的注解则是：

---

① 《北溪字义》卷上，第 17 页。
② 陈淳：《北溪先生大全文集》卷四，宋集珍本丛刊，线装书局 2004 年版，第 31—32 页。
③ 《北溪字义》卷上，第 17 页。
④ 朱熹：《四书章句集注》，第 140 页。

"诚,实也。意者,心之所发也。实其心之所发,欲其一于善而无自欺也。"① 由此可知陈淳的观点实无任何突破之处,但是朱子的观点散落于《大学》与《论语》当中,实需要对《朱子全书》烂熟于心,方能了然于心,这便无形中增加了朱子学术思想推广的难度。而陈淳创造性地把两者放置到了一起,两相对照使意的性质被完整呈现出来,两者的内容也就有了确定性的划分了。

正是意有私意与善意之分,故其意诚的工夫便有了其必要之处了。这便又引入了诚意的对象是私意,其目标则是使意成为善意。由此也论证了意诚工夫的必要性,也是谨独工夫的重要之处了。

第三,划分意的范围,为诚意工夫提供了具体实施的场所。前文已引"意者,心之所发也,有思量运用之义"②。但是对意的注解,仅是对其概念的界定而已,而诚意又是时时考察内心运作的工夫,其内涵正如陈淳所言:

> 如"君子诚之为贵","诚之者,人之道",此等就做工夫上论。盖未能真实无妄,便须做工夫,要得真实无妄。孟子又谓"思诚者,人之道",正是得子思此理传授处。古人立志,有就天命言者,有就人做工夫言者。至于"至诚"二字,乃圣人德性地位,万理皆极其真实,绝无一毫虚伪,乃可以当之。③

"至诚"的位置仅有圣人能够当之,而能够称得上圣人的仅有孔子而已,则其他人仅有从人道做工夫了,这也就意味着诸多人只能以"诚之"的工夫来进行自我修身过程,那就顺带出了一个重要问题,即"诚之"的对象问题。"诚其意"出自《大学》,朱子对其注解已见前文,但是朱子仅指出其目标是"欲其一于善而无自欺也"④,这便缺少了其诚实的对象。在《朱子语类》中更是指出了其《大学章句》的创新之处了。《朱子语类》载:

> "诚其意",只是实其意。只作一个虚字看,如"正"字之类。⑤

实其意,则意味着实其内心之真实意愿,而内心的意愿内容为善或为恶实无从获悉,只是内心的善恶在儒家道统中定位性善,这便意味着"实其意"实为正其心之意,即纠正内心不良之意,从而完成善的修行过程。我们从此条语类实可

---

① 朱熹:《四书章句集注》,第 17 页。
② 《北溪字义》卷上,第 17 页。
③ 《北溪字义》卷上,第 34 页。
④ 朱熹:《四书章句集注》,第 17 页。
⑤ 《朱子语类》卷十六,第 514 页。

获悉《大学章句》所注解的内容并非简单就字论字义，而是从儒学系统的内在思想体系来补充文章之意，实超出了清代朴学以考证、训诂之学治儒学典籍的方法范畴，也可见朱子之高明之处了。但是学术成果往往具有两面性，创新之处有其优势，必然有其劣势，这便是未能详细说明其内容，故陈淳在朱子基础之上，明确说明了"诚其意"的具体之意，这便是在意上面考量。《北溪字义》载：

> 人常言意思。思者，思也。思虑、念虑之类，皆意之属。①

意存在的位置是思考，而其形态正是思虑、念虑，这便为朱子所言意为隐微之处做了一个非常重要的注脚，即意便是人的内心思考过程。与之相对，"诚其意"的工夫便是时刻考量自己的内心，从而为内心的平复提供了着力点。

### 三、志与意的合力：修身的关键工夫

立志的内容与特点，诚意的内涵与关键，都经过二程子与朱子的研究，达到十分精密的程度了，但是陈淳仍旧在立志与诚意方面提出了新的创见。《答陈伯藻问大学》载：

> 问：诚意前已有格物一段工夫，而此章所谓自欺犹有阳欲为善，而阴欲恶，如何？
>
> 虽是物已格，知已至，而后意诚。然必须透过此关之后，善恶进退之机方真，能决君子小人之岐方真，能判物方为真，能格知方为真能。至若未透过此观，则所不牢，忽或变溃，其所以谓自欺，情状自有如许亦何怪乎，可不重以为戒？②

意诚之处的重要作用，朱子已明言之，那便是凡人与圣人之间的分界点，但是圣人在儒家传统当中，仅有孔子称为圣人，孟子称为亚圣，其他学者均未能达到圣人的程度，这无异于以画饼的形态刺激学者，日久必然失去了其志向的指导功能。与此不同，陈淳仅从格物、知至与意诚入手，分析诚意的作用，那便是作为判别善恶进退、君子与小人差异、判断事物的能力，乃至是否真正能格物的能力，这便使诚意的作用，不再是高高在上的凡圣差异，而是由诚意来检验自我修养程度的重要指标。另外，陈淳在此处把诚意和格物、致知与正心、修身、齐家、治国、平天下的关系划分为两个部分，即诚意与格物、致知的关系，便是检

---

① 《北溪字义》卷上，第18页。
② 《北溪先生大全文集》卷四十，第234页。

查是否真能格物、致知，而君子、小人的判断便是诚意与正心、修身、齐家、治国、平天下之间的关系了。因此，虽然把诚意恢复到检验修身过程中的工夫，舍弃了凡圣之间的界限的论述，但是陈淳把诚意当作修身的检验方法，实赋予了它更真实的功能。

正是陈淳恢复了诚意在修身过程中的功能，使得诚意的作用获得了一个新的提升，那便是具备检验的功能。朱子注《四书章句集注》时说：

> 物格者，物理之极处无不到也。知至者，吾心之所知无不尽也。知既尽，则意可得而实矣，意既实，则心可得而正矣。修身以上，明明德之事也。齐家以下，新民之事也。物格知至，则知所止矣。意诚以下，则皆得所止之序也。①

朱子的注解已然说明了诚意在从格物致知到修身治国平天下之间的位置，那便是意实方能够实现正心的作用。但是朱子并未把诚意作为检验格物致知的工夫，而仅是单线论述格物、致知、诚意、正心、修身、齐家、治国、平天下之间的关系，这虽然符合《大学》文本内容，但是并未达到随时代发展的目标，故陈淳把诚意放置于《大学》八目当中，敏锐觉察到八目之间的关系，并以诚意来检查格物、致知、正心、修身、齐家、治国、平天下的水平。

由诚意来检查自我修身的境界，显然较二程子、朱子更加看重诚意的地位，并且提升到无以复加的位置，这便将陈淳的学术思想引入了更加偏向心学的状态。《北溪字义》载：

> 性只是理，诠释善而无恶。心含理与气，理固全是善，气便含两头在，未便全是善底物，才动便易从不善上去。心是个活物，不是帖静死定在这里，常爱动。心之动，是乘气动。故文公《感兴诗》曰："人心妙不测，出入乘气机。"正谓此心也。心之活着，是因气成便会活。其灵处，是因理与气合便会灵。所谓妙者，非是言至好，是言其不可测。忽然出，忽然入，无有定时，忽在此，忽在彼，亦无定处。操之便存在此，舍之便亡失了。故孔子曰："操则存，舍则亡，出入无时，莫知其乡者，惟心之谓欤？"存便是入，亡便是出。然出非是本体走出外去，只是邪念感物逐他去，而本然之正体遂不见了。入非是自外面已放底牵入来，只一念提撕警觉便在此。入须是由操存涵养之功，然后本体常卓然在中为之主宰，而无亡失之患。所贵于问

---

① 朱熹：《四书章句集注》，第 17 页。

学者，为此也。故孟子曰："学问之道无他，求其放心而已矣。"此意极为人亲切。[①]

以篇幅言之，此实非简单讲义内容，但是以全文来看，陈淳此条观点确实非常紧凑，虽然此处所言均涉及心的观念，但是此处对理、气与心之间的关系的论述实是本节陈淳把诚意作为关键工夫的理论基础，故我们不厌其烦再次分析其内容，其要有三：第一，理是全善，而气有清浊，这是从二程子开始到朱子都持一致的观点，并无创新之处，但是陈淳在气的性质上更多了一次说明，即气有清浊，便具有善恶的特性，而这是心的重要组成部分，这就意味着心会受到气的特性影响，而非本来的全善境界了。第二，心是活动的，而其活动的过程正是依靠气所提供的动力，其灵性则是源自理和气的组合。在理与气的组合过程中，具有不可预测性，而不是说心本善，或者心总是善的特征，具有不可测评的特质，这就意味着心对每个人来说，都是难以全部认识清楚的。第三，修心的工夫主要依靠人的警觉工夫，时刻注意自我内心的动态变化过程，而无任何其他办法，这便是"求其放心"，否则心便会亡失。在心的本体中，始终存在于心内，只是心一旦被外物所感，便会失去其灵性的本体，而走向邪路，这意味着心的修炼，需要有长期涵养过程方能完成，而其特征便是需要时刻关注心的动态变化过程。

正是看到了心的内在特征，使得陈淳在强调格物致知达到穷理之外，还关注到格物致知之后，诚意实非一蹴而就之平坦之境，因为心是由理与气合成之体，而气的清浊特征又影响了心的思考结果。又由前述可知，意是属于心的最初产品，具有善与恶两方面，即私意与好的意思两方面，这便需要在心的活动过程中，始终考察心的变化过程，而心又是由气和理两者构成，其中气尚能被感知，而理则需要通过格物方式才能呈现，意味着直接从心入手，始终无法了解心的善恶特征，由此需要通过心的最初产品"意"来感知心的善恶情状。在修身过程中，格物致知作为最根本手段，获得的理具有纯善的特质，但是心因为气质的元素，便会产生各种偏差，其反映便是心中之理随气而动，可能走向偏差，故需要时刻通过诚意工夫来检验是否真正做到格物致知工夫，也是检验其所获得之理是否真实有效被吸纳入内心，并被严格落实到心的每一处，且战胜了气之恶浊部分。若是未达到纯善，这便需要再次进行格物致知工夫，增强对物的内在治理的掌握，从而战胜气的恶浊部分。

---

① 《北溪字义》卷上，第12页。

志是意的发展结果，但是志却与意有着巨大差异，此可见于本章第二部分朱子的观点，也可见于陈淳对志与意在人的心理活动过程中的位置。正是对意与志的区别十分清楚，陈淳并未过多讨论志的作用或者功能，但是这并不意味着陈淳对志的论述未有创新之处，其创新之处主要有两方面：

一是增加了志的范畴，使"志"的内涵得到进一步充实，并由此解决了立志的方向问题。《北溪字义》载：

> 人常言志趣。趣者，趋也，心之所趋也。趣亦志之属。①

上述志的内容，不管是二程子，还是朱子，着力在说明志的功能与作用，或者立志的内容，均未关注到志的具体分类，但是仅有内容，这便无法从小事做起，逐步改进立志的方向。陈淳对于志的方向与性质十分重视，特定区分了志于义与志于利的性质与结果问题，这仅是对二程子、朱子观点的进一步发挥而已，尚未进入创新与实践环节。陈淳把"趣"引入志的范畴，不仅在于说明"志趣"此一俗语的内容，更为重要的是陈淳由此引入了二程子、朱子均未注意的一个重要领域，即如何立志的问题。

关于立大志，二程子、朱子屡有言及，此不再赘述，陈淳也祖述二程子、朱子的观点，故有《北溪字义》的观点如下：

> 立志须是高明正大。人多有好资质，纯粹静淡，甚近道，却甘心为卑陋之归，不肯志于道，只是不能立志。如文帝宽仁恭俭，是其尽可与为帝王。然其言曰："卑之无甚高论，令今可行也。"却不能立志。武帝上嘉唐虞，志向高大，然又好名，驳杂无足取。②

陈淳对汉文帝、汉武帝的观点不免偏颇之处，尤其是对汉文帝的批评仅能代表未深度参与政治者的文人观点而已，实有待商榷。但是陈淳此处的观点实是与二程子、朱子观点相同，即立志要以大志为标准，"须是立志，以圣贤自期，便能卓然挺出于流俗之中。"③可见陈淳实未能够在创立大志方面进行更为深入的论述。

但是与二程子、朱子一生以教授广大师徒不同，陈淳一生以蒙童作为主业，使得二程子、朱子注重于成人的立志内容，而陈淳则关注到立志当以日积月累的形式来完成其方向的纠正内容。立志的方向需要以圣人之志自期，但是人并非从

---

① 《北溪字义》卷上，第 17 页。
② 《北溪字义》卷上，第 16 页。
③ 《北溪字义》卷上，第 16 页。

小便是圣人，立志亦未能完全达到"志于义"，这便需要日常的积累过程了。《训儿童八首·人子》说：

> 人子勤于孝，无时志不存。夜来安寝息，早起问寒暄。①

人子在孝道方面勤快做事，无时无刻不把孝字放在心上，而其具体做法却仅需做到传统礼仪的"昏定而晨省"（《礼记·曲礼上》）而已，而其孝道自然呈现出来。如果说这仅是一首单一的诗歌，尚不足以论定陈淳以培养学生"趣"，从而决定学生的志向，那么陈淳在《启蒙初诵》篇首所作的序文，足可见其培养志趣的方式了。《启蒙初诵》载：

> 人自婴孩，圣人之质已具，皆可以为尧舜。如其禁之以豫，而养之以正，无交俚谈邪语，日专以格言至论，薰聒于前，使盈耳充腹，久焉安习，自与中情融贯，若固有之，则所主定而发不差，何患圣途之不可适乎。②

赤子之心，具备圣人之质，并非陈淳独创观点，但是陈淳以圣人之道用于幼儿教育之中，且所用方法是"薰聒于前，使盈耳充腹"，则其效果便是要达到用圣人之道熏陶于儿童的日常生活当中，并由此避免儿童受到各种俚俗邪语的干扰，实现儿童从小陶冶高尚情操。

正是通过从小熏陶儿童的行为，使其能够在耳濡目染当中接受圣人之学，为后续的立志做好基础工作。

二是增加了志的特征的论述，使得志的内涵得到进一步丰富和发展。由前述可知，志的内涵有"志者，心之所之"③。这在朱子时代已经确定了，但是关于志的特征，朱子仍旧处于零散的论述当中而已，故陈淳对志的特征进行了更为系统的总结。《北溪字义》载：

> 志有趋向、期必之意。心趋向那里去，期料要恁地，决然必欲得之，便是志。人若不立志，只泛泛地同流合污，便做成甚人？须是立志，以圣贤自期，便能卓然挺出于流俗之中，不至随波逐浪，为碌碌庸庸之辈。若甘心于自暴自弃，便是不能立志。④

这条内容涉及了多方面内容，大体有志的内涵、志的功能。关于志的功能，朱子已然论述得很清楚，陈淳亦仅承接其意而已，未有重要创新，此不赘述。在

---

① 《北溪先生大全文集》卷三，第 22 页。
② 《北溪先生大全文集》卷十六，第 91 页。
③ 《北溪字义》卷上，第 15 页。
④ 《北溪字义》卷上，第 16 页。

志的内涵方面，陈淳则由朱子的注解向前发展，进一步明确了志与意的关系。朱子仅言及志是公开的内容，而意是心开始动的方面，这仅从心的运动过程来看待志与意的关系，而陈淳在是从志与意的内容来看待，即志是由意积累到趋向、期必的坚决程度，这便为志融入人的整个心理活动过程提供了理论支撑。

正是陈淳明确了志的内涵，并界定了志与意的关系，由此获得了志的特征。《北溪字义》载：

> 孟子曰：士"尚志"。立志要高不要卑。《论语》曰："博学而笃志。"立志要定不要杂，要坚不要缓。如颜子曰："舜何人也？予何人也？有为者亦若是。"公明仪曰："文王，我师也。周公岂欺我哉？"皆以圣人自期，皆是能立志。孟子曰："舜为法于天下，可传于后世，我犹未免为乡人也，是则可忧也。忧之如何？如舜而已矣。"孟子以舜自期，亦是能立志。[①]

陈淳论述了立志的三个特征：一是立志要高不要卑，二是立志要定不要杂，三是立志要坚不要缓。事实上，朱子时代对立志要高、立志要定、立志要坚都有明确的论述，但是朱子更多的仅是以举例说明的方式来说，立志要以圣人作为自己的目标，立志没有真正去落实的原因在于没有足够坚定导致目标中途而废，这虽不损于朱子的思想体系，但是却为学习者顺利学习制造了不必要的麻烦。因此，陈淳以圣人之语来导出自己的观点，并再次举例论证"志"的特征，进一步增强了儒家理论的普及作用。

---

① 《北溪字义》卷上，第17页。

# 第十九章　中　和

　　儒家"和"观念的发展到了宋明时期有了新的变化，达到了一个新的高度，展现出了一种新的思想理论特征，即开始从天命心性的范式中去阐释中和问题。宋明理学时期的儒家学者们对"和"观念的探讨主要是依据儒家原典《中庸》首章的"中和"观，围绕着"未发""已发""天命""心性""性情""体用"等范畴，从形而上的天命、心性层面对中和问题展开了细致而深刻的论述。他们通过对《中庸》《易传》等原始儒家文献的挖掘，以及融合佛老思想，找到了"中和"的形而上的天命与心性论的依据，"中和"的天命、心性内涵在宋明理学中被大加阐发。由于《中庸》对"中和""未发""已发"等概念并未做出明确而清晰的界定，这就为对其做出进一步的诠释与阐发保留了极大的理论空间。

　　宋明时期，程朱理学是阐释儒家中和问题的最重要流派之一，而这其中又以程颐与朱熹的中和观最具有典范性。陈淳则是朱熹的高足，学者尊称他为北溪先生。陈淳在思想学术上努力护卫师门学说，在此基础上也有自己的发挥，可以说对朱熹理学思想的传承与发扬有着重要的影响。身为朱子重要的门人与传人，陈淳基本上继承了朱熹的中和观，在此基础上他又有自己的一些发挥。

## 第一节　程颐的心性中和观

　　中和观到了程颐这里，开始具有了浓厚的天命心性化色彩。天命心性化的中和观主要以《中庸》首章的诠释为纲要。《中庸》首章有言："天命之谓性，率性之谓道，修道之谓教……喜怒哀乐之未发，谓之中；发而皆中节，谓之和。中也者，天下之大本也；和也者，天下之达道也。致中和，天地位焉，万物育焉"，这构成了宋明理学心性化中和观的纲要。程颢关于中和问题的探索，相对零散，也未成系统。而程颐与其弟子关于中和问题的讨论则比较丰富而详尽。其中，讨论比较集中的记录有二：其一，程颐与吕大临往返辩论的《论中书》；其二，程颐与苏季明关于中和问题的相关问答。在这些文献中，程颐与其弟子们围绕着"道""心性""性情""体用""寂感"等范畴对何谓"未发之中"、何谓"已发之和"等问题展开了反复的辩论。

## 一、中和与道、性、心的关系

在程颐这里，中和观开始与宋明理学中的"道""天命""心性"等核心概念联系起来，具有了浓厚的天命心性化色彩。在"中和"与"道""天命""心性"等核心概念的关系问题上，弟子吕大临与程颐展开了一场激烈而详尽的辩论。录之如下：

大临云："中者道之所由出。"

先生曰："中者道之所由出，此语有病。"

大临云："……但论其所同，不容更有二名；别而言之，亦不可混为一事。如所谓'天命之谓性，率性之谓道'，又曰：'中者天下之大本，和者天下之达道'，则性与道，大本与达道，岂有二乎？"

先生曰：中即道也。若谓道出于中，则道在中外，别为一物矣。所谓"论其所同，不容更有二名，别而言之，亦不可混为一事"，此语固无病。若谓性与道，大本与达道，可混而为一，即未安。在天曰命，在人曰性，循性曰道。性也，命也，道也，各有所当。大本言其体，达道言其用，体用自殊，安得不为二乎？

大临云：既云"率性之谓道"，则循性而行莫非道。此非性中别有道也，中即性也。在天为命，在人为性，由中而出者莫非道，所以言道之所由出也，与"率性之谓道"之义同，亦非道中别有中也。

先生曰："中即性也"，此语极未安。中也者，所以状性之体段。（若谓性有体段亦不可，姑假此以明彼）如称天圆地方，遂谓方圆即天地可乎？方圆既不可谓之天地，则万物决非方圆之所出。如中既不可谓之性，则道何从称出于中？盖中之为义，无过不及而立名。若只以中为性，则中与性不合，与"率性之谓道"其义自异。性道不可（一作可以）。合一为言。中止可言体，而不可与性同德。

又曰：观此义（一作语），谓不可与性同德，字亦未安。子居对以中者性之德，却为近之。（子居，和叔之子，一云义山之字）

又曰：不偏之谓中。道无不中，故以中形道。若谓道出于中，则天圆地方，谓方圆者天地所自出，可乎？

大临云：不倚之谓中，不杂之谓和。

先生曰：不倚之谓中，甚善。（语犹未莹。）不杂之谓和，未当。①

从吕大临与程颐的辩论中可以看出，两人对"中"的理解存在着很大的分歧。但是，两人都把"中"指向了一种形而上的存在，即是"理"或者说"性"。在程朱理学中，"理"是万事万物的形而上的本体，"理"落实在人心则称为"性"。在"中"与"性""道"的关系问题上，吕大临认为，"中"是一个实体性的名词。"中"即是"性"，"中"与"性"是名异而实同的关系。从"中即性"的观点出发，吕大临指出，既然"循性而行莫非道"，那么，"中"就是"道"之所由出者，"道出于中"。人们循"中"而行即是"道"。"中"是道的本体依据，而"道"是"中"之用，不是程颐所批评的"道"中别有所谓"中"的存在。基于对"中"的理解不同，程颐则反对把"中"直接等同于"性"，"'中即性也'，此语极未安"。程颐认为，"中"与"性"不是吕大临所说的异名而实同的关系。所以，"中"不是形而上的本体存在。程颐认为，"中"不是一实体性的名词，而是一状词，是用来形容"性"的不偏不倚、无过不及的特征的，"中也者，所以状性之体段"。基于对"中"与"性"关系的认识，程颐反对吕大临"道出于中"的观点，他认为这等于是把"天圆地方"的观点说成"方圆"是天地产生的根据了。程颐也认为"循性曰道"，由于"性"本身是中和不偏的，"循性而行"之"道"自然无过不及，不偏不倚。所以，程颐认为"中即道"，道本身是中和无偏的，不是"中"之外别有一个"道"。这是他批评吕大临"道在中外，别为一物"观点的根据所在。

由吕大临与程颐的辩论可以看出，两人对"中"的内涵以及"中"与"性""道"关系的理解存在着分歧。但是，两人只是对"中"作为一实体词还是一虚词存有分歧，而对"中"与"性"之间的密切关联是没有异议的。这样，吕大临与程颐就把儒家的"中和"上升到天命心性的形而上学层面，使"中和"观具有了浓厚的天命心性化色彩。

人们很早就开始从性情上去阐释《中庸》所言的"未发之中"与"已发之和"了。但是，学者却很少明确地言及心与"中和""性情"之间的关系。程颐

---

① 程颢、程颐：《二程集》，《河南程氏文集》卷九，中华书局1981年版，第605—607页。

与弟子则开始集中讨论心与"中和"的关系问题。他和吕大临围绕着"赤子之心"与"中和"的关系问题展开了细致的讨论。录之如下：

大临云："喜怒哀乐之未发，则赤子之心。当其未发，此心至虚，无所偏倚，故谓之中。以此心应万物之变，无往而非中矣。……今细思之，乃命名未当尔。此心之状，可以言中，未可便指此心名之曰中。所谓以中形道，正此意也。'率性之谓道'者，循性而行，无往而非理义也。以此心应万事之变，亦无往而非理义也。皆非指道体而言也。若论到体，又安可言由中而出乎？"（先生以为此言未是。）

先生曰："'喜怒哀乐未发谓之中。'赤子之心，发而未远于中，若便谓之中，是不识大本也。"

大临云："圣人智周万物，赤子全未有知，其心固有不同矣。然推孟子所云，岂非止取纯一无伪，可与圣人同乎？非谓无毫发之异也。……"

来教云："赤子之心可谓之和，不可谓之中。"大临思之，所谓和者，指已发而言之。争言赤子之心，乃论其未发之际，纯一无伪，无所偏倚，可以言中。若谓已发，恐不可言心。……

大临云："……大临初谓赤子之心，止取纯一无伪，与圣人同。恐孟子之义亦然。更不曲折。一一较其同异，故指以为言，固未尝以已发不同处为大本也。先生谓凡言心者，皆指已发而言。然则未发之前，谓之无心可乎？窃谓未发之前，心体昭昭具在，已发乃心之用也。……"

先生曰："所论意，虽以已发者为未发；反求诸言，却是认已发者为说。词之未莹，乃是择之未精尔。凡言心者，指已发而言，此固未当。心一也，有指体而言者，（寂然不动是也。）有指用而言者，（感而遂通天下之故是也。）惟观其所见如何耳。……"①

与程颐讨论伊始，吕大临就纠正了他以前"中即性""中者道者所出"的观点。吕大临认为，他对这些观点所涉及的概念存在着命名不当的地方。经过进一步的思考与反省，他认同了程颐把"中"作为一状词而非实体性名词的观点。在此基础上，吕大临提出了喜怒哀乐之"未发"即是"赤子之心"的观点。他认为，"中"即是用来形容"赤子之心"所具有的"至虚而无所偏倚"的特征的。"中"不是实体性的名词，所以，"中"不是"赤子之心"，而是用来形容"赤子

---

① 《河南程氏文集》卷九，第607—609页。

之心"的。吕大临认为，"赤子之心"即是"未发之中"。程颐则认为，"赤子之心"不是"未发之中"。吕大临担心程颐把他所说的"赤子之心"误解为孩童的天真无知之心，所以他进一步解释说，他所说的"赤子之心"是从圣人之心"纯一无伪""无所偏倚"的道德本心层面上来说，是形而上的道德本体存在。所以，他才会把"赤子之心"理解为"天下大本"即"未发之中"。但是，程颐并没有误解吕大临所说的"赤子之心"，只是因两人对心性的理解不同而导致了观点的不一致。程颐认为，"赤子之心"只可以谓之"已发之和"，而不可以谓之"未发之中"。程颐认为，心总是一个动的活物，心在任何时候都是处于经验的已发状态，"凡言心者，指已发而言"。"赤子之心"也是已发，而"未发之中"则是已发之心的形而上的本体根据，不是已发。所以，"纯一无伪"的"赤子之心"可以因其不偏不倚、无过无不及的特征而谓之"已发之和"。但是，"赤子之心"不能谓之"未发之中"。吕大临则认为，"赤子之心"无所偏倚，所以即是"未发之中""天下之大本"。如果只是把"赤子之心"理解为"已发之和"，那么，"未发之前，谓之无心可乎？"吕大临认为，未发之前"心体昭昭具在"，而已发只是"心之用"而已。"心体昭昭"是指心之本体的临在，也就是指心的存在，这就是未发之心。而已发之心只是"心之用"而已。这里，吕大临开始有了心有"体用"之分的心性观，但还没有明确地形成此观念。在心性观上，吕大临直接把道德本心看作心的本体，心之本体即"性"，道德本心即是"性"，"性"就是道德本心，不是心之外还有个心的形上本体根据即性的存在。而程颐则认为，"心""性"之间是两分的。在此讨论的基础上，程颐明确地提出了心只有一个，只是有"体用"之分的心性观。程颐的这种心性观是在与吕大临反复辩论的过程中形成的，很可能受到了吕大临心性观的启发。前面说过，程颐一开始的时候主张心只是已发的，是一种经验层面的思虑与情感之心。所以，他认为心只是已发而不是未发。"未发"是什么，程颐在这里并没有明确地点出。在与吕大临反复讨论的基础上，程颐改变了先前心只是已发的观点，精练而概括地提出了心有"体用"之说，以"未发之中"言心之"体"，以"已发之和"言心之"用"。他论道：

> 心一也，有指体而言者，"寂然不动"是也；有指用而言者，"感而遂通天下之故"是也。惟观其所见何如尔。①

程颐认为，心不仅指"已发"，还指"未发"。"未发"是心之体，"已发"是

---

① 《河南程氏文集》卷九，第 609 页。

心之用，心则包得未发与已发。由前面的论述可以看出，程颐开始的时候是把"未发"与"已发"之心作一形而上、下的二分处理的。经过与吕大临的辩论之后，他开始把心理解为贯通形而上、下的"体用"之心，心包得了未发与已发了。可见，程颐在对中和问题的理解上，前后的观点有了很大的变化。

经过程颐与弟子关于中和问题的辩论，中和观正式进入了宋明理学的核心话语体系。在宋明理学中，中和观上升到一种至高的道德形而上学的地位，具有了浓厚的天命心性化的色彩。

### 二、"涵养须用敬，进学则在致知"的"致中和"工夫

宋明理学对中和问题的阐释不能离开如何做"致中和"工夫问题的探讨。程颐与弟子们从"天命""心性""体用""寂感"等层面对中和问题的探讨最终的目的是为了解决如何做"致中和"的工夫问题。他对"未发"与"已发"的工夫做了相应的区分，提出了"未发"用主敬涵养，"已发"用"格物""致知"的"致中"与"致和"两种工夫，"涵养须用敬，进学则在致知。"[1] 但是，这两种工夫之间又是相互贯通的关系。首先，程颐明确地提出了他的关于如何做"未发"的"致中"工夫的观点。

> 或曰："喜怒哀乐未发之前求中，可否？"
>
> 曰："不可。既思于喜怒哀乐未发之前求之，又却是思也。既思即是已发。（思与喜怒哀乐一般）才发便谓之和，不可谓之中也。"
>
> 又问："吕学士言：'当求于喜怒哀乐未发之前。'信斯言也，恐无捉摸，如之何而可？"
>
> 曰："看此语如何地下。若言存养于喜怒哀乐未发之时，则可；若言求中于喜怒哀乐未发之前，则不可。"
>
> 又问："学者于喜怒哀乐发时固当勉强裁抑，于未发之前当如何用功？"
>
> 曰："于喜怒哀乐未发之前，更怎生求？只平日涵养便是。涵养久，则喜怒哀乐发自中节。"[2]

这段对话的内容是程颐与弟子关于如何做"未发"的"致中"工夫的讨论。苏季明问人是否可以做求"中"于喜怒哀乐未发之前的"致中"工夫，程颐持反

---

[1] 《河南程氏遗书》卷十八，第 188 页。
[2] 《河南程氏遗书》卷十八，第 200—201 页。

对的观点。他从"既思即是已发。才发便谓之和"的理论立场出发，认为"求中于未发之前"的"致中"工夫是不可行的。程颐认为，"思"本身与喜怒哀乐一样，属于心的已发层面。已发的"思"是"未发之中"即性的流行发用，已经不是"未发之中"了。所以，"思"已经不是"未发"的"致中"工夫了，而是一种"已发"的工夫了。苏季明指出，虽然人可以在"已发"处做节制、裁度的"致和"工夫，但在"未发"处却不知如何用功。他认为"未发之中"让人无法捉摸，所以无从下手。苏季明的这个提问非常重要，指出了问题的关键。"未发之中"是指性，性不是人的经验层面可以捉摸的。我们只能经验到已发的形而下的层面即情，所以，只能做已发的"致和"工夫。虽然"求"或者说"思"于"未发"之前是不可以的，但是，程颐认为静中涵养于"未发"之前则是可行的。他认为静中涵养是"致中"的功夫所在。在程颐这里，"涵养"的工夫与"求"或者说"思"的工夫有着本质上的区别。程颐想要强调"未发"的涵养工夫是一种平日静中涵养的工夫，也就是说是一种"润物细无声"的滋养工夫，而已发的"思"或者说"求"的工夫则是一种人为的、刻意求取的思虑、计算活动。程颐认为，只要人平日静中涵养"未发之中"日久，使心的本性不丧失，则喜怒哀乐之情发而自然皆能"中节"。那么，如何做涵养"未发"的工夫呢？程颐明确地提出了"涵养须用敬"的"敬"中涵养工夫。他说："敬而无失，便是'喜怒哀乐未发之谓中'也。敬不可谓之中，但敬而无失，即所以中也"。① 人只要"敬而无失"，便是一种涵养"未发"的"致中"工夫。那么，何谓"敬"的工夫？"未发"的"敬"与"已发"的"求"或者说"思"的工夫又有何种本质的区别？我们看下面程颐与弟子的一段对话：

　　或曰："先生于喜怒哀乐未发之前下动字，下静字？"曰："谓之静则可，然静中须有物始得，这里便是难处。学者莫若且先理会得敬，能敬则自知此矣。"或曰："敬何以用功？"曰："莫若主一。"②

　　在程颐看来，"敬"是不能用经验层面的"动"与"静"的工夫所能概括的。当苏季明问程颐未发之前是要用"静"的工夫还是用"动"的工夫时，程颐认为，用"静"的工夫也可以。但是，涵养"未发"之前的工夫绝不能用一个"静"字来概括，而是要用"敬"的工夫。"敬"的工夫是一种不止于"静"

---

① 《河南程氏遗书》卷二，第44页。

② 《河南程氏遗书》卷十八，第201—202页。

的，而是"静中有物"的工夫。程颐认为，"静中有物"是对"敬"的工夫最难理解的地方。首先，"静中有物"表明这里的"静"并不是一种死寂或者说空寂之"静"，而是一种包含着内容的"静"。其次，"静中有物"的"物"不是指一种具体的事物，而是指"天理"。"天理"是有内容的，是活泼泼的，是一种实体性的存在，是万物生成的本体依据。所以，仅有一种经验层面的"静"的工夫是不能完全地体认到"天理"的。程颐认为，当人们用"敬"的工夫来涵养"未发之中"时则自能体会到"静中有物"之"物"，即"天理"。"敬"是一种超越了经验层面的"动"与"静"，"敬则自虚静，不可把虚静唤做敬"，①而能直达"天理"本体的体悟工夫。程颐指出，"敬"的工夫是一种循"理"或循"性"而行的工夫，也就是"主一"的工夫。

> 敬只是主一也。主一，则既不之东，又不之西，如是则只是中。既不之此，又不之彼，如是则只是内。存此则自然天理明。学者须是将敬以直内，涵养此意，直内是本。②

> 所谓敬者，主一之谓敬。所谓一者，无适之为一。且欲涵泳主一之义，一则无二三矣。……《易》所谓"敬以直内，义以方外"，须是直内，乃是主一之义。至于不敢欺、不敢慢、尚不愧于屋漏，皆是敬之事也。③

> 敬是闲邪之道。闲邪存其诚，虽是两事，然亦只是一事。闲邪则诚自存矣。④

概括说来，"敬"的"主一"的工夫即是使内心主于"理"的工夫。首先，"敬"的"主一"工夫是一种向内收敛的工夫。"主一"就是要使人的心思、意念不三心二意，专心致一于"中"或"内"。其次，"敬"的"主一"工夫也是一种向内的致诚的工夫。"致诚"即是使心忠诚于"中"或"内"，真诚无妄，没有邪妄与杂念。这里的"中"或"内"是指"未发之中"，也就是"性"或者说"理"。所以，"主一"的工夫即是指使心主于"理"，循理而行的工夫，"敬则无己可克"。⑤"天理"落实在人心则为性，"主一"即是使心合于本性，依性而发，不走作，不散慢，这是程颐"敬以直内"工夫的根本内涵。"主一"为做静中主

---

① 《河南程氏遗书》卷十五，第 157 页。
② 《河南程氏遗书》卷十五，第 149 页。
③ 《河南程氏遗书》卷十五，第 169 页。
④ 《河南程氏遗书》卷十八，第 185 页。
⑤ 《河南程氏遗书》卷十五，第 157 页。

"敬"的涵养"未发"工夫提供了切实的下手处。"天理"在人心则为性,性为人心的内在理据。人如果能使内心主"敬",合于心之"理",涵养久,则自能体悟"天理",洞彻"天理"之森然万象。"'中者,天下之大本',天地之间,亭亭当当,直上直下之理,出则不是,唯敬而无失最尽"。① 人心洞彻到"天理"之森然万象即是一种"静中有物"的心理状态。程颐认为"直内是本",即是说用"敬"涵养"未发"是"致中和"工夫的根本所在。程颐把心分为相对的"动""静"不同的阶段。"未发"即是指心未与外物接触时的思虑未萌、相对的"静"的阶段;"已发"即是指心与外物接触时的思虑已萌、"动"的阶段。笔者认为,程颐对心的"动"与"静"的这种区分是从工夫论上来立说的。只有这样,程颐才能把"未发"的工夫与"已发"的工夫相区分开来。在社会生活中,人们处于相对的"静"的阶段的时候,更有利于做主"敬"涵养"未发"的工夫。所以,程颐提出了静中主"敬"的涵养"未发"的工夫。"敬"是一种使心合于"理",在心上用功的工夫,而心则不能不与外物交感,所以"敬"不是使心不与外物交接,没有情感思虑,而只是要持"敬",使心"主一"无妄,以与"理"合一,这便是"敬"的用功所在。

> 学者先务,固在心志。有谓欲屏去闻见知思,则是"绝圣弃智"。有欲屏去思虑,患其纷乱,则是须坐禅入定。如明鉴在此,万物毕照,是鉴之常,难为使之不照。人心不能不交感万物,亦难为使之不思虑。若欲免此,唯是心有主。如何为主?敬而已矣。②

无论是处于"动"的阶段,还是"静"的阶段,都是一种"敬"的工夫。但在"已发"时,程颐一般不提"敬"的工夫,而是主张用"义"的工夫,"敬只是涵养一事。必有事焉,须当集义"。③ 关于这个问题,程颐与苏季明有过一些讨论:

> 曰:"固是所为皆中,然而观于四者未发之时,静时自有一般气象,及至接事时又自别,何也?"
> 曰:"善观者不如此,却于喜怒哀乐已发之际观之。贤且说静时如何?"
> 曰:"谓之无物则不可,然自有知觉处。"
> 曰:"既有知觉,却是动也,怎生言静?人说'复其见天地之心',皆以

---

① 《河南程氏遗书》卷十一,第132页。
② 《河南程氏遗书》卷十五,第168—169页。
③ 《河南程氏遗书》卷十八,第206页。

谓至静能见天地之心，非也。复之卦下面一画，便是动也，安得谓之静？自古儒者皆言静见天地之心，唯某言动而见天地之心。"

或曰："莫是于动上求静否？"

曰："固是，然最难。释氏多言定，圣人便言止。且如物之好，须道是好；物之恶，须道是恶。物自好恶，关我这里甚事？若说道我只是定，更无所为，然物之好恶，亦自在里。故圣人只言止。所谓止，如人君止于仁，人臣止于敬之类是也。易之艮言止之义曰：'艮其止，止其所也。'言随其所止而止之，人多不能止。盖人万物皆备，遇事时各因其心之所重者，更互而出，才见得这事重，便有这事出，若能物各付物，便自不出来也。"①

苏季明在做静中体验"未发"工夫时，因内心还未与外物接触，无所偏倚，自有一种"静"的体验。然而，这种"静"的气象与心接事已发时往往不协调，甚至相冲突。人心在与外物接触时，人又会感到思虑不定、情绪纷乱，"未发"时"静"的体验丧失殆尽。程颐虽没有去否定静中体验"未发"的工夫，但他对此也没有予以充分的关注。程颐本人更认同在"已发"处用功的"动中求静"的"义"的工夫，也就是"致和"的工夫。既然"未发之中"与"已发之和"之间是"体用一源"的关系，"未发之中"要通过已发来显现。所以，人可以通过做"已发"处用功的"致和"工夫来做"致中"的工夫。而且，对常人来说，相较于"敬"的涵养"未发"的工夫，在"已发"处用功的"致和"工夫则是一种比较切实、可行的工夫。程颐通过阐释《周易·艮卦·象辞》"艮其止，止其所也"之义来阐释他的"动中求静"的"义"的工夫。"动中求静"是指人的喜怒哀乐之情发于人伦事用之中，无过无不及，"发而皆中节"，也就是"义"的工夫。"义"即是合宜、恰当，即是待人接物要做到"物各付物"，不盲目乱动。"物各付物"即是"以物待物，不可以己待物"。②"以物待物，不以己待物"是指人要依据事物之理，即事物的所当然之则与所以然之故来行与止，做到言行举止的合宜恰当，这也就是"处物为义"的工夫。例如，在社会伦理道德领域，每个人按着自己的位分来行与止，如人君止于仁，人臣止于敬，人子止于孝之类，便是人的言行举止的"发而皆中节"之"和"。每一事物都有其所当然之则与所以然之故，"有物必有则，一物须有一理"。③人们在待人处事时，只有按着事物的所

---

①　《河南程氏遗书》卷十八，第 201 页。

②　《河南程氏遗书》卷十五，第 165 页。

③　《河南程氏遗书》卷十八，第 193 页。

当然之则来行与止，不能盲目、任意地"为物作则"。

> 夫有物必有其则，父止于慈，子止于孝，君止于仁，臣止于静，万物庶事莫不各有其所，得其所则安，失其所则悖。圣人所以能使天下顺治，非能为物作则也，唯止之各于其所而已。①

然而，人们要想在为人处世时真正地按着事物的所以然之故与所当然之则来言行，实现"发而皆中节"之"和"，则需要做"格物""穷理"的"致知"工夫。在程朱理学中，通过"格物""穷理""致知"来"致和"的工夫的最终目的是指向提高人的伦理道德水平的。但是，"格物""致知"的过程中却内含着丰富的知识论色彩，道德本身也被作为人需要认知的对象，当成一种事物之理去学习。程朱理学认为，通过对事物之理的学习，可以使人的言行举止"发而皆中节"，从而提高人的伦理道德水平。但是，以今天价值与事实两分的思维来看，人对事物之理的知识性学习与人的伦理道德水平高低之间并不是一种成正比的关系。当然，一种道德行为的完成也往往需要认识与道德行为内容有关的事物的理则。如果没有对这些事物之理的学习与穷究，人们的言行举止就无所凭依，因此无法立身行事。例如，儒家的"礼"作为一种外在规范与准则需要人们的学习与认识，才能成为人们社会生活的凭依。这样，人们才能在社会上与他人和谐相处，"不知礼，无以立"（《论语·尧曰》）。所以，程颐指出，"致和"的工夫即是一种"致知"的"格物""穷理"的工夫。"格物""穷理"一方面是为了认识具体事物之理，但最终目的是不断地扩充、推进心中的"固有之知"来最终达到对"天理"的体认。程颐论道：

> 中和，若只于人分上言之，则喜怒哀乐未发既发之谓也。若致中和，则是达天理，便见得天尊地卑、万物化育之道，只是致知也。②

一方面，这里"吾之所固有"的"知"是指人心所固有的认知能力。这种认知能力既是一种"见闻之知"，也是一种"德性之知"。但是被人的私欲牵引之后，人心就失去了这种"德性之知"。人的这种认知能力不通过具体的"格物""穷理"工夫是不能得到深入推进与扩展的。另一方面，"吾之所固有"的"知"又是指人通过人心的认知能力所获得的认识，包括关于德性方面的知识，这种认识也必须通过"格物""穷理"的工夫才能获得，论之如下：

---

① 《周易程氏传》卷四，第968页。
② 《河南程氏遗书》卷十五，第160页。

“致知在格物”。格，至也，穷理而至于物，则物理尽。①

格犹穷也，物犹理也，犹曰穷其理而已也。穷其理，然后足以致之，不穷则不能致也。②

知者吾之所固有，然不致则不能得之，而致知必有道，故曰“致知在格物”。③

“致知在格物”，非由外铄我也，我固有之也。因物有迁，迷而不知则天理灭矣，故圣人欲格之。④

程颐“格物”“穷理”“致知”的工夫是从穷究具体事物的个别之理开始，再由对具体事物的个别之理的认识的积累而贯通、上升到对事物的共同之“理”即“天理”的认识的过程。

语其大，至天地之高厚；语其小，至一物之所以然，学者皆当理会。……然一草一木皆有理，须是察。⑤

所务于穷理者，非道须穷尽了天下万物之理，又不道是穷得一理便到，只是要积累多后，自然见去。⑥

程颐提出的“格物”“穷理”的范围非常广泛，但这并不是说他要人们穷尽天下所有事物之理，获得所有关于事物之理的知识。这里，程颐是想要强调“格物”“穷理”的过程是一种积少成多的积累与顿悟的工夫，以此来最终达到对事物的所以然之理即“天理”的体认，获得一种“德性之知”。对事物之理的认识能促使人们在为人处事时按着事物之理来行动，这样就能使人们的言行举止“发而皆中节”。但是，程颐的“格物”“穷理”“致知”过程不仅是客观地认识事物之理，其最终目的是体认出至善的“天理”，实现自己的“德性之知”，“致知，但知止于至善”。⑦ 所以，程颐这个“格物”“穷理”“致知”的过程并不是现代认识论上所说的追求知识积累和推理的过程。因为程颐的“天理”不是一种经验的认知对象，而是一超验的“天理”。所以在程颐的“格物”“穷理”“致知”工夫中，人由对个别事物之理的认识上升到对事物背后的共同的“天理”的认识是反

① 《河南程氏遗书》卷二，第 21 页。
② 《河南程氏遗书》卷二十五，第 316 页。
③ 《河南程氏遗书》卷二十五，第 316 页。
④ 《河南程氏遗书》卷二十五，第 316 页。
⑤ 《河南程氏遗书》卷十八，第 193 页。
⑥ 《河南程氏遗书》卷二，第 43 页。
⑦ 《河南程氏遗书》卷七，第 100 页。

逻辑的，非理性的。人们对"天理"的认识是经过一积少成多的积累过程后，通过豁然贯通的"顿悟"体认出来的。程颐认为，人心之理与外在事物之理都是源于"天理"，两者之间具有某种一致性，"物我一理，才明彼即晓此，合内外之道也"。① 所以，对外在的事物之理的认识和体验有助于人的"德性之知"的实现。"德性之知"是伦理道德行为的心性根据，有了"德性之知"，人的言行举止自然就能"发而皆中节"。

总的来说，程颐通过"格物""穷理""致知"来"致和"的工夫中虽然含有经验认识的特点，并且这种经验认识的确也能够为人们言行举止的"发而皆中节"之"和"提供凭依。但是，程颐的"格物""穷理""致知"工夫不仅是为了获得一种关于事物的经验知识，最终的目的则是为了从对事物之理的认识与体验中体悟出超验的、至善的"天理"来，以实现"德性之知"，从而使心之所发合于心之本性，实现"发而皆中节"之"和"。

## 第二节　朱熹的心性中和观

朱熹是宋明理学的集大成者，他的中和观是其哲学体系中一个非常重要的组成部分。朱熹是宋明理学家中对中和观阐释最详密、最系统、最具有典范性的人。朱熹延续了程颐对《中庸》中和问题的关注，其中和观主要是围绕着《中庸》的"未发""已发"问题，结合"心""性""情""体用""寂感"等概念反复参究，经历了"中和旧说""中和新说"的体验与转变过程，最后才形成了自己成熟的心性中和观。因此，朱熹的中和观与其心性论、工夫论等问题相结合而成为宋明心性中和观中不可或缺的、最为重要的一部分。

### 一、中和旧说

所谓"中和旧说"，指的是朱熹的丙戌之悟，这是他早年关于中和问题的代表性理论。受程颐与弟子对中和问题关注的影响，以及在师门中和观的直接启发下，朱熹早年就对《中庸》关于"未发""已发"的中和问题极为关切。朱熹虽然对师门静中体验未发的工夫缺乏深刻而切实的领悟，但他对中和问题的探索却一直没有停止过。在其师李侗去世之后，他尝试用认识与修养的方法来探索中和

---

① 《河南程氏遗书》卷十八，第193页。

问题，并在乾道丙戌年有了一套关于中和问题的认识与理解，从而形成了他早年的"中和旧说"。

朱熹在乾道八年撰写的《中和旧说序》中，对自己中和学说的两次领悟过程做了一番介绍。如下：

> 余蚤从延平李先生学，受《中庸》之书，求喜怒哀乐未发之旨，未达而先生没。余窃自悼其不敏，若穷人之无归。闻张钦夫得衡山胡氏学，则往从而问焉。钦夫告余以所闻，余亦未之省也，退而沉思，殆忘寝食。一日，喟然叹曰："人自婴儿以至老死，虽语默动静之不同，然其大体莫非已发。特其未发者为未尝发耳。"自此不复有疑，以为中庸之旨果不外乎此矣。后得胡氏书，有与曾吉父论未发之旨者，其论适又与余意合，用是益自信。虽程子之言有不合者，亦直以为少作失传而不之信也。然间以语人，则未见有能深领会者。乾道己丑之春，为友人蔡季通言之，问辨之际，余忽自疑，斯理也，虽吾之所默识，然亦未有不可以告人者。今析之如此其纷纠而难明也，听之如此其冥迷而难喻也，意者乾坤易简之理，人心之所同然者，殆不如是；而程子之言出其门人高弟之手，亦不应一切谬误以至于此。则予之所自信者，其无乃反自误乎？则复取程氏书，虚心平气而徐读之，未及数行，冻解冰释，然后知性情之本然、圣贤之微旨，其平正明白乃如此。而前日读之不详，妄生穿穴，凡所辛苦而仅得之者，适足以自误而已。至于推类究极，反求诸身，则又见其为害之大，盖不但名言之失而已也。于是又窃自惧，亟以书报钦夫及尝同为此论者。惟钦夫复书深以为然，其余则或信或疑，或至于今累年而未定也。夫忽近求远，厌常喜新，其弊乃至于此，可不戒哉！①

朱熹的中和学说经历了新、旧两次的领悟过程。第一次领悟称为"丙戌之悟"，即《序》中所言丙戌年间"一日，喟然叹曰"所表达的观点。第二次领悟称为"己丑之悟"，即《序》中所言己丑之春"余忽自疑"与"冻解冰释"后所获得的反思。两次中和之悟虽有差异，但通过这两次中和之悟，朱熹逐渐建构了成熟的心性中和思想体系。

"中和旧说"是朱熹与好友张栻的交流讨论之后，事后又经过自己的苦心思索领悟而来。从《序》中看，这个领悟过程其实并没有受到张栻以及湖湘学派中

---

① 朱熹撰，朱傑人等主编：《朱子全书》，《晦庵先生朱文公文集》卷七五，上海古籍出版社、安徽教育出版社 2010 年版，第 3634—3635 页。

和观的多少启发。此时,朱熹已初步形成了"中和旧说"的基本观点。此后,他把自己的中和观写信与张栻交流,前后一共写了四封书信。学界一般认为,这四封书信即是《朱文公文集》答张钦夫第三、四、三十四、三十五书。因为答张钦夫第三书开首有云:"人自有生",所以学者又称这四封书信为"人自有生四书"。

"中和旧说"的大旨是:心为已发,性为未发。朱熹在答张钦夫第三书中论道:

> 人自有生即有知识,事物交来,应接不暇,念念迁革,以至于死,其间初无顷刻停息,举世皆然也。然圣贤之言,则有所谓未发之中,寂然不动者。夫岂以日用流行者为已发,而指夫暂而休息,不与事物之际为未发时耶?尝试以此求之,则泯然无觉之中,邪暗郁塞,似非虚明应物之体,而几微之际,一有觉焉,则又便为已发,而非寂然之谓。盖愈求而愈不可见,于是退而验之于日用之间,则凡感之而通,触之而觉,盖有浑然全体应物而不穷者。是乃天命流行、生生不已之机,虽一日之间万起万灭,而其寂然之本体则未尝不寂然也。所谓未发,如是而已,夫岂别有一物,限于一时,拘于一处,而可以谓之中哉?①

朱熹认为,人心总是处于经验层面的已发状态。人自出生至死亡,虽有语默动静的不同,但一生中都处于心的发用流行的状态。现实生存的人,无论何时都处于心体流行的过程中,此无论喜怒哀乐发动抑或尚未发动。心为"感而遂通"的已发,而未发不是指心,而指的是心之体即"性"。这里,"性"即"性即理"之性,属于形而上的存在。"性"是"寂然不动"的"未发之中",是心的本体依据,并通过在心的发用中来体现自己。在朱熹后来的己丑之悟中,明确将其关于"中和旧说"的思想观点概括为"心为已发,性为未发"。②而在《答张钦夫》第四书中,朱熹明确地指出了已发为心,性为未发,心为活泼流行之用的主张。他说:

> 盖通天下只是一个天机活物,流行发用,无间容息。据其已发者而指其未发者,则已发者人心,而凡未发者皆其性也。③

这里,"未发之中"是指性,"已发之和"是指心。"未发之中"与"已发之和"之间并不是一种时间上的先后关系,而是一种形上与形下两分的体用关系。

---

① 《晦庵先生朱文公文集》卷三十,第 1315 页。
② 《晦庵先生朱文公文集》卷六四,第 3130 页。
③ 《晦庵先生朱文公文集》卷三二,第 1393—1394 页。

"未发之中"为心之体，"已发之和"为心之用，"未发之中"是"已发之和"的
形上依据，而"已发之和"是"未发之中"的流行发用。同时，"未发之中"又
不离"已发之和"，"未发之中"即性体通过已发之用即心的意识活动来体现自
己的存在，"天性人心、未发已发，浑然一致，更无别物"。① "未发之中"即性
与心的活动之间是一种没有间隔的、"体用一源"的体用关系。这里，朱熹关于
"未发""已发"的界定实际上是从本体论上来论说的，这种观点是一种以性为
体，以心为用的心性上、下两分的心性中和观。对此，朱熹在他后来所写的《与
湖南诸公论中和第一书》中有过明确的论述："中庸未发、已发之义，前此认
得此心流行之体，又因'程子言凡言心者皆指已发而言'，遂目心为已发、性为
未发"。②

与朱熹的"中和旧说"理论观点相一致，在"致中和"的工夫上，朱熹主张
在心的已发处用功，做先察识后涵养的"致中和"工夫。他论道：

> 然则天理本真，随处发现，不少停息者，其体用固如是，而岂物欲之私
> 所能壅遏而梏亡之哉？故虽汩于物欲流荡之中，而其良心萌蘖，亦未尝不因
> 事而发现。学者于是致察而操存之，则庶乎可以贯乎大本达道之全体而复其
> 初矣。……程子曰："未发之前更如何求？只平日涵养便是。"又曰："善观者，
> 却于已发之际观之。"③

> 向来妄论持敬之说，亦不自记其云何。但因其良心发现之微，猛省提
> 澌，使心不昧，则是作功夫底本领。本领既立，自然下学而上达矣。若不察
> 于良心发现处，即渺渺茫茫，恐无下手处也……

> 所喻多识前言往行，固君子之所急，熹向来所见亦是如此，近因反求未
> 得个安隐处，却始知此未免支离。如所谓因公以来程氏，因程氏以求圣人，
> 是隔几重公案。曷若默会诸心，以立其本。④

显然，朱熹这里主张做的是一种先察识后涵养的"致中和"工夫。这种工夫
主张在心的流行发现处用功，也就是说要在人伦事用之中察识心的发用，以使心
之发用能够无过无不及、"发而皆中节"。因未发之性与心之间是一种形而上、下
的体用关系，性作为心的形上本体依据，本身又是无法捉摸的，所以，朱熹认为

① 《晦庵先生朱文公文集》卷四十，第 1803 页。
② 《晦庵先生朱文公文集》卷六四，第 3130 页。
③ 《晦庵先生朱文公文集》卷三二，第 1315—1316 页。
④ 《晦庵先生朱文公文集》卷四十，第 1822 页。

人在未发处无法下功夫。但是，未发之性通过心的流行发用活动来体现自身。性与心之间本来是一种没有间隔、体用一源的关系。只是由于受到气质的昏蔽，人心的发用流行并不一定合于性或者说理，有可能趋于流荡无节，戕害人的中和本性。而当人心的发用合于性或理时，便是人的道德意识之心即"良心"的觉醒之时，这时心性合一，性得到了全面的涵养与体现。所以，朱熹提出的"先察识，后涵养"的工夫，即是先察识人心在人伦事用中的发用之端，以使心在人伦事用上"发而皆中节"，处处合于性、合于理的工夫，这个过程就是"良心"的发现过程。而"良心"也就是朱熹所说的"道心"，"道心"也就是合于性或理的道德意识之心，详见后文。朱熹认为，在心的流行发用处察识是"致中和"工夫的实实在在的下手处，否则就会渺然而无所措。

## 二、中和新说

随着朱熹与友人对中和问题的进一步切磋，朱熹已经开始不满于他在"中和旧说"中的理解与领悟。他总觉得"中和旧说"的观点"纠纷而难明""玄冥而难喻"，这在他的《序》中有明确的记载。至己丑之春，他的心性中和观有了新的转变，于是有了己丑之春的中和之悟，也称为"中和新说"。朱熹"中和新说"的思想观点可以从两个不同的思想层面去概括。①

首先，"未发之中"与"已发之和"是指未发之心与已发之心，是心理活动的两个不同阶段。所以，"未发"与"已发"之间是一种并列、平行的不同时间段的先后关系。朱熹对"未发"与"已发"的这种理解从根本上说是从工夫论的视角立说的，是为做"未发"与"已发"的工夫提供理论依据。纵观朱熹整个的"中和新说"，只要提到未发的"致中"的工夫与已发的"致和"的工夫时，"未发""已发"都是指未发之心与已发之心，这是朱熹"中和新说"中第一个层面的含义。在朱熹这个层面的心性中和观中，"未发"即未发之心，是指心的思虑未萌，"已发"即已发之心，是指思虑已萌，这里的"思虑"包含着知觉、思虑、情感的意思。朱熹在《已发未发说》中说：

右据此诸说，皆以思虑未萌、事物未至之时，为"喜怒哀乐之未发"。当此之时，即是心体流行，寂然不动之处，而天命之性，体段具焉。以其无

---

① 关于朱熹"中和新说"所包含的两个层面内涵的观点，本章主要参考了陈来先生对朱熹中和问题的解读。参见陈来《朱子哲学研究》，生活·读书·新知三联书店 2010 年版，第 203—210 页。

过不及，不偏不倚，故谓之中。然已是就心体流行处见，故直谓之性则不可。吕博士论此大概得之。特以中即是性，赤子之心即是未发，则大失之，故程子正之。……程子所谓"凡言心者，皆指已发而言"，此却指心体流行而言，非谓事物思虑之交也。①

朱熹认为，程颐的已发之心的"发"不是指心与事物接触时产生思虑之交时的发动之"发"。而是指人从出生一直到死亡，心体一直是流行运动不止的，这种对已发之心的理解是符合程颐的原意的。朱熹这里的心体之"体"不是本体论上所说的心的本体的意思，而是指实体之心，是指心作为实体之心的总的运动变化过程。虽然朱熹对程颐已发之心的理解符合程颐的原意，但他对"未发"的理解就和程颐完全不同了。他把"未发"理解为心体流行发用过程中的一个相对"静"的思虑未萌的阶段。朱熹认为，人的心体流行变化的过程分为"未发"与"已发"两个不同的阶段，"只是这个心自有那未发时节，自有那已发时节。"② "发"是标识心的思虑的未萌与已萌的词。"未发"即是一种是事物未至，思虑未萌时心的未发状态。这个时候思虑虽然未萌，但是这时心知觉不昧。这个阶段类似于现代心理学所说的潜意识状态。"已发"即是一种与事物交、思虑已萌时的心的已发状态。心体流行分为"未发"的相对的"静"与"已发"的相对的"动"两个不同的阶段与状态。已发之心是"感而遂通"的"动"的状态，未发之心是相对的"寂然不动"的"静"的状态。但"寂然"不是空寂，这时，天命之性具于此未发之心。朱熹为什么特别强调天命之性具于未发之心，而没有强调天命之性具于已发之心呢？朱熹认为未发之心因没有受到外在事物引起的思虑、情欲的干扰，处于一种莹然透明，没有私意的公明状态，这时未发之心与性是合一的，因此能够顺理而起，顺理而灭，合于天理。"但此心莹然，全无私意，是则寂然不动之本体，其顺理而起，顺理而灭，斯乃所以感而遂通天下之故"。③朱熹之所以把未发之心称为"未发之中"，是因为未发之心没有受到外在物欲的影响，能够不偏不倚，与性合一。"所谓静者亦指未感时而言尔。当此之时，心之所存浑是天理，未有人欲之伪，故曰'天之性'"，④ "'喜怒哀乐未发谓之中'，

① 《晦庵先生朱文公文集》卷六七，第3267—3268页。
② 黎靖德编，王星贤点校：《朱子语类》卷六二，中华书局1986年版，第1509页。
③ 《晦庵先生朱文公文集》卷四二，第1921页。
④ 《晦庵先生朱文公文集》卷四二，第1899页。

只是思虑未萌，无纤毫私欲，自然无所偏倚。所谓'寂然不动'，此之谓中"。①
但我们应该注意到，这里的"未发之中"并不是指性，而是指未发之心。性虽通
过心来体现自身，但心与性不是为一。理虽居于人心，但由于受到气质的昏蔽，
心体流行的过程中不一定都能合于"理"或者说"性"。朱熹认为，人通过后天
的涵养与省察的"致中和"工夫能够使心性合一，使未发之心与已发之心都能合
于"性"或者说"理"，"发而皆中节"。

朱熹把"未发""已发"解释成经验层面的前后不同的心理过程为人们在经
验生活中做静中涵养"未发"与动中省察"已发"的工夫指明了下手处。朱熹认
为，如果只是一味地做"已发"处的"致和"工夫，而缺失对"未发之中"的涵
养，就会失去对心性的深潜纯一之滋养，人心在人伦事用的发用中就会浮躁不
安，思虑纷扰。朱熹在《未发已发说》中论道：

> 向来讲论思索，直以心为已发，而所论致知格物，亦以察识端倪为下手
> 处，以故阙却平日涵养一段功夫。其日用意趣，常偏于动，无复深潜纯一之
> 味，而其发之言语事为之间，亦常躁迫浮露，无古圣贤气象，由所见之偏而
> 然尔。②

基于这样的思考，朱熹把人的经验层面的心理过程分为思虑未萌的"未发"
与思虑已萌的"已发"两个相对的动、静不同的阶段，强调对"未发"的静的涵
养工夫。他认为在心的思虑未萌、相对的"寂然不动"的"未发"阶段，做静中
涵养"未发"的工夫，能够使心在静的涵养中与"理"或者说"性"合一，这样
心在发用的时候自然能够"中节"。然而，朱熹"中和新说"不只是仅仅停留在
对"未发""已发"的这个层面的解释上。基于对中和问题越来越深入的思考，
以及与友人的切磋，朱熹"中和新说"第二个层面的含义逐渐确立、显现出来。

朱熹"中和新说"第二个层面的含义是把"未发之中"理解为性，"已发之
和"理解为情，而心则统性情。朱熹认为，性情之间是一种体用的关系。性为心
之体，情为心之用，而心是性情的承担者，贯通未发已发，性情与体用。在"中
和新说"领悟的过程中，朱熹的心性中和观开始有了细微，进而达到一种根本性
的转变。朱熹在"己丑之悟"后不久，便写信给湖南诸友，以告知他的"中和新
说"的观点。他在《与湖南诸公论中和第一书》中论道：

---

① 《朱子语类》卷六二，第 1509 页。
② 《晦庵先生朱文公文集》卷六七，第 3268 页。

按文集、遗书诸说，似皆以思虑未萌、事物未至之时，为喜怒哀乐之未发，当此之时，即是此心寂然不动之体，而天命之性，当体具焉。以其无过不及，不偏不倚，故谓之中。及其感而遂通天下之故，则喜怒哀乐之性发焉，而心之用可见。以其无不中节，无所乖戾，故谓之和。此则人心之正，而性情之德然也。①

在《未发已发说》中，朱熹把"未发"理解为心体流行的相对静的，"寂然不动"的心的未发阶段。而在这里，朱熹似乎不再注重对心体流行活动的描述，开始关注"性""情"与"心"的问题。他认为喜怒哀乐之情的根据是"喜怒哀乐之性"，喜怒哀乐之情即是心之用，而人的喜怒哀乐"已发之和"则是人的"性情之德"。这里，虽然性是心之体的思想还没有形成，但情是心之用的思想已经内含着了。朱熹在这里表达的思想还是《未发已发说》中的观点。"寂然不动"之心体与天命之性合一，以其不偏不倚，所以谓之"未发之中"。而朱熹比较明确地把"未发之中"理解为性而不是未发之心，把"已发之和"理解为情的思想观点是他在《答张钦夫》第四十九书中提出的。

然人之一身，知觉运用莫非心之所为，则心者固所以主于身，而无动静语默之间者也。然方其静也，事物未至，思虑未萌，而一性浑然，道义全具；其所谓中，是乃心之所以为体而寂然不动者也。及其动也，事物交至，思虑萌焉，则七情迭用，各有攸主，其所谓和，是乃心之所以为用，感而遂通者也。然性之静也而不能不动，情之动也而必有节焉，是则心之所以寂然感通、周流贯彻而体用未始相离者也。②

这里，朱熹把"未发之中"理解为心之体即性，把"已发之和"理解为心之用即情，而心则周流、贯通"性情""动静"的思想已经初步形成了，但还不是十分地明确。而且，这时朱熹对"未发之中"的解释还带有"未发之中"在时间上是心体流行的相对"静"的"寂然不动"的阶段的意味，未发之心与心之体即性似乎在时间段上重合起来。朱熹把"未发之中"理解为心之体即性，而把"已发之和"理解为心之用即情这一心性中和观在他后来的《中庸首章说》中有了比较明确的表达：

"喜怒哀乐未发谓之中，发而皆中节谓之和……"何也？曰：天命之性，

①　《晦庵先生朱文公文集》卷六四，第3130—3131页。
②　《晦庵先生朱文公文集》卷三二，第1419页。

浑然而已。以其体而言之，则曰中。以其用言之，则曰和。[①]

这里，朱熹已经比较明确地把"未发之中"解释为性，"中"即是性之体；而把"已发之和"理解为性之用，"和"即是一种"性"的发用皆中节的状态。但是，在这里，"中""和"都只是用来标示性、情的，而不能把"中"、"和"直接说成性、情。这是因为"中""和"本身并不是性、情，而只是用来形容性、情的。关于这一点，朱熹后来做了明确的补充与说明：

> 中和体用之语，亦只是句中少曲折耳。盖中者，所以状性之德而形道之体；和者，所以语情之正而显道之用。熹前说之失，便以中和为体用，则是犹便以方圆为天地也。[②]

朱熹继承了程颐的观点，认为"中"不是实词，而是一虚词，只是用来状"性"的，本身并不是性。"'中'是虚字，'理'是实字，故中所以状性之体段"。[③] 我们可以称天为圆，地为方，但不可称方圆是天地。关于朱熹"中和新说"第二个层面的含义最完整而确切的表达是在《中庸章句》中对"未发""已发"的解释：

> 喜怒哀乐，情也。其未发，则性也，无所偏倚，故谓之中。发皆中节，情之正也，无所乖戾，故谓之和。[④]

这里，朱熹从形而上、下的体用的角度来理解"未发""已发"，把"未发"理解为性，"已发"理解为情。在"中和新说"第二个层面的含义中，朱熹非常重视心的地位。可以说，"性""情"都是围绕着心来讲的，朱熹认为心是性情的承担者。心之体即性，心之用即情，心则贯通性情、体用、未发与已发。

但是，朱熹"中和新说"与"中和旧说"的一个根本区别是，"中和新说"用心把"未发之中"即性与"已发之和"即情统一、贯通起来。心之"体"是性，心之"用"是情，而心则统性情，这里不再强调"心""性"是二分对立的关系。朱熹论道：

> 性者，理也。性是体，情是用。性情皆出于心，故心能统之。统，如统兵之"统"……以此言之，则见得心可以统性情。一心之中自有动静，静者

---

① 《晦庵先生朱文公文集》卷六七，第 3265 页。
② 《晦庵先生朱文公文集》卷四二，第 1903 页。
③ 《朱子语类》卷六十二，第 1512 页。
④ 朱熹：《四书章句集注》，中华书局 1983 年版，第 18 页。

性也，动者情也。①

> 心主于身，其所以为体者，性也，所以为用者情也。是以贯通乎动静而
> 无不在焉。②

> 性，本体也，其用情也；心，则统性情，该动静而为之主宰也。③

> 性者，心之理也；情者，心之用也；心者，性情之主也。④

朱熹认为，性是心之"体"。"理"是心的根本依据，"理"落实在人心则为
性，性是心的内在之理，也是心自身内在的道德情感法则；情则是心之"用"，
是心的具体意识活动。"性""情"之间是"体""用"的关系。性从心中发出来，
情是性的流行发用。这样，就由心来统性情，心是性情的承担者。朱熹认为，心
是处于不断的活动之中的，性的发用也就是心的具体情感、思虑活动，"大抵心
本是个活物，无间于已发未发"。⑤朱熹注重从心的内在之理上去说性，即从心上
去说性，性是心的内在之理；注重从心的发用上去说情，即从心上去说情，情是
指心的具体的情感、思虑活动。这样，"未发""已发"都是从心上去说的，通过
心紧密联系起来。这里，朱熹是从生成论上来说"心""性""情"三者之间的关
系的。从生成论上来说，"心""性""情"三者可以说是一物，"然'心统性情'，
只就浑沦一物之中，指其已发、未发而为言尔，非是性是一个地头，心是一个地
头，情又是一个地头，如此悬隔也"。⑥性虽然是心之"体"，但性又内具于人心，
是心之"理"，而情则是心之"用"，也就是心的情感意识活动的具体展现。所
以，不是心之外还有个心之"理"与心之"用"的存在。从本体论上说，"未发
之中"即性与"已发之和"即情之间虽然是形而上、下的"体用"关系。但是，
心统性情，通过心把性情贯统、兼合起来。"统"即"兼"的意思，"'心统性情'。
统，犹兼也"，⑦"心兼体用而言。性是心之理，情是心之用"。⑧心统性情也可以
说心包得性情，"心是包得这两个物事。性是心之体，情是心之用"。⑨这样，由

---

① 《朱子语类》卷九八，第 2513 页。
② 《晦庵先生朱文公文集》卷四十，第 1839 页。
③ 《晦庵先生朱文公文集》卷七四，第 3584 页。
④ 《晦庵先生朱文公文集》卷六七，第 3254 页。
⑤ 《朱子语类》卷九六，第 2470 页。
⑥ 《朱子语类》卷五，第 94 页。
⑦ 《朱子语类》卷九八，第 2513 页。
⑧ 《朱子语类》卷五，第 96 页。
⑨ 《朱子语类》卷一百一十九，第 2867 页。

"心"把形而上的未发之性与已发之情贯通起来，"心字贯幽明、通上下，无所不在，不可以方体论也"。① 不论是说性，还是情，都是从心上去说，"未发之中"与"已发之和"都是在讲心。

心作为性情的承担者，不仅是包得性情的，还对性情起着主宰的作用，"心，主宰之谓也。动静皆主宰"。② "主宰"即是管理、统摄的意思，"性以理言，情乃发用处，心即管摄性情者也"。③ 朱熹认为，性与情都在心的统摄、主宰之下。朱熹认为心具有主体性地位，心可以依性而活动，也可以不依性而行。性必须通过心的主体意识活动来体现，心的主体意识活动即是性的显现发用过程。朱熹认为，即使心在未发的时候，因为受到气质的影响，心的意识活动也并不能无条件地"中"，即与"性"合一，需要做主"敬"的工夫才能保持心理活动的不偏不倚之"中"，以与性合一。朱熹论道：

> 未感物时，若无主宰，则亦不能安其静，只此便昏了天性，不待交物之引然后差也。盖"中和"二字，皆道之体用，以人言之，则未发已发之谓。但不能慎独，则虽事物未至，固已纷纶胶扰，无复未发之时。既无以致夫所谓中，而其发必乖，又无以致夫所谓和。惟其戒谨恐惧，不敢须臾离，然后中和可致而大本达道乃在我矣。④

> 盖众人虽具此心，未发时已自汩乱了，思虑纷扰，梦寐颠倒，曾无操存之道；至感发处，如何得会如圣人中节！⑤

朱熹提出心只有一个，但有"人心"与"道心"之分的心性学说。心只要合于"理"或"性"就是"道心"，"道心"是心合于道德法则的道德情感活动，自身具有道德价值判断的功能。"心主性情"其实也就是一个彰显人的"道心"，以"道心"战胜"人心"的过程。所以，彰显合于"理"或"性"的"道心"才是"致中和"工夫的重心所在。

朱熹"中和新说"第二个层面虽然是讲性情之"中和"的，但是，这个层面的内涵其实是围绕着心来讲的，也是在讲心。朱熹对心的这种重视从某种意义上说与他"中和新说"第一层面的"未发""已发"的含义具有一致性。这两个层

---

① 《晦庵先生朱文公文集》卷四二，第 1902 页。
② 《朱子语类》卷五，第 94 页。
③ 《朱子语类》卷五，第 94 页。
④ 《晦庵先生朱文公文集》卷四三，第 1979 页。
⑤ 《朱子语类》卷九五，第 2415 页。

面都是在讲心，只是因论说角度的不同，从而使"未发"与"已发"的内涵以及两者之间的关系有了根本性的变化。

### 三、涵养省察贯通一体的"致中和"工夫

在"中和新说"中，朱熹把"未发""已发"理解为心理活动的不同阶段这种观点是为了做静中涵养"未发之中"的工夫提供工夫论的理论依据的。"未发之中"从工夫论的角度说是指未发之心，所以，做"未发"的工夫即是在未发之心上做工夫。但是，从心性论的角度说，朱熹的"未发之中"即性。朱熹又强调"心统性情"，强调心的主体地位，也为在心上做工夫提供了理论依据，"心者，主乎性而行乎情。故'喜怒哀乐未发则谓之中，发而皆中节则谓之和'，心是做工夫处"。① 在心上做"致中和"的工夫在朱熹那里分为在心未发的时候做"致中"的工夫与在心的已发处做"致和"的工夫这两种工夫。在"中和新说"中，朱熹提出了"未发"用静中涵养，"已发"用动中察识，涵养、省察贯通一体的"致中和"的工夫。"大抵心体通有无、该动静，故工夫亦通有无、该动静，方无透漏。若必待其发而后察，察而后存，则工夫所不至多矣"。② 朱熹以"大本用涵养，中节则须穷理之功"③ 来概括他的这种在心上"致中和"的工夫。

朱熹提出的涵养未发的"致中"工夫一方面是对其师李侗的静中体验"未发"工夫的接续，另一方面，则是沿承了程颐通过主"敬"来做静中涵养"未发"的工夫。朱熹动中省察的"发而皆中节"的"致和"工夫也是沿承了程颐以"格物""穷理""致知"为内容的"致和"工夫，只是朱熹的"格物""致知"的"致和"工夫更加系统、深入。朱熹论道：

> 存养是静工夫。静时是中，以其无过不及，无所偏倚也。省察是动工夫。动时是和。才有思为，便是动。发而中节无所乖戾，乃和也。其静时，思虑未萌，知觉不昧，乃复所谓"见天地之心"，静中之动也。其动时，发皆中节，止于其则，乃艮之"不获其身，不见其人"，动中之静也。穷理读书，皆是动中工夫。④

朱熹存养"未发"的工夫不止是一种静中体验"未发"的工夫，还是一种

---

① 《朱子语类》卷五，第 94 页。
② 《晦庵先生朱文公文集》卷四三，第 1981—1982 页。
③ 《朱子语类》卷六二，第 1509 页。
④ 《朱子语类》卷六二，第 1517 页。

"主敬以立其本"的"敬"的工夫。朱熹沿承了二程"敬"的思想，以"主一"释"敬"。一次，弟子问朱熹说："'主一之谓敬。'敬莫只是主一?"朱熹回答说："主一又是'敬'字注解。要之，事无小无大，常令自家精神思虑尽在此。遇事时如此，无事时也如此"。① "主一之谓敬"是一种内心循理而行的敬畏心态，包含了无事时的"静"与有事时的"动"。所以，心主"敬"的工夫是一种不止于静的，包含了"动"与"静"的工夫。形而上的"天理"是活泼泼地、有内容的，"天理"落实在人心则是人的"天地之心"。因此，"敬"有"静中之动"的意思。朱熹认为，内心循理而行即是一种"静"，这里的"静"已经不是经验意义上的"静"了。在程颐那里，人内心的"敬"主要是用来涵养"未发之中"的。到了朱熹这里，他特别强调了"敬"的工夫是周流乎存养与省察，贯通乎"动"与"静"的，是一种贯通"致中和"工夫始终的修养方法。"盖心主乎一身而无动静语默之间，是以君子之于敬，亦无动静语默而不用其力焉。未发之前，是敬也，固已立乎存养之实，已发之际，是敬也，又常行乎省察之间"。② "敬"虽是贯通、流行乎"未发"与"已发"、"动"与"静"的彻上、彻下的工夫，但朱熹同程颐一致的地方在于，他也强调"敬"的工夫主要是针对涵养"未发之中"而提出的。朱熹经常说："敬以直内，义以方外"，③ 他把"敬"作为涵养"未发之中"的工夫，以使心在未发的时候就合于"性"或者说"理"，不使之走作、散漫，从而使心体湛然，如"镜明水止"。这时，天命之性在内心得以全体呈现。

针对已发之情，朱熹提出的是动中省察的"发而皆中节"的"致和"工夫，这也就是程颐提出的"义以方外"的工夫。动中省察的工夫也就是一种"止于其则"的"格物""穷理"的"致知"的工夫。显然，朱熹这种通过"格物""穷理""致知"来"致和"的工夫也是沿承了程颐的"致和"工夫。有弟子问朱熹如何才能做到"发而皆中节"，朱熹回答说：

> 学者安得便一一恁地! 也须且逐件使之中节，方得。此所以贵于"博学，审问，慎思，明辨"。无一事之不学，无一时而不学，无一处而不学，各求其中节，此所以为难也。④

这里，朱熹提出的"博学，审问，慎思，明辨"的工夫即是"格物""穷理"

① 《朱子语类》卷一二，第 206 页。
② 《晦庵先生朱文公文集》卷三二，第 1419 页。
③ 这种观点在《朱子语类》中经常出现，不胜枚举。
④ 《朱子语类》卷六二，第 1507—1508 页。

的"致知"工夫。朱熹认为，通过"格物""穷理"的"致知"工夫，人能实现对万事万物的所当然之则与所以然之理的认知与贯通，从而能使自己的言行举止符合事物之理，依据事物之理来行事。这样，人的言行举止自能"发而皆中节"，尤其是通过对伦理道德与礼仪规范的认识与贯通，人能在人伦事用之中做到言行举止的不偏不倚、无过与不及，从而与他人、他物和谐相处。"盖凡一物有一理，须先明此，然后心之所发，轻重长短，各有准则。……若不于此先致其知，但见其所以为心者如此，识其所以为心者如此，泛然而无所准则，则其所存所发，亦何自而中于理乎?"①"凡事事物物，各有一个道理。若能穷得道理，则施之事物，莫不各当其位。如'人君止于仁，人臣止于敬'之类，各有一个至极道理"。② 但是，同程颐的观点一致，朱熹"格物""穷理"的最终目的是使心豁然贯通，体悟到至善的"天理"，实现"德性之知"，以发明天命之善性，达到吾心之全体大用无所不知、无所不明的心体虚明境地。"是以大学始教，必使学者即凡天下之物，莫不因其已知之理而益穷之，以求至乎其极。至于用力之久，而一旦豁然贯通焉，则众物之表里精粗无不到，而吾心之全体大用无不明矣"，③"格物所以明此心"。④ 人心具有虚灵不昧的认知能力。这种认知能力不仅是一种对具体事物之理的认知能力，还是一种对形而上的"天理"与自身德性的认知能力。人心能够体认到超验的"天理"与人自身的德性，即心之理，这就是"德性之知"。"德性之知"本来是人心所固有的，但是，人心被个人的气质之私遮蔽之后，就不能完全实现这种"德性之知"了。所以，人们需要做"格物""穷理"的"致知"工夫来实现这种"德性之知"。"然圣贤教人所以有许多门路节次，而未尝教人只守此心者，盖为此心此理虽本完具，却为气质之禀不能无偏，若不讲明体察，极精极密，往往随其所偏，堕于物欲之私而不自知"。⑤ 朱熹认为，"格物""穷理"的结果即是"致知"。"致知"一方面即是指人的知识的不断扩充与推进，另一方面是指人的认识能力的不断提高，这两者之间是相互推进的关系。"致知"的最终结果是"知至"，"知至"便是心体的无所不知，无所不明。"格物，是物物上穷其至理；致知，是吾心无所不知"⑥，"格物，只是就事上理会，知至，便是此心透

---

① 《晦庵先生朱文公文集》卷三十，第 1314 页。
② 《朱子语类》卷一百一十九，第 2878—2879 页。
③ 朱熹:《四书章句集注》，第 7 页。
④ 《朱子语类》卷一百一十八，第 2857 页。
⑤ 《晦庵先生朱文公文集》卷五四，第 2543 页。
⑥ 《朱子语类》卷一五，第 291 页。

彻"。① 朱熹认为，通过在各种事物上穷其理，最终则能达到"豁然贯通"的心体无所不明、无所不知的境地。但是，具体地如何由对具体事物之理的认识而上升到对形而上的至善"天理"的体悟，朱熹同程颐一样并没有明确地点出来，只是说这是一种豁然贯通的结果。朱熹认为，实现人的"德性之知"后，人的心体湛明，无论在心未发的时候，还是在已发的时候都与"理"或"性"相合。朱熹论道：

> 人之心湛然虚明，以为一身之主者，固其本体。而喜、怒、忧、惧随感而应者，亦其用之所不能无者也。然必知至意诚，无所私系，然后物之未感，则此心之体寂然不动，如鉴之空、如衡之平；物之既感，则其妍媸高下随物以应，皆因彼之自尔而我无所与。此心之体用所以常得其正，而能为一身之主也。②

朱熹认为，通过"格物""穷理"的"致知"工夫，能使人心不被气质之私所昏蔽。这时，人的天命之性得以保存，心体湛然明澈，自然会"随物而应"，不以己意臆断事物。这样，人心所发自然皆能"中节"。所以说，朱熹"格物""穷理"的"致知"工夫不仅是一种"致和"的工夫，同时也是一种涵养未发的"致中"工夫。存养"未发"与省察"已发"两种工夫之间并不是一种相互隔离、相互截断的关系，而是一种相互贯通、不相分离的关系。朱熹提出的"静中之动"与"动中之静"的观点即是用来阐释静中涵养未发的"致中"工夫与动中省察已发的"致和"工夫之间的相互贯通、体用不分关系的。"静中之动"即是说心在静的"未发"的时候，内心就循理而行的"敬"状态。这时，心与性合一。"动中之静"即是说心在动的"已发"处，通过"格物""穷理"的"致知"工夫，使人心"发而皆中节"的状态。这时，人心循理而发，心性合一，也是一种"静"中涵养的工夫。所以，存养的"致中"工夫与省察的"致和"工夫两者之间是并进互发、相互助益的关系。

## 第三节　陈淳的心性中和观

在中和问题的阐释上，陈淳基本上继承了其师朱熹的心性中和观。在此基础

---

① 《朱子语类》卷一五，第 297 页。
② 《晦庵先生朱文公文集》卷五一，第 2379 页。

上，他又有所发挥。陈淳的中和观与其心性论、工夫论等问题结合在一起，成为宋明理学心性中和观思想中非常重要的一部分，其对朱熹的心性中和观具有总结、概括与阐发的意义。

## 一、心性中和观

陈淳继承了朱熹的中和观，对中和问题有明确的论述。他从性情的视角去认识中和问题：

> 中和是就性情说。大抵心之体是性，性不是个别物，只是心中所居之理耳。只这理动出外来便是情。中是未接事物，喜怒哀乐未发时，浑沦在这里，无所偏倚，即便是性，及发出来，喜便偏于喜，怒便偏于怒，不得谓之中矣。然未发之中，只可言不偏不倚，却下不得过不及字。及发出来皆中节，方谓之和。和是无所乖戾，只里面道理发出来，当喜而喜，当怒而怒，无所乖戾于理，便是中节。中节亦只是得其当然之理，无些过，无些不及，与是理不相拂戾，故名之曰和耳。①

> 中者，天下之大本，只是浑沦在此，万般道理都从这里出，便为大本。和者，天下之达道，只是这里动出，万般应接，无少乖戾而无所不通，是为达道。②

陈淳延续了程颐、朱熹对中和问题的关注，通过对《中庸》"未发""已发"问题的解读来阐释他的中和观。首先，陈淳言简意赅地指出他的中和观是从性情的层面上去说的，心性化的中和观与他的心性论、工夫论紧密联系在一起。陈淳认为，"中"即是喜怒哀乐之"未发"，这里喜怒哀乐之"未发"即是心之体，也就是性。这里的"未发"之"发"到底是标志着时间先后关系的触发之"发"还是标志着形而上、下关系的发用之"发"，陈淳并没有做出细致而明确的阐释。但是从陈淳把对喜怒哀乐之"未发"理解为性的观点看，他的"发"是指标志着形上、形下之分的发用的意思。发用虽然是标志形而上、下的词，但是心发用流行的外在表现却是以人的内心是否接触外在事物为标志的。所以"发"在陈淳的表述中还含有触发的意思，即是心与外物的接触、发动是使形上的性体发用、转化为形下的情感的契机。陈淳对"发"的这种解释与朱熹在中和新说中把

---

① 陈淳：《北溪字义》，中华书局1983年版，第47页。
② 陈淳：《北溪字义》，第47页。

未发、已发理解为内在地隐含两层含义的思想观点有着密切的关联。陈淳认为，"和"即是喜怒哀乐之"已发"，这里的喜怒哀乐之"已发"即是心之用，也就是情。这里，陈淳指出喜怒哀乐是喜、怒、哀、惧、爱、恶、欲七情的代称或者说简称。喜怒哀乐之情发出来合于"理"，无过无不及，便是"发而皆中节"之"和"。由此看来，陈淳继承了程颐、朱熹的中和观把中和观心性化了，并使其上升到了形而上的地位。另外，陈淳在对中和问题的阐释上指出了一个非常引人注意的问题。过去，我们常用不偏不倚、无过无不及来笼统、概括地形容人的中和的性情状态，但并没有对不偏不倚与无过无不及两者的差别单独地做出明确的区分。这里，陈淳继承了朱熹的观点，并做了进一步的引申和强调，他指出不偏不倚只能形容未发之"中"，因为不偏不倚与未发之"中"的浑沦不分、没有形影的状态相对应；而无过无不及只能形容已发之"和"，因为无过无不及与已发的情感和言行是否在接应事物时合于"理"相对应。为了更好地理解中和问题，陈淳进一步把"中"分为二义：

> 中有二义：有已发之中，有未发之中。未发是就性上论，已发是就事上论。已发之中，当喜而喜，当怒而怒，那恰好处，无过不及，便是中。此中即所谓和也。所以周子《通书》亦曰："中者，和也。"是指已发之中而言也。①

陈淳继承了程颐与朱熹的观点，把"中"分为未发之"中"与已发之"中"两层含义。未发之"中"即是未发之性，是就人心内部来说的。这种状态下，人心还未与外物接触，人性还是内在而未发的不偏不倚的状态，但是天理已经居于人性之中了，"性即理"。已发之"中"即是已发之情的"发而皆中节"，是就人心与外物接触后的状态而说的，也就是从人的为人处世上的言行举止来说的。"尧舜禹'允执厥中'皆是已发之中。若是里面浑沦未发，未有形影，如何执得？及发出来方可执。此事合当如此，彼事合当如彼，方有个恰好准则，无太过不及处，可得而操执之也。"②已发之"中"强调的是人的外在的已发之情在人伦日用中的合于准则的展现，也就是强调人在为人处世中言行举止的合于准则，恰到好处。而这个准则就是理，理在人伦日用中是有形迹可寻的，是可以把握得了的。例如，我们人伦日用中所要遵循的礼仪规范即是一种理。陈淳最后明确地指出，

---

① 陈淳：《北溪字义》，第48页。
② 陈淳：《北溪字义》，第48页。

已发之"中"也就是"发而皆中节"之"和",并引用周敦颐"中者,和也"的观点来论证自己的观点。

为了更全面、深入地理解"中和"的内涵,陈淳还进一步地指出,"中和"之"中"与"中庸"之"中"之间是存在着根本的差异的。陈淳论道:

> 大抵中和之中,是专主未发而言。中庸之中,却又是含二义:有在心之中,有在事物之中。所以文公解"中庸"二字,必合内外而言,谓"不偏不倚,无过不及,而平常之理",可谓确而尽矣。①

陈淳认为,与"和"相对应的"中"只是特指未发之性而言的,是内在而未与事物接触的。这里,"和"才是外在的、与事物接触的,体现在事物之中的概念。但是陈淳认为,与"庸"相对应的"中"则是兼有内、外二义:一种含义是未发之中,也就是内心之中,而另一种含义则是体现在外部的为人处世中的言行举止的合于准则之"中"。"中庸"之"中"包含了内在的未发之性的"中"与外在的已发之情的"中"两个层面,这两个层次的内涵是合一的。也就是说,与"庸"相对的"中"既是未发之中,又是已发之和,两者是合一不分、即体即用的关系。所以"中庸"可以笼统地用"不偏不倚,无过不及,而平常之理"来概括,而不特别强调不偏不倚与无过不及两者之间的区别。

陈淳在阐述自己心性中和观的同时,进一步批判了佛教的性情观。他论道:

> 释氏之论,大概欲灭情以复性。李翱作《复性论》二篇,皆是此意。翱虽与韩文公游,文公学无渊源,见理不明莹,所以流入释氏去。释氏要喜怒哀乐百念都无,如何无得?只是有正与不正耳。正底便是天理,不正底便是人欲。②

陈淳把"中"理解为不偏不倚的未发之性,把"和"理解为已发之情的"发而皆中节",而"中和"是人的正义之心和美好性情的一种展现,"此则人心之正,而性情之德然也"。③陈淳的这种"中和"性情观是以充分承认、注重人的情感为前提和基础的。程朱理学承认人的情感的存在与价值,他们认为情感是人性的充分展现与发用。性、情之间是一种体用的关系,人的情感的发用展现就是人性的一种体现。如果去否定人的情感,就等于否定了人性根本之所在。虽然程朱理学重视人的各种情感、欲求,但他们对人的情感又不是放任不管的。他们重视

---

① 陈淳:《北溪字义》,第48页。
② 陈淳:《北溪字义》,第48页。
③ 《晦庵先生朱文公文集》卷六四,第3131页。

的是合理、合度之情，特别警惕人之情欲的泛滥无度，没有节制，而追求情欲的"发而皆中节"之"和"。陈淳论道：

> 情者心之用，人之所不能无，不是个不好底物。但其所以为情者，各有个当然之则。如当喜而喜，当怒而怒，当哀而哀，当乐而乐，当恻隐而恻隐，当羞恶而羞恶，当辞让而辞让，当是非而是非，便合个当然之则，便是发而中节，便是其中性体流行，著见于此，即此便谓之达道。若不当然而然，则违其则，失其节，只是个私意人欲之行，是乃流于不善，遂成不好底物，非本来便不好也。①

> 情之中节，是从本性发来便是善，更无不善。其不中节是感物欲而动，不从本性发来，便有个不善。孟子论情，全把做善者，是专指其本于性之发者言之。禅家不合便指情都做恶底物，却欲灭情以复性。不知情如何灭得？情既灭了，性便是个死底性，于我更何用？②

这里，陈淳并没有去否定、消灭人的情欲，而只是主张情欲的"发而皆中节"之"和"，他认为，人的情感只要做到"发而皆中节"就是一种性、情和谐的表现。这时，情感合于本性，性、情合一。这样，人的情感就是善的，这也是一种人生修养的最高境界。所以，程朱理学反对、批判佛教灭情复性，以情为恶的性情观。他们认为只有人的情欲泛滥而无节制，人的情欲才会流于恶。程朱理学认为，佛教通过灭情来复性的修养理论是违背人性的，人的喜怒哀乐等情感都被否定了，就不会有人性的存在了。性、情之间是一体不分的关系。所以，陈淳指出，人们要做的只是使人的情感"发而皆中节"的"致中和"工夫而不是去否定、消灭人的情感。

## 二、主"敬"的"致中和"工夫

陈淳基本上继承了朱熹的中和观，未发之"中"与已发之"和"都是从性情上来阐释的，而心则是性情的主体。这里，陈淳也继承了朱熹的心性观，把心作为性情的主宰，"恻隐、羞恶等以情言，仁义等以性言。必又言心在其中者，所以统情性而为之主也。"③心主宰性情就是使人的道心显现的过程，道心即是人的义理之心，中和之心。所以，陈淳的"致中和"工夫就体现在如何使道心战胜人

---

① 陈淳：《北溪字义》，第14页。
② 陈淳：《北溪字义》，第15页。
③ 陈淳：《北溪字义》，第14页。

心，使自己的内心做好性情的主宰上。

朱熹认为，心禀气为形，禀理为性，是由理与气构成的。所以，心具有形体和性理两种属性，相应地，这也导致了心有"人心"与"道心"两种不同的意识。但是朱熹认为，心只有一个，人心与道心只是人的两种不同的意识活动。人心是从人的形气之私上发出来的，道心是从人的性命之正上发出来的。

> 心之虚灵知觉，一而已矣，而以为有人心、道心之异者，则以其或生于形气之私，或原于性命之正，而所以为知觉者不同，是以或危殆而不安，或微妙而难见耳。然人莫不有是形，故虽上智，不能无人心；亦莫不有是性，故虽下愚，不能无道心。①

> 心者，人之知觉主于身而应事物者也。指其生于形气之私者而言，则谓之人心；指其发于义理之公者而言，则谓之道心。②

陈淳基本上继承了朱熹的这一观点，认为心只有一个，有道心与人心之分。道心源于人的理义之心，人心源于人的形气之私。"知觉从理上发来，便是仁义礼智之心，便是道心。若知觉从形气上发来，便是人心，便易与理相违。人只有一个心，非有两个知觉，只是所以为知觉者不同。且如饥而思食，渴而思饮，此是人心。至于食所当食，饮所当饮，便是道心。"③ 道心也就是人的仁义礼智之心，也就是合于义理的中和之心。当人的道心做人心的主宰时，人的情感就能"发而皆中节"，人的言行举止能符合当然之则。所以，人要做的"致中和"工夫就是要使道心战胜人心，道心做人的内心的主宰的工夫。那么如何使人的道心彰显，以主宰人的内心呢？他提出了主"敬"的工夫来使道心主宰人的内心，让道心来战胜人心，从而促使人的言行举止无过无不及，合于礼节，这一点也是继承了朱熹的观点。陈淳对何谓"敬"以及"敬"与人心的关联做了相关的论述：

> 所谓主一无适者，敬之义；所谓常惺惺者，敬之体；所谓整齐严肃者，敬之容；所谓戒谨恐惧者，敬之意。所谓其心收敛不容一物者，又正持敬时凝定之功。④

> 人心妙不可测，出入无时，莫知其乡。敬所以主宰统摄。若无个敬，便都不见了。惟敬，便存在这里。所谓敬者无他，只是此心常存在这里，不走

① 朱熹：《四书章句集注》，第 14 页。
② 《晦庵先生朱文公文集》卷六五，第 3180 页。
③ 陈淳：《北溪字义》，第 11 页。
④ 陈淳：《北溪先生大全文集》，文渊阁四库全书本，第 218—219 页。

作，不散慢，常惺地惺惺，便是敬。①

陈淳从"敬之义""敬之体""敬之容""敬之意"四个方面对"敬"做了全面、细致的分析。概括说来，在"敬"的基本内涵上，陈淳基本继承了程颐、朱熹关于"敬"的理解。陈淳认为"敬"就是"主一无适"。"主一无适"就是使人的内心有主宰，"不走作，不散慢"，"无适者，心常在这里，不走东，不走西，不之南，不之北"，②所以陈淳总结说："敬者，一心之主宰，万事之根本。"③这里，陈淳指出了"敬"与人的内心的紧密关联。"敬"的工夫就是在人的内心上要做的工夫，就是使人的内心有主宰。那么，如何使人的内心有主宰？程朱理学所提出的使人内心有主宰并不仅仅止于使人的内心主于某时的某一事，人的内心有主宰的根本内涵就是使人的内心的意识活动合于"理"或者说"性"。这表现在人伦日用中就是不论何时何地都要使人的内心持"敬"，使人的意识活动与言行举止合于"理"。而人的内心有主宰的状态也就是道心战胜人心的时候所具有的状态。在人伦日用中，人们并不是现实地就是一种内心有主宰的状态，人只有做主"敬"的工夫才能实现这一内心状态。而只有做到人的内心有主宰才能使人心在未发与已发的时候都能合于"理"，不偏不倚、无过无不及。陈淳论道：

> 心有体有用……体即所谓性，以其静者言也；用即所谓情，以其动者言也。圣贤存养工夫至到，方其静而未发也，全体卓然，如鉴之空、如衡之平，常定在这里。及其动而应物也，大用流行，妍媸高下，各因物之自尔，而未尝有丝毫铢两之差，而所谓鉴空衡平之体亦常自若，而未尝与之俱往也。④

这里，陈淳指出的圣贤的存养工夫便是一种"敬"的工夫。人们做主"敬"的工夫不仅能使心在未发的静的时候就"全体卓然"，如明镜照物，而在心已发的时候动的时候也能随物而应，发而中节。

那么，具体如何理解陈淳的主"敬"的工夫呢？陈淳基本继承了朱熹关于"敬"的观点。首先，他主张"敬"是贯彻未发已发、动静、表里的工夫。陈淳论道：

> 盖以此道理贯动静，彻表里，一始终，本无界限。闲静无事时也用敬，

---

① 陈淳：《北溪字义》，第35页。
② 陈淳：《北溪字义》，第35页。
③ 陈淳：《北溪字义》，第35页。
④ 陈淳：《北溪字义》，第11—12页。

应事接物时也用敬。心在里面也如此，动出于外来做事也如此。初头做事也如此，做到末梢也如此。此心常无间断，才间断便不敬。①

无事时，心常在这里，不走作，固是主一。有事时，心应这事，更不将第二第三事来插，也是主一。②

陈淳认为，无论在有事时还是无事时都要做主"敬"的工夫，主"敬"就是"主一"。在心未发的时候，"主一"就是使内心有主宰，集中精神，不散漫。前面论述过，"主一"在程颐、朱熹那里是指使内心主于"理"的意思，"一"是指"天理"或者说"性"。所以，"主一"就是使心在未发的时候也合于"理"。其次，陈淳主要论述了"敬"在心已发的时候的表现，也就是他对"敬"在人的言行举止中的外在表现做了比较具体的阐释。这一点陈淳与程颐、朱熹对"敬"的论述有所不同。程颐、朱熹论"敬"主要是着眼于在心未发的时候做静中主"敬"的"致中"工夫，而在心已发的时候则主张做动中求"义"的"致和"工夫而不再强调主"敬"的工夫。虽然在朱熹那里，"敬"也是贯彻未发与已发的工夫，但"敬"主要还是针对未发之心而言的。在心的已发处，陈淳论"敬"说：

主一只是心主这个事，更不别把个事来参插。若做一件事，又插第二件事，又参第三件事，便不是主一，便是不敬。文公谓"勿贰以二，勿参以三"，正如此。③

"格物致知也须敬，诚意正心修身也须敬，齐家治国平天下也须敬。敬者，一心之主宰，万事之根本"④

陈淳的"敬"主要体现在人的事为之中。在人的事为中，主"敬"的工夫主要体现在做事专一，在集中精力做一件事情的时候，不让其他事情来干扰自己。陈淳认为，不论是追求内心的修养还是追求外在的事功都需要做主"敬"的"致中和"工夫，主"敬"的"致中和"工夫就体现在人的外在事为之中。陈淳进一步指出，要使"敬"在人伦日用中成为人的一种常态，他论道：

所谓敬者，非有他也，只是此心存在，不走作，尔非是专要整襟肃容端身拱坐而后谓之敬也。坐则在坐，言则在言，视则在视，听则在听，无事时

---

① 陈淳：《北溪字义》，第35页。
② 陈淳：《北溪字义》，第35页。
③ 陈淳：《北溪字义》，第35页。
④ 陈淳：《北溪字义》，第35页。

在此常惺惺，有事时则呈露在事。执此事则在此事，执彼事则在彼事。对境而见，当境而存，既不走东，又不走西，既不添第二件，又不插第三件，既不执着太重，又不忽略太防，既不拘束太迫，又不放荡太宽。只如平常做去，久之自然耳目手足有常度，容貌身体有常节，初未尝着意于持敬而固无所不敬也。①

陈淳认为，"敬"不是端坐在那里不动才叫"敬"。"敬"是表现在人的各种事为之中，体现在人的日常的言行举止之中。"敬"就是该做什么事情的时候就做什么事情，专心一事，但不可太过又不能不及。这样，通过主"敬"的工夫，用力日久，人们的容貌举止自然就能有"常度""常节"，为人处世合宜、恰当。这里，我们可以看出，陈淳的主"敬"工夫与佛教的主"静"工夫有着显著的差异。陈淳认为，"敬"的工夫不是使人的内心与外界事物隔绝，无思无虑，舍弃人伦之事，而是专一不走作，集中精力做一件事，以使人的道心战胜人心，没有邪思杂念，从而把各种事情做得恰当、合理。"无事主心有甚，大段工夫只是提撕常教醒定，常敬而已。若有走作，便是不敬了。心亦如何绝得不思，但无邪思可也。才思便是已发，便是有事了。惟动静皆一于敬，则静无走作，动无邪思"。②佛教主"静"的坐禅工夫欲使人们绝去思欲，与外界事物相隔绝，甚至否定现实世界与事为，这是不现实的事，也是违反人性的。人在做主"敬"的"致中和"工夫时，不仅不与外界事物隔绝，还须要接触、观察外界事物，这就是"道问学"的工夫。"敬"的涵养工夫须要与"道问学"的工夫相互配合、相互扶助才能做到人伦日用中的中和不偏、无过无不及。

程子曰"涵养须用敬，进学则在致知"二言者又夫子所以教人造道入德之大端而不可偏废，不是只靠着此一边便自可管得那一边也。故既尊德性，须又道问学，二者互加功，便互相发而互进，不然则亦不能以上达矣。③

这里，陈淳继承了朱熹的"致中和"思想，注重通过"道问学"来做"致中和"的工夫。程朱理学特别强调"尊德性"与"道问学"工夫的相互辅助、相互发明，不偏于一端，这是人们在人伦日用中做好"致中和"工夫的用力之处。

① 《北溪先生大全文集》，第219页。
② 《北溪先生大全文集》，第256页。
③ 《北溪先生大全文集》，第219页。

# 第二十章　中　庸

## 第一节　表章《中庸》的二程

### 一、程门之教，推阐《中庸》

1. 宋初儒者研读《中庸》概况

在宋代以前，对《中庸》的研究，除了传统郑注孔疏外，鲜少有文本流传。北宋初年，习《中庸》之学始成风尚，如胡瑗《中庸义》①、陈襄②《中庸讲义》、司马光③《中庸广义》、乔执中④《中庸义》。依陈寅恪说法，"北宋之智圆提倡《中庸》，甚至以僧徒而号中庸子，并自为传以述其义。其年代犹在司马君实作《中庸广义》之前，似亦于宋代新儒家为先觉"⑤。另则，《中庸》为周敦颐、张载等理学家思想契入之书⑥。以周敦颐而言，其思想从《中庸》和《易传》的观念切入，再以《通书》表达。如《通书》第一章《诚上第一》有言："诚者，圣人之本。'大哉乾元，万物资始'，诚之源也。'乾道变化，各正性命'，斯诚立焉。纯粹至善者也。故曰：'一阴一阳之谓道，继之者善也，成之者性也。'元、亨，诚之通；利、贞，诚之复。大哉易也，性命之源乎！"此外，周敦颐立基于《中庸》

---

① 胡瑗原作已佚，但在《礼记集说》中收有胡瑗解说《中庸》的材料。

② 陈襄（1017—1080），北宋理学家，与郑穆、陈烈、周希孟并称古灵四先生。

③ 司马光（1019—1086），字君实，号迂叟，其《中庸广义》已佚。郭晓东曾撰文从经学史与道学史的双重脉络讨论司马光对性和诚的诠释，见氏著《论司马光对〈中庸〉"性"和"诚"的诠释：从经学史与道学史的双重脉络考察》，《复旦学报》第五卷，2010 年。

④ 乔执中（1033—1095），字希圣，扬州高邮人，北宋大臣，其人通经术，性宽厚有仁。

⑤ 陈寅恪：《审查报告三》，收于冯友兰《中国哲学史》下册，台湾商务印书馆1993年版，第1207页。

⑥ 如周敦颐有《太极图说》《通书》，张载有《正蒙》《西铭》等作品。

建构心性论与工夫论：就心性论而言，无论是"诚者，圣人之本"或是"性者，刚柔、善恶，中而已矣"，都是以《中庸》为基础而进行立论的；又，"立诚"与"至中"的修养工夫亦基于《中庸》立论。

范仲淹曾建议张载读《中庸》而不习读军事①，《宋史·道学传》指出其人"其学尊礼贵德，乐天安命，以《易》为宗，以《中庸》为体，以孔孟为法"②，可见张载思想的形成与《中庸》等儒家经典的关联。随着义理之学的兴起，《中庸》思想也获得空前的发展，亦为儒家思孟学派的代表著作。宋仁宗甚至曾将亲笔书写的《中庸》一册送大臣王尧臣，此后几十年间，《中庸》乃是皇帝赐赠通过殿试的学子的经常性礼物之一③，这也反映了当时风气。

2. 二程奉《中庸》为孔门传授心法

始见于在汉代成书的《礼记》四十九篇之一的《中庸》，全文仅三千五百四十四字，二程表章甚力，而所重各有偏：明道所致意者，多在诚明之道；伊川则较喜言未发之中。明道论诚明曰："《中庸》言诚便是神。"又曰："自明而诚，虽多由致曲，然亦有自大体中便诚者，虽亦是自明而诚，谓之致曲则不可。"又曰："至诚可以赞天地之化育，则可以与天地参赞者，参赞之义，先天而天弗违，后天而奉天时之谓也。非谓赞助，止有一个诚，何助之有。"④在宋代义理之学的背景下，二程突破汉唐诸儒拘泥训诂名物的经学研究，而于章句笺疏之外探求圣贤立言之本心，并竭力抬高《中庸》地位，与高弟多论释《中庸》，朱熹在《中庸集解·序》中有言：

> 至于本朝，濂溪周夫子始得其所传之要，以著于篇。河南二程夫子又得其遗旨而发挥之，然后其学布于天下。然明道不及为书，今世所传陈忠肃公之所序者，乃蓝田吕氏所着别本也。伊川虽尝自言"中庸今已成书"，然亦不传于学者。或以问和靖尹公，则曰先生自以不满其意而火之矣。二夫子于此既无书，故今所传，特出于门人记平居问答之辞。⑤

二程将《中庸》奉为"孔门传授心法"⑥，认为"《中庸》之言，放之则弥六

---

① 吕大临：《横渠先生行状》，收于朱熹《伊洛渊源录》，上海商务印书馆1936年版，第53页。
② （元）脱脱：《宋史》（台北）艺文印书馆，据清乾隆武英殿刊本影印，卷四二七《道学传》。
③ 《续资治通鉴长编》卷一六一，第9页。
④ 傅武光：《四书学考》，《国文研究所集刊》第十八期。
⑤ 朱熹：《中庸集解序》，《朱熹集》第七册，第3956页。
⑥ 程颢、程颐：《二程集》，中华书局1981年版，411页。

合，卷之则退藏于密"①，深奥无穷，精妙无比。② 还认为"善读者玩索而有得焉，则终身用之，有不能尽者矣"。可见，《中庸》思想取之不竭，但也意味着，此一心法将保持不可穷尽之谜。二程之论《中庸》，所重不同，亦即二人风格之所由判，明道笃志于诚明，故气度宽宏，声容温厚。伊川专求喜怒哀乐未发之中，故气宇严肃，神色峻厉。③ 虽然二程并未有《中庸》相关专著，但早在他们从学周敦颐时，就受到周敦颐关于《中庸》见解的影响。后来又对于《中庸》思想数据进行了大量的发挥、利用。程颐还对《中庸》进行了训解，后来因"自以为不满其意"而焚毁之，故后世无传。但他们对《中庸》的训解"中庸，天下之正理"④"不偏之谓中，不易之谓庸。中者天下之正道；庸者天下之定理"⑤，也成为此后众多理学学者训释《中庸》的基调。

3. 二程弟子对《中庸》的阐释

由于二程并未留下诠释《中庸》的完整文本，因而使后学传注《中庸》留下了很大空间，二程门人吕大临、游酢⑥、杨时、侯仲良⑦ 等均对《中庸》有所训解。对于二程后学所传注的《中庸》，朱子的评价是："虽颇详尽而多所发明，然倍其师说而淫于老佛者，亦有之。"⑧ 甚至评价二程门人游酢、杨时、吕大临、侯师圣时言："游杨吕侯诸先生解《中庸》，只说他所见一面道理，却不将圣人言语折衷，所以多失。"⑨ 但不可否认的是，这些著作在很大程度上是对二程《中庸》学的推阐与发挥。无疑，重视《中庸》正是程门之教的特点。

朱子起初读《中庸》，读的就是吕大临的《中庸解》。他曾说："某年十五六时，读《中庸》'人一几百，人十几千'一章，因见吕与叔解得此段痛快，读之

---

① 程颢、程颐：《二程集》，第 130 页。
② 陈栎（1252—1334）著《中庸口义》，以程颐训解为据，解释篇章主旨："程子曰：'《中庸》一书，始言一理'，指天命谓性言。'中散为万事'，指其中说许多事，如达道、达德、九经、祭祀、鬼神之类皆是。'末复合为一理'，指无声无臭言。'放之则弥六合，卷之则退藏于密，其味无穷，皆实学也。'其言约而尽矣！"
③ 傅武光：《四书学考》，《国文研究所集刊》第十八期。
④ 程颢、程颐：《二程集》，第 1143 页。
⑤ 程颢、程颐：《二程集》，第 100 页。
⑥ 游酢（1045—1115），字定夫。元丰年间进士，清光绪十八年（1892 年）从祀孔庙。著有《中庸义》《易说》等书。
⑦ 侯仲良，字师圣。生卒不详，为二程表弟。先后拜周敦颐、二程为师，也影响后来的胡宏。
⑧ 朱熹：《四书章句·序》，《四书章句集注》，上海书店出版社 1987 年版，第 3—4 页。
⑨ 黎靖德编：《朱子语类》，中华书局 1985 年版，第 1485 页。

未尝不竦然警厉奋发！"① 另则，吕大临曾明确以"无过不及"解释中庸之"中"："圣人之学，以中为大本。虽尧、舜相授以天下，亦云允执其中。中者，无过不及之谓也。"② 这样的观点也在一定程度上对朱熹产生影响。至于杨时，其人为学推崇《中庸》，并著有《中庸义》，胡安国认为杨时对《中庸》的发挥源于程颢：

胡文定曰："吾于谢、游、杨三公，义兼师友，实尊信之。若论其传授，却自有来历。据龟山所见在《中庸》，自明道先生所授。"③

杨时曾自言自熙宁以来，士人于经无所不究，但对《中庸》却阙而不讲，但此书为圣学所传，因此，主张"学者宜尽心焉，故为之训传"④，在《中庸义》的序言中称：

予昔在元丰中，尝受学明道先生之门，得其绪言一、二，未及卒业而先生没。继又从伊川先生……追述先生之遗训，著为此书，以其所闻，推其所未闻者，虽未足尽传先生之奥，亦妄意其庶几焉。⑤

程颐主张"既思于喜怒哀乐未发之前求之，又却是思也。既思即是已发。才发便谓之和，不可谓之中也"⑥。是故，不能在喜怒哀乐未发之前求中，而须存养于喜怒哀乐未发之时："若言存养于喜怒哀乐未发之时，则可；若言求中于喜怒哀乐未发之前，则不可。"⑦ 这样的论点为杨时侧重发挥未发、体验未发的理论提供了思维路向。⑧ 杨时重视"中"，认为是道之至极，有言："道止于中而已。出乎中则过，未至则不及，故惟中为至。夫中也者道之至极，故中又谓之极，屋极亦谓之极，盖中而高故也。"⑨ 并运用《中庸》的"诚"阐释二程的格物致知⑩，将格物致知作为一种方法，由诚加以统率。此外，杨时认为："学者当于喜怒哀乐未发之际，以心体之，则中之义自见。执而勿失，无人欲之私焉，发

---

① 《朱子语类》，第 66 页。
② 程颢、程颐：《二程集》，第 608 页。
③ 《宋元学案》卷二十五《龟山学案》。
④ 《龟山先生年谱》。
⑤ 杨时：《龟山集》卷二十五《中庸义·序》，《四库全书》第 1125 册，第 348 页。
⑥ 程颢、程颐：《二程集》，第 200 页。
⑦ 程颢、程颐：《二程集》，第 200 页。
⑧ 张立文认为程颐对未发已发的规定，为如何体认未发开出理路：其一是逆向观察。认为未发气象与已发气象有联系，因而从已发之际来逆观未发，可以体悟未发之中。这便是以已发求未发的方法。其二是存养工夫。喜怒哀乐四者未发之中，并不是体验问题，而是存养的工夫，比如敬、主一。详见氏著《中国哲学范畴发展史》人道篇，第 451 页。
⑨ 杨时：《答胡德辉问》，《龟山集》卷十，第 253 页。
⑩ 《宋元学案》卷二十五《龟山学案》。

必中节矣。"① 这样的观点也影响了罗从彦要人"静中看喜怒哀乐未发之谓中，未发时作何气象"②，亦为其学生李侗所承。是故，黄梨洲有言："按豫章静坐看未发气象，此是明道以来，下及延平一条血路也。"③

## 二、中者，天下之正道

### 1. 不偏之谓中

在《二程遗书》中，"不偏"一词共出现四次，其中三次明言不偏谓中：

> 不偏之谓中，不易之谓庸；中者，天下之正道，庸者，天下之定理。④

> 独阴不生，独阳不生。偏则为禽兽、为夷狄，中则为人，中则不偏，常则不易，惟中不足以尽之，故中庸。⑤

> 中者只是不偏，偏则不是中庸；中只是常。犹言中者是大中也。⑥

偏则不是中庸，然而，何谓偏也？程子以为"一物不该非中也，一事不为非中也，一息不存非中也，何哉？为其偏而已矣"⑦，若是"多惊多恐多忧，只去一事所偏处自克，克得一件，其余自正"⑧，并将这样的思想表现于辟佛上，认为释氏说道有如以管窥天，"只务直上去，惟见一偏，不见四旁，故皆不能处事；圣人之道，则如在平野之中，四方莫不见也"⑨"释道之见偏，非不穷深极微也。至穷神知化，则不与矣"⑩，皆见思想要旨。

另有一则引用《论语·子罕》内容，说明"权实不相远"：唐棣之华，乃千叶郁李，本不偏反，喻如兄弟；今乃偏反，则喻兄弟相失也。⑪孔子对于《诗经》中"唐棣之华，偏其反而，岂不尔思？室是远而"之言认为："未之思也，夫何

---

① 杨时：《答学者其一》，《龟山集》卷二十一。
② 《宋元学案》卷三十九《豫章学案》。
③ 《宋元学案》卷三十九《豫章学案》。关于此说法，徐复观认为实嫌笼统，因明道气象宽和，或有得力于中和之教，然其工夫学问重心并不在此。但自龟山—豫章—延平一脉，则静坐看未发气象的意义，却一代加重一代，则是事实。详见徐复观《中国人性论史》（先秦篇），第118—119页；《二程集》，第200页。
④ 《二程遗书》卷七。
⑤ 《二程遗书》卷十一。
⑥ 《二程遗书》卷十五。
⑦ 《二程遗书》卷四。
⑧ 《二程遗书》卷六。
⑨ 《二程遗书》卷十三。
⑩ 《二程遗书》卷二十四。
⑪ 《二程遗书》卷二十二。

远之有"。由于唐棣开花反常态顺序,乃先开后合,故古人常以此解说权的反经合道,然而,朱子将"偏"释为"翩",认为是花之动摇,与权变、常道不相涉。至于二程,认为此段文字重点在于"能用权乃知道,亦不可言权便是道也",而且,"权实不相远"①。

2. 中即道也

"中和"成为理学的重要论题,即起源于程颐与吕大临、苏季明二人的讨论。宋哲宗元祐元年(1086 年),程颐写就《与吕大临论中书》,收录与吕大临间的对话,吕大临认为"中者,道之所由出",且性、道乃一,观点清楚,答辩程颐质疑。对于何谓未发之中,又如何能由中而到已发之和,一向是宋代理学家所注重的问题。吕大临根据《中庸》"率性之谓道",认为"中者,道之所由出",程颐则认为"中即道也"。吕大临将"中"视为"大本",即是"天地之心"。此心的实质内涵即是性、命、道。程颐不同意吕大临关于"中者道之所由出"的观点,指出"中即道也。若谓道出于中,则道在中外,别为一物矣"②,将使中与道成为二物。程颐认为中与道乃不离不杂,又"大本言其体,达道言其用,体用自殊,安得不为二乎?"③ 不偏不倚之谓中,道无不中,依中形道。④ 程颐的立场在《与苏季明论中和》中表现较为清楚,程颐反对学者"求之于喜怒哀乐未发之前",反对直接证悟本体,因为既有"求",即有"思",此时只宜"存养""涵养","涵养久,则喜怒哀乐发自中节"。

此外,程颐最先将《中庸》中的未发已发范畴作为心性论的重要问题进行探讨。程颐对性、情是有严格区分的。而在他看来,性、情二者的区别乃在于性寂然不动,是未发,而情则是性之发动;"其本也真而静,其未发也五性具焉。曰仁义礼智信。形既生矣,外物触其形而动于中矣。其中动而七情出焉,曰喜怒哀乐爱恶欲。"⑤ "只性为本,情是性之动处。"⑥ "万物皆有性,此五常性也。若夫恻隐之类,皆情也,凡动者谓之情。"⑦ 意即性与情是未发与已发、静与动的关系。程颐提出:"心一也,有指体而言者,寂然不动是也;有指用而言者,感而遂通

---

① 《二程遗书》卷二十二。
② 程颢、程颐:《二程集》,第 608 页。
③ 程颢、程颐:《二程集》,第 606 页。
④ 卢连章:《程颢程颐评传》,南京大学出版社 2001 年版,第 186—187 页。
⑤ 程颢、程颐:《二程集》,第 577 页。
⑥ 程颢、程颐:《二程集》,第 33 页。
⑦ 程颢、程颐:《二程集》,第 105 页。

天下之故是也。"① 可见程颐的心有体用，未发、已发都纳入"心"的范畴中。

3. 随时变易

《中庸》强调时中之说，并将中庸与无忌惮对举："仲尼曰：君子中庸，小人反中庸。君子之中庸者，君子而时中，小人之中庸也，小人而无忌惮也。"

君子之所以为中庸者，因能随时处中，不违背中庸，至于小人则肆无忌惮，凡事无法恰到好处。程子对此说解："君子之于中庸也，无适而不中，则其心与中庸无异体矣！小人之于中庸，无所忌惮，则与戒慎恐惧者异矣！是其所以反中庸。"② 此外，程子认为须默识心通，注意"中"有随时变易的特点，认为时间的变化会引起事物性质的改变：

> 且试言一厅则中央为中，一家则厅中非中而堂为中，言一国则堂非中而国之中为中，推此类可见矣！且如初寒时，则薄裘为中，如在盛寒而用初寒之裘，则非中也。更如三过其门不入，在禹稷之世为中，若居陋巷，则不中矣！居陋巷，在颜子之时为中，若三过其门不入，则非中也。或曰男女不授受之类皆然，曰是也。男女不授受，中也，在丧祭则不如此矣！③

二程曾言："中也者，状性与道之言也。犹称天圆地方，而不可谓方圆即天地。方圆不可谓之天地，则万物非出于方圆矣。……率性之谓道，则无不中也，故称中所以形容之也。"④ 对于并非实体，没有具体的实指的内容的"中"，应当如何去把握？二程主张对于中的把握，应该考虑空间的转换与时间的推移，方得相应改变。

### 三、庸者，天下之定理

#### 1. 不易之谓庸

关于中庸的"庸"字意义，郑玄注《礼记》《君子中庸》章言："庸，常也，用中为常道也。"程颢指出"常则不易"⑤，程颐则言："庸只是常。……庸者是定理也。定理者，天下不易之理也，也是经也。"⑥，因此，"不易之谓庸"乃为二程主张，此处不易与郑玄所言恒常类似，亦与《孟子·告子上》"庸敬在兄，斯须

---

① 程颢、程颐：《二程集》，第 609 页。
② 《河南程氏遗书》卷四。
③ 《河南程氏粹言》卷一，第 1182 页。
④ 《河南程氏遗书》卷十五，第 160 页。
⑤ 程颢、程颐：《二程集》，第 122 页。
⑥ 程颢、程颐：《二程集》，第 160 页。

之敬在乡人"相同，皆有恒常不易之义，如《二程遗书》所载："父子君臣常理不易，何曾动来？因不动，故言寂然，虽不动，感便通。①三王之法，各是一王之法。故三代损益文质随时之宜，若孔子所立之法，乃通万世不易之法。"②孔子常称美三代，《论语》云："殷因于夏礼，其损益可知也；周因于殷礼，其损益可知也。"且于《礼运》中强调："大道之行也，与三代之因，丘未逮也，而有志焉！"然而，程子认为，比起三代之法随时有所损益，孔子之法则通万世，而有不易的特质。诸如父子君臣等常理，虽寂然不动，却感而遂通。

2. 庸者是定理

二程直接将《中庸》释为天理，赋予其高的地位，主张："中庸，天理也。不极天理之高明，不足以道乎中庸。中庸乃高明之极耳，非二致也。"③在《二程遗书》中有两次论及"庸者是定理"，分别为"庸者，天下之定理"④"庸者，是定理也"⑤，然而，何谓定理？程子明确指出："定理者，天下不易之理也"⑥。此外，又言："父子君臣，天下之定理，无所逃于天地之间"⑦，将形上的理，下贯至人间伦常关系，可见二程建构"天理"，并非用心于探索自然奥妙本质，而是在于儒家伦常观念。

### 四、诚者，无妄之谓

1. 思无邪，诚也

二程提出"真"是与"诚"具有相似意涵的概念：真近诚，诚者，无妄之谓。⑧"真"乃相对于"假"而言，类似的概念亦可见于张载《正蒙》，其言："至诚则顺理而利，伪则不循理而害"⑨，乃是将至诚与伪并列观之。程子除以无妄定义诚外，又以无邪定义之。有言："思无邪，诚也"⑩，对于思无邪的内涵，朱子有如下的阐释：不但是行要无邪，思也要无邪。诚者，合内外之道，便是表里如

① 《二程遗书》卷二。
② 《二程遗书》卷十七。
③ 《河南程氏粹言》卷一，第1182页。
④ 《二程遗书》卷七。
⑤ 《二程遗书》卷十五。
⑥ 《二程遗书》卷十五。
⑦ 《二程遗书》卷五。
⑧ 《二程遗书》卷二十一。
⑨ 《正蒙·诚明》，《张载集》，第24页。
⑩ 《二程遗书》卷六。

一。内实如此，外也实如此。故程子曰："思无邪，诚也。"① 由此可知，诚须内外一致，"世人固有修饬于外，而其中未必能纯正，惟至于思亦无邪，斯可谓之诚"②，是故，诚非仅存于内，亦非假于外，应使外在的善行与内在纯粹至善相为呼应，如此方能反映天理，合于内外之道。另则，"诚者，天所赋于人之实理，在人则谓之实心，即所谓全体也。惟无一思之邪，则是心无间断无亏阙，而可谓之诚也"③，程子亦指出：今虽知可欲之为善，亦须实有诸己，便可言诚。诚便合内外之道。④ 此处程子引孟子"可欲之谓善，有诸己谓之信"⑤ 的说法，阐释诚的内涵，可见善是体现于外的行为，但须搭配内存于己者，如此方可言诚，合于内外之道。关于孟子以可欲说明善的观念，赵岐有如下解释："己之可欲，乃使人欲之，是为善人。己所不欲，勿施于人也；有之于己，乃谓人有之，是为信人。"此乃以忠恕之道解之，如此一来，似乎可以推论程子所谓合于内外之道的诚，能够与忠恕等同视之。如程子主张，"我不欲人之加诸我，吾亦欲无加诸人，正中庸所谓施诸己不愿，亦勿施于人。"⑥ 此外，用来定义"诚"的"无妄"二字，同样出现于二程对忠的说解上："忠者，无妄之谓也。忠，天道也；恕，人事也。"⑦

2. 诚则无不敬

南宋绍兴年间，胡安国上奏状时有言："《中庸》之义，不明久矣！自颐兄弟始发明之，然后其义可思而得"⑧，而在《宋史·程颐传》中称程颐"以《大学》、《语》、《孟》、《中庸》为标指，而达于六经"⑨，二程门人朱光庭⑩ 亦称程子之学"以诚为本""先生得圣人之诚也"⑪，范祖禹⑫ 则言程颢"其学本于诚意正心，以

---

① 《朱子语类》卷二三，第 543 页。

② 《朱子语类》。

③ 辅广：《论语答问》。

④ 《二程遗书》卷二。

⑤ 《孟子·尽心下》。

⑥ 《二程遗书》卷二十二。

⑦ 《二程遗书》卷二十一。

⑧ 《河南程氏遗书》，第 349 页。

⑨ 《宋史》卷四二七。

⑩ 朱光庭（1037—1094），河南偃师人。嘉祐二年进士，调万年簿，时人称明镜。与贾易成为洛党领袖，后洛党式微，改入朔党。

⑪ 以上两段引文均出自《河南程氏遗书》，第 331 页。

⑫ 范祖禹（1041—1098），字淳夫，一字梦得。擅长历史，尤通唐书，受司马光赏识，曾与刘恕、刘攽一同协助司马光修《资治通鉴》。著有《唐鉴》12 卷、《帝学》8 卷、《仁皇政典》6 卷、《范文史集》53 卷。

圣贤之道可以必至，勇于力行，不为空文"①。

　　二程言诚，乃联系诚、敬二字，认为"诚则无不敬"②"学要在敬也，诚也"③"诚者，天之道；敬者，人事之本"④"诚只是诚此者也，敬只是敬此者也，非是别有一个诚，更有一个敬"⑤，并有如下说法：发于外者谓之恭，有诸中者谓之敬。诚然后能敬，未及诚时，却须敬而能诚。无妄之谓诚，不欺其次矣！⑥ 恭与敬，一发于外，一求乎内，虽以诚为本，然若境界未到，则须先行敬之工夫，方使内外合一。

　　3. 信不足以尽诚

　　虽然自古以来，"信"常被理解为与"诚"相同的概念，实则两者意涵仍有差异，如程颐认为：信不足以尽诚，犹爱不足以尽仁。⑦ 言信未必可以言诚，若为诚，则内容便含有信。在此，程颐亦将信比喻为相对于仁的爱。此外，程子有如下说法：

　　　　仁者，公也，人此者也；义者，宜也，权量轻重之极也；礼者，别也；知者，知也；信者有此者也。万物皆有信。此五者常性也。⑧

　　而且，"四端不言信者，既有诚心为四端，则信在其中矣"⑨，如此说法亦可证明信不足以尽诚。至于"尽诚"一词，《二程遗书》中共出现三则，除了"信不足以尽诚"⑩外，尚有"问尽己之谓忠，莫是尽诚否？既尽己安有不诚，尽己则无所不尽"⑪，以及程颢所言"祭者所以尽诚，或者以礼为一事，人器与鬼器等，则非所以尽诚而失其本矣"⑫二则。另则，程子亦言忠信与诚间的关系：

　　　　人道唯在忠信，不诚则无物，且出入无时，莫知其乡者，人心也。若无忠信，岂复有物乎！

① 程颢、程颐：《二程集》，第 333 页。
② 程颢、程颐：《二程集》，第 1170 页。
③ 《二程遗书》卷十四。
④ 《二程遗书》卷十一。
⑤ 《二程遗书》卷二。
⑥ 《二程遗书》卷六。
⑦ 《二程遗书》卷二十五。
⑧ 《二程遗书》卷九。
⑨ 《二程遗书》卷二十四。
⑩ 《二程遗书》卷二十五。
⑪ 《二程遗书》卷十八。
⑫ 《二程遗书》卷十一。

对此，朱子有言："若初闲有诚意，到半截后意思懒散漫做将去，便只是前半截有物，到半截后无了，若做到九分，这一分无诚意便是一分无物"①；辅广认为，"人有为人之道，自天地储精而为人，则实理具焉！故人道惟在忠信，不诚则无物，言人不忠信，则浑是虚妄，虽有人之形，而无人之实也"；真德秀则言："盖诚指全体而言，忠信指用功处，而言尽得忠与信即是诚，故孔子虽不言诚，但欲人于忠信上着力，忠信无不尽，则诚在其中矣！"《论语》言忠信，《中庸》论诚，程子将两者并而观之，若在忠信上着力，则可见其根本，诚亦在其中。

## 第二节　阐幽发微的朱熹

### 一、朱熹对《中庸》的编著删订

1.《中庸章句》

《二程遗书》曾载："孔子没，传孔子之道者，曾子而已。曾子传之子思，子思传之孟子。孟子死，不能其传，至孟子而圣人之道益尊。"② 二程在孔、孟间加入曾子、子思，可看出朱熹提出四书的架构来源。自二程绍子思、孟子以来"千载不传之绪"③，《中庸》始进入新的诠释视域。基此，如何承继及发扬二程之说，遂为朱熹所面临的主要考验。

《中庸》一书的思想，在中国哲学史上具关键地位。宋代新儒家中庸力辟佛老，依朱子分判，在维护儒家道统的角度上，《中庸》是子思所写。朱子于《书中庸后》一文亦云："右《中庸》一篇三十三章，其首章，子思推本先圣所传之意以立言，盖一篇之体要；而其下十章，则引先圣之所尝言者以明之也；至十二章，又子思之言；而其下八章，复以先圣之言明之也；二十一章至于卒章，又皆子思之言，反复推说，互相发明，以尽所传之意者也。其尝伏读其书，而妄以己意分其章句如此。"④ 此外，根据朱子之说，"《中庸》多说无形影，如鬼神，如天地参等类，说得高，说下学处少，说上达处多"⑤。在先秦时，《中庸》结合儒家形

_____

① 《朱子语类》。
② 《二程遗书》卷二十八，第239页。
③ 朱熹：《中庸章句序》，《朱熹集》第七册，第3995页。
④ 《朱子大全文集》卷八十一。
⑤ 《朱子语类》卷六二。

上思想与实践工夫，响应道家思想的挑战，反省人生意义。朱熹与佛老抗衡，索掘《中庸》天道性命相贯通之脉络，"明道之本原出于天而不可易，其实体备于己而不可离，次言存养省察之要，终言圣神功化之极"①。《中庸集解·序》："秦汉以来，圣学不传，儒者惟知章句训诂为事，而不知复求圣人之意，以明夫性命道德之归"②，朱熹主张讲经形态应由"惟知章句训诂"转为"明夫性命道德之归"，特别强调对性命道德的阐发。

朱子先后作《中庸章句》《中庸或问》，删定《中庸辑略》，并有与门人研讨《中庸》的语录。根据年谱所载，淳熙十六年己酉（1189 年），朱子年六十岁，三月序《中庸章句》，曾言："历选前圣之书，所以提挈纲维，开示蕴奥，未有若是之明且尽者也"，经过窃疑，而后恍然似得要领："熹自蚤岁即尝受读而窃疑之，沉潜反复，盖亦有年，一旦恍然似有以得其要领者，然后乃敢会众说而折其中，既为定著章句一篇，以俟后之君子"③。此外，朱熹诠释《中庸》旨在接续二程思想，以传儒学道统，《中庸章句·序》称之"河南程氏两夫子""程夫子兄弟"，亦借此标举二程继承绝学的贡献。然而，面对二程门人的佛老倾向，朱熹则言："虽颇详尽而多所发明，然倍其师说而淫于佛老者，亦有之"④，比起吕大临、杨时于喜怒哀乐未发之际以寂然至虚之心求中，朱熹则主张以敬取代静，除了重视未发时心的不偏不倚外，更强调已发时的无过不及。

2.《中庸或问》

朱熹为四书作注，先编成《论语集义》《孟子集义》，而后取其精粹，编成《四书章句集注》，淳熙十六年（1189 年）完成《四书或问》。其中，《中庸或问》不仅评及诸子，亦评程子，序言中可见该书主旨：

> 且记所尝论辩取舍之意，别为《或问》，以附其后，然后此书之旨，支分节解，脉络贯通，详细相同，巨细毕举。而凡诸说之同异得失，亦得同曲畅旁通，而各极其趣。⑤

由此可知，《中庸或问》内容多为朱子评论各家学说，又因该书从淳熙四年（1177 年）始撰，至十六年（1189 年）始成，既非一时之作，加以无暇重编，是

---

① 朱熹：《四书章句集注》，中华书局 2006 年版，第 17—18 页。
② 朱熹：《朱文公文集》卷七十五，《朱子全书》第 24 册，上海古籍出版社 2001 年版，第 3640 页。
③ 以上二段引文俱见朱熹：《中庸章句序》，《朱熹集》第七册，卷七十六。
④ 朱熹：《中庸章句·序》。
⑤ 《中庸或问·序》。

故，"以《中庸或问》见授，云：'亦有未满意处，如评论程子、诸子说处尚多粗'"①，又言："缘前辈诸公说得多了，其间尽有差舛处，又不欲尽驳难他底，所以难下手，不比《大学》，都未曾有人说。"② 由以上记载可知，朱熹对《中庸或问》不甚满意。

3.《中庸辑略》

乾道年间，朱熹友人石子重汇集北宋诸子周敦颐、程颢、程颐、张载、吕大临、谢良佐、游酢、杨时、侯仲良等人之说③，成《中庸集解》二卷。朱子《中庸集解·序》云：

> 子重之为此书，采掇无遗，条理不紊，分章虽因众说，然去取之间，不失其当。其谨密详审，盖有得乎"行远自迩，登高自卑"之意。虽哀公问政以下六章，据《家礼》本一时问答之言，今从诸家不能复合，然不害于其脉理之贯通也。又以简帙重繁分为两卷，亦无他义例云。④

据束景南考证⑤，朱子多与石氏商讨，并助成其事，且为之序。该书对北宋以来道学家研究《中庸》之成果"采掇无遗""谨密详审"，是篇之成有助于"考其异而会其同"，且"圣门传授之微旨见于此篇者，诸先生之说详矣"⑥。准此，朱熹实盼能通过对北宋诸说的考异会同以达到圣门传授之微言大义。随着研究《中庸》的逐渐深入，朱熹对石子重所辑录的程门《中庸》说有迥异前说的评价：

> 凡石氏之所辑录，仅出于其门人之所记，是以大义虽明而微言未析。至其门人所自为说，则虽颇详尽而多所发明，然倍其师说而淫于老佛者亦有之矣。⑦

朱子认为石氏《中庸集解》中所辑诸说虽有可取之处，但程门弟子亦有违背师说者，或是难以精确表达其精微之义。因此，当游丈开询问《中庸》编集如何时，朱熹则言："便是难说。缘前辈诸公说得多了，其间尽有差舛处，又不欲尽驳难他底，所以难下手，不比《大学》都未曾有人说"⑧。基此，朱熹重新诠释

① 《朱子语类》卷六二。
② 《朱子语类》卷六二。
③ 见陈振孙《直斋书录解题》卷二。
④ 《朱子大全文集》卷七十五。
⑤ 束景南：《朱熹年谱长编》，华东师范大学出版社 2001 年版，第 496—497 页。
⑥ 以上引文均出自朱熹：《中庸集解·序》，《朱熹集》第七册，第 3957 页。
⑦ 朱熹：《中庸章句·序》，《朱熹集》第七册，第 3995 页。
⑧ 《朱子语类》卷六二。

《中庸》。朱熹将石子重《集解》加以删略，成《中庸辑略》。

## 二、中者，不偏不倚，无过不及之名

### 1. 中和旧说到中和新说

《中庸》言："喜怒哀乐之未发谓之中，发而皆中节谓之和。中也者，天下之大本也；和也者，天下之达道也。"原是对于人类情感活动的描述，然自二程之后，从心的角度加以分析，讨论已发未发、动静状态及涵养察识等问题。朱熹对此问题，有前后两次不同的说法，称为中和旧说和中和新说。由于朱子认为："早年从延平李先生受《中庸》之书，求喜怒哀乐未发之旨未达，而先生没，余窃自悼其不敏，若穷人之无归。闻张钦夫得衡山胡氏学，则往从而问焉。钦夫告余以所闻，余亦为之省也。退而沉思，殆忘寝食。"旧说于乾道二年（1166 年）朱熹时年三十七岁与张栻讨论①时形成，内容如下：

> 人自有生，即有知识。事物交来，应接不暇，念念迁革，以至于死，其间初无顷刻停息，举世皆然也。然圣贤之言，则有所谓"未发之中，寂然不动"者，夫岂以日用流行者为已发，而指夫暂而休息，不与事接之际，为未发耶？尝试以此求之，则泯然无觉之中，邪暗郁塞，似非虚明应物之体；而几微之际，一有觉焉，则又便为已发，而非寂然之谓。盖愈求而愈不可见。于是退而验之于日用之间，则凡感之而通，触之而觉，盖有浑然全体应物而不穷者，是乃天命流行、生生不已之机，虽一日之间，万起万灭，而其寂然之本体，则未尝不寂然也。所谓未发，如是而已，夫岂别有一物，限于一时，拘于一处，而可谓之中哉？然则天理本真，随处发见，不少停息者，其体用固如是，而岂物欲之私所能壅遏而梏亡之哉！②

朱熹主张从日用流行中体证天命流行之体，此体即是中，而且此体能够随时呈现。

由于中和旧说缺乏涵养工夫，所以朱子走上另一个形态。乾道五年（1169年），朱熹四十岁，是春，与蔡元定讲学，顿悟中和新说，确立生平学问大旨，

---

① 当时张栻主讲岳麓、城南两书院，朱熹闻张栻得衡山胡宏之学，并在长沙讲学授徒，遂向张栻请教，两人一起讨论《中庸》已发未发、察识涵养及太极、仁等理学问题，展开激烈争论。这是以朱熹为代表的闽学和以张栻为代表的湖湘学派的辩论。此次讨论历时两月，听者甚众，不但纠正胡宏已发为心的观点，更刺激朱子提出性体情用、心统性情的论点。

② 《与张钦夫》，《朱文公文集》卷三十。

作《已发未发说》寄张栻，此即中和新说。

朱熹之悟中和新说，亦受蔡元定启发，"熹尝讲《中庸》已发未发之旨，以为人自婴儿至老死，虽语默动静之不同，然大体莫非已发。元定不以为是，独引程氏说，以为'敬而无失，便是喜怒哀乐未发谓之中'。后十年，熹再与元定辩论，始悟其说而悉反之，由是益奇元定。"朱熹反复参较中和之说，前后三年。在早年的中和旧说中，朱熹怀疑意识不断流动，无一定点可提；又认为"未发"之意义在本质上即无从确认，亦即无从对象化，因为一旦被确认了，它即不是"未发"，而是"已发"。中和新说大量引用程颐之言，并澄清其间模糊处：

首先，"未发"不是指"暂而休息，不与事接"的状态，亦非程颐所说的"在中"，而是指"寂然之本体"。未发之际，心性合一，且时时发用，不少停息。程朱的"心体"与陆王"本心"之为"本体"并不相同。前者的心呈现性理，但非心即理。本体虽可一时汩没，但它不会梏亡，"良心萌蘖未尝不因事而发见"。"中"既超越，又生生不已，而且永不汩没，是思虑未萌、喜怒哀乐未发的心体，此心寂然，天命之性具在其中。此处明显的是以孟子良知义解释。

其次，新说严分心性，性是极精微的"他者"。虽说"未发"心境既有"流行"面，又有"寂然不动"面，亦动亦静，非动非静。朱子解释心性关系时，所用为"具"字，而不是"同""即"。"性"变成了永恒的"他者"，它只有在工夫终点的"未发"层次可被体悟其内涵，但"未发"之心只是呈显性理，而不是融释为一。[①] 另则，"未发"之境不可穷索，亦即不可成为对象，只能以"敬"持之，使其气象长存。

2. 中一名而有两义

关于程子云"只一个中字，但用不同"的说法，朱熹认为颇可玩味，而在《答张敬夫》中有如下解释：

> 夫所谓"只一个中字"者，中字之义未尝不同，亦曰不偏不倚、无过不及而已矣；然用不同者，则有所谓在中之义者，有所谓中之道者是也。盖所谓在中之义者，言喜怒哀乐之未发，浑然在中，亭亭当当，未有个偏倚过不及处。其谓之中者，盖所以状性之体段也。有所谓"中之道"者，乃即事即物自有个恰好底道理，不偏不倚，无过不及。其谓之中者，则所以形道之实也。

---

① 相关讨论见杨儒宾《从"五经"到"新五经"》，台湾大学出版中心 2013 年版，第 231—232 页。

另则，朱熹认为"中者，不偏不倚，无过无不及之名"，分别对应于中的不同层次：

> 中一名而有二义，程子固言之矣。今以其说推之，不偏不倚云者，程子所谓在中之义，未发之前，无所偏倚之名也；无过无不及者，程子所谓中之道也，见诸行事，各得其中之名也。盖不偏不倚，犹立而不近四旁，心之体，地之中也；无过无不及，犹行而不先不后，理之当，事之中也。故于未发之大本，则取不偏不倚之名，于已发而时中，则取无过不及之义，语固各有当也。然方其未发，虽未有无过不及之可名，而所以为无过不及之本体，实在于是；及其发而得中也，虽其所主不能不偏于一事，然其所以无过不及者，是乃无偏倚者之所为，而于一事之中，亦未尝有所偏倚也。故程子又曰：言和，则中在其中；言中，则含喜怒哀乐在其中。而吕氏亦云：当其未发，此心至虚，无所偏倚，故谓之中；以此心而应万事之变，无往而非中矣。是则二义虽殊，而实相为体用，此愚于名篇之义，所以不得取此而遗彼也。①

朱熹与程子的说法有所差异，他以二分法解释《中庸》，有内外、已发未发、动静、体用之分。因此，"中"可分为"未发之中"与"在事之中"：前者指喜怒哀乐未发之前，内心情感尚未表现于外在行为，能够恰如其分，无所偏倚；后者指喜怒哀乐未发之后，表现于具体行事过程中，各得其宜。② 易言之，不偏不倚乃就心言，无过不及则就行言。而且，时中即"随事应接各得其所"③，且"中无定体，随时而在""无时不中"。④ 至于当朱熹并举中、和时，此处的中，指的是在中：盖天命之性，万理具焉，喜怒哀乐，各有攸当。方其未发，浑然在中，无所偏倚，故谓之中；及其发而皆得其当，无所乖戾，故谓之和。⑤ 和是已发的时中，中是未发的在中。"中"是心之所以为体，寂然不动者也，由"中"可见性之浑然；"和"是心之所以为用，感而遂通者也，由"和"可见"情"之中节，

---

① 朱熹：《中庸或问》，第548—549页。

② 相关资料可参考萧永明《由"诚"而"中"，由"中"而"和"——理学视域中的〈中庸〉中和论》，收于陈来、朱汉民主编《传承与开拓：朱子学新论》，华东师范大学出版社2013年版，第44页。该文试图就理学视域中的《中庸》中和论进行考察，分析中与和、中与诚间的关系，寻求致中和之道。

③ 《朱子文集》卷五十五《答李守约》。

④ 以上两句引文均出自朱熹《四书章句集注·中庸章句》，《朱子全书》第6册，第34页。

⑤ 《四书或问·中庸或问》，《朱子全书》第6册，第558页。

两者皆由"心"通贯之。除了将"中"的两种内涵做出明确的辨析外，朱熹更认为二者不容混淆：盖未发之时，在中之义，谓之无所偏倚则可，谓之无过不及，则方此之时，未有中节不中节之可言也，无过不及之名，亦何自而立乎？[①]

在此，朱熹明言不能以"无过无不及"界定未发之中，然而，却也不否认二者间的关系："二义虽殊，而实相为体用"[②]，"若推其本，则自喜怒哀乐未发之中，而为时中之中。未发之中是体，时中之中是用。"[③] 是故，朱熹在二程所言"不偏之谓中"加入"无过不及"，可见既言喜怒哀乐未发之前，亦不忽略喜怒哀乐未发之后，不但丰富诠释意涵，同时可视为对二程后学注重未发以求中的修正。

3. 中庸与中和，其实一也

朱熹解释中庸与中和间的关系，做了如下细密的梳理：

> 以情性言之，谓之中和；以礼义言之，谓之中庸：其实一也。以中对和而言，则中是体，和是用，此是指已发未发而言。以中对中庸而言，则又转折来，庸是体，中是用。如伊川云："中者，天下之正道；庸者，天下之定理"是也。此中却是时中执中之中，以中和对中庸而言，则中和又是体，中庸又是用。[④]

朱熹认为中庸与中和，一以情性言之，一以礼义言之，其实两者为一，皆为中的运用，只是所涉层面有所不同。另则，"中和"与"中庸"间具体用关系，以此推之，"中和"关涉人之性情，"中庸"乃礼义的具体实践，二者的体用关系则体现朱熹礼义观念中的情感本体意义。此外，朱熹从道的体用解释中、和："大本者，天命之性，天下之理皆由此出，道之体也；达道者，循性之谓，天下古今之所共由，道之用也。"中为天命之性，亦为包含天下万理之大本，为体；和则循性而行，为天下古今共由之达道，为用。另则，朱子有言：中和云者，所以状此实理之体用也。天地位，万物育，则所以极此实理之功效也；中庸云者，实理之适而可平常者也。过与不及，不见实理而妄行者也。[⑤]

在《中庸或问》的这段话中，朱子诠释《中庸》中和与中庸，认为中和描述的是道的体用，至于"天地位，万物育"，则是致中和所产生的道的功效。中庸

---

① 朱熹：《四书章句集注·中庸章句》，《朱子全书》第 6 册，第 558 页。
② 《四书或问·中庸或问》，第 548 页。
③ 《朱子语类》卷六二，《朱子全书》第 16 册，第 2005 页。
④ 《朱子语类》卷六三。
⑤ 《四书或问·中庸或问》，第 594 页。

描述的是道的平常义，若是过犹不及，皆是不见实理而妄行。

### 三、以平常解"庸"

1. 惟其平常，故可常而不可易

关于庸字，二程以"不易之谓庸""庸者天下之定理"释之，朱子却解释为"庸，平常也。"原因于《中庸或问》中可获解答：

> 曰：庸字之义，程子以不易言之，而子以为平常，何也？曰：惟其平常，故可常而不可易。若惊世骇俗之事，则可暂而不得为常矣。二说虽殊，其致一也。①

朱子强调庸的平常义，认为平常才能长久实践，诡异惊骇之事则无法长久，这也强调道理不能离开人伦日用。基此，中庸之道则为平常之德。这样的说法与何晏《论语》注云相同："庸，常也。中和可常行之德也。"②皆为平常之义。关于朱子以平常释庸的说法，徐复观对此加以阐发：

> "中"与"庸"连为一词，其所表现的特殊意义，我以为是"庸"而不是"中"；因为中的观念虽然重要，但这是传统的观念，容易了解。和"中"连在一起的"庸"的观念，却是赋予了一种新内容，新意义。……所谓庸者，乃指"平常地行为"而言。所谓平常的行为，是指随时随地，为每一人所应实践，所能实现的行为。③

徐复观认为朱熹以平常释庸，极为妥贴却不够完全，因此提出"平常的行为"方为完全的说法。"平常的行为"实际上指的是有普遍妥当性的行为，此言亦谓常道。

2. 平常者，事理当然而无诡异也

在朱熹看来，所谓平常之事，并非平时可以轻易看到之事，关键在于是否理所当然，然而，何谓事理当然而无诡异？在《朱子语类》中有如下记载：

> 问：中庸之庸，平常也。所谓平常也，事理当然而无诡异也。《或问》言：既曰当然，则自君臣父子日用之常，以至尧舜之禅让、汤武之放伐，无适而非平常矣！窃谓尧舜禅让、汤武放伐，皆圣人非常之变，而谓之平常，何也？曰：尧舜禅让、汤武放伐，虽事异常，然皆是合当如此，便只是常

---

① 《四书或问·中庸或问》，《朱子全书》第6册。
② 何晏注：《论语·雍也》《中庸之为德》。
③ 徐复观：《中国人性论史》（先秦篇），第98页。

事。如伊川说：经、权字，合权处，即便是经。①

事理当然而无诡异之事并非甚高难行之事，关键在于合当如此。如尧舜禅让、汤武放伐，由于合乎所当然之理，故谓之常。朱熹以程颐经权说法佐证，亦有类似观点如下："以义权之，而后得中，义似权，权是将这称去称量，中是物得其平底""权者，乃是到这地头，道理合当恁地做，故虽异于经，而实亦经也"，可谓行权合道。又如程《易》说《大过》以为"大过者，常事之大者耳，非有过于理也。圣人尽人道，非过于理"②，此以圣贤于非常时期而有大过常事之作为解析大过之义，诚然是超乎寻常之大事，但由于圣人尽人道，因此非过于理。

3. 中、庸只是一个道理

二程后学追逐"未发"而求"中"的批评。朱子在解读"中庸"时，能够在二程"中庸"解的基础上，以"不偏不倚、无过不及"解"中庸"之"庸"取代二程的"不易之谓庸"，强调"无过不及"的"平常"，把"中"与"庸"统一起来。③朱熹除了以"平常"解"庸"外，亦视"中"为"平常"：

> 中、庸只是一个道理：以其不偏不倚，故谓之中；以其不差异而可常行，故谓之庸。未有中而不庸者，亦未有庸而不中者。惟中，故平常。尧授舜、舜授禹，都是当其时合如此做，做得来恰好，所谓中也。中，即平常也，不如此，则非中，便不是平常，以至汤武之事亦然。又如当盛夏极暑时，须用饮冷、就凉处、衣葛、挥扇，此便是中，便是平常；当隆冬盛寒时，须用饮汤、就密室、重裘、拥火，此便是中，便是平常。若极暑时重裘、拥火，盛寒时衣葛、挥扇，便是差异，便是失其中矣！④

上述引文中，看似朱熹阐发何谓中，何者非中，然而，细究之则可见将"不偏不倚"的"中"与"不差异而可常行"的"庸"加以联系，明言只是一个道理。同时，举尧舜禹等圣君禅让、汤伐桀与武王伐纣为例，说明此为"当其时合如此做"，故合于"中"。此外，又举在盛夏极暑及隆冬盛寒之际，便有挥扇或拥火等不同举措，若是颠倒作为，则有差异，如此不但不符合庸之义，更是失其

---

① 《朱子语类》，第 1484 页。
② 《朱子语类》，第 1484 页。
③ 乐爱国：《朱熹"中庸"解的实学思想——兼与二程"中庸"解之比较》，《厦门大学学报》（哲学社会科学版）2010 年第 5 期。
④ 《朱子语类》，第 1483—1484 页。

中。类似观点亦可见于以下文字：

> 中则直上直下，庸是平常不差异。中如一物竖置之，常如一物横置之。
> 唯中而后常，不中则不能常。……中而后能常，此以自然之理而言；常而后
> 能有中，此以人而言。①

在此，朱熹将中与庸视为一事，又曾言："中庸只是一事，就那头看是中，就这头看是庸，如山与岭然"②，关此论点，朱熹门人曾提出问题："中庸既曰'中'，又曰'诚'，何如？"朱熹答以"此古诗所谓'横看成岭侧成峰'也"。是故，主要是因不同角度而使所得所不同，实则二者并无本质区别。

**四、真实无妄之谓诚**

1. 诚是个自然之实

朱子认为"自然之实"相对于"个人所为之实"而言，并分别表示诚、信；在《说文》中诚、信被视为同义③，但朱熹在探讨思想范畴时，对此拓展及深化，说明"诚"与"信"间的差异：

> 问诚信之别。曰："诚是自然底实，信是人做底实。故曰：'诚者，天之
> 道。'这是圣人之信。若众人之信，只可唤做信，未可唤做诚。诚是自然无
> 妄之谓。如水只是水，火只是火，仁彻底是仁，义彻底是义。"

诚、信虽皆具备实的概念，但前者是自然的，后者则为人为，因此，圣人之信因符合天道，故可称之为诚，众人之信则不可。另则，朱子举程颐所谓"信不足以尽诚，犹爱不足以尽仁"说明诚、信的不同：

> 诚是个自然之实，信是个人所为之实。《中庸》说："诚者，天之道也"，
> 便是诚；若"诚之者，人之道也"，便是信。信不足以尽诚，犹爱不足以尽仁。④

朱子一方面分别"诚""信"间的差异，另一方面又绾合二者。两者皆具备实之义，类似论点可见于二程对"诚者自成也"的解读："夫诚者，实而已矣。实有是理，故实有是物；实有是物，故实有是用；实有是用，故实有是心；实有是心，故实有是事。是皆原始要终而言也。"⑤ 另则，"诚"代表本体世界，"信"

---

① 《朱子语类》，第 1483 页。
② 《朱子语类》。
③ 《说文解字·注》："诚，信也""信，诚也"。艺文印书馆 2007 年版，第 93 页。
④ 《朱子语类》，第 103 页。
⑤ 程颢、程颐：《二程集》，第 1160 页。

则是人伦日用的实践、落实；然而，"信"有其局限性，合于天道的"诚"，方有超越境界。职是之故，二程认为无妄之谓诚，乃就信而言，朱子则进一步以真实无妄解释诚，如此解释也更为贴切。

2. 诚是实理

"诚"字在《中庸章句》中共出现二十五次，朱熹认为诚为《中庸》枢纽，以为诚通贯《中庸》。他在二程以"无妄"释诚的基础上加入真实二字，以"实"及"实理"释"诚"："盖诚之为言，实而已矣"①、"诚者，实有此理"②、"诚是实理"③"诚字之道，则为实有之理"④，并曾言"诚者，真实无妄之谓，天理之本然也"⑤"诚是天理之实然，更无纤毫作为"⑥，亦言"诚者，至实而无妄之谓，天所赋、物所受之正理也"⑦，凡此皆从天理角度揭橥"诚"的内涵。在《中庸或问》中有如下说法：

> 若夫人物之生、性命之正，固亦莫非天理之实。但以气质之偏、口鼻耳目四肢之好，得以蔽之，而私欲生焉。是以当其恻隐之发，而忮害杂之，则所以为仁者有不实矣！当其羞恶之发，而贪昧杂之，则所以为义者有不实矣！此常人之心所以虽欲勉于为善，而内外隐显常不免于二致。其甚至于诈伪欺罔而卒堕于小人之归，则以其二者杂之故也。⑧

又如《朱子语类》云：诚，实理也，亦诚悫也。由汉以来，专以诚悫言诚，至程子乃以实理言。后学皆弃诚悫之说。不观《中庸》亦有言实理为诚处，亦有言诚悫为诚处。不可只以实理为诚，而以诚悫为非诚也。诚是实，心之所思皆实也。诚者，合内外之道，便是表里如一。内实如此，外也实如此。圣人之生，其禀受浑然，气质清明纯粹，全是此理，更不待修为，而自然与天为一。若其余，则须是"博学、审问、慎思、明辨、笃行"。如此不已，直待得仁义礼智与夫忠孝之道，日用本分事无非实理，然后为诚，有一毫见得与天理不相合，便于诚有一毫未至。

① 《四书或问·中庸或问》，《朱子全书》第 6 册，第 598 页。
② 《朱子语类》性理三。
③ 《朱子语类》卷六四，《朱子全书》第 16 册，第 2107 页。
④ 《答曾致虚》，《朱子文集》卷四十六。
⑤ 《四书章句集注·中庸章句》，《朱子全书》第 6 册，第 48 页。
⑥ 《朱子语类》。
⑦ 《通书注·诚上第一》，《朱子全书》第 13 册，第 97 页。
⑧ 《四书或问·中庸或问》，《朱子全书》第 6 册。

实理在物、在外，诚悫在心、在内。若能表里如一，即心之所思与表见于外之行为之合一，此即诚悫之诚也。另则，"理"的实质就是"诚"："理一也，以其实有，故谓之诚；以其体言，则有仁义礼智之实；以其用言，则有恻隐羞恶、恭敬是非之实。故曰：'五常百行，非诚非也。'"是故，"诚"被视为一切道德之总汇，包含仁义礼智、恻隐羞恶、恭敬是非等一切人伦之德具体之德，而有体有用，都是天道之诚的自然下贯。此外，由于"天理之本然"，可见实理的表现乃天理之本质，生命之诚的真实无妄向外感通，形成一主观性原则，并依此道德理性之自觉，恢宏天道义蕴，人与万物皆禀受此天命之性，天道因此具有道德意涵。由此，"诚"贯通天人。此外，朱熹在面对"中"与"诚"之间的区别，认为"中是道理的模样，诚是道理的实处，中即诚矣"①，因此，"中""诚"可相互贯通，一为表现形态，一为本质描述。

## 第三节　绾合程朱的陈淳

### 一、对《中庸》的注解

1.《中庸口义》

陈淳门人陈沂在《叙述》中言："先生旧所编辑，则有礼诗女学之书外，有《字义详解》、《大学》《中庸》口义。筠谷濑口金山所闻，皆诸生所录而先生笔削之矣！"② 又，以直秘阁主管建康府崇禧观的陈宓（1171—1120），在为陈淳所作《墓志铭》中有言：

> 归自中都，泉之人士争师之，先生为之讲解，率至夜分，惟恐听者之劳而住已，曾无一毫倦色。惟虑夫人无以受之，而不惮于倾其所有以告。于是门人随其口授而笔之于书，《大学》、《论》、《孟》、《中庸》则有口义，仁义礼智心意性情之类，随事剖析，则有《字义详讲》。③

由此可知，陈淳门人曾记录其师对四书的诠解，撰成《中庸口义》等，目的为提倡对四书的学习，而为诸生讲授。至于仁义礼智等抽象思维则收于《字义详讲》中。然而，口义内容为何，是否即《北溪大全集》中的"讲义"？因限于资

---

① 《朱子语类》卷六二，《朱子全书》第 16 册，第 2008 页。
② 《北溪外集》，第 18 页。
③ 《北溪外集》，第 12 页。

料，已无法得知，仅存《字义》一书流传。另则，周春健《元代四书学研究》中指出，"除黄榦一系外，朱子其他及门弟子一系与朱子续传或私淑一系的四书学也十分活跃，他们共同创造了元代四书学宗朱学派的繁荣局面"①，并点出陈淳四书学依序传至杨昭复②、吕大圭③、丘葵④。

2.《北溪字义》的"中庸"

陈淳指称："《中庸》会其归，则圣贤蕴蓄事理，本末精粗深浅，皆可了然在目，而胸中权衡尺度，无星毫分寸之紊矣！至是，然后可以读天下之书、论天下之事。"⑤ 其人对《中庸》的推崇乃承二程、朱子而来，认为是子思所作、亦为孔门传授心法：

> 《中庸》一书，子思子所以得圣祖之传而发明之，以诏后学者也。其名篇二字之义，盖取夫不偏不倚、无过不及而平常之理，诚以天下理义无以加此，而圣圣相传无以易，此特表而出之，以为万世之所折衷。其为书也，始原于天命之奥，而不出乎人心之近，终极于无声无臭之妙，而不越乎日用之常。⑥

除了强调《中庸》为孔门传授心法，尧舜以来相承之本旨外，陈淳对全篇主旨有以下看法：

> 全篇所以为说，下学之意少，而上达之意多。学者必于《大学》、《论》、《孟》既通，而后及乎此，以尽心焉，则卓然有以会其极，可与读天下之书、论天下之事，而建立大本经纶大经，自从容而有余矣！抑子思子示人此篇大旨，必取智仁勇三者，为入道之门：以智者所以知乎此，仁者所以体乎此，而勇者所以强乎此者也，而其所以为用功之目，则必又以博学、审问、慎思、明辨、笃行，五者而弗之措焉！盖不如是，则无以择善而明善其智不

① 周春健：《元代四书学研究》，第202页。
② 杨昭复，生卒不详，闽人。
③ 吕大圭，字圭叔，号朴卿，南宋南安人。少从学杨昭复，尽屏章旨旧习，专务致知力行。累官国子编修实录检讨官，转知漳州军，节制左翼屯戍军马，未行，蒲寿庚降元，令大圭署降表，大圭后为寿庚所杀。著《春秋或问》等书。
④ 丘葵（1244—1332），字吉甫，号钓矶。生于南宋淳祐四年（1244年）。为朱熹的四传弟子，时称"泉南名贤"。宋亡后，隐居不仕，著有《四书日讲》《易解疑》《书口义》。据何乔远《闽书》卷一二七记载，"元时，倭寇至其宅，他无所犯，惟取遗书以去，故其著述多无传者"，故著作多佚，今有《周礼补亡》《钓矶诗集》存世。
⑤ 《北溪大全集》卷二十六，第7页。
⑥ 《北溪大全集》卷十六，第2—3页。

足矣！①

在《北溪字义》中，"中庸"一词计十六次，除了为条目之一外，亦出现于"情""忠恕""诚""道""中和""鬼神""用功节目""读书次第"等条目中。其中，卷上有"中庸""情""忠恕""诚"四条目，卷下则有"道""中和""鬼神""用工节目""读书次第"五条目，可见不论是形上或形下，中庸均可作为立论根据。首先，于"情"中，陈淳对于《中庸》所言喜怒哀乐有所阐发：情者，性之动也。在心里面未发动底是性，事物触着，便发动出来底是情。寂然不动是性，感而遂通是情。这动底只是就性中发出来，不是别物，其大目则为喜、怒、哀、惧、爱、恶、欲七者。《中庸》只言喜怒哀乐四个，孟子又指恻隐、羞恶、辞让、是非四端而言，大抵都是情……又如《大学》所谓忧患、好乐及亲爱畏敬等皆是情。②

《中庸》所言，仅喜怒哀乐四者，陈淳则扩而充之，论及七情。此外，陈淳认为《孟子》恻隐、羞恶、辞让、是非四端之说，以及《大学》所谓忧患、好乐、亲爱、畏惧，大抵都是情。然而，《孟子》所言之情，是专就善处来说，陈淳说法则兼具善恶，更为齐备。

在"忠恕"中，陈淳则言：《中庸》说忠恕违道不远，正是说学者之忠恕；曾子说夫子之道忠恕，乃是说圣人之忠恕。圣人忠恕是天道，学者忠恕是人道。③夫子语子贡之恕曰："己所不欲，勿施于人。"此即是《中庸》说。施诸己而不愿，亦勿施于人也。异时子贡又曰："我不欲人之加我也，吾亦欲吾加诸人。"亦即是此意，似无异旨。而夫子乃以为赐也，非尔所及。至程子又有仁恕之辨，何也？盖是亦理一而分殊。④

至于"诚"，则言万古不差的真实道理正是《中庸》所谓"其为物不二，其生物不测"；另于"道"中，则有如下说明：韩公《原道》头四句，如所谓博爱之谓仁，行而宜之之谓义，尽说从外面去其论德，如足已无待于外之言……则道全在人力修为之方有，而非子思《中庸》率性本然之道。如老子失道而后德，失德而后仁，夫仁而后义等语，又把道都脱从上面去说，与德仁义都分裂破碎了。⑤

---

① 《北溪大全集》卷十六，第3页。
② 《北溪字义·情》卷上，第21页。
③ 《北溪字义·忠恕》卷上，第47页。
④ 《北溪字义·忠恕》卷上，第47页。
⑤ 《北溪字义·道》卷下，第6页。

陈淳此意与饶鲁所言有类似观点："思率性之谓道一语，专为训道名义。盖世之言道者，高则入于荒唐，卑则滞于形气。入于荒唐，则以为无端倪之可测识，老、庄之论是也。滞于形气，则以为是人力之所安排，告、荀之见是也。是以子思于此，首指其名义以示人，言道者非他，乃循性之谓也。""道"不入于"荒唐"，也不入于"形气"，于此确立"道"的宏大规模。

在"中和"条目中，陈淳认为"《中庸》篇只举喜怒哀乐四者，只是举个大纲而已，其实从里面发出来底当然而然，无所咈于理者，都是和"①，并将中庸、中和并列而论：大抵中和之中是专主未发而言，中庸之中却又是含二义。有在心之中，有在事物之中。②此外，引述二程门人游酢之言③说明中庸、中和的不同："游定夫谓中和以性情言，是分体用动静相对说；中庸以德行言，是兼行事相合说。"④

至于在"鬼神"中，陈淳则言：《中庸》所谓体物而不遗者，言阴阳二气为物之体，而无不在耳。天地间无一物不是阴阳，则无一物不具鬼神。⑤关于"体物而不遗"，朱子曾解释万物之体是理，万事万物皆具天理，天体物而不遗，即无一事物不以理作为根本，陈淳则进一步以阴阳、鬼神释之。而在"用工节目"与"读书次第"中，陈淳亦于其中阐明《中庸》要义：

《中庸》择善固执之目，必自夫博学、审问、谨思、明辨而笃行之，而颜子称夫子循循善诱，亦惟在于博我以文、约我以礼而已，无他说也。⑥

《中庸》一书，则圣门传授心法，程子以为其味无穷，善读者味此而有得焉，则终身用之有不能尽者矣！⑦

盖不先诸《大学》，则无以提挈⑧纲领而尽《论》、《孟》之精微；不参诸《论》、《孟》，则无以发挥奥蕴而极《中庸》之归趣；若不会其极于《中庸》，

---

① 《北溪字义·中和》卷下，第 16 页。
② 《北溪字义·中和》卷下，第 17 页。
③ 游酢师承二程，著有《中庸义》，其人为学"本其躬行心得之言以说经"（《游定夫先生集·序》），著作"足资深发者固已多矣"（《诸儒论述》，《游定夫先生集》）。清人方宗诚称："先生（游酢）及同门诸子，互有发明之，于是经之大体大用始著。"（《诸儒论述》，《游定夫先生集》）。
④ 《北溪字义·中庸》卷下，第 18 页。
⑤ 《北溪字义·鬼神》卷下，第 31 页。
⑥ 《北溪字义·用工节目》卷下。
⑦ 《北溪字义·读书次第》卷下。
⑧ 应为"挈"之讹字。

则又何以建立天下之大本，而经纬天下之大经哉！①

《中庸》二十八章："诚者，天之道也，诚之者，人之道也。诚者，不勉而中，不思而得，从容中道，圣人也；诚之者，择善而固执者也。"所谓实践之诚，应选择至善之道且坚守方致，是故，陈淳主张依序从博学、审问、谨思、明辨、笃行做起。另则，《中庸》其味无穷、终身受用，于建立天下大本、经纬天下大经有其妙用。

### 二、中有已发未发之义

#### 1. 中者，只是浑沦在此

《中庸》有言："中也者，天下之大本也；和也者，天下之达道也"，据此，陈淳以"浑沦在此"加以释之：中者，天下之大本，只是浑沦在此，万般道理都是从这里出，便为大本；和者，天下之达道，只是这里动出，万般应接，无少乖戾而无所不通，是为达道。②"浑沦"一词可见于《列子·天瑞》："太初者，气之始也；太始者，形之始也；太素者，质之始也。气形质具而未相离，故曰浑沦。浑沦者，言万物相浑沦而未相离也。"又，宋儒李纲《易传内篇·序》有言："生生之谓易，一阴一阳之谓道，阴阳不测之谓神，三者浑沦而不相离。"上述浑沦均指宇宙形成前的状态。

在《朱子语类》出现"浑沦"一词计五十条、六十五次，其中，陈淳所载便有十条，占五分之一。据张加才统计，在《北溪字义》中，卷上《一贯》门采用五次，卷下《太极》门采用十二次，《中和》门采用三次，附录《师友渊源》采用两次，《补遗·太极》条采用十次。"浑沦极至之理"或"浑沦一个理"成了陈淳解释太极的一个比较固定的说法。如："总万物为一太极，固是浑沦；散而为万物，则万物各具一太极，个个又浑沦"③，"太极浑沦之理，自末而本，自本而末，一聚一散，而太极无不圆具也"④。以此推之，陈淳以浑沦在此解释中者，或也有表现其浑而为一、完满周遍的特质。

#### 2. 未发之中，就性上论

陈淳认为未发之前，当戒慎恐惧，提澌警觉，则亦是知觉，但程颐却说"既

---

① 《北溪字义·读书次第》卷下。
② 《北溪字义·中和》卷下，第16页。
③ 《北溪大全集》，第840页。
④ 《北溪大全集》，第841页。

有知觉，却是动"，关于此点，朱熹认为知觉虽动，但由于喜怒哀乐未发，因此仍可看作静，不害其为未动：

> 曰："未发之前，须常恁地醒，不是瞑然不省。若瞑然不省，则道理何在？成甚么'大本'？"曰："常醒，便是知觉否？"曰："固是知觉。"曰："知觉便是动否？"曰："固是动。"曰："何以谓之未发？"曰："未发之前，不是瞑然不省，怎生说做静得？然知觉虽是动，不害其为未动。若喜怒哀乐，则又别也。"曰："恐此处知觉虽是动，而喜怒哀乐却未发否？"先生首肯曰："是。下面说'复见天地之心'，说得好。《复》一阳生，岂不是动？"曰："一阳虽动，然未发生万物，便是喜怒哀乐未发否？"曰："是。"①

此外，陈淳更退而思，而有以下心得：大抵心本是个活物，无间于已发未发，常恁地活。伊川所谓动字，只似活字。其曰"怎生言静"，而以《复》说证之，只是明静中不是寂然不省故尔。② 心是活物，无间于已发未发，因此，有知觉则是活的表现形式。心非昏然不省，在未发之前，寂然不动，虽未发，但为活物，至感而后动。如此理解，则绾合程颐与朱熹说法。此外，陈淳尚从寤寐状态的不同讨论已发未发：

> 昼则阴伏藏而阳用事，阳主动，故神运魄随而为寤；夜则阳伏藏而阴用事，阴主静，故魄定神蛰而为寐。神之运，故虚灵知觉之体烨然呈露，有苗裔之可寻。……此心之寂感所以为有主。神之蛰，故虚灵知觉之体沈然潜隐，悄无踪迹。……此心之寂感所不若寤之妙，而于寐也为无主。③

人心是个灵物，在清醒状态下，即使寂然未发，也非瞑然不省。白日阴神蛰伏、阳气主持，阳神主动，故神运行而魄相追随，此乃"寤"状态；夜晚阳神蛰伏、阴气主持，阴神主静，故魄宁静而神潜伏，此乃"寐"状态。由于神之运行，因此心的虚灵知觉之体通过具体的表现而体现出来。此时心寂然不动、感而遂通，而实际上有所主宰。由于神的潜伏，因此心的寂然不动、感而遂通，就不像在寤的清醒的状态下那样灵妙了，在寐的状态下，应该说心无主宰。④

3. 已发之中，就事上论

由于《中庸》大旨谈喜怒哀乐，仅就大纲而论，陈淳则细论"中"之意涵，

---

① 《北溪大全集》，第 2469—2470 页。

② 《北溪大全集》，第 2470 页。

③ 《朱熹集》，第 2908 页。

④ 相关讨论可见张加才《诠释与建构——陈淳与朱子学》，人民出版社 2004 年版，第 68—69 页。

从"已发""未发"两方面切入，并分辨两者之异：

> 中是未接事物，喜怒哀乐未发时，浑沦在这里，无所偏倚，即便是性。及发出来，喜便偏于喜、怒便偏于怒，不得谓之中矣。然未发之中只可言不偏不倚，却下不得过不及字，及发出来皆中节，方谓之和。和是无所乖戾，只里面道理发出来，当喜而喜、当怒而怒，无所乖戾，于理便是中节。①

未发是性上论，已发是就事上论。已发之中，当喜而喜，当怒而怒，那恰好处是无过不及便是中，此中即所谓和也。所以周子《通书》亦曰："中者，和也"，是指已发之中而言也。②

陈淳认为未发与已发，一以性上论，一以事上论。此外，除了周敦颐《通书》中的"中"外，陈淳主张允厥执中的"中"亦为已发之中，因为若是"里面浑沦未发，未有形影，如何执得出来"③，必须等待发出方可谈操持问题。另则，中和之"中"是专主"未发"而言。

### 三、庸：平常包得不易

#### 1. 不易于义未尽

关于"庸"的字义诠解，程子以"不易"解释，朱熹则进一步以"平常"释之，陈淳认为前者说法固好，但于义未尽，后者较为明白完备，"盖平常字包得不易字意，不易字包不得平常字意，其实一个道理而已"④。如朱子曾云："唯其平常，故可常而不可易。"⑤可见二程所言的恒常不易与朱子所云平常之义可相涵，但二程所言并不能包含中庸精义；另则，朱子《中庸或问》中有言：

> 但谓之不易，则必要于久而后见，不若谓之平常，则直验于今之无所诡异，而其常久而不可易者可兼举也。况《中庸》之云，上与高明为对，而下与无忌惮者相反，其曰"庸德之行，庸言之谨"，又以见夫虽细微而不敢忽，则其名篇之义，以不易而为言者，又孰若平常之为切乎！曰："然则所谓平常，将不为浅近苟且之云乎？"曰："不然也。所谓平常，亦曰事理之当然，而无所诡异云尔，是固非有甚高难行之事，而亦岂同流合污之谓哉！既曰当

---

① 《北溪字义·中和》卷下，第 15 页。
② 《北溪字义·中和》卷下，第 16 页。
③ 《北溪字义·中和》卷下，第 16 页。
④ 《北溪字义·中庸》卷下，第 18 页。
⑤ 朱熹：《中庸或问》。

然，则自君臣父子、日用之常，推而至于尧、舜之禅授，汤、武之放伐，其变无穷，亦无适而非平常矣。

上述讨论是否不可易，要过很久才会得知，然而，是否平常，却当下即可验证。而且，只有平常，才是不可易的，至于不平常的惊世骇俗之事，或许不可易，但却非恒常之事。正是"惟其平常，故不可易，若非常，则不得久矣！譬如饮食，如五谷是常，自不可易，若是珍馐异物不常得之物，则暂一食之可也，焉能久乎！庸，固是定理，若以为定理，则却不见那平常底意思。今以平常言，则不易之定理自在其中矣！"① 职是之故，"言常，则不易在其中矣！惟其常也，所以不易，但不易二字，则是事之已然者。自后观之，则见此理之不可易。若庸，则日用常行者便是。"② 又，《中庸》第十三章言："庸德之行，庸言之谨，有所不足，不敢不勉，有余不敢尽。"朱熹依郑玄所注"德常行也，言常谨也"，以常释庸：庸，平常也。行者，践其实；谨者，择其可。德不足而勉，则行益力；有余而切，则谨益至。二程对此句并未解释，或许是因为"不易"无法说明此处之"庸"。陈淳则言："虽平常之行，亦必践其实；平常之言，亦必致其谨。"③ 以平常解释庸，表现出平常的德行，须实在地加以践履，至于平常的言语，则须小心谨慎对待之。由此，可证陈淳"不易于义未尽"之看法。

2. 无过不及，仅是日用道理

朱熹认为中庸是平常事，且针对"极高明而道中庸"诠释为："极高明是言心，道中庸是言学底事。立心超乎万物之表，而不为物所累，是高明；及行事则恁地细密，无过不及，是中庸"④，针对朱熹之说，陈淳阐释如下：文公解中庸为平常，非于中之外复有所谓庸，只是这中底发出于外，无过不及，便是日用道理。平常与怪异字相对，平常是人所常用底，怪异是人所不曾行，忽然见之便怪异。⑤ 由于中庸只是日常道理，故"放之，则弥六合：卷之，则退藏于密"。然而，何谓平常道理、无奇特怪异处？陈淳分别从人伦关系、历史事件、视听

---

① 《朱子语类》，第 1481 页。

② 《朱子语类》，第 1481 页。

③ 赵顺孙：《中庸纂疏》卷二，文渊阁四库全书，经部。该书备引朱熹之说，以翼《四书章句集注》，旁引唯黄榦、辅广、陈淳、陈孔硕、蔡渊、蔡沈、叶味道、胡泳、陈埴、潘柄、黄士毅、真德秀、蔡模十三人。

④ 《朱子语类》，第 1586 页。

⑤ 《北溪字义·中庸》卷下，第 17 页。

色貌、言行居处等各方面举例，如"父子之亲、君臣之义、夫妇之别、长幼之序、朋友之信"等，又如"尧舜之揖逊、汤武之征伐、夷齐之立节、三仁之制行"，以及"视之思明、听之思聪、色之思温、貌之思恭"、"足容之重、手容之恭、头容之直、气容之肃""言忠信、行笃敬、居处恭、执事敬"①等类，这些常行不可废者，"论其极致只是平常道理"②，因而不可改易。陈淳曾言："文公解中庸二字，必合内外而言，谓不偏不倚，无过不及，而平常之理可谓确而尽矣"③，笃守师说的他，从人伦秩序与外在事物阐述中庸，亦可谓合内外而言，无过不及。

### 四、诚者，心与理真实无妄之谓也

1. 诚，天道；忠信，人道

自汉以来，学者多以"信"释"诚"，如东汉《说文解字》："诚，信也。从言成声""信，诚也。从人从言"，又如汉代郑玄注解《礼记·郊特牲》中"币必诚"时云："诚，信也"，唐代孔颖达则疏曰："币必诚者，诚，谓诚信。币帛必须诚信，使可裁制，勿令虚滥"。对此等解释，陈淳有言："诚"字后世都说差了，到伊川方云"无妄"之谓，"诚"字义始明；晦翁又增两字，曰"真实无妄"之谓，"诚"道理尤见分晓。④陈淳认为程颐之前学者释诚，皆无法得其要义，他曾明白指出"诚"与"信"间的差别：诚与信相对论，则诚是自然，信是用力；诚是理，信是心；诚是天道，信是人道；诚是以命言，信是以性言；诚是以道言，信是以德言。⑤其中，陈淳以天道、人道作为诚与信的分野，说法乃是来自朱熹，《朱子语类》载有"《中庸》说：'诚者，天之道也'，便是诚；若'诚之者，人之道也'，便是信"⑥。陈淳细究其理，认为"诚字本就天道论，'维天之命，于穆不已'，只是一个诚。天道流行，自古及今，无一毫之妄"⑦，因此，如暑往寒来、日往月来、春生夏长、秋收冬藏等万古常如此之事，"皆是真实道理为之主宰"⑧，

---

① 以上引文皆出于《北溪字义·中庸》卷下，第17页。

② 《北溪字义·中庸》卷下，第18页。

③ 《北溪字义·中和》卷下，第17页。

④ 《北溪字义·诚》卷上，第50页。

⑤ 《北溪字义·诚》卷上，第53页。

⑥ 《朱子语类》，第103页。

⑦ 《北溪字义·诚》卷上，第50—51页。

⑧ 《北溪字义·诚》卷上，第51页。

又举瓜果草木为例：

> 甜者万古甜，苦者万古苦，青者万古常青，白者万古常白，红者万古常红，紫者万古常紫，圆者万古常圆，缺者万古常缺。一花一叶，文缕相等对，万古常然，无一毫差错，便待人力十分安排撰造来。终不相似，都是真实道理，自然而然。①

瓜木生长不假人为，遵循固有法则，乃是自然而然。陈淳以为此番道理正是《中庸》所谓"其为物不贰，其生物不测"，其自然运行时所显示出的真实无妄特点即是"诚"，也就是胡五峰所言"诚者，命之道乎"②，也表现出诚的专一。至于就人论，"则只是这实理流行付予于人，自然发见出来底，未说到做工夫处。"③ 另则，"诚"乃不成受生之初便具这理，然而，"到赋形之后未死之前，这道理便无了？"④ 关于此疑问，陈淳解释如下：在吾身日用，常常流行发见，但人不察耳！如孩提之童无不知爱亲敬兄，都是这实理发见出来，乃良知良能，不待安排；又如乍见孺子将入井，便有怵惕之心；至行道乞人，饥饿濒死，而蹴尔嗟来等食乃不屑，就此皆是降衷秉彝真实道理，自然发见出来。⑤

实则，"天之道"与"人之道"有时是难以割裂的，如"物欲昏蔽之甚"的极恶之人，"及其稍息，则良心之实自然发见，终有不可殄灭者，此皆天理自然流行真实处，虽曰见于在人，而亦天之道也"⑥。在此，天道与人道得以合一。除了以天道、人道分述"诚""信"外，陈淳在《北溪字义》条目中，列"忠信"一词，并认为此两字与诚相近，须有所分别：忠信只是实诚也，只是实，但诚是自然实底，忠信是作工夫实底；诚是就本然天赋、真实道理上立字；忠信是就人做工夫上立字。⑦ 在陈淳看来，诚是天道本来的流露表现，至于忠信，则是做为一种工夫修养，因此，陈淳又言：诚与忠信对，则诚，天道；忠信，人道。⑧ 诚是就自然之理上形容出一字，忠信是人用工夫上说。⑨

---

① 《北溪字义·诚》卷上，第51页。
② 相关说法见《北溪字义·诚》卷上，第51页。"其为物不贰"一句，《北溪字义》作"其为物不二"。
③ 《北溪字义·诚》卷上，第51页。
④ 《北溪字义·诚》卷上，第51页。
⑤ 《北溪字义·诚》卷上，第51—52页。
⑥ 《北溪字义·诚》卷上，第52页。
⑦ 《北溪字义·忠信》卷上，第42页。
⑧ 《北溪字义·忠信》卷上，第42页。
⑨ 《北溪字义·诚》卷上，第50页。

《论语·述而》称："子以四教：文、行、忠、信"，忠、信皆为孔子四教的科目内容。朱子曾对此评论："教人之道，自外约入向里去，故先文后行，而忠信，又立行之方。"①意即四教之中，习得文后转为行，至于忠、信则为行的准则。由此，可看出陈淳虽承师说，仍有自我创见。而且，陈淳的《北溪字义》强调两种意义的"信"的区别："忠信之信与五常之信如何分别？五常之信以心之实理而言，忠信之信以言之实而言。"②由此可见陈淳细密梳理。

2. 以心、理言诚

陈淳在朱熹以"真实无妄"释"诚"的基础上加以阐发，并吸收朱熹《中庸或问》中"以理言之""以心言之"的诠释③，做更细部的梳理：

> 盖诚者，真实无妄之谓。有以天命本然言者，若"诚者，天之道"是也；有以人事当然言者，若"诚之者，人之道"是也；有以理言者，若"诚者，物之终始"是也；有以心言者，若"不诚无物"是也；有以德言者，若"唯天下至诚，为能尽其性"是也；有以用工言者，若"君子诚之为贵"是也。④

当他解释程颐《视箴》中的"久而诚矣"："诚者，真实无妄之理也。克复工夫真积力久，则私欲净尽，彻表里一于诚，纯是天理之流行，而无非仁矣！"⑤至于在《听箴解》则言："邪者，物欲之私；诚者，天理之实。闲外邪不使之入，则所存于心者。彻表里一于诚，纯是天理之流行而仁矣！"⑥又，《北溪字义·鬼神》有如下文字：

> 范氏谓："有其诚，则有其神；无其诚，则无其神。"此说得最好。诚只是真实无妄，虽以理言，亦以心言。须是有此实理，然后致其诚，敬而副以寔心，岂不歆享？⑦

陈淳举二程门人范祖禹之言，赞其诚、神之说，由于神明不可见，唯尽诚专

---

① 朱熹：《四书章句集注》，第 99 页。
② 《北溪字义·忠信》卷上。
③ 《中庸或问》："所谓诚者物之终始，不诚无物者，以理言之，则天地之理，至实而无一息之妄。故自古至今，无一物之不实。而一物之中，自始至终，皆实理之所为也。以心言之，则圣人之心亦至实，而无一息之妄。故从生至死，无一事之不实。而一物之中，自始至终，皆实心之所为也。此所谓诚者物之终始也。"以理、心两面释诚，为朱子创见。
④ 《北溪大全集》卷二十三，第 14 页。
⑤ 《北溪大全集》卷二十，第 2 页。
⑥ 《北溪大全集》卷二十，第 3 页。
⑦ 《北溪字义·鬼神》卷下，第 34 页。

一，方可见得，故祭祀重在心诚。朱子于《论语集注》中亦引范氏之言①，陈淳或受其影响。此外，陈淳在《请傅寺丞祷山川社稷》中，引《礼经》之言为证，说明山谷能出雨，表达山川对厚生的贡献，并明确点出"诚"须合内外之道，是心与理两者的真实无妄：

> 尔有其诚，则有其神；无其诚，则无其神。诚者，心与理真实无妄之谓，在山川社稷有是真实无妄之理矣！若又加之真实无妄之心，以萃集其神灵，则必能实感而实应。②

"诚"表现于山川社稷为理性原则，再加上内心的真实无妄，层层感通之中，"诚"不但包含内心道德活动，"理"亦包藏其内，而能有所感应，可谓心诚则灵。因此，倘若"外求之异端淫祀，彼土木偶，何从而有雨露邪"③，故陈淳恳切强调："郡侯者，又千里山川社稷之主，而万户生灵之命系焉。其所感格为尤切而甚易，惟患诚之不至"④，尤重在位者修身态度，是故，"祷名山大川，事体之重，须三日斋戒，致极精虔，则精神所注，神灵必集，有感格之理"⑤，人心若诚，则神灵自能感应。

3. 至诚，惟圣人可当之

对于诚的重视，是宋代理学家的共通特色。⑥诸如周敦颐曰："诚者，圣人之本"⑦；张载言："圣者，至诚得天之谓"⑧"至诚，天性也。不息，天命也。人能至诚，则性尽而神可穷矣"⑨；程子云："圣人诚一于天，天即圣人，圣人即天。由仁义行，何思勉之有。故从容中道而不迫"⑩；朱熹则承程子之说，在《中庸或

---

① 《论语·八佾》："祭如在，祭神如神在"，强调祭祀时诚敬的重要，朱熹《论语集注》引范祖禹之言曰："君子之祭，七日戒，三日齐。必见所祭者，诚之至也。是故郊则天神格，庙则人鬼享，皆由己以致之也。有其诚则有其神，无其诚则无其神，可不谨乎！吾不与祭如不祭，诚为实，礼为虚也。"蒋伯潜《中庸新解》认为："古代以政治宗教合，儒家尤重祭祀。祭祀时，人人都恭敬诚虔，如有鬼神在上监察一般，为非作恶的念头，自然没有了。这是圣人神道设教的本意，可以通于治国。"

② 《北溪大全集》卷四十八，第8页。

③ 《北溪大全集》卷四十八，第8页。

④ 《北溪大全集》卷四十八，第8页。

⑤ 《北溪大全集》卷四十八，第10页。

⑥ 相关讨论可参见〔日〕藤井伦明《宋代理学中"真实无妄"之"诚"析论》，收于氏著《朱熹思想结构探索——以"理"为考察中心》，台湾大学出版中心2011年版，第9—34页。

⑦ 《通书·诚上第一》。

⑧ 《正蒙·太和》，《张载集》，第9页。

⑨ 《正蒙·太和》，《张载集》，第63页。

⑩ 程颢、程颐：《二程集》，第1158页。

问》中言："惟圣人气质清纯,浑然天理,初无人欲之私以病之",《中庸章句》中言："圣人之德,浑然天理,真实无妄,不待思勉,而从容中道,则亦天之道也。"陈淳除了取朱子"真实无妄"之说外,更明确表示"至诚"二字专言圣人的德性地位,非一般人所能使用:

> 后世说至诚两字,动不动加诸人,只成个谦恭敬谨愿底意思。不知诚者,真实无妄之谓;至诚,乃是真实极至而无一毫之不尽,惟圣人可当之,如何可容易以加诸人。①

陈淳认为,至诚历来被释为谦恭敬谨的概念,直至程子、朱子才阐明至诚真义乃为真实无妄。唯有圣人,方能具体确实实现"诚",回复真实无妄的本性、实践天道,因此,至诚一词,唯有圣人可当之无愧,具有无上的价值,因而不可轻易加诸凡人。正如《中庸》第二十章明言圣人只是诚:"诚者不勉而中,不思而得,从容中道,圣人也",此外,第二十二章云:"惟天下至诚,为能尽其性",故至诚乃是性的全幅展现。而且,诚者所以成物,至诚的状态为肫肫其仁:"唯天下至诚,为能经纶天下之大经,立天下之大本,知天下之化育,夫焉有所倚。肫肫其仁,渊渊其渊,浩浩其天。苟不固聪明圣知达天德者,其孰能知之。"②肫肫其仁的内在精神深邃无垠,因而得以与高远之天合而为一,唯有聪明圣知达天德者可以当之。此外,陈淳进一步分析圣贤的不同:圣人分上忠信便是诚,是天道;贤人分上忠信,只是思诚,是人道。③

正如吴怡在《中庸诚的哲学》④中论及圣人境界,主张"其实圣人只是一种理想,圣人之言,就是道,所以圣人也就是道的人格化。在现实的人生中,虽然都不是圣人,但却都以圣人为做人的最高标准"。圣人是最高标准与理想境界,与贤人虽皆言诚,但圣人与贤人分上忠信,一为天道、一为人道,这样的区别可看出两者境界之不同。人之道是一种贤人之诚,与圣人之道有所不同。由于圣人能保有天赋真理无妄的本性,因能彰显天道。另则,至诚可以尽性、可以赞天地之化育,因此,圣人如天地般之化育万物,所以,内在于人的性,和超越的天道,在内容上应该完全是一样的。⑤,如此,将诚字向上提升,而有天人合一的色彩。

---

① 《北溪字义·诚》卷上,第50页。
② 《中庸》第32章。
③ 《北溪字义·忠信》卷上,第42页。
④ 吴怡:《中庸诚的哲学》,东大图书股份有限公司1984年版。
⑤ 相关讨论可见岑溢成、杨祖汉《大学中庸义理疏解》,鹅湖月刊社1983年版。

# 第二十一章 命

## 第一节 "命在义中"：程颢、程颐的命论

孟子曰："口之于味也，目之于色也，耳之于声也，鼻之于臭也，四肢之于安佚也，性也，有命焉，君子不谓性也。仁之于父子也，义之于君臣也，礼之于宾主也，智之于贤者也，圣人之于天道也，命也，有性焉，君子不谓命也。"[①]将"命"区分为两种，一种是人的肉体及其相关之欲望；另一种是以仁义礼智为主要内容的道德，而这些道德又与"天道"相连。程子解释道："五者之欲，性也。然有分，不能皆如其愿，则是命也。不可谓我性之所有，而求必得之也。仁义礼智天道，在人则赋于命者，所禀有厚薄清浊，然而性善可学而尽，故不谓之命也。"[②]又言："口目耳鼻四支之欲，性也，然有分焉，不可谓我须要得，是有命也。仁义礼智，天道在人，赋于命有厚薄，是命也，然有性焉，可以学，故君子不谓命。"[③]五欲皆人性所有，各有其分，不可强求，此为命所定。仁义礼智与天道亦是天所赋予，既是命亦是性。此命此性因气禀厚薄、清浊不同而不同，但因性善可学，人可穷理尽性，因而君子不称之为命。

承继自孟子，二程认为命有两种："在天曰命，在人曰性。贵贱寿夭命也，仁义礼智亦命也。"[④]一种为贫贱富贵生死寿命，即通常所言之命运；另一种为以仁义礼智为主的道德理性。面对两种不同的"命"，应当采取不同的态度。

---

① 《孟子·尽心下》
② 《四书章句集注·孟子集注》卷一四，第377—378页。
③ 《二程集·河南程氏遗书》卷一九，第257页。
④ 《二程集·河南程氏遗书》卷二四，第315页。

## 一、命运与义理之命

（一）顺命与知命

二程论命运，具有明显的宿命论色彩，强调一切均是命中注定，人务必顺命、安命。

程颢幼女澶娘，众人皆以为其福且寿，不料年仅 6 岁便病逝。程颢哀叹道："事固有莫可计者，命矣夫！"[①] 又叹曰："噫！是亦命欤？人理之未至，吾容当责命于天，言之以为世戒云耳。"[②] 命运无以违抗。程颐言："孔明固言，明年欲取魏，几年定天下，其不及而死，则命也。"[③] 诸葛亮未能灭曹魏、定天下，亦是命中注定。

在二程看来，命运与境遇不同，然而境遇又是命运所定。

> 问："命与遇何异？"张横渠云："行同报异，犹难语命，语遇可也"。先生曰："人遇不遇，即是命也。"曰："长平之战，四十万人死，岂命一乎？"曰："是亦命也。只遇着白起，便是命当如此。又况赵卒皆一国之人。使是五湖四海之人，同时而死，亦是常事。"又问："或当刑而王，或为相而饿死，或先贵后贱，或先贱后贵，此之类皆命乎？"曰："莫非命也。既曰命，便有此不同，不足怪也。"[④]

张载认为命与遇不同，程颐反对此说。在他看来，境遇与富贵贫贱、生死存亡等一样，均是命运安排，不能违逆，不能更改。

从宿命论出发，二程进而指出，人应当顺命、受命，而不是妄图改变命运："用舍无所预于己，安于所遇者也。或曰：然则知命矣。夫曰安所遇者，命不足道也。君子知有命，故言必曰命。然而安之不以命，知求无益于得而不求者，非能不求者也。"[⑤] 人生之吉凶祸福贫贱等均是命定。根本无法改变。因而，应当顺受命运的安排，豁达地面对生死。程颢言道："死生存亡皆知所从来，胸中莹然无疑，止此理尔……死之事即生是也，更无别理。"[⑥] 如果非要操纵自身的吉凶祸

---

① 《二程集·二程文集》卷四，第 501 页。
② 《二程集·二程文集》卷四，第 501—502 页。
③ 《二程集·河南程氏遗书》卷一八，第 233 页。
④ 《二程集·河南程氏遗书》卷一八，第 203 页。
⑤ 《二程集·河南程氏经说》卷六，第 1144 页。
⑥ 《二程集·河南程氏遗书》卷二上，第 17 页。

福生死等，是行不通的。指出："君子于任事之际，须成败之由在己，则自当生死以之。今致其身，使祸福死生利害由人处之，是不可也。"① 总而言之，人应当顺命。

顺着这种思路，他批判道："世之服食欲寿者，其亦大愚矣。夫命者，受之于天，不可增损加益，而欲服食而寿，悲哉！"② 命受之于天，寿命长短亦早已由天所定，不可增损更改。因而，妄图以服用丹药等方式益寿延年者无疑愚蠢至极。程颐又道："货殖便生计较，才计较便是不受命，不受命者，不能顺受正命也。"③ 子贡试图经商营利改变自身生活状况或社会地位，便是企图改变命运的安排，是与命运计较。子贡不受命，其后果将是不顺受正命，不值得提倡、效仿。其又言道："命皆一也，莫之致而至者，正命也。桎梏而死者，君子不谓命。"④ 命运是无法避免的，因而称为"正命"。但是，桎梏而死可以避免，因而不能称为"正命"。其又针对"桎梏而死"言道："圣人只教人顺受其正，不说命。"⑤ 可见，"桎梏而死"实为不顺受正命的后果。总而言之，不能顺命、受命，必然遭到不顺受正命的后果，因而人务必安于正命，切不可试图挑战命运。

二程并未彻底否定改易命运的可能性。程颐曾言道："如关朗卜百年事最好，其闲须言如此处之则吉，不如此处之则凶，每事如此，盖虽是天命，可以人夺也。如仙家养形，以夺既衰之年；圣人有道，以延已衰之命，只为有这道理。"⑥ 人可稍稍冲开命运之束缚，如仙家养形以改变衰老的样貌，又如有道之圣人，可延长已经衰老之命，其原因是"有这道理"。可见人的主观努力可以改变命运中的某种规定，这亦是天命早已赋予的道理。又指出：

> "知天命"，是达天理也。"必受命"，是得其应也。命者是天之所赋与，如命令之命。天之报应，皆如影响，得其报者是常理也；不得其报者，非常理也。然而细推之，则须有报应，但人以狭浅之见求之，便谓差互。天命不可易也，然有可易者，惟有听者能之。如修养之引年，世祚之祈天永命，常

---

① 《二程集·河南程氏遗书》卷二下，第49页。
② 《二程集·河南程氏遗书》卷二五，第327页。
③ 《二程集·河南程氏遗书》卷一九，第256页。在卷九则载："子曰：'赐不受命而货殖焉。'"命谓爵命也，言不受爵命而货殖者，以见其私于利之深，而足以明颜子屡空之贤也。"（《二程集·河南程氏遗书》卷九，第109页。）二说不同。
④ 《二程集·河南程氏外书》卷六，第391页。
⑤ 《二程集·河南程氏遗书》卷一八，第215页。
⑥ 《二程集·河南程氏遗书》卷一九，第263页。

人之至于圣贤，皆此道也。①

此言透露出了几个重要信息。其一，天命不可更易，但如能顺听天命，亦可稍作改易。如果人以个人愚陋的想法企图改易天命，则不可能实现。本质而言，所谓易命，其实亦是听命、受命的结果。其二，必受命是知天命之应。即是说，知天命乃是受命、顺命之基础，亦是易命的前提。

二程尤为强调知命之重要性。程颢言道：

> 大凡利害祸福，亦须致命，须得致之为言，直如人以力自致之谓也。得之不得，命固已定，君子须知他命方得。"不知命无以为君子。"盖命苟不知，无所不至。故君子于困穷之时，须致命便遂得志。其得祸得福，皆已自致，只要申其志而已。②

程颐言道："家贫亲老，须用禄仕，然得之不得为有命。"又言：

> 为己为亲，也只是一事。若不得，其如命何！孔子曰："不知命无以为君子。"人苟不知命，见患难必避，遇得丧必动，见利必趋，其何以为君子！③

二程认为，人均有趋利避害、就福避祸之心。然而利害祸福、仕途与俸禄均已是命定，不可更改，因而有人不求而得，有人求而不得。如若人不知命定，而试图改变，则成了趋利避害的小人，无法成君子。程子又言："知命者，知有命而信之也。人不知命，则见害必避，见利必趋，何以为君子？"④ 知命且信命，从而顺受正命，否则无以成君子。知命与否成为区分小人与君子的标准之一。

程颐又指出，命仅就中人以上而言：

> 然圣人言命，盖为中人以上者设，非为上知者言也。中人以上，于得丧之际，不能不惑，故有命之说，然后能安。⑤

吕大临所录则载：

---

① 《二程集·河南程氏遗书》卷一五，第161页。在《程氏粹言》中，记载了一段与此文词相近，但蕴含则差别较大的文字。其文曰："子曰：知命者达理也，受命者得其应也。天之应若影响然，得其应者常理也。致微而观之，未有不应者；自浅狭之所见，则谓其有差矣。天命可易乎？然有可易者，惟其有德者能之。"（《二程集·河南程氏粹言》卷二，第1262页。）有学者据此认为，二程所谓可易之命，乃是与道德理性相关之命。魏义霞：《"安于义命"：二程的性命哲学及其道德旨趣》，《齐鲁学刊》2012年第3期，第17页。
② 《二程集·河南程氏遗书》卷二上，第31—32页。
③ 《二程集·河南程氏遗书》卷一八，第194页。
④ 《四书章句集注·论语集注》卷一〇，第196页。
⑤ 《二程集·河南程氏遗书》卷一八，第194页。

　　"求之有道，得之有命"，是求无益于得，言求得不济事。此言犹只为中人言之，若为中人以上而言，却只道求之有道，非道则不求，更不消言命也。①

　　前者为刘安节所录，乃程颐在元祐五年（1090 年）到绍圣四年（1098 年）之间的语录；后者为吕大临所录元丰二年（1079 年）二先生语，二者之间略有些龃龉，大致可以看出程颐的思想变化。得失有命，即使求之有道亦无法改变命定。二程原本认为这是就中人以下而言，中人以上是有道则求，不需言命。此言多少难以自圆其说。程颐将之修正为圣人言命乃是为中人以上而设。强调上智之人、圣人不须言知命，因其不迷惑，能安于义；而中人以上则常迷惑于得失之间，因而才需要知命、信命，从而不迷失。因而，知命对中人以上尤为有意义。中人以上可以知命、安命，同时亦抬高了知命的形而上地位。

　　程颐又言："夫子贡之高识，曷尝规规于货利哉？特于丰约之间，不能无留情耳。且贫富有命，彼乃留情于其间，多见其不信道也。故圣人谓之'不受命'。有志于道者，要当去此心而后可语也。"② 子贡不安于贫富有命，而试图改变，乃不信道、不志于道。由此，便将顺命、受命与求道相挂钩。刘安节问道："守身如何？"程颐答道："守身，守之本。既不能守身，更说其道义？"又问："人说命者，多不守身，何也？"答曰："便是不知命。"③ 不知命，便不能守身；不能守身，又何谈道义？如此一来，便将知命与形而上的道义联结在一起。二程将顺命置于求道的道路上，给予其相当的哲学高度，试图以求道劝慰中人接受顺命、受命的思想。

　　（二）穷理尽性至于命

　　另一种命是禀天理而生的道德理性，亦可称作义理之命。二程将这种"命"与天理联系在一起，从天、命、性、心、理为一出发，强调穷理、尽性、至命本一事。

　　二程认为天、理、命、性、心为一。程颢指出："言天之付与万物者，谓天命。"④ 天命，是天赋万物的先天命令。万物禀受天命，形成了各自的性，用之于事业则是理："天之付与之谓命，禀之在我之谓性，见于事业之谓理。"⑤ 程颢言："盖上天之载，无声无臭，其体则谓之易，其理则谓之道，其用则谓之神，其命

① 《二程集·河南程氏遗书》卷二上，第 32 页。
② 《二程集·河南程氏遗书》卷四，第 69 页。
③ 《二程集·河南程氏遗书》卷一八，第 215 页。
④ 《二程集·河南程氏遗书》卷一一，第 125 页。
⑤ 《二程集·河南程氏遗书》卷六，第 91 页。

于人则谓之性，率性则谓之道，修道则谓之教。"① 将道德之"性"与天理、天道紧密相连，天道、天理赋之予人即为性。天理为道，循性而为即是道："在天曰命，在人曰性，循性曰道。性也，命也，道也，各有所当。"② 又言："称性之善谓之道，道与性一也。以性之善如此，故谓之性善。性之本谓之命，性之自然者谓之天，自性之有形者谓之心，自性之有动者谓之情，凡此数者皆一也。"③ 天赋予人的命，人所禀受则为性，性之有形者则为心，而命、性、理又是不同层面上表现。因此，命、性、理、心数者实为一，只不过角度、层面不同罢了。二程多次强调，此数者其实为一也。

　　在天为命，在义为理，在人为性，主于身为心，其实一也。④
　　心即性也。在天为命，在人为性，论其所主为心，其实只是一个道。⑤
　　性即理也，所谓理，性是也。天下之理，原其所自，未有不善。⑥
　　理也、性也、命也，三者未尝有异。⑦

　　二程断言穷理、尽性、至命本质上为一事："穷理尽性至命一事也。才穷理便尽性，尽性便至命。因指柱曰：此木可以为柱，理也；其曲直者，性也。其所以曲直者，命也。理性命一而已。"⑧ 以木柱为例，更为明白晓畅地解释理、性、命为一以及穷理、尽性、至命为一的道理。

　　理、性、命是不同层面的称谓，而穷理、尽性、至命则是语言表达不得不然："理则须穷，性则须尽，命则不可言穷与尽，只是至于命也。"⑨ 张载曾将命比作源，穷理与尽性如穿渠引源。程颢认为，渠与源是两物，如此则穷理、尽性、至命为三事，因而此说必须修正⑩。

　　其又指出："尽其心者，我自尽其心；能尽心，则自然知性知天矣。如言'穷理尽性以至于命'，以序言之，不得不然，其实，只能穷理，便尽性至命也。"⑪

---

① 《二程集·河南程氏遗书》卷一，第 4 页。
② 《二程集·二程文集》卷四九，第 605 页。
③ 《二程集·河南程氏遗书》卷二五，第 318 页。
④ 《二程集·河南程氏遗书》卷一八，第 204 页。
⑤ 《二程集·河南程氏遗书》卷一八，第 204 页。
⑥ 《二程集·河南程氏遗书》卷二一下，第 292 页。
⑦ 《二程集·河南程氏遗书》卷二一下，第 292 页。
⑧ 《二程集·河南程氏外书》卷一〇，第 410 页。
⑨ 《二程集·河南程氏遗书》卷二上，第 27 页。
⑩ 《二程集·河南程氏遗书》卷二上，第 27 页。
⑪ 《二程集·河南程氏遗书》卷二二上，第 292 页

虽言"穷理尽性以至于命",然而此三者之间并无次序上的关联:"'穷理尽性以至于命',三事一时并了,元无次序,不可将穷理作知之事。若实穷得理,即性命亦可了。"① 穷理、尽性、至命三者,从内涵上讲本质上为同一件事情,在时间上亦是同时进行的,并无时间上的先后次序。

既然穷理、尽性、至命本是一回事,那么至命必然要穷理、尽性,反言之,无法穷理或尽性者,自然亦无法至命。所谓:"尽性至命,必本于孝弟。"刘安节对此提出疑问,程颐答曰:"后人便将性命别作一般事说了;性命孝弟只是一统底事,就孝弟中便可尽性至命。至如洒扫应对与尽性至命,亦是一统底事,无有本末,无有精粗,却被后来言性命者别作一般高远说。故举孝弟,是于人切近者言之。然今时非无孝之人,而不能尽至命者,由之而不知也。"② 孝悌乃天理,性、命与孝悌只是一统的事;不孝不悌之人,自然无法穷理,更难以尽性、至命,强调了存天理在至命之中的重要意义。又言:"理也,性也,命也,三者未尝有异。穷理则尽性,尽性则知天命矣。天命犹天道也,以其用而言之则谓之命,命者造化之谓也。"③ 在此,至命与知天命等同。天命如同天道,命即造化之意。知天命,即知自身命运造化。

无论至命或者知命,均与穷理、尽性为一事。二程将至命、知命与道德理性紧紧地联系在一起。程颢言道:"人贤不肖,国家治乱,不可以言命。"④ 贤与不贤,并非命定,从而为讨论道德修养留下了足够的空间。

## 二、命在义中与以义安命

### (一) 命在义中

知命乃就中人以上言,而上智、圣人则是顺命而行,只因其明晓"命在义中":"义与利,只是个公与私也。才出义,便以利言也。只那计较,便是为有利害。若无利害,何用计较?利害者,天下之常情也。人皆知趋利而避害,圣人则更不论利害,惟看义当为与不当为,便是命在其中也。"⑤ 圣人行事不区分利害,仅考虑是否当为,亦不与命计较,如此便是命在义中。又言:"贤者惟知义

---

① 《二程集·河南程氏遗书》卷二上,第15页。
② 《二程集·河南程氏遗书》卷一八,第224—225页。
③ 《二程集·河南程氏遗书》卷二一下,第274页。
④ 《二程集·河南程氏遗书》卷一一,第120页。
⑤ 《二程集·河南程氏遗书》卷一七,第176页。

而已，命在其中。中人以下，乃以命处义。"① 贤人知晓命在义理中，以义为处事原则；中人以下并不能明白此理，只能以命处义。其举例道："如言'求之有道，得之有命'，是求无益于得，知命之不可求，故自处以不求。若贤者则求之以道，得之以义，不必言命。"② 中下之人能知命顺命，明白命中所无，即便求之有道亦不能获得，因而不可强求，进而自处不求，这便是以命处义。贤人不考虑命定与否，而是以义为重，一切均以义当否为准则，而非命定否为准则，所以贤人不必言命。贤人这种遵循义以至命的方式，才是二程注重的。程颢进而言道："圣人乐天，则不须言知命。知命者，知有命而信之者尔，'不知命无以为君子'是矣。命者所以辅义，一循于义，则何庸断之以命哉？若夫圣人之知天命，则异于此。"③ 圣人与贤人一样，均无须言命，均是命在义中；知命者仅就有志为君子者而言。以义主导命，凡事应遵循义当为与否而行，而非命之所定与否，此即"命在义中"的意义。二程虽然希望中人知命顺命，但是更推崇命在义中，即是引导中人知命之后顺义而行。

由"命在义中"出发，二程希望人们将义贯彻在方方面面，忘却命定，舍弃利害得失的计较，无惧任何困境。程颢任扶沟知县时，曾规划沟洫之法以治理当地水文，不料未及动工，便被罢官。其言道："以扶沟之地尽为沟洫，必数年乃成。吾为经画十里之间，以开其端。后之人知其利，必有继之者矣。夫为令之职，必使境内之民，凶年饥岁免于死亡，饱食逸居有礼义之训，然后为尽。故吾于扶沟，兴设学校，聚邑人子弟教之，亦几成而废。夫百里之施至狭也，而道之兴废系焉。是数事者，皆未及成，岂不有命与？然知而不为，而责命之兴废，则非矣。此吾所以不敢不尽心也。"④ 其在扶沟兴办学校、兴修水利最终都未能完成，此乃天命所定。但是，二者均是县令应尽之责，若能完成则能造福与教化境内百姓，功在千秋。因此不能因为知道命定无法完成而不去做。此可谓程颢以自身行为践履"命在义中"。

总之，"命在义中"即是要求人应当以义为准则去对待命，不计较、不考虑命中有无，凡事尽管以义为准则行事即可。换言之，即是以义取代命，甚至忽略命。此主张似乎有两方面含义。其一，在一定意义上有消解宿命论的意味，只要

① 《二程集·河南程氏遗书》卷二上，第18页。
② 《二程集·河南程氏遗书》卷二上，第18页。
③ 《二程集·河南程氏遗书》卷一一，第125页。
④ 《二程集·河南程氏外书》卷一二，第429页

人们以义处命，即可在一定程度上挣脱命运的束缚。其又言："天命可易乎？然有可易者，惟其有德者能之。"① 大概是从这个角度而言。其二，在某种意义上有消解知命、顺命价值的意味。这与其强调知命顺命乃就中人以上言有关。同时，亦为可以语上的中人以上设定了一个更为高远的道德理想。

二程又言："当为国之时，既尽其防虑之道矣。而犹不免，则命也。苟唯致其命，安其然，而危害险难无足以动其心者，行吾义而已，斯可谓之君子。"② 治国为政时，尽力考虑周全即可，如果能不免于难，则是天命所定。如果能推究天命，安于天命，则不会因为任何危害险阻而动摇信念，尽管继续以义行事。这样的人才可称之为君子。程颐又将情境置换为君子处困穷时③。可见，二程又将知命设定为安命、行义之基础。其又言："苟不知命，则恐惧于险难，陨获于穷厄，所守亡矣，安能遂其为善之志乎？"④ 只有知命，方能不恐惧险阻，不因穷困而灰心，不丧失自身节操，最终实现其为善行义的志向。是知，二程谈论"命在义中"并没有彻底否定宿命论以及知命的用意。恰恰相反，他们希望人们知命，接受命定之当然，然后由此无惧任何困难险阻，忘掉一切个人得失，唯义而行即可。即是说，人们应当知晓命定无法改变，但又不必挂怀，以义为重即可。有种知命而忘命的意味。诚如张岱年先生所指出，二程认为，"义是主，命是辅。平时只当言人事之当然，不必谈命；到不得已时，然后方可归之于命"，"二程对于命的态度，实与孔孟不尽同，孔孟本已甚注重人事了，二程乃更注重人事，以为'不须言知命'，'不必言命'，惟以义为主，这是一种颇新见解"⑤。

（二）以义安命

二程曾感叹道："人莫不知命之不可迁也，临患难而能不惧，处贫贱而能不变，视富贵而能不慕者，吾未见其人也。"⑥ 叹息世人虽能知道命运不可更改，却不能安于命。又言："人莫不知有命也，临事而不惧者鲜矣。惟圣人为能安命。"⑦ 可见，其讲知命、顺命，目的是希望人们能效仿圣人，以"安"的方式对待命。即是希望人们能安于自身命运，坦然接受命运的安排，做到宠辱不惊。

① 《二程集·河南程氏粹言》卷二，第 1262 页。
② 《二程集·河南程氏粹言》卷二，第 1245 页。
③ 《二程集·河南程氏易传》卷四，第 941 页。
④ 《二程集·河南程氏易传》卷四，第 941 页。
⑤ 张岱年：《中国哲学大纲》，商务印书馆 2015 年版，第 601 页。
⑥ 《二程集·河南程氏粹言》卷二，第 1256 页
⑦ 《二程集·河南程氏经说》卷六，第 1146 页。

程颐曾言："若上智之人，更不言命，惟安于义；借使求则得之，然非义则不求，此乐天者之事也。上智之人安于义，中人以上安于命，乃若闻命而不能安之者，又其每下者也。"① 由安于义、安于命、不安于命，二程划分了上智之人、中人以上及中人以下。可见，命与义本质上并不一致，命在义中，义凌驾在命之上。是知，二程谈知命、顺命、命在义中、安于义命，实际上是层层递进的。知命是顺命前提，是明了命在义中的基础，然而并不能仅停留在这一层次上，还需上升至安于义命的境界。

二程又言："言命所以安义。从义不复语命。以命安义，非循理者也。"② 谈命、知命仅是安于义的一个途径，但不能替代安义，因而从义之后便无须再讨论命定与否。知命而安义，并未彻底放下命定的束缚，也称不上循天理。二程进而指出，以命安义、以义安命亦是君子小人的区别之一。张绎问："富贵、贫贱、寿夭，固有分定，君子先尽其在我者，则富贵、贫贱、寿夭，可以命言；若在我者未尽，则贫贱而夭，理所当然，富贵而寿，是为侥幸，不可谓之命。"程颐曰："虽不可谓之命，然富贵、贫贱、寿夭，是亦前定。孟子曰：'求则得之，舍则失之，是求有益于得也，求在我者也；求之有道，得之有命，是求无益于得也，求在外者也。'故君子以义安命，小人以命安义。"③ 其思路与论"命在义中"相同，虽然用"前定"代替"命"，但仍然强调富贵、贫贱、寿夭等均是命中注定，并不存在侥幸的可能性，因而对待一切利害关系，最好的方式便是以义安命。如若以命安义则沦为小人。他们期望人们能坦然地对待贫富、贵贱、寿夭等等，面对人生中一切境遇、一切利害关系，均以义安命即可。

二程讨论命，自始至终将义利之辩贯穿于其中。其所论义理之命与天、理、心为一，具有极强的义理色彩；其论命运，虽然渗透了浓郁的宿命论，但是在谈论顺命、知命时，又将行义贯穿其中。二者相结合，进而提出"命在义中"的概念，最后确立了以义安命的安身立命之道。二程强调，所有境遇早已为命运所定，不可更改，因而应当坦然地面对各种得失，安于自身的命运之中。然而当命与义冲突之时，即使是命中注定，亦当循义而行，不计较得失。二程为有志者确立两大准则：第一，面对人生祸福、贫富、贵贱、寿夭时，能知命、顺命，不汲汲于功名利禄、坦然对待得失；第二，面对义命、义利冲突时，以命在义中为准

① 《二程集·河南程氏遗书》卷一八，第194页。
② 《二程集·河南二程文集》卷八，第588页。
③ 《二程集·河南程氏遗书》卷二三，第307页。

则，以义安命，凡事唯义而行。前者让人们接受命运安排，不被各种欲望、得失所迷惑，可谓灭人欲；后者勉励人们循义而行，在道德的世界中不断前行。这种思想逻辑，与"存天理、灭人欲"的主张基本一致。

## 第二节 "命有二：有理，有气"：朱熹的命论

### 一、天命

《孟子·万章上》云："莫之为而为者，天也；莫之致而至者，命也。"道出了天命的不可抗拒性与必然性。朱熹言道："凡事事物物上，须是见它本原一线来处，便是天命。"[1] 万事万物包括人均为天命所定。所谓天命乃是天所有固有的，由天这一源头而来，非人力所安排。其又言道："天命，即天道之流行而赋于物者，乃事物所以当然之故也。"[2] 是知天命乃天道流行赋予，决定了万事万物包括人应当遵行的所有准则与应有的状态。

（一）理命、气命本是一个命

在理气关系上，朱熹认为"天下未有无理之气，亦未有无气之理"，理气二者不相离[3]。理在气中，气在理中，二者相伴相生。理、气化育万物的时候，人与物禀受理而成性、禀受气而成形："人物皆禀天地之理以为性，皆受天地之气以为形。"[4] 天地万物均禀受理气而生，人亦不例外。沿着此逻辑，朱熹从理、气两个维度讨论命。

命有就理言、就气言两样。朱熹言："性分是以理言之，命分是兼气言之。命分有多寡厚薄之不同，若性分则又都一般。"[5] 性仅就理言，命则兼就理气而言。气禀有多寡厚薄之别，个体之命因之而千差万别。人禀受理气而生，天赋之理无差别，而禀受之气则千差万别。这决定了命兼具理气而论，就理言之命应是相同的，而就气言之命则千差万别。这与"理一分殊"说的逻辑相一致。朱熹论命依托其理气一元的宇宙论，因而必然从理受、气禀两个维度论命。朱熹不止

---

① 《朱子语类》卷二三，第 552 页。
② 《四书章句集注·论语集注》卷一，第 54 页。
③ 《朱子语类》卷一，第 2 页。
④ 《朱子语类》卷四，第 57 页。
⑤ 《朱子语类》卷四，第 77 页。

一次指出:"命有二:有理,有气。"① 可以说,想彻底否定朱熹命论中存在"理—气"架构是不可能的②。

《孟子·尽心下》的思维逻辑,既影响了二程,亦为朱熹所继承。朱熹所论气命、理命,大致可以对应得上二程的命运、性命分法。朱熹言:

> 命,谓天之付与,所谓天令之谓命也。然命有两般:有以气言者,厚薄清浊之禀不同也,如所谓"道之将行、将废,命也"、"得之不得曰有命"是也;有以理言者,天道流行,付而在人,则为仁义礼智之性,如所谓"五十而知天命"、"天命之谓性"是也。二者皆天所付与,故皆曰命。③

首先,命乃天所赋予,具有不可违逆性。其次,命有两般,一以气言,一以理言,二者均是天所赋予。以气言之命,因气禀差异而有厚薄清浊之别。气命决定生老病死富贵贫贱得失等,具有宿命、命运的意味。以理言之命,乃天命造化流行过程中赋予人,是以仁义礼智为主的道德理性,因而亦可称为性。气命与理命分别决定了人之宿命与性,二者均不可抗拒。气命决定人生中一切境遇,具有不可逆转的必然性;理命即性,决定了性中必有天理,因而人之品性可通过道德修养等改变。

朱熹言:"'命'之一字,如'天命谓性'之'命',是言所禀之理也。'性也,有命焉'之'命',是言所禀之分有多寡厚薄之不同也。"④ "天命之谓性"出自《中庸》,从理受论命。天理纯正,命亦完美纯善,这是就理言命。"得之不得曰有命"与"性也,有命焉"均出自《孟子》,指人禀赋于性中之命,虽然都禀受

---

① 《朱子语类》卷九九,第 2537 页。

② 牟宗三先生指出:"理之命是就'虽富贵之极,亦有品节限制'说,气之命是就贫贱说。但此两命义实不同,朱子混视之而为一命,亦非是。"(牟宗三:《心体与性体(三)》,上海古籍出版社 1999 年版,第 481 页)认为朱熹将气命、理命混视为一命,为后世学者分析朱熹命论定下了基本思路。如[美]陈荣捷:《朱子言命》,《朱子新探索》,学生书局 1988 年版,第 247—248 页;史少博:《朱熹论"命"》,《管子学刊》2007 年第 3 期;汪学群:《朱熹对命的思考》,《湖南大学学报》(社会科学版) 2013 年第 4 期。极少数学者认为,命分为理命、气命两种,把命分为两种。如魏义霞:《理气双重的审视维度和价值旨趣——朱熹性命之学研究》,《社会科学战线》2006 年第 2 期。赵金刚不仅反对朱熹将命分为两种的说法,且认为将命分为理命、气命分析不能成立:"不存在理命和气命两种命,命只是一个命,理和气综合起来才可以言命,虽然从分析的角度来看,命有两方面的内容,但这两方面的任何一个方面都不能单独构成命。命在朱子那里不应该用'理—气'这样的构架分属之,而应该像心一样,用'易—道—神'的方式来看。"(赵金刚:《朱子论"命"》,《中国哲学史》2015 年第 3 期)

③ 《朱子语类》卷六一,第 1463 页。

④ 《朱子语类》卷四,第 77 页。

天理，本质上一致，但是气禀有多寡厚薄之分，因而所禀得天命之分亦有不同，这主要就气言命。其进而强化道："'死生有命'之'命'是带气言之，气便有禀得多少厚薄之不同。'天命谓性'之'命'，是纯乎理言之。然天之所命，毕竟皆不离乎气。但《中庸》此句，乃是以理言之。孟子谓'性也，有命焉'，此'性'是兼气禀食色言之。'命也，有性焉'，此'命'是带气言之。"① 在朱熹的思想中，理气不离不杂、不可分，天之所命必然有理有气，命必然有就理言、就气言。理命、气命仅是从禀受维度不同而言，并非是两种不同的命；理气不可分，亦决定了理命、气命本质上只是一个命。朱熹断言："命有两般：'得之不得曰有命'，自是一样；'天命之谓性'，又自是一样。虽是两样，却只是一个命。"② 气命、理命均是天所赋予，属于一个命，只是讨论维度不同。在二程的命论中，命运与性命究竟是一个命，还是两个命，则语焉不详。朱熹将命论建构在理气宇宙论基础上，不仅提升了哲学高度，而且从宇宙本体的层面确认了气命、理命本是一个命的论断。

朱熹进而讨论了气命与理命之间的关系。首先，理气不可分决定了理命、气命亦是不可分离的。陈淳问曰："'命'字有专以理言者，有专以气言者。"朱熹答曰："也都相离不得。盖天非气，无以命于人；人非气，无以受天所命。"③ 气是天与人之间的中介，脱离了气，天无法赋予，人亦无法禀受天命。理命、气命不能相离，本质上只是一个命，乃由理气不可分的关系决定。

其次，理命、气命之间，以理命为根本。沈僴问："先生说：'命有两种：一种贫富、贵贱、死生、寿夭，一种是清浊、偏正、智愚、贤不肖。一种属气，一种属理。'以僴观之，两种皆似属气。盖智愚、贤不肖、清浊、偏正，亦气之为也。"朱熹答道："固然。性则是命之理而已。"④ 沈僴认为，清浊、偏正、智愚、贤不肖与贫富、贵贱、死生、寿夭一样，均是气之命。朱熹虽然肯定他的说法，但同时补充强调"性则是命之理"。理命亦可称作性，即是命之理，是命之根本。

最后，由理命为根本出发，朱熹希望人们以理命统摄气命，以性制约欲望。就"性也，有命焉"，朱熹言道："此'性'字指气质而言，如'性相近'之类。此'命'字却合理与气而言。盖五者之欲，固是人性，然有命分。既不可谓我

---

① 《朱子语类》卷四，第77页。
② 《朱子语类》卷五八，第1360页。
③ 《朱子语类》卷四，第76页。
④ 《朱子语类》卷四，第77页。

性之所有而必求得之，又不可谓我分可以得，而必极其欲。如贫贱不能如愿，此固分也；富贵之极，可以无所不为，然亦有限制裁节，又当安之于理。"①"性也，有命焉"之"性"应从气质角度理解，与《论语》"性相近"相同；此语中的命包含理、气两个维度。耳目口鼻四肢对于声色味臭安佚等之需求，既是人性所固有，亦由命分所限定。朱熹认为，不能因此，便一定要实现这些欲望并将之推向极致。即是说，各种欲望均应有所节制，而且落脚点即为理命。就"命也，有性焉"，朱熹指出："此'命'字专指气而言，此'性'字却指理而言。"②"命也，有性焉"之命专就气命这个维度而言。其进而言道："大凡清浊厚薄之禀，皆命也。所造之有浅有深，所遇之有应有不应，皆由厚薄清浊之分不同。"③清浊厚薄均禀赋自命，命中所造之深浅、所遇之应不应，均由气禀决定。虽然命分如此，但人亦有性："但其命虽如此，又有性焉，故当尽性。大抵孟子此语是各就其所重言之，所以伸此而抑彼，如《论语》所说审富贵而安贫贱之意。张子所谓'养则付命于天，道则责成于己'是也。然又自要看得活，道理不是死底物，在人自着力也。"④更为明确地指出最终落脚点应是性与理命，穷理尽性，而不是听任气命摆布。

因而，朱熹言："盖人生气禀自然不同。天非有殊，人自异禀。有学问之功则性命于德，不能学问，然后性命惟其气禀耳。"⑤天一视同仁，赋予人之理命本是完全相同的，不分贤愚。然而由于气有厚薄清浊偏正之差，所以理命完全一致，气命则千差万别。如不能致力于学问功夫，使命趋向理命、性，则人之理命、气命均为气禀所限定，肯定了人发挥主观能动性，可摆脱命运的摆布。

（二）性、命

二程指出天、命、理、性等本质为一，只是不同层面、不同角度的表述罢了。朱熹的看法有所不同。

首先，天、理、命、性等范畴，是同一对象不同角度的指称。有人问："天与命，性与理，四者之别：天则就其自然者言之，命则就其流行而赋于物者言之，性则就其全体而万物所得以为生者言之，理则就其事事物物各有其则者言

---

① 《朱子语类》卷六一，第 1463 页。
② 《朱子语类》卷六一，第 1463 页。
③ 《朱子语类》卷六一，第 1463 页。
④ 《朱子语类》卷六一，第 1464 页。
⑤ 《朱子语类》卷九八，第 2517 页。

之。到得合而言之，则天即理也，命即性也，性即理也，是如此否?"朱熹肯定地回答道："然。但如今人说，天非苍苍之谓。据某看来，亦舍不得这个苍苍底。"① 天就宇宙本体"自然"的层面而言，同时又不可舍得其"苍苍者"。所谓"苍苍之谓天。运转周流不已，便是那个"②。这个本体的天兼就理气两个维度而言。理之天、气之天均是自然运作、不造作；既是自然的，又是道德的。命是天造化万物之过程，亦是天赋予物之内容；性是物禀受本体天赋予之内容；理是指本体天在万物上体现的原则。可见，天、命、性、理等范畴，是从不同层面分别进行命名。在问答中，朱熹尤为强调命、性、理这些范畴虽然"固只是一物"，但又"即同又异"，因而需要用不同的名称指代："盖以理言之谓之天，自人言之谓之命，其实则一而已。"③

朱熹多次强调这一论断：

理者，天之体；命者，理之用。性是人之所受，情是性之用。

命犹诰敕，性犹职事，情犹施设，心则其人也。

天所赋为命，物所受为性。赋者命也，所赋者气也；受者性也，所受者气也。

道即性，性即道，固只是一物。然须看因甚唤做性，因甚唤做道。

性即理也。在心唤做性，在事唤做理。

生之理谓性。④

其次，命与性，是从赋予与禀受两个不同角度而言，但不可完全等同。所谓"天之赋于人物者谓之命，人与物受之者谓之性"⑤。命是天所赋予的，性是人、物禀受的。朱熹特别强调命的流行性与赋予性，强调它是天赋予万物的，是从天而言；强调性的禀受义，强调它是人、物禀受天的内容，是从人、物而言。伊川言："天所赋为命，物所受为性。"朱熹解释道："理一也，自天之所赋与万物言之，故谓之命；以人物之所禀受于天言之，故谓之性。其实，所从言之地头不同耳。"⑥ 命与义是不同地头之指称，侧重不同。

朱熹有时用诰敕、降比喻或指代命："天，便似天子；命，便似将诰敕付

---

① 《朱子语类》卷五，第 82 页。
② 《朱子语类》卷一，第 5 页。
③ 《四书章句集注·孟子集注》卷九，第 309 页。
④ 《朱子语类》卷五，第 82 页。
⑤ 《朱子语类》卷一四，第 260 页。
⑥ 《朱子语类》卷九五，第 2419 页。

与自家；性，便似自家所受之职事，如县尉职事便在捕盗，主簿职事便在掌簿书。"① 形象地描述了命的赋予义与性的禀受义。又言："如'降衷于下民'，这紧要字却在'降'字上。故自天而言，则谓之降衷；自人受此衷而言，则谓之性。如云'天所赋为命，物所受为性'，命，便是那'降'字；至物所受，则谓之性，而不谓之衷。所以不同，缘各据他来处与所受处而言也。'惟皇上帝降衷于下民'，此据天之所与物者而言。'若有常性'，是据民之所受者而言。"② 诰敕、降均形象地突出了命的赋予义，同时强调了不可违抗性③。

命乃禀受天命之物，其内容为仁义礼智信④。其言道："在天便是命，在人便是忠。要之，便是至诚不息。"⑤ 虽然天赋予的内容一般无二，但是由于气禀的缘故，其气命必有不同，这在性上亦有所体现。有人问："'穷理尽性，则性天德，命天理。'这处性、命如何分别？"朱熹答："性是以其定者而言，命是以其流行者而言。"⑥ 命便是流动的水，性则是将碗盛得来。大碗盛得多，小碗盛得少；净洁的碗盛得清，污漫的碗盛得浊。是知，性与命虽是从不同角度而言，但是并不同。从天自然流行角度而言，赋予的内容完全一致，而从人禀受的层面看，禀受的内容各不相同，这是受各自气禀所限。有人问："子罕言命。若仁义礼智五常皆是天所命。如贵贱死生寿夭之命有不同，如何？"朱熹答："都是天所命。禀得精英之气，便为圣，为贤，便是得理之全，得理之正。禀得清明者，便英爽；禀得敦厚者，便温和；禀得清高者，便贵；禀得丰厚者，便富；禀得久长者，便寿；禀得衰颓薄浊者，便为愚、不肖，为贫，为贱，为夭。天有那气生一个人出来，便有许多物随他来。"⑦ 详当地指出天命一致，气禀差异致使个体之性千差万别。其又形象地描述道："天之所命，固是均一，到气禀处便有不齐。看其禀得来如何。禀得厚，道理也备。尝谓命，譬如朝廷诰敕；心，譬如官人一般，差去做官；性，譬如职事一般，郡守便有郡守职事，县令便有县令职事。职事只一般，

① 《朱子语类》卷五九，第1382页。
② 《朱子语类》卷一八，第410页。
③ 陈荣捷认为："此说是朱子新义。所谓新者，不在释命为令，而在有职事须做。此点与伊川爵命之说不同……爵命乃朝廷所封之爵位，不必有职事须做。朱子则重在做事也。"（[美]陈荣捷：《朱子言命》，《朱子新探索》，第247页）指出朱子论命重人事、行的一面。
④ 《朱子语类》卷九四，第2381页。
⑤ 《朱子语类》卷二七，第700页。
⑥ 《朱子语类》卷一百〇七，第2671页。
⑦ 《朱子语类》卷四，第77页。

天生人，教人许多道理，便是付人许多职事。气禀，譬如俸给。贵如官高者，贱如官卑者，富如俸厚者，贫如俸薄者，寿如三两年一任又再任者，夭者如不得终任者。朝廷差人做官，便有许多物一齐□。"①

虽然朱熹亦承认性、命、天、理乃是不同角度的指称，但是与二程的论断明显不同。将理气论尤其是气禀差异的思想纳入性、命的讨论中，不仅清晰明确地揭示了性与命的差异，而且圆融地解释了个体禀性不同之根源。

最后，在对"穷理尽性以至于命"的理解上，朱熹与二程、张载均有异同。与二程一样，其认为穷理、尽性、至命三者同时完成，反对张载区分三者次第之说："此言作易者如此，从来不合将做学者事看。如孟子'尽心、知性、知天'之说，岂与此是一串？却是学者事，只于穷理上着工夫。穷得理时，性与命在其中矣。横渠之说未当。"② 然而，朱熹又主张知与尽之间却有次第："理、性、命，只是一物，故知则皆知，尽则皆尽，不可以次序言。但知与尽，却有次第耳。"③ 其评论张载、二程之说道：

> 程子皆以见言，不如张子有作用。穷理是见，尽性是行，觉得程子是说得快了。如为子知所以孝，为臣知所以忠，此穷理也；为子能孝，为臣能忠，此尽性也。能穷此理，充其性之所有，方谓之"尽"。"以至于命"，是拖脚，却说得于天者。尽性，是我之所至也；至命，是说天之所以予我者耳。昔尝与人论舜事，"舜尽事亲之道而瞽瞍厎豫，瞽瞍厎豫而天下化，瞽瞍厎豫而天下之为人父子者定。"知此者，是穷理者也；能此者，尽性者也。④

是知，朱熹兼综张载、二程之说。穷理乃就知而言，尽性、至命则就行言，而二程以知论三者，所以是说得快了。这就是其强调知与尽有次第的缘故。在他看来，"'穷理尽性至于命'，本是就易上说。易上皆说物理，便是'穷理尽性'，即此便是'至命'。诸先生把来就人上说，能'穷理尽性'了，方'至于命'"⑤。在《易传》中，穷理、尽性、至命三者乃就物理而言，而前人却转移至人而言。就物理言，则均言理与知；就人言，则讲知、行，因而与《易传》本意并不相同，亦不合将做学者事看。即是说，朱熹并不主张将"穷理尽性至于命"作为学者的功夫

---

① 《朱子语类》卷四，第77—78页。
② 《朱子语类》卷七七，第1969页。
③ 《朱子语类》卷七七，第1969页。
④ 《朱子语类》卷七七，第1969页。
⑤ 《朱子语类》卷七七，第1968页。

看待。这大概是其少言"穷理尽性至于命"的根本原因。

（三）正命

孟子曰："莫非命也，顺受其正。是故知命者不立乎岩墙之下。尽道而死者，正命也；桎梏死者，非正命也。"朱熹对正命、非正命的讨论，多围绕此语展开。

首先，朱熹以顺应理义与否作为衡量正命的标志。有人认为比干之死，从理、气两个不同角度讨论有正命与非正命之别。朱熹答道：

> 如何恁地说得！"尽其道而死者"，皆正命也。当死而不死，却是失其正命。此等处当活看。如孟子说"桎梏而死者非正命"，须是看得孟子之意如何。且如公冶长"虽在缧绁，非其罪也"。若当时公冶长死于缧绁，不成说他不是正命。有罪无罪，在我而已。古人所以杀身以成仁。且身已死矣，又成个甚底？直是要看此处。孟子谓"舍生取义"，又云："志士不忘在沟壑，勇士不忘丧其元。"学者须是于此处见得定，临利害时，便将自家斩铚了，也须壁立万仞始得。而今人有小利害，便生计较，说道恁地死非正命，如何得！①

正命突出的是命中理的因素，或者说强调的是理命层面。"尽其道而死者"是顺应理义的正命，有罪或无罪而死均取决于自己，其关键是理义逆顺之间。只要能顺应理命，充分实现应尽的道德义务，即使因此而死亦是正命。比干尽臣子之职责而惨死，可谓尽忠道而亡，因而是正命。"当死而不死"指未尽道德义务而逃脱死亡，因而是非正命。但朱熹并不主张随意舍生求死。孟子所言"舍生取义"及"志士不忘在沟壑，勇士不忘丧其元"，均强调面对利害关头时，有牺牲自我性命的决心，但更应有壁立万仞身兼天下的决心，如此方是正命。至于为了计较小利害而丧命，则不属于正命。可见，正命强调天所赋予之理，强调的是理这一具有道德价值的内容。在极端的情况下，应当舍生取义，即是正命。正命的概念，实际上包含了强调道德理性范畴，相对忽略命定境遇的意蕴。所谓"有罪无罪，在我而已"，指出了人的主观能动性，强调正命与否取决于个人选择，从而肯定了人面对"命"时有积极选择权，与二程的"命在义中"有着异曲同工之处。

关于"桎梏死者，非正命也"，朱熹认为："亦是自作而天杀之，但非正命

---

① 《朱子语类》卷五八，第1360—1361页。夔孙录云："问：'人或死于干戈，或死于患难，如比干之类，亦是正命乎？'曰：'固是正命。'问：'以理论之，则谓之正命；以死生论之，则非正命。'曰：'如何恁地说！'"

耳。使文王死于羑里，孔子死于桓魋，却是命"①。由于自身违背理义而死，即是非正命。周文王与孔子这样的圣贤，若无辜被害，亦是命定。其尤为强调自取灭亡非正命，从而指出顺受其正之真意在于从理义、尽道德义务："若出门吉凶祸福皆不可知，但有正不正。自家只顺受他正底，自家身分无过，恁地死了，便是正命。若立岩墙之下，与桎梏而死，便不是正命。或如比干剖心，又不可不谓之正命。"②

黄榦云："如受得一邑之宰，教做三年，这是命。到做得一年被罢去，也是命。"任职三年与提前被罢免均是命，但二者是否有区别则语焉不详。朱熹答道："有不以罪而枉罢者，亦是命。有罪而被罢者，非正命；无罪而被罢者，是正命也。"③ 不因为有罪而枉曲被罢，亦是命中注定。进而细分，自身确实有罪而被罢免，则非正命；若自身无罪无辜被罢，则是正命。朱熹又强调道："若自家无罪，便岁月间去，又不可不谓之正命。"④ 无论身死或罢官，判断其是否正命的唯一标准是是否顺从理义，是否违逆道义。

朱熹又言："孔、孟老死不遇，须唤做不正之命始得。在孔、孟言之，亦是正命。然在天之命，却自有差。"⑤ 孔孟至死仍未被当权者赏识重用，应看作非正命。但是从孔孟而言则是正命，从天而言则不然。朱熹又从天、人两个角度判断是否正命："若是'惠迪吉，从逆凶'，自天观之，也得其正命；自人得之，也得其正命。若惠迪而不吉，则自天观之，却是失其正命。如孔孟之圣贤而不见用于世，而圣贤亦莫不顺受其正，这是于圣贤分上已得其正命。若就天观之，彼以顺感，而此以逆应，则是天自失其正命。"⑥《尚书》孔安国传云："迪，道也。顺道吉，从逆凶。"⑦ 顺道而行则吉，跟从逆行则凶。朱熹认为，判断是否正命还可从天、人得两个角度着眼。若"惠迪吉，从逆凶"，则从天与人得两个角度均是正命；若顺道而不吉，从天的角度看则是失其正命。从天的角度看，圣贤顺应天命，天命却以逆应，使之未能获得公正的待遇，此乃天失其正命，而圣贤仍获得正命。究其根本仍是突出人在获取正命中的主观能动性。尽管命乃天所赋予，但

① 《朱子语类》卷六〇，第 1434 页。
② 《朱子语类》卷六〇，第 1429 页。
③ 《朱子语类》卷六〇，第 1435 页。
④ 《朱子语类》卷六〇，第 1429 页。
⑤ 《朱子语类》卷六〇，第 1434 页。
⑥ 《朱子语类》卷六〇，第 1434 页。
⑦ 《尚书正义·大禹谟》。

是否为正命则取决于人之选择，不受天命的限制，再次强调了顺从理义以顺受正命的意义。

值得注意的是，朱熹并未彻底摆脱天命的影响。有人问："'莫非命也'，此一句是总说气禀之命，与'天命谓性'之'命'同否?"朱熹答："孟子之意，未说到气禀，孟子自来不甚说气禀。看是此句只是说人物之生，吉凶祸福，皆天所命，人但顺受其正。若桎梏而死，与立乎岩墙之下而死，便是你自取，不干天事，未说到气禀在。"① 在其看来，孟子并不讲气禀，孟子本意仅强调人物之吉凶祸福等均是天所赋予，人只需顺受其正即可；桎梏而死、立乎岩墙之下而死均是咎由自取，而非天定。朱熹本身则从气禀解释桎梏而死："'尽其道而死者'，顺理而吉者也；'桎梏死者'，逆理而凶者也。以非义而死者，固所自取，是亦前定，盖其所禀之恶气有以致之也。"② "尽其道而死者"顺应理义，因而是吉祥的正命；"桎梏死者"违逆理义，因而是凶险的变命。违逆理义而死，固然是咎由自取，但亦早已前定，究其根本乃是禀受恶气所致。可见，正命与非正命表面上是顺应理义与否所致，究其根本乃是气禀前定，亦可谓气命所定。如若气禀清善，则能顺应理义、顺受正命；气禀恶浊，则违逆理义，只能流入非正命。

朱熹论程颐、张载命遇之说：

> 所谓命者，如天子命我作甚官。其官之闲易繁难，甚处做得，甚处做不得，便都是一时命了，自家只得去做。故孟子只说"莫非命也"，却有个正与不正。所谓正命者，盖天之始初命我，如事君忠，事父孝，便有许多条贯在里。至于有厚薄浅深，这却是气禀了；然不谓之命不得，只不是正命。如"桎梏而死"，唤做非命不得。盖缘它当时禀得个乖戾之气，便有此，然谓之"正命"不得。故君子战兢，如临深履薄，盖欲"顺受其正"者，而不受其不正者。且如说当死于水火，不成便自赴水火而死。而今只恁地看，不必去生枝节、说命说遇、说同说异也。③

其认为，不需讨论命与遇，只需讨论正命与非正命。命就像是天子命人做何官职无论如何都必须去做。这些都是命，但其中有正与不正的问题。正命为天理所决定，非正命则为气禀所定。因为禀受理气，命有正命、非正命之别，所谓"命

---

① 《朱子语类》卷六〇，第 1429 页。
② 《朱子语类》卷六〇，第 1434 页。
③ 《朱子语类》卷四二，第 1082—1083 页。

之正者出于理，命之变者出于气质"即是此意①。理命为命之正者，气命为气之变者。

气作为一个变量，因其清浊厚薄之别，决定了个体富贵寿夭贫贱各不相同；同时亦影响了能否顺受正命。借此，朱熹强调人应当顺理义而行以顺受正命，又突出人在顺手正命中的主观能动性。如此一来，必然强调顺天理，以个人道德修养与气禀相抗衡。

## 二、气命

与二程一样，朱熹论命尤为重视道德义理性的一面，但亦未忽视决定人之命运的气命的探讨。

（一）所禀与所值

程颐单纯讲命，反对张载区分命与遇，认为境遇亦是命定。朱熹虽然认为无须多谈命与遇，但仍肯定张载区分命、遇的说法，结合所禀与所值论命与遇。钱宾四指出："朱子言命，又兼'禀受之命'与'遭遇之命'而两言之。若专就一端言，则仍不足以说明人事之繁变。"②此处之命，即通常所言之命运。朱熹言道："'命'字有两说：一以所禀言之，一以所值言之。"③所禀即禀受的命，指气禀之命；值即遇，所值即所遇，指所遭遇之命。其又言道："性者万物之原，而气禀则有清浊，是以有圣愚之异。命者万物之所同受，而阴阳交运，参差不齐，是以五福、六极，值遇不一。"④其一，性命不同，因气禀清浊差异而有贤愚之别。其二，万物包括人之命均禀受于天，但因阴阳交感、参差不齐，因而遇又各不相同。钱宾四又言道："言命必及气禀，而气禀有在人在我之别。气禀之在人者，于我则为遭遇。扩大言之则为时运。"⑤在朱熹看来，气禀"是偶然相值着，非是有安排等待"⑥。是知，气禀与所值之间亦有一定的关联，正如钱宾四先生所指出的，二者之间有分言、合言的关系。

首先，气禀差异决定命各有不同，包括贤愚与命运。朱熹言："所禀者厚而清，则其仁之于父子也至，义之于君臣也尽，礼之于宾主也恭，智之于贤否也

---

① 《朱子语类》卷四，第 78 页。
② 钱穆：《朱子论命》，《朱子新学案》第二册，九州出版社 2011 年版，第 53 页。
③ 《朱子语类》卷六一，第 1461 页。
④ 《朱子语类》卷四，第 76 页。
⑤ 钱穆：《朱子论命》，《朱子新学案》第二册，第 54 页。
⑥ 《朱子语类》卷五五，第 1308 页。

哲，圣人之于天道也，无不吻合，而纯亦不已焉。薄而浊，则反是。是皆所谓命也。"① 仁义礼智等德目均为天所命，人人命中皆有，然因气禀厚薄清浊不同，而表现不同。气禀厚且清者，于父子君臣关系仁至而义尽，于宾主之间则恭敬而有礼，于贤否则智而知哲，圣人则与天道合一；气禀薄且浊者，则与之相反。程子认为性善可学而尽，因而该现象不谓之命，朱熹则认为贤愚、善恶均是命。

朱熹进而指出，圣人未必富且贵，乃是气禀不足所致。门人问道："得清明之气为圣贤，昏浊之气为愚不肖；气之厚者为富贵，薄者为贫贱；此固然也。然圣人得天地清明中和之气，宜无所亏欠，而夫子反贫贱，何也？岂时运使然邪？抑其所禀亦有不足邪？"朱熹答曰："便是禀得来有不足。他那清明，也只管得做圣贤，却管不得那富贵。禀得那高底则贵，禀得厚底则富，禀得长底则寿，贫贱夭者反是。夫子虽得清明者以为圣人，然禀得那低底、薄底，所以贫贱。"② 就不同个体而言，气禀有清浊厚薄之差异；就同一主体而言，气禀亦有足或不足之别。圣人气禀清明而为圣贤；又因气禀不足而贫贱。大体而言，气禀高则贵，厚则富，长则寿，清则贤，反之则贱、贫、夭、愚："有人禀得气厚者，则福厚；气薄者，则福薄。禀得气之华美者，则富盛；衰飒者，则卑贱；气长者，则寿；气短者，则夭折。此必然之理。"③

其次，结合所值、所禀谈命，从不同角度指出所值（境遇）对命之影响。

人生富贵贫贱、寿命长短，早有定数。此定数不仅为个人气禀所定，亦受时代气数影响。其一，是否出圣贤，为时代气数所定："天地那里说我特地要生个圣贤出来！也只是气数到那里，恰相凑着，所以生出圣贤。及至生出，则若天之有意焉耳。"④ 其二，同为圣贤，生于气数不同的时代，寿夭、境遇亦有所不同："上古天地之气，其极清者，生为圣人，君临天下，安享富贵，又皆享上寿。及至后世，多反其常。衰周生一孔子，终身不遇，寿止七十有余。其禀得清明者，多夭折；暴横者，多得志。"⑤ 上古天地之气极清，因而当时之圣人富且贵，又得享上寿；东周气数已衰，虽出圣人孔夫子，却不能富贵，且寿命不长；气禀清明之人多早夭，暴横者多得志。归根究底，乃是时代之气不同。其三，在不同时代

① 《四书章句集注·孟子集注》卷一四，第378页。
② 《朱子语类》卷四，第80页。
③ 《朱子语类》卷四，第80页。
④ 《朱子语类》卷四，第80页。
⑤ 《朱子语类》卷四，第79页。

气数下，相同气禀亦有不同之命："人之生，适遇其气，有得清者，有得浊者，贵贱寿夭皆然，故有参错不齐如此。圣贤在上，则其气中和；不然，则其气偏行。故有得其气清，聪明而无福禄者；亦有得其气浊，有福禄而无知者，皆其气数使然。"① 再次强调人之寿夭、贵贱由个体气禀之清浊，时代气数亦是重要影响因素。当圣贤在上位时，时代之气中和，不然则气偏行。因而有禀得清气，却聪明而无福禄；有禀得浊气，却无知而有福禄。如此，便圆融地解释了为何相同气禀在不同时代境遇、命运不同。

朱熹进而指出，气、遇相互影响，可能改变命运，肯定相同遭遇者本有不同的命。郑可学问："富贵有命，如后世鄙夫小人，当尧、舜、三代之世，如何得富贵？"朱熹曰："当尧、舜、三代之世不得富贵，在后世则得富贵，便是命。"在不同时代，或富贵或贫贱，均是命。郑可学又曰："如此，则气禀不一定。"朱熹解释曰："以此气遇此时，是他命好；不遇此时，便是背。所谓资适逢世是也。如长平死者四十万，但遇白起，便如此。只他相撞着，便是命。"② 富贵之命具有不确定性和偶然性，关键是气与时是否相遇。长平之战中，赵国四十万兵士被秦将白起坑杀。程颐认为，这些士兵"遇着白起，便是命当如此"，强调命中注定、不可违逆。朱熹亦以此为例，暗指这些遭遇相同导致相同命的士兵，若在不同遭遇下，则命不同，即是强调具有偶然性的遇可以使人遭遇相同的命。

孟子认为"知命者不立岩墙之下"，但是时人却认为命中注定未到死之时，即使立于危墙之下，亦不会被压死。门人因而感到疑惑。朱熹解答曰："莫非命者，是活络在这里，看他如何来。若先说道我自有命，虽立岩墙之下也不妨，即是先指定一个命，便是纣说'我生不有命在天'。因举横渠'行同报异'，与'气遇'等语，伊川却道他说遇处不是。"又曰："这一段文势直是紧，若精神钝底，真个赶他不上。如龙虎变化，真是捉搦他不住。"③ 孟子言"莫非命"，但不必拘泥。其赞同张载"行同报异""气遇"之说，认为相同行为亦有不同结果或报应。反对程颐否定遇、单纯谈命的说法，强调应当结合遇谈论命，肯定命中有"龙虎变化"等诸多不确定因素。因而，对待命应当灵活应对，蕴含着批判宿命论、将命绝对化的意味。

---

① 《朱子语类》卷一，第 8 页。
② 《朱子语类》卷四，第 81 页。
③ 《朱子语类》卷六〇，第 1429—1430 页。

（二）死生有命与罕言命

首先，朱熹肯定生死、富贵、贫贱、福禄等均为气禀所定："人人之禀气，富贵、贫贱、长短，皆有定数寓其中。禀得盛者，其中有许多物事，其来无穷。亦无盛而短者。若木生于山，取之，或贵而为栋梁，或贱而为厕料，皆其生时所禀气数如此定了。"① 人之命运早已为气禀所定，乃是天命所定，而非人为："死生有命，当初禀得气时便定了，便是天地造化。"②。因而，"死生寿夭，固是气之所禀"③。颜回早夭、伯牛身患重病均是气命所定④。甚至，"死生自有定命，若合死于水火，须在水火里死；合死于刀兵，须在刀兵里死，看如何逃不得"⑤。不仅生死早已命中注定，而且连死法亦早已注定，不能逃脱、更易。其断定"人物之生，吉凶祸福，皆天所命"⑥。

其次，恐因宿命论丢失奋发向上之心，朱熹主张罕言命。一切祸福均是命中注定，必然要发生，即使想方设法去避免，亦无法改变。因而，其言道："大凡人只合讲明道理而谨守之，以无愧于天之所与者。若乃身外荣辱休戚，当一切听命而已。"⑦ 谨守义理而行，至于身外荣辱利益等，则听任命运安排。又言："如常人，'用之则行'，乃所愿；'舍之则藏'，非所欲。'舍之则藏'，是自家命恁地，不得已，不奈何。圣人无不得已底意思。圣人用我便行，舍我便藏，无不奈何底意思，何消更言命。"⑧ 既然命定难改，又何必言命呢？因而，其又言道："'命不足道也'，命不消得更说。"又曰："知命不足道也。"⑨ 既然气禀之命不能为我所掌握，除了听天由命外，更重要的是少言命。

朱熹主张"罕言命"，希望人们专致于人事："罕言命者，凡吉凶祸福皆是命。若尽言命，恐人皆委之于命，而人事废矣，所以罕言。"⑩ 如若人人凡事均讲命，人们便会把一切归咎于命，或是等待好运来临，或者悲观丧气，丧失了奋斗之心，则人事废矣。进而指出："孔子亦非不说，如云'不知命'之类。只是

① 《朱子语类》卷四，第 81 页。
② 《朱子语类》卷三，第 44 页。
③ 《朱子语类》卷四，第 79 页。
④ 《朱子语类》卷六〇，第 1434 页。
⑤ 《朱子语类》卷五〇，第 1217 页。
⑥ 《四书章句集注·孟子集注》卷一三，第 349 页。
⑦ 《朱子语类》卷八，第 147 页。
⑧ 《朱子语类》卷三四，第 873 页。
⑨ 《朱子语类》卷三四，第 873 页。
⑩ 《朱子语类》卷三六，第 948 页。

都不说着，便又使人都不知个限量；若只说着时，便又使人百事都放倒了，不去做。"① 孔子并非完全不言命，如若完全不言命，则使人不知凡事命中均有定数；若过多谈命，则又令人萎靡不振，凡事归之于名，丢失了奋发向上之心。又言："圣人不自言命。凡言命者，皆为众人言也。'道之将行也与？命也。'为公伯寮愬子路言也。'天生德于予'，亦是门人促之使行，谓可以远矣，故有是说。'不知命无以为君子'，亦是对众人言。"② 圣人不问命、不自言命，因而不受命之束缚，凡事唯义而行。指出《论语》中虽然有许多讨论"命"的文字，但均是孔圣人针对他人而言。强调圣人不信命，自身亦不讲命。

朱熹之"罕言命"，包括理命与气命，并非仅限于气命③。其言曰："命只是一个命，有以理言者，有以气言者。天之所以赋与人者，是理也；人之所以寿夭穷通者，是气也。理精微而难言，气数又不可尽委之而至于废人事，故圣人罕言之也。"④ 理命、气命只是一个命，均为天所赋予。罕言气命，唯恐人凡事尽归之于命而荒废人事；罕言理命，则是因为理精深微妙，难以言传。

综上，朱熹主张对理命、气命均罕言，然而对此二维度之命的态度却截然不同：气命不能为我所操控，因而应当罕言，转而注重人事；理命精妙难以言喻，但却可为我所掌控，理当穷理尽性以至于命。

### 三、安身立命之道

（一）知正命与畏天命

孔子云："不知命，无以为君子也。"朱熹以为："此深有意。盖学者所以学为君子者，不知命则做君子不成。死生自有定命，若合死于水火，须在水火里死；合死于刀兵，须在刀兵里死，看如何逃不得。此说虽甚粗，然所谓知命者，不过如此。若这里信不及，才见利便趋，见害便避，如何得成君子！"⑤ 除了指出连死亡方式亦是命中注定外，其解释与程颐基本一致。一句"然所谓知命者，不过如此"，则表明了其对"知命"并不推崇的态度。又言："是有命，'不知命无

① 《朱子语类》卷三六，第 949 页。
② 《朱子语类》卷四四，第 1142 页。
③ 史少博认为："实质上，朱熹的'罕言命'是'罕言'。他认为人不可把握的'气之命'，而对人的'理之命'并不罕言，从他提出'存天理，灭人欲'等重视人的道德修养方面便可体现。"（史少博：《朱熹论"命"》，《管子学刊》2007 年第 3 期，第 125 页）
④ 《朱子语类》卷三六，第 949—950 页。
⑤ 《朱子语类》卷五〇，第 1217 页。

以为君子'。此最是语病。果如此说，则是君子为人所不知，退而安之于命，付之无可奈何，却如何见得真不愠处出来。"①表明了批判此语的态度，与二程明显不同。在其看来，"圣人之意尽有高远处，转穷究，转有深义"②。因而，不能孤立、片面地理解孔子之言。其将"不知命无以为君子"与"人不知而不愠，不亦君子乎"结合理解。认为，过度强调"知命"，君子不为人所知，委之于命定，安于命而无愠色，如此则难以见得君子真不愠处。

朱熹认为，所谓知命，只是知道生死有命，明白甚至连前定的死亡方式均无法逃脱。在理命、气命二维划分的思想逻辑下，朱熹强调应当知正命，即知理命："知正命，则不处危地以取覆压之祸。尽其道，则所值之吉凶，皆莫之致而至者矣。桎梏死者，非正命也。桎梏，所以拘罪人者。言犯罪而死，与立岩墙之下者同，皆人所取，非天所为也。"③人知正命则不会做自取灭亡之事。面对命中所值之吉凶祸福等，应当尽其道德义务，而不是用自身行为去招致。桎梏而死与立岩墙之下，均是个人行为招致，并非命定。其又批判当时所谓知命。门人问："'天生德于予，桓魋其如予何！'孔子既如此说了，却又微服而过宋者，乃是天理、人事之交尽否？"答曰："然。所谓'知命者不立乎岩墙之下'。若知命者，便立乎岩墙之下，也何害！却又不立。而今所谓知命者，只是舍命。"④孔子明知桓魋不能奈他何乃是命定，但仍然微服过宋；明知命中注定立于岩墙之下不会丧命，但仍然不去做，这才是知命。时人知道命定无害，则有恃无恐地去做，这是舍命，而非知命。又言："人固有命，可是不可不'顺受其正'，如'知命者不立乎岩墙之下'是。若谓其有命，却去岩墙之下立，万一倒覆压处，却是专言命不得。人事尽处便是命。"⑤即使知命，仍需尽人事。所谓尽人事听天命即是如此。

朱熹认为，知正命仍需尽人事以配合，不任性妄为。其又强调应畏惧天命，并指出畏天命亦须知命："'畏天命'三字好。是理会得道理，便谨去做，不敢违，便是畏之也。如非礼勿视听言动，与夫戒慎恐惧，皆所以畏天命也。然亦须理会得天命是恁地，方得。"⑥知命与畏天命二者紧密相连，若仅是知道命定，却不能心怀戒慎之心，亦称不得知命。

---

① 《朱子语类》卷二〇，第456页。
② 《朱子语类》卷二〇，第456页。
③ 《四书章句集注·孟子集注》卷一三，第349—350页。
④ 《朱子语类》卷三四，第892页。
⑤ 《朱子语类》卷九七，第2485页。
⑥ 《朱子语类》卷四六，第1173页。

朱熹进而指出，知命乃畏天命之前提："须是先知得，方会畏。但知得有浅深，工夫便随深浅做去。事事物物皆有个天命。若知得尽，自是无所不畏，惟恐走失了。"① 先知得万事万物均有个命，方会敬畏；到知得尽，自然会无所不畏，事事戒慎。是知，畏天命与知命之间，应以知命为重。贺孙问："固是当先畏天命，但要紧又须是知得天命。天命即是天理。若不先知这道理，自是懵然，何由知其可畏？此小人所以无忌惮。"朱熹答曰："要紧全在知上。才知得，便自不容不畏。"② 强调知命才是至关紧要，知得天命，便自然会畏惧天命。

朱熹将知命、畏天命贯穿于个人的遭际之中，践履自己的命论。庆元党禁后，有人微讽道："先生有'天生德于予'底意思，却无'微服过宋'之意。"答曰："某又不曾上书自辨，又不曾作诗谤讪，只是与朋友讲习古书，说这道理。更不教做，却做何事！"他坦然接受伪学之禁，安心讲学，乃是知命；未上书自辩，亦未曾作诗毁谤讥讽，可谓畏天命。借此，其又曰："《论语》首章言：'人不知而不愠，不亦君子乎！'断章言：'不知命，无以为君子。'今人开口亦解一饮一啄自有定分，及遇小小利害，便生趋避计较之心。古人刀锯在前，鼎镬在后，视之如无物者，盖缘只见得这道理，都不见那刀锯鼎镬！"又曰："'死生有命'，如合在水里死，须是溺杀，此犹不是深奥底事，难晓底话。如今朋友都信不及，觉见此道日孤，令人意思不佳。"③ 再次强调应当知命、畏命，不应趋利避害。当有人劝其避祸时，朱熹自知祸福之来均是命，泰然处之："今为辟祸之说者，固出于相爱。然得某壁立万仞，岂不益为吾道之光！"④

（二）安于义理与以德胜气

《孟子》云："夭寿不贰，修身以俟之，所以立命也。"朱熹发挥道："尽心知性而知天，所以造其理也；存心养性以事天，所以履其事也。不知其理，固不能履其事；然徒造其理而不履其事，则亦无以有诸己矣。知天而不以夭寿贰其心，智之尽也；事天而能修身以俟死，仁之至也。智有不尽，固不知所以为仁；然智而不仁，则亦将流荡不法，而不足以为智矣。"⑤ 指出面对寿夭等命定，应当修身以对。强调以道德领域中的进取，来应对命定的生死寿夭。又曰："'夭寿不贰'，

---

① 《朱子语类》卷四六，第 1173 页。
② 《朱子语类》卷四六，第 1173 页。
③ 《朱子语类》卷一百〇七，第 2670 页。
④ 《朱子语类》卷一百〇七，第 2671 页。
⑤ 《四书章句集注·孟子集注》卷一三，第 349 页。

是不疑他。若一日未死，一日要是当；百年未死，百年要是当，这便是'立命'。'夭寿不贰'，便是知性知天之力；'修身以俟'，便是存心养性之功。"① 夭寿不贰是基于知命而信命，修身以俟则是以道德践履、涵养身心为核心，二者结合就是立命，指出了知命对立命的引导作用。其所言知命为知正命，其所言立命应是立正命，从而确立了以正命即理命为价值导向的立命论。

首先，朱熹论气命虽然带有强烈的宿命论色彩，但其并不提倡安命之说。其言曰："圣人'用之则行，舍之则藏'，未尝到那无可奈何处，何须说命！如一等人不知有命。又一等人知有命，犹自去计较。中人以上，便安于命。到得圣人，便不消得言命。"② 最下等人不知命；再上一等人虽然知命，却不能安命，犹然与命计较；中人以上，知命且安于命；圣人则不需言命。这一区分与二程十分一致，亦是其罕言命思想的一种表现。又言道："如'居易以俟命'，也只教人依道理平平做将去，看命如何。却不是说关门绝事，百样都不管，安坐以待这命。"③ 明确地指出知命是叫人不必计较，平常心对待，而不是让人安逸待命，荒废人事。

朱熹希望人们不要消极面对命运，而是应当尽人事听天命："且如'舜禹益相去久远'，是命之在外者；'其子之贤不肖'，是命之在内者。圣人'穷理尽性以至于命'，便能赞化育。尧之子不肖，他便不传与子，传与舜。本是个不好底意思，却被他一转，转得好。"④ 圣人穷理尽性至于命，变能参赞化育。如尧之子不肖，乃天命所定，于是其传位与舜，而不传与子，改变了国运。原本天定的不好之事，却被他一转给转好了。由此可见，人之主观能动性在一定程度上可改变命运。

其次，朱熹勉励人们安于义理，即是安于理命。有人问："富贵不处，是安于义；贫贱不去，是安于命。"答曰："此语固是。但须知如何此是安义，彼是安命。盖吾何求哉？求安于义理而已。不当富贵而得富贵，则害义理，故不处。不当贫贱而得贫贱，则自家义理已无愧，居之何害！富贵人所同欲，若不子细，便错了。贫贱人所同恶，自家既无愧义理，若更去其中分疏我不当贫贱，便不是。张子韶说'审富贵而安贫贱'，极好。"⑤ 应当仔细分辨何为安于命、何为安于义，

① 《朱子语类》卷六〇，第 1429 页。
② 《朱子语类》卷三四，第 873—874 页。
③ 《朱子语类》卷二六，第 668 页。
④ 《朱子语类》卷五八，第 1360 页。
⑤ 《朱子语类》卷二六，第 647 页。

但求安于义理。不合义理而得富贵，自然不能泰然处之；贫贱而合义理，则无妨害，无须计较命中是否应当贫贱。他希望人们将义理作为最高准则，辩证地看待富贵与贫贱，同时亦蕴含着不可过度追求富贵、唾弃贫贱的含义。在其看来，"人之所以戚戚于贫贱，汲汲于富贵，只缘不见这个道理。若见得这个道理，贫贱不能损得，富贵不曾添得，只要知这道理。"① 在此"道理"即指天理。

其进而指出，应当以义理为依归，甚至"致命遂志"："学者当常以'志士不忘在沟壑'为念，则道义重，而计较死生之心轻矣。况衣食至微末事，不得未必死，亦何用犯义犯分，役心役志，营营以求之耶!"② 凡事以道义为先，不计个人得失与生死。又言："困厄有轻重，力量有小大。若能一日十二辰点检自己，念虑动作都是合宜，仰不愧，俯不怍，如此而不幸填沟壑，丧躯殒命，有不暇恤，只得成就一个是处。如此，则方寸之间全是天理，虽遇大困厄，有致命遂志而已，亦不知有人之是非向背，惟其是而已。"③ 即使遭遇困厄亦不必挂怀，凡事应以天理为依归，关键时刻应当舍弃生命以实现理想。总而言之，义理价值远在个人富贵、性命之上。

已见的文献中，朱熹并未明确地谈论"命在义中"的概念。但其就义命关系的讨论中，亦有类似的言论："君子之所急当先义语义，则命在其中。如'行一不义，杀一不辜，而得天下，不为'，此只说义。若不恤义，惟命是恃，则命可以有得，虽万钟，有'不辨礼义而受之'矣。义有可取，如为养亲，于义合取而有不得，则当归之命尔。如'泽无水，困'，则不可以有为，只得'致命遂志'，然后付之命可也。"④ 君子以义为先，命亦在义中。若不以义为先，仅以命自持，即使命亦可有得，但不符合礼义，实际上并未得到。至于处于《易经》困卦的卦象中，只能尽力去努力，至于是否能实现，则取决于命。因而，行事应当以义为先，以义为准则，不必计较个人生死："孟子言舍生而取义，只看义如何，当死便须死。"⑤ 生死是命定之事，人只需顺应即可，不必强求，凡事义字当先，则能死得其所。他赞赏二程"命在义中"："若是者其贫贱而夭，固或有非人所取而得之于天者，然无以验其必然，则君子固不谓命。若其富贵，则君子处之，固有得

---

① 《朱子语类》卷一三，第 241 页。
② 《朱子语类》卷一三，第 241 页。
③ 《朱子语类》卷一三，第 241—242 页。
④ 《朱子语类》卷四五，第 1167 页。
⑤ 《朱子语类》卷一三，第 248 页。

天下而不为者矣，亦安得遽谓之命而安之乎？此程子言义不言命之说，所以有功于学者，其亦前圣所未发之一端也。"①

朱熹进而讨论圣人与普通人面对义、命的态度差异。孔子曰："用之则行，舍之则藏，唯我与尔有是夫！"尹焞阐释道："用舍无预于己，行藏安于所遇，命不足道也。"朱熹发挥道：

> 盖只看义理如何，都不问那命了。虽使前面做得去，若义去不得，也只不做；所谓"杀一不辜，行一不义而得天下，有所不为"。若中人之情，则见前面做不得了方休，方委之于命；若使前面做得，它定不肯已；所谓"不得已而安之命"者也。此固贤于世之贪冒无耻者，然实未能无求之之心也。圣人更不问命，只看义如何。贫富贵贱，惟义所在，谓安于所遇也。如颜子之安于陋巷，它那曾计较命如何。陶渊明说尽万千言语，说不要富贵，能忘贫贱，其实是大不能忘，它只是硬将这个抵拒将去。②

凡事应以义理为标准，不问命定与否。中人虽然已经贤于贪冒无耻之徒，但仍有求之之心，不得已而委之于命。圣人则不问命，凡事仅以义为准则，贫贱富贵只要符合义，则安于境遇，甘之如饴。因而，他盛赞颜回安于陋巷、一箪食一瓢饮亦不改其乐的境界；指出陶渊明声称清贫自守、不要富贵，不过是命中无富贵而不得已如此，实际上仍然心念富贵。总而言之，凡事应以义为先，则命在其中，不必强求命中有无。

朱熹主张以德胜气，核心内涵与"命在义中"基本一致。朱熹言道："不能自强，则听天所命；修德行仁，则天命在我。"③苟且而不自强，就是所谓的听天由命，这是消极对待命，完全丧失了自身的主观能动性。修德性行仁义，则天命在我，这种态度才积极、有意义。

朱熹希望人们能够自强修德，积极地对待命。他沿着张载的思路，主张穷理尽性、以德胜气："德性若不胜那气禀，则性命只由那气；德性能胜其气，则性命都是那德；两者相为胜负。盖其禀受之初，便如此矣。然亦非是元地头不浑全，只是气禀之偏隔着。故穷理尽性，则善反之功也。'性天德，命天理'，则无不是元来至善之物矣。若使不用修为之功，则虽圣人之才，未必成性。然有圣人

---

① 朱熹：《四书或问》卷三八，景印文渊阁四库全书本。
② 《朱子语类》卷三四，第874页。
③ 《朱子语类》卷五六，第1328页。

之才，则自无不修为之理。"① 德性禀自天理，完美无缺；气禀则有厚薄清浊偏全之别，二者之间始终相互抗衡、相互作用，甚而互有胜负。现实常因气禀偏隔着，使德性无法完全决定性命。其认为，穷理尽性是穷究个体主体本身内在德性、人可复归本初之性的功夫。天德、天理等原本即在人之性命中，即使天纵圣贤，亦须通过后天的穷理尽性，摒除气禀的区隔，复归本性。

朱熹又言："自家之德，若不能有以胜其气，则只是承当得他那所赋之气。若是德有以胜其气，则我之所以受其赋予者，皆是德。故穷理尽性，则我之所受，皆天之德；其所以赋予我者，皆天之理。"② 德性、气禀均为天所赋予。德性与气禀互动中，如果德性不能胜气，则人只是禀受天赋予的气，不能真正禀受德性；如果德性胜气，则人所禀受的都是天赋予的德。因此，应当穷理尽性，以德胜气，则所禀受者均是天德、天理。朱熹主张以德胜气主要从理命着眼，而非气命。因而，其又指出："气之不可变者，惟死生修夭而已。盖死生修夭，富贵贫贱，这却还他气。至'义之于君臣，仁之于父子'，所谓'命也，有性焉，君子不谓命也'。这个却须由我，不由他了。"③ 生死、寿夭、富贵、贫贱等由气命所定，均不可变，只能顺应天命，不可强求，此即为"还他气"。仁义理智等来自理命，则完全取决于主体自身，不由天命所限。

二程的"命中义中"若更偏重知，朱熹的以德胜气则更重行。其又希望人们时常省察，明此理命："天之明命，是天之所以命我，而我之所以为德者也。然天之所以与我者，虽曰至善，苟不能常提㫃省察，使大用全体昭晰无遗，则人欲益滋，天理益昏，而无以有诸己矣。"④ 又曰："盖天之所以与我，便是明命；我之所得以为性者，便是明德。命与德皆以明为言，是这个物本自光明，显然在里，我却去昏蔽了他，须用日新。说得来，又只是个存心。所以明道云：'圣贤千言万语，只是欲人将已放之心约之使反覆入身来，自能寻向上去，下学而上达也。'"⑤ 是知，不仅应当知正命、安于义理之命，更应践履此认知，日日省察，日新吾之天理。

朱熹论命与二程略有异同。从整体而言，其以本体论为依托，形成了一系

① 《朱子语类》卷九八，第 2516 页。
② 《朱子语类》卷九八，第 2516 页。
③ 《朱子语类》卷九八，第 2516 页。
④ 《朱子语类》卷一六，第 316 页。
⑤ 《朱子语类》卷一六，第 318 页。

列富有哲学义蕴的论断；最终落脚于躬行实践，使其命论更为笃实，具有可践行性。基于理气一元的本体论，朱熹把命分为理命、气命两个维度。从气禀层面，指出对吉凶、祸福、贫贱、富贵、生死、寿夭等命运，应当敬畏之而不计较，尽人事而听天命，从而坦然接受命中一切遭际。从理受层面，指出理命方是根本，应以天理为依归。朱熹强调以理胜气，以个人道德修养突破气禀、气命的限制，鼓励人们追求成圣成贤的道德境界。因此，他并不讲安于命，而是强调安于义理。落脚至安身立命之道时，朱熹与二程一样，均是以存天理灭人欲为出发点，将义利之辩贯穿于其中。在其看来，"以理从事，是义；不以理从事，便是欲"①。从义利之辩的层面，指出安于义理的意义。但是，不管论穷理尽性至于命或者安于义理，朱熹均强调不能仅仅停留在知的层面，更重要的是践履，将体认到的认知付诸实践，在日常生活中躬行实践。

## 第三节　事物"根原所自来，莫非天命自然"：陈淳的命论

陈荣捷先生指出："《北溪字义》以命为首，此是其特色处。《朱子语类》、《朱子全书》与《性理精义》均未以《命》字另为一门。陈淳之所以如此重视命者，盖以其寻觅源头处，穷到理而天理流行，以至于天命也。此并非与朱子哲学有殊，盖天命亦朱子之所重，只陈淳以之其思想之中心而已。"②又指出，陈淳《北溪字义》中"命"一篇，可概括为四方面内容，均来自朱熹③。此说固然不假，然而在具体话题上，陈淳或延伸或修正朱熹之说，并未完全祖述师说。

### 一、天命

陈淳认为，在日用之间，事事均体现天命。

盖道原于天命之奥，而实行乎日用之间。在心而言，则其体有仁义礼智之性，其用有恻隐、羞恶、辞让、是非之情。在身而言，则其所具有耳目口鼻四肢之用，其所与有君臣、父子、夫妇、兄弟、朋友之伦。在人事而言，则处而修身齐家，应事接物，出而莅官理国，牧民御众；微而起居言动，衣服饮食，大而礼乐刑政，财赋军师，凡千条万绪，莫不各有当然一定不易之

---

①　《朱子语类》卷一七，第387页。

②　[美] 陈荣捷：《最笃实之门徒——陈淳》，《朱子新探索》，第445页。

③　[美] 陈荣捷：《朱子言命》，《朱子新探索》，第246页。

则，皆天理自然流行著见，而非人之所强为者。①

其将道纳入天命，指出道乃天理自然，为天命所定，在日用人伦万事间均有体现。即是说，日用人伦万事所遵行的道，究其根源乃是天命。诚如学者所指出："在这个概括中，陈淳清楚地用'理'将心（性与情之统合）、身（自然生理与社会关系之统合）、行（个人行为与社会责任、日用琐事与家国大事之统合）统串为一体，使朱熹哲学呈现出结构完整而有机、层次清晰而相因的面相。"②

陈淳认为，天道真诚无妄："盖诚者真实无妄之谓，有以天命本然言者，若'诚者天之道'是也。"③因而，其讨论天命时，尤为强调其自然性与非人为性。

在此前与廖子晦的书信中，陈淳亦言道：

> 大抵许多合做底道理，散在事物而总会于吾心，离心而论事，则事无本；离事而论理，则理为虚。须于人心之中，日用事物之际，见得所合做底，便只是此理，一一有去处，乃为实见。所合做底做得恰好，乃为实践。即此实见无复差迷，便是择善；即此实践更能耐久，便是固执。即此所合做底分来，便成中正仁义。即此所合做底见定浅深轻重，便是日用枝叶，即此所合做底浅深轻重，元有自然条理缝罅，非由人力安排，便是天命根原。④

已经用天理（命）统摄道，指出此理、此道贯穿于人心，体现于日用事物之际。强调天命乃天理自然非人力所安排。

在这两段话中，陈淳不仅讨论天命的形而上含义，而且突出其在人事中的体现。可谓沿袭朱熹论命时重人事的倾向。

（一）理命、气命

朱熹以降、诰敕阐释命，然天无言，如何命令人呢？对此，陈淳解释道："天岂'谆谆然命之乎'？亦只是其理如此而已。"⑤又曰："命，犹令也，如尊命、台命之类。天无言做，如何命？只是大化流行，气到这物便生这物，气到那物又生那物，便是分付命令他一般。"⑥天之命于万事万物，是在气化流行的过程中实现，并未有一个超乎理气之外的命令者。可见，其亦强调命为天所赋予，强调气化流行的过程。

① 《严陵讲义·道学体统》，《北溪字义》，第 75 页。
② 何俊、范立舟：《南宋思想史》，上海古籍出版社 2008 年版，第 207 页。
③ 《北溪大全集》卷二三。
④ 《北溪大全集》卷二二。
⑤ 《北溪字义》卷上，第 4 页。
⑥ 《北溪字义》卷上，第 1 页。

陈淳曾问道："'命'字有专以理言者，有专以气言者。"朱熹答曰："也都相离不得。盖天非气，无以命于人；人非气，无以受天所命。"① 提点其不可分割看待理命、气命，强调理气不相离，理命与气命本质为一个命，并指出气的中介性质。

基于此，陈淳亦就理气两个层面讨论命。

> 命一字有二义：有以理言者，有以气言者，其实理不外乎气。盖二气流行，万古生生不息，不成只是空个气？必有主宰者，曰理是也。理在其中为之枢纽，故大化流行，生生未尝止息。所谓以理言者，非有离乎气，只是就气上指出个理，不杂乎气而为言耳。②

理亦不外乎气。理为中枢枢纽，但言理不可离气。理之所以存在，乃是阴阳二气流行化育，其上需要一个主宰，于是便在气上指出一个理。可见，陈淳的理气关系论中，气的作用更为重要，与朱熹明显不同③。由此出发，其更重视讨论气命。

> 如就气说，却亦有两般：一般说贫富贵贱、夭寿祸福，如所谓"死生有命"与"莫非命也"之命，是乃就受气之短长厚薄不齐上论，是命分之命。又一般如孟子所谓"仁之于父子，义之于君臣，命也"之命，是又就禀气之清浊不齐上论，是说人之智愚贤否。④

就气命而言，亦有两个方面：一以气之短长、厚薄差异上言为命分，如寿夭、生死、祸福、贫贱、富贵等均为其所定，此为通常所言之命运；一以气之清浊之别，如人之贤否、智愚即为其所定。又言："若就人品类论，则上天所赋皆一般，而人随其所值，又各有清浊、厚薄之不齐。"⑤ 将所值纳入气禀的讨论中，指出天赋与时，乃一视同仁、毫无二致，但因个体所值（所遇）不同，因而气禀才有清浊、厚薄之差异。朱熹论所值、所禀时，其所言之"气数"实有所值之意。陈淳明确用所值代替气数，可谓抓住要领。

在此基础上，陈淳详论所值对个体气禀之影响，进而讨论气禀对寿夭及人品高低、贤愚等之影响，并评价古今人物。

首先，陈淳认为，"圣人得气至清，所以合下便能生知，赋质至粹，所以合

---

① 《朱子语类》卷四，第 76 页。
② 《北溪字义》卷上，第 1 页。
③ 张加才：《诠释与建构——陈淳与朱子学》，第 51—52 页。
④ 《北溪字义》卷上，第 1—2 页。
⑤ 《北溪字义》卷上，第 2 页。

下便能安行"①。其以尧、舜为例，二圣得气至清至粹，所以聪明神圣；得气清高而禀厚，所以贵为天子，富有四海；得气最长，所以享国皆百余岁，这是在天地之气至清至极的时代。到了孔子所处的时代，天地大气已经衰微，同为圣人的孔子情况便有很大的不同。天地大气已衰，孔夫子虽有至清至粹之气，有生知之智力，但气禀不高不厚，只能不为所用、周游列国，所得之气又不甚足，只得七十余岁的中寿。颜回气禀亦是清明纯粹，仅次于圣人，但气不足，因而早夭而亡。

其次，"大抵得气之清者不隔蔽，那理义便呈露昭著。如银盏中满贮清水，自透见盏底银花子甚分明，若未尝有水然"②。人好比银盏子，禀受之理义即为盏底的银花子，气禀如同银盏子中盛的水。水之清浊决定盏底的银花子能否看得分明，气禀之清浊则决定理义是否被遮蔽，从而决定人之贤愚。因此，其言道：

> 贤人得清气多而浊气少，清中微有些渣滓在，未便能昏蔽得他，所以聪明也易开发。自大贤而下，或清浊相半，或清底少浊底多，昏蔽得厚了。如盏底银花子看不见，欲见得须十分加澄治之功。若能力学，也解变化气质，转昏为明。③

贤人气禀清多浊少，浊气不能遮蔽其理义，因而智慧才智易开发。大贤以下之人，禀得浊气、清气参半，甚或浊气更多，其理义被遮蔽得较为严重，难以显现。若要驱除遮蔽，必须加以十分澄治之功。如果能够力学，亦能变化气质之性，转昏为明。尽管气命已前定人之贤愚，但是通过澄治之功，亦可转愚为贤。是知，贤愚虽为天命所定，但可通过人之主观能动性改变。与朱熹一样，陈淳亦肯定人之克服气禀清浊的限制，通过个人道德修养，改变前定的贤否智愚之别，追求圣贤的至清至粹的境界。

又言：

> 有一般人，禀气清明，于义理上尽看得出，而行之不笃，不能承载得道理，多杂诡谲去，是又赋质不粹。此如井泉甚清，贮在银盏里面，亦透底清彻。但泉脉从淤土恶木根中穿过来，味不纯甘，以之煮白米则成赤饭，煎白水则成赤汤，烹茶则酸涩，是有恶味夹杂了。又有一般人，生下来于世味一切简淡，所为甚纯正，但与说到道理处，全发不来，是又赋质纯粹而禀气不

---

① 《北溪字义》卷上，第2页。
② 《北溪字义》卷上，第2—3页。
③ 《北溪字义》卷上，第3页。

清。比如井泉脉味纯甘绝佳，而有泥土浑浊了，终不透莹。①

还有一些人，气禀清明，但是天赋资质不粹。虽然能尽看得出义理，却不能笃行之。如同银盏子盛了清澈的泉水，盏底银花子完全看得分明；但是泉源不净，泉水味道不甘醇，不能用以饮食。又有一些人，天赋资质纯粹，但是气禀不清。虽然行为举止纯正合义理，却无法体贴义理。如同银盏子盛了甘甜味美的泉水，却夹杂泥土，终不能看分明盏底的银花子。是知，人之贤愚，除受气命影响外，亦与天赋资质相关。

他指出，还有一些人，"甚好说道理，只是执拗，自立一家意见，是禀气清中被一条戾气冲拗了。如泉脉出来甚清，却被一条别水横冲破了，及或遭巉岩石头横截冲激，不帖顺去，反成险恶之流"②。这种人虽然禀受清气，却被一股戾气所冲，因而固执已见，执拗不化。如同泉源清澈，却被另一条水流冲破，掺杂在一起，或像是中途遭遇岩石，被横截冲击，清流反成而流。

最后，他总结道："看来人生气禀是有多少般样，或相倍蓰，或相什百，或相千万，不可以一律齐。毕竟清明纯粹恰好底极为难得，所以圣贤少而愚不肖者多。"③人之气禀千差万别，难以整齐划一。而清明之气与纯粹之赋质毕竟难以同时兼得，因而圣贤少、愚不肖者多。

陈淳以水比喻气，以肉眼可见的清澈与否比喻气禀之清浊，以水之成分比喻气禀之赋质杂粹。将气禀成分的杂与粹纳入到人之贤愚的讨论中，而不仅仅停留在清浊层面上。其所论气禀可以分为表面与本质两个层面。其以水喻气，形象地展现了两个层面对人之贤愚的影响。增加气禀赋质的讨论，可谓陈淳气命说的一个新说。

（二）天、命、理之别

二程认为天、命、理、性等本质为一，朱熹则认为此四者即同又异，侧重点不同。陈淳祖述师说，并延伸阐发。

首先，陈淳亦讲天即理。其详论道：

> 天者，理而已矣。古人凡言天处，大概皆是以理言之。程子曰："夫天，专言之则道也。天且弗违是也。"又曰："天也者，道也。"论语集注"获罪于天"曰："天即理也。"易本义："先天弗违，谓意之所为，默与道契。后

---

① 《北溪字义》卷上，第3页。
② 《北溪字义》卷上，第3页。
③ 《北溪字义》卷上，第3页。

天奉天，谓知理如是，奉而行之。"又尝亲炙文公说："上帝震怒"也只是其理如此。天下莫尊于理，故以帝名之。观此亦可见矣。故上而苍苍者，天之体也。上天之体以气言，"上天之载"以理言。①

理即是天，是主宰一切的上帝。讲"苍苍"，是就天之体言，即是以气言；上天之载以理言，即天道。

二程认为循性曰道，朱熹则认为"道即性，性即道，固只是一物"②。命与道亦是即同又异。陈淳继承师说："天命，即天道之流行而赋予于物者。就元亨利贞之理而言，则谓之天道；即此道之流行而赋予于物者而言，则谓之天命。"③事物从始到终之理为天道；此天道气化流行赋予万物，即为天命。以理言之谓之天道，自人、物言之谓之天命，指出天道与天命是同一对象在不同角度上的指称，并用天道替代了朱熹之"天"。其仔细分析道："若就造化上论，则天命之大目只是元亨利贞。此四者就气上论也得，就理上论也得。就气上论，则物之初生处为元，于时为春；物之发达处为亨，于时为夏；物之成遂处为利，于时为秋；物之敛藏处为贞，于时为冬。贞者，正而固也。自其生意之已定者而言，则谓之正；自其敛藏者而言，故谓之固。就理上论，则元者生理之始，亨者生理之通，利者生理之遂，贞者生理之固。"④

其次，陈淳认为天与命略有区别。有人问天、命之别，陈淳答曰：

天与命只一理，就其中却微有分别。为以做事言，做事是人；封此而反之，非人所为便是天。至以吉凶祸福地头言，有因而致是人力；对此而反之，非人力所致便是命。天以全体言，命以其中妙用言。其曰"以理言之谓之天"，是专就天之正面训义言，却包命在其中。其曰"自人言之谓之命"，命是天命，因人形之而后见。故吉凶祸福自天来，到于人然后为命。乃是于天理中，截断命为一边，而言其指归尔。若只就天一边说，吉凶祸福，未有人受来，如何见得是命？⑤

天与命虽只是一理，却有细微的差别。其一，天与命之相同处为非人所为，自然无妄。就吉凶祸福而言，因自身行为招致者，乃是人力而非命；自然而然发生，

---

① 《北溪字义》卷上，第5页。
② 《朱子语类》卷五，第82页。
③ 《北溪字义》卷上，第1页。
④ 《北溪字义》卷上，第3—4页。
⑤ 《北溪字义》卷上，第4—5页。

非人力招致者才是命。其二，天以全体言，命则以妙用言。命乃天所赋予，但必须人禀受之后，才能见得命。强调命为人禀受所得，突出了人的主体性。

再次，陈淳亦讲性即理、性命非二物。

> 性即理也。何以不谓之理而谓之性？盖理是泛言天地间人物公共之理，性是在我之理。只这道理受于天而为我所有，故谓之性。性字从生从心，是人生来具是理于心，方名之曰性。共大目只是仁义礼智四者而已。得天命之元，在我谓之仁；得天命之亨，在我谓之礼；得天命之利，在我谓之义；得天命之贞，在我谓之智。性与命本非二物，在天谓之命，在人谓之性。①

其一，性即心中之理，因而性即理。元亨利贞四德之理，在人心即为仁义礼智。称性而不称理，是强调此理乃人心禀受于天而为我所有，强调其禀受性。其二，性乃天命赋予人，因而性、命本非二物，在天为命，在人为性。由此，命即理也。又引程子曰："天所付为命，人所受为性。"② 是知，命强调赋予义，性侧重禀受义。

其进而言道："性命只是一个道理，不分看则不分晓。只管分看不合看，又离了，不相干涉。须是就浑然一理中看得有界分，不相乱。所以谓之命、谓之性者何故？大抵性只是理，然人之生不成只空得个理，须有个形骸方载得此理。其实理不外乎气，得天地之气成这形，得天地之理成这性。"③ 强调性命只是一个道理，须从浑然一体的理中，看二者分界：命为赋予，性为禀受。又指出理气不相离，因而性、命均不能仅就理言，还需就气言。与朱熹"性分是以理言之，命分是兼气言之"的说法不同。

最后，陈淳明确地将理一分殊说导入命论。

> 自一本而万殊，而体用一原也。合万殊而一统，而显微无间也。上帝所降之衷，即降乎此也。生民所秉之彝，即秉乎此也。以人之所同得乎此而虚灵不昧，则谓之明德。以人之所共由乎此而无所不通，则谓之达道。尧舜与涂人同一禀也，孔子与十室均一赋也，圣人之所以为圣，生知安行乎此也。学者之所以为学，讲明践履乎此也。④

上至圣人，下至涂人，均禀受同一个理。此理乃上帝降衷于人，即天命于人。有

---

① 《北溪字义》卷上，第 6 页。
② 《北溪字义》卷上，第 6 页。
③ 《北溪字义》卷上，第 6 页。
④ 《严陵讲义·道学体统》，《北溪字义》，第 75—76 页。

人问："天之所命则一，而人受去何故如彼之不齐？"陈淳答道：

> 譬之天油然作云，沛然下雨，其雨则一，而江河受去，其流滔滔，不增不减；溪涧受去，则洪澜暴涨；沟浍受去，则朝盈暮涸。至放沼沚坎窟、盆瓮罂缶、螺杯蚬壳之属受去，或有斗斛之水，或只涓滴之水，或清甘，或污浊，或臭秽。随他所受，多少般样不齐，岂行雨者固为是区别哉？又譬之治一片地而播之菜子，其为播植一也，而有满园中森森成行伍出者，有掷之蹊旁而践躁不出者，有未出为鸟雀啄者，有方芽为鸡鹅啮者，有稍长而芟去者，有既秀而连根拔者，有长留在园而旋取叶者，有日供常人而羹食者，有为菹于礼豆而荐神明者，有为肴于金盘而献上宾者，有丐子烹诸瓦盆而食者；有脆嫩而摘者，有壮茂而割者，有结实成子而研为齑汁用者，有藏为种子，到明年复生生不穷者。其参差如彼之不齐，岂播种者所能容心哉？故天之所命则一，而人受去自是不齐。亦自然之理，何疑焉！ [1]

陈淳采用比喻手法进行解说，形象地指出天命毫无二致，而各人禀受所得不同，因而有千差万别之命。首先，用雨水作为比拟。同是禀受雨水，江河水流滔滔、不增不减；溪涧则水位暴涨；田间水道则朝盈暮涸；不同的容器受去，又有多少、污浊、清甘、臭秽之别。其次，用菜种子作为比拟。播种在不同地方，生长情况不同；收成后，作用又各种各样。有这些差异，不是施雨者、播种者有意为之，而是禀受者各自禀受不同而导致。最后，又指出该现象亦是自然之理。陈淳明确地用理一分殊讲述命分差异，是其对朱熹之说的进一步拓展。

## 二、天命的根原性

临漳问学时，朱熹授以陈淳"根原"二字。朱熹离漳后，陈淳先后撰写《孝根原》《君臣夫妇兄弟朋友根原》《事物根原》，将孝等道德范畴与天命对接。不仅指出道德范畴根源自天命，赋予其形而上的合法性，同时亦指出天命的道德性。

陈淳首论孝之根原为天命。人之所以孝顺父母，并非父母要求使然，亦非出于畏惧父母，亦非希冀换取父母回报，亦非自身想要如此，亦非圣人定下规则，更不是由于畏惧神明遣告、乡党非议、朋友谴责。究其根源，"皆天之所以命于人，而人之所以受乎天。其道当然诚，自有不容已处，非有一毫牵强矫伪于其间

---

[1] 《北溪字义》卷上，第5—6页。

也。”[①] 孝道乃天赋予人、人禀受自天。天道真诚无妄，孝道亦是如此，并没有一丝一毫的牵强、虚假与伪装。由此，陈淳从天命的高度论证了孝道的正当性与合法性，同时赋予其真实性。

陈淳将其根原论推之于君臣、夫妇、兄弟、朋友等四伦。其开宗明义：“君臣、夫妇、兄弟、朋友其根原所自来，莫非天命自然，而非人所强为者。”[②] 指出四伦均根原自天命，自然而然，非人力所强为。

> 夫天之生人群然杂处，愚智不能皆齐不能以相安，必有才智杰然于中，为众所赖，以立者是君臣，盖天所命自然如此也。然天尊地卑乾坤定矣，则君君臣臣之所以当义亦岂自外来乎？天之生人独阴不生独阳不成，必阴阳合德然后能生成，是夫妇亦天所命自然如此也。然，乾道成男坤道成女，其分固一定而不可乱，则夫夫妇妇之所以当别，亦岂自外来乎？天之生人虽由父母之胞胎，然决不能一时群生，而并出，必有先者焉，有后者焉，是兄弟亦天所命自然如此也。思乎此，则兄弟之所以当友，亦岂自外来乎？天之生人，人必与人为群，决不能脱去与鸟兽为伍，于是乎党类俦辈成焉，是朋友亦天所命自然如此也。思乎此则与人交之所以当信亦岂自外来乎？[③]

朱熹言：“人人有许多道理，盖自天降衷，万里皆具，仁义礼智，君臣父子兄弟朋友夫妇，自家一身都担在这里。”[④] 陈淳此论，可谓是进一步具体论证了师说。

他又将根原说推之于日用事物间，指出天命为万事万物之根原。

> 夫天之生人，首不能如禽兽之秃其顶，则欲使人庄以冠；身不能如禽兽之氄其毛，则欲使人蔽以衣；趾不能如禽兽之刚其爪甲，则欲使人束其体则，正其衣襟冠履，乃天所以命于人如此也。若裸袒徒跣，则岂其天？而专事华靡之饰，亦岂其天哉？

> 天之生人，赋以臀欲使之能坐，赋以足欲使之能立。则坐当如尸，立当如齐，亦天所以命于人如此也。若箕踞跛踦，则岂其天？而专事释子之盘蹑，亦岂其天哉？

> 天于人，饥不能使之不食，渴不能使之不饮，则饮食者，乃天所以使人充饥渴之患者也。若厌之者为道家之辟谷，而溺之者又穷口腹之欲，则岂其

① 《北溪大全集》卷五。
② 《北溪大全集》卷五。
③ 《北溪大全集》卷五。
④ 《朱子语类》卷一二一，第 2926 页。

天哉？

天于人，昼不能使如夜之晦，夜不能使如昼之明，则昼作而夜息，亦天所以使人顺阴阳之令者也。若昼而为宰予之寝，夜而为禅定之坐，则岂其天哉？

以至头容之所以当直，目容之所以当端，手容之所以当防，口容之所以当正，皆莫非天也。不然，则天于人必偏其头，侧其目，参差其手，飘摇其吻而生者矣。

视之所以当思明，听之所以当思聪，貌之所以当思防，言之所以当思忠，皆莫非天也。不然，则天于人必瞽其视，聋其听，槁其貌，瘖其言而言，而其所以视听言貌非礼之具，亦必元与形俱生矣。

又至冬之所以当裘，夏之所以当葛，出门之所以当如宾，承事之所以当如祭，见齐衰之所以当变冕，瞽者之所以当貌，乡党之所以当恂恂，宗庙之所以当便便，亦无一而非天也。不然，则天于人元必皆无是等事，而吾身之所接元亦必不复与是遇矣。①

衣冠鞋帽、坐立之姿、饮食、昼起夜寝、容貌、视听言貌、冬裘夏葛，以及接待不同人采取不同的态度等等，均天命所定。其总结道："凡事物所当然，皆根原于天命之流行，非人之所强为，决不容以忽而易之者。人之所以周旋乎其间，只奉天命而共天职耳。苟于此而容其私心，便是悖天命而废厥职。"②世间万事万物均是天命流行化育而生，非人力违逆自然勉强为之。因此，人生在天地间，只需遵奉天命，不容有些许私心以悖逆天命。

陈淳所述之事物均为礼仪细则，加上前述五伦，其将儒家之三纲五常、礼均纳入天命范围，为这些道德规范与仪轨确立了天命的先天根据，肯定其必然性与不可违抗性。他将命确立为人世间日用人伦事物之根原、依据，十分切合朱熹理学的内涵。朱熹阅后，答书云："所示卷子看得甚精密。"③同时又答陈淳岳父李公晦书云："安卿书来，看得道理尽密，此间诸生皆未有及之者。"④高度赞誉了陈淳的阐释。

陈淳的根原说，还有两点值得注意。其一，借其根原说对佛道进行批判。其

---

① 《北溪大全集》卷五。
② 《北溪大全集》卷五。
③ 《北溪大全集》卷五。
④ 《北溪大全集》卷五。

明确地指出，佛教之盘蹉、禅定以及道家之辟谷，均违反天命，企图从根原处否定佛道的正当性。其二，在陈述衣冠鞋帽根原时，实质上亦指出人与鸟兽之别的根原亦是天命。其教导斋生时，亦曰："人之所以必具衣裳冠屦者，非圣人制为是礼以强人也，天之命于人者然也。盖天之生人，首不为鸟兽之露其顶，必欲使人庄以冠；身不为鸟兽之氄其毛，必欲使人庇以衣，趾不为鸟兽之刚其甲，必欲使人束以屦。表里相备，文质相称，夫然后有以全人之形，而贵于物，理甚昭昭，非由外得。是固无斯须之可去身，而亦无待于人之检防也，复何有寒暑隐显作辍之不常哉！"① 再次从天命的层面论述了人与鸟兽之别。

陈淳还从气命层面论证人与物之别，从而指出人、物差别的天命根原。

> 人物之生，不出乎阴阳之气。本只是一气，分来有阴阳，阴阳又分来为五行。二与五只管分合运行，便有参差不齐，有清有浊，有厚有薄。且以人物合论，同是一气，但人得气之正，物得气之偏，人得气之通，物得气之塞。且如人形骸，却与天地相应，头圆居上，象天，足方居下，象地；北极为天中央，却在北，故人百合穴在顶心，却向后。日月来往只在天之南，故人之两眼皆在前。海，碱水所归，在南之下，故人之小便亦在前下，此所以为得气之正。如物则禽兽头横，植物头向下，技叶却在上，此皆得气之偏处。人气通明，物气壅塞，人得五行之秀，故为万物之灵。物气塞而不通，如火烟郁在里许，所以理义皆不通。②

各种生命均是阴阳二气与五行分合运行所化生。人与物，所禀本是一气，但因阴阳与五行的运行，便有参差不齐，有清浊、厚薄之别。人禀得气之通、正，因而形骸与天地、日月、大海相应；物禀得气之偏塞，因而禽兽、植物各不相同。人之气禀通明，禀得五行之秀，因而为万物之灵，通理义；物之气壅塞不通，因而不通理义。从气禀层面，陈淳给出了人与物不通的形而上根据。又言："人与物同得天地之气以生，天地之气只一般，因人物受去各不同。人得五行之秀，正而通，所以仁义礼智，粹然独与物异。物得气之偏，为形骸所拘，所以其理闭塞而不通。人物所以为理只一般，只是气有偏正，故理随之而有通塞尔。"③ 明确地指出，人与物禀受之理完全一致，亦禀受同一个气，只因人禀得之气正，理不被闭塞，得以明理义；物禀得之气偏，理被闭塞不通，更为圆融地解释了人通理

① 《北溪大全集》卷一一。
② 《北溪字义》卷上，第 2 页。
③ 《北溪字义》卷上，第 6—7 页。

义之故。

### 三、安身立命之道

陈淳鲜少论及安身立命之道，但从字里行间亦可推知一二。

其一，知天命与听天命。其言曰："如孔子志学，必至于不惑、知命，然后为精。"① 知命乃是有志者必须达到的境界。

孔子曰："吾十有五而志于学，三十而立，四十而不惑，五十而知天命，六十而耳顺，七十而从心所欲不逾矩。"陈淳解释道：

> 至五十而后知天命，天命即天道之流行而赋于物者，盖专以理言，而事物所以当然之故也。如君之所以当仁，臣之所以当敬，父之所以当慈，子之所以当孝，坐之所以当如尸，立之所以当如齐，视之所以当思明，听之所以当思聪之类，皆天之命我，而非人之所为者。吾皆知其根原所自来，无复遁情，至此则所知者又极其精，而不惑又不足以言之矣……至七十而后从心所欲不逾矩，至此，则心体莹彻，纯是天理，浑为一物，凡日用间一随吾意，欲之所之，皆莫非天理，大用流行，而自不越乎法度之外。声即为律，身即为度，所谓道心常为此身之主，而人心一听命矣。即《中庸》所谓"不勉而中"地位也。总而言之，志学所以造道也，而立所以成德也，自不惑、知命而耳顺，则义精之至也；从心所欲不逾矩，则仁熟之极也。②

又言："如'天命之谓性'，'五十知天命'，'穷理尽性至于命'，此等命字，皆是专指理而言。"③ 其所言知天命乃指知义理之命，而非气命。天命是人伦日用事物之根原，是人与物差别之根原。因而，知命之后，人心又当听命，从而实现从心所欲不逾矩的道德境界。可见，陈淳讲知命，主要强调道德修养上的追求，而非安于命定之祸福吉凶、富贵贫贱等。

其二，顺受天命之正。陈淳尤为强调天命自然，真诚无妄，非人力所致。其论顺受正命时，亦十分强调人应该真诚顺受，不可有一丝矫揉造作、虚妄。

从理命而言，君臣、夫妇、兄弟、朋友四伦均是天命所必然，而非外铄，人在天地间绝不可能一日离开此四者，因而应当"行乎其中，其所当义、当别、当

---

① 《北溪大全集》卷二三。
② 《北溪大全集》卷一八"子曰吾十有五而志于学"条。
③ 《北溪字义》卷上，第1页。

友、当信，决不可不随处各有以自尽，思以奉天命而尽天职"①。从气命而言，在贤愚层面上，他主张力行澄治之功，以变化气质，转昏为明；在命运层面上，他突出天命自然而然，非人力所为。天所定的命运，是不可违抗的。因而，他希望人们顺受其正，顺应天命自然，坦然地接受命运的安排。

其言道："如桎梏死、岩墙死者非正命，是有致而然，乃人所自取而非天。若尽其道而死者为正命，盖到此时所值之吉凶祸福，皆莫之致而至，故可以天命言，而非人力之所取矣。"②与朱熹一样，其视桎梏而死、岩墙死为人力所致，并非正命。亦主张应当尽道而死，突出强调人的道德义务。

因此，其主张遭遇横逆时，应当反思自我。其言曰：

> 凡横逆之来，必吾有致之之隙。不然，亦必有近似之情，未有全无故而来者。君子视之，当如炼金之火，攻玉之错，于中有进德无穷之意焉，无恶也。盖使吾之自反，果无一不尽其理矣，而犹未也，恐吾出之有未中其节也；使吾出之果中其节矣，而犹未也，恐吾之全德未能充实而素孚于人也。使吾之全德果充实而素孚于人矣，而彼犹若是者，至此然后可以天地间一恶物视之，亦未可亟胜而峻灭，惟当公处而顺应。如暴来者待之以逊，毁来者待之以靖，诈来者待之以诚，慢来者待之以恭，一行吾天理之当然，若无闻无见焉。③

横逆并非天命所定，而是人自身因素所致。君子应当将横逆看作炼金之火、攻玉之错，接受其考验，在其中经受磨炼并日进于德。当遭遇横逆时，应当反思自己是否尽理中节。此外，还应反思自己的全德是否充实而素孚于人。如果做到这点，仍然遭遇横祸，方可视之为命中所定。面对此恶物，不必着急考虑克服它，而是应当坦然顺应它，一律以天理去面对它，仿佛并未遭遇横祸一般。只要能做到顺受其正，以天理待之，"则吾心无时而不休，吾身无日而不泰，地无适而不夷，事无接而不利也。"④可见，面对人生中的横逆及命定坏事，均应修德以应，以与生俱来的理去面对。这其中大概也有安于义理的含义。

综上，陈淳论命，基本继承了朱熹的思想框架，探讨了理命与气命、天命理关系等。其尤为突出天命真诚无妄的特质，着重论述"命"作为万事万物根原的

---

① 《北溪大全集》卷五。
② 《北溪字义》卷上，第4页。
③ 《北溪大全集》卷七。
④ 《北溪大全集》卷七。

形而上地位，少论安身立命之道。该特征与其一生问道旨趣密切相关。其早期究心探究根源、穷究义理，分下学上达为二物，因而忽略了对安身立命、对待命的探讨。后期虽然已然糅合下学上达功夫，然注重讲学传道、护卫师门，因而亦疏于探讨安身立命之道。由陈淳论命，或可看出虽然在朱熹当头棒喝之下，陈淳已贯通上达下学，然而未必能渗透至方方面面的讨论。

# 第二十二章　易

　　《周易》是我国现存最早的一部哲学著作，被视为儒家群经之首。通常所称的《周易》乃由《易经》和《易传》两个部分组成，《易经》包括六十四卦及其卦爻辞，《易传》则是对《易经》的解说、论述，包括《文言传》《彖传》（上下）、《象传》（上下）、《系辞传》（上下）、《说卦传》《序卦传》《杂卦传》等七种十篇，如经之羽翼，故又称"十翼"。《史记·太史公自序》有伏羲作八卦、西伯演《周易》、孔子作《易传》之语。①《汉书·艺文志》则曰："易道深矣，人更三圣，世历三古。"颜师古注云："伏羲为上古，文王为中古，孔子为下古。"②一般认为伏羲（及以之为代表的先周哲人）作八卦，周文王（及周公等周初学者、筮人）重为六十四卦并作卦爻辞，孔子（及其后学）作《易传》③。

　　《易传》中的《系辞传》（《史记》称为《易大传》）认为《易经》蕴含着至道："一阴一阳之谓道，继之者善也，成之者性也。仁者见之谓之仁，知者见之谓之知，百姓日用而不知，故君子之道鲜矣。"（《系辞上传》）"《易》之为书也，广大悉备：有天道焉，有人道焉，有地道焉。兼三才而两之，故六；六者非它也，三才之道也。"（《系辞下传》）可以说，《易传》提出了博大精深的天道与人道论，对天地的本原及天地万物的普遍规律、对处于天地之间的人的生存意义，都贡献了独特的观点。其中既有"盈天地之间者唯万物"（《序卦传》）的朴素唯物主义思想，而所谓"成性存存，道义之门"（《系辞上传》）、"穷理尽性，以至于命"（《说卦传》）等，更是直指形而上学一路。这些学说可补《论语》《孟子》之不足，为后儒建立本体论体系提供了坚实的基础，而宋儒亦主要凭借《易传》

---

①　司马迁：《史记》卷一百三十，中华书局1982年版，第3299、3300、3296页。

②　班固撰，颜师古注：《汉书》卷三十，中华书局2005年版，第1353页。本章之"易"凡指《周易》、《易经》之义时皆加书名号，而"易学""易道"等则依惯例不加书名号。

③　关于《周易》的作者，历来有争议，在此折中而言而已。

建构了自身的哲学体系，如周敦颐在《通书》首章云："大哉《易》也，性命之源乎！"[1] 张载《横渠易说》则称："不见《易》则不识造化，不识造化则不知性命。"[2] 邵雍《观物内篇》认为："意、言、象、数者，《易》之用也。"[3] 他发展了数学易，并以《易》推步历史。程颐则"平生用意，惟在《易传》"[4]。朱熹虽以《易》为卜筮之书，然亦称："《易》与《春秋》，天人之道也……上古之书莫尊于《易》。"[5] 其《周易本义》《易学启蒙》等皆为易学名著，而《易》之"太极"则成为他所构筑的理学体系的最高范畴。

陈淳为学，穷深极微而又力求融会贯通，其易学则源自朱熹，《朱子语类》《朱文公易说》中载有陈淳问《易》之语，陈淳《北溪大全集》中有多处《易》论，《北溪字义》中"太极"等条目亦颇可见其易学思想。故朱彝尊《经义考·易类》将陈淳列为朱熹传《易》弟子之一，于朱熹《易》著之后著录陈淳《周易讲义》三篇（即《原画》《原辞》《原旨》）[6]。本章即拟在程朱的基础上，探讨陈淳的易学思想。

## 第一节　程伊川："尽天理，斯谓之《易》"

程颐的易学思想，主要见诸《程氏易传》，学者多有论之[7]。在此主要结合陈淳易学的问题意识，略述如次。

### 一、《程氏易传》产生的背景及渊源

面对佛老思想的流行与冲击，面对国家、民族遇到的种种危机，宋儒上承中唐以来的儒学复兴运动，慨然以重振道学为己任，而《周易》经传（特别是《易

---

[1]　周敦颐著，陈克明点校：《周敦颐集》卷二，中华书局 2009 年版，第 14 页。

[2]　张载著，章锡琛点校：《张载集》，中华书局 1978 年版，第 206 页。

[3]　邵雍著，郭彧整理：《邵雍集》，中华书局 2010 年版，第 13 页。

[4]　程颢、程颐著，王孝鱼点校：《二程集》"遗书·附录"，中华书局 1981 年版，第 345 页。

[5]　朱熹撰，朱鉴编：《朱文公易说》卷十八，上海古籍出版社 1989 年版，第 372、374 页。

[6]　朱彝尊：《经义考》，中国书店出版社 2009 年版，第 225 页。

[7]　可参见《易学哲学史》之"两宋时期·程颐《易传》"（朱伯崑：《易学哲学史》第二卷，昆仑出版社 2005 年版）、《宋明理学史》之"二程的理学思想"（侯外庐、邱汉生、张岂之：《宋明理学史》，人民出版社 1997 年版）、《汉宋易学解读》之"宋代易学·程颐的《伊川易传》"（余敦康：《汉宋易学解读》，华夏出版社 2006 年版）、《〈程氏易传〉导读》之"导读"部分（梁韦弦：《〈程氏易传〉导读》，齐鲁书社 2003 年版）。

传》）所蕴含的思想资源，使北宋道学家纷纷以之作为对抗佛老的利器，并由此掀起一个易学研究的新高潮。据《宋史·艺文志》载，北宋解易之作有六十余家，程颐《易传》（亦称《伊川易传》《周易程氏传》）即为其中之一。

《四库全书总目提要》称："《易》之为书，推天道以明人事者也。《左传》所记诸占，盖犹太卜之遗法。汉儒言象数，去古未远也；一变而为京、焦，入于禨祥；再变而为陈、邵，务穷造化，《易》遂不切于民用。王弼尽黜象数，说以老庄；一变而胡瑗、程子，始阐明儒理；再变而李光、杨万里，又参证史事。《易》遂日启其论端。"此数语梳理了易学源流，其中近半涉及宋代理学，并指出了程氏在易学史上之地位。

据《宋元学案·伊川学案》"附录"李蒙斋《学易记序》载："伊川先生尝云：'学《易》当看王辅嗣、胡翼之、王介甫三家文字，令通贯，然后却有用心处。'时先生《易传》未出也。"① 《河南程氏遗书》卷十九所载略同："《易》有百余家，难为遍观。如素未读，不晓文义，且须看王弼、胡先生、荆公三家，理会得文义，且要熟读，然后却有用心处。"② 王弼《周易注》扫象阐理，对后世影响深远；胡瑗有《周易口义》、王安石有《易解》，皆以义理解易，由此可见程氏远承王弼、近接胡瑗等人的学术渊源。

同时，程氏易学与周敦颐、邵雍、张载亦有不解之缘。《程氏粹言》卷一载杨时记程颐之言："子谓门弟子曰：昔吾受《易》于周子，使吾求仲尼、颜子之所乐。要哉此言，二三子志之！"③ 即使后来二程并不是很认同周敦颐《太极图说》以"有无"言《易》的学说，但并不能否认周子为二程易学启蒙之师这一事实。至于邵雍之数学易学，二程颇不以为然。《程氏外书》卷十二载程颐云："某与尧夫同里巷居三十余年，世间事无所不论，惟未尝一字及数耳。"④ 张载以阴阳之气说《易》，与程氏亦不甚相合，《外书》卷十二载尹焞之言："横渠昔在京师，坐虎皮，说《周易》，听从甚众。一夕，二程先生至，论《易》。次日，横渠撤去虎皮，曰：'吾平日为诸公说者，皆乱道。有二程近到，深明《易》道，吾所弗及，汝辈可师之。'横渠乃归陕西。"⑤ 但是，正是在对同时代学者的学习与批

① 程颢、程颐：《二程集》，第 791 页。
② 程颢、程颐：《二程集》，第 248 页。
③ 程颢、程颐：《二程集》，第 1203 页。
④ 程颢、程颐：《二程集》，第 444 页。
⑤ 程颢、程颐：《二程集》，第 437 页。

判中，程氏易学方能得到不断的修正乃至成型，何况他们的大方向并无不同，诚如学者所言："北宋五子的易学，各具特色，互不相同。但是就他们的价值取向以及所探索的主题而言，却是完全一致的。"① 可以说，不管是内圣外王之道的重建，还是对天道性命的探索，都可归宗于《周易》。

对于《周易》的性质，程颐亦主传统的"变易"之说："易，变易也，随时变易以从道也。"② 认为卦爻象随时而变化，但皆从于道，君子居则观其象而玩其辞，动则观其变而玩其占，从中体察吉凶消长之理、进退存亡之道。如在释《否》卦初六爻"拔茅茹，以其汇，贞吉，亨"时说："始以内小人、外君子为《否》之义，复以初六否而在下为君子之道。《易》随时取义，变动无常。否之时，在下者君子也。《否》之三阴，上皆有应，在否隔之时，隔绝不相通，故无应义。初六能与其类贞固其节，则处否之吉，而其道之亨也。当否而能进者小人也，君子则伸道免祸而已。君子进退，未尝不与其类同也。"③ 本来《否》卦之下（内）《坤》三阴爻与上（外）《乾》三阳爻可一一相应，但由于处于天地否隔、上下不交之际，故无应义；而三阴爻既有"内小人"之指，又有"在下者君子"之喻，此皆可看出"《易》随时取义，变动无常"之特征。

而关于《周易》的体例，程颐继承了王弼的"取义说"又有所创新。他对诸卦"成卦之义"的解说主要依据《彖传》《象传》。以《夬》卦为例，程颐释云："为卦，兑上乾下。以二体言之，泽，水之聚也，乃上于至高之处，有溃决之象。以爻言之，五阳在下，长而将极；一阴在上，消而将尽；众阳上进，决去一阴，所以为夬也。夬者，刚决之义。众阳进而决去一阴，君子道长、小人消衰将尽之时也。"④ 此即兼取《彖传》之"泽上于天，夬"、《象传》之"夬，决也，刚决柔也"诸语进行阐发。在爻位问题上，程颐更为看重"中位"，如释《恒》卦九二爻辞"悔亡"时说："在恒之义，居得其正，则常道也。九，阳爻，居阴位，非常理也。处非其常，本当有悔，而九二以中德而应于五，五复居中，以中而应中，其处与动，皆得中也，是能恒久于中也。能恒久于中，则不失正矣。中重于正，中则正矣，正不必中也。九二以刚中之德而应于中，德之胜也，足以亡其悔矣。

① 余敦康：《汉宋易学解读》，华夏出版社 2006 年版，第 395 页。
② 程颢、程颐：《二程集》，第 689 页。
③ 程颢、程颐：《二程集》，第 760 页。
④ 程颢、程颐：《二程集》，第 918 页。

人能识重轻之势，则可以言《易》矣。"① 他认为"天下之理，莫善于中"②，以中德为至善。

但是，程氏《易传》的主要贡献乃在于以儒学之义理来解《易》，从而借《易》而构筑起自身的理学体系。《周易》本身即有"理"："乾以易知，坤以简能。易则易知，简则易从……易简，而天下之理得矣。天下之理得，而成位乎其中矣。"（《系辞上传》）"昔者，圣人之作《易》也，将以顺性命之理。是以立天之道曰阴与阳，立地之道曰柔与刚，立人之道曰仁与义。"（《说卦传》）但应该看到，这些"理"居于"道"之下，乃作为解释"道"的一个概念而存在。直到二程才将"理"奉为最高的哲学范畴。

### 二、以"天理"解《易》的学术特色

程明道尝曰："吾学虽有所受，'天理'二字却是自家体贴出来。"（《程氏外书》卷十二）③ "天理"一词固非明道所创，但却是二程思想的核心，二程志同道合，在他们共同创建的洛学体系中，"天理"被确立为宇宙本体和价值本体的最高范畴。而程氏易学的独创之处，正是援引北宋儒学的"天理"之说以阐释《周易》，从而完成自身学术体系的建构。

二程认为："《易》是个甚?《易》又不只是一部书，是《易》之道也。不要将《易》又是一个事，即事尽天理，便是《易》也。"④（《二程遗书》卷二上）

因此，程颐认为"易"即"理"，学者学《易》重在明白义理："古之学者，先由经以识义理，盖始学时，尽是传授。后之学者，却先须识义理，方始看得经，如《易》，《系辞》以解《易》，今人须看了《易》，方始看得《系辞》。"（《二程遗书》卷十五）⑤

在义理易学的视野下，《易》之理自然可涵括象数。《程氏粹言》卷一载：

> 张闳中曰："《易》之义起于数。"子曰："有理而后有象，有象而后有数。《易》者因象以明理，由象而知数。得其理，而象数在其中矣。……理无形也，故因象以明理。更既见乎辞，则可以由辞而观象。故曰：得其理，则象

① 程颢、程颐：《二程集》，第 863 页。
② 程颢、程颐：《二程集》，第 966 页。
③ 程颢、程颐：《二程集》，第 424 页。
④ 程颢、程颐：《二程集》，第 31 页。
⑤ 程颢、程颐：《二程集》，第 164—165 页。

数举矣。"①

当然，此处说得很明确，程子并非排斥象数，而是认为理在象数之先，象数在理之中。

在此引述几则程颐以"理"解《易》的具体例子。《程氏遗书》卷十五论《复》卦："屈伸往来只是理，不必将既屈之气，复为方伸之气。生生之理，自然不息。如《复》言'七日来复'，其间元不断续，阳已复生，物极必返，其理须如此。有生便有死，有始便有终。"②屈伸往来、物极必返皆是天地之间生生之理的作用。又如卷二十四论《无妄》卦："'天下雷行，物与无妄'，先天、后天皆合于天理者也，人欲则伪矣。"③此处既有对邵雍区分先天、后天之说的批评，同时为了强调天理的唯一性，不惜将天理与人欲相对，当然，这种人欲更多的是指向过度之欲望（嗜欲），如《程氏粹言》卷一云："昏于天理者，嗜欲乱之耳。"④又云："先王制其本者，天理也，后王流于末者，人欲也。损人欲以复天理，圣人之教也。"⑤

而"存天理、灭人欲"的思想在《程氏易传》之论《损》卦卦辞"曷之用？二簋可用享"一句时讲得最为明确："损者，损过而就中，损浮末而就本实也。圣人以宁俭为礼之本，故于《损》发明其义，以享祀言之。……凡人欲之过者，皆本于奉养，其流之远，则为害矣。先王制其本者，天理也；后人流于末者，人欲也。《损》之义，损人欲以复天理而已。"⑥

《程氏易传》处处可见以天理解《易》的思想。仍以《损》卦为例，程子阐释《损》卦卦辞"损，有孚，元吉，无咎，可贞，利有攸往"云："损，减损也。凡损抑其过，以就义理，皆损之道也。损之道，必有孚诚，谓至诚顺于理也。损而顺理，则大善而吉。所损无过差，可贞固常行，利行有所往也。人之所损，或过、或不及、或不常，皆不合正理，非有孚也；非有孚，则无吉而有咎，非可贞之道，不可行也。"⑦此处对卦辞的解释皆围绕"理"而言——就义理、顺于理、合正理，总之，《损》之道（亦可视为《易》之道）即为顺应天理，故《程氏粹

①　程颢、程颐：《二程集》，第 1205 页。
②　程颢、程颐：《二程集》，第 167 页。
③　程颢、程颐：《二程集》，第 311 页。
④　程颢、程颐：《二程集》，第 1194 页。
⑤　程颢、程颐：《二程集》，第 1170 页。
⑥　程颢、程颐：《二程集》，第 907 页。
⑦　程颢、程颐：《二程集》，第 906—907 页。

言》卷一又有"尽天理，斯谓之《易》"①之语。

又如解《泰》卦九三爻辞"无平不陂，无往不复，艰贞无咎"云："三居《泰》之中，在诸阳之上，泰之盛也。物理如循环，在下者必升，居上者必降。泰久而必否，故于泰之盛与阳之将进，而为之戒曰：无常安平而不险陂者，谓无常泰也；无常往而不返者，谓阴当复也。平者陂，往者复，则为否矣。当知天理之必然，方泰之时，不敢安逸，常艰危其思虑，正固其施为，如是则可以无咎。"②程子指出了盛极而衰、居安思危的道理，并亦将之归于"天理"。

程颐认为，宇宙有万事万物，而其理实一。《遗书》卷十五言："格物穷理……所以能穷者，只为万物皆是一理。"③万物一理，即为天理，而天理落实到事物即为"物理"；落实到人际即为人伦之理。《粹言》卷二载："人之所以为人者，以有天理也。天理之不存，则与禽兽何异矣！"④《遗书》卷二上解《系辞上传》"寂然不动，感而遂通天下之故"云："'寂然不动，感而遂通'者，天理具备，元无欠少，不为尧存，不为桀亡。父子君臣，常理不易，何曾动来？因不动，故言'寂然'；虽不动，感便通，感非自外也。"⑤天理是常理，此理与伦理、与物理都是同一个理，故能感而遂通，通于一理也。再以"志"为例，人皆可"各言其志"（《论语·先进》），匹夫亦"不可夺志"（《论语·子罕》），每个人的志应该是万殊的，《程氏易传》释《同人》卦之《象传》"唯君子为能通天下之志"则云："天下之志万殊，理则一也。君子明理，故能通天下之志。圣人视亿兆之心犹一心者，通于理而已。"⑥释《姤》卦九五爻之《小象传》"有陨自天，志不舍命"则云："命，天理也。舍，违也。至诚中正，屈己求贤，存志合于天理，所以有陨自天，必得之矣。"⑦程颐认为"天下之志万殊，理则一也"，故"存志合于天理"，"君子明理，故能通天下之志"，根本原因即在于天地之间只一理存焉。

可以说，《周易》本身就具备的义理内涵成就了程颐的理学体系，而程颐的阐释又进一步发扬了《周易》的义理思想。有学者认为，程氏之易学乃直承孔子自觉推崇义理、求其德义的易学思想，"伊川先生于其《易传序》开宗明义讲

---

① 程颢、程颐：《二程集》，第 1207 页。
② 程颢、程颐：《二程集》，第 756 页。
③ 程颢、程颐：《二程集》，第 157 页。
④ 程颢、程颐：《二程集》，第 1272 页。
⑤ 程颢、程颐：《二程集》，第 43 页。
⑥ 程颢、程颐：《二程集》，第 764 页。
⑦ 程颢、程颐：《二程集》，第 928 页。

'《易》变易也，随时变易以从道也。其为书广大悉备，将以顺性命之理、通幽明之故，尽事物之情而示开物成务之道'，其思想与孔子为代表的先秦儒学易学显然是一脉相承的，是把《周易》作为一部讲思想的著作来对待的，并以其《易传》造就了义理易学的又一巅峰。"①《宋明理学史》则认为："《伊川易传》论述的自然哲学、政治哲学、人生哲学，构成一个理学思想体系……这个体系的各个组成部分，阐述了天理生成一切、支配一切的思想。天理超然地独立于自然与人类社会，而又无所不照。这个理学思想体系，奠定了程朱学派的理论基础，对后世理学的发展具有重要意义。"②

程颐的天理乃贯通天人之理，是统合宇宙本体与价值本体的"新儒理"③。有体则有用，因此，对体用关系的阐发显得尤其重要，而他正是通过创作《易传》最终完成这个任务。

### 三、"体用一源，显微无间"：对体用之理的阐发

《周易》虽然没有明确使用"体用"这一对概念，但"形而上者谓之道，形而下者谓之器""显诸仁，藏诸用"等语却与体用思想密切相关。宋儒以佛老之学为"有体无用"，而俗儒之学则"有用无体"，故推崇有体有用、明体达用之圣学。如宋初儒者胡瑗即以道德仁义为体、以治国泽民为用，《宋元学案·安定学案》称其"以明体达用之学授诸生，夙夜勤瘁，二十余年……故今学者明夫圣人体用，以为政教之本"④。有学者认为："北宋自庆历以来长达半个多世纪的儒学复兴运动，一直是以明体达用作为一条基本的思想线索贯穿于始终"⑤，而二程最终对体用关系作了堪称完美的表述，这就是"体用一源，显微无间"。

《程氏易传》卷首《易传序》载：

> 《易》有圣人之道四焉："以言者尚其辞，以动者尚其变，以制器者尚其象，以卜筮者尚其占。"吉凶消长之理，进退存亡之道，备于辞；推辞考卦，可以知变，象与占在其中矣。君子居则观其象而玩其辞，动则观其变而玩其占。得于辞，不达其意者有矣；未有不得于辞而能通其意者也。至微者

① 梁韦弦：《〈程氏易传〉导读》，齐鲁书社2003年版，第18页。
② 侯外庐、邱汉生、张岂之：《宋明理学史》，人民出版社1997年版，第136页。
③ 当然，相比较"伦理"（性理）与"物理"，程氏对前者的重视远远超过后者。
④ 黄宗羲著，全祖望补修，陈金生、梁连华点校：《宋元学案》，中华书局1986年版，第25页。
⑤ 《汉宋易学解读》，第396页。

理也，至著者象也，体用一源，显微无间。观会通以行其典礼，则辞无所不备。故善学者，求言必自近；易于近者，非知言者也。予所传者辞也，由辞以得其意，则在乎人焉。①

《系辞上传》指出圣人之道存于辞、变、象、占四个方面，故"君子居则观其象而玩其辞，动者观其变而玩其占"，但在这四者之中，以辞、象为要，尤重于辞，故有"卦有大小，辞有险易，辞也者，各指其所之"（《系辞上传》）、"圣人之情见乎辞"（《系辞下传》）等等之谓。而理即在言辞之中，《程氏经说》云："言所以述理。'以言者尚其辞'，谓于言求理者则存意于辞也。"② 观象玩辞的目的在于观其德义、发其义理，故程颐不重占筮、"推辞考卦""由辞以得其意"的思路乃承接孔子之理性精神，他指出应由显露的表象而探求深微的道理，理与象的关系是"体用一源，显微无间"，从而超越了汉代易学之专主象数、王弼易学之"得意忘象"，乃至同时代的周、邵之无极太极、先天后天之学，将中国传统哲学中关于本体与现象的阐释又推进了一步。

我们可以参考《程氏粹言》卷一所载："或问：孝弟为仁之本与？子曰：行仁自孝弟始，孝弟，仁之事也。仁，性也；孝弟，用也。谓孝弟为行仁之本则可，直曰仁之本，则不可。"③《论语·学而》有"孝弟也者，其为仁之本与"之语，在此，程子将"为仁之本"解作"行仁之本"，其目的即在于区分体用二事，以仁（性）为本，以孝弟为用。"仁"是孔门所推许的最高道德，《程氏粹言》卷一有"仁者，天下之正理"④之言，《程氏遗书》卷二十二上则有"性即理也"之称⑤，于此既可见程子以道德原则为人之本性的思想，亦可见其以理为体、以事（象）为用的潜在思路。

在二程的理学思想中，体用是无先后之分的，《遗书》卷十一载明道先生语："《咸》《恒》，体用也，体用无先后。"⑥ 大程子认为，《咸》卦为男女交感之理（《咸》卦辞有"取女吉"之语），《恒》卦为夫妇相处之道（《恒》卦六五爻之《象传》有"从一而终"之语），二者一体一用，不分先后。体用既没有先后之别，自然不能二分。《程氏外书》卷十二载尹和靖（尹焞）语：

① 程颢、程颐：《二程集》，第 689 页。
② 程颢、程颐：《二程集》，第 1030 页。
③ 程颢、程颐：《二程集》，第 1173 页。
④ 程颢、程颐：《二程集》，第 1173 页。
⑤ 程颢、程颐：《二程集》，第 292 页。
⑥ 程颢、程颐：《二程集》，第 119 页。

　　伊川自涪陵归,《易传》已成,未尝示人。门弟子请益,有及《易》书者,方命小奴取书箧以出,身自发之,以示门弟子,非所请不敢多阅。一日出《易传序》示门弟子,先生受之归,伏读数日后,见伊川。伊川问所见,先生曰:"某固欲有所问,然不敢发。"伊川曰:"何事也?"先生曰:"'至微者理也,至著者象也。体用一源,显微无间',似太露天机也。"伊川叹曰:"近日学者何尝及此?某亦不得已而言焉耳。"①

　　所谓"天机",指不可透露之秘密。此秘密为何?当是尹和靖质疑伊川此语近于禅宗的"定慧体一不二"、华严宗的"理事体用相即"等佛家语。《程氏遗书》卷十八载:

　　　　问:"某尝读《华严经》,第一真空绝相观,第二事理无碍观,第三事事无碍观,譬如镜灯之类,包含万象,无有穷尽。此理如何?"(伊川)曰:"只为释氏要周遮,一言以蔽之,不过曰万理归于一理也。"又问:"未知所以破佗处。"曰:"亦未得道他不是。百家诸子个个谈仁谈义,只为他归宿处不是,只是个自私。为轮回生死,却为释氏之辞善遁,才穷着他,便道我不为这个,到了写在册子上,怎生遁得?"②

　　伊川也承认佛家体用之说自有其是处,但关键在于"归宿处不是",因其脱离现实世界,最终指向虚无之境。而儒家以"修齐治平"为旨归,将个人的心性修养(内圣)与经世济民(外王)紧紧联系,真正做到"体用一源",故儒佛虽皆言体用,而其根本不同。

　　"体用一源,显微无间"实质是理一元论的命题,"体用一源"乃源于"理本体",但是,本体与现象的关系又是"无间"而合一的。理是本质,象是现象,幽深的道理隐藏在明显的表象之后,故一微一显,相得益彰,于《周易》诸卦可一一见之。以《乾》卦为例,程颐解"乾:元亨利贞"云:"天者天之形体,乾者天之性情。乾,健也,健而无息之谓乾。夫天,专言之则道也,天且弗违是也;分而言之,则以形体谓之天,以主宰谓之帝,以功用谓之鬼神,以妙用谓之神,以性情谓之乾。"③天有天之道,天道刚健不息,故《易》以"乾"象征"天"。《乾》者万物之始,其六爻各有变化之势,故又以"龙"象征"乾",程颐解"初九:潜龙勿用"云:"理无形也,故假象以显义。乾以龙为象,龙之

①　程颢、程颐:《二程集》,第 439—440 页。
②　程颢、程颐:《二程集》,第 195 页。
③　程颢、程颐:《二程集》,第 695 页。

为物，灵变不测，故以象乾道变化，阳气消息，圣人进退。"① 如果说隐微之理为《易》之体，那么显著之象则为《易》之用，既然"体用一源"，则理象合一，二者"显微无间"，程颐就此凭借对《周易》理象关系的思考，揭示了一般与个别、现象与本质的关系，形成了具有创新意义的理本论。朱伯崑先生评价道："'体用一源，显微无间'说，在易学史和哲学史上都有重要意义。就易学说，此说是对'因象以明理'或'假象以显义'的理论上的概括。认为卦象和卦义融合在一起，如体用关系，不相分离。卦爻象及其所取之物象乃卦爻之义的表现形式。这是站在新儒家义理学派的立场，对汉唐以来关于言、象、意的争论作的一次总结，对宋明易学的发展起了很大的影响。他依据此原则，在哲学上探讨了理事关系问题，从而建立起理学的哲学体系。"② 此说颇能概括程氏"体用一源，显微无间"的学术价值。

## 第二节　朱子："易者阴阳之变，太极者其理也"

朱熹哲学最重要的思想来源即四书与《周易》经传，他通过《太极图说解》《通书注》《周易本义》《周易启蒙》等易学著作完成了其本体论体系的建构。③ 朱熹一方面高度评价程颐的义理易学，另一方面又以象数为《易》之根本而探究太极阴阳之理，最终兼综汉宋，形成其广大精微之易学思想。在此亦主要拟从三个方面予以探讨。

### 一、"《易》本卜筮之书"

本来，如上引《系辞传》所言，"以卜筮者尚其占"亦为"圣人之道"之一，但自汉代以来、《易》成为五经之首后，《周易》作为卜筮之书的一面逐渐被遮蔽，到了朱熹手上，才又重新开显出来。

《朱子语类》卷六六载：

　　《易》本卜筮之书，后人以为止于卜筮。至于王弼用老、庄解后，人便

---

① 程颢、程颐：《二程集》，第 695 页。
② 朱伯崑：《易学哲学史》（第二卷），昆仑出版社 2005 年版，第 237—238 页。
③ 有关论述可参见朱伯崑：《易学哲学史》（第二卷）；陈来：《宋明理学》（第二版），华东师范大学出版社 2004 年版；萧汉明：《〈周易本义〉导读》，齐鲁书社 2003 年版；张克宾：《朱熹易学思想研究》，人民出版社 2015 年版；等等。

只以为理，而不以为卜筮，亦非。想当初伏羲画卦之时，只是阳为吉，阴为凶，无文字，某不敢说，窃意如此。后文王见其不可晓，故为之作彖辞。或占得爻处不可晓，故周公为之作爻辞。又不可晓，故孔子为之作十翼，皆解当初之意。①

此处涉及朱熹对《周易》经传性质、作者及形成过程的看法。他认为伏羲画卦、文王作彖辞、周公作爻辞、孔子作十翼，此为四圣作《易》；而卜筮为《易》之本来面目，到了孔子赞《易》才将卜筮之书转化为义理之书：

到得孔子，尽是说道理。然犹就卜筮上发出许多道理。欲人晓得所以凶、所以吉。卦爻好则吉，卦爻不好则凶。若卦爻大好而己德相当，则吉；卦爻虽凶，而己德足以胜之，则虽凶犹吉。反复都就占筮上发明诲人底道理。②

因此，朱熹认为《程氏易传》"言理甚备，象数却欠在"③，原因即在于程颐未能认识到"《易》本卜筮之书"，他说："《易传》义理精，字数足，无一毫欠阙。他人著工夫补缀，亦安得如此自然！只是于本义不相合。《易》本是卜筮之书，卦辞爻辞无所不包，看人如何用。程先生只说得一理。"④朱熹认为《周易》经传分别讲卜筮与义理，故二者应该分开，还其本来面目。他认为《周易》古经始变于费氏、大乱于王弼，《文集》卷六六《记嵩山晁氏卦爻彖象说》云：

汉《艺文志》《易经》十二篇，施、孟、梁丘三家。颜师古曰："上下经及十翼，故十二篇。"是则《彖》《象》《文言》《系辞》始附卦爻而传于汉欤？先儒谓费直专以《彖》《象》《文言》参解《易》爻，以《彖》《象》《文言》杂入卦中者自费氏始。其初费氏不列学官，惟行民间。至汉末，陈元、郑康成之徒学费氏，古十二篇之《易》遂亡。孔颖达又谓，辅嗣之意，《象》本释《经》，宜相附近，分爻之《象》辞各附当爻，则费氏初变乱古制时，犹若今《乾》卦《彖》《象》系卦之末欤？古经始变于费氏，而卒大乱于王弼，惜哉！

熹按：《正义》曰："夫子所作《彖》辞，元在六爻经辞之后，以自卑退，

---

① 朱熹撰，朱杰人、严佐之、刘永翔主编：《朱子全书》（修订本）第14—18册《朱子语类》，上海古籍出版社、安徽教育出版社2010年版，第2181页。以下言《朱子语类》皆同此版本。

② 《朱子语类》，第2191页。

③ 《朱子语类》，第2218页。

④ 《朱子语类》，第2217页。

不敢干乱先圣正经之辞。及王辅嗣之意，以为《象》者本释经文，宜相附近，其义易了，故分爻之《象》辞各附其当爻下言之。"此晁氏所引以证王弼分合经、传者。然其言夫子作《象》辞元在六爻经辞之后，则孔氏亦初不见十二篇之《易》矣。又不于《彖》及《大象》发之，似亦有所未尽。①

朱熹遂于淳熙九年（1182 年）刊印了吕祖谦所定《古文周易》，而其《周易本义》定本亦以吕本为底本，经传相分，与程氏之以王弼本为底本不同。在还原《周易》的本来面目的基础上，朱熹认为读《易》需兼顾理、象、数、辞四者。《朱子语类》卷六七有一则记载颇能反映其治《易》的方法论：

> 时举退看《启蒙》，晚往侍坐。时举曰："向者看《程易》，只就注解上生议论，却不曾靠得《易》看，所以不见得圣人作《易》之本意。今日看《启蒙》，方见得圣人一部《易》，皆是假借虚设之辞。盖缘天下之理，若正说出，便只作一件用；唯以象言，则当卜筮之时，看是甚事，都来应得。如《泰》之初九，若正作引贤类进说，则后便只作得引贤类进用；唯以'拔茅茹'之象言之，则其他事类此者皆可应也。《启蒙·警学篇》云：'理定既实，事来尚虚，用应始有，体该本无。'便见得《易》只是虚设之辞，看事如何应耳。"先生颔之。②

弟子时举认为程颐之《易传》侧重于义理，而《周易启蒙》则兼该象数，强调易象是"卜筮之时"之象，易辞是"假借虚设"之辞，他以对《泰》卦之初九爻辞"拔茅茹，以其汇，征吉"的解读为例，说明正确的读《易》方法应当是在各卦各爻的数、象、辞中探求圣人之本意。时举此说颇能领会朱熹综合理象、体用之思想，故朱熹表示满意（颔之）。

但是，论证"《易》本卜筮之书"并据此探求卦爻辞文义，从来不是朱熹治《易》的根本目的。在朱熹看来，解《易》必须符合经文本义，而说理则允许进行引申发挥，只不过这种发挥必须建立在卦爻辞本义的基础之上，因此他很警惕本义与引申义的"脱节"，如他说："《易》所以难读者，盖《易》本是卜筮之书，今却要就卜筮中推出讲学之道，故成两节工夫。"③朱熹正是想将《易》之本义与衍生之义理结合起来，从而实现"两节工夫"的有机统一。以解《晋》之六五"悔亡，失得勿恤，往吉，无不利"为例，《程氏易传》云："六五以柔居尊

---

① 《晦庵先生朱文公文集》，第 2681 页。
② 《朱子语类》，第 2223 页。
③ 《朱子语类》，第 2187 页。

位，本当有悔，以大明而下顺附，故其悔得亡也。下既同德顺附，当推诚委任，尽众人之才，通天下之志，勿复自任其明，恤其失得，如此而往，则吉而无不利也。"① 程氏从《晋》卦"上明下顺，君臣相得"② 之义出发，从柔居上位者及同德依附之下位者两个方面对《晋》之六五进行阐发。《周易本义》则认为《晋》卦"上《离》下《坤》，有日出地上之象，顺而丽乎大明之德；又其变自《观》而来，为六四之柔进而上行，以至于五"③，故释六五云："以阴居阳，宜有悔矣，以大明在上而下皆顺从，故占者得之则其悔亡。又一切去其计功谋利之心，则往吉而无不利也。然亦必有其德，乃应其占耳。"④ 对比程氏，朱熹所释显然更为兼顾象数与义理的统一。

张善文先生认为："既为筮书，则其辞必当以抽象性、暗示性、不拘泥一事为本色，才能为'占者'提供更广阔的理解、分析事态的余地，而从中悟得更深刻、普遍的义理内涵。"⑤ 可以说，朱熹正是意欲在新的理学视野下重新阐释这部经典，寻绎《周易》本义，从而更为深入地探析象数与义理的根本关系，如在《答郑子上》中，他提出了沿卜筮而识其义理的方法："《易》之为书，本为卜筮而作。然其义理精微，广大悉备，不可以一法论。盖有此理即有此象，有此象即有此数，各随所问，意所感通。如'利涉大川'，或是渡江，或是涉险，不可预为定说。但其本旨只是渡江，而推类旁通，各随其事。"（《文集》卷五十六）最终朱熹还是回归到《程氏易传》所大力阐扬的义理之路，认为这部"卜筮之书"蕴含着天地万物之理："盖《易》不比《诗》《书》，它是说尽天下后世无穷无尽底事理。只一两字，便是一个道理。又人须是经历天下许多事变，读《易》方知各有一理，精审端正。"⑥ 他认为三圣之易乃理一而分殊："《易》，只是一个阴阳之理而已。伏羲始画，只是画此理；文王、孔子皆是发明此理。吉凶悔吝，亦是从此推出。"⑦ 故与程颐可谓是殊途而同归。

---

① 程颢、程颐：《二程集》，第 877 页。
② 程颢、程颐：《二程集》，第 874 页。
③ 朱熹撰，朱杰人、严佐之、刘永翔主编：《朱子全书》（修订本）第 1 册《周易本义》，上海古籍出版社、安徽教育出版社 2010 年版，第 62 页。
④ 《周易本义》，第 63 页。
⑤ 张善文：《象数与义理》，辽宁教育出版社 1993 年版，第 271 页。
⑥ 《朱子语类》，第 2227—2228 页。
⑦ 《朱子语类》，第 308 页。

## 二、"太极只是一个理字"

"太极"是朱熹哲学的核心概念。《系辞上传》云："易有太极,是生两仪。两仪生四象,四象生八卦。八卦定吉凶,吉凶生大业。"可看作是从生成论的角度赋予"太极"以事物本源的意义。周敦颐《太极图说》主在阐释万物化生之图式,朱熹则在《周易本义》《太极图说解》等著述中对"太极"这一概念加以深入阐发,使之成为本体论的基础。

朱熹认为周敦颐《太极图说》的"无极"并非在"太极"之先,"无极"即"太极",他在《答杨子直》中说："原'极'之所以得名,盖取枢极之义,圣人谓之'太极'者,所以指天地万物之根也。周子因之而又谓之'无极'者,所以著夫无声无臭之妙也。然曰'无极而太极'、'太极本无极',则非无极之后别生太极,而太极之上别有无极也。……此一图之纲领,《大易》之遗意。与老子所谓物生于有,有生于无,而以造化为真有始终者正南北矣。"①(《文集》卷四十五)这就将无极、太极与道家"有生于无"的思想划清界限。

朱熹将"太极"视为《易》之象数变化的根本基源:

> 易有太极,便是下面两仪、四象、八卦。自三百八十四爻总为六十四,自六十四总为八卦,自八卦总为四象,自四象总为两仪,自两仪总为太极。以物论之,易之有太极,如木之有根,浮屠之有顶。但木之根、浮图之顶,是有形之极。太极却不是一物,无方所顿放,是无形之极。②

朱熹认为,太极总括两仪、四象、八卦之理,但又存在于两仪、四象、八卦之中:"太极之所以为太极,却不离乎两仪、四象、八卦。如'一阴一阳之谓道',指一阴一阳为道则不可,而道不离乎阴阳也。"③自然,太极也存在于六十四卦、三百八十四爻之中。

朱熹进一步论证"太极"即"天理"。他认为:"易者阴阳之变,太极者其理也。"④也就是说,太极是《易》之卦爻象变化的内在规律,是阴阳变化的法则,而此规律、法则可扩充到天地万物:"太极只是天地万物之理……若无太极,便

---

① 《晦庵先生朱文公文集》,第 2071—2072 页。
② 《朱子语类》,第 2566—2567 页。
③ 《朱子语类》,第 2567 页。
④ 《周易本义》,第 133 页。

不翻了天地？太极只是一个理字。"① 可见，在朱熹的哲学体系中，"太极"等同于"理"，亦即本体，是朱子哲学的最高范畴。理至善，太极亦至善，《朱子语类》卷九四载："太极只是个极好至善的道理。人人有一太极，物物有一太极。周子所谓太极，是天地人物万善至好的表德。"② 朱熹曾借用释家"月映万川"作喻，言此理放之四海而皆准："本只一个太极，而万物各有秉受，又各自全具一太极尔。如月在天，只一而已，及散在江湖，则随处可见。"③（《朱子语类》卷九四）

总之，朱熹继承和发展了程颐"理一而分殊"的命题，认为太极既是宇宙（天地万物）的至善本体，又分布、存在于万事万物之中："盖合而言之，万物统体一太极也；分而言之，一物各具一太极也。"（《太极图说解》）④ 将源于卜筮之《易》的"太极"推向更广阔的世界，作了高度的理性升华，从而使之成为其易学乃至理学体系的重要基石。因此，朱熹的"太极"概念既属于本体论的范畴，指向抽象的天命义理；又属于生成论的范畴，包含具体的阴阳象数，是对周敦颐与程氏学说的创造性转换。故朱伯崑认为，朱熹太极说的一层含义是从画卦和揲蓍的过程来讲太极的性质和意义，另一层含义则是从世界观或者说是本体论的高度来讲太极和阴阳的关系，将理气范畴全面地发展为哲学范畴，从而完成了理学派的本体论的体系。⑤

### 三、"有理便有气"

《朱子语类》卷六七载："圣人作《易》之初，盖是仰观俯察，见得盈乎天地之间，无非一阴一阳之理。有是理则有是象，有是象则其数便自在这里，非特《河图》《洛书》为然。盖所谓数者，只是气之分限节度处，得阳必奇，得阴必偶，凡物皆然，而《图》《书》特巧而著耳。"⑥ 这段话较为全面地论述了理、象、数、气的关系，是对程颐"有理则有气，有气则有数"思想的一种发展。

这里涉及理气的关系问题，这也是朱熹哲学的一个重要内容。一部《周易》，不离阴阳二字，所谓"一阴一阳之谓道"（《系辞上传》）。张载认为："一物两

---

① 《朱子语类》，第 113—114 页。
② 《朱子语类》，第 3122 页。
③ 《朱子语类》，第 3167—3168 页。
④ 《周敦颐集》，第 6 页。
⑤ 参见《易学哲学史》（第二卷），第 237—238 页。
⑥ 《朱子语类》，第 2211 页。

体，气也。一故神，两故化。"（《正蒙·参两》）① 程颐将"道"归为阴阳二气之所以然，《遗书》卷十五载："离了阴阳更无道，所以阴阳者是道也。阴阳，气也，气是形而下者，道是形而上者。形而上者则是密也。"② 此处之"道"实即"理"也，理与气的关系，就是"所以然"与"其然"的关系。朱熹综合了张载与二程的看法，认为一切事物都是由理气两方面共同构成的，他说："天地之间，有理有气。理也者，形而上之道也，生物之本也。气也者，形而下之器也，生物之具也。是以人物之生，必禀此理然后有性；必禀此气然后有形。"③（《文集》卷五十八《答黄道夫》）理、气的关系，类似于太极与阴阳的关系，既密不可分，又有形上形下之别，如《太极图说解》所云："太极，形而上之道也。阴阳，形而下之器也。是以自其著者而观之，则动静不同时，阴阳不同位，而太极无不在焉。自其微者而观之，则冲漠无朕，而动静阴阳之理，已悉具于其中矣。"④

太极与阴阳的关系原本见于《系辞上传》之"易有太极，是生两仪"，周敦颐将此解释为"太极动而生阳，动极而静，静而生阴"，程颐则以"动静无端，阴阳无始"称之，朱熹会通二者，以太极为理，以阴阳为气，提出了自己的理气说。

朱熹认为理是先在的、第一性的；有理便有气，气是第二性的。《朱子语类》卷一载："未有天地之先，毕竟也只是理，有此理便有此天地。若无此理，便亦无天地，无人无物，都无该载了。有理便有气，流行发育万物。"⑤ 但是，这种在先只是一种逻辑上的在先、而非时间上的在先，他认为阴阳五行与万物化生是太极之理自身展开的过程，并没有先后的顺序，如《朱子语类》卷九四所载："自太极至万物化生，只是一个道理包括，非是先有此而后有彼。但统是一个大源，由体而达用，从微而至著耳。"⑥ 又如《朱子语类》卷七六载："乾乾不息者体，日往月来、寒来暑往者用。有体则有用，有用则有体，不可分先后说。"⑦ 由此亦可见程颐"体用一源，显微无间"的影响。《朱子语类》卷六七又载："'体用一源'，体虽无迹，中亦有用。'显微无

① 《张载集》，第 10 页。
② 程颢、程颐：《二程集》，第 162 页。
③ 《晦庵先生朱文公文集》，第 2755 页。
④ 《周敦颐集》，第 4 页。
⑤ 《朱子语类》，第 114 页。
⑥ 《朱子语类》，第 3123 页。
⑦ 《朱子语类》，第 2585 页。

间'者，显中便具微。天地未有，万物已具，此是体中有用；天地既立，此理亦存，此是显中有微。"① 朱熹正是通过发展程颐的"体用一源"说，进一步从逻辑上论证了理气关系，从而完成了"理本体论"的理气观。

朱熹的理气观在《答刘叔文》中得到较为全面的体现：

> 所谓理与气，此决是二物。但在物上看，则二物浑沦，不可分开，各在一处，然不害二物之各为一物也。若在理上看，则虽未有物而已有物之理，然亦但有其理而已，未尝实有是物也。大凡看此等处须认得分明，又兼始终，方是不错。②（《文集》卷四十六）

上述所言实包含了理气二分、理气合一、理在气先、以理为本等观点，虽然大体可归于客观唯心主义一系，但亦可见出朱熹理气思想的辩证性与丰富性。

总之，朱熹主张从经文本义出发，由象数以求义理，将象数学、义理学乃至图书学统一起来，并提出了精致的理气关系学说，从而实现了对《周易》原理的高度哲理化。朱熹弟子以易学著名的有蔡元定、蔡渊等人，陈淳并不以此著称，事实上，陈淳在易学上亦有一定的建树，颇有研究之价值。③

## 第三节　陈淳："四圣三贤"与"理象兼该"

朱门弟子中，陈淳以善问著称，朱熹曾称道之④，而问《易》即为陈淳向朱熹问学的一个重要内容。《朱子语类》卷一起首即为陈淳所录关于"太极天地"之问答，卷六十五至卷七十七为《易》部十三卷，几乎每卷皆载有或为陈淳所问、或为其录所听闻之内容⑤，涉及《易》之纲领大旨、诸卦爻辞、《易传》内容、读《易》之法等各个方面。而陈淳亦有不少易学著述。他着力阐明易道以确立程

---

① 《朱子语类》，第 2221 页。
② 《晦庵先生朱文公文集》，第 2146 页。
③ 李蕙如《陈淳研究》一书在论及陈淳学术时，从图书易学、象数易学、义理易学三个方面对陈淳易学加以探讨，可参见李蕙如《陈淳研究》，海峡文艺出版社 2014 年版，第 98—105 页。
④ 《宋史》陈淳本传载："熹数语人以'南来，吾道喜得陈淳'，门人有疑问不合者，则称淳善问。"见脱脱等撰《宋史》"道学四"，中华书局 1977 年版，第 12788 页。
⑤ 《朱子语类》乃朱熹师生讲学语录之汇编，其中称"安卿"者实有二人，一为陈淳，另一为林学履，福建永泰人，与其兄林正蒙（字正卿）均于绍熙四年（1193 年）师从于朱熹。《朱子语类》已注意区分，称"安卿"者一般指陈淳，称林学履则一般加姓，为"林安卿"，如卷六十九有"林安卿问修业、居业之别"（《朱子语类》，第 2295 页）、卷七十六有"林安卿问易者象也"（《朱子语类》，第 2584 页）等。

朱的道统地位，提出融浑理气之"太极"观，形成象数、义理并重之治《易》方法，可以说，陈淳的易学思想继承程朱，又有一定的发展。

### 一、"四圣三贤"的易道渊源论

朱熹为了建立以"理"（"太极"）为本原的理学思想体系，十分重视对《周易》的研究与阐发。他通过《太极图说解》《周易本义》等易学著作完成了其本体论体系的建构，同时也勾勒出一条理学视域下的易学传授脉络。如前引《语类》，他认为《周易》乃伏羲、文王、周公、孔子四圣所接续而作，在《周易本义》中亦说："经，则伏羲之画，文王、周公之辞也；并孔子所作之传十篇，凡十二篇。"① 其《周易五赞》亦云："惟皇昊羲，仰观俯察""文王系象，周公系爻""孔圣赞之，是为十翼"（《原象》）②，"恭惟三古，四圣一心，垂象炳明，千载是临"（《述旨》）③，基本认同《汉书·艺文志》的说法，认为伏羲作八卦，文王、周公重卦及作卦爻辞，孔子作十翼；而在四圣之后，则有"邵传羲画，程演周经"（《原象》）④，将邵雍的先天易学与程颐的《易传》纳入这个圣传易学谱系之中，认为自此以后，"象陈数列，言尽理得，弥亿万年，永著常式"（《原象》）⑤，《易》道至此大备矣。当然，邵、程二人各有其疵，《朱子语类》卷一百载有朱熹对二人易学之评价："伊川之学，于大体上莹彻，于小小节目上犹有疏处。康节能尽得事物之变，却于大体上有未莹处。……只观孔子便不如此。"⑥ 但瑕不掩瑜，朱熹亦认为程颐、邵雍实有功于圣学。

陈淳继承朱熹的理学易学史观，并在此基础上加上朱熹，形成其"四圣三贤"的易道渊源论。他在《〈易本义〉大旨》中说："昔者伏羲仰观俯察……于是作《易》以配之，始之为八卦……逮文王系象，周公系爻，而随事叮咛之意始为详密……孔子乃专以义理明之……"而自秦以来，易道晦而不彰，"其溺于象数者既牵合附会而失其源流，其泥于文义者又支离散漫而无所根著"，这种状况直至邵、程二人方得改变："康节邵子之图出，于是乎伏羲之精画卦以示者始可得

---

① 《周易本义》，第 30 页。
② 《周易本义》，第 163—164 页。
③ 《周易本义》，第 164 页。
④ 《周易本义》，第 164 页。
⑤ 《周易本义》，第 164 页。
⑥ 《朱子语类》，第 3340 页。

而见；伊川程子之《传》出，于是乎文王周孔之蕴因卦以发者始可得而明。"① 陈淳的看法无疑是与朱子高度一致的，认为邵之象数、程之义理大有功于四圣之易学。但他作此《大旨》的最终目的却不在此，而是将朱子作为这一易道流传的正脉加以彰显："今晦翁先生《本义》之书，盖又发挥邵图之法象而申明程传之旨趣，本末兼该，精粗具举，推本四圣所以作述本然之义，而易道之盛，至是无余蕴矣！"他认为朱子易学在"四圣二贤"的基础上熔象数、义理于一炉，从而使易学发展到一个高峰。在《原辞》一文中，他再次高度评价朱子之易学"近以补程传之所不足，而上以承四圣之心，所谓开务成物之大用，至是又益周备"。② 所谓"补程传之所不足"，《〈易本义〉大旨》有如是说明："程子昔以《传》示门人曰：'只说得七分，后人更自体究。'若晦翁是书，其补程子之三分而上以达四圣之心也欤！"

庆元五年（1199 年）十一月，陈淳至考亭问学，三个月后返乡时抄录《周易本义》以归，上述《〈易本义〉大旨》《原辞》等当作于考亭之行之后。当时朱熹正因卷入政治斗争，被当权者夺职罢祠，其学派被诬为"伪学"，受到极大的压制，同时，陆学等其他学派与朱子学的论争亦从未停止，黄榦、蔡元定、陈淳等弟子皆矢志不渝，卫护师门，以道学正脉自居。陈淳"四圣三贤"的易道渊源论其实质与朱子的"道统"论是紧密契合的。

"道统"之说源于韩愈。唐代儒、释、道并称三教，迄至中唐，儒学不振而释、道大盛。韩愈发愤而作《原道》，力斥佛老之学，追溯儒家道统，中云："博爱之谓仁，行而宜之之谓义，由是而之焉之谓道……斯道也，何道也？曰：斯吾所谓道也，非向所谓老与佛之道也。尧以是传之舜，舜以是传之禹，禹以是传之汤，汤以是传之文、武、周公，文、武、周公传之孔子，孔子传之孟轲，轲之死，不得其传焉。荀与扬也，择焉而不精，语焉而不详。由周公而上，上而为君，故其事行；由周公而下，下而为臣，故其说长。"③ 韩愈认为周孔之道上承圣王，下启后儒，周公兼有事功与言论之长，但更倾向于君王一系的"治统"，而孔子则开出"道统"，传诸孟子。这个道统在韩愈看来，主要是"仁""义"之道而非礼乐之道。尽管宋儒普遍不承认韩愈在"道统"中的地位，但他的《原道》与"道统"说对宋人的影响是毋庸置疑的。

① 陈淳：《北溪大全集》卷十六，影印文渊阁四库全书本。
② 《北溪大全集》卷十九。
③ 马其昶校注，马茂元整理：《韩昌黎文集校注》，上海古籍出版社 2014 年版，第 19、20 页。

将儒学称为"道学",较早地见于程颐《明道先生门人朋友叙述序》:"门人朋友为文以叙其事迹、述其道学者甚众。其所以推尊称美之意,人各用其所知,盖不同也;而以为孟子之后,传圣人之道者,一人而已,是则同。"①(《河南程氏文集》卷十一《伊川先生文七》)胡安国称道二程:"孔孟之道不传久矣,自颐兄弟始发明之,而后其道可学而至也。"②(《伊洛渊源录》卷四《奏状》)朱熹私淑二程,称:"二先生唱明道学于孔孟既没千载不传之后,可谓盛矣。"③(《文集》卷七十五《程氏遗书后序》)朱熹在《伊洛渊源录》等著述中梳理了周敦颐、邵雍、张载、二程以来的北宋理学传承谱系,体现了他的儒家道统观,朱熹本人以二程嫡传自居。如果说他的表述还是较为含蓄的话,其弟子则说得很明白,《宋史》朱熹本传引黄榦《朱子行状》云:"道之正统,待人而后传。自周以来,任传道之责者不过数人;而能使斯道章章较著者,一二人而止耳。由孔子而后,曾子、子思继其微,至孟子而始著;由孟子而后,周、程、张子继其绝,至熹而始著。"④而陈淳在《初见晦庵先生书》中称:"孔孟周程之道至先生而益明,所谓主盟斯世,独惟先生一人而已。"⑤在嘉定十年(1217年)讲学于严陵时亦有这样的论断:"粤自羲皇作《易》,首辟浑沦……轲之后失其传,天下骛于俗学,盖千四百余年……于是濂溪先生与河南二程先生,卓然以先知先觉之资,相继而出……有朱文公,又即其微言遗旨,益精明而莹白之……盖所为集诸儒之大成,而嗣周程之嫡统,萃乎洙泗濂洛之渊源者也。"(《严陵讲义·师友渊源》)⑥此处言道统渊源亦自伏羲作《易》始,颇可注意;而上述"四圣三贤"的说法与此道统大体一致。

在朱子学的视域中,实际上并不存在孤立的易学,易学实质上是理学的一种独特的表现形式,陈淳的易道渊源论可视为朱熹理学"道统"论的回音嗣响,于此亦可见陈淳卫护师门之力。

---

①　程颢、程颐:《二程集》,第 639 页。

②　朱熹撰,朱杰人、严佐之、刘永翔主编:《朱子全书》(修订本)第 12 册《伊洛渊源录》,上海古籍出版社、安徽教育出版社 2010 年版,第 975 页。

③　《晦庵先生朱文公文集》,第 3624 页。

④　《宋史》"道学三·朱熹",第 12769—12770 页。

⑤　《北溪大全集》卷五。

⑥　陈淳著,熊国祯、高流水点校:《北溪字义》,中华书局 1983 年版,第 76—77 页。

## 二、融浑理气的"太极"观

如前所述，在朱熹的哲学体系中，"太极"等同于"理"，亦即本体，是朱子哲学的最高范畴。作为终生服膺朱子而又极重视事物根源的陈淳来说，对"太极"与"理"进行深入探研是很自然的事，他也因此而形成了颇具自身特色的"太极"观。

《朱子语类》卷一即以陈淳问"太极"诸语发端：

问："太极不是未有天地之先有个浑成之物，是天地万物之理总名否？"曰："太极只是天地万物之理。在天地言，则天地中有太极；在万物言，则万物中各有太极。未有天地万物之先，毕竟是先有此理。"

问："昨谓未有天地之先，毕竟是先有理，如何？"曰："未有天地之先，毕竟也只是理。有此理，便有此天地；若无此理，便亦无天地，天人无物，都无该载了！有理便有气流行，发育万物。"

问："先有理，抑先有气？"曰："理未尝离乎气。然理形上者，气形而下者。自形而上下言，岂无先后！"①

由此可知陈淳对"太极"及理气先后等问题的关注。朱熹守漳，陈淳问学，朱熹授以"根源"二字，陈淳深有感触，故后来作有《孝根原》《君臣夫妇兄弟朋友根原》《事物根原》②等。他所问之"太极不是未有天地之先有个浑成之物""先有理，抑先有气"等，皆可见其对事物追根溯源之精神。周敦颐《太极图说》也是陈淳关注的一个内容，《朱子语类》卷九四载陈淳所问：

问："'太极动而生阳'，是有这动之理，便能动而生阳否？"曰："有这动之理，便能动而生阳；有这静之理，便能静而生阴。既动，则理又在动之中；既静，则理又在静之中。"曰："动静是气也，有此理为气之主，气便能如此否？"曰："是也，既有理，便有气；既有气，则理又在气之中。"③

如前所述，周敦颐《太极图说》有"太极动而生阳，动极而静，静而生阴"之语，而程颐《伊川易传》则有"动静无端，阴阳无始"之语，朱熹整合二者，认为阴阳与动静不可分，阴阳之气有动静，乃是太极之理有动静，理存在于动静之中。陈淳在《北溪字义·太极》中云："周子所谓'太极动而生阳，静而生

① 《朱子语类》，第113—115页。
② 皆见于《北溪大全集》卷五。
③ 《朱子语类》，第3125—3126页。

阴'，是有这动之理，便能动而生阳，才动而生阳，则是理便已具于阳动之中；有这静之理，便能静而生阴，才静而生阴，则是理便已具于阴静之中。"① 对比《朱子语类》所载，可以看到此处正是陈淳对平时师生问答内容的一个总结整理。

除了善问之外，陈淳更进一步对这些问题进行了思考、辨析，于《北溪字义》中"太极""理"诸条目可略见之。陈淳先肯定了朱熹"太极"说的贡献："太极只是浑沦极至之理，非可以气形言。古经书说太极，惟见于《易》，《系辞传》曰：'易有太极。'易只是阴阳变化，其所为阴阳变化之理，则太极也。……太极字义不明，直至濂溪作《太极图》，方始说得明白……文公解此句（按：'即无极而太极'一句）……多少是分明。太极只是以理言也……就其为天地主宰处论，恁地浑沦极至，故以太极名之。"② 但他的见解与朱熹亦有不同之处，这主要体现在理气先后的问题上。由于存在不同的讨论角度，因此，朱熹一方面认为有理就有气、理生气，另一方面又认为理为气本、理在气先，导致在理气关系上的说法给人以自相矛盾之感。在此问题上，陈淳看到了朱熹理气论的矛盾，极力想将理安置于气中，因此其说较明显地倾向于"理气无先后"，这也体现在他非常喜欢使用"浑沦"一词上，据张加才统计，《北溪字义》一书中用"浑沦"一词达三十二次以上③，《列子·天瑞》云："浑沦者，言万物相浑沦而未相离也。"对"浑沦"的偏好其实代表了陈淳一种理气、体用不二分的整体思维的观念，由以下言说可略见之：

> 其实理不外乎气。盖二气流行，万古生生不息，不成只是空个气？必有主宰之者，曰理是也。④

> 道不离乎物，若离物则无所谓道。⑤

> 才有理，便有气，才有气，理便全在这气里面。那相接处全无些子缝罅，如何分得孰为先、孰为后？所谓动静无端，阴阳无始。若分别得先后，便成偏在此边，非浑沦极至之物。⑥

---

① 陈淳：《北溪字义》，第 45 页。
② 陈淳：《北溪字义》，第 43—44 页。
③ 张加才：《诠释与建构——陈淳与朱子学》，人民出版社 2004 年版，第 47—48 页。当然，朱子也用"浑沦"，如《朱子语类》卷七五"太极只是一个浑沦的道理"（第 2565 页）、卷九十四"此理处处皆浑沦"（第 3126 页）等，但《北溪字义》的使用似乎更为集中。
④ 陈淳：《北溪字义》，第 1 页。
⑤ 陈淳：《北溪字义》，第 39 页。
⑥ 陈淳：《北溪字义》，第 45 页。

理不外乎气。若说截然在阴阳五气之先，及在阴阳五气之中，便成理与气为二物矣。①

体用浑沦，纯是天理。②

由上可知，陈淳在对"太极""道"等概念的字义分析中表明了其理气不分先后的观点，与朱熹"逻辑在先"的理本论思想特别是朱熹的逻辑推理的方法有所不同，可看作是对朱熹理本论的某种修正。有学者则认为这体现了陈淳否定独立精神性本体、努力将抽象的本体向现实生活还原的思想③，可资参考。

### 三、象数、义理"不可以本末二其观"的治易路数

《系辞上传》云："参伍其变，错综其数。通其变，遂成天地之文；极其数，遂定天下之象。"此即《易》之"象数"精义。程颐注重以象阐理，如《程氏易传》之解《乾》之"初九，潜龙勿用"云："理无形也，故假象以显义。乾以龙为象，龙之为物，灵变不测，故以象乾道变化，阳气消息，圣人进退。"④朱熹则认为《周易》之本义包含了卦象（伏羲之《易》）、卜筮（文王之《易》）、义理（孔子之《易》）三个方面，因此治易不能执着于一隅，如他说："气便是数。有是理，便有是气，便有是数，物物皆如此。"⑤他既综合了历代象数学的成果，又能依据象数形式揭示其义理内涵，故综合象数派与义理派治易为朱熹主要的易学思想。陈淳大体继承师说，《北溪大全集》卷十一"说"类有《河图洛书说》《四象数说》《先天图说》《后天图说》，《北溪大全集》卷十九"讲义·易"类有《原画》《原辞》《原旨》（此三篇即《经义考》所录之《周易讲义》），《北溪大全集》卷二十一有《太玄辨》《潜虚论》，在这些《易》论中，集中体现了陈淳象数、义理合一的治易特点。

朱熹以《易》为卜筮之书，陈淳对这一点也有所强调。在《原旨》一文中，他主张学《易》者当师卜筮者之心："学者之学《易》，必平心以观其象而玩其辞，如筮者之筮事，每虚心以观其变而玩其占，于逐位之下，视阴阳消息盈虚，以察其所值之时；又于逐爻之中，视刚柔进退偏正，以考其所主之义，使万理粲然一

---

① 陈淳：《北溪字义》，第72页。
② 《北溪大全集》卷十一，《心说》。
③ 傅小凡：《闽南理学的源流与发展》，福建人民出版社2007年版，第3—4页。
④ 程颢、程颐：《二程集》，第695页。
⑤ 《朱子语类》，第2164页。

定。"① 正因象数是作《易》之根本，故朱熹易学十分强调经由象数而入义理。陈淳也重视从象数入手，其《河图洛书说》论列了孔安国、刘歆、刘牧、邵雍等关于河图洛书的观点，力辨刘牧之说为非，以"河十图九"为是；《四象数说》则推原图书之数及卦画之数以解太阳、太阴、少阳、少阴之象，皆略同于朱熹《朱文公易说》《易学启蒙》等著述而更加以推衍。如关于"两仪生四象"，朱熹云："两仪之上，各生一奇一偶而为二画者也。"② 陈淳《四象数说》则云："一动一静，互为其根，故又其次于两仪之上，各生一奇一偶而为二画者四，谓之四象。太阳居一，其本体二画奇，每奇之围三……少阴居二，其本体一画奇一画偶，每偶之围四……"③ 其《先天图说》《后天图说》则分别论析伏羲、文王之《易》，以理涵象、理象兼该。《朱子语类》卷六五有陈淳问邵雍《先天图说》之记载：

> 安卿问："《先天图说》曰：'阳在阴中，阳逆行；阴在阳中，阴逆行；阳在阳中，阴在阴中，皆顺行。'何谓也？"曰："图左一边属阳，右一边属阴。左自震一阳，离、兑二阳，乾三阳，为阳在阳中顺行。右自巽一阴，坎、艮二阴，坤三阴，为阴在阴中顺行。坤无阳，艮、坎一阳，巽二阳，为阳在阴中逆行。乾无阴，兑、离一阴，震二阴，为阴在阳中逆行。……其中白处者，太极也。三十二阴、三十二阳者，两仪也。十六阴、十六阳者，四象也。八阴、八阳者，八卦也。"④

《周易本义》卷首列有《伏羲先天八卦方位图》（据《说卦传》"天地定位"一句所作），即所谓《先天图》，邵雍作《先天图说》，认为自震至乾为顺，自巽至坤为逆，以象数之顺逆可推论宇宙之生成演化。以上所引即朱熹结合阴阳、象数对陈淳所问进行解答。而《朱子语类》卷六六亦载："安卿问：'《先天图》有自然之象数，伏羲当初亦知其然否？'曰：'也不见得如何。但圆图是有些子造作模样，如方图，只是据见在底画。圆图便是就这中间拗做不同两截。恁地转来底是奇，恁地转去的是偶，便有些不甚依他当初画底。'"⑤ 后来陈淳亦作《先天图说》，以卦画之重、生、加、乘对《先天图》之象数内涵加以详细阐发，又云："所谓乾一而坤八者，又依然有自然之序……两仪、四象、八卦而会于一体，则

---

①　《北溪大全集》卷十九。
②　《朱文公易说》，第 5 页。
③　《北溪大全集》卷十一。
④　《朱子语类》，第 2172—2173 页。
⑤　《朱子语类》，第 2184 页。

周身无端又浑然一太极也"，"当时文字未立，而天地人事万物之理无不炳蔚于其中"，"历三古四圣而易道于是乎大备矣文王……周公、孔子之辞又皆不外乎羲画之意也"①，可以看出，陈淳正是在解读象数的基础上弘扬蕴涵于其中的义理内涵。也因此，陈淳认为扬雄之《太玄》只是在象数形式上模仿《周易》，而于儒家义理却无甚贡献。《太玄》分三方、九州、二十七部、八十一家、七百二十九赞，以模仿《周易》之两仪、四象、八经卦、六十四卦、三百八十四爻，其"赞辞"相当于《周易》之爻辞，而《玄冲》《玄摛》等十篇则相当于《周易》之"十翼"，其思想实际上是儒、道、阴阳三家的混合体。陈淳《太玄辨》曰："《太玄》本为拟易而作也。其文参之《易纬》，以序卦气；准之太初历，以考星度。盖少杂乎《书》而不纯乎《易》，密于数而道则未也……未能根极于理义之大本而不免乎老、墨之指归，于《易》之宏纲大义亦何所发明哉！"②而对于模仿《太玄》的司马光之《潜虚》，陈淳同样进行了批评，其《潜虚论》称："以后世有子云者，必好玄；亦以后世有君实者，必好虚。一一模仿，要之俱不足以补于《易》，是亦工于其数而道则未也。……今其言以柔、刚、雍、昧、昭为性之分，则是止论气之秉而非性之谓矣，其学已不识大本，而其他又多为艰奥之辞以文浅近之理，而所谓虚者，即不能免乎老氏之归，于圣贤之心传大义要旨亦将何所发明哉！"③陈淳指出二书皆工于"数"而疏于"道"，实际上也就是未能将象数与义理结合在一起，故不能对羲、文、周、孔之《易》有所发明。

在治《易》上，朱熹强调象、数、理、辞要合而观之，《朱子语类》卷六七载："季通云：'看易者，须识理、象、数、辞，四者未尝相离。'盖有如是之理，便有如是之象；有如是之象，便有如是之数；有理与象数，便不能无辞。"④陈淳亦深受其影响，在《原辞》一文，他重点论述孔子"十翼"之于象数、理、辞的统摄："推广图象卦爻之蕴以著明羲、文、周公之法，然专以理义发明占意，使人居则观其象而玩其辞，动则观其变而玩其占。"⑤在《天行健君子以自强不息》一文中，他结合《乾》卦之重乾之象、天行之数、"元亨利贞"之辞，来阐释自强不息之"天理"："乾六画纯阳，上下皆乾，为重乾之卦。阳之性健，其成象之大者

①　《北溪大全集》卷十一。
②　《北溪大全集》卷二十一。
③　《北溪大全集》卷二十一。
④　《朱子语类》，第 2231 页。
⑤　《北溪大全集》卷十九。

曰天。天一而已，何以见其为重义？盖天行一日一夜，三百六十五度四分度之一为之一周。今以行而言，则见其日日一周，若重复之象焉，非至健不能也。君子法天行之象，必自强不息者，何也？此正夫子示人以体道之要，而非姑为是区区之法也……自元而亨，亨而利，利而贞，贞而复元，自春而夏，夏而秋，秋而冬，冬而复春，凡大化流行循理而无端者，皆与道为体也，而其在人则总会于吾心。天理本体亦常生生，而无一息之已，而其大用亦无一息不流行乎日用之间。"①

应该说，这些论述都可视为陈淳对朱熹易学的诠释与阐发。但前文说过，陈淳主张理气不二分，这就使他关于义理、象数的某些观点与朱熹又有所不同。朱熹认为画前之《易》为《易》之本源，而太极是画卦的源头，他说："当其未有卦画，则浑然一太极。"②是说未有象数之前已具有此理；上一段之引文说"有如是之理，便有如是之象"，亦明显认为卦爻象来源于阴阳之理，这些都是其理在气先思想的体现。陈淳虽然在《原画》一文中也说："所谓太极云者，象数未形而其理已具之称。"③ 但他马上又在《原辞》中说："然《易》之起，原于象数，自象数之既形，则理又具于理数之中，而不可以本末二其观也。……此正程子所谓'体用一源，显微无间'者。"④ 伊川"体用一源，显微无间"之说已如前述，对此，朱熹在《太极图说解·附辨》中认为：体用虽为一原，却有精粗先后之别⑤，总体上持"无间而有别"之说。而陈淳在《严陵讲义·道学体统》中说："自一本而万殊，而体用一源也。合万殊而一统，而显微无间也。"⑥ 将体用关系与理一分殊合而为一。在《心体用说》中则认为："必有是天地同大之体，然后有是天地流通之用；亦必有是天地流通之用，然后有是天地同大之体，则其实又非两截事也。"⑦ 明显反对将体用分为两截。正是基于象数、义理不分本末先后的观点，他又在《原辞》中强调："若偏于象占而不该理义，则孔子之意泯；若一于理义而不及乎象占，则羲、文、周公之心亦几乎息。"⑧ 这就与朱熹的"太极在象数之先"的看法有所不同。

① 《北溪大全集》卷十九。
② 《朱文公易说》，第 10 页。
③ 《北溪大全集》卷十九。
④ 《北溪大全集》卷十九。四库本原文如此，然"理数"之"理"字疑当为"象"。
⑤ 《周敦颐集》，第 10 页。
⑥ 陈淳：《北溪字义》，第 75 页。
⑦ 《北溪大全集》卷十一。
⑧ 《北溪大全集》卷十九。

在探讨《周易》之大旨方面，陈淳有《原旨》一文，他说："昔者圣人之作《易》也，本就阴阳而取名，以阴阳交错而理流行，不容以一定之拘，故以易命之，其为字从日从月，亦阴阳之谓也，而其所以为义则代换、变易之称。"① 他以"代换、变易"作为《易》之旨，与朱熹"易字有二义，有变易，有交易"②"交易为体，变易为用"（《原象》）③之说大体相近，其中"代换"即为"交易"。基于其象数、义理不可二分的观点，陈淳认为，在易象之"代换、变易"之中，无不有"理"（太极）贯串其中，如其《原旨》所云："在造化，则阴阳二气之中各具一太极；在书，则六十四卦之中每象每爻亦各具一太极也；四十九策之中，每揲每变亦各具一太极也。"④

由于陈淳为朱熹传《易》弟子，又深明易象，故廖德明在朱熹去世后刊刻《周易本义》时，将样板寄与陈淳咨询磋商。前文已言及陈淳曾手抄《周易本义》以归，并加以深入研究，故他对《伏羲八卦方位》《伏羲六十四卦方位》等易图提出自己的校订意见。在《答廖师子晦》中，陈淳云：

> 某特蒙惠《易本义》及卦图、《大学议论》，甚荷诲督不弃，铭佩何已。某向者庚申春首自考亭传《本义》来，前列诸图，如《伏羲八卦方位》，乾一在左方之上，兑二次之，离三又次之，而震四居其下，巽五居右方之上，坎六次之，艮七又次之，而坤八卦其下，与今所刊《本义》正同，但其中无"太极"字。《伏羲六十四卦方位》，左自乾一至震四，右自巽五至坤八，亦依前八卦方位，而正南之中注"夏至午中"，正北之中注"冬至子中"，正东之中注"春分卯中"，正西之中注"秋分酉中"，外无六十四卦名，而内为方图，与《启蒙》全同，窃谓此为定本，更不可易。……若校之《启蒙》八卦图，以乾一居正南，坤八居正北，则为蹉进了，只做得八重卦方位，而亦少偏不甚全正，恐昔日考之未精，而今不从之。若今所刊《本义》六十四卦方位，以乾一八卦居东南，兑二八卦居正东，又蹉退了，了不合自然之位。……又无方布，与图后说不相应，为误无疑。⑤

由上可知，陈淳作为《周易本义》正式刊刻前的最后一批读者之一，据其所

① 《北溪大全集》卷十九。
② 《朱文公易说》，第10页。
③ 《周易本义》，第163页。
④ 《北溪大全集》卷十九。
⑤ 《北溪大全集》卷二十二，《答廖师子晦》（第三书）。

见闻、所理解对廖本提出了商榷意见。在文字上，他认为《伏羲八卦方位》其中应无"太极"二字，而《伏羲六十四卦方位》外（指外圈圆图）应无六十四卦卦名，这样乃与《周易启蒙》所附二图保持一致。在位置上，他认为八卦方位"乾一在左方之上"，而并非是正南方位，而廖本《周易本义》之乾坤位置则是正南、正北，陈淳认为此为"蹉进"；六十四卦圆图方位则为"蹉退"；六十四卦圆图之中应有方布（即六十四卦方图），如此才能与图后所说"方布者，乾始于西北，坤尽于东南，其阳在北，其阴在南。此二者，阴阳对待之数。圆于外者为阳，方于外者为阴，圆者动而为天，方者静而为地者也"① 相应。今传本《周易本义》有方图而亦有"太极"二字及六十四卦卦名，与陈淳见解不尽相合，但陈淳所言仍然对我们了解朱熹《本义》具有认识价值与启发意义。

### 四、陈淳易学的影响

南宋徐明叔《道原堂记》称："《易》有《本义》，《诗》有《集传》，《礼》有《经传通解》，史有《通鉴纲目》，文公之立教也甚备；先后天、河洛书之说，《礼诗》《女学》宗法之书，《道学体统》《节目》之四篇，异端《似道》《似学》之二辨，北溪之卫道也尤严。"② 此处将朱熹、陈淳著述对举而言并以《易》著为首，所谓"先后天、河洛书之说"即指陈淳之《河图洛书说》《先天图说》《后天图说》，亦标明陈淳对朱熹易学之继承与捍卫。

而陈淳弟子中亦颇有研易者，据《宋元学案·北溪学案》载，其中成果较著者有仙游陈沂、泉州黄以翼、南安吕大圭。"北溪门人"首列"推官陈贯斋先生沂"："陈沂，字伯藻，一字贯斋，仙游人，光祖之子，北溪陈氏弟子也。北溪称其天姿粹澹，用功恳切，盖高弟云。官至新州推官，所著有《读易记》。……《仙游县志》言先生遍参刘爚、廖德明、李方子、杨至诸先生之门，而北溪其所终身卒业者。凡一时及门之士，皆推为嫡嗣云。"③ 陈沂《读易记》已佚，然既为北溪高弟、嫡嗣而其著作以《读易记》为代表，其受《易》于陈淳概可知矣。④

① 《周易本义》，第 20—21 页间之附图。
② 沈定均修，吴联薰增纂，陈正统整理：《漳州府志》卷四十三《艺文三·道原堂记》，光绪三年芝山书院本，中华书局 2011 年版，第 1976 页。
③ 黄宗羲著，全祖望补修，陈金生、梁连华点校：《宋元学案》，中华书局 1986 年版，第 2234 页。
④ 当然学者之学术渊源往往非只一处，如《闽中理学渊源考》亦称陈沂"复受《书》《易》于蔡渊、蔡沈"，见李清馥《闽中理学渊源考》卷二十八《主簿陈北溪先生淳学派·推官陈伯澡先生沂》，文渊阁四库全书本。

"北溪门人"又有"黄先生以翼":"黄以翼,字宗台,泉州人,北溪陈氏弟子也,兼师蔡白石,析理精诣。暮年,学益博。所著有《易说》、《礼说》。"① 蔡白石即蔡和,晋江人,为北溪之讲友,《宋元学案》称其"居白石村,丧祭酌古今礼,乡闾化之"②,可见其于礼学当有造诣,黄以翼兼师北溪、白石,其《易说》《礼说》或即分别传承于二人。

陈淳再传弟子吕大圭对《易》学亦有研究。《北溪门人·杨先生昭复》云:"杨昭复,闽人,师北溪,得朱子之传。其门人曰吕大圭。"③ 而《杨氏门人》则载:"吕大圭,字圭叔,南安人,杨昭复弟子也。昭复之学,得之北溪陈氏,以接朱子,世号温陵截派。……所传《易经集解》《春秋或问》《学易管见》。其说《易》,取阴阳对卦并论,如《乾》《坤》作一论,《夬》《剥》作一论之类。"④《乾》六爻皆阳、《坤》六爻皆阴;《夬》(䷪)下乾上泽,为一阴五阳,而《剥》(䷖)下坤上艮,为一阳五阴:此两组皆为"对卦",亦称"错卦"。所谓"取阴阳对卦并论",当即以阴阳对立之观点来阐释两两之卦性,于此亦可略知吕大圭治《易》之主旨。

泉州(同安)为朱熹初仕之地,而陈淳弟子亦多在泉州,朱熹、陈淳对后世泉南易学兴盛之影响值得进一步研究。陈淳漳州弟子之研《易》者则有蔡逢甲,《闽中理学渊源考》载:"蔡逢甲字国贤,临漳人……受业陈安卿之门,尝与安卿辨论河图、洛书同异及太极图、《西铭》之相发明处,安卿称其有特见。"⑤ 而明末漳州之黄道周为当时著名易学家、朱子学者,其讲学处崇祀朱熹、陈淳。崇祯十七年(1644年),黄道周讲学于漳州邺山书院,书院建有三近、乐性、与善三堂,其中与善堂为先圣先贤之神堂,前楹祀朱子、陈淳、黄榦、王遇、高登、陈真晟、周瑛、林魁、蔡烈,称"九先生"⑥,为弟子们立下学问、道德之楷模。其后黄道周率师抗清被俘,慷慨就义,与陈淳一起成为漳州历史上入祀孔庙之仅有

① 《宋元学案》,第 2235 页。
② 《宋元学案》,第 2233 页。
③ 《宋元学案》,第 2234 页。
④ 《宋元学案》,第 2240 页。又:《同安县志》"吕大圭"作"吕大奎","杨昭复"作"王昭复",亦称吕大圭之《易经集解》《学易管见》等著作皆行于世,见林学增修、吴锡璜纂(民国十八年)《同安县志》卷二十九《儒林传·吕大奎》,成文出版社 1967 年版,第 944 页。
⑤ 李清馥:《闽中理学渊源考》卷二十八《主簿陈北溪先生淳学派·漕举蔡国贤先生逢甲》,文渊阁四库全书本。
⑥ 黄道周著,陈寿祺编:《明漳浦黄忠端公全集》卷二十四《与善堂记》,道光十年刻本。

二人。黄道周易学侧重象数、不废义理，观诸朱熹、陈淳之易学亦有脉络可寻，由其"理、象、数是三要事"[①]"凡易生于象，象生于数，象数灭则理义性命不可得而见也"[②]等思想即可见一斑。其《易象正》卷首列大象十二图、历年十二图以明《易》象，主要内容则以变卦解易的思想分析六十四卦卦爻辞；其《三易洞玑》之"三易"不主《周礼·春官》之《连山》《归藏》《周易》之三易说，而指伏羲易、文王易、孔子易，与朱熹、陈淳区别"三圣（四圣）作易"之说相似。当然，黄道周以易推步历史的思想显然是受邵雍的影响。他认为："世之谈易者，但略举阴阳，粗明气象而已；其次乃专谈理义以为性命。今以历律为端，日月为本，六十四为体，七十二为用，天道为经，人事为纬，义理性命以为要归。"[③]此语颇能代表其易学思想。而与黄道周同时的漳州易学家还有何楷，其易学专著今存《古周易订诂》十六卷。此书训解经传，大致以古《周易》上下经、《十翼》之篇次为本，以分经合传为非古，《四库全书提要》称其"分经分传以存古本，而经下所列《十翼》之文则引以互证，故皆低一格书之，以别于后之正文。其仍以《古周易》标目，盖以是也。"[④]其体例显然受朱熹经传相分的影响。

陈淳初见朱熹时已过而立之年，但在思想上却如同重获新生，他尽其一生致力于朱子学的学习与传播之中，北溪学派乃有"紫阳别宗"之称，这种特殊的人生经历也对其易学思想产生影响。朱熹乃儒学之集大成者，其博大精深之学术境界，确非一般人所能企及，陈淳亲炙朱子日久，其高山仰止之叹，实可理解，但是他认为易学到了朱熹"至是无余蕴"，又显然崇之太过，对其自身包括易学在内的学术发展亦起到一定的阻碍作用，而较之朱熹损益百代、自成一家的思想，实际上也是一种退步。

总而言之，陈淳的易学思想大体以"述朱"为主，又有所发明。他申明"四圣三贤"的易道渊源论，对强化朱子学派的道统地位作出重要贡献；他的"太极"观融浑理气，是对朱熹理气观的一种发展；在治易上，他综合程朱，强调象数、义理不可二分，并对朱熹易学的传播作出自己的贡献，朱彝尊将其列为朱熹传《易》弟子是有根据的。

---

① 《明漳浦黄忠端公全集》卷二十九《三易指归》。
② 黄道周著，翟奎凤整理：《易象正》卷初上《六十四体卦初终定序图第一》，中华书局 2011 年版，第 42 页。
③ 《明漳浦黄忠端公全集》卷二十九《易象正序例》。
④ 何楷：《古周易订诂》，影印文渊阁四库全书本。

# 第二十三章　经　权

《说文》云：“经，织也。”“经”本义为织物之纵线，与“纬”（横线）相对，由于“经静而纬动”，故引申为“常”，如《礼记·月令》云：“毋失经纪，以初为常。”经纪即纲纪、常纪。故《广雅》云：“经，常也。”《说文》又云：“权，黄华木，从木雚声。一曰反常。”但赵纪彬先生综合马瑞辰、陈奂、章太炎诸家之说，并从“工具是人的器官之延长”这一观点出发，认为权（“權”）字从“攤”（拳）字而来，“權”是拳头的延长，“衡”是臂膊的延长，二者相结合构成“秤”（“權”是秤锤，“衡”是秤杆），以测量物体之轻重①。后“權”引申为权宜、变通等义。自孔子论权以来，“经权”逐渐成为中国哲学史上一对重要的哲学范畴。经为基本原则、大义所在，权为权衡变通、因时制宜，二者合称为经权。可以说，经权既是一种政治艺术，也可视为一种个人内在修养，在社会生活中发挥重要作用。张立文先生认为“经权对待的反经合道——经权统一的经即权——经权既对待又统一”这三种观点“基本反映了经权范畴发展的历史顺序”②，大体如是。

《北溪字义》中有“经权”一门，在此，陈淳较为系统地阐述了其理学视野下的经权观，其中既有对宋以前经权思想的总结，亦有对二程、朱熹经权观的发展。以下即拟从先秦儒家说起，历汉唐而至宋儒，穷源溯流，以期对陈淳的经权思想作一个较为全面的分析。

---

① 赵纪彬著，李慎仪编：《困知二录》，中华书局 1991 年版，第 250—254 页。
② 张立文：《中国哲学范畴发展史（人道篇）》，中国人民大学出版社 1995 年版，第 741 页。

## 第一节　宋以前的经权思想

### 一、先秦儒家的经权思想

权说并非儒家所独有，《商君书》有《修权》篇，其称："国之所以治者三：一曰法，二曰信，三曰权……权者，君王之所独制也。"此处之"权"即表示权力、权势。韩非子著有《扬权》篇，此为宣扬君权而作，其所论之"权"亦为权力。庄子亦论及"权"，其所论权则为"通权"，如："知道者必达于理，达于理者必明于权，明于权者不以物害己。"(《庄子·秋水》)阐明"权"与"道""理"的关系。又云："草食之兽不疾易薮，水生之虫不疾易水，行小变而不失其大常也。"(《庄子·田子方》)此处之"变"与"常"近似于"经"与"权"。而传统儒家的经权思想源远流长，也最为完备，故在此重点讨论的也是儒家的经权思想。

1. 孔子论权

孔子在《论语》中对"权"有过三处论述：

《论语·尧曰》云："谨权量，审法度，修废官，四方之政行焉。"此处之"权"指度量轻重之权衡。

《论语·微子》有孔子对古今"逸民"的评论，其中谓"虞仲、夷逸，隐居放言，身中清，废中权"。孔子认为虞仲、夷逸隐居避世而直言无讳，他们以清廉自处，自废于世而合于权。"中权"指合乎时宜、情势。《左传·宣公十二年》有"前茅虑无，中权，后劲"之语，杜预注"中权"为"中军制谋"，此"中"读 zhōng，"权"盖指权力、权谋，而《论语·微子》此处之"中"当读为 zhòng，有"适合"之义，亦隐含着"权"与"中道"之关系。孔子说过："天下有道则见，无道则隐。"(《论语·泰伯》)，又以"邦有道则仕，邦无道则可卷而怀之"的蘧伯玉为"君子"(《论语·卫灵公》)，这种于仕隐之间的选择亦可谓近于"中权"。

而最重要也引起最多争论的是《论语·子罕》所载："可与共学，未可与适道；可与适道，未可以立；可与立，未可与权。"大意为：可以与之共同求学的人，未必可以一起有志于道；志同道合的人，未必都能卓然自立；可以与之皆能有所自立的人，未必都能通权达变。

但此章历来存在争议。首先是文字之顺序。阮元《论语注疏·校勘记》云："《笔解》云：'正文传写错倒。当云：可与共学，未可与立；可与适道，未可与权。'案：《诗·绵·正义》及《说苑·权谋》篇、《三国志·魏武帝纪·注》、《北周书·宇文护传·论》并引'可与适道，未可与权'。与《笔解》说合。"①

《笔解》即旧题为韩愈、李翱所作之《论语笔解》，其说解《论语》时有新意，此以"可与共学，未可与立；可与适道，未可与权"为《论语》本意。而赵纪彬复引《论语·为政》"吾十有五而志于学，三十而立，四十而不惑，五十而知天命，六十而耳顺，七十而从心所欲，不逾矩"以佐证之，言当"学"而后"立"，"知道"（即"知命"）而后"权"（即"从心所欲不逾矩"）。②

此章既言交友之道，又指示为学路径，体现了孔子学以致用的思想。从求同存异的角度出发，不管是"学——道——立——权"，还是"学——立——道——权"，皆以"学"始而以"权"终。子曰："诵《诗》三百，授之以政，不达；使于四方，不能专对，虽多，亦奚以为？"（《论语·颜渊》）若学不能致用，所学何为？故能够通权达变应是学习的高级形态，于此也可以看出孔子对"权"的重视。孔子既多能鄙事，又多历沧桑，绝非抱残守缺、不知变通之人。子见南子（《论语·雍也》）、不见阳货（《论语·阳货》）、推许管仲为"仁"（《论语·宪问》）、背蒲人之盟（《史记·孔子世家》）等做法亦可视为孔子权道之实际体现。

那么，孔子此处论述中，有没有包含着对经权关系的思考？《朱子语类》有"'可与立'，便是'可与经'"之说③，故有论者认为可以将"立"视为"经"，并认为此语包含着经权统一与经权互悖的因素，笔者窃以为有过度阐释之嫌。钱穆释"立"为"强立不反"，称"能立乃始能权"④。杨伯峻则认为："《论语》中的'立'经常包含着'立于礼'的意思，所以这里译为'事事依礼而行'。"⑤此言较为允当。事实上，到了孟子，"礼"才略等于"经"（详下）。

其次，本章与下一章之"'唐棣之华，偏其反而。岂不尔思？室是远尔。'子曰：'未之思也。夫何远之有？'"是否应合为一章，亦存在不同见解。"唐棣之华"数句为逸《诗》，孔子在此引之，与"权"是否有关系，历来存在争议。汉儒认

① 阮元校刻：《十三经注疏·论语注疏》，中华书局1980年版，第2493页。
② 《困知二录》，第265页。
③ 朱熹撰，朱杰人、严佐之、刘永翔主编：《朱子全书》（修订本）第15册《朱子语类》卷三七，上海古籍出版社、安徽教育出版社2010年版，第1381页。以下言《朱子语类》皆同此版本。
④ 钱穆：《论语新解》，九州出版社2011年版，第279页。
⑤ 杨伯峻：《论语译注》，中华书局1980年版，第96页。《论语·尧曰》称："不知礼，无以立。"

为二章为一，朱熹则相反。下文将有进一步分析，此不详述。

2.《周易》的权变思想

《周易乾凿度》称"易"之名其义有三：简易、变易、不易。其中之不易与变易，似可视为经与权的关系。《易经》六十四卦各卦之错综、诸爻之互变，无不验证了"变动"实为《易经》之常态。《易传》的思想一般认为本于孔子。《系辞上传》云："圣人设卦观象，系辞焉而明吉凶，刚柔相推而生变化。"又云："化而裁之谓之变，推而行之谓之通。"《系辞下传》亦云："刚柔相推，变在其中矣；系辞焉而命之，动在其中矣。"又云："《易》之为书也不可远，为道也屡迁，变动不居，周流六虚，上下无常，刚柔相易，不可为典要，唯变所适。"又云："易，穷则变，变则通，通则久。是以自天佑之，吉无不利。"皆强调《周易》之变动特征。而《系辞下传》对于《巽》的阐释更集中体现了权变的思想。

《系辞下传》三陈九卦，首以《履》而终于《巽》，以说明《周易》乃"修德防患"之作，其中称《巽》云："《巽》，德之制也""《巽》，称而隐""《井》以辨义，《巽》以行权"。"井"恒处一处而不迁移，有如守义如一；而"巽"（风）则应时而动，正合行权之要，故韩康伯注"《井》以辨义，《巽》以行权"云："施而无私，义之方也；权反经而合道，必合乎巽顺，而后可行权也。"唐孔颖达《正义》云："巽顺，以既能顺时合宜，故可以行权也；若不顺时制变，不可以行权也。"[1] 皆有助于理解"《巽》以行权"之意。《巽》卦之义，主于顺从，但从初六的"利武人之贞"、九三的"频巽，吝"、上九的"巽在床下，丧其资斧"等爻辞可知，这种顺从不是无条件地服从，而是提倡一种内在的刚健之德。《周易译注》概括为："'巽'之道在持正不阿，'巽'之时在有所作为。"[2] 因此，如果将"《巽》，称而隐""《巽》以行权"和上文孔子所谓"虞仲、夷逸，隐居放言，身中清，废中权"联系在一起来考量，似皆可视为孔子对隐逸之士的理解与认可。另一方面，"《井》以辨义，《巽》以行权"直接启发了后之学者对"权"与"义"关系的思考（可参见下文所论董仲舒、赵岐、王通以及程朱等人的经权思想）。

需要补充的是，《周易》的阴阳观念对经权思想有一定的影响。阴阳本指阳光的背向，向日为阳，背日为阴，本身具有矛盾对立的含义，《周易》将之进行抽象、升华，遂有"《易》以道阴阳"（《庄子·天下》）、"一阴一阳之谓道"（《系

---

① 阮元校刻：《十三经注疏·周易正义》，中华书局 1980 年版，第 89 页。

② 黄寿祺、张善文：《周易译注》，上海古籍出版社 1989 年版，第 474 页。

辞下》）之称。蕴含、贯通在《周易》中的由两个方面、两种力量相反相成而推动事物发展的思想，以及天高地卑、崇阳尚刚的价值偏向，可以视为后世的经权对立统一或是重经轻权等经权思想的重要来源。

3. 孟子的权论

孟子推崇"大丈夫"之气概，具有强烈的原则性，如他反对弟子陈代所建议的"枉尺而直寻"、委屈自己去迎合诸侯，认为这是"枉道而从彼"，违背了大经大道（《孟子·滕文公下》）。他主张"反经"，此"反"为返归之意，他说："君子反经而已矣。经正则庶民兴，庶民兴，斯无邪慝矣。"（《孟子·尽心下》）故此"反经"与后来所谓"反经合道"有所不同。

但是，孟子又认为权是衡量物体轻重之必需，并进一步推物及心，将权视为人心之常理。《孟子·梁惠王上》云："权，然后知轻重；度，然后知长短。物皆然，心为甚。"所谓"嫂溺援手"最能体现孟子之经权思想："嫂溺不援，是豺狼也。男女授受不亲，礼也；嫂溺，授之以手者，权也。"（《孟子·离娄上》）孟子认为，在正常情况下，男女授受不亲乃为不可易之礼（可视为"经"）；但在特定的情况下、需要变通时，则需要授之以手，此时，"权"可济"经"之困境。既坚持原则，又能随机应变，这正是人的主观能动性的体现。故孟子为舜之"不告而娶"辩护："不孝有三，无后为大。舜不告而娶，为无后也，君子以为犹告也。"（《孟子·离娄上》）"不告而娶"非礼，但在孟子看来，"无后"的严重性显然比"不告"更大，故舜舍小而取大。

孟子又说："杨子取为我，拔一毛而利天下，不为也；墨子兼爱，摩顶放踵利天下，为之。子莫执中，执中为近之。执中无权，犹执一也。所恶执一者，为其贼道也，举一而废百也。"（《孟子·尽心上》）孟子认为"执中"最接近仁义；但是，如果一味坚持中道而缺乏变通，就和固执于一端没什么两样。这种"执一害道"的提法再次表明孟子对"权"的重视。这也提醒我们，权与中确实存在着内在联系。我们注意到，尧正是授舜以"允执其中"之心法（《论语·尧曰》[①]），而孟子提出"执中无权，犹执一也"的说法，显然将"权""中"关系的思考又推进了一步。到孟子这里，"权"与"中"的关系变得更为直接、密切，如果说"中"为体，则"权"为用，"权"明显具有了方法论的意义。

---

① 《论语·尧曰》："尧曰：'咨！尔舜！天之历数在尔躬，允执其中。四海困穷，天禄永终。'"舜亦以命禹。

### 4. 荀子的权论

荀子主张人之处事应权衡利弊，行"欲恶取舍之权"，方能避免"偏伤"（《荀子·不苟》）。另一方面，荀子极为称道通晓权变之人。荀子认为："知隆礼仪之为尊君也……知明制度、权物称用之不为泥也，是卿相辅佐之材也。"（《荀子·君道》）将能"权物称用"、不拘泥于成规者视为卿相之材。而这种人亦可称为"通士"："上则能尊君，下则能爱民，物至则应，事起而辨，若是则可谓通士矣。"（《荀子·不苟》）当然，这种变通应当是以"礼义之中"为基础的，故他又认为能"以义屈信、变应"方可称为"君子"（《荀子·不苟》）。

但是，在《荀子》中，"权"更多的是指衡量事物的标准（亦即其本义，与"衡"并称），荀子云："凡人之取也，所欲未尝粹而来也；其去也，所恶未尝粹而往也。故人无动而可以不与权俱。衡不正，则重悬于仰而人以为轻，轻悬于俯而人以为重，此人所以惑于轻重也。权不正，则祸托于欲而人以为福，福托于恶而人以为祸，此亦人所以惑于祸福也。道者，古今之正权也，离道而内自择，则不知祸福之所托。"（《荀子·正名》）在此，荀子认为"人无动而可以不与权俱"，故此"权"须为"正权"（在某种程度上亦可视为"正经"），亦即"道"，"道"乃"古今之正权"，若不与道俱，则易惑于欲、恶。于此亦可见荀子所论具有经权合一的倾向。

总之，孔子首先提出要重视"权"，在"可与共学章"的语境中，行权比"适道"的层次更高。"《巽》以行权"的提法与"从心所欲不逾矩"具有相通之处。

而孟子对权与礼的关系进行了深入分析。礼是整齐有序的规范，是实现道德教化的重要途径，即孔子所谓"道之以德，齐之以礼，有耻且格"（《论语·为政》）；但当遇到现实中循礼而不能解决的问题时，孟子坚决主张用权。同时，他提出了执中用权的观点，对权与中的关系进行了探讨，可视为对儒家"中道"的有益补充。

荀子隆礼，故强调礼义，以"道"为"古今之正权"，此道当为礼法之道。礼义既可指礼仪，亦可指礼之义，如孟子称："万钟则不辨礼义而受之，万钟于我何加焉？"（《孟子·告子上》）而荀子进一步将礼说成"法之大分"（《荀子·劝学》），赋"礼"以"法"的内容，又称"听政之大分，以善至者待之以礼，以不善至者待之以刑"（《荀子·王制》），直欲以礼法区别善恶，反映了当时重法刑的社会思潮。荀子的政治理想是建立"全道德，致隆高，綦文理，一天下"的统一的中央集权国家（《荀子·王制》），因此，荀子的权论实际上包含着经权统一的思想。但总体而言，先秦儒家并未明确提出"经权"这一对立统一的概念。以下用表格形式概括之：

| 出处 | 主要观点 |
|---|---|
| 《论语》 | 可与共学，未可与适道；可与适道，未可以立；可与立，未可与权。 |
| 《周易·系辞传》 | 《井》以辨义，《巽》以行权。 |
| 《孟子》 | 男女授受不亲，礼也；嫂溺，授之以手者，权也。 |
| 《荀子》 | 道者，古今之正权也。 |

### 二、汉唐儒者的经权观

汉代经学昌盛，相应的，"经"与"权"开始被相提并论，汉儒对经权关系亦进行了进一步的阐释，葛荣晋先生对此有相关论述，可参见[①]，在此重点探讨《春秋公羊传》《韩诗外传》《春秋繁露》及《淮南子》的经权思想。而汉以后则重点探讨韩康伯、刘昼、柳宗元的经权思想。

1. 《春秋公羊传》的经权观[②]

经、权二字真正并称，始于《春秋公羊传·桓公十一年》：

> 九月，宋人执郑祭仲。祭仲者何？郑相也。何以不名？贤也。何贤乎祭仲？以为知权也。其为知权奈何？古者郑国处于留，先郑伯有善于邻公者，通乎夫人以取其国，而迁郑焉，而野留。庄公死，已葬，祭仲将往省于留，涂出于宋，宋人执之。谓之曰："为我出忽而立突。"祭仲不从其言，则君必死，国必亡；从其言，则君可以生易死，国可以存易亡。少辽缓之，则突可故出，而忽可故反，是不可得则病，然后有郑国。古人之有权者，祭仲之权是也。权者何？权者反于经，然后有善者也。权之所设，舍死亡无所设。行权有道，自贬损以行权，不害人以行权。杀人以自生，亡人以自存，君子不为也。[③]

祭仲为郑相，在郑庄公死后，立太子忽为国君（即郑昭公）。后祭仲被宋人所执，当时宋强而郑弱，在面临着国家、国君生死存亡的紧要关头，祭仲与宋人盟而立公子突，是为郑厉公（后来祭仲又迎昭公归郑）。《春秋公羊传》首次将

---

① 葛荣晋：《中国哲学范畴通论》，首都师范大学出版社 2001 年版，第 623—624 页。

② 《公羊传》旧题作者公羊高，据说为子夏弟子，后于西汉立为学官。

③ 阮元校刻：《十三经注疏·春秋公羊传注疏》，中华书局 1980 年版，第 2219—2220 页。

"经""权"并称，认为祭仲深得权道，并对经权的关系作了分析，提出了几个重要观点：

一是"权者反于经，然后有善者也"，权是经的反面，但目的同样是为了求得善果；二是"权之所设，舍死亡无所设"，行权的前提必须是面临着生死关头、不得已而为之的，要慎之又慎，不得滥行；三是"行权有道"，儒家推崇仁德，仁者爱人，故以"不害人"、不"杀人""亡人"为行权之底线，同时，"自贬损"的提法也表明了行权者具有一定的风险性（如祭仲身蒙逐君之恶名），他们的做法极易引起争议。①

总之，《春秋公羊传》指出权乃"反经"，但行权有道，推许"知权"之人，具体分析了行权的目的、前提、原则与方法，从中我们可以看出经权思想逐渐趋于丰富、细致。

2.《韩诗外传》的经权观

春秋时，许穆夫人因心系卫国安危、违礼回国，许国大夫纷纷阻挠（可参见《国风·鄘风·载驰》），韩婴《韩诗外传》载有孟子对此事的看法："高子问于孟子曰：'夫嫁者非己所自亲也，卫女何以得编于《诗》也？'孟子曰：'有卫女之志则可，无卫女之志则怠。若伊尹于太甲，有伊尹之志则可，无伊尹之志则篡。夫道二，常谓之经，变谓之权。怀其常道而挟其变权，乃得为贤。夫卫女行中孝、虑中圣，权如之何？'"②在此，韩婴借孟子之口，将经与权并列为"道"，肯定了许穆夫人（包括伊尹③）违礼（反经）而合道的权变思想。应该说，这与上文所涉及的孟子的经权思想是相一致的。

3.《春秋繁露》的经权观

董仲舒治公羊学，对《公羊传》的经权思想多有发挥。《春秋繁露·竹林》云："《春秋》之常辞也，不予夷狄而予中国为礼。至邲之战，偏然反之，何也？曰：《春秋》无通辞，从变而移。今晋变而为夷狄，楚变而为君子，故移其辞以从其事。"本来楚国一向被中原诸国视为"夷狄"而不知礼者，但针对鲁宣公十二年（前597年）晋楚在郑国之邲地发生的争霸战争，《公羊传》认为《春秋》所

---

① 如司马迁云："祭仲要盟，郑久不昌"（见司马迁《史记·太史公自序》，中华书局1982年版，第3310页），实际上就是对祭仲的做法提出批评。

② 韩婴撰，许维遹校释：《韩诗外传集释》卷二，中华书局1980年版，第34页。

③ 《孟子·尽心上》：公孙丑曰："伊尹曰：'予不狎于不顺'，放太甲于桐，民大悦。太甲贤，又反之，民大悦。贤者之为人臣也，其君不贤，则固可放与？"孟子曰："有伊尹之志则可，无伊尹之志则篡也。"

谓"晋荀林父帅师及楚子战于邲"的褒贬取向是"不与晋而与楚子为礼也",此即《论语·子罕》所说的"偏然反之"(偏其反而),是"从变而辞"而非"常辞"。接着,《春秋繁露·竹林》在引述"'唐棣之华,偏其反而。岂不尔思?室是远尔。'子曰:'未之思也。夫何远之有?'"之后又云:"由是观之,见其指者,不任其辞;不任其辞,然后可与适道矣。"可见董仲舒乃将"可与共学"与"唐棣之华"二章合而观之,认为孔子引《诗》与其权论有关。

《春秋繁露·竹林》亦提及祭仲之事:"故凡人之有为也,前枉而后义者,谓之中权。虽不能成,《春秋》善之,鲁隐公、郑祭仲是也。"祭仲之权已如前述;鲁隐公(息姑)出身虽不如幼弟(允,即后之鲁桓公)尊贵,但年长而贤,故群臣推为国君,董仲舒亦以为"中权",认为二者都是"前枉而后义",其行权符合更高层次的"义"。故《春秋繁露·精华》说:"《春秋》固有常义,又有应变……《春秋》有是有非,其义然也。"

《春秋繁露·玉英》又说:"《春秋》有经礼,有变礼。为如安性平心者,经礼也;至有于性,虽不安于心,虽不平于道,无以易之,此变礼也。是故昏礼不称主人,经礼也;辞穷无称,称主人,变礼也。天子三年然后称王,经礼也;有物故则未三年称王,变礼也。妇人无出境之事,经礼也;母为子娶妇,奔丧父母,变礼也。明乎经变之事,然后知轻重之分,可与适权矣。"此处,董仲舒区分了"经礼""变礼",以"安性"为礼仪之行为准则,认为在不损害基本原则的前提下,一些具体礼仪规定则可随情况的变化而随机应变。"明乎经变之事,然后知轻重之分"之后,方可适权。

《春秋繁露·玉英》进一步提出了"必在可以然之域"作为"反经行权"的判断标准:"权之端焉,不可不察也。夫权虽反经,亦必在可以然之域。不在可以然之域,故虽死亡,终弗为也。……权,谲也,尚归之以奉钜经耳。"董仲舒承袭了《春秋公羊传》的"行权有道"说,其所谓"可以然之域"即是"道",是经与权的辩证统一。而"不在可以然之域,故虽死亡,终弗为也"的提法又比"权之所设,舍死亡无所设"更进一步,强调了行权的终极原则,以道德境遇超越了《公羊传》的"死亡"境遇。因此,董仲舒最后指出"权,谲也,尚归之以奉钜经",认为权为谲道,"经"最终还是高于"权"的,这也是其"大一统"主张的体现。这在《春秋繁露·阳尊阴卑》亦可得到印证:"天以阴为权,以阳为经。阳出而南,阴出而北。经用于盛,权用于末。以此见天之显经隐权,前德而后刑也。"此说主要是将阴阳观念引申至德刑政治,表达出董仲舒重德轻刑的政治主张，但亦可见出经权对立，经为本、权为末的思想。

总之，《春秋繁露》中既讲经权互补，也讲经权对立统一，在《公羊传》的基础上又有所提升，可视为汉儒经权思想的代表。司马迁曾问学于董仲舒，在《太史公自序》中称："为人臣者不可以不知《春秋》，守经事而不知其宜，遭变事而不知其权。"① 可见司马迁是提倡经权合一的，并认为《春秋》是经权思想的源头。

### 4.《淮南子》的经权观

《淮南子·氾论训》中也有着较为丰富的经权思想，中云："三王殊事而名施后世，此皆因时变而制礼乐者……故变古未可非，而循俗未足多……""君数易法，国数易君，人以其位达其好憎，以其威势供嗜欲，而欲以一行之礼、一定之法应时偶变，其不能中权亦明矣……天下岂有常法哉！"并认为："昔者《周书》有言曰：'上言者，下用也；下言者，上用也。上言者，常也；下言者，权也。'此存亡之术也，唯圣人为能知权。……故溺则捽父，祝则名君，势不得不然也。此权之所设也。故孔子曰：'可以共学矣，而未可以适道也；可与适道，未可以立也；可以立，未可与权。'权者，圣人之所独见也。故忤而后合者，谓之知权；合而后舛者，谓之不知权；不知权者，善反丑矣。"由上可知，《淮南子·氾论训》论权的核心在于强调权变的重要性与必要性，并强调"后合"之一致性。

### 5. 赵岐的"义权不并"说

汉末经学家赵岐作《孟子章句》，其中对孟子之权说亦有所阐发。如注"男女授受不亲，礼也；嫂溺，授之以手者，权也"则云："权者，反经而善也。"② 此语当源于《春秋公羊传》之"权者反于经，然后有善者也"。其注"执中无权，犹执一也"则云："执中而不知权，犹执一介之人，不得时变也。"③《孟子·梁惠王下》有滕文公问如何"以小国事大国"，孟子告之在去与守之间"择于斯二者"，赵岐"章指"云："太王去邠，权也；效死而守业，义也。义权不并，故曰择而处之也。"④ 很明显，赵岐乃承《周易·系辞传》之"《井》以辨义，《巽》以行权"，提出"义权不并"之说。

① 《史记》，第 3298 页。
② 焦循撰，沈文倬点校：《孟子正义》，中华书局 1987 年版，第 521 页。
③ 《孟子正义》，第 918 页。
④ 《孟子正义》，第 167 页。

稍后于赵岐的魏之何晏则有"权道，反而后至大顺也"[①]之语，此不详述。

6. 韩康伯的"反经合道"说

如前所述，东晋韩康伯注《系辞传》时有"权，反经而合道，必合乎巽顺，而后可行权也"之语，以说明经与权的对立统一：二者看似相反，却合于"道"。"反经而合道"当系从《春秋公羊传》所称"权者反于经""行权有道"等综合概括而来。由于"反经合道"四字具有高度概括性，故亦多为后人所称引。从此语亦可见"道"之地位当高于"经"。

7. 刘昼的经权思想

北齐刘昼对经权关系有较为详细的论述，其《刘子·明权第四十二》可视为一篇专题权论，兹略引如下：

> 循理守常曰道，临危制变曰权。权之为称，譬犹权衡也。……古之权者审于轻重，必当于理而后行焉。《易》称："巽以行权。"《论语》称："可与适道，未可与权。"权者反于经而合于道，反于义而后有善，若棠棣之华，反而更合也。孝子之事亲，和颜卑体，尽孝尽敬；及其溺也，则揽发而拯之，非敢侮慢，以救死也。故溺而捽父，祝则名君，势不得已，权之所设也。慈爱者人之常情，然大义灭亲，灭亲益荣，由于义也。是故慈爱方义二者相权，义重则亲可灭。若虞舜之放弟象，周公之诛管叔，石碏之杀子厚，季友之鸩叔牙，以义权亲，此其类也。欺父矫君，臣子悖行。然舜取不告，弦高矫命者，以绝祀之罪重于不告，矫命之过轻于灭国，权之义也。夫有道则无权，道失则权作。道之于用，犹衣冠之在身也；权之轻重，犹甲胄之卫体也。介胄御寇而不可常服，权以理度而不可常用，自非贤哲，莫能处矣。[②]

从内容上看，《明权》的"巽以行权""可与适道，未可与权""权者反于经而合于道，反于义而后有善""溺而捽父，祝则名君，势不得已，权之所设也"等分别综合了《易传》《论语》《春秋公羊传》《淮南子》及《易传》韩注等提法，其主要观点为：一是重点强调了在特定情况下（危、变）权与经的对立，如大义可灭亲、依义可欺父矫君；二是认为天下无道时则须行权，权可济道之失；三是认为权非常理、不可常用，非贤哲之人不能正确行权。而其所引《论语》文字亦作"可与适道，未可与权"。

---

① 何晏注，邢昺疏：《论语注疏》，北京大学出版社1999年版，第123页。
② 傅亚庶撰：《刘子校释》，中华书局1998年版，第410—411页。

约与刘昼同时的南朝皇侃则有"权者，反常而合于道者也"①之语，在此亦不详细展开。

8. 王通的经权思想

隋唐间有大儒王通，其学被后世誉为"河汾道统"，现存主要著作有《中说》（一名《文中子》），其中蕴含着较为丰富的经权思想。

王通极为重视通权达变，《中说·周公篇》载："温彦博问：'嵇康、阮籍何人也?'子曰：'古之名理者而不能穷也。'曰：'何谓也?'子曰：'道不足而器有余。'曰：'敢问道器?'子曰：'通变之谓道，执方之谓器。'"②《中说·周公篇》又载："子曰：'通其变，天下无弊法；执其方，天下无善教。故曰：存乎其人!'"③王通的通权达变思想主要是从《周易》而来。"存乎其人"出自《系辞上传》："纪而裁之，存乎变；推而行之，存乎通；神而明之，存乎其人。"又如《中说·问易篇》："子读《洪范谠义》，曰：'三教于是乎可一矣。'程元、魏征进曰：'何谓也?'子曰：'使民不倦。'"④《系辞下传》曰："神农氏没，黄帝、尧、舜氏作，通其变，使民不倦；神而化之，使民宜之。"可知王通试图用上古帝王的通变方法使三教归一，从而实现天下大治。故可以说《周易》的变通思想直接影响了王通的权变观。

王通对权与义的关系有一些新的看法。《中说·魏相篇》云："文中子曰：'《元经》有常也，所正以道，于是乎见义；《元经》有变也，所行有适，于是乎见权。权义举而皇极立矣。'董常曰：'夫子《六经》，皇极之能事毕矣。'"⑤王通的"权义"并举亦当源于《周易·系辞下传》之"《井》以辨义，《巽》以行权"。而"皇极"指最高原则或标准，出自《尚书·洪范》。王通认为，皇极的建立需要权与义的统一；而权与义具有相同的地位，义并不必然地比权要高，义有大小之分，权亦然。《中说·魏相篇》云："董常曰：'执小义妨大权，《春秋》、《元经》之所罪与?'子曰：'斯谓皇之不极。'"⑥我们知道，洪范九畴，"皇极"其五而居中，其所谓"无偏无党""无党无偏""无反无侧"，亦皆指中道

① 皇侃：《论语义疏》卷五，影印文渊阁四库全书本。
② 张沛撰：《中说译注》，上海古籍出版社2011年版，第94页。
③ 《中说译注》，第97页。
④ 《中说译注》，第130页。
⑤ 《中说译注》，第200页。
⑥ 《中说译注》，第201页。

而行。谢无量称："文中子学说,以执中为要,故其书曰《中说》。"① 于经权之说亦可见之。

9. 柳宗元的经权思想

柳宗元作《断刑论》,批判了中国传统的死刑执行制度——"秋冬行刑"制,主张赏罚宜速不宜迟,如此才能有效地惩恶劝善。其中有一部分论及经权问题,兹录如下:

> 或者乃以为雪霜者,天之经也;雷霆者,天之权也。非常之罪,不时可以杀,人之权也;当刑者必顺时而杀,人之经也。……果以为仁必知经,智必知权,是又未尽于经权之道。何也? 经也者,常也;权也者,达经者也。皆仁智之事也。离之,滋惑矣。经非权则泥,权非经则悖。是二者强名也。曰当,斯尽之矣。当也者,大中之道也。离而为名者,大中之器用也。知经而不知权,不知经者也;知权而不知经,不知权者也。偏知而谓之智,不智者也;偏守而谓之仁,不仁者也。知经者,不以异物害吾道;知权者,不以常人怫吾虑。合之于一而不疑者,信于道而已矣。且古之所以言天者,盖以愚蚩蚩者耳,非为聪明睿智者设也。或者之未达,不思之甚也。②

柳宗元强调经权统一:"经也者,常也;权也者,达经者也……知经而不知权,不知经者也;知权而不知经,不知权者也。"柳宗元认为权也是经,二者本为一物,不可相离,"合之于一而不疑者,信于道而已矣",经与权皆统属于"大中之道",只是在器用的层面上,方分别为经、权之名(如《系辞上传》所云"形而上者谓之道,形而下者谓之器")。因此,柳宗元主张经权合一而归于中道,侧重于经权的统一性。柳宗元在《桐叶封弟辨》中亦言及"大中":"吾意周公辅成王,宜以道,从容优乐,要归之大中而已,必不逢其失而为之辞。"③ 或可为"当也者,大中之道"提供注解。

在此顺便提及,与柳宗元并称"韩柳"的韩愈并没有较为集中地论述经权,但他提出:"大君子为政当有权变,始似小异,要归于正耳。"④ 认为权变是为政之必须,(于经)似有小异,而终归于正道。

---

① 谢无量:《中国哲学史》,上海中华书局 1916 年版,第 46 页。
② 柳宗元:《柳河东集》,上海古籍出版社 2008 年版,第 58 页。
③ 《柳河东集》,第 66 页。
④ 韩愈著,马其昶校注,马茂元整理:《韩昌黎文集校注》卷二《上留守郑相公启》,上海古籍出版社 2014 年版,第 169 页。

总之，以上所述分别涉及权与经、道、礼、义、中等诸多关系，而到了朱熹，则将这几方面的关系综合在一起进行提炼、概括（详下）。概括地说，汉唐儒者的经权思想主要围绕经权的对立性与统一性来展开，或者强调对立性，或者强调统一性，或者二者并重。但应指出的是，其对立性往往又是建立在统一性的基础上，也就是说，经权统一是汉唐时期的主流思想，而经、权往往统一于更高层次的"道""义"。主要观点可参见下表：

| 出处 | 主要观点 |
|---|---|
| 《春秋公羊传》 | 权者反于经，然后有善者也。权之所设，舍死亡无所设。行权有道，自贬损以行权，不害人以行权。 |
| 《韩诗外传》 | 夫道二，常谓之经，变谓之权，怀其常道而挟其变权，乃得为贤。 |
| 《春秋繁露》 | 凡人之有为也，前枉而后义者，谓之中权；明乎经变之事，然后知轻重之分，可与适权矣；权虽反经，亦必在可以然之域；权，谲也，尚归之以奉钜经；天以阴为权，以阳为经。 |
| 《孟子章句》 | 权者，反经而善；执中而不知权，犹执一介之人，不得时变也；义权不并。 |
| 《淮南子》 | 忤而后合者，谓之知权，合而后舛者，谓之不知权。 |
| 《孟子章句》 | 权者，反经而善也；执中而不知权，犹执一介之人，不得时变也；义权不并。 |
| 《周易·系辞传注》 | 权，反经而合道。 |
| 《刘子》 | 权者反于经而合于道，反于义而后有善；有道则无权，道失则权作；权以理度而不可常用，非贤哲莫能处。 |
| 《中说》 | 权义举而皇极立。 |
| 《柳河东集》 | 经也者，常也，权也者，达经者也；当也者，大中之道也，离而为名者，大中之器用也；知经而不知权，不知经者也，知权而不知经，不知权者也。 |

## 第二节 二程："权便是经也"

与汉唐儒者所持的经权对立统一的观点有所不同，二程力倡"权便是经"的经权合一说，试图消解权之"反经"的一面。而在二程之前，李觏、王安石的经权观主要着眼于变通、变革方面。

北宋中叶，国家内外交困、危机四伏，改变现状与复兴儒学、经世致用是当时儒者的共同理想。王安石亦以法先王之政、抑制兼并、富国强兵等主张为当时士人所推许。王安石力主变通、改革以济时世，他在《上仁宗皇帝言事书》中指出，古之二帝三王"所遭之变、所遇之势亦各不同，其施设之方亦皆殊"，故"法其意，则吾所改易更革，不至乎倾骇天下之耳目，嚣天下之口，而固已合乎先王之政矣"①，故其后即以"法先王之意"为名而推行自己的政治主张。他认为经权互用为儒家传统："若有礼而无权，则何以为孔子？天下之理，固不可以一言尽。君子有时而用礼，故孟子不见诸侯；，故孔子可见南子。"（《再答龚深父〈论语〉〈孟子〉书》）② 其中亦似有强调行权偶然性之用意。

而受王安石所称道的李觏亦持相似观点。李觏支持庆历新政，主张改革，其学生邓润甫则参加了王安石变法。李觏《易论》称：

> 或曰：天有常，故四时行；地有常，故万物生；人有常，故德行成。而事或有变，势或有异，以常待之，其可乎？曰：常者，道之纪也。道不以权，弗能济矣。是故权者，反常者也。事变矣，势异矣，而一本于常，犹胶柱而鼓瑟也。……若夫排患解纷，量时制宜，事出一切，愈不可常也。③

李觏发展了"反经合道"之说，认为权乃"反常"，却适以济道，故于"事变势异"之世更亟须变通以"排患解纷"，高度肯定权变。论者将李觏视为"儒学功利派的先驱""王安石变法的先导"④，与其经权思想当有一定的关系。

无论是"有时而用礼""有时而用权"，还是"常"与"反常"并用，王安石、李觏的经权思想总体倾向于经权二分，而二程正与之不同。《河南程氏粹言》卷一载：

> 或问："介甫有言，尽人道谓之仁，尽天道谓之圣。"子曰："言乎一事，必分为二，介甫之学也。道一也，未有尽人而不尽天者也。以天人为二，非道也。"⑤

> 或问："仁与圣何以异？"子曰："仁，可以通上下而言。圣，名其极也。有人于此，一言一行仁矣，亦可谓之仁，而不可谓之圣。至于尽人道者，必谓之圣，而亦可谓之仁。"⑥

二程认为"一分为二"正是介甫之学的特点，其弊在于未能体察"道"之一

---

① 王安石：《临川文集》卷三十九，影印文渊阁四库全书本。

② 《临川文集》卷七十二。

③ 李觏著，王国轩点校：《李觏集》，中华书局1981年版，第43页。

④ 《李觏集》"前言"第1页。

⑤ 程颢、程颐著，王孝鱼点校：《二程集》，中华书局1981年版，第1170页。

⑥ 程颢、程颐：《二程集》，第1173页。

贯而强行区隔人道、天道。以此类推，二程的经权思想与王安石的经权互用自不
相同。①

## 一、"惟圣人善通变"

事实上，二程并不反对通权达变。其《易传序》称："随时变易以从道。"②
《粹言》卷一则载："子曰：治道有自本而言，有就事而言。自本而言，莫大乎引
君当道，君正而国定矣。就事而言，未有不变而能有为者也，大变则大益，小
变而小补。"③由此可见，二程并非有些人想象的一味顽固保守而不知变通。但
是，二程认为只有圣人才善于通变而无过失。《粹言》卷二载："子曰：惟圣人善
通变。"④通变则须胸中有所权衡："嫂叔无服，先王之权。后圣有作，虽复制服
可矣。……斟酌去取古今，恐未易言，须尺度权衡在胸中无疑，乃可处之无差。"
(《遗书》卷二上)⑤嫂叔无服，是先王权宜之计；后圣则可斟酌古今而为之制服。

二程针对两种不知"圣人之变"的人提出批评：

> 君尊臣卑，天下之常理也。伯夷知守常理，而不知圣人之变，故隘。不
> 食周粟，只是不食其禄，非饿而不食也。(《遗书》卷十八)⑥

> (冯道更相数主，荀彧佐曹操诛伐)，君子曰：在道为不忠，在彧为不
> 智。如以为事固有轻重之权，吾方以天下为心，未暇恤人议己也，则枉己者
> 未有能直人者也。(《遗书》卷四)⑦

伯夷但知"君尊臣卑"之常理而反对武王伐纣，二程认为其不知变通、见识
狭隘；冯道历仕四朝十帝而地位益隆(欧阳修斥其为"无廉耻者"而王安石却称
其能"屈身以安人")，荀彧依附曹操而不佐刘备，二程认为冯道不忠而荀彧不
智，皆枉己而未能直人，并不是真正的"权"。并且，程氏还认为"多权者害诚，

---

① 经权与义利又往往纠缠在一起，在王安石"熙宁新政"开始实施之后，二程与王安石的分歧逐渐
  加大，并从一些具体措施的争执而逐渐上升到义利之辨。有论者认为："随着新法的逐步推行，它
  已渐渐远离了二程的治世理想和治世主张，甚至还偏离了安石当初在万言书中所描绘出的那种社
  会理想和革新主张。而这正是二程与荆公分道扬镳的缘由。"(萧庆伟：《二程与王安石新法之离
  合》，《漳州师范学院学报》1999年第1期)此不赘言。
② 程颢、程颐：《二程集》，第689页。
③ 程颢、程颐：《二程集》，第1218页。
④ 程颢、程颐：《二程集》，第1272页。
⑤ 程颢、程颐：《二程集》，第23页。
⑥ 程颢、程颐：《二程集》，第217页。
⑦ 程颢、程颐：《二程集》，第73页。

好功者害义，取名者贼心"(《粹言》卷二)①。将行权过多者等同于功名利禄之徒。那么，怎样才能做到既合乎圣人之道的通权达变而又不流于变诈权术呢？这就涉及对经权关系的判断与定位。

## 二、"权便是经"

二程对汉儒"反经合道"说持有异议。二程将"经"视为"理"："中者是大中也，庸者是定理也。定理者，天下不易之理也，是经也。孟子只言反经，中在其中。"② 又称："古之学者，先由经以识义理。盖始学时，尽是传授。后之学者，却先须识义理，方始看得经。如《易》，《系辞》所以解《易》，今人须看了《易》，方始看得《系辞》。(一本云：古之人得其师传，故因经以明道。后世失其师传，故非明道，不能以知经。)"③ 在理学(道学)视域中，经的地位不可动摇。由于认为汉儒已失道统，不能明道，故"反经合道"之说亟待明辨。对此，程氏提出了"权便是经"的看法。《遗书》卷十八载：

> 汉文帝杀薄昭，李德裕以为杀之不当，温公以为杀之当，说皆未是。据史，不见他所以杀之之故，须是权事势轻重论之。……须权它那个轻，那个重，然后论他杀得当与不当也。论事须著用权。古今多错用权字，才说权，便是变诈或权术。不知权只是经所不及者，权量轻重，使之合义，才合义，便是经也。今人说权不是经，便是经也。权只是称锤，称量轻重。孔子曰：可与立，未可以权。④

据《汉书·文帝纪》载："十年冬，行幸甘泉。将军薄昭死。"其注云："郑氏曰：'昭杀汉使者，文帝不忍加诛，使公卿从之饮酒，欲令自引分。昭不肯，使群臣丧服往哭之，乃自杀。有罪，故言死。'如淳曰：'一说昭与文帝博不胜，当饮酒，侍郎酌，为昭少，一侍郎谴呵之。时此郎下沐，昭使人杀之，是以文帝使自杀。'师古曰：'《外戚恩泽侯表》云坐杀汉使者自杀，郑说是也。'"⑤ 薄昭因杀朝廷使者而被文帝诛杀，本无甚可说，但因其身份特殊(乃文帝母舅)，故引发争议。唐李德裕以为汉文帝诛薄昭"断则明矣，于义则未安也"，宋司马光则

---

① 程颢、程颐：《二程集》，第 1271 页。
② 程颢、程颐：《二程集》，第 160 页。
③ 程颢、程颐：《二程集》，第 164 页。
④ 程颢、程颐：《二程集》，第 234 页。
⑤ 班固撰，颜师古注：《汉书》，中华书局 2005 年版，第 89 页。

以为"法者天下之公器，惟善持法者，亲疏如一，无所不行"（《资治通鉴》卷十四）①。程氏则认为当与不当，须以权称量之，并借此发挥，提出了"权只是经所不及者，权量轻重，使之合义，才合义，便是经也"的看法，将权限制在经的范围之内，避免有人玩弄权术、离经叛道，而"义"便是连接经权的纽带。朱熹《论语集注》在"可与共学"章中亦引述了二程"权只是经"的言论（详下）。

### 三、"何物为权？义也"

《河南程氏遗书》卷九载："仁者，人此者也；义者，宜也，权量轻重之极；礼者别也，知者知也，信者有此者也。万物皆有性，此五常性也。"②将仁义礼智信称为"五常性"，其中，称"义"为"宜也，权量轻重之极"，故须合于义，方可称之为权。《河南程氏粹言》卷一载：

> 世之学者，未尝知权之义，于理所不可，则姑曰从权，是以权为变诈之术而已也。夫临事之际，称轻重而处之以合于义，是之谓权，岂拂经之道哉？③

此处把经、权、义、理的关系说得很清楚，意图杜绝以权为变诈之术的潜在可能。可见，经权合一是二程的主要观点，其目的主要是消解自汉以来的"权为'反经'"之说，以维护封建伦理纲常。以君臣之义为例，《粹言》卷二载：

> 刘安节问："赐鲁天子礼乐以祀周公，可乎？"子曰："不可。人臣而用天子之所用，周公之法乱矣。……人臣所当为者而不为，则谁为之也？事亲若曾子，可也，其孝非过乎子之分也，亦免责而已。臣之于君，犹子之于父，苟不尽其责之所当为，则事业何自而立？而谓人臣有不能为之功，是犹曰人子有不能为之孝也，而可乎？后世有恃功责报而怏怏于君者，必此之言夫！"④

程氏认为周公功劳再大，也只是尽臣子之本分，不应该以天子之礼乐祀之，这样会引发后世功臣恃功责报之心。程氏进一步以父子关系类比君臣，指出人臣尽力事君好比孝子之事亲，再怎么孝顺，也只是尽其责之所当为。因此，"赐鲁天子礼乐以祀周公"并不合义，当然也不能称之为"权"。《遗书》卷十五载："权

---

① 司马光：《资治通鉴》，岳麓书社1990年版，第158页。

② 程颢、程颐：《二程集》，第105页。

③ 程颢、程颐：《二程集》，第1176页。

④ 程颢、程颐：《二程集》，第1244页。

之为言，秤锤之义也。何物为权？义也。然也只是说得到义，义以上更难说，在人自看如何。"① 在此，明确提出以"义"作为行权之准则。

### 四、"欲知《中庸》，无如权，须是时而为中"

《遗书》卷十八载：

> 苏季明问："舜'执其两端'，注以为'过不及之两端'，是乎？"曰："是。"曰："既过不及，又何执乎？"曰："执犹今之所谓执持使不得行也。舜执两端，是执持过不及，使民不得行，而用其中使民行之也。"又问："此执与汤执中如何？"曰："执只是一个执。舜执两端，是执持而不用。汤执中而不失，将以用之也。若子莫执中，却是子莫见杨、墨过不及，遂于过不及二者之间执之，却不知有当摩顶放踵利天下时，有当拔一毛利天下不为时。执中而不通变，与执一无异。"②

此为程氏对《中庸》"执其两端，用其中于民"与《孟子》"执中无权，犹执一也"的观点所进行的发挥，其中涉及"权"与"中"的关系。《遗书》卷十五在"何物为权？义也"之前另有一段话，亦将"权"与"《中庸》"联系起来：

> 《春秋》以何为准？无如《中庸》。欲知《中庸》，无如权，须是时而为中。若以手足胼胝，闭户不出，二者之间取中，便不是中。若当手足胼胝，则于此为中；当闭户不出，则于此为中。③

《粹言》卷一亦有近似记载：

> 刘绚问："读《春秋》，以何道为准？"子曰："其中庸乎？欲知中庸，其惟权乎？权之为言，称轻重之义也。权义而上不可容声矣，在人所见如何耳。"④

此处有必要对二程"时中为权"之观点加以申说。张载在论及《洪范》"九畴"次序时，亦提到"时中"与"权"的关系："五纪明然后时措得中，故次建皇极；求大中不可不知权，故次三德。"⑤ 将"时中"——"皇极"（大中）——"权"三者联系起来。但"时中为权"的说法则是二程的一个创举，这与他们对四书及

---

① 程颢、程颐：《二程集》，第164页。
② 程颢、程颐：《二程集》，第213页。
③ 程颢、程颐：《二程集》，第164页。
④ 程颢、程颐：《二程集》，第1205页。
⑤ 张载著，章锡琛点校：《张载集》，中华书局1978年版，第58页。

《易传》的重视与诠释密切相关。"时中"之说，出于《蒙卦》之《象传》："'蒙，亨'，以亨行，时中也。"谓《蒙》之九二爻处于下卦之中，有如沿着亨通之道以"治蒙"而能把握适中的时机。《中庸》亦云："君子之中庸也，君子而时中。小人之中庸也，小人而无忌惮也。"孟子则说："孔子岂不欲中道哉？不可必得，故思其次也。"（《孟子·尽心下》）又说："伯夷，圣之清者也；伊尹，圣之任者也；柳下惠，圣之和者也；孔子，圣之时者也。"（《孟子·万章下》）综合此二处，似将孔子与"时中"相联系（伯夷、柳下惠又与《论语·微子》"逸民"之"权"相关）。孟子之学源于子思，"时中"之说其来有自。而这些皆可视为二程"时中为权"的发源。《粹言》卷一载："理善莫过于中。中则无不正，而正未必得中也。"① 又云："中即道也。"② 如前所述，程氏认为权是"时而为中"，是"义"，用权是为了补经之不足、使之"合义"，而"才合义，权便是经"，体现了其经权合一的思想。综其所言，中庸为天理；经即是理；权又是经。按这样的逻辑推演，故"权"与"中"亦具有同一性，权即"时而为中"。如此，则"权"被约束在理学的范围内，与"中庸"之德共进退，汉儒的"权为反经"之说即被证伪。后来明代之高拱对程氏"权即是经"之说颇有异议，但其所谓《中庸》一书"其言无过不及，随时取中，皆权说也""中庸即权"③，却与程氏殊途同归。程氏之说并影响到朱熹、陈淳（详下）。

## 第三节　朱子："义可以总括得经权"

在经权思想上，朱熹折中汉儒、二程之说，认为经与权二者存在不同，但又皆合于"道""义"，确立了以"义"作为统摄二者的崇高地位，体现了其思想的高度综合性、思辨性。朱熹论述经权主要集中在两处，一是《论语集注》中对"可与共学章"的诠释，一是《朱子语类》中针对此章与弟子的问答释疑。

《论语集注》"可与共学章"内容不多，兹引如下：

可与者，言其可与共为此事也。程子曰："可与共学，知所以求之也。可与适道，知所往也。可与立者，笃志固执而不变也。权，称锤也，所以称物而知轻重者也。可与权，谓能权轻重，使合义也。"杨氏曰："知为己，则

---

① 程颢、程颐：《二程集》，第 1175 页。

② 程颢、程颐：《二程集》，第 1182 页。

③ 高拱著，岳金西、岳天雷编校：《高拱全集》，中州古籍出版社 2006 年版，第 1164 页。

可与共学矣。学足以明善，然后可与适道。信道笃，然后可与立。知时措之宜，然后可与权。"洪氏曰："《易》九卦，终于'巽以行权'。权者，圣人之大用。未能立而言权，犹人未能立而欲行，鲜不仆矣。"程子曰："汉儒以反经合道为权，故有权变权术之论，皆非也。权只是经也。自汉以下，无人识权字。"愚按：先儒误以此章连下文"偏其反而"为一章，故有反经合道之说。程子非之，是矣。然以孟子嫂溺援之以手之义推之，则权与经亦当有辨。①

《论语集注》引程氏之语最多，本章即引用了两处，要点在于"行权合义"与"权只是经"，对于前者，朱熹没有异议，在《朱子语类》中则可见进一步的引申发挥；对于后者，朱熹则提出不同意见，认为"权与经亦当有辨"，而这在《朱子语类》中亦有详细阐释。

对于后一章（"唐棣之华"），朱熹说："此逸《诗》，不知当时诗人思个甚底。东坡谓'思贤而不得之诗'，看来未必是思贤。但夫子大概止是取下面两句，云'人但不思，思则何远之有'，初不与上面说权处是一段。'唐棣之华'而下，自是一段，缘汉儒合上文为一章，故误认'偏其反而'为'反经合道'，所以错了。《晋书》于一处引'偏'字作'翩'，'反'作平声，言其花有翩反飞动之意。今无此诗，不可考据，故不可立为定说。"②细味朱熹所说，他从反对"反经合道"的角度评价汉儒合二章为一的看法"错了"，但反对的态度又是较为犹豫的，这可能与二程的看法有关。《程氏遗书》卷二上云："《论语》中言'唐棣之华'者，因权而言逸诗也。孔子删《诗》，岂只取合于雅颂之音而已，亦是合此义理也。"③既称"因权而言逸诗"，则认为二者是有关系的。

《朱子语类》之"《论语》十九·《子罕》下·可与共学章"全面体现了朱熹的经权思想，其主要观点可归纳如下：

## 一、明确提出经与权是两个不同的范畴

在对"可与共学章"的解读上，朱熹体贴孔子"学——道——立——权"的思想进路，注意到其中的逐层递进之处，他说："'可与共学'，有志于此；'可与适道'，已看见路脉；'可与立'，能有所立；'可与权'，遭变事而知其宜。此

---

① 朱熹：《四书章句集注》，中华书局 2011 年版，第 110 页。

② 《朱子语类》，第 1385 页。

③ 程颢、程颐：《二程集》，第 40 页。

只是大纲如此说。”[①] 他又说：“观孔子曰‘可与立，未可与权’，孟子曰‘嫂溺援之以手’，则权与经须有异处。”[②] 权既然是“道理上面更有一重道理”[③]，自然与“经”有所不同，因此，他明确提出：

经自经，权自权。(泳)[④]

权与经，不可谓是一件物事。毕竟权自是权，经自是经。(植)[⑤]

经与权，须还他中央有个界分。如程先生说，则无界分矣。(焘)[⑥]

问：“伊川谓‘权只是经’，如何?”曰：“程子说得却不活络。如汉儒之说权，却自晓然。晓得程子说底，得知权也是常理；晓不得他说底，经权却鹘突了。某之说，非是异程子之说，只是须与他分别，经是经，权是权。”(赐)[⑦]

由上可知，朱熹认为权与经是不同的“物事”，程氏之说有“无界分”之嫌。有论者以为朱熹的代表观点是“经是已定之权，权是未定之经”[⑧]，经权并未有明显的区别，而笔者认为此说只可视为一种修辞策略，不能作为朱熹经权思想之定论。

## 二、极力调和汉儒与程氏之说，总体倾向于经与权的对立统一

既然认为程氏之说存在“无界分”“不活络”的问题，也就意味着朱熹认为汉儒所说的“反经合道”有一定道理。故朱熹极力调和二者之异辞，既肯定双方的合理之处，又时而对二者“各打五十大板”，这一方面自然是为了维护程氏的地位，另一方面也是由于宋代理学与汉代经学之间的差异所致。在宋儒看来，两汉经学不得圣人真传，故导致道统中断、佛老流行，儒学的历史使命正是针对当时佛老学说（尤其是佛教），对儒学经典（以四书为主而非以五经为主）进行重新阐释，从而建构真实世界的宇宙观、人生观与价值观。程朱对汉儒经权思想的批评亦应置于这样的历史、学术背景下来观照。《朱子语类》载：

---

① 《朱子语类》，第 1374 页。
② 《朱子语类》，第 1381 页。
③ 《朱子语类》，第 1375 页。
④ 《朱子语类》，第 1375 页。
⑤ 《朱子语类》，第 1375 页。
⑥ 《朱子语类》，第 1376 页。
⑦ 《朱子语类》，第 1382 页。
⑧ 《朱子语类》，第 1377 页。

吴伯英问："伊川言'权即是经'，何也?"曰："某常谓不必如此说。孟子分明说：'男女授受不亲，礼也；嫂溺援之以手者，权也。'权与经岂容无辨！但是伊川见汉儒只管言反经是权，恐后世无忌惮者皆得借权以自饰，因有此论耳。然经毕竟是常，权毕竟是变。"（壮祖）[①]

如冬月便合着绵向火，此是经；忽然一日暖，则亦须使扇，当风坐，此便是权。伊川谓"权只是经"，意亦如此；但说"经"字太重，若偏了。汉儒"反经合道"之说，却说得"经、权"两字分晓。但他说权，遂谓反了经，一向流于变诈，则非矣。（义刚）[②]

汉儒谓"反经合道"为权；伊川说"权是经所不及者"。权与经固是两义，然论权而全离乎经，则不是。……大抵汉儒说权，是离了个经说；伊川说权，便道权只在经里面。（时举）[③]

类似言论颇多，不一一列举。总而言之，朱熹一方面主张经、权"固是两义"，另一方面认为二者"虽有异，而权实不离乎经也"[④]，表现出较为明确的经权对立统一思想，实际上与汉儒的经权思想并无明显不同。另一方面，他对程氏的"恐后世无忌惮者皆得借权以自饰"而以"经"括"权"表示了某种程度的理解，同时又对程氏的"权义"说作了进一步发挥。

### 三、"道"与"义"：统合经权的两种方式

"道"与"义"二者往往合称，如《孟子·公孙丑上》称："其为气也，配义与道，无是，馁也。"故"反经合道"有时又被称为"反经合义"，如《北史·尔朱荣传》载："荣女先为明帝嫔，欲上立为后，帝疑未决。给事黄门侍郎祖莹曰：'昔文公在秦，怀嬴入侍。事有反经合义，陛下独何疑焉?'"但"道"与"义"毕竟还是不同的概念。在主张经权对立统一的基础上，朱熹进一步提出了统合经权的两种方式，即"道"与"义"；而二者又有细微的区别。《朱子语类》载：

或问："'反经合道'之说，程先生不取，乃云'不必说权，权即是经'，如何?"曰："某常以为程先生不必如此说，是多说了。经者，道之常也；权

---

① 《朱子语类》，第 1377 页。
② 《朱子语类》，第 1376 页。
③ 《朱子语类》，第 1379—1380 页。
④ 《朱子语类》，第 1381 页。

者，道之变也。道是个统体，贯乎经与权。"①

此处论述与前文所引《韩诗外传》所言"夫道二，常谓之经，变谓之权。怀其常道而挟其变权，乃得为贤"几无二致。于此可知，朱熹实际上认同汉儒的经权皆归属于"道"的看法，并以"道"为"统体"贯穿经权，这样看来，"反经"之说就没那么违碍了，因为在经权之上还有更高级别的"道"。因此，朱熹又说：

> 要之，"反经合道"一句，细思之亦通。缘"权"字与"经"字对说。才说权，便是变却那个，须谓之反可也。然虽是反那经，却不悖于道；虽与经不同，而其道一也。②

权反于经，却不悖于道；经权有异，却合归于道。总之，经权对立统一于"道"，朱熹此说可视为对"反经合道"的较为全面的阐释。

但是，如果只是支持"反经合道"，那么朱熹对汉儒的经权思想并未有实际的超越。真正具有其独特性的，是明确提出以"义"来总括经权。前文已提及《春秋繁露》有"前枉而后义者，谓之中权"、《刘子》有"反于义而后有善"、《二程集》有"何物为权？义也"之说，而朱熹吸收了这些观点，并在评价王通"权义举而皇极立"的基础上加以提升、发挥。《朱子语类》载：

> 正甫谓："'权、义举而皇极立'，权、义只相似。"曰："义可以总括得经、权，不可将来对权。义当守经，则守经；义当用权，则用权，所以谓义可以总括得经、权。若可权、义并言，如以两字对一字，当云'经、权举'乃可。伊川曰：'惟义无对。'伊川所谓'权便是经'，亦少分别。"③

> 恭父问"可与立，未可与权"。曰："'可与立'者，能处置得常事；'可与权'者，即能处置得变事。虽是处变事，而所谓处置常事，意思只在'井以辨义，巽以行权'。此说义与权自不同。……'义'字大，自包得经与权，自在经与权过接处。如事合当如此区处，是常法如此，固是经；若合当如此，亦是义当守其常。事合当如此区处，却变了常法恁地区处，固是权；若合当恁地，亦是义当通其变。文中子云：'权义举而皇极立。'若云'经、权举'，则无害。今云'权、义举'，则'义'字下不得。何故？却是将义来当权。不知经自是义，权亦是义，'义'字兼经、权而用之。若以义对经，恰

---

① 《朱子语类》，第 1378 页。
② 《朱子语类》，第 1384 页。
③ 《朱子语类》，第 1379 页。

似将一个包两物之物，对着包一物之物。"①

梳理上引内容并结合《论语集注》"可与权，谓能权轻重，使合义也"之语可知，朱熹认为，经、权地位相当，二者可对举，但权、义不能对举，因为"惟义无对"，义的地位要高于经、权，因此，对于王通所谓"权义举而皇极立"，朱熹并不以为然，并引《系辞下传》"《井》以辨义，《巽》以行权"之说来解释义与权之不同。在中国哲学范畴中，"道"较为抽象，所谓"形而上者谓之道"（《系辞上传》），一般指流行于天地之间的规律，朱熹亦有"道是统名，理是细目"②"道字宏大"③之语；而"义"则相对具体，《说卦传》称"立人之道，曰仁与义"，"义"所指向的终极目标就是"道"。"义"可理解为处理事务时所持的公正、合宜的道理或举动，如孔子曰："君子之于天下也，无适也，无莫也，义之与比。"孟子则有"言不必信，行不必果，惟义所在"（《孟子·离娄下》）、"舍生而取义"（《孟子·告子上》）等说法。朱熹则认为："不可执定，随他理去如此，自家行之便是义。"④强调"义"在"理"的指导下的行动性。可以说，朱熹充分发挥其"致广大、尽精微"的思辨特点，在对前人"反经合道""前枉而后义者，谓之中权""权义举而皇极立"诸说折中、批判的基础上，提出了具有自身特色的"道贯经权""义括经权"之经权思想。如其所言："义如利刀相似，胸中许多劳劳攘攘，到此一齐割断了。"⑤这样，在行权时，只要循义而为，即可趋于"合道"。

追本溯源，"权"与"义"关系的源头即来自于《系辞下传》"三陈九卦"之"《井》以辨义，《巽》以行权"，而《朱子语类》卷七六第七章对此有较详细的论述：

> 巽是入细底意。说在九卦之后，是八卦事了，方可以行权。⑥

> 昨得潘恭叔书，说滕文公问"间于齐、楚"与"竭力以事大国"两段，注云："盖迁国以图存者，权也；效死勿去者，义也。""义"字当作"经"。思之诚是。盖义便近权，如或可如此，或可如彼，皆义也；经则一定而不

---

①　《朱子语类》，第 1384—1385 页。

②　《朱子语类》，第 236 页。

③　《朱子语类》，第 236 页。

④　《朱子语类》，第 262 页。

⑤　《朱子语类》，第 262 页。

⑥　《朱子语类》，第 2595 页。

易。既对"权"字，须著用"经"字。①

或问"井以辨义"之义。曰："'井居其所而迁'，又云'井，德之地也'，盖井有定体不动，然水却流行出去不穷，犹人心有持守不动，而应变则不穷也。"②

才卿问"巽以行权"。曰："权之用便是如此。见得道理精熟后，于物之精微委曲处，无处不入，所以说'巽以行权'。"③

问："'巽以行权'，权是逶迤曲折以顺理否？"曰："然。巽有入之义，巽为风，如风之入物，只为巽，便能入，义理之中，无细不入。"④

朱熹认为"《巽》以行权"是在前面八卦之后的一个提升，有如《论语》"可与共学章"将"权"置于"学、道、立"之后的最高层级。他依照《井》《巽》二卦之卦象，大致上是以"义"为体而以"权"为用。他认为"权"可与"经"对举而不必与"义"对举。在遵循一定的义理的前提下，可以曲折以行权。当然，他对行权者的要求是很高的。

### 四、"权"极精微，非圣贤不能行权

朱熹是主张变革的，他认为祖宗之法"行之既久而不能无弊，则变而通之，是乃后人之责"。他对王安石变法并不是全盘否定，只是反对其"躁率任意，而不能熟讲精思以为百全无弊可久之计"（《文集》卷七十《读两陈谏议遗墨》)⑤。但是所谓"人心惟危"，中国历史上从来不乏有人打着"权宜""通权"的旗号行悖逆之举，因此理学家对于"行权"是充满警惕与忧患意识的，故二程对"反经合道"之说才会极力排斥，如朱熹所言："权与经岂容无辨！但是伊川见汉儒只管言反经是权，恐后世无忌惮者皆得借权以自饰。"⑥朱熹认为权乃不得已而用之，权极精微、极难用，权之地位极高，故非圣贤之人不能行权。《朱子语类》载：

问："权，地位如何？"曰："大贤已上。"⑦

---

① 《朱子语类》，第 2595 页。
② 《朱子语类》，第 2596 页。
③ 《朱子语类》，第 2596 页。
④ 《朱子语类》，第 2596 页。
⑤ 朱熹撰，朱杰人、严佐之、刘永翔主编：《朱子全书》（修订本）第 23 册《晦庵先生朱文公文集》卷七十，上海古籍出版社、安徽教育出版社 2010 年版，第 3379 页。
⑥ 《朱子语类》，第 1377 页。
⑦ 《朱子语类》，第 1374 页。

"可与立，未可与权"，亦是甚不得已，方说此话。然须是圣人，方可与权。若以颜子之贤，恐也不敢议此。①

经是万世常行之道，权是不得已而用之，须是合义也。如汤放桀，武王伐纣，伊尹放太甲，此是权也。若日日时时用之，则成甚世界了！②

经只是一个大纲，权是那精微曲折处。且如君仁臣忠，父慈子孝，此是经常之道，如何动得！其间有该不尽处，须是用权。权即细密，非见理大段精审，不能识此。③

权乃经之要妙微密处。非见道理之精密、透彻、纯熟者，不足以语权也。④

所谓经，众人与学者皆能循之；至于权，则非圣贤不能行也。⑤

权是最难用底物事，故圣人亦罕言之。自非大贤以上，自见得这道理合是恁地了不得也。⑥

观圣人此意，毕竟是未许人用"权"字。学者须当先理会这正底道理。⑦

若不是大圣贤用权，少间出入，便易得走作。⑧

前引《淮南子》有"唯圣人为能知权""权者，圣人之所独见"之语，《论语集注》引洪氏亦称"权者，圣人之大用"，朱熹所言与之相近，但他进一步强调了权之难用，甚至说贤如颜回者"也不敢议此"。欲用权，必须"此心虚明纯一"⑨，先明了经、权之微妙关系，体察其中的"精微曲折"之处，否则若是见理不够"精密、透彻、纯熟"，便有出入；一有出入，便易"走作"，故非圣贤难以行权。

### 五、"权"与"中"关系的重新思考

在朱熹之前，"权"与"中"的关系已多有论及，以前引为例，《论语》有

① 《朱子语类》，第 1375 页。
② 《朱子语类》，第 1378 页。
③ 《朱子语类》，第 1381 页。
④ 《朱子语类》，第 1382 页。
⑤ 《朱子语类》，第 1378 页。
⑥ 《朱子语类》，第 1380 页。
⑦ 《朱子语类》，第 1379 页。
⑧ 《朱子语类》，第 1384 页。
⑨ 《朱子语类》，第 1376 页。

"身中清，废中权"之语，如前所述，此处之"中"指适合之义，但亦隐含着"权"与"中道"之关系；《春秋繁露》则进一步称："前枉而后义者，谓之中权。"强调"中权"合于"义"。柳宗元以"大中之道"称经权之适当者；二程则称："欲知《中庸》，无如权，须是时而为中。"宋人阮逸评价王通《中说》云："大哉，中之为义！在《易》为二五，在《春秋》为权衡，在《书》为皇极，在《礼》为中庸……惟变所适，惟义所在，此中之大略也。"①既阐发"中道"在儒家经典中的一以贯之，又将权变与中道联系在一起，颇具概括性。总之，"中道"是行权必不可少的思想准则。而《孟子》"执中无权，犹执一也"之观点则反过来论证了"权"对于"执中"的重要性。

朱熹在前人特别是二程的基础上，进一步阐发了权与中的关系。《朱子语类》载：

> 问："权便是义否？"曰："权是用那义底。"问："中便是时措之宜否？"曰："以义权之，而后得中。义似称，权是将这称去称量，中是物得其平处。"②

> 权是时中，不中，则无以为权矣。③

> 或有书来问经、权。先生曰："程子固曰：'权即经也。'人须着子细看，此项大段要子细。"或云："权莫是中否？"曰："是此一时之中。不中，则无以为权矣。"④

> 又问："程子谓'权只是经'，先生谓：'以孟子援嫂之事例之，则权与经亦当有辨。'莫是经是一定之理，权则是随事以取中；既是中，则与经不异否？"曰："经，是常行道理；权，则是那常理行不得处，不得已而有所通变底道理。权得其中，固是与经不异，毕竟权则可暂而不可常。如尧舜揖逊，汤武征诛，此是权也，岂可常行乎！"⑤

前文提到，朱熹以"义"作为衡量"权"的标准，故称"以义权之，而后得中"，"权得其中，固是与经不异而"。"中"是以义行权之后所当然之结果。但"权"并不当然即是"中"，而是"时中"。《河南程氏粹言》载：

① 《中说译注》"序"，第3页。
② 《朱子语类》，第1374页。
③ 《朱子语类》，第1378页。
④ 《朱子语类》，第1378页。
⑤ 《朱子语类》，第1379页。

或问："何谓时中?"子曰："犹之过门不入,在禹、稷之世为中也,时而居陋巷,则过门不入非中矣。居于陋巷,在颜子之时为中也,时而当过门不入,则居于陋巷非中矣。盖以事言之,有时而中;以道言之,何时而不中也?"①

杨国荣先生在分析孟子所说的"嫂溺援手"时认为:"对所处情景的具体分析便构成了灵活运用原则(权)的前提。这种以境遇分析为依据的'权',又称为'时'。"②据此理解程氏所述,似可认为:相对于各个具体的存在境遇("以事言之")是"有时而中",而在超越的道德境遇中("以道言之")则是"何时而不中",此即圣人之权。故"时中"既要合乎时宜,亦须随时变通,从"以道言之"的角度而言,与"权"相契合。朱熹亦称:"为我害仁,兼爱害义,执中者害于时中……道之所贵者中,中之所贵者权。"(《孟子集注·尽心上》)③ 正是将三者统一起来,揭示了"权"与"时中"的内在联系。

如前所述,历代圣王以"允执其中"为授受心法,孟子既认为"权"可济"经",更提出了"执中而权",是"权中"观的直接源头。在汉宋之间,亦多有学者论及经权思想,但除上述王通、柳宗元外,罕有涉及"权中"关系者。对"权中"关系的重视与探讨可视为程朱理学经权思想的一大特点,这与当时的学术思潮紧密相关。汉唐重经学,对子书性质的儒学著作并不是很看重,自中唐以来始有倡扬儒家道统、升格孟子之思潮。韩愈既言"求观圣人之道,必自《孟子》始"④,而理学家更以"得君行道"为理想设计,以《孟子》一书为重要经典。二程乃言:"学者当以《论语》、《孟子》为本。《论语》、《孟子》既治,则六经可不治而明矣。"⑤ 朱熹则明确提出了"四书"之概念,并将四书置于六经之前,最终使四书成为儒家道统之所寄。朱熹《中庸章句序》称:"《中庸》何为而作也? 子思子忧道学之失其传而作也……其曰'天命率性',则道心之谓也;其曰'择善固执',则精一之谓也;其曰'君子时中',则执中之谓也。"⑥ 这样看来,以《中庸》之"时中"来阐释《孟子》之"执中而权"亦为必然之举,既契合宋儒经典重建的迫切需求,又能够在新的经典体系(四书)之内实现文本互涉与理

① 程颢、程颐:《二程集》,第 1177 页。
② 杨国荣:《善的历程——儒家价值体系研究》,华东师范大学出版社 2009 年版,第 79 页。
③ 朱熹:《四书章句集注》,第 335 页。
④ 《韩昌黎文集校注》卷四《送王秀才序》,第 293 页。
⑤ 程颢、程颐:《二程集》,第 322 页。
⑥ 朱熹:《四书章句集注》,第 16—17 页。

论自洽，还能以新的"权中"观"格君心之非"，符合理学发展的内在理路。

总之，朱熹既看到经权的差异性，又注重其统一性，并对"权"与"义"、"权"与"中"的关系进行深入探讨，其经权思想具有集大成之特点，这为陈淳之论经权奠定了深厚的基础，也为其理论创新提出了新的挑战。

## 第四节　陈淳："天地之常经是经，古今之通义是权"

关于陈淳经权思想的研究，目前主要有岳天雷《陈淳论"经权"》[①]、卢有才《陈淳的经权观发微》[②] 两篇论文。岳文将陈淳经权思想归纳为经权相对不相悖的辩证经权观、以"得中"为原则的权中观、以"理明义精"为条件的用权观，并认为陈淳的经权思想具有传承性、周延性和历史性等特征。卢文则从经权内涵、经权统一、权中关系、经权准则四个方面分析了陈淳的经权思想。而笔者将着重在前文论述程朱经权思想的基础上，对陈淳的经权思想进行观照、阐发。

陈淳经权思想除散见于《北溪大全集》外（下文有提及），主要集中于《北溪字义·经权》，兹引录如下：

> 用权须是地位高方可。经与权相对，经是日用常行道理，权也是正当道理，但非可以常行，与日用常行底异。公羊谓"反经而合道"，说误了。既是反经，焉能合道？权只是济经之所不及者也。

> 权字乃就秤锤上取义。秤锤之为物，能权轻重以取平，故名之曰权。权者，变也。在衡有星两之不齐，权便移来移去，随物以取平。亦犹人之用权揆度揆度事物以取其中相似。

> 经所不及，须用权以通之。然用权须是地位高方可，非理明义精便差，却到合用权处亦看不出。权虽经之所不及，实与经不相悖，经穷则须用权以通之。柳宗元谓"权者，所以达经也"，说得亦好。盖经到那里行不去，非用权不可济。如君臣定位，经也；桀纣暴横，天下视之为独夫，此时君臣之义已穷，故汤武征伐以通之，所以行权也。男女授受不亲，此经也；嫂溺而不援，便是豺狼，故援之者，所以通乎经也。如危邦不入，乱邦不居，此经也；佛肸召，子欲往，则权也。然须圣人理明义精，方用得不差。

---

①　岳天雷：《陈淳论"经权"》，《辽东学院学报》（社科版）2012 年第 3 期。
②　卢有才：《陈淳经权观发微》，《闽台文化研究》2014 年第 2 期。

权，只是时措之宜。"君子而时中"，时中便是权。天地之常经是经，古今之通义是权。

问：权与中何别？曰：知中然后能权，由权然后得中。中者，理所当然而无过不及者也。权者，所以度事理而取其当然，无过不及者也。

《论语》从"共学"至"可与立，方可与权"。天下事到经所不及处，实有碍，须是理明义精，方可用权。且如武后易唐为周，张柬之辈于武后病中扶策中宗出来。胡氏《管见》说武后乃社稷之贼，又是太宗才人，无妇道，当正大义，称高祖、太宗之命，废为庶人而赐之死。但天下岂有立其子而杀其母？南轩谓此时当别立个贤宗室，不应立中宗，他也只见得后来中宗不能负荷，故发此论。文公谓：南轩之说亦未是，须是身在当时，亲见得人心事势是如何。如人拳拳中宗，中宗又未有失德，如何废得？人心在中宗，才废便乱。须是就当时看得端的，方可权度。所以用权极难。（附录：先生所编《文公竹林精舍语录》，亦以后来言之，则中宗不可立；以当时言之，中宗又未有可废之罪。天下人心皆瞩望中宗，高宗别无子，不立中宗，又恐失天下之望。是时承乾亦有子，但人心不属，若卒然妄举，失人心，做不行。又事多最难处，今生数百年后，只据史传所载，不见得当时事情，亦难断定。须是身在当时，亲见那时事情如何。若人心不在中宗，方可别立宗室；若人心在中宗，只得立中宗。）

文中子说："权义举而皇极立。"说得亦未尽。权固义精者然后用得不差，然经亦无义不得。盖合当用经时须用经，当用权时须用权，度此得宜便是义，便是二者都不可无义。如秦王世民杀太子建成，是不当用权而用权者也。王、魏不死于建成而事太宗，是当守经而不守经者也。自魏晋而下，皆于国统未绝，而欺人孤寡，托为受禅，皆是当用经而不用经，不当用权而用权者也。又如季札终于固让而不肯立，卒自乱其宗国，是于守经中见义不精者也。张柬之等五王反正，中宗诛诸武而留一武三思，卒自罹祸之惨，是于用权中见义不精者也。[1]

概括陈淳所论经权，在继承程朱的基础上又有所发展，主要表现在以下几个方面：

---

[1] 陈淳著，熊国祯、高流水点校：《北溪字义》，中华书局 1983 年版，第 51—52 页。

### 一、首次将"经权"作为一个对立统一的哲学范畴提出

《北溪字义》近于一部理学辞典，这一性质决定了其论"经权"与《朱子语类》不同，它不是随问阐发式的，而是对这一概念进行缜密的分析，具有较强的思辨性、逻辑性与系统性。

在《北溪字义》所列理学范畴中，既有单字（如"性""命""心"），亦有双字、多字（如"仁义礼智信"）。双字语词中，既有表单一意义的（如"一贯""太极"），亦有并列式的（如"忠信""恭敬"），还有表相反之义的（如"义利"），而表示对立统一的则只有"经权"。在《北溪字义》卷首，陈淳云："'性'、'命'而下等字，当随本字各逐件看，要亲切，又却合做一处看，要得玲珑透彻，不相乱，方是见得明。"[①] 这一阅读方法（亦为分析方法）放在"经权"上亦适用，"经"与"权"既区别、对立，又联系、相通，确实要"合做一处看"，方能"见得明"。

此后戴震《孟子字义疏证》亦为"权"字作字义疏解，其中不提经、权，而言常、变，主要是借用孟子"执中无权"之语批评宋儒"执理无权"[②]；而当代中国哲学范畴史则多沿用陈淳"经权"这一概念，如张立文《中国哲学范畴发展史》[③]、葛荣晋《中国哲学范畴通论》[④] 等。韦政通《中国哲学辞典》虽单列"权"字，但其中亦有"权不离经"之论述[⑤]。

### 二、经权既对立又统一

陈淳明确指出经权是既对立、又统一的范畴。他认为"权者，变也"，"经与权相对"，肯定二者之不同；但又说"权虽经之所不及，实与经不相悖"，又肯定二者具有统一性。总之，"经是日用常行道理，权也是正当道理，但非可以常行，与日用常行底异"。用陈淳的话来说："道与理大概只是一件物……万古通行者，道也；万古不易者，理也。"（《北溪字义·理》）[⑥] 经权二者皆为"道理"，区别只在是否"常行"。《河南程氏粹言》卷二载："天地之化，虽荡无穷，然阴阳

---

① 陈淳：《北溪字义》，第 1 页。

② 戴震著，何文光整理：《孟子字义疏证》，中华书局 1982 年版，第 54 页。

③ 《中国哲学范畴发展史（人道篇）》，1995 年。

④ 《中国哲学范畴通论》，2001 年。

⑤ 韦政通：《中国哲学辞典》，吉林出版集团有限公司 2009 年版，第 261 页。

⑥ 陈淳：《北溪字义》，第 41—42 页。

之度，寒暑昼夜之变，莫不有常久之道，所以为中庸也。"① 此语正可为陈淳所言作注脚，在权与经、变与不变之间，蕴含着常行、常久之理，此即中庸之道。

### 三、"权中"关系之总结："知中然后能权，由权然后得中"

由上文可知，自先秦而汉唐，对"权"与"中"关系的阐发经历了不断发展、变化的过程。孔子首先将"权"与"中"并置；孟子则提出"执中而权"，丰富了"执中"思想，并真正开始将"权"与"中"联系在一起；王通以"权义"并举而归于"中"；柳宗元则统一"经权"而归于"中"。而程朱亦皆极为重视"权中"关系的探讨，程氏认为权是"时而为中"，朱熹则有"权是时中"之语。

陈淳进一步论述了"权"与"中"的区别与联系，明确提出"知中然后能权，由权然后得中"的论断。《北溪字义·中和》云："中者，天下之大本，只是浑沦在此，万般道理都从这里出，便为大本。"② 正因为"中"乃事物之根本，故在陈淳看来，"知中"是"权"的前提条件，"得中"是"权"的最终结果，这样就较为辩证地阐述了"权"与"中"的互动关系。而"中者，理所当然而无过不及者也；权者，所以度事理而取其当然"，则明确揭示了"中"的本体地位与"权"的方法论意义，可视为对程朱"权中"思想的一个总结。

《北溪大全集》有两则记载可以对此进行补充。其中，卷六"问目"载：

> 杨氏曰："时措之宜，然后可与权"，则是中在先；如孟子曰"执中无权，犹执一"，则是权在先。不审中与权先后果何别？莫只是同时事，不可分先后否？盖中之在事物，即其恰好处而无过不及者也；权则称其轻重，而使之恰好无过不及者也。故中者，权之极，极犹屋极之极；权者，中之则，则犹准则之则。中所以行权，权所以取中。论理则知中，然后能权；就事则由权，然后得中。犹之称焉，或斤或两，莫非有中也，然必识斤两之所在，然后能权而称。能以权而称，然后物之轻重得其之平也。文公先生批云：是。③

朱熹《四书章句集注》之"学道立权章"曾引杨时"时措之宜，然后可与权"之语，陈淳就此进行发问，详细辨析权中关系，认为论理则知中、就事则由权，中权体用不二分，朱熹对此表示赞同。

---

① 程颢、程颐：《二程集》，第 1227 页。
② 陈淳：《北溪字义》，第 47 页。
③ 陈淳：《北溪大全集》，影印文渊阁四库全书本。

《北溪大全集》卷四十一"答问"则有"问杨氏曰'权以中行、中因权立'"条目。《杨时集》卷十八载:"权以中行,中因权立。《中庸》之书不言权,其曰'君子而时中',盖所谓权也。"① 陈淳认为:"前后二说皆通。然分析杨氏本语,未甚分明。权以中行者,中为主;中因权立者,权为主。大抵知中然后能权,惟权然后得中。"其所谓"知中然后能权,惟权然后得中"与《北溪字义》所载仅一字之异,"惟权"强调的是"权"之唯一性;"由权"则强调"权"之必要性及其方法论意义。

由此可见,陈淳对权中关系的研究是经过深思熟虑的,他在求教于师与答人所问中,对此进行了反复探讨。

### 四、用权极难:非"理明义精"者难以用权

朱熹认为,识权须"见理大段精审",行权则"须是合义",陈淳在此基础上进行了综合提炼,他一再强调"地位高"(主要指修养高深)方可用权,而"理明义精"作为先决条件竟然先后出现三次,可见其对行权之难有着相当的重视。陈淳认为:"理与义对说,则理是体,义是用;理是在物当然之则,义是所以处此理者。程子曰:'在物为理,处物为义。'"(《北溪字义·理》)② 换言之,行权者必须具备一定的认识高度与处事能力,做到体用结合("理明义精"),如此方能用权。

如前所述,程朱对用权者提出了极高的要求。朱熹认为"非圣贤不能行权",程氏则认为"惟圣人能通变"。《粹言》卷二则载:"天子之职守宗庙,而尧、舜以天下与人;诸侯之职守社稷,而大王委去之。惟圣贤乃与于此,学者守法可也。"③ 尧舜之禅让天下、周太王古公亶父之避居岐山,二者皆为权变,程氏称道之,而一般之学者非圣贤之人,只须守法(守经)则可。陈淳所言与此一致,他举汤武征伐、孔子欲应佛肸之召、孟子所谓"嫂溺援手"等为例,正为证明唯"理明义精"者方可行权。

在此对孔子应佛肸之召一事略作申说。《论语·阳货》载:

> 佛肸召,子欲往。子路曰:"昔者由也闻诸夫子曰:'亲于其身为不善者,君子不入也。'佛肸以中牟畔,子之往也,如之何?"子曰:"然,有是

① 杨时:《杨时集》,福建人民出版社 1993 年版,第 212 页。
② 陈淳:《北溪字义》,第 42 页。
③ 程颢、程颐:《二程集》,第 1230 页。

言也。不曰坚乎，磨而不磷；不曰白乎，涅而不缁。吾岂匏瓜也哉？焉能系而不食？"

据《史记·孔子世家》载："佛肸为中牟宰。赵简子攻范、中行，伐中牟。佛肸畔，使人召孔子。孔子欲往。"① 子路认为佛肸叛乱，是"为不善者"，孔子不该应其召。孔子自然以不"犯上作乱"（《论语·学而》）、"危邦不入，乱邦不居"（《论语·泰伯》）为"经"，但当有机会一展才能、以实现"吾其为东周乎"② 的理想的时候，却也心动过，于此亦可视为孔子之行权、用权。故朱熹《论语集注》引张敬夫（栻）语："子路昔者之所闻，君子守身之常法；夫子今日之所言，圣人体道之大权也。"③ 孔子相信意志坚定、内心有大经大法存焉者是不会受到外界影响的，其行权自有分寸、道理。"不曰坚乎，磨而不磷；不曰白乎，涅而不缁"乃孔子的自我表白，亦可作为陈淳"理明义精"的注脚。

### 五、以"义"行经权："二者都不可无义"

陈淳在对"经权"字义的疏解中有针对性地回应诸家之说，如反对《公羊传》之"反经合道"、肯定柳宗元之"权者，所以达经也"。对王通的"权义举而皇极立"之说，他认为"说得亦未尽"，并借此阐述了自己的"权义"观。他进一步发展了朱熹"'义'字兼经、权而用之"的思想，提出了"合当用经时须用经，当用权时须用权，度此得宜便是义，便是二者都不可无义"的说法。关于"义"与"宜"，陈淳认为："义就心上论，则是裁制决断处。宜字乃裁断后字。裁断当理，然后得宜。"（《北溪字义·仁义礼智信》）④ 因此，若能以"义"行经权，当"可以无大过矣"。前引孔颖达《正义》则云："巽顺，以既能顺时合宜，故可以行权也。"在孔颖达看来，"宜"是行权的前提（合宜可行权），而在陈淳看来，"宜"则是行权的结果（行权可得宜）。

在此，陈淳列举了历史上行经权不宜、见义不精的反面案例，分别有"不当用权而用权者"（秦王世民杀太子建成），"当守经而不守经者"（王珪、魏征不死于建成而事太宗），"当用经而不用经，不当用权而用权者"（自魏晋而下托为受

---

① 《史记》，第 1924 页。
② 《论语·阳货》又记载了类似的一件事：公山弗扰以费畔，召，子欲往。子路不说，曰："末之也，已，何必公山氏之之也？"子曰："夫召我者，而岂徒哉？如有用我者，吾其为东周乎？"
③ 朱熹：《四书章句集注》，第 165 页。
④ 陈淳：《北溪字义》，第 19 页。

禅实窃其国者），"守经中见义不精者"（季札辞位），"用权中见义不精者"（张柬之等五王反正、中宗诛诸武而留武三思），于此亦可见陈淳对于用权保持高度警惕性。理学家历来严义利之辩，并坚持保守主义的历史观，认为今不如昔："先王以仁义得天下而教化之，后世以智力取天下而纠持之，古今之所以相绝者远矣。"（《粹言》卷一）① 故陈淳以"义"行经权自有其内在逻辑。理学是一种政治哲学，其目的乃为"格君行道"。联系《北溪字义·经权》汤武征伐、扶立中宗等记载，以及程氏所举汉文帝杀舅氏薄昭②，朱熹所举周公诛管、蔡与唐太宗杀建成、元吉③ 等诸多史事，皆可说明：非"理明义精"者、非圣贤之人难以用权。这就赋予"经权"以强烈的政治与伦理意义。

总之，通观《北溪字义·经权》，所谓"经是日用常行道理，权也是正当道理""中者，理所当然而无过不及者也；权者，所以度事理而取其当然""理明义精""裁断当理，然后得宜"等说法，无不表明陈淳的经权观正是理学视野下的经权观。李泽厚认为，理学家多不识生活中的权变、死守教条，而阴谋家、政治家又只问利害、不顾原则，双方各执一端，这正是伦理主义与历史主义矛盾的一种显现，他主张儒家之道需借助"权"才能实行，重在实践、实行，此即"实用理性"，亦为儒学中注重个体性、主动性之体现。④ 这一观点确实有一定的道理，也符合儒学"内圣外王"的历史逻辑。但是陈淳将"经权"列为《字义》内容之一，其实也说明了理学家对"权"之重视，只不过在当时的历史语境下，更为强调经权对立统一、以义行权而已。

儒家的经权思想具有独特的历史与现实意义。在坚持世人公认的基本准则（比如"正义"，比如"仁"）的前提下，因地制宜、通权达变，去追求个人利益与公共福祉，是符合人类的认识规律与思维方式的。陈淳对程朱及其之前的经权思想进行概括总结、发展损益，值得我们进一步关注与借鉴；既超越"非圣贤不能行权"之桎梏、又守持不可逾越之底线而做到经权并用，当是我们努力的方向。

---

① 程颢、程颐：《二程集》，第1217页。
② 程颢、程颐：《二程集》，第234页。
③ 《朱子语类》，第1380页。
④ 李泽厚：《论语今读》，天津社会科学院出版社2007年版，第175页。

# 第二十四章　鬼　神

## 第一节　朱子、陈淳对五经鬼神观的诠释

朱子作为集大成的思想家，他对鬼神的讨论多样而丰富，一方面秉承理学的理性精神，他把鬼神解释为阴阳二气的屈伸往来，另一方面他对五经典籍中的鬼神记载也深信不疑。五经关于鬼神的讨论，既有非常哲学化理性化的一面，也有充满宗教神秘主义气息的一面，前者以《易传》为代表，后者以"三礼"所论祭祀为代表。朱子对《易传》"精气为物，游魂为变"、《礼记》"明则有礼乐，幽则有鬼神"、《诗经》"文王陟降，在帝左右"、《尚书》"周公为武王祷告"等经典的解释无论在经学史上，还是在理学史上都有着重要意义。朱子的鬼神观根本上来说是一个类似宗教信仰的问题，里面的一些矛盾很难完全从知识理性的角度来贯通。人们祭祀天神、地示、人鬼，一方面是气的感通，另一方面是精神信息与情感的感通。在祭祀中，天地人鬼、时空获得了一种感通与统一，这不仅是宗教问题，同时也可以说是一个政治问题，根本地都是寻求统一性与连续性。作为朱子的弟子，在鬼神问题上，陈淳大体上继承发扬了朱子之说，但一些地方与朱子也有出入。

### 一、鬼神、阴阳、魂魄

承张载、程颐的理性精神，朱子多从阴阳屈伸之义上来诠释鬼神，这种哲理化的鬼神观，其实发端于《易传》。《易传》论"鬼神"约有六处，其中朱子讨论最多的是《系辞上》"精气为物，游魂为变，是故知鬼神之情状"一句。

关于此句，我们先看一下汉唐古注对此的解释。《周易集解》载郑玄释"精气为物"句说："精气，谓七八也。游魂，谓九六也。七八，木火之数也。九六，金水之数。木水用事而物生，故曰'精气为物'。金水用事而物变，故曰'游魂

为变'。精气谓之神，游魂谓之鬼。木火生物，金水终物。二物变化其情，与天地相似，故无所差违之也"①，"七八"为少阳、少阴，"九六"为老阳、老阴，"七"为火夏，"八"为木春，"九"为金秋，"六"为水冬，此以春夏为神（生物）、秋冬为鬼（终物），这种鬼神观实际上宇宙论化了，人是一个全息的小宇宙，其生老病死也与天道四时相类。这也开启了北宋理学家以阴阳屈伸来诠释鬼神的先河。

《九家易》说："阴阳交合，物之始也。阴阳分离，物之终也。合则生，离则死。故'原始及终，故知死生之说'矣。交合泰时，春也。分离否时，秋也"②，郑玄与《九家易》的说法大体一致，均以春夏秋冬气运变化来释死生鬼神。韩康伯说："精气细缊，聚而成物。聚极则散，而游魂为变也。游魂，言其游散也"（《周易注疏》卷七），孔颖达疏解说："'精气为物'者，谓阴阳精灵之气，氤氲积聚而为万物也。'游魂为变'者，物既积聚，极则分散，将散之时，浮游精魂，去离物形，而为改变，则生变为死，成变为败，或末死之间，变为异类也"。孔颖达"阴阳精灵之气"的说法似把郑玄与《九家易》给综合起来了。郑玄、《九家易》突出的特色是结合天道四时自然变化来说死亡鬼神，体现了天人合一的宇宙论精神。而韩康伯、孔颖达不再讲四时春秋，用"氤氲"突出了阴阳交合生物的过程。

北宋张载说："精气者，自无而有；游魂者，自有而无。自无而有，神之情也；自有而无，鬼之情也。自无而有，故显而为物；自有而无，故隐而为变。显而为物者，神之状也；隐而为变者，鬼之状也。大意不越有无而已。物虽是实，本自虚来，故谓之神；变是用虚，本缘实得，故谓之鬼"③。程颐说："聚为精气，散为游魂，聚则为物，散则为变，观聚散则见鬼神之情状，万物始终聚散而已，鬼神造化之功也"④。相对而言，张载的关键词是"有无""隐显"，程颐的则是"聚散"。韩康伯、孔颖达也说"聚散"，但程颐不说"氤氲"阴阳交合。张载、程颐的鬼神观都非常哲理化，宇宙论、生机论的天道意识明显不如汉唐。

在朱子看来，"精气为物"一句"便是生死底道理"⑤，是"鬼神定说"⑥"理

---

① 李鼎祚：《周易集解》，张文智、汪启明、天朔整理，巴蜀书社 2004 年版，第 209 页。
② 李鼎祚：《周易集解》，第 209 页。
③ 张载：《横渠易说》，《张载集》，章锡琛点校，中华书局 1978 年版，第 183、184 页。
④ 程颢、程颐：《二程集》，王孝鱼点校，中华书局 1981 年版，第 1028 页。
⑤ 《朱子语类》卷三，杨绳其、周娴君校点，岳麓书社 1997 年版，第 32 页。
⑥ 《朱子语类》卷九八，第 2275 页。

之常"①。在《周易本义》中，朱子说"阴精阳气，聚而成物，神之伸也。魂游魄降，散而为变，鬼之归也"②，朱子认同张载"精气自无而有，游魂自有而无"的说法，批评苏轼"'鬼'物也，'变'神也"的主张③。朱子这里论鬼神除了讲"聚散"，实际上还讲了"屈（归）伸"，他多次说"鬼神只是气。屈伸往来者，气也""以屈伸往来之气言之，则来者为神，去者为鬼"④。

但与张载、程颐，甚至汉唐古注都不同的是，朱子实际上进一步把"精气"阴阳两分，他说"精阴也，气阳也"⑤，以"精"为阴、"气"为阳，"精气为物"正是阴阳化合产生万物的过程。郑玄、韩康伯、孔颖达、张载都没有把精气拆解为阴阳，古人多是把精气看作精纯之气，孔颖达所说"阴阳精灵之气"也是把"精"看作是修饰"气"的，精气是偏正结构一个词，而朱子的"精气"实际上是并列结构的合成词。

同时朱子这里还把精气对应于魂魄，即精为魄、气为魂，他说："精气为物，是合精与气而成物，精魄而气魂也。变则是魂魄相离，独说游魂而不言魄，魂离魄之意自可见矣"⑥，这样"精气为物"是阴阳和合，也可以看作是魂魄和合产生万物，而"游魂为变"，是精气、魄魂分离即死亡的过程。这与《九家易》阴阳"合则生，离则死"的观点类似。朱子还说："天地阴阳之气交合，便成人物；到得魂气归于天，体魄降于地，是为鬼，便是变了"⑦，因此，就凸显"阴阳交合"义而言，朱子与汉唐古注有一致处。

朱子以"魂魄相离"来解释"游魂为变"的时候，就以魂为神、魄为鬼，他说："精气聚则为物，气散则气为魂，精为魄，魂升为神，魄降为鬼，《易》只说那升者"⑧"魂气升于天，体魄归于地。神气上升，鬼魄下降，不特人也。凡物之枯败，其香气腾上，物则腐于下，推此可见"⑨"精聚则魄聚，气聚则魂聚，是以为人物之体。至于精竭魄降，则气散魂游而无不之矣。降者屈而无形，故谓之

---

① 《朱子语类》卷三，第 39 页。
② 朱熹：《周易本义》，苏勇校注，北京大学出版社 1992 年版，第 140 页。
③ 《朱子全书》第 24 册《杂学辨》，朱杰人、严佐之、刘永翔主编，上海古籍出版社、安徽教育出版社 2002 年版，第 3468 页。
④ 《朱子语类》卷三，第 36 页。
⑤ 《朱子语类》卷七四，第 1698 页。
⑥ 《朱子语类》卷七四，第 1698 页。
⑦ 《朱子语类》卷一百一，第 2309 页。
⑧ 《朱子语类》卷八七，第 2033 页。
⑨ 《朱子语类》卷一百二十五，第 2710 页。

鬼，游者伸而不测，故谓之神，人物皆然，非有圣愚之异也"①。这样朱子解"精气为物，游魂为变"实际上有两重鬼神，大鬼神，以"精气为物"为神、"游魂为变"为鬼；小鬼神，"游魂为变"，魂魄相离，魂升天为神、魄落地为鬼。当然，魂升魄降之说也是来源于《礼记·郊特牲》中所说"魂气归于天，形魄归于地"，《檀弓下》载季札之说"骨肉归复于土，命也。若魂气则无不之也，无不之也"。《孔子家语·问礼》篇，孔子也说"形体则降，魂气则上"。

《礼记·祭义》篇载孔子回答宰我问鬼神，说："气也者，神之盛也；魄也者，鬼之盛也；合鬼与神，教之至也。众生必死，死必归土：此之谓鬼。骨肉毙于下，阴为野土；其气发扬于上，为昭明，焄蒿，凄怆，此百物之精也，神之著也"。郑玄注《礼记》对此有解释说"气谓嘘吸出入者也，耳目之聪明为魄"，朱子常把郑玄的这个注引述为"口鼻嘘吸为气，耳目聪明为魄""口鼻之嘘吸为魂，耳目之聪明为魄"②，朱子直接把这里的"气""神"理解为"魂"，在他看来，郑玄虽说得不错，但也只是"说得大概，却更有个母子，这便是坎离水火"③。朱子嫌郑玄说得太笼统，他进一步以魂为离为火，魄为坎为水。朱子说："煖气便是魂，冷气便是魄。魂便是气之神，魄便是精之神。会思量讨度底便是魂，会记当去底便是魄"④，这与他对《易传》"精气为物"的解释是一致的，魂、气、神、阳、火、离是一类，魄、精、鬼、阴、水、坎是一类。朱子又说："见于目而明，耳而聪者，是魄之用"，结合这句话，我们可以明白朱子评述郑玄注说"却更有个母子"的意思了，耳目之聪明只是魄之功用，魄之用除了耳聪目明还有很多其他表现。同样，我们也可以类推，口鼻呼吸也只是气（魂）之用。朱子也强调魂魄也并不直接等于气、形，他说："魄者，形之神；魂者，气之神。魂魄是神气之精英，谓之灵"⑤。

关于"其气发扬于上，为昭明、焄蒿、凄怆，此百物之精也"，朱子认为这句话是说人死亡时伴随的一些现象，他说"人死时，其魂气发扬于上"：

> 昭明，是人死时自有一般光景；焄蒿，即前所云"温温之气"也；凄怆，是一般肃然之气，令人凄怆。⑥

① 《朱子全书》第 24 册，《文集》卷七十二，第 3468 页。
② 《朱子语类》卷三，第 40 页。
③ 《朱子语类》卷三，第 37 页。
④ 《朱子语类》卷三，第 37 页。
⑤ 《朱子语类》卷八七，第 2030 页。
⑥ 《朱子语类》卷三，第 35 页。

此是阴阳乍离之际，仿佛如有所见，有这个声气，昭明、焄蒿是气之升腾，悽怆是感伤之意。①

昭明是所谓光景者，想像其如此，焄蒿是腾升底气象，悽怆是能令人感动模样。②

昭明是光耀底，焄蒿是滚上底，悽怆是凛然底。今或有人死，气盛者亦如此。③

昭明是精光，焄蒿是暖气，悽怆是惨栗者。④

"昭明"与"光"有光，"焄蒿"是一种升腾的温暖之气，"凄怆"是感伤惨肃之气，应该说普通人死亡时多多少少都会伴随这些现象，或强或弱，在朱子看来，生前气盛能量大的人物这些现象会表现得更加明显一些。当然，朱子认为，人的魂气最终还是会消散的。

陈淳关于"精气为物"的解释基本上本于朱子成说，如他说："《易》曰：'精气为物，游魂为变，故知鬼神之情状'，言阴精阳气聚而生物，乃神之伸也，而属乎阳。魂游魄降，散而为变，乃鬼之归也，而属乎阴。鬼神情状，大概不过如此"⑤。关于魂魄，陈淳也说"魂者阳之灵，气之发也""魄者阴之精，体之凝也"⑥，以气、阳为魂，以精、阴为魄，与朱子观点也是相同的。

### 二、鬼神、祭祀、礼乐

孔子一方面不迷信鬼神，另一方面又很重视祭祀。子贡曾问孔子"死人有知无知也"，孔子说："吾欲言死者有知也，恐孝子顺孙妨生以送死也；欲言无知，恐不孝子孙弃不葬也。赐欲知死人有知将无知也？死徐自知之，犹未晚也。"（《说苑·辨物》）孔子"未能事人，焉能事鬼""敬鬼神而远之"（《论语》）的人文理性态度，使得墨子就怀疑儒家是"以天为不明，以鬼为不神"，并批评儒家"执无鬼而学祭礼"，就像"无客而学客礼也，是犹无鱼而为鱼罟也"（《墨子·公孟》）。《礼记》《仪礼》相当大的篇幅都是讲如何祭祀各种鬼神的，无疑，如何解释鬼神与祭祀问题，这是考验儒学大家的一个重要难题。

---

① 《朱子语类》卷八七，第 2031 页。
② 《朱子语类》卷八七，第 2032 页。
③ 《朱子语类》卷八七，第 2032 页。
④ 《朱子语类》卷八七，第 2032 页。
⑤ 陈淳：《北溪字义》，中华书局 1983 年版，第 58 页。
⑥ 《北溪大全集》卷十二，《魂魄说》，清文渊阁四库全书本。

有人认为"圣人凡言鬼神，皆只是以理之屈伸者言也。至言鬼神祸福凶吉等事，亦只是以理言"，朱子对此不以为然，认为"如子所论，是无鬼神也"，朱子强调"鬼神固是以理言，然亦不可谓无气。所以先王祭祀，或以燔燎，或以郁鬯。以其有气，故以类求之尔"①。总体上看，以气来论鬼神，这也是朱子鬼神观的一个重要特色，朱子说"鬼神只是气。屈伸往来者，气也"，又说鬼神"是这气里面神灵相似"②。基于这种气论鬼神观，朱子明确肯定"有"鬼神，认为："若是无时，古人不如是求。'七日戒，三日斋'，或'求诸阳'，或'求诸阴'，须是见得有。"③朱子这段话实际上讨论到《礼记》中的很多问题。

"七日戒，三日斋"见于《礼记·坊记》："子云：'七日戒，三日齐，承一人焉以为尸，过之者趋走，以教敬也'"，朱子以其理性精神对此解释道："湛然纯一之谓斋，肃然警惕之谓戒。到湛然纯一时，那肃然警惕也无了"④。"求诸阳，求诸阴"见于《礼记·郊特牲》："魂气归于天，形魄归于地。故祭，求诸阴阳之义也。殷人先求诸阳，周人先求诸阴"。朱子说："古人于祭祀处极重，直是要求得之。商人求诸阳，便先作乐，发散在此之阳气以求之；周人求诸阴，便焚燎郁鬯，以阴静去求之"⑤。当然，朱子的这些解释也基本上是发挥《礼记·郊特牲》所说"殷人尚声，臭味未成，涤荡其声；乐三阕，然后出迎牲。声音之号，所以诏告于天地之间也。周人尚臭，灌用鬯臭，郁合鬯；臭，阴达于渊泉。灌以圭璋，用玉气也。既灌，然后迎牲，致阴气也"。朱子进而认为"祭祀'求诸阳'，便是求其魂；'求诸阴'，便是求其魄"⑥。人死魂气升天，形魄归地，朱子认为人的魂气会慢慢散去，就像火灭烟散，又如果类腐烂，其气味也慢慢散掉。但是因为子孙与祖先实是一气绵延，如水之前波后波，故子孙致其诚敬去祭祀，祖先是魂气还会回来享用祭品。朱子说："只是这个天地阴阳之气，人与万物皆得之。气聚则为人，散则为鬼。然其气虽已散，这个天地阴阳之理生生而不穷。祖考之精神魂魄虽已散，而子孙之精神魂魄自有些小相属。故祭祀之礼尽其诚敬，便可以致得祖考之魂魄。这个自是难说。看既散后，一似都无了。能尽其

---

① 《朱子语类》卷八七，第 2034 页。
② 《朱子语类》卷三，第 30 页。
③ 《朱子语类》卷三，第 46 页。
④ 《朱子语类》卷九七，第 2230 页。
⑤ 《朱子语类》卷六八，第 1512 页。
⑥ 《朱子语类》卷七四，第 2517 页。

诚敬，便有感格，亦缘是理常只在这里也"①。祭祀完毕，祖先之神好像又散了。朱子也感到在祭祀鬼神问题上，很难用理性完全解释清楚，所以只是强调"尽其诚敬，便有感格"（《语类》卷三）。

朱子对鬼神与礼乐关系的论述也非常有特色。《礼记·乐记》"大乐与天地同和，大礼与天地同节。和故百物不失，节故祀天祭地。明则有礼乐，幽则有鬼神。如此，则四海之内，合敬同爱矣"。对此，程颐对此曾有解释说："鬼神只是一个造化，'天尊地卑，乾坤定矣'、'鼓之以雷霆，润之以风雨'是也"②，"鬼神为造化之迹"③是程颐论鬼神的名言，他把鬼神自然化。朱子对此有更进一步深入展开，他认为"乐便属神，礼便属鬼"④"礼主减，乐主盈。鬼神亦只是屈伸之义。礼乐鬼神一理"⑤"礼乐是可见底，鬼神是不可见底。礼是收缩节约底，便是鬼；乐是发扬底，便是神"⑥"鬼自是属礼，从阴；神自是属乐，从阳"⑦，可见，朱子是把礼与阴、鬼、屈、往、减、收缩，乐与阳、神、伸、来、盈、发扬作了对应，礼乐与鬼神实际上都是天地阴阳屈伸往来的表现。朱子又说："在圣人制作处，便是礼乐；在造化处，便是鬼神"⑧，那么，鬼神是天道自然变化，圣人制作的礼乐当根据天道鬼神——天地造化，由此我们也比较好理解朱子的另一句话"鬼神只是礼乐底骨子"，"骨子"一词在《朱子语类》中出现很多次，多有"实质""内里"的意思，就是说"鬼神是礼乐的实质或根据"，这里的鬼神不是狭义祭祀，也不是民俗意义上的鬼神，而是哲学化的鬼神——天道阴阳自然之屈伸往来变化——造化。陈淳在《北溪大全集》也说："《乐记》谓'明则有礼乐，幽则有鬼神'，鬼神即是礼乐道理。以乐祀神，乐声发扬，属阳；以礼祀鬼，礼是定底物，属阴。故《乐记》说'乐者敦和率神而从天，礼者别宜居鬼而从地'"⑨，显然，陈淳此说与朱子是一致的，所云"鬼神即是礼乐道理"，与朱子所说"鬼神只是礼乐底骨子"，应该是一个意思，结合陈淳的话，我们也可以更清晰地理

---

① 《朱子语类》卷三，第41页。
② 《二程遗书》卷一八，《二程集》，中华书局1981年版，第225页。
③ 程颐：《伊川易传》卷一，《二程集》，第705页。
④ 《朱子语类》卷六三，第1384页。
⑤ 《朱子语类》卷八七，第2025。
⑥ 《朱子语类》卷七八，第1799页。
⑦ 《朱子语类》卷百二五，第2710页。
⑧ 《朱子语类》卷八七，第2025页。
⑨ 《北溪字义》卷下《鬼神》，第59页。

解朱子"骨子"的意思就是"道理"。

有学生据程颐所说"鬼神只是一个造化,'天尊地卑,乾坤定矣'、'鼓之以雷霆,润之以风雨'是也",向朱子提问道:"'天地尊卑'是礼,'鼓之润之'是乐否",朱子"乃引《乐记》'天尊地卑'至'乐者天地之和也'一段,云:'此意思极好!'再三叹息"①。朱子所引《乐记》此段原文为"天尊地卑,君臣定矣。卑高已陈,贵贱位矣。动静有常,小大殊矣。方以类聚,物以群分,则性命不同矣。在天成象,在地成形。如此,则礼者天地之别也","地气上齐,天气下降,阴阳相摩,天地相荡,鼓之以雷霆,奋之以风雨,动之以四时,暖之以日月,而百化兴焉。如此则乐者天地之和也"。直观上来说,程颐所说"天尊地卑,乾坤定矣""鼓之以雷霆,润之以风雨",我们会想当然地认为这段话出自《易传》(《系辞》及《说卦传》),这位学生的发问未必联想起《乐记》这段话,可能只是凭感觉推测"天尊地卑"为"礼"、"鼓之润之"为"乐"。由学生的启发,朱子迅速联想起《乐记》这段与《易传》有着高度契合的原文。根据《乐记》的这段话,显然此学生的推测非常有道理,于是朱子再三感叹"此意思极好"。

**三、天神、地示、人鬼**

作为祭祀意义的神,大体上分为自然神与祖先神两类,《周礼·春官·宗伯》说:"大宗伯之职:掌建邦之天神、人鬼、地示之礼,以佐王建保邦国",这把鬼神分得很细,朱子回答学生问天神、地示之义,说:"注疏谓'天气常伸,谓之神;地道常默以示人,谓之示'"(《语类》卷三),朱子转引的"注疏"似仅见于此,并不见于《周礼注疏》,目前笔者尚未见其他文献中有这句话。朱子自己发挥天神、地祇、人鬼之义,说:"气之清明者为神,如日月星辰之类是也,此变化不可测。祇本'示'字,以有迹之可示,山河草木是也,比天象又差著。至人,则死为鬼矣"②。

在朱子看来,"天神、地祇、山川之神,有此物在,其气自在此,故不难晓。惟人已死,其事杳茫,所以难说"③,"神祇之气常屈伸而不已,人鬼之气则消散而无余矣"④,因此,祭祀天地山川,是实有其气,故可有交感,而人死为鬼,其

① 《朱子语类》卷八七,第2025页。
② 《朱子语类》卷三,第42页。
③ 《朱子语类》卷六三,第1386页。
④ 《朱子语类》卷三,第35页。

气会逐渐散掉以至于无，那么祭祀人鬼，其道理何在呢？前面我们也讨论到，朱子认为子孙与祖先一气绵延，故子孙祭祀祖先可有把祖先魂气感聚而来，那些没有子孙的其气也不会完全虚无，他说："若说有子孙底引得他气来，则不成无子孙底他气便绝无了！他血气虽不流传，他那个亦自浩然日生无穷"①。朱子引述了先秦儒家文献中一些"诸侯因国之祭，祭其国之无主后者"的事例，再三强调："不成说有子孙底方有感格之理！便使其无子孙其气亦未尝亡也。如今祭勾芒，他更是远。然既合当祭他，便有此气。要之，通天地人只是这一气，所以说：'洋洋然如在其上，如在其左右！'虚空逼塞，无非此理，自要人看得活，难以言晓也"②。我们看到，朱子论及祭祀鬼神问题上，多次流露出"难以言晓"的解释困境，反复提示人们要自己去领会。其实朱子的意图也很清楚，他要竭力肯定儒家经典祭祀的合理性，是有其理的，而按其有其理必有其气的逻辑，所以他要强调鬼神不管子孙有无，其气都是存在的。人们不去祭祀时，其气处于"屈"的隐形状态，祭祀时，其气又"伸"，好像又被激活了。那么，这种鬼神其实有点类似于信息，不管祭祀与否，其信息都是存在的，没有祭祀时，其信息的能量会很弱，而祭祀时，通过诚敬去感格，祖先鬼神的信息就被赋予了能量，祖先的信息似乎就鲜活起来，所以《礼记·郊特牲》说"君子三日斋，必见其所祭者"。那么在这种感格贯通中，人作为类的存在，其时空的连续性和整体性也得到了加强。特别是子孙祭祀祖先，通过祭祀专注存想祖辈的音容笑貌，其个人深层的心理情绪（思念、感恩之情）也得到调适、释放，生命的整体感也得到修复与拓展。

鬼怪之说，民俗传说甚多，朱子对此也不是一概否定。朱子认为，正常死亡包括病死的人一般不会为惊扰世间，"多有是非命死者，或溺死，或杀死，或暴病卒死，是他气未尽，故凭依如此。又有是乍死后气未消尽，是他当初禀得气盛，故如此，然终久亦消了"③，"人有不伏其死者，所以既死而此气不散，为妖为怪"④，就是说那些屈死、横死、突然死亡的人，其魂气不会很快散掉，还有一定的能量会表现出一些怪异现象。朱子常以"伯有为鬼"来讨论鬼怪之事。《左传·昭公七年》载子产论伯有为鬼，"人生始化曰魄，既生魄，阳曰魂，用物精

---

① 《朱子语类》卷三，第 44 页。
② 《朱子语类》卷三，第 44 页。
③ 《朱子语类》卷六三，第 1387 页。
④ 《朱子语类》卷三，第 35 页。

多，则魂魄强，是以有精爽，至于神明，匹夫匹妇强死，其魂魄犹能冯依于人，以为淫厉。况良霄，我先君穆公之胄，子良之孙，子耳之子，敝邑之卿，从政三世矣，郑虽无腆，抑谚曰，蕞尔国，而三世执其政柄，其用物也弘矣，其取精也多矣，其族又大，所冯厚矣，而强死，能为鬼，不亦宜乎"。朱子于此很推崇子产，认为"郑子产论伯有为厉事，其穷理煞精"①，又说："至如伯有为厉，伊川谓别是一般道理。盖其人气未当尽而强死，自是能为厉。子产为之立后，使有所归，遂不为厉，亦可谓知鬼神之情状矣"②。

《诗经·大雅·下武》"三后在天"，朱子说："在天，言其既没而精神上合于天"，认为"有此理"，同时又强调"既有此理，便有此气"③。学生推测"想是圣人禀得清明纯粹之气，故其死也，其气上合于天"，朱子说："也是如此。这事又微妙难说，要人自看得。世间道理有正当易见者，又有变化无常不可窥测者，如此方看得这个道理活"④。可见，朱子对儒家经典所说鬼神，多相信有其理，同时又坚持有其理也必有其气。如果说"有其理"还只是说有其存在的道理和可能性，那么强调"有其气"就强调其现实性和实在性。但是这种实存性又很难用经验语言来描述，所以再三感叹"微妙难说"。又如《诗经·大雅·文王》"文王陟降，在帝左右"，朱子说："如今若说文王真个在上帝之左右，真个有个上帝如世间所塑之像，固不可。然圣人如此说，便是有此理"⑤。《尚书·周书·金縢》载，武王灭商两年后得了重病，周公设坛，亲自为武王祷告："惟尔元孙某，遘厉虐疾。若尔三王是有丕子之责于天，以旦代某之身。予仁若考能，多材多艺，能事鬼神。乃元孙不若旦多材多艺，不能事鬼神。乃命于帝庭，敷佑四方，用能定尔子孙于下地。四方之民罔不祗畏。呜呼！无坠天之降宝命，我先王亦永有依归。今我即命于元龟，尔之许我，我其以璧与珪归俟尔命；尔不许我，我乃屏璧与珪。"朱子认为，这一节先儒都解错了，"只有晁以道说得好。他解'丕子之责'如史传中'责其侍子'之'责'。盖云上帝责三王之侍子。侍子，指武王也。上帝责其来服事左右，故周公乞代其死云：'以旦代某之身。'言三王若有侍子之责于天，则不如以我代之。我多才多艺，能事上帝。武王不若我多才多艺，不能事

① 《朱子语类》卷四，第51页。
② 《朱子语类》卷三，第34页。
③ 《朱子语类》卷三，第43页。
④ 《朱子语类》卷三，第43页。
⑤ 《朱子语类》卷三，第43页。

鬼神，不如且留他在世上，定你之子孙与四方之民。文意如此。伊川却疑周公不应自说多才多艺，不是如此，他止是要代武王之死尔"①。儒家早期经典中的这些上帝鬼神之说，特别是先王死后升天会"宾于上帝"，这些在今天已经难以理喻，但朱子对这些经典圣人之说深信不疑，坚持认为"必有其理"。

陈淳对鬼神的讨论，多遵循朱子说。朱子未说的，他非常谨慎。如他曾说："古人祭天地山川皆立尸，诚以天地山川只是阴阳二气，用尸要得二气来聚这尸上，不是徒然歆享，所以用灌，用燎，用牲，用币，大要尽吾心之诚敬。吾心之诚敬既尽，则这天地山川之气便自关聚"②。在下面的自注中，他又补充说："上段云古人祭天地山川皆立尸，要得气来聚这尸上。据此说，则祭山川而人其形，疑亦古人立尸之意。惜不及质之先生"。

应该说祭祀天神、地示之类的自然神，其道理还是比较好理解的，天神地示其气是当下的，通过祭祀气的感通，祈求国泰民安、五谷丰登、风调雨顺，这可以看作是一个参天地、赞化育、祈求福报的过程。而祭祀祖先神灵，按朱子的逻辑人死后，其魂气会最终消散，子孙祭祀，其魂好像又招了回来，还能享受祭品，这里面难免让人感觉有些"匪夷所思"。目前关于朱子鬼神观，吴震先生的讨论颇为深刻，他认为："对朱子而言，鬼神主要是实践的问题而不是言说的问题，是宗教的问题而不是气学的问题，朱子在鬼神问题上强调实践的重要性，这是朱子宗教思想的一大特色，也是朱子对儒学鬼神论的一大理论贡献。我们唯有从这个视角出发，才能较为全面地把握朱子思想中鬼神论述的特质之所在"③。学生问："祭祀之理，还是有其诚则有其神，无其诚则无其神否？"朱子说："鬼神之理，即是此心之理"④。还有学生问："祭天地山川，而用牲币酒醴者，只是表吾心之诚耶？抑真有气来格也？"朱子说："若道无物来享时，自家祭甚底？肃然在上，令人奉承敬畏，是甚物？若道真有云车拥从而来，又妄诞"⑤。朱子一方面强调祭祀中鬼神的实有，另一方面又反对把鬼神形象化，"神也者妙万物而为言者也""盈天地之间皆神"，这有点把"神"本体化了，对鬼神的祭祀是通达"神"本体的一种方式，万物在"神"中获得了统一。确实，在先秦儒学与"神"的沟

① 《朱子语类》卷三，第43、44页。
② 陈淳：《北溪字义》，中华书局1983年版，第63页。
③ 吴震：《鬼神以祭祀而言——关于朱子鬼神观的若干问题》，《哲学分析》2012年10月，第3卷第5期。
④ 《朱子语类》，第45页。
⑤ 《朱子语类》，第46页。

通，主要形式就是通过祭祀。但是在《易传》也开辟了一条非祭祀或非宗教的"智"的方式来通达"神明之德"。信仰（宗教祭祀）与智慧（哲学理性），这两种通达"神明"的方式在儒家是并存的，在今天看来，无疑祭祀信仰的方式不断在衰落，而理智哲学的方式不断在凸显。祭祀信仰的方式与人的情感有更深层的密切关联。

## 第二节　朱子、陈淳对《论》《孟》
## 《中庸》鬼神观的诠释

与五经相比，四书与理学家的关系更为直接。四书论鬼神，对朱子、陈淳鬼神观的形成也有着更为直接的影响。但四书中，《大学》一书实际上并未论及鬼神，无"鬼"也无"神"，故本节讨论朱子、陈淳对《论语》《孟子》《中庸》鬼神观的诠释。

### 一、"敬鬼神而远之"：《论语》的人本主义鬼神观

《论语》论鬼神代表性的名言有"祭神如神在""敬鬼神而远之""未能事人，焉能事鬼"，等等，朱子与学生讨论鬼神常引用孔子的这些经典名言。

"祭如在，祭神如神在。子曰：'吾不与祭如不祭。'"这段话见于《论语·八佾第三》。在《延平答问》中，朱子说："熹疑此二句乃弟子记孔子事，又记孔子之言于下以发明之"①，认为"祭如在，祭神如神在"是弟子所记孔子祭祀时认真专注之状态，此可谓"身教"，而"吾不与祭如不祭"是"言教"，即对祭祀精义的阐发。《延平答问》接着还载有："先生曰：某尝闻罗先生曰：'祭如在，及见之者；祭神如神在，不及见之者。'以至诚之意与神交，庶几享之，若诚心不至，于礼有失焉，则神不享矣，虽祭也何为。"（同上）这里的"先生"指李侗，"罗先生"是指罗从彦，所谓"及见之者"当是指亲人之鬼神，"不及见之者"当指山川自然之神。罗从彦是二程弟子杨时的学生。罗从彦的看法当渊源于程子。在《论孟精义》"祭如在章"，朱子汇集了程颐、范祖禹、谢良佐、杨时、尹焞等人的观点。在《四书集注》中，朱子以程子的说法为主纲，同时也列了范祖禹的观点作为参考，朱子说："祭如在，祭神如神在。程子曰：'祭，祭先祖也；祭神，

---

① 《朱子全书》第13册，第318页。

祭外神也。祭先主于孝，祭神主于敬。'愚谓此门人记孔子祭祀之诚意。子曰：'吾不与祭如不祭。'又记孔子之言以明之，言己当祭之时，或有故不得与而使他人摄之，则不得致其如在之诚，故虽已祭而此心缺然如未尝祭也。"① 在《朱子语类》中，朱子关于此条的论说基本上皆一本程子之说：

> 或问"祭如在，祭神如神在"。曰："祭先主于孝，祭神主于敬。虽孝敬不同，而如在之心则一。圣人万一有故而不得与祭，虽使人代，若其人自能极其恭敬，固无不可；然我这里自欠少了，故如不祭。"②

> "祭如在，祭神如神在"。此是弟子平时见孔子祭祖先及祭外神之时，致其孝敬以交鬼神也。孔子当祭祖先之时，孝心纯笃，虽死者已远，因时追思，若声容可接，得以竭尽其孝心以祀之也。祭外神，谓山林溪谷之神能兴云雨者，此孔子在官时也。虽神明若有若亡，圣人但尽其诚敬，俨然如神明之来格，得以与之接也。"吾不与祭，如不祭"，孔子自谓当祭之时，或有故而使人摄之，礼虽不废，然不得自尽其诚敬，终是不满于心也。③

程朱把"祭如在"理解为祭祀祖先，"祭神如神在"理解为祭祀山川之神。只是与程子相比，朱子更强调应把这句话看作是弟子对孔子身教与言传的观察与记录，是对孔子宗教实践精神的鲜明刻画。其实，程朱的理解与传统的注疏也大体是一致的，如孔安国注"祭如在"为"事死如事生"，这是说亲人；注"祭神如神在"为"祭百神"，这是说山川自然之神；对"吾不与祭如不祭"，包咸注曰："孔子或出或病而不自亲祭，使摄者为之，不致肃敬于心，与不祭同"④。

祭祀时心诚很重要，朱子说："神之有无，皆在于此心之诚与不诚，不必求之恍忽之间也"⑤。朱子肯定正当祭祀中鬼神之存在，"古圣人为之祭祀，亦必有其神。如孔子说：'祭如在，祭神如神在。'是有这祭，便有这神；不是圣人若有若亡，见得一半，便自恁地"⑥，但他有时又说："神之有无也不可必，然此处是以当祭者而言。若非所当祭底，便待有诚意，然这个都已错了"⑦。看来，论证神之有无是个难题，大体上朱子还是倾向于认同范祖禹所说："有其诚则有其神，无

① 朱熹：《四书章句集注》，中华书局2011年版，第64页。
② 《朱子语类》，第557页。
③ 《朱子语类》，第557页。
④ 刘宝楠：《论语正义》，高流水点校，中华书局1990年版，第98页。
⑤ 《朱子语类》，第557页。
⑥ 《朱子语类》，第2058页。
⑦ 《朱子语类》，第558页。

其诚则无其神",朱子强调:"诚者,实也。有诚则凡事都有,无诚则凡事都无。如祭祀有诚意,则幽明便交;无诚意,便都不相接了"(《朱子语类》)。承朱子之义,陈淳对此也强调说:"夫子谓吾不与祭,如不祭,盖缘诚意既不接,幽明便不交"①,所谓"幽明交",其实也就是人神交感的问题。

朱子一方面肯定正当祭祀中鬼神存在的应然性与合理性,强调"诚"在人与鬼神沟通中的重要性。另一方面,朱子也重视孔子所说"敬鬼神而远之",并把"务民之义"解读为一种人本主义。《论语·雍也第六》载:"樊迟问知。子曰:'务民之义,敬鬼神而远之,可谓知矣。'"朱熹在《论语集注》中说:"民亦人也","专用力于人道之所宜,而不惑于鬼神之不可知。知者之事也。"②朱子这里与先前汉唐注疏的一个很大不同是,他强调这里的"民"是"人"的意思,这样,与人道相对,"鬼神"就是"神道",体现了儒家的人本主义、人文主义精神。对此,朱子在《论语或问》中说:"人道之所宜,近而易知也,非达于事理,则必忽而不务,而反务其所不当务者矣。鬼神之理,幽而难测也,非达于事理,则其昧者必至于慢,惑者必至于渎矣。诚能专用其力于人道所宜而易知者,而不昧不惑于鬼神之难测者,则是所谓智也"③。在《朱子语类》中,他与弟子进一步申说此义,他说:

> 民者,人也;义者,宜也。如《诗》所谓"民之秉彝",即人之义也。此则人之所宜为者,不可不务也。此而不务,而反求之幽冥不可测识之间,而欲避祸以求福,此岂谓之智者哉!④

王肃注"务民之义"说"务所以化道民之义"⑤,那么在这种诠释理路下,"务民之义"实际上就是一种民本主义精神,此即贾谊所感叹的"不问苍生问鬼神"的意思。但是在朱子,他坚持这里"民"是"人",反对把"民"解为"百姓"。这样,在朱子的诠释下,"务民之义,敬鬼神而远之"实际上即"未能事人,焉能事鬼!"的意思,他说:

> 人且理会合当理会底事,其理会未得底,且推向一边。待日用常行处会得透,则鬼神之理将自见得,乃所以为知也。"未能事人,焉能事鬼!"意

---

① 陈淳:《北溪字义》,第59页。
② 朱熹:《四书章句集注》,第87页。
③ 《四书或问》,上海古籍出版社、安徽教育出版社2001年版,第225页。
④ 《朱子语类》,第732页。
⑤ 刘宝楠:《论语正义》,第236页。

亦如此。①

> 人之于鬼神，自当敬而远之。若见得那道理分明，则须着如此。如今人信事浮屠以求福利，便是不能远也。又如卜筮，自伏羲尧舜以来皆用之，是有此理矣。今人若于事有疑，敬以卜筮决之，有何不可？如义理合当做底事，却又疑惑，只管去问于卜筮，亦不能远也。盖人自有人道所当为之事。今若不肯自尽，只管去谄事鬼神，便是不智。②

这也可以说，在朱子，人的理性是第一位的，人首先应该相信人，相信人的理性。朱子说：

> 鬼神事自是第二著。那个无形影，是难理会底，未消去理会，且就日用紧切处做工夫。子曰："未能事人，焉能事鬼！未知生，焉知死！"此说尽了。此便是合理会底理会得，将间鬼神自有见处。若合理会底不理会，只管去理会没紧要底，将间都没理会了。③

显然，朱子的人本主义鬼神观，并不否定鬼神的存在，他对正当祭祀中的鬼神也是非常敬重。但在朱子看来，把眼下经验生活世界的事理给弄明白，鬼神之事自然也就慢慢明白。鬼神虽与经验生活不是一个层面的存在，但其理是可以贯通的，综合朱子的鬼神观来看，这个理可以说就是一气之屈伸往来聚散。

陈淳论"敬鬼神而远之"，说："此一语极说得圆而尽。如正神，能知敬矣，又易失之不能远；邪神，能知远矣，又易失之不能敬。须是都要敬而远，远而敬，始两尽幽明之义。文公语解说'专用力于人道之所宜，而不惑于鬼神之不可知'，此语示人极为亲切。'未能事人，焉能事鬼'，须是尽事人之道，则尽事鬼之道断无二致，所以发子路者深矣。"④ 总体上看，陈淳的这些论述都是承朱子之说而来，但与朱子略有不同的是，朱子强调"敬鬼神而远之"中的这些"鬼神"也都是"正神"，对此朱子有反复强调，说"此鬼神是指正当合祭祀者"⑤，"他所谓'敬鬼神'是敬正当底鬼神。'敬而远之'，是不可亵渎，不可媚。如卜筮用龟，此亦不免。如臧文仲山节藻棁以藏之，便是媚，便是不知"，而陈淳说："如正神，能知敬矣，又易失之不能远；邪神，能知远矣，又易失之不能敬"，严

---

① 《朱子语类》，第 29 页。
② 《朱子语类》，第 732 页。
③ 《朱子语类》，第 29 页。
④ 陈淳：《北溪字义》，第 67 页。
⑤ 《朱子语类》，第 733 页。

格意义来论，此说与朱子所论是有偏离的，不合朱子之说。

## 二、"过化存神"——《孟子》"神"论诠释

《孟子》书中论"神"比较有思想意义的有两处，一是"存神过化"，见于《孟子·尽心上》载孟子曰："霸者之民，驩虞如也；王者之民，皞皞如也。杀之而不怨，利之而不庸，民日迁善而不知为之者。夫君子所过者化，所存者神，上下与天地同流，岂曰小补之哉"；二是"圣而不可知之之谓神"，见于《孟子·尽心下》："可欲之谓善，有诸己之谓信。充实之谓美，充实而有光辉之谓大，大而化之之谓圣，圣而不可知之之谓神。乐正子，二之中，四之下也。"

关于"过化存神"，程子曾解释说："'所过者化'，身之所经历处；'所存者神'，存主处便是神。如'立之斯立，道之斯行，绥之斯来，动之斯和'，固非小补，伯者是小补而已"①。朱子基本上认同程子的解释，他说：

> 所过者化，身所经历之处，即人无不化，如舜之耕历山而田者逊畔，陶河滨而器不苦窳也。所存者神，心所存主处便神妙不测，如孔子之立斯立、道斯行、绥斯来、动斯和，莫知其所以然而然也。②

这个解释基本沿袭程子之说，但细看来又有所不同。程子引"立之斯立，道之斯行，绥之斯来，动之斯和"从语势上来看当是对"过化存神"的总体来说，而朱子显然是系于"存神"。与"过化"强调主体感化他者相比，"存神"当更多的是强调主体的"神妙不测"，但朱子又明显地从"感应"角度来发挥"存神"，如说"此才有所存，彼便应，言感应之速也""只是'箪食壶浆以迎王师'处，便是神""'所存者神'，吾心之所存处，便成就如神耳。如《书》云'从欲以治，四方风动'之意"③。笔者认为，朱子从"感应"角度来诠释"存神"，程子的解释似没有这层意思。应该说，"过化"本身也就有感应之义，再以感应来说存神，这样似乎有些泯灭了过化与存神的差别。

朱子说："化，是人化也；神，是事之成就如神也"④，他认为"过化"与"存神"都是"就事说"，在他看来，张载、谢良佐解释"过化存神"则是"就心说"：

---

① 《二程遗书》卷十五，《二程集》，第 144 页。
② 朱熹：《四书章句集注》，中华书局 2011 年版，第 330 页。
③ 《朱子语类》，第 1287 页。
④ 《朱子语类》，第 1287 页。

上蔡云："所过者化"，便"所存者神"，"所存者神"，便"所过者化"。曰：此是就心说。事来不留于心，便是存神，存神便能过化。横渠云："性性为能存神，物物为能过化。"亦是此说。①

朱子认为"就心说"不符合孟子本意，"有几处被前辈说得来大，今收拾不得。谓如'君子所过者化'，本只言君子所居而人自化；'所存者神'，本只言所存主处便神妙。横渠却云：'性性为能存神，物物为能过化。'至上蔡便道：'唯能所存者神，是以所过者化。'此等言语，人皆烂熟，以为必须如此说。才不如此说，便不快意矣。"②

陈淳对"过化存神"也有专门论说，在《答徐懋功问过化存神说》一文，他说：

旧说皆以过化为物已过乎前者即消化无凝滞，存神谓心存于中常恁神妙应事物而心常虚灵，故谓大而化之之化，即此化意。此说似精而粗，与上下文不相贯，决非孟子本旨。在常人质美者可能之流弊有老学之病。至程子说曰"身所经历处便无不化，心所存主处便神妙不测"，二言已甚明白，而南轩又错会下句，复如前之意。文公《集注》上句证以舜事，下句证以夫子得邦家一节，到此乃极明莹，无复可疑矣。其意盖谓圣人到处，无不感动从化，心存主要做那事，便自响应。此由盛德之至，便自然有此神化之妙，上下与天地同流。语脉浑然贯通，其说似粗而实精，自非圣人大根大本，博厚深固，安能及此？③

这里陈淳所言"旧说"，其实乃转述朱子之言，《朱子语类》："旧说，所应之事过而不留，便能'所存者神'。神，即神妙不测。故上蔡云：'所过者化'，故'所存者神'；'所存者神'，故'所过者化'"④。这里的"旧说"并非汉唐旧说，而是程门后学如谢良佐之类的"就心说"。陈淳这段话总体上是对朱子说的维护与肯定，但他也似并未注意到程子与朱子之间的小有不同。他所说"盖谓圣人到处，无不感动从化，心存主要做那事，便自响应"，这可以说是对朱子注的忠实传承。

《荀子》一书也两处出现"存神过化"之语，对此朱子也注意到，他说："荀

---

① 《朱子语类》，第1288页。
② 《朱子语类》，第955页。
③ 陈淳：《北溪大全集》卷三十五，清文渊阁四库全书本。
④ 《朱子语类》，第1288页。

子亦言'仁人之兵，所过者化，所存者神'，似是见成言语，如'金声玉振'之类，故孟荀皆用之。荀卿非孟子，必不肯用其语也"①。朱子的意思是，这句话可能在孟荀之前就流行了，并不是孟子所创之词。其实，《孟子》《荀子》关于此语也略有差别，《孟子》说"所过者化，所存者神"，即"过化"在前，《荀子》是说"所存者神，所过者化"，即"存神"在前。这种细微差别可能并无多大实质意义，所以朱子似也未注意到。

关于"圣而不可知之谓神"，朱子基本上完全遵从程子的观点，他在《孟子集注》中引程子曰："圣不可知，谓圣之至妙，人所不能测，非圣人之上又有一等神人也。"② 在《论孟精义》中他又引程子曰："圣不可知谓神，庄生谬妄又谓有神人焉。"程朱强调"神"只是形容圣人的"深不可测"，这是针对庄子里把神人抬得比圣人还高而发的。承朱子之意，陈淳也强调说："圣与神无甚分别，合而言之只一套事，分而言之，神只是圣之不可知，非于圣人之上又别有一等神人也。所谓神明不测者，自其底蕴言之则渊而不可测，自其施为言之则妙而不可测，不可以偏看也。"③

### 三、鬼神之为德：《中庸》鬼神观诠释

《中庸》载孔子曰："鬼神之为德，其盛矣乎！视之而弗见，听之而弗闻，体物而不可遗。使天下之人齐明盛服，以承祭祀，洋洋乎如在其上，如在其左右。《诗》曰：'神之格思，不可度思！矧可射思！'夫微之显，诚之不可掩如此夫。"

朱子在《中庸章句集注》中解释这里的鬼神，引了程子"造化之迹"、张载"二气良能"之说，认为"以二气言，则鬼者阴之灵也，神者阳之灵也。以一气言，则至而伸者为神，反而归者为鬼，其实一物而已。为德，犹言性情功效"，这种哲理化的鬼神观典型地体现了宋儒的理性精神。北宋侯仲良曾以鬼神为形下存在，而"鬼神之德"为形上，对此朱子明确表示反对，他说："今侯氏乃析鬼神与其德为二物，而以形而上下言之，乍读如可喜者而细以经文事理求之，则失之远矣"④，又说："侯氏以德别为一物，便不是"⑤。所谓"以德别为一物"，当是

---

① 《朱子语类》，第 1288 页。

② 朱熹：《四书章句集注》，第 347 页。

③ 《北溪大全集》卷三十八。

④ 朱熹：《四书或问》，上海古籍出版社、安徽教育出版社 2001 年版，第 75 页。

⑤ 《朱子语类》，第 1386 页。

指把鬼神与鬼神之德割裂开来，分出形而上下。朱子把"德"理解为"性情功效"，认为"德"是鬼神的本质特征及其功用表现。所谓"性情功效"，朱子认为："'视之而不见，听之而不闻'是性情；'体物而不可遗'是功效"①。

关于"体物而不可遗"，郑玄认为："体犹生也，可犹所也，不有所遗，言万物无不以鬼神之气生也"（《礼记正义》卷五十二），孔颖达疏解此语引述发挥了郑玄注"精气为物，游魂为变"的观点，说："彼注云'木火之神生物，金水之鬼终物'。彼以春夏对秋冬，故以春夏生物，秋冬终物，其实鬼神皆能生物终物也。故此云体物而不可遗，此虽说阴阳鬼神，人之鬼神亦附阴阳之鬼神，故此云齐明盛服以承祭祀，是兼人之鬼神也"②。于此，我们也可明白，张载、程朱等以阴阳屈伸来解鬼神，并不是宋儒的孤明先发，至少在郑玄那里已经明确有这个意思。这样"体物而不可遗"被理解为"万物无不以鬼神之气生也"，实际上也可以说是"万物无不以阴阳之气生也"。朱子解释"体万物而不可遗"，说："鬼神无形与声，然物之终始，莫非阴阳合散之所为，是其为物之体，而物所不能遗也"③，显然，朱子此说与郑玄很相近，只是郑玄明确把"体"训为"生"，而在朱子，体有本体的意思。有学生问："'体物而不可遗'，是有此物便有鬼神，凡天下万物万事皆不能外夫鬼神否？"朱子回答说："不是有此物时便有此鬼神，说倒了。乃是有这鬼神了，方有此物；及至有此物了，又不能违夫鬼神也。'体物而不可遗'，用拽转看。将鬼神做主，将物做宾，方看得出是鬼神去体那物，鬼神却是主也。"④"有鬼神了，方有此物"看起来似乎不大好理解，其实如果把鬼神转换成阴阳，就很好理解了，"鬼神却是主"即阴阳为主、化生万物的意思，阴阳鬼神是主，万物是客，故而"体万物而不可遗"。朱子还说："所谓'体物不可遗'者，盖此理于人初不相离，万物皆体之，究其极只是阴阳造化而已。故太极图言'大哉易乎'，只以阴阳刚柔仁义，及言'原始反终，故知死生之说'而止。人之生死，亦只是阴阳二气屈伸往来耳。"⑤ 这些都表明，朱子所理解的"体物而不遗"，都是从"阴阳二气屈伸往来"这个角度来论的。陈淳也说："《中庸》所谓体物而不遗者，言阴阳二气为物之体而无不在耳。天地间无一物不是阴阳，

---

① 《朱子语类》，第 1385 页。
② 《朱子语类》，第 1564 页。
③ 朱熹：《四书章句集注》，第 27 页。
④ 《朱子语类》，第 1380 页。
⑤ 《朱子语类》，第 1512 页。

则无一物不具鬼神。"① 这里把"鬼神"直接等同于阴阳了。

按张载、程朱的解释，这里的"鬼神"也只是阴阳屈伸往来，是完全哲理化的自然变化，但是《中庸》原文下面又说"使天下之人齐明盛服，以承祭祀"，所以有学生就问："鬼神'体物而不可遗'，只是就阴阳上说。末后又却以祭祀言之，是如何？"朱子回答说："此是就其亲切着见者言之也。若不如此说，则人必将风雷山泽做一般鬼神看，将庙中祭享者又做一般鬼神看。故即其亲切着见者言之，欲人会之为一也"②。朱子这种"会之为一"的说法，其实也与孔颖达所说"故此云体物而不可遗，此虽说阴阳鬼神，人之鬼神亦附阴阳之鬼神，故此云齐明盛服以承祭祀，是兼人之鬼神也"非常接近。那么，人之鬼神可以看作是"阴阳鬼神"的特殊表现了。实际上，在朱子，他也确实是从阴阳屈伸之义来诠释人之鬼神。学生问："'齐明盛服，以承祭祀'，却如何？"朱子明确说这"亦只是此往来屈伸之气。古人到祭祀处，便是招呼得来。如天地山川先祖，皆不可以形求，却是以此诚意求之，其气便聚"③。以阴阳、屈伸、往来论鬼神，这是程朱及整个宋儒的一大特征，在朱子看来，"气之方来皆属阳，是神；气之反皆属阴，是鬼。日自午以前是神，午以后是鬼。月自初三以后是神，十六以后是鬼。"④"草木方发生来是神，雕残衰落是鬼。人自少至壮是神，衰老是鬼。鼻息呼是神，吸是鬼""天地造化，皆是鬼神，古人所以祭风伯雨师"⑤。这种屈伸往来之鬼神观，也可以说是一种自然鬼神。此外，在朱子还有一种存在于祭祀活动中的感应鬼神，如说："鬼是散而静，更无形，故不必言。神是发见，此是鬼之神。如人祖考气散为鬼矣，子孙精诚以格之，则'洋洋如在其上，如在其左右'，岂非鬼之神耶？"⑥ 人死散为鬼，归为无形，而子孙祭祀祖先的时候，"精诚以格之"，祖先之神就像复活了似的，"如在其上，如在其左右"，"能使人畏敬奉承，而发见昭著如此，乃其体物而不可遗之验也"（《中庸集注》）。由鬼而神、由静而动、由微而显，这里面关键就是一个"诚"字："盖神明不可见，惟是此心尽其诚敬，专一在于所祭之神，便见得'洋洋然如在其上，如在其左右'。然则神之有无，

---

① 陈淳：《北溪字义》，第 57 页。
② 《朱子语类》，第 1381 页。
③ 《朱子语类》，第 1512 页。
④ 《朱子语类》，第 1386 页。
⑤ 《朱子语类》，第 1386 页。
⑥ 《朱子语类》，第 2031 页。

皆在于此心之诚与不诚，不必求之恍忽之间也。"①

《中庸》论"神"，还有下面一段非常有名的话："至诚之道，可以前知。国家将兴，必有祯祥；国家将亡，必有妖孽。见乎蓍龟，动乎四体。祸福将至：善，必先知之；不善，必先知之。故至诚如神。"对此，朱子注解说："祯祥者，福之兆。妖孽者，祸之萌。蓍，所以筮。龟，所以卜。四体，谓动作威仪之闲，如执玉高卑，其容俯仰之类。凡此皆理之先见者也。然惟诚之至极，而无一毫私伪留于心目之间者，乃能有以察其几焉。神，谓鬼神②。"（《中庸集注》）在《四书或问》中，朱子又论"至诚如神"之说曰："吕氏得之矣，其论'动乎四体为威仪之则'者，尤为确实。游氏'心合于气，气合于神'之云，非儒者之言也。且心无形而气有物，若之何而反以是为妙哉。程子'用便近二'之论，盖因异端之说，如蜀山人董五经之徒③，亦有能前知者，故就之而论其优劣，非以其不用而不知者为真可贵而贤于至诚之前知也。至诚前知，乃因其事理朕兆之已形而得之，如所谓不逆诈，不亿不信而常先觉者，非有术数推验之烦，意想测度之私也，亦何害其为一哉！"④ 这里"吕氏"指吕大临，"动乎四体为威仪之则"见于《礼记解·中庸第三十一》："至诚与天地同德，与天地同德，则其气化运行与天地同流矣。兴亡之兆，祸福之来，感于吾心，动于吾气，如有萌焉，无不前知，况乎诚心之至，求乎蓍龟而蓍龟告，察乎四体而四体应，所谓莫见乎隐，莫显乎微者也，此至诚所以达乎神明而无间，故曰至诚如神，动乎四体，如传所谓威仪之则，以定命者也。"⑤ "游氏"指游酢，所云"心合于气，气合于神"见《礼记集说》："至诚之道，精一无间，心合于气，气合于神，无声无臭，而天地之间物莫得以遁其情矣，不既神矣乎？此非人所能测也，至于前知之实，则近考诸身，远验诸物，大有以知国家之兴亡，小有以知一身之祸福，此人之所同见也，

---

① 《朱子语类》，第557页。
② 笔者认为，朱子这里"鬼神"，不如用"神明"更加确切。从下面的讨论来看，朱子在此问题上很推崇吕大临的观点，吕正是以"神明"来诠释"至诚如神"的"神"。
③ 嵩山前有董五经隐者也，伊川闻其名，谓其为穷经之士，特往造焉。董平日未尝出庵，是日不值，还至中途，遇一老人负茶果以归，且曰："君非程先生乎？"伊川异之，曰："先生欲来信息甚大，某特入城置少茶果，将以奉待也。"伊川以其诚意复与之同至其舍，语甚款，亦无大过人者，但久不与物接，心静而明也。先生问伊川，伊川曰："静则自明也。"（《河南程氏外书》卷第十二，《二程集》，第436页）
④ 朱熹：《四书或问》，第93页。
⑤ 《蓝阳吕氏遗著辑校》，中华书局1993年版，第300页。

故至诚如神，如神云者，因人所言见之也。"① "心合于气，气合于神"见于《列子·仲尼第四》："亢仓子曰：'我体合于心，心合于气，气合于神，神合于无。其有介然之有，唯然之音，虽远在八荒之外，近在眉睫之内，来干我者，我必知之。乃不知是我七孔四支之所觉，心腹六藏之所知，其自知而已矣。'"因此，朱子批判游氏之说非儒者之言。程子"用便近二"之论，见于《二程遗书》卷三："人固可以前知，然其理须是用则知，不用则不知。知不如不知之愈，盖用便近二，所以释子谓又不是野狐精也"②。为什么说"用便近二"，程子（明道）解释说"若圣人只是一"③，这潜在地化用了张载"一故神"的观点。

## 第三节  北宋诸儒论"神"的经典化及其再诠释

作为理学的集大成者，朱子对北宋五子的思想皆有综合继承与发挥。"神""鬼神"，是儒家修身与祭祀的重要问题，在这方面，北宋周敦颐、张载、二程及二程弟子谢良佐、范祖禹等人都有很精彩的论述，朱子在相关问题的讨论上，经常引述北宋这些大儒的话，并加以评论分析。一定意义上，朱子的"神"论与鬼神观的形成，正是建立在与北宋这些大儒的深入对话讨论的基础上的。朱子对他们相关论述及精彩观点的赞赏与评析，对朱子门人后学都有着巨大影响，如弟子陈淳在鬼神观的讨论上，大体上，朱子所引述的这些北宋大儒的名言，在他的讨论中也往往一定会出现。这就使得北宋大儒论鬼神的名言获得了一种经典性，成为继四书五经相关论述之后，儒家在"神""鬼神"观问题上的代表性观点。

### 一、"物则不通，神妙万物"：论周敦颐《通书》之神

周敦颐被誉为道学鼻祖、理学开山人，他对"神"的阐发主要集中在其代表作《通书》中。周敦颐关于"神"的论述，比较有特色的是，他综合阐发了《易传》中作为变化妙道的"神"，他在《通书》中把"神"与"诚""几"并论，

---

① 卫湜：《礼记集说》卷一百三十三，清通志堂经解本。
② 问："方外之士有人来看，他能先知者，有诸?"曰："有之，向见嵩山董五经能如此。"问："何以能尔?"曰："只是心静，静而后能照。"又问："圣人肯为否?"曰："何必圣贤，使释氏稍近道理者便不肯为（释氏尝言庵中坐却见庵外事，莫是野狐精）。释子犹不肯为，况圣人乎?"（《二程遗书》卷十八）
③ 邓球：《闲适剧谈》卷二，明万历邓云台刻本。

说："寂然不动者，诚也；感而遂通者，神也；动而未形、有无之间者，几也。诚精故明，神应故妙，几微故幽。诚、神、几，曰圣人"①，这里的"神"突出了其感应、妙应特征。周敦颐又说："性焉安焉之谓圣，复焉执焉之谓贤，发微不可见、充周不可穷之谓神"②，"大顺大化，不见其迹、莫知其然之谓神"③，这里强调"神"没有征兆、迹象，但遍在一切。《通书·动静第十六》又进一步说："动而无静，静而无动，物也；动而无动，静而无静，神也。动而无动，静而无静，非不动不静也。物则不通，神妙万物"，"神"有形而上性，无动静可言，但神又有"活"性，贯通、朗润万物。显然，周子的上述说法是对《易传》"阴阳不测之谓神""神也者妙万物而为言者也""神无方而易无体"等思想的继承与发挥。

朱子发挥周敦颐的神论，认为就造化而言，"忽然在这里，又忽然在那里，便是神"④，对人来说，"知觉便是神。触其手则手知痛，触其足则足知痛，便是神。'神应故妙'"。对"动而无动，静而无静，神也"，朱子认为"神""不属阴，不属阳"：

> 且如昼动夜静，在昼间神不与之俱动，在夜间神不与之俱静。神又自是神，神却变得昼夜，昼夜却变不得神。⑤

> 此言形而上之理也。理则神而莫测，方其动时未尝不静，故曰无动；方其静时，未尝不动，故曰无静。静中有动，动中有静，静而能动，动而能静，阳中有阴，阴中有阳，错综无穷是也。⑥

> 譬之昼夜：昼固是属动，然动却来管那神不得；夜固是属静，静亦来管那神不得。盖神之为物，自是超然于形器之表，贯动静而言，其体常如是而已矣。⑦

"神"，"贯动静""超然形器之表"，类似于"理""道"之形上存在。有学生

---

① 《通书·圣第四》，上海古籍出版社 2000 年版，第 33 页。
② 《通书·诚几德第三》，第 32 页。朱子认为："神即圣人之德妙而不可测者，非圣人之上复有所谓神也"。《孟子·尽心下》说："可欲之谓善，有诸己之谓信。充实之谓美，充实而有光辉之谓大，大而化之之谓圣，圣而不可知之之谓神"，周子、朱子论"圣""神"，也可以看作是对孟子观点的再诠释。
③ 《通书·顺化第十一》，第 36 页。
④ 《朱子语类》，第 2154 页。
⑤ 《朱子语类》，第 2159 页。
⑥ 《朱子语类》，第 2159 页。
⑦ 《朱子语类》，第 2159 页。

问"神"是不是"天地之造化"，朱子说："神，即此理也"①，即神是造化之理，神是形而上的，又贯通形而下。"物"虽是"动而无静，静而无动"的形下存在，但器不离道，道不离器，器中有道，物中有神。朱子还说："太极者，本然之妙也；动静者，所乘之机也"②，"本然之妙"可以说就是"神"。

朱子注周敦颐《太极图说》"形既生矣，神发知矣"，说："'形既生矣'，形体，阴之为也。'神发知矣'，神知，阳之为也。盖阴主翕，凡敛聚成就者阴为之也；阳主辟，凡发畅挥散者，阳为之也"③。此以阴阳来诠释应形神，与上文释"神妙万物"以"神"为"不属阴、不属阳"的形上之理，当是从不同角度来说的。当然，笔者认为，严格推来，知觉之神也当是超越阴阳的，方能与本体"妙万物之神"相契。

### 二、"一故神，两故化"：论张载"神化"哲学

"神"是张载哲学的核心范畴，历代儒者从哲学上讨论"神"，最精辟深刻的莫过于张载。朱子对张载的"神"论也非常推崇，经常赞叹他说得好。

横渠说："鬼神者，二气之良能"（《正蒙·太和篇》），又说："物之初生，气日至而滋息；物生既盈，气日反而游散。至之谓神，以其伸也；反之谓鬼，以其归也"（《正蒙·动物篇》），朱子诠释说：

> 屈伸往来，是二气自然能如此。④
>
> 二气，即阴阳也。良能，是其灵处。⑤
>
> 天下万物万事自古及今，只是个阴阳消息屈伸。横渠将屈伸说得贯通。⑥
>
> 气之方来皆属阳，是神；气之反皆属阴，是鬼。日自午以前是神，午以后是鬼。月自初三以后是神，十六以后是鬼。⑦

以阴阳二气之屈伸往来说鬼神，这是张载、朱子论鬼神的基调，实际上这把鬼神给泛化、抽象化、哲学化了。类似地，程颐也曾说"鬼神者，造化之迹"，朱子认为："程子之说固好，但在浑沦在这里。张子之说分明，便见有个阴阳

---

① 《朱子语类》，第2159页。
② 朱熹：《太极图说解》，《朱子全书》第13册，第72页。
③ 《朱子语类》，第2139页。
④ 《朱子语类》，第1386页。
⑤ 《朱子语类》，第2030页。
⑥ 《朱子语类》，第40页。
⑦ 《朱子语类》，第1386页。

在"①。朱子多次表达过类似看法，即在鬼神、神的论述上，张载比程颐说得更明白更透彻，道出了鬼神的实质性——二气之屈伸往来。陈淳对此也有论述，他说："程子曰：'鬼神者，造化之迹也。'张子曰：'鬼神者，二气之良能也。'说得皆精切。造化之迹，以阴阳流行著见于天地间者言之。良能，言二气之往来，是自然能如此。大抵鬼神只是阴阳二气之屈伸往来。自二气言之，神是阳之灵，鬼是阴之灵。灵云者，只是自然屈伸往来恁地活尔。自一气言之，则气之方伸而来者属阳，为神；气之已屈而往者属阴，为鬼。如春夏是气之方长，属阳，为神；秋冬是气之已退，属阴，为鬼；其实二气只是一气耳。"②陈淳的发挥总体上符合朱子之义，唯他说程、张二说"皆精切"，似对朱子高低分殊程张未有特别注意或认同。

张载论"神化"很经典，如说"一故神，两故化"（《正蒙·参两篇》）、"推行有渐为化，合一不测为神"（《正蒙·神化篇》）。朱子反复赞叹"横渠说得极好""横渠此语极精"：

"一故神"，横渠亲注云："两在故不测。"只是这一物，却周行乎事物之间。如所谓阴阳、屈伸、往来、上下，以至于行乎什伯千万之中，无非这一个物事，所以谓"两在故不测"。"两故化"，注云："推行乎一。"凡天下之事，一不能化，惟两而后能化。且如一阴一阳，始能化生万物。虽是两个，要之亦是推行乎此一尔。此说得极精，须当与他子细看。③

两者，阴阳、消长、进退。两者，所以推行于一；一所以为两。"一不立，则两不可得而见；两不可见，则一之道息矣。"横渠此说极精。非一，则阴阳、消长无自而见；非阴阳、消长，则一亦不可得而见矣。④

言"两在"者，或在阴，或在阳，在阴时全体都是阴，在阳时全体都是阳。化是逐一挨将去底，一日复一日，一月复一月，节节挨将去，便成一年，这是化。⑤

是在阳又在阴，无这一，则两便不能以推行。两便即是这个消长，又是化，又是推行之意。⑥

① 《朱子语类》，第 1384 页。
② 陈淳：《北溪字义》，中华书局 1983 年版，第 56 页。
③ 《朱子语类》，第 2259 页。
④ 《朱子语类》，第 2260 页。
⑤ 《朱子语类》，第 2260 页。
⑥ 《朱子语类》，第 2260 页。

张载"一故神，两故化"的神化哲学是对《易传》思想的创造性发挥，结合朱子的解读，从形式上看，这与辩证法所论对立统一规律非常类似，但辩证法所谓对立统一是一种思辨关于事物变化客观规律的认识，而张载或《易传》的神化哲学既是规律的认定，同时更重要的是内含着一种精神修养，达到"穷神知化"的最高道德境界。朱子认为"'神化'二字，虽程子说得亦不甚分明，惟是横渠推出来""前人都说不到"，对张载可谓推崇备至。

陈淳对张载"推行有渐为化，合一不测为神"也有发挥，他说："化只是变化，此物变成彼物，惟是变则有迹，而化则无迹，至于神则又妙而不可测耳"①。笔者认为陈淳的解读值得商榷，他这里把"变、化、神"看成一个递进序列，"变"有迹可测、"化"无迹、"神"妙不可测，而实际上在张载"一故神，两故化"的思想中，"化"是有时空性的，而"神"无时空性，神是形而上的整体，因此，"神""化"不在一个存在序列。

### 三、造化之迹与妙用——程子论"神"再诠释

"鬼神者，造化之迹"见于《程氏易传》卷一，虽然朱子认为程子此语论鬼神不如张载"二气之良能"说得明快，但在与弟子的相关讨论中，他们还是经常讨论到程子的这句话。朱子认为"造化之妙不可得而见，于其气之往来屈伸者足以见之。微鬼神，则造化无迹矣。横渠'物之始生'一章尤说得分晓"②"鬼神是天地间造化，只是二气屈伸往来。神是阳，鬼是阴。往者屈，来者伸，便有个迹恁地"③，显然，这都是以张载的意思来诠释"造化之迹"。同时，朱子认为"造化之迹"有"正理"和"非正理"之分。"正理"就是大家日常司空见惯的正常自然变化，如"起风做雨，震雷闪电，花生花结"等等，朱子认为这些都是"神"的表现。"非正理"就是罕见的自然变异现象或奇怪灵异事件，"夏寒冬热""鬼叫""鬼火"，等等，朱子认为这些都是"气之杂揉乖戾所生，亦非理之所无也，专以为无则不可"④，又说："才见说鬼事，便以为怪。世间自有个道理如此，不可谓无，特非造化之正耳。此得阴阳不正之气，不须惊惑。所以夫子'不语怪'，以其明有此事，特不语耳。南轩说无，便不

---

① 陈淳：《北溪大全集》卷四十一，《答陈伯澡问近思录》，清文渊阁四库全书本。
② 《朱子语类》，第 1384 页。
③ 《朱子语类》，第 1387 页。
④ 《朱子语类》，第 33 页。

是了。"① "南轩"是张栻,他大概认为鬼怪神异为虚妄之事,可见在鬼神问题上,朱子既务实理性,同时又开放包容,认识到现实世界的多元复杂性。

程子说:"以形体言之谓之天,以主宰言之谓之帝,以功用言之谓之鬼神,以妙用言之谓之神,以性情言之谓之乾"(《遗书》卷二十二上)。学生经常就"以功用言之谓之鬼神,以妙用言之谓之神"来向朱子请教前后两个神的区别。朱子认为:"鬼神者,有屈伸往来之迹。如寒来暑往,日往月来,春生夏长,秋收冬藏,皆鬼神之功用,此皆可见也。忽然而来,忽然而往,方如此又如彼,使人不可测知,鬼神之妙用也"②,"功用是有迹底,妙用是无迹底。妙用是其所以然者""功用兼精粗而言,是说造化。妙用以其精者言,其妙不可测"③,"'鬼神'之'神',此'神'字说得粗"④。综合来看,似功用之鬼神是形而下的,而妙用之神是形而上的,朱子用"所以然"一词值得注意。《易传》说"一阴一阳之谓道",程颐认为"道非阴阳也,所以一阴一阳道也",那么,套此逻辑,功用之鬼神为一阴一阳之屈伸变化,而妙用之神乃功用阴阳鬼神的根据或动力。

程子说:"盖上天之载,无声无臭,其体则谓之易,其理则谓之道,其用则谓之神"(《遗书》卷一)。朱子诠释程子此句,有个非常明确的观点,那就是以"易——道——神",对应于"心——性——情",他说:"易,心也;道,性也;神,情也。此天地之心、性、情也"⑤,"易在人便是心,道在人便是性,神在人便是情"⑥。在朱子看来,"其体谓之易"的"体""犹形体也,乃形而下者"⑦,不是与体用意义上的"体"。这样朱子所理解的"易"就是自然现象界的变化,包括"阴阳、动静、辟阖、刚柔、消长",他说:"所谓易者,变化错综,如阴阳昼夜,雷风水火,反复流转,纵横经纬而不已也。人心则语默动静,变化不测者是也。体是形体也(原注:贺孙录云:体非体用之谓)。言体,则亦是形而下者。其理,则形而上者也。"⑧ 朱子认为,程子"其体谓之易",与《易传》"神无方而易

① 《朱子语类》,第 1946 页。
② 《朱子语类》,第 1510 页。
③ 《朱子语类》,第 1511 页。
④ 《朱子语类》,第 1481 页。
⑤ 《朱子语类》,第 88 页。
⑥ 《朱子语类》,第 2186 页。
⑦ 《朱子语类》,第 1445 页。
⑧ 《朱子语类》,第 2177 页。

无体"，这两个体不是一个层面上来说的，"'易无体'者，或自阴而阳，或自阳而阴，无确定底，故云'无体'。自与那'其体则谓之易'不同，各自是说一个道理"①。

就上述引述材料而言，把"易体"定位为形体、形而下，"神"是"情"，也成了形下之气，相应的"心"也是形而下的气。牟宗三认为"以易体与神用俱视为气，形而下者，非明道意"②，牟先生的这个判断可谓入木三分，笔者也认为程子本意并没有要把"易""道""神"分出个形而上下。但实际上朱子思想复杂，仅就语录材料而言也是前后不一。以易体、神情、心为形下之气，只是他在某个阶段或者早期的一种表述，他后来还说：

> 然伊川所谓"体"字，与"实"字相似，乃是该体、用而言。如阴阳动静之类，毕竟是阴为体，阳为用，静而动，动而静，是所以为易之体也。

> 人杰云："向见先生云，体是形体，却是着形气说，不如说该体、用者为备耳。"曰："若作形气说，然却只说得一边。惟说作该体、用，乃为全备，却统得下面'其理则谓之道，其用则谓之神'两句。"③

显然，这则材料的表述，与上段引述材料，在观点上发生了明显变化，似可看作是对其前说的否定，不再把"体"理解为形下的形体，而是明确认为这里的"体"是包体用而言。朱子也意识到，只有这样与下面两句"其理则谓之道，其用则谓之神"才能在逻辑上贯通起来，实际上也只有这样才能贯通其"心统性情"说。

在答吴德夫（吴猎）的信中，朱子也强调：

> 易之为义，乃指流行变易之体而言，此体生生，元无间继，但其间一动一静，相为始终耳。程子曰："上天之载，无声无臭，其体则谓之易，其理则谓之道，其用则谓之神"，正谓此也。此体在人则心是已，其理则所谓性，其用则所谓情，其动静，则所谓未发、已发之时也，此其为天人之分虽殊，然静而此理已具，动而此用实行，则其为易一也。若其所具之理，所行之用，合而言之，则是易之有太极者。④

这里把易也理解为流行变易的总体，显然这种易体是该体用、包理气而言，

---

① 《朱子语类》，第 1701 页。
② 牟宗三：《心体与性体》下，吉林出版集团有限责任公司 2013 年版，第 409 页。
③ 《朱子语类》，第 2606 页。
④ 《答吴德夫》，《朱子全书》第 22 册，《文集》卷四十五，第 2071 页。

这样与"易体"相应的"心"也不再是形下的存在①，而是包括理气的，这样才能"心统性情"。

陈淳在《北溪字义》卷上也谈到他对程子这段话的理解，他说："此处是言天之心、性、情，所谓易便是心，道便是性，神便是情。所谓体者，非体用之体，乃其形状模样恁地。易是阴阳变化，合理与气说"②。显然，陈淳基本上延续了朱子的观点，以"形状模样"来理解"体"实乃朱子早期的看法，他可能没注意到朱子后来对这一表述的修正，但说"易是阴阳变化，合理与气说"似又与朱子后来的观点暗合。

### 四、"祖考精神，便是自家精神"：谢良佐鬼神观再诠释

谢良佐（号上蔡）为程门四大高足，他曾论鬼神说："自家要有便有，自家要无便无，始得。鬼神在虚空中辟塞满，触目皆是，为他是天地间妙用，祖考精神便是自家精神"③。朱子与门人论鬼神常称赞上蔡说得好。朱子认为"鬼神是本有底物事"④，又说"这鬼神生死之理，却惟上蔡见得。看他说'吾之精神，即祖考之精神'，说得有道理"⑤。在朱子看来，人死虽其气终散，但子孙与祖先一气绵延，故子孙真诚地去祭祀祖先，已散的祖先之气还是能感聚而来，朱子说：

> 毕竟子孙是祖先之气。他气虽散，他根却在这里；尽其诚敬，则亦能呼召得他气聚在此。如水波样，后水非前水，后波非前波，然却通只是一水波。子孙之气与祖考之气，亦是如此。他那个当下自散了，然他根却在这里。根既在此，又却能引聚得他那气在此。⑥

> 上蔡言："自家精神，即祖考精神。"这里尽其诚敬，祖宗之气便在这里，只是一个根苗来。如树已枯朽，边傍新根，即接续这正气来。⑦

这里用"水波""根苗"来比喻子孙与祖先的一气相连，因此儒家强调祭祀祖先可谓实有其理，这也可以说为儒家的祭祖之礼阐明了其哲学道理。在儒家有正当祭祀与非正当祭祀之分，正当祭祀包括自己的祖先，以及不同级别的统治者

---

① 牟宗三把朱子的"心"界定为"形而下"，看来这也是有问题的。

② 陈淳：《北溪字义》，中华书局1983年版，第14页。

③ 《上蔡先生语录》，朱熹编，中华书局1985年版，第12页。

④ 《朱子语类》，第42页。

⑤ 《朱子语类》，第556页。

⑥ 《朱子语类》，第43页。

⑦ 《朱子语类》，第557页。

分别对天地山川的祭祀、对功勋卓越的先圣先贤的祭祀，而那些"闲神野鬼"则不当祭祀，朱子说：

> 鬼神，上蔡说得好。……他大纲说得极好，如曰："可者使人格之，不使人致死之。""可者"，是合当祭，如祖宗父母，只须着尽诚感格之，不要人便做死人看待他。"不可者使人远之，不使人致生之。""不可者"，是不当祭，如闲神野鬼，圣人便要人远之，不要人做生人看待他。可者格之，须要得他来；不可者远之，我不管他，便都无了。①

不当祭祀的那些鬼神，不用管它，与自己没有关联，也可以视作"无"，"你心不向他，便无了"②。朱子认为"有功德在人，人自当报之。古人祀五帝，只是如此"③，而有些"新神新鬼"则属于儒家所排斥的"淫祠"，但是在民间往往很盛行，"今有个新立底神庙，缘众人心邪向他，他便盛。如狄仁杰废了许多庙，亦不能为害，只缘他见得无这物事了。上蔡云：'可者欲人致生之，故其鬼神；不可者欲人致死之，故其鬼不神。'先生每见人说世俗神庙可怪事，必问其处形势如何"④。朱子认为，民间流传的鬼神灵验故事大部分是胡说，但小部分也有其道理。在他看来，神庙的怪异灵验，是因为众人都诚心向他，诚心是灵气⑤，"众心之所辐凑处，便自暖，故便有一个灵底道理。所以祭神多用血肉者，盖要得藉他之生气耳"⑥，这也是上蔡"可者欲人致生之，故其鬼神"的意思，如果众人都不相信他，或者直接断了他的香火，也就不灵了，即上蔡所谓"不可者欲人致死之，故其鬼不神"，狄仁杰废掉的那些神庙，鬼神也奈何不了他。同时，朱子之所以"必问其处形势如何"，可能是他认为一个庙宇的灵异也与其独特的地理风水之气有关。

其实，"可者使人格之，不使人致死之""可者欲人致生之，故其鬼神；不可者欲人致死之，故其鬼不神"，这几句朱子所引述的谢良佐的话并不见于今本《上蔡语录》。有学生问："祖宗是天地间一个统气，因子孙祭享而聚散？"朱子回答说："这便是上蔡所谓'若要有时，便有；若要无时，便无'，是皆由乎人矣。

---

① 《朱子语类》，第 2308 页。
② 《朱子语类》，第 2307 页。
③ 《朱子语类》，第 48 页。
④ 《朱子语类》，第 2018 页。
⑤ 朱子说："旧有一邑，泥塑一大佛，一方尊信之。后被一无状宗子断其首，民聚哭之，颈上泥木出舍利。泥木岂有此物！只是人心所致。"（《朱子语类》卷三，第 31 页）
⑥ 《朱子语类》，第 2033 页。

鬼神是本有底物事。祖宗亦只是同此一气，但有个总脑处。子孙这身在此，祖宗之气便在此，他是有个血脉贯通。所以'神不歆非类，民不祀非族'，只为这气不相关。如'天子祭天地，诸侯祭山川，大夫祭五祀'，虽不是我祖宗，然天子者天下之主，诸侯者山川之主，大夫者五祀之主。我主得他，便是他气又总统在我身上，如此便有个相关处"①，这里"若要有时，便有；若要无时，便无"这句话也不见《上蔡语录》，也有可能是对上蔡原话"自家要有便有，自家要无便无"的改写。朱子有时也把上蔡的这句话引述为"道有便有，道无便无"，而且实际上，他对上蔡的这句话并不满意：

> 叔器问："上蔡说鬼神云：'道有便有，道无便无'。初看此二句，与'有其诚则有其神，无其诚则无其神'一般；而先生前夜言上蔡之语未稳，如何？"曰："'有其诚则有其神，无其诚则无其神'，便是合有底，我若诚则有之，不诚则无之。'道有便有，道无便无'，便是合有底当有，合无底当无。上蔡而今都说得粗了，合当道：合有底，从而有之，则有；合无底，自是无了，便从而无之。今却只说'道有便有，道无便无'，则不可。"②

"有其诚则有其神，无其诚则无其神"是北宋范祖禹的话，朱子认为这比上蔡"道有便有，道无便无"要说得好。用我们今天的话来说，在朱子看来，上蔡这句话太主观唯心了，所以有些未稳，有些"粗"，应该说这个批评也同样适用于上蔡所说"自家要有便有，自家要无便无"。总结来看，在鬼神观上，朱子最欣赏赞叹的是上蔡所说"祖考精神便是自家精神"。作为朱子学的传人，陈淳对上蔡的这句话自然也极为重视，他说："人与天地万物，皆是两间公共一个气。子孙与祖宗，又是就公共一气中有个脉络相关系，尤为亲切。谢上蔡曰：'祖考精神，便是自家精神。'故子孙能极尽其诚敬，则己之精神便聚，而祖宗之精神亦聚，便自来格。"③ 这些基本上是对朱子观点的继承与发扬。

朱子、陈淳论"神""鬼神"，引述北宋诸儒观点最多的就是以上这四位大儒，即周敦颐、张载、程子和谢良佐。此外，上面我们也提到，还有范祖禹所说"有其诚则有其神，无其诚则无其神"④，朱子对范氏这句话的引述与讨论也比较多。有学生问："祭祀之理，还是有其诚则有其神，无其诚则无其神否？"朱子

---

① 《朱子语类》，第43页。
② 《朱子语类》，第2308页。
③ 《北溪字义》卷下，第59页。
④ 见朱熹编《论孟精义》之《论语精义》卷二上，清文渊阁四库全书本。

说："鬼神之理，即是此心之理"①。朱子还说："范氏所谓'有其诚则有其神，无其诚则无其神'。盖神明不可见，惟是此心尽其诚敬，专一在于所祭之神，便见得'洋洋然如在其上，如在其左右'。然则神之有无，皆在于此心之诚与不诚，不必求之恍惚之间也"②。什么叫"不必求之恍惚之间"呢？《礼记·祭义》中说："孝子将祭……百物既备，夫妇齐戒沐浴，盛服奉承而进之，洞洞乎，属属乎，如弗胜，如将失之，其孝敬之心至也与！……于是谕其志意，以其恍惚以与神明交，庶或飨之。'庶或飨之'，孝子之志也"。这里"以其恍惚以与神明交"，有点原始巫文化交感神明的意味，而朱子强调"诚"更多地充满了理性精神。朱子说："诚者，实也。有诚则凡事都有，无诚则凡事都无。如祭祀有诚意，则幽明便交；无诚意，便都不相接了"③。当然，朱子也强调"神之有无也不可必，然此处是以当祭者而言。若非所当祭底，便待有诚意，然这个都已错了"④，这样来看，"有其诚则有其神，无其诚则无其神"也是针对应当祭祀的鬼神而言，如祖宗、山川之神。承朱子之意，陈淳也对此有专门阐发，他说："范氏谓'有其诚则有其神，无其诚则无其神'，此说得最好。诚只是真实无妄，虽以理言，亦以心言。须是有此实理，然后致其诚敬而副以寔心，岂不歆享？且如季氏不当祭太山而冒祭，是无此实理矣。假饶极尽其诚敬之心，与神亦不相干涉，泰山之神亦不吾享。大概古人祭祀，须是有此实理相关，然后三日斋，七日戒，以聚吾之精神。吾之精神既聚，则所祭者之精神亦聚，必自有来格底道理"⑤，"诚只是真实无妄，虽以理言，亦以心言"，这也可以说是对朱子"鬼神之理，即是此心之理"的一个诠释。在《请傅寺丞祷山川社稷》一文中，陈淳也强调"'有其诚则有其神，无其诚则无其神'。诚者，心与理真实无妄之谓，在山川社稷有是真实无妄之理矣，若又加之真实无妄之心以萃集其神灵，则必能实感而实应"⑥。这里"理"可以说类似一个客观的机制机理，而"诚"可以使得这种"理"产生功用活动起来，朱子、陈淳乃至整个宋儒关于鬼神祭祀的这些论述可以说都体现了很强的理性主义精神。

朱子对北宋五子皆有综合继承发挥，他对邵雍的先天易学非常推崇，我们注

---

① 《朱子语类》，第 45 页。
② 《朱子语类》，第 557 页。
③ 《朱子语类》，第 558 页。
④ 《朱子语类》，第 558 页。
⑤ 陈淳：《北溪字义》，第 59 页。
⑥ 陈淳：《北溪大全集》卷四十八。

意到朱子论"神"与"鬼神",很少或基本没提到邵雍的相关论说,而实际上邵雍关于"神""鬼神"也有着自己非常独到的一些观点,如在《观物外篇》(下)所说"道与一,神之强名也""气者,神之宅也;体者,气之宅也""因物则性,性则神,神则明矣""太极一也,不动生二,二则神也""心性而胆情,性神而情鬼""神亦一而已,乘气而变化,出入于有无死生之间,无方而不测者也"等等。但朱子、陈淳对邵雍的这些精彩论述皆未讨论。由于朱子学的巨大影响,显然,他经常引用讨论的北宋诸儒论神的这些言论在后世也不断被引述,进而成了名言,获得了一种经典性,相对来说邵雍论"神"的言论就其影响来说则比较逊色。当然,邵雍的历史影响在先天图,先天图的经典化,一定程度上也与朱子的推崇密不可分。

# 第二十五章  释  老

自汉以来，佛教传入中国，与中国原有的道教和儒家文化在交流互动冲突中，互相融合，互相影响，相互吸收，相互补充。到宋代，正如著名历史学家陈寅恪先生所言："华夏民族之文化，历数千载之演进，造极于赵宋之世。"[①] 儒释道文化兼容并蓄，形成时代新的思潮，陈淳的释老思想就在这背景下形成。

陈寅恪对宋儒的佛教修养有过这样的评论："宋儒若程若朱，皆深通佛教者，既喜其义理之高明详尽，足以救中国之缺失，而又忧其用夷变夏也。乃求得而两全之法：避其名而居其实，取其珠而还其椟，采佛理之精粹以之注解四书五经，名为阐明古学，实则吸收异教。声言尊孔辟佛，实则佛之义理，已浸渍濡染。与儒教之宗传，合而为一。此先儒爱国济世之苦心，至可尊敬而曲谅之者也。"[②] 钱穆则认为，由于儒学处于危机四伏的时代，使得宋儒无暇对佛教仔细玩味、体贴研磨，他说："理学家之主要对象与重大用意，则正在于辟禅辟佛，余锋及于老氏道家。亦可谓北宋诸儒则在针对释老而求发扬孔子之大道与儒学之正统。"[③] 这是说，理学家用心的地方是怎样批佛、排佛，并由此为发扬、复兴孔孟圣学开辟道路。因此，宋儒无暇去钻研佛教义理，自然对佛教的认识与理解也就不会很深。他说："今人谓宋氏理学渊源自方外，所谓方外，即指道释两家。然当时理学家主要宗旨在辨老释。唐韩愈著《原道》篇，亦为辨老释，惟辨之不清，老释之言流衍如故。北宋诸儒，只重在阐孔子，扬儒学，比较似置老释于一旁，认为昌于此而息于彼。"[④] 既然心思不在佛教，怎么可能对佛教有完整、准确、深刻的认识呢？方东美的批评则毫不留情，他说："宋人讲佛学，可以说是肤浅——主

---

① 陈寅恪：《金明馆丛稿》，上海古籍出版社 1980 年版，第 245 页。

② 吴学昭：《吴宓与陈寅恪》，清华大学出版社 1992 年版，第 10—11 页。

③ 钱穆：《朱子学提纲》，生活·读书·新知三联书店 2002 年版，第 17 页。

④ 《朱子学提纲》，第 16—17 页。

张佛学的理论是肤浅，反对佛学的理论也没抓住重心，依然是肤浅。"① 方东美先生著有《中国大乘佛学》和《华严宗哲学》，他说的话多半应该是可信的。牟宗三对宋儒的佛教修养也有质疑，他说："人皆谓宋明儒受佛老之影响，是阳儒阴释，儒释混杂。实则宋明儒对于佛老了解实粗略，受其影响盖甚小。彼等自有儒家义理智慧之规范。……故儒自是儒，道自是道，佛自是佛，虽有其共通之形态，而宗义之殊异不可泯。故动辄谓宋明儒受佛老影响者甚无谓也。"② 而所谓影响只限在"受其刺激而觉醒"："宋明儒能相应而契悟之，通而一之，是宋明儒之生命能与此两诗（《大雅·烝民》《颂·维天之命》）以及《论语》《孟子》《中庸》《易传》之智慧方向相呼应，故能通而一之也。此种生命之相呼应，智慧之相承续，亦可谓'本有者若是'矣！此与佛、老有何关哉？只因秦、汉后无人理解此经典，遂淡忘之矣。至宋儒起，开始能相应而契悟之，人久昏重蔽，遂以为来自佛老矣。若谓因受佛教之刺激而豁醒可，若谓其内容乃阳儒阴释，或儒释混杂，非先秦家经典所固有，则大诬枉"③。牟宗三所强调的是，佛教对于宋儒只是一种豁醒、刺激作用，使他们回到先秦儒学、复兴先秦儒学。这个说法从另一角度说明宋儒在佛教方面没有下功夫，所以疏于认识和理解。无论学者们怎样看待宋儒对佛学修养如何，总之，宋代儒学与佛教与道教的关系是非常密切的，对于二程、朱子及其弟子陈淳的影响是巨大的，无论是受刺激、应激反应，还是调和，改头换面的吸收，他们彼此有了联系，故而有了陈淳的释老观。

## 第一节 二程辟佛借道建理学

程颢、程颐理学思想的形成，是在隋唐以来儒、道、佛三家思想相融合大趋势下，以直接继承孔孟儒家道统为己任，以先秦儒家思想为基础，批判、吸收佛、道的思想，使其成为理学体系的有机组成部分。

### 一、天理观上对释老的吸收

二程把"理""天理"作为其理论最高原则，构建其哲学大厦。将"理"作为天地自然和人伦物理的最高概括，视之为唯一的绝对、产生宇宙万物的主宰

---

① 方东美：《新儒家哲学十八讲》，台湾黎民文化事业有限公司2006年版，第93页。

② 牟宗三：《心体与性体》（上），上海古籍出版社1999年版，第498页

③ 《心体与性体》（上），第32页。

者。说"万物皆只是一个天理"①；理是主宰支配者，"天者理也，神者妙万物而为言者也，帝者以主宰事而名。"②"天与上帝一也"③，理就是主宰宇宙万物的本体，具有至高无上性，还是永恒存在的生物之本；"道（理）则自然生万物"④，"止行不加，穷居不损，这上头来更怎生说得存亡加减，是它原无少欠，百理具备"。⑤"天理鼓动万物如此"⑥。这与佛学中对本体范畴的表述很相似，《大方广佛华严经疏》卷一说它"含众妙而有馀，超言思而迥出"⑦。它"廓无涯而超视听"，"深无极而抗思议"，"名言罕寻其际"，"相见靡究其源，但以机感万差，奋形言而充法界，心境一味，泯能所而归寂寥。"⑧佛教中的本体是没有边界与轮廓，超乎视听，超越思维，言语无法企及，含蕴众妙，往复动静如一的永恒独立绝对体，它主宰支配万物，缘起万物，施恩于天下，并能使人类摆脱生死轮回而成正果。二程援引了佛学的这种理论观点，以儒家的眼光和立场，变佛教的本体观为"天理"。说"理"是唯一的绝对，这样，"理"就成了超乎时空的绝对精神实体，具有了本体的地位，成了具有理性精神的宇宙的本体。

二程在论述宇宙万物如何生成时，都提出了"气化流行"的问题。程颐说："离了阴阳更无道，所以阴阳者是道也。阴阳，气也。气是形而下者，道是形而上者。形而上者则是密也。"⑨这就是说，阴阳二气的运转变化取决于"道"的支配。"有理则有气，有气则有数。"⑩在气以及气之用出现以前，就有理的存在，实际承认了理先气后，气从属于理，以理为本体。二程认为，理、道、阴阳之气看成是一体的。理、道伴随在阴阳二气的化合聚散中，依据自身的特性与相关之气伴随，不停息地流动，随气长养万物而形成具体事物之理和人之性。二程认为："性即气，气即性，生之谓也。"⑪又说："志气之帅"，气是命，有善不善。显然，二程在谈到物质性的"气"从属于神秘的"道"和"理"之外，又认为神秘的精

---

① 程颢、程颐：《二程集》，《河南程氏遗书》卷二，中华书局 1981 年版，第 30 页。

② 《二程集》卷十一，第 132 页。

③ 《二程集》卷十五，第 168 页。

④ 《二程集》卷十五，第 149 页。

⑤ 《二程集》卷二，第 31 页。

⑥ 《二程集》卷五，第 78 页。

⑦ 澄观：《大方广佛华严经疏》卷一，财团法人佛陀教育基金会 2003 年版。

⑧ 《华严法界观门》，台湾佛光经典丛书，1996 年。

⑨ 《二程集》卷十五，第 162 页。

⑩ 《二程集》卷二，第 1227 页。

⑪ 《二程集》卷一，第 10 页。

神性的"气"等同于"性"和"理",是宇宙万物的本源。

二程以"理"取代"道",他们特别强调理在本体层次上的实在性,提出"理"既内在于万物之中,又是万物存在的本体根据。这样,"理"既与道家、道教的虚空之"道"相区别,又使儒家伦理的价值本体更好地落实到社会和人生之中。在二程哲学的逻辑结构中,从"理"到物只是手段,而格物穷理以致道德之知才是目的。

朱熹有云:"至妙之理,有生生之意焉,程子所取老氏之说也。"[①]这说明二程建构其理学体系时,是从老子那里吸收了有关"道"的思想学说。

"道"与"器"的问题,首先由《周易·系辞》提出,它说:"是故形而上者谓之道,形而下者谓之器。"两汉和魏晋时期,《老子河上公章句》、王弼《老子注》曾对之作了说明,都认为"道"乃万物之源,"器"乃具体的事物。唐末五代道教学者杜光庭用"体""用"的关系去说明"道""器",认为"道"是"体","器"是"用",二者虽不可分,但"道"却是更根本的。他说:"形而上者道之本,清虚无为,故处乎上也。形而下者道之用,禀质流形,故处乎下也。显道之用以形于物,物察有质,故谓之器。器者,有形之类也。……此乃道是无体之名,形是有质之用。凡万物从无而生,众形由道而立,先道而后形,道在形之上,形在道之下。故自形而上谓之道,自形而下谓之器。形虽处道器两畔之际,形在器上,不在道也。既有形质,可为器用,故云形而下者谓之器。夫道,无也。形者,有也。有故有极,无故长存。"[②]二程"道"犹原理,"器"犹具体事物,二者是互相依存、不可分离的。二程曾说:"形而上为道,形而下为器,须著如此说,器亦道,道亦器。但得道在,不系今与后,己与人。"[③]这是说,"道"固然离不开"器","器"也离不开"道"。二者虽然不能分离,但是,不论在时间上(今与后)以及在社会关系方面(己与人),"道"都是首要的。

不管二程把"理"又叫作"道""性",或者"真",他们都指的是宇宙万物的本源。在二程看来,"理"先于气而存在,但"理"存乎气中,因"气"而显"理","气"则必须依"理"而存在。"理"是"本","气"是"末","理"犹原理,"气"犹具体事物,二者是互相依存而不可分离的观点,是与道教学者关于

---

① 《老氏》,《朱子语类》卷一百二十五,《朱子全书》第18册,上海古籍出版社、安徽教育出版社2002年版,第3909页。

② 《道德真经广圣义》卷十一《三十辐章》第十一。

③ 《二程集》卷一,第4页。

"道""器"问题的论述相似。

## 二、二程对释老社会人生观的批判

"世事为幻"的存有论，表现在礼治伦理上的态度便是指礼治为赘物、认伦理为粪土；内外不贯的道体观则是直接对礼治伦理的否弃。而在二程的视域内，佛教对礼治伦理的破坏是全方位的、本质性的。

世事乃实有之物，不可为"空"。在自然观上将万物理解为"幻妄"，在社会生活观上自然表现为"忘是非"，表现为"厌事、弃事"。何谓"忘是非"？二程说："学佛者多要忘是非，是非安可忘得？自有许多道理，何事忘为？夫事外无心，心外无事。世人只被为物所役，便觉苦事多。若物各付物，便役物也。世人只为一齐在那昏惑迷暗海中，拘滞执泥坑里，便事事转动不得，没著身处。"① 在二程看来，心与事是同一的，心外无事，事外无心，视世事为"幻"，则是将心、事分裂为二，而且心、事合一是一种自然之态，人应以之为轻松、为快意，佛教之所以为世事所俘虏而超拔不得，是因为视心中之事为累为苦。何谓"厌事、弃事"？二程说："是不知道者也。物安可恶？释氏之学便如此。释氏要屏事不问。这事是合有邪？合无邪？若是合有，又安可屏？若是合无，自然无了，更屏什么？彼方外者苟且务静，乃远迹山林之间，盖非明理者也。世方以为高，惑矣。"② 之所以言佛教厌事、弃事是错误的，是因为世事的存在是不以人的意志为转移的，有事你摒弃不掉，无事则无须摒弃。因此，在认识上，佛教不能理解世事、是非乃实有之物；在行为上，则是逃避责任而已，何高妙之有？

人生乃客观存在，不可为"妄"。如果将自然万物的"成坏"理解为"幻妄"，那么作为自然现象一部分的人生现象也必被理解为"幻妄"。自然界中的草木鸟兽皆有生灭过程，此过程是可感可知的自然现象，但佛教以草木鸟兽之生老病死为"幻"，认为"草木之生，亦皆是幻"。二程却不以为然："子以为生息于春夏，及至秋冬便却变坏，便以为幻，故亦以人生为幻。何不付与他。物生死成坏，自有此理，何者为幻？"③ 即是说，草木鸟兽，春夏生意盎然，秋冬肃杀隐迹，都是自然之规律；而由草木鸟兽的生死之相推说人生为幻，尤为谬见。因为人生充盈，虽有生死成坏，亦只是其生理之自然，而生理之自然是一客观实在，

① 《二程集》卷十九，第263页。
② 《二程集》卷十八，第195页。
③ 《二程集》卷一，第4页。

可知可感，所以不能视为"幻妄"。所以，佛教以人生之相为无常而得出人生为"幻妄"的结论是不合事实的。

生死问题是佛教的核心问题之一，因视生为苦海，故有出世之说，"出家"是佛教基本教规。程颐认为："禅家出世之说，如闭目不见鼻，然鼻自在。"① 佛教出家是自欺欺人。《河南程氏遗书》卷十八载伊川语："释氏有出家出世之说。家本不可出，却为他不父其父，不母其母，自逃去，固可也。至于世，则怎生出得？既道出世，除是不戴皇天不履后土，始得，然又却渴饮而饥食，戴天而履地。"② 出家则是不父其父、不母其母的行为，而出世是不可能的，人总要渴了喝水饿了吃饭，怎能脱离这皇天后土，故是自欺欺人的。

不仅如此，"出家"也是自私的表现："释氏之学，又不可道他不知，亦尽极乎高深，然要之卒归乎自利自私之规模。何以言之？天地之间，有生便有死，有乐便有哀。释氏所在便须觅一个纤奸打讹处，言免死生，齐烦恼，卒归乎自私。"③ 就是说，人之生死乃人生理之自然，佛教则将生死问题萦系怀中，并寻找免生之地，因此，佛教直观上看似乎很超脱，以己越物，但实际上处处不离己，不能坦然面对生死，就是自利自私的一种表现。二程说："圣人以生死为常事，无可惧者。佛者之学，本于畏死，故言之不已。下愚之人，故易以其说自恐。至于学禅，虽异于是，然终归于此，盖皆利心也。"④ 生死是常事，天地间万物的生、长、灭亡是自然界的自然规律。更为重要的是，二程以儒家的义利公私辨佛学的生死观念。《河南程氏遗书》卷一载明道语："佛学只是以生死恐动人。可怪两千年来，无一人觉此，是被恐动也。圣贤以生死为本分事，无可惧，故不论死生。佛之学为怕死生，故只管说不休。下俗之人固多惧，易以利动。至于禅学者，虽自曰异此，然要之只是此个意见，皆利心也。"⑤ 卷十五载伊川语："至如言理性，亦只是为死生，其情本怖死爱生，是利也。"⑥ "佛亦是西方贤者，方外山林之士，但为爱膏持人说利害，其实为利。"⑦ 因而，虽然不能不承认佛教高深玄妙，但由于其执着生死，并求免生死，这就使得其全部伎俩也只为自私。二

① 《二程集》卷三，第64页。
② 《二程集》卷十八，第195页。
③ 《二程集》卷十五，第152页。
④ 《二程集》卷一，第1171页。
⑤ 《二程集》卷一，第3页。
⑥ 《二程集》卷十五，第149页。
⑦ 《二程集》卷二十二，第292页。

程说:"不独财利之利,凡有利心,便不可。如作一事,须寻自家稳便处,皆利心也。圣人以义为利,义安处便为利。如释氏之学,皆本于利,故便不是。"① 儒家以义为利,义安才是利,而佛教徒却汲汲于寻自家稳便处,身匿山林,不关心世俗,逃避责任,何"义"之有?儒家义之落实处便是"至公",便是"无我",如是也就实现了与天地的同一;佛教悲苦厌世,以事象为累,逃匿山林,"大公"被遗忘,"无我"成废言,"义"也就无从体现无从落实。所谓"至公无私,大同无我,虽眇然一身,在天地之间,而与天地无以异也,夫何疑焉?佛者厌苦根尘,是则自利而已"②。二程以义利公私辨儒佛,正在于以公以义肯定儒家积极经世的人生观,以利以私否定佛家消极出世的人生观。

更为严重的是,"出家"破害了伦理:"佛逃父出家,便绝人伦,只为自家独处于山林,人乡里岂容有此物?大率以所贱所轻施于人,此不惟非圣人之心,亦不可为君子之心。释氏自己不为君臣父子夫妇之道,而谓他人不能如是,容人为之而已不为,别做一等人,若以此率人,是绝类也。"③ 二程说:"圣人之教,以所贵率人,释氏以所贱率人。学佛者难吾言,谓'人皆可以为尧舜,则无仆隶'。正叔言:'人皆可以为尧舜,圣人所愿也;其不为尧舜,是所可贱也,故以为仆隶。'"④ 因此,佛教不仅没有圣人之心,连君子之心也不如是;而且,佛教徒虽然自己不履行圣人之道,却强迫他人尽人伦之道,另做一等人。儒家主张君子是人们学习的榜样,圣人是最高境界,要求人们勤奋学习,努力于事功,修身养性,以立功立德立言,这是引导人们向上走的学问。佛教虽以成佛为目标,但佛教教人背离尘世,削发穿百衲衣,不着事功,以世事为苦为幻,这是引导人们向下走的学问:"圣人尽道,以其身之所行者教人,是欲天下之人皆至于圣人之域也。佛氏逃父弃家,毁绝伦类,独处山林之下,乃以所轻所贱者施诸人,岂圣人君子之心哉?"⑤ 因此,佛教完全背离了儒家教化目标,其结果是败伦理误天下:"圣人尽道,以其身所行率天下,是欲天下皆至于圣人。佛以其所贱者教天下,是误天下。人愈才明,往往所陷溺愈深。"⑥

"其术(初本作佛学),大概且是绝伦类,世上不容有此理。又其言待要出

① 《二程集》卷十六,第 173 页。
② 《二程集》卷一,第 1172 页。
③ 《二程集》卷十五,第 149 页。
④ 《二程集》卷二,第 38 页。
⑤ 《二程集》卷二,第 1268 页。
⑥ 《二程集》卷十五,第 145 页。

世，出那里去？又其迹须要出家，然则家者，不过君臣、父子、夫妇、兄弟，处此等事，皆以为寄寓，故其为忠孝仁义者，皆以为不得已耳。……彼言世纲者，只为些秉彝，又殄灭不得。故当忠孝仁义之际，皆处于不得已，直欲和这些秉彝都消杀得尽，然后为至道也。然而，毕竟消杀不得。如人之有耳口口鼻，既有此气，则须有此识。所见者色，所闻者声，所食者味。人之有喜怒哀乐者，亦其性之自然。今强曰：必尽绝为得天真，是所谓丧天真也。"[1] 就是说，出世离家，实际上就是去君臣、离父子、散夫妇、折兄弟，就是绝伦类。儒家认为，俗世生活乃天命所赐，人须顺应天命而平实生活，身体发肤乃父母所赐，不能有任何损害；家庭生活乃人伦常理，不应残缺；老有所终、幼有所养，乃人伦至则，不应背离；衣食住行，亦人之常情，不应另造。但佛教一一给颠覆了。因此，"若尽为佛，则是无伦类，天下却都没有人去理，然自亦以天下国家为不足治，要逃世网，其说至于不可穷处，它又有一个鬼神为说。"[2] 由于佛教主张弃家离妻，背君弃臣，尽逃山林，不着事功，以为天下国家不值得治理。

《河南程氏外书》卷十复载："其说始以世界为幻妄，而谓有天宫，后亦以天为幻，率归之元。佛有发，而僧复毁形；佛有妻、子，舍之，而僧绝其类。若使人尽为此，则老者何养？幼者何长？以至剪帛为衲，夜食欲省，举事皆反常，不近人情。"[3] 佛教信徒的行为不仅去发毁形，离妻去子，使老者无人侍养、幼者无人培育，从而使正常的家庭伦理遭到破坏；穿衣饮食反常理人情。因此，佛教的盛行，必是人伦物理的毁灭。

总之，二程以儒家的道德学说和人性说，认为佛家的出家出世说违背人伦，违背人性。是反人道、反社会的。

### 三、对释老道德修养功夫方面的扬弃

儒家为成圣，道家为成仙，佛家为成佛，指向虽有不同，但在思维方式及意趣上都有诸多相似之处。道家、道教的修炼最终是返回本源，佛家的修行最终目标是"涅槃"，都必须经过一系列自我修养的过程，才能达到。儒家在道德修养上强调合内外，齐上下，极高明而道中庸。

二程在如何达到圣人境界，即人与天理合一的境界，对佛道在修行方面有所

---

[1] 《二程集》卷二，第 24 页。
[2] 《二程集》卷二，第 24 页。
[3] 《二程集》卷十，第 409 页。

吸收。

二程对"静坐"的继承与改造。"明道一日谓之曰:'尔辈在此相从,只是学某言语,故其学心口不相应。盍若行之?'请问焉。曰:'且静坐。'伊川每见人静坐,便叹其善学。"① 二程的静坐修养方法应当是受其父程珦的影响。据记载,程珦"居常默坐"而不嫌烦闷,并曾对其子说:"游山之乐,犹不如静坐。"② 父亲的熏陶提倡,应该会影响到二程。静坐独处是给自己营造一个寂静的氛围,摒除各种思虑的过程,是不断提澌警觉的过程,也是敬心慢慢升起的过程。

而二程为了和佛教划清界限,避免谈静,"才说静,便入于释氏之说也。不用静字,只用敬字。才说著静字,便是忘也"③。在二程看来,佛教的静和忘是画等号的。所以他们绝口不谈静。当有人问"先生于喜怒哀乐未发之前下动字,下静字"时,伊川只得说"谓之静则可,然静中须有物始得,这里便是难处"④。这个静与佛教的静究竟有何区别,连二程都觉得用言语难以表达,只好说"学者莫若且先理会得敬,能敬则自知此矣"⑤。情之未发为静,但二程觉得此静不同于佛教的虚静,此静之中有物。这个物是什么,有限的语言难以道尽。但指出若体会了敬的含义,就知道未发之静了。这从侧面说明,敬中包含着静,"敬则自虚静,不可把虚静唤作敬"⑥。因为主敬,所以能够抵制各种私心杂念的困扰,故而保持内心的虚静。这时的虚静不是空无一物,而是一直有个实实在在的东西存在着,这个实在的东西就是诚,即天理、天道。可见,静坐使人内心平静,培养敬心;敬反过来使内心更加宁静,从而可以专心格物、体认天理。当内外一片安静,体认那超越一切,乃至人类的思维还无法准确把握的天理天道时,人的内心能不产生敬畏之心吗?当认识到人的生命有限而所学所修无限时,能不产生敬慎的心理吗?牟宗三先生所谓敬之形成在于人的忧患意识,即"德之未修,学之未讲",也许正是此时心情的真实写照。

从认识论的角度讲的,这里的静指认识事物时应摆脱各种想象烦嚣的干扰,才能认清事物的真正本质。《大学》"知止而后有定,定而后能静,静而后能安,安而后能虑,虑而后能得",是从实现至善目标的次第角度讲的。所谓"定",

---

① 《二程集》卷十二,第 432 页。
② 《二程集》卷十二,第 652 页。
③ 《二程集》卷十八,第 189 页。
④ 《二程集》卷十八,第 201 页。
⑤ 《二程集》卷十八,第 201 页。
⑥ 《二程集》卷十五,第 157 页。

指明确了至善的目标后，心里就有了确定的方向。所谓"静"是"心不妄动"①之意，即专一，也是一种认识过程中的心理状态。"定而后能静"是说心中有了明确的方向后就很容易做到专一。何谓主一？从修养工夫上说，"只收敛身心便是主一。"②"主一之谓敬。"③再具体点，就是"既不之东，又不之西，如是则只是中。既不之此，又不之彼，如是则只是内"④。主一即专心于一事。从实质内容上说，"一者谓之诚，主则有意在"⑤，主一实质上就是主诚，而"诚者天之道"，要求时刻将天道、天理著于心中，将全部精力和心思集中于对天理的体认。只有努力尽人事才能达天意，以实现天人合一。总的来说，敬就是专心致志于体认天道——诚，不受各种私心杂念影响的心理状态，其实相当于禅宗的"定"——"内不乱"的状态。二程则不可能承认万物虚幻不实，也反对佛教中坐禅入定后，不起任何念头的做法，认为那是不可能完全摒弃外界的诱惑。"学者以屏知见、息思虑为道，不失于绝圣弃智，必流于坐禅入定。夫鉴之至明，则万物毕照，鉴之常也，而奚为使之不照乎？不能不与万物接，则有感必应，知见不可屏，而思虑不可息也。欲无外诱之患，惟内有主而后可。主心者，主敬也；主敬者，主一也。不一，则二三矣。苟系心于一事，则他事无自入，况于主敬乎？"⑥一时的禅定固然会使人暂时摆脱烦恼，但人不可能总是处于禅定的状态，总要与外界接触，有感必应，不可能彻底摒除知见和思虑，也就是说不可能不着相。要摆脱外物的诱惑，就只能靠心中有主，即主于一事而不二，也就是敬的工夫。

如何培养敬的工夫？首先，二程认为人的外在仪表的整齐严肃会直接影响内在的心理状态，"整齐严肃，则心便一"⑦，"但惟是动容貌、整思虑，则自然生敬"⑧。外表的整齐不仅会使自己内心变得严肃，也会使他人产生恭敬之心，所谓肃然起敬是也。相反仪表邋遢就表明自己很随便，也会使他人轻慢。

其次，二程吸收《大学》的方法，"有人旁作事，已不见，而只闻人说善言

---

① 朱熹：《四书章句集注》，中华书局 1983 年版，第 3 页。
② 《二程集》卷十二，第 433 页。
③ 《二程集》卷二十四，第 315 页。
④ 《二程集》卷十五，第 149 页。
⑤ 《二程集》卷二十四，第 315 页。
⑥ 《二程集》卷二，第 1191 页。
⑦ 《二程集》卷十五，第 150 页。
⑧ 《二程集》卷十五，第 149 页。

者，为敬其心也，故视而不见，听而不闻，主于一也"①。纷纷思虑首先来源于感官，克制感官上的随意性，就断绝了思虑困扰的第一来源，从而使内心专一。在二程看来，主敬就是主心，而"理与心一，而人不能会之为一"②，这当然不是说理在心中，而是说当内心摒除一切纷繁思虑、专心于天理的体认时，天理很容易呈现在人的心中，与心合一。这种体验属于一种心理上的直觉体悟，其前提条件是内心肃然，澄然一片。

最后提出"敬以直内"和"义以方外"的方法。要求学者修之于心，形诸于外，即以修身为本，而至齐家治国平天下。二程认为，佛学不然。《河南程氏遗书》卷四又载："道之外无物，物之外无道，是天地之间无适而非道也。即父子而父子在所亲，即君臣而君臣在所严，以至为夫妇、为长幼、为朋友，无所为而非道，此道所以不可须臾离也。然则毁人伦、去四大者，其分于道也远矣。故'君子之于天下也，无适也，无莫也，义之与此。'若有失有莫，则于道为有间，非天地之全也。彼释氏之学，于'敬以直内'则有之矣，'义以方外'则未之有也，故滞固者入于枯槁，疏通者归于肆悠，此佛之教所以为隘也。"③ 卷十八载："问：'恶外物，如何？'（伊川）曰：'是不知道者也。物安可恶？释氏之学便如此。释氏要屏事不问。这事是合有邪？合无邪？若是合也，又安可屏？若合无，自然无了，更屏什么？彼方外者苟且务静，乃远迹山林之间，盖非明理者也。世方以为高，惑也。'"④

这样，二程将"静"改造为"敬"。将敬作为涵养身心的手段，作为进入虚静状态体认天理的途径，而不是作为一种德行加以强调。佛教以静坐作为进入禅定的手段，进而体认清净的本心；二程以静坐作为培养敬的途径，进而体认天理。比较佛教与二程修行的过程，就会发现二者其实是一致的。有的学者说程颢的修养方法是禅宗的禅定抑或道教的坐忘⑤。二程的"敬"是佛教"禅定"思想和儒家传统"诚"的思想的结合。二程重新将"敬"的思想挖掘出来，以之作为修身养性的根本，以之与佛老相抗衡，从"敬"在前人生活中的作用看，二程的选择是有内在依据和思想基础的。而其援佛老入儒，使"敬"具有了新的内涵和

---

① 《二程集》卷十五，第154页。
② 《二程集》卷五，第76页。
③ 《二程集》卷四，第73—74页。
④ 《二程集》卷十八，第195页。
⑤ 任继愈：《任继愈禅学论集》，商务印书馆2005年版，第170页。

理学特色，亦丰富了儒家的修身理论并推动其朝新的方向发展。

## 第二节 朱熹："其气象规模大概相似"

朱熹是理学之集大成者，其思想体系的形成过程中，释老的思想对他的影响不可低估。他的哲学思想无论是本体论、心性论，还是认识论，都与释老有密切联系。在本体论上，可以看出朱熹对释老本体思维模式的吸收；心性论上，对佛学既有批判又有吸收；认识论上，释老与朱子理学存在许多相近的思维路径，在吸收、借鉴了释老认识论基础上，朱熹在知行论上对释老有所超越。朱熹赞许佛道的思辨智慧，他继续着理学先贤程颢、程颐、张载乃至刘子翚等援佛道入儒的路子，他的理学是会通儒释道三教的产物。

### 一、本体论对佛老的吸收与辨析

首先，朱熹对老庄"道本论"的借鉴，互通道、理、太极。

朱熹将"道"纳入理学体系，与理学的最高范畴"理""太极"等同起来。朱熹说："道，即理之谓也"①。"'道'，字即《易》之'太极'"②。"道"就是"理"，也就是"太极"。这样，把道、理、太极就被赋予了绝对的意义，它们是可以互相沟通，并构建了朱子的"理本论"。把这三个概念视为同等序列的哲学范畴，这是朱熹援引道家的一个明证。"道"最先作为哲学名词出现是在《老子》书中。老子把"道"用于自己的哲学体系，作为本体论的最高范畴，以后历代哲学家对"道"作了各种各样的解释。

道家认为，宇宙一切事物都是"道"的演化，"道"是永恒存在的。如：老子认为道先天地而生，"独立而不改，周行而不殆，可以为天下母"③。庄子认为道"自本自根，未有天地，自古以固存"④。朱熹的理是宇宙的本体，万物的本原，"未有天地之先，毕竟是先有此理有此理，便有此天地。若无此理，便亦无天地，无人物，无该载了"。⑤"万一山河大地都陷了，毕竟理却只在这里"⑥。同时朱熹

---

① 《朱子全书》第 13 册，第 98 页。

② 《朱子全书》第 21 册，第 1647 页。

③ 陈鼓应：《老子注译及评介》，中华书局 1984 年版，第 163 页。

④ 《庄子今注今译》，第 96 页。

⑤ 《朱子全书》第 14 册，第 114 页。

⑥ 《朱子语类》，第 14 页。

的道也是："若论道之常存……此个自是亘古亘今，常在不灭之物"①。把"道"看成是永恒的，不受时空的限制，这与《老子》描绘的"道"的特性如出一辙，朱熹也把"道"描绘成无形体永恒的精神本体。朱熹把"理"作为产生天地万物的最高本体，而又使"理"寄居于天地万物之中。

另一方面，对"道"的特性作了许多与《老子》同样的规定。朱熹认为"道"与器不同，"理也者，形而上之道也……气也者，形而下之器也"②。"道"与"器"相对。"道"（"理"）是"形而上者"，是不被人感知的、无声无臭的精神。而"器"（气）是"形而下者"，是有形有象的物质实体。朱熹对"道"的这种解释与《老子》中把"道"看成是"视而不见，名曰夷；听之不闻，名曰希；抟之不得，名曰微。此三者不可致诘，故混而为一，其上不皦，其下不昧，绳绳不可名，复归于无物。是谓无状之状，无物之象，是谓惚恍。迎之不见其首，随之不见其后。执古之道，以御今之有。能知古始，是谓道纪"③是一样的。朱熹说："'至微者，理也；至著者，象也。体用一原，显微无间'。盖自理而言，则即体而用在其中，所谓一原也；自象而言，则即显而微不能外，所谓无间也"④，"'体用一源'者，自理而观，则理为体、象为用，而理中有象，是一源也；'显微无间'者，自象而观，象为显、理为微，而象中有理，是无间也。"⑤

正是老庄"道本论"导引下，朱熹构建了其系统的理本论，他把"理"上升到万物赖之存在的本体的高度，认为万事万物皆是理本体的显现："宇宙之间，一理而已，天得之而为天，地得之而为地，而凡生于天地之间者，又各得之以为性。其张之为三纲，其纪之为五常，盖皆此理之流行，无所适而不在。"⑥汲取了老子"无形而实有"的思辨，认为道、理、太极无形而实有，以此来进一步建构其道德的形上学。所以朱熹最终把"道"与现实联系起来，他认为"道"在现实社会中就是仁、义、礼、智和君、臣、父、子等人的品行和伦理纲常，故曰："至于天下之物，则必各有所以然之故，与其所当然之则，所谓理也"⑦，"夫天下之事莫不有理，为君臣者有君臣之理，为父子者有父子之理，为夫妇、为兄弟、

① 《朱子全书》第21册，第1583页。
② 《朱子全书》第23册，第1755页。
③ 《老子注释及评介》，第114页。
④ 《朱子全书》第21册，第1307页。
⑤ 《朱子全书》第22册，第1841页。
⑥ 《朱子全书》第23册，第3376页。
⑦ 《朱子全书》第6册，第512页。

为朋友以至于出入起居、应事接物之际，亦莫不各有理焉。有以穷之，则自君臣之大以至事物之微，莫不知其所以然与其所当然"①。把《老子》中充满神秘色彩的"道"赋予伦理和政治的内容，这是朱熹的发挥。

其次将源自佛道的"空无"，应用于儒家对本体论的阐释中。

"无"是佛道两家，尤其是道家的重要范畴。朱熹从"理"的高度进行了多角度的阐发："周子所以谓之'无极'，正以其无方所，无形状，以为在无物之前，而未尝不立于有物之后；以为在阴阳之外，而未尝不行乎阴阳之中；以为通贯全体，无乎不在，则又初无声臭影响之可言也"②。"'无极而太极。'非太极之外，复有无极也。"③"老氏之言有无，以有无为二；周子之言有无，以有无为一，正如南北水火之相反。"④ 在朱熹看来，老庄以"有生于无"中的"无"为"无有"，与佛家的"空虚寂没"等同。而周敦颐的"无极"不同于老庄，"无极"是相对于"太极"的存在，在时间、空间上没有穷尽，即"无极乃无穷之义"。"无极而太极"无非是无形与有理的统一，这一点恰恰也还是源于老子的无形（视之不见，听之无声）而有物（有物混成，有精，有信），同时也接受了老子的有无相生思想的影响。

陆九渊提出儒家经典中没有"无极"，只有"太极"，认为"无极"不是儒家圣贤的所认可的观点或概念，而是老庄道家的"异端"。朱熹又指出："周子恐人于太极之外更寻太极，故以无极言之。既谓之无极，则不可以有底道理强搜寻也。"⑤ 也就是说，"无极"为理解"太极即理"所指陈的天地万物之理的一个方便，具有无形无象的特性，即"无声无臭"。因此，"无极即是无形，太极即是有理。"⑥

从表面上看，"无极"与"太极"之辨是朱熹与陆九渊之间的争论，实际上是儒道之争。陆九渊认为，如果承认"无极"的存在，也就等于承认了周敦颐蹈袭道家学说，儒学的正统地位就会受到怀疑。朱熹虽不否认"无极"的存在，但借用"有生于无"建立儒家"无极而太极"的理论，避老子而归乎中庸，不仅将道家因素儒化了，而且为儒家伦理道德寻求宇宙论和本体论提供了

---

① 《朱子全书》第 20 册，第 668—669 页。
② 《朱子全书》第 21 册，第 1568 页。
③ 《朱子全书》第 13 册，第 72 页。
④ 《朱子全书》第 21 册，第 1571 页。
⑤ 《朱子语类》卷九四，第 2366 页。
⑥ 《朱子全书》第 21 册，第 1562 页。

根据。正如陈荣捷先生所说:"朱子之取资于太极,须经一番大奋斗……太极图渊源于道家。朱子之学虽与道家不契,但朱子亦必收敛其矜持而取资于太极图。此图亦含'无'之观念,而此一观念绝非儒家所能接受。"① 朱熹认为,佛道概念不可直接援引,只能间接阐释,也就是说,周敦颐能够将所有的思想资源,在儒学的立场上加以整合,从而在宋明理学的建构中起着"关键性"的作用。因此,在校勘《太极图说》时,坚决反对"无极而生太极""自无极而为太极"等表述,实意味着朱熹理学思想的基本观点和诠释立场。

朱熹认为,佛教的最高本体是"空",是一切皆空;儒家的最高本体是"理",是"万理咸备"。朱熹说:"空是兼有无之名。道家说半截有,半截无,已前都是无,如今眼下却是有,故谓之空;若佛家之说都是无,已前也是无,如今眼下也是无,'色即是空,空即是色'。大而万事万物,细而百骸九窍,一齐都归于无。"② 在朱熹看来,"空"是客观存在的,但客观存在的"空"是兼"有"和"无"的,可是佛家竟然:"佛氏只是空豁豁然。和有都无了,所谓'终日吃饭不曾咬破一粒米,终日着衣不曾挂着一条丝'。若老氏犹骨是有,只是清净无为,一向恁地深藏固守,自为玄妙,教人摸索不得,便是把有无做两截看了。"③ 佛教将一切都视为"空",竟然连"吃饭了不曾咬一粒米,穿衣了不曾着一条丝"之类的话都说得出来,且奉之为金玉之言,没有"万法皆空"为其根据,是难于发明此"惊世骇俗"之言的。"老氏依旧有,如所谓'无欲观其妙,有欲观其缴'是也。若释氏则以天地为幻妄,以四大为假合,则是全无也。"④ 朱熹将佛教与老学进行比较,认为老学还是"有",而佛家全是"空"了。朱熹认为佛老的罅漏处在于抛弃了儒家的道德伦理和礼乐典章制度,不讲修齐治平:"要之,佛氏偏处只是虚其理。理是实理,他却虚了,故于大本不立也"⑤;老子"只是不见实理,故不知礼乐刑政之所出,而欲去之"⑥;"佛老之学,不待深辨而明。只是废三纲五常,这一事已是极大罪名!"⑦ 虽然抨击佛老的大节有亏,但他对佛道的思

① 陈荣捷:《朱学论集》,华东师范大学出版社 2007 年版,第 8 页。
② 《朱子全书》第 18 册,第 3930 页。
③ 《朱子全书》第 18 册,第 3929 页。
④ 《朱子全书》第 18 册,第 3930 页。
⑤ 黎靖德编:《朱子语类》,中华书局 1994 年版,第 3027 页。
⑥ 《朱子语类》,第 2990 页。
⑦ 《朱子语类》,第 3014 页。

想资源还是有所肯定："释老之书极有高妙者"①；"佛家于心地上煞下工夫"②；"老子说他一个道理甚缜密"③。朱熹认为儒佛的最根本的差异在于"实"字和"虚"字。佛教否定所有的现象世界，而主张我们眼前所显示的万物是幻想，因此，把现象看作是"空"，"空"就是成为佛教的本体，就是"空理"。儒家却不仅仅是强调多样的具体事物世界，而且把贯通宇宙万物的太极看作是其本体，这样，儒家所说的形而上学，即"实理"的概念并不是离开具体的万物而存在的。因此，朱熹认为一理必须在具体的分殊中存在的。在理一分殊两面中不察其分殊一面，学者便陷于乱真之说，而强调分殊一面的重要性。

所谓总"天地万物之理"与万事万物的"分理"的关系，朱熹说："自上推而下来，只是此一个理，万物分之以为体，万物之中又各具一理。"④从其是一个完整的、产生天地万物的最高本体来说，故称之为"理一"，但由于所居之地位不同，而各有不同的体现来说，故又名之为"分殊"。程朱运用这个思辨结构，既解决了万事万物之间为什么各有差异，"一理"支配下而产生出"分殊"的万事万物。他用佛教的"月印万川"来解释，认为"理"和世界万物（"分理"的表象）的关系，就像月亮和江河湖海中许多月亮的关系一样，而所有江河湖海中的月亮不过是月亮的影子。一般看来，这显然是抄袭佛教思想，即抄袭禅宗《永嘉证道歌》之类。同时也是与佛学者把"佛性"作为万事、万物的本源，万事万物只不过是由佛性所在的人心产生的幻境，即所谓"心生种种法生，心灭种种法灭"的看法是接近的。

朱熹的理事关系是"形而上"与"形而下"的关系，或"道"与"器"的关系。程颢说："形而上者为道，形而下者为器，须著如此说。器亦道，道亦器，但得道在，不论今与后，己与人。"⑤朱熹强调的是程颢的理事无二、道不离日用，亦即程颐所说的"体用一源，显微无间"⑥，这与佛教的"空虚寂灭"并非同一层次的问题。朱熹批评佛教的"空"是"见地"出了问题，确实看到了问题的要害，所以他又说："释氏合下见得一个道理空虚不实，故要得超脱，尽去物累，

---

① 《朱子语类》，第3018页。
② 《朱子语类》，第2991页。
③ 《朱子语类》，第3926页。
④ 《朱子全书》第17册，第3216页。
⑤ 《河南程氏遗书》卷一，第4页。
⑥ 《河南程氏文集》卷五，第528页。

方是无漏为佛地位"①。但是，佛教见空，是为超越物累，解脱成佛。从这个意义说，它的空是"心"空而"事"不空，是以心为体，以事为用，而非儒家的理事不二。可见，儒佛两家的本体论是两种不同的本体论体系。儒家"以理为本"，释家"以心为本"，所谓"圣人本天，释氏本心"，佛教讲的"心空"是为了"去累"，而儒家讲的"理实"是为了"纲常"。因此，朱熹的"理"是存在论的理，不是形上学的理，更不是佛教真如本体的理。这就使得两家完全不是在对同一个问题进行讨论。傅伟勋先生对此曾有过精彩的分析："新儒家所肯定的终极存在是实有而非虚无，但其所理解而拒斥的'虚无'乃不过是'空虚而一无所有'类似郭象所云'无有'，即完全不存在之意，却与大乘'空性'（'真空'为体，'妙有'为用）或老庄'虚无'（'玄无'为体，'众妙'为用）毫不相干。依我多年的考察，儒家的形上学不及道家的深透，更不及大乘佛学在语意与理路上的层次分明。"②

中国佛教发展到朱熹的时代，早已认同了儒家的伦理纲常，这已经是常识，朱熹对此一定不陌生，但他仍然用"空虚而一无所有"来理解佛教的"空"，对于出入于佛老之学多年的朱熹来说，应该不是"误解"而是有意的"曲解"。其根本原因在于朱熹以人伦之"理"否定佛教的超越之"心"。

### 二、在心性论上对释老的扬弃

心性论是朱熹建构的理学核心体系，朱熹的心性论是以"心统性情"为架构来解释心、性、情三者的关系，"心统性情"是朱子心体用说的核心内容。

朱熹说："横渠说得最好，言：'心，统性情者也'……性无不善。心所发为情，或有不善。说不善非是心，亦不得，却是心之本体无不善，其流不善者，情之迁于物而然也"③。儒家以"性"为理，"心也者，人之所以主于身而统性情者也，一而不二者也，为主而不为客者也，命物而不命于物者也……若释氏之云识心，则必收视反听以求识其体于恍惚之中。如人以目视目，以口龁口，虽无可得之理，其势必不能不相汝尔于其间也，此非别立一心而何哉？夫别立一心，则一者二而主者客。"④ 朱熹认为，在"心"的问题上，佛教是"以心观心""别立一

① 《朱子语类》，第 3016 页。

② 傅伟勋：《从西方哲学到禅佛学》，生活·读书·新知三联书店 1989 年版，第 46 页。

③ 《朱子全书》第 14 册，第 227—228 页。

④ 《朱子全书》第 25 册，第 4990 页。

心"，并不能识得真正的"心"。"心是包得这两个物事，性是心之体，情是心之用。性是根，情是那芽子。"[①]。性是心之体，情是心之用，性是从心的形而上的层面上说，情是从心的形而下的作用上说，心则是概括体用的总体，性情都只是这一总体的不同方面。心统性情的意义是心兼性情或心包性情。

而中国佛教诸多宗派心性论皆受到《大乘起信论》的影响，具有"一心开二门"的心性论模式。"一心"即是"众生心"，人的当下现实的心理意识活动"二门"即是"心真如门""心生灭门"。心真如门是"以心本性不生不灭相……永无变异，不可破坏……常恒不变，净法圆满"。心生灭门是"诸众生依人意识转……由无明不觉起，能见，能观，能起境界"。心真如门即心之本体（本然之体），而心生灭门乃是性体的作用。心真如门是此心向上提澌而达到的清净本体。"性体"是心之本体，也即真如、佛性。此真如佛性在朱熹体系中即真心、本心、心之本体、性。它是超越的绝对、不生不灭。此是真如佛性的"不变"之义。心生灭门是此心向下沉沦而展现的八识变灭、生死流转的人生现实，是"心用"，是分别之心、缘起之心的生起。在朱熹体系中，即指思虑营为以及种种情感、欲念之心的作用。这两重心不即不离，故称"一心二门"。

我们可以说朱熹的"心统性情"，在一定程度上是借鉴了佛教的"一心开二门"模式。

在"性"的问题上，朱子说："性只是理，有是物斯有是理，子融错处是认心为性，正与佛氏相似，只是佛氏摩擦得这心极精细……殊不知，这正是圣人所谓心。故上蔡云佛氏所谓性，正圣人所谓心。佛氏所谓心，正圣人所谓意，心只该得这理，佛氏原不曾识得理这一节，便认知觉运动做性"[②]。这是针对当时禅学的特点而指出的。他认为佛教所持的是"作用是性"的观点。以知觉灵明之心为性，以禅宗为代表。把心作为具体心或知觉之心，以现实的人心释"性"，势必导致"作用是性"。朱熹指出佛教在理论上的错误主要在于误心为性。由于心性不可分，导致误心为性，而心又是知觉运动之心，这就导致"作用是性"。朱熹评佛家的作用是性是指其非天地之性，而是气质之性，亦即朱子所谓的自然情欲生命。他说："作用是性：在目曰见，在耳曰闻，在鼻嗅香，在口谈论，在手执捉，在足运奔，即告子'生之谓性'之说也。"[③]唯识学有"三性说"：遍计所执

---

① 《朱子全书》第 14 册，第 3751 页。
② 《朱子全书》第 18 册，第 3939 页。
③ 《朱子全书》第 18 册，第 3941 页。

性、依他起性、圆成实性。前二性可说是"作用是性"。佛家对"作用是性"在某种程度上是持肯定态度的。它是佛教的一种对治法门,它是针对不同情境所生的执着,提出解执的对治方法。因此,朱熹"且如手执捉,若执刀胡乱杀人,亦可为性乎"①的评价,显然是片面的见解。朱熹的评价根源于儒佛两家对"性"的内容、特质和意义看法的不同。

因为是以"作用为性",所以就否认了"天地之性",实际是以"气质"为性;"作用是性"又把禽兽的"作用"也纳入了"性"的范围,将人兽混同;同时,"作用是性"就是以"心"为"性","性"中无"理",人就会肆无忌惮。所以他认为,佛教的"性论"实际上是以"空"为性,其中没有德性内涵,他说:"儒、释言性异处,只是释言空,儒言实;释言无,儒言有"②。朱子曰:"向来见子静与王顺伯论佛云,释氏与吾儒所见亦同,只是义利公私之间不同,此说不然,如此却是吾儒与释氏同一个道理,若是同时,何缘得有义利,不同只彼源头便不同,吾儒万理皆真,释氏万理皆空。"③又曰:"凡古圣贤说性命,皆是就事实上说,如言尽性,便是尽得此君臣父子三纲五常之道而无余,言养性,便是养得此道而不害,至微之理,至善之事,一以贯之。略无余欠,此确语也"④。朱子曰:"性者,即天理也,万物禀而受之,无一理之不真。心者,一身之主宰;意者,心之所发;情者,心之所动;志者,心之所之,比于情、意尤重。"⑤儒家和佛教的不同并不在于心性的形式上,而是其心性论的内涵上。虽然佛教也使用心性概念,但是其内涵就是否定现实而把握"空"——真如世界。朱熹认为"理"是形而上的,在天为"命",人禀受形上之"理"而为人恒常不变的本质,称为"性"。由于理气不杂不离,人禀受的"理"叫"性",所禀受的精爽之气,叫"心"。因为理在气中,故就人的生命结构而言,"性"在"心"中,即可谓"天命之性"。此"性"落于人生便寄于可善可恶的"气质之性"中,"情"便是心感物动形成的心理情感意识,是寓有天命之性的气质之性的发用流行。朱子认为心性论的内涵是:其性就是仁义礼智,情就是恻隐羞恶辞让是非之情,心就是统括仁义礼智的性和恻隐羞恶辞让是非之情。在心性问题上说,朱熹认为儒家的心性

---

① 《朱子全书》第18册,第3941页。
② 《朱子全书》第18册,第3933页。
③ 《朱子全书》第18册,第3884页。
④ 屏山居士:《佛祖历代通载》卷三十一至卷三十六
⑤ 《朱子全书》第14册,第232页。

论是实有的，佛教的则是空无的。朱子曰："说'玄空'，又说'真空'，玄空便是空无物，真空却是有物，与吾儒说略同。但是它都不管天地四方，只是理会一个心。"① 朱子答李伯谏曰："来书云，形有死生，真性常在，某谓性无伪僭，不必言真，未尝不在，不必言在，盖所谓性，即天地所以生物之理……曷尝不在，而岂有我之所能私乎，释氏所云真性，不知其与此同乎否也，同乎此，则古人尽心以知性知天，其学固有所为，非欲其死而常在也，苟与异乎此，而欲空妄心，见真性，唯恐其死而失之，非自私自利而何？"② 然由心的虚灵处，亦可讲性空，但心亦有真实不虚的内容，此即心中的性、理，此理虽视之无形，但其能发为实际的行为，故事真实而非空。

但在相同的模式中差别也是有的，中国佛教尤其是禅宗谈"心""性"时，乃是视二者为一体，认为三世诸佛，密密相传，都在悟此心之本来面目，可以说"即心即性""心、佛及众生，是三无差别"，这是心体与理体的统一。而朱熹理学的"心"与"性"，却另有说法，他认为在未生之前可谓性，却非心，心属气，性属理。"心""性"非为一物。此乃朱熹理学与佛教特别是禅宗就心性问题的差别所在。

### 三、借鉴佛老修养工夫，在践行上超越

对于如何规范、提升人心，使心合道，复归天理，朱熹提出了"居敬以涵养"和"格物穷理"的功夫修养方法，也就是敬义夹持的居敬穷理功夫。居敬是直接培养心性本原，穷理则是在接触事物过程中察识心中之理。朱熹认为，它们是相互为用，不可分为两截的。"学者工夫，唯在居敬、穷理二事。此二事互相发。能穷理，则居敬工夫日益进；能居敬，则穷理工夫日益密。譬如人之两足。左足行，则右足止；右足行，则左足止。""主敬、穷理虽二端，其实一本。"③ 同时也提到涵养，"涵养中自有穷理工夫，穷其所养之理；穷理中自有涵养工夫，养其所穷之理，两项都不相离。"④

居敬功夫旨在涵养道德心态，坚定道德意志，以达到对"天理"的认识。

---

① 《朱子全书》第 18 册，第 3931 页。
② 《朱子全书》第 22 册，第 1955 页。
③ 《朱子全书》第 14 册，第 301 页。
④ 《朱子全书》第 14 册，第 300 页。

"人能存得敬，则吾心湛然，天理粲然，无一分着力处，亦无一分不着力处。"① 穷理功夫旨在究明天理的道德知识。朱熹在认识真理的过程中更加重视"敬"的修养方法。"'敬'字功夫，乃圣门第一义，彻头彻尾，不可顷刻间断。"② 对于"居敬涵养"，即教人自知提起心而莫放散无归，朱熹谓之"提澌""常惺惺"（这些都出自佛家用语），敬成为把握天理的根本方法。

而具体操作方法朱熹特重静坐，他说："始学功夫，须是静坐。静坐则本原定，虽不免逐物，及收归来，也有个安顿处。"③ "人也有静坐无思念时节，也有思量道理时节，岂可画为两途？……当静坐涵养时，正要体察思绎道理，只此便是涵养？"④ 他教黄子耕以静养神时说："但跏趺静坐，目视鼻端，注心脐腹之下，久自温暖，即见工效矣"。⑤ 这实行静坐的方法，很明显是借鉴佛家的，尤其北宗禅重视坐禅。在佛法入门修习中："所谓行者初坐禅时……所谓系心鼻端脐间等处令心不散。"⑥ 在禅定中"观心""摄心""住心看净"，观心、看净是一个心性修行的过程，通过观空和"息想""息灭妄念"（拂尘）等，深入认识自己本具清净的佛性。与释家块然兀守的入定、禅悟不同，朱熹的修养工夫：问"操则存"。曰："心不是死物，须把做活物看。不尔，则是释氏入定、坐禅。操存者，只是于应事接物之时，事事中理，便是存。若处事不是当，便是心不在。若只管兀然守在这里，蓦忽有事至于吾前，操底便散了，却是'舍则亡'也。"⑦ 朱熹以《周易·系辞下》中的"寂然不动"来解读"主静"，将佛老的"静"融入儒家"敬"的内涵中："此言圣人全动静之德，而常本之于静也。盖人禀阴阳五行之秀气以生，而圣人之生，又得其秀之秀者。是以其行之也中，其处之也正，其发之也仁，其裁之也义……苟非此心寂然无欲而静，则亦何以酬酢事物之变，而一天下之动哉！故圣人中正仁义，动静周流，而其动也必主乎静。"⑧ 若心性寂静无欲，那么就可以达到圣贤的中正仁义的境界，从中可见，主静就是复归于"圣人之

---

① 《朱子全书》第 14 册，第 372 页。

② 《朱子全书》第 23 册，第 2691 页。

③ 《朱子全书》第 14 册，第 379 页。

④ 《朱子全书》第 14 册，第 380 页。

⑤ 《朱子大全》第 22 册，第 2381 页。

⑥ 《修习止观坐禅法要》，《大正藏》诸宗部卷四十六，第 467 页，日本大正一切经刊行会，1922—1934 年。

⑦ 《朱子全书》第 16 册，第 1904 页。

⑧ 《朱子全书》第 13 册，第 75 页。

道"，这与"太极之有动静"相应。朱熹以"主敬"诠释"主静"，进一步突出了二程哲学的内涵，使《太极图说》中的"主静"同佛家的禅定、道家的虚静划清了界限。"主静"是为了更好地遵循中正仁义的道德准则。同时，朱熹对道家的修生炼气和佛家禅定的修养功夫身体力行，下过不少功夫，绝非其他儒家人物能比。朱熹作过佛道气味很浓的《调息箴》："鼻端有白，我其观之，随时随处，容与猗移。静极而嘘，如春沼鱼，动极而翕，如百虫蛰，氤氲开辟，其妙无穷，孰其尸之，不宰之功，云卧天行，非予敢议。守一处和，千二百岁。"[1] 这里的"守一处和，千二百岁"正是《庄子·在宥》中所描绘的道家理想人物。朱熹发挥的佛家禅定的思想，他说："病中不宜思虑，凡百可且一切放下，专以存心养气为务。但跏跌静坐，目视鼻端，注心脐腹之下，久自温暖，即渐见功效矣。"[2] 他曾深有体会地说："读书闲暇，且静坐，教他心平气定，见得道理渐次分晓。"[3]

敬和静都是涵养心性本体的工夫，在朱熹那里，静是可以纳入敬的工夫。同时，朱熹所讲的静的工夫，与佛教的静不同，静中包了体察，而涵养的是心中至善的性理，而不是静中无物，这与佛教在静坐、坐禅入定过程中断绝思索是迥然有异的。可以说，朱熹持敬功夫以佛家"戒、定、慧"三学中的"定"，来概括一点也不为过。然其不同之处在于朱熹认为穷理有个"因缘时节"可知，他主张格物致知，读书穷理意识方法条理井然，层次分明，循序渐进。而作为禅宗来说，禅宗讲求"无心""无念""应无所住而生其心"，在禅宗的体系中，是不许分析这个"时节因缘"，否则即非以无所得心来悟道，而落于"执相""妄想"的层次，若采分解式的阐述，则成"心外求法"，是外道而非佛法。因此，禅宗若想勉强地用言语来回答"因缘时节"，往往"忽悟"这类字眼，轻轻带过，此乃朱熹认为其修养方法与禅之不同所在。

涵养省察功夫与宗密的顿悟资于渐修的修行论有许多相似之处，例如，朱熹涵养时的"体验本体"与宗密顿悟时的"发明本心"相似；朱熹省察工夫中随事察识心中之理与宗密渐修过程中对顿悟的佛性之理的亲证工夫类似；顿悟与渐修不相离，涵养与省察也不可分；同时佛教的顿悟渐修与朱熹的涵养省察都是内心体验工夫。从二者的比较中我们可以看到朱熹吸收了佛教的修行方法。

朱子的知行论是在现实世界中实行的，这种知行论超越了佛教的修行论，主

---

① 《朱子全书》第 24 册，第 3997 页。

② 《朱子全书》第 22 册，第 2381 页。

③ 《朱子全书》第 14 册，第 334 页。

要表现在基于根本的价值取向的转换上。从程颐到朱熹都认为，人之所以为人的内在根据是理、天理，把人的存在，人的心性，人之所以为人的尊严和价值，提高到了宇宙本体的高度，从而赋予人生、人性、心性以真实的、永恒的、崇高的意义。总之，抬高了人的地位，与佛教有着本质的不同。对人的肯定必然会有对人的现实知行的肯定。

## 第三节　陈淳：释老"似道而非道"

陈北溪对释老的看法，主要是通过对陆象山学派的批判提出来的，对佛道的论述基本属于学理层面的批判，而不是宗教精神层面的，依然是在坚守传承朱子理学门户的基础上，批判佛老。

### 一、释老"似道而非道"的宇宙本体论

陈淳在《似道之辨》中，开宗明义提出："今世所谓老佛之道，与圣贤之道何如？曰：似道而非道也。"[1] 为什么这么说？因为"老氏以无为主，佛氏以空为主，无与空亦一般"[2]。道家与佛教对"道"的认识是空虚幻化的无用之体："老庄说道，都与人物不相干，皆以道为超乎天地器形之外。如云'道在太极之先'，都是说未有天地万物之初，有个空虚道理。且自家身今见在天地之后，只管想像未有天地之初一个空虚底道理，与自家身有何干涉？"[3] 陈淳认为道家将"道"空虚化，超乎天地形器之外，只管想象未有天地之初的一个空虚实无的道理。而佛教与道家在此问题上十分相似，"佛氏论道，大概亦是此意。但老氏以无为宗，佛氏以空为宗，以未有天地之先为吾真体，以天地万物皆为幻化，人事都为粗迹，尽欲屏除了，一归真空，乃为得道。不知道只是人事之理耳。"[4] 佛氏论道与老氏一样，老子以"无"为宗旨，佛氏一"空"为宗旨，以还没有天地万物之前的空作为吾"真体"，以天地万物的存在作为幻有虚化，把人和事物都作为大而无当的事迹看待，想全部摆脱除去，一念回归到真空的境界中，才认为是得道，却不知道就是平常的人和事物的理而已。虽然老子认为："老氏说：'道在天地之

---

① 陈淳：《北溪字义》，第 80 页。
② 陈淳：《北溪字义》，第 68 页。
③ 陈淳：《北溪字义》，第 38—39 页。
④ 陈淳：《北溪字义》，第 39 页。

先',也略有此意。但不合都离了天地人物外,别说个悬空的道理,把此都做粗看。"① 老子所说的道在天地之先与儒家所说的"未有天地万物之先,必是先有此理"② 相接近,但老子不应该离开天地万物之外,另外说一个空洞的道理,对人事万物理都没有仔细体悟。陈淳讲"道"为实道,是不离器物的道。道教讲无,佛教讲空。或清虚厌事,或屏弃人事,以万物为幻化,人事为粗迹。陈淳即反对释氏的真空观,也反对道家那种将"道"视为超乎形器之外的本体的说法,使道脱离天地万物,这样的本体缺乏与现实实存的互动,便成为无用之体。

佛家虽多用"空"语,但儒佛之"理"不可以"有无"来辨之,只是其理的内蕴不同而已。佛家所谓"空",一般地并不是指的空无,而是指的"假名",或者说"不真",晋代僧肇写的《不真空论》顾名思义,所谓空,便是"不真",而"不真"也就是假,所以说"是亦为假名"。再者佛说"无我"是从真谛的角度破除众生持假我为真的执着而发,并不"空"去"真我",正如《中论观法品》所云:"有无我,我决定不可得,它有无我? 若决定有无我,则是断灭。""无我",非终极义理,其意只在肯定真谛自在的"佛性真我"。《大般若经》说:"唯断取着,不断我见,我见着,名为佛性"。"一切诸法悉无我,而此涅槃真实有我"。佛教教义认定人生既是苦,而苦之根源即在人"执着""假我"而以为真,必须彻底"空"去"假我"方可解脱苦海,达到"佛性真我",即"涅槃"的极乐世界从修行的角度看,"空"去"假我"即是去除人之世俗欲念但佛学不仅讲求践履,更长于哲理建树。在佛学哲学逻辑体系内,为证明去除"假我"之必要,把一切可用言语表述者,包括言"空"之本身皆目为"妄念"之执,皆须"空"去此"空"观是颇为彻底的。但是彻底的"空"正是为实现彻底的真(佛性真我,涅槃)。"佛性真我""涅槃"乃佛教义理,崇高、无限、绝对真常,非人之意识、言语可及,只能永生修行,"空"去"妄念",才有可能体悟真切,足见佛理与儒理相去甚远,却并非"理空"。

道不离器。"'形而上者谓之道,形而下者谓之器'。自有形而上者言之,其隐然不可见底则谓之道;自有形而下者言之,其显然可见底则谓之器。其实道不离乎器,道只是器之道"③。形而上的道是隐然的,看不见的,形而下的器是显然的、可见的。道是器的根据,器是道的显现。"道非是外事物有个空虚的,其实

① 陈淳:《北溪字义》,第45页。
② 陈淳:《北溪字义》,第45页。
③ 陈淳:《北溪字义》,第39页。

道不离乎物，若离物则无所谓道。"① 道不是虚空，它与物不离，离了物就无所谓道。再进一步说，陈淳的"道只是人事之理耳"② 离开人事的"道"是虚无缥缈，是没有根基，是玄妙的幻化。"人事有形状处都谓之器，人事中之理便是道。道无形状可见，所以明道曰：'道亦器也，器亦道也'。须著如此说，方截得上下分明。"③ 人事中的理就是"道"，"其实道之得名，须就人所通行处说，只是日用人事所当然之理，古今所共由底路，所以名之曰道。"④ 道离不开人事，道不是抽象的不可知的，不是难穷之理，难行之事，而是在日用生活中的常理，在事事物物中，"欲求道者，须是就人事中，尽得许多千条万绪当然之理，然后可以全体是道，而实具于我。"⑤ 只要从自身出发，对人事当然之理予以探索，自然可以全面地体会领悟道，道就存乎于儒家的伦理纲常中，能实实在在感受和体验，并能够践行出来。"且如君臣有义，义底是道，君臣是器。若要看义底道理，须就君臣上看。不成脱了君臣之外别有所谓义？父子有亲，亲底是道，父子是器。若要看亲底道理，须就父子上看，不成脱了父子之外别有所谓亲？即夫妇，而夫妇在所别；即长幼，而长幼在所序；即朋友，而朋友在所信。亦非外夫妇、长幼、朋友而有所谓别、序与信。圣门之学，无一不实。"⑥ 如义是君臣的道，君臣是器，道义不离君臣，君臣之器，不可无道义。离了君臣，道义就是虚空的。亲是父子之道，有别是夫妇之道，有序是长幼之道，有信是朋友之道，儒家之学无一不实。而"老氏清虚厌事，佛氏屏弃人事，他都是把道理做事物项头玄妙底物看，把人事物做下面粗底，便都要摆脱去了"⑦。佛老一味追求超乎天地、脱离人事的玄妙道体，脱离现实，厌弃人事，"他只是要清净无为方外之物，以独善其身，厌世俗胶胶扰扰等事，欲在山林间炼形养气。"⑧ 而"圣贤所谓道学者，初非有至幽难穷之理，甚高难行之事也。亦不外乎人生日用之常耳。盖道原于天命之奥，而实行乎日用之间"。⑨ 佛道思想干扰初学者对于真理大道的探求，因此是陈淳所不能

①　陈淳：《北溪字义》，第 39 页。
②　陈淳：《北溪字义》，第 39 页。
③　陈淳：《北溪字义》，第 39 页。
④　陈淳：《北溪字义》，第 38 页。
⑤　陈淳：《北溪字义》，第 40 页。
⑥　陈淳：《北溪字义》，第 39 页。
⑦　陈淳：《北溪字义》，第 39 页。
⑧　陈淳：《北溪字义》，第 68 页。
⑨　陈淳：《北溪字义》，第 75 页。

认可的。"似道而非道也。盖老氏之道以无为宗，其要归于清净，今学者修真炼气以复婴儿，诚为反人理之常。"① 陈淳把道看作是人事之理，认为道学并无至幽难穷之理，也不是甚高难行之事，不外乎人事日用之常。

道不离德。陈淳说："道与德不是判然二物。大抵道是公共底，德是实得于身，为我所有底。"② 道是公共的，德为我所有的。这是因为"道是天地间本然之道，不是因人做工夫处论。德便是就人做工夫处论。德是行是道而实有得于吾心者，故谓之德"③。德是一种践行道德而实得于吾心的，道是天地之间本然的道理，是众人所共由的所当行的理，所以是公共的。何谓行是道而实有得于吾心？如实能事亲事兄，便是此心实得这孝这悌，这就是做工夫已到位。从这个意义上说，德就是"得"的意思，尽工夫而实得于己。譬如说"明德"，是讲人生所得于天的光明的理，具于吾心，便是明德；又如"德性"，是指在我所得于天的正理；"天德"是既指此理公共在天，流行赋予物，亦指人得天理以生，纯得天理之真，而无人伪之杂，便是天德。

陈淳借用《系辞传》的"易有太极"来言说本体，易是形而下的阴阳变化，太极则是所以阴阳变化之理。本体虽是永恒绝对的，但内在于天地万物的实存之中，太极内在于阴阳之气，并非是太极产生了阴阳之气。他说："道字较宽，理字较实"④，道是"万古通行"，理是"万古不易"；道是具有普遍意义的，而理则具有规则、准则的意义，"只是事物上一个当然之则，便是理。'则'是准则、法则，有个确定不易底意。"⑤

陈淳以理为形而上者，气为形而下者。"《易》说：'一阴一阳之谓道。'阴阳，气也，形而下者也。道，理也，只是阴阳之理，形而上者"⑥。尽管理为形而上本体，气为形而下质料，两者有分，但两者既不离，又不分先后。他说："毕竟未有天地万物之先，必是先有此理。然此理不是悬空在那里。才有天地万物之理，便有天地万物之气；才有天地万物之气，则此理便全在天地万物之中。"⑦ 陈淳同意朱熹的"未有天地之先，毕竟也只是理。有此理，便有此天地；若无此

① 陈淳：《北溪字义》，第 80 页。
② 陈淳：《北溪字义》，第 43 页。
③ 陈淳：《北溪字义》，第 42 页。
④ 陈淳：《北溪字义》，第 41—42 页。
⑤ 陈淳：《北溪字义》，第 42 页。
⑥ 陈淳：《北溪字义》，第 40 页。
⑦ 陈淳：《北溪字义》，第 45 页。

理，便亦无天地"①的观点，但理不能悬空，必须挂搭在气上。"然则才有理，便有气；才有气，理便全在这气里面。那相接处全无些子缝罅，如何分得孰为先，孰为后？所谓'动静无端，阴阳无始'。若分别得先后，便成偏在一边，非浑沦极至之物"②。朱熹从形而上下观照理气，认为理逻辑地在气之先。陈淳从理气不离的角度言理气，认为分理气有先后，便偏在一边了，就否定了理气为一浑沦极至之物。

虽然从哲学的角度分析，本体是"万古不易"是永远存在的，对于万事万物的具体的存在，理是具有超越性的。但本体对于气，并不具有超越性，理是不外乎气的。本体则是内在于实存之中的超越性存在。

### 二、心性本体论上批判佛学

儒佛二家的心性论最为突出。儒家的伦理道德学说，其思想基础就是心性论，如讲仁爱之心、忠心、孝心、诚心等，讲"仁心"即是人道，忠恕之道就是要为别人着想。孔子倡导德治，主张为政以德。德治的精神实质则是"心治"。以德服人，则是以心服人，让人心悦诚服、口服心服。儒家讲"修齐治平"，以修身为基础，修身即修心。"内圣外王"之内圣，也即是要从内心修成圣人之德。儒家追求的修身养性，也就是修心养性。对此，孟子有很深刻的概括，他指出："仁，人心也"③。"仁"要有"不忍人之心""恻隐之心"："人皆有不忍人之心，先王有不忍人之心，斯有不忍人之政矣。以不忍人之心，行不忍人之政，治天下可运之掌上。……由是观之，无恻隐之心，非人也；无羞恶之心，非人也；无辞让之心，非人也；无是非之心，非人也。恻隐之心，仁之端也；羞恶之心，义之端也；辞让之心，礼之端也；是非之心，智之端也"④。孟子的深刻论述，揭示了儒家学说核心"仁"即"人心"的本质所在。

佛家本就是心性论者。故《起信论》云："一切境界，唯心妄动，心若不起，一切境界相灭，唯一真心遍一切处，是故三界虚伪，唯心所作。离心，即无六尘境界，乃至一切分别，即分别自心，心不见心，无相可得。先德云：'心外有法，生死轮回。心外无法，生死永弃'。"可见，佛教的中心是：心即一切，心是唯一

① 《朱子全书》第14册，第114页。
② 《北溪字义》，第45页。
③ 《孟子·告子上》。
④ 《孟子·公孙丑上》。

的，心外无物，把心强调到绝对高度，揭示了佛学即是慰藉心。三教中，似乎道家的心性论比较单薄，但它也还是讲心性的。老子主张心性"自然"，庄子强调心性自由的"游心"。他们追求的是一种自然、自由、适宜、和谐的精神生活。这是高境界的心性论。

陈淳对佛教的批判主要集中在"作用是性"上。认为佛教把作用当作性。他认为佛教把五官和四肢所具有的基本生理功能称为"作用"，这样"佛氏把作用认是性，便唤蠢动含灵皆有佛性，运水搬柴无非妙用"[①]。把有灵性的人和动物以及石头墙壁都认为具有佛性。而这可能导致一个问题，"夫既以气为性，则仁义礼智之粹然者将与知觉运动之蠢然者相为混乱，无人兽之别"[②]，从而难以在根本上对人与动物作出区分。而按照儒家传统中人贵于物的思想，"天地之性，人为贵"[③]，"人之超然万物之上而最为天下贵也"[④]，必然要反对把人与物等同看待，反对把人之性混同于动物之性。其"作用是性"之说，"不过又只认得个气，而不说着那理耳。"[⑤] 把人性规定为人生而自然的属性，却忽略了人之所以为人的本质。陈淳称"气"为"作用"，那么"把作用认是性"，也就是把气禀认作人性，换言之，就是把人的自然本性当成人的本质。佛教正是从这一点出发，将人等同于动物，甚至是没有生命的物，并且认为所有"蠢动含灵"，都与人一样具有成佛的可能性，而从根本上忽略了人之所以为人的本性。

"佛氏所谓玄妙者，只是告子所谓'生之谓性'之说。告子'生'之一字，乃是指人之知觉运动处。大意谓：目能视，其所以能视处是谁？耳能听，其所以能听处是谁？即这一个灵活知觉底，常在目前作用，便谓之性。"[⑥]

告子所谓"生之谓性"之说，按戴震《孟子字义疏证》对"之谓"与"谓之"用法的考察，"之谓"的用法是将其后的语词作为解释对象。"生之谓性"，也就是界定所谓的人性，其内涵就是"生"，即人与生俱来的本性。按陈淳的理解告子所说的性就是指人的感觉的运用。把人体的机能，如目之能视，耳之能听，视作是性。

他说："今世有一种杜撰等人，爱高谈性命，大抵全用浮屠作用是性之意，

① 陈淳：《北溪字义》，第 10 页。
② 《北溪大全集》第 1168 册，第 563 页。
③ 《孝经·圣治章》。
④ 《春秋繁露·天地阴阳》。
⑤ 陈淳：《北溪字义》，第 10 页。
⑥ 陈淳：《北溪字义》，第 70 页。

而文以圣人之言，都不成模样。据此意，其实不过只是告子'生之谓性'之说。此等邪说，向来已为孟子扫毁，今又再拈起来，做至珍至实说，谓人之所以能欲能食，能语能嘿，能知觉运动，一个活底灵底便是性，更不商量道理有不可通。"① 心学与佛教将生命本身当作性，而陈淳则认为，生命之所以为生命的道理才是性。这个道理可以用"道""理""性"等表达，但都是"当然之理"。它决定人之所以为人，却与人的存在浑然一体。人的自然欲望和知觉运动是人的肉体存在的形式，它自身的规律不能与人之所以为人的道理混同。所以，人的自然本性不能等同于人的道德本性。将人的生命存在本身当成人之所以为人的道理，这是佛教与心学的错误。但是，对于陈淳来说，既要纠正其师本质先于存在的理论虚化的问题，又要防止将存在直接等于本质的心学错误，理论难度是相当大的。因为，用天赋善性的观点解释人之所以为人的道理，是无法纠正本质先于存在的理论偏颇的。

在陈淳看来，佛家是把心之灵活知觉，认为完全由理或性支配而表现为道德意识。因为，即使他们在概念上没有把灵活知觉直接等同于性，但如果认为灵活知觉的活动都完全符合性，其实也就是把心之知觉等同全由理所支配的意识了。这就忽略了陈淳认为心之知觉存在因形气而发，而出现非道德意识的观点。对于有明确心性之别和道心、人心之分的陈淳来说，不会同意这样的看法。

他认为："今佛者以作用是性，以蠢动含灵皆有佛性，运水搬柴无非妙用，专指人心之虚灵知觉者而作弄之，明此为明心，而不复知其为形气之心，见此为见性，而不复知性之为理；悟此为悟道，而不复别出道心之妙。"② 陈淳非常明确地区分心与理（或性），反对以心为性或理。天命之谓性，"性是在我之理，只这道理受于天而为我所有，故谓之性。性字从生从心，是人生来具是理于心，方名之曰性"③。就说明谈"性"是不能离开"心"的。因为，性是人的本质和共同性，而心则是人的精神世界。如果没有精神世界，人就不成其为人；如果没有人之所以为人的道理，人就不作为人而存在，当然也就没有了人的精神世界。正因为这样陈淳对"心"范畴也做了详尽的讨论。也正是在此基础上，他提出人心、道心之别，对佛教的"作用是性"等观点进行批评。"大抵人得天地之理为性，得天地之气为体。理与气合，方成个心，有个虚灵知觉，便是身之所以为主

① 陈淳：《北溪字义》，第 10 页。
② 陈淳：《北溪字义》，第 81 页。
③ 陈淳：《北溪字义》，第 67—70 页。

宰处。然这虚灵知觉，有从理而发者，有从心而发者，又各不同也。……理具于心，便有许多妙用。知觉从理上发来，便是仁义礼智之心，便是道心。若知觉从形气上发来，便是人心，便易与理相违。人只有一个心，非有两个知觉。只是所以为知觉者不同，且如饥而思食，渴而思饮，此是人心。至于食所当食，饮所当饮，便是道心。"① "明此为明心，而不复知其为形气之心；见此为见性，而不复知性之为理；悟此为悟道，而不复别出道心之妙。"② 心是由理与气所构成的，它可以从理义上发出来，就是道心；也可以从行气上发出来，就是人心，这就有了道心与人心的差别。道心是从性流露出来是全善的；从物欲触发的人心是有善有恶。而佛者以行气之心为本性，明虚灵知觉之心为明心。而不知道有源于理义的道心，以至于抛弃人的"食所当食，饮所当饮"的道心，"乃至甘苦食淡，停思绝想，严防痛抑，坚持力制，或有用功至于心如秋月碧潭清洁者，遂交赞以为造到。"③ "若彼之所谓月潭清洁云者，特不过万理俱空而百念不生尔，是固相似而实不同也。心之体所具者惟万理，彼以理为障碍而悉欲空之，则所存者特形气之知觉尔。此最是至精至微第一节差错处。至于无君臣父子等大伦，乃其后截人事粗迹之悖缪至显处。其为理之发端，实自大原中已绝之。"④

佛学认作用是性，明心见性，实是一个与人事隔绝空理，因其与人事隔绝，所以为万理俱空，只能荡学者于空无之境。而儒家之理实是不离人事，万理俱实。而佛学为追求其超绝人事的空理，只能认人事的实理为空，这实是儒佛至精至微学的"无君臣父子等大伦"，只是其空理的表现之一而已。究其最本质的原因，还是其空理与儒家实理的不同所造成的。

熊十力佛学造诣精深，他以"作用是性"的理解为例，指出宋儒对佛教理解的狭隘。他说："宋明诸师，于大乘学都不研究，若惧其洗我然，即晚周诸子亦无弗摈斥，其思想已狭隘矣。虽稍参禅理，而亦未能虚怀以究其旨。诸师皆谓禅家以作用为性，不知作用见性一见字，甚不可忽。前文已辨正，若如诸师所诋，则禅家为无本之学矣。作用为性，即不曾识性。故云无本。诸师所得之禅，正是其意见耳，实非禅也。以是而言融通，恶乎可。虽然诸师学在反己，其精神上继

① 陈淳：《北溪字义》，第11页。
② 陈淳：《北溪字义》，第81页。
③ 陈淳：《北溪字义》，第81页。
④ 陈淳：《北溪字义》，第81—82页。

孔门，于大本大源处，确有证认，不可薄也，他日容常别论。"① 在熊十力看来，宋儒不仅不研究大乘佛学，而且害怕被大乘佛教俘获，这已明其狭隘；而从宋儒对"作用是性"的理解看，则说明他们对佛教一知半解，其于佛教的认识都还停留在意见层面。

"心本是活物，如何使之绝念不生？所谓念者，惟有正不正耳。必欲绝之不生，须死而后能。假如至此之境，果无邪心，但其不合正理，是乃所以为邪而非豁然大公之体也。程子以为：'佛家有个觉之理，可以敬以直内矣，而无义以方外，然所直内者亦非是。'正谓此也。"② 佛者将心念断绝放空，本身是不合正理，人的心念是无法断绝，除非死去。而佛者为追求此境，离群索居，隐居山林，以至于抛弃父母家庭，造成无父无子无君无臣，背离人伦纲常的人，这显然是为儒学者所不齿的。

人的本质是心还是性，这是佛教与儒家争论的焦点。人心是"虚灵知觉"，对此儒佛两家观点一致。但是佛家将"虚灵知觉"直接等同于性，也就是所谓的"以心说性"，而这正是陈淳要努力破除的观点。他说："佛家论性，只似儒家论心。他只把这人心那个虚灵知觉底唤作性了。"③ 因此，区别儒家与佛家的心性论的关键就在于是否承认理的存在。陈淳说："性从理来，不离气。知觉从气来，不离理。合性与知觉，遂成这心，于是乎方有心之名。"④ 意思是说，性是得自于理而合于气的生命之本性；理气相合就是人的生命与人的精神，它有着内在的依据和道理。而心就是以人生命为基础的精神。所以，人性不是纯粹的知觉之心，而是人之所以为人的道理。

性既为在我的主体的理，此理具于心。性便是心中的性。"心只似个器皿一般，里面贮底物便是性。康节谓：'心者，性之郛郭。'"⑤ 郛郭即指心。陈淳认为，性从本原上说是本善无恶的。"天所命于人以是理，本只善而无恶。故人所受以为性，亦本善而无恶"⑥。所以孟子讲性善，是说得极亲切的，但现实中人为什么有恶呢？为什么有不同呢？"盖人之所以有万殊不齐，只缘气禀不同。这气只是阴阳五行之气，如阳性刚，阴性柔，火性燥，水性润，金性寒，木性温，土性厚

---

① 熊十力：《熊十力全集》（第三卷），湖北教育出版社 2001 年版，第 408 页。
② 陈淳：《北溪字义》，第 82 页。
③ 陈淳：《北溪字义》，第 13 页。
④ 陈淳：《北溪字义》，第 13 页。
⑤ 陈淳：《北溪字义》，第 11 页。
⑥ 陈淳：《北溪字义》，第 7 页。

重。七者夹杂，便有参差不齐，所以人随所值，便有许多般样……阳气中有善恶，阴气中亦有善恶……不是阴阳气本恶，只是分合转移，齐不齐中，便自然成粹驳、善恶耳"①。既然气有粹驳，又在分合转移中，便有善恶贤愚之差分。孟子讲性善，不讲气禀，荀子性恶，扬雄善恶混，韩愈性三品，苏轼性未有善恶，胡宏亦讲性无善恶，都只是讲气禀或含糊不说性端。只论气禀，不讲性的大本，或只论大本，不讲气禀，都是有欠缺而不完备。这里所说的大本，指本然之性，是人受命于天性，是本善无恶的。

陈淳认为："自古圣贤相传说性，只是个理。能视能听者，气也；视其所当视，听其所当听者，理也。且如手之执捉，气也，然把书读也是手，呼卢也是手，岂可全无分别？须是分别那是非，是底便是本然之性，非底便是徇于形气之私。佛氏之说，与吾儒若同而实大异。吾儒就形气上别出个理，理极精微，极难体察。他指气做性，只见这个便是性，所以便不用工夫了。"②佛教认气为性，看不到理与气的关系，从而否定了道德修养的功夫。

### 三、儒家与释老在修养力行方面的区别

在修养力行，功夫法门上，陈淳则严格遵循师门，沿着朱熹"下学而上达"之途径修行，并以此功夫法门教化、接引他人。从此功夫法门出发，陈淳不满于佛教的"直契"式上达功夫法门，主张于实事上磨炼，待下学圆熟后，豁然贯通，下学自能上达，优入圣域。

在陈淳看来，佛家所谓"而近世儒者，乃有窃其形气之灵者以为道心，屏去'道问学'一节工夫，屹然自立一家，专使人终日默坐以求之，少有意见则证印以为大悟，谓真有得乎群圣千古不传之秘，意气洋洋，不复自觉其非。故凡圣门高明广大底境界更不复观，而精微严密等工夫更不复从事"③，佛教只见得心为形气所主，不晓得心体是理，故而终日专以坐禅为功，"不是清明此心，存在此理，只是要空虚此心，绝灭百念"④，而无"道问学"的功夫，虽其意玄妙迷人，但缺少了读书讲论、格物穷理的方法，也就无法了解事物的当然之则和是非善恶的标准，难免以意见为天理，使得具体的道德践履成为缺乏理论指导的盲目行为。因

---

① 陈淳：《北溪字义》，第 7 页。
② 陈淳：《北溪字义》，第 70 页。
③ 陈淳：《北溪字义》，第 82 页。
④ 《北溪大全集》卷三十，《答王迪甫二》。

此，陈淳批评佛教以并嘱咐有志于学者以此为戒，谨守正道。朱熹高弟陈淳不仅发挥了朱熹的心性学说，也进一步阐发了朱熹的静坐观。

陈淳强调主敬，认为致知与力行必须以敬为主。他认为佛教修持与儒家不同：

一是内涵和目的不同。

陈淳认为，"敬者，一心之主宰，万事之根本……心才在这里，则万理森然于其中。古人谓'敬，德之聚也'"①。敬是道德修养与求知的活动，它使人思想专一而不涣散，不会被外物牵引。佛教也有持敬工夫，但是"同形而异情"，"不是清明此心存在此理，只是要空虚此心，绝灭百念"。从而达到"欲空百念，绝万想，以常存其千万亿劫不死不灭心灵神识"，②认为佛教否定当下世界，舍离人伦关系，自求开悟解脱。佛、道的主静只是一种宗教的修持方法，是从其否定当下世界、舍离人伦之事的基本立场出发以求解脱，或者道教的欲醒定其精神魂魄，游心于冲漠以通仙灵，为长生计的目的。其错误在于，不知此心体全是理，佛、道都以理为障碍，要得心上全无一物。

二是主敬的方式不同。

佛教是以坐禅为功，道家是以打坐为功，而儒家强调的是收放心，它不是与外界隔绝，也不是不思不虑。陈淳说："静坐之说……道家终日夜专以打坐为功。……佛家终日夜专以坐禅为功。"③因此，他们平时只是偏重形气所主，把捉形气，力制心动，殊不知此心本来就是个活物，怎能叫它绝对不动呢？应该注意的只是其动有邪正之分罢了。而"圣贤之所谓静坐者，盖持敬之道，所以敛容体、息思虑、收放心，涵养本质而为酬醉之地尔，固不欲终日役役，与事物相追逐……心不能无思，所思出于正乃天理之形。非以无所思为贵。……思所不当思则为坐驰。……欲终日默坐无所思便自忽然有个觉悟处，宁有此理！"④它不是与外界隔绝，也不是空掉念头，不思不想，只偏重行气制欲。

三是功夫法门不同。

从下学上达维度，陈淳对佛教进行非难、批驳。儒家是"下学上达"，而佛家禅宗提倡"静坐"："自到严陵，益知得象山之学情状端的处，大抵其教人只

---

① 陈淳：《北溪字义》，第35—36页。
② 《北溪大全集》卷三十三，《答西蜀史杜诸友序文》。
③ 《北溪大全集》卷三十三，《答西蜀史杜诸友序文》。
④ 《北溪大全集》卷三十三，《答西蜀史杜诸友序文》。

令终日静坐以存本心，无用许多辩说劳攘，此说近本，又简易径捷，后进未见得破，便为辣动。"①"静坐"的目的是为了"澄心"，从而使心灵达于"寂然不动""洗心退藏"的境地，希冀于此境地中直契本然心性。而"静坐"的流弊必然趋内避外，从而背离日用伦行，忽视庸言庸行，此乃自私自利之行为，非儒家"内圣外王"之道。从而忽略"道学问"。"使人终日默坐以求本心。更不读书穷理。而其所以为心者，又却错认人心，指为道心之妙。"②陈淳认为佛氏错认人心为道心，必然导致"道心"与"人心"浑然无别，将"道心"归于"人心"，从而认"作用即性"，必然流弊为"认欲为理"。而忽视笃实力行，下学敦厚，从而有躐等之弊，其最终流于蹈空骛虚。佛教主张"一超直入"，没有儒家的"节目次第"，循序渐进是不对的。不倾心于"道问学"，怎么会"读书穷理"。他主张于实事上磨炼，待下学圆熟后，豁然贯通，下学自能上达，犹入圣城。于佛之批判，陈淳批评："大抵吾儒工夫，有节目次第，非如释氏妄以一超直入相诳眩，须从下学方可上达，须从格物致知，然后融会贯通。"③于此，陈淳指明儒家功夫法门的特点："节目次第"、循序渐进，与此相反，佛教猖狂证谬，主张"一超直入"。

下学上达，在陈淳看来，存在着一种次序。用功次第是区别儒释的一个重要方面。"道虽浩浩无疆，而升高自卑，陟遐自迩。但将路脉不差，又加之不息之功，则循序渐进，自有可造之理。"④也就是说，做功夫从低到高、由近及远，这是常理。如果有正确的方向，又能循序渐进，自然可以达到目标。同时，儒家所谓的高远，并不脱离人事日用。"吾儒所谓高远，实不外乎人事卑近，非穷诸天地万物之表。……观六经、《语》、《孟》所载，何尝有一悬虚之说？……《语》其所以为教，则循循有序，下学上达。"⑤尤其在《论语》中，下学上达是其基本精神。

关于下学功夫，陈淳指出，对初学者而言，第一位的应该是"主于读书"。他认为，理存在于事事物物之中，初学穷理，往往由于不得要领而难入其门，盲目求索，不能恰到好处地应接各种事务。而圣贤之书荟萃了圣贤所认识和体验的理之精华，也即事物存在、发展、变化的法则。因此，初学者"须先且就圣贤言语实处为准则，于幽闲静一之中，虚心而详玩，随章逐句，一一实下讲明考究工

---

① 《北溪大全集》卷三十一，《与黄寅仲》。
② 《北溪大全集》卷二十三，《与李公晦一》。
③ 《北溪大全集》卷二十六，《答陈伯澡六》。
④ 《北溪大全集》卷二十六，《答陈伯澡五》。
⑤ 《北溪大全集》卷二十八，《答陈伯澡论李公晦往复书》。

夫"①。通过读书，得其要领，使圣贤之书成为其穷究天下之理的指南。

陈淳关于佛教的认知和理解的情形怎样呢？

对佛教"轮回"的理解。佛家有生死轮回说，如《圆觉经》谓："一切世界始终生灭，前后有无，聚散起止，念念相续，循环往复，种种取舍，皆是轮回"。就是说，世界万物的终始生灭，聚散起止，都是相续不绝、终而复始的，各种取舍，都是轮回之表现。但宋儒的无神观念使他们不能接受轮回说。陈淳以"大气流行"的理论，批评生死轮回说毫无道理。他说："且如轮回一说，断无此理。伊川先生谓'不可以既返之气复为方伸之气'，此论甚当。盖天地大气流行，化生万物，前者过，后者续，前者消，后者长，只管运行，无有穷已，断然不是此气复回来为后来之本。一阳之复，非是既退之阳倒转复来。圣人立卦取象，虽谓阳复返，其实只是外气剥尽，内气复生。佛氏谓已往之气复轮回来生人生物，与造化之理不相合。若果有轮回之说，则是天地间人物皆有定数，当只是许多气翻来覆去，如此则大造都无功了。"②他根据"气"运动变化和合之理，对佛教"轮回"说进行了反驳：从生命的成长过程看，无论是动物，还是植物，皆是"气"之存在形式。物之初生，"气"至而为滋聚；物之成长，"气"返而物游散，"气"至为神，"气"返为鬼，因此，"神"是形容物之聚态，"鬼"是形容物之散态，都是自然之态，无所谓"鬼神"也无所谓"轮回"也。而人的存在也是由"气"规定的，人之生是"气聚"，人之死是"气散"，"气"散即为魂。所谓"气于人，生而不离、死而游散者谓魂；聚成形质，虽死而不散者谓魄"。既然人的生死是"气"的聚散，那么第一，人有生有灭，"气"无生灭，人之有生有灭，故人不可轮回，则轮回说于人生不通；第二，"气"之无生无灭，"气"之聚为物，"气"之散为虚，是"生无所得，死无所丧"也，因而生死无所谓轮回，尤其无所谓地狱、饿鬼、畜生、人、天、阿修罗六种转生之趋向。佛教言鬼，立生死轮回之理，在于告诫僧众及芸芸众生，俗世即苦海，并因此必须立德养德方可脱离生死轮回之苦。

总之，陈淳的佛老思想在传承以朱子佛老思想的同时，又进一步圆润和发展了很多观点，使得其思想在继承中有自己的创新和坚持，将朱子圆满的理学思想发展得更加完善。

---

① 《北溪大全集》卷三十五，《答郑尉景千书中穷格一条之义》。
② 陈淳：《北溪字义》，第68页。

# 后　记

　　"以文会友，以友辅仁"。全国对陈淳思想素有研究的学者，通过《陈淳评传》项目走到了一起，相互砥砺，携手前行。全书二十五章，每章作者如下：第一章，陈北溪生平事迹与著述，李毅婷撰写；第二章，理，曾振宇撰写；第三章，道，李蕙如撰写；第四章，太极，丁联撰写；第五章，仁，曾振宇撰写；第六章，义，李亚信撰写；第七章，礼乐，王志阳撰写；第八章，致知，王堃撰写；第九章，信，王玲强撰写；第十章，忠，张景林、王成撰写；第十一章，诚，刘乾阳撰写；第十二章，孝，赵文宇撰写；第十三章，友，王淑琴撰写；第十四章，敬，张晓冉撰写；第十五章，恕，蒋聚缘撰写；第十六章，性，法帅撰写；第十七章，情欲，冀晋才撰写；第十八章，志意，王志阳撰写；第十九章，中和，刘绪晶撰写；第二十章，中庸，李蕙如撰写；第二十一章，命，李毅婷撰写；第二十二章，易，郑晨寅撰写；第二十三章，经权，郑晨寅撰写；第二十四章，鬼神，翟奎凤撰写；第二十五章，释老，丁联撰写。写作时间历时三载，数易其稿，全书由曾振宇最后统稿。《陈淳评传》的立项与出版，得到了闽南师范大学的鼎力支持，在此深表谢忱！

责任编辑:宫 共
封面设计:徐 晖
责任校对:吕 飞

**图书在版编目(CIP)数据**

陈淳评传/曾振宇 等著. —北京:人民出版社,2018.2
ISBN 978-7-01-018867-6

Ⅰ.①陈… Ⅱ.①曾… Ⅲ.①陈淳-评传 Ⅳ.①B244.99

中国版本图书馆 CIP 数据核字(2018)第 015918 号

**陈淳评传**
CHENCHUN PINGZHUAN

曾振宇 等 著

人民出版社 出版发行
(100706 北京市东城区隆福寺街 99 号)

北京墨阁印刷有限公司印刷 新华书店经销

2018 年 2 月第 1 版 2018 年 2 月北京第 1 次印刷
开本:787 毫米×1092 毫米 1/16 印张:57 字数:1020 千字

ISBN 978-7-01-018867-6 定价:236.00 元

邮购地址 100706 北京市东城区隆福寺街 99 号
人民东方图书销售中心 电话 (010)65250042 65289539